2023 2023 2023

图书在版编目（CIP）数据

中国奶业年鉴. 2023 / 中华人民共和国农业农村部, 中国奶业年鉴编辑委员会编. -- 北京：中国农业出版社, 2024. 12. -- ISBN 978-7-109-32791-7

Ⅰ. F426.82-54

中国国家版本馆CIP数据核字第20254XU820号

中国奶业年鉴 2023

ZHONGGUO NAIYE NIANJIAN 2023

中国农业出版社出版

地址：北京市朝阳区麦子店街 18 号楼

邮编：100125

责任编辑：程燕　张雪娇

责任校对：吴丽婷

印刷：中农印务有限公司

版次：2025 年 3 月第 1 版

印次：2025 年 3 月北京第 1 次印刷

发行：新华书店北京发行所

开本：889mm×1194mm　1/16

印张：32　　　插页：20

字数：1650 千字

定价：580.00 元

编辑说明

　　《中国奶业年鉴》是反映我国奶业发展情况的综合性年刊，也是农业农村部年鉴系列中的一部重要产业年鉴，2002年经原农业部批准由中国奶业协会组织编纂，现已经连续出版了21卷，2023卷为第22卷。《中国奶业年鉴》自出版发行以来，客观记述了我国奶业的发展历程，反映了奶业生产的实际情况，为行业管理部门制定规划、政策和实施决策提供了依据，为奶业生产经营者提供了技术和数据支持，为广大消费者提供了市场和信息引导，是连续出版的资料性工具书，是中国奶业发展的编年史册，也是奶业行业发展的公报。

　　《中国奶业年鉴》实行编辑委员会领导下的编辑负责制，编辑委员会由农业农村部等部委和各省（自治区、直辖市）农业农村厅（局）、农委、农牧厅、畜牧局等部门的负责人，中国农业科学院、中国农业大学等院校学者专家以及奶业相关企业人士组成，编辑部设在中国奶业协会。为拓宽《中国奶业年鉴》的服务功能，增强其权威性、史存性、科学性和连续性，《中国奶业年鉴》2012卷调整了栏目的名称、结构和顺序；2013卷修订了编纂大纲，增加了条目和附录，细化了条目内容；2014卷增加了索引，进一步方便读者查阅；2019卷增加了D20奶业部分。农业农村部相关部门为本卷撰写了有关条目。行业数据主要采用国家统计局、海关总署、国家发展和改革委员会的统计数据，部分数据资料由农业农村部畜牧兽医局、全国畜牧总站、中国奶业协会和中国乳制品工业协会等单位提供。国内数据资料范围仅限于内地31个省（自治区、直辖市）

以及新疆生产建设兵团，不包括香港、澳门特别行政区和台湾地区。各地奶业中的数据有些省份采用畜牧行业统计数据，与本年鉴行业统计栏目中数据有差异，请注意引用。

亩、斤、马力均为非法定计量单位。1 亩 =1/15 公顷，1 斤 =0.5 千克，1 马力≈ 0.735 千瓦。

《中国奶业年鉴》2023 卷中各省（自治区、直辖市）按行政区划顺序排列。

《中国奶业年鉴》彩插图片，系 2024 年的最新内容。

《中国奶业年鉴》2023 卷所刊载数据一般截至 2022 年年底，特载等其他部分时效性较强的资料不限于 2022 年，政策法规及大事记栏目为 2023 年资料。

《中国奶业年鉴》2023 卷的编辑、出版和发行工作得到了各级畜牧兽医行政主管部门、奶业行业协会、国家产业技术体系、科研院校、乳品企业等有关单位和奶业知名专家的大力支持和帮助，在此表示诚挚的感谢！

中国奶业年鉴编辑委员会名单

徐旭阳　湖南省畜牧水产事务中心主任
罗一心　广东省农业农村厅二级巡视员
潘展东　广西壮族自治区农业农村厅党组成员、副厅长
李　芸　海南省农业农村厅党组成员
梁大超　重庆市农业农村委员会二级巡视员
李春华　四川省农业农村厅总畜牧师
张元鑫　贵州省农业农村厅党组成员、副厅长
刘亚林　云南省农业农村厅畜牧兽医处处长
普　珍　西藏自治区农业农村厅党组成员、副厅长
王　韬　陕西省农业农村厅一级巡视员
王兴荣　甘肃省农业农村厅党组成员、副厅长
杨毅青　青海省农业农村厅副厅长
郑　戈　宁夏回族自治区农业农村厅党组成员
郑文新　新疆维吾尔自治区农业农村厅党组成员、副厅长
杨　勇　新疆生产建设兵团农业农村局副局长

企业特约编委

潘　刚　内蒙古伊利实业集团股份有限公司董事长
高　飞　内蒙古蒙牛乳业（集团）股份有限公司总裁
黄黎明　光明乳业股份有限公司党委书记、董事长
魏立华　君乐宝乳业集团董事长兼总裁
冷友斌　黑龙江飞鹤乳业有限公司董事长
孙玉刚　现代牧业（集团）有限公司总裁
于永杰　北京三元食品股份有限公司党委书记、董事长
席　刚　新希望乳业股份有限公司董事长
张家旺　内蒙古圣牧高科牧业有限公司总裁
王　贵　北大荒完达山乳业股份有限公司党委书记、董事长
刘云祥　中地乳业集团有限公司执行总裁
刘国华　西安银桥乳业（集团）有限公司董事长
白元龙　南京卫岗乳业有限公司董事长
李　军　济南佳宝乳业有限公司总裁
邱太明　中垦牧乳业集团股份有限公司党委书记、董事长、总经理
唐洪峰　河南花花牛乳业集团股份有限公司董事长
刘　让　新疆天润乳业股份有限公司党委书记、董事长
谢　宏　贝因美股份有限公司董事长、总经理

蔡永康　福建长富乳品有限公司董事长、总经理
冯立科　广东燕塘乳业股份有限公司党委书记、董事长
袁　军　内蒙古优然牧业有限责任公司董事会主席兼总裁
韩春辉　辽宁越秀辉山控股股份有限公司党委书记、总经理
王培亮　山东得益乳业股份有限公司董事长、总裁
黄嘉棣　皇氏集团股份有限公司董事长
王胜利　新疆西域春乳业有限责任公司党委书记、董事长
徐宝梁　天津嘉立荷牧业集团有限公司党委书记、董事长
魏燕青　澳优乳业（中国）有限公司执行总裁
乔　绿　北京首农畜牧发展有限公司总裁
侯新峰　河北乐源牧业有限公司总经理
王占伟　宁夏农垦乳业股份有限公司董事长
张永久　原生态牧业有限公司总经理
徐晓波　杭州认养一头牛生物科技有限公司董事长
柴　琇　上海妙可蓝多食品科技股份有限公司总裁
郭　俊　山西古城乳业集团有限公司董事长
马志祥　甘肃前进牧业科技有限责任公司董事长
朱立科　浙江一鸣食品股份有限公司董事长
彭金国　云南欧亚乳业有限公司董事长
胡霄云　江西阳光乳业集团有限公司董事长
牟善波　宜品乳业（青岛）集团有限公司董事长、总裁
丘海珍　深圳市晨光乳业有限公司党委书记、董事
袁耀明　光明牧业有限公司党委书记、执行董事、总经理

主　　编　李德发　中国工程院院士、中国奶业协会会长
　　　　　沈建忠　中国工程院院士、中国奶业协会副会长

执行主编　刘亚清　中国奶业协会副会长兼秘书长

副 主 编　黄保续　农业农村部畜牧兽医局局长
　　　　　辛国昌　农业农村部畜牧兽医局副局长
　　　　　魏宏阳　全国畜牧总站党委书记、站长
　　　　　左玲玲　全国畜牧总站副站长
　　　　　王林昌　农业农村部农垦局二级巡视员

黄　勇　中国农垦经济发展中心经贸处处长
张养东　中国农业科学院北京畜牧兽医研究所研究员
赵连生　中国农业科学院北京畜牧兽医研究所高级畜牧师
田　蕊　全国畜牧总站统计信息处畜牧师
姚　琨　国家奶牛产业技术体系首席科学家办公室高级畜牧师
肖国庆　国家牧草产业技术体系首席科学家办公室秘书
夏兆刚　中绿华夏有机产品认证中心常务副主任
杨玉琪　光明牧业有限公司市场公关部策划经理

地方特约编辑（按行政区划排序）

任　康　北京市畜牧总站正高级畜牧师
王鸿英　天津市农业发展服务中心畜牧部部长
陈东来　河北省农业农村厅畜牧业处处长
谢　忠　河北省农业农村厅畜牧业处二级调研员
荆　彪　山西省农业农村厅畜牧兽医局二级调研员
杨继业　山西省畜牧遗传育种中心正高级畜牧师
王红柳　内蒙古自治区农牧厅奶业处处长
祁茂彬　辽宁省农业农村厅畜牧产业发展处处长
迟桂凤　吉林省畜牧业管理局二级调研员
杜海涛　黑龙江省奶业协会秘书长
阿晓辉　黑龙江省农业科学院畜牧兽医分院高级畜牧师
钱建国　上海奶业行业协会秘书长
季爱华　上海奶业行业协会主任
孙宏进　江苏省农业农村厅畜牧业处二级调研员
黄立诚　浙江省农业农村厅畜牧兽医处处长
赵广生　浙江省奶牛业协会副会长兼秘书长
王明辉　安徽省农业农村厅畜牧处处长
吴大新　福建省奶业协会党支部书记兼创会荣誉会长
林忠亮　福建省奶业协会副秘书长
谌　兵　江西省农业农村厅畜牧兽医处处长
吴孝兵　山东省畜牧兽医局畜牧处处长
宋洛文　河南省农业农村厅奶业管理处一级调研员
付　聪　湖北省农业农村厅畜牧兽医处二级主任科员
樊志坚　湖南省奶业协会秘书长
陈迎丰　广东省农业技术推广中心畜牧技术推广部部长

刘建营　广东省农业技术推广中心正高级兽医师
黄树丛　广西壮族自治区农业农村厅副处长
梁彩梅　广西壮族自治区畜牧站高级畜牧师
王曼珍　海南省农业农村厅畜牧兽医处处长
陈　勇　重庆市农业农村委员会畜牧业处四级调研员
李自成　四川省奶业协会会长
谢劲松　贵州省农业农村厅畜牧发展处副处长
黄艾祥　云南省奶业协会会长
李　清　云南省奶业协会副秘书长
李春来　西藏自治区农业农村厅畜牧水产处副处长
孙　力　陕西省农业农村厅畜牧兽医局局长
王鹏飞　陕西省农业农村厅畜牧兽医局高级兽医师
唐　煜　甘肃省畜牧兽医局饲料饲草处处长
杨东贵　甘肃省农业农村厅畜牧业管理处处长
张亚君　青海省畜牧总站高级畜牧师
洪　龙　宁夏回族自治区农业农村厅畜牧兽医局局长
孙家鹏　新疆维吾尔自治区农业农村厅畜牧局局长
山格尔丽　新疆维吾尔自治区农业农村厅农垦处四级主任科员
刘根俊　新疆生产建设兵团农业农村局畜牧兽医处二级调研员
杨　华　新疆生产建设兵团畜牧兽医工作总站高级畜牧师

企业特约编辑

何　旭　内蒙古伊利实业集团股份有限公司企业事务总监
顾瑞珍　内蒙古蒙牛乳业（集团）股份有限公司副总裁
张永霞　内蒙古蒙牛乳业（集团）股份有限公司高级总监
包　亮　光明乳业股份有限公司行政总监
李丹倩　光明乳业股份有限公司行政经理
冯进茂　君乐宝乳业集团股份有限公司总裁助理
吴冰雪　君乐宝乳业集团股份有限公司媒体事务部长
韩雪丹　黑龙江飞鹤乳业有限公司对外事务经理
吕中旺　现代牧业（集团）有限公司集团政府事务总监
夏志春　北京三元食品股份有限公司政府事务总监
徐涵钰　新希望乳业股份有限公司行政专员
吴太平　内蒙古圣牧高科牧业有限公司工会主席
谢大海　内蒙古圣牧高科牧业有限公司项目经理

朱福宝　北大荒完达山乳业股份有限公司总经理助理

梁学武　北大荒完达山乳业股份有限公司高级经理

廖晓萍　中地乳业集团有限公司总裁助理

闵　杨　西安银桥乳业（集团）有限公司行政总监

蒋临正　南京卫岗乳业有限公司总裁

张成柱　济南佳宝乳业有限公司办公室主任

刘享峰　中垦牧乳业（集团）股份有限公司办公室主管

易天雪　河南花花牛乳业集团股份有限公司综合管理部总监

胡　刚　新疆天润乳业股份有限公司党委副书记、总经理

李志容　贝因美股份有限公司党委书记、副总经理

何水双　福建长富乳品有限公司总经理助理兼总经办主任

吴代锚　广东燕塘乳业股份有限公司投资发展部部长

刘　杰　内蒙古优然牧业有限责任公司企业事务部主管

周　波　辽宁越秀辉山控股股份有限公司品牌中心公关部总监

梁　多　辽宁越秀辉山控股股份有限公司公关主管

刘建民　山东得益乳业股份有限公司总监

石爱萍　皇氏集团股份有限公司监事会主席、总裁办主任

曾令璇　皇氏集团股份有限公司行政经理公共事务专员

何玉婷　新疆西域春乳业有限责任公司办公室主任

狄婷婷　天津嘉立荷牧业集团有限公司行政办公室主任

张君义　澳优乳业（中国）有限公司企业事务部总监

李俊鹏　北京首农畜牧发展有限公司办公室副主任

韩丹丹　河北乐源牧业有限公司总经理助理

文汇玉　宁夏农垦乳业股份有限公司副总经理

杨明新　原生态牧业有限公司经理

方　芳　杭州认养一头牛生物科技有限公司总裁办主任兼公关负责人

马　晨　上海妙可蓝多食品科技股份有限公司副总裁

段立超　上海妙可蓝多食品科技股份有限公司政府事务总监

池利君　山西古城乳业集团有限公司副总经理

苗　鹏　甘肃前进牧业科技有限责任公司综合办主任

许胜飞　浙江一鸣食品股份有限公司副总经理

杨永莉　云南欧亚乳业有限公司副总经理

谢小佳　江西阳光乳业集团有限公司副总经理

薛永胜　宜品乳业（青岛）集团有限公司董事长助理

周启宇　深圳市晨光乳业有限公司品牌经理

2024 年 8 月 21 日，农业农村部召开奶牛肉牛生产形势座谈会，部党组书记韩俊主持会议并讲话。会议强调，要认真贯彻落实习近平总书记重要指示精神，有效应对当前困难挑战，及时出台纾困政策，千方百计稳定产能、稳定市场、稳定信心、稳定预期，促进产业健康发展。

农业农村部召开奶牛肉牛生产形势座谈会会场。农业农村部党组书记韩俊、农业农村部副部长马有祥、国家首席兽医师（官）陶怀颖等出席会议。外交部、国家发展改革委、工业和信息化部、财政部、商务部、国家卫生健康委、市场监管总局、金融监管总局相关司局及农业农村部有关司局单位负责人参加会议。

2024 年 7 月 3—5 日，中国奶业协会第十五届奶业大会、奶业 20 强论坛暨 2024 中国奶业展览会在武汉召开，图为开幕式现场。

2024 年 7 月 4 日，农业农村部副部长马有祥在中国奶业协会第十五届奶业大会、奶业 20 强论坛暨 2024 中国奶业展览会开幕式上作主旨报告。

　　2024 年 7 月 3 日，2024 中国奶业发展战略研讨会在武汉举办。国务院参事、农业农村部原副部长于康震作题为《行进在高质量发展之路上的中国奶业》的主旨报告。

　　2024 年 7 月 3 日，科技创新，赋能奶业新质生产力 ——国家奶牛产业技术体系专场论坛在武汉国际会议中心举办。原农业部常务副部长、中国奶业协会原会长刘成果作重要讲话。

中国工程院院士、中国奶业协会副会长沈建忠在中国奶业协会第十五届奶业大会、奶业20强论坛暨2024中国奶业展览会开幕式上致辞。

中国奶业协会副会长兼秘书长刘亚清主持中国奶业协会第十五届奶业大会、奶业20强论坛暨2024中国奶业展览会开幕式，并发布《中国奶业质量报告（2024）》。

中国工程院院士、中国奶业协会副会长任发政，在中国奶业协会第十五届奶业大会、奶业20强论坛上解读《中国奶业科技创新指导意见》，并作题为《乳品营养与健康》的主旨报告。

中国农业科学院原党组书记、中国奶业协会战略发展工作委员会名誉副主任陈萌山，在中国奶业协会第十五届奶业大会、奶业20强论坛上，宣读《关于公布2024奶业重大科技创新成果入选单位名单的通知》，并在2024中国奶业发展战略研讨会上，作题为《为实现国民营养健康饮奶水平达标而共同奋斗》的主旨报告。

原农业部党组成员、中国奶业协会战略发展工作委员会名誉副主任毕美家，在中国奶业协会第十五届奶业大会、奶业 20 强论坛上解读《中国奶业数智化发展意见》。

中国奶业协会第十五届奶业大会、奶业 20 强论坛暨 2024 中国奶业展览会共推出 41 项由中国奶业协会征集的奶业重大科技创新成果。图为"2024 奶业重大科技创新成果"证书颁发仪式。

　　中国奶业协会组织编撰的《中国奶业科技创新与数智化转型典型实践案例集》，共收集了48家奶业企业典型案例。中国奶业协会第十五届奶业大会、奶业20强论坛暨2024中国奶业展览会开幕式上，中国工程院院士、华中农业大学教授陈焕春，中国工程院院士、华中农业大学教授金梅林，中共中央社会工作部全国性行业协会商会第四联合党委书记赵泽琨等共同启动案例集发布仪式。

　　2024年7月4日，中国奶业协会第十五届奶业大会、奶业20强论坛暨2024中国奶业展览会开幕当日，由中国奶业协会联合行业主要业务主体共同搭建的奶业数智化平台正式开通。

智汇挤奶
应"流"而动

实时响应奶流量变化，动态调节真空与脉动，
成就每头奶牛每次挤奶的专属体验。

· 更高峰值流量*
· 更短带杯时间*

利拉伐愿与您一起用科技让奶牛更健康、牧场更盈利、生活更美好。

**DeLaval
Flow-Responsive™
Milking**
利拉伐流量响应挤奶技术

利拉伐中国
北京经济技术开发区东环南路 15 号
邮编：100176
电话：+86 10 5730 2800
传真：+86 10 5730 2999
www.delaval.cn

*基于该产品在实验牧场使用前后的数据对比，
实际效果视牧场具体情况可能有所不同，不做保证。

DeLaval

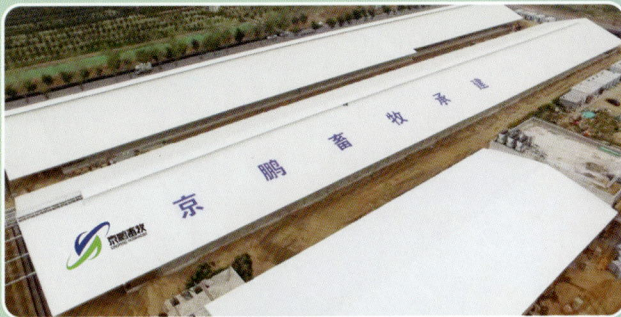

智能牧场
效率革命

阿菲金
助力奶牛养殖进入人工智能新时代

afimilk®

AfiFarm 5.6

创新驱动
精准饲养

算法赋能
效率升级

数据洞察
智慧决策

选择阿菲金，与我们共同见证效率与智能的精美融合

华秦源 奶牛干奶产品

国兽药广审（文）2024050191号

产品更多选择 才能更好干奶

兽药字270532827

五类新兽药

欣利达：
盐酸头孢噻呋乳房注入剂（干乳期）

兽药字270532457

五类新兽药

欣利乳：
利福昔明乳房注入剂（干乳期）

牧场不同菌群
选择不同产品

兽药字270532495

五类新兽药

欣乳康：
硫酸头孢喹肟乳房注入剂（干乳期）

兽药字270532056

干乳康：
苄星氯唑西林乳房注入剂

华秦源22年

- 专业奶牛产品研发
- 专注于高品质产品生产
- 专心于奶牛全方位服务

华秦源（杨凌）生物科技有限公司

地址：陕西省杨凌示范区滨河路16号
销售电话：010-61505964
服务热线：400-8033-208

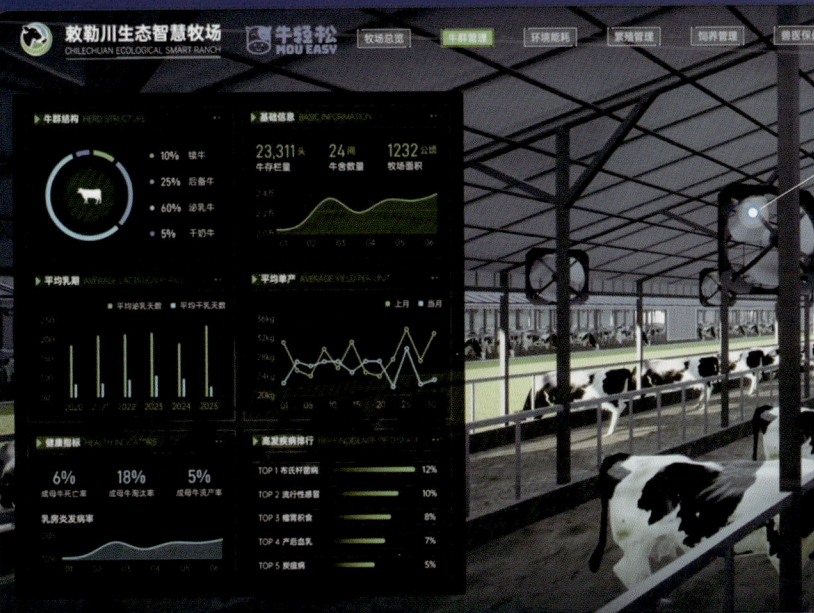

NSHF®
宁波第二激素厂

兽用激素 没有第一
只有第二

规模牛场必备

NSHF®
宁波第二激素厂

布舍林
注射用布舍瑞林
Buserelin for Injection

400μg

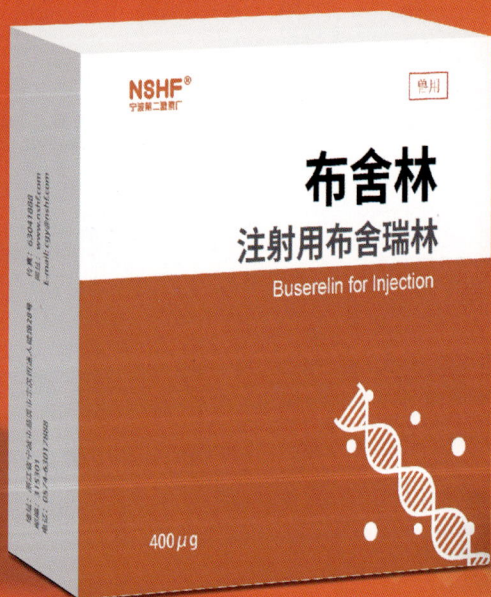

兽药字110257208

NSHF®
宁波第二激素厂

递胎素
D-氯前列醇钠
注射液
D-CLOPROSTENOL SODIUM
INJECTION

按C22H29ClO6计算，50ml：1.5mg

兽药字110257219

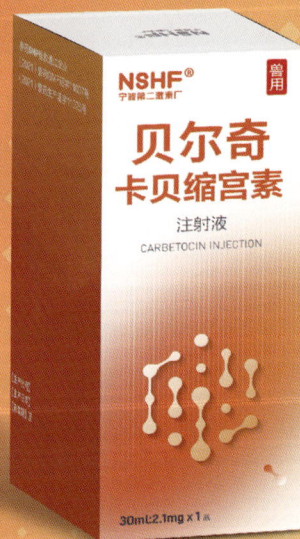

NSHF®
宁波第二激素厂

贝尔奇
卡贝缩宫素
注射液
CARBETOCIN INJECTION

30mL:2.1mg×1支

兽药字110257181

🌐 www.nshf.com ☎ 0574-63017888

佑本
一家以佑为本的动物疫苗公司

我们始终以用户为中心,从动物疫苗行业的本质出发,致力于打造全球化动物疫苗集成创新平台,为规模养殖场及政府提供安全、高效、稳定的优质疫苗及配套服务,控制动物疫病风险,与合作伙伴共创共赢,促进畜牧行业的健康与发展。

www.jinheuben.com

发布会精彩回顾

金河佑本
至 纯 至 美

北京三元集团畜牧兽医总站

北京三元集团畜牧兽医总站是首农食品集团下属的第三方检测机构，中国合格评定国家认可委员会实验室认可（CNAS）单位，中国兽医协会牛羊分会副会长单位，荣获2021年首都劳动奖状，致力于为牧场提供科学、公正、准确、满意的疫病诊断、检疫、免疫、监测预警和净化等技术服务。

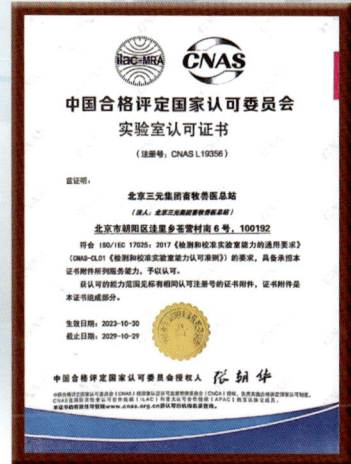

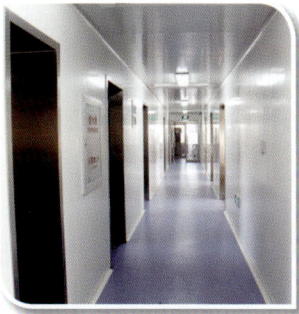

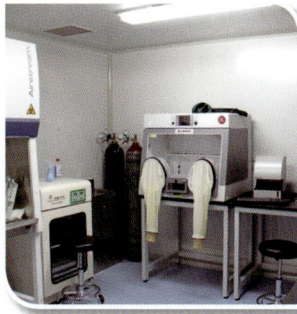

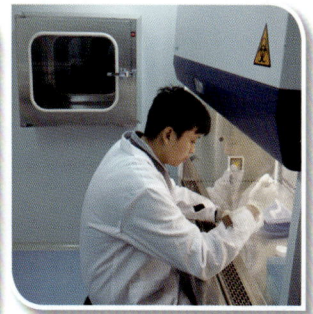

牛场主要业务：

1. 专职检疫队为牛场提供专业的结核检疫技术服务

2. 为牛场开展布病检疫、监测预警、防控及净化服务

3. 为牧场提供免疫接种服务

4. 口蹄疫、牛病毒性腹泻、牛传染性鼻气管炎、副结核等疫病抗体和病原学检测

5. 奶牛乳房炎、子宫炎、犊牛腹泻等细菌分离鉴定及药敏试验

6. 奶牛血、尿、粪等生理生化检测

结核检疫服务

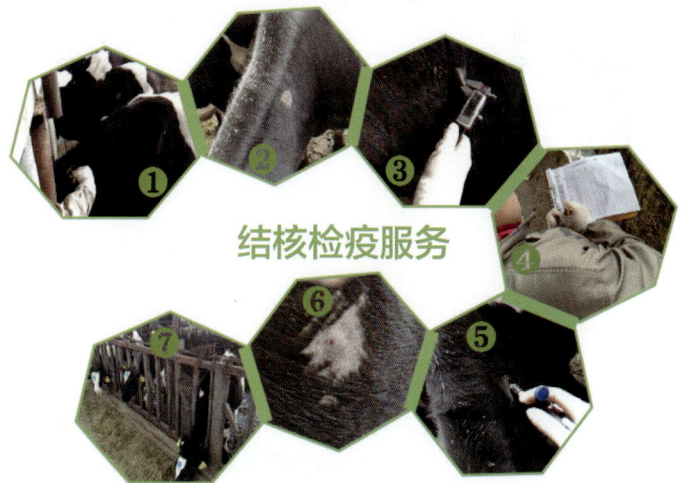

单位地址：北京市德胜门外清河南镇北京奶牛中心院内
邮　　编：100192
账　　号：0200025609014475948（行号：102100002564）
联系人：龙颖弘；张丹
电　　话：010-62910749；13691062593

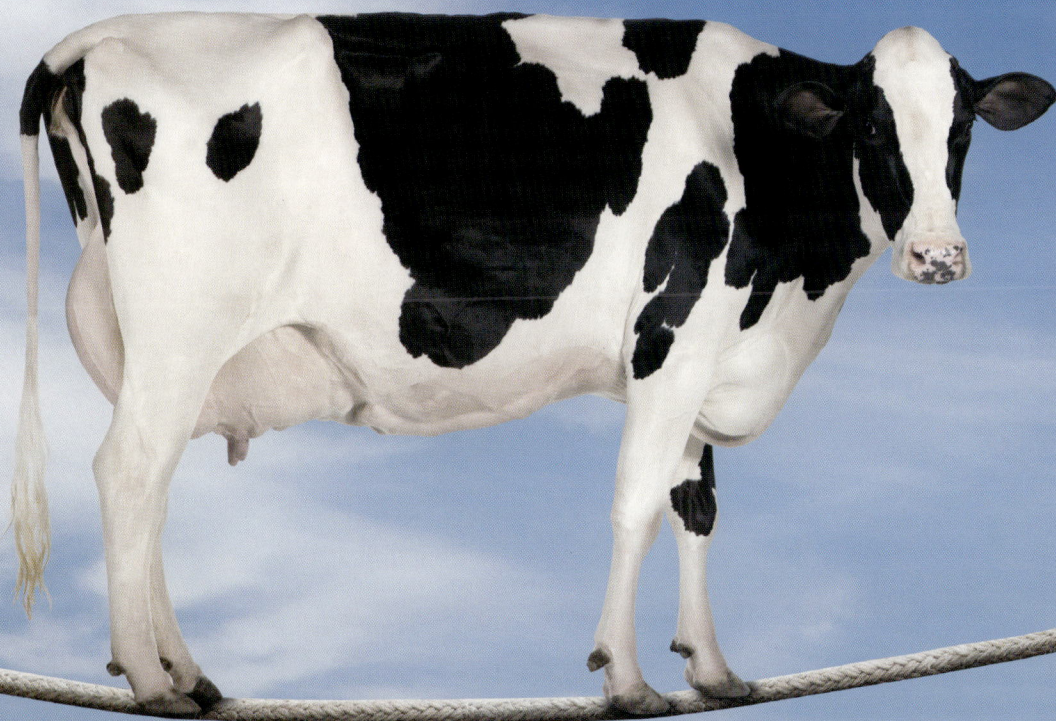

目　　录

十一、索　引

一、特　载

中共中央 国务院关于学习运用"千村示范、万村整治" 工程经验，有力有效推进乡村全面振兴的意见

（2024 年 1 月 1 日）

推进中国式现代化，必须坚持不懈夯实农业基础，推进乡村全面振兴。习近平总书记在浙江工作时亲自谋划推动"千村示范、万村整治"工程（以下简称"千万工程"），从农村环境整治入手，由点及面、迭代升级，20 年持续努力造就了万千美丽乡村，造福了万千农民群众，创造了推进乡村全面振兴的成功经验和实践范例。要学习运用"千万工程"蕴含的发展理念、工作方法和推进机制，把推进乡村全面振兴作为新时代新征程"三农"工作的总抓手，坚持以人民为中心的发展思想，完整、准确、全面贯彻新发展理念，因地制宜、分类施策，循序渐进、久久为功，集中力量抓好办成一批群众可感可及的实事，不断取得实质性进展、阶段性成果。

做好 2024 年及今后一个时期"三农"工作，要以习近平新时代中国特色社会主义思想为指导，全面贯彻落实党的二十大和二十届二中全会精神，深入贯彻落实习近平总书记关于"三农"工作的重要论述，坚持和加强党对"三农"工作的全面领导，锚定建设农业强国目标，以学习运用"千万工程"经验为引领，以确保国家粮食安全、确保不发生规模性返贫为底线，以提升乡村产业发展水平、提升乡村建设水平、提升乡村治理水平为重点，强化科技和改革双轮驱动，强化农民增收举措，打好乡村全面振兴漂亮仗，绘就宜居宜业和美乡村新画卷，以加快农业农村现代化更好推进中国式现代化建设。

一、确保国家粮食安全

（一）抓好粮食和重要农产品生产。扎实推进新一轮千亿斤 [*] 粮食产能提升行动。稳定粮食播种面积，把粮食增产的重心放到大面积提高单产上，确保粮食产量保持在 1.3 万亿斤以上。实施粮食单产提升工程，集成推广良田良种良机良法。巩固大豆扩种成果，支持发展高油高产品种。适当提高小麦最低收购价，合理确定稻谷最低收购价。继续实施耕地地力保护补贴和玉米大豆生产者补贴、稻谷补贴政策。完善农资保供稳价应对机制，鼓励地方探索建立与农资价格上涨幅度挂钩的动态补贴办法。扩大完全成本保险和种植收入保险政策实施范围，实现三大主粮全国覆盖、大豆有序扩面。鼓励地方发展特色农产品保险。推进农业保险精准投保理赔，做到应赔尽赔。完善巨灾保险制度。加大产粮大县支持力度。探索建立粮食产销区省际横向利益补偿机制，深化多渠道产销协作。扩大油菜面积，支持发展油茶等特色油料。加大糖料蔗种苗和机收补贴力度。加强"菜篮子"产品应急保供基地建设，优化生猪产能调控机制，稳定牛羊肉基础生产能力。完善液态奶标准，规范复

---

[*] 斤为非法定计量单位，1 斤 =500 克。——编者注

原乳标识，促进鲜奶消费。支持深远海养殖，开发森林食品。树立大农业观、大食物观，多渠道拓展食物来源，探索构建大食物监测统计体系。

（二）严格落实耕地保护制度。健全耕地数量、质量、生态"三位一体"保护制度体系，落实新一轮国土空间规划明确的耕地和永久基本农田保护任务。改革完善耕地占补平衡制度，坚持"以补定占"，将省域内稳定利用耕地净增加量作为下年度非农建设允许占用耕地规模上限。健全补充耕地质量验收制度，完善后续管护和再评价机制。加强退化耕地治理，加大黑土地保护工程推进力度，实施耕地有机质提升行动。严厉打击非法占用农用地犯罪和耕地非法取土。持续整治"大棚房"。分类稳妥开展违规占用耕地整改复耕，细化明确耕地"非粮化"整改范围，合理安排恢复时序。因地制宜推进撂荒地利用，宜粮则粮、宜经则经，对确无人耕种的支持农村集体经济组织多途径种好用好。

（三）加强农业基础设施建设。坚持质量第一，优先把东北黑土地区、平原地区、具备水利灌溉条件地区的耕地建成高标准农田，适当提高中央和省级投资补助水平，取消各地对产粮大县资金配套要求，强化高标准农田建设全过程监管，确保建一块、成一块。鼓励农村集体经济组织、新型农业经营主体、农户等直接参与高标准农田建设管护。分区分类开展盐碱耕地治理改良，"以种适地"同"以地适种"相结合，支持盐碱地综合利用试点。推进重点水源、灌区、蓄滞洪区建设和现代化改造，实施水库除险加固和中小河流治理、中小型水库建设等工程。加强小型农田水利设施建设和管护。加快推进受灾地区灾后恢复重建。加强气象灾害短期预警和中长期趋势研判，健全农业防灾减灾救灾长效机制。推进设施农业现代化提升行动。

（四）强化农业科技支撑。优化农业科技创新战略布局，支持重大创新平台建设。加快推进种业振兴行动，完善联合研发和应用协作机制，加大种源关键核心技术攻关，加快选育推广生产急需的自主优良品种。开展重大品种研发推广应用一体化试点。推动生物育种产业化扩面提速。大力实施农机装备补短板行动，完善农机购置与应用补贴政策，开辟急需适用农机鉴定"绿色通道"。加强基层农技推广体系条件建设，强化公益性服务功能。

（五）构建现代农业经营体系。聚焦解决"谁来种地"问题，以小农户为基础、新型农业经营主体为重点、社会化服务为支撑，加快打造适应现代农业发展的高素质生产经营队伍。提升家庭农场和农民合作社生产经营水平，增强服务带动小农户能力。加强农业社会化服务平台和标准体系建设，聚焦农业生产关键薄弱环节和小农户，拓展服务领域和模式。支持农村集体经济组织提供生产、劳务等居间服务。

（六）增强粮食和重要农产品调控能力。健全农产品全产业链监测预警机制，强化多品种联动调控、储备调节和应急保障。优化粮食仓储设施布局，提升储备安全水平。深化"一带一路"农业合作。加大农产品走私打击力度。加强粮食和重要农产品消费监测分析。

（七）持续深化食物节约各项行动。弘扬节约光荣风尚，推进全链条节粮减损，健全常态化、长效化工作机制。挖掘粮食机收减损潜力，推广散粮运输和储粮新型装具。完善粮食适度加工标准。大力提倡健康饮食，健全部门监管、行业自律、社会监督相结合的监管体系，坚决制止餐饮浪费行为。

二、确保不发生规模性返贫

（八）落实防止返贫监测帮扶机制。压紧压实防止返贫工作责任，持续巩固提升"三保障"和饮水安全保障成果。对存在因灾返贫风险的农户，符合政策规定的可先行落实帮扶措施。加强农村高额医疗费用负担患者监测预警，按规定及时落实医疗保障和救助政策。加快推动防止返贫监测与低收入人口动态监测信息平台互联互通，加强跨部门信息整合共享。研究推动防止返贫帮扶政策和农村低收入人口常态化帮扶政策衔接并轨。

（九）持续加强产业和就业帮扶。强化帮扶产业分类指导，巩固一批、升级一批、盘活一批、调整一批，推动产业提质增效、可持续发展。中央财政衔接推进乡村振兴补助资金用于产业发展的比例保持总体稳定，强化资金项目绩效管理。加强帮扶项目资产管理，符合条件的纳入农村集体资产统一管理。提升消费帮扶助农增收行动实效。推进防止返贫就业攻坚行动，落实东西部劳务协作帮扶责任，统筹用好就业帮扶车间、公益岗位等渠道，稳定脱贫劳动力就业规模。

（十）加大对重点地区帮扶支持力度。将脱贫县涉农资金统筹整合试点政策优化调整至 160 个国家乡村振兴重点帮扶县实施，加强整合资金使用监管。国有金融机构加大对国家乡村振兴重点帮扶县金融支持力度。持续开展医疗、教育干部人才"组团式"帮扶和科技特派团选派。高校毕业生"三支一扶"计划向脱贫地区倾斜。支持易地扶贫搬迁安置区可持续发展。易地搬迁至城镇后因人口增长出现住房困难的家庭，符合条件的统筹纳入城镇住房保障范围。推动建立欠发达地区常态化帮扶机制。

三、提升乡村产业发展水平

（十一）促进农村一二三产业融合发展。坚持产业兴农、质量兴农、绿色兴农，加快构建粮经饲统筹、农林牧渔并举、产加销贯通、农文旅融合的现代乡村产业体系，把农业建成现代化大产业。鼓励各地因地制宜大力发展特色产业，支持打造乡土特色品牌。实施乡村文旅深度融合工程，推进乡村旅游集聚区（村）建设，培育生态旅游、森林康养、休闲露营等新业态，推进乡村民宿规范发展、提升品质。优化实施农村产业融合发展项目，培育农业产业化联合体。

（十二）推动农产品加工业优化升级。推进农产品生产和初加工、精深加工协同发展，促进就近就地转化增值。推进农产品加工设施改造提升，支持区域性预冷烘干、储藏保鲜、鲜切包装等初加工设施建设，发展智能化、清洁化精深加工。支持东北地区发展大豆等农产品全产业链加工，打造食品和饲料产业集群。支持粮食和重要农产品主产区建设加工产业园。

（十三）推动农村流通高质量发展。深入推进县域商业体系建设，健全县乡村物流配送体系，促进农村客货邮融合发展，大力发展共同配送。推进农产品批发市场转型升级。优化农产品冷链物流体系建设，加快建设骨干冷链物流基地，布局建设县域产地公共冷链物流设施。实施农村电商高质量发展工程，推进县域电商直播基地建设，发展乡村土特产网络销售。加强农村流通领域市场监管，持续整治农村假冒伪劣产品。

（十四）强化农民增收举措。实施农民增收促进行动，持续壮大乡村富民产业，支持农户发展特色种养、手工作坊、林下经济等家庭经营项目。强化产业发展联农带农，健全新型农业经营主体和涉农企业扶持政策与带动农户增收挂钩机制。促进农村劳动力多渠道就业，健全跨区域信息共享和有组织劳务输出机制，培育壮大劳务品牌。开展农民工服务保障专项行动，加强农民工就业动态监测。加强拖欠农民工工资源头预防和风险预警，完善根治欠薪长效机制。加强农民工职业技能培训，推广订单、定向、定岗培训模式。做好大龄农民工就业扶持。在重点工程项目和农业农村基础设施建设领域积极推广以工代赈，继续扩大劳务报酬规模。鼓励以出租、合作开发、入股经营等方式盘活利用农村资源资产，增加农民财产性收入。

四、提升乡村建设水平

（十五）增强乡村规划引领效能。适应乡村人口变化趋势，优化村庄布局、产业结构、公共服务配置。强化县域国土空间规划对城镇、村庄、产业园区等空间布局的统筹。分类编制村庄规划，可单独编制，也可以乡镇或若干村庄为单元编制，不需要编制的可在县乡级国土空间规划中明确通则式管理规定。加强村庄规划编制实效性、可操作性和执行约束力，强化乡村空间设计和风貌管控。

在耕地总量不减少、永久基本农田布局基本稳定的前提下，综合运用增减挂钩和占补平衡政策，稳妥有序开展以乡镇为基本单元的全域土地综合整治，整合盘活农村零散闲置土地，保障乡村基础设施和产业发展用地。

（十六）深入实施农村人居环境整治提升行动。因地制宜推进生活污水垃圾治理和农村改厕，完善农民参与和长效管护机制。健全农村生活垃圾分类收运处置体系，完善农村再生资源回收利用网络。分类梯次推进生活污水治理，加强农村黑臭水体动态排查和源头治理。稳步推进中西部地区户厕改造，探索农户自愿按标准改厕、政府验收合格后补助到户的奖补模式。协同推进农村有机生活垃圾、粪污、农业生产有机废弃物资源化处理利用。

（十七）推进农村基础设施补短板。从各地实际和农民需求出发，抓住普及普惠的事，干一件、成一件。完善农村供水工程体系，有条件的推进城乡供水一体化、集中供水规模化，暂不具备条件的加强小型供水工程规范化建设改造，加强专业化管护，深入实施农村供水水质提升专项行动。推进农村电网巩固提升工程。推动农村分布式新能源发展，加强重点村镇新能源汽车充换电设施规划建设。扎实推进"四好农村路"建设，完善交通管理和安全防护设施，加快实施农村公路桥梁安全"消危"行动。继续实施农村危房改造和农房抗震改造，巩固农村房屋安全隐患排查整治成果。持续实施数字乡村发展行动，发展智慧农业，缩小城乡"数字鸿沟"。实施智慧广电乡村工程。鼓励有条件的省份统筹建设区域性大数据平台，加强农业生产经营、农村社会管理等涉农信息协同共享。

（十八）完善农村公共服务体系。优化公共教育服务供给，加强寄宿制学校建设，办好必要的乡村小规模学校。实施县域普通高中发展提升行动计划。加强乡镇卫生院和村卫生室服务能力建设，稳步提高乡村医生中具备执业（助理）医师资格的人员比例。持续提升农村传染病防控和应急处置能力。逐步提高县域内医保基金在乡村医疗卫生机构使用的比例，加快将村卫生室纳入医保定点管理。健全农村养老服务体系，因地制宜推进区域性养老服务中心建设，鼓励发展农村老年助餐和互助服务。健全城乡居民基本养老保险"多缴多得、长缴多得"激励机制。加强农村生育支持和婴幼儿照护服务，做好流动儿童、留守儿童、妇女、老年人、残疾人等关心关爱服务。实施产粮大县公共服务能力提升行动。

（十九）加强农村生态文明建设。持续打好农业农村污染治理攻坚战，一体化推进乡村生态保护修复。扎实推进化肥农药减量增效，推广种养循环模式。整县推进农业面源污染综合防治。加强耕地土壤重金属污染源排查整治。加强食用农产品产地质量安全控制和产品检测，提升"从农田到餐桌"全过程食品安全监管能力。推进兽用抗菌药使用减量化行动。强化重大动物疫病和重点人畜共患病防控。持续巩固长江十年禁渔成效。加快推进长江中上游坡耕地水土流失治理，扎实推进黄河流域深度节水控水。推进水系连通、水源涵养、水土保持，复苏河湖生态环境，强化地下水超采治理。加强荒漠化综合防治，探索"草光互补"模式。全力打好"三北"工程攻坚战，鼓励通过多种方式组织农民群众参与项目建设。优化草原生态保护补奖政策，健全对超载过牧的约束机制。加强森林草原防灭火。实施古树名木抢救保护行动。

（二十）促进县域城乡融合发展。统筹新型城镇化和乡村全面振兴，提升县城综合承载能力和治理能力，促进县乡村功能衔接互补、资源要素优化配置。优化县域产业结构和空间布局，构建以县城为枢纽、以小城镇为节点的县域经济体系，扩大县域就业容量。统筹县域城乡基础设施规划建设管护，推进城乡学校共同体、紧密型县域医共体建设。实施新一轮农业转移人口市民化行动，鼓励有条件的县（市、区）将城镇常住人口全部纳入住房保障政策范围。

五、提升乡村治理水平

（二十一）推进抓党建促乡村振兴。坚持大抓基层鲜明导向，强化县级党委抓乡促村责任，健全县乡村三级联动争创先进、整顿后进机制。全面提升乡镇领导班子抓乡村振兴能力，开展乡镇党政正职全覆盖培训和农村党员进党校集中轮训。建好建强农村基层党组织，健全党组织领导的村级组织体系，推行村级议事协商目录制度。加强村干部队伍建设，健全选育管用机制，实施村党组织带头人后备力量培育储备三年行动。优化驻村第一书记和工作队选派管理。进一步整合基层监督执纪力量，推动完善基层监督体系，持续深化乡村振兴领域不正之风和腐败问题专项整治。加强乡镇对县直部门派驻机构及人员的管理职责，加大编制资源向乡镇倾斜力度，县以上机关一般不得从乡镇借调工作人员，推广"街乡吹哨、部门报到"等做法，严格实行上级部门涉基层事务准入制度，健全基层职责清单和事务清单，推动解决"小马拉大车"等基层治理问题。

（二十二）**繁荣发展乡村文化。**推动农耕文明和现代文明要素有机结合，书写中华民族现代文明的乡村篇。改进创新农村精神文明建设，推动新时代文明实践向村庄、集市等末梢延伸，促进城市优质文化资源下沉，增加有效服务供给。深入开展听党话、感党恩、跟党走宣传教育活动。加强乡村优秀传统文化保护传承和创新发展。强化农业文化遗产、农村非物质文化遗产挖掘整理和保护利用，实施乡村文物保护工程。开展传统村落集中连片保护利用示范。坚持农民唱主角，促进"村BA"、村超、村晚等群众性文体活动健康发展。

（二十三）**持续推进农村移风易俗。**坚持疏堵结合、标本兼治，创新移风易俗抓手载体，发挥村民自治作用，强化村规民约激励约束功能，持续推进高额彩礼、大操大办、散埋乱葬等突出问题综合治理。鼓励各地利用乡村综合性服务场所，为农民婚丧嫁娶等提供普惠性社会服务，降低农村人情负担。完善婚事新办、丧事简办、孝老爱亲等约束性规范和倡导性标准。推动党员干部带头承诺践诺，发挥示范带动作用。强化正向引导激励，加强家庭家教家风建设，推广清单制、积分制等有效办法。

（二十四）**建设平安乡村。**坚持和发展新时代"枫桥经验"，完善矛盾纠纷源头预防、排查预警、多元化解机制。健全农村扫黑除恶常态化机制，持续防范和整治"村霸"，依法打击农村宗族黑恶势力及其"保护伞"。持续开展打击整治农村赌博违法犯罪专项行动，加强电信网络诈骗宣传防范。开展农村道路交通、燃气、消防、渔船等重点领域安全隐患治理攻坚。加强农村防灾减灾工程、应急管理信息化和公共消防设施建设，提升防灾避险和自救互救能力。加强法治乡村建设，增强农民法律意识。

六、加强党对"三农"工作的全面领导

（二十五）**健全党领导农村工作体制机制。**坚持把解决好"三农"问题作为全党工作重中之重，坚持农业农村优先发展，改革完善"三农"工作体制机制，全面落实乡村振兴责任制，压实五级书记抓乡村振兴责任，明确主攻方向，扎实组织推动。加强党委农村工作体系建设，强化统筹推进乡村振兴职责。巩固拓展学习贯彻习近平新时代中国特色社会主义思想主题教育成果。各级党政领导干部要落实"四下基层"制度，深入调查研究，推动解决农民群众反映强烈的问题。优化各类涉农督查检查考核，突出实绩实效，能整合的整合，能简化的简化，减轻基层迎检迎考负担。按规定开展乡村振兴表彰激励。讲好新时代乡村振兴故事。

（二十六）**强化农村改革创新。**在坚守底线前提下，鼓励各地实践探索和制度创新，强化改革举措集成增效，激发乡村振兴动力活力。启动实施第二轮土地承包到期后再延长30年整省试点。健全土地流转价格形成机制，探索防止流转费用不合理上涨有效办法。稳慎推进农村宅基地制度改革。深化农村集体产权制度改革，促进新型农村集体经济健康发展，严格控制农村集体经营风险。对集体资产由村民委员会、村民小组登记到农村集体经济组织名下实行税收减免。持续深化集体林权制度改革、农业水价综合改革、农垦改革和供销合作社综合改革。

（二十七）完善乡村振兴多元化投入机制。坚持将农业农村作为一般公共预算优先保障领域，创新乡村振兴投融资机制，确保投入与乡村振兴目标任务相适应。落实土地出让收入支农政策。规范用好地方政府专项债券等政策工具，支持乡村振兴重大工程项目建设。强化对信贷业务以县域为主的金融机构货币政策精准支持，完善大中型银行"三农"金融服务专业化工作机制，强化农村中小金融机构支农支小定位。分省分类推进农村信用社改革化险。创新支持粮食安全、种业振兴等重点领域信贷服务模式。发展农村数字普惠金融，推进农村信用体系建设。发挥全国农业信贷担保体系和政府投资基金等作用。强化财政金融协同联动，在不新增地方政府隐性债务的前提下，开展高标准农田和设施农业建设等涉农领域贷款贴息奖补试点。鼓励社会资本投资农业农村，有效防范和纠正投资经营中的不当行为。加强涉农资金项目监管，严厉查处套取、骗取资金等违法违规行为。

（二十八）壮大乡村人才队伍。实施乡村振兴人才支持计划，加大乡村本土人才培养，有序引导城市各类专业技术人才下乡服务，全面提高农民综合素质。强化农业科技人才和农村高技能人才培养使用，完善评价激励机制和保障措施。加强高等教育新农科建设，加快培养农林水利类紧缺专业人才。发挥普通高校、职业院校、农业广播电视学校等作用，提高农民教育培训实效。推广医疗卫生人员"县管乡用、乡聘村用"，实施教师"县管校聘"改革。推广科技小院模式，鼓励科研院所、高校专家服务农业农村。

让我们紧密团结在以习近平同志为核心的党中央周围，坚定信心、铆足干劲、苦干实干，推进乡村全面振兴不断取得新成效，向建设农业强国目标扎实迈进。

（新华社 北京 2024 年 2 月 3 日电）

亮点纷呈　方向明确　提振信心　鼓舞士气
中国奶业协会第十五届奶业大会 奶业 20 强论坛暨 2024 中国奶业展览会成功举办

视野宏阔，谋篇布局
点亮奶业高质量发展信念之光

2024 年 7 月 3—5 日，中国奶业协会第十五届奶业大会、奶业 20 强论坛暨 2024 中国奶业展览会在武汉成功召开。农业农村部副部长马有祥发表主旨报告。他表示，党的十八大以来，我国奶类生产实现跨越式增长，乳品质量比肩发达国家水平，国产乳品重获消费信任。奶业综合生产能力实现全面提升，取得了历史性成效。他指出，当前奶业形势仍然十分严峻，纵向看，产业链一体化发育不足，横向看，乳品供需适配度亟待提高。希望广大养殖企业、加工企业、主产区地方政府、科研工作者以此为契机，针对当前奶业困难形势，坚持问题导向和目标导向相统一，直面制约奶业发展的卡点堵点，强化使命担当，深化改革创新，携手应对挑战，坚定不移地走好奶业高质量发展之路。他表示，要认真贯彻落实党中央决策部署，强化使命担当，深化改革创新，坚定不移推进奶业高质量发展。一是稳基础，筑牢奶业发展根基。加强奶源基地建设，落实好各项纾困政策，提升优质饲草供应能力，推广节本增效饲养模式，帮助奶农渡过难关。二是强链条，推动产业融合发展。鼓励乳品企业提高自有奶源比例，支持小型奶牛场在严格保障质量安全的前提下就地加工、就近配送鲜奶、酸奶等。三是优结构，增加平价液态奶和干乳制品供应。鼓励使用生鲜乳生产巴氏杀菌乳、灭菌乳、高温杀菌乳。加强科普和宣传，引导扩大乳品消费。四是提效能，加快提升奶业竞争力。深化国际合作交流，挖掘国内国际两种资源，探索高质量的"引进来"和"走出去"，在开放的环境中站稳脚跟、壮大成长。

7 月 3 日上午，本次奶业大会期间，以"科技创新，赋能奶业新质生产力"为主题的国家奶牛产业技术体系论坛在武汉国际会议中心同时成功举办。原农业部常务副部长、中国奶业协会原会长刘成果出席本次会议并发表重要讲话。刘部长通过鞍山综合试验站恒利奶牛场爱尔牛奶模式的案例介绍，对奶牛体系在微观方面的工作做出充分的肯定。刘部长指出，鞍山恒利奶牛场是辽宁唯一定点的试验站，在自身努力与奶牛体系的共同帮助下，打造出了一种新模式。该模式完全符合现代奶业四化、六型、六要的要求，是现代奶业的经典之作。刘部长认为，在当前全行业普遍低迷甚至危机的情况下，鞍山恒利奶牛场能做到一枝独秀，他们必定有自己的理念和实践的经验可供大家学习和借鉴。同时，刘部长对鞍山恒利奶牛场成功的经验概括了以下五个方面：一是他们坚持乳肉兼用，提高综合效益这个路子，经住了考验，不断发展。二是他们坚持奉献营养和服务健康的奶业核心价值，走低温路线，搞鲜活产品。三是他们坚持适度规模，效益优先，虽然他们牧场规模不大，存栏 500 头，但由于形成了链条，因此附加值高，效益好，每年除了爱心捐赠，到手利润达千万以上。四是他们坚持以销定产，不盲目扩大，大大降低了市场风险。五是他们能够坚持做到企业应尽的社会责任，积极奉献社会，每年的捐赠几乎是利润的一半，在当地形成了积极正面的社会影响。鞍山综合试验站恒利奶牛场能做到这五点，所以在奶业低迷，甚至危机的情况下愈发壮大。刘部长希望大家能够借鉴他们的理念与成功的实践经验。同时刘部长强调，他们的经验适合他们自身的实际情况，切忌套用，提醒大家一定要结合自己企业的实际情况，才能把真经学到手。

中国工程院院士、中国奶业协会副会长（主持全面工作）沈建忠在中国奶业协会第十五届奶业大会表示，"两会一展"举办如此成功，主要是因为有国家部委及相关机构单位的精心指导，会展所在地省委省政府、市委市政府的大力支持，以及中国奶业相关科研院所及广大企业的积极参与。他认为，"两会一展"每届的主题都紧扣时代脉搏，紧盯行业发展，具有特别深远的引领性、导向性和前瞻性。2019年"致敬祖国70华诞，谱写奶业振兴新篇章"，制作《中国奶业70年风华录》，感受奶业70年的发展巨变及奶业企业的发展壮大。2020年"科学饮奶，品质消费，全面小康，践行健康中国战略"，发布《中国奶业协会关于推进奶业企业社会责任建设工作的指导意见》，更好服务我国奶业实现全面振兴的发展要求。2021年"展成果，谋方略，绘蓝图，点亮两个百年交汇点"，发布《中国奶业奋进2025》，精心谋划奶业"十四五"发展战略，系统提升奶业现代化水平，有效促进奶业高质量发展。2022年"铸就中国奶业民族自信之魂，行稳致远高质量发展赶考之路"，举办国评办授予的四年一度优秀奶业工作者和优秀乳品加工企业评比表彰。2023年"启航现代化建设新征程 点亮高质量发展新赛道"，发布《中国奶业高质量发展核心指标体系》《中国乳制品消费扩容提质指导意见》《中国奶牛种业战略发展意见》，共同助力我国奶业全面振兴和实现高质量发展。今年"数智赋能引领产业发展增长点 产业融合驱动奶业高质量发展"，旨在抓住数智赋能和科技创新这一关键核心，重在产业融合这一重要举措，打造新增长点，扎实推进高质量发展。

为了展示中国奶业科技创新成就、数智化改革成效，中国奶业协会组织编撰出版了《中国奶业科技创新与数智化转型典型实践案例集》，彰显奶业企业创新变革的典型做法，弘扬勇攀高峰、敢为人先的科学家精神。中国工程院院士、中国奶业协会副会长（主持全面工作）沈建忠宣读了《关于公布〈中国奶业科技创新与数智化转型典型实践案例〉入选企业名单的通知》。通知指出，经广泛征集和严格遴选，内蒙古伊利实业集团股份有限公司、内蒙古蒙牛乳业（集团）股份有限公司、光明乳业股份有限公司、君乐宝乳业集团股份有限公司、黑龙江飞鹤乳业有限公司、现代牧业（集团）有限公司、北京三元食品股份有限公司、新希望乳业股份有限公司、内蒙古圣牧高科牧业有限公司、北大荒完达山乳业股份有限公司等48家奶业企业实践案例，入选《中国奶业企业科技创新与数智化转型典型实践案例集》，供大家学习和借鉴。

中国工程院院士、华中农业大学教授陈焕春，中国工程院院士、华中农业大学教授金梅林，中国农业电影电视中心原党委书记、主任、中社三局第四联合党委书记赵泽琨，中国动物疫病预防控制中心主任陈伟生，中国奶业协会战略发展工作委员会委员孙有恒，北京畜牧兽医研究所所长张军民，中国饲料工业协会常务副会长兼秘书长、全国畜牧总站原站长王宗礼，北京畜牧兽医研究所原所长秦玉昌，中国奶业协会战略发展工作委员会委员高丽娜参加了新书发布仪式。

权威解读，提振信心
谱写奶业质量安全提升新篇章

分析发布权威数据，分享奶业新变化、新动向，客观展示我国奶业振兴发展进程，增强消费者对国产乳制品消费信心，《中国奶业质量报告（2024）》正式发布。

中国奶业协会副会长兼秘书长刘亚清对《中国奶业质量报告（2024）》进行解读。报告指出，2023年中国奶业生产能力继续提高，产业综合素质持续增强，质量安全水平高位再提升，国产品牌美誉度和国际竞争力逐步增强。主要表现在以下几个方面：一是乳品量质持续双升。全国奶类产量4 281.3万t，同比增长6.3%；乳制品产量3 054.6万t，同比增长3.1%。全国生鲜乳抽检合格率100%；乳制品总体抽检合格率99.87%；生乳中乳蛋白、乳脂肪等质量安全指标达到较高水平；菌落总数、杂质度和体细胞监测平均值分别符合国际和欧盟限量标准；三聚氰胺等重点监控违禁添加物抽检合格率连续15年保持100%。二是产业素质加快提升。全国存栏百头以上规模养殖比例达到

76%，同比提高 4 个百分点。奶牛平均单产 9.4t，较去年增加 200kg；规模牧场 99% 以上配备全混合日粮搅拌车，原料奶生产 100% 实现机械化挤奶。三是消费回升态势显现。规模以上乳制品加工企业主营业务收入 4 620.9 亿元，同比增长 2.6%，人均乳制品消费量 42.4kg，比上一年增长 0.4kg；奶业主产省生乳收购平均价 3.84 元 /kg，同比下降 7.7%。四是民族奶业竞争力持续增强。2023 年，国产奶与进口奶抽检数据显示，黄曲霉素 M_1 符合中国、美国及欧盟限量标准，铅、铬、汞、砷等污染物指标合格率 100%；国产奶的乳铁蛋白、β – 乳球蛋白和糠氨酸等指标均优于进口同类产品。

寻找方向，探索路径
构筑科技创新数智化发展新高地

深入实施创新驱动发展战略，为中国奶业科技创新和数智化转型提供战略思路、方向和路径，中国奶业协会起草发布《中国奶业科技创新指导意见》和《中国奶业数智化发展意见》，加快培育新质生产力。

中国工程院院士、中国奶业协会副会长任发政解读了《中国奶业科技创新指导意见》（简称《指导意见》）。《指导意见》明确，到 2030 年奶业科技创新水平总体达到世界先进水平的主要目标。同时，围绕夯实基础研究根基，筑牢自立自强基石；突破关键核心技术，维护产业稳定安全；聚焦数智转型赋能，激发新型消费潜力；强化企业主体地位，深化科技体制改革；加强科技平台建设，推动科技成果转化；加强人才队伍培养，培育壮大科技力量等六大方面，提出了 21 项重点任务。他表示，《指导意见》的出台，是着眼世界科技革命和产业变革新趋势的必然选择，是顺应人民群众对高品质乳制品需求的现实要求，是破解奶业发展面临突出问题和挑战的战略举措，是贯彻落实党的二十大精神的具体举措，具有十分重要的意义。

原农业部党组成员、中国奶业协会战略发展工作委员会名誉副主任毕美家解读了《中国奶业数智化发展意见》。《发展意见》明确，到 2030 年我国奶业数智化基础支撑体系基本建立，数智技术在智慧牧场、智能工厂、数字营销等领域实现规模化应用，全产业链生产效率、产品质量及效益全面提升，整体竞争力稳步提高。奶业企业通过数智化转型不断发展成熟，形成 20 个以上可复制、可推广的典型应用示范，打造 10 家以上具有引领带动作用的奶业产业链龙头企业。同时，围绕推动基础支撑体系建设、增强奶业技术创新能力、拓展重点领域应用场景、提升产业链供应链竞争力、构建高效融合奶业生态五大领域，明确推进大数据平台建设、推进智慧牧场建设、加快智能工厂改造等 20 项重点任务。他表示，《发展意见》部署任务系统全面、突出重点、把握关键，各方面要加快落实落细见效，推动中国奶业通过数智化转型实现高质量发展。

数据挖掘，资源共享
权威发布中国奶业大数据平台

敏锐抢抓数字经济发展重要机遇，发挥大数据推动行业高质量发展重要作用，中国奶业协会潜心构建中国奶业大数据平台。据介绍，中国奶业大数据平台是由中国奶业协会联合行业主要业务主体共同搭建的奶业数智化平台；拥有丰富持续稳定的数据来源，包括政府部门、专业机构、生产企业、国际组织，实现千万级年度增量、汇聚亿级数据存量；形成的奶业全产业链数据库，涵盖奶畜养殖、乳品加工、市场消费、供应商、国际贸易；实时监控数据变化，深度发掘数据价值，精准服务产业链主体，激活数据核心价值，释放数据红利，实现产业数字化和数字产业化融合共生。

中国工程院院士、国家农业信息化工程技术主任赵春江，中国奶业协会副会长兼秘书长刘亚清，中国奶业协会战略发展工作委员会委员高丽娜，河北农业农村厅畜牧业处处长陈东来，宁夏农业农村厅畜牧兽医局副局长卢耀伏，伊利集团执行总裁刘春喜，蒙牛集团党委副书记、执行总裁李鹏程，优然牧业董事会主席兼总裁袁军，现代牧业总裁孙玉刚，首农畜牧党委书记、董事长、总裁乔绿，乐源牧业总经理候新锋，光明牧业总经理袁耀明，南京丰顿董事长邵兵，一牧科技首席执行官马志愤参加了中国奶业大数据平台互联互通仪式。

科学食奶，品牌代言
多路径助推奶业消费提升

在"健康中国""扩大内需"双重战略背景下，为深入推进国民营养计划和健康中国合理膳食行动，国民营养健康指导委员会办公室制定发布《"减油、增豆、加奶"核心信息》。中国奶业协会迅速响应、精心谋划，研究制定专项行动方案，联合营养相关机构、地方奶协、乳品企业、媒体资源等多方力量，加大科学食奶宣传推广力度，创新产品品类和食用场景，培养国人科学食奶良好习惯。

中国农业科学院原党组书记、国家食物与营养咨询委员会主任、中国奶业协会战略发展工作委员会名誉副主任陈萌山介绍了《全民科学食奶"壹拾佰仟万"专项行动方案》。《方案》涉及三方面核心内容：一是提出"一十百千万"工作思路，策划"一项"科学食奶推广行动，联合"十家"相关单位发布"科学食奶，优享健康"倡议，筛选"百名"科学食奶推广大使，走进三四线城市和农村地区"千个"场所（社区、养老院、医院、学校、企业、部队、机关等），覆盖"百万"家庭和"千万"人群。二是明确六大行动目标，开拓一条科学食奶推广新路径，培育一批科学食奶推广骨干人才，推动一批专业化、精细化、功能化乳制品落地，形成一套可复制可推广的推广经验，促使科学食奶理念更加深入人心，全民营养素养水平进一步提升。三是策划开展六项重点工作，举办专项行动启动仪式、联合发布"科学食奶，优享健康"倡议、设计制作科学食奶系列科普海报、集中推介优秀乳制品品牌、筛选发布首批科学食奶推广大使名单、推动专项行动在全国范围内全面铺开等。

满足新消费升级需求，促进奶业高质量发展，中国奶业协会联合多家相关单位，共同向全社会发起"科学食奶，优享健康"倡议。中国奶业协会副秘书长张智山，国家食物与营养咨询委员会秘书长、农业农村部食物与营养发展研究所所长王加启，中国疾病预防控制中心营养与健康所所长丁钢强，中国营养保健食品协会执行副会长厉梁秋，中国营养学会副理事长刘烈刚，中国学生营养与健康促进会副会长刘永胜，中国农业大学营养与健康研究院副主任郭慧媛，伊利集团副总裁徐克，蒙牛集团副总裁顾瑞珍共同宣读了倡议书。

中国奶业企业践行品牌强国战略，传播中国奶业品牌价值，并为形成信任中国品牌、消费中国品牌的风尚贡献了重要力量。大会上，中国奶业企业积极传播奶业品牌向上力量，助推奶业品牌深入人心，为中国奶业品牌代言，并共同发出代言心声。

中国奶业协会副会长兼秘书长刘亚清宣读了首批百名科学食奶推广大使名单。同时提出，各入选人员要严格按照《全民科学食奶"一十百千万"专项行动方案》要求，以各自所在单位为主体，联合相关部门、单位和企业，在2024年8—10月，走进三四线城市和农村地区的社区、养老院、医院、学校、企业、部队、机关等单位场所，创新开展科学食奶知识推广活动，为推动乳制品消费扩容提质和促进国民营养健康水平提高做出新的更大贡献。

（本文由中国奶业协会提供，标题由中国奶业年鉴编辑部所加）

"点""识"成金
——2024 中国奶业发展战略研讨会在武汉成功举办

　　全面贯彻落实党的二十大精神，破解当前奶业发展难题，深入研究奶业全产业链发展策略，提升奶业质量效益和综合竞争力。2024 年 7 月 3 日上午，由中国奶业协会主办的 2024 中国奶业发展战略研讨会在武汉成功举办。

强化战略引领
以战略眼光擘画发展蓝图

　　国务院参事、农业农村部原副部长于康震作了题为《行进在高质量发展之路上的中国奶业》的主旨报告。他表示，**一是我国奶业取得突出成就**。乳品质量安全水平总体达到世界奶业发达国家水平，奶源自给率恢复到安全水平，乳品加工企业总体达到世界一流水平，奶牛规模化养殖和单产水平持续提升，优质饲草料供应能力持续提高，奶业绿色发展取得重要进展。**二是我国奶业发展挑战与机遇并存**。受新冠疫情后经济增长乏力等因素影响，我国乳品消费市场疲弱，原料奶供应过剩，企业喷粉库存压力大。奶牛养殖和乳品加工企业效益下滑或亏损严重。2023 年，我国人均乳品消费量 42.4kg，仅为世界平均水平的三分之一。按照中国居民膳食指南推荐的奶及奶制品日均摄入量 300~500g 标准，同时随着"喝奶"向"吃奶"转变，奶酪等干乳制品消费显著增长的发展趋势，消费者对乳品的营养价值和健康功能越来越重视，未来奶业发展潜力巨大。

　　他提出，面对我国奶业的严峻挑战，**一要以消费者为中心，促进乳品消费升级**。消费事关保障和改善民生，促进消费不仅具有紧迫性和重要性，而且具有战略性和长期性。要深入洞察消费者需求，精准满足不同人群多元需求。去年中国奶业协会组织开展了促进我国乳品消费战略研究，并发布了《中国乳制品消费扩容提质指导意见》。促进乳品消费也是本届盛会的重要内容，为促进健康中国建设，请结合实际，抓好落实。**二要优化乳品结构，推动产业供需有效匹配**。奶业发达国家均以干乳制品消费为主，而我国以液态奶消费为主。应优化液态奶与干乳制品生产比例，增加奶酪等高附加值产品的生产供应。特别是要突破乳清蛋白、乳铁蛋白、乳糖等婴幼儿乳粉关键配料的自主研发和生产，提升乳品深加工技术水平和供给能力。**三要完善利益联结机制，共享产业发展成果**。健全养殖企业与乳品企业之间稳定的利益联结机制，推进形成风险共担、利益共享的产业格局。在农业农村部的精心指导下，中国奶业协会组织起草并印发了《关于进一步加强奶业利益联结机制建设的指导意见》，请结合各地和企业实际，认真贯彻落实，推动形成紧密的产业链合作关系，实现共赢发展。**四要维护供应链稳定，保障产业链安全**。针对进口乳品原料、仪器设备等断供影响产业发展问题，应完善国内奶业供应链体系，建立更加多元化的供应链，规避贸易壁垒，提高抗风险能力，保障产业链的安全稳定和自主可控。**五要加强科技创新驱动，推动奶业自立自强**。着力攻克奶业关键核心技术难题，努力实现重大科技突破。建立健全以企业为主体、市场为导向、产学研深度融合的科技创新体制机制，激发行业创新活力，推动我国奶业迈向更高水平的科技自立自强。**六要深化高水平对外开放，提升国际竞争力**。立足国内、放眼全球。应抓住当前世界新一轮科技革命和产业变革机遇，推动高水平对外开放，由注重贸易合作转向深度技术合作。通过全球资源利用、业务流程再造、产业链整合、资本市场运作等方式，提高产业国际化经营能力和服务水平。

中国农业科学院原党组书记、国家食物与营养咨询委员会主任、中国奶业协会战略发展工作委员会名誉副主任陈萌山作了题为《为实现国民营养健康饮奶水平达标而共同奋斗》的主旨报告。他提出倡议，奶业同仁要为尽早实现国民每天饮奶300g的营养健康达标水平而共同奋斗。围绕这一倡议，陈萌山重点分析了三个方面内容。**一是国民饮奶营养健康达标水平的由来**。既是基于营养学研究的科学依据。奶类营养丰富，含有蛋白质、脂肪、乳糖、钙、维生素 B_2、维生素 D 等20多种营养素，包含人体所需的大多数营养物质，也是顺应居民膳食结构优化的现实需求。我国传统膳食模式，奶的消费少、占比低，严重影响了膳食营养平衡，更是改善国民营养健康的迫切要求。我国居民钙摄入不足超过95%，18～59岁成年人维生素 B_2 摄入不足的人口比例超过85%，包括 β-乳球蛋白、免疫球蛋白、乳铁蛋白等多种活性蛋白成分，以及发酵乳中的益生菌等，多喝奶可以很好缓解这些问题。**二是我们有条件有信心加快国民营养健康饮奶水平达标**。我国奶业质量有保障。我国奶牛养殖、生鲜乳质量、乳制品加工工艺都达到了国际领先水平，我们有国际上最严格的奶业质量监管体系、最先进的奶业生产体系，我们有充足的底气、坚实的基础、强大的行业凝聚力，为城乡居民提供放心的优质乳制品。居民消费升级有需求。我国正由生产型社会向消费型社会转变，消费将成为拉动经济增长的主要动力，全社会对更好品质、更加时尚、更营养健康的消费需求必将逐步扩大。2023年乳制品消费渠道趋于多元，基础类和消费升级类产品更受青睐。奶业创新和消费热点提振信心。有产品创新引领市场拓展的典型，有服务创新扩大市场规模的典型，有政策措施创新增加消费群体的典型。国家"学生饮用奶计划"推广成效显著。促进奶类消费的良好氛围正在逐步形成。政府部门、协会、企业、媒体等持续推广宣传，形成全社会、广覆盖的奶类科普环境。**三是我们要综合施策全力推进营养健康饮奶水平达标**。推动出台奶类消费支持政策。加快建设低温奶产销冷链物流基础设施，推动扩大奶类消费列入国家营养立法，研究发放奶类消费券，提高"国家学生饮用奶"覆盖率。创新丰富奶类消费产品。解决长江以南奶类产品的生产供应问题，发展水牛奶等特色乳品，加快布局原制奶酪和乳清产业链。提升扩大奶类消费服务。重塑奶制品的市场定位，减少豪华、高端包装，减少企业过度营销成本。规范奶类产品及其消费服务，出台奶茶行业标准，提高奶类产品线上线下铺货率，推动奶类供应纳入营养健康食堂评价体系。优化改善奶类消费环境。发挥各级宣传部门的主导作用和主流媒体的主渠道作用，鼓励新媒体积极参与奶类科普宣传。

中国工程院院士、中国奶业协会副会长任发政作了题为《乳品营养与健康》的主旨报告。他指出，健康成为社会高度关注的社会问题，营养不均衡引发的健康问题日益严重，营养是调控健康的方式之一。已有研究表明，乳制品能够降低心血管疾病、肥胖等慢性病的风险，且乳中的营养物质的健康功效也不断被认知，乳铁蛋白具有促成骨活性，母乳低聚糖具有促进肠道健康的作用，多不饱和脂肪酸有益于婴幼儿生长发育，miRNA能够促进器官发育及免疫调节。发展乳品产业，要以科技创新和智能化为核心，在原料端挖掘新型活性成分、工艺端突破分离纯化与活性保持技术、装备端实现智能化与自动化；加强科学研究，完善产品端的功效评价与临床数据，针对特殊人群制定精准干预策略；结合产业现状，充分发挥科技创新的引领作用，以新质生产力为指引，制定"中国牛、中国养殖模式、中国原料、中国装备、中国标准"的目标，助力我国乳品产业的高质量发展。

夯实战略研究
以创新意识点燃发展引擎

中国工程院院士、中国奶业协会代理会长沈建忠介绍了《中国奶业战略发展重点课题研究报告（2024）》的要点内容，并同大家一起见证报告发布。

深入贯彻党的二十大精神，认真落实推动高质量发展战略部署，树立登高望远的战略观，中国奶业协会战略发展工作委员会深刻总结发展成就和经验，科学研判当前发展环境和形势，系统谋划未来战略和举措，通过实地调查和深入研究，形成三大课题研究报告，助力中国奶业走出当前困境，实现转型升级、创新可持续发展。

《中国奶业科技创新与应用研究报告》阐述了中国奶业创新发展坚实的产业基础、良好的创新环境和丰富的创新举措，以及在繁殖育种、饲料营养、疫病防控、智能化装备、产品结构、产品工艺等方面取得的重要成果。同时，针对优质种源自给率不高、单位原奶生产成本高、乳制品产品结构不均衡、乳品深加工和配料研发不足、养殖加工设备对外依存度高等问题提出了对策建议，助力中国奶业走向创新、高效和可持续的发展道路。

《中国奶业数智化研究报告》阐述了随着科技的发展，数智化已经成为当今社会发展的趋势。奶业作为现代农业发展中最具活力、增长最快的产业之一，数智化发展具有必然性和重要性，是可持续高质量发展的必由之路。中国奶业应抓住数智化发展的历史性机遇，加快高质量发展步伐，提高生产效率，提高产品质量和数量，增加企业和社会效益，提高奶业国际竞争力，助力健康中国建设。

《中国乳品结构优化调研报告》阐述了我国乳制品产品种类结构和市场消费状况，针对目前乳制品市场存在的供需阶段性失衡、产品同质化突出、营养健康宣传不深入等问题，深入开展调研研究，积极探索我国乳制品结构优化的策略与路径，提出强化乳品科技创新、促进产业链供应链一体化、打造特色乳制品奶源基地、加强乳制品科普宣传引导等建议举措，为深入推进奶业高质量发展建言献策。

<h2 style="text-align:center">强化联农带农
以民本情怀助力乡村振兴</h2>

2023 年中央农村工作会议提出"完善联农带农机制，实施农民增收促进行动"。2024 年中央一号文件要求"强化产业发展联农带农，健全新型农业经营主体和涉农企业扶持政策与带动农户增收挂钩机制"。联农带农机制，是提升乡村产业发展水平、促进农民持续稳定增收的重要牵引。

中国奶业协会副会长兼秘书长、战略发展工作委员会秘书长刘亚清宣读了《2024 中国奶业联农带农重要成果》。经统计，我国奶业已形成以龙头企业带动、专业合作社带动、休闲牧场带动、"互联网＋数智化"带动、生态循环带动以及区域特色带动等六大联农带农模式，伊利、蒙牛、光明、君乐宝及飞鹤等 39 家奶业企业，开展了 68 项重点联农带农项目，累计投入帮扶资金 803 亿元，覆盖人数 43 万，技能培训 101 万人次，解决农民就业 24 万人，农民年人均增收 2.34 万元，在经济效益、社会效益、环境效益等方面取得了很大成效。今后，要在强化经营主体培育，夯实联农带农基础；健全利益联结机制，提升联农带农效益；完善帮扶支持体系，强化联农带农保障；创新联农带农模式，拓展联农带农路径；加强舆论宣传引导，增强联农带农意识方面等，进一步强化奶业发展联农带农，完善联农带农机制。中国奶业企业大胆探索、积极实践，努力开创中国奶业联农带农新局面，联合发出联农带农心声。大家一致表示要深化联农带农富农，聚焦科技赋能、智数战略、产业链共融，推动奶业繁荣与发展，带动产业升级和农民致富，持续推进乡村振兴。同期，10家企业代表登台，进行了"乡村振兴我助力，联农带农再出发"启动仪式，携手打造联农带农新格局，谱写乡村振兴新篇章。

研讨会上，农业农村部食物与营养发展研究所所长、国家奶业科技创新联盟理事长王加启作《我国乳品产业面临的挑战及发展对策》专题报告；国家奶牛产业技术体系首席科学家、中国农业大学教授、中国奶业协会副会长李胜利作《中国奶牛养殖业走出困境的思考与举措》专题报告；伊利集团执行总裁刘春喜、优然牧业董事会主席兼总裁袁军分别发表了感言。

（本文由中国奶业协会提供）

高水平保障畜禽产品稳定安全供给

2023年底中央农村工作会议召开之际，习近平总书记对"三农"工作作出重要指示，要求"树立大农业观、大食物观，农林牧渔并举，构建多元化食物供给体系"。2024年中央一号文件明确要求，"抓好粮食和重要农产品生产"。习近平总书记的指示和中央的要求，指向非常明确，是做好畜牧兽医工作的行动指南。2023年畜禽产品供应充足，增草节粮取得实效，规模化、标准化、绿色化、设施化稳步推进，产业素质进一步提升，动物疫情保持平稳，未发生重大畜禽产品质量安全事件，畜禽产品稳定安全供给基础更加扎实。但畜牧业生产周期长，产能易降难升，在高的起点上，做好2024年畜牧兽医工作，要坚持把全面提升畜禽产品稳定安全供给能力作为首要任务，深化畜牧业供给侧结构性改革，着力稳产能、提效率、防疫病、固安全，强化科技支撑，持续提升绿色发展水平，更高水平保障稳定安全供给。

着力稳定基础产能

2023年畜禽产能较为充裕，畜产品价格持续低位运行。今年工作着力点是，既要引导适度放缓扩张节奏，又要稳住基础产能，做好逆周期调控，严防因长期亏损引起产能过度下降、生产大起大落，促进供需平衡，提升产业质量。重点抓好"一优一促一稳"。

一是优化生猪产能调控。修订发布生猪产能调控实施方案，优化完善调控措施，根据生产效率提升的现实情况，适当下调全国能繁母猪正常保有量目标，适当放宽保有量调控区间下限，推动生猪产能处于合理区域。进一步压实生猪稳产保供省负总责要求，稳定用地、环保、金融等长效性支持政策，防止出现政策"翻烧饼"。强化生产监测和形势分析，引导养殖场户把握合理生产节奏，稳定行业预期，防止过度去产能。建立大型猪企经营风险监测预警机制，指导企业防范化解经营风险。

二是促进奶业产销平衡。指导主产省继续实施奶业纾困政策，稳定基础产能。加强监测预警，引导企业合理控制生产节奏，避免盲目扩张。实施奶业生产能力提升整县推进项目，培育新型经营主体，促进奶牛养殖与乳品加工融合发展。推动乳品标准修订，促使国产乳品质量更优，营养更佳，品种更丰富，更好满足人民群众日益多元化的消费需求。

三是稳定牛羊禽肉生产。持续推进肉牛肉羊生产增量提质，加快草原畜牧业转型升级，落实牧区畜牧良种补贴，稳定牛羊母畜存栏，提升设施水平和生产效率，严厉打击"瘦肉精"等非法添加风险物行为。实施草原生态保护补助奖励政策，促进牧区生产生活生态协调发展。引导支持家禽产业做优做强。

着力提升饲草料供给保障能力

2023年饲用豆粕减量替代取得积极成效，养殖业消耗的饲料中豆粕用量占比13%，同比下降1.5个百分点。但从长远看，饲料原料供需矛盾依然突出。牛羊饲草需求保障率不足70%，"草不够"问题仍是制约牛羊养殖竞争力提升的重要因素。今年要聚焦"提效、扩源、增草"，扎实做好"减豆粕""增饲草"两篇文章。

一是抓好豆粕减量替代行动。构建完善饲料原料和加工参数两个基础数据库，精准评估豆粕饲料资源营养价值。完善低蛋白高品质饲料标准体系，集成推广低蛋白日粮、蛋白饲料多元替代、饲料精准配方和精细加工等技术。扩大乙醇梭菌蛋白等微生物蛋白饲料原料产能，开展餐桌剩余食物、动物源蛋白水解物、毛皮动物屠体等新蛋白资源饲料化利用试点。全面开展地源性特色蛋白饲料资源调查，挖掘扩源潜力。推介典型案例和模式，引导全行业持续减少豆粕等饲料粮用量。

二是抓好增草节粮行动。落实《"十四五"全国饲草产业发展规划》，加快建立规模化种植、标准化生产、产业化经营的现代饲草产业体系。开发利用盐碱地等土地资源建设高标准饲草基地，推动建设"盐碱地草带"，既增加饲草供给，又增加后备耕地资源。加快提升全株青贮玉米、苜蓿、饲用燕麦、黑麦草等优质饲草供给能力，因地制宜开发利用区域特色饲草资源。持续推进粮改饲，实施优质高产苜蓿发展行动，针对北方农牧交错带和南方草山草坡地区开展种草养畜先进适用技术集成推广，推行良种良法配套高效种植生产模式。

着力防疫病保安全

非洲猪瘟等重大动物疫病是可能逆转稳产保供形势的最大风险，牛羊布病等重点人畜共患病、兽用抗菌药超量使用是公共卫生和食品安全的重要威胁。今年要围绕"两病一药"下更大功夫。

一是抓实重大动物疫病防控措施。加强监测预警，强化主动排查、主动监测，持续跟踪分析非洲猪瘟等病毒流行及变异情况。加快推进强制免疫"先打后补"改革，确保免疫到位、效果到位。加强动物检疫智慧监管，全面推进无纸化出证，开展动物检疫监督专项行动，多措并举提升动物检疫申报率。完善分区防控措施，提高区域化管理的精准性和有效性。建成一批高质量的国家级净化场、无疫小区和无疫区，由点带面加快推进疫病净化进程。强化应急物资储备，提升精准防控能力，降低重大动物疫病发生风险，高效处置新突发疫情。完善病死畜禽无害化处理管理制度、补助政策和技术模式，提高病死畜禽无害化处理能力。

二是遏制布病等人畜共患病上升势头。落实畜间人兽共患病防治规划和布病防控五年行动方案，精准确定免疫或净化防控路径。探索推广牛羊布病有效免疫模式，提升综合防控效果。密切跟踪高致病性禽流感病毒变异情况，根据需要及时更新强免疫苗毒株。加强血吸虫病监测，推进消除进程。

三是加快推进养殖"减抗"。继续推进全国兽用抗菌药使用减量化行动，确保五年行动目标圆满完成。实施"科学使用兽用抗菌药"公益接力宣传行动。推广一批养殖"减抗"经验做法和技术模式，遴选公布一批养殖"减抗"典型案例。开展养殖规范用药专项整治，严查使用原料药、"三超用药"等行为。加强动物源细菌耐药性监测，推动耐药性较高的抗菌药加快退出。加快研发和推广兽用抗菌药替代产品，研究论证推广一批兽用中药，有效降低抗菌药使用量。

着力强化科技支撑

科技创新是提升畜牧业劳动生产率、资源利用率和畜禽生产力的必由之路。现阶段，畜牧产业和科技"两张皮"问题依然存在，不少领域设施设备、方法技术的单一创新已不能很好满足高质量发展要求，迫切需要强化原始创新、集成创新，破解资源和环境约束。要强化科技创新驱动，完善技术推广应用机制，持续提升现代畜牧业竞争力。

一是强化科技攻关。系统梳理畜牧兽医科技领域的短板弱项，研究提出行业重大科技创新需求清单。强化动物疫病基础研究，加快多联多价疫苗、细菌疫苗和低毒低残留兽药开发应用。研发创制高效绿色饲料和饲料添加剂产品，加快培育优质高产抗逆饲草新品种，开展盐碱地种草和地力提升技术攻关。加强设施畜牧业精准智能控制、智慧防疫技术和设备研发，开展设备工艺融合技术集成与示范。

二是强化技术应用。实施牧区良种补贴，推广优良品种。开展饲用豆粕减量替代技术推广示范，加强饲草种质资源收集保护与创新利用，推广牛羊非常规饲料资源综合利用、常发病防控集成技术等节本增效技术。遴选推介畜禽粪污资源化利用、病死畜禽无害化处理、畜禽精准化饲喂等实用技术模式和设施装备，提升畜牧业绿色发展水平和竞争力。

　　三是强化标准化示范创建。围绕产业需要，加强畜牧兽医标准制修订。优化调整畜禽养殖标准化示范创建内容，创建一批以设施养殖或绿色发展为主的国家级标准化示范场，发挥示范带动效应。开展生猪屠宰标准化示范创建，支持各地开展牛羊禽屠宰标准化建设试点。组织开展全国生猪产能调控基地生产劳动竞赛，引领提高生产效率、降低疫病风险。

（作者：农业农村部畜牧兽医局局长黄保续　来源：农村工作通讯2024年第5期）

战略先行 创新领航
凝聚全行业蓬勃生机，奋力谱写现代化中国奶业新篇章

2020 年以来工作回顾

面对百年变局和世纪疫情，中国奶业协会始终坚持以习近平新时代中国特色社会主义思想为指导，全面贯彻党的十九大和十九届历次全会精神，认真学习宣传贯彻党的二十大精神，深入贯彻落实《国务院办公厅关于推进奶业振兴，保障乳品质量安全的意见》，紧扣高质量发展要求，扎实推进奶业振兴工作。在农业农村部、工业和信息化部等奶业主管部门，以及中央社会工作部、民政部等部委的指导下，在全体奶业同仁的共同努力拼搏下，中国奶业产业规模跃上新的台阶，产业素质跨上新的高度，全面振兴和高质量发展踏上新的征程。

产量增加跃上新高度。根据国家统计局数据，2023 年前三季全国牛奶产量 2 904 万 t，同比增长 7.2%；1—11 月乳制品产量 2 801.6 万 t，同比增长 3.3%。据此推算，2023 年全国奶类产量将继续保持 4 000 万 t 以上，乳制品产量继续保持在 3 000 万 t 以上，进口乳制品折合生鲜乳保持 1 700 万 t 左右，奶类消费总量近 6 000 万 t，我国是名副其实的奶类生产、加工、消费和贸易大国。

素质持续提升跨上新水准。全国存栏百头以上规模养殖比例达到 72%，规模牧场 95% 以上配备全混合日粮搅拌车，原料奶生产 100% 实现机械化挤奶。规模化奶牛场基本上实现牧场管理软件全覆盖，数字化养牛已呈普及化趋势。全国生鲜乳抽检合格率为 100%；乳制品总体抽检合格率为 99.88%；生乳中乳蛋白、乳脂肪、菌落总数抽检平均值达到欧美奶业发达国家水平，体细胞抽检平均值优于欧盟标准；三聚氰胺等重点监控违禁添加物抽检合格率连续 14 年保持 100%。全产业链日益规模化、标准化、智能化，产业素质全面提升，现代奶业格局初步形成。

品牌建设取得新突破。一批骨干龙头乳品企业脱颖而出。2023 年，伊利、蒙牛继续稳居全球乳品企业 10 强，分列第 5 位和第 8 位，亚洲排名位居前两位。中国奶业 20 强企业市场份额达到 70% 左右，国产品牌婴幼儿配方奶粉市场占有率超过 68%，多款产品在国际乳制品质量评比中获奖，通过国际权威机构认证，奶业品牌世界知名度显著提升。

四年来主要做了以下工作：

（一）坚持以落实党中央、国务院决策部署为牵引，创新引领，高质量高水平举办中国奶业"三会一展"

2020—2023 年"三会一展"走进石家庄、合肥、济南和重庆，紧紧围绕党和国家领导人有关指示，落实党中央、国务院决策部署，紧扣年度中央经济工作会议、农村工作会议等相关要求，综合考虑我国奶业发展现状和趋势，科学设置大会主题，引领行业奋进向前。2020 年第十一届主题为"科学饮奶，品质消费，全面小康，践行健康中国战略"，2021 年第十二届主题为"展成果，谋方略，绘蓝图，点亮两个百年交汇点"，2022 年第十三届主题为"铸就中国奶业民族自信之魂，行稳致远高质量发展赶考之路"，2023 年第十四届主题为"启航现代化建设新征程，点亮高质量发展新赛道"，每届出席的嘉宾中省部级领导约 7 位、院士 3 位，司局级领导 50 余人，同步举办 10 余个专题论坛。特别是 2022 年以来连续两年举办"中国奶业发展战略高层论坛"，备受瞩目。中国奶业展览会覆盖奶业全产业链，在展览面积、参展数量、参展质量和观众人数、层次上每一届都明显提升，2023

年展览规模9.2万 m²，参展企业575家，特装面积比例94%，其中，国家展团4家、涉外企业356家，国际化程度达62%。根据2023年全球奶业专业展览规模统计，中国奶业展览会在规模上已成为亚洲第一、世界第二，仅次于在美国举办的2023世界奶业博览会。中国奶业大会、20强峰会、战略高层论坛和展览会规格高、规模大，主题鲜明、内容丰富、形式新颖，有成就展示，有问题剖析，有成果发布，有战略谋划，有行动启动，现已成为行业内规模最大的会展活动，是国内外享有盛誉和颇具影响的行业会展和尖端峰会。4年来，会展开幕式和D20峰会都由新华网或新华社全程直播，累计点击率1 023.4万次。同时，邀请新华社、人民日报、中央电视台、新华网、人民网、中国网等50余家媒体赴现场进行全方位报道，累计发表相关稿件2万余篇，总计点击率达数千万。

（二）坚持以"十四五"规划和2035年远景目标纲要为指引，谋篇布局，深入开展中国奶业战略发展研究

中国奶业协会战略发展工作委员会自2020年成立以来，从顶层设计、战略发展和总体谋划3个角度，聚焦健康中国、强壮民族和食品安全3个维度，充分发挥"思想库""智囊团"作用，着力开展前瞻性、针对性、储备性战略研究，为促进奶业全面振兴提供高质量的咨询、支持和支撑服务。牵头研究编撰《中国奶业奋进2025》，研究提出"十四五"时期我国奶业总体发展思路和重点方向以及培育我国奶业竞争新优势的37项重点任务，助力健康中国战略和乡村振兴战略。发挥高层专家和企业家优势，累计组织开展16个重点专项课题，研究解决乳品消费、奶牛养殖、企业国际化经营、产业链供应链建设、"三品"战略、绿色生态发展等领域的发展瓶颈和问题，分别于2021年和2023年发布两期《中国奶业战略发展重点课题研究报告》，并在2023年奶业大会上发布了《中国奶业高质量发展核心指标体系》《中国乳制品消费扩容提质指导意见》《中国奶牛种业战略发展意见》等一揽子高质量发展措施，为奶业振兴发展提供广阔的战略思路和实施方案。

（三）坚持以实现奶业现代化为目标，探索破冰，系统启航现代奶业评价体系建设

为积极响应国家现代化建设"两步走"战略安排，助力推进我国奶业现代化进程。2020年，中国奶业协会正式启动实施现代奶业评价体系建设工作，开拓性提出由行业协会牵头引领、产业链上下游企业共同参与的行业现代化评价模式，涵盖奶牛养殖和乳品加工两大业务主体，得到了行政主管部门的指导支持。现代奶牛场定级评价主要包括布局合理化、养殖规模化、管理智能化、发展持续化、生产标准化、品种良种化、动物福利化、产品优质化8个部分，乳制品生产企业现代化等级评价主要从基础设施、技术与装备、管理能力、数字化能力、资源节约与环境保护、社会责任、生产能力与效率7个维度进行评价。2020年7月，在北京召开现代奶业评价体系建设启动会，发布《现代奶业评价，奶牛场定级与评价》团体标准、《现代奶牛场定级与评价管理办法》及《现代奶牛场定级评价师管理办法》，同年12月召开现代奶业评价体系建设推进会；2021年4月在河北唐山举办乳制品生产企业现代化等级评价工作启动会，2023年5月发布《现代奶业评价，乳制品生产企业现代化等级评价》团体标准和《现代奶业评价，乳制品生产企业现代化等级评价管理办法》，同步组织开展乳制品生产企业现代化等级评价申报工作。截至2023年7月，共完成140家现代奶牛场定级与评价，70家乳制品生产企业现代化等级评价，有力推动了我国奶业现代化建设。

（四）坚持以种业振兴行动方案部署为指导，强基固本，全力构建现代奶牛自主育种体系

种业是国家战略性、基础性核心产业。打好种业翻身仗，是当下中国奶业高质量发展的重要核心任务。中国奶业协会认真落实种业振兴行动方案部署，围绕奶牛种业科技自立自强、种源自主可控开展奶牛品种登记、奶牛生产性能测定、体型鉴定、全基因组检测、遗传评估、奶牛核心育种场遴选等工作，重点参与《全国奶牛遗传改良计划（2021—2035年）》的制定并承担重要任务，主持参与《中国荷斯坦牛》《中国荷斯坦牛公牛后裔测定技术规程》《中国荷斯坦牛体型鉴定技术规程》等起草及修订，出台《中国奶牛体型鉴定员管理办法》。2020年以来累计举办奶牛生产性能测定数据交流活动 5 期，培训数据人员 500 余人次，覆盖全国 39 个 DHI 测定实验室，服务 1 000 余个奶牛场；组织中国奶牛体型鉴定培训 3 期，培养考核中国奶牛体型鉴定员 99 人；联合企业开展"菲常奶农"定点牛场技术帮扶 12 次。联合全国顶级专家，适时成立遗传评估部，发挥种业阵型企业组合拳优势，积极筹建国家奶牛遗传评估中心。截至 2024 年，全国奶牛品种登记达到 207 万头，奶牛生产性能测定覆盖 1 334 个奶牛场 191 万头奶牛，累计鉴定奶牛 64 万头，每年固定开展奶牛遗传评估工作 2~3 次。建立专业数据机房，开展行业数据的收集、分析和挖掘，积累行业数据 9 000 余万条，搭建中国奶业大数据平台，为行业提供科学依据，引领数字养牛。

（五）坚持以践行"健康中国"战略为使命，守正创新，开创国家"学生饮用奶计划"推广新局面

2020 年以来，中国奶业协会积极践行"健康中国"战略，贯彻落实奶业振兴文件精神，大力推广国家"学生饮用奶计划"，不断总结中国特色社会主义营养改善事业发展规律，积极探索，走出了一条契合我国国情的学生饮用奶推广道路。2020 年 1 月，正式启动为期两年增加学生饮用奶产品种类试点工作，同年 12 月，举办"国家'学生饮用奶计划'实施 20 年"活动，动员社会各界把国家"学生饮用奶计划"实施推向更深层次、更高水平，发布《国家"学生饮用奶计划"推广规划（2021—2025 年）》，授予 87 家学生饮用奶生产企业或集团公司"中国学生饮用奶——学生营养改善贡献企业"荣誉称号。2021 年 6 月，配合农业农村部畜牧兽医局，组织开展专题调研。2022 年 5 月 6 日，发布了新修订的《国家"学生饮用奶计划"推广管理办法》，并配套制定了《学生饮用奶 - 巴氏杀菌乳》《学生饮用奶 - 发酵乳》和《学生饮用奶 - 入校操作规范》3 项团体标准，升级信息系统，提高管理效率；同年 9 月，发出《关于积极申报"国家学生饮用奶计划"新增产品种类及规范推广管理工作的通知》，提出全国统一推广"中国学生饮用奶标志"使用。2023 年 10 月，组织开展学生饮用奶专家库遴选工作；同年 12 月，组织召开 2023 国家"学生饮用奶计划"工作会议，权威发布《国家"学生饮用奶计划"推广公报（2023）》，系统展示学生饮用奶推广工作。截至目前，全国已有"学生饮用奶"生产企业 154 家、认证奶源基地 404 家，全国"学生饮用奶"在校日均供应量 2 775 万份。覆盖全国 31 个省（自治区、直辖市）的 10 万多所学校，约 3 210 万名中小学生受益，覆盖范围持续扩大，供应数量逆势增长，取得极为不易的新成就。

（六）坚持以提升服务能力水平为宗旨，锐意进取，发挥协调优势提供精准服务

2020 年以来，中国奶业协会充分发挥资源汇聚优势，及时跟进并认真研究奶业政策措施，全面掌握行业情况和动态变化，及时了解企业冷暖诉求，充分有效反映行业、企业合理诉求，重点帮扶弱势困难会员企业纾困，为政府出台产业相关政策和科学规划产业布局建言咨政。

服务会员方面：一是提供法律服务，受理 30 多家会员企业融资咨询，受理反垄断征询、品牌纠纷、企业商标侵权、不正当竞争等法律咨询上百件。二是开展评选推优，2022 年评定 200 家全国优秀乳品加工企业和 100 位全国优秀奶业工作者，为 30 多家会员企业在"中国专利奖""中国神农科技奖"等国家级奖项推优工作中提供支持，帮助 10 多家会员企业成功完成国家级奖项评定工作，公开表扬 160 家会员企业在抗疫赈灾中做出的突出贡献。2023 年下半年，协会完成了"中国奶业协会奶业科技奖"申报并顺利通过科技部奖励办审核。三是开展培训服务，联合北京大学、清华大学、中国农业大学等知名院所，聚焦行业关切、服务会员期盼，开展线上免费培训 10 多期，培训人员 3 万余人次。疫情以来，协会为会员企业纾困解难减免会费 500 多万元。

服务行业方面：主动组织研制一批满足行业创新需要的团体标准，制定《中国奶业协会团体标准管理办法》，2020 年以来组织制修订，并发布了《中国奶业 D20 标准 生牛乳》等 12 项团体标准。连续多届举办中国奶酪高峰论坛，引导乳品消费转型升级。新冠疫情期间，开通 24 小时紧急纾困通道，开展特殊时期奶业企业生产销售影响监测，促进防控期间稳产保供系列政策出台及落实。组织奶业企业发出《中国奶业高质量发展重庆宣言》，倡导"诚信共建，发展共享"承诺，共促产业和谐，共享发展成果。

服务政府方面：积极承接并完成农业农村部《奶牛参考群数据筛查与评估数据梳理》《奶业信息监测分析》《奶业品牌提升行动》《生鲜乳质量安全监管》《奶业产业损害监测预警》《中国奶牛饲料动态监测报告》等政府购买服务项目。受邀参加国家发改委、国家卫健委、国家市场监管总局、工业和信息化部等部委组织的座谈、研讨和评审会议，参与奶业有关政策法规标准研究制定，就奶业形势分析、产业政策、乳品安全国家标准、乳品质量安全提升、乳品消费、奶业贸易、反垄断等方面提供意见和建议。创建各类奶业简报，不定期向奶业主管部委上报。

服务社会方面：联合农业农村部，实施中国小康牛奶助学捐赠行动，组织以D20及观察员为主体的企业实施中国小康牛奶行动，累计捐赠价值1.5亿元，惠及学生100多万人。积极参与灾难救助和捐赠，新冠疫情期间，170余家奶业企业捐款捐物累计价值20多亿元。面对甘肃和青海地震灾害，27家奶业企业累计捐款捐物2 267万元，彰显"国之大者"的家国情怀。

此外，中国奶业协会充分发挥2个工作委员会和13个专业委员会1 100多位专家和专业技术人员的科技智库作用，在提供决策咨询智力支撑、破解产业发展关键难题、强化科技成果转化应用、支撑行业法规标准建设、打造专业培训教育平台、宣传普及科学饮奶知识方面，开展了大量卓有成效的工作，为加快实现奶业高水平科技自立自强，为我国奶业高质量发展注入强劲动力。充分发挥地方奶协的根基作用，积极开展政策宣贯、技术咨询、利益联结、价格协商等工作，彰显了行业协会在国家治理体系中的重要作用。

（七）坚持以正确舆论宣传为导向，胸怀大局、把握大势，着力打造奶业主流信息宣传平台

思想凝聚力量，旗帜昭示方向。中国奶业协会牢牢把握正确舆论宣传方向，唱响主旋律、传播正能量，凝心聚力、鼓舞士气，为奶业发展提供了有力的舆论和信息支持。遵循"政策引导、服务会员、创新求变、融合发展"的原则，协会鼎力打造网站、微信公众号、新华号、头条号、简报多媒体宣传平台。2020年以来，中国奶业协会网站总计发布稿件2 506条，累计点击量50.9万人次；微信公众号总计发布稿件5 892条，累计浏览量292万人次，关注人数增加53%；头条号总计发布稿件3 650条，总展现量582万人次。推出"信息直通车"服务和《奶业大视野》栏目，突出及时性、直达性和实用性。不定期开设特别宣传主题，第一时间启动"战疫情奶业特别报道"，发声音、扬精神、显担当、铸希望。发布《倡议》，倡导行业开展爱心捐赠和做好稳产保供；策划"共克时艰我们在行动"宣传主题，系列报道奶业企业援助行动和稳产保供举措；开辟各类宣传专栏20余个，累计发布稿件665篇，涉及各类信息1 347条。与新华网合作，联合7家重点企业推出《奋进"十四五"，缔造中国奶业发展新动能》系列宣传视频，累计浏览量20余万人次。开辟党的二十大精神学习宣传栏，创新开设"党的二十大精神大家谈"专栏，征集推广行业专家、企业家和党的二十大代表相关稿件36篇，累计点击量近2万人次。此外，4年来，协会编辑部出版发行高质量学术期刊《中国奶牛》48期，引领行业科技新势力；编纂4卷《中国奶业年鉴》多达500万字，成为行业必备工具书；连年编撰发布《中国奶业统计摘要》《中国奶业质量报告》等奶业资料，为行业提供系统权威数据。

（八）坚持和加强党的全面领导，团结聚力，持之以恒提升协会自身建设

中国奶业协会充分发挥党组织的坚强战斗堡垒作用，切实加强党对协会的全面领导。按照上级党委要求，制定实施了《关于贯彻落实"三重一大"决策制度的实施意见》。积极响应中央社会工作部的动员部署，组织开展学习贯彻习近平新时代中国特色社会主义思想主题教育活动，受到第七巡回督导组的高度评价。理论学习方面，集中学、自主学、持续学，打造"读好文章、上好党课、唱好红歌、写好体会、讲好故事"的"五好样板"。举办"畅谈精神谱系，传承红色基因"主题演讲，9位党员群众代表分别畅谈红船、长征、延安等伟大精神，从党的精神谱系中汲取实践力量。联系实践方面，深入全国 15 个省份近 100 家牧场和工厂，开展专题调查研究，为中国奶业高质量发展把脉问诊、奉献智慧和力量。制定了《中国奶业协会关于廉洁自律的有关规定》，坚守"十个不准"，推动协会和行业正气充盈，不断加强协会自身建设。

我们取得的一切成就，是习近平总书记作为党中央的核心、全党的核心领航掌舵的结果，是习近平新时代中国特色社会主义思想科学指引的结果，是党中央、国务院坚强领导的结果，是全体奶业同仁顽强拼搏的结果。在这里，向各位理事表示崇高的敬意和诚挚的感谢！

抚今追昔，继往开来。我们取得的成绩来之不易，令人鼓舞，催人奋进。但我们也清醒地看到，我国奶业仍然存在产业竞争力不强、养殖加工发展不平衡、产品供需结构不平衡、市场消费培育不充分等突出问题。尤其当前，我们处在世界新一轮科技革命和产业变革同我国转变发展方式的历史性交汇期，既面临着千载机遇，又充满着严峻挑战。这就需要我们担负起历史使命，谋划发展新战略、挖掘发展新优势、开创发展新局面。

今后工作思路

2024 年是全面贯彻落实党的二十大精神的关键之年，是深入实施"十四五"规划的攻坚之年。做好今年乃至今后一段时期工作，必须要以习近平新时代中国特色社会主义思想为指导，全面贯彻落实党的二十大和二十届二中全会精神，贯彻落实中央经济工作会议精神，坚持稳中求进、以进促稳、先立后破，完整、准确、全面贯彻新发展理念，加快构建新发展格局，着力推动高质量发展。中国奶业协会将主动对标党的二十大确定的新战略、新部署、新要求，充分发挥行业协会扎根行业、服务企业、辅助政府、凝聚合力的独特优势，以永不懈怠的精神状态、一往无前的奋斗姿态，在奋进征程中站准职责定位，在服务大局中积极担当作为，以实际行动助推我国奶业实现质的有效提升和量的合理增长。

今后重点做好以下工作。

（一）聚力推进科技创新与应用，引领现代化奶业体系建设，塑造发展新优势

协会将发挥资源链接优势，筹建奶业科技工作委员会，搭建奶业共性技术研发、产学研合作、创新成果转化等科技创新交流合作平台。研究制定《关于进一步支持奶业企业科技创新的实施意见》，加快集聚创新要素，鼓励企业更大力度参与科技创新。遴选推出年度奶业领域十大科技创新成果，典型企业科技创新实践分享案例，促进奶业科技创新成果推广与应用。

（二）聚力加快数智化转型，提升奶业质量效益，开拓发展新动能

协会将引导奶业企业强化数智化思维，把握数智化发展新机遇，推动数智技术与奶业各领域各环节深度融合，围绕奶业企业数智化建设，构建数智升级方法论和标准体系，形成一批实用型配套方法集、工具箱和案例集，促进奶业全产业链数智化转型，培育融合发展新模式新业态，提升奶业质量、效益和竞争力。

（三）聚力强化深层次人才培养，提高人力资源素质，激发发展新活力

协会将在统筹国家政策、行业趋势和企业需求基础上，推动建立完善的奶业人才培养体系，加强与高校、教学机构和企业的交流合作，通过系统规划、供需衔接、跟踪培养、评价示范等工作，稳定和壮大一批高精尖的奶业经营管理人才、专业技术人才和产业工人，积极构建奶业人才支撑和储备体系，优化人才结构，为奶业高质量发展奠定坚实的人才基础。

（四）聚力推动乳品结构优化，促进乳品消费提质扩容，培育发展新潜能

协会将支持企业统筹发展液态乳制品和干乳制品，大力发展巴氏杀菌乳、发酵乳等企业优势产品，增加奶酪等高附加值产品的生产供应，增强乳清粉、乳糖等乳品深加工产品研发和生产力度。推动养殖、加工、运输、销售等各链条各环节形成利益共同体，聚焦保障和增强全产业链供应链安全。加强科普宣传，引导消费者科学合理地选购乳制品，释放乳品消费潜力。

（五）聚力促进南方奶业发展，推动产业布局优化，开辟发展新赛道

协会将打造南方特色奶业产业集群，选择重点区域、抓住重点环节，加强南方地区奶源产能开发，推动南方地区发展适度规模养殖场，选育适合南方环境和草料的奶畜品种，加强奶牛热应激技术服务支撑，开发适应南方的本地饲草饲料资源。加快南方奶业产业发展，培育重点乳品龙头企业，实现资源优化配置，促进全国奶业区域布局优化和协调发展。

（六）聚力加强国际化发展，提升产业竞争力，开创发展新局面

协会将积极谋划加强奶业国际化发展的新举措，建立完善奶业国际化双向交流的新平台，引导奶业企业参与"一带一路"高质量发展，鼓励奶业企业更大范围、更宽领域、更深层次地参与国际交流合作，学习借鉴国外乳制品产业的先进技术和有关政策法规、标准规范和先进经验等，深度参与全球产业分工和合作，提升我国奶业国际竞争力。

（摘自 2024 年 1 月 17 日，中国奶业协会副会长兼秘书长刘亚清在中国奶业协会第七届理事会第六次会议上的工作报告，标题由中国奶业年鉴编辑部所加）

二、发展综述
FAZHAN ZONGSHU

2022 年我国奶业生产与消费概况

一、奶牛养殖

1. 奶类产量。 2022 年，中国奶类产量 4 026.5 万 t，同比增长 6.6%（图 1）。其中，牛奶产量 3 931.6 万 t，同比增长 6.8%；羊奶等其他奶类产量 94.9 万 t，同比减少 0.9%。奶类产量低于印度、美国、巴基斯坦，位居世界第四位，占全球总产量的 4.2%。

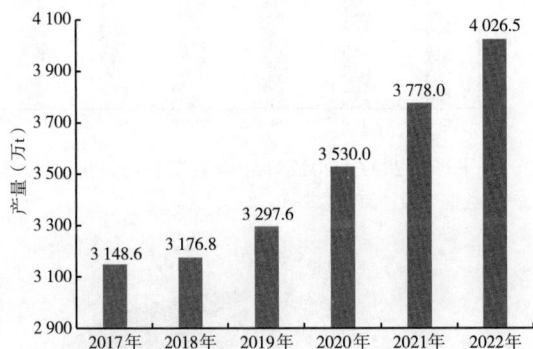

图 1 2017—2022 年中国奶类产量
（数据来源：国家统计局）

2. 规模化养殖水平。 2022 年，中国奶牛场（户）均存栏奶牛 296 头，同比增加 27 头，增幅 10.0%；规模化养殖进程进一步加快，存栏 100 头以上规模化养殖比例为 72.0%，同比提高 2.0 个百分点（图 2）。

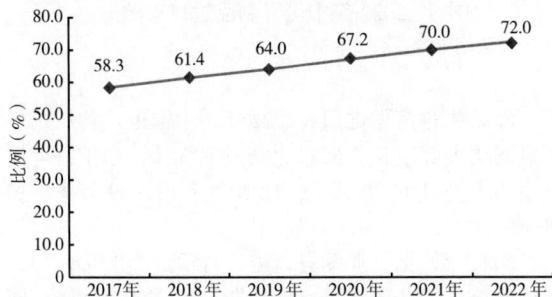

图 2 2017—2022 年中国奶牛 100 头以上规模化
养殖比例变化
（数据来源：农业农村部）

3. 奶牛单产水平。 2022 年，全国荷斯坦奶牛平均单产 9.2t，同比增长 0.5t。其中，规模化牧场奶牛单产普遍达到 10t 以上。据 1 324 个百头以上规模化牧场奶牛生产性能测定数据显示，奶牛日均产奶量 34.0 kg，305 天产奶量达到 10.3t（表 1）。

表 1 2017—2022 年规模化牧场奶牛平均单产

年份	参测牛只（万头）	日产奶量（kg/天）
2017	120.2	29.0
2018	123.8	30.0
2019	127.5	31.2
2020	129.5	32.4
2021	147.9	33.2
2022	162.9	34.0

数据来源：中国奶业协会。

4. 生鲜乳价格。 2022 年，河北、山西、内蒙古、辽宁、黑龙江、山东、河南、陕西、宁夏、新疆 10 个奶业主产省份年均生鲜乳收购价格为 4.16 元/kg，同比下降 3.0%（图 3）。

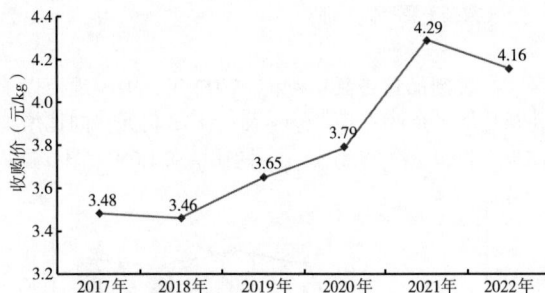

图 3 2017—2022 年中国奶业主产省份
生鲜乳收购价
（数据来源：农业农村部）

二、乳制品加工

1. 乳制品产量。 2022 年，中国规模以上乳制品加工企业（年主营业务收入 2 000 万元以上，下同）乳制品产量达到 3 117.7 万 t，同比增长 2.0%。其中，液态奶产量 2 925.1 万 t，同比增长 2.4%；干乳制品产量 192.6 万 t，同比增长 2.1%，其中乳粉产量 98.5 万 t（图 4）。

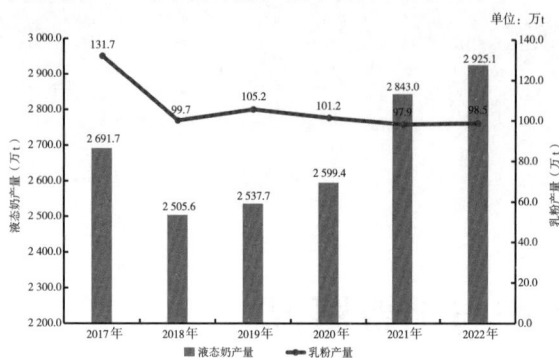

图 4　2017—2022 年中国乳制品产量变化
（数据来源：国家统计局）

2. 乳制品加工业集中度。2022 年，中国规模以上乳制品加工企业 622 家，同比增加 33 家。

3. 乳制品价格。2022 年，中国牛奶平均零售价 12.97 元 /kg，同比上涨 3.3%；酸奶平均零售价 16.51 元 /kg，同比上涨 3.4%；国产品牌婴幼儿配方奶粉平均零售价 219.13 元 /kg，同比上涨 2.4%（图 5）。

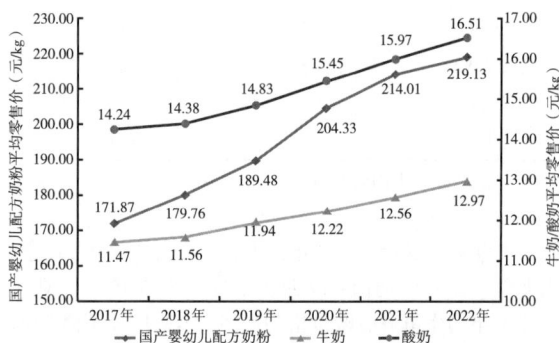

图 5　2017—2022 年国产乳制品平均零售价格
（数据来源：商务部）

4. 乳制品销售额和利润。2022 年，中国规模以上乳制品加工企业主营业务收入 4 717.3 亿元，同比增加 1.1%；利润总额 385.1 亿元，同比增加 1.6%（图 6）。

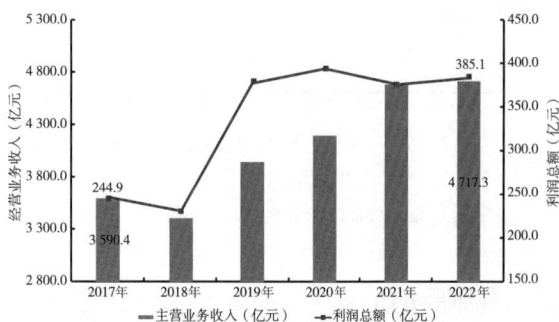

图 6　2017—2022 年中国规模以上乳制品
加工企业主营业务收入和利润情况
（数据来源：国家统计局）

三、乳制品及相关产品进出口

1. 乳制品进口。2022 年，中国乳制品进口 327.12 万 t，同比减少 17.1%（图 7）。其中，干乳制品进口 223.90 万 t，同比减少 15.0%；液态奶进口 103.22 万 t，同比减少 23.1%。总进口额 139.33 亿美元，同比增加 0.7%。其中，干乳制品进口额 121.89 亿美元，同比增加 0.8%；液态奶进口额 17.44 亿美元，同比减少 11.1%。

从进口来源国看，2022 年乳制品进口量占前六位的国家依次是新西兰、美国、德国、澳大利亚、荷兰、法国，进口量分别为 135.57 万 t、36.28 万 t、36.06 万 t、25.52 万 t、20.31 万 t、16.20 万 t，分别占总进口量的 41.4%、11.1%、11.0%、7.8%、6.2%、5.0%。从其他国家共进口 57.21 万 t，占总进口量的 17.5%（图 8）。

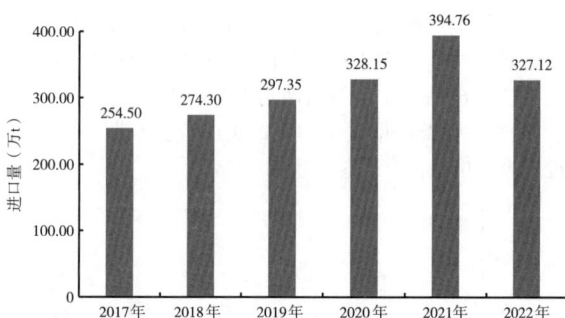

图 7　2017—2022 年中国乳制品进口量
（数据来源：海关总署）

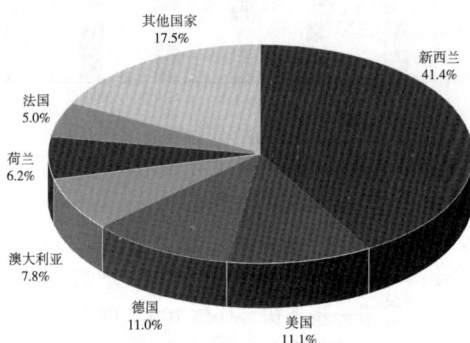

图 8　2022 年中国乳制品进口来源国
（数据来源：海关总署）

2. 奶牛和苜蓿进口。2022 年，中国进口种用奶牛数量同比大幅增长。据农业农村部统计，全年共审批种用奶牛进口 11.30 万头，比 2021 年的 8.59 万头增加 31.5%。

2022 年，据行业测算，进口苜蓿干草 178.8 万 t，同比增长 0.5%（图 9）；平均进口价 517.9 美元 /t，同比上涨 35.6%，是近五年涨幅最大的一年。苜蓿干草进口主要来源于美国，占总进口量的 78.4%；其次为西班牙和南非，分别占总进口量的 13.0% 和 4.9%。

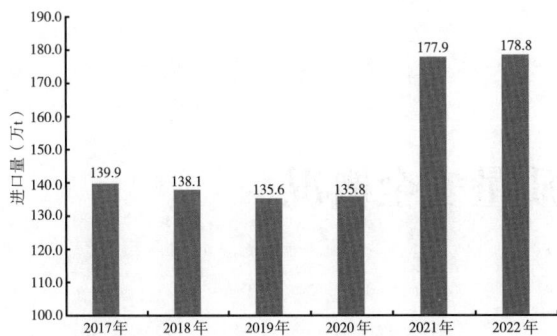

图9 2017—2022年中国苜蓿干草进口量
（数据来源：海关总署）

3. **乳制品出口**。2022 年，中国乳制品出口 4.5 万 t，同比减少 1.2%；其中，婴幼儿配方奶粉出口 0.45 万 t，同比减少 46.4%。乳制品出口额 1.22 亿美元，同比减少 49.1%。

四、乳制品消费

2022 年，中国人均乳制品消费量（表观消费量）折合生鲜乳为 42 kg，约为世界平均水平的 1/3。消费结构以液态奶为主；近年来奶酪消费快速增加，2022 年人均奶酪消费量为 0.28 kg，但仍显著低于美国人均 17.40 kg 和欧盟人均 18.29 kg 的水平。

［中国奶业协会、农业农村部奶及奶制品质量检验测试中心（北京）］

2022年我国乳品质量安全概况

一、奶牛养殖卫生安全

奶牛养殖环境和卫生条件是保障生鲜乳质量安全的基本要求。2022年，行业继续规范奶牛场选址与建设，提升奶牛场装备设施，保障饲草料供应，强化生鲜乳储运及生鲜乳收购站管理，不断改善奶牛养殖环境和卫生条件。

1. 奶牛场建设。2022年，存栏100头以上的规模化奶牛养殖场5 833个，同比减少13.3%。规模化奶牛养殖场严格按照《中华人民共和国畜牧法》等法律法规的规定，执行《奶牛标准化规模养殖生产技术规范》，加强动物防疫和生鲜乳质量安全管理，实现了标准化、规范化的建设与生产。

2. 奶牛场设施装备。近年来，奶牛场的机械化、信息化、智能化装备和关键技术推广应用加快，质量安全保障能力进一步加强。自2017年起，中国规模化奶牛养殖场100%实现机械化挤奶，2022年超过95%的规模化奶牛养殖场配备了全混合日粮（TMR）搅拌车。

3. 优质饲草料供应。苜蓿和青贮玉米是奶牛的主要粗饲料。2022年，中国优质苜蓿种植面积超过772万亩[*]。

4. 生鲜乳收购站和运输车。严格落实生鲜乳收购站发证六项规定，全面执行《生鲜乳收购站标准化管理技术规范》，生鲜乳收购站的基础设施、机械设备、质量检测、操作规范、管理制度和卫生条件显著提升。全面启用奶业监管工作平台，对全国4 200余个生鲜乳收购站和5 500余辆运输车进行系统化、信息化管理，保障生鲜乳质量安全。

二、生鲜乳质量安全

生鲜乳质量安全指标中，乳脂肪、乳蛋白是反映牛奶营养品质的重要指标；非脂乳固体是生鲜乳中除脂肪和水分外，营养物质的总称；杂质度是指生鲜乳中含有杂质的量，是衡量生鲜乳洁净度的重要指标；酸度是评价生鲜乳新鲜程度的指标；相对密度是反映生鲜乳是否掺水的重要指标。

生鲜乳卫生指标中，菌落总数是反映奶牛场卫生环

境、挤奶操作环境、牛奶保存和运输状况的一项重要指标。生鲜乳中菌落总数过高，不仅会影响牛奶口感，还可能使乳制品中的细菌数超标，从而对人体健康造成影响。体细胞数是衡量奶牛乳房健康状况和生鲜乳质量的一项重要指标。黄曲霉素M_1是反映生鲜乳卫生状况的主要指标，铅、铬、汞和砷是判断生鲜乳是否受到重金属污染的主要指标，三聚氰胺是判断生鲜乳中是否存在人为添加违禁物的指标。

2009年以来，农业农村部持续实施生鲜乳质量安全监测计划，重点监测生鲜乳收购站和运输车，检测指标包括乳脂肪、乳蛋白、杂质度、酸度、相对密度、非脂乳固体、菌落总数、黄曲霉素M_1、体细胞数、铅、铬、汞、砷和三聚氰胺等多项指标，累计抽检生鲜乳样品约26.5万批次，其中2022年抽检1.03万批次（图1）。

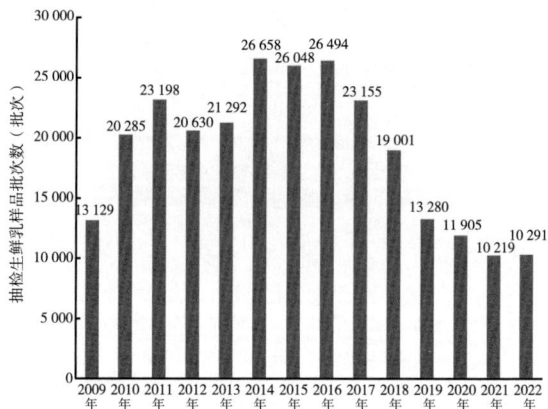

图1　2009—2022年抽检生鲜乳样品批次数
（数据来源：农业农村部）

1. 乳脂肪。乳脂肪是乳的主要成分之一，是反映牛奶营养品质的指标。乳脂肪含量国家标准为≥3.10g/100 g。

2022年，农业农村部对158批次生鲜乳样品进行监测，生鲜乳乳脂肪含量平均值为3.70 g/100 g（图2）。其中，规模化养殖场生鲜乳乳脂肪含量平均值为3.90 g/100 g。

---

[*] 亩为非法定计量单位，1亩=1/15hm²。——编者注

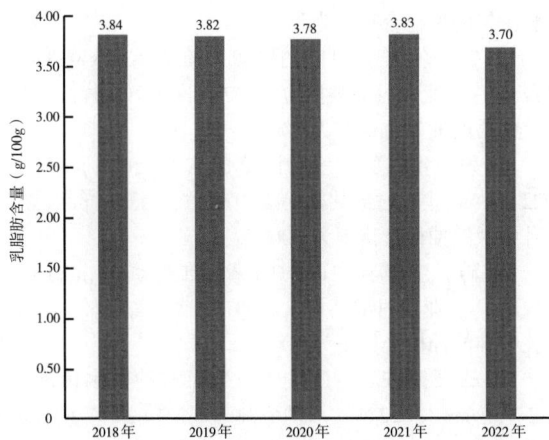

图2 2018—2022年全国生鲜乳乳脂肪含量平均值
（数据来源：农业农村部）

2. 乳蛋白。乳蛋白是乳的主要成分之一，是反映牛奶营养品质的指标，乳蛋白含量国家标准为≥2.80g/100 g。

2022年，农业农村部对158批次生鲜乳样品进行监测，乳蛋白含量平均值为3.25 g/100 g（图3）。其中，规模化牧场生鲜乳乳蛋白含量平均值为3.30 g/100 g。

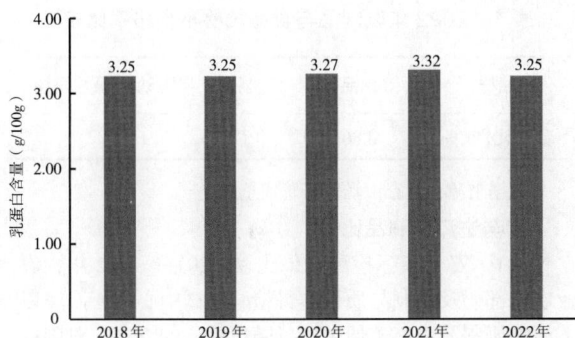

图3 2018—2022年全国生鲜乳乳蛋白含量平均值
（数据来源：农业农村部）

3. 非脂乳固体。非脂乳固体是生鲜乳中除脂肪和水分外营养物质的总称，非脂乳固体含量国家标准为≥8.1 g/100 g。

2022年，农业农村部对158批次生鲜乳样品进行监测，生鲜乳非脂乳固体含量平均值为8.7 g/100 g（图4）。

4. 杂质度。杂质度是指生鲜乳中含有杂质的量，是衡量生鲜乳洁净度的重要指标，国家标准为≤4.0mg/kg。

2022年，农业农村部对158批次生鲜乳样品进行监测，杂质度均符合国家标准，全年抽检合格率为100%。

5. 酸度。酸度是评价生鲜乳新鲜程度的指标。国家标准规定，生鲜乳酸度范围为12℃~18℃。

2022年，农业农村部对157批次生鲜乳样品进行监测，酸度平均值为13.6℃，符合国家标准，全年抽检合格率为100%。

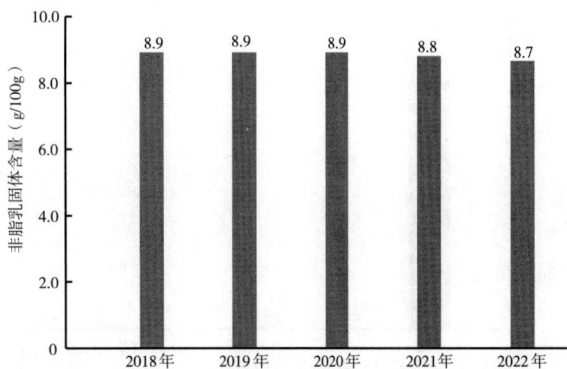

图4 2018—2022年全国生鲜乳非脂乳固体含量平均值
（数据来源：农业农村部）

6. 相对密度。相对密度是反映生鲜乳是否掺水的重要指标，国家标准为≥1.027。

2022年，农业农村部对158批次生鲜乳样品进行监测，生鲜乳相对密度平均值为1.030（图5）。

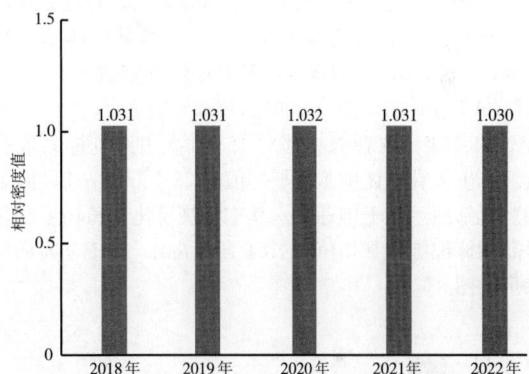

图5 2018—2022年全国生鲜乳相对密度平均值
（数据来源：农业农村部）

7. 菌落总数。菌落总数的国家标准为≤200万CFU/mL。

2022年，农业农村部对158批次生鲜乳样品进行监测，生鲜乳中菌落总数平均值为14.7万CFU/mL，远低于国家限量要求。其中，规模化养殖场生鲜乳菌落总数平均值为3.5万CFU/mL，低于全国平均水平（图6，图7）。

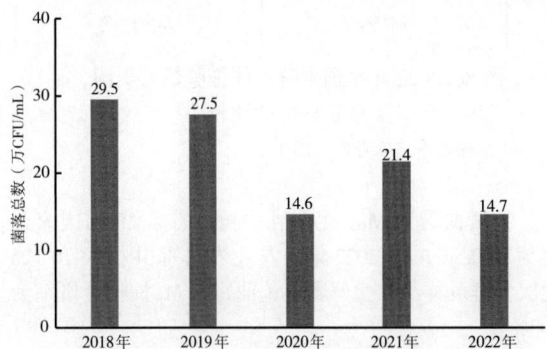

图6 2018—2022年全国生鲜乳菌落总数平均值
（数据来源：农业农村部）

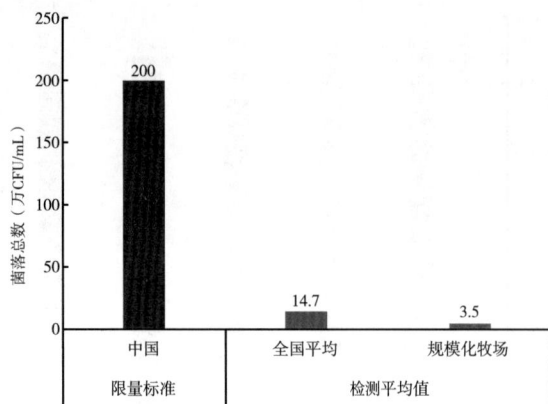

图7 2022年全国生鲜乳菌落总数结果
与国家标准的比较

（数据来源：农业农村部）

8. 体细胞数。体细胞数是衡量奶牛乳房健康状况和生鲜乳质量的一项重要指标。体细胞数越高，生鲜乳中致病菌和抗生素残留的污染风险越大，对乳品质量的影响也越大。欧盟和新西兰规定生鲜乳中体细胞数 ≤ 40万个/mL，美国规定生鲜乳中体细胞数 ≤ 75万个/mL（A级奶、B级奶），中国暂未规定。

2022年，农业农村部对158批次生鲜乳样品进行监测，生鲜乳中体细胞数平均值为23.4万个/mL，低于欧盟、新西兰和美国标准。其中，规模化养殖场生鲜乳样品的体细胞数平均值为20.4万个/mL，低于全国平均水平（图8）。

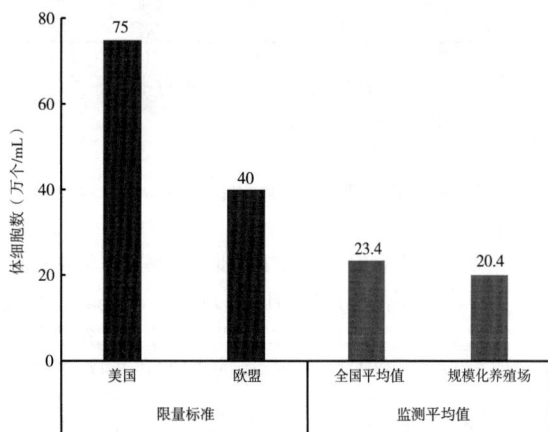

图8 2022年全国生鲜乳体细胞数与美国、
欧盟标准的比较

（数据来源：农业农村部）

9. 黄曲霉素 M_1。生鲜乳中黄曲霉素 M_1 的国家标准为 ≤ 0.5μg/kg。2022年，农业农村部共抽检10 125批次生鲜乳样品，生鲜乳中黄曲霉素 M_1 抽检合格率为100%。

10. 铅。生鲜乳中铅的国家标准为 ≤ 0.05 mg/kg。2022年，农业农村部共抽检2 397批次生鲜乳样品，生鲜乳中铅的抽检合格率为100%。

11. 铬。生鲜乳中铬的国家标准为 ≤ 0.3 mg/kg。2022年，农业农村部共抽检2 397批次生鲜乳样品，生鲜乳中铬的抽检合格率为100%。

12. 汞。生鲜乳中汞的国家标准为 ≤ 0.01 mg/kg。2022年，农业农村部共抽检2 397批次生鲜乳样品，生鲜乳中汞的抽检合格率为100%。

13. 砷。生鲜乳中砷的国家标准为 ≤ 0.1 mg/kg。2022年，农业农村部共抽检2 397批次生鲜乳样品，生鲜乳中砷的抽检合格率为100%。

14. 三聚氰胺。生鲜乳中三聚氰胺的国家标准为 ≤ 2.5 mg/kg。2022年，农业农村部共抽检2 397批次生鲜乳样品，三聚氰胺均未检出，抽检合格率为100%。

三、乳制品质量安全

1. 与国内其他食品比较。2022年，国家市场监督管理总局完成国家食品安全监督抽检6 563 388批次，发现不合格样品187 572批次，监督抽检不合格率2.86%，较2021年上升0.17个百分点。其中，乳制品、婴幼儿配方奶粉抽检不合格率分别为0.12%、0.02%（表1）。

表1 2022年乳制品与食品抽检不合格率比较

抽样	食品	乳制品	婴幼儿配方奶粉
不合格比例（%）	2.86	0.12	0.02

数据来源：国家市场监督管理总局。

2. 与进口乳制品比较

（1）安全指标检测结果比较。2015—2022年，农业农村部奶及奶制品质量监督检验测试中心（北京）（以下简称奶制品中心）通过市场随机抽样的方式，对国内大中城市销售的217个国产品牌3 451批次和116个进口品牌472批次样品进行安全指标比较，检测指标包括黄曲霉素 M_1、农药残留、兽药残留和重金属等。

结果显示，国产奶与进口奶的黄曲霉素 M_1 未超过中国（≤ 0.50μg/kg）、美国（≤ 0.50μg/kg）及欧盟（≤ 0.05μg/kg）的限量标准。国产奶与进口奶均未检出使用违禁兽药或兽药残留超限量标准的情况。国产奶与进口奶的重金属铅含量均符合中国限量标准。

（2）营养及质量指标检测结果比较。2020—2022年，奶制品中心通过市场随机抽样的方式，共对87个国产品牌1 733批次和52个进口品牌111批次乳制品进行质量指标比较研究，检测指标包括乳铁蛋白、β-乳球蛋白和糠氨酸等。

乳铁蛋白。乳铁蛋白是具有营养和多功能性的生物活性蛋白质。研究结果表明，2020—2022年，国产巴氏杀菌奶中乳铁蛋白含量平均值从34.9 mg/L上升至41.3 mg/L，显著高于进口巴氏杀菌奶（图9）。

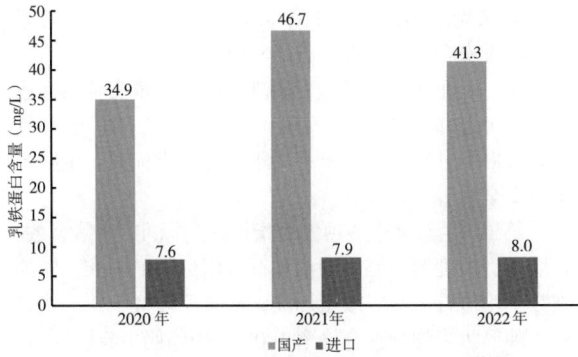

图 9　2020—2022 年国产与进口巴氏杀菌奶
中乳铁蛋白含量平均值比较

β-乳球蛋白。β-乳球蛋白是由乳腺上皮细胞合成的乳特有的蛋白质，是牛奶中的重要活性因子。研究结果表明，2020—2022 年国产巴氏杀菌奶中 β-乳球蛋白含量持续上升，平均值从 2 509 mg/L 上升至 3 305 mg/L，进口巴氏杀菌奶中 β-乳球蛋白含量平均值从 158 mg/L 上升至 556 mg/L。国产 UHT 奶中 β-乳球蛋白含量持续上升，平均值从 159.9 mg/L 上升至 185.9 mg/L，而进口 UHT 奶中 β-乳球蛋白含量平均值从 59.2 mg/L 上升至 62.4 mg/L（图 10，图 11）。

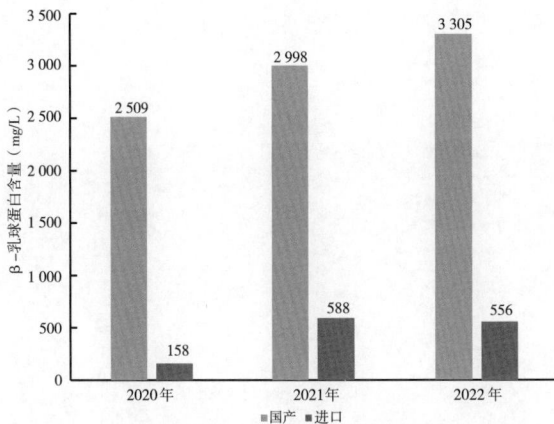

图 10　2020—2022 年国产与进口巴氏杀菌奶中
β-乳球蛋白含量平均值比较

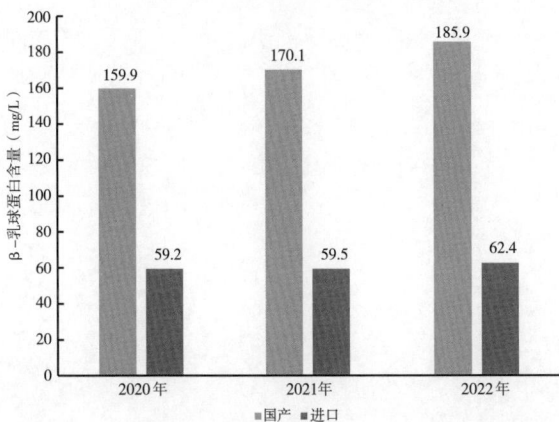

图 11　2020—2022 年国产与进口 UHT 奶中
β-乳球蛋白含量平均值比较

糠氨酸。糠氨酸含量是反映牛奶热加工程度的一项敏感指标。糠氨酸含量过高，表明牛奶的受热程度高、保存时间长或者运输距离远。研究结果表明，2020—2022 年，国产巴氏杀菌奶中糠氨酸含量平均值从 17.4 mg/100 g 蛋白质下降至 12.3 mg/100 g 蛋白质，进口巴氏杀菌奶中糠氨酸含量平均值从 50.8 mg/100 g 蛋白质下降至 50.3 mg/100 g 蛋白质。国产 UHT 奶中糠氨酸含量平均值从 127.8 mg/100 g 蛋白质下降至 122.5 mg/100 g 蛋白质，进口 UHT 奶中糠氨酸含量平均值亦呈现出下降趋势，从 221.3 mg/100 g 蛋白质降至 170.7 mg/100 g 蛋白质。国产婴幼儿配方奶粉中糠氨酸含量平均值从 637.9 mg/100 g 蛋白质下降至 509.9 mg/100 g 蛋白质，进口婴幼儿配方奶粉中糠氨酸含量也略有下降，平均值从 671.1 mg/100 g 蛋白质下降至 601.8 mg/100 g 蛋白质（图 12 至图 14）。

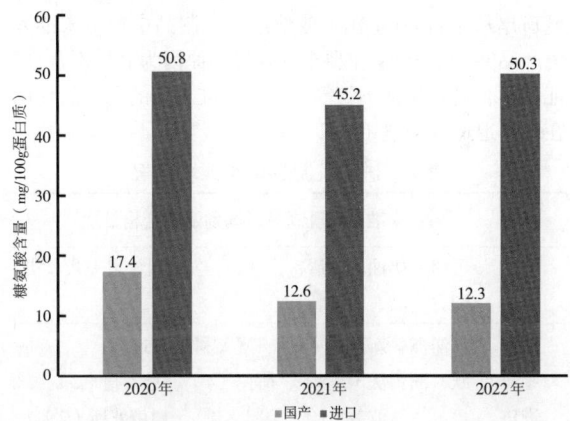

图 12　2020—2022 年国产与进口巴氏杀菌奶中
糠氨酸含量平均值比较

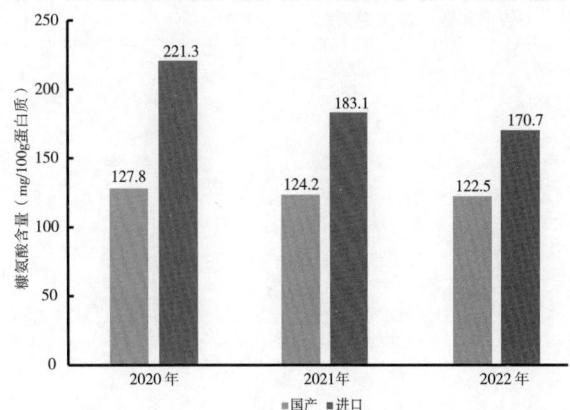

图 13　2020—2022 年国产与进口 UHT 奶中
糠氨酸含量平均值比较

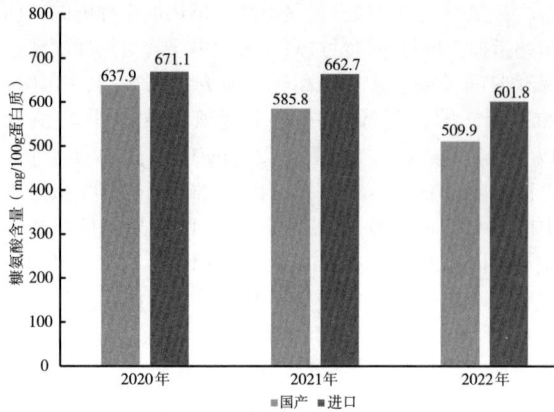

图 14　2020—2022 年国产与进口婴幼儿配方奶粉中
糠氨酸含量平均值比较

　　3. 进口乳制品未准入境情况。2022 年，全国各进境口岸从来自 16 个国家或地区的乳制品中检出未准入境产品共计 113 批。主要未准入境的原因为品质不合格、证书不合格、货证不符等。所有未准入境的乳制品均已在口岸退运或销毁（表 2）。

表 2　进口乳制品未准入境情况

项目	未准入境乳制品、国别及不合格批次
类型	干酪、奶油、乳清粉、乳粉、发酵乳、乳基婴幼儿配方食品、消毒乳
进口国家	大洋洲：新西兰（5）、澳大利亚（5）
	欧　洲：法国（8）、荷兰（4）、意大利（2）、波兰（1）、瑞士（1）、白俄罗斯（2）、英国（50）、爱尔兰（2）、西班牙（1）
	北美洲：美国（1）、加拿大（1）
	亚　洲：越南（28）、哈萨克斯坦（1）、韩国（1）

数据来源：海关总署。

　　4. 结论。2022 年监测结果表明，中国生鲜乳及奶产品质量安全风险可控，整体状况良好。

　　第一，生鲜乳中乳蛋白、乳脂肪等质量安全指标达到较高水平。监测结果表明，2018—2022 年，生鲜乳的乳蛋白和乳脂肪平均水平高于生乳国家标准，生鲜乳质量安全水平大幅提升。

　　第二，生鲜乳中各项安全指标达到标准。菌落总数、杂质度、酸度等监测平均值均符合国标限量标准，体细胞数平均值符合欧盟限量标准，黄曲霉素 M_1、铅、铬、汞、砷等污染物指标合格率 100%。中国奶牛养殖环境、奶牛健康状况良好，奶源优质安全。

　　第三，生鲜乳收购、运输行为规范。自三聚氰胺事件以来，通过不断强化生鲜乳质量安全监管，有效遏制了违禁添加等违法行为，生鲜乳中三聚氰胺等违禁添加物已多年未检出。

　　〔中国奶业协会、农业农村部奶及奶制品质量检验测试中心（北京）〕

三、行业专述

HANGYE ZHUANSHU

【遗传改良】

2022 年我国奶牛生产性能测定概况

奶牛生产性能测定作为奶牛群体遗传改良工作中一项非常重要的基础性工作，直接影响群体遗传改良进展的总体水平。随着《全国奶牛遗传改良计划 2021-2035 年》的发布与实施，全国奶牛生产性能测定工作进入新的阶段，向着高质量发展稳步推进。

一、覆盖区域持续扩大

2022 年，全国开展奶牛生产性能测定工作的实验室有 39 家，分布在 24 个省（自治区、直辖市）（表 1）。

表 1   2021 年全国奶牛生产性能测定实验室列表

所在地区	编号	奶牛生产性能测定实验室名称
北京市	1101	北京奶牛中心奶牛生产性能测定实验室
天津市	1201	天津天食牛种业有限公司
	1202	中优乳检测技术（天津）有限公司
河北省	1301	河北省畜牧良种工作总站奶牛生产性能测定实验室
	1302	石家庄市奶牛生产性能测定中心（乐康牧医河北科技有限公司）
山西省	1401	山西省畜禽育种公司（山西省原畜牧遗传育种中心）
内蒙古自治区	1501	内蒙古西部良种奶牛繁育中心
	1502	内蒙古优然牧业有限责任公司 DHI 实验室
	1503	内蒙古赛科星家畜种业与繁育生物技术研究院有限公司 DHI 测定中心
	1505	内蒙古富牧科技有限公司 DHI 检测中心
辽宁省	2102	辽宁省畜牧业发展中心 DHI 中心
吉林省	2201	吉林畜牧工作站 DHI 实验室
黑龙江省	2301	黑龙江省畜牧总站
	2302	大庆市萨尔图区新科畜牧技术服务中心
	2303	黑龙江省农垦科学院畜牧兽医研究所 DHI 中心
上海市	3101	上海奶牛育种中心有限公司
江苏省	3201	南京卫岗乳业检测中心
	3202	江苏省奶牛生产性能测定中心
安徽省	3401	安徽省畜禽遗传资源保护中心 DHI 实验室
山东省	3701	山东奥克斯畜牧种业有限公司
	3702	山东华田牧业科技有限责任公司

（续）

所在地区	编号	奶牛生产性能测定实验室名称
河南省	4101	河南省奶牛生产性能测定有限公司
	4102	洛阳市奶牛生产性能测定服务中心
湖北省	4201	湖北省畜禽育种中心
湖南省	4301	湖南省DHI中心
广东省	4401	广州市奶牛研究所有限公司奶牛生产性能检测中心
	4402	广东省种畜禽质量检测中心
	4403	广东燕塘乳业股份有限公司DHI实验室
广西壮族自治区	4501	广西壮族自治区畜禽品种改良站广西奶牛DHI检测中心
四川省	5101	新希望生态牧业有限公司DHI测定中心
	5102	四川省畜牧总站
云南省	5301	昆明市奶牛生产性能测定中心
重庆市	5501	重庆天友DHI中心
陕西省	6101	陕西省奶牛DHI中心
甘肃省	6201	甘肃农垦天牧乳业有限公司DHI实验室
	6202	中国农业科学院兰州畜牧与兽药研究所奶牛生产性能测定实验室
宁夏回族自治区	6401	宁夏奶牛生产性能（DHI）测定中心
新疆维吾尔自治区	6501	新疆维吾尔自治区乳品质量监测中心
	6502	新疆兵团第八师畜牧兽医工作站

二、测定数量不断提升

2022年，中国奶业协会共采集到来自全国39个测定中心1 325个牧场163.8万头奶牛的840.7万条测定数据，参测奶牛数量比上年增加10.8%，牧场平均奶牛规模达到1 236头，同比增加9.3%。牧场平均规模保持上升趋势（图1）。

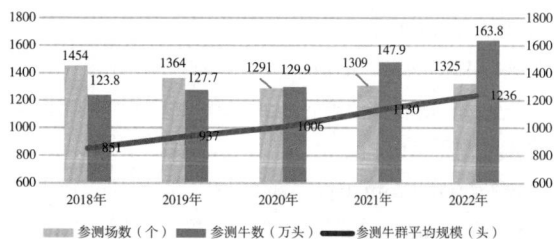

图1 2018—2022年全国奶牛生产性能测定年度概况

三、参测牛只生产水平继续提高

2022年，参测奶牛测定日平均奶量达到了34.1kg，比上一年增加0.8kg，较2018年同比增加13.7%；参测奶牛测定日平均体细胞数达到22.6万个/mL，比上一年下降1.0万个/mL，较2018年同比减少3.6万个/mL；2022年参测奶牛测定日平均乳脂率为3.97%，平均乳蛋白率为3.35%，同2018年比，平均每100g生鲜乳的乳脂肪含量增加0.03g（图2和图3）。

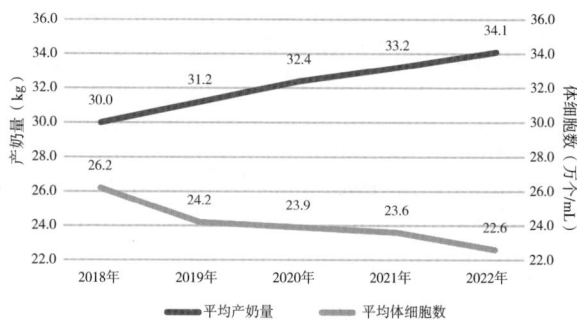

图2 2018—2022年测定日平均产奶量与平均体细胞数变化情况

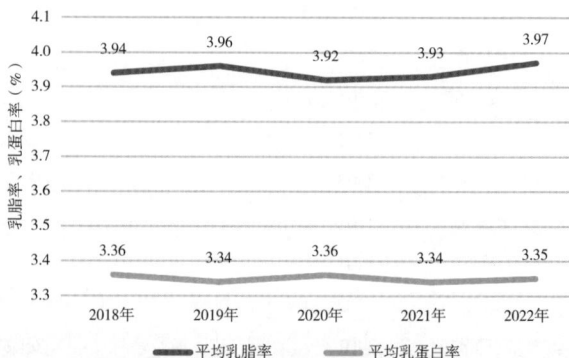

图3 2018—2022年测定日平均乳脂率、乳蛋白率变化情况

四、参测规模不断调整

2022 年,参测牛群规模不断扩大,其中参测规模小于 50 头的牛场有 30 个,占 2.3%;50~99 头的有 23 个,占比 1.7%;100~199 头的有 123 个,占比 9.3%;200~499 头的有 370 个,占比 27.9%;500~999 头的有 351 个,占比 26.5%;1 000~2 999 头以上的有 287 个,占比 21.7%;大于等于 3000 头的有 141 个,占比 10.6%。可以发现,在我国中型牧场占比最大(图 4)。

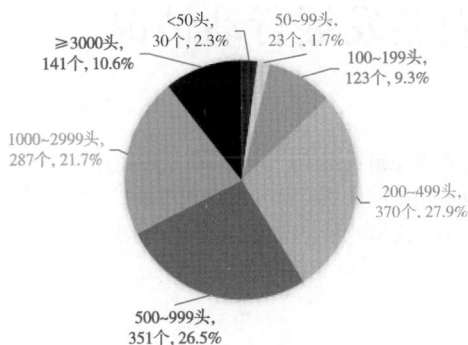

图 4　2022 年我国不同牛场规模的参测牛场数量

随着参测牛群规模变大,规模化养殖的管理水平也越来越高,DHI 参测数据质量越好,生产性能测定的水平也越好,测定的日产奶量不断增加,体细胞数量明显减少(图 5)。

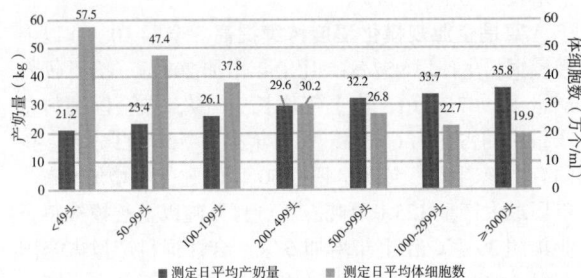

图 5　2022 年不同牛场规模测定日平均产奶量与平均体细胞数量

五、主产省测定能力继续增加

2022 年我国奶业主产省份(河北、山西、内蒙古、辽宁、黑龙江、山东、河南、陕西、宁夏、新疆)参测牛数为 127.3 万头,占全国总参测牛数的 77.7%。参测数量最高是河北省 31.6 万头,占比 19.3%;较高的有内蒙古自治区 17.9 万头,占比 10.9%;山东省 17.6 万头,占比 10.7%;宁夏回族自治区 13.1 万头,占比 8.0%(图 6)。

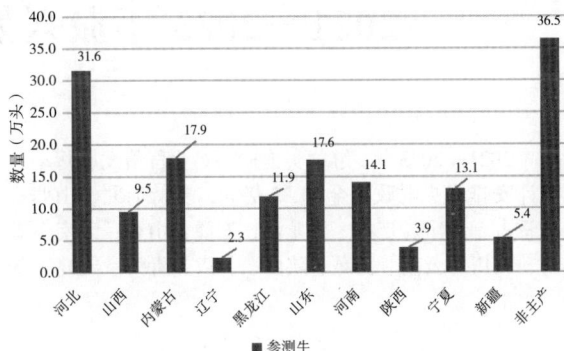

图 6　2022 年奶业主产省区参测牛数量概况

(中国奶业协会,陈绍祜、闫青霞、曹　正)

【饲草饲料】

2021—2023年振兴奶业苜蓿发展行动情况

2021—2023年，继续实施振兴奶业苜蓿发展行动，累计安排中央财政资金11.32亿元，支持河北、山西、内蒙古、辽宁、吉林、黑龙江、安徽、山东、河南、湖南、四川、云南、西藏、陕西、甘肃、青海、宁夏、新疆等省份种植优质高产苜蓿，新增种植面积177.9万亩，示范带动我国优质苜蓿种植面积不断扩大，品质显著提高，国产优质牧草供应能力进一步提升。

2021—2023年饲料工业发展情况

2021年情况。 2021年，随着生猪生产加快恢复，水产和反刍动物养殖持续发展，带动饲料工业产量较快增加，饲料行业高质量发展取得新成效。

一是饲料工业总产值明显增长。 全国饲料工业总产值12 234.1亿元，比上年增长29.3%；总营业收入11 687.3亿元，增长28.8%。其中，饲料产品产值10 964.0亿元、营业收入10 499.8亿元，分别增长29.8%、29.1%；饲料添加剂产品产值1 154.9亿元、营业收入1 110.4亿元，分别增长23.8%、29.5%；饲料机械产品产值115.2亿元，增长36.4%,营业收入77.0亿元，下降3.6%。

二是工业饲料总产量较快增加。 全国工业饲料总产量29 344.3万t，比上年增长16.1%。其中，配合饲料产量27 017.1万t，增长17.1%；浓缩饲料产量1 551.1万t，增长2.4%；添加剂预混合饲料产量663.1万t，增长11.5%。分品种看，猪饲料产量13 076.5万t，增长46.6%；蛋禽饲料产量3 231.4万t，下降3.6%；肉禽饲料产量8 909.6万t，下降2.9%；反刍动物饲料产量1 480.3万t，增长12.2%；水产饲料产量2 293.0万t，增长8.0%；宠物饲料产量113.0万t，增长17.3%；其他饲料产量240.5万t，下降16.2%。

三是饲料添加剂总产量稳步增加。 全国饲料添加剂总产量1 477.5万t，比上年增长6.2%。其中，单一饲料添加剂产量1 367.9万t，增长5.5%；混合型饲料添加剂产量109.6万t，增长16.2%。氨基酸、维生素产量分别为425.5万t、177.3万t，分别增长15.1%、10.5%。酶制剂和微生物制剂等产品产量较快增加，分别增长19.0%、17.4%。

四是企业规模化程度持续提高。 全国10万t以上规模饲料生产厂957家，比上年增加208家；合计饲料产量17 707.7万t，比上年增长24.4%，在全国饲料总产量中的占比为60.3%，比上年提高7.5个百分点。全国有14家生产厂年产量超过50万t，比上年增加5家，单厂最大产量125.1万吨。年产百万吨以上规模饲料企业集团39家，比上年增加6家；合计饲料产量占全国饲料总产量的59.7%，比上年提高5.1个百分点；其中有6家企业集团年产量超过1 000万t，比上年增加3家。

五是产量千万吨省份增加。 全国饲料产量超千万吨的省份有13个，比上年增加3个，分别为山东、广东、广西、辽宁、江苏、河南、四川、河北、湖北、湖南、安徽、福建、江西。其中，山东省产量达4 476.3万t，比上年增长3.2%；广东省产量3 573.3万t，增长18.7%。山东、广东两省饲料产品总产值继续保持在千亿元以上，分别为1 597亿元、1 482亿元。全国有27个省份和新疆生产建设兵团的饲料产量比上年增长，其中贵州、广西、重庆、四川、江西、湖北、内蒙古、湖南、福建、河南、新疆、浙江等12个省份增幅超过20%。

六是配方结构趋向多元化。 全国饲料生产企业的玉米用量比上年下降24.7%，在配合饲料中的占比比上年减少15.3个百分点，小麦、稻谷、大麦、高粱等谷物原粮和麦麸、米糠等粮食加工副产物用量较快增加。豆粕用量比上年增加5.7%，小于工业饲料总产量增幅，在配合饲料和浓缩饲料中的比例比上年减少 1.4 个百分点，菜粕、棉粕等其他饼粕用量增长 17.9%。

七是行业创新加快推进。饲料新产品研发创制加快，全年通过评审核发新饲料和新饲料添加剂证书 4 个。乙醇梭菌蛋白获得历史上第一个新饲料原料证书，并取得单一饲料生产许可证，全球首次实现工厂化条件下利用无机物大规模生产优质蛋白原料。饲料原料基础参数评定进度加快，营养价值数据库进一步完善，低蛋白日粮、饲料精准配方和精细加工等技术加快普及。饲料散装散运方式加快推广，散装饲料总量为 9 028.7 万 t，比上年增长 53.1%，占全国配合饲料总产量的 33.4%，提高 7.8 个百分点。

2022 年情况。2022 年，全国工业饲料产值、产量双增长，产品结构调整加快，规模企业经营形势总体平稳，饲料行业创新发展步伐加快。

一是饲料工业总产值继续增长。全国饲料工业总产值 13 168.5 亿元，比上年增长 7.6%；总营业收入 12 617.3 亿元，增长 8.0%。其中，饲料产品产值 11 816.6 亿元、营业收入 11 363.8 亿元，分别增长 7.8%、8.2%；饲料添加剂产品产值 1 267.7 亿元、营业收入 1 167.9 亿元，分别增长 9.8%、5.2%；饲料机械产品产值 84.2 亿元，下降 26.9%，营业收入 85.6 亿元，增长 11.1%。

二是工业饲料总产量突破 3 亿 t。全国工业饲料总产量 30 223.4 万 t，比上年增长 3.0%。其中，配合饲料产量 28 021.2 万 t，增长 3.7%；浓缩饲料产量 1 426.2 万 t，下降 8.1%；添加剂预混合饲料产量 652.2 万 t，下降 1.6%。分品种看，猪饲料产量 13 597.5 万 t，增长 4.0%；蛋禽饲料产量 3 210.9 万 t，下降 0.6%；肉禽饲料产量 8 925.4 万 t，增长 0.2%；反刍动物饲料产量 1 616.8 万 t，增长 9.2%；水产饲料产量 2 525.7 万 t，增长 10.2%；宠物饲料产量 123.7 万 t，增长 9.5%；其他饲料产量 223.3 万 t，下降 7.2%。从销售方式看，散装饲料总量 10 703.1 万 t，比上年增长 18.5%，占配合饲料总产量的 38.2%，提高 4.8 个百分点。

三是饲料添加剂总产量小幅下降。全国饲料添加剂总产量 1 468.8 万 t，比上年下降 0.6%。其中，单一饲料添加剂产量 1 368.7 万 t，增长 0.1%；混合型饲料添加剂产量 100.1 万 t，下降 8.8%。氨基酸产品产量 449.2 万 t，增长 5.6%。微生物、非蛋白氮等产品产量保持增长，分别增长 6.7% 和 59.1%。维生素产品产量 150.0 万 t，下降 15.4%。矿物元素、酶制剂、抗氧化剂等产品产量分别下降 0.7%、12.5%、14.1%。

四是企业经营规模有所调整。全国年产百万吨以上规模饲料企业集团 36 家，比上年减少 3 家，合计饲料产量占全国饲料总产量的 57.5%，比上年减少 2.2 个百分点。有 6 家企业集团年产量超过 1 000 万。全国年产 10 万 t 以上规模的饲料生产厂有 947 家，比上年减少 10 家，合计饲料产量 17 381 万 t，比上年下降 1.8%，在全国饲料总产量中的占比为 57.5%，比上年下降 2.8

个百分点。全国有 13 家生产厂年产量超过 50 万 t，比上年减少 1 家，单厂最大产量 127.6 万 t。

五是优势区域布局保持稳定。全国饲料产量超千万吨的省份有 13 个，与上年持平，分别为山东、广东、广西、辽宁、河南、江苏、河北、四川、湖北、湖南、福建、安徽、江西。其中，山东省产量达 4 484.8 万 t，比上年增长 0.2%；广东省产量 3 527.2 万 t，下降 1.3%。山东、广东两省饲料产品总产值继续保持在千亿元以上，分别为 1 712 亿元和 1 517 亿元。全国有 22 个省份的饲料产量比上年有所增长，其中宁夏、福建、内蒙古、安徽、河南等 5 个省份增幅超过 10%。

六是配方结构趋向多元化。全国饲料生产企业的玉米用量比上年增加 30.1%，在配合饲料中的比例比上年提高 7.0 个百分点。菜粕、棉粕等杂粕用量增长 11.5%，在配合饲料和浓缩饲料中的比例比上年提高 0.3 个百分点。小麦、大麦用量大幅减少，高粱用量大幅增加，麦麸、米糠、干酒精糟（DDGS）等加工副产品用量较快增加。

七是产品创新加快推进。全年通过评审核发饲料添加剂新产品证书 5 个，枯草三十七肽和腺苷七肽为首次批准的生物肽类饲料添加剂。批准扩大 4 个饲料添加剂品种的适用范围，增补 1 种原料进入《饲料原料目录》。

2023 年情况。2023 年，全国饲料工业实现产值、产量双增长，行业创新发展步伐加快，饲用豆粕减量替代取得新成效。

一是饲料工业总产值继续增长。全国饲料工业总产值 14 018.3 亿元，比上年增长 6.5%；总营业收入 13 304.4 亿元，增长 5.4%。其中，饲料产品产值 12 721.1 亿元、营业收入 12 121.9 亿元，分别增长 7.7%、6.7%；饲料添加剂产品产值 1 223.4 亿元、营业收入 1 110.3 亿元，分别下降 3.5%、4.9%；饲料机械产品产值 73.8 亿元、营业收入 72.2 亿元，分别下降 12.4%、15.7%。

二是工业饲料总产量再创新高。全国工业饲料总产量 32 162.7 万 t，比上年增长 6.6%。其中，配合饲料产量 29 888.5 万 t，增长 6.9%；浓缩饲料产量 1 418.8 万 t，下降 0.5%；添加剂预混合饲料产量 709.1 万 t，增长 8.7%。分品种看，猪饲料产量 14 975.2 万 t，增长 10.1%；蛋禽饲料产量 3 274.4 万 t，增长 2.0%；肉禽饲料产量 9 510.8 万 t，增长 6.6%；反刍动物饲料产量 1 671.5 万 t，增长 3.4%；水产饲料产量 2 344.4 万 t，下降 4.9%；宠物饲料产量 146.3 万 t，增长 18.2%；其他饲料产量 240.2 万 t，增长 7.6%。从销售方式看，散装饲料总量 13 050.2 万 t，比上年增长 21.9%，占配合饲料总产量的 43.7%，较上年提高 5.4 个百分点。

三是饲料添加剂总产量小幅增长。全国饲料添加剂总产量 1 505.6 万 t，比上年增长 2.5%。其中，单一饲料添加剂产量 1 388.5 万 t，增长 1.4%；混合型饲料添加剂产量 117.1 万 t，增长 17.1%。氨基酸产量 495.2 万 t，增长 10.2%。酶制剂、微生物、非蛋白氮等产品产量保持增长，分别增长 8.8%、10.8%、17.6%。维生素产品产量 145.3 万 t，下降 3.2%。矿物元素、抗氧化剂等产品产量下降，分别下降 2.3%、5.1%。

四是企业经营规模有所调整。全国 10 万 t 以上规模饲料生产厂 1 050 家，比上年增加 103 家；合计饲料产量 19 647.3 万 t，比上年增长 13.0%，在全国饲料总产量中的占比为 61.1%，比上年提高 3.5 个百分点。全国有 11 家生产厂年产量超过 50 万 t，比上年减少 2 家，单厂最大产量 131.0 万 t。年产百万吨以上规模的饲料企业集团 33 家，比上年减少 3 家；合计饲料产量占全国饲料总产量的 56.1%，比上年减少 1.5 个百分点；其中有 7 家企业集团年产量超过 1 000 万 t，比上年增加 1 家。

五是优势区域布局保持稳定。全国饲料产量超千万吨的省份有 13 个，与上年持平，分别为山东、广东、广西、辽宁、河南、江苏、四川、湖北、河北、湖南、安徽、福建、江西。其中，山东省产量达 4 716.3 万 t，比上年增长 5.2%；广东省产量 3 610.7 万 t，增长 3.2%。山东、

广东两省饲料产品总产值继续保持在千亿元以上，分别为 1 812 亿元和 1 603 亿元。全国有 25 个省份和新疆生产建设兵团饲料产量较上年有所增长，其中贵州、宁夏、海南、广西、陕西、甘肃、江西等 7 个省份增幅超过 10%。

六是配方结构趋向多元化。全国饲料生产企业的玉米用量比上年增加 7.0%，在配合饲料中的比例与上年持平。豆粕用量比上年下降 11.8%，在配合饲料和浓缩饲料中的比例较上年下降 2.6 个百分点；菜粕、棉粕等其他饼粕用量增长 7.8%。小麦、大麦用量大幅增加，稻谷、高粱用量减少。

七是饲料新产品创新步伐加快。全年核发马克斯克鲁维酵母、红三叶草提取物、胰酶、硫酸镁钾、甜叶菊提取物等 5 个饲料添加剂新产品证书和荚膜甲基球菌蛋白饲料新产品证书，增补 9 个饲料原料进入《饲料原料目录》，增补 5 个饲料添加剂品种进入《饲料添加剂品种目录》，扩大 1 个饲料原料和 2 个饲料添加剂品种的适用范围。

2021—2023 年饲草产业发展情况

一、饲草产业发展概况

2021 年情况。受新冠疫情、饲料粮价格居高不下和国际贸易形势变化等多重因素影响，国内饲草供不应求，饲草价格上涨。我国草食畜牧业发展方式正逐步优化升级，饲草主产区水热条件偏好，单产水平有所提高，种业基础更加牢固。种植结构进一步优化，生产经营主体种草积极性高。草产品和草种进口量明显增加。

一是饲草种业稳步发展。2021 年，饲草种业发展基础进一步夯实，生产结构进一步优化，种子产量基本持平，草种进口量增加。种质资源保护、新品种测试审定等基础性工作成效显著。全国共收集保存种质资源 404 份，累计保存总量达 6.3 万份；开展 64 个品种、972 个小区的区域试验；审定通过新品种 15 个，累计审定优良草品种 619 个。在宁夏、陕西实施现代种业提升工程饲草项目，新建饲草良种繁育基地 3 个。紫花苜蓿和燕麦等优质饲草种子生产田面积较上年明显增加，占全国饲草种子田面积比例有所提高。因水热匹配较好，开花期、成熟期、收获期等生产关键时期气候状况好于上年，加之甘肃、内蒙古等重点区域专业化、标准化生产水平提升明显，2021 年全国饲草种子总产量约 9 万 t。进口草种 8.39 万 t，同比增加 21%，进口草种以草坪草为主，饲草种子占比较小。其中，紫花苜蓿种子进口 0.52 万 t，同比增加 46%，平均到岸价格 3.76 美元 /kg，同比上涨 35%，主要来自加拿大、意大利、澳大利亚和法国。饲用燕麦种子进口 1.2 万 t，同比增加 46%。黑麦草种

子进口 3.4 万 t，同比减少 15%，平均到岸价格 1.60 美元 /kg，同比上涨 23%。主要来自美国、丹麦及新西兰。羊茅种子进口 2.09 万 t，同比增加 75%，平均到岸价格 2.11 美元 /kg，同比上涨 12%，主要来自美国和丹麦。草地早熟禾种子进口 0.79 万 t，同比增加 159%，平均到岸价格 3.57 美元 /kg，与去年基本持平，主要来自美国和丹麦。三叶草种子主要来自阿根廷、美国及新西兰，其中从美国进口 0.12 万 t，占比 33%，从阿根廷进口 0.11 万 t，占比 31%，从新西兰进口 0.04 万 t，占比 12%。

二是饲草种植水平进一步提高。2021 年，我国长期全国大部分地区气温正常偏高、降水偏多，水热条件好于常年同期，植被长势总体上好于常年同期，与上年同期持平偏好。在粮改饲和振兴奶业苜蓿发展行动等项目的示范带动下，各地大力推广丰产关键技术，增加优良饲草品种比例，扩大规模化、标准化种植，实施机械化作业和病虫杂草防控等综合生产管理措施，提升种草管理水平。

三是国产商品草供给能力加快提升。2021 年，从事饲草生产加工的经营主体发展态势良好，企业超过 620 家，农牧民专业合作社约 650 家，主要集中在甘肃、内蒙古、青海、宁夏、山东、河南、湖北等地区，企业产品以紫花苜蓿草捆、草块、草颗粒、草粉、青贮玉米裹包和燕麦草捆为主。

四是草产品进口量明显增加。2021 年，我国草产品进口总量为 204.52 万 t，同比增加 19%。其中，进口苜蓿干草 178.03 万 t，占草产品进口总量的 87%，同比增加 31%；平均到岸价格 382 美元 /t，同比上涨 6%，

主要进口来源国为美国、西班牙、意大利、加拿大及苏丹。进口首蓿粗粉及颗粒 5.23 万 t，占草产品进口总量的 2.6%，同比增加 84%；平均到岸价格 261 美元 /t，同比下跌 8%，主要进口来源国为西班牙、意大利和哈萨克斯坦。燕麦草进口量 21.27 万 t，占草产品进口总量的 10.4%，同比减少 36%，平均到岸价格为 343 美元 /t，同比下降 1%；燕麦草全部来自澳大利亚。

2022 年情况。 2022 年，饲草产业稳步发展，供给能力持续增加，饲草种业水平不断提升，草产品加工加快推进，但随着草食畜牧业集约化发展步伐加快，国内饲草需求快速增加，优质饲草供不应求，饲草产业发展迎来难得的历史机遇，市场前景广阔。

一是饲草供给能力提升。 2022 年，在粮改饲和振兴奶业首蓿发展行动等项目示范带动下，各地大力推广丰产关键技术，增加优良饲草品种比例，扩大规模化、标准化种植，实施机械化作业和病虫杂草防控等综合生产管理措施，提升种草管理水平，全国优质饲草产量达到 8 000 万 t。

二是饲草种业稳步发展。 新品种测试、审定等基础性工作成效显著，开展 39 个品种、850 个小区的区域试验；审定通过新品种 17 个，累计审定优良草品种 636 个。紫花首蓿和燕麦等优质饲草种子生产田面积较上年明显增加，占全国饲草种子田面积的比例有所提高。因水热匹配较好，开花期、成熟期、收获期等生产关键时期气候状况好于上年，加之甘肃、内蒙古等重点区域专业化、标准化生产水平提升明显，2022 年全国饲草种子总产量约 9 万 t。

三是国产商品草供给能力加快提升。 2022 年，从事饲草生产加工的经营主体发展态势良好，企业超过 620 家，农牧民专业合作社约 650 家，主要集中在甘肃、内蒙古、青海、宁夏、山东、河南、湖北等地区，企业产品以紫花首蓿草捆、草块、草颗粒、草粉、青贮玉米裹包和燕麦草捆为主，草块、草颗粒产量降幅较大，青贮产品增加较多。

四是草产品进口量小幅下降。 2022 年，我国草产品进口总量为 197.81 万 t，同比减少 3.3%。其中，进口首蓿干草 178.86 万 t，占草产品进口总量的 90.4%，与上年基本持平；平均到岸价格 518 美元 /t，同比上涨 36%，主要进口来源国为美国、西班牙、加拿大、意大利及苏丹。进口首蓿粗粉及颗粒 3.72 万 t，占草产品进口总量的 1.9%，同比减少 29%；平均到岸价格 304 美元 /t，同比上涨 16%，主要来源国为西班牙、意大利和哈萨克斯坦。燕麦草进口量 15.24 万 t，占草产品进口总量的 7.7%，同比减少 28%，平均到岸价格 429 美元 /t，同比上涨 25%，燕麦草全部来自澳大利亚。进口草种子 6.23 万 t，同比减少 25.5%，进口草种以草坪草为主，饲草种子占比较小。其中，紫花首蓿种子进口 0.16 万 t，同比减少 69%，平均到岸价格 5.22 美元 /kg，同比上涨 39%，主要来源国为加拿大、意大利、澳大利亚和美国。饲用燕麦种子进口 1.03 万 t，同比减少 36%，平均到岸

价格 0.84 美元 /kg，同比上涨 40%，主要来自加拿大和美国。黑麦草种子进口 3.38 万 t，与上年基本持平，平均到岸价格 2.33 美元 /kg，同比上涨 46%，主要来自美国、阿根廷、新西兰及丹麦。羊茅种子进口 1.05 万 t，同比减少 50%，平均到岸价格 4.48 美元 /kg，同比上涨 113%，主要来自美国和丹麦。草地早熟禾种子进口 0.39 万 t，同比减少 51%，平均到岸价格 6.25 美元 /kg，同比上涨 75%，主要来自美国和丹麦。三叶草种子进口 0.22 万 t，同比减少 38%，主要来自丹麦、阿根廷、加拿大及新西兰，平均到岸价格 5.13 美元 /kg，同比上涨 25%。

2023 年情况。 2023 年，饲草产业稳步发展，在粮改饲、振兴奶业首蓿发展行动等政策的支持下，优质饲草供给能力不断提升，全国利用耕地种植饲草面积近 1.3 亿亩，产量 9 200 万 t（折风干草），同比分别增长 4.0%、3.7%，为草食畜牧业发展提供了有力支撑。

一是饲草种业持续推进。 全国饲草种子总产量约 7.5 万 t。新品种测试、审定等基础性工作扎实推进，开展 40 个品种、1 380 个小区的区域试验，审定通过饲草新品种 20 个，累计审定通过饲草品种达到 656 个。

二是饲草产业集约化发展步伐加快。 各地培育了一批专业化"种、收、贮、加、销"服务组织，饲草生产机械化、组织化水平大幅提升，带动饲草单产水平持续提高。粮改饲项目省份青贮玉米平均亩产 3.45 t，比上年增加 9.9%。

三是饲草加工业快速发展。 全国从事饲草生产加工的企业、农牧民专业合作社超过 1 300 家，主要集中在甘肃、青海、内蒙古、宁夏、四川、陕西等省份，产品以紫花首蓿草捆、青贮玉米裹包和燕麦草捆为主。

四是草产品进口量明显下降。 草产品进口总量 108.77 万 t，同比下降 45%。其中首蓿干草进口 100.05 万 t，同比下降 44%；燕麦草进口 7.20 万 t，同比下降 53%；首蓿颗粒进口 1.51 万 t，同比下降 59%。草种子进口 5.06 万 t，同比下降 3%。

二、粮改饲概况

2021 年情况。 2021 年，粮改饲项目继续在河北、山西、内蒙古、辽宁、吉林、黑龙江、安徽、山东、河南、广西、贵州、云南、陕西、宁夏、甘肃、青海、新疆等 17 个省份和新疆生产建设兵团以及北大荒农垦集团实施。

一是持续增加优质饲草供给。 在粮改饲政策落实中，各地在稳定粮食生产的基础上，适当调整粮饲结构，优化种植结构类型，全株青贮玉米等优质饲草料种植面积不断扩大，优质饲草供给显著增加，极大地推动了草食畜牧业增产增效增收。2021 年，全国共完成粮改饲面积 2 000 万亩，收贮优质饲草 5 500 万 t。

二是加快推进草畜一体化发展。 饲草生产和草食家畜养殖密不可分。粮改饲项目的实施，带动了草畜一体化快速发展，更多的养殖企业开始推行种养结合。据统计，2021 年，粮改饲项目覆盖了 20 多万个牛羊养殖场，

养殖户近13万户。在粮改饲项目的带动下，各地大力推行种草养畜、粪尿还田的方式，不仅提高了饲草产量及饲草和畜产品的质量，还减少了化肥投入，使畜牧业产生的废弃物充分利用，实现了以牧肥田、农牧结合、种养循环。

三是稳步推动饲草产业发展。在实施粮改饲项目过程中，各地引导专业牧草企业、种植大户、养殖企业、养殖大户、贫困户等积极参与，培育了一批专业"种、收、贮、加、销"服务组织，饲草收获机械化水平大幅提升，基本实现了播种、收割、揉丝、打捆、粉碎、打包全程机械化作业，有效促进了现代饲草产业发展。据统计，2021年项目实施省份共培育近13万个专业收储青贮玉米的企业，近3.2万台（套）自走式联合收割机械开展专业收储，饲草专业化服务组织达1.2万家。

四是有效保障粮食安全。粮改饲实践表明，按照以畜定产原则，用部分耕地发展全株青贮玉米、苜蓿、饲用燕麦等饲草作物，不但可以提高牛羊生产性能和养殖效率，还可以减少牛羊养殖过程中玉米和豆粕等精饲料用量，实现"化草为粮""以草代粮"。例如，将玉米籽粒和秸秆一起全株饲用后，不仅玉米籽粒没有损失，还提高了秸秆利用率，又能减少豆粕用量，相当于增加了额外的能量和蛋白供应，1亩地可以发挥出1.3亩左右的效应；优质高产苜蓿按目前单产514kg的水平，每亩地提供的蛋白90~100kg，相当于2亩大豆。2021年，通过实施粮改饲，牛羊养殖减用玉米和豆粕720万t，相当于减少了2 600万亩的玉米、大豆种植需求，节约耕地600万亩。

五是显著增加农牧民收入。各地将落实粮改饲政策作为产业扶贫、精准扶贫的重要抓手，通过政策扶持引导、技术指导示范，推广饲草订单、土地流转托管、务工就业、母畜托管、合作养畜等模式，促进农牧民脱贫致富。通过大力推广种植全株青贮玉米等优质饲草料，辐射带动农民在家门口"就业挣钱"。据统计，2021年全株青贮玉米每吨收购价较上年增加100元以上，经济效益十分可观。与种植籽粒玉米相比，按照2021年种植全株青贮玉米地头价平均每亩1 400元测算，再加上节省的收获烘干等后期费用，种植全株青贮玉米比籽粒玉米每亩增收100多元，效益明显。

2022年情况。2022年，粮改饲项目继续在河北、山西、内蒙古、辽宁、吉林、黑龙江、安徽、山东、河南、广西、贵州、云南、陕西、甘肃、宁夏、青海、新疆等17个省份以及新疆生产建设兵团、北大荒农垦集团实施。截至2022年12月底，项目省份共完成收储面积2 312万亩，累计收储优质饲草6 565万t，比上年分别增加16.4%、18.4%。

一是推动了饲草产业快速发展。在粮改饲项目的带动下，各地培育了一批专业"种、收、贮、加、销"服务组织，饲草生产机械化、组织化水平大幅提升，有效促进了现代饲草产业发展。据统计，2022年项目省份共有专业化饲草服务组织1.2万家，比2021年增加了1 000家；开展饲草收储的自走式联合收割机械达3.2万台（套），增加2 100台（套）。80%的全株青贮玉米由种养一体或订单收购方式生产，饲草产品质量稳步提升，90%的全株青贮玉米达到良好以上水平。

二是提升了种养一体化循环发展水平。各地立足气候条件和资源禀赋，充分发挥粮改饲项目示范带动效应，积极探索"养殖场＋种植大户""养殖场＋自有种植基地"等种养结合模式，鼓励养殖场通过流转土地或订单种植等方式，有效增加饲草种植面积，种养利益联结更加紧密，种养一体化进程明显加快。2022年，粮改饲项目支持的牛羊养殖场达到20多万个，养殖户近14万户，比2021年分别增长19%、23%。各地大力推行种草养畜、粪尿还田，不仅提高了饲草产量品质和畜产品质量，还减少了化肥投入，实现了田里长饲料、粪便做肥料、以牧肥田、农牧结合、种养循环。

三是增加了农民种养收入。在粮改饲项目的带动下，群众得到了实实在在的收益，实现了种养两端双增收。宁夏固原等地大力发展青贮玉米种植，亩均收入比种植籽粒玉米高400元。通过饲喂优质饲草，降低了牛羊养殖成本，提高了牛羊单产水平，增加了养殖收益。广西的实践表明，一头300kg的肉牛，用青贮玉米饲养，可减少精料饲喂量0.5kg，每头牛每天的饲料成本减少1.75元。宁夏养殖场通过饲喂青贮玉米，奶牛单产提高1t以上，每年增收3 000元左右，每出栏一头肉牛增收200元左右。河南大力推进优质饲草料订单生产，2022年粮改饲直接带动农户增收2.7亿元。

四是保障了粮食安全。在粮改饲项目支持带动下，我国优质饲草供给能力持续提升，进一步优化了牛羊饲草料结构，减少了牛羊养殖过程中玉米和豆粕等精饲料用量。2022年，粮改饲收储优质饲草超过6 565万t，减少牛羊精饲料消耗约1 200万t，按照当前玉米和大豆单产测算，相当于玉米和大豆3 000万亩播种面积产出，显示了全株生物量利用的巨大优势，实现了化草为粮、增草节粮，有力支撑和保障了国家粮食安全。

2023年情况。2023年，粮改饲项目在河北、山西、内蒙古、辽宁、吉林、黑龙江、安徽、山东、河南、湖北、湖南、广西、四川、贵州、云南、西藏、陕西、甘肃、青海、宁夏、新疆等21个省份以及新疆生产建设兵团、青岛市和北大荒农垦集团有限公司实施。支持规模化草食家畜养殖场户、企业、农民合作社以及专业化饲草收储服务组织等主体，收储使用青贮玉米、苜蓿、饲用燕麦、黑麦草、饲用黑麦、饲用高粱等优质饲草，兼顾各地有饲用需求的饲料桑、饲用大麦、杂交狼尾草、甜高粱、小黑麦、皇竹草等区域特色饲草品种。截至2023年12月底，项目省份共完成收储面积2 325万亩，累计收储全株青贮玉米、苜蓿等优质饲草6 850万t。

2021—2023 年草原生态保护补助奖励情况

经国务院批准，"十四五"期间，国家继续在 13 个省份以及新疆生产建设兵团和北大荒农垦集团有限公司（原黑龙江农垦）实施第三轮草原补奖政策，政策资金主要用于支持实施草原禁牧、推动草畜平衡。河北、山西、辽宁、吉林、黑龙江 5 省和北大荒农垦集团有限公司可继续实施"一揽子"政策，第三轮草原补奖政策资金使用可延续上一轮政策的好做法，有条件的地方可用于推动生产转型、提高草牧业现代化水平、缓解天然草原放牧压力。政策实施以五年为一个周期。

2021 年，财政部、农业农村部、国家林草局联合印发《第三轮草原生态保护补助奖励政策实施指导意见》（以下简称《指导意见》）（财农〔2021〕82 号），进一步明确第三轮草原补奖政策，保持政策目标、实施范围、补助标准、补助对象"四稳定"，政策资金、任务、目标、责任"四到省"，任务落实、资金发放、建档立卡、服务指导、监督管理"五到户"的基本原则，并明确了部门分工。根据《指导意见》，有关地方财政部门会同相关部门做好资金发放和绩效管理工作；农业农村部门按照政策实施需求，负责对享受政策的牧户和项目单位登记造册，开展政策宣传和政策落实培训，保障政策宣传到位，会同有关部门抓好政策组织落实；林草部门负责禁牧和草畜平衡监督管理，建立健全县、乡、村三级草原管护网络，加大对草原禁牧休牧轮牧、草畜平衡制度落实情况的监督检查力度。

2021—2023 年生鲜乳、玉米、豆粕价格情况

一、2021 年情况

生鲜乳价格上涨。2021 年主产省生鲜乳平均价格为 4.29 元 /kg，同比上涨 13.2%。5 月为全年价格最低点，4.24 元 /kg；8 月为全年价格最高点，4.37 元 /kg。

玉米价格明显上涨。2021 年玉米平均价格为 2.93 元 /kg，同比上涨 26.4%。1 月为全年价格最低点，2.82 元 / kg；6 月为全年价格最高点，3.01 元 /kg。

豆粕价格波动上涨。2021 年豆粕平均价格为 3.79 元 /kg，同比上涨 14.3%。

二、2022 年情况

生鲜乳价格有所下降。2022 年主产省生鲜乳平均价格为 4.16 元 /kg，同比下降 3.1%。全年价格除 8 月持稳，9、10 月小幅上涨外，其他月份均在下降。

玉米价格稳中略增。2022 年玉米平均价格为 2.98 元 /kg，同比上涨 1.4%。1 月、2 月为全年最低点，2.87 元 /kg；12 月为全年最高点，3.06 元 /kg。

豆粕价格明显上涨。2022 年豆粕平均价格为 4.67 元 /kg，同比上涨 23.0%。全年价格呈波动上涨的趋势，1—4 月和 8—11 月价格上涨，5—7 月和 12 月下降。

三、2023 年情况

生鲜乳价格下降。2023 年主产省生鲜乳平均价格为 3.84 元 /kg，同比下降 7.6%。主产省生鲜乳价格除 8 月、10 月持稳外，其他月份均在下降。从 1 月的 4.11 元 /kg 下降至 12 月的 3.67 元 /kg，跌幅为 10.7%。

玉米价格稳中略降。2023 年玉米平均价格为 2.97 元 /kg，同比下降 0.3%。全年玉米价格除第三季度上涨外，其他月份均在下降。12 月玉米平均价格为 2.81 元 /kg，相比 9 月 3.06 元 /kg 的最高点，每千克下降 0.25 元。

豆粕价格震荡下降。2023 年豆粕平均价格为 4.62 元 /kg，同比下降 1.1%。全年豆粕价格呈波动下降的趋势，1—4 月、6 月和 10—12 月价格下降，5 月和 7—9 月上涨。

【奶牛保健】

2021—2023 年奶牛疫病防控情况

2021—2023 年以来,我们认真贯彻落实党中央和部党组决策部署,组织各地扎实抓好奶牛疫病防控工作,守牢了不发生区域性重大动物疫情的底线,有力保障了奶业生产安全和公共卫生安全。重点开展了以下五方面工作。

一是抓好安排部署。 每年测算安排中央财政动物防疫补助资金和动植保工程基本建设资金 70 多亿元,支持地方和有关单位开展奶牛疫病等动物疫病防控工作。每年定期召开动物防疫工作对接会和全国防疫工作座谈会,系统研究部署年度重点工作。召开畜间布病防控和"先打后补"改革座谈会,部署推进奶牛疫病防控重点任务落实。

二是抓好监测预警。 实施动物疫病监测与流行病学调查计划,开展重大动物疫病包村包场排查和入场采样监测,每年采样监测奶牛疫病样品约 240 万份。坚持动物防疫 24h 值班值守,实行疫情快报、周报、月报制度。与卫生疾控等部门建立监测信息共享机制,定期交换奶牛布病、结核病等重点人畜共患病信息。

三是抓好强制免疫。 每年指导各地开展春秋两季动物疫病集中免疫,根据各地奶牛疫病流行实际,科学实施免疫保护措施,筑牢动物防疫屏障。定期调度免疫进展,督促各地加快工作进度。定期印发通知,组织各地开展春秋防疫检查,抽检评估免疫效果。通报春秋防疫检查结果,部署查缺补漏。检测结果显示,应免奶牛、肉牛疫病免疫抗体合格率常年保持在 80% 以上。

四是抓好疫病净化。 印发《农业农村部关于推进动物疫病净化工作的意见》和《农业农村部办公厅关于推进牛羊布病等动物疫病无疫小区和无疫区建设与评估工作的通知》,指导各地全面开展动物疫病净化和区域化管理工作。以奶牛布病、结核病等重点人畜共患病为重点,创建评估一批高质量的动物疫病净化场和无疫小区。截至 2023 年,累计建成国家级奶牛疫病净化场和无疫小区 45 个。

五是抓好应急处置。 每年"七下八上"防汛关键期,定期印发关于做好汛期动物防疫工作的通知,发布汛期动物疫病防控应对措施指引和技术指南,开展各种形式的线上线下技术培训。督促指导地方和养殖场户储备防疫物资,加强疫情应急值守,做好奶牛疫病等动物疫病防控工作,及时处置奶牛疫情风险隐患。

2021—2023 年,各地共报告发生奶牛布病 3 115 起、结核病 228 起、牛病毒性腹泻病 757 起、牛传染病鼻气管炎 152 起,奶牛疫情总体处于点状发生态势,已发疫情均得到及时规范处置,未出现扩散蔓延或二次污染,风险可防可控。

【质量安全监管】

2021—2023 年生鲜乳质量安全监管情况

2021—2023 年，农业农村部按照《乳品质量安全监督管理条例》《生鲜乳生产收购管理办法》等规定，每年例行实施生鲜乳质量安全监测与监督抽查计划，实行生鲜乳收购和运输许可管理，推行政府抽检、收购站和乳品企业自检的乳品质量检验检测制度，实现对生鲜乳收购站和运输车的全过程监管，构建严密的全产业链质量安全监管体系。2023 年，我国生鲜乳乳蛋白抽检平均值达到 3.28%，乳脂肪抽检平均值为 3.91%，生鲜乳抽检合格率 100%，三聚氰胺等违禁品连续多年未检出，主要营养和卫生指标比肩发达国家。

推进监管信息化。持续推进《生鲜乳收购许可证》《生鲜乳准运证明》在线出证。全面推行使用"饲料及生鲜乳质量安全监管系统"，推广应用"生鲜乳收购站和运输车电子交接单"，进一步提高监管效率和信息化水平，将全国生鲜乳收购站和运输车全部纳入监管，确保持证经营。

推进监管制度化。落实生鲜乳收购站和运输车信息核查上报专人负责制度，准确掌握生鲜乳收购站和运输车变动情况；严格落实生鲜乳收购站发证六项规定，全面执行《生鲜乳收购站标准化管理技术规范》；严格落实"确保婴幼儿配方奶粉奶源安全六项措施"，对婴幼儿配方奶粉奶源的收购站、运输车和奶牛养殖场全部建档立案，纳入重点监管范围，建立婴幼儿配方奶粉奶源质量安全追溯体系。

推进监测常态化。连续 15 年组织实施生鲜乳质量安全监测计划，2021—2023 年累计抽检生鲜乳样品约 2.9 万批次，检查生鲜乳收购站 1.46 万个（次），运输车 1.38 万辆（次），开展婴幼儿配方奶粉奶源质量安全专项监测和飞行抽检，重点对婴幼儿配方奶源相关的生鲜乳收购站和运输车进行全覆盖抽检。

2021—2023 年牛奶兽药残留监控情况

2021—2023 年实施的动物及动物产品兽药残留监控计划，共抽检牛奶样品 654 批，主要对阿苯达唑及其代谢物、磺胺增效剂、阿维菌素类等 7 类 36 种兽药进行监测，未检出阳性（超标）样品，合格率为 100%。

2021—2023 年饲料质量安全监管情况

2021 年，农业农村部办公厅印发《2021 年饲料质量安全监管工作方案》，按照上下联动、分级负责的原则，健全"全国一盘棋"工作机制，组织开展饲料质量安全监督抽查、饲料和饲料添加剂产品风险监测和风险预警，对 100 家饲料和饲料添加剂生产企业开展现场检查，实施饲料标签专项检查，全年饲料产品抽检合格率达到 98.8%，饲料质量安全保持较高水平。

2022 年，农业农村部办公厅制定印发《2022 年饲料质量安全监管工作方案》，统筹运用监督抽查、产品监测、风险预警和现场检查等手段，全面实施"双随机、一公开"监管。各地从饲料生产企业、经营门店和养殖场户抽检饲料产品 15 370 批次，总体合格率 98.8%。组织部属有关单位开展重点饲料产品风险监测，从饲料生产、经营使用、互联网销售、养殖环节抽检饲料和饲料添加剂产品 1 333 批次。组织专家组对 6 个省份 60 家饲料和饲料添加剂生产企业进行现场检查，现场提出整改意见，要求地方管理部门督促企业立行立改。

2023 年，农业农村部办公厅制定印发《2023 年饲料质量安全监管工作方案》，统筹运用监督抽查、产品例行监测、风险预警和现场检查等手段，全面实施"双随机、一公开"监管。各地从饲料生产企业、经营门店和养殖场户抽检饲料产品 15 693 批次，总体合格率为 98.7%。组织部属有关单位开展重点饲料产品例行监测，从饲料生产、经营使用、互联网销售、养殖环节抽检饲料和饲料添加剂产品 1 609 批次。组织工作组对 14 个省份 100 家饲料和饲料添加剂生产企业进行现场检查，现场提出整改意见，要求地方管理部门督促企业立行立改。

（以上行业专述内容除有署名外，均由中国农业科学院农业信息研究所助理研究员王晶、中国农业科学院北京畜牧兽医研究所助理研究员詹腾飞编撰整理）

【有机乳】

2022年度我国有机乳制品发展概况

2022年，我国原料奶产出增长，乳制品进口大幅下降，奶源自给率实现近7年来的首次回升。但是，在消费需求萎缩、饲料价格攀升的情况下，也面临原料奶价格下行和生产成本上涨的双向挤压困境。为增强畜牧业质量效益和竞争力，农业农村部办公厅发布《畜牧业"三品一标"提升行动实施方案》（2022—2025年），提出"坚持质量兴牧、绿色兴牧、品牌兴牧"，为全面推进乡村振兴、加快农业农村现代化提供有力支撑。发展有机乳制品是提高畜牧产品品质的重要途径，也是增强畜牧业竞争力、推动畜牧业绿色发展的重要抓手。

一、国内有机原料乳及乳制品生产

（一）2022年发展概况

1. **有机牛乳。** 据我国食品农产品认证信息系统数据统计显示，2022年，我国认证的有机原料乳包括有机牛乳、有机羊乳、有机骆驼乳、有机马乳和有机驴乳，生产总量（含转换期）为197.16万t，其中有机牛乳生产量为180.76万t，占有机原料乳总产量的91.68%。有机生牛乳产量比2021年增加了26.67万t，增幅为17.31%。有机羊乳、有机骆驼乳、有机马乳和有机驴乳生产量分别为9.80万t、6.46万t、1 260.94t和154.8t。

2. **有机乳制品。** 根据2019年版的《有机产品认证目录》，有机乳制品分为液态奶、乳粉和其他乳制品三大类。其中，液体乳包括巴氏杀菌奶、调制乳、灭菌乳、发酵乳和高温杀菌乳；乳粉包括全脂乳粉脱脂乳粉、部分脱脂乳粉、调制乳粉、牛初乳粉和基粉；其他乳制品包括炼乳、奶油、稀奶油、无水奶油、干酪、再制干酪、乳清粉（液）、乳糖、黄油、酪蛋白、乳铁蛋白、乳清蛋白析出液、乳清蛋白粉和浓缩牛奶蛋白。

据我国食品农产品认证信息系统数据统计显示，2022年我国有机加工产品总产量为538.9万t，其中有机乳制品产量为119.02万t，占有机加工产品总产量的21.34%，位居加工产品的第二位。与2021年相比，有机乳制品产量增加14.34万t，同比增长13.7%。

2020—2022年我国有机乳制品产量变化见图1，年均增长率为20.99%。

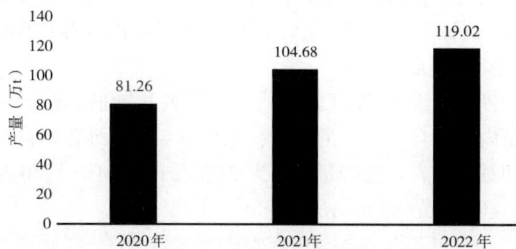

图1　2020—2022年我国有机乳制品产量变化趋势

2022年认证的有机乳制品中，液态奶产量为114.20万t，乳粉产量为3.69万t，其他乳制品产量为0.56万t。其中，灭菌乳产量达到102.83万t，占有机乳制品总产量的86.40%，在单一有机加工产品产量中位居第一，占单一有机加工产品总产量的24.33%。有机巴氏杀菌奶、调制乳、发酵乳认证产量分别为7.12万t、1.81万t和2.44万t。上述三类液态奶中，有机巴氏杀菌奶和有机发酵乳较2021年分别增长了0.71万t和0.05万t，而调制乳的认证产量较2021年下降了0.87万t。此外，有机婴幼儿配方奶粉认证产量为4.22万t，其他有机乳制品包括干酪、奶油、黄油、奶油、乳清粉（液）、再制干酪等，认证产量共0.56万t。

（二）区域分布

1. **有机原料乳区域发展情况。** 图2为2020—2022年有机牛乳产量分布状况。内蒙古自治区作为全国最大的有机生牛乳生产省份，2022年有机生牛乳产量达119.54万t，占全国有机生牛乳产量的66.13%，较2021年增长了14.32%。其次黑龙江省有机生牛乳产量17.60万t，新疆维吾尔自治区14.94万t，河北省8.80万t和甘肃省5.60万t，产量较2021年分别增长了68.26%、38.33%、3.65%和3.32%。内蒙古自治区自2018年以来已连续5年稳居全国有机生牛乳产量的第一位。

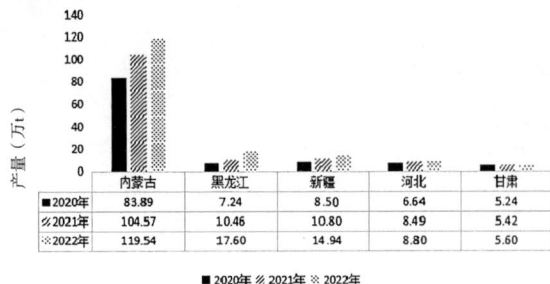

图2　2020—2022年我国有机牛乳产量分布状况

2. 有机乳制品区域发展情况。 2022年有机灭菌乳认证产量位列我国前5位的分别是内蒙古自治区、黑龙江省、新疆维吾尔自治区、山东省和重庆市，认证产量分别为81.21万t、7.91万t、3.30万t、2.70万t和1.31万t。

2022年有机巴氏杀菌奶认证产量位列我国前5位的分别是上海市、内蒙古自治区、北京市、山东省和重庆市，认证产量分别为1.61万t、0.67万t、0.64万t、0.64万t和0.60万t。

2022年有机发酵乳认证产量位列我国前5位的分别是内蒙古自治区、河北省、北京市、新疆维吾尔自治区和甘肃省，认证产量分别为0.78万t、0.54万t、0.20万t、0.19万t和0.16万t。

2022年有机调制乳分布在内蒙古自治区、江西省、黑龙江省、新疆维吾尔自治区和陕西省，认证产量分别为1.57万t、1020t、800t、400t和170t。

2022年有机乳粉类产品主要集中在新疆维吾尔自治区、陕西省、黑龙江省、河北省和内蒙古自治区，认证产量分别为0.71万t、0.66万t、0.57万t、0.35万t和0.34万t。

2022年获得有机认证的其他乳制品主要分布在河北省、山东省和黑龙江省，认证产量分别为3 755t、840t和800t。

二、境外生产获得我国有机产品认证的乳制品发展情况

2022年，在境外实施我国有机标准认证涉及的国家（地区）有53个，获证企业和颁发证书的数量分别为282家和582张。其中，乳制品证书数量为89张，认证产量为64.4万t。图3为2020—2022年境外中国标准认证的乳制品证书数量和认证产量情况。2022年乳制品证书数量较2020年和2021年分别下降了21.93%和28.80%，认证产量较2020年增加了37.96%，较2021年减少了7.20%。尽管认证产量总体稳定，但2022年有机证书数量减少较多，一是我国有机乳制品进口较为重要的原产地澳大利亚有机乳制品认证的企业大幅减少；二是受新冠疫情影响，进口乳制品受到一定程度影响；三是中国乳品品牌发展较快，高端乳制品国产化替代进程加快，也在一定程度上影响了进

口数据。

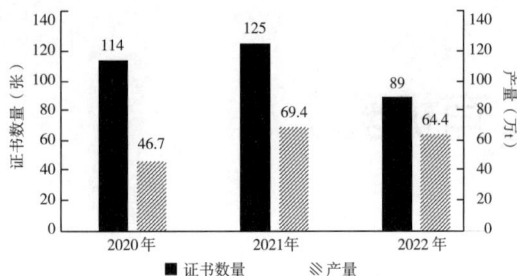

图3　2020—2022年境外中国标准认证的乳制品证书数量和认证产量

从2022年有机产品进口的主要贸易区域看，有机乳制品进口主要来源为欧洲（德国、丹麦、法国、荷兰、奥地利等）、大洋洲（澳大利亚、新西兰）和北美洲（美国）。

三、有机乳制品市场和贸易概况

（一）我国有机产品市场销售总体情况

我国实行有机产品"一品一码"管理制度，即宣称为有机产品的商品必须在其最小销售包装上使用有机防伪标签，因此有机防伪标签的核销量可基本体现有机零售产品销售情况。2022年，我国国内有机产品防伪标签备案37.39亿枚，较2021年增加了11.64%；核销量为123.56万t，较2021年增加了2.10%；销售额估算为805亿元，较2021年减少了6.72%。境外有机防伪标签备案1.01亿枚，较2021年减少了7.34%；核销量为3.67万t，较2021年减少了17.53%；销售额估算为72.28亿元，较2021年减少了18.42%。

（二）我国有机加工产品市场销售情况

2022年我国有机加工产品核销量为114.27万t，较2021年增加了3.98%。有机加工产品销售额为752.23亿元，较2021年减少了5.53%，占有机产品总销售额的93.44%。

（三）我国有机乳制品产品市场销售情况

1. 2022年国内有机乳制品市场与销售概况。2022年，我国有机乳制品核销量为75.34万t，较2021年增加了4.37万t，占有机加工产品总核销量的65.90%。有机乳制品销售额为231.23亿元，占有机加工产品总销售额的30.74%。有机乳制品（灭菌乳、巴氏杀菌奶、调制乳、发酵乳和婴幼儿配方奶粉5种产品）有机防伪标签备案总数为29.38亿枚，占国内有机产品防伪标签备案总数的78.58%，说明我国有机乳制品在销售市场中是绝对主力。其中，有机灭菌乳的有机防伪标签备案数量为27.55亿枚，占国内有机产品防伪标签备案总数的73.68%，较2021年增加了3.03亿枚，增幅12.36%。巴氏杀菌奶的有机防伪标签备案数量位列第二，为0.94亿枚，较2021年减少了0.16亿枚，下降14.55%。调制乳和发酵乳有机防伪标签备案数量合计

为 0.50 亿枚。婴幼儿配方奶粉有机标志备案数量为 0.38 亿枚。

2. 2022 年境外国标认证有机乳制品市场与销售概况。2022 年，进口有机灭菌乳和婴幼儿配方奶粉核销总量为 2.53 万 t，占进口有机产品核销总量的 68.94%。数据表明，虽然灭菌乳和婴幼儿配方奶粉核销量均有所下降，但在有机产品进口贸易中依然占据十分重要的份额。进口有机灭菌乳和婴幼儿配方奶粉总销售额为 50.1 亿元，占进口有机产品总销售额的 69.31%。灭菌乳和婴幼儿配方奶粉有机防伪标签总数为 6 861 万枚，占进口有机产品防伪标签总数的 67.93%。其中，进口灭菌乳的有机防伪标签发放数量最多，为 5 785 万枚，较 2021 年下降了 7.62%；核销量为 1.67 万 t，较 2021 年下降了 7.22%。由于灭菌乳单价相对较低，销售额位列进口有机产品的第四位，为 4.5 亿元；进口婴幼儿配方奶粉有机防伪标签发放数量位列第三，为 1 076 万枚，较 2021 年减少了 501 万枚，降幅为 31.77%；核销量为 8 626t，较 2021 年减少了 3 773t，降幅为 30.43%；销售额位列进口有机产品第一，为 45.6 亿元，但比 2021 年减少了 20 亿元，降幅为 30.49%。图 4 为 2020—2022 年进口有机灭菌乳和婴幼儿配方奶粉的核销情况。

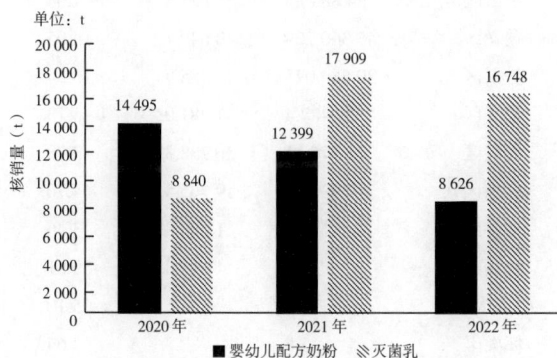

图 4 2020—2022 年进口有机灭菌乳
和婴幼儿配方奶粉的核销情况

近 3 年，销售额最大的进口有机婴幼儿配方奶粉核销量下降较为明显，2020 年达到峰值的 14 495t 后，在后续的两年中持续下降，至 2022 年仅为 8 626t，下降幅度超过 40%。究其原因，一方面，我国新生儿数量自 2016 年达到峰值后逐年下滑，2022 年较峰值数据下降 46.50%，并有进一步下降的趋势，导致进口有机婴幼儿配方奶粉产量大幅降低。另一方面，我国伊利、飞鹤、君乐宝等乳制品生产企业加大了自主研发生产有机婴幼儿配方奶粉的力度，国产婴幼儿配方奶粉品牌影响力彰显，国产婴幼儿配方奶粉销路的逐步打开，压缩了进口婴幼儿配方奶粉品牌的市场空间。

（中绿华夏有机产品认证中心，冯淑环、唐　韧、栾治华；中国农业大学鞠鲤懋，乔玉辉；中国绿色食品发展中心，夏兆刚）

四、各地奶业

GEDI NAIYE

北 京 市

【奶畜养殖】北京市 2022 年奶牛存栏 57 256 头。饲养品种主要以荷斯坦牛为主，其他品种奶牛有少量存栏。北京市奶牛养殖分布在 11 个区，主要集中于顺义区、密云区、通州区、延庆区、昌平区、大兴区和房山区（表1）。

表 1　2022 年北京市奶牛存栏情况

地区	奶牛存栏量（头）
北京市	57 256
顺义区	12 919
密云区	11 526
通州区	10 920
延庆区	8 625
昌平区	5 261
大兴区	4 806
房山区	2 867
平谷区	260
怀柔区	47
海淀区	20
门头沟区	5

2022 年全市生牛奶产量 262 167.113t，比 2021 年增长 1.43%（表2）。其中，通州区、顺义区、昌平区、平谷区和怀柔区生牛奶产量与 2021 年相比增加，其他各区生牛奶产量均呈现下降趋势。

表 2　2022 年北京市生牛奶产量

区　县	生牛奶产量（t）		
	2022 年	2021 年	增长速度（%）
北京市	262 167.113	258 474.9	1.43
通州区	62 315.149	54 775.9	13.76
密云区	54 884.84	55 821.3	−1.68
顺义区	46 360.209	40 649.7	14.05
昌平区	30 586.075	26 985.9	13.34
延庆区	29 487.4	31 281.0	−5.73
大兴区	25 776.11	26 788.3	−3.78
房山区	10 931.03	19 765.5	−44.70
平谷区	1 739	1 680.8	3.46
海淀区	72.7	699.8	−89.61
门头沟区	11	24.5	−55.10
怀柔区	3.6	2.2	63.64

【乳制品加工】北京市乳制品生产企业主要分布于顺义、通州、朝阳、丰台、昌平、大兴、平谷、怀柔、密云和延庆等区（表3）。北京市乳制品企业的产品涵

表 3　北京市主要乳制品生产企业及经营范围

序号	企业名称	经营范围	所属区
1	北京健生饮料有限公司	乳制品	朝阳
2	北京三元食品股份有限公司	乳制品、饮料、其他食品	大兴
3	北京圣祥乳制品厂	乳制品	丰台
4	蒙牛乳业（北京）有限责任公司	乳制品、饮料	通州
5	蒙牛高科乳制品（北京）有限责任公司	乳制品	通州
6	北京光明健能乳业有限公司	乳制品、饮料	顺义
7	北京超凡食品有限公司	乳制品	顺义
8	北京艾莱发喜食品有限公司	乳制品、糕点、冷冻饮品、其他食品	顺义
9	北京天辰乳业有限公司	乳制品、饮料	顺义
10	北京三元食品股份有限公司乳品四厂	乳制品	昌平
11	北京和润乳制品厂	乳制品、饮料	大兴

（续）

序号	企业名称	经营范围	所属区
12	北京乳旺食品有限公司	乳制品、饮料	平谷
13	北京鸿达乳品有限公司	乳制品	怀柔
14	北京百思乐乳业有限公司	饮料	怀柔
15	内蒙古伊利实业集团股份有限公司北京乳品厂	乳制品、食品添加剂、饮料	密云
16	北京归原生态农业发展有限公司	乳制品	延庆

盖了几乎所有的乳制品种类，但在产品形式上主要以发酵乳、灭菌乳、巴氏杀菌乳和调制乳等液态乳制品为主。奶酪产量逐步提高。

【奶源基地】按照高质量发展的总体要求，加强规划引导、政策支持和技术指导，推进现代化示范牧场建设，实施标准化生产，保障乳制品质量安全和有效供给，有效推进首都"菜篮子"生鲜乳保障体系建设。全市登记的规模奶牛养殖场43个（表4）。其中，设计规模500头及以上的奶牛养殖场38个，占88.37%。奶牛良种覆盖率达100%（表5）。

表4　2022年北京市备案的规模化奶牛养殖场分布情况

区	500头以下	500~999头	1 000~1 999头	2 000头及以上	合计
大兴区	0	0	1	1	2
延庆区	2	6	3	0	11
密云区	0	0	2	3	5
通州区	0	0	2	4	6
房山区	0	3	0	1	4
顺义区	1	3	2	3	9
平谷区	0	0	1	0	1
昌平区	2	1	1	1	5
合计	5	13	12	13	43

备注：数据来自2022年北京市畜禽养殖场（小区）登记备案统计数据。

表5　2022年北京市备案的规模化奶牛养殖场名录

序号	名称	设计规模（头）	品种
1	北京海华云都生态农业有限公司	10 000	荷斯坦
2	北京市北务广峰养殖场	4 000	荷斯坦
3	北京首农畜牧发展有限公司（金银岛牧场）	3 000	荷斯坦
4	北京鼎晟誉玖牧业有限责任公司	2 600	荷斯坦
5	北京优源润泽牧业有限公司	2 500	荷斯坦
6	北京首农畜牧发展有限公司绿荷分公司半截河牛场	2 300	荷斯坦
7	北京首农畜牧发展有限公司第一牧场	2 256	荷斯坦
8	北京鼎晟誉玖牧业有限责任公司奶牛二场	2 200	荷斯坦
9	北京首农畜牧发展有限公司（南口二牛场）	2 000	荷斯坦
10	北京梦渌通养殖有限公司	2 000	荷斯坦
11	北京首农畜牧发展有限公司中以示范牛场	2 000	荷斯坦
12	北京首农畜牧发展有限公司绿荷分公司草厂牛场	2 000	荷斯坦
13	北京圣兴达养殖有限公司	2 000	荷斯坦
14	北京首农畜牧发展有限公司（南口三牛场）	1 800	荷斯坦
15	北京首农畜牧发展有限公司创辉牛场	1 600	荷斯坦
16	北京昭阳牧场	1 564	荷斯坦

（续）

序号	名称	设计规模（头）	品种
17	北京雄特牧业有限公司	1 500	荷斯坦
18	北京市久兴养殖场	1 500	荷斯坦
19	北京大地群生养殖专业合作社	1 500	荷斯坦
20	北京首农畜牧发展有限公司三垡牛场	1 400	荷斯坦
21	北京首农畜牧发展有限公司小务牛场	1 400	荷斯坦
22	北京康源奶牛养殖有限责任公司	1 300	荷斯坦
23	北京首农畜牧发展有限公司奶牛中心	1 044	荷斯坦
24	北京方旭奶牛养殖中心	1 000	荷斯坦
25	北京首农畜牧发展有限公司平谷良种奶牛场	1 000	荷斯坦
26	北京民禾诚奶业专业合作社	900	荷斯坦
27	北京市马坡肖家坡明仁奶牛养殖场	800	荷斯坦
28	北京兴利鹏奶牛养殖中心	800	荷斯坦
29	北京金鑫园奶牛中心	800	荷斯坦
30	北京运昌奶牛养殖专业合作社	800	荷斯坦
31	北京双萍养殖有限公司	800	荷斯坦
32	北京森茂种植有限公司	750	荷斯坦
33	北京小段奶牛合作社	744	荷斯坦
34	北京富农兴牧奶牛养殖合作社（普通合伙）	700	荷斯坦
35	北京延照富民奶牛养殖中心	600	荷斯坦
36	北京中加永宏科技有限公司	600	荷斯坦
37	北京三石奶牛场有限公司（奶牛场）	500	荷斯坦
38	北京天意兴旺养殖专业合作社	500	荷斯坦
39	中国农业机械化科学研究院北京农机试验站（奶牛场）	450	荷斯坦
40	北京市龙湾承三养殖场	420	荷斯坦
41	中央军委机关事务管理总局南口农副业基地（奶牛场）	300	荷斯坦
42	北京金龙腾达养殖场	240	荷斯坦
43	北京利源永兆养殖中心	230	荷斯坦

【奶农组织】技术服务体系。北京市通过市、区、乡镇、村"四级"技术服务体系、现代农业产业技术体系北京市家畜创新团队和奶业社团组织机构，有效整合全市的科技、人才和产业资源，搭建多学科协同平台、科企合作平台、产业上下游衔接平台，创立以提质增效为核心的技术服务模式，加快"产学研推"有机融合，为北京奶业高质量发展提供政策、科技与人才支撑。

奶业社团组织机构。2022年北京市登记备案的奶业社团组织机构共有1家（表6），在协助政府进行行业管理、服务产业、推广技术成果、维护奶农和行业的合法权益、促进北京奶业产业的健康发展等方面具有重要作用。

表6 北京市奶业社团组织机构

序号	名 称	业务主管单位	统一社会信用代码
1	北京市奶业协会	无（已脱钩）	51110000500300288F

【政策法规】地方标准。截至2022年底，北京市制定与奶牛产业相关的现行有效地方标准共计13项（表7），对推动本地区奶牛产业规范、健康、有序发展起到积极作用。

表 7　北京市奶牛产业地方标准

标准号	标准中文名称	实施日期
DB11/T 2014–2022	畜禽养殖质量安全控制规范	2023/1/1
DB11/T 1870–2021	畜禽养殖粪肥还田利用技术规范	2021/10/1
DB11/T 1764.19–2020	用水定额 第 19 部分：乳制品	2021/4/1
DB11/T 1759–2020	全株玉米青贮饲料分级技术规范	2021/1/1
DB11/T 150.1–2019	奶牛饲养管理技术规范 第 1 部分：育种	2019/10/1
DB11/T 150.2–2019	奶牛饲养管理技术规范 第 2 部分：繁殖	2019/10/1
DB11/T 150.3–2019	奶牛饲养管理技术规范 第 3 部分：饲养与饲料	2019/10/1
DB11/T 150.4–2019	奶牛饲养管理技术规范 第 4 部分：卫生防疫	2019/10/1
DB11/T 1322.69–2019	安全生产等级评定技术规范 第 69 部分：畜禽养殖场	2020/1/1
DB11/T 425–2018	牛场舍区、场区、缓冲区环境质量要求	2019/1/1
DB11/T 1332–2016	奶牛机械挤奶操作规范	2016/8/1
DB11/T 1021–2013	奶牛电子耳标技术规范	2014/2/1
DB11/T 868–2012	生鲜乳贮运技术规范	2012/9/1

（北京市畜牧总站，任　康）

天　津　市

【奶畜养殖】2021 年天津市奶牛存栏 10.36 万头，同比下降 0.1%。生鲜乳产量 51.13 万 t，同比下降 1.3%。饲养品种主要以中国荷斯坦牛为主，主要分布在武清区、静海区、宝坻区、宁河区和滨海新区。2022 年，天津市进一步优化奶牛养殖空间和产业布局，奶牛存栏、生鲜乳产量小幅下降，成母牛单产水平稳步提升，规模牧场技术水平、管理水平和设施设备不断进步，奶牛饲养环境和生产条件不断改善。

2022 年，受全球经济形势，国际贸易等因素影响和冲击，人工和饲料成本上涨、消费需求低迷等问题制约着奶业发展，加之青贮收获期天气异常，导致部分奶牛场青贮储备不足，青贮饲料价格持续高位，奶牛养殖效益空间进一步缩紧。面对诸多问题，天津市以国家振兴奶业行动为契机，以都市型奶业产业高质量发展为目标，充分挖掘产业优势，以"降成本、提质量、增效率、延链条"为着力点，持续推进奶业振兴，构建都市型奶业发展新格局。市、区两级农业农村部门，相继出台多项政策为奶业发展提供有力支持，持续开展现代智慧牧场建设，提升养殖设施装备水平，提高奶业生产效率，建设绿色优质奶源基地，增强奶源供给保障能力，完善"种好草、养好牛、喝好奶"全产业链奶业生产经营模式，持续提升奶业质量、效益和竞争力。

【乳制品加工】2022 年，全市乳制品加工企业共计 10 家，主要位于武清区和北辰区。天津市乳制品加工企业依照《食品安全法》和食品安全国家标准组织生产，使用国际一流的生产线、通过国内国际相关标准体系认证，形成了海河、津河、华明、中芬、弗里生知名地方品牌。同时，蒙牛、伊利、光明、完达山、三元等全国著名乳制品加工企业均在天津市建立基地，全市乳制品产量达到 58.7 万 t，生产出灭菌乳、调制乳、巴氏杀菌乳、发酵乳、含乳饮料五大品类 100 余种产品，凭借优质的奶源、多元化特色优质产品，赢得了众多消费者的认可。

天津海河乳品有限公司（以下简称海河乳品公司）隶属于天津食品集团，主要从事乳制品生产加工，是一家集乳制品生产、销售、科研、培训为一体的现代化生产制造企业，海河乳品公司新工厂位于天津空港经济区，占地面积 6.2 万 m²，总投资额 5.98 亿元，于 2022 年 6 月建成投产，海河乳品公司生产加工设备引进国内及国际顶尖乳制品加工、灌装全自动生产线和自动化包装设备，采用国际同行业先进工艺流程，实现乳制品加工数字化转型、智能化发展，生产线日加工生鲜乳能力达到 500t，奶源来自自有优质牧场，原料奶蛋白含量、乳脂率均高于国标技术要求，为保障市民"奶瓶子"供应提供了有力保障。

【市场消费】2022 年天津市人均牛奶占有量为 37.51kg。灭菌乳、调制乳、巴氏杀菌乳、发酵乳、含乳饮料等乳制品，在天津市大小超市、电商渠道均有销售，主要品牌为海河、弗里生等地方品牌和蒙牛、伊利、三元、完达山、君乐宝等全国品牌。

【奶源基地】规模养殖。2022 年，全市共有奶牛养殖场 69 个。其中，存栏规模在 500 头以下的奶牛养殖场 9 个，存栏规模在 500 ~ 999 头的奶牛养殖场 28 个，存栏规模在 1 000 ~ 1 999 头的奶牛养殖场 16 个，存栏规模在 2 000 ~ 2 999 头的奶牛养殖场 11 个，存栏规模在3 000头及以上的奶牛养殖场5个。

全市奶牛养殖综合水平不断提升，实现良种优质冻精使用率、牧场规模化率、TMR设备和机械化挤奶设备配套率、规模养殖场粪污处理设施装备配套率"四个100%"，奶牛养殖设施化水平和奶牛遗传性能稳居全国前列。

奶牛生产性能测定（DHI）。通过开展DHI测定，结合后裔鉴定技术，持续提高奶牛群体品质，通过对全市3.6万头成母牛实施DHI测定，加强DHI测定数据在生产管理、良种繁育过程中的应用，推动全基因组选择和胚胎工程等快繁技术应用，提高良种资源利用效率，扩大高产核心群规模。

牧草种植。2022年全市饲草料种植规模16 205hm²，其中全株青贮玉米15 577hm²、饲用麦类328hm²、紫花苜蓿300hm²。全市完成饲草青贮收获55.6万t。对全市60余个规模奶牛养殖场全株玉米青贮饲料进行质量检测与评估分析，形成《2022年天津市全株玉米青贮质量分析评价报告》1份，发布《全株玉米青贮质量评估技术要求》天津市地方标准1项，进一步提升粗饲料利用水平。

疫病防控。强化源头治理，推进奶牛健康养殖，开展奶牛养殖兽用抗菌药使用减量化行动试点，严格养殖环节饲料、兽药等投入品使用管理。启动布鲁氏菌病等重点人兽共患病（2022—2026年）行动，扎实做好奶畜场布鲁氏菌病免疫，推进布鲁氏菌病和结核病"两病"净化，着力提升奶畜场疫病防控水平，天食牛种业有限公司通过省级牛布鲁氏菌病和牛结核病净化场评估。

【奶农组织】技术培训。为培养奶牛养殖业现代化管理技术人员和高素质产业人才，提升管理经营理念和劳动效率，进一步提升奶业科技含量，促进奶业健康可持续发展，采取线下培训和线上培训相结合的方式，组织开展奶牛养殖技术培训10余次，受益从业人员累计500余人次。

【政策法规】一是继续实施天津都市型奶业产业集群建设项目。该项目总投资18.87亿元，到2022年底完成全部35个项目建设任务，全面构建"3-5-20"的奶业产业集群发展格局，都市型奶业产业链整体产值突破100亿元。二是实施武清区奶业生产能力提升整县推进项目。统筹资金3 454.16万元，支持武清区蕙牧农业科技有限公司等6家养殖主体，开展现代智慧牛场建设，发展标准化、数字化规模养殖，提高奶业综合生产能力。三是持续实施奶牛家庭牧场和奶农合作社升级改造项目。统筹资金1 082万元，支持全市32个奶牛家庭牧场和奶农合作社开展标准化、现代化建设，推广节水、节料、节能等工艺，完善自动化环境控制设备，提升设施化、智能化、自动化水平。四是金融保险支持。实施担保贷款贴息扶持，市财政对符合条件的农业经营主体流动资金担保贷款给予年化2%的贴息扶持；市财政对符合条件的农业经营主体固定资产贷款给予不超过3年的年化2%的贴息扶持。深入实施奶牛养殖保险政策，对符合要求的病死奶牛进行赔付，减少养殖户损失；创新推出奶牛活体抵押贷款，累计向奶牛养殖生产经营企业发放1.5亿元贷款，有效缓解养殖场户融资难题。

【质量监管】2022年，天津市全年完成农业农村部例行监测任务233批次，《食品安全国家标准 生乳》指标监测任务5批次。全市完成监督检测300批次。样品覆盖全市所有的生鲜乳收购站和运输车，所有监测生鲜乳样品质量均符合国家相关标准规定，合格率为100%。

有效落实质量安全监管责任。积极部署开展生鲜乳质量安全监管工作，印发《2022年推进奶业振兴保障生鲜乳质量安全工作方案》，强化落实生鲜乳质量安全监管职责，层层落实属地监督管理责任，科学划定监管网格，合理配备监管力量，做到"定格、定岗、定员、定责"，全面堵塞监管漏洞，消除监管盲区。落实企业主体责任，加强自查自纠，落实安全管理、风险管控、检验检测等主体责任，提升企业生鲜乳质量安全管控能力。

扎实开展生鲜乳专项整治行动。一是抓好日常监管与重点监管的结合。在抓好日常监管的同时，注重抓好元旦、春节、五一、中秋、国庆等重点时节专项整治行动，集中对奶牛养殖场、生鲜乳收购站、运输车3个重点环节进行摸排巡查，整改、取缔不合格生鲜乳收购站和运输车，严查、严防非法添加等违法违规行为。二是严厉打击违法违规行为。严格按照"四个最严"要求，加大监督执法力度，建立明查暗访制度，强化案件查办，建立行政执法与刑事司法衔接机制，对各类违法添加、非法收购、倒买倒卖不合格生鲜乳的违法行为严厉打击，及时通报违法案件信息，强化社会共治。三是做好行业安全生产督导检查工作。督促养殖场健全和落实安全生产制度，确保养殖场责任落实到位、人员尽责到位、隐患排查到位、整改措施到位，确保行业安全生产。结合日常监管工作，对养殖场安全生产建章立制、法律法规宣传贯彻、安全生产责任制落实等情况进行检查，确保不发生安全隐患。

【奶业大事】2022年5月，天津农商银行提出"金融助推都市型乡村振兴"模式，首笔5 000万元奶牛活体抵押贷款成功发放，通过金融惠农政策支持奶牛养殖场开展现代智慧牧场建设。

2022年6月，奶业产业集群支持项目，海河乳品公司新工厂克服疫情影响，正式建成投产，生产线设计日加工能力达到500t，项目引进国内国际顶尖设备，采用同行业先进加工工艺，为保障市民"奶瓶子"供应提供了有力保障。

2022年7月，天津市农业农村委制定印发《天津市"十四五"奶业竞争力提升行动方案》，方案结合天津市奶业发展实际，明确发展目标和总体要求，提出九项重点工作任务，旨在进一步提升奶业质量、效益和竞争力。

2022年7月，由天津食品集团总投资3亿元建设的天食智慧牧场项目正式投产运行，天食智慧牧场是天津市建成的首家智慧牧场，致力于打造智慧高效、科技示范、生态观光的现代化、智能化奶牛场，同时打造建立京津冀奶牛研究院和核心育种场，进一步树立天津奶业的良好形象。

2022年8月，启动实施武清区奶业生产能力提升整县推进项目，统筹资金3 454.16万元，支持武清区惠牧农业科技有限公司等6家养殖主体开展现代智慧牛场建设，发展标准化、数字化规模养殖，提高奶业综合生产能力。

2022年11月，按照"生产高效、环境友好、产品安全、管理先进"的创建要求，积极开展国家畜禽养殖标准化示范创建活动，富优农业科技有限公司被农业农村部评为2022年国家级畜禽养殖标准化示范场，较好发挥了示范引领作用。

（天津市农业发展服务中心，郭　爽）

河 北 省

【奶畜养殖】河北省2022年奶牛存栏148.1万头，同比增长9.5%；生鲜乳产量546.7万t，同比增长9.7%。

全省奶牛主要分布在唐山、张家口、石家庄、邢台、保定5个市，其他地市也有少量分布。具体分布情况如下：唐山市滦南县、滦州市、玉田县、古冶区、丰润区、丰南区、汉沽管理区、张家口市察北管理区、塞北管理区、张北县、万全区、康保县、宣化区、怀安县、怀来县，石家庄市行唐县、正定县、藁城区、灵寿县、辛集市、无极县、新乐市、邢台市威县、宁晋县、保定市徐水区、清苑区、满城区、定州市、衡水市武强县、故城县、承德市丰宁满族自治县、沧州市渤海新区、邯郸市大名县、廊坊市文安县、永清县、三河市、秦皇岛市昌黎县37个县（市、区）。

2022年河北省共有奶牛养殖场805个，规模化率达100%，智能化率达95%。河北省大力支持奶牛场智能化改造，在全国率先开展智能奶牛场建设，不断完善省级奶牛养殖云平台建设，实现了奶牛发情自动揭发、产奶量自动上传、饲料配方精准控制、环境温湿度在线监测等功能。

【乳制品加工】2022年河北省共有乳制品加工企业46家，日处理生鲜乳能力总计约2万t，其中乳粉加工企业16家，婴幼儿配方奶粉产能总计达到18万t。

2022年河北省奶制品产量389.71万t，同比下降1.9%。其中，液体乳379.55万t，同比下降2.1%；其他乳粉产量9.72万t，同比增长1.4%（包括婴幼儿配方奶粉产量4.63万t，同比下降16.4%）。

【市场消费】君乐宝乳业集团以科学营养战略为纲领，建立品牌矩阵，聚焦君乐宝母品牌与简醇、悦鲜活、纯享、优萃、旗帜、小小鲁班等明星子品牌。婴幼儿配方奶粉、儿童奶粉及成人奶粉有旗帜、优萃、乐铂、恬适等品牌。低温酸奶、常温液态奶有简醇、悦鲜活、白小纯、纯享、慢醇等品牌。详见表1。

表1　君乐宝乳业集团主要乳制品品牌及价格

序号	产品名称	规格	入户售价（元）	商超售价（元）
1	悦鲜活	780mL/瓶	19.9	19.9
2		450mL/瓶	12.9	12.9
3		260mL/瓶	7.9	8.9
4	悦鲜活A2	450mL/瓶	15.9	15.9
5		260mL/瓶	12.9	12.9
6	白小纯爱克林壶	12盒×200g	—	45
7	白小纯纯牛奶	16袋×180mL	—	30
8	君乐宝简醇利乐冠	10瓶×200g	—	65
9	简醇零添加蔗糖酸奶（燕麦/牛油果）	230g/瓶	—	7.9
10	简醇零添加蔗糖风味酸牛奶	16袋×150g	—	40
11	优萃婴幼儿配方奶粉	800g	—	308
12	小小鲁班儿童奶粉	800g	—	156

【奶源基地】2022年河北省规模以上奶牛养殖场中5 000头及以上规模奶牛存栏占比31.37%、1 000~4 999头规模奶牛存栏占比33.92%、500~999头规模奶牛存栏占比23.99%、499头及以下规模奶牛存栏占比10.72%。

2022年河北省全株青贮玉米收贮面积360.05万亩，产量976.81万t，平均单产2.71t/亩；苜蓿保留面积38.87万亩，产量31.66万t，平均单产815kg/亩。

2022年，河北省积极落实《河北省畜间布鲁氏菌病防控五年行动方案（2022—2026年）》，推进实施《河北省奶牛布鲁氏菌病防控三年行动计划（2021—2023年）》，采取免疫、监测、消毒、扑杀、无害化处理等综合性技术措施，有效控制奶牛布鲁氏菌病。扎实做好奶牛布鲁氏菌病、口蹄疫强制免疫工作，2022年布鲁氏菌病免疫奶牛46.23万头次、口蹄疫免疫奶牛207.64万头次，牲畜群体免疫密度常年保持在90%以上。开展布鲁氏菌病净化场和无疫小区建设，2022年河北省1家企业通过国家无布鲁氏菌病小区评估验收，5家企业通过省级动物疫病净化场评估验收。强化政策宣传和技术培训，全省印发《炭疽防控知识挂图》《布病防控知识要知道挂图》共计11万张，发放宣传材料36.23万张；举办培训班568期，培训人员35.64万人次。2022年11月16日，河北省在全国布鲁氏菌病防控工作推进视频会议上作典型发言。

奶牛养殖场粪污处理多采用粪便垫料回用模式，即将粪污固液分离，固体粪便进行好氧发酵无害化处理后用作卧床垫料，液体粪污储存发酵后用作肥料进行农田利用。该模式的特点是牛粪替代沙子和土作为垫料，减少粪污后续处理难度。

【奶农组织】河北省奶业协会现设有4个专业工作委员会，分别为家庭牧场工作委员会、乳企委员会、学生饮用奶工作委员会、乳品质量安全委员会。专业工作委员会定期召开会议，研判奶业形势，共谋发展思路。

河北省奶业协会以100余名行业专家为依托，构建奶业社会化服务平台，深入会员单位进行现场技术指导，助力全省奶牛养殖水平提升。积极参与河北省生鲜乳价格协调会，定期举办"河北牛人惠"系列培训、会员单位走访调研等活动，努力维护行业秩序稳定。利用协会微信公众号、会员群、河北乳业信息网及手机短信平台，传播行业信息、政策，促进行业学习交流，增强行业凝聚力和向心力。举办北方奶业大会暨河北国际奶业博览会、燕赵奶业行系列采访活动，向社会积极展示河北奶业的发展变化和成就，提升公众对奶业的信任度。

【质量监管】2022年农业农村部生鲜乳质量安全监测抽检合格率为100%。

【奶业大事】2022年4月20日，省委副书记廉毅敏主持召开河北省奶业振兴领导小组会议，审议通过了《河北省奶业竞争力提升行动方案》《河北省奶业振兴工作领导小组办公室关于持续加强奶业振兴政策支持的若干措施（审议稿）》。

2022年5月13日，沧州市人民政府与伊利集团举行战略合作框架协议签约仪式。副省长时清霜出席签约仪式。

2022年6月28日，河北省人民政府办公厅印发《关于进一步强化奶业振兴支持政策的通知》。

2022年7月3日，省委书记倪岳峰考察沧州市献县伊利项目建设。

2022年7月29日，2022年北方奶业大会暨第四届河北国际奶业博览会在石家庄国际会展中心开幕。

（河北省农业农村厅畜牧业处，谢　忠、张　帆）

山 西 省

【奶畜养殖】据畜牧部门统计，2022年山西省奶牛存栏40.4万头，同比下降0.5%。品种主要为荷斯坦牛，占比达到94.6%，有少数娟姗牛和弗莱维赫。奶牛养殖主要分布于山西省北部和中部地区的朔州、大同、忻州、晋中、太原5市，奶牛存栏37.3万头，占全省存栏总量的91.3%。奶牛存栏10 000头以上的县（市、区）12个，包括大同市云冈区、新荣区、阳高县、天镇县、广灵县，朔州市朔城区、山阴县、应县、怀仁市，晋中市榆次区、祁县，忻州市忻府区，奶牛存栏30.9万头，占存栏总量的76.7%。

2022年，全省奶山羊存栏11.3万只，比2021年同期增长23.27%。奶山羊主要分布于运城、晋中、临汾、大同4市，存栏9.69万只，占全省存栏总量的85.55%。奶山羊存栏2 000只以上的有18个县（市、区），包括大同市广灵县、灵丘县，长治市潞城区，晋中市榆次区、太谷区、祁县、平遥县、介休市，运城市盐湖区、万荣县、稷山县、永济市、河津市，临汾市尧都区、洪洞县、汾西县、霍州市和汾阳市，共存栏10.09万只，占全省存栏总量的89.05%。

2022年，山西省奶类总产量达到158.82万t，同比增长6.32%。其中，牛奶产量156.73万t，同比增长6.23%；羊奶产量2.09万t，同比增长13.17%。雁门关农牧交错带具备资源、气候、人才技术等优势，已经发展为山西省奶业核心生产区，大同、朔州、忻州3个市奶牛养殖量和牛奶产量占到全省74%以上。朔州市牛奶产量达到63.33万t，占全省牛奶产量的40.41%，同比增长2.97%。全省奶类产值达71亿元，约占畜牧业总产值的11%。

智慧牧场建设主要以DHI测定技术为抓手，促进家庭牧场信息化建设，以完善奶牛基础档案和精准饲喂为目标，推动产业升级。2022年山西省奶牛产业技术体系承担农业农村部重大技术协同推广项目，在全省20个示范牧场进行技术推广，建立了山西省奶牛产业大数据平台，有力推动了全省奶牛场智慧牧场升级。

截至2022年底，全省运营的生鲜乳收购站233个，除阳泉市、晋城市和吕梁市外均有分布生鲜乳收购站。全省生鲜乳运输车166辆。

【乳制品加工】2022年山西运营的生鲜乳收购站263个，乳制品加工企业14家。本地乳制品企业有山西古城乳业集团有限公司（以下简称古城）、山西九牛牧业有限公司（以下简称九牛）、大同市牧同乳业有限公司（以下简称牧同）等。伊利和蒙牛在山西设有加工企业。生产的乳制品种类包括UHT奶、巴氏杀菌乳、酸奶和奶粉等。全省日加工处理生鲜乳近2 000t。

【市场消费】2022年全省人均奶类占有量41.01kg，人均乳制品消费量17.9kg，其中城镇居民20.32kg、农村居民13.61kg。

全省乳制品市场主要销售的品牌有伊利、蒙牛、古城、九牛、牧同、光明、三元、君乐宝、夏进等。个别地区也有部分进口品牌。本省区域品牌在低温巴氏杀菌乳方面占据主要市场。进口品牌以奶粉和UHT奶为主。

【奶源基地】2022年底，全省不同规模奶牛养殖场户、奶牛存栏、牛奶产量情况分别为：存栏1~49头的有0.93万户，存栏9.3万头，产奶33.2万t；存栏50~99头的有297个场户，存栏2.09万头，产奶7.36万t；存栏100~199头的有91个场户，存栏1.33万头，产奶5.04万t；存栏200~499头的有123个场户，存栏4.68万头，产奶17.91万t；存栏500~999头的有68个场户，存栏5.14万头，产奶20.14万t；存栏1 000~1 999头的有40个场户，存栏5.12万头，产奶20.39万t；存栏2 000~4 999头的有15个场户，存栏4.32万头，产奶18.19万t；存栏5 000头及以上的有9个场户，存栏8.42万头，产奶34.52万t。

2022年生鲜乳收购年均价格为4.01元/kg；统计牧场千克奶饲料成本在2.72元、千克奶全成本在3.68元，同比增长0.37%和8.55%。

牧草种植。2022年全省优质饲草面积185.8万亩，其中全株青贮玉米124.5万亩、苜蓿41.2万亩、饲用燕麦7.5万亩、饲用小黑麦3.0万亩、其他饲草10.1万亩，全省饲草产量152.6万t。

粪污处理。粪污处理方式以种养合理布局、畜禽粪肥就地就近科学还田利用为主要方式，坚持政府支持、企业主体、市场化运作，提升设施装备水平，壮大社会化服务组织，完善种养主体有效对接机制，实现畜禽粪污由"治"向"用"的转变，加快构建种养结合、农牧循环的绿色发展格局。奶牛粪污资源化利用主推以下技术模式：（1）刮粪板清粪→地沟收集→固液分离→固体生产牛床垫料或加工商品有机肥/液体密闭储存发酵后就近农田利用；（2）干清粪→固体堆肥肥/液体密闭储存发酵后就近农田利用；（3）集中收集→大型沼气工程→沼液沼渣就近农田利用。

【质量监管】2022年，山西省共完成生鲜乳收购站和生鲜乳运输车监测732批次。其中，农业农村部监测任务426批次〔农业农村部农产品及加工品质量监督检验测试中心（北京）例行监测380批次、《食品安全国家标准 生乳》指标监测5批次，婴幼儿配方奶粉奶源质量安全监测1批次，生鲜乳质量安全监督抽查40批次〕；省级生鲜乳违禁添加物专项监测306批次。样品覆盖全省所有生鲜乳收购站和运输车。

（山西省畜牧遗传育种中心，杨继业）

内蒙古自治区

【奶畜养殖】近年来，内蒙古自治区围绕黄河流域、嫩江流域、西辽河流域和呼伦贝尔、锡林郭勒草原五大优质奶源基地建设，不断优化奶源布局。推动以荷斯坦奶牛为主，三河牛、西门塔尔牛等乳肉兼用牛和奶羊、奶驼、奶马等特色奶畜为辅的"一主两辅"奶畜养殖新格局，全力建设优质奶源基地。2022年，全区奶牛存栏159万头、牛奶产量733.8万t，分别同比增长10.9%、9%，均居全国首位。全区有育种企业7家，包括2家国家级核心育种场和5家种公牛站，有全国排名前100名的荷斯坦种公牛25头、西门塔尔牛18头。

【乳制品加工】乳制品加工企业方面，全区有年销售500万元以上乳制品加工企业78家，其中国家级龙头企业2家、自治区级龙头企业28家。乳制品加工能力达1 000万t。地方特色乳制品加工方面，全区获得SC认证的企业37家，获得小作坊登记证的手工坊1 376家，加工能力达16万t。

2022年全区规模以上乳制品产量415.2万t，其中液态奶、奶粉和奶酪等其他乳制品的产量分别达到395

万t、12万t、8万t。2022年奶业全产业链产值达到2 225亿元，占全国奶业产值的35.3%。

【市场消费】2022年人均奶类占有量308kg，人均奶类消费量20.93kg，高于全国平均值8.54kg，受消费市场低迷影响，较2021年减少7.5kg。内蒙古奶类消费形成以伊利、蒙牛两大龙头企业奶类产品为主、地方特色乳制品为辅的多元化消费格局。2022年全球乳业20强中，伊利、蒙牛分别位列第五和第七。2023中国上市公司品牌价值榜中，伊利品牌价值为1 840亿元、较2021年提升460亿元，位列第24、上升13位；蒙牛品牌价值为1 401亿元、较2021年提升384亿元，位列第30、上升28位。

【奶源基地】全区饲草种植总面积1 834万亩，其中青贮玉米1 409万亩、燕麦草167万亩，青贮玉米、燕麦草供给能力可满足区内全部需求；种植苜蓿保有面积超200万亩，一级优质苜蓿的自给率达75%。全区现有百头以上荷斯坦牛规模养殖场567个，存栏约112万头，荷斯坦牛养殖规模化率达到87%。其中，存栏100~999头规模养殖场283个、1 000~2 999头规模养殖场138个、3 000头及以上规模养殖场146个。

根据农业农村部价格监测点监测数据，2022年全区生鲜乳平均收购价格为3.92元/kg。

【奶农组织】2022年7月22—24日，由内蒙古奶业协会联合多家单位主办的第十五届内蒙古乳业博览会暨高峰论坛在"中国乳都"呼和浩特市举办。大会以"聚焦发展新理念 助力奶业新升级"为主题，紧扣国家及自治区奶业振兴主题，结合乳业全产业链发展趋势，就如何提升"中国乳都"乳产业发展新定位、新发展进行交流探讨，进一步引领带动乳业绿色化、智能化、国际化发展新进程，进一步提升全产业链创新水平。

呼和浩特乳制品先进制造业集群入选国家级先进制造业集群。

2022年自治区农牧业技术推广中心围绕奶业振兴工作，面向全区奶牛养殖场户和专业技术人员举办专业技术培训班，帮助奶牛养殖场和奶农合作社等奶业主体了解奶产业的前沿动态和发展方向，学习奶业方面政策及奶牛养殖关键技术，提升技术水平。

【政策法规】内蒙古深入贯彻落实习近平总书记重要讲话重要指示批示精神，把奶业振兴作为保障国家粮食安全的重要任务纳入议事日程。内蒙古在原有《推进奶业振兴若干政策措施》等系列支持政策的基础上，又出台了含金量非常高的《关于推进奶业振兴九条政策措施的通知》《内蒙古自治区跨盟市生鲜乳调运补贴实施细则》，对新建规模化奶牛养殖场、使用性控胚胎、苜蓿种植、生鲜乳喷粉、乳制品加工增量、饲草料收储、进口奶牛、性控冻精、地方特色乳制品加工试点、中小养殖场改造升级和育种能力评价等全产业链各环节给予支持，以"真金白银"推动奶业振兴。

【质量监管】435个生鲜乳收购站和838辆运输车实现监管全覆盖，违禁添加物已连续13年保持"零检出"，乳蛋白、乳脂等生鲜乳质量指标达到国际先进水平。

【奶业大事】2022年3月3日，内蒙古自治区政府办公厅印发了《关于推进奶业振兴九条政策措施的通知》。

2022年7月14日，自治区党委和政府召开全区推进奶业振兴现场会。自治区党委书记孙绍骋、自治区党委副书记和自治区主席王莉霞出席并讲话。

2022年1月15日，国家乳业技术创新中心获科技部正式批复，按照"一个协同创新网络、四个研究中心、三个服务平台"的模式进行建设布局。

在荷兰合作银行最新发布的2022年全球乳业20强榜单中，伊利、蒙牛分别位列第五和第七，继续稳居亚洲第一位、第二位。

（内蒙古自治区农牧业技术推广中心，武志红、高航飞）

辽 宁 省

【奶畜养殖】2022年底全省奶牛存栏27.6万头，其中娟姗牛0.8万头，规模化养殖比重达到93%以上。牛奶产量134.7万t，位居全国第八。全省奶牛优势品种和区域化格局基本形成，形成了荷斯坦和娟姗两大优势品种、以荷斯坦牛为主导的品种结构。奶牛养殖区域主要分布在法库县、沈阳市沈北新区、大连市金普新区、义县、凌海市、阜蒙县、彰武县、宽甸县、康平县、西丰县、建平县和铁岭县12个县（市、区）。辽宁中西部地区已发展成为奶牛生产优势区，据统计，法库县、沈阳市沈北新区、阜蒙县、彰武县和义县5个县（区）的奶牛存栏量占全省奶牛存栏量的60%以上。

2022年，全面支持存栏100~3 000头种养结合紧密的规模奶牛场开展"智慧牧场"建设，对阜新市彰武县投入中央资金2 000万元，单个主体补助规模不超过300万元。支持圈舍、防疫、奶厅、饲料制备、挤奶及运输等环节设施设备改造提升。支持数字化智能化设备、信息化采集设备、智慧牧场管理平台等推广应用。

【乳制品加工】辽宁省有生产许可证的乳制品加工企业27家，日处理生鲜乳能力7 000t左右，其中越秀辉山、蒙牛、伊利为全省排名前列的大型乳制品加工龙头企业。大连心乐乳业、大连三环乳业、鞍钢乳业、本溪木兰花乳业、锦州益多乐乳业、铁岭大牛乳业等本地企业同时在成长。全省乳制品加工企业自有牧场存栏奶牛占全省存栏奶牛总量达78%以上，原料奶产量已占到全省80%以上。

【奶源基地】一是2022年第一季度，受春节旺季影响，全省生鲜乳收购价格延续了2021年的良好势头，平均价格最高达4.33元/kg，但由于内需持续低迷，平均收购价格持续降低，最低为4.18元/kg（7月底），

之后逐步上升至4.24元/kg（12月底），该价格环比持平，同比提高2%。由于主要饲料原料继续走高，导致奶牛养殖业整体处于保本或亏损状态。数据显示，2022年11月，主产区东北三省玉米平均价格2.82元/kg，同比上涨9.0%；全国豆粕月平均价格5.51元/kg，同比上涨44.7%；苜蓿平均价格4.8元/kg，同比上涨44.7%。经调研了解，全省每千克奶成本平均为4.0元左右，同比上涨10%，盈亏平衡点为4.0元/kg。按12月平均收购价格4.24元/kg计算，毛利润0.24元/kg，与2021年同期相比减少了近0.5元/kg。其中，多数社会牧场原料奶销售价格低于4元/kg，处于保本或亏损状态；而越秀辉山自有牧场生鲜乳价格虽较高，毛利润可达0.7元/kg，但考虑到整个集团含后备牛饲养、乳制品加工销售等部门，企业综合运营成本较高，集团仍处于亏损状态；省内其他牧场由于原料奶产量较低，缺少市场话语权，原料奶收购价格甚至低于生产成本，处于亏损状态。二是推进种养一体化发展。继续在全省实施粮改饲项目，2022年全省累计收储青储饲料126.73万t，按照60.76元/t的补贴标准，累计发放补贴资金约7 700.1万元。三是全力发展环境友好型养殖。严格执行规模养殖场环评报告书制度和排污许可制度，加强奶牛养殖污染防治工作。同时，依法加大处罚力度，以监促治，督促养殖业主切实履行"谁养殖、谁治理"的污染防治主体责任。

2022年，全省奶牛良种冻精应用率达100%，DHI参测率达10%以上，泌乳奶牛年均单产8 500kg以上，位居国内前列。奶源基地以义县、法库县、彰武县、建平县、西丰县为主，均为现代化程度高、生产管理完善、经营时间较长的奶牛养殖企业，且每家企业均同省内乳制品加工企业建立长期、稳定的供销关系，具备较强的市场生存和抗风险能力。

【政策法规】积极推进奶农家庭牧场升级改造项目。2022年，国家分配辽宁省奶牛家庭牧场升级改造项目15个，补贴资金450万元。辽宁省下发《2022年奶牛家庭牧场升级改造项目实施方案》，立项并实施。

积极实施2022奶业生产能力提升整县推进项目。按照国家要求，全省印发《辽宁省农业农村厅 辽宁省财政厅关于印发辽宁省2022年奶业生产能力提升整县推进项目实施方案的通知》（辽农畜〔2022〕161号），确定阜新市彰武县为项目实施单位。经企业自主申报、现场核查遴选、政府网站公示等程序认定，共有7个奶牛养殖场参与实施该项目，总投资4 475万元，其中申请财政补贴资金2 000万元，该项目正在组织实施中。

全力落实2022年辽宁良种奶牛产业集群建设项目。在各级政府的大力支持下，阜新伊利乳品和辽宁泓方牧业科技2家企业成功争取到1 200万元中央补贴资金。该项目的实施，将大幅提高全省奶牛存栏规模，有效提升奶牛养殖数字化、智能化水平，促进现有乳制品加工产业升级，对于做大做强奶业全产业链，带动全省奶业产业发展具有重要意义。

2022年，中央和省财政拨付120万元用于开展奶牛遗传改良性能测定项目，累计测定奶牛2.74万头，上报农业农村部育种数据11.47万条，服务牧场21个。据业务统计，参加DHI测定的牛只305天平均产奶量为10 148kg，比国内平均水平高22%；平均乳蛋白率3.4%、平均乳脂率3.93%、平均体细胞数27万个/mL，乳蛋白率、乳脂率和体细胞数3项指标均高于国家标准，达到世界先进水平。奶牛单产水平和原料奶质量大幅提高，牧场养殖效益显著提升。

【质量监管】全省生鲜乳质量安全监管以专项整治行动为抓手，以农业农村部生鲜乳质量安全监管工作平台为日常信息化监管手段，以收购运输许可管理为重点，对所属生鲜乳生产、收购、运输等环节进行全面排查，紧紧围绕全过程管理的规范性和质量安全管控措施的严密性，严查、严防非法添加等违法行为。核查、规范网上发证行为和信息录入，推进生鲜乳购销合同备案。2022年，全省有生鲜乳收购站111个（其中乳制品企业开办奶站18个、奶畜养殖场开办奶站69个、奶农专业生产合作社开办奶站24个），机械化挤奶率达100%；生鲜乳运输车127辆（其中生鲜乳收购站自有运输车19辆、乳制品企业自有运输车12辆、物流公司66辆、个体21辆、其他9辆）；婴幼儿配方奶粉收购奶站8个。省、市、县在质量安全监管过程中，共出动监管执法人员4 627人次，检查奶站628站次，检查运输车辆569车次。生鲜乳生产收购运输秩序得到进一步规范，生鲜乳质量安全得到有效保障，全省生鲜乳质量保持高位稳定。2022年农业农村部和省、市、县（区），共抽检生鲜乳1 582批次，检测全部合格。辽宁省被农业农村部列为2022年"生鲜乳收购站和运输车电子交接单"应用试点省份，在阜新市彰武县组织开展试点工作，取得较好的经验效果。

（辽宁省农业发展服务中心，林广宇）

附表 1　辽宁省奶畜养殖场（小区）名录

序号	名称	供奶企业	全群存栏（头）	成母畜存栏（头）	奶畜品种	成母畜单产（t/年）	年总产量（t）	是否有机奶源基地	有机奶产量（t）
1	两家子奶牛场	辉山乳业	2 200	1 805	荷斯坦	9.34	17 000		
2	石头奶牛场	辉山乳业	2 269	1 800	荷斯坦	10.49	15 500		
3	唐僧庙奶牛场	辉山乳业	2 250	1 790	荷斯坦	9.92	15 500		
4	东贾家奶牛场	辉山乳业	2 038	1 000	荷斯坦	10.42	7 300		
5	何家奶牛场	辉山乳业	1 518	800	荷斯坦	10.68	6 800		
6	十家子奶牛场	辉山乳业	2 400	1 400	荷斯坦	10.36	6 000		
7	柳树屯奶牛场	辉山乳业	2 150		荷斯坦				
8	沈阳淑珍进口种牛养殖专业合作社	鞍钢乳业	260	180	荷斯坦	7.00	1 490		
9	沈阳市铁西区鸿源奶牛养殖场	鞍钢乳业	400	360	荷斯坦	6.00	1 547		
10	沈阳金秋实牧业有限公司奶站	蒙牛乳业	911	405	荷斯坦	8.00	3 500		
12	新民市繁苒奶牛场奶站	伊利乳业	172	127	荷斯坦	7.00	880		
14	新民市顺腾奶牛养殖基地奶站	蒙牛乳业	330	161	荷斯坦	8.00	1 300		
16	新民市民富养殖专业合作社奶站	沈阳奶吧	230	150	荷斯坦	7.00	1 050		
17	新民市吕隆奶牛养殖专业合作社奶站	沈阳奶吧	30	20	荷斯坦	7.00	140		
18	新民市毓然奶牛养殖场奶站	沈阳奶吧	40	35	荷斯坦	7.00	245		
19	新民市贵藤奶牛养殖场奶站	沈阳奶吧	105	65	荷斯坦	7.00	450		
20	新民市亿鑫源牛奶奶站	沈阳奶吧	120	75	荷斯坦	7.00	525		
21	本溪木兰花乳业有限责任公司奶牛养殖场	本溪木兰花乳业	600	285	荷斯坦	7.95	2 337		
22	敖牛堡奶牛场	辉山乳业	2 160	1 800	荷斯坦	9.61	14 400		
23	八家子奶牛场	辉山乳业	1 727	1 400	荷斯坦	9.50	12 500		
24	大康奶牛场	辉山乳业	2 912	2 400	荷斯坦	10.36	24 600		
25	登士堡奶牛场	辉山乳业	5 341	4 900	荷斯坦、娟姗	10.29	34 360		
26	栖霞堡奶牛场	辉山乳业	2 205	800	娟姗	9.07	7 000		
27	四架山奶牛场	辉山乳业	1 275	1 300	荷斯坦	9.35	13 000		
28	王树行奶牛场	辉山乳业	1 635	1 300	荷斯坦	10.89	11 800		
29	哈户硕奶牛场	辉山乳业	1 791	1 400	荷斯坦	9.93	12 560		
30	靠边屯奶牛场	辉山乳业	1 822	2 300	荷斯坦	10.29	20 000		
31	李家堡奶牛场	辉山乳业	2 651		荷斯坦				

（续）

序号	名称	供奶企业	全群存栏（头）	成母畜存栏（头）	奶畜品种	成母畜单产（t/年）	年总产量（t）	是否有机奶源基地	有机奶产量（t）
32	麻子泡奶牛场	辉山乳业	2 017	1 600	荷斯坦	9.97	16 500		
33	七家子奶牛场	辉山乳业	2 089	1 700	荷斯坦	9.86	14 500		
34	双台子奶牛场	辉山乳业	1 852	1 400	荷斯坦	9.90	14 000		
35	孙家屯奶牛场	辉山乳业	1 519	1 200	荷斯坦	9.18	10 000		
36	团山子奶牛场	辉山乳业	2 741	2 100	荷斯坦	10.21	19 700		
37	辽宁世领自营牧场有限公司曙光奶牛养殖场	辉山乳业	2 377	1 900	荷斯坦	8.94	17 000		
38	辽宁世领自营牧场有限公司立新公司	辉山乳业	2 064	1 600	娟姗	7.37	11 800		
39	沈阳市武顺木业有限公司	奶吧	115	60	荷斯坦	6.10	370		
40	辽宁世领自营牧场有限公司禾家堡奶牛养殖场	辉山乳业	2 097	1 700	娟姗	7.05	12 000		
41	辽宁辉山乳业集团汪盛牧业有限公司马占古奶牛养殖场	辉山乳业	2 518		娟姗、荷斯坦				
42	辽中区银河奶牛场	蒙牛乳业	140	90	荷斯坦	9.00	765		
43	辽中区彤昊奶业	本溪山兰花乳业	136	70	荷斯坦	6.50	455		
44	大连心乐农业有限公司奶牛养殖场	大连心乐乳业	1 964	1 062	荷斯坦	9.30	10 264		
45	大连盛丰畜牧业发展有限公司	沈阳伊利乳品	967	531	荷斯坦	10.70	6 100		
46	大连三寰乳业有限公司金州良种奶牛繁育基地	大连三寰乳业	1 830	1 000	荷斯坦	10.00	11 680		
47	大连和大奶牛饲养有限公司	大连和大奶牛饲养	287	125	荷斯坦	9.20	1 250		
48	大连金弘基种畜阿尔滨良繁场	完达山鞍山乳业	926	420	荷斯坦	9.90	4 204.2		
49	大连金弘基种畜家 XY 良繁场	完达山鞍山乳业	706	390	荷斯坦	10.00	4 290		
50	大连金弘基种畜家程良繁场	完达山鞍山乳业	792	380	荷斯坦	10.00	3 830.4		
51	大连金弘基种畜丛家良繁场	大连心乐乳业	1 096	520	荷斯坦	9.00	4 784		
52	大连盛大牧业有限公司	大连三寰乳业	851	470	荷斯坦	9.30	3 848		
53	大连裕源牧业有限公司	大连三寰乳业	569	405	荷斯坦	9.50	3 337		
54	海城市佳鑫牧业发展有限公司	无	38	30	荷斯坦	7.50	100		
55	鞍山市顺鑫牧业有限公司	无	520	240	蒙贝利亚	7.50	750		
56	鞍钢实业集团乳业有限责任公司	鞍钢实业集团乳业	1 200	600	荷斯坦	7.50	5 500		
57	辽宁辉山乳业集团峡河牧业有限公司小林奶牛现代化奶牛养殖场	沈阳市辽中区银和奶牛场	81	59	荷斯坦	3.65	36		
58	辽宁辉山乳业集团峡河牧业有限公司峡河现代化奶牛养殖场		2 374	0	荷斯坦				
59	辽宁辉山乳业集团峡河牧业有限公司峡河现代化奶牛养殖场		2 073	0	荷斯坦				

（续）

序号	名称	供奶企业	全群存栏（头）	成母畜存栏（头）	奶畜品种	成母畜单产（t/年）	年总产量（t）	是否有机奶源基地	有机奶产量（t）
60	辽宁辉山乳业集团百花牧业有限公司百花现代化奶牛养殖场		2 286	0	荷斯坦、娟姗				
61	本溪爱民牛仁牧业有限公司	牛仁鲜奶吧	110	75	荷斯坦	9.00	500		
62	凤城市升泰奶牛场	丹东市升泰乳业	1 050	500	荷斯坦	10.00	4 255		
63	东港市升泰奶牛场	丹东市升泰乳业	780	405	荷斯坦	10.00	3 050		
64	丹东派波乳业有限公司奶牛场	丹东派波乳业	460	270	荷斯坦	8.50	1 800		
65	宽甸优源牧业有限公司	辽宁伊利牧业有限公司	6 745	3 666	荷斯坦		30 775		
66	锦州市松山新区建华奶牛合作社	锦州市益多乐乳业	446	260	荷斯坦	6.00	1 560		
67	恒盛奶牛养殖专业合作社	锦州市双八乳业	100	70	荷斯坦	4.00	280		
68	凌海市温滴楼镇恒升畜禽养殖场	锦州市益多乐乳业	120	100	荷斯坦	7.00	700		
69	锦州益多乐生态牧业有限公司	锦州市益多乐乳业	420	210	荷斯坦	11.00	2 190		
70	北镇市荣强奶牛养殖专业合作社	锦州市益多乐乳业	306	160	荷斯坦	10.00	1 600		
71	吴希有奶牛养殖场	零售	147	90	荷斯坦	5.50	495		
72	锦州市太利区大薛乡众兴奶牛场	阜新蒙古族自治县伊利乳业	85	70	荷斯坦	6.00	420		
73	黑山县宏驰奶牛养殖专业合作社	阜新伊利乳品	650	400	荷斯坦	8.00	3 000		
74	黑山县鑫源养殖场	本溪木兰花乳业	150	80	荷斯坦	5.00	480		
75	黑山县白金奶牛场	锦州市白金乳业	100	66	荷斯坦	5.00	396		
76	义县胜道牧业有限公司（常家屯）	辉山乳业	1 909	1 658	荷斯坦	9.00	15 000		
77	义县荷光牧业有限公司（车坊）	辉山乳业	1 562	1 358	荷斯坦	8.60	11 677		
78	义县荷光牧业有限公司（东六台）	辉山乳业	1 639	1 492	娟姗	6.20	9 300		
79	义县光华牧业有限公司（高家屯）	辉山乳业	1 741	1 562	荷斯坦	7.70	12 088		
80	义县龙邦牧业有限公司（河夹心）	辉山乳业	1 504	1 401	荷斯坦	8.60	12 082		
81	义县澳华牧业有限公司（四合子）	辉山乳业	1 596	1 451	娟姗	5.90	8 562		
82	义县澳华牧业有限公司（小荒地）	辉山乳业	1 361	1 228	荷斯坦	7.70	9 452		
83	义县胜道牧业有限公司（新庄子）	辉山乳业	2 011	1 720	荷斯坦	8.20	14 112		
84	义县光华牧业有限公司（徐三家）	辉山乳业	1 536	1 325	荷斯坦	8.30	11 000		
85	义县前杨奶牛养殖专业合作社	阜新伊利乳品	480	210	荷斯坦	10.00	2 100		
86	阜新市海州区润天奶牛养殖场	锦州市双八乳业	175	130	荷斯坦	7.00	730		
87	阜新市高新区光辉奶牛养殖场	阜新伊利乳品	523	350	荷斯坦	4.50	1 560		

序号	名称	供奶企业	全群存栏（头）	成母畜存栏（头）	奶畜品种	成母畜单产（t/年）	年总产量（t）	是否有机奶源基地	有机奶产量（t）（续）
88	阜新市高新区贵海奶牛养殖场	葫芦岛牧特巴氏	107	90	荷斯坦	4.50	401		
89	阜新蒙古族自治县富民奶牛养殖专业合作社	阜新伊利乳品	300	190	荷斯坦	8.00	900		
90	阜新蒙古族自治县腾辉农牧业有限公司	阜新伊利乳品	700	560	荷斯坦	9.50	3 285		
91	阜新蒙古族自治县碱锅奶牛养殖专业合作社	阜新伊利乳品	800	650	荷斯坦	9.00	3 650		
92	阜新蒙古族自治县顺达奶牛养殖专业合作社	阜新伊利乳品	400	225	荷斯坦	8.50	1 620		
93	阜蒙县佳盛奶牛养殖场	自营	130	40	荷斯坦	5.50	180		
94	阜新康乐百佳乳业有限公司	康乐百乳业	130	70	荷斯坦	5.00	180		
95	阜新蒙古族自治县丰源奶牛养殖专业合作社	锦州益多乐	200	68	荷斯坦	7.00	360		
96	阜新蒙古族自治县海纹奶牛养殖专业合作社	阜新伊利乳品	410	180	荷斯坦	9.00	972		
97	阜新蒙古族自治县昌达奶牛养殖专业合作社	苏康鲜奶吧	180	74	荷斯坦	6.00	400		
98	彰武县兴隆奶牛养殖场	阜新伊利乳品	831	335	荷斯坦	10.00	4 336.2		
99	彰武县满堂红乡万合奶农专业合作社	阜新伊利乳品	455	201	荷斯坦	12.00	1 825		
100	彰武县龙腾奶牛养殖场	阜新伊利乳品	715	310	荷斯坦	9.60	3 650		
101	彰武县西六家子镇宏升奶牛养殖场	阜新伊利乳品	470	330	荷斯坦	9.80	3 285		
102	阜新优然牧业有限责任公司	阜新伊利乳品	11 225	4 681	荷斯坦	12.50	65 700		
103	辽宁辉山乳业集团彭家牧业有限公司彰武一场	沈阳蒙牛	2 093	1 502	荷斯坦	12.00	14 344.5		
104	辽宁辉山乳业集团五峰牧业有限公司二道河子牛场	沈阳蒙牛	2 193	1 170	荷斯坦	10.50	11 534		
105	辽宁辉山乳业集团五峰牧业有限公司石岭子牛场	沈阳蒙牛	2 686	1 257	荷斯坦	10.00	11 570.5		
106	辽宁辉山乳业集团新屯子奶牛二场	沈阳蒙牛	2 764	2 205	荷斯坦	9.80	20 951		
107	辽宁辉山乳业集团哈尔大冷牛场		2 377		荷斯坦				
108	辽宁辉山乳业集团福兴牧业有限公司刘家牛场		1 221		荷斯坦				
109	辽宁辉山乳业集团五峰牧业有限公司大五牛场		2 195		荷斯坦				
110	辽宁辉山乳业集团五峰牧业有限公司二土牛场		2 552		荷斯坦				
111	辽宁辉山乳业集团福兴牧业有限公司后新秋牛场		2 425		荷斯坦				
112	辽宁辉山乳业集团秀水牧业有限公司红星牛场		1 706		荷斯坦				
113	辽宁辉山乳业集团五峰牧业邮箱公司新屯一牛场		860		荷斯坦				
114	彰武县明昆奶农专业合作社		180		荷斯坦				
115	辽阳环野养殖有限公司	辽阳市奔月食品、蒙牛乳业（沈阳）	1 030	766	荷斯坦	10.50	3 700		

（续）

序号	名称	供奶企业	全群存栏（头）	成母畜存栏（头）	奶畜品种	成母畜单产（t/年）	年总产量（t）	是否有机奶源基地	有机奶产量（t）
116	灯塔市博旺良种奶牛养殖专业合作社	蒙牛乳业（沈阳）	800	440	荷斯坦	9.00	4 020		
117	昌图县溢康奶牛养殖专业合作社	无	1 200	750	荷斯坦	9.00	7 000		
118	铁岭宏牛生态牧业有限公司	铁岭市大牛乳品、辽宁伊利乳业	1 160	660	荷斯坦	8.00	5 600		
119	辽宁顶好牧业有限公司	铁岭市大牛乳品	400	260	荷斯坦	7.00	600		
120	铁岭市清河区玉珍奶牛养殖专业合作社	本溪木兰花乳业	900	500	荷斯坦	7.00	1 850		
121	辽宁辉山乳业丰源牧业有限公司神树牛场	辉山乳业	1 822	1 605	荷斯坦	10.00	16 560		
122	辽宁辉山乳业丰源牧业有限公司德兴牛场	辉山乳业	1 572	1 405	荷斯坦	11.00	16 200		
123	辽宁辉山乳业丰源牧业有限公司雅泽牛场	辉山乳业	2 150	1 847	荷斯坦	9.00	18 000		
124	辽宁辉山乳业丰源牧业有限公司万和牛场	辉山乳业	1 810	1 419	荷斯坦	8.00	12 000		
125	铁岭县百思特牧业养殖基地	木兰花	587	320	荷斯坦	9.00	3 000		
126	建平县沙海安兴牧业有限公司	伊利平庄分公司	1 755	850	荷斯坦	10.00	8 500		
127	建平县八家农场源润奶牛养殖合作社	伊利平庄分公司	726	354	荷斯坦	9.00	3 200		
128	盘锦金昌畜牧有限公司	蒙牛乳业（沈阳）	1 080	674	荷斯坦	9.90	5 500		

备注：若认证为有机奶源基地，请在相应表格中打钩。

附表2 辽宁省乳制品生产企业名录

序号	名称	生产地点	生产许可证号码	年收购原奶量(t)	其中:自有奶源量(t)	平均支付价格(元/kg)	日处理生鲜乳能力(t)	年乳制品产量(t)	其中:低温鲜奶(t)	UHT奶(t)	常温酸奶(t)	低温酸奶(t)	原料奶粉(t)	婴幼儿配方奶粉(t)	成人奶粉(t)	奶油(t)	奶酪(t)	含乳饮料(t)	冰品(t)	年销售收入(万元)	利润(万元)	有机产品(枚)
1	辽宁伊利	辽宁省沈阳辉山农业高新技术开发区宏业宏业街73号	SC10521011300068	109 256	33 440	4.29	700	118 191	0	118 191	0	0	0	0	0	0	0	8 817	0	69 857	729	0
2	蒙牛乳业(沈阳)	沈阳市沈北新区沈北路121号	SC10521011300951	321 200	0	4.00	450	170 000	45 000	0	20 000	45 000	0	0	0	0	0	10 000	20 000	240 000	12 000	0
3	越秀辉山	沈阳市沈北新区虎石台北大街120号，辽宁辉山乳业集团(锦州)有限公司 SC10521072700291，锦州七里河经济开发区惠山路1号，辽宁辉山乳业集团(抚顺)有限公司 SC10521042100034，抚顺县救兵辉山产业园区王北庄大街1号 辽宁辉山乳业集团(沈阳)有限公司 SC10521011300105		190 000	190 000	4.00	2 000	170 000	13 000	98 000	700	51 000	5 600	286 000	0	260	0	60	0	320 000	—	—
4	沈阳伊利	辽宁省沈阳市沈北新区银河南街150号	SC10521011301267	17 448	11 924	4.23	478	36 926	0	0	0	36 926	0	0	0	0	0	0	0	32 452.79	953.17	0
5	大连和大牛阿寿	大连市金州区杏树街道魏家村	SC10521021301135	1 350	1 350	4.54	5	1 350	950	0	0	400	0	0	0	0	0	0	0	2 650	280	0
6	大连三寰乳业	大连市旅口区西南路487号	SC10521020400094	19 981.09	11 902.99	4.31	120	19 291.53	11 302.46	5 959.68	0	2 029.39	0	0	0	0	0	0	0	15 539.05	2 939.98	0
7	大连心乐乳业	大连普蘭区三十里堡街道北乐村	SC10521020302324	18 888	8 642	4.77	100	21 256	13 559	2 049	0	4 990.03	0	0	0	0	0	658.04	0	16 257.56	1 325.32	0
8	大连九丰乳业股份	大连普蘭店区曹家房街道巴家村170号	SC10521028200803	2 496.05		7.60	18	2 636.7		1 890	531.7							215		2 800	400	
9	完达山徽山乳品	辽宁省鞍山市铁西区协和路6号	SC10521030300061	14 493.78	0	4.24	70	21 000		10 109.49	3 226.94	2 047.14	0	0	0	0	0	0	0	11 784	-1 084	0
10	歡朗实业集团乳业	鞍山市千山区东路455号	SC10521030600015	7 873	4 985	4.83	50	7 314.43	4 564.57		2 438.46							311.4		11 785	507.2	0
11	本溪木兰花乳业	本溪经济技术开发区红欄路360-9A	SC10521050400142	7 300	2 700	9.20	120	7 300	2 400	1 100	300	3 500						10		8 058	718	0
12	丹东派派乳业	元宝区兴工街68号	SC10521060215047	1 800	1 800	4.30	20	1 810	1 450			350								1 307	55	0
13	丹东升鹏乳业	东港市	SC10521068100459	8 100	8 100	4.55	50	8 600	2 100	1 850	0	3 450						1 200		5 200	150	0
14	锦州皇多乐乳业	太和区	SC10521071100293	4 200	4 200	4.50	50	4 500	2 800			1 500						200		3 000	150	0
15	锦州双人乳业	松山新区	SC10521078300021	4 015	365	4.30	20	3 547	120			3 427								3 196.6	1.4	0
16	阜新伊利乳品	阜新市阜蒙县园区路2号	SC10621120000050	103 524.04	91 120	4.16	400	102 336.22	0	76 639.71	25 696.51	0							87 651.86	5 884.39	0
17	铁岭市大牛乳品	铁岭经济技术开发区	SC10521120000050	3 463.1	3 119.3	4.00	10	2 442.6	1 145.21	332.47	531.29	219.28		0	120.6			93.75		2 457.10	18.5	0
18	辽阳弈月食品	辽阳市宏伟区石场峪村	SC10521100400016	1 875.9	1 875.9	4.06	2 400	1 800.6	776.1	0	0	1 024.5								1 856.6	43.4	0
19	朝阳双喜冻豫乳制品厂	朝阳市朝阳大街一段孟克村五组	SC10521130200525	450	450	4.20	50	500				500								440	66	0
20	盘锦濑特宝乳业	盘锦市宜立镇	SC10521110000015	350	350	4.60	100	340	153			187								240	-65	0

备注：本表不包括在中国及海外的生产企业。日处理生鲜乳能力指设计加工生鲜乳能力。自有奶源指来自自建和参建（小区）牧场（控股、参股）的原奶。成人奶粉指除婴幼儿配方奶粉以外的学生奶粉、孕妇奶粉、中老年奶粉等终端消费奶粉。冰品包括冰激凌、雪糕等。有机产品数量单位为"枚"，指获得有机标志的数量。

吉 林 省①

【奶畜养殖】2022年奶牛存栏12.5万头，同比下降15%，牛奶产量29.3万t，同比下降10.4%，有机牛奶产量3.5万t。奶牛养殖主要分布在吉林省中、西部地区，奶牛品种主要有荷斯坦、乳肉兼用型西门塔尔和娟姗等。奶牛存栏量和牛奶产量有减少趋势，大型规模奶牛养殖场存栏量增加，奶牛单产水平提升明显。

【乳制品加工】2022年规模以上运营乳制品生产企业6家，日处理生鲜乳能力1 560t，乳制品总产量13.94万t。其中，低温鲜奶0.69万t，同比增长84.91%；超高温灭菌（UHT）奶1.82万t，同比下降38.55%；常温酸奶0.06万t，同比下降94.79%；低温酸奶7.72万t，同比增长25.8%；奶酪0.48万t，同比下降7.32%；奶油0.12万t，同比增长89.44%；含乳饮料1.53万t，同比增长96.72%。婴幼儿配方奶粉生产企业3家，注册配方27个，生产婴幼儿配方奶粉1.15万t，同比增长6.91%。年销售收入246 851.98万元，同比下降30.14%；利润32 690.64万元，同比下降54%。随着人们消费需求的变化，产品结构不断调整，低温鲜奶、低温酸奶、奶油等奶制品和含乳饮料产量大幅提升，常温酸奶和UHT奶产量下降幅度较大。

【市场消费】2022年人均奶类占有量为12.48 kg。入户乳制品主要有低温鲜奶和低温酸奶，售价18~25元/kg，包装规格180~500g，主要生产厂家有长春广泽、吉林春光等。商超销售的低温鲜奶、UHT奶、酸奶、奶酪、奶粉、奶油等品种丰富，低温奶产品本地和外地产品并重，厂家众多。

【奶源基地】2022年，千头以上规模奶牛养殖场6个，存栏3.89万头，同比增长9%，成母牛年均单产达10.2t。奶牛规模养殖场基本普及全混合日粮饲喂技术，开展奶牛生产性能测定，实行精准饲喂。新增种植高产优质苜蓿1.49万亩。全省范围内实施粮改饲项目，种植饲草料59.85万亩，收储饲草料155.07万t。加强免疫无口蹄疫区运行维护，对奶牛开展口蹄疫强制免疫，开展动物疫病强制免疫"先打后补"试点，定期开展免疫效果评价，确保应免奶牛免疫密度达到100%，免疫抗体合格率保持在80%以上。开展奶牛布鲁氏菌病、结核病监测，推动"两病"净化工作。2022年省政府办公厅印发了《吉林省全域统筹畜禽粪污资源化利用实施方案》，在全省启动实施社会化服务组织培育、规模养殖工艺提升、粪肥还田综合利用等11项行动，推动养殖场粪污处理设施设备配套率和综合利用率粪污提升。吉林省奶牛养殖场固体粪污处理方式主要以就地堆沤发酵就近还田利用为主，以高温发酵设备处理后制作卧床垫料和燃料化为辅；液体粪污主要以建设大型氧化塘发酵还田为主，以种养水葫芦净化水质为辅。省内规模以上乳制品加工企业收购生鲜乳平均支付价格4.76元/kg，其中广泽乳业4.7元/kg、吉林春光4.6元/kg、四平君乐宝4.4元/kg、飞鹤（吉林）5.02元/kg。

【奶农组织】吉林省奶业发展协会发挥桥梁纽带作用，组织会员单位召开生产协调会议，为企业解决实际问题；开展技术推广服务，召开奶牛养殖技术线上培训会，针对全省奶牛养殖场户开展奶牛养殖精准饲喂和应对热应激技术培训。

【政策法规】2022年，吉林省畜牧业管理局、吉林省财政厅印发《吉林省支持奶牛产业发展的若干举措》，从奶牛良种繁育体系建设、奶源基地建设、奶牛健康管理及服务、构建生鲜乳产销合作机制、提升乳制品加工能力、财政支持、金融服务、跟进政策等方面支持奶业发展。明确支持引进荷斯坦牛、娟姗牛，以及乳肉兼用型品种牛。对种公牛站从国外新引进符合农业农村部标准的种公牛，每头一次性奖补10 000元。对奶牛养殖企业从国外新引进符合农业农村部标准的基础母牛规模超过50头的，每头一次性奖补3 000元，单个企业补助不超过500万元。从省外新引进基础母牛见犊的，规模超过50头的，每头一次性奖补1 000元，单个主体补助不超过200万元。明确支持乳制品加工企业扩能升级、优化产品结构，新建奶酪、婴幼儿配方奶粉、乳清粉、低温奶等乳制品加工生产线。对3年内完成固定资产投入超过1亿元且银行固定资产贷款余额超过1亿元的企业，按照1亿元贷款额度、同期LPR（贷款市场报价利率）的30%给予12个月一次性贴息补助。

【质量监管】2022年深入贯彻落实《乳品质量安全监督管理条例》，以婴幼儿配方奶粉奶源基地为重点，加强生鲜乳质量安全监管，落实监管责任，保障生鲜乳质量安全。大力提高生鲜乳质量安全监管信息化水平，推进生鲜乳购销合同备案，加强对跨省营运运输车的监管。组织开展生鲜乳质量安全监测工作，全年共监测120批次生鲜乳样品，检测项目为三聚氰胺、碱类物质、β-内酰胺酶、黄曲霉毒素M_1，抽检合格率达100%。

（吉林省畜牧业管理局，迟桂凤）

注：文中数据除奶牛存栏和牛奶产量为统计数据，其余为行业数据。

附表 1 吉林省奶畜养殖场（小区）名录

序号	名称	供奶企业	全群存栏（头）	成母畜存栏（头）	奶畜品种	成母畜单产（t/年）	年总产量（t）	是否有机奶源基地	有机奶产量（t）
1	榆树榆仓源农业发展有限公司	双城雀巢有限公司	2 575	1 760	荷斯坦	10.6	12 243.5		
2	吉林省牧颐养殖有限公司	广泽乳业有限公司 蒙牛乳业（沈阳）有限责任公司	9 005	5 234	荷斯坦	10.0	51 116.52		
3	白城市恒利源乳业有限公司	蒙牛乳业（乌兰浩特）有限责任公司	1 632	781	荷斯坦	9.8	4 443		
4	北京首农畜牧发展有限公司白城分公司	蒙牛乳业（乌兰浩特）有限责任公司	3 535	1 921	荷斯坦	10.8	20 678		
5	镇赉瑞信达原生态牧业有限公司	飞鹤（镇赉）乳品有限公司飞鹤（吉林）乳品有限公司	21 131	8 679	荷斯坦	11.0	105 000	√	35 000
6	大安市源牧业有限公司	蒙牛乳业（乌兰浩特）有限责任公司	1 052	770	荷斯坦	9.0	2 094.22		

备注：如认证为有机奶源基地，请在相应表格中打钩。

附表 2 吉林省乳制品生产企业名录

序号	名称	生产地点	生产许可证号码	年收购原奶量（t）	其中：自有奶源量（t）	自平均支付价格（元/kg）	日处理生鲜乳能力（t）	年乳制品产量（t）	其中：低温生鲜奶（t）	UHT奶（t）	常温酸奶（t）	低温酸奶（t）	原料奶粉（t）	婴幼儿配方粉（t）	成人奶粉（t）	奶油（t）	奶酪（t）	含乳饮料（t）	冰品（t）	年销售收入（万元）	利润（万元）	有机产品（枚）
1	广泽乳业有限公司	长春市长德路2333号	SC10522010819127	40 227.62	28 370	4.70	320	59 667.31	2 299.95	18 207.30	647.43	17 111.49	159.45			1 177.92	4 807.51	15 256.26		68 526.52	6 240.31	
2	吉林市春光乳业有限责任公司	吉林市船营区迎宾大路1277号	SC10522020431800	5 340.00	5 340	4.60	120	5 340.00	4 610.00	30.00		700.00								5 118.00	221.00	
3	四平市君乐宝乳业有限公司	四平市铁东区山门镇塔山村南宁路北侧	SC10522030324640	50 819.00	0	4.40	320	59 339.46				59 339.46								51 676.00	1 467.02	
4	飞鹤（镇赉）乳品有限公司	白城市镇赉县幸福东路433号	SC10522082103179	7 781.11	0	5.07	300	2 159.28						0.59	2 158.69					17 817.06	-55.68	
5	飞鹤（吉林）乳品有限公司	白城市镇赉县工业街西丰路西侧	SC10522082154762	23 770.77	0	5.02	500	10 622.70						9 196.68	1 426.02					87 714.39	22 717.99	
6	吉林贝因美乳业有限公司	洮南教化经济开发区工业园区	SC12922240302651					2 300.00						2 300.00						16 000.00	2 100.00	
合计				127 938.50	33 710.00	4.76	1 560	139 428.76	6 909.95	18 237.30	647.43	77 150.95	159.45	11 497.28	3 584.71	1 177.92	4 807.51	15 256.26		246 851.98	32 690.64	

备注：本表包括在中国及海外的生产企业。日处理生鲜乳能力指设计加工生鲜乳能力。自有奶源指来自自建和参建（控股、参股）牧场（小区）的原奶。有机产品数量单位为"枚"，指获得有机标志的数量。成人奶粉指除婴幼儿配方奶粉以外的学生奶粉、孕妇奶粉、中老年奶粉等终端消费奶粉。冰品包括冰激凌、雪糕等。

黑龙江省

【奶畜养殖】据国家统计局黑龙江省调查总队核定，2022年，黑龙江省奶牛存栏110.3万头，同比增长0.5%。其中，成母牛存栏64万头，与2021年基本持平。生牛乳产量501.15万t，同比增长0.2%。奶牛养殖主要集中在齐齐哈尔市、大庆市、绥化市和哈尔滨市4个地级市，4市奶牛存栏占全省奶牛存栏的71.6%、生牛乳产量占全省总产量的73%。

2022年规模养殖场平均单产达到8.7t的历史最高水平，2022年1—7月，奶牛场保持盈利，8月之后有近50%的奶牛场处于保本或亏损状态，产业整体的运营压力较大。主要原因是受新冠疫情防控及经济下行压力持续增大等因素的影响，乳制品消费持续低迷，导致以生鲜乳为主要加工原料的乳制品加工企业生产成本增加、库存产品压力较大、生鲜乳喷粉量大增、流动资金紧缺等问题日益严峻。乳制品加工环节的压力很快传导到奶牛养殖环节，原奶价格持续走低。另外，受国际局势影响，主要饲料原料的价格持续走高，造成黑龙江省奶牛场千克奶成本居高不下，部分奶牛养殖场为控制成本，调整饲料配方，减少进口苜蓿等高价饲料原料的使用，对奶牛单产水平有一定的影响。尤其是进入四季度以后，奶牛场盈利能力逐步下滑，黑龙江省奶业进入一个新的调整周期。

饲料原料价格振荡或高位拉动饲料成本上扬。2022年底，根据黑龙江省奶业协会实时监测，主要的精饲料原料豆粕价格大幅上涨，由2021年底的4 600元/t，最高点达到5 600元/t后回落到53 00元/t，涨幅达15%~22%。玉米价格由2021年底的2 650元/t，上涨到2 800元/t，涨幅达6%。在粗饲料原料方面，全株青贮玉米价格上涨6%，优质进口苜蓿上涨30%。2022年千克奶平均综合成本达到3.93元，同比上涨3.2%，其中千克奶饲喂成本2.70元，同比上涨5.5%。

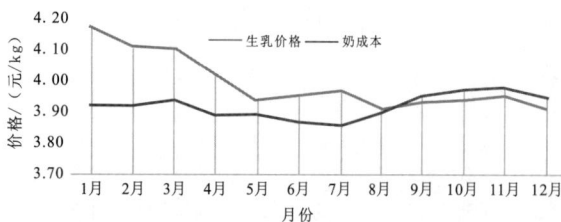

图1　2022年黑龙江省生乳价格及成本变动

奶牛场先盈利后亏损，养殖进入新的调整周期。根据黑龙江省奶业协会50个信息奶牛场和黑龙江省奶业大数据平台的数据显示，2022年1—7月，奶牛场总体盈利，从8月开始，千克奶成本持续上涨，奶价稳中有降，出现了倒挂（图1）。到2022年底，有近50%的奶牛场处于保本或亏损状态，部分管理水平低、牛群结

构不合理、负债率高、饲草料资源配套不足的牧场将处于艰难运营的状态，产业整体的运营压力较大。

新建的大规模奶牛场进度减缓或延迟。在黑龙江省，由中央和地方财政全面支持的大规模奶牛场建设项目，由于奶产业正处于调整期，奶价偏低，成本较高，牧场亏损面较大，新建牧场的实际进度未达到预期。且新建牧场主要牛源依靠进口，2023年我国活牛进口将面临新挑战，主要来源国新西兰（约占总量的1/3）在2022年9月28日发布公告，2023年4月30日开始禁止（海运）出口活牛。这些都对新建牧场的进度造成影响。综合以上因素，导致部分已建成牧场的实际进牛情况都出现不同程度的减缓或延迟。

奶牛场非奶营收略有下降。牛肉价格稳定，黑龙江省大型淘汰奶牛的价格平均为13 000元/头，因市场上牛肉供应充足，奶公犊育肥积极性不高，多用于取血清，出生公犊价格由2021年底的2 100元下滑至2022年底的1 500元。母犊价格由2021年底的4 200元下降到2022年底的3 500元，小育成牛由2021年的15 000元下降到2022年的13 000元，大育成牛和成母牛监测价格未见下调。总体来看，2022年黑龙江省奶牛场非奶营收下降。

黑龙江省生乳品质较2021年有总体提升。黑龙江省奶业协会对生乳品质中的乳脂肪含量、乳蛋白含量进行持续跟踪统计，2022年乳脂肪含量和乳蛋白含量较2021年总体有所提升（图2、图3），88%以上的奶牛场生乳指标超过美国标准，63%的奶牛场接近欧盟标准，个别优质牧场的生乳品质已超过欧盟标准，黑龙江省是名副其实的优质生鲜乳主产区。

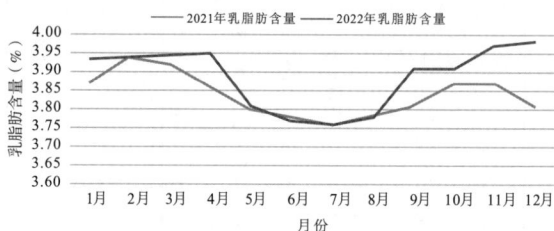

图2　2021年和2022年乳脂肪变动对比

图3　2021年和2022年乳蛋白变动对比

【乳制品加工】黑龙江省已自主培育飞鹤、完达山、摇篮、红星、惠丰等知名企业，同时引进雀巢和伊利、蒙牛、光明、贝因美等国际国内大型企业，全省乳制品规模以上企业共有53家，主要分布在哈尔滨市、齐齐哈尔市、大庆市、绥化市和牡丹江市等地，初步形成了龙头带动、品牌集中、品类齐全的加工体系。2022年，

黑龙江省乳制品产量211万t，同比增长11.4%，液体乳产量174.6万t，同比增长15.4%；固体及半固体乳产量36.4万t，同比下降5.7%；婴幼儿配方奶粉产量18.6万t，同比下降12.7%。奶粉产量下降的主要原因之一是2022年全国出生人口仅为956万人，再创人口出生率新低。新生儿出生率低导致婴幼儿配方奶粉的竞争更加激烈，婴幼儿配方奶粉产销第一的黑龙江省将面临着严峻考验，但黑龙江省仍是全国最大的婴幼儿配方奶粉生产基地。

全国乳制品消费低迷。黑龙江省是乳制品主产省，生产的乳制品运往全国各地进行销售，各乳制品企业均是以销定产和以销带产。2022年，受新冠疫情防控及经济下行压力持续增大等因素影响，全国乳制品消费低迷。据行业咨询公司和2022年全年中国乳制品电商销售调查，4种基本乳制品（低温奶、常温奶、羊奶制品、牛奶粉）的线上总销售额同比下降35.9%。到2022年12月，每年春节前后乳企的备货高峰和消费火爆的场面并没有出现，相反乳制品消费乏力，原料奶供需失衡，出现了旺季不旺的现象，乳制品消费市场持续低迷。

国外进口大包粉仍保持价格优势。新西兰恒天然乳业集团的全脂大包装奶粉售价号称是中国乳业的风向标，2022年，黑龙江省奶业协会对其价格进行了24次跟踪，拍卖价格与历年相比稳中有降。但是相对于黑龙江省千克奶成本（3.93元/kg），进口奶粉折合原料奶价格为3.59元/kg左右，此价格仍超出生乳千克奶成本。虽然2022年进口量有所减少，但部分头部乳企为保证自己产品的价格竞争力，使用新西兰恒天然乳业集团全脂大包粉的数量仍然较大（2022年进口各类乳制品327.19万t，同比下降17.1%，其中全脂大包粉进口103.53万t，同比下降18.8%）。

以生鲜乳为原料的乳制品加工企业运营压力大增。受乳制品消费持续低迷的影响，导致以黑龙江省生鲜乳为主要加工原料的乳制品加工企业生产成本增加、库存产品压力较大、生鲜乳喷粉量大增、流动资金紧缺等问题日益严峻。据黑龙江省奶业协会不完全统计，规模乳企自2022年四季度开始到12月底，库存产品总量累计超过4万t，同比增长10%~500%，其中库存全脂大包粉近7 000t，占用资金超2亿元，同时按照生鲜乳收购价格计算，喷粉成本在37 000元左右，进口全脂粉完税价格在28 000元左右，即乳企每喷1t全脂粉将倒挂近万元。多数各规模化乳企都存在流动资金占用过多、运营压力较大等问题。各企业都迫切需要政府出台相关扶持政策，帮助行业渡过难关，缓解企业资金压力。

【市场消费】黑龙江省乳制品消费水平低于全国平均水平，主要是因为寒冷地区习惯消费肉类和酒精饮料，相应乳制品消费量就较少。黑龙江省人均消费乳制品仅29.5kg，人均乳制品消费支出为255.6元（此数据为估算）。

2022年，黑龙江省奶业协会联合极光新闻共同宣传，加大对"学生饮用奶计划"的推广力度；全省现有学生饮用奶定点生产企业4家，分别是肇东市伊利乳业有限责任公司、林甸伊利乳业有限责任公司、黑龙江飞鹤乳业有限公司、黑龙江完达山阳光乳业有限公司，学生饮用奶奶源基地牧场20个（奶牛存栏85 000头），2022年全省推广学生饮用奶2.6亿份，消耗原料奶约6万t，推广覆盖超过20个省（自治区、直辖市），黑龙江省"学生饮用奶计划"的推广，是贯彻"健康中国2030"的重要举措，是落实"国民营养计划"的具体行动，对拉动消费、扩大内需、促进奶业及相关产业发展具有重要意义。

【奶源基地】2022年奶乳"一体化"万头牧场建设项目实施奶牛场名单：黑龙江依安瑞信达牧业有限公司奶乳"一体化"万头奶牛场建设项目、黑龙江大庆市林甸县新建12 000头现代牧业科技示范园区项目、密山市寒疆奶牛养殖专业合作社标准化牧场建设项目、黑龙江双城瑞信达牧业有限公司奶乳"一体化"万头奶牛场建设项目、富裕生态二期富路牧场新建项目、黑龙江谱华威乳业集团有限公司万头奶牛养殖基地建设项目、七台河市场经济开发区畜牧产业园奶牛基地厂房基础设施孵化器建设项目。

2022年大型奶牛养殖场建设项目实施奶牛场名单：黑龙江天牧然有机牧业有限公司、黑龙江省绿农牧业有限公司、奶之源牧业有限公司、大庆市晟途牧业有限公司5 000头奶牛场、五大连池市4 000头标准化奶牛养殖场、肇东市大型奶牛养殖场、黑龙江省亿杰农业发展有限公司、齐齐哈尔市万顺奶牛一体化万头奶牛养殖场。

【奶农组织】黑龙江省奶业协会，英文名称是Dairy Association of Heilongjiang Province，缩写为DAHLJ，是黑龙江省奶牛养殖和乳制品加工以及为其服务的相关企业、事业单位和个体经营者自愿组成的非盈利性的行业组织，是具有独立法人地位的民间社会团体。

黑龙江省奶业协会原名黑龙江省奶牛协会，2003年5月27日经批准变更为黑龙江省奶业协会，并经黑龙江省民政厅登记注册（黑民管批〔2003〕124号）。

2022年，黑龙江省奶业协会主要完成了如下工作。

承接产业项目，做好政府助手。一是国家奶牛产业技术体系工作。圆满完成2022年国家奶牛产业技术体系哈尔滨综合试验站各项任务，常务副会长张维银入选2022年10月由农业农村部科技教育司等单位出版的《现代农业产业技术体系专家扶贫风采录》。二是产业政策制定和项目审验工作。参与大型奶牛场建设项目、"奶乳一体化"项目、奶牛良种补贴项目及相关产业政策的制定和审验工作。三是学生饮用奶推广工作。帮助黑龙江完达山哈尔滨乳品有限公司、黑龙江省万家宝鲜牛奶有限公司申请了学生饮用奶标志，还对2家有申报意向的乳企开展申报流程辅导。四是完成黑龙江省每季度生鲜乳交易参考价格的成本调研及建议工作。五是向政府相关部门递交建议报告2份。六是配合黑龙江省畜牧总站开展畜禽品种普查专题片拍摄相关工作。

强化大数据平台功能，提升协会数智化管理水平。

一是完善黑龙江省奶业大数据展示平台、黑龙江省奶业大数据监测平台建设，已有200余个规模化奶牛养殖场、近100位专家入库，30多家乳制品加工企业参与数据报送工作。二是每季度编制信息简报，分享给政府相关部门及部分会员单位。三是"惠牛云课"持续推出，为疫情防控期间的学习培训、技术推广提供线上交流学习的便利平台。

参与技术推广与标准制定，推动产业科学规范发展。一是继续推广"高青贮"日粮制作技术，指导生产青贮超10万t，建立28kg以上青贮饲喂量的示范场6个，推荐7个奶牛场参与农业农村部青贮品鉴大会评奖。二是参与《中国农垦乳业联盟高寒生态牧场通用要求奶牛》团体标准的制定。

开展调研与培训，提升产业综合竞争力。一是全年深入到规模化牧场、饲料厂、乳品加工企业、科研院校等调研20余次。二是本年度开展奶业培训11期，其中线上培训10期，线上和线下相结合的培训1期，培训黑龙江省及全国的奶业从业人员超25 000人次。三是组建奶牛养殖技术科普团队。黑龙江省奶业协会与黑龙江省农科院畜牧兽医分院合作，组建了11人的黑龙江省奶业科普团队，在协会官网、公众号、头条号上发布奶业科普文章60篇，被中国奶业协会网站、乳业资讯网和乳业时报等媒体转载，总点击率超过30万次。

积极进行宣传与报道，传播产业"好声音"。2022年与黑龙江省电视台、黑龙江日报、《龙广母爱好时光》栏目、《中国乳业》杂志、乳业时报、《荷斯坦》杂志等进行合作，积极宣传行业正能量，传播行业"好声音"。一是参与《为龙江乳业加油》直播采访活动。二是参与《我为龙江优质农产品代言》宣传片录制。三是组织宣传报道《学生奶新规带给龙江产业新机遇》和《龙江赤子心——马广全 当好牛二代》等活动。

【政策法规】第一，关于印发《2022年黑龙江省大型奶牛养殖场建设补贴项目实施方案》的通知（黑农厅联发〔2022〕257号）。

补贴对象：支持2021年1月1日以后开工建设的存栏3 000头以上的大型奶牛养殖场，按照设计存栏规模3 000头奶牛场（且设计成母牛存栏占比不低于50%）补贴1 500万元，在此基础上，每相应增加1 000头规模，增加补贴资金500万元，最高不超过5 000万元。

补贴方法：采取"先建后补、分段验收补贴"方式，即项目建设主体先行筹集资金建设，投产运营后，分两个阶段验收并兑现补贴。第一阶段：牛场验收合格且奶牛存栏超过60%兑现80%补贴资金。第二阶段：奶牛存栏超过80%兑现剩余补贴资金。按照《评分标准》（第二阶段验收标准）一次性验收合格兑现全额补贴资金。

第二，关于印发《2022年黑龙江省奶乳"一体化"万头奶牛养殖场建设补贴项目实施方案》的通知（黑农厅联发〔2022〕258号）。

补贴对象：支持乳制品加工企业自建或同大型养殖企业合作参股联合（乳企股权比例不低于34%，以乳企和大型养殖企业提供具有法律效力的股权证明为准）新建奶乳"一体化"万头奶牛养殖场，2021年1月1日以后开工建设的奶乳"一体化"万头规模养殖场，按照每个设计存栏规模1万头以上的单体奶牛场（且设计成母牛存栏规模占比不低于50%）省级财政补贴5 000万元。

补贴方法：采取"先建后补、分阶段验收补贴"方式，即项目建设主体先行筹集资金建设，投产运营后，分两个阶段验收并兑现补贴资金。第一阶段：牛场验收合格且奶牛存栏超过6 000头兑现80%补贴资金。第二阶段：牛场验收合格且奶牛存栏超过8 000头兑现剩余补贴资金。按照《评分标准》（第二阶段验收标准）一次性验合格兑现全额补贴资金。

第三，关于印发《2022年黑龙江省奶牛良种补贴项目实施方案》的通知（黑农厅联发〔2022〕259号）。

补贴对象：支持存栏100头以上的规模奶牛场使用优质奶牛冻精，推广性控冻精繁育技术，加快奶牛群体改良，构建高产奶牛核心群，提高奶牛单产水平。

补贴标准：对实际存栏100头以上的规模奶牛场在2022年1月1日—12月31日采购且使用符合"2022年黑龙江省奶牛优质冻精采购条件"的常规冻精和性控冻精给予补贴。国产基因组测定公牛常规冻精25元/剂、国产基因组测定公牛性控冻精40元/剂、进口基因组测定公牛常规冻精25元/剂、进口基因组测定公牛性控冻精105元/剂、进口后裔测定公牛常规冻精35元/剂、进口后裔测定公牛性控冻精120元/剂。

第四，关于印发《2022年畜牧业经营主体贷款贴息实施方案》的通知（黑农厅联发〔2022〕262号）。

贴息时限：对2021年7月1日—2022年6月30日发生的存续或新增银行贷款给予贴息补助。对贴息期内到期的贷款，按照实际付息时间计算；对贴息期内新发生的贷款，按照发生贷款日至贴息截至时间计算。

贴息对象：奶牛实际存栏100头以上的规模养殖场，年营业收入2 000万元以上的乳制品加工企业。规模养殖场需要在农业农村部直联直报平台备案，并在智慧龙牧App注册，按要求填报相关信息和数据。贷款来源必须为政策性银行、商业银行（含农村信用合作社）、担保和保险公司支农业务、扶贫贷等正规渠道，贷款用于企业在黑龙江省生产发展。对从事多种经营业务的企业，应严格区分贷款用途，无法划分贷款用途的，可按产值比例核定用于畜禽养殖、畜产品加工的贷款规模。

贴息标准：按照1年期贷款市场报价利率（LPR）标准执行，如实际贷款利率低于报价利率，按实际贷款利率贴息。单笔贴息资金最高不超过300万元。

第五，关于印发《2022年黑龙江省粮改饲工作实施方案》的通知（黑农厅联发〔2022〕263号）。

补助方式：2022年粮改饲政策扶持全株玉米、燕麦和苜蓿青贮饲料生产，采取先储后补的方式，按照当年青贮饲料的实际贮量给予补助。

补助对象：收储量达到200t以上且开展粪污处理的奶牛、肉牛和其他草食牲畜规模养殖场户（合作社），以及具有稳定的青贮饲料种植地或供销订单且收贮量达到500t以上的专业收贮合作社等新型农业经营主体。

补助标准：每吨青贮饲料补助最高不超过60元，全株玉米青贮、苜蓿均按照750kg/m³折算，燕麦按照550kg/m³折算。用不含玉米籽粒秸秆制作的青黄贮、微贮饲料，往年储存的青贮饲料、购置的青贮饲料成品不得纳入补助范围。

第六，奶业生产能力提升整县推进项目。

支持范围：2022—2023年，择优选择4个生鲜乳产量5万t以上奶业大县实施奶业生产能力提升整县推进项目。支持对象为项目县内奶牛存栏100~3 000头的适度规模养殖场（农业农村部直联直报平台登记录入），特色奶畜可参照执行，不得将项目资金集中用于支持大型养殖企业。

支持内容：一是草畜配套建设。支持饲草料种植、收获、加工、储存设施设备改造升级，应用智能化机械设备，建设高水平优质饲草料生产基地。二是现代智慧牛场建设。支持圈舍、防疫、奶厅、饲料制备、挤奶及运输等环节设施设备改造提升，支持数字化智能化设备（自动喷淋、环境监测、精准饲喂和监测、全自动全混合日粮搅拌机、挤奶机器人、推料机器人、产奶量自动监测设备等）、信息化采集设备（智能项圈、计步定位、自动计量、个体识别等）、智慧牧场管理平台（发情监测系统、物联网、大数据智能汇总分析等）等推广应用。三是开展奶农养加一体化试点。支持有条件的奶农、合作社等主体依靠自有奶源发展乳制品加工试点，支持奶源质量安全管控、乳制品加工基础设施建设与设备购置、生产工艺升级、检验检测设备配备、冷链运输流通体系建设等，每个项目县试点数量不超过1个。

补助方式：采取"先建后补"的方式实施，即符合条件的补助对象先行筹集资金开展项目建设，验收合格且公示无异议后，按标准兑现补助资金。近3年享受国家、省级或当地类似补贴政策的主体不再重复支持。

补助标准：中央财政资金原则上每个县连续支持两年，第一年安排补助资金2 000万元，第二年补助资金根据实施效果等情况予以安排。草畜配套的每亩补助规模不超过800元，单个主体补助规模不超过400万元。现代智慧牛场建设的单个主体补助规模不超过300万元。奶农养加一体化试点的单个主体补助规模不超过400万元。

【质量监管】2022年，完成农业农村部下达黑龙江省监测任务1 072批次。其中，生鲜乳例行监测935批次，婴幼儿配方奶粉奶源质量安全监测131批次，《食品安全国家标准 生乳》指标监测6批次。生鲜乳收购站、运输车现场检查合格率为100%，快检项目合格率100%。

2022年，黑龙江省奶业协会继续推行生鲜乳检测第三方对标机制，完成北大荒完达山乳业黑龙江省境内的5家子公司的27个奶源基地牧场的奶样采样和检样工作，全程公开透明，促进该乳制品企业生鲜乳交易更加公平、公正和公开。

【奶业大事】2022年中国飞鹤的产业链取得了重大突破，全产业链"双碳闭环"模式在克东、甘南等地有4个项目投产，飞鹤获评国家级绿色工厂。5月飞鹤成功获批乳铁蛋白生产许可，建成了行业内第一条乳铁蛋白自动化生产线并正式投产。12月，在原有"更适合中国宝宝"的基础之上，确立实施"鲜萃活性营养，更适合中国宝宝体质"新战略。2022年，飞鹤全年营业收入达213.1亿元，其中下半年营业收入达到116.4亿元，同比增长3.6%，环比增长20.3%。

2022年，北大荒完达山乳业以高寒生态独有稀缺的资源优势出发，抢占发展制高点，开辟差异化"高寒生态"赛道。因其奶源基地地处世界三大黑土带核心区域，广袤无垠的天然有机黑土，高达70℃的全年温差，全年优质纯净的空气，充足无污染的珍稀水源，孕育出独一无二的高寒生态牧场核心区域。在此得天独厚环境下生活的奶牛，产出的奶品营养价值更高。数据显示，北大荒完达山乳业生产基地的奶源乳蛋白含量可达3.5g~4.0g/100g，乳脂肪含量可达到4.1g/100g以上、体细胞数可控制在18万个/mL、微生物在5万CFU/mL以下。北大荒完达山乳业生产基地优质的奶源成就了其优质的奶产品，高寒生态挖掘和提升了乳制品营养价值，满足了国民营养健康需求，成功实现了高端品牌占位。为进一步推动行业标准化体系建设、规范高寒地区奶牛养殖场的规模化建设，北大荒完达山乳业携手中国农垦乳业联盟，起草并发布了《中国农垦高寒生态牧场通用要求 奶牛》团体标准，填补了行业标准空白，用实际行动助力中国奶业发展。

（黑龙江省农业科学院畜牧兽医分院，阿晓辉；黑龙江省奶业协会，杜海涛）

上 海 市

【奶畜养殖】奶业是健康中国、强壮民族不可或缺的产业。上海作为国际化特大型城市，大城市郊区的鲜奶生产具有不可替代性，乳制品是重要的"菜篮子"产品，与人民生活息息相关，因此，保持上海鲜奶市场供应链的稳定，满足全市人民对优质乳制品的需求和对美好生活的向往是一项有关社会安定团结的社会责任和战略定位。

近年来，上海在城市发展和生态环境治理的双重压力下加快推进畜牧业减量提质，中小规模奶牛养殖场逐步退出，奶牛场减少的同时，奶牛存栏量也由高峰的7万头减少到2022年的5.5万头。但上海地区奶牛养殖业在环保压力大、土地资源严重短缺、养牛空间越来越小；饲料资源缺乏、饲料地种养结合难以实施，特别是优质粗饲料供应不足、奶牛饲养成本居高不下；劳动力成本高；夏季高温、高湿，持续热应激严重制约奶牛生产性能发挥的情况下，上海养牛业充分利用在长期饲养过程中积累的丰富技术和管理经验，不断改革和创新养牛新技术，使得上海在奶牛饲养数量下降30%的情况下，通过提升奶牛单产水平（2022年达10.66t），近几年本地奶源仍旧保持了年产30万t奶产量的目标水平。然而，必须看到上海养牛的劣势是长期存在和不断强化

的客观事实，上海养牛人一定要克服劣势、发挥优势、扬长避短、因地制宜、创建优质、高效、现代化的都市奶业，稳定发展上海奶牛养殖，不断创新和引进国内外新技术新模式，通过精准饲养和管理给奶牛创造舒适的环境，饲养健康奶牛，生产新鲜、安全、优质的生鲜乳，维持上海地区奶产量的稳定和生鲜乳自供率。

当前，上海奶牛饲养头数和生鲜乳总产量占全国份额很低，已不是奶牛养殖的优势区域，但上海奶牛养殖充分利用上海的技术、资金、管理、国际化和市场等优势，实现了"十三五"提出的上海奶牛业高质量发展的预设目标，现在上海奶牛养殖业仍是全国都市化生态养殖的标杆和长三角奶牛养殖一体化的有力引擎，上海奶牛养殖业正朝着"十四五"提出的"智慧牧场"方向推进。

（一）奶牛生产概况

2022年上海市荷斯坦牛存栏量为57 392头（此统计口径包括上海异地养殖的江苏大丰地区和安徽练江农场的奶牛养殖数量），比2021年增加2 835头，增幅为5.2%。

从奶牛存栏量上分析，光明食品集团奶牛存栏48 436头，占总存栏量的84.4%。崇明区私营奶牛场存栏4 793头，比2021年增加304头，占全市存栏量的8.35%；金山区私营奶牛场存栏3 648头，比2021年减少28头，占全市存栏量的6.36%；嘉定区私营奶牛场存栏515头，比2021年减少246头，占全市存栏量的0.9%。具体见表1。

表1 2022年上海奶牛生产概况（归属地为上海的奶牛场）

单位	牛头数		规模场		生鲜乳总产量（万kg）	成乳牛单产（kg）	上市生鲜乳总量（万kg）
	总存栏	成乳牛	场数	头数			
合计	57 392	28 154	25	57 392	30 324	10 658.9	28 920
2021年同期	54 557	28 154	25	54 557	29 449	10 260.6	28 180
比2021年同期增减（%）	5.2	0	0	5.2	3.0	3.9	2.6
郊区小计	8 956	4 308	9	8 956	3 873.7	9 752.4	3 756.8
嘉定区	515	260	1	515	373.8	9 838	350.0
金山区	3 648	1 656	5	3 648	1 714.7	10 945	1 665.8
崇明区	4 793	2 392	3	4 793	1 785.2	7 736	1 741.0
光明食品	48 436	23 846	16	48 436	26 450.3	10 932	25 163.2

2022年上海市奶牛生产总的特点是：上海在城市发展和生态环境治理的双重压力下加快推进畜牧业减量提质，中小规模奶牛养殖场逐步退出，奶牛场减少的同时，上海地区规模化牧场和奶牛头数基本稳定在25个牧场和5.5万头左右。上海奶牛业也从数量型向质量型转型升级，并大力推进"十四五""智慧牧场"建设和优质乳工程发展，日益满足人民群众对美好生活的向往。

（二）原料奶市场价格情况

自2015年起，上海地区原料奶收购价格的政府指

导价已放开，全部交由市场供需双方协商确定。目前奶价的形成方式为：由上海奶业行业协会牵头，供需双方光明乳业、奶农代表根据牧场生奶成本调查的结果进行协商确定。从运行效果看，双方基本满意。

2022年，原料奶收购的计价体系不变，上半年的基础价为4.115元/kg，下半年的基础价为4.11元/kg。但在按质论价方面，由于光明乳业实施优质乳工程，对微生物和体细胞数的奖罚进行了调整。根据光明乳业与奶农代表的协商，自2017年8月1日起执行。具体标准见表2。

表 2 奖罚标准

项目	原标准检测值 [万个(CFU)/mL]	新标准检测值 [万个(CFU)/mL]	原标准 (元/kg)	新标准 (元/kg)
体细胞	≤ 25	≤ 20	+0.12	+0.15
	≤ 25	> 20 且 ≤ 25	+0.12	+0.12
	> 25 且 ≤ 40	> 25 且 ≤ 30	+0.05	+0.05
	≤ 40	> 30 且 ≤ 40	0	-0.05
	> 40 且 ≤ 75	> 40 且 ≤ 75	-0.10	-0.15
	> 75 且 ≤ 100	同原标准	-0.50	-1.00
	> 100 且 ≤ 200	同原标准	-1.00	-2.00
	> 200	同原标准	-2.00	-3.00
微生物	≤ 10	同原标准	+0.04	+0.04
	> 10 且 ≤ 30	同原标准	0.00	0.00
	> 30 且 ≤ 50	同原标准	-0.10	-0.10
	> 50 且 ≤ 100	同原标准	-0.20	-0.40
	> 100	同原标准	-0.50	-1.00

关于对微生物和体细胞数奖励的说明：（1）对每槽车原料奶的微生物和体细胞数实施奖励，其前提是同槽车原料奶的乳脂肪率达到 3.3%、乳蛋白率达到 3.1%、微生物 ≤ 10 万 CFU/mL、体细胞数 ≤ 30 万个/mL，4 个指标都满足时才能对同槽车原料奶实施奖励；（2）4 个指标未能同时满足，该槽车原料奶的微生物和体细胞数只扣不奖；（3）不管微生物和体细胞数的指标完成情况如何，乳脂肪率和乳蛋白率按基础价进行结算。

（三）上海奶业发展趋势

第一，奶牛养殖头数维持稳定。上海奶牛养殖业根据上海市政府和市农委的规划，以及"十三五"期间对奶牛场实施整治退养和改造提升并举的措施，上海地区奶牛饲养头数、牧场数量将基本维持稳定状态。上海奶牛养殖实现：（1）由数量型向规模化高质量转型，2022 年 1 000 头以上规模场牛头数已达 90% 以上，其中 5 000 头以上规模场牛头数已达 50%；（2）上海奶牛养殖已成为集资金、技术、环境友好型的产业，并向高产稳产高质量产业群发展，上海奶牛单产整体突破 10t 以上，生鲜乳质量为历史最好。

第二，生鲜乳质量不断提升。上海地区奶牛场生鲜乳安全、质量不断提升。2022 年，上海地区原料奶平均乳脂肪率 3.76%，平均乳蛋白率 3.31%，菌落总数 1.98 万个/mL，体细胞数 21.04 万个/mL。自 2018 年起，上海奶业持续推进优质乳工程，全面落实《健康中国行动（2019—2030 年）》计划，同时认真执行上海市生鲜乳价格协商机制，推动奶牛养殖场生鲜乳生产和管理规范化，有力促进上海地区奶业持续健康发展，也为国内

生鲜乳收购质量的提高起标杆示范作用。

第三，信息技术推动向"智慧牧场"转型升级。2021 年，国家七部委印发《数字乡村建设指南 1.0》，为中国现代化奶业发展指明了方向。奶牛养殖业也需要通过奶业现代化、管理数字化转型升级，精准降低生产成本，提升牛场经济效益。2022 年 2 月发布的《"十四五"奶业竞争力提升行动方案》也提到，支持养殖场开展"智慧牧场"建设，推动基于物联网、大数据技术的智能统计分析软件终端在奶牛养殖中的应用，实现养殖管理数字化、智能化。如今，随着牛群规模越来越大，用传统方法关注奶牛需求绝非易事，且困难重重。值得庆幸的是，牧业技术的发展带来了许多数据化和智能化的管理方法，从而可以精准挖掘奶牛生产潜力。以奶业发展经验来看，数字化的精准管理已经不是一种选择，而是牧场面向未来发展必备的技能。

上海作为全国奶业高水平、高质量的发达地区，要保持全国奶业的引领和示范作用，需要梳理摸清上海地区规模化奶牛场现有软硬件现状，充分利用上海在信息化、机械化、智能化上的科技优势，探索上海"智慧牧场"养殖新模式的路径，并通过数字化手段，把上海牧场建设成与国际大都市现代化农业相配备的上海"智慧牧场"，也为上海奶业高质量发展探索出一条成功经验。

（四）上海奶牛养殖业面临的困境与探索

上海奶牛养殖的历史比较长，可追溯到 1840 年以前，大群奶牛规模化养殖也有 60 多年的历史。上海地区奶牛场大都建于 20 世纪八九十年代，上海本地 75% 的奶牛场还是以栓系管道式挤奶的老旧饲养模式为主，近十几年来经过标准化改建和完善，以及上海养牛人精细的管理，不管是奶牛单产还生鲜乳质量都能满足优质乳工程的需求。但必须看到：（1）上海奶牛养殖面临土地资源缺乏，饲料成本、人工力成本高起等劣势，严重制约牧场的进一步提升；（2）栓系管道式饲养模式对牧场数字化、智能化的应用带来极大困难，如管理数据不能及时采集、奶牛疾病不能及时发现、管理问题不能及时处理等都给上海养牛业"智慧牧场"的实施带来很大的挑战。

但同时上海应直面挑战，应抓住以下机遇：（1）"智慧牧场"的建设将是上海现有栓系牧场重建和改建的一次重要的机会；（2）对"智慧牧场"进行整合和完善，现有的各具特色的"智慧牧场"的各个系统绝大多数是国外引进和合资的，使用时比较分散，而上海有这方面的技术和人才，完全可以在"智慧牧场"的各个系统整合上有所作为。

中国奶业历经 30 余年的发展进入相对成熟的阶段，奶牛养殖规模化水平大幅提高，乳制品安全问题已经得到解决，乳制品企业具备明显国际竞争优势，同时国际化发展初具规模。然而，面对如何进一步实现"量"与"质"的提升，加快精细化发展的转型，构建碳中和、绿色、可持续养殖模式，构建具有国际竞争优势的奶牛养殖业，切实保障国人的"奶罐子""智慧牧场"建设

是上海坚定不移要走的一条高质量发展的赶超之路。

【乳制品加工】乳制品加工企业情况：2022年上海共有乳制品加工企业15家，主要生产的奶制品有巴氏杀菌乳、UHT奶、奶粉、酸奶、奶酪等。

上海龙头企业光明乳业2022年实现营业收入282.15亿元，同比下降3.39%。奶酪龙头企业妙可蓝多2022年实现营业收入48.30亿元，同比增长7.84%。上海4家婴幼儿配方奶粉企业2022年生产量为1076t，受新出生人口下滑叠加疫情对经济的影响，主要奶粉企业的业绩增速也有不同程度的下滑。

【市场消费】居民消费：受疫情影响，本地区2022年城镇居民人均奶制品（折合成原料奶）消费量为60kg，包括鲜奶、酸奶、奶酪、奶粉。

2022年光明学生奶公司全年销售2.2亿元，覆盖24个省（自治区、直辖市），日均供应学生饮用奶100多万盒。

【政策法规】

（一）开展生鲜乳生产成本调查，顺利实施价格协调机制

收集成本调查样本点（奶牛场）数据，对各成本监测点数据进行统计、汇总、分析、校对，在充分调查成本的基础上，坚持一年2次生鲜乳价格协商机制，并不断对机制进行优化和完善，上海地区生鲜乳价格协商机制对上海地区生鲜乳质量的提升、上海奶牛业的稳定发展起到了积极的、决定性作用。上海独到的生鲜乳收购价格三方协调机制经过近20年的运营实践、完善、发展，取得了农业农村部、中国奶业协会、乳制品协会及各省农业部门、价格管理部门、行业协会及行业同仁等的高度赞扬与肯定，成为上海农业体系中的工作亮点。

鉴于当前全国各地奶价和牛奶消费市场情况，经由市奶农代表、光明乳业代表和上海奶业行业协会三方充分协商达成本市生鲜乳价格协商新机制，规定上海地区生鲜乳收购基础价组成为：上期基础价+每次成本调查涨幅+每次市场调节价（±0~0.06元/kg）。

2022年上半年，经由市奶农代表、光明乳业代表和上海奶业行业协会三方充分协商达成上海地区生鲜乳收购基础价为4.115元/kg（上期基础价4.11元/kg+本次成本调查涨幅0.05元/kg+本次市场调节价–0.045元/kg），原有的优质优价、嗜冷菌、乳脂率、乳蛋白率封顶等方案保持不变。菌落总数每车检测。生鲜乳价格执行期从2022年1月1日—2022年6月30日。

2022年3月初上海疫情严重，各社区纷纷封闭管理，光明乳业大量员工也无法正常上班，特别是销售人员、送奶工严重不够，商超陆续停业。3月以来造成光明乳业生奶严重积压，日均喷粉处理生奶超过1000t，给光明乳业日后的快速复产带来极大困难。全国疫情也不乐观，各地生鲜乳价格均出现了一定程度的下降。经上海奶业行业协会召集，市奶农代表、光明乳业代表上海奶业行业协会一起召开了一次视频研讨会，在这样严峻的形势下，光明乳业克服困难依然坚持正常收奶，奶农也

愿意与光明乳业一起共克时艰，同意2022年4—6月上海生鲜乳收购结算价下调0.2元/kg，原有的收购基础价、优质优价、分级奖励、乳脂率、乳蛋白率封顶、"两病"检测和原牧场分级奖励标准与奶价挂钩等方案均保持不变。本次生鲜乳收购结算价调整执行期从2022年3月31日—2022年6月29日。

2022年下半年，经由市奶农代表、光明乳业代表和上海奶业行业协会三方充分协商达成上海地区生鲜乳收购基础价为4.11元/kg（上期基础价4.115元/kg+本次成本调查涨幅0.04元/kg+本次市场调节价–0.045元/kg），原有的优质优价、嗜冷菌、乳脂率、乳蛋白率封顶等方案保持不变。菌落总数每车检测。生鲜乳价格执行期从2022年7月1日—2022年12月31日。

2022年10月27日，在上海奶业行业协会的组织协调下，对2017年起实行的季节差价及考核机制（即3—5月–0.30元/kg、8—10月+0.60元/kg及年底一次性对3—5月、8—10月奶量按完成率进行奖惩考核）进行了进一步补充和完善，决定从2023年起取消季节差价及完成率奖惩考核，推进优质乳工程建设和学生饮用奶奶源基地建设。

牧场分级考核按新供应商等级评定管理制度执行，具体方案如表3所示。

表3 牧场分级考核标准

等级评定得分	牧场等级	上海计价体系等级价（元/kg）
≥90	A	+0.12
≥80且<90	B	+0.09
≥70且<80	C	+0.06
≥60且<70	D	+0.03
<60	E	–0.03

嗜冷菌指标奖罚方案如表4所示。

表4 嗜冷菌指标奖罚标准

嗜冷菌指标等级（CFU/mL）	奖罚	备注
≤1000	+0.03元/kg	每旬任一天检测，检测数据作为下一旬考核的依据
>1000且≤10000	不奖不罚	
>10000且≤100000	–0.05元/kg	
>100000	–0.10元/kg	

（二）制定上海奶业团体标准

2021年9月启动了《再制干酪》团体标准项目，完成了"标准数据"起草，并于2022年2月15日发布、2022年3月15日实施。

【质量监管】生鲜乳质量和价格情况如下。

（一）2022年继续实施"上海地区生鲜牛乳按质论价采样监管工作"

2022年继续实施"上海地区生鲜牛乳按质论价采样监管工作"，由上海奶业行业协会委托上海市农产品

质量安全中心组织实施，具体工作由上海市农产品质量安全中心委托1名专业工作人员实施操作，上海奶业行业协会派1名工作人员负责督查。

（二）加强对学生饮用奶奶源基地的质量监管监测

根据农垦发〔2013〕3号和中奶协发〔2020〕4号的相关文件精神，所有学生饮用奶奶源基地需要每年进行资料审核、每三年进行一次现场评审的要求，上海奶业行业协会高度重视，专门成立学生饮用奶奶源基地资料审核工作组和专家评审组，负责对光明乳业上海地区（含江、浙）现有的13个学生奶奶源基地的资料审核工作。

8月10—16日，上海奶业行业协会学生饮用奶审核工作组对光明乳业上海地区13家学生饮用奶奶源基的资料收集，进行了详细的资料审核工作，符合中国奶业协会学生饮用奶奶源基地要求。依据评估项目要求，主要了解牧场基本情况、规范管理、科学饲养、完善记录、健全档案等现场评估核实90条要求的落实情况，查找差距与不足，提出咨询及整改意见，最终这13家光明乳业学生饮用奶奶源基地全部通过学生饮用奶奶源基地的资料审核工作。

（三）组织开展乳制品企业实验室盲样能力测试，为优质乳检测保驾护航

组织第三方检测机构，开展实验室能力测试盲样比对工作，该项工作的开展旨在对乳制品加工企业的检测能力、检测水平进行验证，能直接反映实验室仪器设备和技术素质的实际水平和出具报告的能力，对于专业的检测实验室，盲样考核及其相关的质量控制更是衡量考核实验室水平的关键指标。

2022年上海奶业行业协会主要做了如下工作：

2022年2月15日，在全国团体标准信息平台正式发布《再制干酪》团体标准，标准编号为T/SHNX002-2022，实施日期为2022年3月15日。

2022年2月18日，参加上海市农产品质量安全中心为上海理工大学承担的国家重点研发计划课题"乳与乳制品中生物胺快速检测技术研究与开发"召开的研究成果评价会。

2022年2月21日，走访光明牧业。

2022年2月22日，前往上海方信包装材料有限公司开展支部结对共建活动。

2022年2月24日，召开上海奶业行业协会党支部组织生活会。

2022年2月28日，参加市社团局组织的线上年检培训课程；成立"农业农村部产业集群"项目申报小组。

2022年3月7日，参加上海市农业农村委员会2021年《上海优质乳工程在长三角地区奶业中推广应用的可行性研究》项目的评审验收工作。

2022年3月8日，落实2022年奶农培训项目《上海学生奶基地和品控建设的培训方案》。

2022年3月9日，完成2021年上海市社会团体年度检查报告书。

2022年3月29日，疫情防控期间上海奶业行业协会组织召开市奶农代表与光明乳业代表视频研讨会，在严峻的疫情形势下，2022年4—6月上海生鲜乳收购结算价下调0.2元/kg。

2022年4月中旬，根据全市养老机构、抗疫一线医护人员的食材保供需求，上海奶业行业协会驻上海市农业农村委员会、市民政局提供奶业行业协会会员单位及行业企业信息，联系物资供应，使机构与企业顺利对接，为全市养老机构及奋战在抗疫一线的医护人员保驾护航。

2022年4月25日，完成中国奶业协会组织开展的2022年优秀奶业工作者和乳制品加工企业评比表彰活动评选工作，经上海奶业行业协会秘书处研究讨论，推荐的上海地区9位优秀奶业工作者及3家优秀乳制品加工企业入选。

2022年5月，完成上海市2022年下半年生鲜乳成本5个点的调查资料的采集、汇总、反馈等工作，即使在疫情防控期间也未影响下半年上海地区生鲜乳生产成本的准时发布。

2022年5月底，完成农业农村部布置的上海地区奶牛场配套饲草料地情况统计汇总；主动了解、排摸、协调会员单位在疫情防控期间生产物资、产品运输困难、牧场饲料进场供应问题以及乳制品加工企业产品结构调整等信息，形成问题汇总向上级主管部门反映，并支持协调企业产品推荐、团购销售推广及信息输送等活动。

2022年7月1日，上海奶业行业协会党支部拜访老党员冯庆凤，并送上入党50年纪念勋章。

2022年7月27日，调研光明牧业金山种奶牛场有关智慧牧场的建设情况。

2022年8月1日，光明乳业学生饮用奶销售部总监金家昌、销售经理程洁明、项目经理潘梁英和人事行政经理邹育芬一行至上海奶业行业协会进行工作交流。

2022年8月4日，完成2022年上海市农业农村委员会"智慧牧场"项目评审标准的修订。

2022年8月15日，与妙可蓝多签约上海奶业《再制干酪》团标合作协议。

2022年8月22日、26日参加"学习贯彻市党代会精神，以实际行动迎接党的二十大"系列讲座的视频会议。

2022年9月2日，参加市经信委都市产业处举办的2022年上海市食品安全宣传周食品工业企业诚信管理和质量安全追溯体系建设专题交流会。

2022年9月5—7日，上海奶业行业协会参加中国奶业协会在山东济南举办的第十三届中国奶业大会。

2022年9月20—23日，上海奶业行业协会领导协同光明质量中心奶源条线经理、华东奶源部领导一行5人前往光明苏北申丰、海丰、银宝牧场考察牧场千分制考核和卓越牧场的预评估及集中挤奶式"智慧牧场"调研。

2022年9月23日，完成2022年上海市农业农村委员会"智慧牧场"项目合同签约。

2022年9月28日，参加上海希迪乳业机器人挤奶的"智慧牧场"调研。

2022年10月14日，市奶农代表、光明乳业代表双方在上海奶业行业协会就取消季节性差价的议题进行协商并取得初步成果。

2022年10月21日，完成上海行业协会改革发展20周年丛书《上海行业协会优秀案例》上海奶业行业协会评选材料的上报。

2022年10月27日，在上海奶业行业协会的组织协调下，市奶农代表、光明乳业代表双方充分协商达成一致，对2017年起实行的季节差价及考核机制（即3—5月 −0.30元/kg、8—10月 +0.60元/kg及年底一次性对3—5月、8—10月奶量按完成率进行奖惩考核），决定2023年起取消季节差价及完成率奖惩考核。

2022年10月31日，上海奶业行业协会党支部学习和重温习近平总书记在中国共产党第二十次全国代表大会上的报告，并进行学习与交流。

2022年11月10日上午10点，进行生鲜乳成本调查培训。

2022年11月16日，参加由市经信委都市产业处举办的本市2022三季度消费品重点行业经济运行和2022年全年预测分析会议。

2022年11月21日，参加上海市农业农村委员会组织收看的全国兽药减量工作视频会议。

2022年11月28日下午。参加市农广校农培大厦举行的"2022年度奶农培训项目"验收评估工作。

2022年12月8日，召开上海奶业行业协会生鲜乳成本调查专家评审线上会议。

2022年12月21日，通过视频会议，上海奶业行业协会召集奶农代表、光明乳业代表充分讨论协商生鲜乳价格并确认2023年上半年上海地区生鲜乳收购基础价为4.10元/kg。

（上海奶业行业协会，钱建国、季爱华）

江苏省

【奶畜养殖】2022年，全省奶牛存栏14.3万头，同比增长9.0%；牛奶产量68.8万t，同比增长6.0%。6个设区市奶牛存栏超过万头，分别为徐州市、连云港市、宿迁市、泰州市、淮安市、盐城市，以上6个市的奶牛合计存栏约占全省奶牛总存栏量的82%。生牛乳产量排名前10位的县（市、区）分别是连云港市徐圩新区、泗洪县、睢宁县、射阳县、丰县、灌南县、兴化市、淮安市洪泽区、徐州市铜山区、张家港市，10个县（市、区）牛奶产量约占全省总量的63%。

【饲料工业】全省饲料工业总产值741亿元，同比增长1.9%，其中饲料、饲料添加剂、饲料机械产值分别为626.5亿元、52.9亿元和61.7亿元，分别同比增长10.3%、增长4.8%和下降43.1%。全省饲料总产量1 468万t，同比增长1.2%。其中，配合饲料1 410.5万t，同比增长1.7%；浓缩饲料和添加剂预混合饲料产量为30.4万t和40.3万t，同比分别下降15.9%和4.1%；配合饲料、浓缩饲料、添加剂预混合饲料占比分别为94.9%、2.0%、2.7%。2022年，产量5万t以上企业101家，饲料产量1 152万t，占全省饲料总产量的77.5%。

【饲草产业】全省人工饲草种植年末保留面积共41.11万亩，其中当年种草面积40.58万亩（一年生、多年生种草面积分别为40.27万亩和0.31万亩）。全省耕地种草面积28.05万亩，农闲田种草面积2.1万亩。

【市场消费】2022年，全省城镇常住居民家庭人均奶类消费量15.4kg，农村常住居民家庭人均奶类消费量12.3kg，全体居民家庭人均奶类消费量14.4kg。

【奶源基地】2022年底，全省有奶牛养殖场户175个，存栏100头以下的小散户数量增加明显，较2021年增长24.4%，存栏100头以上规模场数量小幅减少。奶牛存栏50头以上规模养殖场户131个，存栏量占全省存栏总量的99.1%；存栏100头以上规模养殖场户114个，存栏量占全省存栏总量的98.3%；存栏500头以上规模场64个，存栏量占全省存栏总量的89.2%。大中型规模养殖场奶牛产奶量年单产均达到8t以上，部分奶牛场奶牛产奶量年单产突破11t。

【质量监管】截至2022年底，全省共计有持证生鲜乳收购站71个、生鲜乳运输车126辆。围绕生产、收购、运输3个环节，加大对奶畜养殖场、生鲜乳收购站和运输车的监督检查力度。组织开展部级生鲜乳例行监测、飞行检查等工作，2022年共计完成生鲜乳抽样检测187批次，检测结果全部合格；现场监督检查生鲜乳收购站93批次和生鲜乳运输车94车次，检查结果综合判定全部合格。2022年省级例行监测抽检生鲜乳样品170批次，监测合格率达100%。

【奶业大事】2022年，江苏省在睢宁县、泗洪县实施奶业生产能力提升整县推进项目，支持现代智慧牛场建设和草畜配套。

（江苏省畜牧业协会，朱志谦）

浙江省

【奶畜养殖】据 2022 年底业务数据统计，全省奶牛存栏 4.81 万头，能繁母牛 2.65 万头，比 2021 年分别增长 2.2% 和 0.29%；奶类总产量 21.34 万 t，其中牛奶产量 20.09 万 t，比 2021 年分别增长 1.78% 和 2.05%。奶牛养殖区域化明显，主要集中在金华市、宁波市、杭州市、绍兴市及温州市。5 市存栏量占总存栏量的 86.04%，其中金华市奶牛饲养量居全省首位，占总存栏量的 32.32%。面对养殖环境成本对浙江奶业的持续冲击，养殖户为提高效益，不断引进高产奶牛，淘汰低产奶牛，奶牛生产水平明显提升，泌乳牛单产比 2021 年增长 4.36%。

【乳制品加工】根据浙江省食品工业协会乳制品分会数据统计，浙江省获得乳制品及婴幼儿配方奶粉生产许可证的生产企业有 21 家，其中婴幼儿配方奶粉生产企业 5 家；特色乳制品液态奶山羊奶生产企业 2 家。全省主要乳制品加工企业的日处理鲜奶能力在 4 200t 左右。2022 年，生产乳制品 54 万 t，同比下降 3.76%；销售额 90.2 亿元，同比下降 2.81%。

浙江省乳制品加工企业缺乏龙头企业带动，全省本土化的乳制品加工企业只有新希望双峰、温州一鸣、宁波牛奶、李子园、佳乐等几个规模品牌，市场规模提升空间大，以本省销售为主，品牌影响力和市场占有率比较低。

【市场消费】高端消费群体逐年增加，尤其是高蛋白、有机奶及有技术含量的酸奶份额逐渐提升，空间潜力大。在超市销售的主要是伊利、蒙牛、光明、新希望双峰、君乐宝等，传统渠道的销售降幅明显，而作为电商的发源地杭州线上销售增幅明显。随着市场竞争的加剧，以光明为首上市的高温巴氏杀菌乳，迅速引起大型乳企和地方部分乳企的跟风，特别是君乐宝的悦鲜活、蒙牛的每日鲜语等市场份额快速扩大。其他产品因为奶价影响，基本维持在 12~16 元 /L。温州一鸣主要以奶吧形式在浙江、江苏、上海等快速复制发展，深受消费者青睐；美丽健及一景以家庭订奶和特殊销售渠道为主，以生产地市为主要销售区域；新希望双峰作为杭州市唯一地方品牌全渠道配送兼顾，加之与江苏及安徽工厂联动，产品覆盖华东各个市场。

【奶源基地】据业务部门统计，2022 年底，全省共有奶牛养殖户 162 户，同比下降 2.41%。其中，年存栏 100 头以下的奶牛养殖场 119 个，占总存栏量的 3.81%；年存栏 500 头及以上的奶牛养殖场 29 个，占总存栏量的 87.08%（表 1）。

表 1　浙江省奶牛养殖场规模情况

规模	数量（个）	存栏量（头）	占总存栏量比例（%）
2 000 头及以上	5	17 299	35.99
1 000~1 999 头	11	15 640	32.54
500~999 头	13	8 916	18.55
200~499 头	10	3 814	7.94
100~199 头	4	563	1.17
100 头以下	119	1 831	3.81
合计	162	48 063	100

浙江省整体养殖水平较高，全省泌乳牛年均单产为 7.83t。

粪污处理方式省内常用的为异位发酵床、沼气池、生化处理等。

全省生鲜乳全年收购价在 4.5 元 /kg 左右，远远高于产奶区收购价格，主要还是环保压力迫使中小型牧场主动关闭。面对巨大利差加之后疫情影响，乳制品加工企业纷纷向外省拓展奶源，主要集中在河南、山东及河北，酸奶生产企业增加进口奶粉使用量，压缩本地生鲜乳收购量，合同外的生鲜乳收购价随着外调运输成本的持续提高和运距的逐渐拉长，最远已经达到宁夏回族自治区吴忠市，整体收购价格低于本身奶源基地价格。

按照浙江省促进奶业高质量发展的意见，浙江省奶业走"浙北适度发展、浙南稳定提质"之路，以现代农业园区为重点，统筹现有乳制品加工企业布局，建设一批适度规模、种养结合的规模奶牛场，进一步推进生鲜乳生产向优势区域集中。支持现有规模奶牛场改造提升基础设施条件，因地制宜扩大养殖规模。支持奶山羊、奶水牛等其他奶畜生产，丰富奶源结构。

【奶农组织】因疫情等因素影响，联合党支部活动和培训次数明显减少。协会以党建为引领，积极参加省社会组织综合党委党的二十大精神宣讲会、"喜迎二十大、奋进共富路"主题党日活动、省社会组织管理局举办的全省性行业协会商会负责人培训班、省社会组织总会举办的 2022 年第二期和第三期社会组织负责人研修班以及省社会组织党建工作第二片组党建活动，赴淳安县下姜村开展主题党日活动，追寻探访习近平总书记的浙江足迹，深刻学习领悟党的二十大精神。通过一系列参观、培训、学习、交流，不断提高协会工作人员的业务素养，使各项工作更加规范，服务更加全面有效。

浙江省奶牛业协会组织和安排的主要活动有：

2022 年 6 月 18 日，联合正语（杭州）动物保健品有限公司，组织了疫情当下共渡难关的"提质增效"的技术交流论坛。

2022 年 8 月 18 日，联合青浙江科峰生物技术有限公司，组织了"让酵母培养物民族品牌更好地服务于中国牛羊产业的发展"的第二届中国酵母培养物西湖论坛，介绍了酵母培养物在促进反刍动物的生长、提高饲料利用率、减缓应激、提高机体免疫力和改善品质方面具有的重要作用。

2022年9月5—7日，组织相关企业参加由中国奶业协会主办，山东省农业农村厅和山东省畜牧兽医局协办的在山东省济南市召开的第十三届中国奶业大会、2022中国奶业D20峰会暨2022中国奶业展览会。

2022年11月19—20日，由杭州市奶业协会主办，浙江省奶牛业协会、浙江大学奶业科学研究所和国家奶牛产业技术体系协办的杭州市奶业协会会员大会暨2022年技术交流论坛于杭州青山湖召开。参会人员包括杭州市、金华市、宁波市、湖州市、衢州市等奶业协会领导，牧业公司(牧场)负责人、畜牧兽医技术人员，以及国内外奶牛(羊)养殖、饲草饲料、兽医兽药、仪器设备等奶业相关供应商。论坛由杭州市奶业协会秘书长赵广生、国家奶牛产业技术体系岗位科学家刘红云教授主持，以"高产优产生命健康 推动长三角(浙江)奶业高质量发展"为主题，各领域参会人员就奶业的科技需求、市场供应与平衡、提质增效、可持续发展等方面展开了深入的探讨与交流。

【政策法规】2022年，奶牛良种补贴政策按照原有的补贴标准不变，由省财政安排71万元，通过政府公开招标，全年采购奶牛冷冻精液4.73万支。

参与制定《未来牧场建设导则》团体标准。标准由省农业农村厅提出，省奶牛技术推广与种畜禽监测总站牵头，浙江大学、省农业科学院、浙江青莲食品股份有限公司等8家奶牛技术推广、科研、养殖企业共同参与编制。该标准是基于浙江省数字牧场建设的实践经验，研究制定的指导性、引领性团体标准。《未来牧场建设导则》是浙江省奶业协会制定的第一个团体标准，对推进全省奶业市场标准体系建设、加快"未来牧场"培育创建工作起到了积极的推动作用。

参与制定《围产期奶牛饲养管理技术规程》和《泌乳早期奶牛饲养管理技术规程》2项团体标准。奶牛2项团体标准由浙江大学奶业科学研究所牵头，浙江农林大学、浙江省奶牛技术推广与种畜禽监测总站、浙江省奶牛遗传改良与乳品研究重点实验室共同起草。2项标准的制定有利于产学研成果推广应用，保障全省高产奶牛健康养殖，提升奶牛产量与生鲜乳质量，促进全省奶业可持续发展，更好地满足江浙地区人们对高质量乳制品的需求。标准的制定也填补了浙江省在围产期和泌乳早期奶牛饲养管理技术规程上的空白。

【质量监管】全省突出问题导向，强化监管措施，全面开展生鲜乳质量安全专项整治行动。严格审核奶站和运输车资质条件，加强许可管理，推进奶站和运输车标准化建设与管理。截至2022年底，全省有生鲜乳运输车41辆；有奶站32个，其中机械化挤奶站32个，机械化挤奶率达100%。全年配合农业农村部指定的第三方机构做好79批次生鲜乳例行监测、35批次生鲜乳质量安全飞行抽检和40批次《食品安全国家标准 生乳》指标检测任务，另外安排了83批次省级生鲜乳质量安全专项监测，检测结果均合格。

【奶业大事】2022年7月15日《未来牧场建设导则》发布实施。

2022年9月27日《围产期奶牛饲养管理技术规程》和《泌乳早期奶牛饲养管理技术规程》2项团体标准发布实施。

2022年12月22日，由中国食品工业协会主办的"2022中国食品工业科技进步大会暨中国食品工业协会科学技术奖颁奖盛典"在南京国际博览中心举办。杭州新希望双峰乳业有限公司、浙江科技学院等单位完成的"高自凝风味发酵乳检测与质地调控关键技术与示范"项目获2021年度"中国食品工业协会科学技术奖"三等奖。

（浙江省奶牛业协会，赵广生）

安　徽　省

【奶畜养殖】2022年安徽奶业发展继续围绕"提产量、保质量、稳秩序、促发展"的总体要求，坚持"种、料、病、管"全环节科技攻关，着力提高优质奶源供给能力，实现了从依靠规模扩大向依靠单产提升的转变，产业高质量发展迈上新台阶。据安徽调查总队数据，全省奶牛存栏14.2万头，同比增长7.7%，生鲜乳产量50.7万t，同比上涨6.7%，创历史新高。全省存栏100头以上的规模化养殖场42个，规模化养殖比重达99.7%，奶牛单产9t左右，TMR饲喂设备使用率达98%以上，机械化挤奶率达100%，奶牛规模养殖场粪污处理设施装备配套率达85%以上。养殖场分布主要集中在蚌埠、合肥、马鞍山、淮南、淮北等地。现代牧业在安徽建设了7万头规模的标准化奶牛示范牧场，是较大的奶牛养殖企业，通过与蒙牛集团的合作，加工能力显著提升。其中五河县的牧场存栏4万头奶牛，是较大的单体牧场。阜阳、六安、滁州、宿州等地区，奶牛养殖正在进一步发展中。

【乳制品加工】全省各类涉及乳制品加工获证企业26家，设计乳制品年加工能力约200万t，其中婴幼儿配方奶粉生产企业1家。全省乳制品加工企业主要生产巴氏杀菌乳、UHT奶、含乳饮料和奶粉，其中常温纯奶、鲜牛奶、酸奶产量持续增长。全省生产乳制品的龙头加工企业实际消耗生鲜乳原料83.4万t，乳制品加工企业省内奶源自给率近60%。全省乳制品加工企业主要有现代牧业、合肥伊利、马鞍山蒙牛、安徽益益、蚌埠和平、蚌埠福淋、安徽曦强、安徽华好阳光等，主要产品有安慕希、高钙奶、优酸乳、甄稀、巧乐兹、牧场、冰工厂等。乳制品销往上海、浙江、江苏等地，是长三角地区乳制品的重要生产基地，部分产品远销港澳、东南亚等地区。安徽益益是国家级农业产业化重点龙头企业、中国学生饮用奶定点生产企业、安徽省"861"行动计划农副产品加工重点企业，安徽省内唯一一家婴幼儿配方奶粉生产企业。

【市场消费】主要乳制品加工企业包括马鞍山蒙牛、合肥伊利、现代牧业、光明、蚌埠和平、蚌埠福淋等，不同规格制品价格差异较大。乳制品消费因不同年龄人群存在不同选择，同时受收入差异因素影响，儿童多喜好含乳饮料类产品，青年多喜欢酸奶，中老年多选择纯牛奶或者奶粉制品。伊利、蒙牛常温液态纯奶价格在 50 元 / 箱左右（250mL/盒×12 盒），同等规格有机液态纯奶价格在 65~70 元 / 箱；认养一头牛液态纯奶价格 40 元 / 箱左右（200mL/盒×12 盒），光明优加液态纯奶价格 65 元 / 箱左右（250mL/盒×10 盒）；低温鲜奶的品牌主要包括蒙牛、光明、伊利、君乐宝等，规格在 1.0~1.5L/瓶，价格在 15~25 元；酸奶品牌主要包括伊利、蒙牛、光明，价格在 50 元 / 提左右（200mL/盒×10 盒），高端的 65~75 元 / 提；婴幼儿配方奶粉的常见品牌（国产）主要有飞鹤、伊利、贝因美、君乐宝等，常见的包装主要包括 700g/罐、800g/罐和 900g/罐 3 种规格，标价在 300 元 / 罐左右，成交价一般在 200~250 元 / 罐。2022 年人均奶类占有量约为 8.2kg（按全省常住人口算）。随着城乡居民生活水平的提高，人们对乳制品的需求也在不断增加，同时乳制品品种的增加和质量的不断提升，人们在追求健康的同时，多元化、优质化、特色化消费特点明显，预测鲜奶会成为乳制品市场的发展主流。

【奶源基地】重点加强蚌埠、合肥、马鞍山、淮南、淮北、滁州、阜阳等地开展奶牛养殖标准化示范创建，支持奶牛规模养殖场改造升级。以绿色生态发展为目标，积极打造"饲养设施机械化、养殖品种良种化、生产管理标准化、质量监督全程化、生态环境友好化"的现代化养殖基地。牧场视频监控遍布生产的每一个关键环节，并与乐橙 App 系统联网，管理人员随时随地可以远程了解生产一线的操作场景，并进行实时监控。配备现代化牛舍，对不同阶段奶牛进行分舍饲养，并为每头奶牛配备专属电子监控项圈，全程数字化监控，随时掌握奶牛健康状况，配备智能转盘挤奶机进行挤奶，生牛乳质量安全可控。采用 TMR 精准饲喂、卧床垫料抛洒车、精准喷淋系统、冬季牛舍饮水主动加热系统、犊牛自动饲喂机、犊牛精准饲喂车系统、奶牛发情监控系统、奶牛信息处理系统等。通过计步器智能识别系统，监测奶牛活动量和休息状况，提高对奶牛繁殖、健康和福利方面的管理，提升牧场效益。以大型奶牛养殖企业流转消纳土地为核心，有效利用养殖粪污资源，大力整合高标准农田，按照种养循环、农牧结合、三产融合发展新模式，打造"二园二基地"新布局，发展现代高效农业有机采摘示范园、观光园、牧场饲草种植基地、牧业科研基地，充分发挥示范引领带动作用，实现农民增收、农村变美。淮南伊尔牧业以本土生态资源为依托，打造原生态花园式休闲牧场，打造以牛文化为主题、亲子游为特色的集观光游览、休闲娱乐、生态体验于一体化的农业综合体，转型健康生活综合服务商。积极开展奶牛场布鲁氏菌病、结核病监测净化工作，奶牛场养殖废弃物资源化利用设施设备改造升级，奶牛场流转土地自建牧草种植基地。引导企业积极开展秋玉米等秋季青贮作物收贮工作，依托中央财政粮改饲项目，按照每亩不高于 154 元的标准，全省补贴青贮玉米等优质饲草料收贮 45.08 万亩。在六安裕安区等地引导养殖场（户）以流转、订单收购等方式，利用冬闲田种植优质大麦约 150 亩，开展冬闲田种大麦试点。省农业农村厅印发《安徽省青贮饲料收贮工作方案（暂行）》，对全省青贮饲料 2022 年秋季种植计划开展摸底，备案青贮饲料秋种任务面积 2.37 万亩，确保 2023 年全省青贮饲料供应平稳。实施奶牛群体遗传改良计划，对存栏 1 000 头以上的奶牛养殖企业培育高产奶牛核心育种群。对 2 200 头奶牛进行了生产性能测定，收集有效测定记录数据近万条。测定每 100g 生鲜乳中的乳蛋白含量、乳脂肪含量平均值，分别为 3.3g 和 3.9g。全省生鲜乳收购价维持在 4.2~4.5 元 /kg。

【奶农组织】建有安徽省奶业协会，协会有会员 226 名。主要参与奶业政策制定，搭建政府与企业间交流沟通的桥梁，协调养殖与加工企业，协助中国奶业协会管理安徽国家学生饮用奶工作，组织省内奶业科技工作者开展奶业相关科技研究、牧场服务等工作，组织"安徽奶业论坛"、安徽奶业政策解读等专项会议，传达奶业政策和新知识。全省共有各类奶牛家庭牧场或专业合作社 9 个，涉及牧草种植、奶牛养殖、乳制品加工、鲜奶销售等全产业链。

【政策法规】2022 年，省级累计争取支持奶业发展资金 7 782 万元，涉及中央财政粮改饲项目、奶业生产能力提升整县推进项目、奶牛家庭牧场和奶农合作社培育项目、省财政奶业提质增效项目。奶牛养殖标准化示范创建的省级示范场汉邦牧业复检合格。蚌埠市制定重点扶持政策，着力加快奶业转型升级：一是将奶业振兴纳入市农业产业化投资基金支持范围，优先支持乳制品加工企业实施技术改造提升和产能扩建；二是落实涉农资金"大专项+任务清单"模式，重点支持奶源基地建设，提升奶牛养殖标准化水平和单产；三是落实养殖企业、乳制品加工企业用电用地政策，支持企业实施产能扩建，和平乳业二期乳制品加工项目主体已建成，项目总投资 3.12 亿元。

【质量监管】2022 年，受农业农村部委托，部属蜂产品检验检测中心（北京）对安徽省 22 个奶站和 189 辆生鲜乳运输车全部进行了检查，合格率达到 100%。抽取生鲜乳样品 226 批次，其中生鲜乳例行检测 220 批次，婴幼儿配方奶粉奶源质量安全检测 1 批次，《食品安全国家标准 生乳》指标检测 5 批次，检测结果全部合格。在畜牧行业乃至整个大农业行业中，持续保持领先地位。

【奶业大事】现代牧业（五河）有限公司 2022 年获批五河县国家数字畜牧业创新应用基地建设项目（奶牛）总投资 5 000 万元，其中自筹资金 3 000 万元、中央预算资金 2 000 万元，要求 2022—2023 年完成升级改造基础设施，最终建成一个现代化的"智慧牧场"。

项目建设内容包括奶牛场自动化精准环境控制系统（奶牛舍内环境监测传感控制系统、奶牛舍自动喷淋系统、奶牛舍智能风机、奶牛舍快速自动门、奶牛舍降温水帘、犊牛舍卷帘）、数字化精准饲喂管理系统（牧场精准饲喂管理系统、奶牛自动称重识别系统、犊牛定量喂奶系统）、奶牛自动测产系统、奶牛发情监测系统、奶牛体况自动评分系统、牧场大数据平台及相关硬件设备。项目建设充分利用原有设备，进行系统改造和新增设备。

通过政策引领，光明乳业在滁州市定远县、淮北市濉溪县、阜阳市阜南县进行布局。6月7日光明乳业公告，公司全资子公司光明牧业有限公司在安徽省滁州市定远县投资建设定远牧场群项目，总占地面积约3 928亩，设计规划存栏4.75万头奶牛，年产优质原料奶约29.59万t，总投资24.93亿元，预计在2028年实现达产。项目已于2022年11月29日动工建设。

淮北光明生态智慧牧场有限公司设计存栏12 000头奶牛，已从国外引种7 100头种用荷斯坦牛，牛只全部从澳大利亚和新西兰进口，全部投产后每年生产优质原料奶将达70 000t，累计投资总额约3.6亿元。采用自动喷淋、环境监测、精准饲喂和监测、全自动全混合日粮搅拌机(TMR)、自动化清粪挤奶、饲料搅拌设备、中控控制、信息化采集等设备。

阜阳市光明生态智慧牧场建成投产，设计存栏7 000头奶牛，采用智能化信息管理系统、自动化双转盘挤奶系统、挤奶机器人、自走式TMR机等前沿设备。

（安徽省农业农村厅畜牧处，管殿彪、杨 林）

附表1 安徽省奶畜养殖场（小区）名录

序号	名称	供奶企业	全群存栏（头）	成母畜存栏（头）	奶畜品种	成母畜单产（t/年）	年总产量（t）	是否有机奶源基地	有机奶产量（t）
1	合肥陈刘牧场	合肥伊利	2 615	1 450	荷斯坦	11.00	16 794		0
2	优然合肥元兴牧场	合肥伊利	2 434	35	荷斯坦	10.00	2 800	暂时未定	503
3	长丰县双墩镇安松奶牛养殖家庭农场	合肥伊利乳制品加工厂	513	280	荷斯坦	11.75	15 293	√	0
4	合肥优然牧业有限公司宋岗牧场	伊利乳业	2 910	1 435	荷斯坦	12.00	128 000		0
5	现代牧业（合肥）有限公司	现代牧业（合肥）	18 195	10 716	荷斯坦	10.00	6 000		0
6	安徽鑫犇农牧业有限公司	浙江一鸣	1 800	600	荷斯坦	0.00	0		0
7	怀远县金河养殖有限公司	徐州绿健乳业	500	500	荷斯坦	10.30	6 690	√	6 690
8	固镇县汉邦牧业有限公司	上海光明乳业	1 600	650	荷斯坦	11.20	4 720		0
9	安徽鑫牛农业科技有限公司	合肥伊利	910	420	荷斯坦	11.00	30 000	√	10 000
10	蚌埠市利爱牧场有限公司	蚌埠市利和平乳业	5 000	2 500	荷斯坦	12.00	30 000		0
11	现代牧业（五河）有限公司	现代牧业（五河）	42 000	20 618	荷斯坦	12.00	251 800		0
12	亳州市谯城区三福奶牛养殖有限公司	合肥伊利	500	220	荷斯坦	54.00	11 880		0
13	安徽正源牧业有限公司	合肥伊利	2 400	1 100	荷斯坦	55.00	60 500		0
14	亳州市彭氏牧业有限公司	常州红梅乳业	400	200	荷斯坦	54.00	10 800		0
15	滁州市南谯奶牛场	上海光明南京加工厂	1 150	670	荷斯坦	9.20	6 164		0
16	滁州市南谯区江南奶牛养殖厂	河南科迪	650	245	荷斯坦	9.70	2 384		0
17	太和县沃尔斯养殖场	奶肥	309	221	荷斯坦	7.66	1 693		0
18	宫集镇乐联家庭农场	常州市红梅乳品、武汉光明乳业	43	30	荷斯坦	8.00	240		0
19	阜南县博澳奶牛养殖场	光明乳业股份、广州光明乳品	312	214	荷斯坦	7.50	1 600		0
20	阜阳光明生态智慧牧场有限公司	马鞍山蒙牛乳品	4 511	552	荷斯坦	10.37	2 613		0
21	阜南中羊牧业有限公司	伊利合肥分公司	4 235	3 341	荷斯坦	6.00	20 657		0
22	临泉县王氏牧业有限公司	蚌埠福淋	476	343	荷斯坦	9.50	4 000		0
23	临泉县三禾奶牛养殖有限公司	伊利	320	200	荷斯坦	6.00	548		0
24	临泉县韦臣大地农业发展有限公司	浙江一鸣	395	150	澳大利亚荷斯坦	10.00	1 600		0
25	现代时代牧业有限公司	江西阳光乳业	900	550	荷斯坦	10.00	3 800		0
26	安徽华好生态养殖有限公司	六安市金河生态牧业	2 532	1 130	荷斯坦	11.00	15 000	√	3 700
27	六安市金河生态牧业（集团）有限公司	蒙牛乳业（马鞍山）	946	439	荷斯坦	9.00	4 750	√	4 750
28	现代牧业（马鞍山）有限公司	淮南益誉营养食品科技	9 224	4 670	荷斯坦	12.10	55 576		0
29	安徽伊尔牧业有限公司		1 100	540	中国荷斯坦	10.20	5 560		0

备注：本表所指奶畜包括奶山羊、奶绵羊、骆驼、牦牛、奶水牛、驴等产商品奶家畜。如认证为有机奶源基地等，请在相应表格中打钩。

附表2 安徽省乳制品生产企业名录

序号	名称	生产地点	生产许可证号码	年收购原奶量（t）	其中：自有奶源量（t）	自平均支付价格（元/kg）	日处理生鲜乳能力（t）	年乳制品产量（t）	其中：低温鲜奶（t）	UHT奶（t）	常温酸奶（t）	低温酸奶（t）	原料奶粉（t）	婴幼儿配方奶粉（t）	成人奶粉（t）	奶油（t）	奶酪（t）	含乳饮料（t）	冰品（t）	年销售收入（万元）	利润（万元）	有机产品（枚）
1	合肥伊利乳业有限责任公司	安徽省长丰县双凤经济开发区	SC10534012100051	151 501.94	26 262.36	4.70	1 200	366 079.72	—	44 511.68	87 076.90	—	—	—	—	—	—	99 677.31	82 887.48	327 263.13	24 762.89	
2	安徽新希望白帝乳业有限公司	安徽新希望白帝乳业有限公司镇西路55号 蚌埠市和	SC10534012200126	46 553	1 615.7	4.60	127	48 127	8 177	14 273	0	25 677	0	0	0	0	0	0	0	38 000	255	0
3	蚌埠市和平乳业有限责任公司	蚌埠市延安南路1151号	SC10534030300016	19 800	19 800	4.54	300	24 750	9 157.5	4 950	2 475	6 930	247.5	0	0	0	0	990	0	20 957.8	288.9	1
4	蚌埠市福淋乳业有限公司	安徽省蚌埠市解放路3919号	SC10534030300024	1 744		4.49	100	5 500	300	700	700	300	98	0	0	0	0	1 500	0	4 500	40	3
5	（蚌埠）可牛丁乳制品有限公司	五河县现代牧业园区	SC10534032200010	143 000	143 000	4.40	240	140 000	0	140 000	0	0	0	0	0	0	0	0	0	113 600	5 100	0
6	五河县现代牧业	五河县现代牧业园区					600															
7	安徽华好阳光乳业有限公司蒙牛乳业	安徽省六安市裕安区顺河镇河套村	SC10534150306309	1 250	1 250	5.45	200	1 220	920	10 800	0	300	0	0	0	0	0	0	0	1 938	-1 039.5	1 809 719
8	（马鞍山）安徽益益乳业有限公司	马鞍山市	SC10534050400014	360 000	324 000	4.25	5 000	1 440 000	708 984	720 000	0	0	0	0	0	0	216	0	0	1 060 000	22 500	0
9	安徽益益乳业有限公司	安徽淮南	91340400744882413F	13 437.88	5 560	4.30	100	12 893	10 778						2 115							

备注：本表包括在中国及海外的生产企业。日处理生鲜乳能力指设计加工生鲜乳能力。自有奶源指来自自建和参建（控股、参股）牧场（小区）的原奶。成人奶粉指除婴幼儿配方奶粉以外的学生奶粉、孕妇奶粉、中老年奶粉等终端消费奶粉。冰品包括冰激凌、雪糕等。有机产品数量单位为"枚"指获得有机标志的数量。

福 建 省

【奶畜养殖】 2022 年，在奶牛养殖方面，福建省奶牛总存栏 5.02 万头，主要以荷斯坦牛为主，鲜牛奶产量 21.51 万 t，奶类总产量 22.05 万 t，主要供福建省本土奶企生产加工，部分供给江西、广东等周边省份。

奶业主产区位于闽北南平市的延平区、建阳区、建瓯市、顺昌县、浦城县，福州市的福清市，漳州市的诏安县，三明市的建宁县，宁德市的周宁县等县（市、区），福建省其他县（市、区）也饲养少量奶牛。其中，南平市奶牛存栏量和鲜奶产量在福建省占据绝对比重。2022年南平市鲜奶产量 16.81 万 t，奶牛存栏 3.15 万头，平均单产约 9.8t，单体产量最高超过 18t。其中，延平区成乳牛存栏 2.001 3 万头，鲜奶产量 10.138 5 万 t；建瓯市奶牛存栏 2 826 头，鲜奶产量 1.247 8 万 t；建阳区奶牛存栏 4 174 头，鲜奶产量 1.952 4 万；顺昌县奶牛存栏 1 991 头，鲜奶产量 1.437 6 万 t。

奶水牛主要分布在漳州市的 7 个县（市、区）。奶水牛存栏 5 163 头，水牛奶产量 5 690t，能繁母牛 2 529 头，年单产 2 250kg。其中，芗城区奶水牛存栏 1 002 头，水牛奶产量 1 154t；长泰县奶水牛存栏 385 头，水牛奶产量 426t；平和县奶水牛存栏 895 头，水牛奶产量 1 013t；龙海区奶水牛存栏 1 643 头，水牛奶产量 1 754t；漳浦县奶水牛存栏 1 088 头，水牛奶产量 1 178t；台商区奶水牛存栏 85 头，水牛奶产量 90t；高新区奶水牛存栏 65 头，水牛奶产量 75t。

奶山羊在福建较少，养殖较有规模的企业有南安裕农农牧有限公司、秋田农牧（福建）股份有限公司。萨能奶山羊存栏 3 645 头，羊奶产量 1 294t。其他存栏主要分布在宁德市的屏南县，泉州市的南安市，莆田市的涵江区，龙岩市的新罗区、永定区、长汀县、上杭县，三明市的永安县、尤溪县，厦门市的同安区等 12 个县（市、区）。

【乳制品加工】 2022 年，福建省乳制品总产量 21.068 4 万 t，液态奶产量 17.100 4 万 t，干乳制品 3.614 0 万 t，奶酪 4 070t。福建鲜奶产量的 2/3 由本省企业加工，接近 1/3 销售到广东、浙江等周边省份的蒙牛、伊利和燕塘乳制品企业。乳制品加工端，现有长富乳品、大乘食品、澳牛乳业等品牌，主要以加工低温巴氏杀菌乳为主，其他酸奶、含乳饮料为辅的液态奶乳制品生产企业也在福建市场占一席之地。此外，有代表性的企业还有明一、贝登、晨冠等以奶粉为主的乳制品企业和以奶酪为主的吉士汀食品等 11 家企业。其中，长富乳品是国家和省级龙头企业，也是福建省唯一进入中国奶业 D20 联盟的 20 强企业。全省液态奶中约 65% 为常温奶，35% 左右为巴氏鲜奶。

福建省液态奶乳制品企业主要有长富乳品、明一、澳牛乳业、闽牛、台农、大乘食品等。长富乳品，作为省级龙头企业、中国奶业协会副会长单位、中国乳企D20 企业，主要生产巴氏鲜奶产品，2022 年长富乳品日加工鲜奶超过 600t，年乳制品产量约 12.864 1 万 t，年销售额 15.299 1 亿元。其中，巴氏杀菌乳 5.878 1 万 t、UHT奶 2.863 6 万 t、调制乳饮品 0.636 8 万 t。加工特点主要以低温冷链产品为主，其中巴氏杀菌乳占比达到 65% 以上，巴氏杀菌温度时间控制在 75℃ ±0.25℃ /15s，同时使用低温脱气罐，保留了牛奶天然甘甜的口感。明一作为福建省奶粉生产企业，是福建省农业产业化重点龙头企业、中国乳制品行业领军品牌，其集团综合实力位居全国同行业前列，主要产品（婴幼儿配方奶粉、老年奶粉、液态奶、低温巴氏奶、常温奶、酸奶、含乳饮料等）2022 年销售额达 19.979 8 亿元。

目前，福建奶业的主要问题为：本土奶业品牌认可度不如兄弟省份或国外品牌，销量有限；土地资源紧张与饲草资源缺乏导致福建省牧场规模受限制和饲草料主要靠省外或国外购入，从而进一步导致奶牛养殖成本增高，影响奶业生产市场竞争力；政策支持不够，与牧区大省相比，福建省农机购置补贴比例较低，政策主要针对农业大类，针对奶业专项的政策支持力度不够，推动产业持续健康发展手段不够。

虽然福建省的奶业总产量较小，但奶源的质量较好，本土乳制品企业以加工低温巴氏鲜奶和酸奶为主，奶酪将成为福建省部分奶企的高端乳制品。今后应加强同政府和相关部门的沟通，在政策上争取政府和相关部门给予更多支持，提升本土品牌影响力及认可度，加大科技投入解决牧草资源问题。

【市场消费】 2022 年，福建省人均牛奶占有量 5.265kg，较 2021 年有小幅度提升，首次超过 5kg。2022 年，福建省人均奶类消费 11.44kg，其中城镇居民人均 13.33kg、农村居民 8.23kg。全省乳制品消费主要还是外省乳制品及进口乳制品。巴氏杀菌乳、UHT 奶、酸奶、奶粉、奶酪等乳制品，在福建大小超市都有销售。低温巴氏鲜奶和酸奶的销售有商场销售和液态奶加工企业配送到户等多种渠道，冷链销售网络分布全省各县（市、区）、镇，包括社区连锁便利店。其中，低温巴氏鲜奶主要销售区域为本省及周边江西、浙江、广东等省。

福建省全省奶价的制定遵循公开、公平、公正、平等协商的原则，以长期合同为立足点，以社会责任和企业担当为抓手，以原料奶质量指标为计价依据，实现优质优价。原料奶价格一年一定，年初制定，全年执行，合作双方实现全流程公开、透明。为了保证原料奶品质，实现优质优价，福建省制定了复杂而又严谨的价格体系，根据冬天和夏天奶量增减情况生鲜乳收购价夏季超过 5.2 元 /kg，冬季 4.8 元 /kg 左右，全年平均 5 元 /kg；使得全年收奶每车奶的价格均不同，养殖场略有盈利。该价格体系有助于乳制品企业和牧场的可持续发展。

随着乳制品结构调整、居民营养观念转变和消费转型升级，福建省本土乳制品消费依然有较大增长空间，长富乳品、盛泽等乳制品生产企业也通过不同方式促进消费的增长，预计 2023 年会有初步成效。伊利和蒙牛在 UHT 奶方面占据优势地位，而巴氏鲜奶则以本土的长富乳品、澳牛乳业、闽牛、大乘、台农、澳羚、盛泽等品牌为主。飞鹤、明一、君乐宝、伊利、完达山等国产品牌奶粉同进口奶粉品牌呈现多方竞争的态势。

【奶源基地】福建省有奶牛规模牧场 26 个，其中 25 个牧场养殖规模超过千头，5 个为国家级标准化示范场。全省牧场全部采用先进的挤奶设备，10 个牧场先后引进德国韦斯伐利亚的转盘挤奶台挤奶，2 个牧场采用先进的 80 位转盘挤奶台挤奶。挤奶设备都配备有清洗和冷却储存设备。原料奶各项指标均优于国家标准，其卫生指标已经达到欧美等乳业发达国家水平。福建省加快养殖废弃物资源化利用步伐，规模奶牛养殖场废弃物资源化利用率约93%，规模奶牛养殖场资源化利用装备配套率达 100%。

福建省牧场多采用先进的散栏式饲养和 TMR 饲喂工艺。目前有十几个牧场先后引进意大利尤尼法斯特、斯达特公司的 TMR 全自动喂料车或固定式搅拌站，采用现代化、标准化的管理模式，通过企业内部追溯系统，实现原奶供应生产记录可存储、流向可跟踪、储运信息可查询。在防疫管理上，牧场依托当地畜牧主管部门每年春秋两次进行全群牛结核病和布鲁氏菌病检测，检测情况良好；企业每年完成 2 次口蹄疫疫苗全群预防注射。在环境治理上牧场建有环保处理设施，基本采取零排放工艺，污粪先进行固液分离，沼液用于灌溉牧草种植基地，固体晒干制成有机肥销售和烘干牛床垫料等。牧场采取达标排放工艺，固液分离后，沼液处理增加固形物去除及好氧处理装置，做到达标排放、沼液回田种植，形成粪污有效利用。牛舍方面全部牛场的硬化地面都改造成更舒适的沙质地或牛粪干垫料，使奶牛在更像自然野外的环境下生长，提高奶质。

福建奶业企业主要通过牧场改造、整合资源、加大科技投入，来协调养殖牧场与加工企业之间的利益矛盾，稳定提高产品质量，提升乳制品加工企业与奶牛养殖企业的效率和效益，促进福建奶业朝着现代化目标持续健康发展。因单产差距，福建奶牛养殖的收入根据泌乳牛的产量约为每头奶牛净收入 8 000~10 000 元 / 年，规模牧场年利润为 800 万 ~1 500 万元 / 个。

在"十四五"奶牛养殖规划中，计划存栏量 5 000 头奶牛的南平市延平区鸿瑞生态农业有限公司已经引进 3 700 头奶牛进行投产养殖，预计在 2023 年能给福建提供更多的鲜奶。计划存栏量 3 000 头的南平市鑫顺农业发展有限公司也已经完成基本基建，将在未来为进一步提升福建鲜乳产量提供优质奶。

【奶农组织】福建省奶业协会是省级唯一的奶业行业组织，自 2012 年 6 月成立以来，分别在推动福建巴氏鲜奶发展、落实奶牛良种冻精补贴和品种改良政策、深入开展行业调研活动、加强奶业行业宣传、开展奶牛养殖技术培训、支持福建奶源基地建设、引导乳制品企业发展壮大以及加强福建奶业对外交流等方面做出了贡献，特别是在"放心奶"、学生饮用奶两方面积极推进，取得了一定的成绩。由福建省奶业协会主导、长富乳品实施的《国民营养计划》社区公益宣讲员培训班项目已正式启动，预计最终培养公益宣讲员将达 2 万人，对宣传饮奶知识、引导民众科学饮奶、健康饮奶有很大的促进作用。

南平市延平区福牛奶牛专业合作社是福建省唯一一个奶牛专业合作社，由牧场在自愿、平等、民主、互利原则的基础上以股份制形式入股组建，福牛奶牛专业合作社为各牧场"统一采购、统一加工、统一配送"配合饲料。同时，设有奶牛用品超市，如挤奶配件、防疫药品、消毒用品、配种器械等，大大便利了牧场以及养殖户。2022 年，福牛奶牛专业合作社成员维持在 12 个，总存栏奶牛 20 186 头，其中泌乳牛 9 052 头，2022 年鲜奶总产量达 9.04 万 t，平均单产 10.04 t，此外仍有 3 个非合作社成员牧场采购了合作社的饲料 6 356t，总饲料供给达到 49 672t。2022 年福牛奶牛专业合作社计划新建年产 15 万 t 奶牛饲料加工厂，提高饲料自给率，项目于 2022 年 11 月动工。

【政策法规】2022 年，福建省政府推出了一系列政策来推动奶业的健康发展，具体如下：福建省人民代表大会常务委员会发布《福建省动物防疫条例》（〔十三届〕第八十二号）；福建省市场监督管理局印发《关于服务市场主体纾困解难十二条措施的通知》（闽市监综〔2022〕139 号）；福建省农业农村厅等五单位印发《关于福建省乡村振兴贷实施暂行办法》的通知（闽农规〔2022〕2 号）；福建省农业农村厅印发《关于福建省"十四五"畜牧兽医行业发展规划的通知》（闽农牧函〔2022〕596 号）；福建省农业农村厅印发《关于福建省兽药质量和兽药残留检测实验室建设项目初步设计的复函》（闽农牧函〔2022〕727 号）。

【质量监管】2022 年，福建各级政府都加强了生鲜乳产品质量安全监管。积极推动本地鲜奶和酸奶作为学生营养餐。福建省农业农村厅积极主动配合有关部门做好学生营养餐供应工作和福州市早餐工程，确保饮用奶质量安全，重点是推动福建省奶业规模化发展，加大奶源基地标准化建设，不断提高生鲜乳优产、优质稳产。一是加强奶源基地建设。支持规模奶牛养殖场标准化基地建设，扶持乳制品加工企业新建、扩建标准化规模奶牛场，进一步提高奶牛养殖基地规模化、良种化、机械化、信息化、智能化水平。支持奶牛养殖重点县整县推进养殖废弃物综合利用，强化重大动物疫病防控，推进清洁生产。全省现有 27 个奶牛规模养殖场，2022 年生鲜乳产量21.5 万 t，同比增长 12%。二是开展标准化示范创建。以标准化、现代化生产为核心，创建生产高效、环境友好、产品安全、管理先进的奶牛养殖标准化示范场。截至 2022 年，已创建 17 个（次）省级及以上奶牛标准化示范创建场，其中三明市有 1 个。三是强化生鲜乳质量安全监管。持续开展生鲜乳专项整治，明确整治重点，严厉打击违法行为，始终保持对生鲜乳监管的严打高压态势。

福建省农业农村厅高度重视福建省奶牛养殖无疫区建设。2022年，在动物疫病净化场方面，福建省鼎业生态农业有限公司获得国家级"奶牛布鲁氏菌病非免疫净化场"和国家级"奶牛结核病净化净化场"认证，南平市福延牧业有限公司和南平市丰旺畜牧养殖有限公司获得省级"奶牛布鲁氏菌病非免疫净化场"和省级"奶牛结核病非免疫净化场"认证，建瓯市东源生态牧业有限公司获得省级"牛布鲁氏菌病（非免疫）净化场"认证。在国家无疫小区建设方面，南平市福延牧业有限公司于2022年1月已获批国家非免疫无布鲁氏菌病小区。

2022年，福建省奶业协会主要工作如下：2022年1月15日，福建省奶业协会在福州召开2022年福建奶业迎新春暨会员代表年会，旨在深入贯彻落实《国务院办公厅关于推进奶业振兴保障乳品质量安全的实施意见》，积极践行"福建奶业高质量发展"战略，总结福建省奶业2021年建设工作，展望福建奶业2022年愿景计划。

2022年2月15日，福建省奶业协会召开新春党支部学习座谈会，会议由福建省奶业协会秘书长、党支部书记吴大新主持召开。原省直党工委纪委原书记兼福建省奶业协会顾问王建平，副秘书长吴妍，工作人员林光荣、林强、林钟亮等；以及企业代表福建省奶业协会副会长、南平市建阳区家鸣牧业有限公司总经理郑家响，办公室副主任赵家进出席会议。

2022年3月14日福建省企联与普洱市考察交流座谈会在中国进出口银行大厦省企联沙龙会议室召开。云南省普洱市委书记李庆元带领考察团出席会议，福建省奶业协会秘书长吴大新代表福建省奶业协会、福建长富乳品有限公司总经理助理何水双代表福建奶企参加会议。

2022年6月29日，福建省奶业协会联合福建省客家协会、会员单位盛凯农牧有限公司开展主题党日活动，喜迎建党101周年。

2022年7月22—24日，福建省奶业协会党支部书记、秘书长吴大新和监事林灵，代表福建省奶业协会参加2022年第十五届内蒙古乳业博览会暨高峰论坛。

2022年7月26—29日，福建省奶业协会吴大新秘书长参加2022第三届云南规模牧场饲养管理技术研讨会。

2022年8月3—5日，第六届山东现代奶业大会在山东烟台召开，福建省奶业协会秘书长吴大新出席会议。

2022年8月8日，福建省奶业协会秘书长吴大新带队前往福州市长乐区漳港街道屏洋村，对福建南牧集团示范田及热研四号牧草进行调研。

2022年9月5—7日，第十三届中国奶业大会、2022中国奶业D20峰会暨2022中国奶业展览会在山东省济南市召开，福建省奶业协会组织福建省奶业会员企业代表40余人参加展览会，副会长兼秘书长吴大新、福建省奶业协会工作人员林钟亮代表协会参加会议。

2022年9月15—16日，福建省奶业协会秘书长吴大新与中科博联业务厅李小平赴闽北走访奶企，推广新型垫料智能再生系统，该系统将会减少治污费，从而在生产中创造更大收益。

2022年9月19日，农业农村部召开豆粕减量替代行动工作推进视频会，福建省奶业协会派工作人员林钟亮前往福建省农业农村厅视频会议室收听收看视频推进会。同日，福建省奶业协会党支部组织学习《习近平谈治国理政》第四卷和《闽山闽水物华新——习近平福建足迹》的专题学习会议，会议由支部书记吴大新组织，参加人员有林灵（福州文化传播有限公司总经理、监事）、林强（福建希望彩印厂原副厂长）、王建平（省直党工委纪委原副书记）、范志仁（福建省农业农村厅原调研员）等5名党员。

2022年9月23日，福建省奶牛技术培训中心在福建省南平市成立，福建省动物疫病预防控制中心主任（二级巡视员）叶品坤，福建省奶业协会（书记）副会长兼秘书长吴大新，南平市延平区人民政府副调研员吴火亨，南平市农业农村局总畜牧兽医师张宏清，长富乳品总经理蔡永康，勃林格殷格翰反刍事业部新兴市场负责人支晓川，全国养牛学会理事、福建农林大学副教授刘庆华，南平市奶业协会会长徐金贵等出席成立典礼。

2022年10月16日上午10时，福建省奶业协会党支部组织支部党员在协会会议室集中收看党的二十大开幕会。

2022年10月19日，福建省奶业协会在协会会议室召开2022年理事会议。副会长兼秘书长吴大新向理事会作报告，他重点从党的十八大以来福建省奶业行业发展面临的形势任务、协会近期重点工作安排，特别是对12月召开的第三届福建省奶业协会会员大会筹备工作进行了全面部署。

2022年10月28日，为认真学习贯彻落实党的二十大精神，立足当前实际，福建省奶业协会由协会副会长兼秘书长吴大新（书记）主持，在福建省奶业协会会议室积极开展学习党的二十大精神活动，协会党员监事林灵、顾问王建平以及协会工作人员林光荣、林钟亮积极参加。

2022年11月24日，为深入学习贯彻党的二十大精神，准确把握党的二十大主题、中心任务和战略部署，深刻领悟"两个确立"的决定性意义，坚决做到"两个维护"，全面贯彻习近平新时代中国特色社会主义思想，学深悟透党的二十大提出的新思想新论断和新部署新要求，充分发挥社会组织服务新时代经济社会发展的积极作用，福建省奶业协会到福建省省级社会组织孵化基地六楼会议室（培训室）参加福建省省级社会组织孵化基地办公室组织的宣讲辅导班，听取福建省政协社会和法制委员会副主任柯少愚解读二十大报告内容，辅导学习党的二十大精神。

2022年12月8日，福建省奶业协会秘书长吴大新参加福建省农业农村厅全省畜牧兽医重点工作推进视频会议，并参与发布《联合推进兽用抗菌药使用减量化行动倡议书》的联合倡议书。

2022年12月16日下午，福建省奶业协会第三届会员大会暨换届大会在福州举办。大会选举产生第三届协会领导，会长林纪智、监事长高科文、秘书长林灵。吴大新被推选为福建省奶业协会党支部书记、创会荣誉会长兼常务副秘书长。

（福建省奶业协会，吴　妍）

附表 1　福建省奶畜养殖场（小区）名录

序号	名称	供奶企业	全群存栏（头）	成母畜存栏（头）	奶畜品种	成母畜单产（t/年）	年总产量（t）	是否有机奶源基地	有机奶产量（t）
1	南平市长源牧业有限公司（3牧）	福建长富乳品	1 792	997	荷斯坦	9.90	9 320		0
2	南平市丰旺畜牧养殖有限公司（5牧）	福建长富乳品	1 641	830	荷斯坦	10.80	8 004		0
3	南平市绿盛牧业有限公司（9牧）	福建长富乳品	1 196	638	荷斯坦	8.70	5 304		0
4	南平市富洋牧业有限公司（12牧）	福建长富乳品	1 210	686	荷斯坦	9.60	6 219		0
5	福建南平禾原牧业有限公司（13牧）	福建长富乳品	1 967	1 108	荷斯坦	10.40	11 480		0
6	南平南山生态园有限公司（14牧）	福建长富乳品	1 398	734	荷斯坦	9.80	5 473		0
7	福建省南平市荣发牧业有限公司（15牧）	福建长富乳品	1 549	642	荷斯坦	10.10	5 946		0
8	南平市福延牧业有限公司（25牧）	福建长富乳品	1 461	775	荷斯坦	9.90	6 349		0
9	南平市延平区鸿瑞生态农业有限公司（35牧）	福建长富食品	2 879	524	荷斯坦	8.90	1 445		0
10	南平市延平区大横生态农业有限公司	大乘食品	2 350	1 050	荷斯坦	8.70	9 490		0
11	南平市延平区常坑生态农业有限公司	大乘食品	720	720		0.00	0		0
12	南平市富益牧业有限公司	广州燕塘乳业	1 494	813	荷斯坦	10.20	9 719		0
13	南平市三田牧业有限公司	蒙牛	1 200	883	荷斯坦	10.33	9 121.39		0
14	建瓯市小雅牧业发展有限公司（10牧）	福建长富乳品	1 879	990	荷斯坦	10.80	9 903		0
15	顺昌县富泉农业发展有限公司（11牧）	福建长富乳品	1 991	1 420	荷斯坦	11.60	14 376		0
16	建瓯市东源生态牧业有限公司（16牧）	福建长富乳品	1 223	693	荷斯坦	10.00	6 655		0
17	南平市建阳区嘉远生态农业科技有限公司	蒙牛	1 785	941	中国荷斯坦	10.20	10 120		0
18	南平市建阳区吉翔牧业有限公司	蒙牛	1 700	890	中国荷斯坦	10.50	10 310		0
19	南平市建阳区锦山牧业有限公司	福建澳牛	1 200	800	荷斯坦	9.00	7 200		0
20	浦城县高胜奶牛养殖场	伊利	1 380	765	荷斯坦	9.80	6 667		0
21	浦城坑沿牧场		1 450	1 000			6 600		0
22	建瓯市富雅饲草饲料有限公司		1 000				8 400		0
23	福建省鼎业生态农业有限公司	广东伊利乳业	3 734	1 984	荷斯坦	9.30	19 750		0
24	建宁县上黎生态牧业有限公司	明一	6 080	2 764	荷斯坦、娟珊	11.00	30 400		0
25	周宁县和谐牧业有限公司	伊利	1 200	720	荷斯坦、娟珊	12.00	7 200		0
26	福清市鸿润牧业有限公司	伊利	1 200	650	荷斯坦	9.80	6 000		0
27	福建南安市裕农牧业有限公司		800	650	萨能奶山羊	0.10~0.20	66		0
28	福州盛泽牧业科技有限公司		3 200	2 100	萨能奶山羊	0.60	1 200		0

备注：本表所指奶畜包括奶山羊、奶绵羊、奶水牛、牦牛、骆驼、驴等产商品奶家畜。如认证为有机奶源基地等，请在相应表格中打钩。

附表2 福建省乳制品生产企业名录

序号	名称	生产地点	生产许可证号码	年收购原奶量(t)	其中:自有奶源量(t)	平均支付价格(元/kg)	日处理生鲜乳能力(t)	年乳制品产量(t)	其中:低温鲜奶(t)	UHT奶(t)	常温酸奶(t)	低温酸奶(t)	原料奶粉(t)	婴幼儿配方奶粉(t)	成人奶粉(t)	奶油(t)	奶酪(t)	含乳饮料(t)	冰品(t)	年销售收入(万元)	利润(万元)	有机产品(枚)	代加工UHT奶(t)
1	福建长富乳品有限公司	福建延平	SC10635070200033	106 600	90 474.39	5.40	600	128 641.22	58 781.32	28 636.48	—	7 990.98	—	—	—	—	—	6 367.55	—	152 991	9 565	—	19 015.51
	明一国际营养品集团有限公司	福州、三明	SC20135018200349	14 000	14 000	5.42	200	42 689	11 256	1 918	—	771	—	22 501	11 607	—	—	618	—	199 798	10 163	381 633	—
2	福建新希望澳牛乳业有限公司	福州、三明	SC10535043000381 SC10635043000454																				
3	福建大乘食品科技有限公司	南平市延平区	SC10635070200068	20 974.41	5 732.32	4.53	—	21 788.834	2 359.17	17 856.87	—	493.54							1 048.90		18 231.09	−435.04		17 856.87
4	厦门市吉士食品有限责任公司	福建省厦门市翔安区新圩镇	SC10535021301463	6 560	6 560	5.25	60	10 800	3 350	4 850	500	1 230	0	0	0	0	0	870	0	7 560	215	0	2 600
5	漳州澳羚牛乳业有限公司	漳州市漳浦县石榴镇	SC10635062301658	—	—	—	—	178	178	/	/	/	/	/	/	/	4 070	/	/	25 747	−13 692		
6	福建省闽牛乳业有限公司	镇武夷村阿里40-2	SC10535040200152	520	0	9.20	72	178	178	0	0	0	0	0	0	0	0	342	0	2 000	32	0	0
7	福建省闽晨冠生物科技有限公司	福鼎	SC10535098200011	4 541	4 541	6.00	256	4 353	2 144			1 135						1 074		7 485	232		
8		福鼎	SC10535098200011	232	232			232	232					232						657	−653		

（续）

序号	名称	生产地点	生产许可证号码	年收购原奶量(t)	其中:自有奶源量(t)	平均自支付鲜乳价格(元/kg)	日处理生鲜乳能力(t)	年乳制品产量(t)	其中:低温鲜奶(t)	UHT奶(t)	常温酸奶(t)	低温酸奶(t)	原料奶粉(t)	婴幼儿配方奶粉(t)	成人奶粉(t)	奶油(t)	奶酪(t)	含乳饮料(t)	冰品(t)	年销售收入(万元)	利润(万元)	有机产品(枚)	代加工UHT奶(t)
9	合农（厦门）农牧有限公司	厦门同安	SC10535021201939	190		7.14	0.54	170.45	170.45											282.11	50.74		—
10	合农（厦门）农牧有限公司	厦门同安	SC10535021201939	227		11.3	0.65	209.32	209.32											498.52	89.66		—
11	贝登（福建）婴幼儿营养品有限公司	法国 中国山东省青岛市 中国福建省莆田市	SC12935030300352	0	0	0	0.00	1800		0	0	0	0	1800	0	0	0	0	0	11662.20	209.29	0	—
12	泽乳业有限公司	三明市		1200	1200	10	5.00	1200		900	100	100						200		3000	300		—
13	福建骏牧乳业股份有限公司	泉州市永春县外山乡墘溪村493号	SC10535052500146	—	—	—	—	—	—	—	—	—	—	—	—	—	—	—	—	—	—	—	—

备注：本表包括在中国及海外的省外的生产企业。日处理生鲜乳能力指设计加工生鲜乳能力。自有奶源指来自自建和参建（控股、参股）牧场（小区）的原奶。成人奶粉指除婴幼儿配方奶粉以外的学生奶粉、孕妇奶粉、中老年奶粉等终端消费奶粉。冰品包括冰激凌、雪糕等。有机产品指获得有机标志的数量。

江 西 省

【奶畜养殖】奶业是江西省推进农业现代化、促进农民增收、提升居民生活质量的重要产业。江西省奶畜以奶牛为主，2022年，全省奶牛存栏 1.51 万头；鲜牛奶总产量 7.9 万 t；规模场成母牛单产约 7.7t。江西奶牛养殖呈点状分布，主要分布在南昌市进贤县、吉安市吉州区、抚州市东乡区和赣州市于都县、宁都县。其中，赣州市奶牛存栏 9 098 头、南昌市奶牛存栏 2 236 头。

【乳制品加工】2022年，全省有乳制品加工企业 6 家，乳制品加工总产值为 24.78 亿元，占畜牧业总产值的 1.26%。其中，江西阳光乳业集团有限公司产值为 14.1 亿元，江西牛牛乳业有限责任公司产值 0.38 亿元，于都高山青草奶业有限公司产值 0.16 亿元，大富乳业集团有限公司产值 1.4 亿元，宁都嘉荷牧业有限公司产值 5.57 亿元。

2022年全省乳制品总产量约 19.24 万 t，其中液态奶产量 15.34 万 t，占乳制品总量的 79.8%。低温奶产品主要是低温鲜奶和低温酸奶，产量分别为 3.1 万 t 和 3.8 万 t，分别占乳制品总量的 16.1% 和 19.8%。

【市场消费】2022年，全省居民人均鲜奶占有量 1.74kg。其中，省会南昌市城镇居民人均奶制品消费量 37.3kg，鲜乳品 18.3kg。赣州市居民奶和奶制品总消费量为 5.57 万 t，人均奶和奶制品消费量为 10.87kg，其中人均鲜奶消费量 7.57kg、人均酸奶消费量 1.15kg、人均奶粉消费量 0.67kg、人均其他奶制品消费量 1.48kg。

江西乳制品市场主要销售的品牌有江西阳光乳业生产的"天天阳光""阳光"牌鲜牛奶和鲜羊奶、酸奶等，于都高山青草奶业有限公司生产的高山青草奶系列乳酸菌瓶奶、调制乳等，江西牛牛乳业有限责任公司生产的"牛牛乐"牌鲜牛奶（井岗黄牛奶）、酸奶等，江西省大富乳业集团有限公司生产的"大富康园"牌鲜牛奶、酸奶等，美庐生物科技公司生产的"美庐"牌婴幼儿配方奶粉，江西人之初乳品公司生产的"人之初"牌婴幼儿配方奶粉。市场消费特点是新鲜低温奶市场基本由本地企业的产品掌控，尤其是上户奶 90% 以上是"天天阳光"品牌；常温奶主要被伊利、蒙牛和光明三大品牌占据。

【奶源基地】2022年，全省共有奶牛养殖场（户）284 个，其中，奶牛存栏 100 头以下的场（户）273 个，占比 96.2%；奶牛存栏 100 ~ 499 头的场（户）6 个，占比 2.1%；奶牛存栏 500 头及以上的场（户）5 个，占比 1.8%。全部奶牛养殖场中，国家级标准化示范场 3 个、休闲观光牧场 1 个、有机奶源基地 2 个（江西黄甲山牧业有限公司、江西长山现代有机牧场有限公司），有机奶产量 1 662.4t。

生产工艺方面，机械化挤奶与冷链储运推广应用率达到 100%。种草养畜方面，全省人工种草面积超过 5.7 万 hm²，其中青贮玉米种植面积达到 2 234.5hm²，加工制作全株玉米青贮 3.28 万 t。饲草品种以多花黑麦草和象草（王草）为主，优质的饲用玉米和燕麦种植量增加趋势明显。据调查统计，全省饲草的鲜草亩产平均为 6.2t，其中象草单产最高，鲜草亩产平均为 13.2t。带动农民致富方面，直接带动农户 2 万余人，实现增收 2 600 万元。疫病防控方面，认真抓好奶牛疫病防控，坚持春、秋两季开展"两病"检疫与日常开展奶牛布鲁氏菌病、结核病监测净化等防治工作相结合，通过生物隔离、疫苗免疫以及药物消毒等方式进行疫病防控。粪污处理方面，前端采用生物垫床模式实现源头减量，干粪、垫料经腐熟还田；后端采用固液分离—沼气发酵—叠螺机处理—气浮机处理等方式保证出水达标排放。主推"牛—沼—果"立体种养农业循环利用、异位发酵床处理粪污、第三方全量化收集集中处理等粪污资源化利用主导技术和模式，全省奶牛规模养殖场粪污处理设施装备配套率达到 98% 以上、粪污综合利用率达到 90% 以上。经济指标方面，全省奶牛成母牛平均产奶量为 7.7t，规模化奶牛养殖场生鲜乳年均收购价为 5 元 /kg，成年奶牛每年头均盈利 4 620 元，其中宁都嘉荷牧业有限公司交奶合作方为湖北黄冈伊利乳业有限责任公司，收购标准为乳蛋白含量不低于 3.1g/mL、乳脂含量不低于 3.5g/mL，鲜奶收购价格为 4.4 元 /kg。

【奶农组织】省级设有江西省奶业发展协会，开展的主要工作有：组织会员单位参加第十三届中国奶业大会 2022 中国奶业 20 强（D20）峰会暨 2022 中国奶业展览会；作为支持单位组织参与了 2022 年 8 月 19—21 日在南昌举行的第三届华东反刍动物发展论坛学术研讨会；赴赣州、吉安等地调研奶业振兴和奶业发展动态，为主管部门制定奶业发展规划提供参考。

除了江西省奶业发展协会，还有各奶牛养殖集中区自发成立的奶农合作社，如赣州市的于都高山青草奶业有限公司采取"公司＋农户"经营模式，培育奶牛饲养小区。奶农合作社有会员 165 人，扶持带动周边 160 多户农民，转移农村剩余劳动力近千名，全年参加奶牛养殖技术培训达到 1 962 人次。

【政策法规】大力支持奶牛养殖企业开展粪污资源化利用，实施养殖大县种养结合整县推进和畜禽粪污资源化利用等项目，配套完善奶牛粪污收集、存储、处理、利用等设施设备。

在奶业政策支持和财政、保险支持的共同作用下，几个主产区近年来奶牛业发展较快。南昌市采取资产联结、合资合作等方式，招大联大，打造集团，推动产业结构优化升级，鼓励加工企业积极采用先进的加工技术标准和产品质量标准，支持乳制品企业加快名、优、新、特产品的研发，增强企业的创新能力。赣州市加大政策扶持力度，安排 3 万元财政资金，统一购进公牛冻精对养殖户实施奶牛良种补贴。宁都县对宁都嘉荷牧业有限公司泌乳牛实行了国家政策性保险，参保奶牛 720 头，每头奶牛缴纳保费 300 元，提高了企业的防风险能力。

【质量监管】2022 年江西省认真落实农业农村部生鲜乳专项整治行动工作要求，坚持问题导向，紧盯关键环节，加大抽检力度，强化执法监督，把生鲜乳生产、收购环节纳入省级重点监管事项清单，以奶站监管和生鲜乳监测为抓手，层层压实生鲜乳质量安全监管责任，加大监管力度，提升监管水平，全面完成了农业农村部下达的监测任务，生鲜乳监测合格率达到 100%，三聚氰胺、β-内酰胺酶、碱类物质、硫氰酸钠和革皮水解物抽检合格率达到 100%，生鲜乳违禁添加物抽检合格率连续多年保持 100%。

全省现有生鲜乳收购站 4 个，其中乳企开办 3 个、奶牛养殖场自办 1 个；生鲜乳运输车 6 辆（含租用外省生鲜乳运输车 2 辆）。生鲜乳收购站和运输车全部实现系统备案管理，网上申报审核、在线出证、二维码扫码查询等，生鲜乳质量安全监管信息实现了可追溯。生鲜乳质量安全监测实现"三个全覆盖"，即所有奶站和运输车抽检全覆盖、国家公布的所有违禁物品种监测全覆盖、所有奶站和运输车标准化建设现场检查全覆盖。持续加大饲料生产和饲喂环节质量安全监测力度，严厉打击非法添加、超范围添加、超剂量添加兽药等违法行为，依法加强对生鲜乳生产、收购和运输等重点环节的监管，确保生鲜乳质量安全。

【奶业大事】2022 年相继印发了《"双随机、一公开"行政检查计划的通知》《2022 年全省生鲜乳专项整治行动方案》和《江西省农业农村厅畜牧兽医局关于加强生鲜乳生产管理的函》，将生鲜乳生产、收购列入年度"重点监管"行政检查事项清单，并在全省开展生鲜乳质量安全专项整治，规范市场秩序，引导企业有序发展。2022 年江西省新建、改扩建存栏 500 头奶牛以上牧场 3 个。其中，由江西阳光乳业集团有限公司投资的嘉牧奶牛场设计规模存栏 800 头奶牛、秋实奶牛场设计规模存栏 2 000 头奶牛的 2 个牧场均已投入生产，达到设计规模后预计年产生鲜牛奶 15 000t 左右；由宁都嘉荷牧业有限公司投资的嘉荷奶牛场扩建项目设计规模存栏 3 000 头奶牛，现已投产，且先后从新西兰和澳大利亚引进奶牛 1 000 头。

（江西省农业农村厅畜牧兽医局，甄丽卿、李正汉卿）

附表 1 江西省奶畜养殖场（小区）名录

序号	名称	供奶企业	全群存栏（头）	成母畜存栏（头）	奶畜品种	成母畜单产（t/年）	年总产量（t）	是否有机奶源基地	有机奶产量（t）
1	江西牛牛乳业有限责任公司	江西牛牛乳业有限责任公司	661	380	西杂奶牛、荷斯坦	6.50	2 470		/
2	江西省大富乳业集团有限公司	江西省大富乳业集团有限公司	1 110	778	荷斯坦	9.00	7 002		/
3	中博农（东乡）牧业有限公司	江西阳光乳业股份有限公司	593	480	荷斯坦	5.42	2 600		/
4	抚州市东乡区康华奶牛养殖场	自售	51	28	荷斯坦	5.20	145.64		/
5	江西黄甲山牧业有限公司	江西黄甲山牧业有限公司	780	680	奶山羊	0.68	462.4	√	462.4
6	江西长山现代有机牧场有限公司	江西阳光乳业股份有限公司	831	523	荷斯坦	8.50	4 446	√	1 200
7	南昌市星光奶牛乳业有限公司	江西阳光乳业股份有限公司	640	380	荷斯坦	7.00	2 660		0
8	宁都嘉荷牧业有限公司	湖北黄冈伊利乳业有限责任公司	2 200	900	荷斯坦	9.32	5 550		0
9	吉安瑞穗农业发展有限公司	江西牛牛乳业有限责任公司	300	100	荷斯坦	5.60	560		
10	江西嘉牧生态农业科技开发有限公司	江西阳光乳业股份有限公司	300		荷斯坦	未产奶			

备注：本表所指奶畜包括山羊、奶绵羊、奶水牛、牦牛、骆驼、驴等产商品奶家畜。如认证为有机奶源基地等，请在相应表格中打钩。

附表 2 江西省乳制品生产企业名录

序号	名称	生产地点	生产许可证号码	年收购原奶量（t）	其中：自有奶源量（t）	平均支付价格（元/kg）	日处理生鲜乳能力（t）	年乳制品产量（t）	其中：低温鲜奶（t）	UHT奶（t）	常温酸奶（t）	低温酸奶（t）	原料奶粉（t）	婴幼儿配方奶粉（t）	成人奶粉（t）	奶油（t）	奶酪（t）	含乳饮料（t）	冰品（t）	年销售收入（万元）	利润（万元）	有机产品（枚）
1	江西阳光乳业集团有限公司	南昌市青云谱区	SC10536010400010	70 838	38 005	5.2	500	148 000	25 630	9 300	9 000	33 000	/	/	/	/	/	81 000	/	141 000	15 128	
2	于都高山青草奶业有限公司	于都县黄沙村	SC10536073100092	3 604	3 604	5.8	30	860	400	100		300	/	/	/	/	/	11 000	/	1 605	300	
3	江西牛牛乳业有限责任公司	吉州区兴桥镇秀江村委会汶洁村	SC10636080100018	2 100	1 910	4.5	60	3 000	2 000	400		900	/	/	/	/	/	3 100	/	3 800	510	
4	江西富乳集团有限公司	广溪县银河镇	SC10536032300088	5 010	4 002	5.0	50	11 244	4 497	/		4 248	/	/	/	/	/	2 410	/	14 015	1 391	

备注：本表包括在中国及海外的生产企业。日处理生鲜乳能力指设计加工生鲜乳能力。自有奶源指来自自建和参建（控股、参股）牧场（小区）的原奶。有机产品数量单位为"枚"，指获得有机标识的数量。以外的学生奶粉、孕妇奶粉、中老年奶粉等终端消费奶粉。冰品包括冰激凌、雪糕等。有机产品指除婴幼儿配方奶粉、成人奶粉指设计加工生鲜乳能力。

山 东 省

【奶畜养殖】近年来，山东省充分发挥地理区位、饲草资源、科技支撑、消费带动等优势，加快推进优质奶源基地建设、乳制品加工品牌提升、奶业科技创新、质量安全管控、消费引导宣传五大行动，全省奶牛存栏、牛奶产量和乳制品加工量位于全国前列，重点培育了胶东半岛东部沿海优势产区、济南都市圈中部奶业隆起带和沿黄地区奶业优势产区。

2022年，全省奶牛存栏86.4万头，成母牛存栏约42万头，生牛奶产量304.4万t，同比增长5.6%，均位居全国第五；奶山羊规模场存栏约5万头。从种业、养殖到乳制品加工，从饲料兽药、牧草种植到装备制造，产业链发展齐备。每头泌乳牛年均单产9.5t。奶牛种业保持国内领先，山东奥克斯种业企业牵头承担国家奶业核心技术攻关项目，其所产冻精销量占国产冻精市场的40%。年产生鲜乳5万t以上的县有20个，现代牧业（商河）等万头以上奶牛场达到22个。奶业养殖端产值约150亿元，约占全省畜牧业总产值（3000亿元）的5%。

2022年底，奶牛百头以上养殖规模比重达94%。乳企通过自建、参股等方式推动自有奶源比例进一步提高。据了解，优然牧业在山东新建的6个万头牧场有4个已投产运营，2022年底存栏约2.5万头，年产奶量约1.6万t。智慧牧场建设方面，截至2022年底，已有84个奶牛场获评国家级畜禽养殖标准化示范场，有40个奶牛场被评为省级"智能牧场""智慧畜牧业应用基地"。山东泰安银燕牧场已开始探索使用挤奶机器人，其他牧场自走式TMR机应用也较为普遍。

【乳制品加工】2022年，全省注册乳制品加工企业86家，重点规模企业35家左右，设计日处理生鲜乳能力近2万t。2022年乳制品加工量239万t，其中液态奶约224万t，干乳制品15万t。山东乳制品加工能力强，产量位居全国前列。伊利、蒙牛、雀巢等乳业头部企业均有布局，佳宝、得益、亚奥特等本土企业保持良好发展势头。部分中小牧场创新生产经营方式，依托休闲观光体验、"鲜奶吧"、社区配送等发展低温乳制品加工，发展出像合力、伊金兰等一批区域特色品牌，成为全省乳制品加工有益补充。产品供给日益多元，常温奶、低温奶等常规产品供应稳定，奶酪、奶油等差异化产品日益多样，品牌化、个性化、高端化趋势明显。东君乳业差异化发展奶酪加工，年销售额达6亿元，年均增幅超过50%。金兰牧场定向选育A2奶牛差异化生产A2型特色牛奶，具有一定的市场知名度。

【市场消费】2022年，全省人均乳制品年消费量约40kg，济南、青岛、潍坊等中大城市商超销售品牌种类较为丰富。伊利、蒙牛、光明等全国知名乳企产品均比较常见，以UHT奶、常温酸奶为主，主要销售渠道为商超、便利店，常见产品有伊利金典、蒙牛特仑苏等，价格基本为全国均价，盒装纯牛奶价格分别为4~5元/盒，有机奶价格为8元/盒左右。山东地方知名品牌如佳宝、得益、兴牛、亚奥特、新希望等产品主要以就地就近销售低温鲜奶、酸奶为主，地域性强，主要销售渠道有商超、学生饮用奶、配送入户、团购等，袋装巴氏杀菌乳一般在3.5~5元/包、7元（500g）左右，瓶装酸奶在7~8元/瓶。本地奶农开办的鲜奶吧提供低温奶，以门店销售为主。低温奶价格为7元/kg，自制酸奶价格在6~8元/盒。随着人们对乳制品消费及营养观念等的提升，购买低温奶的用户数量逐渐增多，尤其是订奶配送入户数量增多，渠道比较稳定。

【奶源基地】2022年山东奶牛场数量（包含散户）共2580个，全省100头以上规模养殖场共703个，个数占比27.2%，存栏占比94%。其中，存栏2000头以上的奶牛规模养殖场43个，占全省存栏的52%；存栏100~2000头的奶牛规模养殖场约660个。培育出崂山奶山羊、文登奶山羊2个优秀乳用山羊品种，以青岛奥特种羊场、威海鼎牛牧业公司等为主要养殖基地，存栏约5万只奶山羊。

受气候、土壤、水等资源条件的影响，山东省90%的苜蓿集中在沿黄市县，尤其是黄河三角洲地区，是全省苜蓿聚集地，苜蓿种植面积占全省的70%以上，2022年滨州无棣和潍坊昌邑种面积过万亩，培育了绿风、赛尔和丰瑞等专业饲草生产企业8家。2022年，7个市14个县（市、区）苜蓿种植总面积约7万亩，折干后亩产0.8t，折干产量超5万t，每吨平均销售价格为（监测点报到场价）2085元/t左右。全省共完成粮改饲面积185.2万亩，收储青贮495.4万t。奶牛场粪污资源化利用处理方式主要为"干湿分离"后干粪回填卧床垫料或者生产有机肥，液体粪灌溉还田，另外奶牛场发酵床技术在潍坊临朐一带应用比较成熟。

山东省畜牧总站全省奶站监测数据分析显示，2022年生鲜乳年均收购价格为4.13元/kg，一至四季度分别为4.23元/kg、4.16元/kg、4.04元/kg和4.10元/kg；按单产9t算，经产牛养殖头均季度盈利500元，一至四季度每头分别为680元、652.5元、382.5元和300元。四季度末，受消费低迷、养殖成本上涨等因素影响，全省奶业无论是养殖端、加工端还是上游投入品生产端都出现亏损，面临资金周转的困境。许多加工和养殖企业都依靠喷粉来缓解原奶储存压力，每喷1吨粉企业就亏损1.2万~1.4万元。

【奶农组织】奶业协会是沟通政府与企业的桥梁，山东省和部分市县均设有相关协会组织，在奶业全产业链中发挥了重要作用。

山东省省畜牧协会奶业分会是省级奶业协会组织，主要工作为协调产业链各主体，纾解产业发展困难和问题，组织养殖场、乳企等召开奶业生产形势研讨会，组织奶农培训等；测算并发布生鲜乳市场交易指导价；按照"学生饮用奶计划"相关管理规定，扎实开展学生饮用奶奶源基地审核和验收工作，2022年新增5家学生饮用奶企业，山东省学生饮用奶企业总数达到23家；加强与中国奶业协会的沟通协商，协助中国奶业协会在山东举办奶业大会并组织大型展览活动等。

济南市有奶农协会1个，包含农户200余户，存栏奶牛8 350头；有奶农合作社13个，包含农户50余户，存栏奶牛1 260头。2022年济南市奶农协会举办奶牛疫病防治与饲养管理技术培训班2期，培训奶农200余人。

青岛市奶业协会是由青岛市民间组织管理局批准注册，成立于1992年，是非营利性的行业组织社会团体。现任会长单位为青岛新希望琴牌乳业有限公司，现有7家副会长单位、10家常务理事单位，涵盖奶业产业链的乳企、院校、牧场、饲料、牧草、设备等服务企业。莱西和胶州均成立了自己的奶业协会。

【政策法规】2022年4月，为贯彻落实《国务院办公厅关于推进奶业振兴保障乳品质量安全的意见》《国务院办公厅关于促进畜牧业高质量发展的意见》，按照农业农村部《"十四五"奶业竞争力提升行动方案》要求，结合山东省奶业发展实际，山东省畜牧局组织制定了《山东省"十四五"奶业高质量发展提升行动方案》，从种、养、加、宣、监管等八方面为山东省奶业"十四五"发展制定目标、明确方向。

政策扶持方面，山东省畜牧局联合山东省财政厅，发布《关于做好2022年中央财政农业生产发展等项目实施工作的通知》，下达资金约2.8亿元支持奶业发展。其中，支持奶牛DHI测定、种公牛站后裔测定共10万余头；支持200个中小奶畜养殖场（合作社）升级改造；支持4个奶业大县整县提升生产能力，每县补贴财政资金2 000万元；支持建设优质苜蓿基地1万亩、"粮改饲"面积103.5万亩。潍坊市贯彻落实《潍坊市人民政府办公室关于加快奶业发展的实施意见》，及时兑现市级奶业发展扶持政策，已兑现购牛补贴1 264.48万元。

【质量监管】按照《乳品质量安全监督管理条例》规定，做好生鲜乳生产、收购环节监督管理工作。2022年，配合农业农村部完成生鲜乳例行抽样监测1 053批次，开展奶站奶车现场检查，基本实现了奶站抽样全覆盖，奶站奶车追溯抽样比例为1：1。开展省级生鲜乳收购站部门联合"双随机、一公开"抽查，每年抽查比例不低于5%。做好农业农村部"奶业监管"平台信息维护，及时掌握奶站、奶车许可发证情况。组织16市开展生鲜乳质量安全专项整治，检查奶站（车）1 480站（车）次，出动执法人员2 270人次。山东省生鲜乳质量安全监测合格率稳定在99%以上。

【奶业大事】2022年8月4日，农业农村部办公厅印发《关于扶持国家种业阵型企业发展的通知》。根据企业规模、创新能力和发展潜力等关键指标，从全国3万余家种业企业中遴选了69家农作物、86家畜禽、121家水产种业企业机构，集中力量构建"破难题、补短板、强优势"国家种业企业阵型。山东奥克斯畜牧种业有限公司入选"国家畜禽种业阵型企业——补短板阵型"名单，成为全国奶牛育种领域骨干力量。

2022年9月5—7日，由中国奶业协会主办，山东省农业农村厅、山东省畜牧局、济南市农业农村局协办的第十三届中国奶业大会2022中国奶业20强（D20）峰会暨2022中国奶业展览会，在济南市山东国际会展中心顺利召开，本届大会主题为"铸就中国奶业民族自信之魂 行稳致远高质量发展赶考之路"。农业农村部副部长马有祥、副省长江成出席大会并致辞。本次大会共设7个展馆，奶业上下游相关参展企业逾500家、展览面积超9万㎡，参会人员3万人左右，是国内层次高、规模大、影响力强的奶业盛会。

2022年9月5日，山东省畜牧总站联合全国畜牧总站、中国农业科学院北京畜牧兽医研究所共同签署《奶牛提质增效协同创新科技合作协议》。山东省畜牧兽医局党组成员、副局长李新出席签约仪式，并参加奶牛养殖提质增效行动启动仪式。

（山东省畜牧兽医局，蒋吉红；山东省畜牧协会奶业分会，胡智胜）

附表1　山东省主要规模奶畜养殖场（小区）名录

市	县（市、区）	名称	供奶企业	全群存栏（头）	成母畜存栏（头）	奶畜品种	成母畜单产（t/年）	年总产量（t）	是否有机奶源基地	有机奶产量（t）	备注
济南	平阴县	济南优然牧业有限责任公司	济南伊利	10 225	5 188	荷斯坦	11.00	60 660			
济南	长清区	济南佳宝乳业有限公司生态牧场分公司	济南佳宝	6 705	3 700	荷斯坦	10.50	35 700			
济南	商河县	现代牧业（商河）有限公司	蒙牛	24 862	13 100	荷斯坦	10.00	128 000			
淄博	高青县	山东得益二牧牧业有限责任公司	得益乳业	7 273	3 161	荷斯坦	10.20	34 212			
东营	河口区	东营仙河澳亚现代牧场有限公司	苏州卡士、苏州明治、青岛新希望等 上海澳雅、富友联合、杭	12 406	6 456	荷斯坦	12.74	79 606.47			
东营	河口区	东营神州澳亚现代牧场有限公司	州味全、深圳卡士、南京森旺、北海牧场、上海光明、认养一头牛等	12 650	6 799	荷斯坦	13.10	88 198.43			
东营	河口区	东营神州澳亚现代大地农业发展有限公司新户分公司	济南佳宝、上海味全、杭州味全	12 660	6 611	荷斯坦	13.00	85 670.45			
东营	垦利区	山东华澳大地农业发展有限公司	泰安蒙牛、济南佳宝	7 851	4 797	荷斯坦	11.94	53 980.85			
东营	农高区	东营澳亚现代牧场有限公司	泰安蒙牛、济南佳宝	7 906	6 599	荷斯坦	13.00	76 403			
东营	农高区	东营天地牧业有限责任公司	青岛新希望	7 156	4 696	荷斯坦	11.90	55 986			
烟台	龙口市	格润富德农牧科技股份有限公司	伊利、蒙牛、味全	5 799	2 096	西门塔尔	4.00	8 384			
潍坊	滨海区	潍坊优然牧业有限公司	南京卫岗	6 148	1 037	荷斯坦	0.00	0			
潍坊	寒亭区	寒亭优然牧业有限责任公司	潍坊伊利	5 200	0	荷斯坦	0.00	0			
潍坊	昌邑市	昌邑优然牧业有限责任公司	未产奶	7 715	0	荷斯坦	0.00	0			
潍坊	寿光市	寿光优然牧业有限发展有限公司山东分公司	潍坊伊利	9 908	4 925	荷斯坦	12.00	59 100			
潍坊	寿光市	北京首农畜牧发展有限公司	三元	5 876	2 892	荷斯坦	11.47	32 106			
济宁	汶上县	现代牧业（汶上）有限公司	泰安蒙牛	9 329	4 689	荷斯坦	10.80	50 756			
泰安	肥城市	泰安澳亚现代牧业有限公司	泰安蒙牛、朴城乳业、上海澳雅	10 691	6 463	荷斯坦	13.09	84 717.397			
日照	岚山区	日照鲜纯生态牧业有限公司	卫岗乳业	12 597	5 014	荷斯坦	11.00	55 582.7			
临沂	兰陵县	现代牧业（兰陵）有限公司	泰安蒙牛	5 983	3 159	荷斯坦	11.70	36 960			
临沂	沂南县	沂南中地牧业有限公司	潍坊伊利、泰安蒙牛、济南佳宝、伊利、君乐宝	10 456	5 230	荷斯坦	11.00	189 117			
德州	乐陵市	嘉立荷（山东）牧业有限公司	泰安蒙牛、伊利、君乐宝	8 838	5 612	荷斯坦	11.00	61 747			

（续）

市	县（市、区）	名称	供奶企业	全群存栏（头）	成母畜存栏（头）	奶畜品种	成母畜单产（t/年）	年总产量（t）	是否有机奶源基地	有机奶产量（t）	备注
德州	齐河县	醇源牧场有限公司（一牧）	新希望、卡士	7 400	3 200	荷斯坦	11.50	36 280			
德州	齐河县	醇源牧场有限公司（二牧）	朴城、明治	7 007	3 191	荷斯坦	10.50	34 350			
德州	禹城市	德州市维多利亚农牧有限公司	优诺乳业	8 500	4 400	荷斯坦	10.00	52 126			
德州	禹城市	山东视界牧业有限公司	蒙牛、伊利、新希望、卫岗、味全	11 400	5 200	荷斯坦	13.30	70 000			
菏泽	曹县	山东银香伟业集团有限公司	山东银香大地乳业	20 810	8 702	荷斯坦	10.50	91 700	√	3 510	

备注：本表所指奶畜包括奶山羊、奶绵羊、奶水牛、牦牛、骆驼、驴等产商品奶家畜。如认证为有机奶源基地等，请在相应表格中打钩。

附表2 山东省主要乳制品生产企业名录

市	县(市、区)	名称	生产地点	生产许可证号码	年收购原料量(t)	其中:自有奶源量(t)	平均支付价格(元/kg)	日处理生鲜乳能力(t)	年乳制品产量(t)	其中:低温鲜奶(t)	UHT奶(t)	常温酸奶(t)	低温酸奶(t)	原料奶粉(t)	婴幼儿配方奶粉(t)	成人奶粉(t)	奶油(t)	奶酪(t)	含乳饮料(t)	冰品(t)	年销售收入(万元)	利润(万元)	有机产品(枚)
济南	平阴县	济南伊利乳业有限责任公司	平阴县济西工业园区	SC10537012400189	278 000	198 520	4.16	2 150	566 270	242 000	206 300	62 000	0	0	0	0	420	0	55 550	0	282 800	13 500	
济南	长清区	济南佳宝乳业有限公司	济南市长清区明发路1999号	SC10537011300356	82 800	27 200	4.24	1 600	93 916	8 522	51 462	813	29 810	336	0	0	0	0	2 973	0	65 958	2 311	
青岛	莱西市	青岛雀巢有限公司	莱西市威海西路158号	SC10637028510660	221 190	0	4.09	500	179 749	53 903.2	77 755.8						48 090				295 946	27 869	
青岛	胶州市	青岛新希望琴牌乳业有限公司	山东省青岛市胶州市经济技术开发区太湖路6号	SC10637028100848	124 000	65 000	3.95	800	103 553	35 456	36 656.8	0	31 122.5	0	0	0	0	0	318	0	99 380	5 935	2
淄博	高新区	山东得益乳业股份有限公司	山东省淄博市高新区	SC10637039913023	85 702	62 900	4.10	1 000	74 349	31 667.6	5 016.5	0	35 753.7	0	0	0	188	0	1 724	0	119 886	5 452	
潍坊	临朐县	潍坊伊利乳业有限责任公司	山东省潍坊市临朐县西环路6699号	SC10537072408178	203 296	0	3.70	490	335 889	0	304 178	0	0	0	0	0	0	0	31 711	0	239 318	16 350	
泰安	泰山区	山东亚奥特乳业有限公司	泰安市岱岳开发区	SC10637090200327	60 000	6 000	3.80	500	6 000	1 800	1 200	0	2 500	0	0	0	0	0	500	0	36 230	1 477	
泰安	泰安高新区	蒙牛乳业泰安有限责任公司	泰安高新区	SC11037090100044	443 475	433.64	4.17	2 500	1 517 890	/	657 000	657 000	140 890	/	/	/	/	/	/	63 000	322 250	20 323	
临沂	平邑县	山东认养一头牛乳业有限公司	白彦镇黄坡社区(认养一头牛奶牛小镇)	SC10537132601611	211 452	0	4.91	850	187 914	0	149 861	36 229	0	0	0	0	115	/	1 709	/	165 430	9 400	
德州	天衢新区	光明乳业(德州)有限公司	德州市天衢新区晶华大道2157号	SC10637140100137	121 340	9 671.52	4.67	550	123 405	/	87 704	35 701	/	/	/	/	/	/	/	/	98 823	8 149	
德州	禹城市	山东君乳酪有限公司	山东省德州(禹城)国家高新技术产业开发区	SC10537148200805	20 088	0	3.77	300	21 166	8 858							3 956		8 352		487 301	4 255	

备注:本表包括在中国及海外的生产企业。日处理生鲜乳能力指设计加工生鲜乳能力。自有奶源指来自自建和参建(控股、参股)牧场(小区)的原奶。成人奶粉指除婴幼儿配方奶粉、孕妇奶粉、中老年奶粉等终端消费奶粉以外的学生奶粉。原料奶粉指用于再加工生产奶粉。冰品包括活活冰激凌、雪糕等。有机产品数量单位为"枚"指获得有机标志的数量。

河 南 省

【奶畜养殖】河南省是新兴的奶业大省，是全国十大奶业主产省之一。近年来，省委、省政府重视奶业发展，以落实省肉牛奶牛产业发展行动计划为契机，以支持培育奶业重点县为抓手，大力推进优质奶源基地建设，扎实开展奶牛育种基础性工作，持续强化技术支撑服务，强化质量安全监管，加快推动奶业高质量发展，奶业发展态势良好，奶牛存栏、奶类产量持续增长。2022年奶牛存栏40.73万头，牛奶产量213.17万t，分别增长5.9%和0.5%。利用省级两牛资金支持17个奶牛场新建标准化畜位1.99万个，支持扩繁高产奶牛母犊5万头；利用中央资金支持78个中小牧场进行升级改造，支持济源、邓州、宝丰3地实施奶业生产能力提升整县推进项目，提升规模场草畜配套比例和数字化应用水平，推进养加一体化发展，积极建设智慧牧场，通过更新设施设备，探索引进挤奶机器人15台、推料机器人11台，大幅提升奶业智能化设施装备水平，从而提升了奶牛精细化饲养管理水平。2022年完成奶牛品种登记19.8万头、奶牛生产性能测定11万头，参测奶牛平均单产9.7t、比2021年提高0.49t。测定粗饲料2 260份，在全省180个奶牛场推广精准饲喂、精细饲养技术；开展粗饲料质量评鉴活动，指导奶牛场粗饲料质量提升和单产提升，促进节本增效。

【乳制品加工】全省乳制品企业34家，加工产能超300万t。全国知名乳制品企业伊利、蒙牛、光明、君乐宝、三元等均在河南建有加工厂；河南花花牛、商丘科迪、南阳三色鸽、漯河三剑客、焦作博农等地方品牌各有特色。通过对全省20家主要乳制品企业进行调查发现，产品种类主要是常温奶和低温奶，其中常温奶占比达58.78%、低温奶占比达18.59%、其他奶制品占比达22.63%。排名前三的焦作蒙牛、济源伊利（含河南伊利）、河南花花牛的乳制品产量合计109万t，其中3家企业低温奶占比分别为12.26%、9.21%、61.47%。

【奶源基地】大力推进优质奶源基地建设，规模化集约化水平明显提升。全省100头以上规模奶牛场286个，其中千头以上养殖场奶牛存栏、牛奶产量占规模场比重分别达到70%和76%。稳步推进黄河滩区草业带建设，滩区苜蓿基地保留面积9万亩，成为全国十大商品苜蓿生产基地之一。积极发展奶业新业态。引导支持奶牛场创新经营模式，积极培育奶牛休闲观光牧场和奶农办加工，拓展奶业新功能。2022年河南盛亚牧场入围国家第四批休闲观光牧场，全省共有5个国家级休闲观光牧场，与浙江省并列全国第一。开展奶农发展乳制品加工创新模式和典型案例征集推介，在2021年荥阳昌明、上蔡牛硕入选的基础上，河南省又推荐6个奶牛场典型案例上报农业农村部。

【奶农组织】河南省奶业协会在疫情防控期间，积极与河南省民政厅、河南省农业农村厅、中国奶业协会等相关部门沟通协调，及时解决原料奶、牧场物资运送等相关难题。定期开展生鲜乳收购价格协商和公示，积极配合相关部门稳定生鲜乳购销秩序。2022年8月15—16日在林州市举办了以科学构建奶牛场生物安全屏障为主题的技术培训班，省内规模牧场负责人、技术人员参加了培训。积极推广学生饮用奶，河南省通过中国奶业协会生产资质认定企业11家，日推广学生饮用奶200万份。

【法规政策】省级肉牛奶牛产业发展政策：重点支持新建畜位300头以上的奶牛标准化规模养殖场项目建设，每新建1个奶牛畜位省财政奖补不超过2 000元。

国家奶畜家庭（中小）牧场和奶农合作社升级改造项目：支持中小牧场对养殖设施设备等进行升级改造。

2022年首次实施国家奶业生产能力提升整县推进项目，支持济源示范区、邓州市、宝丰县3个项目县，推进草畜配套、现代智慧牛场建设及奶农办加工。

国家振兴奶业苜蓿发展行动项目：重点支持高产优质苜蓿基地建设，全省共确定实施单位6家，建设高产优质苜蓿基地3.3万亩。

国家粮改饲试点项目：全省75个试点县共完成粮改饲面积191万亩，超额完成国家下达的目标任务。

【质量监管】加强生鲜乳质量安全监管，持续完善生鲜乳质量安全信息化追溯体系，实现奶站、乳企和奶车"两点一线"实时监控、全程可追溯。充分发挥生鲜乳质量安全信息化追溯体系作用，通过线上线下相结合，强化对收购站、运输车行政许可及证后日常监管。加大监测检验力度，制定下发《2022年河南省生鲜乳质量安全监测检验计划》，省级抽检851批次，奶站检测合格率100%。配合完成部级生鲜乳抽检377批次。继续在郑州、新乡、焦作3个省辖市和济源示范区实施生鲜乳第三方检测试点，完成抽检检测1 459批次，合格率100%。试点涉及乳制品企业9家，涵盖生鲜乳收购站100多个，占全省奶站数的比例超过50%。全省生鲜乳质量安全水平保持高位稳定。顺利完成农业农村部生鲜乳电子交接单试点任务，省内3家乳制品生产企业及其收奶的37个生鲜乳收购站，投入使用电子交接单，占全省生鲜乳收购站的19.5%。积累有效生鲜乳交接数据2 000多条，为全国奶业生产信息化数字化发展做出了积极贡献。

【奶业大事】2022年2月14日，省委农村工作会议在郑州召开，会议指出，要着力在做强酒业、奶业、中医药业上求突破，培育酒业重点龙头企业、打响豫酒品牌，推进优质奶源基地建设、培育本土乳品龙头企业。

2022年4月5日，河南省政府办公厅印发《河南省肉牛奶牛产业发展行动计划》（豫政办〔2022〕31号），提出实施"1373"工程，发展目标为：力争到2025年，全省牛饲养量达到1 000万头，奶类产量达到300万t，肉牛奶牛年第一产业产值达到700亿元，全产业链产值达到3 000亿元。到2030年，肉牛奶牛现代化产业体系、生产体系和经营体系全面建立，产业高质量发展水平全国领先，将河南省打造成全国重要的肉牛奶牛产品生产加工基地。

2022年6月1日，河南省农业农村厅与大河报联合举办第六届"健康中原——牛奶伴您行"奶业知识竞赛，历时四周，进行四轮，每周两天时间，答题页面浏览量达190万人次，创历史新高。

2022年6月14日，河南省农业农村厅、河南省财政厅联合印发《2022年度河南省现代农业产业技术体系专家名单的通知》。首次成立省级奶牛产业体系，设立3个岗位。其中1名首席专家、1名岗位专家、1名综合试验站站长。

2022年6月15日，省政府召开全省肉牛奶牛产业发展工作推进视频会议，贯彻落实《河南省肉牛奶牛产业发展行动计划》，安排部署肉牛奶牛产业发展工作。副省长武国定出席会议并讲话。

2022年6月21日，河南省农业农村厅召开国家级肉牛大县、奶牛大县项目专题安排会，就实施好国家肉牛增量提质行动、奶业生产能力提升整县推进项目提出了明确工作要求，宝丰县、邓州市、济源示范区等项目县所在市农业农村局分管局长、项目县（区）政府分管同志和农业农村局局长参加了会议，河南省农业农村厅分管负责同志出席安排会并讲话。

2022年7月6日，河南省首届中原鲜奶文化节在郑州国际会展中心举办。文化节以"赋能奶业新生态、智创中原鲜活力"为主题，全面展示以科技创新、新鲜健康、生态赋能为主要特色的奶业发展新理念，旨在让消费者认识巴氏鲜奶，支持巴氏鲜奶消费。

2022年7月12日，省委财经委第六次会议召开，研究促进河南省酒业、奶业、药业"三业"发展等工作，提出了锚定"三业"强省的目标。要求立足河南实际、找差距补短板、勇担当谋发展、充分释放"三业"发展潜力，全面提高其对高质量发展的带动力、支撑力。

2022年7月12—13日，全省肉牛奶牛产业发展政策解读培训班（线上）在郑州举办。培训班邀请了河南省财政厅、河南省自然资源厅、国家统计局河南调查总队和河南省农业农村厅等单位的专家进行授课，并互动交流、有针对性地答疑解惑。全省300余人参加了培训。

2022年7月27日，省政府召开专题会议，研究推进奶业强省建设工作。会议由武国定副省长主持，重点落实省委财经委第六次会议精神。会议明确了强化组织领导、强化项目支撑、解决发展难题、推进本土企业发展、加强监管强化品质提升5项措施。

2022年8月11—12日，全省奶牛品种登记培训班暨单产提升技术高峰论坛在济源市举办。会议采用线上、线下同时授课的方式进行，共257人参加培训。

2022年9月17日，河南省现代奶业高质量发展暨饲草产业高峰论坛在郑州举办。会议旨在推动"苜蓿–奶牛"企业交流对接，助力"体系–产业"合作共赢，推进奶牛产业高质量发展。同期还举行了河南省奶牛产业技术体系与国家奶牛产业体系、奶业示范县、奶牛体系示范基地等签约活动，启用了新版河南奶牛综合数据服务平台。

2022年9月28日，副省长武国定到郑州市调研奶业发展工作，先后调研了河南瑞亚牧业有限公司、省奶牛生产性能测定中心。武国定副省长强调，河南省奶业产业基础良好、秸秆饲草资源丰富、区位优势明显、市场潜力巨大，要提升科技支撑能力，借助神农种业实验室等创新平台，促进奶业转型升级；要推进标准化规模养殖，加强奶源基地建设，培育一批奶业重点县。同日，河南省农业农村厅、河南省财政厅、河南省自然资源厅、河南省生态环境厅、河南省乡村振兴局联合印发《关于支持培育奶业重点县加快推进奶源基地建设的通知》（豫农文〔2022〕372号），进一步明确目标任务，突出工作重点，切实加快推进优质奶源基地建设。

2022年9月29日，省政府召开全省培育奶业重点县推进奶源基地建设座谈会，副省长武国定主持会议并讲话。会议指出，推进奶业振兴，是省委、省政府的重大决策部署，是增加农民收入的重要途径，要进一步提高思想认识，下大力气加快奶业发展。

（河南省农业农村厅奶业管理处，宋洛文）

附表 1 河南省奶畜养殖场（小区）名录

序号	名称	供奶企业	全群存栏（头）	成母畜存栏（头）	奶畜品种	成母畜单产（t/年）	年总产量（t）	是否有机奶源基地	有机奶产量（t）
1	郑州绿麒麟奶牛养殖有限公司	蒙牛乳业（焦作）有限公司	1 745	623	荷斯坦	9.60	5 915.97		
2	中牟县万胜牧业有限公司	蒙牛乳业（焦作）有限公司	1 776	858	荷斯坦	11.00	10 080		
3	河南瑞亚牧业有限公司	河南花花牛乳业集团股份有限公司	3 185	1 795	荷斯坦	9.20	16 425		
4	中牟县绿源奶牛养殖有限公司	河南花花牛乳业集团	1 100	580	荷斯坦	7.50	3 000		
5	河南花花牛农牧科技有限公司	花花牛乳业有限公司	2 300	1 050	荷斯坦	10.20	9 085		
6	河南启航牧业有限公司	蒙牛乳业（焦作）有限公司	1 450	700	荷斯坦	8.50	4 800		
7	北京首农畜牧发展公司三元考分公司	新乡市三元食品有限公司	6 202	3 173	荷斯坦	11.00	30 425		
8	洛阳生生牧业有限公司	郑州光明乳业有限公司	2 200	1 540	荷斯坦	9.60	11 000		
9	洛阳君荷牧业有限公司		1 300	800	荷斯坦	10.00	7 200		
10	河南荣华牧业有限公司	正阳君乐宝乳品有限公司	1 300	592	荷斯坦	11.70	64 551		
11	滑县光明生态示范奶牛养殖有限公司	郑州光明乳业有限公司	11 500	5 511	荷斯坦	9.20	5 780		
12	汤阴天润牧业有限公司	蒙牛乳业（焦作）有限公司	1 046	628	荷斯坦	11.00	26 000		
13	北京首农畜牧发展有限公司河南分公司	蒙牛乳业（焦作）有限公司	4 710	2 400	荷斯坦	11.00	4 860		
14	新乡市奥天牧业有限公司	济源伊利乳业有限责任公司	1 063	546	荷斯坦	10.93	11 708		
15	河南花花牛牧科技有限公司	新乡市三元食品有限公司，河南花花牛乳业集团股份有限公司	2 390	1 235	荷斯坦	11.00	27 500		
16	商丘汇星牧业有限公司	河南科迪乳业股份有限公司	2 502	2 500	荷斯坦	5.00	2 555		
17	河南科迪生物工程有限公司	河南科迪乳业股份有限公司	1 200	266	荷斯坦	10.10	13 526		
18	睢县瑞亚牧业有限公司	蒙牛乳业（焦作）有限公司	2 060	1 105	荷斯坦	7.90	6 400		
19	河南天牧农业发展有限公司	蒙牛乳业（焦作）有限公司	1 700	725	荷斯坦	10.50	7 500		
20	河南人和春天奶业科技有限公司	郑州光明乳业科技有限公司	1 450	691	荷斯坦	10.00	6 200		
21	焦作丰澳牧业有限公司	蒙牛乳业（焦作）有限公司	1 400	770	荷斯坦	9.86	30 924		
22	河南兴豫源牧业科技有限公司	蒙牛乳业（焦作）有限公司	5 512	3 138	荷斯坦	13.40	69 660		
23	平顶山优然牧业有限责任公司	内蒙古伊利实业集团股份有限公司	10 400	5 780	荷斯坦	9.00	7 675		
24	河南合源乳业有限公司	河南花花牛乳业集团股份有限公司	1 560	865	荷斯坦	10.00	18 250		
25	鲁山瑞亚牧业有限公司	济源伊利乳业集团有限责任公司	2 649	1 824	荷斯坦	9.90	5 791.5		
26	郏县发展原乳业有限公司	河南花花牛乳业集团股份有限公司	1 324	716	荷斯坦				
27	河南伊源牧业有限公司		1 200	0	荷斯坦	8.50	6 200		
28	河南省馨润牧业有限公司	深圳市晨光乳业有限公司	1 271	584	荷斯坦	11.00	7 989.02		
29	河南果香源农业科技有限公司	蒙牛乳业有限公司焦作分公司	5 355	2 343	荷斯坦	10.50	49 000		
30	济源市伟佰牛业牧业有限公司	济源伊利乳业有限公司	9 394	4 639	荷斯坦	9.90	26 688.043		
31	济源市赛科星牧业有限公司	济源伊利乳业集团有限责任公司	5 134	2 700	荷斯坦				

（续）

序号	名称	供奶企业	全群存栏（头）	成母畜存栏（头）	奶畜品种	成母畜单产（t/年）	年总产量（t）	是否有机奶源基地	有机奶产量（t）
32	驻马店优然牧业有限责任公司	济源伊利乳业有限责任公司	16 135	8 447	荷斯坦	12.00	15 465		
33	平舆诚信瑞亚牧业有限公司	蒙牛乳业（焦作）有限责任公司	6 820	4 071	荷斯坦	7.50	30 600		
34	平舆伊利牧业有限责任公司	黄岗伊利乳业有限责任公司	4 150	2 776	荷斯坦	7.30	20 300		
35	乐源牧业正阳有限责任公司	正阳君乐宝乳业有限公司	11 000	5 797	荷斯坦	11.50	68 000		
36	新蔡豫信瑞亚牧业有限公司	蒙牛乳业（焦作）有限公司	4 860	2 740	荷斯坦	11.00	30 140		
37	新蔡瑞亚牧业有限公司	蒙牛乳业（焦作）有限公司	4 740	2 260	荷斯坦	10.50	23 730		
38	河南牛硕牧业有限公司	河南三色鸽乳业有限公司	1 831	757	荷斯坦、娟姗	8.50	5 000		
合计			146 914	77 525			689 923.533		

备注：本表所指奶畜包括奶山羊、奶绵羊、牦牛、奶水牛、牦牛、骆驼、驴等产商品奶家畜。如认证为有机奶源基地等，请在相应表格中打钩。

附表 2 河南省主要乳制品生产企业名录

序号	名称	生产地点	生产许可证号码	年收购原奶量（t）	其中：自有奶源量（t）	平均支付价格（元/kg）	日处理生鲜乳能力（t）	年乳制品产量（t）	其中：低温鲜奶（t）	UHT奶（t）	常温酸奶（t）	低温酸奶（t）	原料奶粉（t）	婴幼儿配方奶粉（t）	成人奶粉（t）	奶油（t）	奶酪（t）	含乳饮料（t）	冰品（t）	年销售收入（万元）	利润（万元）	有机产品（枚）
1	蒙牛乳业（焦作）有限公司	河南省焦作市城乡一体化示范区神州东路3188号	SC10541081200015	430 584	11 345	4.22	3 000	598 500		293 208.6	78 111	73 415						106 757.7	46 989	522 800	27 300	0
2	济源伊利乳业有限公司	河南省济源市玉泉特色产业园	SC10541900100129	186 445	185 331	4.29	1 080	298 612		112 925	61 125			1 924				122 636.89		182 514.00	11 948	
3	河南花花牛乳业集团股份有限公司	郑州市航空港区豫港大道西侧	SC10541018400354	128 980	63 462	4.10	1 085	162 511	6 784	27 289	35 322	93 117								160 950.00	5 331	0
4	郑州光明乳业有限公司	郑州市二七区马寨产业集聚区腾达路1号	SC10541010300077	85 000	232	3.85	200	70 000		30 000	35 000		5 000					13 000				
5	河南科迪乳业股份有限公司	虞城县利民镇神州路南段	SC10541142500030	62 300	17 500	4.23	1 000	75 500	0	49 620	8 230		4 650							63 065	-3 546	0

（续）

序号	名称	生产地点	生产许可证号码	年收购原奶量(t)	其中：自有奶源量(t)	平均支付价格(元/kg)	日处理生鲜乳能力(t)	年乳制品产量(t)	其中：低温鲜奶(t)	UHT奶(t)	常温酸奶(t)	低温酸奶(t)	原料奶粉(t)	婴幼儿配方奶粉(t)	成人奶粉(t)	奶油(t)	奶酪(t)	含乳饮料(t)	冰品(t)	年销售收入(万元)	利润(万元)	有机产品(枚)
6	新乡市三元食品有限公司	新乡市原阳县原阳工业区南二环路1号	SC10541072500442	70 707	35 671	4.29	500	62 445		57 561		4 116						768		43 836	563	
7	河南三剑客奶业有限责任公司	河南省漯河市沙澧产业集聚区湘江西路869号	SC10541110200015	9 610	3 530	4.40	600	25 400	3 400	1 900	6 800	3 200						10 100		29 700	202	
8	河南三色鸽乳业有限公司	南阳市宛城区经一路1号（1-1）	SC10541130200300	12 740	12 740	4.23	90	22 311	3 315	7 512	0	2 315	0	0	0	0	0	9 169	0	16 125	−66	0
9	河南伊利乳业有限公司	平顶山市郏县宝路66号	SC10541042100013	11 500	0		260	30 300	6 000	0	0	24 300	0	0	0	0	0	0	0	21 216		0
10	洛阳科迪巨尔乳业有限公司	河南省洛阳市洛阳市高新技术产业开发区河阳路209号	SC10541039100131	8 344	0	4.04	30	12 480	2 336	1 086		5 385						3 673		8 629	−2 456	
11	洛阳生乳业有限公司	社旗县潘河街孟津区平乐镇两牛示范园区	SC10641032200017	2 090	2 090	4.10	100	2 310	740	395		980						195		2 280	−30	
12	南阳农校绿白乳制品厂	洛阳空港产业道西安路与纬三路交叉口西北角	SC10541130300224	1 900	1 900	4.50	5	1 800	900	900		900								1 620	480	
13	洛阳阿新奶业有限公司	河南省博爱县集聚区（孟津县麻屯镇董村）	SC10541032200212	1 756	1 022	4.00	30	1 657	521	0	0	1 136						0		1 856	−270	
14	焦作市博农乳业有限责任公司	河南省禹王台磨头镇博爱农场工业路西侧	SC10541082200164	19 816	3 150	4.37	300	20 905	3 153	5 837	380	11 400						135		14 358	781	0
15	开封市禹王乳业有限公司	开封市禹郊乡豆腐营区南郊	SC10541020500151	930	390	3.80	140	1 320	30	0	0	1 290						0		1 150	−75	0

（续）

序号	名称	生产地点	生产许可证号码	年收购原奶量(t)	其中：自有奶源量(t)	平均支付价格(元/kg)	日处理生鲜乳能力(t)	年乳制品产量(t)	其中：低温鲜奶(t)	UHT奶(t)	常温酸奶(t)	低温酸奶(t)	原料奶粉(t)	婴幼儿配方奶粉(t)	成人奶粉(t)	奶油(t)	奶酪(t)	含乳饮料(t)	冰品(t)	年销售收入(万元)	利润(万元)	有机产品(枚)
16	河南中荷乳业有限公司(获嘉县)	新乡市获嘉县产业聚集区南区迎宾大道33号	SC10541072400031	2 000	0	4.40	200	5 000	300	1 000	1 900	1 600	0	0	0	0	0	200	0	2 000	0	0
17	河南宝乐奶业有限公司	河南省扶沟县韭园镇韭园经济开发区	SC10641162100368	9 600	1 600	4.00	80	14 000	0	8 000	4 000	0	0	0	0	0	0	2 000	0	9 357	687	0
18	河南西峡县健羊牧业有限公司	南阳市西峡县丹水镇	SC10541132300687	360	360	12.00	10	350	200	0	0	150	0	0	0	0	0	0	0	700	25	0
19	西峡县新太阳乳业有限责任公司	西峡县城电厂路西段	SC10641132300307	1 500	1 500	4.00	15	2 000	500	0	0	500	0	0	0	0	0	1 000	0	1 500	50	0
合计				1 046 162	341 823		8 725	1 407 401	28 179	596 334	230 868	233 454	1 924					269 635	46 989	1 083 656	40 924	0

备注：本表包括在中国及海外的生产企业。日处理生鲜乳能力指设计加工生鲜乳能力。自有奶源指来自自建和参和参股（整股、参股）牧场（小区）的原奶。有机产品数量单位为"枚"，指获得有机标志的数量。成人奶粉指除婴幼儿配方奶粉以外的学生奶粉、孕妇奶粉、中老年奶粉等终端消费奶粉。冰品包括冰激凌、雪糕等。有机产品指获得有机标志的数量。

湖 北 省

【奶类生产】据统计，2022年全省奶牛存栏1.53万头，生牛乳产量9.18万t。现有规模奶牛场15个，其中存栏2 000头及以上的奶牛场3个，存栏2 000头以下的奶牛场12个。全省奶牛养殖分布于武汉、黄冈、咸宁、十堰、襄阳、宜昌、荆门等地区，主产区为武汉和黄冈。

【乳制品加工】湖北是全国奶业加工大省，2022年全省规模以上乳制品加工企业15家、加工量110万t、销售总额89.47亿元、利润6.93亿元。伊利集团、蒙牛集团和光明乳业等大型乳制品企业均在湖北建设加工基地和产业园区。

【市场消费】2022年，湖北省常住人口5 844万人，居民家庭人均奶类消费量9.1kg。市场主要销售品牌有蒙牛、伊利、光明、友芝友等。主要乳制品超市销售价格：蒙牛纯牛奶整箱装（250mL×16盒）销售价格49.5元，蒙牛真果粒整箱装（250mL×12盒）销售价格48元，蒙牛纯甄酸牛奶整箱装（230g×10盒）销售价格78元，蒙牛特仑苏纯牛奶整箱装（250mL×12盒）销售价格50元，蒙牛现代牧场鲜牛奶（1.5kg）销售价格35元；伊利高钙全脂牛奶整箱装（250mL×24盒）销售价格75元，伊利金典限定牧场有机纯牛奶整箱装（250mL×10盒）销售价格80元，伊利安慕希原味常温酸奶整箱装（205g×16盒）销售价格60元，伊利植选植物奶高蛋白豆乳原味瓶整箱装（315mL×10瓶）销售价格40元；光明键能梨＋枇杷风味发酵乳（250mL）销售价格10元，光明畅优木糖醇酸奶八杯装（100g×8杯）销售价格16.8元，光明益生菌风味发酵乳（1 250g）销售价格19.8元，光明莫斯利安常温酸牛奶原味整箱装（200g×16盒）销售价格70元；友芝友汉口老酸奶（140g）销售价格5元。

【奶源基地】截至2022年底，奶牛存栏50头以上的规模奶牛场15个，其中武汉市3个、黄冈市5个、襄阳市1个、宜昌市2个、咸宁市2个、十堰市1个、荆门市1个。襄阳市南漳县正在建设万头智慧奶牛场1个。全年全省生鲜乳收购平均价格为4.23元/kg。

奶牛养殖场粪污处理主要采取有机肥加工厂和沼气、农田利用等方式，多年以来，在全省开展奶牛"场（运动场）、床（卧床）一体化"养殖模式的推广应用，该技术已成为农业农村部主推的农业引领性技术之一。采用"场、床一体化"养殖模式，即运动场设防雨棚，卧床和运动场连成一体，用无害化处理的粪便做垫料，利用垫料中的有益优势菌，清除垫床中有害微生物和有害气体。维持垫料水分低于65%，使其干燥舒适，便于牛只任意躺卧。经过多年的推广应用，其较低的成本、较理想的效果得到了广大养殖场（户）的认可。截至2022年，全省已有80%的奶牛场应用该模式。

2022年湖北省内种植业与养殖业结合日益紧密，农业内部产业融合得到加强，在一定程度上解决了牛羊优质饲草料来源问题。部分新型农业经营主体以农业优势资源为依托，将种养业某些环节甚至整个环节连接在一起，形成了农业内部紧密协作、循环利用、一体化发展。部分牛羊养殖主体在满足自身养殖需要的基础上，开展青贮饲料产品的种植和加工销售。形成以草牧业养殖为中心，产业链向前向后延伸，实现"以一为主，接二连三"产加销一条龙发展模式。

奶牛生产性能测定。2022年，湖北奶牛生产性能测定中心参测牧场11个，主要分布于湖北、福建和广西3个省份，其中3 000头及以上规模奶牛场3个。参测奶牛品种包括荷斯坦牛和奶水牛，以荷斯坦牛为主。全年参测奶牛1.15万头，检测奶牛样品6.09万头份，向参测牧场提供DHI报告共计110份。参测奶牛日均产奶量达到33.11kg，平均乳脂率为4.03%，平均乳蛋白率为3.40%，平均体细胞数为26.52万个/mL。2022年，中央补贴湖北参测奶牛7 600头，补贴资金55万元。此外，湖北奶牛生产性能测定中心承担农业农村部"奶业机械监测指标信息收集"任务，配合完成"DHI测定牧场定点监测"任务。为进一步提高牧场管理水平，湖北奶牛生产性能测定中心多次组织专家团队下牧场进行现场指导；与省内大专院校开展奶牛养殖相关的基础科研合作，解决奶牛饲养管理、繁殖育种和粪污处理等方面的实际问题，多措并举，不断提高全省奶牛养殖水平。

【奶农组织】湖北省奶牛行业协会积极履行社会责任，充分发挥协会的引导与组织作用。与湖北奶牛生产性能测定中心配合，宣传推广奶牛生产性能测定技术，从源头上把控乳制品质量安全；宣传推广"奶牛场、床一体化"养殖模式，帮助牧场解决粪污等环境问题。推进国家"学生饮用奶计划"的实施。多次邀请营养师入校为学校校长、专管员、班主任、家长等进行营养健康知识培训。与武汉市市场监督管理局合作，对乳制品加工企业实验室检测人员进行培训，规范检测操作，提高品控认识水平。

【质量监管】建立完善的生鲜乳监测体系，常年对生鲜乳收购站、运输车开展全覆盖质量安全监测，确保生鲜乳质量安全。2022年湖北省农业农村厅印发《2022年饲料兽药生鲜乳质量安全风险监测计划的通知》（鄂农办函〔2022年〕65号），配合农业农村部开展生鲜乳质量安全监测37批次，其中生鲜乳例行监测32批次、生鲜乳《食品安全国家标准 生乳》指标监测5批次；配合农业农村部开展生鲜乳质量安全监督抽查5批次；开展省级生鲜乳质量安全检查32批次，检测具体指标包括三聚氰胺、碱类物质、硫氰酸钠、β-内酰胺酶、黄曲霉毒素 M_1、铅、铬、汞、砷、冰点、酸度、非脂乳固体、杂质度、相对密度、蛋白质、脂肪、菌落总数和体细胞数等，检测结果均合格。

【奶业大事】光明乳业股份有限公司在武汉新建的武汉光明乳品有限公司华中中心工厂，生产线涵盖低温酸奶和鲜奶，设计日产能1 500t，于2022年4月22日正式投产运行。

（湖北省农业农村厅，付 聪）

附表 1　湖北省奶畜养殖场（小区）名录

序号	名称	供奶企业	全群存栏（头）	成母畜存栏（头）	奶畜品种	成母畜单产（t/年）	年总产量（t）	是否有机奶源基地	有机奶产量（t）
1	武汉光明生态奶示范奶牛场有限公司	武汉市光明乳品厂	3 005	1 595	荷斯坦	11.500	17 999		0
2	武汉新东杨畜牧养殖专业合作社	爱牧客品牌科技有限公司	216	120	中国荷斯坦	7.000	840		0
3	武汉金旭畜牧科技发展有限公司	黄石金贝乳业有限公司	212	102	中国荷斯坦	6.500	663		0
4	黄冈市华容奶业有限公司	黄石金贝乳业有限公司	245	132	荷斯坦	6.280	829		0
5	黄冈梅家墩牧业有限责任公司	黄石金贝乳业有限责任公司	405	253	荷斯坦	9.100	2 829		0
8	浠水县柏杨山牧业收购站	湖北黄家柏杨山牧业有限公司	329	230	荷斯坦	5.220	1 190		0
9	黄冈优然牧业有限责任公司	湖北黄冈伊利乳业有限责任公司	4 500	2 432	荷斯坦	7.070	14 531		0
10	黄冈优然牧业有限责任公司武六分公司	湖北黄冈伊利乳业有限责任公司	4 168	2 282	荷斯坦	8.910	20 343		0
11	湖北仁大生态农牧科技有限责任公司竹山县麻家渡镇奶牛场	湖北仁大生态农牧科技有限责任公司	258	104	荷斯坦	12.775	1 328.6		0
12	赤壁晋氏牧场有限公司	黄石金贝乳业有限公司	195	117	荷斯坦	6.800	795.6		0
13	襄阳丽波乳业有限公司	襄阳丽波乳业有限公司	230	115	荷斯坦	6.200	744		0
14	喜旺奶牛场	喜旺奶牛场	110	102	荷斯坦	5.000	515.5		0
15	湖北嘉兆牧业有限公司	湖北嘉兆牧业有限公司	407	382	荷斯坦	5.500	2 001.5		0

备注：本表所指奶畜包括奶山羊、奶绵羊、牦牛、骆驼、驴等产商品奶家畜。如认证为有机奶源基地等，请在相应表格中打钩。

湖 南 省

【奶畜养殖】2022年，湖南省奶畜种类以荷斯坦牛为主，还有少量娟姗牛和奶山羊。主要规模化牧场饲养方式持续改进，精细化管理水平不断提高，奶牛和奶山羊生产性能有所提升。2022年，全省主要规模化牧场（小区）奶牛存栏19 244头，成母牛9 890头，主要规模化牧场荷斯坦成母牛平均单产9.26t，高产场10.2t；娟姗牛成母牛平均单产7.8t，奶牛养殖小区成母牛平均单产仅5.0t。牛奶总产量69 654t，有机奶源产量8 000t；主要规模化奶山羊场存栏8 000头，平均单产0.70t，羊奶总产量3 500t。总体看，湖南省主要规模化牧场（小区）奶畜存栏量略有下降，生鲜乳总产量较2021年波动幅度不大，奶畜养殖技术和管理水平、单产水平仍有待提升，湖南省作为畜牧业大省，奶业占畜牧业总产值的比重较小，奶业振兴任重道远。

在产业分布上，全省继续保持四大奶畜产业优势区的明显格局，分别是以南山牧场为代表的草山资源区，以常德为代表的洞庭湖平原饲草供应优势区，以长沙为代表的城市消费型区，以永州、郴州承接沿海产业转移为代表的奶业发展区。从生产方式看，以适度规模养殖为主。主要形成了草山生态牧养型、圈舍饲喂精养型、种－养－加－销－旅三产融合一体化经营型3类模式。从奶源品质看，2022年生鲜乳抽检合格率100%，DHI测定平均日奶量29.66kg，305天产奶量8 800.9kg，平均乳脂率和乳蛋白率分别为3.45%和3.34%，平均干物质含量12.6%，平均体细胞数21.79万个/mL。

【乳制品加工】2022年，湖南省共有乳制品加工以及涉乳主要生产企业19家，其中总产值过亿元的生产企业10家。近年来，省内乳制品加工企业不断扩大产能建设和工艺升级改造，全省乳制品年生产加工能力在850 000t以上。全省乳品生产企业有3种类型。一是以进口或国产优质奶粉为原料的奶粉生产企业，以澳优乳品(湖南)有限公司、合生元（长沙）营养制品有限公司、湖南欧比佳营养食品有限公司、湖南展辉食品有限公司为代表，分别拥有多个婴幼儿配方奶粉注册配方；湖南犇牧营养品科技有限公司以羊奶为原料，生产成人羊奶粉。二是液态奶生产企业，以生鲜乳为原料，生产低温奶（巴氏奶和酸奶）和高温灭菌乳，全省主要液态奶生产企业有9家。三是复原乳和含乳饮料生产企业，以外购奶粉为原料，生产瓶装听装常温含乳饮料。全省乳制品加工业的奶源仍需大量依靠外调，本土奶源供应量不足50%。2022年液态奶产品生产特点为巴氏奶、酸奶等低温奶产品持续稳定增长，有机奶产品品类9个，产量8 200t。

【市场消费】湖南有近7 000万人口，全省城镇人口的年人均牛奶消费额仅200余元，若本省达到世界乳制品消费平均水平，乳制品年消费额将超过400亿元，所以湖南奶制品市场消费潜力巨大。从消费结构看，低温液态奶消费增长速度较常温奶明显加快；城镇居民消费酸奶、巴氏杀菌乳等低温奶产品比例继续上升，农村居民消费以常温奶、含乳饮料等产品为主，但低温奶产品也在不断深入农村消费市场；奶粉消费以婴幼儿配方奶粉为主，消费总量呈快速增长之势。

湖南省奶制品消费市场中，本土品牌市场份额略有上升，超市上架率上升，但省外品牌和产品仍占据主导地位，本土乳企奶制品仅占市场份额的1/6。在湖南境内生产并销售的液态奶品牌有金健、新希望南山、南山草原、皇氏优氏、优卓、德人牧香、优能健、湘蜜、光明等，在湖南境内市场销售占有量较大的省外液态奶品牌有蒙牛、伊利、卡氏、君乐宝等，在湖南省内生产、销售的奶粉品牌有澳优、犇牧等。

新希望南山、南山草原、金健、皇氏优氏、优卓、上优、优之健生产销售的150~200mL巴氏杀菌乳3.2~8.0元，新希望南山、金健、皇氏优氏、湘蜜、南山草原生产销售的150~250mLUHT奶2.8~4.8元，新希望南山、金健、皇氏优氏、南山草原、优卓、上优、优之健生产销售的120~250mL酸奶2.5~8.0元，澳优、犇牧生产销售的900g奶粉148~428元。结合市场消费需求，巴氏奶和酸奶1.25L、950mL规格少量进入市场。

【奶源基地】全年主要奶牛场存栏量在100~499头的养殖场（小区），存栏总量为7 310头，占37.98%；存栏在500~999头的养殖场1个，存栏量920头，占4.78%；存栏在1 000~3 000头的养殖场4个，存栏总量为6 071头，占31.55%；存栏在3 000头以上的养殖场1个，存栏4 943头，占25.69%。规模场的总产值同比普遍略有增长但利润明显下降。

全省奶牛养殖实现机械化挤奶全覆盖，规模化牧场100%采用TMR饲喂，畜舍环境人工控制、自动清粪系统、青贮玉米机械化收割、污水自动处理系统等装备不断完善，现代化程度不断提高。奶牛生产性能（DHI）测定在省内规模化牧场或小区开展，测定奶牛66 174头次，测定奶牛头数14 405头，共出具73份数据检测解读报告，上报中国奶牛数据中心各类数据82 277条，其中有效数据66 174条，有效数据率达80.4%。

省内奶牛养殖的草料以干草、青贮玉米为主。据统计，2022年全省规模化奶牛场青干草中苜蓿、燕麦草外调比例占90.0%；粗饲料本地化供应方面，主要为苜蓿、全株青贮玉米和禾本科青草。因气候影响，本地粗饲料单产不高，苜蓿平均单产4.0t/亩，全株青贮玉米平均单产3.0t/亩。

疫病防控方面，全省各级动物疫病防检部门全力抓好奶牛疫病防控工作，奶牛养殖场（小区）奶牛"两病"检疫工作覆盖率为100%；按要求定期接种疫苗；全年无重大动物疫病发生。在粪污处理上，散养户主要采用粪污直接还田（地），规模化养殖场采用粪便生产有机肥或发酵处理后种植牧草的方式处理。

2022年全省规模化奶牛场平均原料奶的综合成本为4.54元/kg，其中饲料成本为3.21元/kg；奶牛小区原料奶的综合成本为3.40元/kg，其中饲料成本2.90元/kg；自有原料奶收购价格年均4.85元/kg，奶牛小区原料奶收购价格为4.00元/kg，外调原料奶价格年均4.72元/kg，生鲜乳单位利润空间同比有所下降。

【奶农组织】为适应全省奶业行业快速发展的形势，湖南省奶业协会加强内部管理，完善组织机构，党支部活动有声有色，充分发挥了行业协会的引领作用。2022年组织参加各类重要会议十余次，配合推介企业品牌；严把学生饮用奶产品和奶源质量关，助力学生饮用奶推广工作取得一定成效，学生饮用奶推广市场维持稳定，覆盖400万名学生；通过微信平台、网站和组织专家团队现场指导等方式，解答会员提出的相关技术咨询、解决技术难题、发布行业信息及政策等311次，培训奶牛养殖户和相关技术人员120人次。2022年全省新建奶山羊家庭牧场和奶农合作社20多个。

【政策法规】2022年重点支持优质奶源基地建设，发展奶牛家庭牧场，提高奶业质量安全和发展水平；理顺奶牛养殖与乳制品加工的利益联结，保护奶农利益；强化乳制品质量安全监管，推进奶业诚信体系建设；宣传引导乳制品消费，大力推广学生饮用奶，培育本省奶业品牌，带动奶业生产发展。2022年对南山牧场、优卓、优氏等多家养殖场进行优化升级改造，对城步县省级现代农业产业园项目给予资金支持。

湖南省正在不断完善挤奶设备、TMR全日粮饲料混合搅拌机、有机肥加工设备和粪污固液分离设备等农机购置补贴机制，对规模养殖场改扩建予以适度补助。

【质量监管】为进一步贯彻落实《食品安全法》《乳品质量安全监督管理条例》《国务院办公厅关于推进奶业振兴保障乳品质量安全的意见》，加强生鲜乳质量安全监管，湖南省农业农村厅制定了《关于配合开展2022年生鲜乳质量安全"双随机 一公开"行政检查工作的通知》以及《2022年湖南省兽药饲料生鲜乳质量安全监测计划》，重点在长沙市、常德市、邵阳市和永州市4市的奶牛养殖县和奶牛养殖重点区域全面开展生鲜乳质量安全监测检查行动，实现了生鲜乳收购站和运输车监管监测率100%、持证率100%，三聚氰胺、革皮水解物、碱类物质、硫氰酸钠和β-内酰胺酶5项违禁物质检测指标覆盖率100%。2022年完成农业农村部生鲜乳例行监测计划23份、《食品安全国家标准 生乳》5份样品的现场抽样，合格率100%。完成全年本省监测计划60批次，例行监测共抽取生鲜乳60批次，其中牛乳54批次，羊乳6批次。奶畜散养户监测共监测30批次样品，检测项目为三聚氰胺、碱类物质、β-内酰胺酶、黄曲霉毒素M₁、铅、铬、汞、砷、革皮水解物，结果均未超标，所有样品均检测三聚氰胺、碱类物质、硫氰酸钠3个项目，全年的抽检合格率达100%。现场检查12个生鲜乳收购站、15车次生鲜乳运输车，全部达标。根据本省实际情况，市（州）检查奶站50站次，检查运输车30车次，出动执法人员207人次，抽检总批次60批次，举办监管人员和生鲜乳收购运输车从业人员培训2期，生鲜乳质量安全违法案件查处率100%，全省没有出现生鲜乳质量安全事故。

【奶业大事】湖南省奶业协会第四届会员代表大会召开，完成了换届选举工作。

皇氏集团湖南优氏乳业有限公司获得"中国优质乳工程"，通过中国有机产品项目认证。

新生乳企湖南优之健乳业有限公司正式投产。

澳优乳业（中国）有限公司成功收购荷兰羊奶酪公司Amalthea Group；荷兰新婴配基粉设施及澳优三期营养健康科技园项目已破土动工；澳优荣获羊奶行业首个中国专利奖，"山羊乳酪蛋白酶解法生产降血压肽的工艺研究及功效评价"项目获评"国际领先"水平；澳优率先启用无铬钝化铁马口铁奶粉罐，持续绿色发展；中国工程院院士单杨首个创新团队工作室落户澳优，澳优乳业陈卫院士专家工作站入选湖南省院士专家工作站；澳优连续第六年向社会发布可持续发展报告，并获评中国食品行业MSCI ESG评级；澳优承担"十四五"国家重点专项；伊利对澳优全面要约收购成功，双方进入战略协同新时期。

湖南上优食品科技有限公司在娄底新建分厂，着手娄底牧场建设。

新希望乳业完成对湖南新希望南山液态乳业有限公司的并购。

（湖南省奶业协会，樊志坚、刘海林）

附表 1 湖南省奶畜养殖场（小区）名录

序号	名称	供奶企业	全群存栏（头）	成母畜存栏（头）	奶畜品种	成母畜单产（t）	年总产量（t）	是否有机奶源基地	有机奶产量（t）
1	湖南优卓牧业有限公司	湖南朴诚乳业有限公司、湖南新希望南山液态乳业有限公司	952	672	荷斯坦	9.80	5 131		0
2			700	491	娟姗	7.80	3 000		0
3	湖南德人牧业科技有限公司	湖南上优食品科技有限公司	437	223	荷斯坦	8.07	1 800		0
4	湖南德人牧业科技有限公司		1 108	650	荷斯坦	9.00	5 850		0
5	湖南誉利	皇氏集团湖南优氏乳业有限公司	1 326	519	荷斯坦	10.20	4 980		0
6	湖南闽常牧业	湖南金健乳业股份有限公司	1 548（一牧780、五牧768）	794（一牧398、五牧396）	荷斯坦	9.00	7 200		0
7	江华温氏乳业有限公司	广州温氏乳业有限公司	4 943	2 619	荷斯坦	9.50	20 693		0
8	城步清溪繁育有限公司	湖南南山牧业有限公司	920	512	荷斯坦	7.50	3 000		0
9	湖南省南山种畜牧草良种繁殖场	湖南南山牧业有限公司	7 200	3 300	荷斯坦	5.00	18 000	√	8 000
10	湖南湘邦牧业科技有限公司		110	110	荷斯坦	/	/		0
11	湖南彝牧营养食品科技有限公司		8 000	5 000	萨能奶山羊	0.70	3 500	√	200
12	总计		奶牛 19 245	奶牛 9 890		规模场荷斯坦9.26、南坦9.26，南山小区5.0，娟姗7.8，奶山羊0.7	牛奶69 655，羊奶3 500		牛奶8 000，羊奶200

备注：本表所指奶畜包括奶山羊、奶绵羊、奶水牛、牦牛、骆驼、驴等产商品奶家畜。如认证为有机奶源基地等，请在相应表格中打钩。

附表2 湖南省主要乳制品生产企业名录

序号	名称	生产地点	生产许可证号码	年收购原奶量(t)	其中：自有奶源量(t)	平均支付价格(元/kg)	日处理生鲜乳能力(t)	年乳制品产量(t)	其中：低温鲜奶(t)	UHT奶(t)	常温酸奶(t)	低温酸奶(t)	原料奶粉(t)	婴幼儿配方奶粉(t)	成人奶粉(t)	奶油(t)	奶酪(t)	含乳饮料(t)	冰品(t)	年销售收入(万元)	利润(万元)	有机产品(枚)
1	皇氏集团湖南优氏乳业有限公司	湖南省长沙市宁乡市经开区永佳西路18号	SC10543012400268	8 000t	6 000	5.00	300	24 152.69	7 458.43	254.19	9 589.13	6 783.08	0	0	0	0	0	0	0	18 850	595	0
2	湖南新希望南山液态乳业有限公司	湖南长沙望城	SC10543011200116	43 100	—	4.58	250	50 300	9 800	21 000	300	12 500	0	0	200	0	0	6 500	0	44 453.55	3 290	0
3	湖南南山牧业有限公司	城步苗族自治县南山牧场大坪	SC10543052900016	22 000	21 000	4.45	350	25 000	2 000	20 000	0	3 000	0	0	0	0	0	0	0	26 000	1 280	0
4	湖南朴诚乳业有限公司	宁乡经开区永佳西路9号	SC10543012410027	20 590	5 603.31	5.14	120	22 507	1 197	0	0	21 310	0	0	0	0	0	0	0	23 287	734	0
5	湖南光明明品乳品有限公司	湖南省长沙市望城区望城大道69号	SC10543011200165	9 600	—	4.55	50	33 864	0	0	0	5 035	0	0	0	0	0	28 829	0	35 970.05	1 369.70	0
6	澳优乳业（中国）有限公司	湖南长沙	SC12943011200128	—	—	—	—	18 754.47	0	0	0	0	0	17 636.24	153.06	0	0	0	0	206 793	25 269.1	
7	湖南上优食品科技有限公司	常德西湖工业园	SC10543070100046	7 000	7 000	5.00	210	7 500	2 440	0	370	4 580	0	0	0	0	0	110	0	8 800	500	0
8	湖南莕牧畜养品科技有限公司	城步县城	SC05430052900057	3 560	1 100	8.25	100	500	500	0	0	0	300	0	200	0	0	0	0	5 600		
9	湖南金健乳业股份有限公司	湖南省常德经开区桃林路717号	SC10543070100011	—	—	—	—	—															

备注：本表包括在中国及海外的生产企业。日处理生鲜乳能力指设计加工生鲜乳能力。自有奶源指来自自建和参建（控股、参股）牧场（小区）的原奶。成人奶粉指婴幼儿配方奶粉以外的学生奶粉、孕妇奶粉、中老年奶粉等消费终端消费奶粉。有机产品数量单位为"枚"，指获得有机标志的数量。冰品包括冰激凌、雪糕等。

广东省

【**奶畜养殖**】截至 2022 年底，广东省存栏荷斯坦牛 5.661 万头，成母牛 2.967 万头；挤奶水牛 3 581 头，成母牛 2 329 头。牛奶总产量 20.27 万 t，其中，荷斯坦牛奶总产量 19.99 万 t，成母牛年平均单产 6.74t，挤奶水牛总产量 0.285 万 t，成母牛年平均单产 1.22t。荷斯坦牛主要分布在粤北、珠江三角洲和粤西地区。存栏前六位的分别是清远市 1.14 万头、广州市 0.87 万头、惠州市 0.67 万头、肇庆市 0.44 万头、阳江市 0.35 万头、湛江市 0.27 万头，约占广东省 21 个地级市荷斯坦牛存栏总量的 66.07%；奶水牛存栏 2 625 头，主要分布在揭阳、佛山、肇庆等市。全省荷斯坦牛存栏在 100 头以上的养殖场有 35 个，存栏奶牛 5.24 万头，占全省荷斯坦牛的 92.64%；挤奶水牛存栏 100 头以上的养殖场有 8 个，存栏奶水牛 1 531 头，占全省存栏奶水牛的 42.75%。

【**乳制品加工**】全省登记在册的生鲜乳收购站 39 个，主要分布在广州、惠州、清远等大中城市。生鲜乳生产收购运输全部实行持证经营和运输车辆准运证管理，100% 实现机械化挤奶。全省有液态奶生产企业 17 家，年产量过万吨的有广东燕塘乳业股份有限公司（18.25 万 t）、广东伊利乳业有限责任公司（8.37 万 t）、广州光明乳品有限公司（6.56 万 t）、广州风行乳业股份有限公司（3.10 万 t）、广州九龙维记牛奶有限公司（3.05 万 t）、广州风行乳制品有限公司（1.64 万 t）、广美香满楼畜牧有限公司（1.17 万 t）7 家企业。加工厂设计产能约 122.30 万 t，乳制品实际总产量约 47.76 万 t。主要生产液态奶，品种以巴氏杀菌乳、UHT 奶、酸奶和含乳饮料为主，主要销往广东、香港、福建、海南、湖南等华南地区。由于广东气候炎热、饲料成本高和奶牛单产低等，导致原料奶价格一直居高不下，部分乳企为了降低生产成本，采取收购省外乳企或牧场、在省外直接投资建厂或入股建厂方式，从外省运奶入粤生产。部分乳企采用代加工方式，将在省外乳企代生产的乳制品返粤或在华南地区销售。

【**市场消费**】广东市场销售的乳制品品牌主要有燕塘、香满楼、温氏、蒙牛、伊利等。乳企在利用传统商超销售产品的同时，在社区布局自营店、加盟店，同时开设公众号、微商城，线上线下同步展开销售，取得较好效果。

【**奶源基地**】全省荷斯坦牛养殖户 243 户，存栏荷斯坦牛 53 006 头。其中，存栏 1~19 头的有 210 户，存栏奶牛 1 335 头，占 2.52%；存栏 20~99 头的有 1 户，存栏奶牛 519 头，占 0.979%；存栏在 100 头及以上的有 35 户，存栏奶牛 52 396 头，占 92.54%。全省挤奶水牛养殖户 453 户，存栏挤奶水牛 3 581 头，挤奶水牛存栏 100 头及以上的有 8 户，存栏挤奶水牛 1 531 头，占全省存栏挤奶水牛的 42.75%。

大力发展奶牛标准化规模养殖，全面提升奶业发展质量水平。不断优化奶牛养殖与乳制品加工布局，突出重点，巩固发展以广州为中心的城郊型奶源基地，加快向粤东西两翼和粤北发展。同时，大力开展奶牛标准化规模养殖示范创建、省级现代化美丽牧场示范创建、学生饮用奶奶源基地创建、国家奶牛场标准化改扩建、省级草食动物示范基地、奶牛良种补贴和优质后备母牛饲养补贴等项目，示范带动奶牛标准化规模养殖水平的提高。另外，不断加强奶牛生产性能测定工作，建设了奶牛生产性能测定实验室 3 个，2022 年平均月测定 10 000 头份，占全省存栏成母牛的 40% 左右。通过奶牛生产性能测定工作的实施，不断提高广东省奶牛健康、饲养管理和生鲜乳质量安全水平，加快推进全省奶业转型升级。

2022 年广东省积极开展学生饮用奶奶源基地验收工作，陆丰市冠源生态农业有限公司通过了现场评审。广东省是消费大省，目前有学生饮用奶定点企业 10 家，学生饮用奶源基地 16 个。

目前广东省学生饮用奶定点企业生产供应的学生饮用奶品种已从以常温奶为主开始扩展到低温品种。因低温奶品种从 2020 年才开始试点，所以可供的学生饮用奶产品种类还是以常温奶为主。而在低温产品的试点上，燕塘 2021 年已获得批准。

【**奶农组织**】加强自身建设，做好宣传与信息服务。进一步完善各项内部管理制度。在广东省民政厅和广东省农业农村厅的正确领导下，按照《广东省行业协会管理条例》和《广东省奶业协会章程》，定期组织召开理事会议，按时上交年检报告等。加强南方地区奶业行业的交流与合作，2022 年出版 4 期《南方奶业》。同时，继续加强南方奶业宣传，及时报道和更新各类奶业政策法规、牛奶知识；披露会展信息；介绍奶牛养殖技术和乳制品加工技术等。

完成各级部门下达的工作任务。受广东省农业农村厅畜牧处委托，认真做好生鲜乳收购站统计监测汇总工作，按时上报每月统计表至农业农村部，实时监测全省各地生鲜乳收购许可证与运输车辆准运证信息的录入和更新等；协助开展奶业生产统计工作，认真做好奶牛养殖和乳制品加工企业生产统计工作；协助中国奶业协会编纂《中国奶业年鉴·广东卷》，组织省内企业参加中国奶业协会主办的中国奶业大会；协助开展学生饮用奶生产企业和奶源基地验收工作等。

【**政策法规**】为保护奶牛养殖企业和乳制品加工厂双方权益，广东省生鲜乳的购销全部实行订单生产，确保乳制品质量安全和稳定供应，广东省业务生产部门每年组织奶业协会于年底召开奶农、乳制品企业共同参与的生鲜乳购销沟通协调会，充分分析国内外生鲜乳市场形势，友好协商下一年度生鲜乳购销合同价格，于 12 月底前在行业内发布生鲜乳购销参考价，指导奶牛养殖场与乳制品加工企业签订下年度生鲜乳购销规范性合同，明确规定生鲜供应的时间、数量、质量、价格、检测方法与奖罚条款等，实行订单生产。形成了政府部门倡导、行业协会组织、乳制品企业和奶农参与的生鲜乳价格协商机制，规范了生鲜乳购销秩序。奶农可以专心养殖健康牛、出优质乳，不用担心市场销路；乳制品企业也可以全力做好乳制品加工与市场开发，不用担心奶源问题，促进了奶业持续健康发展。

广东省主要把挤奶机、贮奶罐等设备纳入农机购置补贴范围；同时也在积极沟通，努力将栏舍、风机、TMR 搅拌车等设备也尽早纳入补贴范围。

【质量监管】广东省高度重视乳制品质量安全监管，制定了广东省生鲜乳质量安全监测计划，地方各级农业农村主管部门制定详细的乳制品质量监督检测计划，实行生鲜乳收购站和运输车年度监测全覆盖，不留监管空白。根据全省奶牛养殖布局，共建立了 39 个生鲜乳收购站，全部按要求建有生鲜乳检测室，配备必要的仪器设备和专业技术人员，对出厂的生鲜乳实行批批自检；生鲜乳运输车全部实行准运证管理，部分运输车还装备了卫星跟踪监控管理设施。密切配合农业农村部委托的质检机构，联合相关地市畜牧管理部门对生鲜乳收购站和运输车进行检查及监督抽样，加强对养殖场、生鲜乳收购站和运输车的标准化管理、生鲜乳质量检验、安全制度落实等方面的监督检查，及时堵塞安全隐患风险漏洞。近三年，生鲜乳质量安全监测合格率均为 100%，生鲜乳收购站和运输车现场检查达标率为 100%。

（广东省农业技术推广中心，刘建营）

广西壮族自治区

【奶畜养殖】1. 生产情况。据畜牧部门统计，2022 年广西奶牛存栏 6.55 万头，其中能繁母牛 4.40 万头；奶类总产量 11.40 万 t。存栏奶牛中荷斯坦牛存栏 1.91 万头，能繁母牛 1.27 万头；奶水牛存栏 4.64 万头，能繁母奶水牛 3.13 万头。荷斯坦牛奶产量 8.70 万 t，水牛奶产量 2.69 万 t。

2. 养殖分布。广西奶业呈现两大优势区域发展。荷斯坦牛养殖以南宁、贺州、柳州、来宾、北海、贵港、崇左、百色 8 个市为中心产区，2022 年荷斯坦牛存栏 1.80 万头，占广西荷斯坦牛存栏总量的 94.24%；奶水牛养殖以钦州、玉林、南宁 3 个市为主要产区，2022 年奶水牛存栏 4.54 万头，占广西奶水牛存栏总量的 97.84%。

2022 年广西奶类产值为 8.66 亿元，其中水牛奶 4.03 亿元。

3. 生鲜乳价格。2022 年荷斯坦牛奶收购价格 5.00 元 /kg，水牛奶收购价格 15.00 元 /kg。饲养年产 1.6t 的

奶水牛年可获利 5 000 元左右，广西奶水牛养殖户有 10 184 户。

4. 智慧牧场建设情况。2022 年广西石埠乳业生态观光牧场有限公司继续推进奶牛养殖智慧牧场建设，取得初步成效。该奶牛场位于广西壮族自治区崇左市扶绥县渠黎镇笃邦村，重点建设扶绥县国家数字畜牧业创新应用基地建设项目（奶牛品种），根据《广西壮族自治区农业农村厅关于扶绥县国家数字畜牧业创新应用基地建设项目（奶牛品种）可行性研究报告的批复》（桂农厅函〔2022〕1372 号），项目主要建设内容及规模为：升级改造存栏 7 000 头的奶牛场，购置 404 台（套）仪器设备软件、6 000 个电子耳标、4 000 个计步器。项目计划总投资 3 520 万元，其中申请中央预算内投资 2 000 万元，占项目总投资的 56.81%；实施单位自筹资金 1 520 万元，占项目总投资的 43.19%。目前已完成自筹部分投资，稳步推进智慧牧场管理系统建设。将牛场日常生产与智能化设备相结合，强化牛群档案管理、养殖环境管理、精准饲喂管理、牛只称重管理、智慧繁育管理、奶牛健康管理、产奶管理、库存管理等功能。

项目建成后，智慧牧场利用数字化技术贯穿牧场生产流程，以牧场生产全要素的数字化为基础，进行生产服务与智慧管理，实现节约成本、生产高效。一是对 7 000 头建设规模牧场信息化进行升级，实现自动收集数据，数据进行整合，实现高效便捷的信息共享和安全追溯体系；二是实现环境自动控制，提高奶牛福利；三是实现精准饲喂管理，科学有效节约成本；四是实现奶厅信息自动采集、分析和管理；五是牛只自动识别称重；六是将数据和信息应用在生产管理中，提高生产管理效率和水平；七是基于数据进行科学决策，实现精细化管理，提高劳动生产率 15% 以上、土地产出率 10% 以上，不断提升牧场可持续发展能力。

5. 特色水牛奶业发展情况。2022 年，广西继续加强水牛奶业开发工作。2022 年养殖规模 100 头以上的奶水牛养殖小区（场）有 33 个，奶水牛存栏 8 900 头；养殖规模 50~100 头的奶水牛养殖小区（场）有 28 个，奶水牛存栏 1 795 头。

6. 奶业发展趋势。广西奶业的特色是水牛奶业，发展方向为荷斯坦和奶水牛并重，突出发展水牛奶业。在广西壮族自治区人民政府的推动下，广西水牛奶业作为特色农业产业将加大发展力度，建立与完成奶水牛繁育体系和优质饲草料生产体系，构建水牛奶品质检测平台和产品质量认证，引导乳制品企业发展水牛奶精深加工，突出水牛奶产品特色，提高产品质量和附加值，打造乳制品"桂系"特色品牌，推动广西水牛奶业高质量发展。

【乳制品加工】2022 年广西获得食品生产许可证并生产乳制品的企业有 22 家，其中婴幼儿配方奶粉企业 1 家。2022 年广西乳制品产量为 33.87 万 t，其中液态乳 32.65 万 t，占 96.40%。

广西加工水牛乳制品的企业有广西皇氏乳业有限公司、广西壮牛乳业有限公司、广西百菲乳业有限公司、

广西桂牛水牛乳业股份有限公司、广西石埠乳业有限责任公司、广西农垦西江乳业有限公司、广西合浦南国乳业有限公司和广西天添乳业有限公司等，2022年实际加工水牛奶产品7.36万t，主要有巴氏杀菌乳、酸奶、UHT奶、含乳饮料等系列50多个品种，包装有瓶装、杯装、袋装、听装和利乐包装等，部分产品和奶酪远销香港、广东、湖南、上海、北京、黑龙江等20多个地区。

【市场消费】2022年广西常住人口5 047万人，奶类产量11.40万t，人均奶类占有量为2.26kg。

【奶源基地】2022年底，广西存栏奶牛100头规模以上的奶牛养殖小区（场）共55个，存栏奶牛27 651头，占广西奶牛存栏6.55万头的42.22%，奶牛品种主要有荷斯坦牛、娟姗牛和奶水牛。其中南宁市15个、钦州市11个、柳州市5个、北海市6个、玉林市7个、来宾市3个、贵港市2个、崇左市2个、防城港市1个、贺州市1个、河池市1个、百色市1个。存栏100~300头规模的小区（场）34个，存栏301~500头规模的6个，存栏501~1 000头规模的10个，存栏1 000头以上规模的5个；属于奶企自建的奶牛养殖小区（场）共13个，国有单位开办的4个，私营公司开办的15个，合作社或个体开办的23个。

2022年，广西建设农业农村部下达的奶业生产能力提升整县推进项目1个，由灵山县承担，中央财政补助资金4 000万元，原则上连续支持两年，第一年安排补助资金2 000万元，根据实施效果等情况第二年安排补助资金2 000万元。灵山县认真组织、精心实施、稳步推进、取得成效。一是奶水牛产业快速发展。据业务部门统计，2022年全县奶水牛存栏4.16万头，比2021年增长6.94%，水牛业产值占全县畜牧业总产值的6.10%。二是区域发展明显。已形成文利、伯劳、陆屋、三隆、灵城5个奶水牛规模养殖区域，据不完全统计，2022年主产区奶水牛存栏2.55万头，占全县奶水牛存栏总量的61.30%。其中，存栏50头以上的规模养殖场(小区)17个，100头以上的4个,500头以上的1个，养殖以10~50头规模为主。三是加工增值迅猛。灵山县水牛乳业加工企业广西百菲乳业有限公司，水牛奶加工销售产值从2021年的14.81亿元增加到2022年的17.50亿元，增长18.16%。四是增收效果显著。2022年水牛奶的收购价已达到13~16元/kg，比2021年收购价高出3元/kg，是荷斯坦牛鲜奶收购价格的3倍左右，农户养殖1头产奶奶水牛年可获得养殖经济收入2.0万~2.5万元，养殖存栏已从最初的1~2头发展到10~50头规模，家庭年收益可达15万~60万元。

2022年广西在饲草料开发与利用方面，重点抓好高产优质牧草（桂牧1号等）和优质农副产品（玉米秆、菠萝渣等）种植开发利用以及"粮改饲"项目实施工作，较好地解决了奶牛养殖业所需饲草料问题。全年推广种植单一高产牧草（桂牧1号等象草）50.90万亩、青贮专用玉米18.02万亩，实施果园隙地种草19.80万亩、冬闲田种草13.69万亩；科学推广农作物秸秆饲料化利

用635万t。2022年广西国家级"粮改饲"项目，中央财政补助资金3 420万元，工作任务是粮改饲种植面积21万亩、饲草料收储63万t；至2022年底共完成粮改饲种植面积21.29万亩、完成任务的101.38%，收储优质饲草料71.94万t、完成任务的114.19%。2022年，对国家"粮改饲"项目覆盖不到的地区，选定24个县作为广西首批优良牧草种植和桑枝饲料化利用项目试点县；全年共完成国家和自治区项目优质饲草收储78.92万t，比2021年增加16.95万t，增长27.35%。

2022年广西继续抓好奶牛疫病防控工作，主要是推广普及生态健康养殖技术，加强规模养殖场和散养户管理，强化动物疫病（口蹄疫、结核病、布鲁氏菌病）的免疫、监测和净化，严格调运奶牛落地监管和检疫。2022年广西奶牛养殖业无重大疫情发生。

【奶农组织】2022年9月23日，广西壮族自治区奶业协会、广西壮族自治区畜牧站在南宁共同主办了广西生鲜乳收购指导价研讨会，研讨制定广西水牛生鲜乳收购指导价，广西壮族自治区农业农村厅、广西壮族自治区水牛研究所、广西壮族自治区动物疫病预防控制中心、广西壮族自治区畜禽品种改良站和有关市、县（市、区）畜牧站（中心）、奶站、生鲜乳质量安全监测部门、生鲜乳质量安全抽样检测部门和科研院所，以及相关企业、奶水牛养殖户等单位共120人参加研讨会。广西首次制定并出台生鲜乳收购指导价格，有利于推动奶业稳步发展、保障奶源质量，按级论价、优质优价，有利于解决质量纷争，增强各方合同守信意识和诚信经营意识，对推动广西奶业稳步发展、打造广西特色优质奶品提供了有力保障。

2022年9月24日，广西壮族自治区奶业协会在南宁举办广西奶水牛养殖技术培训班，邀请专家讲授科学养殖、品种改良、疫病防控、质量控制、牧场建设等关键技术，广西有关市县管理人员、成员企业技术人员、奶水牛养殖户等共120多人参加培训。

2022年3月，广西壮族自治区市场监督管理局在南宁召开全区乳制品生产企业质量安全提醒会，贯彻落实食品安全"四个最严"要求，对2022年乳制品质量安全专项整治工作作出部署安排，督促企业落实食品安全主体责任，提升乳制品质量安全水平。会上，广西壮族自治区奶业协会向乳制品生产企业发起倡议，各乳制品生产企业代表积极响应，并签订《乳制品生产企业质量安全承诺书》。

2022年，广西壮族自治区奶业协会组织皇氏集团股份有限公司捐赠20万元的营养物质支援百色市抗击新冠疫情。

【政策法规】2022年，广西壮族自治区人民政府办公厅出台《关于印发广西支持水牛奶业发展若干措施的通知》（桂政办发〔2022〕16号）政策文件。对广西奶水牛种质资源、奶水牛杂交改良、杂交奶水牛扩群增量、奶水牛现代生态养殖、龙头乳制品企业发挥示范带动、奶水牛疫病净化、奶水牛优质高端品牌体系建设

等项目给予政策扶持，自治区财政每年统筹各方面资金不少于1亿元，用于支持广西水牛奶业发展。

【质量监管】2022年，广西持有生鲜乳收购许可证的生鲜乳收购站共35个，已核发生鲜乳运输许可证的运输车共23辆。

2022年广西在生鲜乳质量监管方面主要把好三关。

一是认真落实主体责任，全面完成监测任务。2022年，广西非常重视生鲜乳质量安全工作，强化国家、自治区、市、县（市、区）四级监测，年初下达监测任务，组织专门力量，明确分工，责任到单位、具体环节和个人，监督奶牛养殖者、生鲜乳收购者和运输者切实履行主体责任；创新监测机制、强化生鲜乳生产源头管控、加强奶站和运输车的发证管理、加大生鲜乳质量安全抽检力度、抓好日常巡查和重点督查，实行生鲜乳收购站、运输车现场检查全覆盖，形成上下齐抓共管、共治共享新局面，全面完成生鲜乳质量安全监测任务。

2022年农业农村部对广西例行监测抽检生鲜乳60批次、《食品安全国家标准 生乳》指标监测抽检生鲜乳5批次，抽检合格率达100%；现场检查生鲜乳收购站35站次、生鲜乳运输车25辆次，全部达标。广西壮族自治区农业农村厅完成质量安全监测三聚氰胺、碱类物质、硫氰酸钠、黄曲霉毒素 M_1、$β$-内酰胺酶5个项目93批次。其中，三聚氰胺、碱类物质、黄曲霉毒素 M_1、$β$-内酰胺酶4个项目结果均符合规定；硫氰酸钠检测结果不作判定，上报数据为具体检测值。

二是强化监督管理，提高执法水平。2022年，广西严格按照国家有关规定要求，加强对生鲜乳生产、收购、运输和销售4个环节的监管，重点对奶畜养殖场和养殖散户、生鲜乳收购站和运输车进行摸排巡查，整改、取缔不合格生鲜乳收购站和运输车，严查、严防非法添加等违法违规行为，核查、规范网上发证行为和信息录入，对违反《乳品质量安全监督管理条例》的行为按相关规定严肃处理，提高监管效率和精准化水平。

三是进一步抓好宣传培训指导服务。2022年，广西创新工作服务机制，通过工作群、法规、科普等多种形式交流服务平台，大力宣传《乳品质量安全监督管理条例》等法律法规，提高生鲜乳生产、收购、运输和销售从业人员的质量安全责任意识，加大对生鲜乳质量安全方面的技术指导，全面营造生鲜乳质量安全环境，让人民群众吃上"放心奶"。根据生鲜乳质量安全监管工作需要，在南宁举办了1期广西生鲜乳质量安全监管、奶业和草牧业统计监测业务培训班，参训人员为各有关市县生鲜乳质量安全部门负责人、抽样检测工作人员和直联直报平台填报人员、统计人员以及生鲜乳收购站负责人、重点乳制品生产企业质量监管负责人及各设区市负责草牧业统计监测业务工作人员，共计110人。通过培训学习，增强了责任意识，强化了服务指导，提高了广西生鲜乳质量安全监管工作水平。

【奶业大事】2022年9月15日，农业农村部国际合作司司长隋鹏飞等领导一行到皇氏集团股份有限公司进行实地调研和指导，重点对乳业生产、研发和皇氏赛尔巴基斯坦育种项目、奶水牛产业发展计划等提出指导意见，鼓励皇氏赛尔公司充分发挥奶水牛生物技术优势，加强中巴两国双边合作；希望皇氏赛尔公司把握好现有的惠企政策，挖掘产业的潜在价值，不断完善产业链，促进企业做大做强。

2022年，广西各级畜牧部门继续加强奶农技术培训，组织开展有关法规、生态养殖技术、饲养管理、疫病防治等培训班50期，培训学员2 500人次，发放宣传资料2 500份。

（广西壮族自治区畜牧站，唐善生；广西壮族自治区农业农村厅，蒋婕）

海 南 省

【奶畜养殖】截至2022年底，海南省奶牛存栏1 452头，其中三亚324头、澄迈473头、儋州184头、昌江471头。全年牛奶产量1 927t。奶牛养殖企业主要有4家，分布在三亚、澄迈、儋州、昌江等地。海南奶牛养殖以规模养殖场为主，集约化、设施化、标准化发展较好。奶业产值占畜牧业总产值的比重较低。

【乳制品加工】海南省共4家奶企，海南艾森牧业有限公司（位于澄迈县），拥有牧草种植—奶牛养殖—乳制品加工—冷链配送为一体的完整产业体系，是海南乳品行业的龙头企业，配备检测实验室和运输车，采用德国GEA自动挤奶设备。三亚和昌江雪古丽公司拥有小型乳制品加工厂，配备检测室和运输车，采用以色列阿菲金挤奶设备，具有自动脱杯功能，自动筛查抗生素，若检测到不合格奶，挤奶杯自动脱落。儋州泓梅畜牧科技有限公司主要养殖品种为奶水牛，目前产奶量较少。因自然环境等因素限制，海南奶牛业规模仍较小，市场以复原乳酸奶、乳酸菌饮料为主，且多为全国性的品牌产品；少量鲜牛奶以个人定制、高档酒店供应为主。海南本地市场产品主要分为复原乳酸奶、乳酸菌饮料和巴氏杀菌乳，其中巴氏杀菌乳仅占一小部分。

【市场消费】各大乳制品企业均有进入海南本地市场，本地品牌以艾森、雪古丽为主，主要生产巴氏杀菌乳、复原乳酸奶和乳酸菌饮料等。规格为100~1 000mL，市场价格与全国无较大差异。

【奶源基地】奶牛养殖基地3个，设计均为规模养殖场，全部应用全混合日粮（TMR）技术。其中昌江雪古丽牧场饲养娟姗牛、安格斯肉牛，结合人工草地轮牧技术、秸秆饲料化技术推广种养结合理念，建设热带林果业与草原牧业相结合的数字化"南牧北旅"生态牧场。

牧草主要是甜玉米秸秆、象草等青绿饲料，以及青储饲料，苜蓿等优质草料依靠岛外输入。

【质量监管】根据农业农村部和海南省农业农村厅

下达的监测计划，结合本省实际情况，2022 年对本省奶牛场进行检查、抽样，共抽取生鲜乳样品 20 份，合格率达 100%，与 2019 年持平。检测项目包括黄曲霉毒素 M_1 和 β-内酰胺类抗生素（青霉素 G、苄星青霉素、氨苄西林、阿莫西林、苯唑西林、氯唑西林、萘夫西林、双氯西林、头孢喹肟、头孢乙腈、头孢洛宁、头孢匹林、头孢哌酮、头孢唑林、头孢噻呋）等指标。现场检查、抽检中，未发现非法使用违禁药物和滥用药物情况。

（海南省农业农村厅畜牧兽医处）

重庆市

【奶畜养殖】据统计，2022 年重庆市奶牛存栏 0.66 万头，同比下降 8.2%。牛奶产量 3.19 万 t，同比增长 3.9%，牛奶产量约占全国的 0.1%，在全国排第 30 位。有机奶产量 8 158t，较 2021 年增加 2 119t，同比增长 35.1%。养殖的奶畜主要是荷斯坦牛和娟珊牛，牛奶来源主要是规模养殖场和合作社，分布在重庆市巴南区、黔江区、渝北区、合川区、垫江县、荣昌区、长寿区、云阳县、綦江区等县（区）。因环保压力大、养殖用地审批难、优质饲草价格居高不下、夏季气温炎热、湿度偏高、新冠疫情防控要求和奶牛"两病"净化政策等，重庆市奶牛养殖成本偏高。近年来，重庆市奶牛存栏量逐年下降，饲养总量、规模化养殖数量继续萎缩，但牛奶产量相对稳定，奶牛的平均年单产水平有所提高。2022 年，存栏 100 头以上的奶牛规模养殖场和合作社的每头成母牛平均年单产约 8.88t，较 2021 年增加 0.84t，同比增长 10.4%。奶源基地基本实现规模养殖，部分县（区）存在奶牛散养、牛奶就近直销的情况。

数智化建设发展方面，重庆天友纵横牧业通过搭建"奶业之星"牧场信息管理系统，实现牛群的全生命周期管理。实时采集牧场硬件信息，如挤奶机、发情监测、牛只称重、TMR 饲喂系统、牛只识别、环境监控等，完成物资精细化管理、牛只成本核算，内置 BI（商业智能）数据分析系统，对牧场各种数据进行更深层次挖掘分析。采用 Digstar 精准饲喂监控系统，将铲车、TMR 设备、电脑系统通过无线设备和局域网链接在一起，把投喂精确度控制到理想范围，做到精准饲喂，确保营养均衡。采用 SCR 监测系统，监测奶牛在不同状态下各种行为及强度的加速度，反映出与奶牛健康息息相关的行为变化，如发情、反刍、采食、呼吸等。采用兽用 B 超仪提高妊娠检查准确率，运用感应式喷淋系统作为奶牛养殖场防暑降温的利器。重庆泰基科技发展有限公司的巴南生态牧场，在西南地区率先引进了德国的韦斯伐里亚转盘式挤奶机、自动清洗贮奶罐、TMR 自动喂料车、中央循环供热系统、智能监控系统、自动饮水器等一系列设备，大幅提升了牧场的智能化水平。

【乳制品加工】截至 2022 年底，重庆主要有重庆市天友乳业股份有限公司（以下简称天友乳业）和重庆光大集团乳业股份有限公司（以下简称光大乳业）2 家乳制品加工企业，其中天友乳业在重庆市建造了 2 个大型乳制品加工厂。2022 年，重庆市新冠疫情反复，部分交通运输受阻，夏季高温限电等导致乳制品加工企业生产产能降低。2 家乳制品加工厂日处理鲜奶能力达 1 096t，低于 2021 年日处理鲜奶能力，主要表现在光大乳业的日处理能力降低。2 家企业 2022 年收购原奶 17.93 万 t，同比下降 14.9%。全年各类乳制品产量 25.87 万 t，同比下降 5.8%。其中，低温鲜奶 3.90 万 t，同比增长 3.1%。UHT 奶 15.32 万 t、常温酸奶 0.33 万 t、低温酸奶 5.50 万 t、含乳饮料 0.82 万 t，同比分别下降 2.9%、13.0%、6.7%、45.7%。生产获得有机标志产品数量为 4 021.13 万枚，较 2021 年增加约 875 万枚，同比增长 27.8%，主要表现在天友乳业有机标志产品数量的增加。

重庆乳制品加工企业针对本地牛奶生产和收购成本较高、鲜奶不足、资源有限等情况，通过合同订购、战略合作、技术支持等，逐渐将奶源生产基地扩展到陕西、宁夏、四川等地，经过多年发展，已形成稳定、可靠的供求关系，降低了对本市奶源的依赖，也给本地牛奶带来了一定的竞争。本地奶源主要生产低温鲜奶和低温酸奶，埠外奶源主要生产 UHT 奶、常温鲜奶、低温酸奶、常温酸奶、含乳饮料等。

【市场消费】2022 年，重庆市共 3 213.34 万人，人均占有市内生产的生鲜乳约 0.99kg，较 2021 年增加 0.04kg，同比增长 3.9%。人均消费本地生产的奶及乳制品约 8.05kg，较 2021 年降低 0.5kg，同比下降 5.8%，主要是本地生产的奶及乳制品产量降低所致。

市场销售的乳制品主要有巴氏杀菌乳、UHT 奶、低温酸奶、常温酸奶、婴幼儿配方奶粉、成人奶粉、含乳饮料等。同时，存在少量鲜奶或经简单消毒后直接上市，以奶吧形式消费，售卖给糕点、冷饮店等直销的情况。随着社会经济快速发展，居民对生活质量的追求提升，饮食习惯更新迭代，奶类消费市场呈现出多元化持续增长的发展态势。本市乳企品牌主要有天友集团的天友、百特，光大集团的奶牛梦工场；埠外品牌主要有伊利、蒙牛、澳牧、圣牧、现代牧业、养乐多、光明、娃哈哈、旺仔、晨光等，以及 WHOLE MILK、simply white、妙维思等国外品牌。乳制品有康美包、利乐包、屋顶盒、PE 瓶、PET 瓶、玻璃瓶等多种包装形式，有 50mL、100mL、200mL、220mL、250mL、750mL、1L、2L 等多种规格。常见袋装规格为 200 ~ 250mL，价格在 2 ~ 5 元；盒装规格主要在 100 ~ 2 000mL，价格多在 3 ~ 20 元；瓶（罐）装规格主要在 145 ~ 260mL，价格在 3 ~ 8 元。

【奶源基地】2022 年，本市存栏 100 头以上的奶牛规模养殖场及合作社共 9 个，与 2021 年相比减少了 1 个，但 9 个规模场的奶牛存栏总量变化不大，成母牛存栏减少约 500 头，规模化率达 82.8%，较 2021 年增长 4.7 个百分点。天友乳业和光大乳业的自营牧场还采用优质性控冻精，增加后代母犊的比例，提升后备奶牛的生产性能。天友乳业和光大乳业的各牧场按照"三大标准"体系均建立和完善了严格的疫病防控制度，按规定开展防疫免疫工作，全年没有传染性疫病发生。小型奶牛养殖户也对口蹄疫、布鲁氏菌病、结核病等传染病进行了重点防控。天友乳业牧场的粪污采用"干湿分离－沼气发酵－沼液还田－沼渣制作有机肥"的处理方式进行粪污资源化无害化处理。重庆泰基科技发展有限公司奶牛养殖场建有有机肥生产基地、沼气处理站，养殖粪便实现干清分离综合治理，废水经初处理后接入市政管网，干粪经无公害技术处理后，成为有机肥料用于种植饲草饲料，实现粪便资源化利用，最终达到污染物的零排放和有机物的循环利用。

2022 年，重庆市青贮玉米种植面积 4 935.33hm²，平均单产（折合干草，后同）14.75t/hm²，生产饲草料总产量达 7.28 万 t，种植面积和总产量均高于 2021 年，但受长时间高温干旱等影响，单产有所降低。苜蓿种植面积 460.67hm²，平均单产 12.50t/hm²，生产饲草料总产量达 0.58 万 t，受防止耕地"非粮化""非农化"政策和自然条件等因素影响，种植面积、饲草总产量和单产均低于 2021 年。

本地自营牧场和合作牧场是乳制品加工企业奶源的重要来源之一，两类企业从管理、质量把控、技术培训、产品市场开发、奶牛养殖保险费补助等方面给予了一定的帮扶，特别是生鲜乳价格方面的支持。2022 年，据重庆市 9 个生鲜乳收购站调研，生鲜乳平均收购价从 5.6 元 /kg 逐渐降低至 5.2 元 /kg，后续有所回升，但仍低于年初的收购价，年底的月平均收购价格达到 5.3 元 /kg。奶站的平均交售价格也与收购价相对应，从 5.4 元 /kg 逐渐降低至 5.3 元 /kg，后逐渐上涨，年底的月平均交售价格达到 5.5 元 /kg。受重庆夏季气温炎热、饲草种植地块零碎、奶牛养殖数量少等因素影响，重庆市牛奶收购价和销售价均高于全国平均水平。2022 年光大乳业生鲜乳收购年均价格为 5.49 元 /kg，天友乳业的生鲜乳收购年均价格为 5.65 元 /kg，收购企业会根据牛奶的理化指标、微生物指标、体细胞数等现场检测数据，采用按质计价、优质优价的计价方法进行收购。

【奶农组织】2022 年重庆奶农合作组织仅有重庆市渝西奶牛专业合作社 1 个，与 2021 年相比奶牛养殖数量和成母牛存栏量均略有减少。奶农培训主要由当地畜牧部门、购奶企业等根据实际情况，结合已发布的地方标准、养殖技术、养殖经验等进行培训。

【政策法规】继续享受国家扶持政策中的奶牛保险补贴，市级层面的资源化利用和部分县（区）的贷款贴息等支持政策。全市 6 000 余头奶牛参加了保险。

【质量监管】根据农业农村部畜牧兽医局对生鲜乳质量安全监管工作的要求，重庆市全面压实奶畜养殖者、生鲜乳收购站开办者和运输车经营者的主体责任，落实畜牧部门监管责任。对辖区内奶畜养殖场、生鲜乳收购站和运输车进行监督巡查，对正常运行的生鲜乳收购站和运输车信息全部录入生鲜乳收购站运输车监督管理系统，进行精细化管理。2022 年，在黔江区、渝北区、长寿区、荣昌区、合川区等 9 个设有生鲜乳收购站和运输车的县（区），抽取 30 批次生鲜乳样品进行检测，合格率达 100%，未发现违法违规行为。

【奶业大事】2022 年 5 月，百特有机纯牛奶和轻酸奶通过国际五大 Hedonic Sensory 分析标准，获布鲁塞尔国际风味评鉴所国际顶级美味大奖三星奖章。

2022 年 8 月，重庆泰基科技发展有限公司申报的奶牛布鲁氏菌病和结核病无疫小区通过评估，成为重庆市首个"两病"无疫小区。

2022 年重庆光大集团乳业股份有限公司引入贵州农垦投资集团旗下的南方乳业作为战略合作者，双方后期将在产品市场方面进行相应的整合与合作。

（重庆市畜牧技术推广总站，张 科、尹权为、吴 梅）

附表1 重庆市奶畜养殖场（小区）名录

序号	名称	供奶企业	全群存栏（头）	成母畜存栏（头）	奶畜品种	成母畜单产（t/年）	年总产量（t）	是否有机奶源基地	有机奶产量（t）
1	重庆市天友纵横牧业发展有限公司两江奶牛养殖场	重庆天友乳业	575	380	荷斯坦、娟珊	9.8	3 712	√	3 712
2	重庆市渝西奶牛专业合作社	重庆天友乳业	289	178	荷斯坦	4.7	837		
3	重庆泰基科技有限公司巴南牧场	重庆时代乳业	1 926	831	荷斯坦、娟珊	7.8	6 587	√	4 446
4	重庆市天翼牧业发展有限公司	重庆天友乳业	987	566	荷斯坦	10.8	6 121		
5	重庆市天润农业有限公司	重庆天友纵横牧业	285	178	中国荷斯坦	8.2	1 458		
6	重庆市天合牧业发展有限公司	重庆天友乳业	589	358	荷斯坦	11.3	4 061		
7	重庆市文顺奶牛养殖场	重庆天友纵横牧业	109	57	荷斯坦	6.2	355		
8	重庆爱牧生态农业有限公司	重庆天友纵横牧业	407	212	荷斯坦	6.8	1 450		
9	云阳县林久牧业综合开发有限公司	重庆天友纵横牧业	299	91	荷斯坦	8.2	750		
10	綦江区宏源奶牛场	/	54	35	荷斯坦	4.3	150		

备注：本表所指奶畜包括奶山羊、奶绵羊、奶水牛、牦牛、骆驼、驴等产商品奶家畜。如认证为有机奶源基地等，请在相应表格中打钩。

附表2 重庆市主要乳制品生产企业名录

序号	名称	生产地点	生产许可证号码	日处理生鲜乳生产能力(t)	年乳制品产量(t)	其中：自有奶源量(t)	平均支付价格（元/kg）	年收购原奶量（t）	UHT奶(t)	其中：低温鲜奶(t)	常温酸奶(t)	低温酸奶(t)	原料奶粉(t)	婴幼儿配方奶粉(t)	成人奶粉(t)	奶油(t)	奶酪(t)	含乳饮料(t)	冰品(t)	年销售收入（万元）	利润（万元）	有机产品（枚）
1	重庆市天友乳业股份有限公司乳品一厂	重庆市渝北区金石大道99号	SC10550011212179	420	89 838	18 894	5.51	57 783	34 264	0	50 028	0	0	0	0	0	0	5 546	0	83 228	3 851	9 515 217
2	重庆市天友乳品二厂有限公司	重庆市经济技术开发区大石支路6号	SC10550010800608	600	147 700	0	5.23	106 856	0	143 185	3 271	0	0	0	0	0	0	1 244	0	110 425	6 479	29 596 100
3	重庆光大集团乳业股份有限公司	重庆市江北区嘴镇鱼冠大道15号	SC10550010509096	76	21 176	6 300	5.49	14 627	4 772	10 008	0	4 992	0	0	0	0	0	1 404	0	18 663	651	1 100 000

备注：本表包括在中国及海外的生产企业。日处理生鲜乳能力指设计加工生鲜乳能力。自有奶源指来自自建和参建（控股、参股）收场（小区）的原奶。成人奶粉指除婴幼儿配方奶粉外的学生奶粉、孕妇奶粉、中老年奶粉等终端消费奶粉。有机产品包括冰激凌、雪糕等。冰品包括冰激凌、雪糕等。有机产品数量单位为"牧"。"牧"指获得有机标志的数量。

四 川 省

【奶类生产】2022年四川省牛存栏868.7万头。据行业统计，全省地域内现存栏奶用牛10.41万头，主要分布在全省21个市（州）的13个市（州），存栏奶牛中荷斯坦牛5.25万头、乳用西门塔尔牛（含乳用蜀宣花牛）4.72万头、娟姗牛0.09万头、改良挤奶牛（娟西/西荷）0.15万头、奶水牛0.2万头。繁殖挤奶牦牛150.0万头，主要分布在川西高原的甘孜藏族自治州、阿坝藏族羌族自治州、凉山彝族自治州3州牧区县。全省年奶类产量70.8万t，比2021年增长3.6%，其中牛奶产量70.77万t（含牦牛奶产量约27.57万t）。

截至2022年底，全省登记奶牛场（户）401个，其中100头及以上荷斯坦牛规模养殖场共存栏3.43万头，规模养殖比例为65.3%，主要分布在眉山市、成都市、绵阳市、德阳市、凉山彝族自治州、达州市等市（州）。奶牛生鲜乳收购站收购备案合同平均交售价格为5.31元/kg，实际结算平均收购价格为5.18元/kg。牦牛奶牧民交售合同生鲜奶收购价格为8.10元/kg，运到工厂牦牛奶价格为9.80元/kg。四川乳制品加工企业新希望、菊乐公司在省外甘肃、宁夏独资或合作投资建设规模奶牛场7个，存栏奶牛5.1万头，生产鲜奶主要运回四川加工成乳制品供应市场。四川其他乳制品企业主要从甘肃、宁夏、陕西、云南等省合同牧场收购生鲜牛奶运回四川加工成乳制品上市。

【乳制品加工】2022年四川省乳类制品登记企业84家（含乳制品牧场加工、街饮奶吧等企业），其中规模以上加工企业32家；乳类制品产量113.7万t，其中液态奶产量103.9万t、奶粉产量0.3万t、干乳制品产量9.5万t。若尔盖高原之宝牦牛乳营养食品股份有限公司是四川省唯一一家婴幼儿配方奶粉生产企业，年产量300t。

2022年四川省本地进口乳类制品17 336t，进口额5.05亿元。

【奶源基地】2022年登记奶牛场（户）401个，其中存栏100头以下场（户）215个，存栏100~200头奶牛养殖场81个，201~500头养殖场98个，1 001~5 000头规模的牧场6个，5 000头以上的牧场1个。登记奶牛场（户）中省部级示范28个，7个规模场通过GAP评定，13个规模化奶牛场成为学生饮用奶奶源基地示范牧场。

四川省现有DHI中心2个，分别在四川省畜牧总站和新希望生态牧业有限公司。四川省畜牧总站DHI中心有优然牧业、现代牧业等4家企业参加测定，全年测定奶牛2 532头，参测牛只平均日产奶量31.09kg，乳脂率3.3%，乳蛋白率3.21%，体细胞数22.13万个/mL，平均产犊间隔408天。中央补贴参测奶牛1 000头，补

贴资金7万元。2022年新希望生态牧业有限公司主要测定自己公司位于省内及省外的7个牧场的奶牛，全年测定11 593头，平均日产奶量34.28kg，乳脂率4.18%，乳蛋白率3.38%，体细胞数12.91万个/mL，中央补贴参测奶牛6 000头，补贴资金42万元。

四川省现有种公牛站（牛育种中心）1个，为成都汇丰动物育种有限公司。采精种公牛存栏55头，其中娟姗公牛3头。

饲草生产。四川省工业饲料总产量1 439.07万t；从饲料种类来看，配合饲料1 355.75万t，浓缩饲料48.87万t，添加剂预混合饲料32.66万t。其中牛羊反刍饲料17.55万t，在工业类加工饲料产销中占比较小，牧场采用预混饲料自行配方在中小牧场中存在。全省饲料和饲料添加剂生产企业529家。

【政策法规】2022年四川省农业农村厅印发《四川省"十四五"牛羊禽兔蜂饲草饲料业产业发展推进方案》，强化对市县抓牛羊产业振兴的工作指导和规划引领，布局了成都平原经济区、川东北经济区和攀西经济区的17个县为奶牛生产基地县。四川省政府办公厅出台《关于印发推动川牛羊产业高质量发展11条措施的通知》（川办发〔2022〕63号），为下一步四川牛羊产业发展提供了有力政策支撑。通过竞争立项，遴选出眉山市洪雅县实施农业农村部和财政部奶业生产能力提升整县推进项目，投入中央资金2 000万元，通过支持洪雅县发展草畜配套、适度规模养殖，促进奶业一二三产业融合发展，完善区域化全产业链奶业生产经营模式，增强奶源供给保障能力，提升四川省奶业生产能力。同时牧区把色达县、红原县两县纳入草原畜牧业转型升级试点（2022—2025年），投入中央资金8 000万元，支持两县改善草原畜牧业生产方式向暖季适度放牧与冷季舍饲半舍饲相结合转变，提升草原畜牧业发展质量与效益。落实草原奖补资金84 029万元，在甘孜藏族自治州、阿坝藏族羌族自治州、凉山彝族自治州实施草原禁牧7 000万亩与草畜平衡14 200万亩，截至2022年到户率94.18%，有效促进草原生态保护和脱贫攻坚成果巩固。投入中央资金5 000万元在甘孜藏族自治州10个县实施牦牛产业集群建设项目，全力打造全国牦牛产业现代化先行区。

【质量监管】2022年四川省制定了《四川省2022年生鲜乳质量安全监测计划》。除农业农村部部署的监测计划外，增加四川省2022年生鲜乳质量安全专项监测计划，由四川省饲料工作总站承担监测任务。2022年全省共检查生鲜乳收购站611站次，检查运输车1 254辆次，出动执法人员1 886人次，抽检生鲜乳样品1 437批次，合格率达100%。

【奶业大事】2022年，四川省奶业协会副会长单位的乳制品加工企业蒙牛乳业、伊利乳业、四川新希望乳业等企业，在四川省乐山市、资阳市、雅安市、绵阳市、巴中市、凉山藏族自治州、阿坝藏族羌族自治州、甘孜藏族自治州和南部县、简阳市、成都市郫都区、大邑县、

成都市温江区、金堂县、洪雅县、新龙县、阳新县等地学校开展了"未来星""希望星"为题的助学牛奶捐赠公益活动，牛奶制品公益捐助商品价值超过 100 万元，公益活动既宣传普及了牛奶营养知识，又惠及了社会，深受中小学生和广大群众欢迎。

2022 年 6 月和 2022 年 12 月，四川省奶业协会共召开了 2 次"牧场成本核算暨生鲜乳价格协调会"，会议总结并分析研判牧场生产成本和生鲜乳市场行情，经奶农代表、乳企代表协商和专家评估，在四川省农业农村厅分管领导的见证下，分别达成了四川省上半年和下半年生鲜乳最低收购指导价格。四川省奶业协会通过网上消费者投票，专家评审，产生了四川民众满意乳制品品牌，并给相关企业授牌颁奖。

2022 年 11 月 25 日，四川省奶业协会在洪雅县洪州大酒店召开了四川省奶业协会第五届五次理事会会议，增补成都施普诺生物技术有限公司、山东健源生物科技有限公司、新疆汇禾稼盛油脂有限公司为理事单位；增补四川蒙牛乳业销售有限公司、内蒙古伊利实业集团股份有限公司成都第一分公司、四川梓华翠牧业有限责任公司为常务理事单位。

2022 年 12 月，四川省农业农村厅会同四川省教育厅、四川省发展改革委等 8 部门印发《关于调整四川省学生饮用奶计划推广方式的通知》，按照实际调整了已运行 20 年的"学生饮用奶计划"推广方式并移交给同级奶业协会管理。

2022 年，四川菊乐食品股份有限公司的四川菊乐食品（新津）有限公司 10 万 t 乳制品厂开工建设。四川菊乐食品股份有限公司的甘肃蜀汉牧业有限公司张掖奶源基地万头牧场完成协调选址用地设计并开工建设。

（四川省畜牧总站，曹 伟；四川省奶业协会，李自成）

贵 州 省

【奶类生产】2022 年贵州全省奶类总产量 3.73 万 t，同比下降 24.1%，奶牛存栏 0.86 万头，同比下降 21.8%。奶牛品种主要为荷斯坦牛，有少量娟姗牛，全省奶牛分布在贵阳市的清镇市、开阳县、息烽县、修文县，遵义市的红花岗区，黔南布依族苗族自治州的都匀市、独山县，黔东南苗族侗族自治州的凯里市，铜仁市的德江县，安顺市的西秀区等县（市、区）。其中，贵阳市奶牛存栏占全省奶牛存栏的 69.6% 以上。全省生鲜乳平均交售价格为 4.7~6.0 元 /kg。

【乳制品加工】全省主要乳制品加工企业有 5 家，2022 年乳制品企业销售总额 20 亿元，利润 1.5 亿元。乳制品产量 18 万 t，其中巴氏杀菌乳 4.0 万 t、UHT 奶 10.8 万 t、酸奶 3.03 万 t、含乳饮料 0.15 万 t、奶粉 195t，与 2021 年同期相比，UHT 奶、巴氏杀菌乳、酸奶增加，含乳饮料减少。

【市场消费】贵州主要品牌有山花、好一多、贵草、金典、特仑苏、皇氏、伊利、蒙牛、澳优、新希望、欧亚、遵义、光明、来思儿等，同类产品价格相差不大。贵州省生产产品主要在省内和四川、云南、重庆等周边省份销售。据市场消费调查，收入水平、消费习惯、购买的便利性、营养知识、保健意识、质量和价格等是影响液态奶消费行为的主要因素，受对乳制品不同的消费理念以及价格等因素的影响，UHT 奶在贵州占有较大市场消费比例。城镇居民人均液态奶消费量稳定，市场正处于成熟阶段；农村居民人均液态奶消费量随着生活水平的不断提高，市场处于成长阶段。消费者在超大仓储和超市购买液态奶的比例仍在不断上升，同时，网购销售比例也在提高。

【奶源基地】据行业统计数据，2022 年全省奶牛养殖场（户）共 70 个。其中，1~49 头规模养殖场（户）52 个，存栏奶牛 420 头，占 4.88%；50 ~ 199 头规模养殖场（户）10 个，存栏奶牛 271 头，占 3.14%；200 ~ 499 头规模养殖场（户）4 个，存栏奶牛 1 189 头，占 13.80%；500 ~ 1 999 头规模养殖场（户）2 个，存栏奶牛 2 699 头，占 31.32%；2 000 ~ 4 999 头规模养殖场（户）2 个，存栏奶牛 4 038 头，占 46.86%；无 5 000 头及以上规模养殖场（户）。

全省奶牛养殖以规模养殖场（户）为主，挤奶方式为集中到挤奶平台进行机械化挤奶，大多采用 TMR（全混合日粮）技术。

【奶农组织】全省有奶农合作社 6 个，其中黔东南苗族侗族自治州凯里市通过组织农户种草，利用种养循环有效解决粪污消纳问题，并针对牧草种植与管理等进行培训，2022 年培训奶农 30 余人次，开展实地技术指导 10 余次。

【政策法规】为贯彻落实《国务院办公厅关于推进奶业振兴保障乳品质量安全的意见》（国办发〔2018〕43 号）《国务院办公厅关于促进畜牧业高质量发展的意见》（国办发〔2020〕31 号）及农业农村部《"十四五"奶业竞争力提升行动方案》，根据《乳品质量安全监督管理条例》和《生鲜乳生产收购管理办法》，制定印发了 2022 年全省饲料、生鲜乳和"瘦肉精"质量安全监管等工作方案，全面提升生鲜乳及奶制品供应安全保障能力。

【质量监管】贵州省共有 9 个奶站，全部由乳制品生产企业开办，均已取得生鲜乳收购许可证，生鲜乳收购没有中间环节。质量安全监管方面狠抓中央有关精神和农业农村部相关工作要求的贯彻落实，制定全省 2022 年生鲜乳质量安全监测工作计划。明确生鲜乳及运输车辆监管组织工作、生鲜乳抽检数量及送样时间、监测对象和要求、监测方式、工作进度等内容，检测项目包括三聚氰胺、碱类物质和革皮水解物、β - 内酰胺酶、黄曲霉毒素 M$_1$、抗生素等，检测合格率达 100%。

【奶业大事记】生鲜乳改由皇氏遵义乳业有限公司收购，原遵义市乳制品有限公司停止生产。

（贵州省农业农村厅，谢劲松、王 燕、翁吉梅）

附表 1　贵州省奶畜养殖场（小区）名录

序号	名称	供奶企业	养殖场	小区	全群存栏（头）	成母畜存栏（头）	奶畜品种	成母畜单产（t/年）	年总产量（t）	是否参加DHI	是否应用TMR	是否国家学生饮用奶奶源基地	是否有机奶源基地	有机奶产量（t）	有机奶源认证机构	是否为布鲁氏菌病及结核病净化创建或示范场
1	贵州南方乳业有限公司开阳龙岗基地	贵州南方乳业有限公司	√		4 038	1 989	荷斯坦、娟姗	8.67	17 263	√	√					√
2	贵州好一多乳业股份有限公司	贵州好一多乳业股份有限公司	√		1 958	1 015	荷斯坦	8.33	16 901.53	√	√					
3	独山草籽繁殖场	贵州南方乳业有限公司	√		339	83	娟姗、荷斯坦	3.18	264.343							
4	海龙奶牛养殖户	遵义市乳制品有限公司		√	189	106	荷斯坦	6.00	636							
5	贵州高原乳业有限公司	贵州高原乳业有限公司	√		394	182	荷斯坦	2.88	800							
6	黔东南州永丰乳业有限公司	黔东南州永丰乳业有限公司	√		135	87	中国荷斯坦	4.00	360			√				
7	皇氏集团德江德源牧业	皇氏集团遵义乳业	√		1 325	545	荷斯坦	11.30	3 380	√	√					
8	贵州榕昕康乐生态有限公司	贵州榕昕康乐生态有限公司	√		229	108	荷斯坦	3.40	372							
合计					8 607	4 115		5.97	39 976.873							

备注：本表所指奶畜包括奶山羊、奶绵羊、奶水牛、奶牛、牦牛、骆驼、驴等产商品奶家畜。请在养殖场或养殖小区列中选择打钩；如参加DHI、为学生奶生源基地、认证为有机奶源基地等，请在相应表格中打钩。若认证为布鲁氏菌病、结核病净化示范场或创建场，请在相应表格中打钩。

附表2 贵州省主要乳制品生产企业名录

序号	名称	生产许可证号码	年收购原奶量(吨)	平均支付价格(元/kg)	年乳制品产量(t)	其中:自有奶源量(t)	其中:巴氏杀菌乳(t)	UHT奶(t)	酸奶(t)	奶粉(t)	婴幼儿配方奶粉(t)	奶油(t)	奶酪(t)	含乳饮料(t)	产品销售区域	年销售收入(万元)	利润(万元)	平均成本(元/kg)	是否为国家学生饮用奶认定企业	有机产品(枚)	有机认证机构	有机产品品类1及数量(枚)	有机产品品类2及数量(枚)	有机产品品类3及数量(枚)
1	贵州南方乳业有限公司	SC10552018110262	148541.85	5.13	149660.77	82463.86	25703.97	100813.13	21702.94	194.538	/	/	/	1440.72	全国	157529.75	18368	6.95	√	15597454	北京爱科赛尔认证中心有限公司	15597454	/	/
2	贵州好一多乳业股份有限公司	SC11052012300012	16900	6.00	17000	16900	11258	112	5600	/	/	/	/	30	贵州省	28000		/		/	中国质量认证中心	/	/	/
3	皇氏集团湄潭义乳业有限公司	SC10552030200010	3174.91	4.85	11510.34	3174.91	1800.43	7313.72	2361.85	/	/	/	/	34.338	贵州省	15021.24	-3087.97	/		387600.00	中国质量认证中心	387600.00	/	/
4	贵州高原乳业有限公司	SC10552270110231	1800	4.50	2000	1080	1400	/	600	/	/	/	/		黔南布依族苗族自治州,广州	2500	300	/		/		/	/	/
5	贵州独山草种猪场	SC10552272610074	107.61	4.76	360	264.343	320	/	/	/	/	/	/	/	贵州省	/	/	/		/		/	/	/
6	黔东南永丰乳业有限公司	SC10552260111082	360	5.00	360	360	320	0	40	/	/	/	/	0	凯里市城区	320	23	6		/		/	/	/
合计			167709.455	5.04	180531.10	104243.117	40482.40141	108238.8477	30304.79343	195				1505.061404		203370.9888	15603.03							

备注：自有奶源指来自自建和参建（控股、参股）牧场（小区）的原奶。有机产品品类指获得有机标志的数量。有机产品品类大类指液态奶、酸奶、奶粉、奶酪等大类。"枚"指获得有机标志认证数量单位为"枚"。若认证为国家学生饮用奶企业，请在相应表格打钩。

云 南 省

【奶畜养殖】2022 年，云南省荷斯坦牛存栏 13.39 万头，能繁母牛 7.68 万头，牛奶产量 60.69 万 t。云南省规模化荷斯坦牛主要分布在昆明市、大理白族自治州、红河哈尼族彝族自治州、曲靖市和文山壮族苗族自治州等市（州）。昆明市（嵩明县、宜良县、石林县、寻甸县、晋宁区和富民县）规模化奶牛存栏 5.29 万头（包括昆明雪兰牛奶有限公司在陆良县 2 个牛场），牛奶产量 20.55 万 t，奶类产值 27.28 亿元，占畜牧业总产值的比重为 5.06%，比 2021 年增长 16.43%。大理白族自治州（洱源县、大理市、弥渡县、祥云县、鹤庆县、剑川县、宾川县、巍山县、云龙县）奶牛存栏 5.14 万头，其中规模化奶牛存栏 2.68 万头，奶产量 30.36 万 t，牛奶产值 53.77 亿元，占畜牧业总产值的 5.0%。红河哈尼族彝族自治州（个旧市、弥勒县、泸西县、建水县）奶牛存栏 2.52 万头，奶产量 7.50 万 t，牛奶产值 11.55 亿元，占畜牧业总产值的 1.59%。文山壮族苗族自治州（文山市）规模化奶牛存栏 0.44 万头，奶产量 2.28 万 t，牛奶产值 0.37 亿元，占畜牧业总产值的 0.57%。

奶水牛 1 704 头，主要分布在德宏傣族景颇族自治州（芒市、盈江县、陇川县）、保山市（腾冲市）、大理白族自治州（大理市、巍山县、鹤庆县），水牛奶产量 638.17t，水牛奶产值约 1.11 亿元。云南奶山羊存栏 55.78 万只，能繁母羊 30.27 万只，其中规模化存栏 4.73 万只，主要分布在昆明市（石林县、宜良县）、曲靖市（陆良县）、红河哈尼族彝族自治州（建水县、弥勒市、泸西县、个旧市、开远市、石屏县、蒙自市）、大理白族自治州（剑川县、鹤庆县）、玉溪市（华宁县、通海县）、文山壮族苗族自治州（砚山县），羊奶产量 13.83 万 t，产值约 10 亿元。牦牛（犏牛）存栏 7 万头，能繁母牛 3 万头，奶产量 1.8 万 t，产值约 2.38 亿元，主要分布在云南省迪庆藏族自治州。

云南省奶类总产量 83.16 万 t，奶业总产值 106.2 亿元，其中奶牛养殖产值约 36 亿元，占全省畜牧业总产值的 3.5%。荷斯坦牛养殖规模化程度逐年提高，新建和扩建了 15 个规模化养殖场（大理白族自治州 9 个，昆明市 3 个，红河哈尼族彝族自治州 3 个），除了标准化奶牛养殖场外，主要采用奶牛小区及合作社集中饲养、统一挤奶的模式，使奶业成为当地农民的主要收入来源之一；有机奶源持续增加，现有有机奶源牧场 6 个（云南新希望雪兰牧业科技有限公司、优牧品原高原云智慧农场、云南新希望蝶泉牧业有限公司、云南牛牛牧业股份有限公司、云南欧亚乳业有限公司和云南乍甸乳业有限责任公司），有机奶产量 3.3 万 t。

云南奶业特色明显，具有荷斯坦牛、奶水牛、奶肉兼用型西门塔尔牛、娟珊牛、牦牛和奶山羊多元化发展

的较为完善的奶业生产、加工和销售体系。奶牛养殖总体趋势表现为稳中有升，其中荷斯坦牛、娟珊牛、奶山羊和犏牛在相关龙头企业的带动下，养殖规模增长较快、生鲜乳质量大幅提高，奶水牛和牦牛养殖稳中有升。云南奶业机遇与挑战并存，继续推进奶牛、奶山羊标准化规模养殖，同时发展适度规模的家庭牧场，提高养殖效益，积极探索适合产业化的发展模式。

【乳制品加工】云南省 2022 年有乳制品加工企业 16 个，其中昆明市 8 个（牛奶加工厂 5 个、山羊奶加工厂 3 个）、大理白族自治州 3 个、曲靖市 1 个、红河哈尼族彝族自治州 2 个、腾冲市 1 个（水牛奶加工）、迪庆藏族自治州香格里拉市 1 个（牦牛奶加工）；"鲜奶吧" 4 个（昆明市 3 个、德宏傣族景颇族自治州 1 个）。乳制品年加工能力约为 148.1 万 t。乳制品总产量 74.64 万 t，其中鲜奶 6.61 万 t、UHT 奶 36.10 万 t、常温酸奶 9.01 万 t、低温酸奶 10.87 万 t、原料奶粉 0.04 万 t、成人奶粉 0.36 万 t、奶油 106.95t、奶酪 365.50t、含乳饮料 11.93 万 t、冰品 0.3t。全省乳制品年销售额达 71.49 亿元。

尽管受到全球性新冠疫情的影响，但由于乳制品营养丰富（特殊的免疫活性物质），云南省乳制品加工业较 2021 年稳中有升，乳制品加工呈现多样化，鲜奶（巴氏杀菌乳）、酸奶（包括常温酸乳）发展势头良好，升幅较大，而常温奶、含乳饮料市场有所下滑，说明消费者的营养健康意识不断提高。各乳制品企业更加重视奶源基地建设，大力引进培育优秀荷斯坦牛，建设标准化奶牛场。作为奶业发展的新模式，云南省"鲜奶吧"产业发展稳中有进，但需要加强监管。

【市场消费】云南省 2022 年人均奶类占有量约为 18.5kg，人均奶制品（折合成生奶）消费量为 24.90kg。云南省内市场主要的乳制品品牌有伊利、蒙牛、雪兰、欧亚、蝶泉、来思尔、乍甸、艾爱等。根据品牌、包装和产品质量，云南市场主要产品销售价格：巴氏杀菌乳（鲜奶）每 100g1.04~4.46 元、低温酸奶每 100g2.02~2.85 元、常温酸奶每 100g1.54~8.80 元、常温调制乳每 100g0.71~2.53 元、常温含乳饮料每 100g0.94~3.45 元、常温纯奶每 100g0.88~3.83 元、婴幼儿配方奶粉（1 阶段）每 100g37.0~44.8 元、中老年奶粉每 100g8.1~10.6 元。

【奶源基地】奶牛场：全省备案奶牛规模养殖场 116 个，规模化实际奶牛存栏 15.70 万头。荷斯坦牛单体牧场存栏量最大的是鹤庆县现代农业庄园有限公司，存栏 9 872 头。据统计，2022 年全省 100 头以上奶牛养殖场（小区）96 个，其中荷斯坦牛场 84 个（包括荷斯坦杂交牛）、娟珊牛场 6 个、奶水牛有 2 个、牦牛场 4 个；规模养殖场奶牛存栏 15.70 万头，其中荷斯坦牛、西门塔尔杂交牛、弗莱维赫杂交牛和海福特荷斯坦杂交牛 11.41 万头，荷斯坦牛规模养殖比例达 72.68%；奶牛（除奶水牛外）存栏 1 001 头及以上的养殖场 38 个，501~1 000 头的养殖场 22 个，101~500 头的养殖场 34 个；

奶水牛 0.17 万头，50~1 000 头的养殖场 3 个，1 000 头以上的养殖场 1 个。1 000 只以上规模化奶山羊场 3 个。2022 年新增了 11 个奶牛场，其中昆明市 1 个（云南优然牧业有限责任公司，设计规模 4 000 头，投资 2.8 亿元）、文山壮族苗族自治州文山市 1 个（红甸乡伊兴奶牛标准化养殖专业合作社，场区占地面积 13.3hm²，完成基础设施建设投资 5 600 万元）、大理白族自治州 9 个（8 个万头规模奶牛养殖场和 1 个千头奶水牛养殖场，总投资预算达到 25 亿元）；改（扩）建 2 个牛场，分别为昆明市的鹏欣寻甸凤合示范牧场和石林昊瑞牧业有限公司，2 个牛场原为肉牛养殖场，改建为奶牛养殖场。鹏欣寻甸凤合示范牧场养殖规模 1 万头，饲养荷斯坦奶牛、娟姗牛和娟荷杂交牛；石林昊瑞牧业有限公司养殖规模 5 000 头，饲养西门塔尔乳肉兼用牛。

云南省全录入生鲜乳监督管理系统的奶站有 188 个。其中，乳制品企业开办 110 个，占 58.5%；奶畜养殖场开办 44 个，占 23.4%；奶农专业合作社开办 34 个，占 18.1%。

机械挤奶：机械化挤奶厅 140 个，机械化挤奶率达 75.3%。

生鲜乳准运：取得生鲜乳运输车准运证 114 辆，随车携带生鲜乳交接单。

奶牛生产性能测定（DHI）：全省全年检测奶牛 14.9 万头次，上报中国奶牛数据中心数据 13 699 头次，平均 12 444 头次 / 月，累计测定 19 891 头。测定奶牛分布于昆明、大理、红河、曲靖、文山、楚雄 6 个市（州）21 个牧场。有效数据达到 95%，在全国 23 个测定中心中名列前六。奶牛日均产奶量 33.5 kg，平均乳脂率 4.31%，平均乳蛋白率 3.29%，平均固体总物质含量 13.36%，平均体细胞数 19 万个 /mL，平均 305 天产奶量 9 726kg。

种草：全省人工饲草种植面积 912.92 万亩，比 2021 年减少 68.43 万亩。其中，一年生饲草 469.19 万亩，比 2021 年减少 32.13 万亩；多年生饲草保留面积 443.73 万亩，比 2021 年减少 36.3 万亩。全省饲草产量 778.28 万 t（干重，下同），比 2021 年减少 220.83 万 t。其中，一年生饲草产量 413.9 万 t，比 2021 年减少 116.75 万 t；多年生饲草产量 364.38 万 t，比 2021 年减少 104.08 万 t。2022 年全省生产青贮饲料 446.86 万 t，占全年饲草料总产量的 57.42%。45 个固定监测点 2022 年共消费饲草料 15.36 万 t，其中青贮饲料 10.56 万 t，占总消费量的 68.75%。草食畜发展势头较好，饲草需求强劲，加之受疫情、人工成本增加、土地租赁上涨、运输费用、养殖数量增加等因素影响，全省饲草料价格持续上扬，饲草价格较 2021 年同期上涨 10%~20%。青贮饲用玉米到场价格 500~600 元 /t，裹包青贮玉米到场价格 800~1 000 元 /t，苜蓿干草到场价格 3 500~4 500 元 /t，饲用燕麦干草到场价格 2 000~3 000 元 /t。

疫病防控：主要由市县各级动物疫病预防控制中心、动物卫生监督所监督管理。以预防为主、防治结合，强制免疫和疫情监测工作作为重点，每年进行 2 次口蹄疫二联疫苗注射，确保 100% 的免疫密度；每年至少进行 1 次奶牛"两病"检疫及扑杀净化工作，并实施动物标识管理，跨境奶牛引种检疫备案、产地检疫、运输检疫监督等。

粪污处理方式。（1）沼气工程模式：在各级政府部门的引导和支持下，规模奶牛场普遍采用沼气工程技术。（2）有机肥或还田模式：奶牛粪便经干湿分离、生物发酵生产有机肥，用于种花或种植有机蔬菜，昆明市实施效果明显；奶牛粪便污水还田作肥料为传统且经济有效的处置方法，个体分散户养牛粪便污水处理均采用该法。（3）自然处理模式：主要采用氧化塘、土地处理系统或人工湿地等自然处理系统对养殖场粪便污水进行处理。

奶价与定价：昆明市牛奶平均价格 4.8 元 /kg，有所上升；山羊奶收购价 6.23 元 /kg，有所下降。大理白族自治州平均奶价 4.47 元 /kg，略有下降。红河哈尼族彝族自治州平均奶价 4.8 元 /kg，略有上升。全省牛奶平均收购价约 4.69 元 /kg，较 2021 年基本持平；生鲜水牛奶收购价为 10 元 /kg，较 2021 年有所下降。在《食品安全国家标准 生乳》（GB19301–2010）的基础上，云南乳企生鲜乳收购按质论价（根据乳脂率、乳蛋白率、细菌数、体细胞数、酸度等），乳制品质量大幅提高。

养牛效益：中国荷斯坦牛养殖户养殖年净收入 2 000 元 / 头、奶水牛养殖年净收入 2 500 元 / 头。

【奶农组织】（1）奶业协会有：云南省奶业协会、昆明市奶业协会、大理白族自治州奶业协会以及昆明市宜良县奶牛协会等。（2）宣传培训方面：云南省畜牧总站、云南省奶业协会、云南省鹤庆县奶牛产业科技特派团、昆明市奶业协会、大理白族自治州奶业协会和个旧畜牧站等组织全省范围的"奶牛现代养殖技术"班，内容涵盖奶牛冻精改良技术，饲养管理，优质牧草种植，秸秆青贮，奶牛产前、产中和产后全过程配套技术，生鲜乳质量安全监管技术，共发放《养牛实用技术》和《奶牛高效饲养新技术》等资料 4 500 余份。作为信息沟通、宣传介绍会员单位、传达有关奶业发展政策法规以及学术交流的重要窗口，云南省奶业协会把《奶业天地》会刊和网站的出版发行工作作为头等大事，分别于 3 月、6 月、9 月、12 月按时出版电子书发送协会网站及会员单位，内容上力求做到包括政策法规以及使内容具有科普性、学术性、时效性和可读性，会刊质量得到了明显提高。2022 年发布国内外奶业发展信息量增加，及时将国内外有关奶业发展信息上传至网站。

【政策法规】（1）出台《云南省支持肉牛产业加快发展若干措施》，2020—2022 年，对肉牛养殖企业或农民专业合作社每年收储全株青贮玉米 1 500t 以上的，采取"先储后补"的方式，省财政按照 60 元 /t 给予奖补。（2）昆明市奶业扶持政策：能繁奶牛保险政策、畜牧良种补贴政策、粮改饲试点项目补助政策、优质冻精改良补助政策、昆明市人民政府办公室出台《昆明市支持肉（奶）牛产业加快发展若干措施》。（3）2022年红河哈尼族彝族自治州贯彻落实能繁奶牛保险政策，个旧市奶牛参保1 269头，保费469 530元，奶牛保险理赔金额7 000元/头，保险费370元/头（财政补贴333元/头、农户自担37元/头）。（4）2022年10月云南省委农办印发了《云南省加快奶牛产业高质量发展三年行动方案（2023—2025年）》（云农办通〔2022〕22号），从奶源基地建设、乳制品企业现代化发展和奶业质量保障体系3个方面明确了11项重点任务，提出打造南方"乳都"的发展目标。2022年，各级财政对奶牛产业投入超过3亿元，其中大理白族自治州鹤庆县万头奶牛养殖项目成功申请地方专项债支持2.7亿元。（5）大理白族自治州人民政府办公室印发的《大理白族自治州人民政府关于加快乳业高质量发展的意见》，实现"十四五"期间全州奶牛存栏力争达到20万头、年产鲜奶100万t、奶农收入达50亿元、乳制品加工业产值达100亿元以上的奶业发展目标，2022年，大理白族自治州人民政府在各县布局实施"8+1"奶牛标准化规模养殖场建设，总投资预算达到25亿元。

【质量监管】生鲜乳专项整治工作。云南省农业农村厅下发了《云南省农业农村厅办公室关于印发2022年云南省生鲜乳质量安全监测计划的通知》。一是要求县级自查和市（州）检查。奶业重点市（州）派出检查组到奶业重点县开展检查，县（市、区）进行全面自查。二是省级重点督查，由畜牧兽医处牵头，联合云南农大、云南省奶业协会相关专家组成调研组对昆明市、大理白族自治州、红河哈尼族彝族自治州等奶业重点市（州）进行监督检查，共随机抽查了15个奶站、7辆运输车。通过此次督查，对收购许可证及运输证办理不规范和不及时、档案记录不全、环境卫生状况不佳、无随车携带交接单、收购合同不全等问题，督促相关县（市、区）限期整改。通过开展检查，整改生鲜乳收购站13个，整改生鲜乳运输车1辆。

开展兽药饲料生鲜乳"双随机、一公开"监督抽查。为进一步了解掌握全省兽药、饲料、生鲜乳生产经营使用以及安全生产情况，云南省农业农村厅下发了《云南省农业农村厅办公室关于开展兽药饲料生鲜乳生产经营使用情况"双随机、一公开"抽查的通知》，联合云南省疫控中心、云南省动物卫生监督所，分成3个检查组，对昆明市、大理白族自治州、保山市3个市（州）的部分奶站和奶牛养殖企业进行监督检查。

落实监管工作职责。各级农业农村主管部门履行生鲜乳质量安全监管职责，做到生鲜乳监管工作有人抓、有人管。一是与辖区内奶畜养殖场、生鲜乳收购站签订《畜产品质量安全承诺书》《生鲜乳收购质量安全承诺书》，明确奶畜养殖场、生鲜乳收购站在生鲜乳生产、收购过程中的责任与义务。二是通过不定期对奶畜养殖场、生鲜乳收购站负责人及乳制品企业奶源部负责人进行相关知识、法律法规培训，进一步提高从业者的素质。

生鲜乳质量安全监测与执法情况检查。共出动执法人员731人次、检查奶站467次、检查运输车302车次，抽检1 935批次；全年生鲜乳质量抽检590批次，对乳成分、菌落总数、大肠菌群数、黄曲霉毒素M_1、β-内酰胺类抗生素、四环素、头孢氨苄进行检测，合格率均达100%。

饲料监测情况。共检测饲料原料（玉米面、酒糟）37批、叶菜（生菜、油麦菜）、全株青贮17批，检测项目为霉菌毒素（黄曲霉毒素B_1、玉米赤霉烯酮、呕吐毒素、伏马毒素、赭曲霉素）、环丙氨嗪等。结果显示，玉米面、青贮饲料中玉米赤霉烯酮污染面较大。玉米赤霉烯酮具有类雌激素作用，长期使用含有玉米赤霉烯酮的饲料会导致奶牛繁殖障碍、流产等。

奶牛散养地区情况。当前全省奶牛散养户主要集中在大理白族自治州，其余市（州）均以养殖小区或规模养殖场为主。

【奶业大事】云南牛牛牧业股份有限公司成功入选2021年国家奶牛核心育种场名单，成为南方地区首个入选的牧场，实现了"零"的突破，并且入选2022年国家级畜禽养殖标准化示范场。

云南乍甸乳业奶牛休闲观光牧场成功入选全国第四批奶牛休闲观光牧场，成为云南省首家入选牧场。

在大理白族自治州祥云县、永平县、云龙县、巍山县、洱源县、宾川县、南涧县、鹤庆县开工建设"8+1"万头奶牛牧场项目，概（估）算总投资25.517亿元，设计总存栏奶牛5.72万头。

2022年8月中旬云南省政府在大理召开全省奶牛产业现场办公会。

建设云南欧亚乳业娟姗奶牛核心育种场。

昆明市动物卫生监督所参编的《奶牛生产性能测定提高奶牛产奶量及健康养殖关键技术》入选《云南省2022年农业主推技术》（云农科〔2022〕1号），为云南省高原特色现代奶业的健康规范发展提供了技术指导。

（云南省奶业协会，黄艾祥、李 清）

附表1 云南省奶畜养殖场（小区）名录

序号	名称	供奶企业	全群存栏（头）	成母畜存栏（头）	奶畜品种	成母畜单产（t/年）	年总产量（t）	是否有机奶源基地	有机奶产量（t）
1	云南新希望雪兰牧业科技有限公司	昆明雪兰牛奶有限责任公司	3 918	1 763	荷斯坦	10.30	18 158.90	√	6878
2	石林新希望雪兰牧业有限责任公司	昆明雪兰牛奶有限责任公司	2 406	1 520	荷斯坦	11.50	17 500.00		0
3	陆良新希望雪兰奶牛养殖有限公司	昆明雪兰牛奶有限责任公司	5 184	2 333	荷斯坦	10.88	25 383.04		0
4	嵩明会新奶牛养殖专业合作社	昆明雪兰牛奶有限责任公司	2 300	1 080	荷斯坦	6.00	6 500.00		0
5	嵩明犇腾奶牛养殖有限公司	昆明雪兰牛奶有限责任公司	480	150	荷斯坦	6.00	1 200.00		0
6	宜良县兴达奶牛养殖场	昆明雪兰牛奶有限责任公司	960	510	荷斯坦	5.50	1 825.00		0
7	宜良县瓦窑奶牛养殖场	昆明雪兰牛奶有限责任公司	382	273	荷斯坦	5.20	483.00		0
8	宜良县胜利奶牛养殖专业合作社	昆明雪兰牛奶有限责任公司	312	283	荷斯坦	5.20	760.00		0
9	宜良县鑫磊奶牛养殖场	昆明雪兰牛奶有限责任公司	22	9	荷斯坦	5.66	50.94		0
10	宜良县奶灼源奶牛养殖专业合作社	昆明雪兰牛奶有限责任公司	951	508	荷斯坦	5.50	1 464.00		0
11	宜良县九乡阿格里里乳牧业有限公司	昆明雪兰牛奶有限责任公司	428	186	荷斯坦	6.10	820.00		0
12	宜良县锦秀奶牛养殖专业合作社	红河云牧乳业有限公司	284	112	荷斯坦	6.90	400.00		0
13	宜良森琦奶牛养殖专业合作社	云南云利乳业有限公司	238	102	荷斯坦	6.10	750.00		0
14	晋宁尼摩合奶牛专业合作社	云南伊利乳业有限责任公司	1 065	507	荷斯坦	11.00	5 500.00		0
15	云南海牧牧业有限公司石林分公司	蒙牛乳业（曲靖）有限公司	890	350	荷斯坦	11.00	6 920.00		0
16	昆明守捷农业有限公司（昆明）	鲜奶吧自产自销	134	85	娟姗	5.69	395.00		0
17	寻甸赛优牧业有限公司	云南伊利乳业有限责任公司	1 200	710	荷斯坦	10.08	6 205.00		0
18	寻甸豚竜牧畜养殖有限公司	云南伊利乳业有限责任公司	1 030	547	荷斯坦	11.00	6 000.00		0
19	石林草原农产品专业合作社	红河云牧乳业有限公司	298	200	荷斯坦	8.00	1 600.00		0
20	石林新鹏牧业有限公司	云南伊利乳业有限责任公司	1 766	879	荷斯坦	10.20	8 500.00		0
21	宜良县玥鹏奶牛养殖专业合作社	昆明雪兰牛奶有限责任公司	1 850	930	荷斯坦	10.80	9 600.00		0
22	云南伊盛奶牛养殖有限公司	云南伊利乳业有限责任公司	1 600	800	荷斯坦	8.70	6 935.00		0
23	云南恒牧牧业有限公司	云南伊利乳业有限责任公司	1 200	650	荷斯坦	9.80	6 387.50		0
24	云南迪杰农业科技有限公司	昆明雪兰牛奶有限责任公司	1 865	814	荷斯坦	3.00	2 442.00		0
25	澄江市众益奶牛养殖农民专业合作社	昆明雪兰牛奶有限责任公司	966	396	荷斯坦	5.96	2 360.16		0
26	寻甸营顺奶牛养殖有限公司	云南新希望邓川蝶泉乳业有限公司	480	285	荷斯坦	3.50	998.00		0
27	通海县云江奶牛养殖场	云南新希望邓川蝶泉乳业有限公司	1 560	740	荷斯坦	5.60	4 144.00		0
28	现代牧业（宝鸡）有限公司	昆明雪兰牛奶有限责任公司	1 033	465	荷斯坦	10.93	5 082.45		0
29	通海县云江奶牛养殖有限公司(蝶泉乳业)	云南新希望邓川蝶泉乳业有限公司	910	645	荷斯坦	5.60	3 612.00		0

（续）

序号	名称	供奶企业	全群存栏（头）	成母畜存栏（头）	奶畜品种	成母畜单产（t/年）	年总产量（t）	是否有机奶源基地	有机奶产量（t）
30	现代牧业洪雅有限公司	昆明雪兰牛奶有限责任公司	578	260	荷斯坦	10.92	2 839.20		0
31	云南爱地农业开发有限公司	昆明雪兰邓川蝶泉乳业有限公司	730	270	荷斯坦	5.80	1 566.00		0
32	嵩明兴瑞合奶牛养殖有限公司	昆明雪兰牛奶有限责任公司	2 150	922	荷斯坦	6.00	5 500.00		0
33	嵩明金国养殖有限公司	昆明雪兰牛奶有限责任公司	1 200	650	荷斯坦	4.60	1 400.00		0
34	嵩明东达种养殖专业合作社	昆明雪兰牛奶有限责任公司	1 210	1 020	荷斯坦、西门塔尔	7.38	3 763.80		0
35	嵩明牧兴奶牛养殖专业合作社	昆明雪兰牛奶有限责任公司	2 200	1 700	荷斯坦	4.50	3 600.00		0
36	嵩明县明新奶牛养殖场有限公司	昆明雪兰牛奶有限责任公司	511	312	荷斯坦	3.66	2 100.00		0
37	龙渔多养殖合作社	昆明雪兰牛奶有限责任公司	489	305	荷斯坦	3.66	545.00		0
38	嵩明博野种养殖发展有限公司	云南伊利利业有限公司	442	248	荷斯坦、娟姗	7.00	1 736.00		0
39	利芙德娟姗牧场	昆明守捷农业有限公司	110	107	娟姗	2.50	270.00		0
40	富民县优牧品原乳业有限公司	鲜奶吧自用	120	65	荷斯坦、娟姗	6.50	430.00		0
41	海原新希望牧业有限公司	昆明雪兰牛奶有限责任公司	556	250	荷斯坦、安格斯	10.58	2 645.00		0
42	昆明永牧农业发展有限公司	昆明雪兰牛奶有限责任公司	4 500	2 600	荷斯坦杂交、娟姗	5.00	12 000.00		0
43	优牧品原高原云智农场	富民原农业科技开发有限公司	130	100	荷斯坦	7.20	720.00	√	720
44	北京首农畜牧发展有限公司云南分公司	云南伊利利业发展有限公司云南分公司	1 100	490	荷斯坦	9.90	5 840.00		0
45	永昌新希望农牧业有限公司	昆明雪兰牛奶有限责任公司	1 155	635	荷斯坦	12.00	8 614.58		0
	昆明市合计（奶牛）		52 893	27 766		7.31	205 545.57		7 598
1	石林志利养殖专业合作社收购站	昆明龙腾生物生乳业有限公司	7 450	3 500	吐根堡奶山羊、阿尔卑斯奶山羊、萨能奶山羊	0.65	6 300.00		0
2	云南羊好农牧发展有限公司	昆明龙腾生物乳业有限公司	3 326	1 100	吐根堡奶山羊、阿尔卑斯奶山羊、萨能奶山羊	0.55	800.00		0
3	云南合胜奶山羊养殖专业合作社	昆明龙腾生物乳业有限公司	36 000	29 000	吐根堡奶山羊、阿尔卑斯奶山羊、萨能奶山羊	0.65	2 000.00		0
	昆明市合计（奶山羊）		46 776	33 600		0.62	9 100.00		0
1	现代牧业（曲靖）有限公司	蒙牛乳业（曲靖）有限公司	3 559	1 535	荷斯坦	11.50	4 810.00		0
2	云南乍甸乳业有限责任公司（红河）	云南乍甸乳业有限责任公司（红河）	1 570	868	荷斯坦	7.20	6 249.00	√	2 754
3	弥勒市佛亨牧业有限公司（红河）	云南乍甸乳业有限责任公司（红河）	269	213	荷斯坦	6.45	1 373.00		0

（续）

序号	供奶企业		全群存栏（头）	成母畜存栏（头）	奶畜品种	成母畜单产（t/年）	年总产量（t）	是否有机奶源基地	有机奶产量（t）
	名称								
4	红河佳合奶牛养殖有限责任公司（红河）		548	326	荷斯坦	6.40	2 086.00		0
5	弥勒东风奶牛养场（红河）		740	438	荷斯坦	6.90	3 022.00		0
6	建水面甸镇皎罗奶牛养殖专业合作社（红河）		32	15	荷斯坦	5.30	79.50		0
7	九牛有限公司奶牛养殖场		584	270	荷斯坦	10.50	2 847.00		0
8	个旧市鸡街镇隆盛奶牛养殖专业合作社		1 610	904	荷斯坦	7.10	6 418.00		0
9	云南牛牛牧业股份有限责任公司		7 305	3 170	荷斯坦	10.65	35 000.00	√	13 725
10	云南牛牛牧业股份有限公司		1 018	480	乳肉兼用型（蒙贝利亚）	9.50	4 560.00		0
11	个旧市鸡街镇沙坝奶牛养殖场		769	424	荷斯坦	6.90	2 925.00		0
12	红河佳和奶牛养殖有限公司		548	326	荷斯坦	6.40	2 086.00		0
13	东风奶牛养殖专业合作社		740	438	荷斯坦	6.90	3 022.00		0
14	弥勒市林园家畜养殖专业合作社（自产自销）		165	85	荷斯坦	5.40	459.00		0
15	弥勒市羊妈妈乳制品厂（自产自销）		550	284	吐根堡奶山羊、阿尔卑斯奶山羊、萨能奶山羊	0.71	200.75		0
	红河哈尼族彝族自治州合计（荷斯坦奶牛、乳肉兼用牛）		19 457	9 492		7.65	74 936.50		16 479
	红河哈尼族彝族自治州合计（奶山羊）		550	284		0.71	200.75		0
1	云南海牧牧业文山分公司	蒙牛乳业（曲靖）有限公司	2 050	780	荷斯坦	11.30	17 700.00	√	30 204
2	文山市红甸乡伊甸乡伊兴奶牛标准化养殖专业合作社	文山市红甸乡伊甸乡伊兴奶牛标准化养殖专业合作社	2 345	938	荷斯坦	5.40	5 051.00		0
	文山壮族苗族自治州合计（荷斯坦奶牛）		4 395	1 718		8.35	22 751.00		30 204
1	大理云樱牧业有限公司（来思尔）	云南皇氏来思尔乳业有限公司	826	479	荷斯坦	9.17	4 393.00		0
2	洱源县鑫农养殖专业合作社（蝶泉）	云南新希望邓川蝶泉乳业有限公司	144	107	荷斯坦	4.66	500.00		0
3	陈官机械化挤奶站（蝶泉）	云南新希望邓川蝶泉乳业有限公司	231	168	荷斯坦	4.60	773.00		0
4	赶香营机械化挤奶站（蝶泉）	云南新希望邓川蝶泉乳业有限公司	90	66	荷斯坦	4.60	310.00		0
5	云南新希望蝶泉牧业有限公司（蝶泉）	云南新希望邓川蝶泉乳业有限公司	1 668	935	荷斯坦	10.34	9 670.00	√	1 235
6	祥云县现代化农业庄园有限公司（欧亚）	云南欧亚乳业有限公司	9 872	6 416	荷斯坦、娟姗	11.00	70 576.00	√	7 467
7	祥云和泰牧业有限公司（欧亚）	云南欧亚乳业有限公司	1 854	1 205	荷斯坦	10.40	12 532.00		0
8	弥渡县金润良种奶牛场（欧亚）	云南欧亚乳业有限公司	360	311	荷斯坦	9.00	2 920.00		0
9	神野牧场（欧亚）	云南欧亚乳业有限公司	340	293	荷斯坦	9.00	1 925.00		0

（续）

序号	名称	供奶企业	全群存栏（头）	成母畜存栏（头）	奶畜品种	成母畜单产（t/年）	年总产量（t）	是否有机奶源基地	有机奶产量（t）
10	益新牧场（欧亚）	云南欧亚乳业有限公司	225	101	荷斯坦	9.00	756.00		0
11	明新牧场（欧亚）	云南欧亚乳业有限公司	1 807	1 102	荷斯坦	9.00	4 080.00		0
12	兴泰牧场（欧亚）	云南欧亚乳业有限公司	540	380	荷斯坦	9.00	3 420.00		0
13	云南大理云端牧业有限公司（来思尔）	云南皇氏来思尔乳业有限公司	4 359	1 915	荷斯坦	8.63	17 189.95		0
14	海富牧场（欧亚）	云南欧亚乳业有限公司	400	210	荷斯坦	9.00	1 711.92		0
15	聚鑫牧场（欧亚）	云南欧亚乳业有限公司	780	420	荷斯坦	10	4 550.03		0
16	鹤泽牧场（欧亚）	云南欧亚乳业有限公司	540	330	荷斯坦	9	2 581.39		0
17	远源牧场（欧亚）	云南欧亚乳业有限公司	720	480	荷斯坦	9	3 599.20		0
18	本源牧场（欧亚）	云南欧亚乳业有限公司	330	185	荷斯坦	9.00	1 665.00		0
19	华利牧场（欧亚）	云南欧亚乳业有限公司	260	160	荷斯坦	9	944.33		0
20	辉宝牧场（欧亚）	云南欧亚乳业有限公司	380	290	荷斯坦	9.00	1 815.01		0
21	白塔山牧场（欧亚）	云南欧亚乳业有限公司	339	220	荷斯坦	8.50	1 398.50		0
22	剑湖牧场（来思尔）	云南皇氏来思尔乳业有限公司	330	178	荷斯坦	8.80	1 567.00		0
23	大理云牧业有限公司（来思尔）	云南皇氏来思尔乳业有限公司	410	220	荷斯坦	8.30	1 826.00		0
24	大理云颖颖奶牛养殖合作社（来思尔）	云南皇氏来思尔乳业有限公司	210	86	荷斯坦	7.50	645.00		0
25	大理感通养殖场（来思尔）	云南皇氏来思尔乳业有限公司	120	68	荷斯坦	7.50	510.00		0
26	鹤庆荷斯坦牧业有限公司	云南欧亚乳业有限公司	1 100	500	荷斯坦	10	4 864.05		0
27	云南皇氏来思尔乳业有限公司剑川牧业分公司		340	180	荷斯坦	9.10	1 200.00		0
28	大理州家畜繁育指导站水牛场		68	37	摩菲、尼里、地中海	1.20	21.43		0
29	六阳牧场		117	75	荷斯坦	8.50	562.68		0
30	万祥牧场		360	270	荷斯坦	9.10	1 723.99		0
31	爱心语牧场		110	75	荷斯坦	8.80	532.55		0
	大理白族自治州合计（荷斯坦奶牛）		26 798	16 259		7.05	160 763.03		8 702
1	腾冲市巴福乐槟榔江水牛良种繁育有限公司（腾冲）	云南皇氏来思尔乳业有限公司	122	78	摩拉、尼里	1.80	85.00		0
2	腾冲市中和约园奶水牛养殖专业合作社（腾冲）	腾冲市爱艾摩拉牛乳业有限责任公司	1 084	460	槟榔江水牛	2.10	860.00		0

（续）

序号	名称	供奶企业	全群存栏（头）	成母畜存栏（头）	奶畜品种	成母畜单产（t/年）	年总产量（t）	是否有机奶源基地	有机奶产量（t）
3	腾冲鹏腾牧业有限公司（来思尔）	云南皇氏来思尔乳业有限公司（来思尔）	4 829	2 032	海福特、安格斯	4.00	2 400.00		0
	腾冲市合计（奶水牛）		1 206	538		1.95	945.00		0
	腾冲市合计（海福特荷斯坦杂交）		4 829	2 032		4.00	2 400.00		0
	腾冲市合计（奶水牛、海福特荷斯坦杂交）		6 035	2 570		2.98	3 345.00		0
1	芒市勐戛镇赵仓达奶水牛养殖场（德宏）	芒市禾牛科技有限责任公司，部分自销	27	22	奶水牛	2.80	38.50		0
2	德宏民诚养殖专业合作社（德宏）	芒市禾牛科技有限责任公司	43	20	奶水牛	1.25	24.94		0
3	盈江茅草文明奶水牛养殖小区（德宏）	鲜奶吧自行销售	87	56	奶水牛	1.25	39.00		0
4	盈江旧城宏发奶水牛养殖小区（德宏）	鲜奶吧自行销售	76	41	奶水牛	1.10	4.80		0
5	陇川县老大奶水牛养殖场（德宏）	陇川县扬程食品有限责任公司	31	18	奶水牛	1.55	27.00		0
6	陇川县许有增奶水牛养殖场（德宏）	陇川县扬程食品有限责任公司	24	9	奶水牛	1.60	14.00		0
7	陇川县张定建奶水牛养殖场（德宏）	陇川县扬程食品有限责任公司	14	6	奶水牛	1.34	4.50		0
8	陇川县叶超留奶水牛养殖场（德宏）	陇川县扬程食品有限责任公司	14	4	奶水牛	1.40	7.80		0
9	陇川县董有强奶水牛养殖场（德宏）	陇川县扬程食品有限责任公司	14	7	奶水牛	0.00	0.00		0
10	陇川县陈昌寿奶水牛养殖场（德宏）	陇川县扬程食品有限责任公司	19	11	奶水牛	0.00	0.00		0
11	陇川县陈德清奶水牛养殖场（德宏）	陇川县扬程食品有限责任公司	11	6	奶水牛	0.00	0.00		0
12	芒市勐戛镇李国奶水牛养殖户	鲜奶吧自行销售	12	8	奶水牛	1.85	10.95		0
13	芒市勐戛镇张建国家庭牛场	鲜奶吧自行销售	20	9	奶水牛	1.76	11.68		0
14	芒市勐戛镇朱贵周家庭牛场	鲜奶吧自行销售	10	5	奶水牛	0.00	0.00		0
15	陇川县聂大行奶水牛养殖户	陇川县扬程食品有限责任公司	28	14	奶水牛	0.00	0.00		0
	德宏傣族景颇族自治州合计（奶水牛）		430	236	奶水牛	1.59	183.17		0
1	德宏民诚养殖专业合作社（德宏）	用于本社牛场替换奶水牛奶饲喂犊牛	31	8	弗莱维赫杂交	1.52	12.14		
	德宏傣族景颇族自治州合计（弗莱维赫杂交）		27	10	弗莱维赫	1.52	31.20		0
	德宏傣族景颇族自治州合计（奶水牛、弗莱维赫杂交）		457	246	奶水牛、维赫杂交	1.56	214.37		0
1	旺扎（新增）	农拉央培合作社	25 600	13 380	牦牛、牦犏牛	0.50	6 690.00		0
2	张志坚（新增）	农户	14 000	6 760	牦牛、牦犏牛	0.50	3 380.00		0
3	农缅（新增）	红坡集体农民合作社	800	421	牦牛、牦犏牛	0.50	210.50		0
4	斯南劳丁（新增）	养殖农民专业合作社	767	360	牦牛、牦犏牛	0.50	180.00		0

（续）

序号	名称	供奶企业	全群存栏（头）	成母畜存栏（头）	奶畜品种	成母畜单产（t/年）	年总产量（t）	是否有机奶源基地	有机奶产量（t）
	香格里拉市合计（牦牛、犏牛）		41 167	20 921		0.50	10 460.50		0
		云县鹏云牧业有限公司（来思尔、新增）云南皇氏来思尔乳业有限公司	10 514	1 496	海福特荷斯坦杂交	3.10	4 637.60		0
	临沧市合计（乳肉兼用）		10 514	1 496		3.10	4 637.60		0
	云南省合计（荷斯坦奶牛、西门塔尔杂交牛、弗莱维赫杂交）		114 084	56 741		5.57	468 664.90	√	62 983
	云南省合计（奶水牛）		1 704	811		1.58	1 149.60		0
	云南省合计（奶山羊）		47 326	33 884		0.66	9 300.75		0
	云南省合计（牦牛、犏牛）		41 167	20 921		0.50	10 460.50		0
	合计		204 281	112 357			489 575.75		

备注：本表所指奶畜包括奶山羊、奶绵羊、奶水牛、牦牛、犏牛、骆驼、驴等产商品奶家畜。如认证为有机奶源基地等，请在相应表格中打钩。

附表2　云南省主要乳制品生产企业名录

序号	名称	生产地点	生产许可证号码	年收购原奶量(t)	其中:自有奶源量(t)	平均支付价格(元/kg)	日处理生鲜乳能力(t)	年乳制品产量(t)	其中:低温鲜乳(t)	UHT奶(t)	常温酸奶(t)	低温酸奶(t)	原料奶粉(t)	婴幼儿配方奶粉(t)	成人奶粉(t)	奶油(t)	奶酪(t)	含乳饮料(t)	冰品(t)	年销售收入(万元)	利润(万元)	有机产品(枚)
1	昆明雪兰牛奶有限责任公司	云南昆明	SC10553011110668	120 000	102 636	4.80	500	124 928	25 000	61 000	1 700	34 000				18.45		3 210		120 000	4 000	5 978
2	昆明市海子乳业有限公司		SC10553011113025			4.80																
3	昆明七彩云乳业有限公司		SC10553012115057			4.80																
4	春的野鲜鲜奶吧(鲜奶吧)	昆明市经开区	JY25301000001866(食品经营许可证)	147		6.20	2	140	115.2			16.8					0.5		0.3	323	-78	
5	富民牧品原农业科技开发有限公司	富民县赤鹫镇东坡村委会望海山	SC10553012400333	720	720	20.00	2	720	500			220	0	0					0	1 440	0	1 798
6	昆明守捷乳业有限公司	寻甸县鸿祥镇四哨村	JY25300290039545(食品经营许可证)	395	395	15.00	3	395	395			0	0	0						547.5		
7	云南陇裔商贸有限公司(鲜奶吧)	昆明市大板桥街道办事处板桥社区工业园	JY13010004947(食品经营许可证)	380		6.20	2	355	25			0	0	0								
8	云南祥和牧业有限责任公司	云南嵩明杨林工业园区景明大道延长线	SC5301270000003208	59 655	0	4.80	650	59 000		50 000		9 000								67 999.4	6 799.9	0
	昆明市合计(牛奶)			181 297	103 751	4.80	1 159	185 538	26 035.2	61 000	51 700	34 236.8	0	0	0	18.45	0.5	12 210	0.30	190 309.9	10 721.9	7 776
1	昆明龙腾生物乳业有限公司(龙腾)	宝峰园区	SC10553012207005	15 750	608	6.90	43	2 288	0	0	0	0			828				0	15 856	1 937	0
2	昆明圣宝食品有限公司	石林县台创园	SC13153012620780	36	0	6.80	20	36	25			11								72	3.6	
3	石林彝嘉乳业有限公司	石林县石林北收费站进口	SC10553012600039	730	0	5.00	6	78	25									3 600			3 600	-380	
	昆明(市)合计(羊奶)			16 516	608	6.23	69	2 402	25	0	0	11	0	0	828	0	0	0	0	19 528	1 940.6	0
1	蒙牛乳业(曲靖)有限公司	曲靖市麒麟	SC10553032200083	39 250	9 820	5.10	600	89 000	5 051	44 500	26 700	0	0	0	0	0	0	17 800	0	58 900	1 000	
	曲靖市合计(牛奶)			39 250	9 820	5.10	600	89 000	5 051	44 500	26 700	0	0	0	0	0	0	17 800	0	58 900	1 000	
1	云南皆乳业有限责任公司	个旧市鸡街镇干甸	SC10553250136769	49 364	6 249	4.80	300	53 264	20 622	19 178		10 560							2 904		55 852	3 600	2 035
2	红河云牧乳业有限公司	弥勒市小石山工业园食品加工园	SC10653252651003	1 850		4.80	20	1 700	800	350			400							150		3 800	-350

（续）

序号	名称	生产地点	生产许可证号码	年收购原奶量(t)	其中:自育奶源量(t)	平均支付价格(元/kg)	日处理生鲜乳能力(t)	年乳制品产量(t)	其中:低温鲜奶(t)	UHT奶(t)	常温酸奶(t)	低温酸奶(t)	原料粉(t)	婴幼儿配方奶粉(t)	成人奶粉(t)	奶油(t)	奶酪(t)	含乳饮料(t)	冰品(t)	年销售收入(万元)	利润(万元)	有机产品(枚)
	红河哈尼族彝族自治州合计（牛奶）			51 214	6 249	4.80	320	54 964	21 422	19 528	0	10 560	400	0	0	0	0	3 054	0	59 652	3 250	2 035
1	云南新希望邓川蝶泉乳业有限公司	云南洱源	SC10553293016421	42 401	0	4.46	600	56 666.37	0	34 648.34	921.63	6 784.29	0	0	1 733.9	83.5	0	12 494.71	0	50 142.87	1 168.3	1 863
2	云南欧亚乳业有限公司	云南省大理白族自治州大理经济技术开发区	SC10553290113000	119 226	83 108	4.37	1 369	251 262	7 496	147 447（包含调制乳）	7 245	22 934	0	0	0	0	360	65 831	0	201 857	9 328	1 735
3	云南皇氏来思尔乳业有限公司	大理市大理镇	SC10553290101054	74 241.49	17 189.95	4.58	400	105 365.59	5 889.98	53 896.27	3 530.7	34 180.71	0	0	0	0	0	7 867.93	0	129 716.56	4 679.72	0
	大理白族自治州合计			235 868.49	100 297.95	4.47	2 369	413 293.96	13 385.98	235 591.61	11 697.33	63 899	0	0	1 733.9	83.5	360	86 193.64	0	381 716.43	15 176.02	3 598
1	腾冲市艾爱摩卡牛乳业有限责任公司	腾冲市	SC10553052213032	120	0	10.00	10	120	80	0	0	25	0	0	0	5	5	5	0	310	46	0
	腾冲市合计			120	0	10.00	10	120	80	0	0	25	0	0	0	5	5	5	0	310	46	0
1	芒市禾科技有限责任公司鲜奶吧	芒市勐焕街道凤情街1号	JY25331030047591（食品经营许可证）	35	0	10.00	0.2	35	32.5	0	0	2.5	0	0	0	0	0	0	0	75	10	
	德宏傣族景颇族自治州合计			35	0	10.00	0.2	35	32.5	0	0	2.5	0	0	0	0	0	0	0	75	10	
1	香格里拉圣达牦牛乳业有限公司	云南省迪庆藏族自治州香格里拉市工业园区菁口特色产业片区	SC10553340100017	5 000	0	11.00	100	1 000	—	—	—	—	—	—	1 000	—	—	—	—	800	800	—
	香格里拉市合计			5 000	0	11.00	100	1 000	—	—	—	—	—	—	1 000	—	—	—	—	800	800	—
	云南省合计（牛奶）			512 680.49	225 168.95	4.79	4 478	742 796.41	65 894.18	361 019.61	90 097.33	108 695.8	400	0	1 733.9	101.95	360.5	119 257.64	0.3	694 228.33	30 147.92	13 409
	云南省合计（羊奶）			16 516	608	6.23	69	2 402	25	0	0	11	0	0	828	0	5	5	0	19 528	1 940.6	0
	云南省合计（水牛奶）			155	0	10.00	10.2	155	112.5	0	0	27.5	0	0	0	5	5	5	0	385	56	0
	云南省合计（牦牛奶）			5 000	0	11.00	100	1 000	—	—	—	—	—	—	1 000	—	—	—	—	800	800	—
	合计			534 351.49	225 776.95	8.01	4 657.2	746 353.41	66 031.68	361 019.61	90 097.33	108 734.3	400	0	3 561.9	106.95	365.5	119 262.64	0.3	714 941.33	32 944.52	13 409

备注：本表包括在中国及海外的生产企业。日处理生鲜乳能力指设计加工生鲜乳能力。自有奶源指本自自建和参建（控股、参股）牧场（小区）的原奶。成人奶粉指除婴幼儿配方奶粉以外的学生奶粉、孕妇奶粉、中老年奶粉等终端消费奶粉。水品包括冰激凌、雪糕等。有机产品数量单位为"枚"，指获得有机标志的数量。

西藏自治区

【奶畜养殖】统计数据显示，2022 年西藏自治区产奶牛存栏 145.6 万头。其中，改良产奶牛 4.6 万头（荷斯坦、娟姗）、本地产奶黄牛约 26 万头、产奶犏牛 6 万头、产奶牦牛约 109 万头。产奶羊 310 万只。全区奶产量 57.79 万 t，同比增长 7.58%，其中牛奶产量 53.34 万 t、羊奶产量 4.45 万 t。奶畜养殖在拉萨、山南、林芝、日喀则、昌都、那曲、阿里 7 个地市均有分布。奶牛养殖规模化、标准化、机械化水平大幅提升，机械化挤奶率达 33%，TMR 使用率 60%。

【乳制品加工】全区现有一定规模的奶制品加工企业 10 家，乳制品种类包括巴氏杀菌乳、UHT 奶、酸奶等 30 余个品种，日处理 398.3t 鲜奶。规模以上企业产值近 4.13 亿元。液态奶产量约为 3 万 t，干乳制品产量约为 3.5 万 t。有 2 项牦牛、牦牛乳、牧草的有机产品认证。目前暂无婴幼儿配方奶粉生产企业及注册配方。自治区将逐步建立生鲜乳质量安全监管体系，实现质量安全监管可追溯。进一步提高牦牛乳制品检验室、化验室的检验检测能力，为乳制品质量安全保驾护航。

【重大建设项目】2022 年育繁推体系建设项目投入资金 3 340 万元，建成日喀则仲巴县霍尔巴绵羊良种场建设项目、帕里牦牛遗传种质资源保种场建设项目、苏格绵羊良种场建设项目、尼玛县白绒山羊良种场建设项目。项目建设不断提升了优良种畜生产和供种能力，提高了牲畜个体生产性能和群体生产水平。2022 年通过自治区本级财政安排资金 8 000 万元用于牲畜良种补贴，重点支持 7 个地市的黄牛改良、优质种公羊、牦牛种公牛推广，通过推广、利用优良牲畜品种提高良种化率，预计 2023 年底牲畜良种覆盖率达 46% 以上。

【市场消费】2022 年本区常住人口为 364 万人（其中城镇 136 万人、农村 228 万人）。城镇居民人均奶类消费量为 19.4kg，农村居民人均奶类消费量为 4.6kg。乳制品市场主要销售品牌及价格为：雪顿低温鲜奶 220g/ 袋 ×24 袋价格 96 元；高原之宝低温鲜奶 200mL/盒 ×25 盒价格 337.5 元，高原之宝常温酸奶 140g/ 瓶 ×12 瓶价格 150 元、常温酸奶 2kg/桶 ×2 桶价格 140 元。酥油、奶渣等干乳制品无固定规格，称重计价，单价分别为 120 元 /kg 和 80 元 /kg，销售渠道主要为公司线下门店销售。随着国民经济水平和个人可支配收入的不断提升，消费者对乳制品带来的营养和健康需求不断上升，逐步从"温饱型"向"品质型"跨越，消费者不仅对乳制品消费品质和种类的要求不断提高，同时逐渐着眼于乳制品食品的安全问题。

【奶源基地】2022 年，规模以上养殖场（合作社）84 个，其中存栏 100 头以上的 39 个，存栏 0.47 万头，规模化率为 28%，养殖数为 40.34 万头。生鲜乳收购价格为 6 元 /kg，比全国平均水平高 41.2%。通过第二批中央转移支付对日喀则市投资 201 万元实施苜蓿种植，种植面积达 0.335 万亩。2022 年中央预算内安排资金 9 050 万元，专用于拉萨市尼木县、林周县，日喀则市白朗县，林芝市工布江达县畜禽粪污资源化利用整县推进建设工程。畜禽粪污处理方式主要采用堆积发酵还田、高温发酵、机械干湿分离、垫料、有机肥加工以及作为燃料等方式进行处理，同时试点推进畜禽养殖废弃物资源化利用。

【奶农组织】截至 2022 年，组建奶业（养殖业）合作社 290 余个，为有效整合现有奶业资源，建立信息共享平台，保障市场鲜奶供应。自治区于 2020 年成立拉萨市奶业发展协会。协会整合奶产业发展较好的企业、合作社、养殖大户的管理经验，加强奶业新工艺、新技术、新产品的研制与开发和新技术推广，引导农牧户科学养殖，促进奶业健康发展。

【政策法规】西藏自治区农业农村厅下发《西藏自治区"十四五"时期畜牧水产高质量发展规划（2021—2025 年）》的通知，中共西藏自治区委员会办公厅印发《西藏自治区种业振兴行动方案》的通知，西藏自治区产业发展领导小组高原特色农牧产业专项组印发《全区畜产品单产提升行动方案》的通知。

【质量监管】为加强生鲜乳质量安全监管，2022 年 6 月印发《区农业农村厅关于开展 2022 年全区饲料生鲜乳质量安全与兽药监测抽样工作的通知》，于 6—7 月对全区 7 个地市共 22 个奶牛养殖场开展生鲜乳兽用抗菌药残留抽检工作，检测项目主要包括三聚氰胺、黄曲霉毒素、磺胺类、氯霉素、庆大霉素和链霉素 6 项。检测样品共 1 320 批次，检测合格率均在 99.85% 以上。未发现违禁物质和影响生鲜乳质量安全的事件。

（西藏自治区农业农村厅，李春来）

陕 西 省

【奶畜养殖】2022 年，陕西省奶牛存栏 28.1 万头，牛奶产量 107.9 万 t，分别较 2021 年增长 6.4% 和 3.2%；奶山羊存栏 265.3 万只，羊奶产量 72.2 万 t，分别较 2021 年增长 1.2% 和 3.8%（奶山羊数据为行业统计数据）。陕西省奶牛主要分布在关中地区 5 市（西安市、宝鸡市、咸阳市、铜川市、渭南市），5 市奶牛存栏和牛奶产量分别占陕西省的 92.3% 和 91.9%。陕西省奶山羊全部饲养在关中地区。全省奶业产值占畜牧业总产值的 10.4%。

2022 年，陕西省按照省委、省政府安排部署，继续推进乳制品产业链建设，省级财政安排 1 800 万元支持奶牛、奶山羊产业发展。中央财政安排 4 000 万元，支持合阳县和定边县实施奶业生产能力提升整县推进项目，13 个奶牛养殖场建设智慧牧场，2 个县奶牛养殖场智能化设备覆盖率和数字化管理覆盖率分别达到 85% 和 80%。安排 5 000 万元支持富平、陇县、千阳、阎良、蒲城、乾县 6 个县实施奶山羊产业集群项目。安排 11 880 万元支持粮改饲项目，完成全株玉米青贮 216 万 t。安排 1 200 万元实施高产优质苜蓿示范建设项目，种植苜蓿 2 万亩。

【乳制品加工】2022 年，陕西省乳制品生产企业 56 家，其中 21 家婴幼儿配方奶粉生产企业，注册配方 189 个，产能 19 万 t。乳制品产量 99.6 万 t，同比下降 14.4%，其中液态奶和奶粉产量分别为 84.3 万 t 和 14.7 万 t，同比下降 16.4% 和 1.3%。

【市场消费】2022 年，全省人均奶类占有量 44.4kg，较 2021 年增加 1.1kg；人均乳制品消费（折算鲜奶）18.5kg，较 2021 年减少 0.9kg。居民人均奶类消费支出 307.7 元，较 2021 年增加 9 元。

【奶源基地】2022 年全省百头以上奶牛养殖场 302 个，存栏占总存栏的 69.8%；百只以上奶山羊养殖场 1 996 个，存栏占总存栏的 32.7%。牛奶年均收购价格 4.14 元 /kg，成母牛年均养殖利润 5 403.10 元 / 头。奶山羊规模养殖场羊奶年均收购价格 6.54 元 /kg，成母羊年均养殖利润 460.44 元 / 只；小散户羊奶年均收购价格 6.26 元 /kg，成母羊年均养殖利润 1 567.13 元 / 只。

2022 年奶牛 DHI 测定中心共测定奶牛 3.6 万头，参测奶牛 305 天平均产奶量达到 10.2t，平均乳脂率为 3.85%，乳蛋白率为 3.35%，平均体细胞数为 19.02 万个 /mL。

【质量监管】陕西省有生鲜乳收购站 335 个，其中牛奶收购站 113 个、羊乳收购站 212 个、牛羊乳兼收站 10 个。按主体分，乳制品企业开办的有 100 个、养殖场开办的有 103 个、合作社开办的有 132 个，分别占奶站总数的 30%、31%、39%。婴幼儿配方奶粉奶源基地奶站 63 个，其中羊奶站 56 个。全省核发准运证的生鲜乳运输车有 360 辆。

2022 年省、市、县共完成生鲜乳违禁添加物专项监测任务 1 200 批次，其中牛乳样品 500 批次、羊乳样品 700 批次；收购环节样品 760 批次；运输环节 440 批次。婴幼儿配方奶粉奶源质量安全监测任务 280 批次，散户生鲜乳违禁添加物专项监测 90 批次，监测结果全部合格。检测指标主要包括三聚氰胺、革皮水解物、β - 内酰胺酶等违禁添加物，监测结果合格率达 100%。

（陕西省农业农村厅畜牧兽医局，王鹏飞）

甘肃省

【奶牛养殖】据统计，2022 年甘肃省奶牛存栏 35.9 万头，奶山（绵）羊存栏 11.86 万只，奶类产量 96.3 万 t，其中牛奶产量达到 91.8 万 t（含牦牛奶 7.94 万 t）、羊奶产量 4.5 万 t。奶牛存栏和牛奶产量均居全国第 11 位。有机奶产量 36 685t/ 年。全省奶业发展已经形成 4 个优势产区，分别是以张掖市甘州区、武威市凉州区、古浪县等 10 个县（区）为主的河西走廊优质奶源优势产区，以临夏县、临洮县、白银市白银区等 11 个县（区）为主的中东部种养循环奶业优势产区，以夏河县、合作市等 5 个县（市）为主的高原牧区牦牛奶业优势产区，以永昌县、合水县和环县养殖奶山（绵）羊为主的特色羊奶优势生产基地。全省荷斯坦牛养殖主要集中在河西地区的武威、张掖、金昌 3 个市，占 2/3 以上，河西走廊荷斯坦牛产业带初步形成。

全省规模牧场奶牛机械化挤奶率达 100%，TMR 饲喂率达 90%，自动饲喂车、自动饮水槽、转盘式挤奶机等自动化设备在规模化养殖场得到广泛应用。各牧场均建立了先进的数字化管理监控系统，实现了奶牛饲养、牛奶生产、粪污处理等生产全程机械化、数字化和自动化。奶牛养殖集约化规模化水平快速提升，奶牛整体生产能力和标准化程度稳步提高。规模养殖场采取科学饲喂、机械化挤奶、智能化管理，饲养成本低、乳制品质量高，适度规模标准化牧场建设已成发展趋势。规模化奶牛养殖场，普遍采用先进的饲料精准饲喂系统，使千克奶的饲料成本控制在最低程度（规模养殖场平均千克奶饲料成本为 2.37 元）；性控冻精或胚胎移植技术在 80% 以上规模化牧场得以普及。智能化监控设备、计步器、数据采集系统开始使用。奶牛群体生产水平和标准化程度稳步提高。全省 48 个千头以上规模养殖场奶牛日单产水平大幅度提高，成母牛平均年单产达到 9t 以上。悠然牧业武威牧场全群牛单产一度超过每天 49kg，乳蛋白率平均达到 3.2% 以上，乳脂率达 3.8% 以上，生鲜乳品质明显优于国家标准。

【乳制品加工】全省乳制品加工企业 43 家，正常生产的 30 家，设计加工产能每天 7 500t，日处理生鲜乳能力每天 4 000t 以上。其中，每天产能在 1 000t 及以上的 1 家，500~1 000t 的 4 家，100~500t 的 9 家，其余都在 100t 以下。2022 年加工乳制品 57.9 万 t，其中液态奶产量 56.4 万 t，乳粉产量 0.5 万 t，乳清粉、干酪素等产量 1 万 t。武威伊利日处理生鲜乳 1 800t、庆阳伟赫乳业年处理 18 万 t 等乳制品加工企业生产线陆续建成投产，全省生鲜乳加工能力进一步增强。主要乳制品加工企业有武威伊利、兰州伊利、庄园牧场、燎原乳业、华羚乳业、甘肃雪顿等。"庄园""燎原""华羚""雪顿""前进牧业""传祁乳业""陇牛""华瑞农牧" 8 个企业商标品牌入选 "甘味" 农产品品牌目录。

【市场消费】2022 年全省人均奶类占有量 38.5kg，乳制品消费量约 10kg，当地市场主要销售的乳制品品牌有蒙牛、伊利、庄园、燎原、雪顿、华羚、雪莲等，产品主要有 UHT 奶、发酵乳、巴氏鲜奶、含乳饮料、奶粉、干酪素等，以及常温纯牛奶利乐砖系列和利乐枕系列、低温酸奶系列。市场销售的伊利金典纯牛奶250mL×12盒，每箱价格65元/kg；利乐枕纯牛奶零售价2.7元(240mL)；蒙牛纯甄果粒酸牛奶零售5.05元(200mL)，风味发酵乳150gC×5袋零售价9.9元；巴氏鲜奶价格在4~5元(500g)。雪顿牦牛奶系列产品主要在甘肃、青海、陕西等区域销售，部分还销往西藏、四川等藏区；甘肃有2家伊利乳制品企业的产品还销往云南、贵州、广州等地，其他企业产品除有少量的电商渠道销往省外，大多数都以本地消化为主。华羚干酪素出口东南亚等国家。甘肃省牛奶消费市场呈现出消费量逐步攀升、消费种类增加和本地乳制品认可度趋升的特点。在甘肃低温奶市场，庄园牧场巴氏杀菌乳产销量占全省总量的20%以上，市场区域优势明显。

【奶源基地】全省百头以上荷斯坦牛规模养殖场90个，规模化养殖率达到78%，其中存栏千头以上奶牛养殖场48个、存栏万头以上奶牛养殖场7个(武威4个、张掖1个、金昌2个)。小散养殖户由于设施设备简陋、生产管理粗放，生产的鲜奶不能满足乳企对原料奶收购规模和质量的需求，开始加速退出市场。规模养殖场采取科学饲喂、机械化挤奶、智能化管理，饲养成本低、乳制品质量高，适度规模标准化牧场建设已成发展趋势。2022年，新改扩建奶山(绵)羊良种场4个，创建国家级奶牛标准化示范养殖场2个(前进牧业科技有限公司和临夏州盛源奶牛养殖有限公司)；全年推广使用奶牛养殖场性控冻精3.94万支，组织开展奶牛生产性能测定2.2万头；全国奶业生产能力整县推进项目启动实施，国家安排甘肃省1个县指标，中央财政每年补助2 000万元，连续支持两年，经过遴选，项目在古浪县实施，建成草畜配套饲草基地3.1万亩，牧场智慧化水平大幅提高；安排省级财政2 000万元支持张掖市甘州区奶业生产能力提升，建设一批规模化、标准化、专业化、机械化、信息化的现代智慧奶牛养殖场，改造提升乳制品加工生产线，完善全产业链奶业生产经营模式，实现奶业扩量、提质、增效，提升奶业市场竞争力。培育5万头以上奶牛标准化养殖园区2个，持续推进武威市凉州区国家级现代奶业产业园、甘肃农垦天牧乳业现代农业产业园2个省级奶牛养殖产业园建设。扶持奶业合作社和家庭牧场45个。在酒泉、张掖、武威、金昌、白银、定西、平凉、庆阳、天水9市17个县(市、区)和兰州新区等组织实施高产优质苜蓿示范基地建设项目，种植和更新高产优质苜蓿0.72万hm²，苜蓿草产业发展势头良好，全省人工种草保留面积153万hm²，居全国第三位，其中紫花苜蓿留床面积80.5万hm²，列全国第一位，以苜蓿为主的草产品加工企业发展到260多家，草产品加工能力达到623万t，为奶业发展提供了坚实的饲草保障。大型牧场粪污处理方式采取黑膜沼气发酵，2022年生鲜乳收购均价为3.88元/kg。

【政策法规】甘肃省人民政府办公厅印发《关于以养殖业为牵引带动农业产业结构优化升级实施方案的通知》(甘政办发〔2022〕129号)，甘肃省农业农村厅关于印发《2022年高产优质苜蓿示范基地建设等项目实施方案的通知》(甘农财发〔2022〕49号)，甘肃省农业农村厅关于印发《甘肃省2022年奶业生产能力提升整县推进项目实施方案》的通知(甘农函〔2022〕6号)。

【质量监管】严格落实国务院《乳品质量安全监督管理条例》《生鲜乳生产收购管理办法》，全面推行生鲜乳收购许可证、生鲜乳准运证明在线出证。省畜牧兽医局印发了《甘肃省2022年生鲜乳质量安全监测工作方案》，对全省生鲜乳质量安全监测工作进行了全面安排部署。配合农业农村部第三方检测机构对全省100个生鲜乳收购站和268辆运输车进行全覆盖检查，抽检样品311批次，检测合格率达100%。

【奶业大事】2022年3月20日，优然牧业灵台县万头全群奶牛养殖示范园区项目全面启动开建，项目概算总投资7.2亿元，计划在灵台县百里镇、朝那镇各建设高产奶牛牧场1处。

2022年3月20日，甘肃黑河水电公司与甘肃前进牧业科技有限责任公司举行混合所有制改革签约仪式。

2022年8月18日上午，甘肃晨光前进牧业有限公司6 000头奶牛养殖基地产业化建设项目开工奠基仪式在白银市景泰县漫水滩乡举行。

(甘肃省畜牧兽医局畜牧处，唐 煜)

青 海 省

【奶畜养殖】2022年青海省牛存栏645.52万头。其中奶牛存栏13.19万头，同比下降3.77%；能繁母牛8.33万头，同比下降2.71%。全省奶牛主要分布在西宁市、海东市，存栏分别为8.06万头、2.15万头。全省牦牛存栏600.14万头，同比增长0.55%，其中能繁母牛307.48万头，同比增长3.07%，主要分布在海北藏族自治州、黄南藏族自治州、海南藏族自治州、果洛藏族自治州、玉树藏族自治州、海西蒙古族藏族自治州，牦牛存栏分别为80.22万头、79.05万头、101.18万头、99.57万头、159.34万头、29.60万头。

坚持奶牛、牦牛协同发展，农区以高产奶牛为主，农牧交错区以乳肉兼用牛为主，牧区以牦牛为主，在统筹好保护与发展关系的同时，强化牦牛奶生产，发挥好牦牛主体畜种的产奶作用。2022年青海省奶类总产量为35.06万t，同比下降0.95%。其中，奶牛奶产量22.11万t，同比增长3.48%；牦牛奶产量12.95万t，同比下降8.57%。奶牛存栏有所下降但奶牛良种率、奶牛质量逐步提升，生鲜乳生产能力不断提高，奶牛养殖综合生产能力明显增强，奶产量保持稳定，总体发展趋势良好。

【乳制品加工】2022年青海省乳制品加工企业主要产品有低温鲜奶、UHT奶、酸奶、原料奶粉及含乳饮料等。年销售收入达 112 306.7 万元、利润为 12 385.38 万元、乳制品总产量达 141 647.09t。其中，低温鲜奶 5 317.64t、UHT 奶 83 355.4t、常温酸奶 12 391.1 t、低温酸奶 14 819.1t、原料奶粉 12t、成人奶粉 4.83t、含乳饮料 3 056.33t。有机奶 1 726 545 枚。近两年，由奶牛养殖场及奶农合作社建立的特色小型乳制品加工企业不断涌现，生产、加工、销售具有地域特色的乳制品，丰富了奶产业发展模式，增强了市场风险抵御能力，以奶农合作社为代表的乳制品加工企业发展步伐明显加快。

【市场消费】2022 年青海省人均奶类占有量达到 58.92kg，市场上主要销售的乳制品为天露、青海湖、青藏牧场、青藏祁莲、伊利、蒙牛、光明、庄园等品牌，巴氏杀菌乳规格为 225g 和 250g，价格在 2.5~3.0 元，常温奶规格为 180mL、200mL、220mL、250g，价格在 2.2~29.8 元，风味酸奶规格为 120g、160g、180g、250g 等，价格在 3.0~7.4 元。乳制品市场种类丰富、供应充足，人均奶类消费量达 17.5kg，全省奶类市场消费发展趋势总体呈现稳定态势，但高端乳制品销量明显下滑。

青海具有乳制品消费的传统，对乳制品需求量比较大。乳制品品牌主要有国内知名品牌和地方品牌，但由于本地乳制品企业规模小且大多处于发展初期，在市场及产品推广上实力欠缺，配套资源滞后，宣传、推广资源基本由国内知名品牌占有。从消费者数据来看，巴氏奶、常温奶的消费者购买意愿还是更倾向本地品牌，高端纯牛奶消费者更倾向于蒙牛、伊利等国内知名品牌。酸奶品类较为复杂，因当地销售环境无冷链，常温酸奶销售量相对较大，从产品类别、产品特性、消费者需求角度看，未来消费市场将更趋于高端化、差异化、多元化。

【奶源基地】2022 年全省奶牛规模化率及奶牛生产效率有所提升，规模养殖场基本实现机械化挤奶，奶牛散养户和低产牛逐步退出养殖环节，省内农机补贴项目主要用于购置饲料（草）收获加工运输设备等，投资 669.8 万元，共受益 1 493 户农户，共计 1 705 台（套）。其中中央财政资金 582.6 万元、省级财政资金 87.2 万元，机械化率大大提升。

筹集中央资金 1 500 万元重点扶持 15 个奶农专业合作社，主要用于支持现代化设施设备升级改造、规模养殖提档升级、配套建设自动化挤奶设备、质量安全配套设施建设以及粪污资源化利用能力提升，进一步优化奶牛养殖区域布局和产业结构，提高专业化、规模化、标准化生产水平，促进奶牛养殖合作社（场、家庭牧场）等新型经营主体发展，提升奶业综合效益。奶牛粪污处理主要采用 干清粪、固液分离、生产有机肥、生产垫料等技术。通过规模养殖场建设、粪污资源化利用等一系列项目的实施，牛群结构进一步得到优化，种养加一体化运营加快推进，奶牛标准化规模养殖场达到品种良种化、养殖设施化、生产规范化、防疫制度化、粪污资源化的"五化"标准，养殖场标准化水平得到明显提高，资源化利用率得到有效提升。

粮改饲及高产优质苜蓿示范项目，中央财政投入资金 9 903 万元。全省种植玉米、燕麦、苜蓿等饲草料共计 15.33 万 hm²，年产饲草约 31.67 万 t；年产青贮玉米、苜蓿等共计 141.39 万 t。初步形成了"种植企业 + 合作社 + 农户"的饲草产业发展形式和种养结合、以养促种循环发展模式，提升了奶牛饲养水平。

坚持"生态优先、防疫优先、绿色发展"的原则，立足动物疫病免疫、疫病监测、疫情报告、人兽共患病防治、实验室建设提升等工作，全省未发生区域性重大动物疫情事件，全面启动了青海省布鲁氏菌病净化工作，加快推进布鲁氏菌病净化场创建，全省 12 个奶畜场启动布鲁氏菌病净化工作，保障了畜禽生产安全、畜产品质量安全、公共卫生安全和生态环境安全。

生鲜乳收购年均价为 4.31 元 /kg，企业收购标准均高于《食品安全国家标准 生乳》，成本在 3.5~3.8 元 /kg。

【奶农组织】青海省奶业协会积极配合行业主管部门开展奶业相关工作，充分发挥行业协会组织作用，积极宣传奶牛养殖、乳制品加工和质量安全监管等方面的成效，搭建交流与合作平台，参与主办 2022 年第四届银川国际奶业博览会暨论坛，协办 2022 年第十五届内蒙古乳业博览会暨高峰论坛，为奶业的健康发展奠定了坚实的基础，并积极推进利益联结机制，保障乳制品质量安全，加大宣传力度，普及牛奶营养知识，发放宣传册 500 余册，提升广大群众认可度。同时，根据中国奶业协会"学生饮用奶计划"工作要求，继续开展学生饮用奶加工企业及奶源基地的监督管理，全省学生饮用奶奶源基地安全可靠，配送有序进行，全年配送学生饮用奶 350 万份。

【政策法规】为认真贯彻《国务院办公厅关于推进奶业振兴保障乳品质量安全的意见》（国办发〔2018〕43 号）、农业农村部等九部委《关于进一步促进奶业振兴的若干意见》（农牧发〔2018〕18 号）精神，由青海省农业农村厅启动制定《青海省奶业振兴工程建设规划（2021—2025）》以挖掘高原特色奶业潜质，提升奶业生产效益和竞争力，促进全省奶业高质量发展，加快实现奶业振兴。结合全省实际，制定了《青海省农业农村厅关于开展 2022 年生鲜乳质量安全监测工作的通知》，依法加强生鲜乳质量安全监管，保障乳制品质量安全。

【质量监管】全省 8 个生鲜乳收购站，分布在西宁市、海东市、海南藏族自治州 7 个县（区），其中乳制品加工企业开办的收购站有 2 个、奶牛养殖场开办的收购站有 6 个，日均收奶量约 50t。坚持以生鲜乳质量安全为核心，以安全隐患排查为目标，持续加大奶畜养殖场、生鲜乳收购站及运输车 3 个重点关键环节的监督检查；属地管理部门严格规范发证行为和信息录入，积极推进生鲜乳购销合同备案机制，提高精准化管理水平；坚决取缔不合格生鲜乳收购站和运输车，严厉打击非法添加等违法违规行为。不断强化安全生产宣传教育，生鲜乳收购站管理得到进一步规范，奶源基地原料奶来源可靠、质量安全可控。全年开展日常监督监测，及时组织实施生鲜乳质量安全监测行动，开展监管责任落实情况检查，建立完善的监管工作制度、健全的监管责任体系。畅通生鲜乳质量安全举报投诉电话，进一步加强社会监督。统一配发青海省生鲜乳收购站生鲜乳收购、检测记录档案等标准文本，健全和规范档案管理及生鲜乳质量安全追溯系统，分别对基础设施、机械设备、质量检测、人员要求、操作规范、管理制度、卫生条件等方面提出具体要求和存在问题，积极落实整改，并切实加强生鲜乳运输环节的管理，严格执行生鲜乳交接单填写的有关规定，严禁无生鲜乳准运证明的车辆运输生鲜乳。同时，安排省级监测资金，以三聚氰胺等非法添加物为重点，在全省开展生鲜乳生产、收购和运输环节质量安全监测，完成省级抽检生鲜乳收购站和运输车辆生鲜乳样品100批次，合格率达98%，配合部级生鲜乳质量安全例行监测16批次、《食品安全国家标准 生乳》指标监测5批次，开展生鲜乳质量安全监督抽查4批次，25批次样品均由农业农村部农产品及加工品质量监督检验测试中心（北京）检测。

强化乳制品日常监督抽检和风险监测，开展乳制品国家、省、市（州）、县四级监测，抽检1 195批次，监督抽检1 126批次，不合格1批次，抽检合格率达99.91%；风险监测93批次，无问题批次。检测不合格产品按照《中华人民共和国食品安全法》采取核查处置，处置率100%。

【奶业大事】青海天露乳业生物科技有限公司成功入选2022中国奶业优秀文化征集册，并跻身优秀乳制品加工企业，获得中国奶业协会表彰，提升了省内乳制品加工企业的品牌影响力。

（青海省畜牧总站，张亚君）

附表 1　青海省奶畜养殖场（小区）名录

序号	名称	供奶企业	全群存栏（头）	成母畜存栏（头）	奶畜品种	成母畜单产（t/年）	年总产量（t/年）	是否有机奶源基地	有机奶产量（t）
1	湟源云祥奶牛养殖场	湟源大华云祥老酸奶加工坊	38	24	荷斯坦	6.20	150		
2	湟源全林牛羊养殖农民专业合作社	西宁市城东区何明明乳制品加工店	48	30	荷斯坦	7.50	225		
4	西堡生态奶牛养殖基地	青海互邦农业开发有限公司	1 460	500	荷斯坦	6.00	3 000		
5	乐都区雨润镇荒滩村天露奶牛养殖场	青海天露乳业生物科技有限公司	863	863	荷斯坦	9.00	7 500	√	7 500
6	循化县胖子农牧开发有限公司	循化县胖子农牧开发有限公司	226	160	荷斯坦	7.00	342		
7	民和县忠杰奶牛养殖场		479	227	荷斯坦	7.50	2 155		
8	民和县鼎辉农牧科技有限公司	青海天露乳业生物科技有限公司	645	430	荷斯坦	9.00	2 214		
9	成军奶牛养殖专业合作社		97	64	荷斯坦	7.50	435		
10	贵德县河阴镇江仓麻村天露奶牛养殖场	青海天露乳业生物科技有限责任公司	556	556	荷斯坦	9.00	4 380		
11	共和县世辉奶牛养殖专业合作社	青海雪峰牦牛乳业有限责任公司	380	187	荷斯坦	0.98	182.5		
12	兴海县华天池奶牛养殖农民专业合作社		170	130	犏牛、牦牛	0.90	35		
13	兴海县科秀塘桑当奶牛养殖场		500	300	牦牛		70		

备注：本表所指奶畜包括奶山羊、奶绵羊、奶水牛、牦牛、骆驼、驴等产商品奶家畜。如认证为有机奶源基地等，请在相应表格中打钩。

附表 2　青海省主要乳制品生产企业名录

序号	名称	生产地点	生产许可证号码	年收购原奶量(t)	其中：自有奶源量(t)	平均支付价格(元/kg)	日处理生鲜乳能力(t)	年乳制品产量(t)	其中：低温鲜奶(t)	UHT奶(t)	常温酸奶(t)	低温酸奶(t)	原料奶粉(t)	婴幼儿配方奶粉(t)	成人奶粉(t)	奶油(t)	奶酪(t)	含乳饮料(t)	冰品(t)	年销售收入(万元)	利润(万元)	有机产品总量(枚)
1	青海天露乳业生物科技有限公司	青海生物科技产业园区经四路16号	SC10563010505239	11 880	11 880		30	11 486	1 581	5 798	90	1 273						2.8		9 116.8	-83.6	1 172 207
2	青海雪峰牦牛乳业有限责任公司	青海省共和县	SC10563252101104	8 970.73	0	4.12	1 000	10 023.86	2 326.64	5 237.19	1 678.86	375.04	0		3.74	0	0	35.9	0	12 011.43	2 798.94	80 338
3	青海小西牛生物乳业股份有限公司	青海省西宁市生物科技产业园经二路北段十号	SC10563010502538	64 338	25 679	4.42	300	68 946		54 173	2 169	10 086						2 518		65 659	8 600	
4	青海好朋友乳业有限公司	西宁市南川工业园区同安路附108号	SC10563010302557	13 000	3 000	4.50	300	15 000		5 000	7 500	2 000						500		8 500	260	
5	青海金祁连乳业有限责任公司	青海省祁连县	9163222269853011 70	14 000	14 000	4.60	100	13 500	120	12 827	553									11 814.45	391.56	474 000
6	青海互邦农业开发有限公司	湟中区土门关乡	SC10563012202769	1 200	1 200	4.60	6.50	1 200	1 200											959	46	
7	青海尚原之宝牦牛乳业有限公司	保安镇群吾村	SC10563232101022	410	0	3.50	200	20 000	0	320	0	85	12		0	0	0	0	0	2 046	112	
8	青海尚蛇乳品有限公司	乌兰县	SC10563282100307	106.54		30.00	20	91.09	90							1.09							
9	青海夏都圣域乳业有限公司	大通县长宁镇代家庄村	XZR63012120170013	1 000	0	3.60	4	400	0		400	0	0		0	0	0	0	0	1 200	180	
10	青海云牧牦牛生物乳业有限公司	威远镇白崖村	SC10563212601358	1 300		6.00	3	1 000				1 000								1 000	80	

备注：本表包括在中国及海外的生产企业。日处理生鲜乳能力指设计加工生鲜乳能力。自有奶源指来自自建和参建（控股、参股）牧场（小区）的原奶。成人奶粉指除婴幼儿配方奶粉以外的学生奶粉、孕妇奶粉、中老年奶粉等终端消费奶粉。冰品包括冰激凌、雪糕等。有机产品数量单位为"枚"指获得有机标志的数量。

宁夏回族自治区

【奶畜养殖】牛奶产业是宁夏回族自治区党委和政府确定的"六特"产业之一。宁夏地处国际公认的"黄金奶源带"，资源禀赋优越，经过多年的发展与壮大后，现已形成以银川市、吴忠市为核心区，石嘴山市、中卫市为发展区的"双核两翼"主阵地，成为全国奶业优势产区和优质高端乳制品重要生产基地。2022年宁夏奶牛存栏83.7万头，同比增长19.2%；生鲜乳产量342.5万t，同比增长22.1%；成母牛单产9 400kg，比全国平均水平高200kg；全产业链产值704亿元，奶产业对农林牧渔业总产值增长的贡献率达到60%以上，拉动农林牧渔业总产值增长3个百分点，成为农业经济增长的主要动力。

【项目建设】落实新（扩）建奶牛规模养殖及乳制品加工项目42个（其中新建项目15个、续建扩建项目27个），总投资120.4亿元。以银川市西夏区、贺兰县、灵武市等9个县（区）为重点，加大奶牛良种繁育基地、病死畜禽无害化处理中心、清洗消毒中心建设，引导中小型企业提升乳制品精深加工能力，建设吴忠市、吴忠市利通区、灵武市、中卫市4个奶牛科技创新（服务）中心，统一为125个奶牛场提供精准营养、生产性能测定、数字化管理等综合服务。在吴忠市利通区、灵武市、中卫市沙坡头区、石嘴山市惠农区等县（市、区）建设智慧奶牛场43个，整体提升了牧场圈舍、防疫、奶厅、饲料制备、挤奶等设施设备的装备水平。在银川市兴庆区玖加玖牧业首次引进32位全自动转盘式机器人挤奶系统，在平罗县玖倍尔牧场引进16套自动化挤奶系统，实现智慧养牛。建成银川市兴庆区骏华牧业、青铜峡市恒源林牧等4个观光牧场，升级饲养、挤奶、保健、防疫、粪污处理等设施设备，提升奶牛场数字化、智能化管理水平和综合效益。

【乳制品加工】2022年宁夏共有乳制品加工企业22家，主要分布在银川市和吴忠市，设计生鲜乳日加工能力达到1.48万t，年乳制品总产量235.4万t，其中，液态奶208.7万t，酸奶、乳饮料13.5万t，其他产品13.2万t。全区生产婴幼儿配方奶粉的企业有1家，注册配方数有9个。宁夏初步形成了以伊利、蒙牛、新希望三大龙头企业为引领，塞尚、亿美、北方乳业等12家"宁字号"乳品企业为基础的优质高端乳品加工业发展新格局。

【市场消费】2022年宁夏生鲜乳人均占有量为475kg，乳制品人均消费量为14.8kg，消费支出233元。乳制品入户销售的产品主要有北方乳业巴氏杀菌纯鲜奶、酸牛奶，按月订购，每瓶4.0元；夏进巴氏纯牛奶、巴氏酸牛奶，按月订购，每瓶4.2元；商超及订单销售的主要乳制品产品及价格见表1。目前市场消费主要以常温奶、巴氏奶、酸奶为主，夏进生产的特色枸杞奶畅销区内外，塞尚与雀巢、星巴克咖啡、蒙牛、伊利合作，研制出夸克奶酪、奶油奶酪、蛋白粉、芝士奶盖浆、代餐粉等定制型产品，以满足不同客户的需求。

【奶源基地】100头及以上规模奶牛场达到355个（表2），规模化养殖比重达到99%以上。加快构建完善规模化经营体系，加快推进白土岗、五里坡、孙家滩、鸽堂沟、红崖子、月牙湖等8个奶牛养殖基地建设。

表1 银川市部分超市乳制品销售价格调查表

品牌	品名	规格	价格（元）	品牌	品名	规格	价格（元）
伊利	金典纯牛奶	250mL	2.6	飞鹤	星飞帆幼儿配方奶粉3段	700g	229.5
	利乐枕纯牛奶	240mL	2.16		超级飞帆幼儿配方奶粉3段	900g	233.12
	安慕希常温酸奶	205mL	4.4		星飞帆较大婴儿配方奶粉2段	700g	229.5
	伊利金典有机奶	250mL	7.5		智纯有机幼儿配方奶粉3段	700g	287.64
	伊利A2β酪蛋白有机纯牛奶	250mL	8.8		智纯有机较大婴儿配方奶粉2段	700g	304.56
	伊利QQ星全聪型儿童成长奶	190mL	2.9	雀巢	雀巢怡养益护因子高钙中老年奶粉	850g	109
	金领冠珍护婴儿配方奶粉（6~12月龄2段）	900g	203.5		怡养高蛋白高钙中老年奶粉	675g	78
	金领冠睿护婴儿配方奶粉（0~6月龄1段）	900g	220.15		怡养中老年奶粉	400g	66
蒙牛	蒙牛特仑苏梦幻盖纯牛奶	250mL	5.99		爱思培6~15岁学生奶粉	1kg	152
	蒙牛真果粒黄桃味	250mL	3.0		益护因子中老年奶粉	700g×2	199
	蒙牛臻享牛奶利乐枕	230mL	2.3	娃哈哈	娃哈哈AD钙奶饮料（草莓味）	220g×4	6.9
	蒙牛纯甄瓶装酸奶	230mL	8.0		娃哈哈胶原蛋白肽AD钙奶饮料	450mL	3.9
	蒙牛未来星骨力型儿童成长牛奶	190mL	3.9		晶晴蓝莓味叶黄素乳酸菌	100mL×5	8.5

（续）

品牌	品名	规格	价格（元）	品牌	品名	规格	价格（元）
蒙牛	蒙牛中老年多维高钙奶粉	800g	69		娃哈哈AD钙奶三联包	220g×12	19.9
	蒙牛全脂甜奶粉	400g	40		优尚乳酸菌饮品	330mL	9.7
夏进	瓶装纯牛奶	195mL	2.6	金河	益生菌酸奶（原味）	1kg	9.9
	塞上牧场纯牛奶	250mL	5.0		小木屋酸牛奶	100g×6	6.9
	利乐枕纯牛奶	227g	1.9		金河果味酸牛奶	180g	0.99
	瓶装特浓高钙纯牛奶	243mL	3.3		益生菌无蔗糖浓缩酸牛奶	180g	3.0
	益生菌酸奶	160g	1.65		有益意零蔗糖椰子味酸奶	150g	3.6
	冰淇淋酸奶	180g	3.0		乐膳风味发酵乳	138g	4.9
	生汽了白葡萄味风味发酵乳	168g	4.9		寻味西夏酸奶	192g	4.9
	梦幻红枸杞牛奶	250mL	6.5	君乐宝	简醇酸奶（0蔗糖）	150g×6	15.9
金河	原味金河酸奶	160g	1.65		慢醇酸奶	150g×6	15.9
	金河纯在感鲜牛奶	778g	25.8		每日活菌（葡萄味）	100mL×8	10.9
	来自星星的故乡3.3纯牛奶	200mL	3.3		纯享苹果味益生菌酸奶	360g	10.0
	金河果味酸奶	90mL×8	8.0		奇异果活菌乳酸	900mL	15.9
	冰激凌酸奶 原味	120g	3.5	春天然	巴氏鲜牛奶	185mL	3.50
	有益意酸奶	150g	2.76		春天然鲜牛奶	980g	19.80

表2　2022年宁夏奶牛规模养殖情况

规模 （头）	场数 （个）	奶牛存栏量 （万头）	占总存栏比 （%）
100~1 000	130	5.21	6.2
1 001~5 000	182	42.73	51.1
5 001~10 000	31	19.83	23.7
>10 000	12	15.93	19.0
合　计	355	83.70	100.0

奶业机械购置补贴共7 588.55万元。其中，畜禽产品采集储运设备补贴244.24万元，饲料（草）收获机械补贴3 822.58万元，饲料（草）加工机械补贴3 521.73万元。

奶牛主产区饲草面积10.31万hm²，饲草加工量570.3万t。其中，种植青贮玉米7.99万hm²，全株玉米青贮量541.2万t；优质苜蓿留床面积1.45万hm²，产量21.7万t；一年生牧草0.87万hm²，干草产量7.4万t。

全面组织落实春秋两季强制免疫措施，切实构筑有效免疫屏障，牛口蹄疫、结节性皮肤病免疫密度达到100%，抗体免疫合格率达到90%以上。指导海原县新希望、宁夏农垦乳业股份有限公司平吉堡奶牛三场、平吉堡奶牛六场3个牧场创建国家级动物疫病净化场。推进灵武市、吴忠市利通区、吴忠国家农业园区、青铜峡市奶牛养殖基地车辆清洗消毒中心和平罗县、银川市兴庆区、灵武市、吴忠市利通区、中卫市沙坡头区病死畜禽无害化处理中心建设，有效提高养殖基地奶牛疫病综合防控能力。

实施养殖大县种养结合整县推进试点和畜禽粪污资源化利用等项目，配套完善奶牛粪污收集、存储、处理、利用等设施设备，推广应用粪污厌氧发酵（沼气工程）、污水清洁回用、粪便垫料利用、粪污全量还田种养结合等8种粪污资源化利用主推技术和模式。2022年，宁夏畜禽粪污综合利用率达98.7%，规模养殖场粪污处理设施装备配套率达99.8%，大型规模养殖场粪污处理设施装备配套率达100%。

宁夏规模奶牛养殖场生鲜乳年均收购价格为3.91元/kg，其中伊利3.89元/kg、蒙牛3.89元/kg、夏进3.84元/kg、塞尚3.98元/kg、北方乳业3.68元/kg。

【奶农组织】宁夏共有奶农合作社86个，主要分布在银川市、吴忠市、中卫市、石嘴山市。现有行业协会等组织8家。其中，自治区级1家，为宁夏奶产业协会；市级4家，分别是银川市奶业协会、吴忠市奶牛养殖业协会、石嘴山奶产业技术创新联盟、中卫市奶业协会；县（区）级3家，分别是兴庆区奶业协会、灵武市奶牛养殖协会、惠农区奶产业联合会。共举办奶产业各类人才培训6期，培训专业技术人员及种植养殖户500余人（次）。

【政策法规】自治区建立"六特产业"省级领导包抓工作机制，制定印发《关于建立"六大提升行动""六新六特六优"产业和二十个重大项目省级领导包抓机制的通知》（宁党办〔2022〕36号），相关厅局为支持奶产业发展，陆续出台扶持政策，其中，水利厅和发展改革委联合印发《宁夏回族自治区节约用水行动厅际联席会议成员单位职责分工方案》（宁水节供发〔2022〕23号），财政厅印发《关于鼓励创新开展农业保险试点有关工作的通知》（宁财（农）发〔2022〕523号）。依托自治区科技厅《宁夏奶牛精准化健康研制技术规程研制》项目，围绕奶牛场建设、良种选育、高效繁殖、奶牛营养和饲养管理、优质饲草料加工、疫病防控、牛奶质量控制及废弃物资源化利用等奶牛精准化健康养殖全过程的8个关键环节，研究制定了宁夏奶牛精准化健康养殖技术团体标准35项，凝练集成了适用于宁夏奶牛养殖实际的国标、行标、地标等相关标准101项。

【质量监管】制定印发《2022年宁夏生鲜乳质量安全监测实施方案》，开展生鲜乳监测686批次4089项次，完成全年计划任务的113%，生鲜乳抽检合格率连续13年保持100%。一是生鲜乳违禁物和污染物监测203批次，监测三聚氰胺、β-内酰胺酶、碱类物质、黄曲霉毒素M_1指标，结果全部合格；生鲜乳理化指标监测178批次，检测蛋白质、脂肪、非脂乳固体、酸度、冰点、菌落总数等参数，结果收购站和运输车生鲜乳全部合格。二是生鲜乳品质特性检测305批次，涉及蛋白组分、16种氨基酸、微量元素等29个参数2209项次，基本摸清了不同区域和不同季节宁夏生鲜乳品质指标变化规律，为宁夏牛奶品牌建设和高质量发展提供了数据支撑。在全国率先开展生鲜乳电子交接单试点，建成生鲜乳质量追溯智慧管理平台，在全区20家乳制品加工企业、296个生鲜乳收购站、843辆生鲜乳运输车和23家监管单位全面应用。依托管理平台，建立奶牛养殖场、生鲜乳收购站、运输车辆、乳制品加工企业、监管单位等数据库，以电子交接单为枢纽，通过运输车辆卫星定位和数据统计分析，实时推送生鲜乳运输车辆轨迹、异常奶监测情况、质量等级评价结果、质量安全风险预警等信息，查询运输车辆历史轨迹、废弃生鲜乳处理等信息，实现了生鲜乳生产、运输、交售、检测、监管等环节全链条闭环追溯，有效提升了生鲜乳质量安全监管效率和产业发展信息化水平。

【奶业大事】2022年1月13日，由宁夏民族职业技术学院牵头建设的宁夏奶业现代产业学院在吴忠揭牌，教育部批准畜牧兽医和绿色食品2个专业，与6个分院采取联合招生、联合培养，构建"人才共育、过程共管、成果共享、责任共担"的紧密型政行企校合作机制。

2022年1月21日，农业农村部、财政部联合发布《关于认定第四批国家现代农业产业园的通知》，吴忠市利通区国家现代农业产业园成为自治区第二个通过认定的国家现代农业产业园。

2022年4月27日，中卫市奶牛科技创新中心正式投入使用，该中心依托光明牧业有限公司和中卫市职业技术学校，为中卫市及周边奶牛场提供生产性能测定(DHI)、牛群系谱完善、宁夏特色的育种体系建设等服务。

2022年5月24日，宁夏奶产业协会组织召开生鲜乳价格协商会议，根据10个奶业主产省生鲜乳价格、生鲜乳成本价格监测情况，经专家、乳制品加工企业、养殖户代表协商表决，确定宁夏2022年第二季度生鲜乳交易参考价格为4.22元/kg(不含运费)，最低限价4.01元/kg，执行时限为2022年4月1日—6月30日。

2022年6月4日，宁夏回族自治区农业农村厅与内蒙古伊利实业集团股份有限公司(以下简称伊利集团)就共同创建千亿级奶产业集群战略合作签署合作框架协

议，宁夏回族自治区党委书记、人大常委会主任梁言顺，宁夏回族自治区党委副书记、宁夏回族自治区主席张雨浦在银川会见了伊利集团党委书记、董事长潘刚，并共同见证签约。

2022年6月21日，宁夏千亿级牛奶产业集群"三基地三中心"建设项目召开启动仪式，宁夏回族自治区党委副书记陈雍、宁夏回族自治区人大常委会副主任白尚成、宁夏回族自治区副主席王和山等领导共同见证宁夏农垦集团与伊利集团、宁夏民族职业技术学院现场签订《共同打造宁夏高产良种奶牛繁育基地合作协议》《人才孵化基地合作协议》，以及宁夏农垦集团吴忠孙家滩5万头奶牛养殖基地开工揭幕、高产良种奶牛繁育基地授牌和"宁夏奶业现代产业学院农垦班"揭牌。

2022年7月7日，宁夏奶业大会·第四届银川奶业暨农牧机械展览会在银川国际会展中心开幕，本次大会由宁夏农机生产与流通协会、宁夏草业协会、甘肃省奶业协会、青海省奶业协会、新疆维吾尔自治区奶业协会、内蒙古自治区奶业协会以及宁夏大成展览展示有限公司联合举办，旨在推动西北奶产业的高质量发展，交流与展示国内外先进的技术与设备，蒙牛、伊利、茂盛草业、伊品生物等500余家大中小奶产业企业参展。

2022年7月29日—8月3日，由宁夏回族自治区党委组织部、农业农村厅主办，农业农村部管理干部学院承办的宁夏牛奶产业高质量发展专题培训班在济南市举办。主产市、县(区)农业农村局分管同志、技术骨干及包抓工作机制部分成员单位相关负责同志、宁夏回族自治区农业农村厅相关处室和牛产业专班工作人员共50人参加培训。

2022年7月30日，"中国奶业竞争力提升行动·数字奶牛金钥匙蒙牛专场"活动在银川市召开。本次活动由国家奶牛产业技术体系、宁夏回族自治区农业农村厅主办，银川市人民政府、灵武市人民政府、蒙牛集团、吴忠市富农奶牛养殖专业合作社、宁夏塞上牧源牧业有限公司承办。

2022年8月16日，全区牛奶产业包抓工作机制会议在银川召开，宁夏回族自治区人大常委会副主任、党组副书记，宁夏回族自治区分管副主席出席会议并讲话。会议研究审议了全区牛奶产业高质量发展实施方案，宁夏回族自治区农业农村厅、发展改革委、工信厅及市场监管厅就牛奶产业发展、价格成本监测、乳制品加工、市场监管等情况作了汇报。

2022年8月17日，蒙牛集团与宁夏回族自治区农业农村厅、宁夏农垦集团分别签署《现代牛奶产业绿色融合发展示范区战略合作框架协议》《宁夏百万吨奶源全产业链建设项目合作框架协议》，双方将共同发力，通过"两园区、两平台、四中心"，构建现代牛奶产业体系、生产体系、经营体系，形成上下游配套、产业链完整的产业集群，切实增强宁夏奶企竞争力，加快推动奶业振兴战略。

2022年11月7日，按照《农业农村部办公厅关于

公布第二批国家动物疫病净化场名单的通知》（农办牧发〔2022〕29号）要求，海原县新希望牧业有限公司、宁夏农垦乳业股份有限公司平吉堡第六奶牛场、宁夏农垦乳业股份有限公司平吉堡奶牛三场为第二批国家级动物疫病净化场。

2022年11月15日，宁夏奶产业协会组织召开生鲜乳价格协商会议，根据国内10个奶业主产省份生鲜乳价格走势、宁夏奶牛养殖企业生鲜乳成本价格监测情况，经生鲜乳价格协调委员会协商后，确定宁夏2022年11月—2023年1月生鲜乳交易中间指导价为4.41元/kg（不含运费），交易保底价为4.27元/kg（不含运费）。执行时限为2022年11月1日—2023年1月31日。

2022年11月29日，宁夏回族自治区市场监管厅批准发布了《宁夏"六特"产业高质量发展标准体系第3部分 牛奶》地方标准，该标准体系由宁夏回族自治区市场监管厅统筹协调相关行业部门，邀请中国标准化研究院、宁夏大学农学院等企事业单位共同编制，融合国家、行业、地方和团体标准，其中国家标准47项、行业标准47项、地方标准10项。

2022年12月11日，银川市举办了产业招商暨金融助力实体经济集中签约大会，银川市政府和内蒙古蒙牛乳业（集团）股份有限公司签署了共建银川乳业产业园框架协议。

（宁夏回族自治区畜牧工作站，田 佳）

附表1　宁夏回族自治区奶畜养殖场（小区）名录

序号	名称	供奶企业	全群存栏（头）	成母畜存栏（头）	奶畜品种	成母畜单产（t/年）	年总产量（t）	是否有机奶源基地	有机奶产量（t）
1	宁夏农垦贺兰山奶业有限责任公司渠口牧场	宁夏伊利乳业有限责任公司	5 172	2 883	荷斯坦	11.7	32 768.7		
2	宁夏牛一农牧科技有限责任公司	宁夏伊利乳业有限责任公司	8 482	3 876	荷斯坦	11.3	44 322.8		
3	银川天佑农牧乐养殖农民专业合作社	宁夏伊利乳业有限责任公司	950	535	荷斯坦	11.4	5 875.0		
4	宁夏粟上阳光牧场养殖有限公司	宁夏金河科技股份有限公司	1 314	695	荷斯坦	11.2	6 938.0		
5	宁夏农垦贺兰山奶业有限公司奶三分场	宁夏伊利乳业有限责任公司	1 681	716	荷斯坦	13.1	9 082.5		
6	宁夏农垦贺兰山奶业有限公司原种繁育有限公司	宁夏伊利乳业有限责任公司	1 426	883	荷斯坦	11.7	10 098.9		
7	宁夏农垦贺兰山奶业有限公司奶一分场	蒙牛乳业（银川）有限公司	2 745	1 310	荷斯坦	11.5	13 063.0		
8	中卫市牧歌奶牛养殖专业合作社	宁夏伊利乳业有限责任公司	2 723	1 447	荷斯坦	11.9	16 279.0		
9	宁夏大青山农牧业发展有限公司	蒙牛乳业（银川）有限公司	9 646	3 187	荷斯坦	11.7	39 553.8		
10	中卫市冰沙奶牛养殖农民合作社	宁夏伊利乳业有限责任公司	1 805	945	荷斯坦	11.6	10 134.8		
11	宁夏阜民丰牧业发展有限责任公司	蒙牛乳业（银川、太原、宝鸡）	6 712	3 317	荷斯坦	11.5	37 050.2		
12	中卫市沐露奶牛养殖农民专业合作社	内蒙古圣牧高科牧业有限公司	4 501	2 604	荷斯坦	11.0	27 749.0		
13	宁夏瑞丰牧业有限公司	宁夏伊利乳业有限责任公司	18 158	8 975	荷斯坦	11.9	91 129.1		
14	宁夏金海牧业科技有限公司	蒙牛乳业（银川）有限公司	4 150	2 143	荷斯坦	11.8	23 397.6		
15	宁夏农垦贺兰山奶业有限公司灵武牛场	蒙牛乳业（银川）有限公司	3 370	1 641	荷斯坦	11.9	17 755.7		
16	宁夏泽瑞生态养殖牧业有限公司	蒙牛乳业（银川）有限公司	4 747	2 113	荷斯坦	11.5	26 035.9		
17	宁夏华澳农牧有限公司	蒙牛乳业（银川）有限公司	2 849	1 429	荷斯坦	11.4	15 366.0		
18	宁夏西格马牧业有限公司	蒙牛乳业（银川）有限公司	2 635	1 355	荷斯坦	11.2	14 686.1		
19	宁夏兴源达农牧有限公司	蒙牛乳业（银川）有限公司	2 580	1 598	荷斯坦	11.1	16 631.2		
20	宁夏俊辰农牧有限公司	青海小西牛生物乳业股份有限公司	333	224	荷斯坦	13.1	2 100.0		
21	现代牧业（吴忠）有限公司（原宁夏康誉农牧有限公司）［原富源牧业（吴忠）有限公司］	蒙牛乳业（银川）有限公司	2 003	1 084	荷斯坦	12.8	14 007.8		
22	宁夏万牧园农牧有限公司	宁夏伊利乳业有限责任公司	1 277	1 118	荷斯坦	12.7	10 971.8		
23	宁夏祥通农牧开发有限公司	蒙牛乳业（银川）有限公司	2 133	1 228	荷斯坦	11.6	13 048.0		
24	石嘴山市兴阳依依牛牧业有限公司	宁夏伊利乳业有限责任公司	1 193	668	荷斯坦	11.1	6 326.4		
25	贺兰中地生态牧场有限公司鲜奶收购站	宁夏伊利乳业有限责任公司	12 334	6 068	荷斯坦	13.1	75 078.5		
26	宁夏中地畜牧养殖有限公司鲜奶收购站	宁夏伊利乳业有限责任公司	10 584	5 513	荷斯坦	12.1	66 724.0		
27	宁夏汇丰源牧业股份有限公司鲜奶收购站	宁夏伊利乳业有限责任公司	4 214	2 538	荷斯坦	12.0	31 675.4		

（续）

序号	名称	供奶企业	全群存栏（头）	成母畜存栏（头）	奶畜品种	成母畜单产（t/年）	年总产量（t）	是否有机奶源基地	有机奶产量（t）
28	宁夏合欣牧业有限公司鲜奶收购站	宁夏金河科技股份有限公司	1 181	637	荷斯坦	11.6	7 094.1		
29	宁夏农垦贺兰山奶业有限公司暖泉牧场鲜奶收购站	宁夏伊利乳业有限责任公司	7 991	4 308	荷斯坦	11.3	43 054.2		
30	宁夏银川市忠良农业开发股份有限公司鲜奶收购站	宁夏伊利乳业开发股份有限公司	1 978	1 069	荷斯坦	11.1	10 787.3		
31	宁夏夏进综合牧业开发有限公司	宁夏夏进乳业集团股份有限公司	12 023	6 077	荷斯坦	12.0	73 705.7		
32	宁夏义明牧业有限公司	宁夏伊利乳业（银川）有限责任公司、有限公司	3 240	2 985	荷斯坦	11.6	34 195.8		
33	宁夏伊蒙农牧科技有限公司	蒙牛乳业（银川）有限公司	2 440	1 168	荷斯坦	11.2	15 857.3		
34	吴忠优然牧业有限公司	宁夏伊利乳业（银川）有限责任公司	6 468	3 111	荷斯坦	11.2	32 483.1		
35	宁夏盛牧牧业有限公司	蒙牛乳业（银川）有限公司	942	852	荷斯坦	10.8	9 525.4		
36	吴忠新希望牧业有限公司	四川新希望牧业有限公司	1 928	1 167	荷斯坦	10.6	11 215.0		
37	宁夏鸿德瑞农牧有限公司	蒙牛乳业（银川）有限公司	2 111	1 356	荷斯坦	10.5	15 024.8		
38	吴忠市优牧源奶牛养殖专业合作社	宁夏伊利乳业（银川）有限责任公司	1 345	742	荷斯坦	10.4	8 067.6		
39	吴忠市惠众家庭农场	蒙牛乳业（银川）有限公司	600	535	荷斯坦	10.1	4 920.1		
40	宁夏宁德利农牧有限公司	宁夏伊利乳业（银川）有限责任公司	4 452	2 413	荷斯坦	10.0	24 541.0		
41	海原县新希望乳业有限公司	四川新希望乳业有限公司	9 225	4 690	荷斯坦	10.4	44 487.2		
42	宁夏合牧农业科技有限公司鲜奶收购站	蒙牛乳业（银川）有限公司	1 266	444	荷斯坦	10.5	6 806.1		
43	宁夏贺兰县瑞飞养殖有限公司鲜奶收购站	蒙牛乳业（银川）有限公司	1 219	661	荷斯坦	10.1	6 635.5		
44	惠农区塞上富源奶牛养殖专业合作社	蒙牛乳业（银川）有限公司	2 325	1 232	荷斯坦	10.8	12 347.3		
45	石嘴山市燕龙农贸有限公司	宁夏伊利乳业有限责任公司	2 425	1 307	荷斯坦	10.7	12 959.9		
46	宁夏农垦乳业股份有限公司简泉奶牛场	宁夏伊利乳业有限责任公司	12 134	6 289	荷斯坦	10.4	64 312.7		
47	宁夏牛德草农牧有限公司	宁夏伊利乳业（银川）有限责任公司	1 464	741	荷斯坦	10.2	7 672.0		
48	宁夏奥巴牛农牧有限公司	蒙牛乳业（银川）有限公司	4 157	2 131	荷斯坦	10.7	20 221.0		
49	宁夏乔安牧业有限公司	宁夏伊利乳业有限责任公司	2 663	1 395	荷斯坦	10.4	12 692.8		
50	宁夏慧旺牧业有限公司	宁夏伊利乳业有限责任公司	1 717	1 234	荷斯坦	10.3	12 080.2		
51	宁夏鑫乐源牧业有限公司	宁夏伊利乳业有限责任公司	2 926	1 746	荷斯坦	10.3	13 920.4		
52	吴忠市富农奶牛养殖专业合作社	蒙牛乳业（银川）有限公司	5 042	2 944	荷斯坦	10.2	30 918.5		
53	宁夏尚乐农牧有限公司	宁夏伊利乳业（银川）有限责任公司	4 364	2 278	荷斯坦	10.0	19 199.9		
54	吴忠市犇腾养殖专业合作社	蒙牛乳业（银川）有限公司	5 256	2 959	荷斯坦	10.0	26 648.0		
55	宁夏明帅牧业有限公司	宁夏伊利乳业（银川）有限责任公司	2 049	1 100	荷斯坦	10.0	11 417.0		

（续）

序号	名称	供奶企业	全群存栏（头）	成母畜存栏（头）	奶畜品种	成母畜单产（t/年）	年总产量（t）	是否有机奶源基地	有机奶产量（t）
56	灵武市幸福牛牧业有限公司	蒙牛乳业（银川）有限公司	5 498	3 238	荷斯坦	11.0	33 833.0		
57	宁夏灵武市金岭农牧有限公司	蒙牛乳业（银川）有限公司	5 950	3 075	荷斯坦	10.9	32 073.4		
58	宁夏沃源棒洲农牧有限公司	宁夏伊利乳业有限责任公司	2 573	1 276	荷斯坦	10.6	13 345.8		
59	灵武市鑫旺达农牧有限公司	蒙牛乳业（银川）有限公司	4 503	2 200	荷斯坦	10.5	22 052.6		
60	宁夏春田牧业有限公司	宁夏伊利乳业有限公司	2 696	1 488	荷斯坦	10.3	15 863.4		
61	宁夏云泰源农牧有限公司	蒙牛乳业（银川）有限公司	3 528	1 764	荷斯坦	10.3	17 038.5		
62	宁夏农垦贺兰山奶业有限公司白土岗奶牛一场	蒙牛乳业（银川）有限公司	13 592	6 975	荷斯坦	10.2	67 220.2		
63	宁夏昊盛达农牧有限公司	蒙牛乳业（银川）有限公司	2 453	1 419	荷斯坦	10.2	15 025.2		
64	宁夏新澳农牧有限公司	蒙牛乳业（银川）有限公司	4 456	2 799	荷斯坦	10.2	31 057.3		
65	宁夏农垦贺兰山奶业有限公司白土岗奶牛二场	蒙牛乳业（银川）有限公司	17 079	4 293	荷斯坦	10.1	9 249.6		
66	宁夏鑫新顺达农牧有限责任公司	宁夏伊利乳业有限责任公司	2 493	1 744	荷斯坦	10.1	16 245.4		
67	宁夏金勇牧业发展有限公司	宁夏伊利乳业有限责任公司	2 145	1 194	荷斯坦	10.0	12 063.0		
68	宁夏认养一头牛牧业有限公司	蒙牛乳业（银川）有限公司	3 917	2 382	荷斯坦	10.0	25 401.6		
69	宁夏澳兰牧业有限公司	宁夏伊利乳业有限责任公司	5 152	1 915	荷斯坦	10.4	19 124.2		
70	平罗县盛华阳光农牧开发有限公司	宁夏塞尚乳业有限公司	2 886	1 829	荷斯坦	10.3	15 963.0		
71	宁夏茂草园牧业有限公司	宁夏伊利乳业有限责任公司	1 759	900	荷斯坦	10.1	8 411.8		
72	宁夏黄河金沙农业综合开发有限责任公司	宁夏伊利乳业有限责任公司	3 155	1 452	荷斯坦	10.0	14 368.0		
73	宁夏赛牧农牧业发展有限公司	光明乳业股份有限公司	3 834	2 344	荷斯坦	11.0	25 530.2		
74	宁夏恒天然牧业有限公司	宁夏伊利乳业有限责任公司	4 889	3 040	荷斯坦	10.9	31 756.9		
75	中卫市润厚源奶牛养殖农民专业合作社	宁夏伊利乳业有限责任公司	2 874	1 468	荷斯坦	10.9	16 599.0		
76	中卫市泽厚源奶牛养殖农民专业合作社	宁夏伊利乳业有限责任公司	2 762	1 450	荷斯坦	10.7	15 994.0		
77	中卫市东春源奶牛养殖农民专业合作社	宁夏伊利乳业有限责任公司	2 120	1 061	荷斯坦	10.2	10 271.0		
78	中卫市六和富源奶牛养殖农业专业合作社	光明乳业股份有限公司	735	581	荷斯坦	10.1	5 689.0		
79	中卫市文军奶牛养殖专业合作社	君乐宝乳业集团	442	382	荷斯坦	10.0	3 929.0		
80	宁夏农垦贺兰山奶业有限公司奶二分场	蒙牛乳业（银川）有限公司	3 103	1 483	荷斯坦	10.9	14 484.9		
81	宁夏农垦贺兰山奶业公司茂盛牧场	宁夏伊利乳业有限责任公司	5 641	3 158	荷斯坦	10.9	34 062.4		
82	宁夏农垦贺兰山奶业公司平吉堡奶六分场	宁夏伊利乳业有限责任公司	5 304	2 976	荷斯坦	10.4	32 020.3		
83	宁夏赛科星养殖有限责任公司	宁夏伊利乳业（银川）有限公司	8 093	4 270	荷斯坦	11.0	45 010.6		
84	银川嘉诚春天奶牛养殖专业合作社	蒙牛乳业（银川）有限公司	1 543	779	荷斯坦	10.6	7 919.0		

（续）

序号	名称	供奶企业	全群存栏（头）	成母畜存栏（头）	奶畜品种	成母畜单产（t/年）	年总产量（t）	是否有机奶源基地	有机奶产量（t）
85	银川金胜源奶牛养殖专业合作社	蒙牛乳业（银川）有限公司	1 138	454	荷斯坦	10.2	5 361.0		
86	银川茂林养殖专业合作社	宁夏伊利乳业有限责任公司、重庆市天友乳业股份有限公司、	5 962	2 425	荷斯坦	10.5	22 801.0		
87	中垦天宁牧业有限公司	中垦华山牧乳业有限公司、中宁县黄河乳制品有限公司	11 432	6 610	荷斯坦	11.0	67 123.0		
88	宁夏兴垦牧业有限公司	宁夏伊利乳业有限责任公司	13 445	6 325	荷斯坦	10.7	64 826.7		

备注：本表所指奶畜包括奶山羊、奶绵羊、牦牛、奶水牛、骆驼、驴等产商品奶家畜。如认证为有机奶源基地等，请在相应表格中打钩。

附表2　宁夏回族自治区主要乳制品生产企业名录

序号	名称	生产地点	生产许可证号码	年收购原奶量(t)	其中:自有奶源量(t)	平均支付价格(元/kg)	日处理生鲜乳能力(t)	年乳制品产量(t)	其中:低温鲜奶(t)	UHT奶(t)	常温酸奶(t)	低温酸奶(t)	原料奶粉(t)	婴幼儿配方奶粉(t)	成人奶粉(t)	奶油(t)	奶酪(t)	含乳饮料(t)	冰品(t)	年销售收入(万元)	利润(万元)	有机产品(枚)
1	宁夏伊利乳业有限责任公司	吴忠市	SC10564030200130	1455031		3.89	4700	1206028		1161820			22338			21870				938137	54532	
2	宁夏夏进乳业集团股份有限公司	吴忠市	SC10564030200017	229921		3.84	1000	253936	822	205631	9830		876					36778		182669	17631	
3	蒙牛特仑苏（银川）乳业有限公司	银川市	SC10564010500185	1223005		3.90	1366	430700		430700										245602	29300	
4	宁夏进昊乐乳品有限公司	银川市	SC10564010500097	282		代加工	50	275	275		275									257	30	
5	宁夏春天然乳品股份有限公司	银川市	SC10564010500030	18396	18396	自有牧场	100	32256	32256	32256										2038	286	
6	吴忠栖枫乳业有限公司	吴忠市	SC10564030200269	595		代加工	50	553	515	18		20								519	-342	
7	中宁县黄河乳制品有限公司	中卫市	SC12964052100985	19213		3.94	400	3111					3111							6140	832	
8	宁夏北方乳业有限责任公司	银川市	SC10564012100692	24798		3.68	260	1077					325	752						6292	301	
9	宁夏金河科技股份有限公司	银川市	SC10564012200013	14259		3.98	100	16720	2428	7584	2181							4527		9816	703	
10	宁夏塞尚乳业有限公司	银川市	SC10564012200675	10660		3.98	200	27949		0	13605							14343		23337	237	
11	宁夏亿美生物科技有限公司	灵武市	SC10264022100300	61107		2.00	400	34213		2138			1021			7822		16328		63244	8436	
12	宁夏雪泉乳业有限公司	吴忠市	SC10564030200734	71906	7190	自有牧场	2000	18904		2132			5450			8246				44071	5784	

备注：本表包括在中国及海外的生产企业。日处理生鲜乳能力指设计加工生鲜乳能力。自有奶源指来自自建和参建（控股、参股）牧场（小区）的原奶。成人奶粉指除婴幼儿配方奶粉以外的学生奶粉、孕妇奶粉、中老年奶粉等终端消费奶粉。有机产品数量单位为"枚"指获得有机标志的数量。水品包括冰激凌、雪糕等。

新疆维吾尔自治区

【奶畜养殖】全区奶牛存栏 137.5 万头，同比增长 8.18%；生牛奶产量 222.6 万 t，同比增长 5.25%。生鲜乳平均收购价格为 4.48 元/kg，同比下降 6.67%。

全区奶牛主要品种有荷斯坦牛和乳肉兼用的新疆褐牛、西门塔尔牛。其中，荷斯坦牛存栏 31.17 万头，占比 22.67%，主要分布在天山北坡、伊犁河谷、焉耆盆地及兵团的一、七、八师和十二师；乳肉兼用新疆褐牛存栏 59.21 万头，占比 43.06%，以草原放牧和半舍半放牧为主，主要分布在伊犁、塔城及阿勒泰地区；乳肉兼用西门塔尔牛存栏 47.12 万头，占比 34.27%，主要分布在南北疆农牧民定居区。全区百头以上奶牛规模养殖占比 47.5%，泌乳牛年均单产 7.9t。全区有国家级奶牛核心育种场 2 个。

全区骆驼（准格尔双峰驼和塔里木双峰驼）存栏 28.39 万峰。其中，成年母驼存栏 18.45 万峰，驼乳产量 5.5 万 t，居全国首位。百峰以上骆驼规模养殖场 56 个，年均单产 0.7t。骆驼养殖区域带明显，主要分布在阿勒泰地区、阿克苏地区、昌吉回族自治州、乌鲁木齐市和哈密市。

【乳制品加工】截至 2022 年底，全区注册备案乳品加工企业 75 家，日加工设计能力 6 600t，日平均加工量 2 080t，乳制品年加工量 76.8 万 t，年生产总值 106.56 亿元。其中，牛乳、驼乳制品加工企业分别为 44 家、31 家，年加工量分别为 75 万 t、1.8 万 t，年生产总值分别为 81.56 亿元、25 亿元。2022 年全区乳制品产量 81.5 万 t，较 2021 年增加 1.3 万 t，同比增长 1.6%。

乳制品有天润、西域春、花园、麦趣尔、新农、瑞源、金绿成、南达、盖瑞等 10 余个主要品牌，牛乳制品主要有 UHT 奶、酸奶、巴氏奶、奶粉、干酪、婴幼儿配方奶粉等 10 多个系列 200 余种产品，驼乳制品主要有乳粉、常温奶、酸奶、奶片等。已有天润、麦趣尔、花园等 5 家上市乳业公司，其中天润乳业入选中国奶业 20 强。近年来，区内牛乳制品主要以 UHT 奶、灭菌乳、巴氏奶、酸奶等液态奶为主，特别是酸奶、奶啤产量增长较快，奶酪、奶粉等干乳制品比例相对较低；驼奶制品以干乳粉为主。

此外，新疆马、驴资源丰富，存栏量均居全国首位（2022 年底存栏分别为 110.07 万匹、21.79 万头），近年来已开发的有驴奶粉、含驴乳饮料、马奶等产品，逐步形成花麒、玉昆仑等品牌。

【市场消费】2022 年，全区人均全年乳制品消费量 17.2kg，其中城镇居民人均全年乳制品消费量 27.6kg、农村居民人均全年乳制品消费量仅 7.7kg。本地市场主要销售乳制品品牌有天润、西域春、蒙牛、伊利、瑞缘、旺源等。城镇居民与农村居民消费量差距大，人均乳制品消费量整体较 2021 年呈下降趋势，其中城镇居民人均消费下降 4.5%，农村居民人均消费下降 14.4%。

【奶源基地】2022 年底，全区 100 头以上奶牛养殖场 274 个，平均单产水平达 7.9t。其中，荷斯坦牛规模养殖场 153 个，存栏 30 万头，平均单产水平达 9.1t。近年来，呼图壁种牛场、天润乳业、瑞源乳业、西部牧业、现代牧业、优然牧业等建成了一批标准化奶牛场，提升了规模化水平。规模养殖场（小区）养殖品种主要以荷斯坦牛为主，是商品奶的主要来源。

全区苜蓿、青贮玉米等种植面积 1 174.4 万亩，干草产量 934.16 万 t。其中，用于奶畜养殖的苜蓿 210 万亩，干草量 132 万 t；青贮玉米种植面积 888.6 万亩（含复播 530 万亩），青贮折干草产量 742 万 t，其中用于奶畜养殖的青贮玉米 220 万亩。饲用高粱、燕麦草等其他饲草种植面积 35.79 万亩，产量 55.16 万 t。2022 年全区奶牛饲料 38.83 万 t。

【奶农组织】全区有奶业协会 11 家，奶农专业合作组织 177 个。已形成以科研院所、自治区奶产业技术体系为主导的专家团队，以畜牧兽医基层站所、相关企业及社会化服务机构为推广主体的应用服务体系。

【政策法规】通过政策支持和项目引导，鼓励良种奶牛引进，加大高品质荷斯坦牛引进力度。2022 年，全区共引进荷斯坦牛 15 414 头，其中从国外引进 8 758 头、从国内其他省份引进 6 656 头。

【质量监管】2022 年底，全区生鲜乳收购站 124 个，较 2021 年同期增加 1 个；生鲜乳运输车 158 辆，较 2021 年同期增加 8 辆。

自治区从构建奶站运营管理新秩序、提高奶站机械化水平、建立质量安全监督长效机制、规范奶农生产行为四方面入手，推动各地实现生鲜乳生产、收购、管理规范化。逐步完善自治区、地市、县、乡四级生鲜乳质量安全监管检测网络，现有自治区、地市级质量检测中心 3 个，实现了全区所有生鲜乳收购站、运输车监管全覆盖，国家公布的违禁添加物检测全覆盖。2022 年，自治区开展生鲜乳质量安全例行监测，完成对全区生鲜乳收购站、运输车、奶畜散养户等抽样检测共 245 批次，合格率 100%；完成原料奶抽样检测共 182 批次，合格率 100%。配合农业农村部指定抽检单位，开展 2022 年生鲜乳质量安全监督抽查 25 批次，合格率 100%；开展生鲜乳例行监测及《食品安全国家标准 生乳》指标监测抽样，共 285 批次，合格率 100%。

全区参加奶牛生产性能测定的奶牛头数 31 000 头，参测规模化奶牛场 49 个，在测奶牛平均日产奶量 30kg。

【奶业大事】2022 年，在昌吉回族自治州、伊犁哈萨克自治州、阿勒泰地区、巴音郭楞蒙古自治州等 9 个地区实施家庭牧场（奶农合作社）升级改造项目，支持 50 个奶牛家庭牧场和奶农合作社升级改造。

2022 年，在昌吉回族自治州、伊犁哈萨克自治州、克拉玛依市、阿克苏地区等 7 个地区实施高产优质苜蓿示范建设项目，择优扶持建设 4.3 万亩高产优质苜蓿示范基地。

2022 年，在昌吉市、和静县立项实施奶业生产能力提升整县推进项目。

2022 年，在昌吉回族自治州、巴音郭楞蒙古自治州实施奶业生产发展项目，支持通过自繁自育、良种引进等方式扩大高产荷斯坦牛群体，新增 4 200 头高产荷斯坦牛。

（新疆维吾尔自治区农业农村厅，山格尔丽）

新疆生产建设兵团

【奶畜养殖】2022年底，新疆生产建设兵团奶牛存栏28.71万头，比2021年增加1.53万头，同比增长5.6%。奶类总产量84.76万t，比2021年增加6.74万t，同比增长8.6%。奶牛主要品种有中国荷斯坦牛、西门塔尔牛和新疆褐牛，其中，中国荷斯坦牛存栏23.5万头，比2021年增加1.7万头，占兵团奶牛总存栏的82.0%。荷斯坦牛主要分布在一师、七师、八师、十二师等，其中八师存栏荷斯坦牛7.6万头、七师存栏荷斯坦牛3.5万头、一师存栏荷斯坦牛2.9万头、十二师存栏荷斯坦牛0.93万头，上述4个师2022年底存栏荷斯坦牛14.93万头，占新疆生产建设兵团荷斯坦牛存栏量的64%，上述4个师牛奶总产量61.6万t，占兵团奶产量的72.3%，成母牛年均单产7.5t。新疆褐牛3.2万头，主要分布在四师、九师和十师。西门塔尔牛2.01万头，各师均有分布。土种牛存栏34.2万头，主要分布在四师、九师、十师、六师、十二师、十三师6个师，其中土种牛存栏量占兵团土种牛存栏总量的75%以上。

2022年兵团原料奶实现产值30.6亿元，占畜牧业总产值的15.4%。生鲜乳收购价格略有下跌，由年初的4.77元/kg下跌至年末的4.5元/kg。

【乳制品加工】截至2022年底，兵团辖区内有石河子花园乳业、新疆天润乳业、新农乳业、石河子娃哈哈启力乳业、石河子乳旺乳业等12家乳企，日加工处理鲜奶能力总计3 390t，年加工能力达到100万t以上。产品主要包括大包装工业奶粉、巴氏杀菌乳、UHT奶、酸奶、奶酪等，大包装奶粉销往内地，液态奶主要在新疆销售。2022年乳制品企业加工鲜奶65.7万t，其中奶粉2.4万t、UHT奶27.7万t、巴氏杀菌乳0.82万t、酸奶12.3万t、其他5.7万t。石河子花园乳业、新疆天润乳业和新农乳业为兵团控股上市乳制品企业，石河子花园乳业和石河子天山云牧乳业是新疆区域内仅有的2家婴幼儿配方奶粉生产许可企业。

【市场消费】2022年兵团人均奶类占有量235kg，人均乳制品(折合成鲜奶)消费34.6kg，其中纯牛奶26.4kg、酸奶5.8kg、奶粉0.3kg。人均用于奶类消费支出约为449.5元。

新疆商场、超市乳制品销售品牌及种类繁多，销售品牌有蒙牛、伊利、光明、麦趣尔等国内知名品牌以及本地的花园、新农、西域春、天润、南达等，产品类型主要有UHT奶、酸奶、各种含乳饮料、奶粉、巴氏杀菌乳。

消费者偏爱酸奶，其次是纯牛奶，巴氏杀菌乳排第三位。奶类消费群体主要为婴幼儿和中老年人，其次是中小学生。酸奶和巴氏杀菌乳发展势头良好，市场消费量逐年增加。绝大部分新疆消费者倾向于购买本地乳企生产的液态奶产品。

【奶源基地】兵团奶牛养殖户共7 861户，其中，1~29头规模7 038户，存栏量8.51万头，成母牛存栏5.6万头；30~99头规模699户，存栏量4.2万头，成母牛存栏2.9万头；存栏规模达100头及以上的荷斯坦牛场（小区）124个，存栏量16.0万头，成母牛存栏9.0万头，奶牛规模化养殖总体水平达到55.7%，其中100~199头规模场27个、200~499头规模场28个、500~999头规模场21个、1 000~1 999头规模场26个，2 000头及以上规模场22个。从奶牛规模养殖情况看，饲养户数逐年趋减，户均养殖规模逐年趋增，呈现出规模化牛场趋增和散户趋减的态势。

配备TMR饲喂机械151台（套）、青贮玉米收割机140台、苜蓿收获机械322台、清粪机械273台。机械化挤奶设备150余套，机械化集中挤奶比例达到80%以上。具备粪污处理设施（干粪）的规模场有141个，占比99%(堆肥腐熟还田处理120个、沼气工艺处理2个、有机肥加工4个、委托处理模式2个、牛床垫料4个、其他9个)，具备污水处理利用的规模场有124个。

通过落实重大动物疫病防控责任，一年3次集中免疫和月月补免，牛口蹄疫累计免疫牛62.68万头次，免疫抗体平均合格率达80%以上。采用牛型结核分枝杆菌PPD皮内变态反应试验检疫牛11.75万头，检出阳性14头，个体阳性率为0.01%。发现阳性畜进行无害化扑杀处理，净化了奶牛养殖环境。开展动物疫病净化示范场创建工作，年内2个规模化奶牛场通过疫病净化示范场省级考核验收。奶牛乳腺炎、子宫内膜炎等发病率逐年下降。

饲草料基地建设。2022年种植籽实玉米181.7万亩，青贮玉米正播26.6万亩，青贮玉米复播16.8万亩，青贮饲草平均单产4.43t，苜蓿保留面积24.2万亩，平均单产909.7kg，种植其他饲草38.2万亩。农副产品收储175.2万t，全年饲草收储总量426.3万t。

农作物秸秆饲料化利用工作实施范围涵盖13个师的129个团场，各师主要通过增加农作物种植面积、提高秸秆机械收获率、推广"三贮一化"技术来增加农作物秸秆饲料化利用率。

品种改良。奶牛品种改良主要通过人工授精技术，2022实际使用奶牛冻精36.8万剂，参配母牛16.5万头，奶牛性控冻精配种3.5万头。奶牛冻精冷配技术覆盖面达到98%以上。通过冷配项目带动，兵团奶牛良种率达到65%以上。兵团规模化牛场奶牛平均单产达到7.5t以上。

【质量监管】根据农业农村部2022年生鲜乳质量安全计划，兵团各级严格从生产、收购和运输3个关键环节进行了监督检查，2022年开展生鲜乳质量抽检2次。对兵团92个生鲜乳收购站和66辆运输车实现全覆盖质量监管。全年共抽取生鲜乳检测样品218批次，其中检测生鲜乳收购站样品132批次、生鲜乳运输车样品86批次，所有样品检测合格率达100%，生鲜乳乳脂率、乳蛋白率、细菌总数、体细胞数等主要质量指标达到或超过欧盟标准。生鲜乳质量安全监测及监管行动覆盖兵团各级奶站，检测指标覆盖国家卫生健康委员会公布的违禁添加物，确保兵团范围内生鲜乳质量安全。

奶站及运输车管理。截至2022年12月底有生鲜乳收购站92个，均为发证奶站，全年新建2个奶站，因奶源不足等因素关停5个规模较小的奶站。奶站全部机械化集中挤奶，其中开办主体为加工企业的29个、主体为奶畜养殖场的55个、为奶农合作社的8个。对从业人员进行了相关奶业法律法规、生鲜乳生产收购、卫生安全、化学品管理等相关方面的培训。奶站建立了卫生管理、质量安全保障、工作规程、挤奶操作、留样等制度。生鲜乳收购、销售、检测等记录较完备，奶牛防疫、检疫、治病、抗奶、酒精阳性乳记录处置清晰。

生鲜乳收购站硬件设施基本完善，可保障兵团范围内生鲜乳的正常收购及其质量安全。

现有运输车66辆，核发了66个生鲜乳准运证，准运证核发比例100%。运输车辆严格初检和交接：进口和出口用铅封，并详细记录数量、领取时间、各个铅封号码，双方签字确认；初检合格后，填写生乳交接单，详细记录生鲜乳收购站名称、生鲜乳收购经手人、生鲜乳数量、押运员、司机、车牌号、出发时间、出发时生鲜乳温度、到达时间、到达时生鲜乳温度、收购企业名称、企业收奶人员签名，签字确认。

饲料质量抽查情况。2022年抽取饲料样品240批次，合格率100%，其中配合饲料137批次、浓缩饲料35批次、添加剂预混合饲料27批次、饲料原料41批次。样品抽查范围涉及13个师51个团场，包括18家饲料生产企业、112个养殖场（户）和25个饲料经营门店。

（新疆生产建设兵团畜牧兽医工作总站，杨 华）

附表1　新疆生产建设兵团2022年1 000头及以上规模养殖场情况

养殖场名称	品种	总存栏（头）	成母牛存栏（头）	后备牛存栏（头）
四牧场	荷斯坦	2 376	1 093	326
五牧场	荷斯坦	1 791	906	629
新农万头奶牛养殖基地	荷斯坦	4 296	1 358	1 617
天润沙河一牧场	荷斯坦	3 197	1 606	1 591
天润沙河二牧场	荷斯坦	2 466	1 321	1 145
天润沙河三牧场	荷斯坦	2 577	1 327	1 250
新农一场	荷斯坦	1 993	995	998
新农二场	荷斯坦	2 026	1 049	977
新农三场	荷斯坦	1 686	846	840
阿拉尔犇牛牧业有限公司	荷斯坦	1 300	850	450
新疆奔丰牧业科技有限公司良种奶牛繁育场	荷斯坦	2 252	973	1 279
托峰冰川一牧场	荷斯坦	1 117	480	400
吉缘牧业有限公司	荷斯坦	1 885	1 500	385
新疆天山金昱牧业有限公司	荷斯坦	3 200	1 312	1 700
洪海牧业有限责任公司	华西牛	1 000	600	400
新疆芳草天润牧业有限公司	荷斯坦	5 879	2 450	2 098
西部准噶尔牧业股份有限公司	荷斯坦	1 670	851	400
124团祥盛通牧业	荷斯坦	3 000	1 200	427
124团景慎合作社	荷斯坦	1 500	650	300
124团苏宝勇	荷斯坦	1 500	660	280
124团郭军合作社	荷斯坦	2 000	1 079	378
东润牧业	荷斯坦	1 660	996	664
红光牧业	荷斯坦	3 021	1 806	55
天盈牧业	荷斯坦	1 732	1 548	66
石河子市新安镇双顺牧业有限公司	荷斯坦	2 500	680	639
石河子市曙瑞牧业有限责任公司	荷斯坦	3 134	1 075	351
石河子市祥瑞牧业有限责任公司	荷斯坦	2 500	1 200	245
畜欣旺牛场	荷斯坦	1 796	1 100	720
金色牧源牛场	荷斯坦	1 962	1 300	730

（续）

养殖场名称	品种	总存栏 （头）	成母牛存栏 （头）	后备牛存栏 （头）
牧丰源牛场	荷斯坦	2 806	1 800	1 250
双翔牧业	荷斯坦	1 790	846	120
双鹤牧业	荷斯坦	2 728	1 040	306
振新牧业	荷斯坦	2 626	1 416	1 307
石河子市天锦牧业有限责任公司	荷斯坦	2 296	1 282	607
北泉镇双顺牧业	荷斯坦	1 987	1 430	114
泉旺牧业	荷斯坦	1 913	1 542	103
利群牧业	荷斯坦	2 508	1 214	329
娃哈哈启力三牛场	荷斯坦	1 623	954	569
西锦牧业奶牛场	荷斯坦	1 417	757	562
石河子阜瑞牧业有限公司	荷斯坦	2 862	1 576	1 256
启力娃哈哈一牛场	荷斯坦	1 708	942	672
启力娃哈哈二牛场	荷斯坦	1 730	967	611
石河子市梦园牧业有限责任公司	荷斯坦	1 661	876	132
天润公司沙湾牛场	荷斯坦	1 250	816	434
新疆博格达畜牧有限公司	荷斯坦	1 000	636	364
新疆天润北亭牧业有限公司	荷斯坦	2 500	1 411	1 089
新疆天润北亭万头牛场	荷斯坦	2 085	1 360	725
新疆天润西山烽火台示范奶牛场	荷斯坦	1 700	1 037	663

附表 2　新疆生产建设兵团乳制品生产企业名录

企业名称	日处理鲜奶能力（t）	实际年处理鲜奶量（t）	奶粉产量（t）	UHT奶产量（t）	巴氏奶产量（t）	酸奶产量（t）	其他产量（t）	企业产值（万元）	企业净利润（万元）
阿拉尔新农乳业有限责任公司	300	41 557.49	2 506.90	19 941	0	1 136	425	39 066.9	3 754
新疆天润唐王城乳品有限公司	200	43 528.6	0	11 869	0	10 543	5 000	30 000	1 300
昭苏县新天雪乳制品有限责任公司	50	50	2	0	0	0	2	38	-2
伊犁伊力特乳业有限公司	100	9 600	1 200	0	0	0		7 500	1 350
新疆创锦农牧业有限公司	35	12 000	32	0	0			3 000	
新疆军农乳业有限公司	8	243		0	0	0		2 158.32	-219.3
新疆澳利亚乳业有限公司	200	30 000	270	0	1 150	16 815		2 600	-720
新疆石河子娃哈哈启力乳业有限公司	300	70 000	8 750	0	0	0	0	22 400	190
新疆乳旺旺乳业有限公司	300	72 000	9 000	0	0	0	0	16 500	-20
新疆天山云牧业有限责任公司	500	36 500	909	24 965.2	0	1 665.8	0	26 000	-2 236
新疆石河子花园乳业有限公司	400	91 837	744	80 504	48	7 203		85.237	6 982
新疆天润乳业股份有限公司	1 000	250 000	608	140 000	7 000	86 000	2000	200 000	17 000

五、D20奶业

D20 NAIYE

【D20 企业】

内蒙古伊利实业集团股份有限公司

【奶源基地】内蒙古伊利实业集团股份有限公司（以下简称伊利集团）在全国总存栏奶牛 260 万头，成母牛存栏量 130 万头，年收奶量 850 万 t。

规模化养殖占比、机械挤奶比例、全混合日粮（TMR）技术应用均为 100%。

伊利集团位居全球乳业五强，连续 8 年蝉联亚洲乳业第一，也是中国规模最大、产品品类最全的乳制品企业。伊利自建及合作奶源基地主要分布在内蒙古、宁夏、河北、黑龙江、山东等 20 多个省份。在智慧牧场建设方面，伊利重点围绕奶牛饲喂、繁育、挤奶环节推动牧场使用精准饲喂、发情监测、高端挤奶机及分群门等智能化系统与牧场管理系统进行互联互通，实现数字化运营管理，挖掘并发挥智能化业务系统数据价值。伊利建设的智慧牧场，充分利用互联网、大数据和人工智能技术，实现了从牧草种植到奶牛养殖的全程智能化管理。通过传感器网络和大数据分析，智慧牧场能够实时监控奶牛的健康状况、饲料消耗和产奶量，保障奶牛的健康和产奶质量。这种智能化管理不仅提高了牧场的运营效率，还降低了人工成本和资源浪费。

【乳品加工】2022 年国内外生产企业数量 75 家，婴幼儿配方奶粉生产企业数量 3 家，注册配方数量 18 个；加工厂设计产能 1 526 万 t（表 1）。

表 1 2022 年伊利集团主要产品产量表

主要产品	生产量（t）	生产量比 2021 年增减（%）
液态奶	9 527 479	−1.56
奶粉及奶制品	364 931	46.59
冷饮产品	644 407	34.39

【市场消费】公司把握市场机遇，在创新和国际化业务的驱动下，继续保持良好的发展势头，整体业绩稳居行业领导地位，位居中国乳业第一、亚洲乳业第一、全球乳业五强。

2022 年，尼尔森零研数据显示，公司液态类乳品零售额市占份额为 33.4%，稳居细分市场第一；婴幼儿配方奶粉零售额市占份额为 12.4%，跃居细分市场第二；

成人奶粉零售额市占份额为 25.3%，位居细分市场第一；奶酪业务的终端市场零售额份额比 2021 年提升了 3.5 个百分点；冷饮业务市场份额保持市场第一，连续 28 年稳居全国冷饮行业龙头地位。

2022 年，公司实现营业总收入 1 231.71 亿元，较上年同期增长 11.37%，净利润 93.18 亿元，较 2021 年同期增长 6.71%。

1. 液态奶业务。报告期，公司液体乳业务实现营业收入 849.26 亿元，同比增长 0.02%，整体市场零售额份额继续稳居行业第一。

报告期，公司通过"金典"品牌引领有机业务持续增长，研发上市了金典超滤、金典有机娟姗、金典有机 A2 等系列新品，全方位满足消费多元化需求；同时聚焦消费者"健康+美味"需求，开展大胆创新与突破，"安慕希"相继推出了 AMX 果味奶昔、气泡酸奶等系列新品，使安慕希系列产品在常温酸奶细分市场中的零售额份额较 2021 年提升了 0.6 个百分点；此外，公司主动把握儿童液态奶发展机会，以"QQ 星" DHA 原生营养满足儿童生长期对营养的特殊需求，带动了儿童液态奶品类的发展。

报告期，公司通过数字化业务的持续推进，加快了 O2O、社群团购、生鲜平台等新兴渠道的拓展；提高了影院、餐饮等特殊渠道的专业定制化服务能力，并持续夯实下线市场的渠道优势，确保市场渗透率得到持续提升。

2. 奶粉及奶制品业务。报告期，公司奶粉及奶制品业务实现营业收入 262.60 亿元，同比增长 62.01%；尼尔森零研数据显示，公司婴幼儿配方奶粉市场零售额份额比 2021 年提高了 5 个百分点、成人奶粉的市场零售额的份额比 2021 年提高了 1.1 个百分点、奶酪业务的终端市场零售额份额比 2021 年提升了 3.5 个百分点。

报告期，公司落实专注功能营养研究、持续技术创新和优化产品配方等战略举措，通过会员营销平台，精准、高效服务不同年龄段的消费者，全方位打造专业配方核心竞争力，带动奶粉业务实现加速增长。

报告期，公司继续聚焦专业化乳品的创新开发，依托国内、新西兰双核心奶源基地，搭建"伊利 Pro"平台，为烘焙、餐饮、饮品行业的专业级客户提供高品质、全方位的产品解决方案和服务，进一步促进奶酪、乳脂业务实现快速发展。

3. 冷饮业务。 报告期，公司冷饮业务营业收入95.67亿元，同比增长33.61%。一方面，公司通过产品创新不断优化产品结构，拓宽消费场景，满足多样化的消费者需求；另一方面，公司积极探索线上渠道以及实体店业务模式，进一步夯实冷饮业务的渠道优势，市场渗透率遥遥领先。

【全球发展】 2022年，全球粮食、油脂、乳制品等基础原料的贸易价格不断走高，海外供应链的不确定性上升。面对以上处境，公司充分利用全球供应链网络布局优势，通过优化产品结构、积极拓展全球业务、开展战略协作降低物料供应风险等多项举措，有效保障了国内外市场与生产基地所需产品、物料的及时供给交付，推动公司国际化业务稳步发展，海外基地的生产效能得以持续提升，产品辐射全球五大洲的多个国家和地区。

2022年，公司在新西兰基地投资建设的黄油生产线正式投产，该生产线投产后，公司的优质草饲黄油年产能可以实现翻倍，达到4.2万t/年，成为新西兰西海岸最大的黄油工厂；2022年10月，子公司Westland Dairy Company Limited收购新西兰乳品公司Canary Enterprises Limited股权。通过此次收购，公司提高了乳脂、奶酪等世界级品质的乳制品加工产能，并将其产品向航空、酒店、餐饮等专业渠道进行覆盖，加速推进公司业务在全球市场的渗透。

【社会责任】 伊利秉承"厚度优于速度、行业繁荣胜于个体辉煌、社会价值大于商业财富"的理念和"平衡为主、责任为先"的伊利法则，将可持续发展融入企业战略，致力于让世界共享健康，让人类共享美好生活。

2022年，伊利联合中国红十字基金会启动"伊利营养2030·为热爱上场，用营养守护孩子的足球梦"公益行动，走进了这所高原足球小学——格咱乡小学，为热爱足球的孩子们送去球衣、球鞋、战术板等专业的足球装备和训练器材；同时，为孩子们提供学生奶的营养支持及相关健康知识书籍，用实际行动暖心守护高原孩子的足球梦想。

2022年10月11日，国际女童日之际，"伊利方舟"联合伊利QQ星，携手中国西部人才开发基金会、中国乡村发展基金会，共同开展"让爱守护成长"女童安全教育公益活动。通过走进校园，面向女童开展安全教育，帮助女童建立自我保护意识，共同营造更加安全的成长环境。该活动已走进中国、缅甸、印尼、泰国等国内外众多学校，获得老师、学生的积极参与和热烈响应。本次活动也是"伊利方舟"航迹首次驶向海外。

2022年10月，伊利集团启动"童梦同宇"天文科普公益项目，项目获得来自中国科学院国家天文台、《中国国家天文》杂志、北京天文馆等天文领域专家学者的支持，旨通过物资捐赠、设施建设、科普活动等形式，为青少年群体，特别是偏远地区的青少年搭建起学习天文知识的课堂，提高科普资源平衡配置，让更多青少年感受民族自信、科技自信。

在推动农业农村现代化、促进乡村振兴方面的主要做法包括：第一，在内蒙古、黑龙江、河北、甘肃、宁夏等多地投资数百亿元构建多个现代化奶产业集群，着力解决20多个贫困地区劳动力流失、就业率低等问题；第二，创新支撑产业链技术赋能与乡村人才培养相结合，培养"技术型"，"管理型"牧业精英人才3 000余人，共为21.1万人次提供专业赋能，培养乡村高素质人才和致富带头人；第三，"绿色供应链"助力乡村生态宜居，"种养一体化"养殖技术在全国合作牧场推广，带动产业链上游合作伙伴走上可持续的绿色生态化发展之路。其中，伊利建立并重点推动"七个联结"模式，即为农牧民免费提供养殖技术服务的"技术联结"，构建种植养殖一体化的"产业联结"，解决融资难、融资贵的"金融联结"，代替农牧民承担数亿元原奶阶段性过剩损失的"风险联结"，通过降低饲料成本、实现增产的"优质高产饲草料联结"，多举措推广奶牛优质性控冻精的"奶牛品质升级联结"，技术人员24小时驻场服务的"全面贴身服务联结"。通过"七个联结"与农牧民结成利益共享、风险共担的共同体关系，实现帮扶疏困、带领农牧民共同富裕。

【奶业大事】 1. 坚守"伊利即品质"信条，为消费者提供安全、健康、高品质的产品和服务。公司继续坚守"伊利即品质"信条，以消费者为中心，持续升级一体化品质领先管理体系，通过建立YLQAS升级原则和评审规范，不断提升品质领先管理成熟度。

2022年，公司成为全球首家通过金标认证的食品企业，该认证是由国际公认的第三方权威机构为主导，以全球食品行业先进管理体系为标准，在对工厂生产过程进行严格评审的同时，也依据全球先进指标对产品进行严格检测。通过此次认证，公司代表行业向世界展示了中国乳业的品质实力。报告期，公司问鼎了亚洲质量管理专业领域的最高荣誉"亚洲质量卓越奖"，成为了国内首家获得该奖的乳品企业。

近年来，公司不断完善QbD质量源于设计的管理体系，着力打通消费者需求和产品研发过程间的桥梁，加快产品创新迭代节奏，围绕消费者品质体验持续开展全方位改善。报告期，"金领冠"塞纳牧有机系列婴幼儿配方奶粉经过严苛的食品安全风险验证与测试，顺利通过了中国与欧盟的双重有机认证，是行业首个添加有机OPO和高量乳铁蛋白的有机A2婴幼儿配方奶粉。

公司持续夯实食品安全风险防控体系，应用HARPC食品安全管理体系保障以食品加工过程安全，严格落实"集团–事业部–工厂"三级食品安全风险监测防控体系，确保从源头到终端的每一项食品安全和质量风险得到有效防控。报告期，公司"食品安全风险分析模型构建与应用"项目获得国际乳品联合会（IDF）颁发的"食品安全创新奖"。

2. 提高产品创新能力，加快产品创新步伐，推动业务持续健康发展。公司认真贯彻落实国务院办公厅发布的《关于印发"十四五"国民健康规划的通知》，在继续推进减盐、减油、减糖与健康口腔、健康体重、健康骨骼的"三减三健"等专项行动的同时，围绕不同年龄阶段以及特殊人群的健康管理诉求，依托全球开放式创新平台，结合公司业务发展方向，开展深度研究和产品定制化开发。

2022年，公司聚焦创新战略，依托全球15个创新中心，整合海内外研发资源，构建全球创新网络，积极开展全产业链创新合作；通过"开放式创新平台、集团创新中心、事业部应用创新平台"的三级研发体系，借助数字化平台，精准洞察并识别消费者需求，以满足和服务消费者需求为目的，不断提升企业创新能力。

2022年，公司获得国内外科技创新奖76项，获奖项目涵盖食品饮料创新、产品品质及风味等多个领域，其中包含荣获国际乳品联合会（IDF）的"新产品开发创新奖"。以"金典"超滤牛奶产品创新和创意设计，获得2022年度"全球食品工业大奖"。

3. 聚焦"消费者价值领先"目标，升级数字化运营能力。近年来，公司以实现"消费者价值领先"为前提，从核心业务场景赋能、数据和技术能力建设及生态网络构建等方面，推动并促进营销、供应链等专业领域的创新变革，加快了业务数字化运营转型进程。

2022年，公司与互联网企业开展深度合作，采用"企业内创新赋能－产业链联合创新－创新能力生态输出"模式，搭建开放式产品创新平台，在加快产品与技术的创新孵化和敏捷迭代的同时，应用人工智能技术深度洞察消费者需求，与消费者直连共创，提高端到端产品创新效率。

公司持续推进消费者数字化运营模式转型升级，围绕"潜客入口－新客转化－老客留存"的会员服务链路，不断探索优化消费者运营模式，升级智慧终端，整合线下线上营销资源，全面提升消费者产品与服务体验满意度。

2022年，公司坚持自主可控、前瞻创新和可持续的数字化业务发展原则，充分结合业务发展战略和产品运营特点，统筹规划建设集团数智化技术体系，探索导入虚拟数字人及其他前沿技术，借助智能决策、计算机视觉等大数据分析工具，布建人工智能服务平台，助力公司发展。

4. 继续加快奶源发展步伐，提高供应链服务保障能力。2022年，公司继续采用技术服务、资金支持、产业带动、风险共担、优质饲草、奶牛品质、赋能提升的"利益联结2.0"，通过为牧场提供饲草料专业技术指导、

开展优质玉米品种种植推广、促进牧场奶牛营养配方优化等措施，不断提升奶牛单产；同时，借助高端智能化设备应用培训项目，强化推进奶源基地技术服务工作，进一步推动落实牧场降本增效多项举措，以实际行动全力扶持上游奶业发展，助力牧场整体经营效益持续提升，以奶业振兴带动乡村经济振兴，保障乳产业链健康持续发展。

5. 持续打造"全球健康生态圈"，实现与合作伙伴的协同发展、合作共赢。公司秉承"厚度优于速度、行业繁荣胜于个体辉煌、社会价值大于商业财富"的发展理念，与上下游合作伙伴协同发展，共同成长。报告期，公司继续通过产业链金融业务，帮助合作伙伴降低经营风险，解决融资困难。截至2022年12月31日，公司累计为10 974户产业链上下游合作伙伴提供金融扶持，有效缓解了经销商、供应商的资金压力。

公司通过与供应商建立长期的战略合作关系，国内外供应商先后在公司生产基地附近投资建厂，部分原料就近供应，有效提升了工厂库存周转及供应商的服务响应效率，缩短了供应物流周期，实现与合作伙伴的协同发展、合作共赢。

2022年，伊利现代智慧健康谷建设项目中的液态奶全球智造标杆基地、奶粉全球智造标杆基地、伊利智造体验中心投产运营，实现了建设"集产能领先、自动化水平先进、技术装备一流、零碳绿色、5A级沉浸式工业旅游体验"多功能于一体的全球智能制造标杆。当前，全新的现代化乳产业集群正在加速打造中。

6. 深入落实可持续发展战略，引领打造绿色产业链。公司对标全球食品行业最佳实践，以高质量发展为核心、企业战略为导向，制定公司可持续发展管理目标，从环境、社会和公司治理三个维度展开，聚焦温室气体管理、水资源管理、原材料采购、可持续农业、包材与废弃物、营养与健康、商业道德和负责任的运营八大关键主题，通过实施全生命周期减碳行动，探索创新企业与行业高质量发展模式，带动产业链上下游企业积极践行绿色可持续发展理念，推动实现产业链共赢。

2022年，公司碳中和进程加速，企业的MSCI ESG评级提升至BBB，CDP气候、森林和水资源问卷评级结果全部达到B级，整体评级持续提升。截至报告期末，公司旗下已有31家分子公司获得了国家级"绿色工厂"认证，认证总数位居行业第一。

（内蒙古伊利实业集团股份有限公司，何 旭）

内蒙古蒙牛乳业（集团）股份有限公司

【奶源基地】2022 年，内蒙古蒙牛乳业（集团）股份有限公司（以下简称蒙牛）累计生鲜乳收购量 750 万 t，奶牛存栏 170 多万头，100% 来自规模化、集约化牧场，机械挤奶率 100%，TMR 科学饲养 100%，紫花苜蓿、青贮全覆盖。参控股牧业公司有国内知名的现代、圣牧，战略参控股原奶供应占比近 45%，使得蒙牛在高品质奶源供应方面更具优势。

截至 2022 年，蒙牛已累计在全国发放奶款 2 900 多亿元，与金融机构累计投入扶持资金近 400 亿元，辐射全国所有合作牧场，满足合作伙伴购牛、增量、购买设备、转型改造、良种繁育、信息化建设、饲草料购置等多种资金需求。蒙牛全国合作牧场带动苜蓿、玉米青贮等优质饲草种植面积 600 余万亩，2022 年青贮玉米储量近 820 万 t，亩产量约 2.8t。

按照国家奶业振兴发展要求，结合蒙牛集团奶源战略布局规划，依托产业集群基础和资源平台优势，坚持"生态优先、绿色发展"。"十四五"期间，蒙牛在内蒙古、黑龙江、宁夏、河北、河南、山西、山东、新疆、云南等省份布局建设 10 多个种养加奶产业园，持续推动实现"百万头奶牛、百万亩草场、百万吨牛奶"奶源建设规划，为乡村振兴注入更多蒙牛力量。

疫病防控方面，蒙牛严格按照国家相关规定、行业标准执行检疫，持续对口蹄疫、青年牛布病免疫情况进行监控，免疫覆盖率达 100%。智慧牧场建设方面，蒙牛奶源践行上游产业链"从一棵牧草到一杯原奶"全过程、全要素数字化战略定位，打造蒙牛"智慧牧场"。为保障食品安全，蒙牛所有合作牧场 100% 实现关键点位视频接入，现有拉运奶车 100% 实现 GPS 拉运路径与电子围栏监控；为提高牧场效能，蒙牛所有合作牧场 100% 实现机械化挤奶、TMR 机械化饲喂，100% 通过信息化提供拉运及检测数据交互。同时，蒙牛孵化专业化子公司并设计开发"智慧牧场管理平台"，涵盖 11 个功能模块，覆盖奶牛全生命周期，实现牧场全业务、全平台、全流程的运营与管理，运用"云计算＋物联网＋AIOT 人工智能"等数字技术，实现"最小颗粒度到奶牛"的管理模式。

粪污处理方式方面，按照"达标排放"的要求进行管理，主要采用发酵、堆肥等方式处理后，实现资源化利用。在发酵工艺方面，通过集装箱式、槽式发酵系统或者 CTB 垫料再生系统等，直接经过烘干、全量发酵、杀菌等一系列处理工艺，其所产生的沼渣用作牛床垫料、有机肥、燃料等，该方式重点在中南部多雨地区使用。在堆肥发酵方面，粪肥收集后进行堆肥发酵，发酵后用作卧床垫料或者制作有机肥还田，该方式主要在北方相对干燥地区使用。

【乳制品加工】蒙牛在国内建立了 41 座生产基地，在新西兰、印度尼西亚、澳大利亚建有海外生产基地，全球工厂总数达 68 座，年产能合计 1 291 万 t。蒙牛形成了包括液态奶、冰激凌、奶粉、奶酪等品类在内的丰富产品矩阵。2022 年，蒙牛集团乳品产量共计 880 万 t。其中，液态乳制品产量 700 多万 t，干乳制品产量 8 万多 t，其他含乳产品 160 多万 t。雅士利两款婴幼儿配方奶粉产品二次配方注册获批。

【市场消费】2022 年，蒙牛集团营业收入 926 亿元，净利润 54 亿元。集团积极抵御外部环境挑战，推进产品创新、品牌升级、渠道精耕，推动液态奶收入同比增长 2.3%，增至人民币 783 亿元。其中特仑苏、蒙牛纯牛奶、每日鲜语牛奶保持强劲增长。低温业务持续占据市场领先地位。特仑苏推出 4.0g 沙漠有机纯牛奶，每 100mL 富含 4.0g 蛋白质，营养新升级。推出臻享浓牛奶产品，每 100mL 含有 3.3g 蛋白质。纯甄顺应消费者回归"纯""无添加"需求，推出纯甄酸奶蓝莓风味 PET 瓶新品。持续丰富零蔗糖系列、减糖系列产品线，推出新品蒙牛零蔗糖·醇酸奶，每百克含有 1 亿 CFU 活菌，帮助改善肠道环境。每日鲜语年内布局延展 4.0 系列全线产品，洞察精致女性悦己及减脂需求，上市 4.0 低脂鲜牛奶；同时针对年轻人推出子品牌小鲜语，开辟"轻"鲜奶赛道，布局便利店加速发展。冰激凌收入同比强劲增长 33.3%，增至人民币 56.5 亿元。成功跨界打造茅台冰激凌等多款爆款单品，获得消费者喜爱。大力发展儿童奶酪棒、奶酪休闲零食、家用佐餐奶酪、黄油和专业餐饮奶酪产品，开拓中国乃至全球极具潜力的奶酪市场。雅士利奶粉产品业绩为 37.38 亿元人民币。雅士利继续发展婴幼儿配方奶粉和健康营养品两大类产品业务。婴幼儿配方奶粉方面，瑞哺恩全球首款应用 MLCT 和新型 OPO 结构脂的产品——瑞哺恩"恩至"婴幼儿配方奶粉产品，以及瑞哺恩全球首款应用沙漠有机生牛乳的产品——瑞哺恩"菁至"婴幼儿配方奶粉已通过配方注册批准。雅士利年内成为国内首家产品获得食品欧盟标准评估认证（SGS）的奶粉企业。健康营养品方面，雅士利持续向市场提供悠瑞、M8 儿童配方奶粉、一米八八儿童成长配方奶粉、慧聪明等产品，以满足中老年人群、儿童、学生等群体的营养需要。贝拉米推出三款奶粉新品，针对 3 岁以上儿童营养需求，贝拉米推出大贸及跨境版有机儿童成长奶粉，主打提升免疫力及助力长高。此外，贝拉米在全球推出全新贝拉米"GOLD+金装"高端婴幼儿配方奶粉，独有 Di-GeniX 菌元双益配方，助力提升婴幼儿肠道免疫力，持续推进品牌高端化。

【全球发展】印尼工厂主要生产酸奶、酸奶饮料、发酵牛奶饮料、含乳饮料、乳味饮料、固体饮料等品类，涉及近 20 个 SKU（最小存货单位）。工厂生产的灭菌型乳酸菌乳饮料 130mL 系列产品已畅销东南亚的 12 个国家和地区，远销、澳大利亚、新西兰等。2022年产品销售量约7t。澳大利亚Burra工厂主要生产浓缩乳、原料奶粉、婴幼儿配方奶粉、成人奶粉、奶油等产品，2022年产品产量约8万t，主要销往澳大利亚本土、日本、中国，以及东南亚等周边市场。奶粉海外布局主要是澳大利亚的贝拉米及新西兰雅士利两家企业，2022年产量近2.5万t，产品销往澳大利亚、中国及东南亚等地。

【社会责任】

小康牛奶行动（蒙牛营养普惠工程）。蒙牛持续深化营养普惠工程，通过"蒙牛营养普惠基金"，开展"未来星"助学计划、"一分钱公益""敲铃人·村小校长赋能计划""希望卫生室"等公益项目，助力地方乡村振兴工作的开展。2022年，蒙牛在全国20个省、58个市的277所学校开展营养普惠工程牛奶公益捐赠项目，捐赠牛奶397余万包，覆盖学生17.92万人次，近5年共惠及全国28个省（自治区、直辖市）学生近100万人次。

为改善农村校园卫生环境，保障青少年健康成长，由蒙牛营养普惠基金支持的"蒙牛希望卫生室"陆续在武汉的10所农村中小学落地，有效提高了当地农村校园的公共卫生服务水平，加强了青少年卫生健康知识的教育普及。

2022年1月，蒙牛旗下"未来星"学生奶品牌联合《南方周末》开启"敲铃人·村小校长赋能计划"，从专业角度对村小校长营养健康管理理念和方法进行赋能，增强乡村小学对学生营养的重视。2022年12月，中国青少年发展基金会、蒙牛集团、《南方周末》及二十一世纪教育研究院共同发布《中西部地区乡村小学营养健康教育调查研究报告》，分析乡村小学营养健康教育的现状与需求，提出系统化的政策建议，引发公众关注。

蒙牛在"2022中国学生营养与健康发展大会"上正式发布"蒙牛营养普惠工程"三年公益规划。蒙牛将在未来三年向全国学校捐赠价值3 000万元的学生饮用奶，进一步推动少年儿童营养健康事业的持续创新发展，多维助力少年儿童拥有阳光健康的未来。

扶贫项目。为承接国家乡村振兴、共同富裕的战略，蒙牛制定《十四五乡村振兴行动方案》，并充分发挥乳业贯穿一二三产业的长链条产业优势，形成包括产业振兴、营养普惠和多元助力的乳业特色乡村振兴模式，为乡村地区农牧民提供更多就业岗位，提升就业技能及收入水平，为乡村儿童提供更好的教育成长条件，并通过党建共建、金融帮扶、教育振兴等形式，全面助力乡村振兴与可持续发展。

2022年，蒙牛升级发布奶业生态圈"2025价值共享"战略，通过覆盖"技术升级、数字创新、饲料降本、采购整合、金融支持、联结发展"六方面价值，与产业链上下游携手共进，助力我国奶产业"精准、高效、绿色"发展。同时，蒙牛通过扩大种植、壮大养殖、产业园联动等形式，促进农村三产融合发展，提高农民的产业参与度和受益度，以奶产业链发展实现联农带农，并以高质量奶源基地建设带动农民增收致富，巩固脱贫攻坚成果，推动乡村振兴战略实施。

2022年，蒙牛举办奶业生态圈"2025爱你爱我"价值共享战略发布会，邀请政府主管部门代表、行业专家、金融机构代表以及蒙牛全国产业链合作伙伴共500余人参会。该项活动旨在积极贯彻国家奶业振兴战略，助力提高奶业质量效益和行业竞争力，并进一步促进蒙牛产业链合作关系，实现产业链共生共赢共成长。

2022年，蒙牛在全国带动600多万亩、1 200多万t优质饲草种植，带动170多万头奶牛养殖，累计发放奶款近320亿元，直接或间接带动全国400多万农民增收致富。

近年来，蒙牛在全国布局建设10余个种养加奶产业园。2022年蒙牛与战略合作伙伴在全国新增新建牧场30余座，直接或间接新增带动6万多名农民就业增收。

2022年，蒙牛投资建设中国乳业产业园，通过项目建设、产业链招商等举措，带动当地农民工就业。在绿色未来乳业全产业链示范基地的工程建设环节，公司优先吸纳当地农村劳动力，解决近2 000人就业，成为产业带动乡村振兴的重要力量。

蒙牛向对口支援的西藏洛扎县捐赠资金1 000万元，向包联帮扶的武川县西乌兰不浪村捐赠30万元，用于村展览馆修缮升级及小巷道路硬化改造建设。

奶农培训。蒙牛持续与中国农业大学、国家奶牛产业技术体系等高校和机构实施技术帮扶和牧业人才培养，助力牧场实现效益持续提升。2022年，蒙牛共开展牧场技术提升公益培训29场，覆盖33万人次。精准帮扶156个牧场，帮助其提高饲养管理的精细化和科学化水平。此外，蒙牛开展现代奶牛场高级人才研修班两期，全面提升牧民和牧场经营人员专业技术能力。

蒙牛持续开展兽用抗菌药专项管控行动，制定牧场用药流程规范。2022年，蒙牛围绕兽药相关法律法规、兽药安全使用规范、用药牛管理、风险兽药识别及排查等内容，定期开展兽药使用培训，指导牧场科学规范使用兽药。截至2022年底，共计开展300余场兽药专项培训，覆盖超5 000名牧场主及从业人员。

蒙牛开展奶牛饲养管理、营养配方、繁殖育种、牧场管理等主题培训，共计39场。

捐赠。为规范发展集团公益事业，完善社会责任发展体系，蒙牛设立内蒙古蒙牛公益基金会。基金会以"营养普惠生命，每个生命都要强"为使命愿景，聚焦营养赋能、均衡发展、环境保护等领域，通过知识研究、系统资助和公众倡导的行动策略开展公益慈善项目。同时，蒙牛还修订了《中国蒙牛公益性捐赠管理制度》，优化应急捐赠机制，在规范管理捐赠的同时，有效响应灾害救助应急捐赠。此外，蒙牛制定员工志愿服务活动规范，系统性开展志愿服务活动。2022年，蒙牛捐赠支出超过1.06亿元，蒙牛志愿者参与志愿者服务活动达10 000余人次，投入志愿服务时间近20 000h。

2022年，蒙牛组织开展"小心愿大温暖"活动，为近 400 名困境儿童圆梦，并连续第四年为云南省红河哈尼族彝族自治州蒙自市捐赠书籍、衣物等物资近 6 000 件。此外，蒙牛开展孤寡老人、残障老人关爱活动，惠及近千名老人。

2022 年，四川甘孜藏族自治州泸定县发生 6.8 级地震，四川甘孜州和雅安石棉县两地受灾严重，部分水、电、交通、通信等基础设施受损。灾情发生后，蒙牛第一时间开展救助行动，向地震灾区捐赠 1 000 万元，用于全力支持抗震救灾工作，帮助灾区尽快恢复生产和生活秩序。

蒙牛发起"万颗足球百所校园"捐赠行动，为全国 23 个省份、57 个地市的百所中小学学校送出 10 000 个优质足球，并配套精良的校园足球训练装备，以及蒙牛学生奶，助力校园足球体育发展。

荣誉奖项。 蒙牛凭借产业高质量发展助力乡村振兴的突出贡献，荣获由新华社中国经济信息社主办的"新华信用金兰杯"ESG 突出贡献案例、澎湃新闻颁发的 2022 年度责任践行乡村振兴奖。

蒙牛作为唯一入选乳企荣获内蒙古慈善奖捐赠企业奖。

【奶业大事】

2 月 6 日，中国女足逆风翻盘，勇夺亚洲杯冠军，时隔 16 年重回亚洲之巅。作为中国足协中国之队合作伙伴，蒙牛率先拿出 1 000 万元奖金，向天生要强的"铿锵玫瑰"致敬，得到网友广泛关注和点赞，成为全网热搜话题。

5 月 30 日，蒙牛集团发布《2021 年中国蒙牛乳业有限公司可持续发展报告（ESG 报告）》，并公布 GREEN 战略，未来将从可持续的公司治理、共同富裕的乳业责任、环境友好的绿色生产、负责任的产业生态圈、营养普惠的卓越产品五个方向发力，全方位推动产业链上下游的"GREEN"可持续发展转型。同时，蒙牛还在报告中提出了"2030 年碳达峰、2050 年碳中和"的"双碳"目标，助力国家"双碳"目标落地。

6 月 2 日，中华环境保护基金会发起并联合 30 余家长期关注和投入环境保护的中国社会组织、机构和企业共同发出《支持绿化保护地球，助力中国贡献全球环境治理》的倡议。蒙牛作为乳品行业唯一的企业代表加入了该倡议。蒙牛集团总裁卢敏放表示，蒙牛将与各方携手，共建一个绿色低碳、普惠包容、更有韧性的可持续发展未来。

6 月 15 日，"2022 年凯度 BrandZ 最具价值全球品牌"排行榜正式发布，蒙牛 2022 年品牌价值达到 97.26 亿美元，同比增长 15%，增速位居中国乳业第一。同时，蒙牛成为中国企业中为数不多在不确定的环境中不断积累价值的品牌，也是唯一一个中国快消行业增速双位数的品牌。

6 月 21 日，消费品论坛 (CGF) 在爱尔兰都柏林召开全球董事会会议。会议宣布，蒙牛集团总裁卢敏放成功当选为 CGF 全球董事。至此，卢敏放已在多个重量级国际乳业组织中担任决策层职务，其将持续推动中国乳业参与全球治理，为全球乳业贡献中国智慧。

7 月 10 日，以"中国要强，未来我来"为主题的 2022"希望工程蒙牛世界杯少年足球公益行"启动仪式在北京举行。该项目将在全国 9~16 岁适龄学生群体中选拔 400 名"足球少年"，并组织他们参与为期 10 天的"蒙牛 FIFA 精英夏令营集训"。从"牛奶助学"到世界杯公益，蒙牛与"要强少年"的公益故事一直在延续。

7 月 19 日，蒙牛总裁卢敏放受邀参加世界经济论坛"2022 年新领军者对话会"，并以"如何避免全球粮食危机"为主题与各行业领袖和专家深入探讨。卢敏放表示，乳业要加快数智化技术的推广应用，在有限的资源条件下创造更多产出，从而保障产业链的安全稳固和可持续发展。

7 月 26 日，中国足球协会与蒙牛集团在京签署战略合作协议，共同宣布蒙牛正式成为中国青少年足球联赛高级合作伙伴。双方将发挥各自优势，在打造赛事品牌、奉献公益爱心等方面进行深入合作，共同促进"体教融合"，全面推进中国青少年足球事业发展。

8 月 17 日，荷兰合作银行公布"2022 年全球乳业 20 强"，蒙牛集团连升两个名次，位列全球乳业七强。在此次排名中创下全球乳业排名历史新高，蒙牛也成为榜单上唯一实现排名上升的中国乳企。

8 月 19 日，2022 年第二季度恒生指数系列检讨结果公布。其中，蒙牛乳业（2319.HK）连续第三年入选恒生可持续发展企业指数成分股，再次蝉联港股 ESG 表现前 30 位。

8 月 22 日，内蒙古自治区民政厅在呼和浩特市举办首届"内蒙古慈善奖"颁奖仪式，自治区副主席奇巴图出席活动并颁奖。会上，内蒙古蒙牛乳业（集团）股份有限公司荣获首届"内蒙古慈善奖"，为唯一入选乳企。

10 月 18 日，中国质量协会正式发布"2022 年全国质量标杆"，蒙牛凭借全产业链"智慧质量"数字化管理的不懈探索和实践，在 34 个入围项目中脱颖而出，最终斩获"2022 年全国质量标杆"，是乳业唯一获奖企业。

10 月 25 日，国际权威指数机构摩根士丹利资本国际公司公布最新年度环境、社会及管治评级结果。凭借在 ESG 方面的优异表现，蒙牛 MSCI ESG 评级从 BBB 级跃升至中国食品行业领域最高评级 A 级。

10 月 27 日，中国航天事业连续 19 年战略合作伙伴蒙牛集团与中国航天基金会在京举办航天菌株发布会。双方联合发布了我国自主研发的"2016 国人 1 号菌株"和"2016 国人 2 号菌株"。这两株益生菌均为太空培育型菌株，是国内首个在太空停留超过 1 个月的菌株，打造了航天与食品行业创新融合的新标杆。

11 月 6 日，第 27 届联合国气候变化大会（COP27）在埃及开幕，会议发布《2022 企业气候行动案例集》。蒙牛集团作为中国乳业唯一代表入选该案例集，获权威认可，打造中国企业应对气候变化的行业标杆。

11月7日，"共建ESG生态 共促可持续发展——ESG中国论坛2022冬季峰会"发布《中央企业上市公司ESG蓝皮书（2022）》及"央企ESG·先锋50指数"。蒙牛乳业入选优秀案例，并在426家参与评级的央企控股上市公司中夺得桂冠，在"央企ESG·先锋50指数"中排名第一。

12月7—19日，联合国《生物多样性公约》第十五届缔约方大会（COP15）第二阶段会议在加拿大蒙特利尔举办。会议期间，以"加快实现中国生物多样性保护的商业行动"为主题的中国角边会发布了《企业生物多样性保护案例集》，蒙牛作为唯一乳品企业入选该案例集。

12月28日，蒙牛集团旗下曲靖常温工厂顺利通过德国TÜV莱茵的审核，取得了TÜV莱茵颁发的零碳工厂认证证书，该工厂此前已获得TÜV莱茵颁发PAS2060碳中和证书和中国广州碳排放权交易中心颁发的碳中和证书。至此，蒙牛曲靖工厂已成为乳品行业首个实现国际、国内双认证的零碳工厂。

（内蒙古蒙牛乳业集团股份有限公司，张永霞、王俊威、朱　诸、林　笛、高莉芳、何　平、顾　隽、王成保、顾媛媛）

光明乳业股份有限公司

光明乳业股份有限公司（以下简称光明乳业）业务渊源始于1911年，至今已有百余年的历史。作为中国领先的高端乳品引领者，从牧场到终端，通过打造全产业链，确保高品质的产品与服务始终如一，致力成为"中国最好的乳制品企业"。

光明乳业坚守品质引领创新，在"立足上海，发展华东，优化全国，乐在新鲜"的企业战略下，不断提升全产业链核心竞争力。光明乳业旗下拥有"光明冷饮""致优""优倍""如实""畅优""健能Jcan""莫斯利安""优加""牛奶棚""光明悠焙"等众多知名品牌。

光明乳业积极落实食品安全主体责任，严格实施"以质量为核心，以创新为动力，以品质促品牌"的质量战略，坚守匠心，用品质代言，让更多人感受美味和健康的快乐。

【奶源基地】截至2022年底，奶牛存栏约10.81万头，其中成母牛平均存栏48 847头，原料奶总产量超46万t，成母牛年单产达到11.01t，其中有1个牧场成母牛年单产到达12t。牧场养殖分布在上海（含崇明）、江苏、浙江、河南、山东、天津、湖北、黑龙江、宁夏、安徽等24个奶牛养殖场。牧场养殖规模最高14 644头，最少812头，分传统栓系饲养（9个牧场）和现代化散栏饲养（15个牧场）两种模式。

所有牧场均采用全混合日粮（TMR）技术，均为立式TMR设备，分固定式和移动式两种。

牧场均采用机械挤奶，包括3种类型：管道式挤奶（传统栓系牧场）、并列式挤奶、转盘挤奶。所有牧场每月参加奶牛生产性能测定（DHI），均由上海奶牛DHI检测中心进行检测。

2022年，生鲜乳质量持续保持良好，远优于欧盟标准。其中体细胞数20万个/mL，生奶微生物平均0.93万CFU/mL。

2022年，公司牧场未发生重大动物疫情，牧场主要免疫口蹄疫（O型和A型），每年免疫2~3次，免疫后抗体合格率均在95%以上（低于80%全群补免）。另外，牧场进行梭菌免疫、山羊痘免疫。牧场监控疫病为牛结核、布鲁氏菌病，每年两次检疫。同时，对牛病毒性腹泻病毒（BVDV）、牛副结核病进行监控。

【乳品加工】光明乳业在全国拥有17家生产企业，主要生产新鲜牛奶、新鲜酸奶、常温牛奶、常温酸奶、奶粉、奶酪等各类乳制品。2022年，公司乳制品总产量近123.72万t，其中液态奶产量122.94万t，干乳制品产量0.78万t。

光明乳业始终关注乳制品供应链管理的创新发展。2010年，公司在乳品八厂率先导入WCM世界级制造，至今已推行12年；2019年，乳品四厂启动TPM特别奖的挑战，光明乳业的WCM推动成功进入到第二阶段，从关注工厂制造现场，转变为关注产业链整体运作的最优化。光明乳业WCM也获得了日本JIPM协会的高度认可，是首家获得TPM优秀奖、TPM优秀奖A类、TPM优秀继续奖的单位。2021年，旗下乳品四厂成功通过TPM特别奖的终审，保持行业领先地位。

【市场消费】产品创新迭代，赋能品牌新鲜活力。2022年，公司匠心铸造"鲜"品质，不断推动产品多元化创新迭代。优倍浓醇4.0g蛋白高品质鲜牛奶、220mg/L免疫球蛋白、500mg/L乳铁蛋白，带来更多鲜活营养；莫斯利安推出蓝莓酸酪球风味及黄桃风味新品，与英雄联盟联名，推出星之守护者爆珠酸奶；优倍浓醇高钙奶酪棒，鲜奶添加量≥36%、干酪添加量≥51%；光明护卫幽即食型益生菌，特别添加光明乳业专利植物乳杆菌ST–Ⅲ，焕活好肠胃。光明冷饮上新光明优倍鲜奶雪糕、光明谷风系列雪糕、一品咖啡棒冰等产品，用高品质缔造凉爽美味。品质创新焕发品牌新内涵，公司致力打造更经典、更时尚的光明品牌。2022年，公司传承文化初心，再度独家冠名合作《典籍里的中国》第二季，展现经典名篇里蕴含的中国智慧、中国精神和中国价值；光明优倍独家冠名《我们的歌》第四季，唱响新鲜与活力新篇章；光明致优与高端艺术保持紧密合作，冠名呈献《乌菲齐大师自画像》与《意大利国家现当代美术馆珍藏》两大艺术展，与消费者共赏艺术之美。

提升渠道管理效能，打造多区域终端竞争力。公司持续推广、应用CRM管理平台，经过不断深入优化、完善，实现业务在线化、运营数据化、决策智能化，推进顶层设计优化、流程再造，实现费用可控、精准营销的全闭环渠道管理体系，为公司长远发展奠定坚实的基础。同时，公司依托全产业链优势，把握短视频和社交电商等线上新零售、新业态渠道发展机遇，有效触达终端消费者，持续优化、升级渠道结构，惠及全链路节点客户，推动线上线下渠道的一体化融合发展。

【全球发展】光明乳业持续推进公司国际化发展，加强对海外投资实体新莱特乳业有限公司（以下简称新莱特）的治理，提升海外业务的多元化发展和运营能力，提升公司的国际品牌形象和竞争力。

光明乳业旗下新莱特乳业始终秉持商业向善，致力于经济效益、社会效益与环境效益并举；在企业的长期发展中不单纯追求经营效益，还致力于为人类和地球创造人福祉。新莱特在 2020 年 6 月认证成为"共益企业"。"共益企业"集结了全球性的先锋企业，致力于在全球经济的背景下，推动商业成为向善的力量。认证公益企业意味着要关注企业决策对员工、客户、供应商、社区和环境产生的影响，这一理念与新莱特"用与众不同的方式生产乳品，让世界更健康"的宗旨产生了强烈共鸣。

2022 年，新西兰新莱特着力提升自身供应链的稳定性，在原奶的稳定供应、生产运营的提质增效、ERP 系统更新，以及产品营销和发货运方面均取得显著成效。新西兰新莱特全年实现营业收入 69.21 亿元人民币，同比增长 2.63%；实现净利润 2 818.02 万元人民币，扭亏为盈。报告期内，新莱特依托现有南北岛产能，通过多元化的产品组合和客户组合，不断向跨国客户提供优质的产品和服务。其中，包括工业粉、婴儿配方奶粉和奶酪在内的诸多产品销往澳大利亚和东南亚等 50 多个国家和地区。

【社会责任】2022 年，光明乳业携手上海市红十字会等单位持续开展"光明进校园"活动，将视力筛查、心理健康、艺术教育、体育活动等百余场公益课程配送至学校，累计捐赠金额 150 万元。通过提供物质帮助，光明乳业让更多学生在校园遇见"光明"，感受成长的乐趣。同时，光明乳业通过中国儿童少年基金会，向北京高校学生定向捐赠 1 万提莫斯利安酸奶，让大学生们能够更好地补充营养，为学业加油助力。

另外，光明乳业携手上海市文明办、上海团市委，对奋战在第五届进博会的城市文明志愿者、"小叶子"志愿者等开展慰问，累计捐赠 2 190 提光明牛奶。光明乳业连续多年参与进博会慰问工作，实实在在把关注民生的视角落实到社会生活中。

2022 年，光明乳业积极关注并竭力满足上海各类人群的不同需求，不断传递爱与温暖，为上海市疾控中心、上海公共卫生中心的医护人员家属配送爱心礼包 5 270 份；向一线抗疫工作者累计捐赠光明牛奶近 8 万箱，为奶粉短缺的婴幼儿们连夜调配物资、安排车辆紧急配送出 2 000 罐光明奶粉；向孤寡残疾等特殊人群累计捐赠各类光明产品 4 581 箱；对返乡回家的火车站滞留者，累计送上爱心礼包 1 万份；为全市 5.87 万名居家老人配送"光明直通车"套餐慰问品。

公司坚持贯彻长三角区域一体化战略，重点布局安徽地区，致力发展具有影响力的产业聚集地、绿色发展样板区，推进城乡深度融合。随着光明牧业种植事业部土地流转面积的增加、种植规模的不断扩大，有效推动乡村劳动力在家门口实现就业。2022 年，光明牧业在宁夏、安徽、黑龙江、河南等地为当地人们提供就业机会。

光明牧业充分利用奶牛生理特点，积极响应秸秆回收利用号召，将水稻秸秆、小麦秸秆、花生秧秸秆等农作物秸秆经过简单物理加工后，作为奶牛饲料资源。2022 年，累积再利用麦秸 3.86 万 t、稻草 0.29 万 t、裹包稻草 0.22 万 t、其他类秸秆 0.21 万 t，实现循环经济。

【奶业大事】抗击疫情，贡献光明力量。在上海抗击新冠疫情保卫战中，光明乳业全产业链上的每一位员工拧成一股绳，竭尽全力保障上海市民"奶瓶子"不断供。旗下 1 233 名工厂员工和 1 800 名牧场员工以厂（场）为家，领鲜物流每天运输约 1 300t 的乳制品及生鲜产品。光明"随心订"积极做好各级政府和社区居民的团购保供工作，推出牛奶"一键开团"模式，打通疫情防控"最后一公里"，累计配送社区团购 48 848 次，覆盖 10 697 个小区。

2022 年，公司所属的光明生态示范奶牛场有限公司、浙江光明牧业有限公司，均被评为现代奶业评价定级 S 级奶牛场；光明牧业上海奶牛育种中心公牛站荣获国家级牛布鲁氏菌病净化场、国家级牛结核病净化场荣誉。

光明"随心订"荣获 2022 年"上海品牌"认证。

光明乳业连续两年获得"金字招牌"荣誉，旗下品类连续四年入选"新国货榜样"。

光明乳业成为 2022 年全国供应链创新与应用示范创建企业，并获评 2022 年上海市供应链创新与应用优秀案例。

（光明乳业股份有限公司，李丹倩）

附表 1 光明乳业股份有限公司奶牛养殖场（小区）名录

序号	名称	地址	全群存栏（头）	成母畜存栏（头）	奶畜品种	成母畜单产（t/年）	年总产（t）	是否有机奶源基地	有机奶产量（t）
1	光明牧业有限公司金山种奶牛场	上海市金山区廊下镇永光路 1588 号	4 815	2 356	荷斯坦	10.9	24 905	否	
2	光明牧业有限公司星火奶牛一场	上海市奉贤区海湾镇海兴路 1458 号	812	416	荷斯坦	10.5	4 397	否	
3	光明牧业有限公司星火奶牛二场	上海市奉贤区海湾镇海农路 606 号	1 291	669	荷斯坦	11.6	7 561	否	
4	光明牧业有限公司申星奶牛场	上海市奉贤区海湾镇随塘河路 1505 号	1 814	923	荷斯坦	10.0	9 267	否	
5	光明牧业有限公司至江奶牛场	上海市崇明区东平镇长江农场东堡 181 号	1 169	705	荷斯坦	10.7	7 782	否	
6	光明牧业有限公司佳辰后备牛场	上海市崇明区新海镇长征公路 2132 号	1 709	—	荷斯坦	—	—	否	
7	光明牧业有限公司鸿星奶牛场	上海市崇明区新海镇北沿公路 3126 号	842	545	荷斯坦	12.2	6 385	否	
8	光明牧业有限公司新东奶牛场	上海市崇明区新海镇星村公路 318 弄 116 号	1 842	1 184	荷斯坦	11.0	13 096	否	
9	光明牧业有限公司跃一奶牛场	上海市崇明区新海镇北沿公路 486 号	1 718	991	荷斯坦	10.6	10 269	否	
10	光明牧业有限公司跃二奶牛场	上海市崇明区新海镇跃进农场跃进中路 159 号	879	537	荷斯坦	10.3	5 280	否	
11	江苏申牛牧业有限公司－海丰奶牛场	江苏省大丰市海丰农场海丰奶牛场五大队民丰路	12 642	6 088	荷斯坦	10.7	67 903	否	
12	江苏申牛牧业有限公司－申丰奶牛场	江苏省大丰市海丰农场海丰奶牛场五大队民丰路	14 644	7 384	荷斯坦	11.3	86 098	否	
13	浙江光明牧业有限公司	金华市婺城区汤溪镇九峰山附近的秩垄山石羊村	1 547	800	荷斯坦	11.4	8 972	否	
14	浙江光明牧业有限公司（娟姗）	金华市婺城区汤溪镇九峰山附近的秩垄山石羊村	783	428	娟姗	6.3	2 335	否	
15	武汉光明生态示范奶牛场有限公司	武汉东西湖区辛安渡农场工业园 50 号	2 998	1 582	荷斯坦	11.6	18 715	否	
16	德州光明生态示范奶牛养殖有限公司	山东德州市陵县陵城镇马庄村	3 169	1 603	荷斯坦	10.7	17 285	否	
17	天津市今日健康乳业有限公司	天津市北辰区双口镇立新园林场内	2 343	1 188	荷斯坦	10.5	13 413	否	
18	富裕光明生态示范奶牛养殖有限公司	黑龙江省齐齐哈尔市富裕县友谊乡勤联村，小新民村对面	4 916	2 549	荷斯坦	11.0	28 058	否	
19	富裕县光明哈川奶牛饲养专业合作社	黑龙江省齐齐哈尔市富裕县小哈洲村	3 241	1 731	荷斯坦	11.5	13 387	否	
20	双城米特利农业发展有限公司	黑龙江省哈尔滨市双城区长产村 102 国道东侧	2 895	1 554	荷斯坦	10.5	16 877	否	
21	滑县光明生态示范奶牛养殖有限公司	河南省滑县万古镇武家庄村	11 713	5 761	荷斯坦	11.7	64 551	否	

（续）

序号	名称	地址	全群存栏（头）	成母畜存栏（头）	奶畜品种	成母畜单产（t/年）	年总产（t）	是否有机奶源基地	有机奶产量（t）
22	江苏银宝光明牧业有限公司	江苏省盐城市射阳县大喇叭海堤线	4 138	1 989	荷斯坦	8.9	16 829	否	
23	江苏银宝光明牧业有限公司（娟姗）	江苏省盐城市射阳县大喇叭海堤线	4 614	2 491	娟姗	6.0	10 414	否	
24	中卫光明生态智慧牧场有限公司	宁夏回族自治区中卫市沙坡头区常乐镇黄奎村	8 006	2 106	荷斯坦	9.6	2 046	否	
25	阜阳光明生态智慧牧场有限公司	安徽省阜阳市阜南县柳沟镇柳沟村	6 419	3 229	荷斯坦	10.6	5 731	否	
26	淮北光明生态智慧牧场有限公司	安徽省淮北市濉溪县南坪镇朱口村	7 094	38	荷斯坦	9.4	1	否	

备注：本表所指奶畜包括奶山羊、奶绵羊、奶水牛、牦牛、骆驼、驴等产商品奶家畜。本表奶畜养殖场指企业在中国及海外自建和参建（控股、参股）牧场（小区）。如认证为有机奶源基地等，请在相应表格中打钩。

附表2 光明乳业股份有限公司乳制品生产企业名录

序号	名称	生产地点	生产许可证号码	年收购量原奶量(t)	其中:自有奶源量(t)	平均支付价格(元/kg)	日处理生鲜生乳能力(t)	年乳制品产量(t)	其中:低温鲜奶(t)	UHT奶(t)	常温酸奶(t)	低温酸奶(t)	原料奶粉(t)	婴幼儿配方奶粉(t)	成人奶粉及其他(t)	奶油(t)	奶酪(t)	乳饮料(t)	冰品(t)	年销售收入(万元)	利润(万元)	有机产品(枚)
1	天津光明梦得乳品有限公司	天津市北辰区风电产业园区永信道16号	SC10512011302613	104 246.00	72 331.00	4.46	500.00	104 737.00		75 317.00	29 267.00					67.00		86.00		82 346.43	3 434.69	2.00
2	光明乳业(德州)有限公司	山东省德州市德州经济技术开发区晶华路2157号	SC10637140100137	121 339.73	9 867.77	4.67	600.00	123 405.33		86 867.74	34 964.83							1 572.76		99 139.72	8 149.16	6.00
3	南京光明乳品有限公司	江苏省南京市江宁区禄口街道来凤路2号	SC10532011501911	27 305.62	—	4.89	250.00	45 895.25	8 639.87	—	14 560.67	3 980.98						18 713.74		39 362.50	1 287.77	—
4	北京光明健能乳业有限公司	北京市顺义区林河工业开发区内林河大街14号	SC10611130310647	50 080.25	—	4.50	460.00	56 443.56	16 020.43	29 658.49		4 972.71						5 791.94		38 334.28	125.13	—
5	成都光明乳业有限公司	成都市东三环路二段航天路9号	SC10551010800030	17 713.00		4.39	230.00	34 015.12	8 517.52		773.67	24 723.93								21 966.29	1 039.97	
6	广州光明乳品有限公司	广东省广州市黄埔区永和开发区新庄二路38号	SC10544011600445	30 860.68	3 853.00	5.09	150.00	65 592.11	16 337.97			45 824.46						3 429.67		44 896.24	883.59	
7	湖南光明乳品有限公司	长沙市望城区望城大道69号	SC10543011200165	9 602.95	—	4.51	60.00	33 864.15				33 566.69						297.46		19 765.53	1 643.99	—
8	黑龙江光明佳源乳品有限公司																				-305.74	
9	光明乳业(泾阳)有限公司	陕西省泾阳县泾干大街西段2号	SC10561042300013	20 379.00	—	4.32	120.00	25 164.82		19 482.85									5 681.97		16 152.57	54.38	
10	江苏光明银宝乳业有限公司	射阳县射阳港经济开发区辛福大道34号	SC10532092401655	40 234.00	16 799.00	4.84	500.00	36 981.86	21 870.33	12 078.66	119.55	2 913.32								37 599.70	328.72	2.00
11	上海乳品四厂有限公司	上海市奉贤区海湾镇海兴路1750号	SC10531012001071	72 538.00	18 645.00	4.98	400.00	72 467.01	61 390.14			10 279.74				622.05		175.08		60 691.98	2 259.70	2.00
12	黑龙江省光明松鹤乳品有限责任公司	黑龙江省富裕县富裕镇	SC10523022700877	129 771.00	55 222.00	4.33	800.00	100 822.71		90 689.00	4 138.00			63.00	3 245.71	109.00		1 778.00		91 741.23	9 758.08	

（续）

序号	名称	生产地点	生产许可证号码	年收购原奶量(t)	其中：自有奶源量(t)	平均支付价格(元/kg)	日处理生鲜乳能力(t)	年乳制品产量(t)	其中：低温鲜奶(t)	UHT奶(t)	常温酸奶(t)	低温酸奶(t)	原料奶粉(t)	婴幼儿配方奶粉(t)	成人奶粉及其他(t)	奶油(t)	奶酪(t)	乳饮料(t)	冰品(t)	年销售收入(万元)	利润(万元)	有机产品(枚)
13	武汉光明乳品有限公司	武汉市东西湖区长青有东吴大道669号	SC10542011200055	97 689.77	44 347.84	4.76	1 000.00	130 123.63	31 462.65			98 210.52						450.46		94 803.14	6 580.64	
14	上海永安乳品有限公司	上海湾镇永华路一号	SC10531012001047	32 467.82	13 017.23	4.97	250.00	36 977.78	4 323.10	24 301.09		109.75					861.83	7 382.01		35 319.47	609.80	
15	郑州光明乳业有限公司	新郑市和庄镇神州路南段	SC10541018400032	67 009.60	16 961.97	4.53	400.00	75 515.25		27 594.04	42 228.12	5 693.09								67 087.36	1 286.97	—
16	光明乳业股份有限公司华东中心工厂	上海市闵行区马桥镇紫东路489号	SC10531011200677	275 056.55	104 931.81	5.13	2 100.00	295 179.00	170 430.34	19 191.99	27 624.84	66 299.03		—	—	2 082.93		9 549.96		252 002.36	21 647.79	1
17	上海益民食品一厂有限公司	上海市奉贤区汇丰北路988号	SC11131012000242	2 578.55	0	4.84	20	16 822.16											16 822.16	32 811.79	490.92	

备注：本表包括在中国及海外的生产企业。日处理生鲜乳能力指设计加工生鲜乳能力。自有奶源指来自自建和参建（控股、参股）牧场（小区）的原奶。成人奶粉指除婴幼儿配方奶粉以外的学生奶粉、孕妇奶粉、中老年奶粉等终端消费奶粉。冰品包括冰激凌、雪糕等。有机产品数量单位为"枚"指获得有机标志的数量。

君乐宝乳业集团
股份有限公司

君乐宝乳业集团股份有限公司（以下简称君乐宝）是中国奶业领先企业之一，业务范围包括婴幼儿配方奶粉、酸奶、低温鲜奶、常温液态奶，以及奶牛育种、牧业、草业等板块，在全国各地建有25个生产工厂、3.5余万hm²牧草种植基地、25个标准化大型牧场，养殖奶牛15万头。公司建立起涵盖奶业全产业链的产业布局，为消费者提供营养、健康、安全的乳制品。

【奶源基地】

1. 牧场建设。君乐宝目前建设了以集约化为发展方向的规模化牧场25个，以智慧化为发展方向的家庭牧场20个，养殖规模位列行业前三。规模化牧场在饲喂、挤奶等环节采用国际先进设备，配备粪污处理系统、沼气发电系统，形成了生态循环；各设备以智能管理系统串联，实现牧场全方位的集约化、数字化、绿色化管理。

2. 奶源规划。君乐宝所有奶源的规模化养殖达到100%，婴幼儿配方奶粉、高端鲜奶、高端酸奶实现了100%自有奶源，集团整体自有奶源占比达到59%，为产品的高品质提供了保障。同时君乐宝打造了学生奶源、有机奶源和A2奶源来满足不同消费者的需求。

学生奶源——10个学生饮用奶认证基地。牛乳产量和质量满足学生饮用奶生产要求；牧场符合《乳品质量安全监督管理条例》《奶牛场卫生规范》；菌落总数≤20万CFU/mL，嗜冷菌≤1万CFU/mL，耐热芽孢菌≤100CFU/mL，体细胞≤50万/mL。

有机奶源——2个有机奶认证基地。有机饲料：农药零残留、转基因零使用。有机养殖：无抗生素、无激素、奶牛自然生长。有机认证：认证三方有机种植、有机养殖资质双合规。

A2奶源——5个A2奶源基地。每一头A2奶牛采用MassARRAY基因质谱技术严格筛检，实验室经美国ISO17025（美国实验室认证委员会）和国际ICAR（国际动物记录委员）认证指定，确保每一头A2奶牛血统纯正。

3. 牧草。君乐宝将上游建设重心延伸到最源头的种草环节，自种牧草3.5万hm²，坚持为奶牛提供优质牧草，从奶源源头保障产品品质及安全。公司与中国农业大学合作，共同搭建科研平台，深度钻研牧草种子及营养成分，在品种改良、收割、贮存等方面取得了重要突破，牧草品质已接近国际水平，大大减少了对国外牧草的依赖。

燕麦。自种燕麦草1.3余万hm²，燕麦草指标NDF＜51%，K＜1.8%，营养成分高，已实现国产燕麦替代进口燕麦草饲喂围产牛。

苜蓿。自种苜蓿3 000余hm²，RFV≥180的可替换进口苜蓿干草。从收割、晾晒、捡拾切断、裹包等环节保障苜蓿的高品质。

牧草的种植与收割。牧草在种植、收割环节均采用国际先进设备，如麦赛福格森、克拉斯、豪狮等设备，从而确保牧草及时种植、及时收割，保证牧草营养成分不流失。

【乳品加工】

1. 产量。君乐宝在河北、河南、江苏、吉林等地建有25个生产工厂。近几年，公司新建了年产2.2万t的唐山君昌奶粉工厂、年产4.5万t的石家庄君诚奶粉工厂、年产2.2万t的石家庄君恒奶粉工厂、年产5万t的张家口旗帜二期奶粉工厂，年产能从2016年的9.5万t增长到2022年的22.9万t。2022年3月，君乐宝旗帜婴幼儿配方奶粉率先完成升级，成为中国首批新国标婴幼儿配方奶粉品牌。

2. 发展趋势。君乐宝乳业集团是河北省奶业龙头企业，始终牢记嘱托，在乳制品安全和产品品质上不断创新与攀登。创新了两个模式：一是全产业链模式，即牧草种植、奶牛养殖、生产加工全产业链一体化生产经营，确保产品安全放心；二是"六个世界级"模式，即世界级的奶牛育种、世界级的研发平台、世界级的先进牧场、世界级的领先工厂、世界级的供应商和世界级的食品安全管理体系，从而确保产品高品质，生产出世界级的好奶粉、好牛奶。

【市场消费】近年来，君乐宝集团不断加大科技投入，用科技的力量推动企业快速发展。君乐宝产品在市场端的表现良好，实现低温酸奶市场占有率全国第一、悦鲜活鲜奶在高端鲜奶市场占有率第一，而君乐宝奶粉也是全球增长最快的婴幼儿配方奶粉品牌。新一代有机奶粉优萃、小小鲁班儿童奶粉分别成为有机奶粉、儿童奶粉品类领跑品牌，排位进入全国前三。

【全球发展】君乐宝大胆决策、突破常规，于2022年3月在美国成立全资育种公司——爱森科技，现已在美国拥有17头优秀种公牛，其中已有1头种公牛进入全球前10名，有3头种公牛进入世界排名前50名，有13头牛进入世界排名前200名。万头牧场泌乳牛日单产最高的达到了48kg。

君乐宝深知构建自主育种体系，对振兴中国奶业起着至关重要的作用。因此君乐宝首创了"国内国外同步自主育种"新模式，计划用5~8年时间培育出自有优秀种公牛，实现育种关键技术自主突破，核心种源自主培育，成为全国领先的"育、繁、推"一体化种业龙头企业，降低对国外种源依赖度，打破国外对优质奶牛的种源垄断。

【社会责任】

1. 乡村振兴。为积极推动农业农村现代化步伐，君乐宝充分发挥农业产业化国家重点龙头企业优势，将乡村振兴与产业兴农有机结合，先后在邢台威县、张家口察北、石家庄灵寿等地建设乳品工厂、牧场等产业项目，有力带动当地相关产业发展。采用"资金入股、政府运作、企业租赁、集体受益、个人分红"的利益联结模式，落实流转土地挣租金、入园打工挣薪金、入股分红挣股金，带动农民增收，直接帮扶村200余个、人口18 000余人，增加近4 000多个就业岗位，其中直接吸纳人口就业2 000余人，年人均增收4万~5万元。

此外，君乐宝致力于深耕家庭牧场，探索乡村振兴新业态。

2. 社会捐赠。 新冠疫情发生以来，君乐宝通过各种渠道向抗疫一线捐赠现金、防疫急缺物资与乳制品超1亿元。为奋斗在一线的医务人员、志愿者和受疫情影响的居民解决物资短缺困境，确保人民群众和工作人员的营养供给。

【奶业大事】 2022年1月，君乐宝乳业集团与皇氏集团的战略合作签约仪式在石家庄举行。

2022年2月，Discovery探索频道播出关于君乐宝的纪录片《探索中国奶粉新高度》，详细介绍了君乐宝的牧草种植基地、奶牛养殖牧场以及世界级的奶粉工厂等，让全球观众看到中国乳业的发展现状。

2022年3月，君乐宝旗帜婴幼儿配方奶粉率先完成升级，成为中国首批新国标婴幼儿配方奶粉品牌。

2022年两会期间，君乐宝乳业集团董事长兼总裁魏立华建议国家大力扶持家庭牧场发展，继续加强、完善和落实财税金融支农政策的引导和支持，更好地保障家庭牧场的土地经营权和基础设施建设，加快农业产业融合发展，促进新型农业经营主体高质量发展，推进乳业振兴。

2022年6月，君乐宝简醇酸奶正式官宣知名演员杨幂和白敬亭成为简醇品牌代言人。

2022年7月，君乐宝乳业集团董事长兼总裁魏立华受邀参加世界经济论坛，向参会者分享了君乐宝实施绿色可持续发展的经验，倡导全球企业共同"健康发展、绿色发展、可持续发展、减碳"，以中国力量推动全球共赢，让世界更美好。

2022年8月，作为中宣部国际传播局"纪录中国"重大外宣项目，东方卫视和Discovery联合推出了系列纪录片《行进中的中国》第二季，君乐宝作为畅通国内大循环中的实体企业样本，展现了中国乳业的新智慧。

2022年8月4日，农业农村部印发了《关于扶持国家种业振兴企业发展的通知》，根据企业规模、创新能力和发展潜力等关键指标，乐源牧业从全国3万余家种业企业中脱颖而出，并登上国家畜禽种业阵型企业榜单，成为打造中国种业振兴骨干力量。

2022年11月，君乐宝乳业集团牵头承担的"十三五"国家重点研发计划"食品安全关键技术研发"重点专项"乳与乳制品加工靶向物质危害控制技术集成应用示范"项目，顺利通过了由中国生物技术发展中心组织的专家组综合绩效评价。

2022年12月10日，2022第六届联合国工业发展组织全球科技创新大会在上海举行。君乐宝旗帜乳业凭借"种养加零距离一体化"产业新模式和"鲜奶密闭输送系统"专利技术获评"全球科技创新奖金奖"。这是中国乳企首次问鼎该奖项的最高荣誉，向世界展现了中国乳业领先时代的"鲜活"科技创新实力。

（君乐宝乳业集团股份有限公司，郭柯宇）

附表 1 君乐宝乳业集团股份有限公司奶牛养殖场（小区）名录

序号	名称	供奶企业	全群存栏（头）	成母畜畜存栏（头）	奶畜品种	成母畜单产（t/年）	年总产（t）	是否有机奶源基地	有机奶产量（t）
1	乐源牧业威县有限公司	君乐宝乳业集团股份有限公司	13 010	6 754	荷斯坦	11.44	77 295.48	否	
2	乐源君邦牧业威县有限公司	君乐宝乳业集团股份有限公司	12 235	5 609	荷斯坦	11.2	60 617.08	否	
3	乐源君宏牧业威县有限公司	君乐宝乳业集团股份有限公司/杭州认养一头牛生物科技有限公司	12 590	6 537	荷斯坦	12.47	77 123.08	否	
4	乐源君享牧业威县有限公司	君乐宝乳业集团股份有限公司	11 495	5 566	荷斯坦	12.85	74 249.4	否	
5	乐源君康牧业威县有限公司	君乐宝乳业集团股份有限公司	14 837	7 125	荷斯坦	12.35	81 053.82	否	
6	河北乐源牧业有限公司	君乐宝乳业集团股份有限公司	4 403	2 445	荷斯坦	13.53	30 477.234	否	
7	石家庄君盛牧业有限公司	河北君乐宝君恒乳业有限公司	5 856	3 620	荷斯坦	11.7	41 529.715	是	415 29.715
8	乐源牧业行唐有限公司	河北君乐宝君恒乳业有限公司	1 663	707	荷斯坦	9.12	6 916.47	是	6 916.47
9	徐州乐源牧业有限公司	江苏君乐宝乳业有限公司	4 562	2 582	荷斯坦	12.49	28 158.93	否	
10	乐源牧业邯郸有限公司	江苏君乐宝乳业有限公司	11 015	5 190	荷斯坦	13.19	20 685.15	否	
11	张家口君乐宝旗帜牧业有限公司	旗帜婴儿乳品股份有限公司	21 514	11 748	荷斯坦	8.36	119 961.285	否	
12	乐源牧业正阳有限公司	正阳君乐宝乳业有限公司	10 817	5 852	荷斯坦	10.13	65 242.56	否	
13	君乐宝牧业（赞皇）有限责任公司	威县君乐宝旗帜牧业有限公司	1 029	580	荷斯坦	10.77	757.07	否	
14	君乐宝优致牧场张家口牧业有限公司		42	27	荷斯坦	11.16	96.93	否	

备注：填写 2022 年数据本表所指奶畜包括奶山羊、奶绵羊、奶水牛、牦牛、骆驼、驴等产商品奶奶畜。请在养殖场或小区列中选择打钩；如认证为有机奶源基地等，请在相应表格中打钩。

附表 2　君乐宝乳业集团股份有限公司乳制品生产企业名录

序号	名称	生产地点	生产许可证号码	年收购原奶量(t)	其中:自有奶源量(t)	平均支付价格(元/kg)	日处理生鲜乳能力(t)	年乳制品产量(t)	其中:低温鲜奶(t)	UHT奶(t)	常温酸奶(t)	低温酸奶(t)	原料奶粉(t)	幼儿婴配方奶粉(t)	成人奶粉(t)	奶油(t)	奶酪(t)	含乳饮料(t)	冰品(t)	年销售收入(万元)	利润(万元)	有机产品(万枚)
1	四平君乐宝乳业有限公司	吉林省四平市铁东区山门镇塔山村南宁路北侧	SC10522030324640	52175.92	64.08	4.32	270.00	59339.46			16836.77	42502.69								50595.20	1098.03	
2	石家庄君乐宝时代乳业有限公司	石家庄市鹿泉经济开发区云开路49号	SC10513011300084	33490.39	8607.22	4.21	300.00	64462.91				57911.20						6551.71		46046.26	1738.58	1
3	君乐宝乳业集团有限公司	石家庄市石铜路68号	SC10513011300130	448720.63	58114.02	4.41	766.70	279842.77		63775.88		170127.43	16432.49	—	877.68	—		28629.29		153780.49	3258.01	
4	石家庄永盛乳业有限公司	河北石家庄市石铜路36号	SC10513011300017	159240.68	37121.41	4.22	436.00	925861.50				906996.03			—			18865.47				
5	江苏君乐宝乳业有限公司	1.江苏省徐州市徐州工业园;2.江苏省徐州市丰县经济开发区汉源路与华张路交叉处	SC10532032100036	125785.09	76107.63	4.48	442.00	142869.53		13211.88		124610.76						5046.90		107367.59	11582.77	
6	正阳君乐宝乳业有限公司	河南省驻马店市正阳县真阳镇君乐宝大道68号	SC10541172400014	50436.00	41785.24	4.56	340.00	62393.76				53525.59						8868.17		48085.16	-380.56	
7	保定君乐宝乳业有限公司	保定市七一东路(高新区东区)2192号	SC10513060500111	24368.33	—	4.08	210.00	37200.12		13315.77	23884.35									22858.03	853.95	
8	沧州君乐宝乡谣乳业有限公司	沧州中捷产业园黄骅公路北	SC10513090700083	45599.72	13802.90	4.39	300.00	44769.66												30057.67	1059.33	
9	威县赵村君乐宝乳业有限公司	威县赵村乡前寺庄村迎宾大道6号	SC10513053300453	53261.27	29888.92	4.34	870.00	146488.02	90809.62	55678.40										119086.05	10525.27	
10	邯郸君乐宝乳业有限公司	邯郸市大名县经济开发区215省道与南环路交叉口	SC10513042501200	23117.38	12827.48	4.42	280.00	22559.33		22559.33										20767.48	-1019.60	
11	河北君乐宝君源乳业有限公司	石家庄市碧水南2号	SC12913011300193	54933.04	54933.04	4.97	560.00	22535.00						22535.00						104172.13	4992.40	
12	河北君乐宝君诚乳业有限公司	石家庄市鹿泉区铜冶镇火炬路9号	SC10513011300855	12462.45	6126.33	4.44	600.00	3781.70					1481.50		2300.20					34247.11	1250.91	

（续）

序号	名称	生产地点	生产许可证号码	年收购原奶量(t)	其中:自有奶源量(t)	平均支付价格(元/kg)	日处理生鲜乳能力(t)	年乳制品产量(t)	其中:低温鲜奶(t)	UHT奶(t)	常温酸奶(t)	低温酸奶(t)	原料奶粉(t)	幼儿婴配方奶粉(t)	成人奶粉(t)	奶油(t)	奶酪(t)	含乳饮料(t)	冰品(t)	年销售收入(万元)	利润(万元)	有机产品(枚)
13	河北君乐宝君恒乳业有限公司	石家庄市鹿泉区铜冶镇火炬路8号	SC10513011300662	38 392.14	38 392.14	5.24	300.00	14 983.55					559.60	13 985.02	438.93					94 712.17	5 688.21	1
14	石家庄君乐宝太行乳业有限公司	行唐县太行大街88号	SC12913012500050	14 988.84	14 988.84	5.09	300.00	12 972.87					679.39	9 399.56	2 893.92					73 499.17	4 324.31	
15	旗帜婴儿乳品股份有限公司	河北省张家口市察北管理区旗帜大道6号	SC10513070700046	36 252.69	36 252.69	4.56	450.00	11 105.21					235.18	9 167.90	1 702.13					150 849.48	21 334.03	
16	河北君乐宝君昌乳业有限公司	河北省唐山市丰南区迎宾路23号	SC10513020700554	23 706.50	23 706.50	4.70	300.00	12 500.23					2 512.95	2 041.33	7 945.94					74 088.32	2 288.77	1
17	河北君乐宝领航乳业有限公司	河北省张家口市察北管理区旗帜大道8号	SC10513077300019	39 369.00	—	4.13	800.00	5 075.00	5 075.00				5 075.00							6 821.03	-4 952.54	

备注：本表包括在中国及海外的生产的产品。日处理生鲜乳能力指设计加工生鲜乳能力。自有奶源指来自自建和参建（控股、参股）牧场（小区）的原奶。成人奶粉指除婴幼儿配方奶粉以外的学生奶粉、孕妇奶粉、中老年奶粉等终端消费奶粉。冰品包括冰激凌、雪糕等。有机产品数量单位为"枚"指获得有机标志的数量。

黑龙江飞鹤乳业
有限公司

黑龙江飞鹤乳业有限公司（以下简称飞鹤）始建于1962年，从丹顶鹤故乡齐齐哈尔起步，是中国最早的奶粉企业之一。2019年11月，中国飞鹤港股上市，成为港交所历史上首发市值最大的乳品企业。飞鹤专注于婴幼儿配方奶粉领域，潜心深耕中国母乳研究，并不断取得突破性成果，持续推进乳品研发和自主创新，用实力赋能中国乳业发展。

【奶源建设】飞鹤依托齐齐哈尔北纬47°黄金奶源带的天然优势和得天独厚的生态优势，打造了中国婴幼儿配方奶粉行业第一个婴幼儿配方奶粉专属产业集群，实现了从源头牧草种植、饲料加工、规模化奶牛饲养，到生产加工、售后服务各个环节的全程可控。飞鹤在饲草种植、自有奶源地建设、奶源自给率等方面率先实现《奶业振兴意见》2020年目标，并率先实现100%牧场新鲜生牛乳制粉。

保障优质奶源是飞鹤产品质量的关键，潜心打造"更新鲜、更合适"的高品质奶粉，是飞鹤乳业的不懈追求。飞鹤建立了严格的产品标准体系，并制定《奶源管理要求》《有机奶源管理要求》等内部管理标准，通过对供应商牧场审核、现场管理等，多措并举，严格把控产品质量。

飞鹤严格遵守ISO 9001、HACCP、《良好农业规范》GB/T 2014和FSSC22000等质量、安全体系标准，在原有鲜奶采购控制程序、奶源管理要求两个制度基础上，2021年加大对供应商管控力度，要求所有奶源供应牧场需通过GAP牧场认证，同时新增牧场管理和奶源年度规划两项管理流程。

飞鹤工厂每月针对鲜奶微生物指标控制、饲草饲料的管理、兽药管理、休药期控制等对辖区所在牧场进行现场检查，向牧场反馈检查结果并跟踪检查整改情况，确保牧场奶源安全。飞鹤牧场对牧场有完善的审核标准，每年组建审核小组，对供应商牧场环境和体系建设等方面进行全面审核。2022年，飞鹤协助牧场完成188项改进项目，全年共完成3个外部、12个内部牧场管理评审工作，内部牧场共涉及216个问题点，已整改206项。

在牧场建设上，牧场规划和设计尽最大可能使用机械设备，实现自动化，全部采用国际先进挤奶系统、TMR饲喂系统、自动喷淋送风系统、自动清粪系统、粪污自动处理系统等。制定合理标准饲养管理流程，生产细节全部流程化，做到可追溯核查检验结果。同时，飞鹤注重生态环境保护，在牧场发展过程中积极与当地政府配合，推进粪污转化利用项目，补上企业生态环境的短板，并建设"规模化生物天然气与有机肥循环综合

利用"项目，探索出种养加一体的生态循环模式，实现了用地与养地相结合，有效保护生态环境。

【乳品加工】飞鹤以《食品安全国家标准婴幼儿配方食品》（GB10765-2021）及《食品安全国家标准较大婴儿配方食品》（GB10766-2021）等产品执行标准为基础，不断完善产品质量安全管理体系建设，实行全供应链质量安全管理。飞鹤现拥有欧洲卫生工程设计指南（EHEDG）、欧洲乳品厂设计标准、德国标准化学会（DIN）相关标准及中国相关国家规范，并通过CE（进口设备）认证的现代化国内工厂8个、加拿大工厂1个，引进德国GEA全套自动化生产线，集团和工厂配备500人的质量管理团队。

飞鹤结合国家提出的"中国制造2025"与自身发展需要，致力从自动化工厂到智能化工厂的转型，通过软硬结合、智能平台建设、数字化管理系统等多领域开拓，持续赋能智能管理企业建设。

为保证产品的品质，飞鹤工厂的生产车间均配备了世界一流的加工设备，实现了生产的管道化、自动化、密闭化和标准化。在生产加工环节上，企业始终坚守"品质不能为任何事情让路"的铁律，坚决执行"不合格原辅料不得入厂，不合格产品不得出厂"准则，对鲜奶、原材料、半成品、成品进行24h全程跟踪检验，经过25道检验工序、300逾次检验，确保出厂合格率达100%。

飞鹤引入世界级工厂（WCM）制造企业生产过程执行管理系统（MES）、仓库管理系统（WMS）及设备管理EV系统等，对生产、物流与仓储进行更精密、高效和规范的管理，确保产品的最佳品质，并获得中国乳制品工业协会2020年度质量金奖和日本工业协会TPM世界级制造卓越奖。飞鹤所有工厂建立和实施了ISO9001质量管理体系和FSSC22000食品安全管理体系。每个工厂均建立综合检测实验室及规划LIMS系统，配备各类检测仪器1 400余台（套），通过先进的硬件设备保障产品质量。

【市场消费】2018—2022年，飞鹤分别实现营收103.92亿元、137.22亿元、185.92亿元、227.76亿元、213.11亿元。飞鹤的产品涵盖婴幼儿配方奶粉产品及儿童奶粉产品，包括超高端、高端及普通类别产品，以及其他产品，如成人及学生乳制品等。飞鹤的收益由2021年的227.76亿元下降6.4%，减至2022年的213.11亿元，主要原因有：①出生率下降；②为给消费者提供更好的产品体验，飞鹤于2022年实施"新鲜"战略，进一步降低星飞帆等产品的渠道库存、保持货架产品较高新鲜度，并且对分销渠道的整体库存水平实行更严格的控制；③行业竞争不断加剧。2022年婴幼儿配方奶粉产品收益达137.13亿元，占2022年总收益的64.3%。飞鹤主要通过全国约2 000名线下客户（覆盖超过11万个零售销售点）的广泛经营网络销售产品。

【全球发展】飞鹤深耕母乳研究，开展包括母乳营养功能成分、母乳风味物质、母乳文献的系统回顾和分

析等系列研究。2022年，飞鹤搭建了母乳数据库平台，首次实现了母乳数据的可视化以及相关资源共享。截至2022年12月31日，飞鹤中国母乳数据库已纳入母乳样本2 115个，检测了母乳蛋白质组、脂质组、低聚糖、代谢组、离子组、多肽组、风味物质和外泌体等14 000余种母乳活性成分，实现母乳数据库成分种类行业领先。

飞鹤承担"十四五"国家重点研发计划课题"大宗功能性乳基料规模化绿色生产技术研发与产业化示范"项目，致力于解决大宗功能性乳基料规模化绿色高效生产技术问题，并通过集成创新突破婴幼儿配方乳品新型核心配料规模化制备的核心技术瓶颈。该项目建设基于我国婴儿配方乳品核心配料的核心技术"卡脖子"难题和产业重大需求问题，成果将揭示核心配料加工及贮藏中的品质变化规律与调控机制，攻破大宗功能性乳基料规模化绿色生产技术，还将在婴儿配方乳品新型配料制备技术方面取得突破，从而为产业提高经济、社会及生态效益。

2022年，飞鹤围绕骨桥蛋白（OPN）制备技术及检测方法展开研究，聚焦免疫力、脑动力及母婴传递领域，努力推进乳铁蛋白产业化落地，建成了国内第一条乳铁蛋白自动化生产线，实现技术链国产化，解决了国内乳铁蛋白生产的成本问题。

作为乳业中科技含量最高的婴幼儿配方奶粉行业，创新是推动行业高质量发展的第一动力。飞鹤借助高校、科研机构的丰富智力资源，持续贯彻"产学研"深度融合，为企业及行业培养优秀专业人才，创造更多核心竞争优势，推动我国奶业高质量发展。

【社会责任】飞鹤始终秉持"尽己所能，反哺社会"的公益理念，在实现自身高质量发展的同时，以实际行动积极践行企业社会责任。近年来，飞鹤聚焦重大公共卫生事件及重大自然灾害、医疗、教育等领域，开展了一系列多元立体的公益行动。截至2022年12月31日，飞鹤累计捐赠款物近6亿元，2022年捐赠款物超过3 800万元。

作为国产婴幼儿配方奶粉龙头企业，飞鹤一直关注母婴群体的现实需求，在教育、医疗、健康等多方面不断创新。2022年，飞鹤通过丰富多样的活动形式，协助解决每个中国家庭的育儿难题，帮助父母树立正确的育儿观。同时，也为产后母亲提供全方位服务，竭尽所能地呵护每个家庭的幸福。

飞鹤一直以实际行动践行社会责任与担当。作为中国企业，面对新冠疫情、地震等重大公共卫生事件及重大自然灾害等，飞鹤勇于承担社会责任，制定完善的应急救灾快速响应机制支援受灾地区，为受灾地区及时提供营养支持、支持受灾地区复工、复产。

飞鹤积极开展医疗健康扶贫行动，以"慈善光明行"、医疗设备捐赠和产后抑郁症救治3个项目助推基层医疗卫生事业的发展。其中飞鹤发起的"慈善光明行"活动，累计义诊万余人次，完成手术近2 300余例，足迹遍布全国10个省份，14个地区。

飞鹤重视人才培育，全力帮扶教育事业发展，致力帮助贫寒学子获得优质教育。截至2022年12月31日，飞鹤已开展一系列助学助教公益慈善活动，累计捐赠款物近亿元，援助学校100余所，覆盖13个省份、30余个地区。

作为中国奶业D20成员，飞鹤积极响应"中国小康牛奶行动"号召，2017—2022年以"温暖向阳，大爱无疆"为主题，共捐赠总价值超500万元的学生奶粉，援助学校66所，覆盖10个省份，23个地区，为实现"健康中国梦"凝心聚力，展现了民族乳企的强大势能。

（黑龙江飞鹤乳业有限公司，韩雪丹）

现代牧业（集团）有限公司

2022年是极不寻常、极具挑战的一年，现代牧业（集团）有限公司（以下简称现代牧业）面对疫情影响经济下行、饲料成本高企和原奶价格下行的情况，踔厉奋发，多措并举，努力扩群提产，全力布局产业链，稳固主业基本盘；竭力降本增效，攻克成本压力；加大拓宽产业外延力度，培育发展新增长点；秉持绿色发展理念，推行低碳绿色发展；奋发勇毅前行，克服了重重困难，取得了业绩领先的可喜成绩。

【奶源基地】奶牛存栏和牛奶产量实现双增长。2022年现代牧业采取内生自繁和外延扩张并重的双管齐下策略。2022年，已在国内14个省份布局规模牧场41个、奶牛存栏40.5万头，较2021年同期增长15%，单产总产创新高，日产鲜奶突破7 000t。成乳牛年化单产达12.2t，同比提升8%，远超预期，并处于行业领先水平。公司得益于规模扩大和单产的显著提升，原料奶产量实现历史性突破，达236万t，同比增长47%。旗下新增牧场全部通过"优质乳工程——特级乳"成果验收。常温牛奶夺得世界食品品质评鉴大会金奖九连冠。牛群规模和产量的迅速扩大，为持续稳定发展筑建了牢固的压舱石。

【主体业绩】2022年公司全年业绩：销售收入122.95亿元，同比增长74%。其中，原奶业务的销售收入为99.45亿元，同比增长42%；饲料业务销售收入23.5亿元。现金EBITDA27.4亿元，同比增长13%。净利润5.8亿元，经调整净利润为9.50亿元，同比增长3%。

【融合发展】养殖降本增效和全产业链发展助力集团高质量发展。现代牧业针对豆粕及苜蓿草等主要大宗物料的市场价格持续攀升带来的巨大成本压力，多管齐下，打出降本增效组合拳。一是提升单产，以大幅提升单产摊薄千克奶的饲料成本。二是响应国家号召实施饲用豆粕减量替代行动。通过推动养殖生产过程"省吃俭用"，利用氨基酸平衡技术、非蛋白氮类产品应用以及新蛋白类原料开发等技术，使日粮豆粕的占比由 2021 年的 15.2% 下降到 2022 年的 14.1%，全年减少 2.79 万 t 的豆粕消耗，降本增效超过 2 800 万元。三是发挥融资平台作用，持续改善债务资本结构，降低融资成本。2022 年度融资成本率较 2021 年同期下降 0.18 个百分点，降至 3.56%。现代牧业继 2021 年获标普投资级评级，2022 年 6 月标普发布评级更新，公司再次获得 BBB 投资级信用评级，评级展望为稳定。在做好奶业主业的同时，现代牧业开展多种经营，开拓粮源科技、数智平台、草业、育种等新领域，形成以原奶业务为核心，多方面、多军种大兵团作战全产业链，改变了过去市场周期波动奶业独木难支的脆弱状况。粮源科技业务领先行业，2022 年贡献收入超 18 亿元；上半年完成爱养牛 75% 的股权收购，爱养牛盈利再上新台阶，为集团贡献收入 5 亿元。新业务在公司总收入占比提升至 19%。新领域业务的全面开花，为集团抗拒风险和持续发展增添了新的动力。

【低碳转型】绿色低碳促进转型发展。绿色低碳发展已成为奶业发展的必然趋势，现代牧业对此高度重视，致力打造更智慧、更绿色的生态牧场。2022 年现代牧业成立 ESG 委员会，将 ESG 因素融入公司治理架构，提高对 ESG 工作的重视和执行力。2022 年现代牧业在全球 FAIRR 蛋白质生产商指数中国企业中位列第一，首次填报的 CDP 气候问卷便获得了"B-"评级，优于行业平均水平。现代牧业作为优秀案例入选 UNGC 发布的《企业碳中和目标设定、行动及全球合作》报告，粪污管理和能源利用环节比传统系统降低 40% 以上的碳排放。在 2021 年 ESG 报告现代牧业披露碳排放定性目标的基础上，2022 年设定了更加具体的定量目标和实施步骤。第一阶段，以 2021 年为基准年，集团预计在 2025 年、2030 年和 2035 年碳排放强度分别降低 7%、15% 和 20%。

【社会责任】常态化践行社会责任，助力国家乡村振兴事业，实现共同富裕使命。现代牧业在自身高质量发展的同时，多元化、常态化践行企业社会责任，带动上下游产业链发展，提高农牧民参与度和受益度，现代牧业推行"企业 + 基地 + 农户"的饲草产业化经营模式，积极布局周边地区饲草料种植业发展。2022 年，公司仅在皖三家牧场奶牛存栏近 7 万头，日产鲜奶量达 1 300t，带动牧场周边饲草种植 15 万亩。现代牧业支持国家乡村振兴事业，将教育扶贫作为重要手段和关键抓手，多次向困难地区发动助学捐赠，积极参与关爱留守儿童等公益活动。2022 年，现代牧业向张家口市察北管理区教育体育和科学技术局捐赠 100 万元，帮助贫困学生享有平等的教育资源；同年，现代牧业通过养牛人基金等向各地政府、医疗机构、防控站点进行现金和实物捐助，助力抗疫。报告期内公司公益慈善捐款赠物价值超过 670 万元。

【奶业大事】2022 年 2 月 21 日，现代牧业首获《财资》杂志 3A 国家奖，境内境外融资双翼齐飞，规模质量效益显著提升。

2022 年 4 月，现代牧业连续九年摘得世界食品品质评鉴大会金奖。

2022 年 4 月 19 日，现代牧业正式启动山西现代鑫源牧业产业园 5 万头奶牛养殖战略合作项目。通过整合上下游产业链资源，将进一步拓宽当地就业渠道、助力本地居民增收致富，并极大地带动周边订单农业发展和相关领域农业产业化水平的提高，推动晋中地区经济高质量发展。

2022 年 4 月 21 日，现代牧业正式加入联合国全球契约组织（UNGC），标志着现代牧业将获取更多的专业资源，将低碳发展与科技创新深度融合。

2022 年 5 月 16 日，现代牧业公告收购爱养牛。

2022 年 5 月 17 日，现代牧业成功召开集团冠军文化发布暨 2022 下半年经营目标通报会。现代牧业核心管理团队共创出现代牧业文化全景图。现代牧业使命为"牧育健康牛，守护每一滴好奶"，愿景为"布局产业链，数智创新，做全球牧业引领者"。

2022 年 5 月 27 日，现代牧业再落新子，正式启动乌兰浩特市 3 万头标准化牧场建设项目和突泉县万头奶牛标准化牧场建设项目。

2022 年 6 月 16 日，标普发布最新评级更新，现代牧业再次获得投资级 BBB，评级展望为稳定，持续获得国际信用评级机构对其乃至中国规模化养殖企业的肯定，为行业在国际资本市场树立了良好的形象，为行业拓宽国际资本市场融资渠道、赢得国际多渠道资本支持，迈出了开创性的一步。

2022 年 6 月 23 日，现代牧业荣膺《机构投资者》2022 年度五项殊荣，充分显示了全球头部投资机构对公司长期战略、商业模式、管理层和投资者关系管理工作的高度认可。

2022 年 7 月 20 日，现代牧业与首农畜牧在北京圆山大酒店举办合资公司签约仪式，共同组建现代牧业三元种牛科技（北京）有限公司。现代牧业持有合资公司总股本的 51%、首农畜牧持有 49%，联合布局种业板块，拓展全产业链生态圈，打造中国最大规模的奶牛育种资源群体，共建全球领先的奶牛育种与繁育服务创新联合体。

同日，现代牧业注册的自有品牌产品成功上市。

2022 年 7 月 29 日，乌兰浩特蒙牛现代牧业 3 万头标准化牧场项目顺利开工。

2022 年 9 月 5 日，2022 年现代牧业优质乳工程项目成果发布暨国家优质乳工程技术专题研讨会在济南召开。现代牧业优质乳工程评价成果白皮书的发布标志着现代牧业在规模化养殖行业中始终处于领先地位。国家奶业科技创新联盟又先后授予现代牧业总裁孙玉刚"优质乳工程助力国民营养计划功臣奖"，以及 2022 年通过优质乳认证的 16 家牧场获得"现代牧业优质乳工程标杆牧场"和"现代牧业优质乳工程示范牧场"奖牌，对现代牧业在优质乳工程中所做的工作给予了高度认可。

2022年11月6日，现代牧业作为唯一的畜牧业企业，参加了在埃及举行的联合国气候变化大会第27次会议（COP27）。

2022年12月6日，Coller FAIRR 蛋白质生产商指数发布了最新的2022年评估报告，现代牧业在全球60家动物蛋白生产商中的排名，从2021年的第48名提升至2022年的第24名，是排名上升最快的公司，位列全球 FAIRR 蛋白质生产商指数中国企业第一。由此反映出现代牧业积极推动绿色转型，承担社会责任，推进高质量发展。

2022年12月16日，现代牧业首次填报 CDP 气候问卷，2022年评级为 B−，优于全球行业平均水平。

〔现代牧业（集团）有限公司，吕中旺〕

附表 1　现代牧业（集团）有限公司奶牛养殖场（小区）名录

序号	名称	供奶企业	全群存栏(头)	成母畜存栏（头）	奶畜品种	成母畜单产（t/年）	年总产（t）	是否有机奶源基地	有机奶产量（t）
1	现代牧业（和林格尔）有限公司	和林	10 359	6 062	荷斯坦	12.98	78 947	否	/
2	现代牧业（集团）有限公司	马鞍山	9 224	4 670	荷斯坦	12.07	55 576	否	/
3	现代牧业（张家口）有限公司 - 一期	塞一	8 941	4 631	荷斯坦	12.37	57 962	否	/
4	现代牧业（张家口）有限公司 - 二期	塞二	12 828	6 410	荷斯坦	12.46	79 307	否	/
5	现代牧业（张家口）有限公司 - 三期	塞三	11 480	5 761	荷斯坦	11.97	70 345	否	/
6	现代牧业（汶上）有限公司	汶上	9 329	4 875	荷斯坦	11.47	52 566	否	/
7	现代牧业（蔡北）有限公司 - 一期	蔡一	8 705	4 385	荷斯坦	12.08	48 673	否	/
8	现代牧业（蔡北）有限公司 - 二期	蔡二	18 001	8 888	荷斯坦	11.60	101 645	否	/
9	现代牧业洪雅有限公司	洪雅	6 884	3 494	荷斯坦	11.23	41 043	否	/
10	现代牧业（合肥）有限公司	合肥	17 794	10 504	荷斯坦	11.40	128 015	否	/
11	现代牧业（宝鸡）有限公司	宝鸡	24 437	12 171	荷斯坦	12.65	150 041	否	/
12	现代牧业（尚志）有限公司	尚志	8 934	4 514	荷斯坦	12.28	52 718	否	/
13	现代牧业（蔡北）佰盛有限公司	佰盛	5 574	2 823	荷斯坦	12.14	33 679	否	/
14	现代牧业（通辽）有限公司	通辽	13 070	6 320	荷斯坦	13.37	81 433	否	/
15	现代牧业（五河）有限公司	蚌埠	45 638	22 763	荷斯坦	11.58	251 837	否	/
16	现代牧业（双城）有限公司	双城	25 683	13 969	荷斯坦	13.28	171 022	否	/
17	现代牧业（张家口）有限公司 - 四期	塞四	13 210	6 554	荷斯坦	12.87	83 818	否	/
18	现代牧业（商河）有限公司	商河	24 782	13 015	荷斯坦	12.31	154 756	否	/
19	现代牧业（新乐）有限公司	新乐	20 464	10 568	荷斯坦	11.47	122 344	否	/
20	现代牧业（宿迁）有限公司	宿迁	10 905	5 263	荷斯坦	11.83	64 580	否	/
21	现代牧业（衡水）有限公司	衡一	9 258	4 660	荷斯坦	12.20	60 077	否	/
22	现代牧业（兰陵）有限公司	临沂	5 983	3 159	荷斯坦	11.71	36 839	否	/
23	富奥衡水牧业有限公司	衡二	10 564	5 392	荷斯坦	12.17	62 300	否	/
24	现代牧业（托克托）有限公司	托县	4 671	2 501	荷斯坦	13.05	33 326	否	/
25	富源牧业张家口有限责任公司	塞五	3 705	1 825	荷斯坦	13.12	24 474	否	/

（续）

序号	名称	供奶企业	全群存栏（头）	成母畜存栏（头）	奶畜品种	成母畜单产（t/年）	年总产（t）	是否有机奶源基地	有机奶产量（t）
26	内蒙古富源牧业（赛罕）有限责任公司	赛罕	4 611	2 489	荷斯坦	13.45	33 645	否	/
27	内蒙古富源牧业（兴安盟）有限责任公司	乌兰	2 568	1 340	荷斯坦	13.31	17 465	否	/
28	现代牧业（吴忠）有限公司	吴忠	2 142	1 115	荷斯坦	12.51	14 037	否	/
29	内蒙古艾林牧业有限责任公司－和林一牧	和林一牧	6 857	3 380	荷斯坦	13.29	43 859	否	/
30	内蒙古艾林牧业有限责任公司－大梁牧场	大梁	1 413	729	荷斯坦	13.49	9 703	否	/
31	内蒙古艾林牧业有限责任公司－舍必崖	舍必崖	1 368	749	荷斯坦	13.04	9 455	否	/
32	内蒙古艾林牧业有限责任公司－马群沟牧场	马群沟	1 330	706	荷斯坦	13.07	8 565	否	/
33	现代牧业（眉山）有限公司	眉山	693	315	荷斯坦	10.07	3 662	否	/
34	现代牧业（曲靖）有限公司	云南	3 682	1 262	荷斯坦	11.90	10 080	否	/
35	现代牧业（磴口）有限公司	磴口	7 307	2 810	荷斯坦	12.87	23 902	否	/
36	磴口县金马湖牧丰奶牛养殖有限公司	牧丰	4 144	2 190	荷斯坦	12.07	19 672	否	/
37	内蒙古星连星朝凯牧业有限公司	朝凯	3 768	2 045	荷斯坦	11.38	18 373	否	/
38	大同伊磊二牧牧业有限公司	伊磊	7 114	2 172	荷斯坦	11.24	17 192	否	/
39	和林格尔现代正缘牧业有限公司	正缘	1 511	—	荷斯坦	—	—	否	/
40	现代牧业（马拉特前旗）有限公司	前旗	5 722	—	荷斯坦	—	—	否	/
41	现代牧业（大庆）有限公司－一期	大庆	3 025	—	荷斯坦	—	—	否	/
42	现代牧业（大庆）有限公司－二期	大庆二牧	1 000	—	荷斯坦	—	—	否	/
43	宁夏阜民丰牧业发展有限责任公司	阜民丰	6 680	3 314	荷斯坦	11.48	36 947	否	/

备注：本表所指奶畜包括奶山羊、奶绵羊、奶水牛、牦牛、骆驼、驴等产商品奶家畜。请在养殖场或小区列中选择打钩；如认证为有机奶源基地等，请在相应表格中打钩。

北京三元食品股份有限公司

【奶源基地】2022年，北京三元食品股份有限公司（以下简称三元食品）奶源供应商年奶牛全群存栏约15万头，成母牛存栏约7万头，生鲜乳总产量约71万t。其中牛奶产量、养殖区域主要集中在京津冀地区。有机奶源主要分布在河北承德市及河北三河市，2022年有机原料奶总产量约3万t。

现有奶户按养殖规模统计见表1。机械挤奶比例100%，全混合日粮（TMR）技术应用达到100%，生产性能测定（DHI）占88%以上。疫病防控情况方面，所有奶户都能提供春秋两季当地畜牧兽医主管部门出具的两病检疫、免疫证明，粪污处理方式基本实现干湿分离处理。生鲜乳收购加工按工厂所在区域划分如表2。奶业养殖头均年净收入1 500元/头左右（成乳牛）。

表1　规模养殖比例

存栏规模（头）	<200	[200,500)	[500,1 000)	>1 000
存栏范围户数	3	40	57	40
比例	2.14%	28.57%	40.71%	28.6%

表2　各区域生鲜乳收购年均价格

区域	北京	天津	河北迁安	山东潍坊	河北新乐	河南新乡	江苏连云港	广西柳州
单价（元/kg）	3.94	4.19	4.00	4.54	4.13	4.31	5.03	5.03

【乳品加工】三元食品现有17家乳制品生产厂，生产液态奶、奶粉、奶酪、冰品及其他奶制品等百余品种，日均处理鲜奶约3 000t；国外生产基地分别为加拿大阿瓦隆乳业公司、艾莱发喜新西兰食品有限公司、法国圣休伯特公司。

2022年全年乳制品总产量656 297t，其中低温鲜奶114 663t、常温鲜奶275 673t、发酵乳104 323t、乳饮料5 950t、工业乳粉7 548t、调制乳及配方奶4 026t、奶酪7 390t、其他17 527t，非乳制品86t，冷饮冰品101 049t，三元普度9 114t，香港三元法国项目8 948t。

【市场消费】2022年受新冠疫情散发多发影响，消费者购买牛奶频次减少，囤货需求增加，购物篮扩大，但均价呈下降趋势。低温鲜奶和超高温灭菌奶（以下简称常温纯牛奶）市场都呈稳定增长之势，分析机构预测会继续保持正数增长。

常温纯牛奶预计将以4.7%的年均复合增长率增长，预计2025年将突破1 500亿元人民币。低温鲜奶预计将以8.6%的年均复合增长率增长，到2025年将达到210亿元人民币。销售额的增长在很大程度上归因于高端化和价格上涨。随着消费者对品质和口感的需求，兼具天然口感和营养价值的鲜奶将会迎来崛起的较好时机，需要低温厂商把握住机会，中国冷链物流基础设施的快速发展，以及领先企业加强对奶源的控制，冷藏细分品类的市场份额将会有所增长。

【全球发展】"十四五"期间，三元食品把握新发展阶段、贯彻新发展理念、构建新发展格局，始终秉承诚信为本、质量立市、创新领"鲜"的价值观，坚持乳业质量标杆和"做优、做强、做大"的战略发展定位，以消费者为中心，加大科技创新投入，将产品做优，打造核心竞争力，将品牌做强，以主营盈利为导向、投资并购为补充，把三元食品建设成为最受国人信赖的民族乳企。

三元食品聚焦于战略协同型并购，坚持三元食品"低温"基因，通过投资并购国内的区域性乳企，完善全国布局；结合自身优势要素，利用国外乳品行业的成本和产品优势，寻找能与三元食品有效协同互补的企业，通过并购重组，快速实现规模、产品、品牌、渠道的突破，强化全产业链优势。

2016年，三元食品与普度资本投资与贸易集团公司（加拿大）收购了阿瓦隆乳业有限公司。阿瓦隆乳业有限公司成立于1906年，是加拿大不列颠哥伦比亚省历史最悠久的乳制品公司，在加拿大拥有良好的品牌效应，主要产品包括有机液态牛奶、酸奶等。通过对阿瓦隆乳业有限公司的收购，三元食品引进了加拿大优质有机奶产品，拓宽了进口产品的生产线，而且和投资公司的业务在区域市场和产品种类等方面实现互补，获得了更广泛的业务区域分布以及交叉销售机会，实现协同效应。

2018年，三元食品联合复星集团收购了法国圣休伯特公司。法国圣休伯特公司成立于1904年，具有百年历史，是法国家喻户晓的品牌，主要产品包括植物基健康涂抹酱、植物基酸奶、植物基饮料等，在法国、意大利及周边国家市占率第一，经营情况良好。自收购以来，法国圣休伯特公司在欧洲市场持续发展植物基涂抹酱业务，不断巩固植物基涂抹酱领域的领先位置，并加快发展植物基酸奶以及其他新品类。通过对法国圣休伯特公司的收购，三元食品引进了健康有机产品，进一步丰富了产品线，提升了品牌形象；引进并应用先进的生产工艺和专利技术，用全球智慧布局"大健康产业"；发展国内国外两个市场，增强了对海外企业的管理经验和国际运营能力。

随着大健康产业快速发展和中国消费者对健康的持续关注，主打"健康"元素的乳制品及食品呈现较强劲增长态势。在此背景下，三元食品依靠技术、资金及资源禀赋，不断进行产品结构升级，以迎合消费升级的多样化市场需求，努力提升其产品力，增强国际竞争力。

【社会责任】三元食品作为国民品牌，始终强化员工使命担当，勇挑乡村振兴重任，力挺抗洪救灾前线，以行动诠释社会责任，彰显国企非凡职责。2022年，为履行首都国企社会责任，为北京防疫做出贡献，三元通过北京红十字会，将一批批满载着浓浓爱心的三元牛奶送到朝阳区、海淀区等，为夜以继日奋战在抗疫一线的工作人员送去健康和问候。同时，在特殊时期，保证全产业链的生产工作不停,满足市场乳制品的保障供应。

三元食品积极践行农业农村部发起的中国小康牛奶公益助学活动，为儿童的营养健康贡献自己的一份力量。三元学生饮用奶"营养1+1+1"公益活动，通过捐赠"一盒奶、一本书、一堂课"的方式，让孩子们切实感受到温暖。2022年，该公益活动已惠及河北省张家口市、承德市及海南省琼海市等省市。

三元食品秉持"尽己所能，反哺社会"的公益理念，坚持与社会共享发展成果，积极履行企业社会责任，为社会的和谐与进步贡献自己的力量。

（北京三元食品股份有限公司，夏志春）

新希望乳业股份有限公司

【奶源基地】新希望乳业股份有限公司（以下简称新希望）旗下自有牧场13家，主要分布于四川、云南、华东与西北等地，牛只大部分为来自新西兰、澳大利亚、乌拉圭等地的荷斯坦牛，以及来自新西兰的娟姗牛，从源头保证了牛奶品质。2022年底，公司总存栏48 255头，其中成母牛存栏25 125头，成母牛年单产11.09 t，全年牛奶产量270 265 t。有机奶源分布在四川洪雅牧场、云南蝶泉牧场、华东唯品牧场，全年牛奶产量5 451 t。

1. 新建牧场。宁夏塞上牧场。宁夏新希望塞上牧业有限公司于2021年1月8日注册，注册资金2 000万元，位于宁夏吴忠市利通区孙家滩，项目建筑面积15.5万㎡，合同金额11 768万元，项目规模设计奶牛存栏7 500头。项目于2022年4月26日开工，计划2023年5月25日完工。

蝶泉牧场二期扩建。云南新希望蝶泉有机牧场2 000头奶牛扩建项目创建于2020年10月15日，由云南新希望蝶泉牧业有限公司和洱源县三营镇人民政府共同投资建设，牧场位于洱源县永胜村，占地面积127.49亩，项目总投资10 031万元。该项目于2021年6月20日开工，竣工时间为2022年5月31日。该扩建项目牛舍采用国内最先进的全封闭隧道式建设，牛舍内使用智能灯光，满足奶牛全天的光照需求，按照每头产奶40kg/天设计，实行机械通风，提高奶牛舒适度，增产效果显著。2022年3月16日，牧场从澳大利亚进口998头荷斯坦青年牛，现二期和一期共存栏奶牛2 781头。

2. 智慧牧场。所有牧场上线奶牛智能体温设备，减少人工，提高工作效率，实时预警，揭发疾病奶牛，保证奶牛健康。青贮运输监控，西北四家牧场上线玉米青贮收货的过程管理，实时监控在途车辆的数量和运输时间，提高青贮的制作质量。无人过磅系统，针对万头牧场上线无人值守的过磅系统，减少人工和人员干预，提高工作效率。蝶泉二期全封闭牛舍投入智能灯光，利用灯光模拟太阳光，并对奶牛体内激素调节，提升奶牛奶量和繁殖力。

3. "试管奶牛"体外胚胎项目。胚胎生产。公司自2022年3月30日开始推进，截至11月7日，共活体采卵牛头数1 146头次，共获得可用卵母细胞数10 393个，获取单头牛可用卵母细胞数9.1个，生产体外胚胎3 164个（完成年计划113.0%），囊胚率30.4%。

4. 牧场管理。饲草收购及种植。2022年公司总计在全国范围内收购农户自种的全株玉米24.69万t，价值1.76亿元，辐射2万余农户，全力助推乡村事业发展。公司推进绿色种养循环、饲草种植加工一体化，解决了牧场饲草收购问题及帮助了农户种植增收。

牧场疫病防控。牧场人员车辆规范消毒，严格做好牛只两病检疫、病原微生物的抗原抗体检测监控、注射疫苗等工作。公司日常做好微生物的监控工作，主要通过对奶样、血清、排泄物、发病牛只的病料进行检测监控。

粪污处理方式。2022年，所有牧场污水均全部还田利用。在粪污处理方面，牧场积极完善场内雨污分流系统，减少雨污混流情况；同时持续开展环保检测，监督粪污处理达标情况，减少环境污染风险。牧场通过奶牛场粪污循环利用与种养一体化模式，促进生态农业和循环农业发展。粪便通过收集、固液分离、发酵、晾晒杀菌，用于有机肥生产与牛床垫料；污水通过氧化塘处理，进行农业灌溉、种养循环。

5. 生鲜乳收购价格。四川片区生鲜乳收购年均价5.25元/kg，云南片区年均价4.88元/kg，华东片区年均价4.74元/kg，西北片区年均价4.31元/kg。

【乳品加工】公司是全国工厂布局的城市型乳企，现有16家生产工厂，遍布9个省份的14个城市，年度液态奶产能113.5万t，2022年液态奶实际产量98.23万t，产能利用率86.55%。

2022年，公司生产体系持续推进工艺、设备的升级和技改，有效保障并提升奶品质的稳定性，提高生产效率，降低生产成本。通过对目标的拆解、制定关键举措、闭环追踪、技术创新攻关、重点公司帮扶等一系列手段，产品内控精准率同比提升1.5%，市场投诉率同比下降15%，人均劳动效率同比提升6.6%，成本管控数据显著提升。

2022年，在华西工厂试点的数字化工厂项目除了核心MES系统外，还延伸到奶源管理、物料管理，MES系统与周边10个系统进行集成协同，实现数出一源、数据共享、业务协同。系统模型融合管理（工艺）标准，数据驱动业务决策与执行，配合设备数据实时采集监控，做到发现问题及时预警报警。通过数字化工厂项目逐步实现生产全过程数字化运营与可视化管理，促进供产销协同，提高生产效率，实现降本提质，满足柔性生产，物料拉动，赋能推进 WCM 世界级制造。

公司积极响应国家"双碳"工作的战略落地，多次对接第三方碳中和专业公司，对工厂现有非化石能源的占比、单吨能耗及节能空间、绿色能源替代、生产过程的碳排放当量测算、碳中和系统的推进进行了细致的评估。通过系统的推动，公司率先实现行业内低碳及零碳工厂，并将碳排放量标识在产品上，从而提升品牌价值。

【市场消费】2022 年，公司年销售收入 100.06 亿元，归属上市公司净利润 3.62 亿元。公司"24 小时"品类结构升级，"24 小时限定娟姗鲜牛乳"上市首月即成为高端鲜奶 TOP 明星产品；"24 小时黄金营养乳"在华东区域成功上市，进一步推动了"24 小时"系列在全国范围的升级拓展，并带动"24 小时黄金营养乳"实现同比增长近 50%；"今日鲜奶铺"打造国潮牛乳，基于不同消费场景和香浓口味推出"浓"系列新品，强化品牌定位，该系列产品 2022 年同比增长超过 200%。2022 年，新品收入贡献占比超过 10%；低温鲜奶及低温酸奶产品均优于行业表现，低温鲜奶同比双位数增长，全国市占率超过 10%（第三方数据），低温酸奶在行业整体下行的环境下逆势突破增长。低温产品营业收入占比超过 50%，新品年度收入贡献率超过 10%。

公司品牌运营策略为一个核心品牌"新希望"以及多个子品牌（华西、雪兰、阳平、七彩云、蝶泉、三牧、南山、双峰、双喜、白帝、琴牌、唯品、天香、夏进、澳牛），各子品牌在母品牌新希望下独立运营，充分发挥各区域品牌的协同效应，实现资源的优化配置。上述品牌主要负责公司乳制品及含乳饮料的研发、生产与销售。此外，公司于 2021 年还通过并购，增加了"一只酸奶牛"现制茶饮品牌。

【社会责任】公司积极参与社会公益活动，主动履行社会责任，坚持回馈社会，与相关方协同发展，做有温度的公众企业。公司持续运营"希望有你"公益平台 12 年，2022 年度内惠及偏远地区儿童 360 万人；2022 年，公司积极响应国家提出的"三保"行动（"保质量、保价格、保供应"），唯品乳业和杭州双峰在上海保供期间响应及时、服务高效，获得了消费者的认可和上海市消费者权益保护委员会的肯定和公开致谢。报告期内，公司共计组织捐赠 73 场，共计捐赠物资价值 163 余万元；积极开展乡村振兴项目，帮扶惠及 3 万余农户。中国乳制品工业协会为了表彰公司在科技创新、推动全产业链绿色转型升级以及在社会责任践行等方面所做出的突出表现，授予公司 2022 年度中国乳业高质量发展企业奖，董事长席刚先生荣获优秀奶业工作者称号。

2022 年，公司深入贯彻习近平总书记的重要讲话精神，巩固拓展脱贫攻坚成果、助力乡村振兴。

2022 年，在宁夏海原县继续租赁牧场周边闲置土地、水井，提高土地资源利用率，带动种植业发展，年投入约 150 万元。

各养殖子公司与当地农户就青贮种植进行合作，指导当地农户种植玉米等青贮，并收购农户自种的青贮饲料，帮扶惠及 3 万余农户。

在云南地区长期为养殖合作社提供奶牛饲养方面的指导与培训，提升养殖合作社的养殖效率、疾病防控水平和奶品质量。

2022 年 9 月，四川省泸定县发生地震后，公司捐赠物资价值约 21 万元；报告期内，向凉山地区的偏远学校捐赠物资约 43 万元。

公司在云南地区建立械化挤奶站，重点对家庭牧场奶牛饲养管理技术进行指导与培训，提高农户养殖技能。就奶牛的日常饲喂管理、疾病防控、牛奶质量提升、食品安全等进行培训，2022 年公司共计组织开展 478 次培训，参加培训人数有 1 000 余人次。2022 年遴选出的 5 个较大家庭牧场主参加了云南省第二届奶牛科学饲养管理技术研讨会。通过持续的培训与帮扶，当地家庭牧场的奶牛品种改良逐见成效。通过采购优质奶源为农户增加收入 5 200 万元，百头以上家庭牧场 5 家，泌乳牛日单产从 23kg 提升到 25kg。

（新希望乳业股份有限公司，徐涵钰）

附表 1　新希望乳业股份有限公司奶牛养殖场（小区）名录

序号	名称	地址	全群存栏（头）	成母畜存栏（头）	奶畜品种	成母畜单产（t/年）	年总产（t）	是否有机奶源基地	有机奶产量（t）
1	四川新希望奶牛养殖有限公司	四川新华西乳业有限公司	1 059	665	荷斯坦	9.7	6 409	是	2 704
2	石林新希望雪兰牧业有限公司	昆明雪兰牛奶有限责任公司	2 502	1 493	荷斯坦	11.4	16 493	否	
3	陆良新希望雪兰奶牛养殖有限公司	昆明雪兰牛奶有限责任公司	3 421	2 039	荷斯坦	10.8	22 189	否	
4	云南新希望雪兰牧业科技有限公司	昆明雪兰牛奶有限责任公司	2 136	1 261	荷斯坦	11.6	12 733	否	
5	云南新希望蝶泉牧业有限公司	云南新希望邓川蝶泉乳业有限公司	2 781	1 005	荷斯坦	11.1	10 780	是	1 095
6	建德新希望双峰牧业有限公司	杭州新希望双峰乳业有限公司	739	473	荷斯坦	11.3	5 408	否	
7	四川新希望华西牧业有限公司	四川新华西乳业有限公司	1 377	803	荷斯坦、娟姗	9.8	7 625	否	
8	吴忠新希望牧业有限公司	四川新华西乳业有限公司	1 947	1 193	荷斯坦	10.8	11 478	否	
9	靖远新希望牧业有限公司	四川新华西乳业有限公司	1 953	1 276	荷斯坦	9.8	10 735	否	
10	海原县新希望牧业有限公司	四川新华西乳业有限公司	9 800	4 899	荷斯坦	11.3	48 423	否	
11	永昌新希望农牧业有限公司	四川新华西乳业有限公司	5 427	2 308	荷斯坦	10.4	25 860	否	
12	山东绿源唯品乳业有限公司	山东唯品牧业有限公司	2 218	1 225	荷斯坦、娟姗	11.4	13 021	是	1 652
13	宁夏夏进综合牧业开发有限公司	宁夏夏进乳业集团股份有限公司	11 756	5 805	荷斯坦	12.0	73 471	否	
14	福建新希望澳牧乳业有限公司	福建新新希望澳牧乳业有限公司	1 139	680	荷斯坦、娟姗	8.1	5 640	否	
	合计		48 255	25 125	荷斯坦、娟姗	11.09	270 265		5 451

备注：本表所指奶畜包括奶山羊、奶绵羊、奶水牛、牦牛、骆驼、驴等产商品奶家畜。请在养殖场或小区列中选择打钩；如认证为有机奶源基地等，请在相应表格中打钩。

附表 2　新希望乳业股份有限公司乳制品生产企业名录

序号	名称	生产地点	生产许可证号码	年收购原奶量(t)	其中：自有奶源量(t)	平均支付价格(元/kg)	日处理生鲜乳能力(t)	年乳制品产量(t)	其中：低温鲜奶(t)	UHT奶(t)	常温酸奶(t)	低温酸奶(t)	原料奶粉(t)	婴幼儿配方奶粉(t)	成人奶粉(t)	奶油(t)	奶酪(t)	乳饮料(t)	冰品(t)	年销售收入(万元)	利润(万元)	有机产品(枚)	调制乳(t)
1	四川新华西乳业有限公司	四川省成都市郫都区永兴东路9号	SC10551142300017				500	103 941.34	46 786.80	6 245.65	1 092.01	37 206.18	0.00	0.00	0.00	0.00	0.00	9 651.86	0.00			7 512 573	2 791.30
2	四川新希望雅乳业有限公司洪雅分公司	四川省洪雅县洪川镇临江路12号	SC10551012400098				250	63 745.38	0.00	31 968.64	0.00	0.00	0.00	0.00	0.00	0.00	0.00	8 657.20	0.00				23 119.54
3	四川新希望西昌三牧乳业有限公司	四川省西昌市安宁镇马坪坝村	SC10551340100016				60	15 093.16	2 025.19	4 591.76	0.00	3 422.66	0.00	0.00	0.00	0.00	0.00	4 534.13	0.00				520.55
4	昆明雪兰牛奶有限责任公司	云南省昆明市官渡区经济技术开发区云大西路66号	SC10553011110668				500	88 296.91	17 168.04	46 756.91	1 685.01	4 812.24	0.00	0.00	0.00	18.45	0.00	2 933.28	0.00			1 609 992	14 823.05
5	昆明市海子乳业有限公司	云南省昆明市七彩云南昆明经开区阿拉街道办事处海子村委会劳宗海风景	SC10553011113025				48	20 838.73	0.00	0.00	0.00	20 838.18	0.00	0.00	0.00	0.00	0.00	0.00	0.00				0.00
6	云南新希望乳业有限公司	云南省大理市工业园区大理片区名胜区七甸	SC10553012115057				60	11 722.53	3 515.25	0.00	0.00	7 726.39	0.00	0.00	0.00	0.00	0.00	280.38	0.00				200.52
7	云南新希望邓川蝶泉乳业有限公司	云南省大理州洱源县邓川镇新州街88号	SC10553293016421				500	57 370.94	0.00	23 446.36	921.63	6 784.29	0.00	0.00	1 733.90	83.50	0.00	12 494.70	0.00			1 212 219	11 201.98
8	湖南新希望南山液态乳业有限公司	湖南省长沙市望城区雷锋大道108号	SC10543011200116				200	51 532.27	7 360.30	10 396.09	216.50	12 494.36	0.00	0.00	0.00	124.84	0.00	7 376.83	0.00				13 487.98

（续）

序号	名称	生产地点	生产许可证号码	年收购原奶量(t)	其中：自有奶源量(t)	平均支付价格(元/kg)	日处理生鲜乳能力(t)	年乳制品产量(t)	其中：低温鲜奶(t)	UHT奶(t)	常温酸奶(t)	低温酸奶(t)	原料奶粉(t)	婴幼儿配方奶粉(t)	成人奶粉(t)	奶油(t)	奶酪(t)	乳饮料(t)	冰品(t)	年销售收入(万元)	利润(万元)	有机产品(枚)	调制乳(t)
9	安徽新希望白帝乳业有限公司	安徽省合肥市肥东县肥东经济开发区镇西路55号	SC10534012200126				200	48 127.88	6 756.15	7 312.56	0.00	25 686.78	0.00	0.00	0.00	0.00	0.00	2.18	0.00				8 370.20
10	杭州新希望双峰乳业有限公司	浙江省杭州市余杭经济开发区新洲路836号	SC10533011010328				280	47 590.74	24 651.10	7 719.30	0.00	11 106.11	0.00	0.00	0.00	27.22	0.00	36.13	0.00				3 773.06
11	新希望双喜乳业（苏州）有限公司	江苏省苏州市高新区鹿山路49号	SC10532050500426				150	23 462.33	12 831.29	3 643.14	0.00	3 993.26	0.00	0.00	0.00	0.00	442.27	178.58	0.00				1 931.55
12	河北新希望天香乳业有限公司	河北省保定市满城区南韩村镇大顺店村新兴产业园区	SC10613060500018				500	83 873.47	2 899.96	41 141.47	6 059.63	16 878.89	0.00	0.00	0.00	0.00	0.00	5 611.36	0.00			740 614	10 490.71
13	青岛新希望琴牌乳业有限公司	山东省青岛市胶州市大湖路6号	SC10637028100848				500	103 553.27	35 449.19	34 343.87	0.00	31 122.48	0.00	0.00	0.00	6.80	0.00	186.44	0.00			1 758 432	2 444.48
14	山东绿源唯品乳业有限公司	山东省烟台市莱阳市冰洛店镇绿源唯品农业园	SC10537068200750				18	5 073.03	5 045.61	0.00	0.00	0.00	0.00	0.00	0.00	0.00	0.00	0.00	0.00				27.42
15	宁夏夏进乳业集团股份有限公司	宁夏吴忠市金积工业园区	SC10564030200017				600	245 574.45	786.56	110 079.95	0.00	11 337.83	0.00	0.00	38.74	1 090.55	0.00	49 718.54	0.00				72 000.74
16	宁夏夏进尔乳品有限公司	宁夏银川市西夏区平吉堡	SC10564010500097				100	31 155.13	118.52	11 040.72	0.00	0.00	0.00	0.00	0.00	0.00	0.00	12 583.52	0.00				7 412.37

备注：本表包括在中国及海外的生产企业。日处理生鲜乳能力指设计加工生鲜乳能力。自有奶源指来自自建和参建（控股、参股）牧场（小区）的原奶。成人奶粉指除婴配粉以外的学生奶粉、孕妇奶粉、中老年奶粉等终端消费奶粉。冰品包括冰激凌、雪糕等。有机产品数量单位为"枚"。"枚"指获得有机标志的数量。

内蒙古圣牧高科牧业
有限公司

内蒙古圣牧高科牧业有限公司（以下简称圣牧）成立于 2009 年 10 月 18 日，注册资金 88 870 万元人民币，位于内蒙古自治区呼和浩特市如意南区沙尔沁工业园区开放大街圣牧大厦，现有职工 2 680 余人。2014 年，公司作为中国有机第一股在香港上市，是国内首家获得中国和欧盟有机标准双认证的原奶品牌公司。

公司以"提供全球最高品质的沙漠有机奶"为使命，围绕有机生态产业链打造数字化科技型企业。2020 年，公司建立圣牧有机奶研究院，引进以色列数字农业和丹麦有机示范牧场管理模式。协同中国农业大学、中国农业科学研究院、内蒙古农业大学等国内知名院所专家深入开展产学研合作。"十三五"期间，公司承担的两项国家级重点研发计划项目，解决了牧场的粪污处理和有机饲料供应问题，构建了水分高效利用的生态沙产业链技术示范区，实现了超越以色列的沙漠治理模式、全球最高品质的有机奶、特大型现代化循环农业三大创举。

2021 年 8 月，经国际有机农业联盟（IFOAM）审核，圣牧获得"完全会员"称号，成为中国奶牛养殖行业在国际有机农业联盟和国际有机农业亚洲联盟第一个具有投票权的会员，并拥有参与国际有机产品标准制定和行使选举的权利。从而对推动国际有机产品标准完善、提升我国在国际有机农业地位等方面起到示范、带动和促进作用。

圣牧在沙漠开展沙草有机奶产业实践案例先后被收入联合国全球契约组织"企业碳中和路径图"、世界经济论坛《新自然经济系列报告》、联合国《可持续消费中国企业行动报告》，公司荣获"2022 联合国可持续发展目标中国先锋"奖。

【奶源基地】在公司快速发展的过程中，始终充分发挥国家农业产业化重点龙头企业的带动作用，形成以"龙头企业＋自建饲草种植基地＋农民专业化合作社＋种养加产业化联合体"的利益联结方式。截至 2022 年，公司拥有有机饲草种植基地 22 万亩，运营牧场 33 座，奶牛存栏 13.6 万头，其中有机奶牛 9.2 万头，牛群数量的良性增长为公司未来的发展奠定了坚实基础。中国圣牧原奶品质核心指标如体细胞、微生物等持续走在行业最前列，公司旗下 14 家牧场获得行业最高的 S 级牧场认证，6 家牧场获得 GAP 认证。公司的产品端积极迎合市场需求，继续加大有机原料奶的产能。截至 2022 年，有机奶的平均日产能力达到 1 295t，夯实了公司在行业的领头羊地位。除此之外，公司还抢占潜力品牌，创新推出了有机 A2 奶，在丰富产品矩阵的同时，也进一步提升了公司的盈利能力。

科技赋能、构建智慧牧场。 综合利用云计算、大数据、物联网和人工智能技术，建立数字化运营体系，实现个体档案管理、配料定量、营养科学搭配、健康指标监测等一系列自动化控制功能，提升产业链各环节智能运营效率，从全程有机到有机产业全程数字化，公司以数字技术与数字资源打造了有机产业全链条覆盖和全场景视角。2022 年，公司继续深化数字化改革，深度应用 SAP-ERP，启动财务流程自动化（RPA）项目和 BPC－合并报表项目，旨在通过建立一套统一的数字化报表展示平台，挖掘中国圣牧的数字资产潜力，助力公司决策智能化。2022 年 12 月，圣牧在第五届"鼎革奖"数字化转型先锋榜的评选中，凭借引领养牛行业数字化转型的突出贡献荣登榜单，获得"年度产业链新兴企业奖"，足见市场以及业界对公司数字化转型工作的肯定。

疫病防控。 圣牧高度重视动物福利，采用低密度、低压力、高品质饲养方式，致力于为奶牛提供最舒适的生存环境。圣牧牧场每只奶牛活动区域平均占地 60~80m^2，拥有充足的活动范围；每天安排专职人员清理牛舍，保证奶牛成长环境清洁干净；设立规律化的作息时间，有效预防乳腺炎等疾病，从而提高牛奶的生产品质；配备运动场、沙垫、风扇、牛体刷、御寒服、防风栏、照明设备、喷淋系统等系列设备设施，保障奶牛拥有健康舒适的生活。

通过精益的牧场运营，2022 年圣牧的平均成奶牛年化单产上升了 0.25t，达到 10.52t/ 年。成母牛淘汰率由 2021 年同期的 32.9% 下降至 2022 年度的 31.5%，全群奶牛较 2021 年同期增加 3 803 头，全群扩群率为 12.6%。同时，通过切实有效的选种育种措施，有效提升了奶牛基因组系谱的准确性和完整性水平，并实现了核心育种场建设及牛群系统改良工程建设。

粪污处理。 圣牧按照"三亩田养一头牛，一头牛还三亩田"的方式，不断升级对有机肥的加工与施用管理。通过改造堆肥厂，采用工字钢的结构，使堆肥场兼具透明通风与防雨的效果，大大缩减了有机肥腐熟发酵周期，再利用先进技术精准施肥，全面提升有机肥利用率。加工处理后的有机肥可使沙化土壤颗粒结构增加，保水保肥性能提高，土壤肥力提高，同时作物的抗旱能力提高。

原奶价格。 2022 年，国内生鲜乳价格较 2021 年同期有所回落，平均奶价降幅约 4.3%。圣牧凭借有机原料奶的土地特性和优质性，销售价格维持稳定，全年原奶销售价为 5 元 /kg，较去年同期下降幅度为 2%。

【市场消费】2022 年，无论是全球还是中国，宏观经济、市场消费都受到了较大影响，不确定性成为了年度主题词。但纵观全年，圣牧没有因为困难就放慢发展的脚步，公司的业务发展可圈可点，奶牛养殖水平再上新台阶，新的牧场建设和新的产品门类都在本年度实现了突破。全年公司实现收入 31.76 亿元，达到公司业务转型后的最高水平，净利润 4.5 亿元，净利润率保持行业较高水平。

【社会责任】按照中国"双碳"目标和《巴黎气候

协定》的承诺，中国圣牧顺应时代要求，发挥行业引领作用，科学规划碳排放，奋力迈向行业碳中和目标，开展各项减碳工作。

圣牧碳中和治理和ESG建设作为行业标杆企业继续受到表彰。2022年3月，联合国全球契约"2021实现可持续目标企业最佳实践"名单公布，圣牧独创的有机生态治沙体系入选"实现可持续发展目标企业最佳实践（可持续生产和消费）"。2022年7月，第十七届中国企业社会责任国际论坛在北京召开，圣牧获金蜜蜂影响力榜单"2022企业社会责任·引领型企业"称号。2022年9月，在世界乳制品峰会上，圣牧荣获国家乳品联合会（IDF）颁发的"气候行动创新奖"。

回馈社会是圣牧践行可持续发展理念、履行社会责任的重要内容。圣牧在企业发展中坚持经济效益与社会效益兼顾的原则，2022年圣牧为抗击新冠疫情、支持脱贫等捐资捐物，价值累计达630万元。

【奶业大事】2022年1月17日，中国圣牧案例入选世界经济论坛《新自然经济系列报告》。报告指出，自2009年以来，中国圣牧基于"低覆盖度治沙理论"对乌兰布和沙漠进行大规模生态治理。坚持种养结合、有机循环，以"治理＋保护＋发展"的商业模式，建立全球第一个沙漠有机产业链体系。

2022年7月1日，中国圣牧财务成本核算流程自动化（RPA）项目成功上线。项目上线后，公司33座牧场，成本月结31个步骤全部由RPA流程机器人自动化处理。财务成本核算处理场景由"人工化＋信息化"升级为"智能化＋自动化"。

2022年7月8日，中国圣牧BPC合并报表项目启动会在呼和浩特市圣牧总部召开。通过BPC合并报表项目可实现数据同源、多准则报告自动出具。为公司财务管理保驾护航，为公司智慧战略决策提供高质量的数据支持，并加速推进业财融合。

2022年8月11日，圣牧有机A2奶项目在内蒙古圣牧高科牧业有限公司正式启动。有机A2原奶项目的启动，不仅进一步丰富了圣牧的产品矩阵，帮助企业实现业绩增长新突破，也打破了奶源行业同质化的现象，推动原奶细分、产品创新向着更营养、更科学的功能性原奶方向升级。

2022年11月9日，圣牧在第五届"鼎革奖"数字化转型先锋榜的评选中，凭借引领养牛行业数字化转型的突出贡献荣登榜单，获得"年度产业链新兴企业奖"。

同日，中国圣牧案例入选《可持续消费中国企业行动报告》，该报告旨在展现中国企业在应对气候变化、支持SDG12负责任消费与生产方面所做出的贡献，同时树立中国企业可持续消费与生产的标杆，为更多致力深入参与可持续消费行动的企业提供借鉴。

2022年12月26日，"中国圣牧有机奶业有限公司2022年度第一期超短期融资券（社会责任债券）"成功发行，本笔债券为全国首单社会责任债券，同时也是全国首单配售CRMW的民营企业熊猫债。

2022年12月27日，以"数字引擎、智造未来"为主题的STIF2022第三届国际科创节数字服务大会在上海举办，凭借业内领先的数字化创新发展能力，经过层层筛选、专家评审及公众综合评价，中国圣牧荣膺"2022年度数字化创新典范"奖项，此次奖项是继"鼎革奖"后又一重要数字化转型奖项。

（内蒙古圣牧高科牧业有限公司，吴太平、谢大海）

附表 1 内蒙古圣牧高科牧业有限公司奶牛养殖场（小区）名录

名称	供奶企业	全群存栏（头）	成母畜存栏（头）	奶畜品种	成母畜单产（t/年）	年总产（t）	是否有机奶源基地	有机奶产量（t）	备注
内蒙古圣牧高科牧业有限公司	/	136 344	64 355	荷斯坦	10.5	635 451	是	457 688	33座牧场，原奶供给蒙牛

备注：本表所指奶畜包括奶山羊、奶绵羊、奶水牛、牦牛、骆驼、驴等产商品奶家畜。请在养殖场或小区列中选择打钩；如认证为有机奶源基地等，请在相应表格中打钩。

北大荒完达山乳业股份有限公司

【奶源基地】北大荒完达山乳业股份有限公司（以下简称北大荒完达山乳业）奶源基地地处于北纬42~47°，是世界上仅存的三大黑土带之一，是举世公认的黄金奶源带。公司基地规模化养殖比例达到100%。全部实现TMR饲喂、机械化挤奶，现奶牛存栏10万余头，年产鲜奶40余万t，主要分布在黑龙江垦区内。北大荒完达山乳业积极引进和学习世界先进的奶牛饲养管理技术，加大生鲜乳质量安全品质提升，奶牛单产水平、质量指标不断提升，奶牛单产平均达到9.5t以上，牛奶质量达到或者超过欧盟标准，规模牧场平均牛奶脂肪4.0%、蛋白3.3%。

2021年7月10日，以"高寒生态 领鲜未来"为主题的首届中国高寒生态奶业发展高峰论坛在黑龙江省哈尔滨市召开。北大荒完达山乳业在此次论坛上创新性提出"高寒生态"的奶源新概念，被业内认为具有颠覆性意义。

"高寒生态"概念提出后，北大荒完达山乳业积极与农垦乳业联盟沟通，请求协助完达山乳业制定高寒生态牧场团体标准。2022年6月29日，《中国农垦高寒生态牧场通用要求 奶牛》（简称《标准》）在北京重磅发布，并于2022年7月1日起正式实施。此次《标准》是由中国农垦乳业联盟联合中国农业大学、中国农业科学院农业信息研究所、北大荒完达山乳业股份有限公司共同起草的，从起草到正式发布历时9个月。该《标准》填补了我国高寒牧场标准的空白，为地处这些区域的农垦牧场进一步发挥高寒地区的区域优势，将稀缺的高寒环境资源优势转化为经济优势，为推广高寒生态乳制品、打造"高寒生态奶业"新赛道提供了契机。北大荒完达山乳业首批21家牧场通过了高寒生态牧场认证，其中7家牧场获得"中国农垦高寒生态示范牧场"称号，14家牧场获得"中国农垦高寒生态牧场"称号。

【乳品加工】北大荒完达山乳业股份有限公司系北大荒集团控股公司，现有22家分子公司、14家加工企业，工厂主要分布在黑龙江、河北、天津、辽宁等地。北大荒完达山乳业年加工鲜奶能力113万t，年加工乳制品能力68.2万t。其中粉类工厂年产能8.9万t，液态奶工厂年产能59.3万t，可生产奶粉、液态奶、饮料及保健食品等，拥有稚采、菁美、菁采、元乳、诸葛小将、黄金季、黑沃、妍轻等明星产品。2022年生产加工情况：加工产品26.76万t，其中奶粉2.27万t，液态奶24.49万t。

【市场消费】北大荒完达山乳业主销产品为奶粉和液态奶。奶粉目前已经实现全国布局，除西藏、台湾、港澳地区外，在其他省份均有产品销售。主销渠道为商超、KA、婴童和电商。液态奶主要围绕东北、华北、华东等成熟市场销售，并逐步向华中、西南等地扩展。2022年营业净收入42.5亿元，利润总额1.48亿元。

【社会责任】2022年1月，天津疫情防控形势复杂严峻，北大荒完达山乳业天乳公司向武清区卫健委捐赠2 000箱牛奶，向奋战在防疫一线的医护人员表示关心和感谢。武清区卫健委副主任丁志华感谢完达山乳业的支持与帮助。北大荒完达山乳业液态奶生产事业部党委委员、副总经理兼天乳公司党总支书记刘怀冬代表天乳公司出席了捐赠仪式。

2022年3月9日沧州疫情暴发，肃宁市场遭遇全县封城，任何车辆人员禁止出入，学生被隔离在学校不准出入。肃宁经销商在按照当地防疫要求做好防控工作的同时，通过多渠道沟通，积极争取办理特殊时期通行证。在不懈的努力下，3月16日办理捐赠物资通行证，为肃宁第一中学的4 000多名学生送去纯牛奶400箱，为防疫部门肃宁工商管理局送去纯牛奶200箱，肃宁县尚村镇政府纯牛奶100箱，肃宁县政府纯牛奶200箱。本次共捐赠盒奶550箱、枕奶350箱。

2022年3月16日，北大荒完达山乳业党委副书记、工会主席翟文波带队相继来到北大荒集团疫情防控指挥部和北大荒集团总医院（黑龙江省第二肿瘤医院），将饱含温暖和关怀的价值10万元的乳制品物资发放到一线抗疫人员手中。

2022年5月18日，北大荒完达山乳业液态奶营销事业部北京省区联系平泉市教育局，联合平泉志恒客户向平泉市两所公办高中的高考学生捐赠爱心牛奶，助力学子备战高考。为配合当地政府解决困难，客户联合北京省区捐赠枕核桃、黑沃系列、随享瓶臻醇、妍轻系列等共计3 000件牛奶。5月24日，液态奶营销事业部业务经理苑向权带着爱心牛奶来到平泉市第一中学、平泉市四海中学，两所中学是当地的重点高中，在校学生3 000余人。在校园内，苑向权带领经销商员工给学生们分发牛奶。

2022年5月27日，齐齐哈尔省区阿荣旗市场在"六一"来临之际，经过属地业务经理、经销商、校方联系人三方的沟通下，发起对阿荣旗镇复兴中学爱心捐赠工作，共计捐赠完达山190枕纯牛奶175箱、枕核桃牛奶25箱。

2022年6月1日北大荒完达山乳业特渠营销事业部学生奶中心与依兰县教育局共同举办"国家学生饮用奶计划"献爱心，助成长捐赠活动。面向依兰县5所小学捐赠完达山学生饮用奶200箱，用于关爱学生群体。捐赠仪式上，特渠营销事业部学生饮用奶中心代表向教育局领导和学生代表介绍了国家学生饮用奶计划推广和学生饮用奶的特点，并详细讲解了完达山学生奶在奶源配方、产品种类、仓储配送等方面的优势和完达山学生奶安全饮用知识。

【奶业大事】北大荒完达山乳业克服疫情带来的不

利影响，于 2022 年实现收入 50.56 亿元，与 2021 年持平；利润 2 亿元，同比增长 145.5%，改变了长期以来存在累计未弥补亏损负数的局面，实现了重大转折。

2022 年 1 月 5 日，北大荒完达山乳业引进黑龙江省大正投资集团有限责任公司和黑龙江省农投资本管理有限公司成为公司新股东，公司党委书记、董事长王贵同志于 2022 年 4 月 2 日代表公司董事会与公司经理层签订岗位聘任协议书。北大荒完达山乳业混合所有制改革及经理层任期制和契约化管理取得历史性重大突破。

截至 2022 年 11 月 17 日，北大荒完达山乳业婴幼儿配方奶粉元乳臻益、亲蓓稚萃、菁稚非凡、元乳添采、菁采稚护和菁美稚淳 6 个系列的 18 个配方产品一次性通过国家新婴幼儿配方奶粉产品配方注册，为北大荒完达山乳业婴配粉营销带来诸多先发优势，为行业持续向好提供动能。完达山于 2022 年在行业内率先提出全家营养品牌店概念，完成近 1 700 家的门店打造，引领行业发展。

2022 年 10 月 12 日，北大荒完达山乳业天津液态奶项目对第一条无菌 PET 灌装机进行试生产并取得成功，标志着公司近年来最大单体投资项目初步建成，为抢占华北液态奶市场奠定坚实基础。

2022 年 4 月 14 日，北大荒完达山乳业旗下稚采婴幼儿配方奶粉和黑沃 A2β 一酪蛋白有机纯牛奶首次参评并荣获由世界品质评鉴大会评定的素有食品质量界"奥斯卡"之称的"蒙特国际金奖"。黄金季糖宁高膳食纤维奶粉于 2022 年 3 月 13 日荣获 SGS 低 GI 食品认证，GI 值仅 17、GL 值仅 8.6，双低 G 行业领先。北大荒完达山乳业于 2022 年 7 月 12 日被黑龙江省工信厅认定为"2022 年黑龙江省质量标杆"，公司产品鎏金品质再次受到社会各界认可和好评。

2022 年，北大荒完达山乳业首次提出渠道上移营销举措，推动奶粉实现渠道上移门店 5 000 家，重点进入广东孩子王、湖南子母、广西多爱等 300 个婴童连锁系统；液态奶实现渠道上移门店 6 200 余家，重点进入美宜佳、悦来悦喜、山西唐久等 107 个销售系统，对微利、新天地、家家悦等系统增补乳此新鲜、妍轻等低温品类，保证了公司在疫情期间销售业绩的平稳态势。

2022 年 5 月 24 日，北大荒完达山乳业与廊坊市安次区葛渔城镇人民政府正式签署华北万头牧场合作意向书，与密山市寒疆奶牛养殖专业合作社达成战略合作。

2022 年 8 月 28 日，北大荒完达山乳业在北京举行以"高寒生态，营养未来"为主题的第二届中国高寒生态奶业发展高峰论坛，发起共建高寒生态精准营养圈计划倡议。

2022 年 7 月 26 日，公司以 521.52 亿元的品牌价值，连续十九年荣膺"中国 500 最具价值品牌"，较 2021 年的 462.87 亿元增长了 12.7%，总排名为第 170 位。

2022 年 9 月 22 日，连续十二年入围亚洲品牌 500 强，排名 353 位，较 2021 年跃升 7 位。

2022 年 5 月 29 日，在稚采婴幼儿配方奶粉发布会官宣电影明星马丽成为稚采品牌代言人。公司品牌推广方向和策略得到全面提升。

2022 年 3 月 3 日，北大荒完达山乳业财务共享中心"数智化"办公大厅正式投入使用，初步建成战略财务、业务财务和共享财务的全面共享、高效融合，在集团及全省树立了财务共享中心深度建设样板工程，助力北大荒集团数智化水平提升。

2022 年 1 月 16 日，北大荒完达山乳业召开第一次党员代表大会，全面总结公司过去五年的发展成绩，并对未来五年的发展进行擘画，提出未来五年全面实现高质量发展的主要目标任务。会议选举产生公司第一届党委员会委员、纪律检查委员会委员。

（北大荒完达山乳业股份有限公司，朱福宝、梁学武）

附表 1　北大荒完达山乳业股份有限公司奶牛养殖场（小区）名录

序号	名称	地址	全群存栏（头）	成母畜存栏（头）	奶畜品种	成母畜单产量（t/年）	年总产量（t）	是否有机奶源基地	有机奶产量（t）
1	哈尔滨完达山奶牛养殖有限公司	黑龙江完达山阳光乳业乳品有限公司/黑龙	4 292	2 244	荷斯坦	8.79	19 722.00	是	19 722
2	黑龙江省牡丹江农垦牧丰奶牛养殖专业合作社	黑龙江完达山阳光乳业乳品有限公司/黑龙	4 194	2 302	荷斯坦	10.50	18 704.00	否	
3	黑龙江省牡丹江农垦金坊奶牛饲养专业合作社	黑龙江完达山阳光乳业乳品有限公司/黑龙	1 187	524	荷斯坦	9.70	4 400.76	否	
4	黑龙江省牡丹江农垦金澳奶牛饲养专业合作社	黑龙江完达山阳光乳业乳品有限公司/黑龙	3 141	1 398	荷斯坦	9.00	13 621.06	否	
5	黑龙江省牡丹江农垦将军奶牛养殖专业合作社	黑龙江完达山阳光乳业乳品有限公司/黑龙	7 650	3 371	荷斯坦	10.50	30 160.19	是	30 160
6	黑龙江省牡丹江农垦鑫兴奶牛养殖专业合作社	黑龙江完达山阳光乳业乳品有限公司/黑龙江完	1 647	725	荷斯坦	10.00	5 484.87	否	
7	黑龙江省牡丹江农垦源泉奶牛养殖专业合作社	黑龙江完达山阳光乳业乳品有限公司/黑龙	2 132	864	荷斯坦	9.80	6 783.74	否	
8	黑龙江省牡丹江农垦振东奶牛养殖专业合作社	黑龙江完达山阳光乳业乳品有限公司/黑龙	1 439	484	荷斯坦、弗莱维赫	10.37	4 674.31	否	
9	黑龙江省九三农垦洪兴奶牛养殖专业合作社	黑龙江完达山阳光乳业乳品有限公司/黑龙	460	230	荷斯坦	7.00	1 132.59	否	
10	哈尔滨完达山奶牛养殖有限公司	黑龙江完达山阳光乳业乳品有限公司/黑龙	1 485	857	荷斯坦	9.65	8 277.20	否	
11	黑龙江宝宝惠农牧有限公司牟川分公司	黑龙江完达山阳光乳业乳品有限公司/黑龙	2 057	1 089	荷斯坦	10.10	11 030.00	是	11 030
12	黑龙江省九三农垦鑫海奶牛养殖专业合作社	黑龙江完达山阳光乳业乳品有限公司/黑龙	935	491	荷斯坦	8.60	4 200.00	否	
13	黑龙江省九三农垦鑫源奶牛养殖专业合作社	黑龙江完达山阳光乳业乳品有限公司/黑龙	1 528	840	荷斯坦	9.10	7 606.83	否	
14	黑龙江红兴隆农垦棒棒奶牛养殖农民专业合作社	黑龙江完达山阳光乳业乳品有限公司/黑龙	2 130	1 046	荷斯坦	10.40	10 915.75	否	
15	黑龙江北大荒九三农牧发展有限公司	黑龙江完达山阳光乳业乳品有限公司/黑龙	2 325	1 232	荷斯坦	9.60	11 539.94	否	
16	大庆老房身养殖有限公司	黑龙江完达山阳光乳业乳品有限公司/黑龙	502	213	荷斯坦	9.20	1 598.68	否	
17	北京首农畜牧发展有限公司兰西分公司	黑龙江完达山阳光乳业乳品有限公司/黑龙					3 708.68	否	

（续）

序号	名称	地址	全群存栏（头）	成母畜存栏（头）	奶畜品种	成母畜单产量（t/年）	年总产量（t）	是否有机奶源基地	有机奶产量（t）
18	天津完达山畜牧养殖有限公司	天津完达山乳品有限公司	257	138	荷斯坦	9.00	772.10	否	
19	天津市武清区富栏奶牛养殖场	天津完达山乳品有限公司	528	317	荷斯坦	9.50	3 035.67	否	
20	天津市福润德牧业有限公司	天津完达山乳品有限公司	673	404	荷斯坦	8.70	3 887.37	否	
21	北京森茂种植有限公司	天津完达山乳品有限公司	362	153	荷斯坦	8.90	252.83	否	
22	滦南县弘康养殖有限公司	天津完达山乳品有限公司	508	305	荷斯坦	9.10	2 924.37	否	
23	昌黎县靖安镇大勇奶牛养殖场	天津完达山乳品有限公司	284	182	荷斯坦	9.20	846.29	否	
24	卢龙县鑫园牧业有限公司	天津完达山乳品有限公司	192	174	荷斯坦	8.90	656.66	否	
25	唐山市古冶区瑞康奶牛养殖场	天津完达山乳品有限公司	406	228	荷斯坦	9.00	1 669.52	否	
26	丰宁满族自治县源顺合奶牛养殖专业合作社	天津完达山乳品有限公司	168	119	荷斯坦	9.30	358.14	否	
27	丰宁满族自治县志夺奶牛养殖专业合作社	天津完达山乳品有限公司	579	248	荷斯坦	9.50	901.89	否	
28	天津市武清区新世纪牧业有限公司	天津完达山乳品有限公司	467	280	荷斯坦	9.40	2 683.24	否	
29	天津嘉立荷牧业集团有限公司	天津完达山乳品有限公司	1 350	810	荷斯坦	9.00	7 780.21	否	
30	张北睿丰牧业有限公司	天津完达山乳品有限公司	2 152	1 310	荷斯坦	9.50	297.54	否	
31	牡丹江万鼎乳业有限公司	天津完达山乳品有限公司	3 052	1 831	荷斯坦	8.70	17 574.28	否	
32	滦州市铭颂奶牛养殖有限公司	天津完达山乳品有限公司	968	520	荷斯坦	8.90	1 980.41	否	
33	山东万宝乳业有限公司	天津完达山乳品有限公司	2 386	1 468	荷斯坦	9.10	1 291.35	否	
34	任丘市古淀畜牧有限公司	天津完达山乳品有限公司	328	189	荷斯坦	9.20	856.07	否	
35	丰宁满族自治县福贵奶牛养殖专业合作社	天津完达山乳品有限公司	558	335	荷斯坦	8.90	3 216.27	否	
36	怀来县湖溪奶牛厂二分场	天津完达山乳品有限公司	380	228	荷斯坦	9.00	2 184.19	否	
37	丰宁满族自治县信远牧业有限公司	天津完达山乳品有限公司	393	244	荷斯坦	9.30	642.51	否	
38	丰宁满族自治县恒溢牧业有限公司	天津完达山乳品有限公司	432	248	荷斯坦	9.50	881.44	否	
39	丰宁满族自治县龙腾奶牛养殖专业合作社	天津完达山乳品有限公司	308	175	荷斯坦	9.40	1 027.14	否	
40	天津市武清区晨光奶业有限公司	天津完达山乳品有限公司	515	256	荷斯坦	9.00	1 860.02	否	
41	山东益贝乐乳制品有限公司	天津完达山乳品有限公司	1 896	1 285	荷斯坦	9.50	155.90	否	
42	高青奥邦奶牛养殖专业合作社	天津完达山乳品有限公司	2 017	1 194	荷斯坦	8.70	308.14	否	

（续）

序号	名称	地址	全群存栏（头）	成母畜存栏（头）	奶畜品种	成母畜单产量（t/年）	年总产量（t）	是否有机奶源基地	有机奶产量（t）
43	滦州市锦硕奶牛养殖有限公司	天津完达山乳品有限公司	1 287	786	荷斯坦	8.90	1 216.49	否	
44	光明乳业股份有限公司	天津完达山乳品有限公司	2 678	1 584	荷斯坦	9.10	488.53	否	
45	天津市荣达奶品经营有限公司	天津完达山乳品有限公司	1 840	1 180	荷斯坦	9.20	444.61	否	
46	河北新希望天香乳业有限公司	天津完达山乳品有限公司	2 018	1 456	荷斯坦	8.90	936.97	否	
47	天津市鑫盛奶牛养殖有限公司	天津完达山乳品有限公司	875	432	荷斯坦	9.00	373.59	否	
48	宁晋县鼎康奶牛养殖场	天津完达山乳品有限公司	182	87	荷斯坦	8.30	952.65	否	
49	大曹庄管理区华达奶牛养殖场	天津完达山乳品有限公司	210	111	荷斯坦	8.20	1 174.94	否	
50	宁晋县新康辉奶牛养殖场	天津完达山乳品有限公司	387	195	荷斯坦	9.00	2 206.43	否	
51	河北雄达牧业有限公司	天津完达山乳品有限公司	189	98	荷斯坦	8.00	1 001.56	否	
52	元氏县钦达奶牛养殖有限公司	天津完达山乳品有限公司	410	215	荷斯坦	8.60	2 668.15	否	
53	元氏县绿峰奶牛养殖场	天津完达山乳品有限公司	605	286	荷斯坦	9.00	3 236.09	否	
54	元氏县康顺奶牛养殖场	天津完达山乳品有限公司	663	326	荷斯坦	8.90	3 331.72	否	
55	晋州市旺源奶牛养殖场	天津完达山乳品有限公司	1 109	487	荷斯坦	9.20	5 688.16	否	
56	衡水市桃城区华生奶牛养殖专业合作社	天津完达山乳品有限公司	335	169	荷斯坦	8.40	1 850.55	否	
57	高邑县祥瑞牧业有限公司	天津完达山乳品有限公司	230	113	荷斯坦	8.10	1 237.35	否	
58	安和乳业（山东）有限公司	天津完达山乳品有限公司	5 210	2 433	荷斯坦	9.60	31 081.58	否	
59	辛集市傲井鑫星养殖场	天津完达山乳品有限公司	1 852	885	荷斯坦	8.90	11 305.88	否	
60	行唐县富强奶牛养殖专业合作社	天津完达山乳品有限公司	496	229	荷斯坦	8.80	2 841.89	否	
61	石家庄君乐宝乳业有限公司	天津完达山乳品有限公司	10 062	4 866	荷斯坦	9.50	62 163.15	否	
62	大连金弘基种蓄有限公司 XY 牛场	完达山歙山乳品有限公司	710	355	荷斯坦	10.40	3 692.00	否	
63	大连金弘基种蓄有限公司阿尔滨牛场	完达山歙山乳品有限公司	996	545	荷斯坦	10.13	3 723.00	否	
64	大连金弘基种蓄有限公司程家场	完达山歙山乳品有限公司	852	415	荷斯坦	9.50	3 496.00	否	
65	保定徐水区天晨养殖有限公司	保定完达山乳品有限公司	876	532	荷斯坦	9.60	4 380.00	否	
66	保定孟场养殖有限公司	保定完达山乳品有限公司	362	257	荷斯坦	8.50	1 752.00	否	
67	保定宏达牧业有限公司	保定完达山乳品有限公司	2 389	1 591	荷斯坦	9.80	13 870.00	否	
68	黑龙江省九三农垦荣祥奶牛养殖专业合作社	北大荒完达山乳业股份有限公司九三分公司	338	182	荷斯坦	8.50	1 722.21	否	

（续）

序号	名称	地址	全群存栏（头）	成母畜存栏（头）	奶畜品种	成母畜单产量（t/年）	年总产量（t）	是否有机奶源基地	有机奶产量（t）
69	九三农垦荣军农场荣升奶牛养殖牧场	北大荒完达山乳业股份有限公司九三分公司	359	153	荷斯坦	9.40	1 256.73	否	
70	嫩江市一牧业有限公司	北大荒完达山乳业股份有限公司九三分公司	1 262	491	荷斯坦	8.91	2 050.00	否	
71	黑龙江省九三农垦德胜奶牛养殖专业合作社	北大荒完达山乳业股份有限公司九三分公司	1 156	703	荷斯坦	10.44	7 459.62	否	
72	黑龙江省九三农垦益生洋牧业管理有限公司红澳牧场	北大荒完达山乳业股份有限公司九三分公司	1 430	762	荷斯坦	9.90	6 606.20	否	
73	嫩江市鸿恒农牧有限公司	北大荒完达山乳业股份有限公司九三分公司	299	151	荷斯坦	7.50	461.39	否	
74	黑龙江省九三农垦连新奶牛养殖专业合作社	北大荒完达山乳业股份有限公司九三分公司	599	295	荷斯坦	9.50	2 639.66	否	
75	嫩江市建源奶牛养殖专业合作社	北大荒完达山乳业股份有限公司九三分公司	553	321	荷斯坦	10.18	3 404.52	否	
76	嫩江市北升畜牧养殖有限责任公司	北大荒完达山乳业股份有限公司九三分公司	864	668	荷斯坦	9.01	5 282.09	否	
77	黑龙江省九三农垦麒源奶牛养殖专业合作社	北大荒完达山乳业股份有限公司九三分公司	1 149	653	荷斯坦	10.30	7 274.04	否	
78	黑河市特瑞奶牛养殖专业合作社	北大荒完达山乳业股份有限公司九三分公司	1 249	669	荷斯坦	10.50	7 057.21	否	
79	嫩江市向荣牧业有限公司	北大荒完达山乳业股份有限公司九三分公司	1 439	728	荷斯坦	9.50	6 926.51	否	
80	黑龙江省牡丹江农垦隆盛奶牛养殖专业合作社	北大荒完达山乳业股份有限公司八五——分公司	4 635	2 270	荷斯坦	10.30	23 305.01	否	
81	黑龙江省牡丹江农垦干牧牛养殖厂	北大荒完达山乳业股份有限公司八五——分公司	1 710	772	荷斯坦	11.80	9 121.88	否	
82	黑龙江省牡丹江农垦互利养牛专业合作社	北大荒完达山乳业股份有限公司八五——分公司	918	461	荷斯坦	9.30	3 455.36	否	
83	黑龙江省牡丹江农垦朝卫奶牛养殖专业合作社	北大荒完达山乳业股份有限公司八五——分公司	1 086	539	荷斯坦	10.85	4 456.81	否	
84	黑龙江省牡丹江农垦安兴奶牛养殖专业合作社	北大荒完达山乳业股份有限公司八五——分公司	1 716	773	荷斯坦	12.10	10 630.86	否	
85	嫩江市鲁豫养殖专业合作社	北安完达山乳品有限公司	579	257	奶牛	9.00	2 383.21	否	
86	北安农垦长鑫牧场专业合作社	北安完达山乳品有限公司	2 140	1 071	奶牛	10.00	11 020.43	否	

（续）

序号	名称	地址	全群存栏（头）	成母畜存栏（头）	奶畜品种	成母畜单产量（t/年）	年总产量（t）	是否有机奶源基地	有机奶产量（t）	有机产品（枚）
87	北安农垦鑫旺牧场专业合作社	北安完达山乳品有限公司	1 644	887	奶牛	9.66	8 141.95	否		
88	黑龙江省九三农垦来达奶牛养殖专业合作社	北安完达山乳品有限公司	1 776	1 025	奶牛	9.40	9 659.25	否		
89	九三农垦七星泡农场鑫顺奶牛养殖场	北安完达山乳品有限公司	497	203	奶牛	9.00	1 173.97	否		
90	九三农垦鑫澳奶牛养殖专业合作社	北安完达山乳品有限公司	1 237	628	奶牛	8.00	4 101.16	否		

备注：本表所指奶畜包括奶山羊、奶绵羊、牦牛、奶水牛、骆驼、驴等产商品奶家畜。请在养殖场或小区列中选择打钩；如认证为有机奶源基地等，请在相应表格中打钩。

附表 2　北大荒完达山乳业股份有限公司乳制品生产企业名录

序号	名称	生产地点	生产许可证号码	年收购原奶量（t）	其中：自有奶源量（t）	平均支付奶价格（元/kg）	日处理生鲜乳能力（t）	年乳制品产量（t）	其中：低温鲜奶（t）	UHT奶（t）	常温酸奶（t）	低温酸奶（t）	原料奶粉（t）	婴幼儿配方奶粉（t）	成人奶粉（t）	奶油（t）	奶酪（t）	乳饮料（t）	冰品（t）	年销售收入（万元）	利润（万元）	有机奶产量（t）	有机产品（枚）
1	北大荒完达山乳业股份有限公司			409 986		4.13	2 994	267 603	31 315	151 403		43 303	3 655	8 775	9 973	339		18 840		425 475.73	14 777.8		14 000 000

备注：本表包括在中国及海外的生产企业。日处理生鲜乳能力指设计加工生鲜乳能力。自有奶源指来自自建和参建（控股、参股）牧场（小区）的原奶。成人奶粉指除婴幼儿配方奶粉以外的学生奶粉、孕妇奶粉、中老年奶粉等终端消费奶粉。有机产品数量单位为"枚"等。冰品包括冰激凌、雪糕等。有机产品指获得有机标志的数量。

中地乳业集团有限公司

【奶源基地】中地乳业集团有限公司（以下简称中地乳业）是一家集奶牛育种、奶牛规模化养殖、乳制品生产和乳制品销售于一体的全产业链乳制品企业，公司秉承科技创新、全产业链融合发展的理念，致力为消费者提供更安全、更健康、更营养的高品质食品。近年来，公司以"量"与"质"同步提升为目标，通过战略转型向精细化和智能化发展，促进企业高效率运营，特别是在精准营养、科学育种、健康养殖与奶牛福利、种养结合与循环农业、智能化管理与高效运营等方面实现了跨越式发展，为持续构建碳中和、绿色、可持续的智慧生态养殖模式，推进产业链前伸后延，为提高奶业综合生产能力奠定了坚实基础。公司奶源基地牛群综合生产能力明显提高，牛场智能化管理水平明显提升。

为推进全产业链高效快速发展，公司自启动产业升级和战略转型以来，从单一的牧场养殖转向一二三产业深度融合发展，着力打造中地乳业特色的智慧牧场、智能工厂，通过构建 ZDSD 智慧管理平台，打造数字支撑、数字经营、数字决策的中地智慧奶业，助力实现从牧场到餐桌、从质量到产品的数字产业链融合发展。

为夯实奶牛种群质量与可持续发展后劲，中地乳业多年来一直重视奶牛的科学育种，建立了"高产、优质、健康、长寿"的育种目标和中地育种指数（ZDI），全力推行数字育种，建立了中地牛群核心数据库。通过数字育种、选种选配及快速扩繁，头胎牛产量和乳指标稳步提升。

为提升科学营养和精细化管理，公司建立了奶牛粗饲料常规营养指标数据库和生产数据库，搭建了营养评价体系，在原料品质检测、营养标准制定与评估等方面实现了科学营养、精准饲喂和高效养殖，提高了饲料转化效率，提升了生产性能。

为确保健康养殖对奶产业的保驾护航，公司建立了系统的疫病防控体系，在疫病防控、生物安全、牛奶品质、兽药残留、奶牛福利等方面，实现了以预防为主、健康养殖的系统化绿色可持续发展体系，智慧牧场数字化健康与福利监测、Esop 的线上运行实现了智能化监控与管理；同时配套建设了覆盖牛奶理化指标、毒素、微生物、免疫检疫等检测的多功能中心化验室。

为使规模化牧场环境友好协同发展和种养结合提升粪污资源化综合利用，建成了基于局域网、无线互联网和 5G 网络的多模物联网环境监控和粪污综合利用体系，配套种养结合土地近 1 400 hm²。

为保障奶源供给，提效率、降成本，就近规划布局发展草畜配套、规模养殖的万头智慧生态牧场两座，进一步提高奶业生产效率和自我发展能力，完善区域化全产业链奶业生产经营模式，增强优质奶源供给保障能力。截至 2022 年底，位于山东省临沂市的一座牧场已满栏运营，存栏优质荷斯坦牛 10 456 头，其中成母牛 5 230 头，年产生鲜乳 58 060t；第二座智能化生态牧场正在建设中。

【乳品加工】位于山东省临沂市沂南县的食品工业园总占地面积 330 亩，规划日处理鲜奶 1 000t 的乳制品加工项目正在建设中，预计年底投产运营。项目分两期建设，其中一期项目建设产能为 500t/ 天，主要生产低温酸奶和低温鲜奶，规划设计 11 条生产线，年产乳制品 16 万 t。

【社会责任】中地乳业在培育主导产业健康发展的同时，积极参与企业及牧场所在地新农村建设，致力于提高农民素质、培养高素质农民，从而激发农村地区经济活力，实现农村经济的蓬勃发展。

第一，带动农民增收。种养结合。通过土地流转，解放劳动力，实现企业种养结合的农牧生态循环，促进农民增收、企业增效。公司累计流转用于种养结合的饲草基地面积 1 万余亩，周边农户户均增收 1 100 余元。

订单农业。2022 年累计形成订单粗饲料基地种植面积 54 000 余亩，采购金额 8 432 万元，直接带动种植户 5 100 余户。

多种方式带动农民增收。公司发展过程中，重信誉、讲诚信，不拖欠农户收购款，不拖欠工资，在当地拥有良好的社会声誉。牧场向当地提供 200 多个就业岗位，平均月工资 5 600 元以上，人均年收入 6.72 万元，远高于当地社会平均工资。

第二，保障员工健康和福利。稳定就业岗位。通过对企业的科学管理，维持企业正常运转，稳定现有就业岗位。

免费为员工提供食宿。在五险一金的基础上，额外为员工购买商业险。提高农民工工资福利水平。

注重员工培训。通过在岗培训、技能培训等方式，提高职工队伍素质，培养适合企业发展的不同层次人才。

（中地乳业集团有限公司，何 举）

附表 1　中地乳业集团有限公司奶牛养殖场（小区）名录

序号	名称	供奶企业	全群存栏（头）	成母畜存栏（头）	奶畜品种	成母畜单产（t/年）	年总产（t）	是否有机奶源基地	有机奶源基地	有机奶产量（t）	有机奶产量（t）
1	中地乳业集团有限公司		10 456	5 230	荷斯坦	13.16	58 060	否			

备注：本表所指奶畜包括奶山羊、奶绵羊、奶水牛、牦牛、骆驼、驴等产商品奶家畜。请在养殖场或小区列中选择打钩；如认证为有机奶源基地等，请在相应表格中打钩。

西安银桥乳业（集团）有限公司

【奶源基地】2022 年西安银桥乳业（集团）有限公司（以下简称银桥乳业）拥有奶源基地 36 家，其中参股牧场 2 家，社会合作牧场及养殖场 34 家，存栏奶牛 7.8 万余头，其中成母牛存栏 4.7 万余头，年鲜牛奶产量 46 万 t；奶源基地以临潼为中心辐射渭南市合阳县、大荔县、华阴市、富平县，咸阳市泾阳县，山西省翼城县，河北省邢台市，宁夏中卫市、吴忠市，榆林市定边县等多个市区；自有奶源占比达到 31.1%；有机奶源基地位于陕西省泾阳县，年产有机鲜奶 12 045t。奶源基地规划扩建牧场 5 家，改造升级牧场 8 家。

银桥乳业奶源基地奶牛存栏 200 头以上规模养殖率达 100%，其中奶牛存栏 200~299 头占 16.7%，存栏 300~499 头占 8.3%，存栏 500~999 头占 27.8%，存栏 1 000 头以上占 47.2%；优化牛群数量，合理规划牛群结构；牧场改造升级挤奶厅和储奶厅设施设备，100% 实现机械化挤奶；实施精准饲喂，分群定制日粮配方，100% 实现全混合日粮（TMR）机械饲喂。

DHI 测定。银桥乳业奶源基地参加生产性能测定（DHI）的规模牧场达到 19 个，覆盖率为 95%。测定牛场 305 天平均产奶量 9 943kg，平均头日产奶量 32.6kg。305 天产奶量在 8 000kg 以下的牧场有 6 家，8 000~9 000kg 的 3 家，9 000~10 000kg 的 10 家，10 000kg 以上的 17 家。从测定结果来看，平均乳脂率 4.03%，平均乳蛋白率 3.42%，平均体细胞数为 17.6 万个 /mL，其中每毫升体细胞小于 50 万个的牛场占100%。加快牧场奶牛的遗传改良，提高奶牛育种水平，指导牧场牛群健康计划，改进日粮配方，提高饲料利用效率，科学制定牧场牛群管理提升计划。

饲草种植。2022 年银桥乳业奶源基地参加陕西高产优质苜蓿示范场建设，其中种植紫花苜蓿 9.5 万亩，苜蓿干草平均单产 0.86t/ 亩，苜蓿干草总产量 8.17 万 t；种植优质全株青贮玉米 8.5 万亩，全株青贮玉米平均单产 8.4t/ 亩，青贮玉米总产量达 71.6 万 t。奶源地种植苜蓿干草、优质全株青贮玉米全年产量，基本满足合作牧场的全年饲草、青贮饲料的饲喂需求，做到饲料源头质量安全管理。

疫病防控。2022 年银桥乳业奶源基地积极落实奶牛疫病防控，对牧场管理人员进行疫病防控技术知识培训，升级改造牧场消毒池及消毒室等设施，严格执行牧场消毒措施，做到规范化、科学化疫病防控管理。重点两病检疫，口蹄疫免疫等工作，应免密度达到 100%，免疫抗体监测合格率达到 100%。实现奶源全年的质量安全保障。

粪污处理方式。银桥乳业奶源基地粪污处理方式主要有两种。第一种方式，生产有机肥和种养一体化。采用固液分离机对牧场粪污进行固液分离，将所分离出来的固体牛粪进行堆积发酵，而液体粪污则进行沉淀发酵。固体牛粪发酵完成后，用于生产有机肥，直接用于粮食作物施肥或牧草种植，这样既可降低种植所需的肥料成本，又可以提供养牛所需的饲料。这种处理方式占比 85%。第二种方式，生产沼气和发电。牛粪通过沼气池进行厌氧发酵可以生产出大量沼气，这些沼气除了可用于养牛场日常生活生产外，还可以进行发电。这种处理方式占比 15%。

养殖效益。2022 年银桥乳业生鲜乳收购年均价格 4.36 元 /kg，第一季度奶均价维持在 4.51 元 /kg，第二、第三季度奶均价为 4.36 元 /kg，第四季度有所下滑，奶价均价维持在 4.21 元 /kg。全年奶牛养殖效益较好，2022 年奶牛养殖头均年净收入达到 5 129 元 / 头，规模奶牛场头均年净收入达到 6 829 元 / 头。

【乳品加工】银桥乳业现有婴幼儿配方奶粉生产工厂 1 个，旗下共 6 个婴幼儿配方奶粉品牌，18 个注册配方，包括阳光宝宝、阳光澳嘉、贝多瑞、澳瑞佳等 4 款牛奶粉婴幼儿配方奶粉，艾宝瑞、秦俑冠佳等两款羊奶粉婴幼儿配方奶粉。银桥乳业中心工厂年设计产能 60 万 t。截至 2022 年已形成常温液态奶、低温酸奶、婴幼儿配方奶粉、牛羊奶粉等 100 多个品种多元产品矩阵，2022 年各类乳制品产量 30 万 t。2022 年，中国乳制品工业协会授予银桥牌婴幼儿配方奶粉质量金奖、授予银桥牌"轻实"发酵乳质量金奖、授予银桥牌"娟姗牛纯牛奶"质量金奖。企业检测中心设施先进、检测力量雄厚，通过 CNAS 认证，可向社会提供第三方检测服务。公司和中国农业大学、西北农林科技大学、陕西师范大学、陕西省动物研究所等横向联合，联建创新平台、应用新技术成果，在新产品开发、创新平台建设方面取得了新成绩。

【市场消费】银桥常温系列牛奶陕西市场占有率为 56%，银桥乳业低温系列酸奶陕西市场占有率为 49%，银桥牛奶粉全国市场占有率为 1.3%，银桥羊奶粉陕西市场占有率为 0.8%，银桥直投儿童成长发酵乳陕西市场占有率为 65%。

2022 年，银桥乳业实现销售收入 31 亿元。坚持产供研"五位一体"，以液态奶、奶粉事业部为依托，形成了以西北市场为中心，数万家零售网点的销售网络体系。包括陕西区域商超，直投瓶装奶入户，电商线上和直播销售模式，建立营销渠道数字化分销体系。

企业顺应乳制品消费"更健康 更营养"趋势，科技赋能，推出"低温化、高端化"液态奶新产品。投入市场后取得了较好的经济效益。

在品牌建设上，对核心产品 IP 跨界联合，与年轻消费者进行价值沟通。根据消费者需求，设计符合市场需求的外包装产品。

【社会责任】银桥乳业作为临潼本土企业和重要的

民生保障企业，积极践行社会责任、彰显企业担当，积极响应农业农村部"中国小康牛奶行动"号召，关注贫困地区青少年儿童健康成长，深入参与营养扶贫，持续开展牛奶公益助学。银桥已累计支付奶款达 40 多亿元，累计为社会公益事业投入超 1 亿元。

新冠疫情发生以来，银桥乳业先后向陕西省红十字会、武汉金银潭医院、西安市防疫指控中心和一线医务、警务人员，一线工作者等捐赠现金和物资共计 2 000 余万元。

【奶业大事】2022 年 1 月，陕西省电视台《今日点击》栏目关注报道了农业产业化国家重点龙头企业——银桥乳业一手抓疫情防控，一手抓生产供应保障。

2022 年 3 月，银桥乳业党委荣获"先锋班组"称号。疫情期间，广大党员干部充分发挥先锋模范作用，全力以赴畅通上下游，非常时期尽最大努力打通运输各个环节和网点，千方百计为消费者送去营养和健康。

2022 年 4 月，银桥乳业旗下阳光宝宝婴幼儿配方奶粉连续六年荣获"质量金奖"。同时银桥轻食风味发酵乳和娟姗牛纯牛奶被授予"液体乳质量金奖"。

2022 年 9 月，银桥乳业作为中国奶业代表，受邀出席第十三届中国奶业大会、2022 中国奶业 D20 峰会暨 2022 中国奶业展览会，并荣获"2022 年优秀乳品加工企业"称号。

〔西安银桥乳业（集团）有限公司，闵杨、郑智慧〕

南京卫岗乳业有限公司

【奶源基地】2022 年南京卫岗乳业有限公司（以下简称卫岗乳业）奶牛存栏 30 560 头，成母牛存栏 14 732 头，奶产量 12.85 万 t，养殖分布区域为江苏、山东，自有奶源比重 52.81%，有机奶源产量 3 442t。

卫岗乳业坚持"433"奶源分布比例（自有奶源 40%、控股奶源 30% 和外采奶源 30%），满足 70% 以内自给比例前提，保持 30% 外采浮动空间。2022 年，鲜淳农业依据公司"十四五"战略规划目标，持续推进优质奶源基地建设布局，包括新建淮安洪泽牧场 7 000 头项目，合资投建山东奥克斯鲜淳种业科技牧场项目，规划新建淮阴饲料厂项目、淮阴育种场项目、淮阴渔沟牧场、台创园智慧农牧科技项目等，预计达产规模突破 50 000 头。

牧场设置气象环境智慧管控系统。基于热应激指数研发牧舍气象环境分钟级智能控制算法，可编程逻辑控制器研发智能控制柜、控制箱，实现风扇、风机、喷淋喷雾等 AI 精准控制，降低能耗，节省人力；全面提升牧场管理数智化管理水平，牧场内部配有智慧牛群管理系统、ARS 财务系统、SCR、智能穿戴系统、智能环控、智能奶厅管理系统、发情健康监测系统等，还配有高端 TMR 全混合日粮监控系统及智能推料机器人；配套自动化的工具作为奶牛全生命周期和育种数据的采集手段。

2022 年，鲜淳农业种植玉米面积 2 万 hm²，总产量 1.8 万 t，亩产 0.94t。粪污处理以种养结合循环经济生产模式为主，是现代化牧业和农业可持续发展的方向，更好地合理利用各类土地资源，解决现代化规模牧场的粪污处理难题，实现产业生态化、资源节约化、土地集约化、经济绿色化。鲜淳农业积极响应国家提出的战略规划，以粪肥处理为桥梁，将种植、养殖和加工有机肥相结合，推进"种养加"一体化，更好地促进生态农业地发展。

各牧场积极响应国家号召，投资筹建粪污处理设备，通过固液分离系统、液体储存系统、肥灌系统，成功解决了粪污处理这一行业环保难题。在整个粪肥处理工程中，奶牛场粪污通过机械刮板清粪系统及反冲系统统一收集，经过固液分离系统进行分离，固体部分制作成有机肥，液体经过发酵堰收集发酵，经过定期处理后被农田利用。牧场利用藕塘种植净化、果树田间补肥、农作物定期施肥等方式，从牧场输送、农田施用，到用量规范等管理技术，消除了由于粪肥处理与施用不当，给土壤、作物及环境带来的负面影响。

牧场在地方动物疫病控制中心及兽医站的指导下，由公司技术管理部制定奶牛防疫计划，做好疫病监测。截至 2022 年，奶牛免疫的主要疫病有口蹄疫、牛结节性皮炎、BVD、梭菌病等，坚持每年两次两病检疫，保证检疫免疫率达 100%。

江苏区域奶业养殖头均年净收入 5.35 万元，奶牛场平均净收入 5 600 万元。山东区域奶业养殖头均净收入 5.52 万元，奶牛场平均净收入 12 500 万元。

【乳品加工】卫岗乳业现有 3 个生产基地：南京卫岗乳业有限公司、泰州卫岗乳品有限公司、徐州卫岗乳品有限公司，三地日处理生鲜乳能力达 1130t。2022 年全年乳制品产量 277 667.44t，其中巴氏杀菌乳（鲜奶）106 056.53 t、灭菌乳（纯奶）88 020.44 t、调制乳 27 366.11 t、发酵乳 56 112.47t、含乳饮料类 111.89t。

2023 年，公司投资建成数智化工厂，总建筑面积约 17 万 m²，共配有 24 条国际先进水平的生产线以及与之配套的能源、环保、检验、物流等设备，预计年产巴氏杀菌乳、低温发酵乳等乳制品 60 万 t，每天可以为 400 万个家庭提供所需的健康乳制品。

【市场消费】卫岗乳业成立于 1928 年，总部位于江苏南京，前身为爱国人士宋氏姐妹共同创建的国民革命军遗族学校实验牧场。历经 90 余年的传承创新，卫岗乳业现已成为农业产业化国家重点龙头企业、中国食品百强企业、中国奶业 20 强企业，并于 2011 年荣获"中华老字号"称号，2022 年公司营业收入达 363 003 万元，利润总额 9 094 万元。

卫岗乳业在苏皖鲁地区建设了多个生态科技牧场和现代化乳品生产加工基地，掌控超过 4 万头纯种荷斯坦牛，并引进国际先进生产设备，用新鲜奶源和一流工艺，为消费者提供营养、健康的高品质乳品。卫岗乳业打造了一张强大的冷链物流网络，覆盖华东、华北、华南等区域超 200 座城市，每天为千万家庭提供当日鲜奶配送到户服务，并连续多年荣获中国冷链物流百强企业称号。公司在深耕低温市场的同时，打造了覆盖年轻群体到中老年群体的完整产品谱系，旗下拥有至淳、淳、弗瑞希、塞纳河 8 号等多个明星品牌，产品广受市场好评。卫岗乳业一直秉持"因爱而生，为爱传承"的发展理念，积极投身社会公益，承担社会责任，通过注资成立同心贻芳行慈善基金会，致力于资助贫困学生、留守儿童、帮扶欠发达地区建设；投资建立奶业产业研究院和气象研究院，致力于降本增效、减少碳排放和牧场污染；推进奶源基地一二三产业协同发展，致力巩固脱贫攻坚成果和推动乡村振兴事业。

【社会责任】

第一，推动乡村振兴。近年来，借助于优质乳质量提升工程，公司积极发挥龙头企业的示范作用，积极履行"企业公民"社会责任，以产业发展带动牧场奶农增收致富，实现企业、农村和农民共同发展、利益共赢。受自然资源客观条件的限制，公司在江苏省积极推动精致农业、特色农业发展，实施科技兴农、科技助农战略，运用技术手段推动一二三产业融合，采用种植养殖结合、开展多种经营、提高单位产出的举措，着力发展无污化集约循环农业，在确保牛奶产量与品质的同时，也保护了牧场的绿水青山。

为保障牧场当地农民的利益，公司不仅每年按时足额向农户支付土地流转约 1 000 元/亩，涉及土地 6 000 余亩，还吸纳当地农民入场就业 500 多人，占全场职工总数的 90% 以上，一线员工年平均每年工资 5 万余元。此外，除自有流转土地外，公司还围绕牧场周边种草场，开设牧草收购站点，与牧场周边签订粮食秸秆收购协议，带动牧场周边数千种粮农户共同发展。每年青贮收购量均达到 9 万 t 以上，总额约 4 000 余万元，每年两季户均年收入达 6 000 余元。

第二，公益捐赠。公司秉承"因爱而生、为爱传承"的文化底色，在企业发展的同时，积极回报社会，参与社会公益事业。卫岗乳业注资 500 万元建立江苏"同心·贻芳行"慈善基金会，用于资助贫困学生，开展扶贫济困、救孤助学、助医助残等公益项目。2022 年，卫岗乳业通过基金会捐赠的物资金额合计 325.99 万元。

【奶业大事】卫岗乳业提出了"奶业共生经济"的理念，号召在奶业产业链各个环节的企业发挥各自优势，建立共生、共享、共赢的奶业生态圈，打破产业发展壁垒，推动产业升级。公司构建并践行了"三新"（新牧场、新供应链、新零售）、"五化"（牧场生态化、工厂智能化、产业链专业化、供应链精细化、品类定制化）、"四道"新鲜保障的管理策略。

2022 年 8 月 25 日，全国农业科技创新工作会议在江苏南京召开，在同步举办的 2022 全国农业高新技术成果交易活动上，时任中共中央政治局委员、国务院副总理胡春华，与卫岗乳业董事长白元龙交谈，了解卫岗乳业的发展情况。

2022 年 9 月 14 日，中央统战部综合协调局副局长王青云一行赴卫岗乳业参观调研江宁民进之家建设工作，江苏省委统战部副部长瞿超等省、市、区委统战部领导陪同调研。

（南京卫岗乳业有限公司，段一凡）

附表 1　南京卫岗乳业有限公司奶牛养殖场（小区）名录

序号	名称	供奶企业	全群存栏（头）	成母畜存栏（头）	奶畜品种	成母畜单产（t/年）	年总产（t）	是否有机奶源基地	有机奶产量（t）
1	日照鲜纯生态牧业有限公司	山东省日照市岚山区碑廓镇马家岭村	11 560	6 201	荷斯坦	10 245.80	56 385	否	
2	淮安鲜淳牧业有限公司	洪泽区三河镇长河村杨庄组	6 781	2 633	荷斯坦	9 615.18	4 429	否	
3	爱德卫岗现代牧业（泗洪）有限公司	泗洪县上塘镇上东村	2 962	1 707	荷斯坦	11 044.89	19 296	否	
4	日照市润生牧业有限公司	山东省日照市岚山区巨峰镇罗沟川村	2 501	1 358	荷斯坦	10 480.68	15 513	否	
5	盱眙卫岗牧业有限公司	盱眙县仇集镇工业集中区	1 239	720	荷斯坦	11 506.04	9 427	否	
6	淮安杰隆牧业有限公司	淮安区丁集镇丁集村	1 058	584	荷斯坦	10 725.26	6 621	否	
7	徐州卫岗牧业有限公司	新沂市北沟镇长江路	1 122	568	荷斯坦	10 449.76	5 596	否	
8	淮安鑫隆牧业有限公司	盱眙县仇集镇克贵居委会工业集中区北阝郭后山	524	302	荷斯坦	10 808.89	3 442	是	3 442
9	宿迁市兴旺生态奶牛养殖有限公司	泗洪县魏营镇涧圩村	1 200	659	荷斯坦	12 005.94	7 806	否	
10	丰县天溯牧业有限公司	丰县王沟镇程集村	1 613	无	荷斯坦	0	0	否	

备注：本表所指奶畜包括奶山羊、奶绵羊、奶水牛、牦牛、骆驼、驴等产商品奶家畜。请在养殖场或小区列中选择打钩；如认证为有机奶源基地等，请在相应表格中打钩。

附表2 南京卫岗乳业有限公司乳制品生产企业名录

序号	名称	生产地点	生产许可证号码	年收购原奶量(t)	其中：自有奶源量(t)	平均支付价格(元/kg)	日处理生鲜乳能力(t)	年乳制品产量(t)	其中：低温鲜奶(t)	UHT奶(t)	常温酸奶(t)	低温酸奶(t)	原料奶粉(t)	婴幼儿配方奶粉(t)	成人奶粉(t)	奶油(t)	奶酪(t)	乳饮料(t)	冰品(t)	年销售收入(万元)	利润(万元)	有机产品(枚)
		江苏省南京市江宁区经济技术开发区将军大道139号																				
1	南京卫岗乳业有限公司	江苏省泰州市海陵区凤凰东路40号	SC10532011500380	115131.50	77267.53	4.56	450	140299.63	103844.11	2212.74	2111.17	30903.83	/	/	/	/	/	1227.78	/	277608.59	26093.36	1.00
2	泰州卫岗乳品有限公司	江苏省徐州市新沂市无锡—新沂工业园大桥东路218号	SC10632120200061	16607.65	7591.72	4.57	80	23575.75	8676.53	/	/	14899.22	/	/	/	/	/	/	/	21652.67	295.63	/
3	徐州卫岗乳品有限公司		SC10532038100142	89549.74	24004.06	4.58	600	113801.04	2860.34	96829.62	/	4459.34	/	/	/	/	/	/	9651.74	/	70407.83	623.23	/

备注：本表包括在中国及海外的生产企业。日处理生鲜乳能力指设计加工生鲜乳能力。自有奶源指来自自建和参建（控股、参股）牧场（小区）的原奶。成人奶粉指除婴幼儿配方奶粉以外的学生奶粉、孕妇奶粉、中老年奶粉等终端消费奶粉。冰品包括冰激凌、雪糕等。有机产品数量单位为"枚"，指获得有机标志的数量。

济南佳宝乳业有限公司

济南佳宝乳业有限公司（以下简称佳宝乳业）始创于1932年的"五大牧场"，正式成立于1998年10月，是国家级农业产业化重点龙头企业，员工近2 000名，注册资金12 800万元。

佳宝乳业工业园投资10亿元，占地1 000亩，引进德国、瑞典等世界先进的机器设备，按照GMP要求设计，标准化生产，全过程电子监控。集国际先进技术于园区，同国内外知名营养专家、科研院校技术合作，不断开发新产品，提升企业自身的科技实力和核心竞争力。佳宝乳制品分为低温巴氏杀菌乳、UHT灭菌奶、酸奶、调制乳、乳饮料等五大系列近百个品种，畅销以山东省为核心的国内大部分地区，成为大众消费的健康食品。

公司采用"互联网+"模式，通过线下多个销售渠道，涵盖沃尔玛、佳世客、大润发、家乐福等国内外知名连锁卖场、银座、利群、家家悦等省内大型连锁超市，居民社区便利店和自助贩卖机。线上渠道有天猫、京东、有赞商城等，并与世界知名企业恒天然、澳亚、星巴克、COSTA等建立了战略合作关系，呈现出互惠互利、合作共赢的新局面。

企业及产品先后荣获上百项荣誉：国家高新技术企业、中国名牌产品、中国绿色食品、中国无公害农产品、中国食品工业协会推荐产品、中国轻工业质量效益型先进单位、全国"重合同守信用"先进单位、山东老字号、山东首批社会责任试点企业、山东名牌、山东省著名商标等。企业通过了FSSC22000、HACCP、ISO 9001、ISO 45001、ISO 14001等国际管理体系和安全标准化国家二级认证，具备国家和山东省学生饮用奶双重生产资质，是国际乳联IDF中国委员、中国乳制品工业协会副理事长、中国奶业协会副会长单位，是中国奶业20强（D20）联盟企业之一。

【奶源基地】为巩固和扩大奶源，公司投资5亿元，全面整合原自营三大牧场，新建万头生态绿色、高科技现代化牧场一座，保障了从牧场到餐桌的24小时直达新鲜产品的原料奶供给。

济南佳宝生态牧场始终贯穿生态循环的理念，坚持种养结合，按照绿色、生态、安全的要求，打造集养殖、深加工、销售于一体的畜牧业开发基地。该项目于2020年正式开工建设，项目规划总投资4.51亿元，设计养殖能力1.1万头，日产鲜奶可达150t以上，全年生产生鲜乳5.4万t，销售收入可达2.4亿元。生产期年平均利润总额可达3 000万元以上。

【乳品加工】佳宝工业园区是"国家农副产品深加工示范项目"工程，园区占地1 000余亩，拥有三大乳品加工厂，分别为常温灭菌奶生产厂、低温巴氏奶厂和酸奶工厂。公司年总产35万t，其中生产低温巴氏奶10万t、UHT灭菌奶10万t、低温酸奶15万t。通过严格的奶源采购制度和自有奶源的可靠控制，投入了世界先进的进口设备，达到智能制造工厂标准全力保证质量安全，产品质量的稳定赢得了消费者的信任。公司根据市场变化及时调整产品结构，避开常温奶的市场激烈竞争，加大低温奶市场开发，现公司低温奶市场占有率稳步提升。通过精准的市场分析、产品的准确定位、疫情后的销售战略调整，保证了企业发展良好的势头，2020销售业绩达到历史高位水平，保持了企业良好的发展势头。

【市场消费】佳宝乳业产品主要有巴氏杀菌乳、UHT灭菌奶、酸奶和乳饮料四大类。线上销售渠道有天猫旗舰店、京东旗舰店；传统渠道有市内流通、省市内商超、送奶入户，团购及学生奶等。入户产品以低温巴氏奶和酸奶为主，济南市场占有率达78%以上；进入商超的产品涵盖销售全品项，在济南市场占有率20%以上，山东省市场占有率3.2%左右。

创新推出无人售货模式，实现24小时全时段营收，满足夜间消费，是对传统线下零售业态的补充，有效节约了人工成本，机身恒温智能，保证产品冷藏贮存，后台可实时查看核对销售业绩，优化补充库存路线、产品选型，机内陈列216个产品，涵盖36个品项，减少人员补货环节，省时省力，佳宝在济南市区及周边已经投放近1 500余台，全面开启智能无人售卖时代。

【全球发展】截至2022年，与佳宝乳业合作的国际企业有新西兰恒天然和印尼的澳雅，主要以产品代工为主。正在落实中国和爱尔兰农业合作谅解备忘录实施的"一带一路"中爱奶业合作项目即爱尔兰小镇项目。项目介绍：2012年习近平总书记访问爱尔兰家庭牧场，探讨加强中爱农牧业合作的有效途径和方式，两个国家的农业部门进行友好磋商并签署农业合作谅解备忘录。为落实中爱政府高层关于农业科技合作的重要部署，2014年11月，原农业部部长韩长赋出访爱尔兰时洽谈成立中爱奶业技术中心。2019年5月，中国农业科学院北京畜牧兽医研究所、爱尔兰国立都柏林大学和爱尔兰农业食品发展研究院在北京共同签署了《中爱奶业可持续发展中心合作协议》，构建中国爱尔兰奶业发展命运共同体。其后，佳宝乳业与中国农业科学院、中国奶业协会、山东省畜牧总站四方联合共同签订合作协议，就中爱奶业示范牧场、技术培训和推广达成共识，在佳宝新建万头牧场建设中爱奶业示范基地项目，力争共同建立"中爱奶业科学技术中心华东分中心"，助力山东奶业加快转型升级，促进华东奶业持续健康发展。

为了充分发挥中爱奶业合作项目的资源优势，提升生态牧场的综合效益，也是为了贯彻落实党中央、国务院关于加强中爱农业合作谅解备忘录实施的"一带一路"中爱奶业合作项目。公司将在原生态牧场建设规划内增建产学研综合基地一处"爱尔兰风情小镇"项目，计划投资1.2亿元，占地约300亩，功能定位是集科学研究、观光体验、教学观摩、成果转化于一体的产学研基地。该项目是集饲养模式展示、牛品种展示、科普展馆、犊牛接触、绿化景观、休闲广场、有机种植、亲子游戏、互动课堂、生态餐厅、特色民宿等附加功能于一体，建成后，设计年接待能力 5 万人次，带动经济效益约 2 000 万元 / 年。同时，借鉴国内同类牧场（君乐宝优致牧场）经验申报国家 3A 级或 4A 级旅游景区。佳宝乳业爱尔兰示范牧场项目建设获得了中爱奶业可持续发展中心、中国农业科学院北京畜牧兽医研究所、中国奶业协会、爱尔兰贸易与科技局（Enterprise Ireland）和爱尔兰食品局（Bord Bia）、爱尔兰都柏林大学、爱尔兰食品科学研究院的大力支持，得到了大使馆的高度重视。

【社会责任】自 2018 年以来，佳宝乳业通过小康牛奶行动，每年给各类学校至少捐赠牛奶 2.8 万提以上，价值 150 万元，不含因天气受灾、贫困老人、军转干部、养老院等社会捐赠，四年共计捐赠牛奶近 9.1 万提，价值近 640 万元，惠及学生 11.6 万人。企业扶贫情况介绍：佳宝乳业 2020 年合同联结带动农户 4 000 户，2021 年合同联结带动农户 4 000 户，公司对口扶贫 15 个贫困户。扶贫助农是以合作种植全株玉米青贮饲料项目为主，通过定向收购全株玉米作为自有牧场饲料的方式助农，从玉米选种、种植，到收购，佳宝乳业提供一定的技术指导和支持，并按照略高于市场收购价格收购该村全株玉米，并建议村组织按照每千克青贮玉米提取 0.02 元来建立扶贫专项基金，重点对该村贫困户、五保户进行定向精准帮扶。通过企业定向对口扶贫和村扶贫基金的应用，已帮助建档贫困户脱贫。

探索紧密型合作模式，更好地带动周边农业产业化发展，佳宝乳业经过多方协调与奶农们成立专业的奶业合作社，创建了"基地＋农户"的模式，与广大养牛农户签订稳定收购合同，避开市场价格波动，以保护价长期收购农民鲜奶，保证奶农稳定收益。基本思路是：先期政府在规划土地使用方面提供支持，村镇组织农民集资购买奶牛、盖牛舍，佳宝乳业出资购买有关挤奶、冷却贮奶和运奶设备，由佳宝乳业与养牛户签订长期供销服务合同。运营中佳宝乳业委派畜牧技术人员常驻小区，指导奶牛饲养，做好防疫治病、配种方面的工作。每年组织奶农进行业务培训近 100 场，培训奶农上万人次。科学的饲养管理、专业的兽医团队技术指导、高品质的奶源产出、稳定的收购服务，奶业合作社未来可期。

通过产业化青贮环节带动，每年可转化粮食近 20 万 t，约 15 万 hm²，近 50 多万 t 农作物秸秆过腹还田，农民增加收入约 4 亿多元，户均增收 30 000 元。同时，带动牧草种植近 5 000 hm²，近 2 万农民围绕着佳宝乳业产业链条运作，通过带动乳品上下游产业发展，增加就业机会和人均收入，龙头企业的带动和示范作用得到了充分发挥。

2021 年 7 月，河南省因遭遇极端强降雨引发洪灾，佳宝乳业第一时间启动应急机制，组织专项救灾工作组同宁阳县政府携手共同筹集救灾物资，根据一线灾情需要，经过与河南省政府沟通，救灾物资连夜运抵河南浚县。

【奶业大事】佳宝乳业是山东省工业旅游示范企业和工业旅游示范基地，每年接待外宾、各级政府、同行业以及学生的研学参观交流等近 5 万人次，是山东省食品行业的形象工程。2020 年，佳宝乳业赞助"2020 济南 12 小时超级马拉松暨致敬抗疫英雄 5 公里跑"赛事，参赛选手 3 000 余人，观众 5 万余人，山东省电视台和济南市新闻频道对此转播报道，企业组织了参赛方队。通过这次比赛，取得了良好的宣传效果。

2020 年 12 月，山东省商务厅启动第六批"山东老字号"认定申报工作，经各市商务主管部门组织动员并初审，推荐上报 177 家企业，经山东老字号认定评审委员会严格评审和社会公示无异议后，于 2022 年 3 月 17 日正式公布第六批"山东老字号"认定名单，佳宝乳业（注册商标：佳宝）等 20 家企业被认定为第六批"山东老字号"。

（济南佳宝乳业有限公司，张成柱）

中垦牧乳业（集团）股份有限公司

中垦牧乳业（集团）股份有限公司（以下简称中垦牧乳业）拥有 90 余年的发展历史，承继了农垦乳业的优良传统，是国内少有的乳业全产业链一体化运营的乳品企业，自有奶源比例超过 100%。现为中国奶业二十强（D20）成员单位、中国奶业协会副会长单位、中国农垦乳业联盟副主席单位。截至 2022 年底，公司资产总额 39 亿元，所有者权益 20 亿元，资产负债率 48.7%，在册正式职工 2 975 人。

【奶源基地】中垦牧乳业紧跟中国奶业发展步伐，在陕西、宁夏、重庆、四川等地布局了多个自有牧场，其中万头牧场 3 个，奶牛存栏 4.5 万余头，年产生鲜奶 20 余万 t，奶源自给率超过 100%。截至 2022 年，拥有一个 5 000 头有机牧场正投资建设。

中垦牧乳业下属牧场长期秉持"以牛为本"的理念，坚持"健康养殖、高效管理"原则，通过数十年的经验积累，创建了牧场管理、技术和工作三大标准化体系，旗下天友乳业自营牧场探索出了一条适合西南地区"高温、高湿"条件下的奶牛养殖模式，年单产近 12t。

中垦牧乳业下属牧场深入实施"5s"和六西格玛管理，不断提高生鲜乳品质和奶牛单产，奶牛养殖水平不断迈上新台阶。旗下 2 个牧场通过了"中国优质乳工程"牧场验收，4 个牧场通过了"农垦标杆牧场"认证，2 个牧场通过了"有机产品"认证，4 个牧场通过了"学生饮用奶奶源基地"认证，8 个牧场通过了"中国良好农业规范"GAP认证。

公司旗下自营牧场全部为规模化标准化养殖，采用先进的利拉伐厅式或并列式机械化挤奶系统、派克速冷系统、全混合日粮（TMR）技术和移动式TMR投料车，开展生产性能测定（DHI）。近年来，公司自营牧场坚持以工业化、互联网、智能化、绿色化思维打造现代牧业，大力投入智能化、信息化装备赋能传统的奶牛养殖业，牧场配备了以色列阿菲金或"奶业之星"牧场信息管理系统、精准饲喂监控系统、SCR奶牛监测系统、阿波罗奶厅管理系统等信息化智能化管理系统，助推牧场经营效益不断提升。各牧场按照"三大标准"体系均建立了完善的疫病防控系统，粪污处理采用"干湿分离－沼气发酵－沼液还田－沼渣制作有机肥"的粪污资源化无害化处理方式。

【乳品加工】中垦牧乳业旗下有四个大型乳品加工工厂，年产能达60万t。其中华山牧乳业2016年12月完成一期工程建设，2022年生产车间可实现无菌纸盒、超洁净PET瓶、玻璃瓶、纸塑杯、屋顶盒、HDPE瓶等多种灌装形式，满足不同市场和消费需求。产品包括巴氏杀菌乳、发酵乳、调制乳、UHT灭菌乳。公司建有一个乳制品安全检测中心和一个乳制品研发中心，拥有先进的检测、实验设备和优秀的人员配置，检测、研发设备均采用全球行业领先品牌，包括丹麦FOSS乳成分分析仪、丹麦FOSS体细胞仪、德国耶拿原子吸收色谱仪、美国安捷伦液相色谱仪、安捷伦气相色谱仪、英国SMS质构仪TA.XT Plus、德国APV实验室均质机、上海沃迪实验用酸奶冷却机等重点监测、研发设备。2017年，公司通过质量安全管理体系、HACCP、GMP、有机产品认证；2019年，华山牧乳业工业旅游区通过国家3A级景区验收；2020年，公司通过环境管理体系、职业健康安全管理体系认证；2021年，通过知识产权管理体系认证。公司与西北农林科技大学、陕西科技大学等高校达成战略合作，2022年，获批省级"揭榜挂帅"项目、"厅市联动"项目，引领渭南乃至陕西省低温乳制品市场提档升级。华山牧乳业已成为渭南市对外形象展示的明星企业。

截至2022年，天友乳品一厂是重庆最大的低温乳制品生产基地，低温乳制品包括巴氏杀菌乳、调制乳、发酵乳、高温杀菌乳、含乳饮料等。公司先后引进了美国SPX-FLOW公司、德国GEA公司、瑞典利乐公司的中央控制系统、SCADA数据采集与监视控制系统、机器人脱箱装箱码垛系统、自动化立体仓储系统等，极大地改善及优化了工业流程和管理手段。通过改造升级多条自动化生产线，运用中央控制系统、超洁净发酵罐、无菌空气和无菌水系统等先进技术，实现生产线全自动运行、生产参数自动记录、生产周期全程追溯。质量控制水平、成本管控水平、生产效率、生产管控水平显著提升。2017年，天友乳业通过"中国优质乳工程"验收，成为全国首个通过"中国优质乳工程"验收的国有企业。

天友乳品二厂主要生产天友、百特常温乳制品、乳

饮料，拥有康美包系列、利乐系列等品种。乳品二厂倡导"精细化管理"，树立"以成本为中心"的意识，建立健全各项管理制度，高度重视食品安全，严控乳品生产过程，牛奶经UHT超高温灭菌，将致病菌、有害菌灭活，达到远超国家标准的商业无菌状态。以精益六西格玛驱动管理，统筹生产、质量、设备技改工作，发挥党建、安全、人资机制保障，并取得了显著的经济效益和社会效益。

黄河乳业现拥有两条湿法生产线和一条干法生产线，主要生产经营婴幼儿配方系列奶粉、中老年成人配方系列奶粉、有机系列功能奶粉等产品；拥有黄河、山城、恬恩、汇滋力、英贝儿等多个品牌，产品畅销全国。产品检测严格按照国家婴幼儿配方奶粉生产许可条件配置，能够按国家要求独立准确检测各类奶粉的全部检测项目。同时，实验室被评为"中卫市食品生产企业示范实验室"。

【市场消费】中垦牧乳业旗下有低温巴氏奶、UHT灭菌奶、酸奶、奶粉、奶酪等不同产品线，拥有天友、华山牧、百特、淳源、奶气、山城、恬恩等多个品牌，近200个乳制品品种，其中中国驰名商标3个。

2022年，天友低温鲜奶品类在重庆市场占有较大份额，天友鲜奶产品更是在重庆市场销量遥遥领先，产品定位为中端到高端，覆盖全年龄段，是"国民级"品牌。天友鲜奶奶源源自重庆周边的高山生态牧场，奶源质量优于欧盟标准。"本地鲜奶 更新鲜"是天友鲜奶差异化优势，天友鲜奶聚焦本土，为重庆市民奉献更高品质的鲜奶。天友超高温灭菌奶以常温百特为主，百特源自专属智慧生态牧场，倡导健康与品质、专属与尊贵、舒适与自然的生活方式，一直致力于为消费者提供更高品质的牛奶，秉承"喝更好的牛奶 做更好的自己"的品牌理念，根植巴蜀文化，承接天友92年悠久历史，构建独立的品牌价值。天友酸奶品类在重庆市场的占有率较高，高山牧场生牛乳发酵以重庆独特的地理位置和环境，造就了以高山牧场为出发点的特色"高山酸奶"定位，在一众低温酸奶品类中脱颖而出。高山生态牧场赋能，天友高山酸奶产品种类丰富，满足消费者对不同口味和不同价格的需求。天友乳业凭借着纯净无污染的高山奶源，健康与美味兼具的优良品质，成为无数消费者佐餐、休闲的优先之选，在市场上备受欢迎。天友奶酪品类，奶酪产品以"国外进口＋国内代工"模式推动双重发展，注重产品研发和质量，形成了从原料到成品、再到销售的闭环，通过原料把控来控制产品的生产成本；同时加大研发力度，通过差异化的营销模式，抢占市场。

2022年，华山牧巴氏鲜奶品类在陕西市场的占有率第一，华山牧鲜奶产品主要辐射盒马、人人乐、永辉各大卖场，其中"有机4.0"利用有机、高蛋白双重产品价值树立起华山牧巴氏鲜奶高端旗舰产品，成为陕西当地乳品中的高端营养新代表。每日鲜为华山牧市面上可见度最高的巴氏鲜奶产品，在陕西市场占有率遥遥领先。"黄金十二时辰"以"新鲜只卖上市当天"的时效

性差异树立起巴氏鲜奶的"新鲜"新标杆，将其打造成为陕西地区第一款用时效性宣传产品的明星产品。"鲜活"为华山牧鲜活核心主张的代表产品，在全渠道宣传品牌"鲜活"概念，精准对标消费者对于巴氏鲜牛奶"鲜活"的核心需求，带动整体巴氏奶品类稳步增长。巴氏奶整个产品体系，以五大鲜活保障：华山脚下自有万头牧场、100% 生牛乳、远超欧盟标准的生鲜乳、巴氏锁鲜、1 小时新鲜送达，成为消费者巴氏奶产品的优选首选品牌。华山牧低温酸奶产品在陕西市场的占有率为 15%，其中纯品优酪乳 180 系列产品，为陕西省内低温酸奶明星产品，产品以自有牧场奶源、100% 生牛乳发酵、简单配方、无添加、自然奶香、不同口味塑造产品差异化，成为消费者心目中的货架产品。在常温市场的表现上，华山牧特浓纯牛奶、华山牧有机纯牛奶、华山牧场纯牛奶、华山牧 A2β 纯牛奶等不断渗透市场，提升市场可见度。华山牧产品以"良品华山牧，鲜活新高度"为品牌愿景，定位于高品质鲜牛奶，以最大程度保留牛奶中的生物活性物质为产品价值观，以 100% 优于欧盟标准的生鲜乳及最科学的加工工艺为基础，以最严格的全程冷链为保障，致力给消费者提供接近完美的乳制品。

2022 年，"奶气"品牌持续聚焦，以其独特的产品和创新理念，逐渐在乳制品市场崭露头角，开始引领乳制品细分市场。作为一个专注于为年轻妈妈和学龄前儿童提供更新颖、更健康、更美味、更营养的产品品牌，奶气通过高品质、高创新、高标准的产品，正在不断赢得消费者的喜爱和信赖，年销售额同比增长 98%。奶气品牌内涵也从"吸口奶气，放飞自己"升级为"愿你一生有奶气"，目标成为陪伴和专注广大用户健康成长的专业儿童乳品品牌。依托中垦牧乳业深厚的产业能力与优势，并通过对产品质量的严格把控，从产品源头抓起，优质的自有牧场、进口的奶牛、严格的生产工艺、独特的产品卖点、极具设计感的产品包装，源源不断地为消费者提供新鲜、高质量、高需求的产品。通过对中国低龄儿童饮食结构及消费升级需求研究，在 2022 年推出的首款中高端有机低温活菌儿童酸奶，并辅以自立袋包装携带和饮用便捷性，通过社群口碑营销传播，销售取得历史性突破。用户分布在江苏、山东、浙江、广东等

东部沿海经济发达地区，订单占比达 47%，为后续实施专业儿童乳品细分战略吹响进军号角。同时，"奶气"积极尝试新的销售模式和营销策略创新，与优质电商平台开展深度合作，推出京东定制系列产品，根植西安文化，突出原产地特点，发挥极致性价比与京东物流高时效优势，京东平台销售同比提升 198%，为"奶气"品牌积累更为广泛的品牌用户奠定基础。

2022 年，自主品牌"恬恩""山城"奶粉销量同比增长 114%、102%。恬恩奶粉全新升级品牌语为"塞上好牧场、恬恩好营养"，用更符合品牌优势的广告宣传语引领品牌推向市场的新发展方向。恬恩奶粉用全生牛乳喷粉而成，奶源自塞上江南的天宁牧场，加工厂处于塞上硒都，采用先进工艺生产全系产品，成品覆盖全年龄段人群，通过国家优质乳工程验收。

【社会责任】中垦牧乳业作为一家国有企业，始终肩负国企担当，兼顾企业经济效益与社会效益，积极履行社会责任。公司坚持稳就业，2022 年市场化招聘 310 人，其中应届大学生 10 人；坚持稳投资，2022 年实际投资 2.97 亿元，实施项目 11 个，年带动农民工劳务收入 1 100 余万元；坚持发挥龙头农业企业的示范带动作用，与 14 家农业合作社或农业发展公司签订青贮收购合同，收储玉米 21 万 t，带动周边农户 2 000 余人就业。公司积极参与公益活动，为公益事业、乡村振兴、巩固脱贫攻坚行动等做贡献。

中垦牧乳业旗下天友乳业联合重庆市慈善总会举办了 2022 年"天友童行 爱更美好"公益活动。这是"天友童行计划"公益活动的第六届，秉承"天友，让爱更美好"的品牌价值主张，"天友童行计划"想传递给山区孩子更多的爱，陪伴孩子们健康快乐成长。本次活动天友乳业为重庆市 13 所偏远山区小学的 7 171 名山区儿童，送去近 10 万盒新鲜牛奶。天友乳业创立于 1931 年，一直专注于研究一杯新鲜好奶，不忘创始人"一杯牛奶，强壮国人"的初心。公司自 2017 年开始，已走进重庆市几十所山区小学，为 33 800 余名学生送去价值近 200 万元的牛奶。

[中垦牧乳业（集团）股份有限公司，刘享峰]

附表 1　中垦牧业（集团）股份有限公司奶牛养殖场（小区）名录

序号	名称	供奶企业	全群存栏(头)	成母畜存栏(头)	奶畜品种	成母畜单产(t/年)	年总产(t)	是否有机奶源基地	有机奶产量(t)
1	重庆市天友纵横牧业发展有限公司两江奶牛养殖场	重庆市天友乳业股份有限公司	616	380	娟姗	9.84	3 872	是	3 872
2	重庆市天翼牧业发展有限公司	重庆市天友乳业股份有限公司	849	566	荷斯坦	11.51	6 578	否	0
3	宣汉大巴山牧业有限公司	重庆市天友乳业股份有限公司	1 197	838	荷斯坦	11.56	9 804	否	0
4	重庆市天合牧业发展有限公司	重庆市天友乳业股份有限公司乳品一厂、重庆市天友乳业股份有限公司乳品二厂、安徽新希望白帝乳业有限公司、杭州新希	564	358	荷斯坦	11.48	4 104	否	0
5	中垦天宁牧业有限公司	望双峰乳业有限公司、四川新希望乳业有限公司洪雅阳平分公司、宁夏尚源互助养殖专业合作社、中垦华山牧乳业有限公司	12 187	6 463	荷斯坦	11.92	77 110.105	否	0
6	中垦定边牧业有限公司	重庆市天友乳业股份有限公司、中垦华山牧乳业有限公司、宁夏黄河乳业有限公司、重庆市天友乳业股份有限公司	15 629	7 164	荷斯坦	11.85	69 208	否	0
7	中垦华山牧业有限公司	中垦华山牧乳业股份有限公司	10 631	6 088	荷斯坦	12.38	72 436	是	5 000

备注：本表所指奶畜包括奶山羊、奶绵羊、奶水牛、牦牛、骆驼、驴等产商品奶家畜。请在养殖场或小区列中选择打钩；如认证为有机奶源基地等，请在相应表格中打钩。

附表2 中垦牧乳业（集团）股份有限公司乳制品生产企业名录

序号	名称	生产地点	生产许可证号码	年收购原奶量（t）	其中:自有奶源量（t）	平均收付价格（元/kg）	日处理生鲜乳能力（t）	年乳制品产量（t）	其中:低温鲜奶（t）	UHT奶（t）	常温酸奶（t）	低温酸奶（t）	原料奶粉（t）	婴幼儿配方奶粉（t）	成人奶粉（t）	奶油（t）	奶酪（t）	乳饮料（t）	冰品（t）	年销售收入（万元）	利润（万元）	有机产品（枚）
1	重庆市天友乳业股份有限公司乳品一厂	重庆市渝北区金石大道99号	SC10550011212179	57 783	/	5.51	158	89 838	34 264	/	/	50 028	/	/	/	/	1 216.62	5 546	/	83 228	3 851	9 515 217
2	重庆市天友乳品二厂有限公司	重庆市经济技术开发区大石支路6号	SC10550010800608	106 856	/	5.23	292.76	147 700	/	143 185	3 271	/	/	/	/	/	/	1 244	/	110 424.57	6 588.51	29 596 100
3	宁夏黄河乳业有限公司	宁夏中宁	SC12964052100985	5 817	/	4.13	240	5 733	5 733	/	/	/	/	577	128	/	/	/	/	8 925	140	101
4	中垦华山牧乳业有限公司	陕西省渭南市高新技术产业开发区	SC10561050101686	54 524	/	4.235	278	53 666	2 565	20 901	/	15 043	/	/	/	/	/	/	/	44 193	-1 101	4 398 910

备注：本表包括在中国及海外的生产企业。日处理生鲜乳能力指设计加工生鲜乳能力。自有奶源指来自自建和参建（控股、参股）牧场（小区）的原奶。有机产品数量单位为"枚"指获得有机标志的数量。冰品包括冰激凌、雪糕等。成人奶粉指除婴幼儿配方奶粉以外的学生奶粉、孕妇奶粉、中老年奶粉等终端消费奶粉。

河南花花牛乳业集团股份有限公司

河南花花牛乳业集团股份有限公司（以下简称花花牛乳业）是一家集饲草种植、饲料生产、奶牛养殖、奶牛研究、乳品研发与加工为一体的农业全产业链企业集团，是国家级农业产业化重点龙头企业和中国奶业20强（D20）企业之一。公司现有职工2 900余人，拥有1家致力于高端生态饲草种植的河南格瑞佳农业科技有限公司，1家年产18万t精饲料的河南全赫饲料有限公司；14座自有奶源基地，存栏奶牛3万头；3座乳品加工基地，日加工能力达1300t，产品涵盖巴氏杀菌乳、发酵乳、灭菌乳、调制乳、乳饮料、乳粉、奶酪、汽水、冰激凌等九大类、130余个品种，产品畅销省内外。数十年来，花花牛植根中原沃土，强化龙头带动，全力优化产品品质，企业实力持续增强，品牌价值不断提升。公司先后加入国家奶业科技创新联盟、北京京瓦农业科技创新中心，是中国奶业协会选定的"学生饮用奶计划"定点生产企业之一；2019年，公司通过"国家优质乳工程示范工厂／牧场"认证，荣膺"第十一届全国少数民族传统体育运动会"指定乳品供应商；2022年荣获中国奶业协会"优秀乳品加工企业"称号，成为中国航天文创（CASCI）官方合作伙伴。

【奶源基地】经过多年发展，花花牛奶源基地正朝着规模化和产业化方向迈进，截至2022年，公司已在河南省范围内拥有14座牧场，分别是河南瑞亚牧业、鲁山瑞亚牧业、汝州瑞亚牧业、郏县发展牧业、河南合源乳业、河南伊源乳业、新蔡瑞亚牧业、平舆瑞亚牧业、平舆诚信瑞亚牧业、叶县瑞亚牧业、中牟县瑞亚牧业、扶沟瑞亚牧业（在建）、睢县瑞亚牧业、新蔡豫信瑞亚牧业，主要分布在河南省区域内郑州市中牟县，平顶山市鲁山县、宝丰县、汝州市、郏县，驻马店市新蔡县、平舆县，商丘市睢县等地。2022年，奶牛全群存栏30 957头，成母牛存栏达17 289头，自建牧场生鲜乳产量15.63万t，自有奶源供给率达100%。生鲜乳收购年均价格4 264.70元/t，养殖头均年收入44 894.32元（图1）。

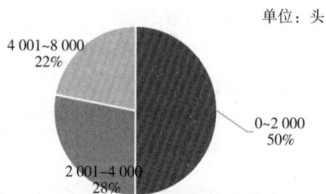

单位：头

图1 牧场奶牛存栏规模

有机奶源。进一步加强养殖产业"有机奶认证"，着力发展有机牧场项目，推动有机产业发展。主要措施方向：一是人才培养，构建有机奶体系人才培养、有机

奶工作技能培训系统，促进持证上岗。二是项目匹配，推进种养一体化发展，满足现代化牧场有机牧草的需求，形成有机农业和有机生态牧场相结合的一体化高端农牧产业链。三是结合牧场发展实际，开展有机牧场牛粪发酵有机肥研究，并系统推进有机牧草种植。

智慧牧场。养殖产业以奶牛养殖为核心，朝着规模化和产业化方向稳健发展，形成集牧草种植、鲜奶生产、良种繁育、粮食购销等为一体的综合性农业产业化集群企业。现已在河南省范围内拥有数十家规模化牧场，其规模化和现代化程度处于先进水平。通过推行标准化、规模化养殖，行业专家现场诊断，数字化、信息化手段齐抓共管，在经济新常态下实现从传统型向现代化企业的华丽蜕变。经过多年积淀，养殖事业部已逐步建立起上下游环节一体化、种养基地集群化的完整产业化链条，牧场从传统的手工作业向现代的数字化、智慧化发展，以"高投入、高起点、高产出和高效益"为经营目标，选取优质奶牛，采用先进技术和现代化设备，引入先进的养牛理念、饲养管理方式和繁殖育种技术，努力建设成为高产优质奶牛繁育推广基地、现代化奶业技术和装备展示基地、生态循环农业示范基地、产学研结合奶业高新技术创新基地、奶业高端实用人才孵化基地。一是夯实养殖技术服务，保障奶牛福利环境控制、奶牛生产数字化管理、全混合日粮（TMR）饲养技术和奶牛生产标准化管理体系建设、繁殖育种技术等方面的工作日趋完善。二是推进养殖模式升级，成立河南省奶牛发展研究院，产、学、研、策融合，与高校、科研机构和国内产业集团加强合作，构建草畜循环农业模式，探索低碳农牧业。

改扩建补助。2022年养殖方面获得国家补助资金约2 924.178万元，当年到位资金1 068.99万元（含豫信瑞亚146.39万元），其中申报了国家级奶业产业集群、奶业生产能力整县推进项目、设备购置项目、自育牛和粮改饲等项目。通过国家对养殖场的资金支持，加快了规模化养殖场建设，为河南省奶业发展带来了积极作用。

青贮种植。公司致力于全产业链协同发展，全方位打造种养加结合新模式，于2020年成立河南格瑞佳农业科技有限公司，初步实现自建农业与订单农业相结合。2022年种植青贮玉米900hm²左右，供应牧场玉米青贮收获面积约900 hm²，收货量26 890t，平均29.88t/hm²。

疫病防控。公司遵循"预防为主，防治结合"的疫病防控方针。以创建国家"两病"净化场为标准，提升动保防疫控制，重点跟踪技术服务，结合实际进行综合会诊，减少淘汰牛以降低损失，提高效益；切实做好隔离、消毒、检测和免疫工作，防疫防控工作切实有效；通过12项SOP流程的推广，重点落实各牧场新产牛产前、产后的保健护理，降低发病概率，将死亡率控制在合理范围内；加强奶牛血清疫病检测，定期将血清样本送至上级主管部门，由上级主管部门进行检测并出具相应检测报告，推进落实"两病"净化工作，并取得良好

成效。

粪污处理。采取干湿分离的粪污处理方式。粪污经两次压榨后达到很好的固液分离效果。干粪堆积发酵，发酵后一部分作为有机肥还田，另一部分作为奶牛卧床垫料。粪水经"厌氧＋好氧"发酵后形成沼液，与周边果园种植户等进行合作，对沼液进行科学还田利用。

【乳品加工】花花牛乳业的3座乳品加工基地，分别是河南花花牛乳业集团股份有限公司郑州分公司、郑州花花牛乳制品有限公司及新蔡花花牛乳业有限公司（在建）。公司大力推进智能化工厂建设，引进全自动化灌装机和自动化生产线，采用全自动化中控程序操作，优化生产工艺，提高能源利用率，构建绿色工厂过程控制，人员操作标准化，提高生产效率，有效降低了生产成本。根据市场需求每年对设备和技术进行改进，在环境控制上进行空气杀菌、除湿改造升级等，提高产品品质。同时，公司依托传统零售、现代商超、送奶入户、电子商务等多种渠道，形成河南省内全覆盖，并逐步布局全国市场的销售网络。2022年，花花牛乳业全年乳制品产量达到16.25万t，其中低温鲜奶6 784t、UHT灭菌乳2.7万t、常温酸奶1.5万t、低温酸奶9.3万t、原料奶粉620t、奶酪76t、乳饮料1.9万t（图2）。

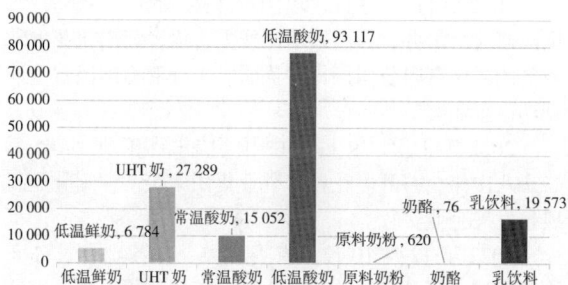

图2 2022年花花牛乳制品产量占比

"新鲜在你身边"是花花牛乳业永恒的主题，也是花花牛乳业对消费者的承诺。近年来，花花牛乳业持续投入冷链建设，提升低温产品配送环节质量保证。花花牛乳业陆续投入近1亿元，重点对现有配送车辆及终端冷链进行升级改造，完成冷藏车改造300余辆，终端投放冷柜2.5万台，实现全程冷链无缝运营。2018—2022年，更新、更换增加符合国家环保要求的冷链车辆500余台。2020年，上线智能运输管理系统（简称TMS），升级冷链物流监控系统，安装配送车辆门磁监控150余台，加强配送环节冷链监控与数据分析。企业也正是抓住了奶业消费趋势与市场发展趋势，走"新鲜"的道路，打开了中原地区低温酸奶和巴氏鲜奶市场，实现高速增长，成为区域内排名前列的低温奶生产商。

【市场消费】"新鲜在你身边"不仅是花花牛始终坚持的品牌发展战略，也是花花牛乳业对消费者一贯的承诺。依托全产业链和本土区位优势，花花牛乳业在以郑州为中心的150km半径内，产品从原奶收集到加工仅需2h，确保花花牛乳业低温牛奶"新鲜每一天"的品牌定位。

花花牛乳业产品以新鲜酸奶、新鲜牛奶为主，并在构建以新鲜酸奶为核心的同时，低温鲜奶、常温白奶作为补充，进行产品结构优化，实现均衡发展。新鲜酸奶立足益生菌品类优势，重点推动零糖系列、轻觉系列等功能性酸奶，确保优势品类可持续性发展；新鲜牛奶为花花牛乳业第二成长曲线，也是花花牛乳业新鲜战略的核心，依托国家优质乳认证，不断完善其产品结构，满足各种渠道和客户的不同需求。市场策略上，通过加大常温液态奶、基础白奶推广、差异化产品开发等，规避头部品牌的正面竞争，同时在再制奶酪、冰激凌新赛道布局上寻求新的增长点。截至2022年，在河南市场，花花牛乳业各品类市场占有率为鲜奶20%、酸奶28%，其中在商超鲜奶达到31%、酸奶达到33%，入户渠道整体占比40%。

在渠道方面，以传统零售、现代商超为主，细分TOB、送奶入户、电商等进行全渠道销售，深耕省内市场，全面推进渠道标准化建设，区分城市层级与线上线下进行价格管理体系的细化完善，推进市、县、乡镇各级市场精耕细作及渠道下沉，持续夯实基础、挖掘潜力。花花牛销售网络覆盖河南省18个地市、108个县，省外覆盖华东、华南地区。

【全球发展】近年来，花花牛乳业致力于与国际接轨，与以色列、巴基斯坦等国家展开农业技术交流，研究奶业技术，推动国际产能合作，产业结构优化升级。2015年加入"中荷奶业发展中心"，依托中国农业大学、荷兰瓦赫宁根大学及研究中心、荷兰皇家菲仕兰公司的资源优势，秉承"从牧场到餐桌"的奶业全产业链发展理念，将荷兰奶业全产业链的安全优质奶业生产模式带到中国，携手合作共同推动中国奶业全产业链建设再上新台阶。基于双方的良好合作，2018年中荷奶业发展中心与花花牛乳业共同约定，将花花牛乳业位于郑州市中牟县的瑞亚牧场，作为中荷奶业发展中心在中原地区的示范基地——"荷兰奶业技术中心"。2019年中荷奶业发展论坛暨SDDDC年会庆典首次出京在郑州举办，携手花花牛乳业集团开启奶业新篇章。

【社会责任】作为农业产业化国家重点龙头企业，长久以来，花花牛以优质的产品和服务，得到了社会各界的广泛认可。公司热心参与社会公益事业，彰显企业责任担当，积极投身国家扶贫事业，参与小康牛奶行动、社会公益等项目。

2022年6月1日国际六一儿童节，花花牛乳业献爱心送营养，向郑州市福利院捐赠牛奶及奶酪棒170件。7月15日，花花牛乳业助力"圆梦计划·一杯奶"公益项目，向河南省安全救助基金会现场捐赠爱心善款50万元。

2022年，新冠疫情肆虐中原大地，花花牛乳业在疫情面前不惧危难，心系群众。同年5月，郑州疫情，花花牛乳业向全省各县市，尤其是郑州地区奋战在抗疫一线的医疗单位、公安干警、社区防疫点累计捐赠2万件、价值近百万元的乳制品；7月8日上午，慰问郑州市公安局二七分局马寨派出所，捐赠300件乳制品；7月24日，花花牛乳业向泌阳县捐赠5 550件爱心牛奶，价值30万元，助力泌阳人民抗疫必胜；8月3日，向民权县捐赠10 000件优质乳，助力民权抗击疫情。10月至12月，疫情封控期间，花花牛乳业组织相关员工在封控期间全天候驻厂封闭管理，作为民生企业，在积极响应政府防控号召的同时，保障了群众疫情期间生活必需品的刚需。

经过近30年的经营和发展，花花牛已经发展成为具有明显地域优势、品牌优势和中部特色的农业全产业链企业，为大众健康、农民增收以及促进区域经济发展起到了积极的推动作用。公司在生产经营过程中，坚持生态循环农业发展模式，积极履行企业社会责任，践行国家乡村振兴战略。通过牧场建设带动周边农户发展饲草订单种植，累计帮助3万多户农民实现增收；同时牧场和加工厂直接聘用当地富余劳动力，帮助他们通过就业获得长期稳定收入。该模式取得了良好的经济效益和社会效益。农业农村部及河南省党政领导多次莅临牧场进行考察调研，并对集团的助贫带贫工作表示高度认可，多家牧场被当地政府认定为"精准扶贫就业基地"。2020年花花牛乳业被认定为河南省扶贫龙头企业。

【奶业大事】2022年1月，中国工业报2021"智造基石"优选榜（第三届）正式揭晓，郑州花花牛乳制品有限公司获评数字化转型卓越成就企业殊荣。

2022年3月，花花牛乳业巴氏鲜牛奶、轻觉原味风味发酵乳、瑞亚牧场纯牛奶分别荣获中国乳制品工业协会"2021年度液体乳制品质量大赛"金奖。

2022年7月6日，由花花牛乳业主办的以"赋能奶业新生态 智创中原鲜活力"为主题的首届中原鲜奶文化节开幕，河南省农业农村厅党组成员、副厅长王承启等领导莅临现场。

同日，第34届中原畜牧业交易博览会在郑州国际会展中心开幕。河南花花牛乳业集团股份有限公司荣获2021年河南省"智慧畜牧行业领军企业奖"。

2022年8月19日，河南省"万人助万企"活动第一工作组副组长、省政府国资委一级调研员邢军带队到河南花花牛乳业集团股份有限公司，调研"万人助万企"工作开展情况。

2022年9月5—7日，花花牛乳业参加2022年度奶业大会暨D20峰会，并在峰会上荣膺"优秀乳品加工企业"。

2022年9月8日上午，河南省人民政府国有资产监督管理委员会党委委员、副主任刘银志，省政府国资委资本运营处副处长卢文斌，河南农开公司投资管理部经理马志明，河南农开公司项目经理赵德芳一行莅临河南花花牛乳业集团股份有限公司参观座谈。

2022年9月22日，郑州市市场监管局联合河南花花牛乳业集团股份有限公司开展"食安郑州生产企业开放日"活动，媒体代表、消费者走进企业生产车间、检验室参观，近距离感受乳制品安全生产全流程。

2022年9月28日，河南省人民政府副省长武国定，河南省农业农村厅党组成员、副厅长王承启，郑州市人民政府党组成员、一级巡视员李喜安，河南省农业农村厅奶业管理处处长赵玲，中牟县委常委、副县长任莉等一行，莅临河南瑞亚牧业有限公司调研奶源基地建设推进情况。

2022年11月25日，第七届"奶牛营养与牛奶质量"国际研讨会举办，并由新华网线上直播，河南花花牛乳业集团股份有限公司摘得"优质乳工程助力国民营养计划功臣企业奖"。

2022年11月29日，中国乳制品工业协会第二十八次年会召开。花花牛乳业集团荣获"中国乳业高质量发展企业奖"。

2022年12月10日，省委常委、常务副省长孙守刚等领导一行赴新蔡县花花牛乳业集团调研新蔡加工厂项目建设情况，驻马店市市长李跃勇、常务副市长金冬江、新蔡县委书记邵奉公等参加调研。

（河南花花牛乳业集团股份有限公司，易天雪、王露欣）

附表 1　河南花花牛乳业集团股份有限公司奶牛养殖场（小区）名录

序号	名称	供奶企业	全群存栏（头）	成母畜存栏（头）	奶畜品种	成母畜单产（t/年）	年总产（t）	是否有机奶源基地	有机奶产量（t）
1	河南瑞亚牧业有限公司	郑州市中牟县官渡镇石井村南	3 360	2 146	奶牛	10.4	21 259		
2	中牟县瑞亚牧业有限公司	郑州市中牟县官渡镇下吴村	0	0	/	0	0		
3	睢县瑞亚牧业有限公司	睢县孙聚寨乡董庄村省道 S211 东侧	2 003	1 186	奶牛	12.7	13 567		
4	扶沟瑞亚牧业有限公司	河南省周口市扶沟县江村镇西冯凌村西侧	0	0	/	0	0		
5	鲁山县瑞亚牧业有限公司	鲁山县辛集乡清水营村	2 444	1 634	奶牛	10.5	14 897		
6	汝州瑞亚牧业有限公司	汝州市纸坊乡赵东村	0	0	/	0	0		
7	郏县发展瑞亚牧业有限公司	郏县王集乡雨霖头村	1 259	735	奶牛	12.2	7 279		
8	河南合源乳业有限公司	宝丰县闹店镇注李村	1 386	777	奶牛	11.4	7 652		
9	河南伊源乳业有限公司	叶县田庄乡东李村（村北生产厂东）	1 236	0	奶牛	0	0		
10	叶县瑞亚牧业有限公司	河南省叶县水寨乡桃奉未村时南公路南	0	0	/	0	0		
11	平舆县辛店瑞亚牧业有限公司	平舆县辛店乡黄寨村委（郭尹路西）	4 017	2 389	奶牛	8.9	18 471		
12	平舆诚信瑞亚牧业有限公司	平舆县杨埠镇大朱村委大邹庄西侧	7 267	4 077	奶牛	10	30 092		
13	新蔡瑞亚牧业有限公司	新蔡县黄楼镇黄楼村委牛坡黄化路南侧	3 017	1 551	奶牛	10.7	15 379		
14	新蔡豫信瑞亚牧业有限公司	新蔡县关津乡万庄村	4 968	2 794	奶牛	11	27 669		
	小计		30 957	17 289		10.87	156 265		

备注：本表所指奶畜包括奶山羊、奶绵羊、奶水牛、牦牛、骆驼、驴等；商品奶家畜。请在养殖场或小区列中选择打钩；如认证为有机奶源基地等，请在相应表格中打钩。

附表 2　河南花花牛乳业集团股份有限公司乳制品生产企业名录

序号	名称	生产地点	生产许可证号码	年收购原奶量（t）	其中:自有奶源量（t）	平均支付价格（元/kg）	日处理生鲜乳能力（t）	年乳制品产量（t）	其中:低温鲜奶（t）	UHT奶（t）	常温酸奶（t）	低温酸奶（t）	原料奶粉（t）	婴幼儿配方奶粉（t）	成人奶粉（t）	奶油（t）	奶酪（t）	乳饮料（t）	冰品（t）	年销售收入（万元）	利润（万元）	有机产品（枚）
1	河南花花牛乳业集团股份有限公司	郑州市二七区马寨产业集聚区腾达路 1 号　郑州市航空港区豫港大道西侧	SC10541010300077　SC10541018400354	128 980	63 462	4.1	1 085	162.511	6 784	27 289	15 052	93 117	620	0	0	0	76.76	19 573.00	0	160 950	5 331	

备注：本表不包括在中国及海外的生产企业。日处理生鲜乳能力指设计加工生鲜乳能力。自有奶源指来自自建和参建（控股、参股）收场（小区）的原奶。成人奶粉指除婴幼儿配方奶粉以外的学生奶粉、孕妇奶粉、中老年奶粉等终端消费奶粉。冰品包括冰淇淋、雪糕等。有机产品数量单位为"枚"，指获得有机标志的数量。

新疆天润乳业股份有限公司

2022年，新疆天润乳业股份有限公司（以下简称天润乳业）实现营业收入24.1亿元，归属上市公司股东的净利润1.97亿元，分别较2021年同期增长14.25%和31.33%；经营活动产生的现金流量净额3亿元，全年缴纳各项税费0.66亿元。

公司建立了从养殖到加工，再到销售的全产业链数据库，优化了集团管控平台、丰顿系统、MES系统、微分销等信息系统。一是在营销端建立数字化营销大平台，二是在生产端构建全面质量管理系统（Lims），为产业链跨行业融合提供数字化支撑。

【奶源基地】养殖产业是天润乳业的基础产业，为继续扩大养殖产业规模、打造高品质原料奶生产保供基地，天润乳业牧业事业部充分发挥扁平化条线管理优势，一方面借助专家技术服务指导和信息化系统数据分析，对各牧场进行现场调研诊断，提升奶源品质管控水平；另一方面修订完善饲草收储相关制度，设立地头、牧场、牧业事业部三道关口实施近红外线现场检测和实验室精准检测，明确指标要求，强化玉米青贮、苜蓿质量品质检测，确保入场饲草料质量品质达到精准营养标准。

天润乳业有7家奶牛养殖企业，拥有18个规模化牧场，牛只存栏4.4万头，较2021年同期增加0.48万头，增长15.21%；养殖规模达到4.6万头，全年完成商品奶产量17.26万t，较2021年同期增长8.56%。天润乳业权属各牧场生鲜乳收购年平均价格4100元/t。

2022年，公司与巴楚县合作的规模化牧场正式启用，公司投资7100多万元生物资产对巴楚新建牧场进行管理运营，为巩固脱贫成果、促进乡村振兴提供了产业支撑。天润北亭万头牧场按期竣工，首批2085头奶牛已运抵牧场。公司投资的天润沙河牧业技术改造项目基本完成，养殖产业持续发展壮大。

2022年，通过品种优良化、饲喂标准化、生产规模化、防疫制度化、环境生态化体系建设，公司建立了高品质的奶源供应体系，自有奶源占比达到64.29%。牧业全群平均单产10.5t；全年商品奶产量17.43万t，较上年同期增长9.67%。奶牛单产和头胎牛产奶量处于全国先进水平。

公司各牧场普及阿菲金奶厅系统、南京丰顿牧场信息化管理系统，同时配备TMR实时监控系统、牛只发情计步器等数智化设备；2022年投资新建万头牧场已完成自动喷淋系统、自动通风系统、环境监测系统等数智化设备的使用，全面打造高品质智慧化牧场。

苜蓿及青贮玉米订单种植面积6667hm²，苜蓿干草亩单产达到1.5t/亩，青贮玉米亩单产4.3t/年。重点推进裹包苜蓿青贮技术的应用，苜蓿蛋白从以往干草收储的16%提高到裹包青贮的22%，为提高产奶量打下基础。

公司在疫病防控方面，采取统一免疫防疫检测管理，且正在申请新疆生产建设兵团及国家级疫病净化牧场3个，牧业配套建立牧场实验室及集团中心实验室等10个，为奶牛健康养殖和高质量发展奠定了硬件、软件基础。

健全环保设施，实施饲草种植—奶牛养殖—粪肥还田可持续循环经济。牧场粪污处理采用自动刮粪系统以及集中粪污固液干湿分离系统，固体牛粪全部使用牛粪发酵垫料循环利用，液体肥采用氧化塘发酵还田。

【乳品加工】天润乳业国内生产企业3家，生产的乳制品种类包括巴氏杀菌乳、调制乳、灭菌乳、发酵乳、奶酪、乳饮料六大系列。2022年生产乳制品总产量255 837t，其中巴氏杀菌乳7 021t、灭菌乳140 864 t、发酵乳85 927t、乳饮料（奶啤）21 998t、奶酪26t。

管理升级保质保量。一是减少管理层级，优化管理构架。成立乳业事业部，对公司乳品加工产业实行全面管理，压缩减少非生产岗位和人员。二是减少问题产品，守住质量防线。开展精细化管理，建立质量管控体系，开展质量自查，对80多个生产环节制定关键控制点，守住质量防线，建立质量追溯体系和追责问责机制。

科技创新成效斐然。2022年完成沙棘奶啤等39款新品开发，其中海盐酸奶等6款新品上市，完成了5个科技项目立项答辩和项目任务书编写。

【市场消费】公司以强城市型市场体系建设为主，坚持现代与传统相结合，实施"线上突围、线下承载"市场发展方针；"用新疆资源，做全国市场"，以产品布局市场渠道，建立电商平台，创新营销模式，实现疆内县级市场全覆盖，疆内市场占有率达到40%。

面对激烈的市场竞争，以传统渠道建设为基础，抢占社区市场，加大内地销售力度，成立天润乳业专卖店736家，覆盖全国100个市县，内地市场利润贡献率首次超过疆内市场。

全面打造电商渠道，提高品牌知名度，全年线上销售收入达到1.63亿元，产品被关注达14.7亿次。

2022年，完成产品销量25.41万t，实现销售收入23.13亿元。

【社会责任】"乐善有恒，大爱无疆"。慈善公益事业是社会风气的指向标，是一项文明而崇高的事业，也是人类善良和关怀的集中体现。在天润乳业30多载的发展历程中，公司始终秉承"热爱祖国、无私奉献、艰苦创业、开拓进取"的兵团精神，将红色基因深深地注入企业文化中。

脱贫攻坚，助力脱贫致富。天润乳业在加快自身高质量发展的同时，不忘当地贫困群众，按照"资金南投、产业南移、人才南下、市场南建"的原则，通过乳品加工业带动奶牛养殖业、饲料加工业的发展，调整优化产业结构，发展壮大产业经济，助力打赢脱贫攻坚战。公司出资在喀什地区与巴楚县人民政府合作建设5 000头奶牛养殖场，在三师图木舒克建设天润唐王城乳品加工项目，解决了周边地区和新疆生产建设兵团 300 多名少数民族群众就业，助力脱贫致富。

回报社会，践行责任担当。"一方有难，八方支援"，越是危难时刻，越彰显企业的责任与担当；越是艰难险阻，越感受人间大爱。在全民防控的关键时刻，作为新疆生产建设兵团国有上市企业，天润乳业始终坚持高政治站位，践行社会责任，回报社会。

2022 年 1 月，天润乳业通过西安雁塔区、莲湖区、未央区红十字会捐赠价值 154 万元乳制品，用于援助西安抗击新冠疫情。

2022 年 4 月，天润乳业通过巴楚县红十字会捐赠价值 9.11 万元乳制品，用于援助新疆维吾尔自治区喀什地区巴楚县疫情防控。

2022 年 5 月，天润乳业为新疆生产建设兵团第十二师慈善总会成立捐赠 5 万元现金，以实际行动助慈善事业。

2022 年 10 月，天润乳业向五一农场辖区困难农民工子女"捐资助学慈善活动"捐赠 5 万元现金，定向用于"同心抗疫·助学圆梦"。

【奶业大事】2022 年，公司成立乳业事业部，对乳品加工产业实行全面管理。

2022 年，总投资 5.97 亿元的天润北亭万头牧场、数字农业项目、丝路云端牧场游客中心 3 个项目全部完成。

2022 年，总投资 5.5 亿元、年产 15 万 t 的天润齐源乳品加工项目已开工建设，当年天润齐源乳品有限公司荣获 2022 年度齐河县农业产业化突出贡献企业荣誉称号，产业项目取得重大进展。

2022 年，唐王城乳品公司二期建设完成，年产能由原来的 3 万 t 增加到 6 万 t。

2022 年，成立销售公司山东分公司，"走出去"发展战略迈出重要一步。

2022 年，《一种复配型奶啤冻干发酵菌剂的制备方法及其应用》获得中国乳协技术发明奖二等奖、《新疆传统发酵制品中菌种收集、微生物多样性分析及产品开发应用》获第十一届中国技术市场协会金桥奖优秀项目奖。

第十三届中国奶业大会 2022 中国奶业 20 强（D20）峰会暨 2022 中国奶业展览会上，天润乳业荣获 2022 年度全国"优秀乳品加工企业"、《中国奶业数字化转型卓越案例集》入选企业；公司党委书记董事长刘让、党委副书记总经理胡刚分别荣获全国"优秀奶业工作者"荣誉称号。

2022 年 12 月 30 日，中国科协办公厅对 2022 年全国科普日有关组织单位和活动予以表扬，天润乳业科协组织的"兵团科普教育基地——天润奶牛科普馆直播活动"被评为 2022 年全国科普日优秀活动，这是天润乳业科学技术协会成立以来获得的首个国家级荣誉。

（新疆天润乳业股份有限公司，王　芳）

附表1 新疆天润乳业股份有限公司奶牛养殖场（小区）名录

序号	名称	供奶企业	全群存栏（头）	成母畜存栏（头）	奶畜品种	成母畜单产（t/年）	年总产（t）	是否有机奶源基地	有机奶产量（t）
1	新疆天澳牧业有限公司一牧场	新疆天润乳业股份有限公司	2 191	793	荷斯坦牛	10.1	802.3	否	
2	新疆天澳牧业有限公司二牧场	新疆天润乳业股份有限公司	1 654	855	荷斯坦牛	10.27	7 999.55	否	
3	新疆天澳牧业有限公司三牧场	新疆天润乳业股份有限公司	1 440	707	荷斯坦牛	8.35	4 689.38	否	
4	新疆天澳牧业有限公司四牧场	新疆天润乳业股份有限公司	1 666	833	荷斯坦牛	9.94	7 342.26	否	
5	新疆天澳牧业有限公司五牧场	新疆天润乳业股份有限公司	1 776	956	荷斯坦牛	9.9	8 845.84	否	
6	新疆天澳牧业有限公司六牧场	新疆天润乳业股份有限公司	2 310	1 051	荷斯坦牛	9.73	9 375.97	否	
7	新疆天澳牧业有限公司七牧场	新疆天润乳业股份有限公司	1 098	457	荷斯坦牛	9.71	4 343.45	否	
8	新疆天澳牧业有限公司八牧场	新疆天润乳业股份有限公司	1 642	703	荷斯坦牛	9.57	6 095.55	否	
9	新疆天澳牧业有限公司九牧场	新疆天润乳业股份有限公司	2 734	1 211	荷斯坦牛	10.83	10 921.06	否	
10	新疆芳草天润牧业有限责任公司	新疆天润乳业股份有限公司	4 679	3 164	荷斯坦牛	11	29 461.8	否	
11	新疆天润烽火台奶牛养殖有限公司	新疆天润乳业股份有限公司	1 748	880	荷斯坦牛	10.81	8 694.23	否	
12	沙湾盖天润生物有限责任公司	新疆天润乳业股份有限公司	3 470	1 687	荷斯坦牛	10.3	16 000	否	
13	新疆天润沙河牧业有限公司一牧场	新疆天润唐王城乳业有限公司	3 973	1 716	荷斯坦牛	10.38	13 505	否	
14	新疆天润沙河牧业有限公司二牧场	新疆天润乳业股份有限公司	2 543	1 372	荷斯坦牛	9.14	11 153.64	否	
15	新疆天润沙河牧业有限公司三牧场	新疆天润乳业股份有限公司	2 753	1 454	荷斯坦牛	9.26	11 476.09	否	
16	巴楚天润牧业有限公司	新疆天润唐王城乳品有限公司	3 011	1 402	荷斯坦牛	10.91	8 536.84	否	
17	新疆天润北亭牧业有限公司	新疆天润乳业股份有限公司	2 964	1 503	荷斯坦牛	10	17 834.9	是	17 290.26
18	新疆天润北亭牧业有限公司－万头	新疆天润乳业股份有限公司	2 085		荷斯坦牛				

备注：本表所指奶畜包括奶牛、奶水牛、牦牛、骆驼、奶绵羊、奶山羊，驴等产商品奶家畜。请在养殖场或小区列中选择打钩；如认证为有机奶源基地等，请在相应表格中打钩。

附表 2 新疆天润乳业股份有限公司乳制品生产企业名录

序号	名称	生产地点	生产许可证号码	年收购原奶量（t）	其中：自有奶源数量（t）	平均支付奶价（元/kg）	日处理生鲜乳能力（t）	年乳制品产量（t）	其中：低温鲜奶（t）	UHT 奶（t）	常温酸奶（t）	低温酸奶（t）	原料奶粉（t）	婴幼儿配方奶粉（t）	成人奶粉（t）	奶油（t）	奶酪（t）	乳饮料（t）	冰品（t）	年销售收入（万元）	利润（万元）	有机产品（枚）
1	新疆天润生物科技股份有限公司	新疆乌鲁木齐市（第十二师）头屯河区五一农场乌昌公路 2702 号	SC10565010600056	162 266.07	162 266.07	4.4	424.53	162 068.55	7 021.3	79 041.77	1 621.56	5 689.1	/	/	/	/	26.15	17 466.67	/	163 978.2	7 118.41	/
2	沙湾盖瑞乳业有限责任公司	新疆塔城地区沙湾市乌鲁木齐东路工业园区	SC10565422300016	30 720.77	23 746.42	4.4	150	32 503.76	/	21 299.85	/	11 203.91	40.49	/	/	/	/	/	/	20 259.10	−318.81	/
3	新疆天润唐王城乳品有限公司	图木舒克市华阳路 8 号	SC10565900301096	42 942.97	30 034.4	4.1	280	43 368	/	31 110.89	/	7 972.99	/	/	/	/	/	/	4 554.31	/	22 937	1 305	2

备注：本表包括在中国及海外的生产企业。日处理生鲜乳能力指设计加工生鲜乳能力。自有奶源指来自自建和参建（控股、参股）牧场（小区）的原奶。成人奶粉指除婴幼儿配方奶粉以外的学生奶粉、孕妇奶粉、中老年奶粉等终端消费奶粉。冰品包括冰激凌、雪糕等。有机产品数量单位为"枚"，指获得有机标志的数量。

贝因美股份有限公司

【奶源基地】奶源基地以引进纯种荷斯坦奶牛为主，通过采用冻精配种、性控配种手段促进奶牛改良。现存栏量达到 12 778 头，成母牛 8 120 头。每头奶牛都有完整的奶牛健康档案，以保证生乳品质。

奶类总产量。全年牛奶产量 34 459t。优质生乳实现从原料种植、饲养管理，到牛奶品质实现全程可追溯。

养殖分布区域及主要产区。养殖分布于国际公认的温带季风气候优质奶牛饲养带 (北纬 45°) 的"黄金奶源带"位于黑龙江省安达市及大庆周边地区。这些地区因适宜养殖奶牛，牛奶产量大，质量高。

规模养殖（不同规模所占比重）。为提高奶牛养殖水平，奶源基地牧场按照统一规划、合理布局、规模适度、相对集中、人畜分离、规范管理、结合实际的要求；目前均已达到标准化养殖场要求；其中 1 000 头以上占比 50%，500~999 头占比 33%，300~499 头占比 17%。

苜蓿和青贮玉米种植面积，单户和总产。青贮玉米种植面积 18 000 亩，单产 3.5 t/ 亩，总产达到 64 500t。

疫病防控情况。采用综合防控技术，实行封闭性管理，执行严格有效的消毒管理制度。完善防疫检疫管理体系，以保证牧场环境卫生。全年口蹄疫苗免疫接种 3 次，着重强调对牛布氏杆菌病、牛结核病等进行实时监测和净化，确保无疫情发生。加强组织人员进行防治技术培训，完善消毒、防疫制度，实现奶牛养殖场疫病的有效预防和控制。

粪污处理方式。牧场牛舍内全部采用荷兰 JOZ 刮粪板、美国 US 自动粪污处理系统，将牛舍内粪污进行二次筛分。固体粪污进行有机堆肥或牛床垫料，液体厌氧发酵、达标后还田改良草场。通过科学饲养、高效挤奶、粪污处理等先进技术的应用，实现奶牛养殖的规模化、集约化及标准化。

各区域生鲜乳收购年购平均价格。2022 年生乳年均价 4.35 元 /kg。

各区域奶业养殖头均年净收入。泌乳牛年盈利额度约 3 500 元 / 头。但由于每个养殖场的牛群情况不一，所以奶业养殖头均年净收入很难准确估算。

奶牛场净收入。由于牧场投入及养殖水平不一致，整体奶牛场净收入在 30 万 ~ 3000 万元。

【乳品加工】贝因美婴童食品股份有限公司（以下简称贝因美）目前在国内外拥有黑龙江安达、杭州母婴、广西北海、湖北宜昌、吉林敦化等五大现代化产业基地。成立安达贝佳满乳业集团有限公司，进行生产基地独立经营的模式探索，借助黑龙江安达市的区域优势打造"从牧场到亲子家庭"全产业链系统。与黑龙江康贝牧业管理有限公司共同成立合资公司，结合双方在牧场建设、牧场管理、乳制品加工等方面的优势，提高牧场管理效率、保障鲜奶供应、探索产品合作，实现互利共赢。

公司一直专注于婴童食品领域，依靠自身技术的不断创新、积累，拥有大量的专有技术。公司现拥有发明专利 27 项，实用新型专利 6 项，并已有 12 个系列、36 款产品完成新国标注册，软件著作权 33 项。公司在婴幼儿食品的研发、生产等方面积累了丰富的经验，形成了具有自主知识产权的核心技术，并积累了大量的专业技术人才。这些核心技术的广泛应用，可以更好地满足母婴人群的营养需求，增加了产品的附加值。

公司 2022 年乳制品产量为 21 603t，其中乳粉类 21 603t。

公司乳品加工以自主生产为主要模式，少量产品通过委外加工、OEM 模式生产。自主生产模式的生产按照"市场预测"和"订单方式"相结合的模式进行组织。公司主导产品婴幼儿配方奶粉主要由全资子公司\控股子公司贝因美（黑龙江）乳业、贝因美母婴、宜昌贝因美等工厂生产。婴幼儿营养米粉、葡萄糖等辅食主要由北海贝因美生产，亲子食品通过 OEM 模式生产。

【市场消费】品牌特点及发展趋势。30 年来，贝因美始终围绕"育儿专家、亲子顾问"的品牌定位，通过构建强大的品质、研发和智能制造体系来持续推动品牌战略的实施。公司建立了完善的全球奶源供应链，从原料源头出发来保障产品品质。同时，凭借以"科学配方 + 智造技术 + 国际化标准体系"为核心的小贝智造方程式和行业内领先的追踪追溯系统，实现了让中国宝宝喝上国际领先品质的放心奶，保障了品牌美誉度。婴幼儿配方奶粉的新国标实施后，贝因美已有 12 个系列、36 款产品完成注册，其中"特殊医学用途婴儿配方食品无乳糖配方"产品更是一举打破了特配粉国内市场洋品牌的垄断地位，极大地提升了贝因美品牌的竞争力。

2020 年以来，贝因美积极重塑品牌形象，优化品牌投资。通过央视、地方卫视、户外广告等方式，强化品牌认知；携手 CCTV-1《大国品牌》，打造国产奶粉品牌样板；联动消费者教育活动，推广《谢宏面对面》《美妈有话说》公益栏目，全面塑造"育儿专家、亲子顾问"的专业形象；深度参与浙江卫视《青春环游记》、爱奇艺《做家务的男人》、腾讯《心动的信号》等节目，夯实品牌年轻化战略；发起《妈妈英雄汇》年度大型网络消费者互动活动，寻找各类型爱生活的妈妈，传递品牌温度。此外，通过母婴类精准投放、主流媒体投放，实现品牌曝光及吸粉引流；通过社交媒体及红人（如包文婧、杨迪、李姗姗、年糕妈妈等）双效联合运用，进行全域营销，抢占母婴人群，优化品牌投资。

年销售收入及利润。2022 年贝因美实现营收 26.55 亿元，同比增长 4.53%；归属于上市公司股东的净利润 –17 599.68 万元，同比减少 340.06%；归属上市公司股东的扣除非经常性损益的净利润 –21 286.26 万元，同比减少了 3 017.47%；归属上市公司股东的净资产 15.39 亿元，同比减少 13.84%。

【全球发展】公司一直致力于全球化布局和国际化

战略，打造和完善全球产业链。

优化股东结构。贝因美从一家地方企业开始，逐步壮大，变成一家拥有多元化股东结构的公司，包括贝因美集团持股 18.19%、宁波信达华建持股 4.99%、长城国融持股 2.85%。

国际化的产业战略布局。贝因美不仅在国内外拥有五大现代化产业基地，同时还与全球最大的乳制品出口企业恒天然集团、Kerry 集团建立了战略合作关系，进行国际化产业布局。2017 年 4 月，贝因美联手一致行动人全资收购美国 SCL 公司，进一步推进全球化布局。

【社会责任】自创立以来，贝因美始终秉承着"生命因爱而生，世界因爱而美"的初心，与爱同行 30 载，以实际行动传播"爱"的精神。截至 2022 年，贝因美已累计向全球公益捐赠财物总价值超过 10 亿元。汶川地震、雅安地震、余姚水灾，贝因美人都积极奉献爱心。2020 年新冠疫情、2021 年郑州特大暴雨期间，贝因美也是第一时间发起捐赠，助力当地抗疫救灾工作，为妇女儿童、各方工作者提供营养支持。

贝因美为爱守"沪"。2022 年 4 月，上海疫情防控步入攻坚时刻，婴幼儿食品供应备受关注。贝因美应上海断粮宝妈们的求助，迅速响应，积极部署，紧急拨700 多箱婴幼儿配方奶粉、米粉、肉酥等物资驰援上海。4 月 22 日晚，贝因美克服物流困难，将第一批近 300箱婴幼儿食品顺利送达上海。在上海复星公益基金会的协调与帮助下，及时送到上海市儿童福利院，并通过普陀区妇联及黄浦区妇联派发给 10 多个街道急需婴童食品的家庭。

贝因美支援广州抗疫，暖心守护母婴家庭显担当。2022 年 5 月，疫情防控工作进入关键时期，各地区面对疫情大考，更需各界众志成城、齐心抗疫。贝因美携手妈妈网，共同响应广州市妇联"羊城巾帼显担当，齐心协力抗疫情"倡议行动，为广州疫情防控重点区域及时捐赠防疫抗疫及母婴用品物资，合力守护抗疫一线及母婴家庭人群，以实际行动践行企业的社会责任与担当。在此次母婴抗疫联动中，贝因美了解到防疫重点区域婴幼儿及孕产妇的营养食品供应需求后，紧急调拨婴幼儿配方奶粉、孕产妇奶粉、成人奶粉等产品，以抗疫爱心礼包的形式，向广州市妇女儿童福利会捐赠价值 10 余万元的物资，并通过广州市妇联等机构及时向花都区的封控区、管控区派送，为广州保供贡献企业力量，在危难时尽显社会责任担当。

浙江省谢宏公益基金会六一儿童节爱心义卖。2022 年六一儿童节之际，浙江省谢宏公益基金会联合贝因美，走进浙报大院，助力浙报集团妇联主办的"紫藤花公益，六一义卖"公益活动。6 月 1 日，谢宏公益基金会的志愿者们冒着大雨，一早就来到了活动现场，在本次爱心义卖活动中，浙江省谢宏公益基金会带来了贝因美旗下睛彩叶黄素酯营养片、冠军宝贝小馒头、冠军宝贝果汁泥、冠军宝口口水米饼、生命伴侣高铁乳钙奶粉等十余款产品。下午，爱心义卖活动结束，义卖共

计爱心款 3.3 万元，将全部用于采购学习用品捐赠给景宁山区的孩子们。

此次爱心义卖活动，浙江省谢宏公益基金会不仅为景宁的孩子们献出了爱心，更向现场和视频前的家长和孩子们推广了贝因美高品质的产品以及"因爱而美"的企业精神。

因爱而美，与爱同行——浙江省谢宏公益基金会向"母亲微笑行动"爱心捐赠。2022 年 11 月 10 日，在贝因美成立 30 周年之际，董事长谢宏先生再次通过浙江省谢宏公益基金会向"母亲微笑行动"捐赠 15 万元，用于 30 名困难家庭唇腭裂孩子的修复手术。"母婴微笑行动"是为贫困家庭的唇腭裂患儿提供免费修复手术的公益组织，32 年来为 4 万多名贫困家庭的唇腭裂患儿进行了免费修复手术，重启了孩子们灿烂的微笑；贝因美"育婴、爱婴、亲母"三大公益项目也开展了近 30 年，自 2002 年开始贝因美多次向"母婴微笑行动"进行爱心捐赠，并参与到关爱唇腭裂孩子的公益行动中。

【奶业大事】重要战略部署。公司通过携手 CCTV《大国品牌》节目，焕新品牌视觉认知，重塑"贝因美"的品牌定位，以"贝因美"品牌统领全系配方奶粉、儿童健康零辅食、母婴营养品等品类矩阵。

2022 年度，公司焕新推出了"贝因美爱加孕产妇"奶粉、"可睿欣"奶粉、"冠军宝贝"系列辅零食产品。同时，面对竞争激烈的市场环境，还推出了火星宝贝、红爱儿童粉等多款儿童配方奶粉，以及即食型益生菌粉和睛彩叶黄素脂营养芯片等开创性产品。公司将围绕亲子家庭进行产品布局，为消费者打造一个全家营养一站购的环境，真正实现"亲子生活无忧 GO"。

自 1992 创立以来，贝因美始终坚守"对宝宝负责，让妈妈放心"的质量方针，精选全球黄金奶带奶源，引进世界先进生产检测设备，建造世界先进水平的GMP 洁净生产区，设立专门检测技术研究实验室。专注、严谨、智造、安全只为这一"罐"。作为母婴行业领军企业，贝因美深知食品安全的重要，公司成立 30 年来，没有发生过任何质量事故，是奶粉行业中食品安全的模范生。在中国乳制品工业协会召开的"2022 年度乳品质量大赛优秀产品表彰会"中，贝因美品牌婴幼儿乳粉被授予 2022 年度"质量金奖"。自 2014 年起，贝因美已连续多年获得该奖项。

2022 年 9 月 1 日，贝因美博士后工作站举行了博士后开题汇报及出站答辩会。会议邀请了中国工程院院士任发政教授、浙江省食品工业协会乳制品分会会长尤玉如教授等专家担任专家组进行评审，采用线上线下结合方式开展。在听取汇报后，任院士对贝因美近年取得的科研成果表示祝贺，对本项目意义表示肯定，并提出了详细的点评意见。同时，对博士后课题原则提出指导，建议博士后课题要带着问题去做，切实满足企业需求。最后，专家组一致同意项目开题。地方政府及合作流动站博士后主管部门领导对本次会议表示关注和祝贺。浙

江工业大学人事处程志君主任高度肯定了贝因美的博士后管理工作，并希望后续能持续保持合作。2022年9月5-7日，第十三届中国奶业大会2022中国奶业20强（D20）峰会暨2022中国奶业展览会在济南举行。作为D20乳企代表之一，贝因美携重磅产品亮相行业盛会，重点展示了包括爱加宝护盖、可睿欣在内的多个产品，"大国品牌"形象再次获得高度认可。会上，贝因美一举斩获诸多重磅奖项：公司获得2022年优秀乳品加工企业荣誉，创始人、董事长谢宏荣获2022年优秀奶业工作者称号。另外，"中国智造国际品质，贝因美数字化之路"项目入选《中国奶业数字化转型卓越案例集》。多项荣誉加身是对贝因美坚守品质生命线，加大研发投入，多维度推动母婴行业发展的高度肯定。

2022年9月19日，全国科普日之际，919科学育儿行起步式"走进贝因美 点亮第一站"在杭州正式举行，中国下一代教育基金会关爱母婴成长基金执行主任兼秘书长王立华、国民奶爸＆贝因美创始人谢宏、育儿网CEO程力以及众多母婴行业代表参加活动，达成战略协同、资源共享、场景共建、生态共融，建设互利共赢的新型母婴生态圈。此次科学育儿行，是科学育儿联盟活动的先行活动。科学育儿联盟主题活动将搭建科学育儿线上科普阵地，并以《自然养育》体系为指导方针，开发科学轻养育小程序，未来将免费授权给参与联盟活动的各个单位使用，赋能行业专业知识储备，意在破解社会"不愿生""生不起""养不起"难题，减轻中国育儿家庭生养教焦虑，提升全民科学育儿能力，为构建生育友好型社会添砖加瓦。

国家重点研发计划"中国和欧盟婴幼儿主要食品安全监控技术研究"项目推进会于2022年11月18日在杭州召开。贝因美作为课题承担单位承办了本次会议。国家食品安全风险评估中心技术总师吴永宁、中国疾病预防控制中心营养与健康所所长丁钢强、国家食品安全风险评估专家委员会委员董庆利、中国计量大学副校长俞晓平、浙江省市场监督管理局食品生产安全监督管理处副处长毛林燕、浙江省疾病预防与控制中心微生物所副所长吴蓓蓓等专家通过线上线下出席会议，与会专家对各课题逐一进行了点评，肯定了项目的意义和取得的成果，并提出了翔实宝贵的建议。通过交流、参观，与会专家对贝因美在项目中做出的努力和多年来在婴幼儿配方奶粉行业做出的表率也予以肯定。贝因美始终将提升产品品质作为企业可持续发展的核心优势，重视研发创新，提供具有国际先进水平并更适合中国宝宝的产品及服务。"十三五"期间，贝因美参与多项国家重点研发计划项目研究，本次参与"中国和欧盟婴幼儿主要食品安全监控技术研究"项目更是本分所在，贝因美愿意和行业研究力量一同助推中国食品安全在国际社会上的信任度，使中国制造真正立起来。

（贝因美股份有限公司，陈 真）

福建长富乳品有限公司

【奶源基地】福建长富乳品有限公司（以下简称长富公司）2022年合作的奶源基地有12个，存栏荷斯坦奶牛20 186头，其中成奶牛10 037头，年产生鲜原料乳9.0万t。奶源基地均非有机奶源，主要分布在福建省南平市，其中延平区9个、建瓯市2个、顺昌县1个。合作奶源基地均为千头以上的规模化牧场，其中1 000~1 500头的有5个，占全部牧场数42%；1 500~2 000头的有6个，占全部牧场数50%，2 000头以上的有1个，占全部牧场数8%。

2022年第九牧场拴养模式改造为散放模式，挤奶设备升级为并列式挤奶机。南平市延平区鸿瑞生态农业有限公司（35牧）于2022年7月开始投产，截至2022年底奶牛存栏2 800头，日产鲜奶15t，将继续打造集种养结合、生态循环、休闲观光、农耕体验、教育培训多功能于一体的现代农业产业园。

长富公司12家奶源基地有11家使用转盘挤奶机，1家使用并列式挤奶机，均建立TMR饲料中心，建立信息采集体系、牛群动态档案，实现了牛只个体管理、群体管理、繁殖管理、精准饲喂管理、健康管理、产奶管理等高效管理。

目前，牧场主要粗饲料为裹包青贮、苜蓿干草、燕麦干草、狼尾草。裹包青贮主要是外购，产地有安徽、河南、山东；苜蓿干草主要从西班牙、美国进口；燕麦干草产地主要来自甘肃，狼尾草本地种植3 610亩，总产4.3万t。在建瓯市发展玉米秸秆饲料化利用产业，充分利用玉米秸秆资源，进行裹包青贮制作，达到从农田秸秆转化为奶牛饲料、再转化为肥料回到农田的有效循环模式。2022年制作玉米裹包青贮1万余t。

全年未发生传染性疫病，新增两家通过福建省奶牛布鲁氏菌病非免疫净化场认证，一家通过国家级奶牛非免疫无布鲁氏菌病小区。

牧场粪污采用固液分离，固体牛粪发酵作卧床垫料或有机肥，液体厌氧发酵无害化后还田利用，以种养结合的方式消纳利用畜禽养殖废弃物。2022年，区域鲜乳收购年均5.4元/kg，奶业养殖头均年净收入4 300元。

【乳品加工】

乳制品总产量及分品种产量。长富公司共有加工厂1个，2022年设计产能为20万t。2022年乳制品产量12.86万t，其中巴氏杀菌乳58 781.32 t，UHT灭菌乳28 636.48t，酸奶7 990.98t，乳饮料6 367.55 t。

乳品加工特点、成效及发展趋势。加工特点主要以低温冷链产品为主，其中巴氏杀菌乳占比达到70%以上，巴氏杀菌温度时间控制在75℃±0.25℃/15s，同时使用低温脱气罐，保留了牛奶天然甘甜的口感。

成效。长富公司作为率先实施国家优质乳工程的企业，始终以国家优质乳工程标准为指导，全产业链严格依据其相关技术规范生产出的巴氏鲜奶，经国家优质乳工程检测，β－乳球蛋白、乳铁蛋白分别达到 3 368.4mg/L、43.5mg/L，均超过国家优质乳工程规定的 2 200mg/L、25mg/L 标准，甚至优于欧美标准，并多年保持稳定，能够持续为消费者提供高品质的好牛奶。

发展趋势。近年来，长富公司始终坚持践行国家战略，围绕"健康中国""国民营养计划"等国策，以"国家优质乳工程"为指导，开展健康知识科普，传递健康膳食理念，希望提升国人每日的摄入奶量。

【市场消费】巴氏杀菌乳在入户和商超的市场占有率在福建省为 90% 左右。

品牌特点及发展趋势。长富公司开创"先奶源、后市场"的产业模式，依托武夷优质生态牧场，走出一条适度规模养殖、全产业一体化发展之路。

长富公司聚焦品牌与市场竞争力打造，强化"天然活性营养"的价值传递，区隔常温奶和巴氏鲜奶；用"喝好奶、喝当天"占领客户心智、树立消费主张；用"每日配送"与消费者建立安全感和信任感，构筑销售壁垒，拓宽与竞争对手的鸿沟，夯实长富巴氏鲜奶福建第一品牌地位。

紧握"全国首家全品项巴氏鲜奶获得国家优质乳工程认证""活性营养看得见"等竞争利器，通过双"铁"（地铁、高铁）实现福建全省重点区域的逐步覆盖，品牌竞争力不断上升。

2022 年公司销售总收入为 15.3 亿元，利润为 9 565 万元。

【社会责任】小康牛奶行动。自 2017 年以来，长富公司公益助学行动累计捐赠总价值 450 多万元的优质牛奶，惠及 6 万名贫困地区学生，以营养支持陪伴孩子们的健康成长，用实际行动书写企业责任温度。在给予孩子们身体营养的同时，长富公司还在各学校及社区举办了营养课堂等公益活动，通过"营养课堂"普及科学饮奶知识，助力孩子们健康成长。

疫情捐赠。自 2020 年新冠疫情暴发以来，全国抗疫行动毫不松懈，长富公司在做好自身防控的同时，积极助力抗疫工作，多次捐赠防疫物资，支持抗疫。长富公司向福建、江西上饶等地抗疫一线人员、集中隔离点、医院、红十字会等捐赠价值累计超过 900 万元的优质牛奶。同时向战斗在一线的抗疫工作者表达敬意，同时为他们提供营养保障，为抗击疫情大局尽绵薄之力。

公益科普牛奶知识，推动中国奶业高质量发展。长富公司于 2022 年 1 月发起了《国民营养计划》社区公益宣讲员工作。借助体验馆平台，链接国民营养计划，

充分利用社会资源，整合发动老年群体，将其转变为国民营养社区义务宣讲员，让健康知识润物无声地渗透到市场的每个角落。截至 12 月，一共在 11 个市场启动了公益宣讲员项目，累计完成 80 期公益宣讲员培训，培训宣讲员 3 367 人次。2021—2022 年通过与营养专家、博主、福建卫生报等权威机构合作生产牛奶的科普短视频，向用户普及"牛奶对人体的帮助""如何选对奶"等知识，直接触达的消费者超百万人。

扶贫项目。闽北由于丘陵地形特征，劳动力生产成本较高，农民增收困难；大量青壮年进城，大量土地闲置，资源浪费。长富先后在武夷山脉建设 34 个现代化生态牧场，通过土地流转，盘活农村闲置土地 46 000 亩，使田园变资源，稳定增加农民收入；通过种植牧草，培育闽北牧草产业经济，直接带动牧场周边村农户 5 000户，每年带来创收近 4.6 亿元。

组织奶农培训。2022 年采用多种形式开展线上线下培训，组织疾病防控、奶牛保健、兽医技能提升等培训 5 场，培训达到 1 233 人次。

【奶业大事】荣获多项重量级荣誉。获优质工程助力国民营养计划功臣企业奖及 2022 年"优秀乳品加工企业"，入选第四批全国奶业休闲观光牧场，获得省运会指定牛奶及突出贡献奖，荣获福建省民众满意度乳制品品牌企业。

2022 年投资 1 160 万元，完成质量检测中心和体验参观走廊建设。

长富公司一车间改扩建综合项目，设备总投资达 3 707 万元，含灌装和前处理两大部分。改造后的一车间综合产能在原有的基础上净增 18t/h，目前一车间具备在 14h 内 400t 产品准时下线的生产能力，基本上可以满足未来 3 年的销售增长需求，并且产品安全性、参观效果均得到了大幅提升。

2022 年公司产品升级 4 个品项（100g 长富红枣酸奶、长富双歧风味发酵乳、长富纯酸奶风味发酵乳、长富益生菌酸奶风味发酵乳），新品上市 1 个品项（长富草莓酸奶风味发酵乳）。

2022 年，长富公司参与 3 个国家标准、6 个团队标准评审（巴氏杀菌乳、高温杀菌乳、灭菌乳、生乳标准；学生饮用奶巴氏杀菌乳、学生饮用奶发酵乳、学生饮用奶入校操作规范、婴幼儿配方奶粉新鲜度、现代奶业评价、乳品企业现代化等级评价）。

2022 年度申报并受理发明专利 3 项，实用新型专利 2 项，外观专利 1 项，版权 3 项。

（福建长富乳品有限公司，蓝珍妹）

广东燕塘乳业
股份有限公司

2022年，综合研判国内外形势，广东燕塘乳业股份有限公司（以下简称燕塘乳业）坚定信心，坚持党建引领、聚焦主业、难中求稳、稳中求好，以"稳字当头、稳中求进"为年度总基调，围绕"控成本、稳品质、扩产能、创新品、增销量、提效益"的工作部署，真抓实干，全力克服消费市场疲软等因素和困难，扎实做好生产经营。

公司实现营业收入187 519.45万元，同比减少5.52%；实现归属于上市公司股东的净利润9 936.15万元，同比减少37.01%，经营基本较为平稳。

【奶源基地】自有牧场方面，公司不断优化系统管理，完善奶源信息化平台建设，进一步推进自有牧场的专业化、集约化、标准化、精细化、信息化建设。自有牧场继续推行循环经济种养模式，管理更趋规范科学，饲养水平持续提升，产奶量和原奶质量保持较高水平，自有奶源基地建设精益求精。

报告期内，公司全株玉米种植达1.9万亩，有力保障了自有牧场青贮需求，对牧场保持生鲜乳奶质稳定有积极作用。

牧场方面，公司阳江牧场二期、燕塘传祁奶牛养殖基地完成建设，顺利投产。公司阳江牧场二期，采用行业最先进的"标准化养殖＋生态循环＋人工智能"模式，实现了科技含量高、经济效益好、绿色环保有效合一，同时，公司阳江牧场二期是广东省首家采用隧道通风设计工艺的牧场，能够充分利用自然风及自然气候，运用智能化的通风、温控、喷淋设备，有效降低奶牛热应激，提升奶牛舒适度，提高奶牛的饲料消化率。

战略合作牧场方面，公司积极发挥自有牧场的示范作用，在设施、种牛、防疫、养殖、品质等方面进行重点把控，不定期进行人员培训和技术输出，将其日常管理和奶源保证作为公司内部控制的延伸。在公司全方位的指导与支持下，战略合作牧场与公司的"共赢"认识加深，有效保障了公司原奶供应的安全、质优与稳定。

2016—2022年，公司在对生鲜乳进行收购时，其价格呈现总体上升趋势，从2016年的5 244元/t升至2022年的5 610元/t，7年内上升幅度达6.9%（图1）。

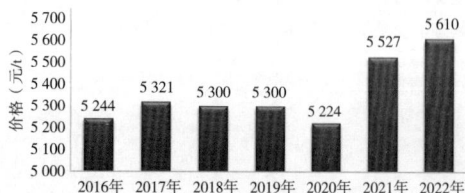

图1　2016—2022年度生鲜乳收购年平均价

【乳品加工】公司始终坚持以"市场导向、科技领先、质量第一、顾客至上"为经营方针，为实现对产品全方位的质量控制，公司建立了华南地区乃至全国领先成熟的乳制品产品质量控制体系，坚持从牧场开始，进行全程质量监控，配有先进、齐全的检验检测设备，经验丰富的质检团队及缜密的质检流程，构建起贯穿全产业链的可追溯质控管理系统。从牧场饲料采购、仓管、配制等环节开始，公司对外购饲料、农副产品及产出鲜乳等进行全程自检和不定期送检。除国标常规检测项目之外，公司引进了国际先进的体细胞检测仪，还配置温控与质检系统，从原材料端口入手，严格把控产品质量。在产品制造环节，公司品控中心承担起公司产品质量监控、检测、检验职能，同时引进国际一流的检测仪器，制定了包括纸箱在内的包材检测流程，建立起完善的质量检测体系，全面确保产品的质量安全。

公司旗舰工厂具有"智能高效、节能环保、行业示范"的突出特点，其生产及管理各链条已步入正轨，经营管理效率不断得到提升，生产效益逐步凸显。2022年，公司结合市场发展趋势和产能现状，推动多个技术改造项目，加快生产设备升级改造。同时，公司经过层层筛选，甄选资质齐全、生产规范的代加工厂，并结合自身经营情况及产能，合理调配生产安排，充分保障供应，以更好地满足消费增量需要及多元化需求。

在硬件升级的同时，公司推进完善的管理体系，不断提高科技水平。继2020年获得DHI实验室认证后，公司获得低温学生奶生产供应许可、诚信管理体系认证，公司检测中心顺利通过中国合格评定国家认可委员会（CNAS）的现场评审，标志着公司检测中心实验室达到了国家级与国际认可的管理水平和检测能力。2022年，公司参与国家乳业技术创新中心筹建，主持开展课题研究。

【市场消费】作为广东第一家液态奶上市企业，"燕塘"品牌源于1956年，于2022年入围广东商标协会"T50我最喜爱的广东商标品牌"，2021年被广东商标协会重点商标保护委员会纳入"广东省重点商标保护名录"，被中国农垦经济发展中心纳入"中国农垦品牌目录企业品牌"，被广州市质量强市工作领导小组办公室纳入"百年·百品"质量品牌企业名单。作为以低温奶产品占有相对优势的城市型老字号乳制品加工企业，燕塘乳业在广东省内拥有较高的知名度和市场影响力，本地消费者对公司产品、品牌和形象非常认可，长期的市场消费互动也强化了消费者对公司品牌的忠诚度，由此也提升了公司的区域竞争优势。

【社会责任】环境保护方面。燕塘乳业及下属乳制品工厂、牧场均按国家环境保护法律法规及建设项目环境影响评价要求，配备了污水处理站等配套防治污染设施，严格遵守环境保护设施与主体工程同时设计、同时施工、同时投产使用的"三同时"要求，防治污染设施运行稳定，污染物稳定达标排放。同时，燕塘乳业及下属乳制品工厂、牧场均按要求制定了环境自行监测方案，按方案要求对主要污染物排放进行监测，定期委托第三方专业监测机构对污染物排放进行检测，并在燕塘乳业、湛江燕塘的污水总排口部署了与环保部门联网的在线监测仪和视频监控，确保排放达标。

2022 年，燕塘乳业在环境治理和保护的投入资金为 2 895.55 万元，其中新建、升级改造环保设施投资 2 050 万元，环保设施运行维护费用等共计 845.55 万元，缴纳环境保护税 1.33 万元。

投入公益事业 。公司坚持发展成果共享，热心投入公益事业，在创造经济价值的同时，真诚回馈社会，通过物资捐赠、爱心捐款、组织职工参加志愿服务和无偿献血等多种方式传递温暖，身体力行践行社会责任，以实际行动促进社会进步，让发展成果更多更公平地惠及人民。

2022 年，公司积极投身社会公益，主动担当社会责任，通过爱心捐款、物资捐赠、无偿献血、志愿服务等多种方式传递温暖，用实际行动回馈社会。慈善捐赠投入 96.94 万元，发动广大职工积极参加"630"爱心捐款活动，共 709 名职工参与，捐款金额 25 734 元。组织 48 名员工在公司开展无偿献血活动，总献血量为 11 700 mL，为医疗事业及有需要的病人贡献力量。

关心职工冷暖。在公司内部，由工会牵头，党员、团员带头捐赠，管理层积极捐赠，普通职工自愿捐赠，设立的爱心基金运作愈加规范，"守望互助，同舟共济"的理念已成为企业文化的一部分。公司为职工购买住院二次医保，为职工子女购买独生子女保险，对经济困难、大病住院等职工开展定期走访和慰问活动，协助困难职工申请民政认定和社会福利，切实解决特需职工的生活问题。公司为患病职工办理住院二次医保理赔，对困难职工进行爱心基金帮扶和慰问，发放住院补贴，把对困难职工的关怀落到实处。

维护股东和债权人合法权益 。公司严格按照相关法律法规、部门规章、规范性文件和公司章程的规定，依法召开股东大会。公司股东大会全部采用现场会议与网络投票相结合的形式召开，为中小股东平等参与公司治理提供便利。公司不断完善法人治理结构和内控体系，严格履行信息披露义务，确保所披露的信息真实、准确、完整、及时、公平、简明清晰、通俗易懂；通过投资者服务热线、传真、电子邮箱和互动平台、网上业绩说明会、投资者现场调研等多种方式与投资者保持沟通交流，依法保障股东的知情权和参与权，维护广大投资者的合法利益。公司在保证财务状况稳定与资产、资金安全的基础上，依法维护债权人的合法利益。在生产经营的决策过程中，公司重视对债权人合法权益的保护，充分考虑债权人的合法权益，及时反馈、通报与其债权权益相关的重大信息，严格按照与债权人签订的合同履行债务，切实维护债权人的合法利益，实现股东利益与债权人利益的双赢。

劳动者权益保护 。公司认真贯彻执行《中华人民共和国劳动法》《劳动合同法》等法律法规，建立了较为完善的人力资源管理制度和用工管理规章制度，维护和保障职工的各项合法权益。公司依法与职工签订劳动合同，严格执行劳动保障标准，不断完善薪酬和福利体系，维护劳动者的合法权益，依法为劳动者缴纳"五险一金"、购买商业保险，定期组织健康体检，提供伙食、交通、住宿、通讯、夜班、误餐、外派等补助补贴，发放节日和生日礼物，举办集体生日会等职工福利，结合开展"我为群众办实事"活动，倾听一线职工诉求，并对合理化建议作出积极回应及落地。

乡村振兴情况。公司深入贯彻落实习近平总书记关于扶贫工作的重要论述和党中央、国务院脱贫攻坚的决策部署。按照上级党委和公司的统一部署，积极完成乡村振兴任务，履行上市公司社会责任，承担好国企的政治责任和使命，巩固拓展脱贫攻坚成果，全面推进乡村振兴。

（广东燕塘乳业股份有限公司，吴代锚、庞思源）

附表1 广东燕塘乳业股份有限公司奶牛养殖场（小区）名录

序号	名称	地址	全群存栏(头)	成母畜存栏（头）	奶畜品种	成母畜单产（t/年）	年总产（t）	是否有机奶源基地	有机奶产量（t）
1	广东燕塘乳业股份有限公司红五月良种奶牛场分公司	广东省阳江市阳东区红五月农场17队	3 885	2 137	荷斯坦、娟姗牛	9.2	19 658	否	/
2	湛江燕塘澳新牧业有限公司	广东省湛江市遂溪县草潭镇草潭大村对面岭	3 464	1 940	荷斯坦	9	17 459	否	/
3	陆丰市新澳奶牛养殖有限公司	广东省陆丰市铜锣湖农场西南管理区三连队西北侧新点一号	2 891	1 619	荷斯坦、娟姗牛	8.7	14 085	否	/
4	钟山温氏乳业有限公司	广西壮族自治区贺州市钟山县钟山镇龙井村	5 500	3 000	荷斯坦	9.4	25 380	否	/
5	肇庆市鼎湖温氏畜牧有限公司	广东市肇庆市鼎湖区莲花镇大布村蛇岗布	4 350	2 550	荷斯坦	9.1	20 885	否	/
6	肇庆市鼎湖温氏乳业有限公司鱼湾奶牛场	广东省肇庆市英德市东华镇渔湾青石塘	5 180	2 880	荷斯坦	7.5	19 440	否	/
7	南平市富盈牧业有限公司	福建省南平市延平区大横镇大横村白沙尾	1 934	1 117	荷斯坦	7.8	7 841	否	/
8	广州市奶牛研究所有限公司	广州市从化区太平镇分水村	1 430	770	荷斯坦	6.9	4 782	否	/
9	甘肃前进牧业科技有限责任公司	甘肃省张掖市甘州区石岗墩开发区	7 200	4 986	荷斯坦	11	49 361	否	/
10	天津市妙生奶牛饲养有限公司	天津市宝坻区新安镇小赵村	700	480	荷斯坦	12	5 184	否	/
11	陆丰市冠源生态农业有限公司	广东省陆丰市大安农场部队埔尾片区	2 936	1 739	荷斯坦	9	14 086	否	/

备注：本表所指奶畜包括奶山羊、奶绵羊、奶水牛、牦牛、骆驼、驴等产商品奶家畜。本表奶畜养殖场指企业在中国及海外自建和参建（控股、参股）牧场（小区）牧场（小区）的产奶。如认证为有机奶源基地等，请在相应表格中打钩。

附表2 广东燕塘乳业股份有限公司乳制品生产企业名录

序号	名称	生产地点	生产许可证号码	年收购原奶量（t）	其中：自有奶源量（t）	平均支付价格（元/kg）	日处理生鲜乳能力（t）	年乳制品产量（t）	UHT奶（t）	其中：低温鲜奶（t）	常温酸奶（t）	低温酸奶（t）	原料奶粉（t）	婴幼儿配方奶粉（t）	成人奶粉及其他（t）	奶酪（t）	奶油（t）	乳饮料（t）	冰品（t）	年销售收入（万元）	利润（万元）	有机产品（枚）
1	广东燕塘乳业股份有限公司	广州市黄埔区	SC10544011200503	106 448.42	51 202	5 610	1 050.00	208 187.12	20 628.66	32 007.80	4 821.24	15 547.66	/	/	/	/	/	135 181.76	/	235 911.08	11 669.11	/

备注：本表包括在中国及海外的生产企业。日处理生鲜乳能力指设计加工生鲜乳能力。自有奶源指来自自建和参建（控股、参股）牧场（小区）的原奶。成人奶粉指除婴幼儿配方奶粉、学生奶粉、孕妇奶粉、中老年奶粉等终端消费奶粉。冰品包括冰激凌、雪糕等。有机产品指获得有机标志的数量。

【观察员企业】

辽宁越秀辉山控股股份有限公司

辽宁越秀辉山控股股份有限公司（以下简称越秀辉山）的品牌历史可以追溯到1951年，总部坐落于中国辽宁，占据北纬42°黄金玉米带及黄金奶源带地理优势，越秀辉山率先在国内建成涵盖饲草饲料种植、精饲料加工、良种奶牛饲养繁育、全品类乳制品加工与销售、乳品研发和质量管控等全产业链发展模式，实现了奶源100%来自规模化自营牧场，并开创了"从田间到餐桌"的管控模式，全程守护消费者舌尖上的乳品安全。

2022年是越秀辉山高质量迈向世界500强的重要一年，也是越秀辉山实施"十四五"战略规划的关键一年。阔步新征程的越秀辉山正激发强大动能，探索高质量发展路径，以"至珍至爱 品质如山"为全新品牌理念，用珍稀奶源呵护新鲜品质，将最高品质的产品，献给最珍爱的消费者。同时，越秀辉山也将进一步夯实全产业链升级，借助数字化、智能化手段，集合物联网、人工智能等设备和技术，打通全产业链业务流程和数据，全面推进奶源基地数字化转型，保障消费者舌尖上的安全与新鲜，赋能中国奶业高质量发展。

【奶源基地】越秀辉山通过流转土地的方式，在辽宁省内拥有2.67万hm²（40万亩）的农业种植基地，并形成沈北3个作业区、法库3个作业区，以及康平作业区、西丰作业区、义县作业区九大作业区。主要种植玉米青贮、高湿玉米和苜蓿青贮，玉米青贮实现了青贮干物质与淀粉"双30"的品质目标。

越秀辉山先后在辽宁省沈阳、锦州、阜新、抚顺、铁岭等地投资建设了良种奶牛繁育及乳品加工产业集群项目，截至2022年共建成78座现代化自营牧场，2022年奶牛存栏约12.1万头，成母牛存栏5.9万头，全年原奶产量52.65万t，实现奶源100%来自规模化自营牧场。

为夯实基础建设，强化珍稀奶源优势，公司全面推进续建牧场施工和现有牧场的升级改造工作，集中开展雨污分流渠、垫料再生系统、氧化塘扩容修复等改造升级项目，瞄准"粪污不出舍、输送不落地、场内不积雨"的目标，从根源上进行治理，为实现牧场"零"排放、奶牛养殖废弃物100%资源化利用奠定基础。同时，越秀辉山深入开展SOP梳理工作，对标行业先进牧场KPI指标和操作规范流程，通过优化兽医处方、执行首次配种双同期流程以及调整禁配牛标准等举措，推动牛群存栏实现稳步增长。通过编修饲养标准化操作流程、开展八芒星评估、高产群精准分群等举措，开展降发病、减抗牛、减应激、提治愈、提舒适、择流程等六项管理工作，使牛群保群工作稳步前进，提产提质工作取得了突破。

同时，越秀辉山以"十四五"战略为指引，围绕"自动种植、智慧养殖、精益生产、精准营销"的产业全景，坚持整体推进乳业全产业链数字化建设。

自2021年推动农业种植数字化转型以来，越秀辉山坚持以创新驱动农业产业升级，以智慧农牧平台数字化信息集成推动精细化管理，配备自动驾驶系统的农耕拖拉机已达149辆。通过北斗卫星的定位与导航功能，利用作业轨迹云端共享，实现多机联动作业，大幅提升作业效率，单机作业效率由250亩/天提升至300亩/天，平均效率提升20%。同时，建立包括自动驾驶平台和作业质量监控平台两部分的数字化平台。越秀辉山智慧农业在保障产业链上游产出品质的同时，实现了区域现代化农业快速、健康、和谐的可持续发展。

奶牛饲养及牧场管理方面，越秀辉山搭建智慧牧场管理平台，实现对奶牛全生命周期的精准化管理。进一步提高牧业生产和管理数据的及时性和准确性，为智能决策提供依据。

越秀辉山自营牧场将TMR饲喂系统、奶厅帝波罗管理系统、兽药管理、饲养管理、繁育管理等业务数据自动汇总至管理平台，根据业务实际结果动态生成业务派工单，并实时跟踪相关人员的完工情况。越秀辉山在运营牧场全部采用精准饲喂管理系统，通过清晰准确地计划日粮与饲喂日量的比率、剩料量，实现牛群实际饲喂量的精准及饲料成本的精确计算。标准的流程作业、准确的数据及快速的分析使牧场的养殖管理更加规范，使牧场工作效率大大提升，也为管理者提供了有效的管理抓手。

牛群健康管理也通过数字化建设得以提升。越秀辉山优先进行10家试点牧场的奶牛智慧项圈应用，通过信息化手段收集不同群组和整体牛群的行为信息。例如，通过智能项圈可以7×24全天候监测牧场的奶牛发情信号并掌握最佳输精时刻，通过采食、反刍、静力3个指标的监测也可反映出牧场奶牛的健康水平，从而判断牛只的健康状况。经验证，通过监控牛只的行为和健康情况，利用可执行的奶牛观察结果进行明确、主动、高效的奶牛健康日常管理，可提前2~3天发现健康问题，做到疾病早发现、早治疗、降低死亡率，整体疾病检出准确率均可保持在90%以上。

【乳品加工】越秀辉山先后从瑞典、德国等国家引进全球先进的乳品生产设备和加工工艺，在沈阳、锦州、抚顺打造4座现代化乳品加工生产厂，年加工能力可达70万t。全面推行ISO9001、GMP、HACCP管理体系，实现各个环节全链条质量管控，从原奶验收到产品出厂经过严密的检验程序，有近200余项监控指标。完善的生产管理系统和先进的技术支持，使越秀辉山的产品品质更有保障，切实践行越秀辉山"品质如山"的安全承诺。2022年，产品涵盖液态奶产品有巴氏杀菌乳、调制乳、灭菌乳、发酵乳、乳饮料等；乳粉类产品有婴幼儿配方奶粉、全脂乳粉、脱脂乳粉、调制乳粉、脱盐乳清粉等；乳脂类产品有稀奶油、炼乳等；以及现制现售饮品、冷冻饮品等潮流产品。

其中，沈阳液态奶加工厂是越秀辉山液态奶旗舰工厂，占地面积490亩，总建筑面积53万 m²，日设计产能1 726t，现有31条生产线。锦州液态奶加工厂产品设计日产能570t，包括酸奶生产线8条，实际日产能210t；常温奶生产线5条，实际日产能360t。

锦州奶粉加工厂具备婴幼儿配方奶粉生产资质，设计年产能1.8万，每日可以提供50t婴幼儿配方奶粉产品，抚顺乳品加工厂主要生产工业原料粉。2022年越秀辉山奶粉共计3款产品，9个注册配方，包含辉山玛瑞、初品、星恩。

越秀辉山作为国内率先践行全产业链模式及最先布局娟姗奶源的大型乳企之一，依托100%自有奶源优势，从源头呵护产品品质，并以"至珍致爱、品质如山"的品牌理念，实现珍稀奶源的优质转化，凭借娟姗奶牛和A2奶牛差异化奶源优势，成为品牌新增长点。随着越秀辉山板块"一体两翼"布局的不断深化，越秀辉山在珍稀奶源深耕研创和全产业链数字化转型的探索中更将借势南北资源互通、品牌共铸的优势，为中国乳业高质量发展蓄势蓄能。

【市场消费】越秀辉山作为中国奶业的中坚力量，正以内外共驱之势架起品牌战略布局双引擎。

2022年越秀辉山液态奶板块成功打造"1+4+X"品牌矩阵，既是对消费趋势的前瞻性引领，又是自身优势的充分发挥，更是实现"区域领先、全国突破"的重要引擎。越秀辉山液态奶全年销量合计占辽宁省25%，占东北三省13%。

其中，"1"是重塑新辉山基础产品，保持稳健增长；"4"是打造四大支柱品牌，即聚焦娟姗、A2珍稀奶源的奢享系列，牛在身边奶更新鲜的鲜博士系列，纵享健康美味的零感随心系列，与你共青春的多炫系列；"X"是创新引领培育第二增长曲线。

发展区域领先，聚焦以"鲜奶就喝鲜博士"为核心的品牌升级及整合营销，全面落实并巩固辽沈鲜奶第一品牌地位；奢享高端常温突破全国，新装在天猫超市线上首发，完善引流、利润、形象产品组合，实现行业领先的产品力突破、娟姗第一姿态；零添加酸奶纵享健康美味，实现细分品类第一品牌，提升行业影响力；多炫年轻生活态度陪伴者，是年轻新品牌，拓展零食酸奶品类，深耕下午茶场景。B2B增加创新品类、学生奶完成升级、门店专属产品不断丰富。

2022年，越秀辉山在实现产品创新数字化转型上动作频频，在消费者研究、产品开发、品牌创新、技术改造、成果转化等方面积极寻求突破。低温创新孵化车间建成，同时完成多项技术改造，柳叶包等顺利投产。同时利用现有车间内的有限空间，为低温产品提供小产能，更经济地服务于创新孵化新产品。

其中，鲜博士鲜牛奶系列产品入围《升级和创新消费品指南（轻工 第九批）》升级消费品建议名单；"热泡茶萃取鲜奶茶关键技术的研究及产业化"荣获中国乳制品工业协会技术进步奖二等奖；"WOW FOOD AWARDS"创新食品评鉴大赛"辉山倍鲜娟姗冷藏牛乳"获铜奖、"辉山A2β酪蛋白纯牛奶"荣获入围奖。鲜博士乳品创意 Lab 网红店在2022年第二届广州国资国企创新大赛中揽获优秀奖。

2022年辉山奶粉完善了覆盖消费者全生命周期的产品矩阵。包含3款婴幼儿配方奶粉——辉山玛瑞、辉山初品与辉山星恩，2款儿童奶粉——小辉辉系列儿童奶粉、辉山儿童成长配方奶粉。在成人粉品类，辉山推出了健怡嘉、健怡嘉A2、辉山经典1951 三款成人奶粉产品，给全家人更用心的关爱。2022年，辉山奶粉营收同比增长超过210%，其中主力产品"辉山玛瑞"系列营收增幅超过333%。辉山玛瑞作为国内首款采用珍稀娟姗奶源的婴幼儿配方奶粉，搭配高含量乳铁蛋白顶级配方，特别添加一种益生菌和双重益生元。辉山初品奶粉定位为"乳铁奶粉专家"，添加高含量乳铁蛋白配方，搭配OPO结构脂、α-乳白蛋白、2种益生元、5种核苷酸、DHA/ARA 和叶黄素，助力宝宝成长。辉山星恩定位为"中国宝宝的A2奶"，以A2奶源添加乳铁蛋白为宝宝筑起一道抵抗力长城。

2022年，辉山奶粉先后荣获人民网第十七届人民企业社会责任奖"年度案例奖"、网易·新能量乳制品行业峰会"2022年度最具成长力品牌"奖、云颂奖、原点奖、樱桃大赏、乳业新势力"年度品类领航企业"、金投赏、金远奖、中国国际广告节"2022年度整合营销金案"等10余项大奖。伴随产品的全面焕新，辉山奶粉也实现了品牌的全面升级，从签约张碧晨为代言人，到合作央视大剧《人世间》、辽宁春晚，冠名小米综艺《嗨！辣妈》等，累计收获超270亿次曝光，成功链接新时代妈妈消费群体。

【社会责任】越秀辉山积极履行社会责任，2022年2月，葫芦岛受新冠疫情影响急需社会帮助，越秀辉山组织各方力量捐赠辉山成人奶粉533箱，共计3 198罐。

2022年3月，吉林省疫情形势牵动人心，"白山黑水，同是东北；越秀辉山，风雨共担。" 越秀辉山迅速协同产业链上下游，紧急调拨价值50万元的乳制品，包括1.5万提健多士牛奶和1 506听星恩三个阶段的婴幼儿配方奶粉，驰援长春市、吉林市，以优质乳品为疫情防控英雄提供一份营养保障，为急需奶粉支持的吉林省孤儿学校的孩子们解燃眉之急。3月23日，越秀辉山联合经销商先后向辽宁大学、沈阳农业大学、辽宁生态工程职业学院捐赠300箱健多士牛奶，助力校园疫情防控工作。

2022年底，辉山奶粉还向处于疫情之中的锦州义县红十字会捐赠价值10万元的物资与价值10万元的辉山中老年高钙高纤营养奶粉185箱（共计1 110罐），以实际行动参与到疫情防控阻击战的工作中。

【奶业大事】辉山牛奶门店开启新零售模式。越秀辉山通过以"产业链延伸＋标准化运营＋数字化技术"赋能门店，解决消费者"最后一公里新鲜"的痛点，同时将品牌发展推向新阶段，树立以"辉山牛奶"店为样板，形成集上户、零售、现制现售产品于一体的新型业态。

越秀集团旗下食品、地产、金融三大板块跨界合作打造首家辉山牛奶旗舰店，并落户辽宁省沈阳市越秀星汇云锦，该店是集辉山预包装乳品、现制现售乳制品售卖和辉山鲜文化传播于一体的综合性服务门店，以"前店后仓"模式打造牛奶体验店新标准，专注消费升级，运用场景化解决方案提供高附加值的优质服务，消费者既可以到店亲自体验购买，也可在线上下单，以店为仓，进行即时配送。辉山牛奶旗舰店营业后可满足周边3 000 米半径内消费者的饮奶需求，让消费者随时可享日配新鲜。辉山牛奶连锁店的建立标志着越秀辉山创新变革开启新零售赛道。未来，越秀辉山将根据不同城市、不同区域特性，分级打造以辉山牛奶旗舰店、城市店、社区店，用新鲜联通千家万户。

（辽宁越秀辉山控股股份有限公司，梁 多）

山东得益乳业股份有限公司

山东得益乳业股份有限公司（以下简称得益乳业）是一家集生态化农业种植、规模化奶牛养殖、智能化乳品加工、现代化低温物流、数字化营销服务于一体的农业产业化国家重点龙头企业，中国奶业协会副会长单位，中国奶业D20 企业，中国乳制品工业协会副理事长单位，国家奶业科技创新联盟优质乳工程示范基地。

【奶源基地】建设一二三产业融合生态循环奶业基地，以国际领先标准，保证奶源新鲜、安全。

得益乳业在北纬37° 黄金纬度的黄河三角洲湿地，建设一二三产业融合生态循环奶业基地项目，以种养结合为特色，发挥得益"种－养－加－售"一体化战略优势，实现农牧生态可持续发展，是国务院一二三产业融合发展政策支持项目，项目有助于打造和带动地方农产品品牌升级，实现农牧生态产业可持续发展，助力山东省打造乡村振兴齐鲁样板。

生态循环奶业基地总占地面积200hm²，建设 3 个万头牧场，设计奶牛存栏量3.5 万头，并配套建立1 333hm² 高蛋白美国紫花苜蓿和玉米青贮种植基地。基地先后从澳大利亚引进 7 000 头纯种荷斯坦青年奶牛，目前已繁育至1.2 万头。基地采用世界先进的集约化养殖方式，每个牧场配置国际先进的瑞典利拉伐和德国GEA80 位重型转盘挤奶设备及速冷系统，以色列养殖管理软件，实时监测牛只健康；配置的意大利TMR 饲料搅拌车，保障奶牛的每一口日粮都营养平衡；同时配套设置自动刮粪板、恒温饮水槽、牛体刷、环境温度控制系统（风机、自动喷淋）等设备，最大程度上保证原奶品质。同时，牧场打造智慧养殖系统，"互联网＋物联网"、大数据与牧业养殖结合，实现从草料采购、配

种、繁育、饲喂、疫病、挤奶、销售到原奶销售产业链信息化控制。

牧场有着严格的疫情防控制度并严格执行且由专人监督检查。牧场的员工入场前需经过严格的消毒程序才能入场，对外来车辆严格消毒。按照国家和行业最高标准进行奶牛的防检疫疫苗注射，并定期检查效价。谢绝外来人参观牧场，牧场为封闭管理。不用携带病菌的精液，防止病菌传入。对牛舍、粪污沟每周 2 次消毒，产房、奶厅、犊牛岛每天消毒。

牧场粪污经过自动刮粪板刮至粪沟处，经过干湿分离，固体发酵用作垫料回填卧床，液体经过发酵后成为肥料还田改良土壤使用。得益乳业流转1 133hm² 土地与牧场互补种养结合，净化还田的有机肥料与养殖牧场产生的粪肥形成循环生态农业。与临沂市盛源动物无害化处理有限公司高青分公司签订协议，对于病死牛集中无害化处理。

此外，得益乳业积极开展对外合作，与以李胜利教授为首的国际奶业战略与技术研究中心团队进行合作，引进国际国内先进的牧业管理理念和技术方法，建立得益国际化牧场管理体系。2019 年上游养殖基地被认定为山东省智慧农业应用基地，同时牧场被认定为山东省智能牧场，2020 年第二牧场被认定为淄博市唯一一家国家级标准化示范牧场，2022 年基地被农业农村部信息中心认定为 2022 全国智慧农业典型案例。

基地率先提出国内 6 个100% 牧场经营管理体系，实现了100% 青贮全覆盖、100% 进口冻精繁育、100% 全自动 TMR 喂养、100% 全自动清粪、100% 全自动挤奶及100% 全自动粪污处理，使饲草种植、奶牛品种、养殖规模、设施配置、养殖技术、牧业管理等都达到了国际先进水平。

得益乳业奶源除自有牧场外，还有 20 余处社会化牧场并存共同发展，目前自有牧场存栏1.2 万头，成母牛单产近 11t，并全部参加 DHI 检测，日产奶量180t，占总奶源量的 70% 以上；社会化牧场20 余处，分别分布在山东淄博、东营、潍坊、济南等地，总存栏量 1 万余头，成母牛单产 8.5t，全部采用机械化挤奶、TMR 日粮饲喂，利用公司信息化平台实现奶牛养殖的信息化管理。原奶从牧场到工厂1.5h 低温送达，优质原奶蛋白含量达到 3.5%、菌落总数控制在 1 万 CFU/mL 以下、体细胞控制在 20 万个 /mL 以下，指标媲美欧盟标准。

【乳品加工】实施全面质量管理，强化技术合作深度国际化，提升生产加工自动化水平，保证产品品质。

得益乳业专注于国际流行的低温奶生产加工与研发，主营巴氏鲜奶、低温酸奶、低温乳酸菌饮料等系列，共 90 多个产品。目前产品已涵盖儿童、青年、中年、老年等所有人群，满足不同年龄层次人群的营养需求。

多年来，得益为 100 万客户提供送奶到家的服务，赢得了千万家庭的共同信赖。

得益乳业新建低温乳品智能车间，设计产能 18 万t/ 年，于 2022 年底投产，产品以低温巴氏鲜奶、益生

菌功能性酸奶、奶酪等乳制品为主，以世界级标杆法国 Yoplait 工厂的标准进行设计，达到国内领先水平。以 ERP、OTAS 上位机 SCADA 系统为核心，实现互联网数字化与工业自动化平台结合，搭建以客户为导向的"订单式"生产模式，引进德国 GEA 全自动前处理系统、国际先进膜浓缩设备，实现生产过程全自动，在低温的情况下将牛奶中的蛋白含量由 3.1g/mL 提升至 4.5g/mL，保持牛奶中的鲜活属性。同时配置双离心除菌机，除菌率达 98%，与全自动杀菌机及负压脱气配套使用后，提升了低温乳制品的口感及品质；整个车间采用中控室集中控制，实现从收奶至产品包装入库整个乳品生产链条的智能化、自动化、信息化，实现对整个生产过程实时记录和监测及防错，保证产品在原料进厂、生产加工、包装出厂的整个生产流程中可控，产品鲜活营养。

得益乳业通过中国优质乳工程认证，专线生产、精准控制、工艺创新，将牛奶杀菌温度波动在 ±0.2℃ 以内；保留牛奶的天然活性营养物质，产品中的乳铁蛋白含量高达 55mg/L 以上，同时降低能耗，

得益乳业是山东省内首家通过国家优质乳工程认证的本土企业，并荣获"优质乳工程工匠团队奖"，"臻优"荣获第十三届中国（北京）国际妇女儿童产业博览会"优秀新产品奖"，"鲜境"荣获"消费者喜爱品牌"。

得益乳业与中国农业大学合作对中国本土的益生菌进行筛选后获得 1 株乳双歧杆菌。该菌株具有优异的耐酸性和耐氧性，并通过严苛的随机双盲测试证明具有润肠通便的效果。公司将研制菌种命名为 IU-100 益生菌，并完成专利菌种保藏（No.CGMCC12942）；上市 IU-100 益生菌风味发酵乳，专利菌种的润肠通便效果比市面同功能型产品效果更优，有效提升了产品的口感、品质和技术差异化，同时通过自主掌握酸奶中核心的菌种技术，确保了产品开发的自主性及产品的稳定性。

【市场消费】打造覆盖山东，辐射华东、华北的低温冷链和销售网络，实现客户服务零距离。

得益乳业为实现冷链的全程控制，打造完善的"得益冷链物流控制体系"，实现全程冷链可追溯，24 小时新鲜直达。得益乳业自控拥有独立制冷机组的冷藏车辆 500 余辆，并且在济南、青岛、临沂、烟台等 16 地市建立低温冷库及分拨中心，形成了覆盖山东全省并辐射华北、华东的配送网络。

得益乳业现有社区、商超、代理、零售、连锁、团购、特通、电商八大渠道，建设鲜活牛奶门店 10 000 余家，覆盖大型超市 1 500 余家，三星级以上酒店 200 多个，便利连锁店 2 000 多家；拥有 5 000 余人的益家订终端服务队伍，配套 5 000 余辆专业保温投递车辆，密集覆盖山东省 16 个地市，并辐射北京、天津、河北、山西、河南、江苏、安徽、浙江、上海等省份，利用信息化设备实现企业、终端、客户互联互通，打造智能化销售终端，每天为 100 万家庭提供新鲜高品质牛奶，服务全国近千万消费者。

【全球发展】得益乳业积极开展对外合作，开放性引进国际先进技术，与中国农业大学、瓦赫宁根大学、哥本哈根大学、慕尼黑工业大学、维罗纳大学、墨尔本大学、澳大利亚联邦科工组织等国内外著名的院校、研究机构合作交流，不断增强公司在技术方面的实力。

上游与中国农业大学、国际奶业战略与技术研究中心合作，在当前原料价格上涨、碳减排的形势下，实施奶牛精准饲喂，配制定制饲料；建立科研课题基地，青贮品质逐年提升。通过以上措施，提高奶牛单产、乳蛋白率和饲料转化率，降低甲烷、氮和磷环境排放量。人才培养方面，通过现代奶牛场高级人才研修班，培训输出现代化奶牛场管理人才。

得益乳业与意大利帕尔马大学和维罗纳大学共同创建了中国 – 意大利乳品科学技术研发中心，意大利维罗纳大学的 Dellaglio 教授荣获山东省淄博市高新区成立以来第一个国际科学技术合作奖。得益乳业积极开展对外合作，开放性引进国际先进技术，先后与瓦赫宁根大学、澳大利亚联邦科工组织、哥本哈根大学、中国农业大学等在内的 10 余所国内外著名院校、研究机构合作交流，进行项目转化，不断强化自主科研能力；截至 2022 年公司拥有有效专利 57 项，其中授权发明专利 8 项，实用新型专利 9 项；拥有自有专利菌种 3 株；拥有省级企业技术中心、山东省功能性乳制品工程技术研究中心、2 个省级研发平台。

【社会责任】得益乳业作为山东低温奶领域龙头企业，高度重视并履行社会责任，近年来不断加大社会公益事业的投入，在乡村振兴、脱贫攻坚、助医助学、青少年关爱等方面投入了大量精力。

疫情无情人有情，大疫"大考"更显得益大爱情怀。疫情期间，得益乳业紧急行动保障了终端的牛奶需求，并陆续为抗击疫情一线的医院、公安、疾控等部门工作人员赠送营养健康的牛奶。截至 2022 年，已累计向山东省内以及江苏、河南、安徽的一线抗疫人员捐赠了 200 余万元的新鲜牛奶，用以保障当地的抗疫工作，充分彰显了"好品山东"乳品企业的担当。

得益乳业积极发挥产业带动作用，农业采用"龙头企业 + 合作社 + 农民"的合作模式，通过土地流转和作业外包等方式，实现年带动 59 个村，3 657 户、1.2 万人，每年增收 2 800 万元，直接用工 300 人。畜牧养殖通过"自有牧场 + 合作牧场"，带动 1 500 余人就业。乳制品加工坚持巴氏奶杀菌工艺，带动就业 1 300 余人。冷鲜物流和新零售方面，鲜活牛奶门店 1 000 余家，提供 7 200 个投递岗位，社区订购服务 180 万家庭，服务全国近 2 000 万消费者。

【奶业大事】得益乳业新建并于 2022 年底投产日产 500t 低温乳品智能车间建设项目，总投资 5.1 亿元，主要建设包括智能车间及配套办公区、中控室、冷库、制冷站、物料仓库及污水处理站等，建筑面积 2.7 万 m²。

日产 500t 低温乳品智能车间，自动化、数字化、智能化水平比肩世界一流的法国优诺生产车间；引进德国 GEA、瑞士康美包、瑞典爱克林、中亚机械等国内

外顶尖的乳制品生产设备；从原料进厂、生产加工到包装出厂整个生产流程自动化控制，实现整个生产链条的自动化、数字化、智能化；生产工艺采用"膜过滤＋双离心除菌＋75℃/15s低温巴氏杀菌"，原奶指标优于欧盟标准，最大限度地保留牛奶的活性营养物质，得益牛奶产品品质比肩乳品行业国际水平。

项目投产后，得益乳业总产能达到1000t/天，是中国最大的单体低温奶智能制造生产基地，也是全国最先进的低温乳制品生产基地之一。

（山东得益乳业股份有限公司，刘建民）

皇氏集团股份有限公司

皇氏集团股份有限公司（以下简称皇氏集团），成立于2001年，是一家以水牛奶特色乳品为核心、以光伏科技赋能乳业的综合性上市公司。公司于2010年1月6日在深交所上市，是国内乳品行业第四家A股上市企业，是农业产业化国家重点龙头企业、全国优秀乳品加工企业、中国奶业20强（D20）企业。

公司在广西、云南、湖南、贵州、四川、安徽等地建立28个标准化养殖基地和8个现代化乳品加工厂，各类乳制品年产能力超80万t。公司拥有的5个主要品牌——"皇氏乳业""来思尔""优氏""遵义""杨森乳业"，分别具有10~70年的发展历史，在西南地区享有较高知名度。公司水牛奶、酸奶产品的研发及工艺技术位于国内同行前列，建有广西壮族自治区内唯一的省级乳品技术研究中心和国家乳品加工技术研发分中心、广西水牛乳工程技术研究中心、广西水牛乳质量与安全控制技术工程研究中心等，发起和参与制定了水牛奶的主要行业标准。

作为以水牛奶产品为核心的龙头生产企业，公司持续投入打造"奶水牛种源芯片战略"，通过启动国内多个万头智慧牧场项目的布局建设、积极探索将巴基斯坦奶水牛优质种源引入国内，有效解决国内奶水牛单产低、水牛奶源稀缺的问题，打造差异化护城河。截至2022年，公司奶水牛育种项目被列入国家"一带一路"项目库和"中巴经济走廊"首批农业项目，并成为首个获准从巴基斯坦出口水牛遗传物质到中国的育种公司，将大大加快优质奶水牛品种培育速度，带动奶水牛产业经济效益的提升，使公司在水牛奶细分行业继续保持领先优势。

2022年，在复杂多变的外部经济环境和瞬息万变市场环境中，皇氏集团积极做好生产经营的各项统筹工作，坚持聚焦主业，承压奋进，逆势而上，全面推动"百亿级乳企"和"奶水牛种源芯片"战略的全面实施，在主业市场拓展、产品差异化、菌种研发及应用、水牛胚胎技术攻关、光伏科技赋能乳业降本增效等方面持续发力，并取得积极成效。皇氏集团正沿着科学发展的航向，向着更高、更远的目标前进。

【奶源建设】奶业是关系到国民营养健康和乡村振兴的重要支柱产业，对于保障粮食安全和经济稳健发展至关重要。奶源作为奶业的基础，决定了整个产业链条的稳定性和质量。皇氏集团积极顺应国家奶业发展政策，将奶源建设视为工作的重中之重。皇氏集团股份有限公司在全国自营、参股及合作的牧场有28个，其中直属管理规模牧场11个、合作牧场17个，奶水牛规模牧场3个；主要分布于广西、云南、湖南与西北等地，公司的牧场奶牛总存栏50 221头。为深入贯彻党中央、国务院关于奶业振兴的决策部署，提升生鲜乳供给保障能力，皇氏集团加速奶源布局，充分利用当前发展机遇，在全国创建多个万头奶牛产业集群，全面提升全产业链核心竞争力，加快推动中国牛奶产业高质量发展。

1. 奶水牛种源芯片战略。作为坐落于"中国水牛乳之都"——南宁的水牛奶龙头生产企业，皇氏集团持续投入打造"奶水牛种源芯片"，推动引入巴基斯坦尼里拉菲优质奶水牛种源实现奶水牛产业升级。皇氏赛尔公司组建了成熟的胚胎生产及移植团队，在境内外成功进行水牛胚胎移植获得积极成果，并同步开展尼里拉菲水牛全基因组育种的相关工作，属于国内首创。截至2022年，公司奶水牛育种项目被列入国家"一带一路"项目库和"中巴经济走廊"首批农业项目，即将在国内率先实现尼里拉菲优质水牛的大规模胚胎移植。凭借在奶水牛育种研究和技术应用方面的成果，皇氏集团被授予广西壮族自治区新型研发机构、南宁市奶水牛产业技术研究院、中国巴基斯坦奶水牛产业国际科合作示范基地和巴基斯坦尼里拉菲奶水牛品种引进广西实验站等科技创新称号。

皇氏集团将加快推进水牛胚胎的进口；建立胚胎生产和胚胎移植标准体系，加快技术水平的提升以及胚胎移植成功率的提升；加快推进境外无疫牧场的建设和境内水牛繁育牧场建设，计划年内完成境外水牛免疫无疫牧场（一期）及境内首个万头奶水牛智慧繁育牧场（一期）建设并投入使用。融入养殖信息化、数字化、智能化的建立，着力打造智慧型牧场，继续在业务核心区推进建设集种植、养殖、产学研、观光于一体的高标准农业观光互补万头牧场，提升公司奶牛养殖基地的管理效率、经济效益，提升奶源尤其是水牛奶原料的供给。

2. 奶源基地建设。2022年，皇氏集团加快建设智能化工厂和高质量奶源基地，广西上思、云南巍山及祥云3个万头牧场动工建设，广西宾阳、来宾两个万头牧场也在积极落实项目用地及建设前期规划。皇氏集团奶源基地的建设和运行遵循"减量化、再循环、再利用"的循环经济原则，实行"奶牛养殖——牛粪生产有机肥——种植牧草"等农牧紧密结合的循环生态养殖方式，将牛粪便全部用于发酵生产有机肥料，有机肥用于饲草种植基地，饲草又用于牛的饲料，实现奶牛清洁养殖，变废为宝，从而形成了完整的循环经济产业链。养殖基地所产的有机肥料，是"三高"农业所需的优质有机肥料，对于改善土壤质量，提高土地肥力，改善农业生态条件，具有重要作用。在牧草种植上，建设标准化的全株玉米、饲用高粱、甘蔗和牧草种植模式，并示范引导周边农户种植，产出质量安全的饲草和农作物副产品。

2022年，田东县皇氏奶业示范区正式投产，通过引进国外高产优质奶牛，建设高标准、现代化的牛舍，通过配置现代化喂养设备、60位转盘式挤奶机和鲜奶预处理等设备实现智慧养殖，以及种植南方高产优质牧草，打造安全、优质的奶源基地，为皇氏乳业自有的年产20万t智能化乳制品加工厂提供稳定、高品质的新鲜原奶。

2022年4月，皇氏集团正式启动"奶水牛产业升级项目"，并与广西来宾市政府签订战略合作协议，计划用3~5年的时间，充分发挥产业技术优势，在来宾市投资打造出南方最大的乳肉兼用奶水牛全产业链集群；同时，正推进建设10个集种植、养殖、观光于一体的高标准农光互补万头牧场，积极推动根竹中巴奶水牛良种繁育牧场改造升级。下一步，皇氏集团将加速全国布局，筹建多个万头奶水牛智慧牧场，实现充足可靠、有地域特色的奶源供给渠道，加速奶源全国化、国际化布局，推进奶水牛产业高质量蓬勃发展，加快实现"百亿乳企"战略目标。

【乳品加工】2022年，皇氏来思尔智能化工厂、广西巴马工厂先后建成并投入使用，广西来宾乳品加工厂加快建设。皇氏集团目前在国内有8个现代化乳品加工厂，乳制品年产能力近700 000t。作为国家农业产业化龙头企业，皇氏集团积极响应国家大数据战略，紧紧把握科技迅猛发展的脉搏，结合未来发展方向，开创一条符合自身条件的数字化转型之路。皇氏集团旗下的广西皇氏、云南来思尔、湖南优氏、广西来宾、贵州遵义五大乳制品智能工厂，均整合了数字化设计、智能化生产、智能化管理、协同化赋能、绿色制造、安全管控、综合绩效七大关键要素，通过建设智能化的前处理设备、加工设备、灌装设备、制冷设备等，实现产品品质的保证和生产效率的提高；通过构建可追溯冷链物流系统、B2B和B2C智慧销售平台，实现乳制品的精准配送和实时追踪、市场需求的精准预测，把公司乳制品加工厂建设成生产制造全过程智能化、自动化、可追溯的智能制造基地，有力促进企业提质增效。

皇氏集团作为国家学生饮用奶定点生产企业，企业及产品通过HACCP、ISO9001、GMP等多体系认证，是国家级农业产业化重点龙头企业。皇氏集团聚焦大品类和优势产品，大力发展水牛奶和低温酸奶等，饭不着爆浆燕麦代餐酸奶、裸酸奶、爱特浓系列、小爱酸奶系列等新产品深受消费者喜爱。公司凭借着水牛乳、益生菌资源及相关大健康产业积累了深厚的技术经验、强大的自主创新能力和核心竞争力。

【市场消费】近年来，水牛奶异军突起，以其丰富的营养、优质的口感广受消费者青睐。2022年，皇氏集团将"中国牛，民族菌"作为发展主线，重点打造

水牛奶这一具有地方资源优势的特色产品，一只水牛系列、小爱酸奶、摩菲水牛、水牛鲜语、每日鲜、秒秒鲜、一口小仙气等核心产品表现突出，聚力营销本年度"浓醇"系列上市新品，统一制定全渠道市场策略，加大资源投放以提升品类市场占有率；在渠道方面，继续深耕核心区域市场渠道下沉，加快大湾区、长三角及大成渝区域各类销售渠道布局，同时新设立皇氏（广西）数字科技有限公司、皇氏社区云商平台，加大电商渠道的推广，进一步深化线上线下一体化融合，线上的东方甄选渠道、线下的取奶机渠道表现亮眼，私域客户的深度挖掘和变现效果显著，实现品牌传播与销售的共同联动。

皇氏集团自成立以来一直深耕水牛奶产业，树立"自然品质·自然牛"的品牌形象，走特色化、差异化道路，凭借在行业内较高的品牌知名度、领先的研发能力、完善的制造工艺、严格的质量管控，公司产品在细分市场上已具备较强的竞争力，形成了独特的品牌优势。在销售网络建设上，公司营销网络从城市渗透到乡镇市场，营销网络渠道包括经销商、商超及便利店、电商、鲜奶配送上门、专卖店、企事业单位食堂、学校、自动售卖机等，同时也注重私域流量的转化，现已形成完善的营销网络。

【全球发展】针对广西奶水牛产业主要面临着种源退化、养殖规模不大、奶源严重不足的问题，皇氏集团于2020年10月正式启动"奶水牛产业升级项目"，依托中国农科院水牛研究所、广西大学动科院等技术成果，在巴基斯坦建成水牛胚胎研究及生产中心，水牛免疫无疫牧场（一期）；在国内，公司完成千头水牛繁育牧场改造和胚胎移植技术团队的组建，开展了近千次的水牛胚胎移植实验，并取得了良好的实验成果，充分验证了水牛胚胎繁育技术的可行性。同时，皇氏集团已开工建设中国首个万头水牛牧场，用于水牛胚胎育种的商业化实施。此外，中国与巴基斯坦两国正式签署水牛胚胎进口的检验检疫议定书，标志着巴基斯坦水牛胚胎进口中国已进入最后的相关手续办理阶段。该项目的顺利实施，将大大加快优质奶水牛品种培育速度，快速繁殖高产精英尼里拉菲水牛，形成核心种群，并投入商业生产；提高水牛奶原料供应，构筑差异化竞争壁垒，成为皇氏集团未来可持续发展的重要驱动力。

【社会责任】2022年，为支持"抗疫"工作，皇氏集团多次为全国各地奋战在抗疫一线的工作人员提供必要的营养支持，为人民群众日常生活保证充足的民生供给。在这场没有硝烟的抗疫战争中，皇氏集团一如既往地做到"生产防疫两不误"、积极参与慈善捐助、全力保障市场供应和价格稳定、加强普及乳制品营养知识、为国民营养健康提供更多的乳制品选择和服务，引导国民科学饮奶，改善健康状况、增强抵抗力，积极助力打赢新冠疫情防控阻击战。

皇氏集团还积极参与各项爱心捐助、慈善捐款活动，帮扶贫困村、困难户脱贫致富，为当地的学校、敬

老院捐款捐物，投资建设希望小学等。2022 年，皇氏集团共捐赠物资及现金约 92 万元。皇氏集团不断凝聚向上向善的力量，承担更多的社会责任，彰显水牛奶生产加工龙头企业的责任与担当，以企业之力与城市共同成长。

【奶业大事】2022 年 2 月 10 日，皇氏集团积极支持抗疫防控工作，为奋战在百色市抗疫一线的工作人员提供必要的营养支持；仅用一天时间，在民建广西区委的协调支持下，价值超 20 万元人民币的 3 000 件牛奶和 1 000 盒益生菌经由广西红十字会组织专车护送，于当日下午运抵百色疫区。

2022 年 4 月 11 日，皇氏集团正式入选第三届中国奶业 D20 企业。

2022 年 4 月 28 日，皇氏集团与来宾市政府签订战略合作协议，双方在水牛数智养殖、乳制品加工、水牛肉冷链精深加工等领域达成初步合作共识，计划用 3~5 年的时间，充分发挥产业技术优势，在来宾市投资打造出南方最大的乳肉兼用奶水牛全产业链集群。

2022 年 4 月 29 日，来宾市 2022 年第三批重大项目集中开竣工仪式暨皇氏来宾乳制品产业化基地项目开工仪式举行。项目建设乳制品生产车间、研发中心和企业文化展示中心，生产巴氏杀菌奶、常温乳制品、植物蛋白饮料等各类产品，将带动全产业链上下游协同发展，推动广西特色奶水牛产业升级与国家乡村振兴政策有效衔接，为区域经济高质量发展做出应有的贡献。

2022 年 8 月 17 日，田东县皇氏奶业示范区正式投产。

2022 年 9 月 6 日，中国奶业协会开展了 2022 年"优秀奶业工作者和乳品加工企业"评比表彰活动。皇氏集团及旗下子公司皇氏集团湖南优氏乳业有限公司荣获 2022 年"优秀乳品加工企业"荣誉称号；皇氏乳业集团畜牧总监李仕坚、云南皇氏来思尔乳业有限公司总经理马万平荣获 2022 年"优秀奶业工作者"荣誉称号。

2022 年 9 月 20 日，中国农业农村部与巴基斯坦国家粮食安全与研究部以视频方式共同召开中巴农业联合工作组第三次会议。中巴双方审议并通过会议纪要，将皇氏赛尔"中巴无疫牧场及育种项目"列入首批中巴经济走廊的农业项目。

2022 年 9 月 28 日，皇氏巴马益生菌产品深加工基地正式投产。主要生产液态乳制品（酸奶）和益生菌乳饮料，包含 4 条灌装线、10 款以上产品，年产量可达 1 万 t。通过本地益生菌及其发酵剂在乳品上的应用，带动巴马当地发酵乳、乳饮料等相关产业发展。

2022 年 12 月 21 日，2022 中国乳业新势力发展论坛暨第二届新乳业·万商乳品采购节发布了"2022 中国乳业新势力年度评选"系列榜单，皇氏集团荣获年度品类领航企业、年度影响力区域乳品品牌（广西水牛奶）；云南皇氏来思尔乳业有限公司荣获年度创变企业；皇氏集团旗下产品"减糖也浓醇风味发酵乳""嚼酸奶"荣获年度创新产品。

（皇氏集团股份有限公司，曾令璇）

新疆西域春乳业有限责任公司

【奶源基地】新疆西域春乳业有限责任公司（以下简称新疆西域春）是集草料种植与饲料加工、奶牛繁育改良与饲养、乳制品加工与销售为一体的全产业链自治区级农业产业化重点龙头企业。西域春乳业自有规模化智慧牧场 11 座，奶牛存栏 2.6 万头，其中成母牛 13 500 头，牛奶总产量 102 600t。公司自有奶源占 80%，养殖场主要分布在昌吉州地区，主要产区在呼图壁县，存栏 3 000 头及以上的规模牧场占 100%。

饲草料种植与加工。2022 年，公司拥有天然草场 1.33 万 hm^2，人工饲草料基地 0.8 万 hm^2。其中苜蓿种植面积 0.16 万 hm^2，平均单产 15 700kg/hm^2，年总产量 2.52 万 t；青贮玉米种植面积 0.15 万 hm^2，单产 670 000kg/hm^2，年总产量 10.05 万 t。公司通过发展订单农业的模式，利用沼渣和沼液种植有机饲草料带动农牧民脱贫致富。

公司建成了年产 20 万 t 的西域春饲料厂，引进了国内最先进的饲料生产线，建成了西北第一家玉米压片生产线，生产的压片玉米饲料有效提高了奶牛饲料转化率。公司与中国农业大学合作，开展了饲料前沿研究。研发的牛羊精饲料、补充饲料、膨化饲料、预混料等五大系列，30 多个饲料品种，满足了畜禽企业（养殖户）需要。

奶牛养殖。牧场采用规模化养殖、机械化作业、散栏式饲喂方式，利用以色列 80 位转盘挤奶设备、阿菲金牧场管理软件系统等，建立数据云平台，实现集团化统一数字化智能管理。从奶牛发情监测、TMR 监控及原料库存管理，到奶厅 MRS 自动测产与检测、运输过程 GPS 监控，牧场依据数字化管理体系建立实施日绩效考核办法，提高了牧场的经营管理水平，实现了可持续发展。奶业机械购置补贴达到 100%。

疫病防控。公司遵循"预防为主，防治结合"的疫病防控方针，除日常消毒防疫工作外，牧场每年开展两次疫病监测，制定科学的免疫程序，严格按照免疫程序接种，并按照国家和自治区要求佩戴免疫标识，实现疫病安全零事件。

粪污处理。主要采用刮粪板清理牛粪，部分牛粪发酵后当卧床垫料，其余粪污全部集中送往中广核呼图壁生物能源有限公司（第三方）生产沼气，提纯净化后通过管道输送到西域春乳业提供热能。公司利用沼渣和沼液建起了有机肥厂，农牧民通过使用有机肥来提高土壤肥力、改善土壤结构、降低病虫害的发生。

区域内生鲜乳收购年均价格 4.5 元/kg，奶业养殖头均年净收入 7 900 元，奶牛场净收入约 6 800 万元。

【乳品加工】新疆西域春乳业有限责任公司拥有 2

座乳品加工基地,分别是新疆西域春乳业有限责任公司、和田西域春乳业公司。2022年乳制品总产量122 900t,其中低温酸奶37 000t、UHT奶72 264t。设计日加工产能700t。

2022年公司累计投资金额3 500万元,打造智能化现代化工厂建设,推进12个设备升级、技术改造项目。引进全自动灌装机和自动化生产线,采用全自动中控程序操作,优化工艺流程、全面提升车间产能,为高质量发展做好生产保障。

【市场消费】公司始终坚持"新鲜营养、自然健康"的发展战略。主要产品有巴氏杀菌乳、发酵乳、灭菌乳、调制乳、乳粉、乳饮料六大系列70多种品类。

公司销售渠道主要有商超、KA、零售网点及电商。截至2022年销售范围已经覆盖新疆全区,并在上海、浙江、广东、山东、江苏、福建、海南、北京、郑州、湖北、湖南、四川等20多个大中型城市都设有销售处。乳品上市量占新疆乳品市场份额的45%,其中酸奶销量占新疆酸奶市场份额的65%。

2022年疆外销售收入占总收入的30%。2022年销售收入11亿元。

【社会责任】多年来,公司始终践行"取之于社会,回报于社会"的宗旨,以实际行动践行初心使命,履行责任担当,用实际行动驰援抗疫,助力打赢疫情防控阻击战。

在上海疫情期间,公司组织向上海捐赠近万箱价值52万元的阿尔法浓缩酸奶,同心守"沪",为上海人民送去温暖;在新疆疫情期间,公司向新疆抗疫一线工作者和方舱医院患者捐赠乳品、物资200万元,持续关注疫情发展状况,与全国人民心手相连,传递无限爱心,为早日解除隔离、共克疫情尽绵薄之力。

【奶业大事】2022年西域春乳业持续推进"优质乳工程"项目。通过项目的实施使西域春拥有了优质的原料奶,具备进行功能产品开发的基础。

2022年公司与阿克陶县人民政府签署奶牛养殖项目合作框架协议。在阿克陶县畜牧业现有规模、技术及产业链基础上,坚持"立草为业、以草定畜",联合发展生态畜牧业,实施奶业振兴行动,重点打造皮拉勒乡依也勒干村奶牛基地,支持规模养殖场全产业链发展,实现种养加、产供销一体化运营。通过建设奶牛养殖场、饲草种植和项目运营,共同建设实施3 000头奶牛养殖场项目。

2022年公司研发生产的奶皮子酸奶、养眼酸奶、养胃酸奶自立袋花色系列,高钙奶、疆疆纯牛奶、达西尼娅纯牛奶、红牛味奶啤等产品市场反馈良好,深受消费者喜爱。

2022年公司被中国奶业协会评为优秀乳制品加工企业。

(新疆呼图壁种牛场有限公司,葛建军;新疆西域春乳业有限责任公司,何玉婷)

附表 1 新疆西域春乳业有限责任公司奶牛养殖场（小区）名录

序号	名称	地址	全群存栏（头）	成母畜存栏（头）	奶畜品种	成母畜单产（t/年）	年总产（t）	是否有机奶源基地	有机奶产量（t）
1	新疆呼图壁种牛场有限公司	新疆昌吉州呼图壁县东郊种牛场	26 000	13 500	荷斯坦、西门塔尔	10.2（荷斯坦）7.1（西门塔尔）	102 600	否	/

备注：本表所指奶畜包括奶山羊、奶绵羊、奶水牛、牦牛、骆驼、驴等产商品奶家畜。本表奶畜养殖场指企业在中国及海外自建和参建（控股、参股）牧场（小区）。如认证为有机奶源基地等，请在相应表格中打钩。

附表 2 新疆西域春乳业有限责任公司乳制品生产企业名录

序号	名称	生产地点	生产许可证号码	年收购原奶量（t）	其中：自有奶源量（t）	平均支付价格（元/kg）	日处理生鲜乳能力（t）	年乳制品产量（t）	其中：低温鲜奶（t）	UHT奶（t）	常温酸奶（t）	低温酸奶（t）	原料奶粉（t）	婴幼儿配方奶粉（t）	成人奶粉及其他（t）	奶油（t）	奶酪（t）	乳饮料（t）	冰品（t）	年销售收入（万元）	利润（万元）	有机产品（枚）
1	新疆西域春乳业有限责任公司	新疆昌吉州呼图壁县东郊种牛场	SC10565232300315	122 000	102 600	4.5	700	122 900	2 300	72 264	200	37 000			536				10 600	107 385	9 438	

备注：本表包括在中国及海外的生产企业。日处理生鲜乳能力指设计加工生鲜乳能力。自有奶源指来自自建（控股、参股）牧场（小区）的原奶。有机产品数量单位为"枚"指获得有机标志的数量。婴幼儿配方奶粉、中老年奶粉等终端消费奶粉。冰品包括冰激凌、雪糕等。成人奶粉指除婴幼儿配方奶粉以外的学生奶粉、孕妇奶粉、中老年奶粉等年奶粉等终端消费奶粉。

天津嘉立荷牧业集团有限公司

天津嘉立荷牧业集团有限公司（以下简称嘉立荷集团）成立于2007年5月，注册资金4.9亿元。嘉立荷集团已有60多年的产业沿袭，在奶牛养殖领域形成了涵盖奶牛育种、饲料加工和销售、生鲜奶生产和销售、养殖高新技术开发和服务于一体的全产业链布局，具有明显的现代都市规模化养殖特色。

嘉立荷集团以"创国内一流企业，建国内奶牛养殖第一品牌"为宗旨，围绕"着力保障和改善民生"这个命题，创新理念、创新思维、创新招法，关注奶牛健康、奶源安全。

【奶源基地】2022年，嘉立荷集团奶牛混合群存栏51 668头，其中成母牛存栏22 269头，牛奶总产量246 539.39 t，奶牛品种全部为荷斯坦牛。嘉立荷集团下辖16个奶牛场、1个饲料公司和1个种业公司。牧场养殖分布在天津辖区、山东乐陵、河北唐山、甘肃武威及内蒙古和林，全部为自有奶源。

2022年，嘉立荷集团发挥养殖和管理优势，积极与蒙牛、伊利等头部企业合作，积极拓展奶牛养殖规模，深化市场与品牌建设，按照"科技＋轻资产"的外埠发展原则，以租赁代替固定资产投资，实现轻资产运营，在托克托县建设一座1.2万头的奶牛场，以及林格尔县正在建设的2万头奶牛场部分已投产。

嘉立荷集团智慧牧场项目以互联网技术为基础，以ERP管理、物联网控制、自动化采集、大数据分析和云平台共享为手段，将奶牛场各个信息孤岛连接起来，实现智能化、精准化管理。2022年9月底完工。

2022年，嘉立荷集团共计获得各类涉农产业扶持资金2 540.4万元。其中科技类项目补贴246万元，投资类项目补贴1 100万元，其他涉农产业扶持补贴1 194.4万元。

2022年苜蓿种植面积17.31 hm²，单产930 kg，总产量243.98 t；青贮玉米种植面积192 hm²，单产1 690 kg，总产量2 883 t。

2022年，嘉立荷集团按照《嘉立荷牧业集团有限公司免疫程序》全面部署防检免疫工作。落实春秋两季口蹄疫免疫，抗体效价保持在95%以上；开展羊痘、结核等疫苗的免疫检疫工作，确保牛群健康。

嘉立荷集团下辖的奶牛场粪污处理方式主要是粪污经由牛舍地下管道收集后，由暂存池泵入固液分离机进行固液分离，分离后的固体粪渣进行晾晒或经过发酵处理后做牛床垫料。分离后的粪液通过进料池进入厌氧发酵罐进行厌氧发酵，厌氧发酵后产生的沼液存入氧化塘作为沼肥进行还田。近几年，新建场将沼液进行深度处理，处理后达到灌溉水标准，以灌溉方式进行还田，固体沼渣作为粪肥还田。

【市场消费】2022年嘉立荷集团原奶销售收入9.68亿元。作为国有企业，嘉立荷集团经过10多年努力，从奶牛遗传改良、饲料原料品控、牛群疫病防控、生鲜奶生产环节管控等方面入手，逐步提升了牧场管理水平、牛群健康水平、生鲜奶产量和质量。2022年嘉立荷集团成母牛年平均单产11.82 t，日平均单产32.37 kg，在行业中名列前茅。"嘉立荷"牌生鲜牛奶质量远超欧盟标准，牛奶乳蛋白含量＞3.2%，乳脂肪含量＞3.8%，牛奶体细胞＜15万/mL，菌落总数＜1万CFU/mL。

表1 2022年各区域生鲜乳收购年均价格

区域	单价（元/kg）
天津	4.03
山东	4.27
唐山	4.25
甘肃	4.27

虽然嘉立荷集团组建于2007年，然而追溯历史，其所属的各奶牛场一直是天津居民奶源的主要供应者。自民国时期就开始养育海河儿女，从未间断。截至2022年，嘉立荷集团仍然是天津地区生鲜乳的主要提供者，奶牛存栏量占天津市奶牛存栏量的40%左右，生鲜乳天津市市场占有率约为40%，生鲜乳销售量位列全市第一。

嘉立荷集团以天食智慧牧场为试点，通过建设"智慧牧场数字化展厅"样板窗口，开发品牌展示、农业研学、互动体验、产品定制等功能，打造旅、学、宣、销为一体的新型养殖基地，为集聚市场资源创造有利条件。

"嘉立荷"牌生鲜牛奶获得"天津市知名农产品品牌"称号，得到了广大客户和政府的高度认可，这为扩大经营模式奠定了坚实的基础。

【社会责任】2021年，为助力对接地区巩固拓展脱贫攻坚成果，实现与乡村振兴的有效衔接，嘉立荷牧业集团与甘肃省武威市凉州区人民政府签订了战略合作协议，共同建设武威市凉州区奶牛场优质奶源基地项目，由嘉立荷（甘肃）牧业有限公司以"带牛入园"模式进行生产经营，引进先进的设施设备，同时结合嘉立荷集团优秀的管理经验，充分利用健康的奶牛群体，完善的质量控制体系，科学配方、精准饲喂，将奶牛养殖场打造成为充满现代气息的精品示范牧场，确保生鲜奶的各项指标达到欧盟标准，成为全国知名的优质奶源基地。

截至2022年底，嘉立荷（甘肃）牧业奶牛混合群存栏9 700头，其中成母牛存栏2 577头、育成牛存栏5 085头、犊母牛存栏1 444头、公牛存栏594头。成母牛日平均单产31.09 kg，泌乳牛日平均单产32.34 kg。嘉立荷（甘肃）牧业在职员工112人，其中招录当地职工100人，人均工资5 200元/月。通过以工促农的就业方式进一步带动了当地经济发展，有效提高了当地农民的生活质量。嘉立荷(甘肃)牧业收购当地青贮、苜蓿、燕麦草等 6 万多 t，给当地农业种植户创造约 3 000 万元收入，为当地农业种植户带来了可观收益。

（天津嘉立荷牧业集团有限公司，徐宝梁、狄婷婷、李晓燕）

附表 1　天津嘉立荷牧业集团有限公司奶牛养殖场（小区）名录

序号	名称	供奶企业	全群存栏(头)	成母畜存栏(头)	奶畜品种	成母畜单产(t/年)	年总产(t)	是否有机奶源基地	有机奶产量(t)
1	天津嘉立荷牧业集团有限公司		51 668	22 269	荷斯坦	11.82	246 539.39		

澳优乳业（中国）有限公司

【奶源基地】澳优乳业（中国）有限公司（以下简称澳优）澳优通过"买全球，卖全球"稳步推进全球产能布局及市场布局，以"全球化思维、本土化经营"的运作方式，实现商业价值与社会价值的共赢。截至 2022 年底，澳优在全球共有 8 个工厂，中国 1 个（婴幼儿配方奶粉工厂），荷兰 5 个（3 个婴幼儿配方奶粉工厂，2 个原料工厂），澳大利亚 2 个（1 个婴幼儿配方奶粉工厂，1 个营养品工厂），全球员工总数约 5 000 人，其中海外员工占比超过 20%，是中国国际化程度最高的乳企之一。

【乳品加工】澳优在国内拥有乳品生产企业 1 个，设计产能约 3 万 t，3 个品牌、9 个系列通过了新国标注册。

澳优以"全球营养 呵护成长"为企业使命，以消费者需求为中心，持续拓展产品矩阵，已形成覆盖婴幼儿配方奶粉、保健食品、特医食品、个性化营养品及服务的生命全周期呵护体系，正朝着"成为全球最受信赖的配方奶粉和营养健康公司"的愿景稳步迈进。

截至 2022 年，澳优旗下有羊奶粉品牌佳贝艾特，牛奶粉品牌海普诺凯 1897、能立多、悠蓝、澳滋等上百种乳类产品；营养品有 NC 养胃粉、苏芙拉等 200 多个品种。益生菌方面，澳优旗下益生菌品牌锦旗生物申报的鼠李糖乳杆菌 MP108 获批婴幼儿菌株，成为中国自主研发的第一株可食用婴幼儿菌株，并在此基础上，澳优推出了爱益森系列产品。特医食品方面，澳优获得了湖南省首张特殊医学用途配方食品生产许可证，并推出了湖南首款特殊医学用途婴儿无乳糖配方食品"稚舒"。目前，澳优旗下已有 3 项特医食品获得注册批准，6 项各具针对性的特医食品正在进行商业试产。

澳优坚定实施创新驱动发展战略，以雄厚的研发创新实力抢占营养健康产业高地。澳优是国家级高新技术企业，拥有博士后科研工作站，截至 2022 年已经建立了以澳优食品与营养研究院为基地，以澳优（北京）特殊营养研究中心、欧洲研发中心、澳新研发中心、澳优（台北）营养研究中心、澳优·江南大学特种乳国际联合研究中心等为支撑的"1+6+N"全球研发体系，组建起了一支包括 200 余名博士及乳制品专家在内的国际化研发团队，申请国家专利 500 余项，发表学术论文 200 余篇，开发了 100 余款创新产品，有 20 余项产品行业领先。此外，江南大学校长、中国工程院院士陈卫教授将其唯一的院士工作站设在澳优，中国工程院院士单杨首个创新团队工作室也落户澳优。

【市场消费】2022 年，澳优实现营业收入约人民币 77.96 亿元；经调整后归属于母公司权益持有人应占利润约人民币 4.72 亿元。自 2017 年起，澳优连续蝉联长沙市望城区第一纳税企业。公司旗下羊奶粉品牌佳贝艾特于 2018—2022 年连续 5 年在中国进口婴幼儿羊奶粉市场销售份额中占比超六成。

【全球发展】2022 年 10 月，澳优以 1 840 万欧元收购荷兰羊奶酪公司 Amalthea Group，继续加码羊奶全产业链布局，进一步筑高羊奶"护城河"，巩固其在羊奶领域难以撼动的地位与优势。

澳优位于荷兰的浓缩羊乳清生产设施已落成，另有荷兰新婴配基粉设施及国内投资 1.6 亿元投资建设的三期营养健康科技园项目正在加紧建设中，将于 2023 年完工。

【社会责任】2019 年，澳优发起成立了长沙市澳优公益慈善基金会（简称澳优基金会），以更加组织化、系统化、专业化的方式向社会各界提供精准的扶持与帮助。近三年，澳优携手澳优基金会已累计捐赠物款价值超 1 亿元人民币。

2022 年，在实现企业经营发展的同时，澳优围绕人们对美好生活的向往，在乡村振兴、人才强国、国民营养提升等方面持续贡献力量，累计捐赠物资价值超过 2 700 万元。在欧洲，澳优向红十字会捐赠的食品价值约 7.5 万欧元，为当地有需要的人提供爱心援助。

在中国，澳优旗下品牌海普诺凯 1897 开启"新生力量公益计划"，创新性打造"小红花""鸢尾花""格桑花"三大核心公益品牌，通过"矩阵式"公益实践，让更多人的生活因为澳优更加美好。同时，"澳优基金会海普诺凯格桑花西藏母婴营养提升公益计划"连续第六年在西藏开展，截至 2022 年已帮助当地 5 000 多个家庭提升营养健康水平。在荷兰，澳优为 Foundation Kika 举行义卖，向 Roparun Foundation 及 Children's Cooking School Fikks 捐赠爱心物款，以帮助癌症患者及贫困儿童改善困境。

【奶业大事】

公司荣获羊奶行业首个中国专利奖，获批湖南省首张特殊医学用途配方食品生产许可证，率先启用无铬钝化马口铁奶粉罐，两项突出科研成果分别被评定为"研究空白点新突破"及最高级别"国际领先"水平，旗下锦旗生物获批后生元领域国家发明专利等。

中国工程院院士单杨首个创新团队工作室落户澳优。澳优乳业陈卫院士专家工作站入选湖南省院士专家工作站。

佳贝艾特儿童羊奶粉、悦白有机羊乳羊奶粉、海普诺凯 1897 特医婴幼儿配方食品"稚舒"、首款 HMO 奶粉"未来版"、首款 A2 奶源产品喜致等数十款新品全新亮相。

佳贝艾特官宣唐嫣和黄磊双代言，开启羊奶喂养新时代；郎朗、吉娜双代言加持海普诺凯 1897，迈向品牌突围新征程。

澳优连续第六年向社会发布可持续发展报告，致力于让成长更美好。凭借在可持续发展方面的优异表现，国际权威指数机构摩根士丹利资本国际公司将澳优 ESG 评级上调至 A 级，这也是中国食品行业迄今为止最高评级。

澳优荣获 2022 年世界乳品创新奖最佳婴儿营养乳品、连续第五年荣获中国乳制品工业协会"质量金奖"，斩获中国专利奖优秀奖、中国乳制品工业协会技术进步奖、全国商业科技进步奖、中华慈善总会年度爱心企业；澳优董事长颜卫彬荣获"新湖南贡献奖"称号。诸多重量级荣誉，见证澳优卓越实力。

2022 年，在可持续发展愿景的推动下，澳优进一步洞悉利益相关方需求，竭力开发高品质产品与营养解决方案，满足顾客需求；提供和谐共融的工作环境，帮助员工实现成长；积极践行企业社会责任，造福社会与未来；聚焦绿色低碳发展，守护地球美好家园。未来，澳优将继续与各界携手努力，为经济、社会、环境可持续发展贡献更大力量，为缔造更优世界创造更多价值。

[澳优乳业（中国）有限公司，洋 林]

北京首农畜牧
发展有限公司

北京首农畜牧发展有限公司（以下简称首农畜牧），是拥有 70 多年历史的国家奶牛育种和养殖龙头企业，沉淀了几十年北京农垦优秀的农耕文化，凝聚着首都畜牧业的浓重情怀，传承着"奋斗、奉献、担当和创新"的北京农垦奶业精神，通过几代养牛人的不懈努力，经历了"累土聚沙"的拓荒奋斗阶段、"改革开放"的发展壮大阶段、"攻坚克难"的品质提升阶段。公司从无到有、从小到大，不断成长壮大为专业化的奶牛养殖企业，为保障首都市民"奶瓶子"发挥了重要作用，为中国奶牛业的发展做出了重大贡献。

【奶源基地】 首农畜牧拥有 5 个国家级、2 个北京市级科研和检测平台,1 个国家级种公牛站。是中国奶牛育种一流品牌，中国世界级良种公牛的摇篮，全国庞大的奶牛基因库，全国规模大综合实力强的奶牛良种繁育研发中心和推广基地，是我国奶牛育种体系的主要构建者，种牛繁育技术和种牛质量安全控制技术领先全国。

首农畜牧拥有专业化奶牛养殖牧场 27 个。其中 1 个牧场成功入选国家奶牛核心育种场，2 个牧场被评为中国农垦乳业标杆牧场，12 个牧场入选全国农垦系统奶牛高产高效攻关单位。积极参与京津冀协同发展，主动落实疏解非首都功能任务，全力推进企业养殖区域的战略性调整。创新"种养结合、区域集中、分群饲养、品种多元化"四要素集合的现代畜牧业发展模式，大力发展现代数智化牧场建设。2011 年起，在河北、河南、山东、吉林、黑龙江、内蒙古、云南等地投资建场。

2022 年首农畜牧奶牛存栏全群 93 482 头，其中成奶牛 46 291 头,2022 年全年牛奶产奶量 515 271 734.5 kg，

成母牛头年平均单产 11.47 kg，乳脂率达 3.86%，乳蛋白率达 3.33%，牛奶体细胞数 17.66 万个 /mL，细菌数 1.16 万 CFU/mL，拥有娟姗牛养殖基地，创建了国内先进的 "A2- β 酪蛋白"牛奶生产技术体系，为三元食品极致 A2- β 酪蛋白纯牛奶提供原料供应。饲料转换效率 1.47，达到奶业发达国家水平。

首农畜牧 2021 年设立奶牛育种基地建设项目，投资新建首农平谷良种奶牛场，2022 年处于施工建设中，预计 2023 年完工投产。牧场建设含泌乳牛舍 1 栋，综合牛舍、后备牛舍、隔离牛舍各 1 栋，新建饲草料库等相关附属设施，并配备奶牛养殖废弃物资源化利用处理系统等，总建筑面积 43 292 m^2。首农畜牧邢台分公司于 2022 年扩建，计划新建泌乳牛舍 8 栋、干奶牛舍 2 栋、后备牛舍 2 栋、青年牛舍 1 栋、大小挤奶厅各 1 栋。

在智慧牧场建设方面，首农畜牧目前配备挤奶机器人共 18 台、药浴机器人 1 台、自走式 TMR 共 7 台，有 6 个牧场奶厅配备转台式挤奶台；高效节能风机通过实验发现比普通三相异步交流电机风扇节能 40%~50%；无人地磅的应用提高了牧场的工作效率；卧床垫料再生系统日生产牛粪再生垫料可达 40~50 m^3，有效将粪污资源化再利用；数智化平台的应用，突破了时间、空间限制，实现了管理者对牧场进行远程、实时、跨区域监控管理，推进了智慧牧场的建设；精准饲喂系统、智能喷淋在下属牧场全部推广应用。

首农畜牧结合首农 70 多年的养殖积淀，集大数据、云计算、AI 智能、物联网技术于一体，自主开发建立了包括两大交互（牧场间数据交互、牧场与公司间数据交互）、三大板块（牧场端信息管理系统、公司端信息管理系统和物联网互通系统）、五大系统（标准化自动化的信息采集系统、精准饲喂系统、环境控制系统、自动化信息科学分析预测系统、牧场实时动态管理系统）的首农畜牧牧场管理系统。

其主要架构及运行模式为：公司设立数据中心，下属牧场设立局域网、物联网，通过耳标、项圈和传感器等技术使奶牛及各类设备成为物联网终端节点，通过各类自动化设备、设施监控奶牛生产过程，采集产奶、繁殖、饲喂、疾病、环境等业务数据，连同牧场的事件记录，通过物联网互通系统实时汇集至公司数据中心处理。牧场通过牧场端信息管理系统，突破了奶牛养殖业生产管理一直存在的瓶颈；通过五大系统的应用，实现了数据采集自动化、数据录入标准化、日粮饲喂精准化、环境控制智能化、生产指标预警化、日常工作派工化和分析报告自动化，解决了早期数据记录混乱随意、牧场问题及异常发现处理不及时、人为工作易存在漏洞和错误等问题，提高了工作效率和准确度，为指导牧场生产管理提供了科学的数据支撑。公司端综合数据管理系统，可进行数据的查询、汇总和分析，通过智能屏、手机 App 等方式，为公司决策提供数据依据，突破了时间、空间限制，实现管理者对下属牧场进行远程、实时、跨区域监控管理。另外，平台配备了三大安全防护体系，全面

保护各层级数据的安全、可信和完整。同时，数据中心以数据接口的形式，支持与畜牧兽医主管部门和食品安全部门的信息服务平台联网对接，以服务于动物疫病预防控制及疫情监测和食品安全部门的奶源质量追溯。

精准饲喂系统可实时观测 TMR 日粮原料添加准确性，有问题及时处理，使日粮更加符合奶牛营养需要，提高饲料利用效率。通过推广应用，全群节约精饲料 14 739t，年节约粗饲料 28 600t，年节约饲料共计 43 339t。全群可节省饲料费用 15.11 万元 / 天，全年获得饲料节省经济效益 5 516.8 万元。

智能化风扇喷淋控制系统及精准识别节水降温系统，可根据温湿度指数等自动化控制风扇喷淋的开启与关闭，并通过感应颈夹感知奶牛采食行为从而控制单个喷头进行喷淋降温。

以奶牛的采食行为作为触发点控制单个喷头降温循环的智能喷淋系统比传统喷淋系统节水 60% 以上，可为牧场节约大量水资源，从而显著降低污水处理压力。

科技发展日新月异，从传统养殖向智能化养殖转变成为趋势，"食安天下，惠泽万家"，首农畜牧将继续承担好首都人民的"奶瓶子"责任、D20 企业责任，严抓质量关，保障供给，饲养健康牛、生产优质奶、奉献全社会。

（北京首农畜牧发展有限公司，白沥冰）

附表 1　北京首农畜牧发展有限公司奶牛养殖场（小区）名录

序号	名称	供奶企业	全群存栏（头）	成母畜存栏（头）	奶畜品种	成母畜单产（t/年）	年总产（t）	是否有机奶源基地	有机奶产量（t）
1	中以牧场	三元	1 961	950	荷斯坦	12.40	11 528	否	
2	羊截河牛场	三元	1 529	770	荷斯坦	11.52	9 146	否	
3	三堡牛场	三元	1 555	799	荷斯坦	12.26	9 801	否	
4	草厂牛场	三元	1 963	998	荷斯坦	12.30	12 134	否	
5	小务牛场	三元	1 736	835	荷斯坦	12.20	9 755	否	
6	第一牧场	三元	2 256	1 258	荷斯坦	11.62	13 538	否	
7	金银岛牛场	三元	3 165	1 582	荷斯坦	11.77	18 408	否	
8	长四牛场	三元	1 160	569	荷斯坦	12.06	7 094	否	
9	南口二场	三元	2 374	1 259	荷斯坦	12.15	14 858	否	
10	南口三场	三元	1 683	786	荷斯坦	12.68	9 865	否	
11	第二牧场	三元	3 501	1 701	荷斯坦	12.34	20 855	否	
12	雄特牛场	三元	1 480	737	荷斯坦	12.30	8 770	否	
13	创辉牛场	三元	1 702	795	荷斯坦	11.91	9 071	否	
14	金鑫园牛场	三元	788	400	荷斯坦	11.60	4 376	否	
15	顺三牛场	三元	418	209	荷斯坦	10.33	2 173	否	
16	小段牛场	三元	744	388	荷斯坦	12.23	4 826	否	
17	奶牛中心良种场	三元、蒙牛	1 096	398	荷斯坦	12.89	5 889	否	
18	河南分公司	三元、发喜、蒙牛、卡士、北京和润、伊利	4 879	2 373	荷斯坦	10.87	25 253	否	
19	河北首农		20 571	10 019	荷斯坦、娟姗	11.17	111 114	否	
20	山东分公司	三元、发喜	6 024	2 892	荷斯坦	11.48	32 106	否	
21	白城分公司	蒙牛、三元	3 502	1 921	荷斯坦	11.26	21 257	否	
22	兰西分公司	蒙牛、完达山	4 121	2 145	荷斯坦	11.22	22 486	否	
23	滦县分公司	三元、发喜	9 365	4 726	荷斯坦、娟姗	10.04	46 578	否	
24	巴盟分公司	蒙牛	4 372	2 219	荷斯坦	12.25	24 345	否	
25	云南分公司	伊利	996	544	荷斯坦	10.88	5 956	否	
26	邢台分公司	三元	4 067	1 845	荷斯坦	13.55	23 663	否	
27	兰考分公司	三元、蒙牛	6 404	3 173	荷斯坦	10.91	30 425	否	
28	首农平谷良种奶牛场	新建牧场暂无产奶	70	0	荷斯坦	—	—	否	

备注：本表所指奶畜包括奶山羊、奶绵羊、奶水牛、牦牛、骆驼、驴等产商品奶家畜。请在养殖场或小区列中列出；如认证为有机奶源基地等，请在相应表格中打钩。

河北乐源牧业有限公司

河北乐源牧业有限公司（以下简称乐源牧业）是君乐宝乳业集团的全资子公司，负责君乐宝婴幼儿配方奶粉、高端乳品的奶源供给。乐源牧业于 2013 年成立，注册资金 21 亿元，员工 3 000 余人。

【奶源基地】截至 2022 年年底，乐源牧业在全国建有牧场 32 个，其中 25 个牧场已运营，7 个牧场正在建设。奶牛存栏 14.9 万头，其中成母牛存栏 6.67 万头，占比 45%。年产生鲜乳 68.4 万 t。

乐源牧业各牧场采用世界先进的散栏式养殖模式，配置国际先进的全混合日粮（TMIR）饲喂系统、自动清粪系统、自动挤奶系统及粪污处理系统，并且牧场建立物联系统，实现多设备联动管理及风险设备实时监控，保障牧场生产安全；疫病防控方面，乐源牧业按照国家相关规定要求严格执行场区消毒、免疫、检疫等工作。乐源牧业实现奶牛养殖自动化、标准化、规范化。

奶源规划方面，乐源牧业旨在打造特色奶源，满足不同消费者需求。截至 2022 年底，乐源牧业拥有 10 个学生奶认证基地、2 个有机奶认证基地、5 个 A2 奶源基地。

单产方面，2022 年乐源牧业有 5 座牧场单产突破 40kg，其中威县四牧单产突破 48kg，引领行业新高度。

原奶品质方面，公司坚持严格的原奶标准，监控管理各类饲料指标，同时引入劳氏 LRQA 质量过程保障、普华永道风险控制体系，质量管理覆盖牧场生产的各个环节，实现全员参与，有效运行质量控制点，保障原奶高品质。原奶微生物指标＜1 万 CUF/mL、蛋白质指标＞3.5%、体细胞指标＜10 万个 /mL，原奶指标优于欧盟标准。

发展模式方面，乐源牧业在集团绿色可持续发展的战略规划指引下，建立起"全产业链一体化"发展模式。涵盖胚胎育种、牧草种植、饲料加工、奶牛养殖等模块。

在牧草种植环节，乐源牧业在张家口坝上流转 38 万亩土地，建立原生态牧草种植基地，并采用喷灌替代漫灌、沼液替代化肥，节水 2/3，同时减少对土壤的破坏，发挥水土保持、涵养水源的生态功能。

在奶牛养殖环节，乐源牧业利用数字化科技打造智慧牧场，提高奶牛福利，建立高质高产的养殖场。

此外，乐源牧业在可再生能源领域持续探索，将奶牛产生的粪污进行收集处理和循环利用；沼渣用于回填牛卧床；沼液作为有机肥替代化肥，减少对土壤的破坏；沼气作为可再生能源用于发电，一个万头牧场每年就可发电 1 000 万 kW·h 以上。

布局家庭牧场，带动产业链价值提升。根据农业农村部"实现奶业全面振兴，优化奶业生产布局，支持农户适度规模养殖，积极发展家庭牧场"的指导政策，2022 年乐源牧业积极践行国家倡导的奶业发展新模式，响应各级政府关于发展家庭牧场的要求。以"经济实用、种养结合、技术帮扶、智能高效、生态环保、互惠共赢"为定位规划了 24 座家庭牧场，横跨石家庄、邢台、衡水、保定、邯郸、沧州 6 个区域，14 个市县，设计总存栏约 5 万头。

在全产业链布局中，家庭牧场作为畜牧业高质量发展的重要抓手，有效带动农业产业链价值提升，在乡村振兴中扮演了重要角色，为地方政府稳健发展、农民就业和增收提供了有效保障。

【社会责任】担当企业责任、共创社会福祉。乐源牧业坚信履行社会责任是企业成长的最佳路径，始终秉持"责任、尊重、诚实、可信、服务、共赢"的企业价值观，积极承担社会责任，通过"产业＋项目"模式，为社会大众谋福祉。通过土地流转增加农民收入、订单农业保障农民收益等多种模式，直接带动 5 000 余户增收，增加近 4 000 个就业岗位，有力促进了当地主导产业的发展和附加产业的兴起，带动了当地经济发展和农民增收。

【奶业大事】种业惊艳亮相，起跑即领跑。奶源是奶业振兴的根基，奶牛良种是奶业产业链的"芯片"。公司上下将"种源安全"刻入基因，争做民族种业的"护身符"。品元生物作为乐源牧业奶牛育种板块的突破军，秉承"中国的牛，用中国种"理念，公牛母牛两手抓，除了在种公牛选育上不断突破，在种子母牛上也不断拓展创新。

截至 2022 年底，品元生物在国内拥有种公牛 102 头，其中，荷斯坦牛号 13121079 成绩全国排名第一，牛号为 HN13113040 的和牛 CBI 指数全国第一，效益良好、高效健康。在国外拥有数十头优秀种公牛和近 30 头优秀种子母牛，有 17 头牛 GTPI 超 3 000；其中 3 头种公牛在 2022 年 8 月公布的红皮书上世界排名前 100，5 头世界排名前 200，排名第一的种公牛位列世界第 42 名。

2022 年品元生物积极参与行业内展会，深入学习国家关于种业的指导，考察市场种源需求。于 2022 年 7 月参加了第四届反刍动物大会及 2022 北方奶业大会，并在北方奶业大会发起"双提行动"，对 4 个牧场进行"联合育种示范基地"授牌；9 月参加了第十三届中国奶业大会，并成功举办"品元生物首届优秀种公牛命名仪式"。

2022 年，品元生物开辟了"国内国外同步自主育种"的新赛道，在美国成立育种公司，实现了国际水平的种源同步在美国自主育种，解决了国内育种公司买不到最顶级奶牛资源的问题，领跑国内种业发展。

（河北乐源牧业有限公司，韩丹丹）

宁夏农垦乳业股份
有限公司

宁夏农垦乳业股份有限公司（以下简称宁夏农垦乳业）是宁夏奶牛的摇篮，1962年开始发展奶牛养殖，经过60余年的探索发展和几代农垦人的不懈努力，已建成集技术研发、牧草种植、奶牛养殖、乳品生产、粪污综合利用、农光互补新能源等于一体的产业发展体系。宁夏农垦乳业是宁夏农垦集团全资子公司，是宁夏奶产业发展的引领者，是国务院国资委国企管理标杆企业、国家级农业产业化重点龙头企业、国家级畜禽养殖标准化示范场、国家级奶牛核心育种场、国家级疫病净化场、中国农业500强企业。此外，公司还被评为全区奶牛产业良种繁育基地建设示范产业，公司研究的优质高产奶牛选育技术研究与应用项目获得自治区科技进步奖一等奖，奶牛生产性能测定(DHI)技术应用研究获得自治区科技成果奖，获得1项发明专利和4项实用新型专利。公司始终追求种优质草、养品质牛、产高端奶，致力打造中国高端奶之乡、国际一流的优质奶源生产基地。

【奶源基地】宁夏农垦乳业是宁夏地区奶产业的代表性企业，目前奶牛养殖规模、生产水平均处于全国第一方阵。截至2022年底，公司现有奶牛存栏14万头，成母牛存栏6.3万头，成母牛年单产达11t，日产鲜奶超过1 600t。2022年全年奶产量48万t，有1个奶牛研究所、1个乳制品加工厂、1个奶牛良种选育工程技术研究中心、3家参股企业。公司养殖牧场分布于宁夏红崖子发展区、沿贺兰山核心区、白土岗发展区、太阳梁发展区等规模化智慧牧场19个，其中有一个牧场成母牛年单产达13t以上，有一个大型牧场成母牛年单产达12t以上，有一个"A2A2"特色奶牛牧场。其中生鲜乳脂肪、蛋白质、体细胞、微生物等关键质量指标均高于欧盟标准。

在智慧化牧场建设方面，公司积极申报参与自治区重点研发项目"奶牛养殖智慧牧场技术集成创新与示范"，完成了智慧牧场综合信息管控平台、智慧挤奶厅管理系统、智慧牛舍管理系统、移动犊牛饲喂系统及智慧疫病防控系统的研发与应用，成果已在公司17个牧场内和区外20多个牧场得到推广和应用。极大地提高了生产效率，降低了养殖成本。

在疫病防控方面，严格按照国家动物防疫法进行检疫，制定了完整的牛群免疫计划，重点对口蹄疫、布鲁氏菌病、梭菌、牛病毒性腹泻病毒(BVDV)等疫病进行全覆盖免疫防控，免疫后及时采血化验血清抗体水平，保持抗体处在较高水平。每年对牛结核、布鲁氏菌病进行2次检疫，确保牛群健康。

在粪污处理方式上，牧场粪污处理按照循环利用与种养一体化模式，实现粪污资源化利用。通过粪污收集、固液分离，固体牛粪用于生产沼气，沼渣制作牛床垫料；液体粪污通过氧化塘收集，添加菌剂经厌氧发酵无害化处理，达标后进行还田利用，以种养结合的方式消纳利用畜禽养殖废弃物，实现种养循环。

【乳品加工】公司现有一座乳品加工厂，占地16.8亩，建筑总面积2 286.6m²，设计日处理液态奶50t。注册品牌"宁垦牧场"，产品线丰富，包括巴氏杀菌乳、全脂灭菌乳、发酵乳等系列产品，产品包装形式主要为无菌砖与PET瓶装。

【市场消费】宁夏农垦乳业充分发挥奶产业资源优势，致力打造宁夏重要乳制品生产加工基地。低温奶方面，主推宁垦牧场益生菌风味发酵乳，口感清醇爽滑，补充营养、改善肠胃、促进消化；常温奶方面，主推宁垦牧场A2B-酪蛋白纯牛奶，是从10余万头奶牛中通过基因检测甄选出数千头A2A2型奶牛产出的原奶加工而成，含有自然原生的牛奶蛋白，触手可及的新鲜，自然原生的营养，更亲和人体肠胃。铺设终端通路门店63家、开拓中国石油加油站190处、注册线上平台6家，区外销售辐射上海、甘肃、江苏、福建、浙江等5个省份。

结合企业实际情况，乳制品公司制定了2025—2030年品牌战略发展规划，重点提升核心市场美誉度和重点市场知名度，加强全渠道建设。树立"宁夏农垦""宁垦牧场"母子品牌营销体系，精耕宁夏根据地市场，通过"代理+直销+团购+联营+代加工+线上直播"的模式布局全国市场。一是以总经销的模式布局宁夏5个地级市市场，深挖政府采购、企事业单位和食堂鲜奶配送业务，建立稳定的团购销售渠道；二是在京津冀、长三角、粤港澳大湾区等全国10个重点市场进行招商布局，稳步提升与福建珍好佳、深圳怡亚通、平安好车主等大型销售商的合作；三是稳固中石油、中石化等自有平台客户，通过社会化品牌联营等多种方式，加快拓展中石油广西、广东、西南市场准入渠道，扩大销售面的同时提升销量；四是持续推进与金健、哈好味及晟牛科技等国内区域性品牌企业形成战略合作，在代加工领域和社区智能"无人奶站"推动乳制品销售提量增效；五是建立健全线上渠道，广泛与大型MCN机构开展达人带货频次，同步在传统电商和兴趣电商平台建立矩阵推广账号，并常态化开展直播和达人招商，真正做到宁垦牧场系列产品"听得到、看得见、买得着"。

加强主品牌培育。一是建立"宁垦牧场"品牌资源信息库，提升品牌对外宣传官方形象，规范统一传播标准，构建品牌传播途径与阵地。二是针对根据地市场，选择新媒体和传统媒体相结合，线上线下联动的立体方式，精准有效传播。三是系统化建立品牌推广体系，以名人效应、户外硬广、品鉴推介、新媒体营销等方式，在全国重点市场迅速扩大农垦乳制品知名度，树立"宁垦牧场"品牌形象。四是推动文创开发，以"能量牛"品牌IP为基础，延伸各类生动化物料，通过文创特色，如设计制作玩偶、挂件、橡皮、书本等，实现联动营销，厚植"宁垦牧场"品牌成长土壤。

【社会责任】宁夏农垦乳业作为区属国有企业，勇担企业社会责任，助力国家乡村振兴。为带动一方经济发展，公司所属牧场选址均建在移民搬迁地区，并在建场后积极吸收当地农民为员工。各牧场长期坚持对当地贫困群体开放企业的部分就业岗位，拓宽贫困户就业渠道，解决当地就业问题，增加农民收入。

（宁夏农垦乳业股份有限公司，韩丽云）

附表 1　2023 年宁夏农垦乳业股份有限公司奶牛养殖场（小区）名录

序号	牧场名称	供奶企业	全群存栏(头)	成母畜存栏(头)	奶畜品种	成母畜单产(t/年)	年总产量(t)	是否有机奶源基地	有机奶产量(t)	备注
1	奶一牧场	蒙牛	2 949	1 470	荷斯坦	10.8	14 243	否		
2	奶二牧场	蒙牛	3 429	1 702	荷斯坦	10.6	16 260	否		A2A2
3	奶三牧场	伊利	1 437	658	荷斯坦	14.0	9 097	否		
4	奶四牧场	伊利	1 544	795	荷斯坦	11.5	9 675	否		
5	奶五牧场	蒙牛	1 588	824	荷斯坦	11.3	9 937	否		
6	连湖牧场	伊利	1 521	705	荷斯坦	11.4	7 659	否		
7	灵武牧场	蒙牛	3 675	1 786	荷斯坦	11.4	19 480	否		
8	茂盛牧场	伊利	5 787	2 996	荷斯坦	10.8	32 918	否		
9	暖泉牧场	伊利	8 736	4 139	荷斯坦	11.2	46 271	否		
10	平六牧场	伊利	6 001	2 811	荷斯坦	11.3	33 175	否		
11	渠口牧场	伊利	5 840	2 806	荷斯坦	12.3	34 759	否		
12	简泉牧场	伊利	12 672	6 366	荷斯坦	10.1	64 610	否		
13	兴昌牧业	伊利	14 312	7 089	荷斯坦	11.1	72 909	否		
14	白土岗一牧场	蒙牛	14 255	7 103	荷斯坦	10.6	72 505	否		
15	利垦一场	伊利	11 496	5 454	荷斯坦	10.4	50 300	否		
16	白土岗二牧场	蒙牛	22 264	10 835	荷斯坦	10.4	95 737	否		
17	利垦二场	伊利	12 089	6 771	荷斯坦	10.6	52 249	否		
18	兴昌二场	亿美、富杨、塞尚、银桥等	12 483	4 450	荷斯坦	9.5	8 557	否		
19	红崖子三场	—	4 182	—	荷斯坦	—	—	—		

原生态牧业有限公司

原生态牧业有限公司（以下简称原生态牧业）成立于 2007 年，位于黑龙江省齐齐哈尔市，是专门从事优质生鲜乳生产的大型现代化奶牛养殖公司。公司地处北纬 47° 国际公认的最佳黄金奶源养殖带，具有得天独厚的地理优势和自然资源优势。2013 年 11 月 26 日，公司在香港主板挂牌上市，已拥有 11 家大型现代化牧场，主要分布在黑龙江省和吉林省，全部为自有牧场。

【奶源基地】2022 年底，原生态牧业公司奶牛存栏总数为 8.95 万头，其中成母牛 4.02 万头；生鲜乳年产量 43 万 t，成母牛年均单产 11.51t。公司生产的牛奶微生物指标低于 5 000CUF/mL、体细胞小于 20 万个 / mL，乳脂、乳蛋白含量分别在 3.8% 和 3.4% 以上，其安全性和超优品质远超中国标准，亦超过被视为国际生鲜乳最高标准的欧盟标准。实现了从源头牧草种植、饲料加工、规模化奶牛饲养各个环节的全程可控。

在现代化养殖模式上，将牧场生产流程进行数据化管理，对产品质量进行全程监管，借助 UniDairy 管理平台、睿保乐、SCR 发情监测系统、奶厅管理系统、DFeed 精准饲喂系统等多个信息化智能管理软件，准确完整地记录牛只和牛群的繁殖能力、健康状况和营养情况，用于奶牛识别和活动监测。与日常生产管理流程紧密结合，对生产管理数据等进行统一采集、汇总和分析，通过大数据对各类数据进行前瞻性预测和分析，以此实现对整个生产过程的实时监控与管理，为生产提供有效数据支持，大幅提高牧场的工作效率和效能。在提升繁殖成效、奶牛健康、人工效率的同时，也帮助牧场实现了高效管理。

截至 2022 年，在饲养管理方面，实现全机械化饲养，采用 TMR 饲喂方式，确保每头牛都可以采食到相同品质、营养均衡的日粮。借助全混合日粮饲喂管理系统，手机端就可以完成饲喂计划，及时便捷了解装供料准确率，严格控制误差、剩料率，使 TMR 制作更为准确化、精细化。保证奶牛营养均衡、提高饲喂效率，同时实现降本增效；依托数字化管理体系实现科学喂养与高效管理。

牧场奶厅挤奶设备主要来自利拉伐和 GEA 公司，分为转盘和并列式两种挤奶机，转盘主要是双 80 位、双 100 位转盘，都是目前国际上最先进的挤奶设备之一，使挤奶操作更加规范、科学、高效，节约时间和人力成本，挤奶效率大幅提高。

在繁殖管理方面，牧场通过选择优质冻精，采用先进的胚胎移植技术和基因组检测技术进行育种，实施精准改良计划，提高奶牛遗传品质和生产潜力，保存良好的品种资源，构建高质量核心奶牛群。

结合国家防疫制度，公司具备健全完善的防疫体系，实施了严格的消毒防疫管理，牧场建有员工消毒室，员工上下班按照标准流程规范进行消毒洗澡更衣，饮用水采用自动感应饮水设备，工衣实施轮班统一消毒清洗，场区各区域定期消毒，保证有效防疫。

牧场自建化验室严把原料进场关，产品出场关，有效控制牧场所用原料和出厂原奶的质量安全。严格对奶牛食用的饲料来源、成分进行检验，从前端将饲料这一源头监管到位。鲜奶出场前，化验室会对营养指标、理化指标、风险监测指标等进行检测，保证所有项目合格后方能出场。坚持不合格供应商不合作，不合格原料不入场，不合格原料不投喂，不合格原奶不出场的"四不"原则，通过严格的出场监控计划、严苛的内部企业标准，为原奶品质与安全保驾护航。

粪肥处理方面通过堆肥发酵还田、沼渣发酵卧床垫料、天然气等种养结合循环经济生产模式，坚持无害化、生态化、资源化等原则，真正实现高效环保，再生能源利用的现代化牧业发展新模式。

原生态牧业在做优品质的同时，始终坚持生态优先，把绿色发展理念融入奶业生产全过程，促进粪肥资源化利用，推动生产与生态协同发展。通过产业链上下游关联配套，实现种植链、养殖链、加工链协同发展。

【社会责任】企业的发展离不开党和政府的大力支持，原生态牧业在谋求自身持续发展的同时，牢固树立反哺社会理念，积极践行社会责任和担当，回馈社会，谱写企业反哺社会的时代交响曲。新冠疫情期间，面对严峻复杂的形势，公司主动作为，爱心持续发力，踊跃捐赠物资，向防疫一线的工作人员开展"送温暖"行动，以实际行动支援疫情防控，协同抗击疫情，践行企业的社会责任和担当，助力打赢疫情防控阻击战。

在推动乡村振兴工作中，助力"万企兴万村"行动，不断丰富关爱帮扶举措，对牧场周边贫困村和贫困员工家庭开展爱心帮扶援助活动；开展助残扶残关爱行动，对残疾人创业进行帮扶。积极参与公益活动，以实际行动奉献爱心，传递正能量，让爱有行更有心。

原生态牧业公司一直恪守"养健康牛，奉献优质安全生鲜乳"的文化内涵，以"成就中国乳业最高品质牛奶供应商"为奋斗目标，以市场和消费者需求为导向，创建优质、安全、环保、健康型奶源生产基地。本着为消费者和乳企提供最高品质原奶，打造最先进奶牛养殖模式的宗旨，从产业链源头做起，对奶牛养殖、饲草料种植、生鲜乳生产等关键环节进行严格管控，对产品质量进行全程监管，从根本上保证乳品安全。

多年来，公司所辖多家牧场先后获得了国家良好农业规范一级认证、国家学生奶奶源基地、农业农村部奶牛标准化示范牧场，农业产业化省级、市级重点龙头企业，守合同重信用企业，农业科技先进园区，齐齐哈尔市高校毕业生就业见习基地，齐齐哈尔市第三十四届劳动模范大会先进集体，齐齐哈尔市大项目建设立功竞赛先进集体等荣誉称号。同时，公司作为国家奶牛产业技术体系、齐齐哈尔试验站的依托单位，与体系各岗位科学家共同参与了多项科研课题，有效发挥了综合试验站的示范带动作用。

（原生态牧业有限公司，杨明新）

附表 1 原生态牧业有限公司奶牛养殖场（小区）名录

序号	名称	供奶企业	全群存栏(头)	成母畜存栏（头）	奶畜品种	成母畜单产（t/年）	年总产（t）	是否有机奶源基地	有机奶产量（t）
1	黑龙江克东和平原生态牧业有限公司	飞鹤	6 300	4 800	荷斯坦	10.40	46 880	是	46 880
2	黑龙江克东瑞信达原生态牧业股份有限公司	飞鹤、伊利、蒙牛	10 400	6 900	荷斯坦	11.56	86 489		
3	黑龙江甘南瑞信达原生态牧业有限公司	飞鹤、伊利	11 700	5 600	荷斯坦	12.02	68 967		
4	镇赉瑞信达原生态牧业有限公司	飞鹤、伊利	21 100	8 700	荷斯坦	11.56	87 565		
5	克东勇进原生态牧业有限公司	飞鹤	8 300	4 100	荷斯坦	12.01	49 984		
6	克山瑞信诚牧业有限公司	飞鹤	9 700	5 600	荷斯坦	11.35	66 845		
7	黑龙江金源牧业有限公司	飞鹤、伊利	10 600	3 700	荷斯坦	11.96	21 623		
8	龙江瑞信诚牧业有限公司	飞鹤	1 700	760	荷斯坦	11.01	8 559		
9	拜泉瑞信达原生态牧业有限公司		9 600		荷斯坦				
10	黑龙江依安瑞信安原生态牧业有限公司				新西兰荷斯坦				
11	黑龙江北安瑞信诚牧业有限公司								

备注：本表所指奶畜包括奶山羊、奶绵羊、奶水牛、牦牛、骆驼、驴等商品奶家畜。请在养殖场或小区列中选择打钩；如认证为有机奶源基地等，请在相应表格中打钩。

上海妙可蓝多食品科技股份有限公司

【奶源基地】上海妙可蓝多食品科技股份有限公司的奶源为广泽集团旗下牧场，牧场于2009年建场，占地面积101hm²，总投资5.3亿元，养殖荷斯坦牛近10 000头。年产生鲜乳5.5万余t。

公司积极对标国际标准规划场区建设，分为生产区、饲料区、辅助生产区和管理生活区等，养殖场和外部环境隔离，场内分区间进行分离管理，形成了大规模集约化、环境控制与疫病控制相结合的布局。引进国际先进的牧场管理软件，将严苛的质量管控标准贯穿于全生产链，持续升级现代化养殖质量安全管理体系，强化原奶质量安全风险控制能力。

【乳品加工】2022年，公司积极调整经营战略，努力克服宏观环境不利影响，采取一系列举措，保证生产经营的稳定运行，化危为机，以多种方式积极应对市场变化。2022年，公司核心业务收入稳健增长，实现营业收入482 953.80万元，较去年同期增长7.84%，其中奶酪业务实现收入386 872.88万元，较上年同期增长16.01%。经营业绩保持良好韧性，市场占有率进一步提升，稳居行业第一。但受交通物流不畅、原材料价格上涨、竞争加剧、消费疲软等影响，2022年公司实现归属于上市公司股东的净利润13 540.25万元，较2021年同期下降12.32%。

奶酪业务保持稳健增长，收入及毛利占比持续提升。顺应中国乳制品消费升级和国产奶酪快速发展趋势，公司始终践行"让奶酪进入每一个家庭"的使命，坚定推行"聚焦奶酪"的总体战略，发展壮大奶酪业务。2022年公司奶酪业务规模持续扩大，奶酪产品收入占公司主营业务收入的80.30%，同比增加5.68个百分点；奶酪产品毛利占公司主营业务毛利的95.94%，同比增加1.01个百分点。公司奶酪板块毛利率虽有所下滑，但公司持续优化业务结构，奶酪业务收入及毛利贡献相比2021年同期均有所提升。公司经营韧性凸显，核心奶酪业务增长的速度、质量及结构均持续向好。

贸易业务结构持续优化，与核心奶酪业务产生较好协同。公司贸易业务全部为公司乳制品生产相关的原辅料贸易。2022年公司对贸易业务进行战略调整，推行贸易与原料采购合并，并将业务重点向奶酪黄油类转移。2022年，公司贸易业务实现收入59 997.49万元，贸易业务收入占公司主营业务收入的12.45%，2021年及2020年同期占比分别为15.75%、12.56%，公司贸易业务收入占比稳定。同时，公司贸易业务品类结构持续优化，毛利率同比增加2.20个百分点，增至6.10%。

顺应公司战略发展方向，液态奶业务占比逐步缩

减。按照"聚焦奶酪"的整体战略规划，公司进一步丰富奶酪产品种类，扩大奶酪产品产能，液态奶营业收入和毛利占比逐步降低。2022年，公司液态奶业务实现收入34 889.52万元，较2021年同期下降18.86%，液态奶业务毛利率同比减少5.12个百分点，降至8.61%。2022年公司液态奶营业收入占公司主营业务收入的7.24%，同比减少2.38个百分点；液态奶产品毛利占公司主营业务毛利的1.83%，同比减少1.63个百分点。

2022年主要经营举措。为推动公司可持续发展，公司紧密围绕"产品引领、品牌占位、渠道精耕、管理升级"四大核心策略，持续聚焦产品引领性开发、加大品牌建设投入力度，不断推进渠道拓展及下沉深耕，进一步推动管理升级。凭借正确的策略和坚定的执行，公司市场份额持续提升，强化了公司在中国奶酪领域的领先优势。

1. 产品引领。公司贯彻"以消费者为导向，用工匠精神，做极致产品"的经营理念，不断加大研发投入，持续提升研发能力。2022年，妙可蓝多全新升级的研发中心投入使用，具备基础研究、应用研究、产品检测、国际交流等多种功能，为国内领先的奶酪研发中心；公司从全球视角出发，聘请国内外资深专家，形成了一支以行业专家领衔的研发团队；前瞻布局引进世界一流生产设备，积极与来自欧洲、澳洲的奶酪公司展开合作，引进先进生产技术；同时，公司围绕乳制品深加工，不断拓展研发领域，与中国营养学会成立了奶酪营养与创新研究中心。公司研发能力的持续提升，为"产品引领"打下了坚实的基础。公司高度重视产品品质，对原料采购、生产加工、产品运输、终端陈列全链路实行严格的全面质量管理，用品质赢得信赖。

在即食营养奶酪方面，公司低温奶酪产品在保持基础款产品继续领先的同时，不断迭代升级。2022年，公司推出了全程有机、66%干酪含量、9.0g优质乳蛋白、原生高钙好吸收的有机奶酪棒新品和55%干酪含量、特别添加10亿专利益生菌、纯牛乳强化配方的金装奶酪棒，以丰富的产品布局满足消费者不同层次的需求。常温产品方面，公司在业内率先推出了极具技术含量的常温奶酪棒。作为儿童的健康食品，常温奶酪棒实现"场景破圈"，满足了孩子们的多元场景需求；公司不断丰富常温奶酪产品品类，推出常温产品每日吸奶酪、妙同学常温奶酪棒，实现"人群破圈"；公司还于2022年推出钙多多系列线上款常温奶酪棒，实现线上线下全渠道覆盖。公司常温产品一经上市就广受好评，伴随常温渠道的拓展，迅速成为公司在即食营养奶酪系列的第二增长极，带动公司核心奶酪棒系列产品以超过40%的市场占有率在业内持续领先。

家庭餐桌奶酪方面，公司紧扣"烘焙"和"早餐"场景，持续进行创新升级。由马苏里拉、黄油、奶油芝士组成的"烘焙三宝"得到了市场的广泛认可。2022年4月26日，《中国居民膳食指南（2022）》正式发布，首次将奶酪片作为乳制品之一写进每日膳食组成的必需

品。2022年公司开启营养早餐工程，主打奶酪"早餐"应用场景，公司焕新推出了60%干酪含量、新西兰AQ草饲奶源认证的金装奶酪片等多款产品契合早餐场景。同时，公司基础款奶酪片不断丰富口味，推出香甜牛乳和榛子花生酱口味，以期将更多奶酪产品推向消费者的餐桌，并由此打造公司新的增长曲线。2022年公司马苏里拉、奶酪片等家庭餐桌奶酪产品均实现快速增长，获得众多家庭拥戴，其中奶酪片更是实现营业收入倍数增长。

在餐饮工业奶酪领域，公司继续保持国产大包装马苏里拉奶酪的领先位置，并依托领先的技术和产能优势，为众多餐饮终端进行产品定制；同时，拥有核心设备优势的大包装奶酪片产品也获得大型连锁终端的认可，2022年亦实现快速增长。此外，公司在稀奶油、工业用奶酪丁、奶酪酱、奶酪条等领域也斩获颇丰。公司奶酪产品在西餐、烘焙、茶饮、工业及中餐渠道获得广泛应用。

2022年，以奶酪棒为代表的即食营养系列产品受到外部环境对线下消费的影响较为明显。同时，受交通物流不畅及国际大宗商品价格上涨影响，公司原辅材料和物流成本大幅上涨，三大系列产品毛利率均有所下降；加之公司相对低毛利的家庭餐桌系列和餐饮工业系列产品收入占比提升，公司奶酪业务整体毛利率亦相应有所降低。但是，公司低温品类奶酪棒凭借产品迭代升级，常温品类奶酪棒通过渠道拓展及场景破圈，进一步获得消费者的高度认可，公司奶酪棒市场占有率继续提升，稳居奶酪棒细分品类市场占有率第一。2022年公司即食营养系列实现收入25亿元，与2021年同期基本持平，有效应对了宏观环境的不利影响。除即食营养系列外，公司继续深耕强化家庭餐桌系列和餐饮工业系列奶酪产品。2022年公司加大以奶酪棒为核心的营养早餐的宣传推广，同时开展社区团购业务，家庭餐桌系列同比大幅增长54.73%，实现营业收入5.44亿元。餐饮工业系列凭借公司供应链优势，把握对国外品牌进口替代的市场机遇，实现收入8.25亿元，同比大幅增长75.6%。

2. **品牌占位**。2022年，公司持续加强品牌建设，夯实第一品牌位置。在大传播方面，公司继续由明星代言，与央视、分众等头部媒体合作，保持品牌传播声量，打造第一品牌势能。公司在春节档、暑期档等营销旺季，结合金装奶酪片、金装奶酪棒等新品的推出，投放东方卫视等媒体，高频触达消费者，提升品牌形象。2022年公司独家冠名东方卫视《开播！情景喜剧》，以精准化场景植入进行品牌宣传，进一步丰富传播手段。同时，公司加大数字媒体的投放，在微信、微博、小红书、下厨房、抖音等多个平台，进行多维度品牌营销，与消费者积极互动，提高品牌认知。在保持品牌声量的同时，公司在线下继续加大终端陈列、营销活动等方面的推广力度。多方位的品牌投入，让"奶酪就选妙可蓝多"的品牌价值诉求深入人心，继续夯实了妙可蓝多奶酪第一品牌的市场地位。在公司委托的第三方品牌调研中，妙

可蓝多持续在"无提示第一提及率"等多个维度斩获第一，实现消费者心智占位。

2022年，公司积极开展社区团购等相关业务，公司奶酪产品通过社区团购进入千家万户，备受消费者欢迎。社区团购推动了奶酪的品类教育，进一步扩大了消费者对奶酪的认知，助力公司品牌建设与传播。

2022年，公司在奶酪行业的贡献获得了社会各界的高度认可。公司荣登"2022新增长敏捷领导力榜"和"2022中国品牌500强"榜单（榜单评定2022年度妙可蓝多品牌价值71.30亿元），喜获"2022年度中国乳业高质量发展企业奖"和"优秀乳品加工企业奖"。妙可蓝多不仅仅在国内收获颇丰，更是在国际上崭露头角，金装奶酪片获得南特维奇奶酪大赛金奖。此外，公司创始人柴琇女士当选为上海市第十六届人大代表，提出"关于提高上海市儿童及青少年日常膳食中奶酪摄入水平"的建议，关注国民膳食结构优化，助力奶酪行业发展。

3. **渠道建设**。公司零售渠道线上线下全域协同，在餐饮渠道提供专业产品与服务。2022年，针对零售渠道，公司坚持"低温做精、常温做广"，电商/新零售持续创新的策略；渠道深度方面，不断增加陈列面积、丰富终端产品矩阵，持续精耕现代渠道；渠道广度方面，在广泛覆盖大润发、永辉、沃尔玛等全国连锁和区域连锁终端的基础上，强化流通、特渠、烘焙等多渠道开发，拓展新赛道，重构"人、货、场"，不断开拓渠道边界。截至2022年12月31日，公司共有经销商5 218家，销售网络覆盖约80万个零售终端。

电商业务方面，"妙可蓝多"品牌继续扩大奶酪相关产品的线上领先优势。公司深耕天猫、京东、拼多多等传统电商平台；大力发展抖音、快手等兴趣电商平台；同时积极拓展淘鲜达、美团等即时零售业态。公司同时与众多头部KOL和达人形成深度合作伙伴关系。在"618"和"双十一"大促期间，公司产品在天猫、拼多多、抖音和快手均获得"多类目第一名"；"双十一"期间GMV持续破亿元。2022年全年，公司线上销售收入5.71亿元，在零售端营业收入占比持续提升，电商业务已成为公司业绩增长的重要引擎。

餐饮工业方面，公司以"决胜终端，引领中餐"为核心策略，依托研发和产品优势，以及国内领先的定制能力，积极为客户提供一站式解决方案。2022年，公司终端开发效果明显，已经与尊宝、萨莉亚等国内大多数西式快餐、烘焙领域的头部企业，奈雪、古茗、乐乐茶等头部的茶饮企业，以及外婆家等知名的中餐企业展开合作。同时，公司积极拓展便利店渠道，与罗森等全国便利店体系深度技术合作，联合开发产品，进行品牌联动。公司餐饮工业在全国范围内拥有400余家经销商，为更广范围的客户提供服务。

【**全球发展**】2022年公司主要以内销业务为主，有计划从2023年开始布局海外市场，拓展全球业务。

【**社会责任**】棒小孩公益计划是妙可蓝多自发性、

公益性的常态公益活动，公司通过公益组织每年不定期为弱势群体以及偏远山区儿童营养的改善持续努力。除了捐赠美味营养的奶酪产品外，妙可蓝多还将为消费者提供奶酪营养知识普及与推广，推动奶酪与中餐的融合与创新。未来，妙可蓝多将以"棒小孩"公益计划为平台，持续输出营养供给，缓解偏远地区的"营养贫困"，让每个孩子都能健康快乐地成长。

"棒小孩公益项目"先后将营养美味的奶酪棒送到北京、上海、长春、吉林、乌鲁木齐、拉萨等地，还送到强棒天使棒球基地、儿童福利院等地。

妙可蓝多联合中国儿童少年基金会，将1 350箱，32 400袋奶酪棒运送至四川省泸定县地震灾区的少年儿童手中。

妙可蓝多联合中华慈善总会，第一时间将583箱奶酪产品送至参与救援重庆山火的蓝天救援队员手中。

妙可蓝多还积极开创公益模式，妙可蓝多系列产品入驻中华慈善总会公益超市，用多种方式为公益助力。

【奶业大事】参与制定GB 25192-2022《食品安全国家标准 再制干酪和干酪制品》(以下简称"新国标")，新国标将再制干酪类产品按照原料干酪比例划分为再制干酪和干酪制品，再制干酪的干酪使用比例由原来的大于15%调整为大于50%，干酪使用比例在15%~50%的可称为干酪制品。新国标的发布对生产再制干酪的企业提出了更高要求，进一步提升了再制干酪的产品品质，从而有利于规范再制干酪和干酪制品市场，满足消费者的多样化需求。

承办2022年中国奶酪发展高峰论坛，协同中国奶业协会组织制定并发布了《奶酪创新发展助力奶业竞争力提升三年行动方案》，为提升我国奶酪产业发展体系、奶业高质量发展注入澎湃活力。

奶酪产业共兴计划。作为中国奶酪行业领导品牌的妙可蓝多，在2022年中国奶酪发展高峰论坛上首度正式发布《中国奶酪产业共兴计划》。该计划拟联合更多具备乳制品产业基础或特色奶源的省市地方政府，以及有志于奶酪事业的乳品企业，共同打造一批具有中国本土特色的奶酪产品和优质奶酪产业基地，推动中国本土特色奶酪产业发展。

(上海妙可蓝多食品科技股份有限公司，马　晨、段立超)

山西古城乳业集团有限公司

山西古城乳业集团有限公司（以下简称古城乳业）在过去的近59年发展历程中，立足雁门关外奶牛养殖核心带得天独厚的草牧业发展区位，高举乳品加工龙头、种养加全产业链布局，自觉履行龙头带动、产业链链主企业的责任，引领周边农户由传统的牧草种植、奶牛养殖走上了草牧业全产业链高质量转型发展的快车道，在促进当地农村经济结构调整的同时，夯实了古城乳业特色奶源基地，山阴县也成为闻名全国的"农区奶牛养殖大县"，古城乳业也由"五小作坊"发展到现在注册资本8 580万元、总资产10亿元，在册各类员工1 028人，山阴、晋中两大生产基地设计日处理鲜奶能力1 500t、系列乳制品产能42万t/年。公司成为农业产业化国家级重点龙头企业、以乳扶贫先进企业、山西省模范单位、山西省扶贫龙头企业、中国乳制品行业高质量发展企业、中国奶业行业2022年优秀乳品加工企业、第三届中国奶业D20企业。

古城乳业坚守"古朴自然、诚者自成"的品牌定位，坚守"以质取信、以信赢势、打造千古恒诚的诚信品牌——古城"的战略定位，以自然纯朴、豪爽大气之势，从优化奶源、生产、市场布局入手，谋求企业发展之路，以极具前瞻性的眼光布局，以乳制品产销为龙头的"种、养、加、产、研、观、销"为一体的全产业链互保共赢的高质量发展模式，在实现对乳制品质量安全源头把控、全程可溯源的基础上，有效地带动周边草牧业的高质量转型发展，草牧业成为当地农户脱贫增收、实现乡村振兴的支柱产业。

【奶源基地】作为山西区域乳品企业的龙头代表，古城乳业多年来一直致力推进高质量奶源基地建设，引领雁门关农牧交错带草牧业一体化高质量转型发展。得天独厚的农牧交错带区位优势、北纬39°湿润的气候条件、桑干河两岸广袤的草地为这里大力发展草畜业奠定了坚实的基础。从20世纪古城乳业就开始向农户提供犊牛、贷款，引导周边农户在自家庭院养殖奶牛，一时间种玉米、养奶牛成了当地农户致富的捷径，山阴县也成为闻名全国的"农区奶牛养殖大县"。随着产业的进一步发展，20世纪90年代初古城乳业先后在奶牛养殖比较集中的村庄投资建设了45座集中挤奶站，全部采用利位伐全自动挤奶设备，实现了"分散饲养、集中挤奶"，也从源头上保障了古城乳业原料奶的质量安全。面对快速发展的奶牛养殖业所产生的污染等多方面问题，古城乳业于2004年首批引进了澳大利亚、新西兰良种荷斯坦青年奶牛906头，建成了自建牧场标杆，引进世间一流的HDI奶牛生产性能测试管理和瑞士阿波罗（ALPRO）计算机牧场管理系统，建立了完善的电子监控系统，配置了利拉伐MP700型2x24全自动仿生并列式挤奶设备，采集了从奶牛出生到成长、再到生产、淘汰的一切行为数据，并建立档案，科学指导奶牛生产。通过企业引导带动、政府扶持，基地奶牛养殖走出庭院进入了集中饲养奶牛养殖小区，特别是2008年以后，山西省畜牧业管理部门强化源头管控，积极引导支持发展标准养殖园区、家庭牧场建设。古城乳业与奶源基地的联结方式也由直接与农户对接升级为"公司＋基地＋园区＋农户"的农业产业化带动模式。通过订单收购、提供服务进一步加强了与基地农户的利益联结，现已形成了以乳品加工为龙头，带动牧草种植、饲料加工、奶牛养殖及相关运输、服务业一体化的高水平原料基地。建成了以自建的两个5 000头奶牛养殖示范场为标杆，以乳品生产基地为中心，涉及朔州、忻州、太原、晋中4市，28个乡镇，123个牧场，园区的安全可控可视奶源基地。

2022年公司可控奶源基地存栏荷斯坦奶牛48 391头，成母牛24 140头，奶源基地日产生鲜原料奶480t，其中自有奶源比重占33.74%，因两家自建牧场选址都在原部队农场，涉及土地权属移交地方的相关手续问题，奶源基地有机认证工作一直没有正常开展。进入新的发展阶段，高品质乳制品对原料奶质量的要求进一步提升，2020年7月开始分七批引进新西兰、澳大利亚、乌拉圭等地的良种荷斯坦青年奶牛4 720头。2022年，公司自建牧场的饲养、繁育、生产管理由同行业一流的管理团队托管，全程可视化操作，数据化实时备份。牧场10 953头不同月龄、阶段的奶牛，全部采用TMR全混日粮分群饲养，牛群日常管理采用利拉伐牛群发情监控管理系统，挤奶设备引进60位阿波罗PR3100转台式挤奶机，配套能满足80t无抗生素生鲜牛奶即冷要求的利拉伐一体式即冷系统，在最短的时间内确保进入保鲜奶仓前生鲜奶的温度下降到4℃以下，为古城乳业的"领鲜"战略提供高品质的新鲜原料。2022年对古城农牧公司的挤奶厅进行扩容升级，引进了利拉伐80位转盘式挤奶台。自建牧场全部实现TMR日粮配方管理，奶牛福利待遇不断提高，人性化的管护为基地合作园区、牧场提供了样本。

从公司奶源基地合作牧场、园区的规模来看，2022年除自建牧场外存栏1 500头以上的牧场占比1%，1 000头以上占比3.25%，500~800头占比10.12%，300~500头占比57.13%，100~300头占比26.76%。2022年，自建牧场享受奶业机械购置补贴、提标升级补贴及青贮饲料补贴等各类财政补贴239万元。2022年，自建牧草种植基地种植苜蓿5 300亩，鲜草平均亩产3.2t，青贮玉米3 800亩，青贮玉米平均亩产3.6t，合作牧场园区牧草种植面积9万余亩。在疫病防治方面，公司配备了由16人组成的专业防疫小组，同时与市县畜牧兽医部门及院校专家建立了无障碍服务平台，从奶牛卫生及环境卫生到定期全范围消毒、接种免疫、疫病监测，再到一牛一册完整防疫档案，建立了完善的奶牛防疫体系，有领导、有组织、有制度、有应急预案。牛场全部采用干式清粪，古城农牧公司建有500m³沼气站，臻源牧业的粪污分离后牛粪进入堆粪场，堆放腐熟后出售给周边菜农施用，清洗污水经生化处理达标后部分回用，大部分用于牧草地灌溉，基地合作园区牧场粪污处理也

基本采用类似的方式。2022年古城乳业在朔州、忻州、晋中原料奶收购平均价格为4.03元/kg，据当地统计部门测算，朔州市奶牛养殖头均年净收入为6 200元。

【乳品加工】2022年古城乳业晋中工厂因整体搬迁升级改造停产，2022年古城乳业在产的山阴工厂设计产能为日处理鲜奶1 200t，受市场拓展限制，工厂产能均无法正常释放，产能利用率不足50%。生产的古城牌系列奶粉、灭菌奶、巴氏奶、酸奶、乳饮料五大系列80多个品种，拳头产品全脂加糖奶粉、纯牛奶、酸牛奶饮品先后被评为省优、部优产品，国家质量免检产品、中国名牌产品、山西省标志性名牌产品。以最近的距离、最快的速度、最安全的方式、最贴心的服务赢得了消费者的信任，古城品牌美誉度逐步提升，被誉为"养育山西两代人的好乳品"。

2022年公司上下共同克服疫情所带来的困难，借力政策扶持，抓实"五进九销"工作，加大研发投入适应对乳品消费高端化、多元化、个性化趋势，推出"三晋牧场""醇晋""S级牧场"等牧场奶高端系列产品，更好地补充和扩大超高端产品组合，顺应高端化市场需求不断增长的趋势；用讲故事的方式把公司的奶源优势、文化底蕴分享出去，用"当地、当天、当然新鲜"理性回应消费者，为"常温固市、低温拓展"的差异化突破战略造势，推出"新韵系列"高透PET瓶、纸塑杯、三角杯、爱克林、八联杯、玻璃瓶等多种规格、形式包装的低温冷链产品，在品类上推出奶酪味、复合水果味、可添加坚果、杂粮、蜂蜜等多品种酸奶产品；通过丰富多元的产品结构，面向不同群体需求，纳入更多元的用户，从而实现在细分品类赛道上的弯道超车，助力渠道下沉、拓展，最终实现山西本土市场稳固拓展、周边市场渗透率快速提升的目标。2022年公司乳制品总产量11.2万t，其中仍以常温白奶占主导。2022年公司生产的古城牌全脂加糖乳粉单品销售突破亿元，古城牌酸牛奶饮品产销量再创新高，单品销售达到2亿元。

【市场消费】古城乳业产品主要市场分布在山西省内，2022年古城牌UHT奶在省内市场占有率为38.14%，全脂加糖奶粉市场占有率61.39%；低温系列以入户为主，日供应量在12万份左右，主要集中在太原、晋中、朔州等地。古城品牌是山西著名商标，近年来呈现品牌老化、创新不强的问题，特别是在产品品类更新、品种更迭上落下了步子，尽管公司也持续加大力度改变这一窘况，但收效尚不明显。2022年公司完成销售收入12.14亿元，实现利润8 439万元。

（山西古城乳业集团有限公司，池利君）

附表 1　山西古城乳业集团有限公司奶牛养殖场（小区）名录

序号	名称	供奶企业	全群存栏（头）	成母畜存栏（头）	奶畜品种	成母畜单产（t/年）	年总产（t）	是否有机奶源基地	有机奶产量（t）
1	山西古城乳业农牧有限公司	山西古城乳业集团有限公司	4 966	4 691	荷斯坦奶牛	8.4	21 639	否	—
2	山西古城乳业集团有限公司臻源牧业分公司	山西古城乳业集团有限公司	5 987	4 211	荷斯坦奶牛	8.6	26 975	否	—

备注：本表所指奶畜包括奶山羊、奶绵羊、奶水牛、牦牛、骆驼、驴等产商品奶家畜。请在养殖场或小区列中选择打钩；如认证为有机奶源基地等，请在相应表格中打钩。

附表 2　山西古城乳业集团有限公司乳制品生产企业名录

序号	名称	生产地点	生产许可证号码	年收购原奶奶源量（t）	其中：自有奶源量（t）	平均支付价格（元/kg）	日处理生鲜乳能力（t）	年乳制品产量（t）	其中：低温鲜奶（t）	UHT 奶（t）	常温酸奶（t）	低温酸奶（t）	原料奶粉（t）	婴幼儿配方奶粉（t）	成人奶粉（t）	奶酪（t）	奶油（t）	乳饮料（t）	冰品（t）	年销售收入（万元）	利润（万元）	有机产品（枚）
1	山西古城乳业集团有限公司	山西省山阴县古城镇	SC10614062100116	130 000	48 000	3.92	1 500	112 000	6 000	66 000	0	12 000	3 000	0	0	4 300	0	0	18 800	121 363.28	8 439.58	0

备注：本表包括在中国及海外的生产企业。日处理生鲜乳能力指设计加工生鲜乳能力。自有奶源指来自自建和参建（控股、参股）牧场（小区）的原奶。有机产品数量单位为"枚"指获得有机标志的数量。成人奶粉指除婴幼儿配方奶粉以外的学生奶粉、孕妇奶粉、中老年奶粉等终端消费奶粉。冰品包括冰激凌、雪糕等。

甘肃前进牧业科技
有限责任公司

【奶源基地】甘肃前进牧业科技有限责任公司旗下自有牧场 15 家，主要分布在甘肃省甘州区、高台县、临泽县等地，牛只大部分为来自新西兰、澳大利亚、加拿大等地的荷斯坦牛。2022 年底总存栏 58 000 头，其中成母牛存栏 30 160 头；成母牛年单产 10.56t；全年牛奶产量 31.87 万 t。有机奶源分布在石岗墩牧场、德瑞牧场，全年产量 23 220t。

1. 新建牧场。甘肃德华牧业二期建设。甘肃德华牧业万头奶牛养殖基地产业化建设项目于 2022 年 5 月 6 日开始建设，位于张掖市甘州区石岗墩开发区。总投资 15 000 万元。目前三座青贮窖建设完成已投入使用，犊牛岛、断奶牛舍、综合牛舍、泌乳牛舍土建及钢结构全部完成，滑动屋面工程正在进行中；粪污系统土建工程、场区给排水管道已完成建设；挤奶大厅土建、钢结构工程全部完成，挤奶设备安装调试已完成 80% 以上；场区围墙及硬化工程全部完成。

甘肃陇黔牧业。2023 年 6 月，甘肃陇黔牧场正式投入运营。该牧场计划养殖规模 6 000 头，由贵阳三联牧业和甘肃前进牧业共同投资建设，占地面积 692 亩，总投资 22 000 万元，位于甘肃省高台县黑泉乡。截至 2022 年底存栏达 2 400 头。

甘肃晨光前进牧业建设项目启动。2022 年 8 月 18 日，由深圳市晨光乳业有限公司和甘肃前进牧业科技有限责任公司共同出资筹建的甘肃晨光前进牧业有限公司 6 000 头奶牛养殖基地产业化建设项目启动。项目占地面积 843.55 亩，总投资 24 700 万元。泌乳、综合、后备、断奶牛舍等基础工程已经全部完成，奶厅钢结构主体框架及屋面 C 型钢安装等工作已经全部完成，水槽和牛舍风扇安装正在进行，奶厅设备的安装调试工作已经完成 90% 以上。

甘肃燕塘传祁牧业投产运营。2022 年 10 月 29 日，由广东燕塘乳业股份有限公司和前进牧业共同出资建设的甘肃燕塘传祁乳业有限公司正式投产运营，项目占地面积 664 亩，总投资 20 000 万元，位于甘肃省高台县合黎镇。奶牛存栏 4 500 头，泌乳牛 1 750 头。

2. 智慧牧场。标准化牧场使用阿波罗、个帝波罗、阿菲金。通过硬件数据平台的数据对接，实现奶厅生产数据的采集展示，包含产量（个体、牛舍、牧场）、单杯记录等信息，进行奶台效率、产量差异、泌乳曲线等数据多维度分析，智能生成具备参考价值的专属生产报告。

建立了 SCR 牛只发情监控系统。通过平台的发情算法分析，得出发情指数，当指数大于发情阈值时，则在平台进行提醒，并绘制近日的"步数"走势图，通过该功能可以提供更好、更及时的发情揭发，以提高怀孕率，缩短胎间距，大幅降低漏情，提升牧场繁殖水平。

建立了一牧云智慧牧场管理系统。这是基于最新的云计算架构和大数据与人工智能等技术，由公司与一牧云共同开发出拥有自主知识产权的奶牛生产数据平台，将各牧场生产信息集合在一起，具有强大的数据整合和分析能力，打破了牧场"信息孤岛"，建立起了高效的信息采集体系、规范的牛群动态档案，也是国内唯一能够计算出国际公认的、真正意义上 21 天怀孕率的系统，实现了与国际接轨，帮助牧场及时发现问题，并给出预警和相关改进建议，实现科学决策，帮助牧场不断提升生产管理水平、效率和可持续综合营利能力。

建立了奶牛动态监控系统。通过奶牛的智能穿戴设备，监控到牛的每个细节，检测奶牛每天的反刍采食、呼吸、喘气，实现了牛、设备和人的统一，深刻地改变了养殖模式和管理方法。

青贮运输监控。在牧场玉米青贮收购过程管理中，实时监控在途车辆的数量和运输时间，提高青贮的制作质量。

建立了饲料生产数据中心。实时数据全过程可追溯，对来的物料、车号、饲料加工、检测、入库、出库等全过程动态监控、全过程可溯源，确保饲料生产安全有效。

3. 饲草收购及种植。全年完成饲草种植 9.5 万亩，青贮玉米收购 25.46 万 t，价值 1.78 亿元。积极推进绿色种养循环、饲草种植加工一体化，解决牧场饲草收购及农户种植增收。

4. 牧场疫病防控。牧场人员车辆规范消毒，严格做好牛只两病检疫、病原微生物的抗原抗体检测监控、开展疫苗的免疫等工作。公司日常做好微生物的监控工作，主要通过对奶样、血清、排泄物、发病牛只的病料进行病原菌、病原微生物、病原微生物的抗原抗体等进行检测监控。

5. 粪污处理方式。粪污处理方面，牧场积极完善场内雨污分流系统，减少雨污混流情况，牧场通过奶牛场粪污循环利用与种养一体化模式，实现粪污循环利用，构建种养一体化生产模式，促进生态农业和循环农业发展。

污水通过氧化塘处理，进行农业灌溉、种养循环。

严格按照国家标准和环保要求配套建设排泄物处理系统，不处理不排放，不达标不排放。同时，为了变废为宝，循环发展，建设沼气 3 座，用奶牛粪便生产沼气，供生产和周边居民生活使用。

利用 30 万 t 有机肥厂，将奶牛粪便生产成高效有机肥料，既消除了环境污染，又为推进绿色有机农业起到了较好的推动作用。

6. 生鲜乳销售价格。公司原奶全部来源于自有牧场，除供应自有乳品加工厂外，向西南地区、广州深圳乳企销售，销售年均价为 5.0 元 /kg。

【乳品加工】自 2021 年起，公司建设自有乳品加工厂。现有 2 家生产工厂，均分布在甘肃省张掖市甘州区，2022 年在甘肃省兰州市新区新建一家。

甘肃传祁乳业一分厂。2021 年 5 月投资 6 000 余万元建成日处理鲜奶 150t 的乳制品加工厂一座，厂区占地面积 45 亩，建筑面积 18 000 多 ㎡。建成标准化乳制品加工车间 1 座和常低温库房 2 座，并引进国内先进的本优前处理设备、中亚灌装设备和利乐灌装设备等 7 条全自动生产线，产品以鲜奶、酸奶、常温纯奶、含乳饮料及奶酪深加工为主，年生产液态奶可达 5.4 万 t。

甘肃传祁乳业二分厂。2022 年 3 月 20 日开始混改接收日处理 500t 生鲜乳的传祁乳业张掖乳品厂（原三元乳业），至 4 月 10 日混改接收完毕。接收后根据传祁乳业的品牌需求和产品规划，投入资金 5 000 多万元，在对原有设备设施完成升级改造的同时，新订购 4 台灌装设备，2022 年 9 月 30 日全部投入生产。

甘肃甘味乳业。2022 年 6 月投资 4.5 亿元，占地面积 300 亩，日处理 1 200t 生鲜乳的甘味乳业加工厂在兰州新区中川园区开工建设，预计 2023 年底建成投产。甘味加工厂引进国内先进的本优前处理设备、中亚灌装设备和利乐灌装设备、广州铭慧灌装设备等 15 条全自动生产线，产品以鲜奶、酸奶、常温纯奶、含乳饮料及奶酪深加工为主。投产后，年加工液态奶可达 40 万 t。同时，配套建成乳制品体验参展中心，融合农旅发展模式向广大消费者开放，让消费者在参观高品质鲜奶生产过程的同时，为企业发展带来新的增长点，助力三产融合发展，提升企业竞争力。

【市场消费】2022 年，公司年销售收入 19.8 亿元，利润总额 9 855 万元。原奶销售以西南地区和广州、深圳为主。成品牛奶及乳制品秉承"用良心品质，做放心好奶"的质量理念和"让更多人喝上一杯好牛奶"的企业愿景，以"倾力打造甘肃牛奶第一品牌"为目标，研发流量产品、中端产品及高端产品，并拓展通路市场、KA、团购、奶屋、鲜奶入户和电商等销售渠道，产品以甘肃为核心区，逐步向陕西、宁夏、青海等周边省份和南方重点城市辐射。

公司品牌为一个核心品牌"云上传祁"和子品牌"盛世丝路"，产品有六大系列 40 多个品种。

【社会责任】积极参加脱贫攻坚、扶贫救助、爱心奉献、乡村振兴等活动。新冠疫情期间，为抗疫一线武警、公安、医疗等单位捐赠价值 18 万元的产品和物资。为应急救援演练人员和消防救援人员赠送价值 8 万元奶品。建立了村民养老保障制度，为前进村 60 岁以上的老人每月发放 100~800 元不等的生活补贴，逐年增加；为 60 岁以上老人和 12 岁以下的儿童每天免费供应 250g 鲜奶；设立"党员爱心基金会"，对出现困难的老党员进行扶持救助；建立村级奖学金，给考上大学的学生给予 3 000~5 000 元的奖励。把每年 8 月 29 日定为前进村村民"爱村日"，从最初每年 10 万元到现在的 600 多万元，奖励在村集体事业发展中成绩突出的致富标兵、优秀党员、产业能人、十星级文明户。

2022 年 6 月，公司获全国优秀乳品加工厂称号；2022 年 10 月，公司所属石岗墩牧场被认定为全国业内休闲观光牧场；2022 年 10 月，获国家级畜禽养殖标准化示范场称号；2022 年 12 月，获全国农牧渔业丰收奖一等奖。

（甘肃农业牧业科技有限责任公司，韩志强、武建寿）

附表 1　甘肃前进牧业科技有限责任公司奶牛养殖场（小区）名录

序号	名称	供奶企业	全群存栏（头）	成母畜存栏（头）	奶畜品种	成母畜单产（t/年）	年总产（t）	是否有机奶源基地	有机奶产量（t）
1	甘肃前进牧业科技有限责任公司石岗墩牧场	四川菊乐食品股份有限公司	8 489	5 292	荷斯坦	12.02	63 626		
2	甘肃德瑞瑞牧业有限公司	四川菊乐食品股份有限公司	3 749	2 315	荷斯坦	12.36	28 622	是	2 870t
3	甘肃蜀汉牧业有限公司	四川菊乐食品股份有限公司	4 851	2 095	荷斯坦	12.56	26 317		
4	甘肃德联牧业有限公司	贵州南方乳业股份有限公司	11 135	5 292	荷斯坦	12.36	65 423		
5	甘肃德华牧业有限公司		3 859	0	荷斯坦	12.36			
6	甘肃燕塘传祁牧牧业有限公司	广东燕塘乳业股份有限公司	4 079	1 764	荷斯坦	11.50	20 282		
7	甘肃陇黔牧业有限公司	贵州南方乳业股份有限公司	1 213	331	荷斯坦	12.23	4 044		
8	张掖市甘州区绿洲奶牛养殖农民专业合作社	四川菊乐食品股份有限公司	2 646	1 213	荷斯坦	11.27	13 674		
9	张掖市甘州区前进奶牛专业合作社	宁夏亿美乳业有限公司	2 205	662	荷斯坦	12.02	7 953		
10	张掖市五泉奶牛养殖农民专业合作社	四川新华西乳业有限公司	1 764	882	荷斯坦	11.49	10 138		
11	张掖市蓼泉奶牛养殖农民专业合作社	四川新华西乳业有限公司	2 315	1 158	荷斯坦	11.38	13 175		
12	张掖市新华草畜科技有限责任公司	贵州南方乳业股份有限公司	2 205	1 323	荷斯坦	11.45	15 153		
13	张掖市东联草畜科技有限责任公司	四川菊乐食品股份有限公司	1 985	992	荷斯坦	11.87	11 781		

备注：本表所指奶畜包括奶山羊、奶绵羊、奶水牛、牦牛、骆驼、驴等产商品奶家畜。请养殖场或小区列在中选择打钩；如认证为有机奶源基地等，请在相应表格中打钩。

附表 2　甘肃前进牧业科技有限责任公司乳制品生产企业名录

序号	名称	生产地点	生产许可证号码	年收购原奶量（t）	其中：自有奶源量（t）	日处理生鲜乳能力（t）	平均支付生鲜奶价格（元/kg）	年乳制品产量（t）	其中：低温鲜奶（t）	UHT奶（t）	常温酸奶（t）	低温酸奶（t）	原料奶粉（t）	婴幼儿配方奶粉（t）	成人奶粉（t）	奶油（t）	奶酪（t）	乳饮料（t）	冰品（t）	年销售收入（万元）	利润（万元）	有机产品（枚）
1	甘肃传祁乳业有限公司	甘肃省张掖市甘州区长安镇前进村	SC10662070201287	12 737.72	0.00	250.00	3.94	12 473.35	1 337.40	9 910.75	860.00								365.20		9 952.91	-510.15	1

备注：本表所指包括在中国及海外的生产企业。日处理生鲜乳能力指设计加工生鲜乳能力。自有奶源指来自自建和参建（控股、参股）牧场（小区）的原奶。自有奶源指来自自建和自建乳能力。原料奶粉指生奶粉。成人奶粉指除婴幼儿配方奶粉以外的学生奶粉、孕妇奶粉、中老年奶粉等终端消费奶粉。雪糕等。冰品包括冰激凌、雪糕等。有机产品数量单位为"枚"指获得有机标志的数量。

浙江一鸣食品股份有限公司

浙江一鸣食品股份有限公司（以下简称一鸣）始终专注实业、聚焦农业，围绕整合和延伸农业产业链"三产融合发展"，已经发展成为一家集奶牛养殖、乳品与烘焙食品生产加工、物流配送、连锁零售门店于一体的农业产业化国家重点龙头企业。2020 年 12 月 28 日公司在上海证券交易所主板上市、正式登陆 A 股市场，股票代码 605 179。

【奶源基地】一鸣拥有自有牧场 2 座，分别位于浙江省与江苏省，奶牛存栏 3 400 头，其中泌乳牛 1 200 头，2022 年牛奶总产量 10 860t，年收购原奶 79 636t。一鸣食品依托自有牧场、浙江省奶牛遗传改良与乳品质研究重点实验室、温州平阳与江苏常州乳制品加工厂、自有物流配送、2 000 多家"一鸣真鲜奶吧"倾心打造奶牛养殖、遗传改良、育种扩繁、乳品研发、乳品生产与销售为一体的全产业链模式，坚持"三产接二连一"全产业链融合发展模式，建立奶源与终端产品市场紧密的利益联结机制。

在奶牛品种方面，2011 年一鸣从澳大利亚引进良种荷斯坦奶牛 403 头、娟姗牛 31 头。澳洲奶牛系谱清晰、血统纯正，品质优良，采用先进的生物遗传技术——性控冻精，为美系和加系精液，少量的常规冻精为美国的（ABS 公司提供），从源头上确保乳制品安全生产，提升奶源品质。

在饲料喂养方面，突破了传统的饲喂方法，进口优质牧草（美国进口的苜蓿、澳大利亚进口的燕麦）、精料（玉米、麸皮、豆粕等）和青贮玉米，使牛奶口味清香。饲养技术上应用先进的 TMR 混合饲料技术，25m³ 的 TMR 饲料搅拌机、滨州筛。饲料搅拌机带有切碎、电子称重的功能，经过 TMR 饲料搅拌机的计算，可以准确地投入不同类饲料的重量，再通过滨州筛的分析，能判别饲料搅拌长短的适宜性，从而实现奶牛各类饲料采食的准确性和充分混合。

在智能化管理方面，公司养殖基地拥有利位伐 2*20MP680+MM27BC 挤奶机、发情探测器、CIP（自动清洗）系统和 APLO 软件管理系统，奶牛生产智能化信息系统。采集和汇总牧场前端数据，进行数据分析和生产决策，实现养殖中对奶牛的精准感知、精准预警、精准饲养、精准管理，整体效率得到明显提升，其中产奶量每年提高 5%~16%（平均 8%），每头牛每年平均提高单产 500kg，每年每头牛增加产值 2 000 元以上。

在粪污处理方面，牧场粪污处理结合工业废水处理方法，采用行业首创的"二级固液分离+生化处理"工艺，使养殖产生的污水处理效果达到 GB5084-2005 的标准，建立有机肥厂将畜禽粪便转化成有机肥料，配套用于周边种植养殖业（蔬菜，水果、花卉种植基地及开山造田土壤改良）。同时，积极探索有机农业，从 2009 年开始就没有再使用农药和化肥，并专门成立了有机农业种植团队进行捍卫。

在质量安全方面，不断优化质量安全治理组织结构，以"牧场是第一生产车间"的管理理念推动"优质乳项目"建设，开展生鲜奶 197 项风险监测、农产品 291 项指标监测，实施从来料、生产、储存、运输等方面的 52 项风险控制，保证从"牧场"到达消费者最后 1 千米的质量安全。

【乳品加工】截至 2022 年底，一鸣国内生产企业数量 2 家，全年乳制品总产量 110 500t。公司已建成平阳和常州两大生产基地，和以基地为中心的三大一级配送中心、七大城市二级配送中心；二级城配是以"50km 为半径、200 家奶吧为商圈"进行布局。生产基地配备国际先进的生产工艺流水线和生产设备：乳品车间工艺整线实现全自动中控控制，其中前处理车间为无人无水车间，产品实现全密闭生产。

2021 年 5 月，公司正式投产的常州工厂引进国际最先进的智能数据中心、智能乳饮料生产系统、智能烘焙生产系统、智能仓储和智能能源管控系统等，实现全自动中控控制，乳饮料生产自动化程度、设备集成水平、生产效率水平、物料利用率水平行业领先。

公司不断从工艺设计、设备选型、节能环保、环境安全等各个方面开展技术创新，提高自动化生产、能力；通过设备工艺升级，创建绿色工厂；不断深化"管理换效"战略，建立运行"智慧一鸣"生产与销售一体化信息系统，及时汇总各种渠道的需求信息并快速转化为生产指令；建立实时食品安全质量信息记录与追溯体系；将 SAP、ERP 等信息系统集成互联，建立精益智能化生产模式。

公司先后获得工业和信息化部授予的制造业与互联网融合发展试点示范项目、两化融合管理体系贯标试点企业称号，被浙江省经信委评为省级工业互联网平台。

【市场消费】截至 2022 年底，公司乳制品总销售额为 243 300 万元，主要有奶吧、销售中心、新零售和电商四大业务板块。

一鸣在全国首创奶吧新型商业模式，发展了新型的"中央工厂+连锁门店"零售模式，实现了短保质期新鲜食品的兼营销售。截至 2022 年底，"一鸣真鲜奶吧"在浙江省、江苏省、福建省以及上海市等地区共建立了 2 000 多家门店。奶吧以乳品、烘焙、米类食品相结合的产品销售结构为主，选择低温乳品、现烤烘焙产品、米类鲜食的赛道，能更好地传达新鲜、健康的品牌理念。

基于"智慧一鸣"的智能要货系统，依据门店历史销售情况、库存、天气等因素提供智能补货建议，并对接 SAP 系统，快速产生补货订单、生产订单、交货单、装运单等，指导各业务单位协同作业，以食品安全为前提，实现 24h 内新鲜直达，确保奶吧可以稳定地向顾客提供新鲜健康的产品。

一鸣同步加强区域性优势渠道的建设，例如传统早餐、学校、企事业、商超、自动售卖机等渠道，在成熟市场、发展市场与"一鸣真鲜奶吧"形成合力，推动一鸣品牌发展。

同时，面对电商快速发展的趋势，一鸣进行全网销售转型，做到线上线下融合，全维度发展。企业通过各类线上平台（如综合电商、小程序、直播等）吸引流量，助力品牌推广，促成产品销售，产生用户沉淀，利用沉淀数据精准营销，最终形成一鸣电商运营闭环。

【社会责任】温州一鸣公益慈善基金会是由浙江一鸣食品股份有限公司发起的非公募基金会，于2018年1月在温州市民政局正式注册成立。秉承"致力公益慈善，助力农业农村发展，关爱青少年成长"的宗旨，践行并推动企业社会责任目标的落地。2022年，一鸣一共与15家公益伙伴一起在12个县市区落实公益项目，发动223名志愿者，开展了64场志愿服务活动，累计受益人数80 670人次，引发113篇媒体报道。慈善基金主要开展五类公益项目：一鸣乡村美校、一鸣启智助学、一鸣启智奖学金、一鸣启智食育和一鸣兴农计划。基金会荣获2022年温州市志愿服务项目大赛金奖。

一鸣乡村美校项目针对乡村小规模学校的学习空间、营养计划落实等方面进行支持。该项目邀请了杭州开合建筑有限公司团队参与公益设计，截至2022年改造15所学校，累计捐赠576万元，受益学生2 536位。该项目同时撬动3 000多万元政府资金同步投入提升学校基础设施建设。暑假，基金会联合温州市教育局开展"首届温州市乡村学校美育夏令营"负责学生的营养早餐，为孩童健康助力。

一鸣启智助学项目通过企业员工结对贫困学生，6年来累计捐款48万元，有829位员工参与。一鸣启智奖学金通过面向全国的高校大学生开展启智创新奖以及启智创新大赛，累计捐款金额1 014万元。一鸣启智食育走进温州市24个学校及社区开展50场课程，惠及1 200多名学生，为温州的孩子们上了一堂形象的营养

课。2022年，一鸣基金会联合温州团市委发起了"新居民子女爱心接力餐"行动，目前有7所学校共1 819名学生受益。同时，基金会为丽水特殊学校儿童送上520箱牛奶作为新年礼物。2022年的新冠疫情持续反弹，基金会积极调动物资联合温州市慈善总会、温州团市委等累计捐赠35万元物资。疫情期间累计捐赠423万余元营养物资。

一鸣兴农计划持续为5 000多位村民参保新农合医疗保险，累计捐赠570万余元，解决村民因病返贫的后顾之忧。一鸣派遣优秀技术资源专业队伍对接奶牛养殖基地，技术团队走遍温州、台州、金华等地，免费为养殖户提供奶牛饲养、兽药管理、繁殖育种等方面的标准化服务。

【奶业大事】2022年重要战略部署：聚焦开拓市场，整体品牌力持续提升。奶吧聚焦江苏、上海、福建、安徽等市场的开拓，加快开店节奏；集团品牌建设工作同步跟进，在各类市场持续提升品牌力，助力各渠道销售。

公司获中国奶业协会认证中国学生饮用奶生产企业（2021—2024）。

3月23日，一鸣食品通过"国家优质乳工程"验收。

3月，一鸣被浙江省食品工业协会评为2021年度浙江省食品工业企业诚信管理体系建设示范企业。

4月，一鸣食品入选2022年浙江省未来工厂试点企业。

7月11日，一鸣"奶牛绿色健康养殖及优质乳生产关键技术与应用"荣获2021年度浙江省科学技术进步奖二等奖。

9月，产品澳瑞鲜牛奶荣获产品数字化碳标签认证。

10月9日，由浙江一鸣食品股份有限公司、浙江中星畜牧科技有限公司与浙江大学共建的浙江省奶牛遗传改良与乳品质研究重点实验室项目，在南方奶牛良种快速扩繁领域取得重大突破——首批"胚胎牛"于12时28分诞生。

12月，一鸣荣获浙江省连锁业杰出贡献企业奖。

（浙江一鸣食品股份有限公司，许胜飞、潘伟伟）

附表 1 浙江一鸣食品股份有限公司奶牛养殖场（小区）名录

序号	名称	供奶企业	全群存栏（头）	成母畜存栏（头）	奶畜品种	成母畜单产（t/年）	年总产（t）	是否有机奶源基地	有机奶产量（t）
1	乐清市振发奶牛养殖场	—	118	70	荷斯坦		248.619		
2	山东银香伟业集团有限公司	—	6 800	3 700	荷斯坦		7 456.015		
3	乐清市龙港奶牛场（普通合伙）	—	98	57	荷斯坦		227.906		
4	乐清市成丰畜牧专业合作社	—	430	182	荷斯坦		855.348		
5	瑞安市利民奶牛场	—	452	246	荷斯坦		1158.33		
6	台州市椒江鸿福畜牧养殖专业合作社	—	393	284	荷斯坦		1 253.108		
7	仙居县珍海种畜养殖专业合作社	—	150	60	荷斯坦		269.375		
8	宁海县高胜奶牛专业合作社	—	980	520	荷斯坦		4 121.665		
9	金华市惠君奶牛专业合作社	—	642	420	荷斯坦		2 223.638		
10	金华市圣勇奶牛专业合作社	—	223	175	荷斯坦		809.434		
11	金华市智勇奶牛专业合作社 2	—	620	400	荷斯坦		1 115.032		
12	金华市玉兴奶牛专业合作社	—	488	257	荷斯坦		1 752.382		
13	金华市智勇奶牛专业合作社	—	1 600	1 200	荷斯坦		5 506.302		
14	泰顺县一鸣生态农业有限公司	—	1 650	875	荷斯坦，娟姗		8 710.821	√	—
15	常山金葡奶牛专业合作社	—	1 100	680	荷斯坦		5 282.925		
16	浙江博凯农牧业科技发展有限公司	—	3 100	1 800	荷斯坦		11 511.954		
17	安徽时代牧业有限公司	—	880	310	荷斯坦		2 879.989		
18	山东圣力牧业有限公司	—	3 692	1 505	荷斯坦		14 903.136		
19	镇江市春波牧业有限公司	—	1 100	630	荷斯坦，娟姗		3 014.515		
20	常州鸣源牧业有限公司	—	770	227	荷斯坦		2 148.94		
21	临沭县恒大牧业有限公司	—	1 000	600	荷斯坦		—		
22	安徽鑫祥农牧业有限公司	—	1 892	668	荷斯坦		135.205		

备注：本表所指奶畜包括奶山羊、奶绵羊、牦牛、骆驼、驴等产商品奶家畜。请在养殖场或小区列中选择打钩；如认证为有机奶源基地等，请在相应表格中打钩。

附表2 浙江一鸣食品股份有限公司乳制品生产企业名录

序号	名称	生产地点	生产许可证号码	年收购原奶量(t)	其中:自有奶源量(t)	平均支付价格(元/kg)	日处理生鲜乳能力(t)	年乳制品产量(t)	其中:低温鲜奶(t)	UHT奶(t)	常温酸奶(t)	低温酸奶(t)	原料奶粉(t)	婴幼儿配方奶粉(t)	成人奶粉(t)	奶油(t)	奶酪(t)	乳饮料(t)	冰品(t)	年销售收入(万元)	利润(万元)	有机产品(枚)
	浙江一鸣食																					
1	品股份有限公司	温州平阳	SC10533032600625	56357.52	8302.29	5.01	450	83267.26	13907.71	0	4512.28	21723.07	503.75	0	0	0	0	42620.46	0	98939.00	6050.00	—
2	江苏一鸣食品有限公司	江苏常州金坛	SC10532048201417	23278.86	2557.47	5.01	800	31203.90	7263.70	0	3495.00	18682.97	412.23	0	0	0	0	1350.00	0	30367.00	-172.00	—

备注：本表包括在中国及海外的生产企业。日处理生鲜乳能力指设计加工生鲜乳能力。自有奶源指来自自建和参建（控股、参股）牧场（小区）的原奶。有机产品数量单位为"枚"指获得有机标志的数量。成人奶粉指除婴幼儿配方奶粉以外的学生奶粉、孕妇奶粉、中老年奶粉等终端消费奶粉。冰品包括冰激凌、雪糕等。

云南欧亚乳业有限公司

云南欧亚乳业有限公司（以下简称欧亚乳业）于2003年在大理经济开发区建设投产，公司是农业产业化国家重点龙头企业、云南省重点产业领军企业和云南省绿色食品"10强企业"。"欧亚"商标被认定为中国驰名商标，欧亚纯奶系列产品通过有机和绿色食品认证。

【奶源基地】建厂以来，欧亚乳业为带动基地高质量发展，公司通过自建标准化示范场，以扶持发展适度规模的养殖场和家庭牧场为主导，带动基地快速发展，与种植、养殖户签订合同，100% 收购合格原料奶、100% 收购合格青贮饲料、100% 为种养户解决技术困难。实现公司与合作方风险共担、利益共享。基地以示范场为平台，通过常年对饲草种植、牧场管理、饲养技术等人员培训，开展精准帮扶，提升牧场饲养管理水平，建立资金链、技术链、资源链相融合的利益联结共同体，不断提高基地协同养殖户的收益。

欧亚乳业先后在大理市、祥云县等地自建多个规模养殖场，自 2014 年起为转移洱海流域奶牛存栏，公司在高原水乡鹤庆投建设第一个万头牧场。于 2016 年底建成投入试运营，2017 年通过农业部"标准化示范场认定"。养殖场从澳大利亚、新西兰进口的荷斯坦牛和娟姗牛，2022 年底存栏量已增至 9 700 头。欧亚鹤庆牧场通过 GAP 良好农业规范认证，种植、养殖环节通过有机产品认证，被农业农村部评为云南省首个国家级奶牛标准化示范场。牧场示范应用了一牧云、阿菲金、帝波罗、精准饲喂等管理系统，实现牧场的全流程智慧化管理，涵盖自动营养配方、奶牛身份识别、产量计量、发情与健康状况及治疗效果跟踪监测等，并与工厂 MES 制造执行系统和 ERP 资源管理系统数据共享，打通从奶源到销售终端的产品质量溯源通道，鹤庆牧场被认定为云南省数字农业示范基地。通过集约化、标准化、高效化的打造，牧场取得了较好的效益，能繁母牛平均单产达 10.04t，平均乳蛋白率大于 3.5 %，乳脂率大于 4.2 %，带动鹤庆县发展了 17 个标准化奶牛规模养殖场和大批家庭牧场，促进鹤庆县发展成为云南乃至西南地区最大的奶源基地县，鹤庆县被认定为国家级现代奶业产业园。

【乳品加工】公司已建成 4 个乳品加工厂，日处理鲜奶能力 1 000t，公司一期工厂于 2003 年建成投产，整套引进利乐乳品生产线，采用超高温瞬时灭菌、闪蒸脱气等领先工艺技术；二期工厂于 2013 年建成投产，全套引进美国 SPX 乳品生产线，实现全自动调配、菌种在线添加、无菌正压空气保护等工艺，全面提升了乳品加工的规模化和现代化水平；2018 年三期工厂建成投产，除先进的生产设备外，还引进了 MES 制造执行系统和 ERP 企业资源管理系统，实现从原辅料采购到终端市场全过程的数据采集分析与质量溯源，成为全省

食品行业首家智能制造标杆企业；2021 年，四期工厂在鹤庆县建成投产，融合行业先进加工设备和工艺，同步推进各工厂乳品加工智能化和产业链数智化发展。

加工厂通过 PLC 可编程控制技术实现生产全过程自动化控制；配套包装机器人、码垛机器人、智能仓库等设施，以 MES、ERP 系统为核心，通过与各子模块的集成，采用远程监控、人机界面、过程记录和趋势分析等手段，并与主系统互联，实现生产计划与订单管理、生产优化、质量与配方管理、跟踪记录以及生产信息与分析系统一体化，智能仓储、物料和资产管理智能化，物流配送实时在线监控。2022 年，公司共生产乳制品 263 100t。

【市场消费】历时 18 年积累，欧亚系列乳制品已有 100 多个单品，销售市场全面覆盖云南及周边各省。公司建立起线上、线下相配合的营销体系，将产品市场拓展至全国 20 多个省份。通过不断完善全渠道营销服务体系，组建配送服务中心、建设销售配送直配线，建成了覆盖经销商、直营店、零售网点等的全渠道营销终端服务体系，不断增强产、供、销协同能力。通过 ERP 核心控制单元，终端控制模块对报单、中转周期、中转库进出库及营销管理等进行监控。对下游客户限制性开放端口，促进协同客户根据上期生成的报表、库存、配送等情况，提供数据采集、信息公告、终端（批发、零售点）管理、订单管理及工作日报、数据统计分析等系统功能，实时查看终端状况，适时调整销售策略。2022 年公司实现销售收入 20.18 亿元。

【社会责任】作为大理本土乳企，公司始终牢记责任和使命，把"养好一头牛，做好一杯奶，带富一方百姓"视为永续不变的企业愿景，努力通过产业帮扶、就业帮扶、公益帮扶、科技帮扶等措施，助力农村激发内生动力，带动农民实现脱贫增收，促进扶贫模式由"输血式"向"造血式"转型。除产业带动扶贫、安排贫困户就业等外，公司每年还向社会直接捐赠资金数百万元。2022 年公司分别向永德县、鹤庆县、云龙县等学校捐款 66 万元，向民政局、红十字协会等捐款 162 万元，全年累计捐款 228 万元。公司相继被大理州扶贫开发领导小组评为"扶贫济困 爱心企业"，被大理州扶贫办评为扶贫助学爱心企业，被大理市委、市政府评为捐资助学先进单位，被大理州工商联、大理州光彩事业促进会评为光彩事业先进单位。

【奶业大事】2022 年 1 月，云龙县万头奶牛牧场、永平县万头奶牛养殖示范牧场一期两个牧场正式施工建设，两个项目的顺利开工是地方政府关于加快乳业高质量发展计划的具体举措，将有力推动地方乳业快速发展。

2022 年 8 月 25 日，云南省委副书记、省长王予波等领导莅临欧亚乳业调研指导，对公司发展前景表示期待，并祝愿企业越做越好，希望公司立足优势，多开发高端新品，加大对外省份的市场拓展力度，加快一二三产业融合发展，助力农业增效、农户增收。

2022 年 9 月 6 日，第十三届中国奶业大会、2022

中国奶业20强（D20）峰会暨2022中国奶业展览会在济南召开，欧亚乳业受邀参会并入选2022年度优秀乳品加工企业，公司董事长获2022年度优秀奶业工作者荣誉称号。

2022年9月23日，国家知识产权局公示了国家知识产权示范企业及国家知识产权优势企业名单，云南欧亚乳业有限公司成功入选为国家知识产权优势企业。

2022年11月8日，云南省委书记王宁等领导莅临云南欧亚乳业有限调研指导。王书记对牧场和工厂智能化、养殖智慧化和质量保障能力表示赞赏，强调乳业是地方政府重点打造的产业，希望企业加大研发投入力度，不断创新和提升品质，把产业做优做强。

2022年12月28日，鹤庆县新万头奶牛生态牧场项目开工典礼隆重举行，该牧场是欧亚乳业继2015年在鹤庆投资建设的第一个万头牧场后，2019年又在鹤庆投资建设智能化乳制品加工厂后的第二个万头牧场。项目建成后，奶牛存栏数可达11 000头，将为欧亚乳业提供更多的优质原料奶，为积极推动地方乳业振兴和经济发展贡献力量。

（云南欧亚乳业有限公司，何新海）

附表 1 云南欧亚乳业有限公司奶牛养殖场（小区）名录

序号	名称	供奶企业	全群存栏(头)	成母畜存栏(头)	奶畜品种	成母畜单产(t/年)	年总产(t)	是否有机奶源基地	有机奶产量(t)
1	鹤庆县现代农业庄园有限公司	云南欧亚乳业有限公司	9 796	6 650	荷斯坦、娟姗	10.4	25 000	是	7 558
2	祥云和泰牧业有限公司	云南欧亚乳业有限公司	1 688	1 076	荷斯坦	10.4	3 966		
3	鹤庆和泰牧业有限公司	云南欧亚乳业有限公司	2 974		荷斯坦				

备注：本表所指奶畜包括奶山羊、奶绵羊、奶水牛、牦牛、骆驼、驴等产商品奶家畜。请在养殖场或小区列中选择打钩；如认证为有机奶源基地等，请在相应表格中打钩。

附表 2 云南欧亚乳业有限公司乳制品生产企业名录

序号	名称	生产地点	生产许可证号码	年收购原奶量(t)	其中：自有奶源量(t)	平均支付自有奶价格(元/kg)	日处理生鲜乳能力(t)	年乳制品产量(t)	其中：低温鲜奶(t)	UHT奶(t)	常温酸奶(t)	低温酸奶(t)	原料奶粉(t)	婴幼儿配方奶粉(t)	成人奶粉(t)	奶油(t)	奶酪(t)	乳饮料(t)	冰品(t)	年销售收入(万元)	利润(万元)	有机产品(枚)
1	云南欧亚乳业有限公司	云南省大理州大理经济开发区	915329007452722621	186 000	32 100		1 000	263 150	23 000	100 600	0	41 000	0	0	650	0	0	97 900	0	201 857	12 054	2

备注：本表包括在中国及海外的生产企业。日处理生鲜乳能力指设计加工生鲜乳能力。自有奶源指来自自建和参建（控股、参股）牧场（小区）的原奶。成人奶粉指除婴幼儿配方奶粉以外的学生奶粉、孕妇奶粉、中老年奶粉等消费终端消费奶粉。冰品包括冰激凌、雪糕等。有机产品数量单位为"枚"指获得有机标志的数量。

江西阳光乳业集团有限公司

【奶源基地】江西阳光乳业集团有限公司（以下简称阳光乳业）坚持自建牧场和外埠战略合作的奶源规划，在持续加大生产基地布局与建设的基础上，积极推进加速奶源布局与建设。在江西的南昌、抚州、宜春和安徽六安有5座标准化自有牧场。2022年，奶牛存栏5 800头，成母牛3 500头。2022年，阳光乳业5座标准化牧场的牛奶产量33 753t，自有奶源占比49.9%。在江西南昌，阳光乳业拥有一座有机奶源基地，2022年有机奶产量1 350t。

随着奶牛养殖规模化、自动化和智能化水平的不断提高，奶牛的生产性能也在不断提升。2022年，规模化牧场成母牛年平均单产量已达9t，达到江西奶牛养殖单产的历史最高水平。2022年，江西规模化牧场的生鲜乳交售均价为5.1元/kg。

智慧牧场建设。持续深入洞察领先科技在传统养殖业的应用价值，不断强化数字化、智能化在牧业领域的应用；牧场扩建新智能化牛舍，实现"提产量、重质量、扩奶源"的目的，力争2023年自有奶源占比进一步扩大。

数智化奶牛养殖机械的发展及应用情况：河南有一家我们控制奶源的非自有基地已开始为挤奶机器人的使用做好各项准备，预计2023年投产。安徽标准化牧场使用自走式TMR机，可对各种牧草、农作物秸秆及青贮饲料等纤维性粗饲料进行切割并与精饲料搅拌混合，可将饲料直接投喂给牲畜，从而减少人工喂养的劳动强度，节约饲养成本，提高劳动生产率。采用TMR饲料搅拌机能提高牛奶产量、干物质采食量、提升牛奶品质、降低牛的发病率、提高饲料利用率、节约饲料成本、提高牧场收益。

疫病防控方面，2022年阳光乳业自有牧场严格按照国家相关规定、行业标准执行检疫。重点针对口蹄疫、结节病、流行热、结核病、布鲁氏菌病等主要疫病防疫接种无死角，按照多层次推进、全覆盖实施进行防控，着重落实日常防疫、疫苗防疫、高风险疫病防控、疫病应急处理。具体实施如下。

依据GB/T18646-2018和GB/T18645-2020对自有牧场牛群坚持春秋"两病"检疫；依据GB/T17823进行动物防疫设施的建设，牧场防疫基础设施健全，围栏、值班室、生产区门口设有车辆进出清洗消毒设备、人员进出场有更衣室、消毒通道、喷雾消毒室、隔离舍等；建立完善的防疫系统，包括喷雾和雾化消毒制度和流程，栋舍、周围环境、卧床、奶厅系统、犊牛圈舍等消毒都有明确的流程规定和周期；建立完善的无害化处理体系，与第三方签订无害化处理协议，工艺符合生物安全措施，

无害化处理按照动物无害化处理规程进行无害化处理，并作无害化处理记录。

2022年，阳光乳业牧场坚持一贯的粪污资源化利用的种养结合模式，通过牛舍的生物发酵垫床进行源头粪污的减量，粪污经固液分离－厌氧发酵－氧化塘好氧暂存等系列无害化处理后还田或饲料地，全面实现源头减排、过程控制、末端利用的粪污零排放的生态循环。

2022年，阳光乳业在江西、安徽的5座标准化牧场的玉米种植总面积为1.2万亩，青贮玉米产量为3万t。

【乳品加工】阳光乳业在江西南昌、安徽六安拥有2处乳品加工基地，加工设计产能为10.8万t/年。2022年，乳制品总产量为7.3万t，其中低温鲜奶2.1万t、低温酸奶2.0万t、常温奶2.3万t、乳饮料0.8万t、原料乳粉300t。阳光乳业的乳品加工规模在全国来说体量不大，但始终不忘初心，同样为中国乳业做贡献，坚持走低温新鲜战略，立足江西本土市场精耕细作。

【市场消费】阳光乳业拥有"阳光"和"天天阳光"两大核心商标和品牌，以江西市场为核心，辐射湖南、安徽、湖北等周边省市市场。阳光乳业建立了以低温产品为主的差异化产品结构，建立了以"送奶上户"为主的销售渠道，为广大对产品消费者提供新鲜、营养、安全的产品和优质服务，多年对产品的精耕细作以及长期积累的市场声誉、品牌形象，公司得到了消费者的认可和喜爱。

阳光乳业经过多年的市场实践，建立了较为完善的销售网络渠道，包括送奶上户、专卖店、商超、自动售卖机等，同时构建了一个覆盖江西城区的冷链物流配送网络体系，保证了产品运输的时效性，提升了消费者对公司产品"新鲜"的认同度。

公司始终坚持"质量就是生命，生命只有一次"的经营理念，已通过GMP生产规范认证、HACCP质量管理体系认证，从奶源供应、辅料采购、生产过程控制到成品检验，形成了完善的质量控制体系。在包括"三聚氰胺专项检查"在内的历次食品安全检查中，公司的产品均符合标准，未发生过食品安全事故，积累了良好的市场口碑。

阳光乳业品牌源于1956年，具有60多年的历史沉淀，经过无数阳光人的多年耕耘，由一家单一的牛奶生产工厂，逐步发展成为一家集乳制品研发、生产、销售以及牧草种植、奶牛养殖为一体的专业化、现代化、高科技的综合性乳品企业，是区域性城市型乳制品龙头企业之一。阳光乳业品牌在江西省内拥有较高的知名度和市场美誉度。60多年来，阳光乳业始终以牛为尊养好牛，科技创新造好奶，把质量看作生命，这都是为了制造一瓶让消费者放心、安心的好牛奶。

【奶业大事】作为江西省规模最大的乳制品生产企业之一，公司紧紧把握消费升级、产业转型等发展机遇，坚持把食品安全作为企业发展的基石，把质量管理作为企业发展的第一要务，致力于为广大消费者提供营养、

安全的产品，通过不断的产品创新和转型，积极应对国内食品饮料行业从"量的提升"到"质的转变"新常态，借助差异化的产品策略，以精准的消费群体定位，构建满足公司未来中长期发展的组织体系、管理体系、市场体系、创新体系，以此打破区域瓶颈，实现"区域做强，放眼中部，努力成为中国一流的乳制品加工企业"的战略目标。

阳光乳业于2022年5月20日在深圳证券交易所主板成功上市（股票代码：001318）。公司利用本次所募集的资金，提升产能并改善产能结构，努力开发新市场新渠道。在坚持"送奶上户"渠道的基础上，不断拓宽产品系列，不断优化产品结构，以提升市场占有率和品牌影响力。公司将通过不断创新和积累，逐步形成常温与低温、乳制品与含乳饮料相结合的全方位产品矩阵，以江西为核心市场进行深度精耕，并逐步加快新市场的营销体系和渠道建设，使公司产品能更快地切入当地市场，实现"立足江西，辐射中部市场"的发展目标。

（江西阳光乳业集团有限公司，谢小佳）

附表 1 江西阳光乳业集团有限公司奶牛养殖场（小区）名录

序号	名称	供奶企业	全群存栏（头）	成母畜存栏（头）	奶畜品种	成母畜单产（t/年）	年总产（t）	是否有机奶源基地	有机奶产量（t）
1	江西长山现代有机牧场有限公司	阳光乳业	1 000	1 000	荷斯坦	9		√	1 300
2	江西省嘉牧生态农业科技开发有限公司	阳光乳业	1 000	1 000	荷斯坦	9			
3	中博农（东乡）牧业有限公司	阳光乳业	1 500	1 500	荷斯坦	9			
4	南昌市星光奶牛乳业有限公司	阳光乳业	200	200	荷斯坦	8			

备注：本表所指奶畜包括奶山羊、奶绵羊、奶水牛、牦牛、骆驼、驴等产商品奶家畜。请在养殖场或小区列中选择打钩；如认证为有机奶源基地等，请在相应表格中打钩。

附表 2 江西阳光乳业集团有限公司乳制品生产企业名录

序号	名称	生产地点	生产许可证号码	年收购原奶量（t）	其中：自有奶源量（t）	平均支付奶价格（元/kg）	日处理生鲜乳能力（t）	年乳制品产量（t）	其中：低温鲜奶（t）	UHT奶（t）	常温酸奶（t）	低温酸奶（t）	原料奶粉（t）	婴幼儿配方奶粉（t）	成人奶粉（t）	奶油（t）	奶酪（t）	乳饮料（t）	冰品（t）	年销售收入（万元）	利润（万元）	有机产品（枚）
1	江西阳光乳业集团有限公司	江西南昌	SC10536010400010	67 507	33 753	5.1	450	134 090	21 260	7 405	15 532	20 000	300					67 493		108 049	11 593	1

备注：本表包括在中国及海外的生产企业。日处理生鲜乳能力指设计加工生鲜乳能力。自有奶源指指来自自建和参建（控股、参股）牧场（小区）的原奶。自有奶源数量单位为t。有机产品数量单位为"枚"指获得有机标志的数量。本表所指婴幼儿配方奶粉指除婴幼儿配方奶粉以外的学生奶粉、孕妇奶粉、中老年奶粉等终端消费奶粉。冰品包括冰激凌、雪糕等。成人奶粉指除婴幼儿配方奶粉以外的学生奶粉、孕妇奶粉、中老年奶粉等终端消费奶粉。

宜品乳业（青岛）集团有限公司

宜品乳业（青岛）集团有限公司（以下简称宜品乳业）创立于 1956 年，是一家集牧草种植、牧场养殖、产品研发、产品加工、实验检测、终端销售、客户服务于一体的全产业链跨国集团公司；集团旗下拥有全资、控股公司 30 余家，包括国外全资生产基地 4 家（西班牙 2 家、韩国 2 家）、2 万 hm^2 有机农产品种植基地（俄罗斯）；形成了"一个运营中心，一个科技创新中心，四大黄金牧场（北安、青岛），八大生产基地，八大产品体系"的运营格局，实现了从种植、养殖、加工，到检测、销售、研发和服务的全链条一体化布局，形成了从婴幼儿到成人、从个体到家庭、从配方奶粉到特医食品的生命全周期营养系列，创建了统筹多资源、兼顾多市场和打通多循环的全球化新格局。同时，宜品乳业是全球领先的乳制品供应商，宜品纯羊奶粉全球销量第一，是中国航天事业合作伙伴。

【奶源基地】宜品乳业坚持"牛羊并举"的战略方向。宜品乳业在黑龙江建立标准化奶牛养殖基地，分别是存栏 5 000 头的宜品现代化有机示范牧场（黑龙江绵绵牥农牧业有限公司）和存栏 5 000 头的宜品有机娟姗 A2 奶牛牧场（黑龙江安北牧业有限公司）。在山东青岛建立两个奶羊场，分别是在即墨投资建设存栏规模 1 万头的宜品国家级奶山羊种羊场（青岛奥特种羊有限公司）和在青岛莱西投资建设存栏规模 5 000 只的宜品宜羊千僖羊牧场（青岛宜羊千僖农牧科技有限公司）。

奶牛、奶羊养殖基地主要建设内容包括挤奶大厅、哺乳舍、泌乳舍、特需舍、综合舍、后备舍、青贮窖、干草棚及相关生产、生活、生态型粪污处理配套设施等。在开展现代化养殖过程中，宜品乳业引进先进的自动化设备、先进机械器具，如 80 位全自动转盘挤奶机、便携式挤奶机、自走式 TMR 机、半自动清粪机、半自动通风系统、全自动供水系统。养殖工人积极发挥创新精神，发明许多生产专用器具，如半自动撒料车、可移动饲喂箱等。

宜品现代化有机示范牧场（黑龙江绵绵牥农牧业有限公司）于 2022 年 11 月建成投入使用。项目总投资 22 500 万元，其中土基建投资 12 100 万元，设备投资 3 860 万元，进口优质奶牛费用 4 000 万元，其他费用 2 540 万元，项目总用地面积 233 781 m^2，建筑总占地面积 104 506 m^2。

宜品有机娟姗 A2 奶牛牧场（黑龙江安北牧业有限公司）总占地面积 11 万 m^2，总投资 2.25 亿元。2022 年宜品乳业布局引进血统纯正的娟姗牛，存栏 5 000 只，为目前黑龙江省最大规模娟姗牛养殖基地。

宜品国家级奶山羊种羊场（青岛奥特种羊有限公司）位于即墨区段泊岚镇姜家庄村，占地 148 亩，是国家级崂山奶山羊保种场，设计存栏 5 000 只。公司和青岛畜牧兽医研究所、青岛农业大学、山东农业大学、山东省农业科学院、西北农林科技大学、中国农业科学院北京畜牧兽医研究所等多家单位开展奶山羊品种保护、饲养管理、动物营养、胚胎移植、性控技术等多领域合作。完成或在研崂山奶山羊相关课题 10 余项，其中科技部星火项目 3 项、国家公益类行业子项目课题 2 项、青岛市科技攻关项目 5 项、省科技项目 2 项、省产业体系项目 1 项。

宜品宜羊千僖羊牧场（青岛宜羊千僖农牧科技有限公司）成立于 2022 年，设计存栏为 5 000 只，主要从事外采羊只的隔离、防疫，以及断奶羊到配种前的集中育成饲喂。对外合作牧场提供优质育成母羊、人工授精技术服务和兽医技术服务。开创了大棚集约化、规模化高密度养殖育成羊的技术模式，大大节约了育成羊的生长周期，提高了土地的有效利用率，机械化、智能化的生产模式降低了生产成本，同时增加了工人的工作舒适度。

【乳品加工】2022 年宜品乳业国内外乳品加工生产企业共有 8 家（表 1），其中国内乳品加工生产企业 4 家，国外乳品加工生产企业 4 家。宜品产品布局，从国产到进口，从牛奶粉到纯羊奶粉，从国产有机到进口有机配方，宜品乳业全面布局"走出去"和"全球化"的新征程。与此同时，宜品还拥有多个获得注册的特医食品。

表 1　宜品乳业生产基地分布

序号	名称	国家
1	宜品青岛羊乳制品生产基地	中国青岛
2	宜品北安生产基地	中国黑龙江
3	宜品铁力生产基地	中国黑龙江
4	宜品富裕生产基地	中国黑龙江
5	宜品韩国光阳 HAM 生产基地	韩国
6	宜品西班牙蒙福尔特生产基地	西班牙
7	宜品西班牙普拉多乳酪生产基地	西班牙
8	宜品韩国五星实业生产基地	韩国

2022 年，宜品乳业投资 10 亿元建设的、总占地面积 11.818 7 万 m^2 的青岛莱西工厂——宜品青岛羊乳制品生产基地。作为目前国内最大的单体羊奶粉加工项目，宜品青岛羊乳制品生产基地可年产羊奶粉 5 万 t、日处理鲜羊乳 500t。宜品乳业羊奶产业实力进一步加强，将成为撬动青岛乃至山东乳品加工业产业链升级的新引擎。基于崂山奶山羊的巨大优势和青岛市本身的资源特点，小小一只奶山羊便可以带动千亿产业链，通过衔接、打通羊奶、羊奶粉、婴幼儿配方奶粉的产业链条，使得对上游产品羊奶的需求增大，必将对于青岛市乃至整个胶东半岛的奶羊养殖做出强大的引导作用，从而带动整个产业的发展，大力推动乳业振兴，带动乡村振兴。

宜品北安生产基地建于1956年，位于北纬47°黑龙江松嫩平原，小兴安岭南麓，国家级生态示范市黑龙江省北安市境内，占地面积75 000m²，率先采用欧盟卫生标准，严格实施GMP生产规范。该生产基地婴幼儿配方奶粉生产采取干湿法复合工艺，其中湿法加工生产能力25 000t/年，干法加工生产能力12 000t/年。

宜品铁力生产基地建厂于1986年（前身是铁力红鸟乳业），位于伊春市铁力市西河生态工业园区，公司占地面积23 000m²，建筑面积5 200m²，婴幼儿配方奶粉生产采取干湿法复合工艺，湿法加工生产能力4 000t/年，干法生产能力3 000t/年。

宜品富裕生产基地建于1993年，占地面积22 573m²，其中建筑面积9 700m²。基地具备生产婴幼儿配方奶粉资质，采用干湿法复合生产工艺生产，拥有1条设计能力7 000t的湿法工艺乳粉生产线，4条全自动包装线的干混包装车间，设计能力7 000t。

宜品韩国光阳HAM生产基地成立于2016年4月，二期于2019年建设投产，位于韩国全罗南道光阳市。占地面积11 751m²，公司主要生产和经营婴幼儿配方奶粉、调制乳粉等，高级定制配方奶粉、米粉等粉体营养保健品。

宜品西班牙蒙福尔特生产基地收购于2019年，占地面积25 000m²，拥有婴幼儿配方奶粉加工车间及黄油生产线，专注于浓缩乳品加工，产品主要有脱盐羊乳清、全脂羊乳粉和脱脂羊乳粉。

宜品西班牙普拉多乳酪生产基地工厂占地面1万m²，计划生产A2奶酪、有机A2奶酪、有机羊奶酪等高端产品。截至2022年生产能力为每天10万L原奶，多款奶酪产品在葡萄牙、法国，以及拉美市场表现优秀，深受消费者喜爱。

宜品韩国五星实业生产基地成立于2020年2月，主要进行乳粉的干法干混及灌装、包装生产，包含婴幼儿配方奶粉、成人奶粉、保健食品、营养品以及特殊医学配方产品。其设计产能2万t/年，共设有4条生产线，可以生产502、401罐型的产品，以及条包类型产品和25kg的大包装工业产品。五星实业拥有对应的检测中心，能够满足中韩双方的检测要求。

【市场消费】宜品乳业拥有国产纯羊奶粉、进口纯羊奶粉、纯绵羊奶粉、特殊医学用途配方奶粉、国产有机牛奶粉、国产娟姗A2牛奶粉、进口有机牛奶粉、成人奶粉八大产品系列，同时接受产品高级定制。宜品乳业建立了以纯羊奶粉为主赛道的差异化产品结构，通过在工厂附近建设牧场，实现从榨奶到喷粉间隔时间不超过一小时，进而为广大消费者提供新鲜、营养、安全的乳制品，多年的精耕细作以及长期积累的市场声誉、品牌形象，使宜品乳业获得了广大消费者的认可和喜爱。

宜品乳业经过多年的市场实践，通过线上销售渠道和线下销售渠道的双拳出击，建立了较为完善的销售网络渠道，销售区域覆盖全国各省市。通过与各大物流商签订长期合作协议，保证了产品运输的时效性和安全性，便于消费者购买到公司的官方正品及最新产品。

宜品乳业各大生产基地均已通过GMP生产规范认证、HACCP质量管理体系认证，从奶源供应、辅料采购、生产过程控制到成品检验，形成了完善的质量控制体系。

【全球发展】2022年宜品乳业对位于西班牙和韩国的4个工厂生产线进行升级改造，提升生产工艺水平，使得生产质量更稳定，同时实现绿色环保、节能减排。

2022年进口大包原料粉820万t、进口小包消耗品3 000t、出口基粉3 600t、出口其他商品323个货柜，主要合作伙伴为来自韩国、欧盟的厂家。

2022年在韩国生产的欧能多有机奶粉，是宜品乳业集团旗下高端进口有机奶粉品牌，采用世界黄金奶源带欧洲有机奶源，韩国原装原罐进口，安全营养。

【社会责任】2022年4月，由中国红十字基金会携手宜品乳业集团向上海捐赠总价值210万元的婴幼儿配方羊奶粉、儿童羊奶粉等物资。

2022年，莱西突发疫情后，宜品护敏公益慈善基金会向红十字会捐赠150万元的抗疫物资。

2022年，宜品乳业集团旗下宜品护敏公益慈善基金会向青岛市以琳康教展能中心捐赠16万元现金及价值20万元的乳制品。

【奶业大事】2022年，宜品乳业集团董事长牟善波被授予2022年"优秀奶业工作者"荣誉称号，北安宜品努卡乳业有限公司被授予2022年"优秀乳品加工企业"荣誉称号。2022年宜品乳业被认定为青岛市总部企业。2022年宜品乳业集团董事长牟善波荣获青岛年度经济新锐人物。2022年宜品乳业集团董事长牟善波任中国特种乳羊乳专业委员会副主任委员。2022年宜品乳业荣获中国乳业科技系列技术进步奖一等奖。2022年宜品蓓康僖获得吉尼斯纪录"十佳动销案例"。2022年宜品乳业集团董事长牟善波荣获年度最佳操盘手、宜品蓓康僖荣获年度最受消费者喜爱羊奶粉品牌。

2022年6月，宜品羊乳业文化博览园——宜品羊乳业博物馆、科技馆、航天博物馆正式开馆。2022年6月，宜品乳业生产出的"莱西的第一罐宜品好奶粉"，标志着宜品乳业青岛莱西工厂正式投产。

2022年10月19日，国家市场监督管理总局公布宜品乳业集团旗下产品"宜品小羊"婴幼儿配方羊奶粉通过新国标注册，标志着宜品乳业作为国产羊奶粉的新标杆，用全新配方创行业新高度，同时宜品乳业官宣刘敏涛为宜品小羊品牌形象大使。

2022年，宜品蓓康僖借助数字科技力量，率先在羊奶粉行业中推出内码系统，全面启用"一罐四码"制，让消费者更加清晰掌握产品溯源、安全质检，以及产品真伪验证信息，为产品再添一道安全保险。

2022年，宜品乳业受青岛市文旅局邀请参加山东省文旅推介会（澳门）推广周及第十届澳门国际旅游（产业）博览会，是山东省唯一受邀的民营企业。

2022年，宜品乳业成功开创奶粉行业首个吉尼斯世界纪录——"最多人同时扫码"纪录。

[宜品乳业（青岛）集团有限公司，薛永胜]

附表 1 宜品乳业（青岛）集团有限公司奶牛养殖场（小区）名录

序号	名称	供奶企业	全群存栏（头）	成母畜存栏（头）	奶畜品种	成母畜单产（t/年）	年总产（t）	是否有机奶源基地	有机奶产量（t）
1	黑龙江宜品绵羊努卡乳业有限公司	黑龙江宜品努卡牧业有限公司	3 769	1 624	荷斯坦、娟姗	11	11 715	否	0
2	黑龙江安北牧业有限公司		282	0	荷斯坦			是	
3	青岛奥特种羊有限公司	宜品（青岛）羊乳制品有限公司	893	345	奶山羊	0.432	149.4	否	
4	青岛宜品羊干僖衣牧科技有限公司一场	宜品（青岛）羊乳制品有限公司	4 453	2 847	萨能羊（关山）	0.518	213	否	0

备注：本表所指奶畜包括奶山羊、奶绵羊、牦牛、奶水牛、骆驼、驴等产商品奶家畜。请在养殖场或小区列中选择打钩；如认证为有机奶源基地等，请在相应表格中打钩。

附表 2 宜品乳业（青岛）集团有限公司乳制品生产企业名录

序号	名称	生产地点	生产许可证号码	年购原奶量（t）	其中：自有奶源量（t）	平均支付价格（元/kg）	日处理生鲜乳能力（t）	年乳制品产量（t）	其中：低温鲜奶（t）	UHT奶（t）	常温酸奶（t）	低温酸奶（t）	原料奶粉（t）	婴幼儿配方奶粉（t）	成人奶粉（t）	奶油（t）	奶酪（t）	乳饮料（t）	冰品（t）	年销售收入（万元）	利润（万元）	有机产品（枚）
1	宜品乳业（青岛）羊乳制品有限公司	山东省青岛市莱西	SC10537028502446	3 420	360	6.75	500	6 000	0	0	0	0	6 000		0	0	0	0	0	26 351	1 500	0
2	黑龙江宜品乳业有限公司	黑龙江省齐哈尔市富裕县	SC10523022703457	5 499.68	0	4.96	100	7 536	0	0	0	0	4 235	1 641	1 660	0	0	0	0	21 004	366	
3	黑龙江欧贝嘉营养食品有限公司	黑龙江省伊春市铁力市	SC10523078101249	1 241	0	6	100	996.493	0	0	0	0	4.15	137.618	854.725	0	0	0	0	4 316	−95.3	0
4	北安宜品努卡乳业有限公司	黑龙江省铁西工业园区	SC10523118150120	14 000	14 000	6	700	15 000	0	0	0	0	10 000	3 600	1 400	0	0	0	0	65 000	3 000	

备注：本表包括在中国及海外的生产企业。日处理生鲜乳能力指设计加工生鲜乳能力。自有奶源指来自自建和参建（控股、参股）牧场（小区）的原奶。成人奶粉指除婴幼儿配方奶粉以外的学生奶粉、孕妇奶粉、中老年奶粉等终端消费奶粉。冰品包括冰激凌、雪糕等。有机产品数量单位为"枚"，指获得有机标志的数量。

六、政策法规

ZHENGCE FAGUI

【中华人民共和国中央人民政府发布】

中华人民共和国主席令

第 124 号

《中华人民共和国畜牧法》已由中华人民共和国第十三届全国人民代表大会常务委员会第三十七次会议于2022年10月30日修订通过，现予公布，自2023年3月1日起施行。

中华人民共和国主席 习近平

2022 年 10 月 30 日

中华人民共和国畜牧法

（2005 年 12 月 29 日第十届全国人民代表大会常务委员会第十九次会议通过　根据 2015 年 4 月 24 日第十二届全国人民代表大会常务委员会第十四次会议《关于修改〈中华人民共和国计量法〉等五部法律的决定》修正　2022 年 10 月 30 日第十三届全国人民代表大会

常务委员会第三十七次会议修订）

详细内容请点击以下网址：

（http://www.npc.gov.cn/npc/c2/c30834/202210/t20221030_320096.html）

【农业农村部发布】

中华人民共和国农业农村部公告

第 636 号

根据《草种管理办法》《草品种审定管理规定》，2022 年全国草品种审定委员会审定通过了 17 个草品种（见附件），现予公告。

附件：2022 年全国草品种审定委员会审定通过草品种名录

农业农村部
2022 年 12 月 28 日

附件：
农业农村部公告第 636 号 .ofd
（http://www.moa.gov.cn/zxfile/reader?file=http://www.moa.gov.cn/govpublic/xmsyj/202301/P020230103315341744338.ofd）

中华人民共和国农业农村部公告

第 645 号

为规范兽药质量监督抽查检验工作，提高工作效能，保障兽药产品质量，我部组织制定了《兽药质量监督抽查检验管理办法》，现予发布，自发布之日起施行。

农业农村部
2023 年 2 月 5 日

附件：
公告第 645 号 .ofd

（http://www.moa.gov.cn/zxfile/reader?file=http://www.moa.gov.cn/govpublic/xmsyj/202302/P020230208520553649482.ofd）

兽药质量监督抽查检验管理办法 .docx

（http://www.moa.gov.cn/zxfile/reader?file=http://www.moa.gov.cn/govpublic/xmsyj/202302/P020230208520553968653.docx）

中华人民共和国农业农村部公告

第 646 号

　　根据《中华人民共和国动物防疫法》《无规定动物疫病小区评估管理办法》及有关规定，安徽等19个省份的50个非洲猪瘟无疫小区、13个布鲁氏菌病无疫小区、3个牛结核病无疫小区达到有关疫病无疫标准，江苏省的1个非洲猪瘟无疫小区增加生产单元，已通过国家评估。无疫小区名单、单元及位置信息详见附件1—2。

　　附件：1.非洲猪瘟等动物疫病无疫小区名单
　　2.非洲猪瘟等动物疫病无疫小区单元及位置信息

农业农村部
2023 年 2 月 4 日

附件：
农业农村部公告第 646 号 .ofd
（http://www.moa.gov.cn/zxfile/reader?file=http://www.moa.gov.cn/govpublic/xmsyj/202302/P020230209304431921245.ofd）

中华人民共和国农业农村部公告

第 660 号

　　根据《中华人民共和国种子法》《中华人民共和国草原法》和《草种管理办法》等有关规定，批准通辽市德嘉农业科技有限公司、广州宏一商贸有限公司、四川青禾林草科技有限公司和北京翌森生态科技有限公司的草种经营许可申请，并颁发《草种经营许可证》。

　　特此公告。

　　附件：《草种经营许可证》单位名单（第三十四批）

农业农村部
2023 年 3 月 24 日

附件：
农业农村部公告第 660 号 .ofd
（http://www.moa.gov.cn/zxfile/reader?file=http://www.moa.gov.cn/govpublic/xmsyj/202303/P020230331546133381836.ofd）

中华人民共和国农业农村部公告

第 670 号

　　根据《兽药管理条例》和《兽药注册办法》规定，中牧实业股份有限公司、中国农业科学院兰州兽医研究所、中农威特生物科技股份有限公司、申联生物医药（上海）股份有限公司联合研制的牛结节性皮肤病灭活疫苗（山羊痘病毒 AV41 株，悬浮培养）已通过我部组织的应急评价，现发布该疫苗的工艺规程、质量标准、说明书和标签，自发布之日起执行。

特此公告。
附件：1.工艺规程（略）
2.质量标准（略）
3.说明书和标签

农业农村部
2023 年 5 月 15 日

附件3：

说明书和标签

牛结节性皮肤病灭活疫苗（山羊痘病毒 AV41 株，悬浮培养）说明书和内包装标签

（一）牛结节性皮肤病灭活疫苗（山羊痘病毒 AV41 株，悬浮培养）说明书（兽用）

【兽药名称】

通用名 牛结节性皮肤病灭活疫苗（山羊痘病毒 AV41 株，悬浮培养）

商品名 无

英文名 LumpyskindiseaseVaccine,Inactivated（GoatpoxStrainAV41,SuspensionCulture）

汉语拼音 NiujiejiexingpifubingMiehuoyimiao（shanyangdoubingduAV41Zhu,Xuanfupeiyang）【主要成分与含量】含灭活的山羊痘病毒 AV41 株，灭活前每毫升病毒含量为 106.2TCID50

【性状】淡粉红色或乳白色略带黏滞性乳状液。

【作用与用途】用于预防牛结节性皮肤病。免疫产生期为 28 日，免疫期为 6 个月。

【用法与用量】颈部肌肉注射。3 月龄及以上牛注射 2.0ml，14 日后再注射 2.0ml。

【不良反应】无可见不良反应，牛注射后如有轻微压痛，可自行缓解。

【注意事项】（1）本疫苗仅用于接种健康牛。（2）疫苗应冷藏运输（但不得冻结），运输和使用中应避免高温和阳光照射。（3）使用前应将疫苗恢复至室温，用前应仔细检查疫苗，疫苗中若有其他异物、瓶体有裂纹或封口不严、破乳、变质者不得使用。（4）疫苗瓶开启后限当日用完。（5）用过的疫苗瓶、器具和未用完的疫苗等应进行无害化处理。

【规格】

【包装】

【贮藏与有效期】2～8℃保存，有效期为 12 个月。

【批准文号】

【生产企业】

仅在兽医指导下使用

（二）牛结节性皮肤病灭活疫苗（山羊痘病毒 AV41 株，悬浮培养）内包装标签（兽用）

牛结节性皮肤病灭活疫苗（山羊痘病毒 AV41 株，悬浮培养）

批准文号：

批号：

有效期限：

【作用与用途】用于预防牛结节性皮肤病。

【用法与用量】颈部肌肉注射。3 月龄及以上牛注射 2.0ml，14 日后再注射 2.0ml。

【贮藏与有效期】2～8℃保存，有效期为 12 个月。

【生产企业】

仅在兽医指导下使用

中华人民共和国农业农村部公告

第 676 号

根据《兽药管理条例》《饲料和饲料添加剂管理条例》规定，我部组织制定了《饲料中风险物质的目标物筛查与确认 液相色谱 - 高分辨质谱法》检测方法，现予发布，自发布之日起实施。

特此公告。

农业农村部

2023 年 6 月 2 日

附件：

饲料中风险物质的目标物筛查与确认 液相色谱 - 高分辨质谱法 .ofd

（http://www.moa.gov.cn/zxfile/reader?file=http://www.moa.gov.cn/govpublic/xmsyj/202306/P020230614403470092344.ofd）

中华人民共和国农业农村部公告

第 692 号

依据《饲料和饲料添加剂管理条例》《新饲料和新饲料添加剂管理办法》，农业农村部组织全国饲料评审委员会对申请人提交的新饲料和新饲料添加剂产品申请材料进行了评审，决定批准马克斯克鲁维酵母（CGMCC 10621）和红三叶草提取物（有效成分为刺芒柄花素、鹰嘴豆芽素 A）为新饲料添加剂，对部分饲料添加剂品种扩大适用范围，并对《饲料原料目录》进行增补和修订。现将有关事项公告如下。

一、批准 2 个新饲料添加剂品种

批准复旦大学、武汉新华扬生物股份有限公司联合申请的马克斯克鲁维酵母（CGMCC 10621），中国农业科学院北京畜牧兽医研究所、湖南菲托葳植物资源有限公司、中优乳奶业研究院（天津）有限公司联合申请的红三叶草提取物（有效成分为刺芒柄花素、鹰嘴豆芽素 A）为新饲料添加剂，并准许在中华人民共和国境内生产、经营和使用，核发饲料和饲料添加剂新产品证书（新产品目录见附件 1），同时发布产品标准（含说明书和标签，见附件 2、3）。产品标准、说明书、标签和检测方法标准自发布之日起执行。产品的监测期自发布之日起至 2028 年 7 月底，生产企业应当收集产品的质量稳定性及其对动物产品质量安全的影响等信息，监测期

结束后向农业农村部报告。

二、增补 4 种饲料原料进入《饲料原料目录》

（一）增补等鞭金藻粉进入《饲料原料目录》（《饲料原料目录》修订列表见附件 4），编号：7.5.11，特征描述：以天然等鞭金藻（Isochrysis sp.）种为原料，以尿素为氮源，在光生物反应器中培养，浓缩获得藻膏，经干燥、粉碎形成的藻粉。产品中真蛋白含量不低于 35%，粗灰分不高于 15%，尿素残留不高于 0.5%，微囊藻毒素不得检出。该产品仅限于水产饲料使用。强制性标识要求：真蛋白、粗脂肪、粗灰分、水分、尿素。该饲料原料按照单一饲料品种管理。

（二）增补褐指藻粉进入《饲料原料目录》（《饲料原料目录》修订列表见附件 4），编号：7.5.12，特征描述：以天然褐指藻（Phaeodactylum sp.）种为原料，以尿素为氮源，经藻种在光生物反应器培养，浓缩获得藻膏，经干燥、粉碎形成的藻粉。产品中真蛋白含量不低于 30%，粗灰分不高于 15%，尿素残留不高于 0.5%，微囊藻毒素不得检出。该产品仅限于水产饲料使用。强制性标识要求：真蛋白、粗脂肪、粗灰分、水分、尿素。该饲料原料按照单一饲料品种管理。

（三）增补四爿藻粉进入《饲料原料目录》（《饲

料原料目录》修订列表见附件 4），编号：7.5.13，特征描述：以天然四片藻（Tetraselmis sp.）为原料，以尿素为氮源，在光生物反应器中培养，浓缩获得藻膏，经干燥、粉碎形成的藻粉。产品中真蛋白含量不低于30%，粗灰分不高于 15%，尿素残留不高于 0.5%，微囊藻毒素不得检出。该产品仅限于水产饲料使用。强制性标识要求：真蛋白、粗脂肪、粗灰分、水分、尿素。该饲料原料按照单一饲料品种管理。

（四）增补酪蛋白酸钙进入《饲料原料目录》（《饲料原料目录》修订列表见附件 4），编号：8.2.3，特征描述：以脱脂乳为原料，制成酪蛋白后与氢氧化钙或碳酸钙等中和，再经干燥获得的产品。产品中蛋白质含量不低于 88%，钙含量不低于 1.15%。强制性标识要求：蛋白质、钙。

三、扩大饲料原料乙醇梭菌蛋白和饲料添加剂蛋氨酸铬的适用范围

（一）将乙醇梭菌蛋白适用范围扩大至仔猪和肉禽，在仔猪和肉禽配合饲料中的推荐使用量为 1% ~ 4%，最高不超过 9%（以干物质含量为 88% 的配合饲料为基础）。

（二）将蛋氨酸铬适用范围扩大至泌乳奶牛（产品信息表见附件 5），在泌乳奶牛全混合日粮中的推荐添加量为 4 ~ 8 mg/ 头 / 天或 0.16 ~ 0.32 mg/kg（以干物质含量为 88% 的全混合日粮为基础，以铬元素计），最高限量（指有机形态铬的添加限量）为 8 mg/ 头 / 天或 0.32 mg/kg（以干物质含量为 88% 的全混合日粮为基础，以铬元素计）。

四、将《饲料原料目录》中"9.4.5 鸡蛋"修订为"9.4.5 ＿蛋"

将《饲料原料目录》中"9.4.5 鸡蛋"修订为"9.4.5 ＿蛋"（《饲料原料目录》修订列表见附件 4），特征描述修订为：未经过加工或仅经冷藏、涂膜等保鲜技术处理的可食用禽蛋，有壳或去壳。产品名称需标明具体动物种类，如鸡蛋、鸭蛋、鹌鹑蛋。强制性标识要求：粗蛋白质、粗脂肪、粗灰分（适用于有壳蛋）。

五、增补饲料添加剂 L– 抗坏血酸到《饲料添加剂品种目录》的"抗氧化剂"类中，适用范围为养殖动物

特此公告。

附件：1. 饲料和饲料添加剂新产品目录
2.《饲料添加剂马克斯克鲁维酵母（CGMCC 10621）》产品标准
3.《饲料添加剂红三叶草提取物（有效成分为刺芒柄花素、鹰嘴豆芽素 A）》产品标准
4.《饲料原料目录》修订列表
5. 饲料和饲料添加剂产品目录

农业农村部
2023 年 7 月 21 日

附件：
中华人民共和国农业农村部公告第 692 号 .ofd
（http://www.moa.gov.cn/zxfile/reader?file=http://www.moa.gov.cn/govpublic/xmsyj/202307/P020230728352729879933.ofd）

中华人民共和国农业农村部公告

第 703 号

根据《草种管理办法》和《草品种审定管理规定》，2023 年全国草品种审定委员会审定通过了 20 个草品种（见附件），现予公告。
附件：2023 年全国草品种审定委员会审定通过草品种名录

（http://www.moa.gov.cn/govpublic/xmsyj/202309/t20230905_6435868.htm）

农业农村部
2023 年 8 月 28 日

中华人民共和国农业农村部公告

第 704 号

根据《兽药管理条例》和《兽药注册办法》规定，经审查，批准中国农业大学等9家单位申报的布鲁氏菌病活疫苗（BA0711株）等2种兽药产品为新兽药，核发《新兽药注册证书》，发布产品工艺规程、质量标准、说明书和标签。自发布之日起执行。

特此公告。

附件：1.新兽药注册目录
2.工艺规程（略）
3.质量标准（略）
4.说明书和标签（略）

农业农村部
2023 年 9 月 2 日

附件：

新兽药注册目录

新兽药名称	研制单位	类别	新兽药注册证书号	监测期	备注
布鲁氏菌病活疫苗（BA0711株）	中国农业大学、金河佑本生物制品有限公司、重庆澳龙生物制品有限公司、安徽东方帝维生物制品股份有限公司、杭州佑本动物疫苗有限公司、北京市动物疫病预防控制中心、北京华信农威生物科技有限公司、北京信得威特科技有限公司	三类	（2023）新兽药证字50号	3 年	注册
布鲁氏菌病活疫苗（Rev.1株）	金宇保灵生物药品有限公司	三类	（2023）新兽药证字51号	3 年	注册

中华人民共和国农业农村部公告

第 705 号

根据《中华人民共和国种子法》《中华人民共和国草原法》和《草种管理办法》等有关规定，批准山东省种子有限公司、北京佳卉瀚青生态科技有限公司、北京阡陌源生态科技有限公司、四川赤锐达农业科技有限公司和内蒙古草都草牧业生态科技有限责任公司的草种经营许可申请，并颁发《草种经营许可证》。

特此公告。

附件：《草种经营许可证》单位名单（第三十五批）（http://www.moa.gov.cn/zxfile/reader?file=http://www.moa.gov.cn/govpublic/xmsyj/202309/P020230906316609356980.ofd）

农业农村部
2023 年 9 月 2 日

中华人民共和国农业农村部公告

第 716 号

根据《兽药管理条例》《兽药注册办法》和《兽药注册评审工作程序》（农业农村部公告第 392 号）规定，金宇保灵生物药品有限公司等 8 家公司研制的牛结节性皮肤病灭活疫苗（NMG 株，悬浮培养）等 2 种兽药，已通过农业农村部组织的应急评价，现发布 2 种兽药的工艺规程、质量标准、说明书和标签，自发布之日起执行。

特此公告。

附件：1. 兽药产品目录

2. 工艺规程（略）

3. 质量标准（略）

4. 说明书和标签（略）

农业农村部

2023 年 10 月 17 日

附件 1：

兽药产品目录

兽药名称	研制单位
牛结节性皮肤病灭活疫苗（NMG 株，悬浮培养）	金宇保灵生物药品有限公司、洛阳沃普森生物工程有限公司、内蒙古自治区动物疫病预防控制中心、金河佑本生物制品有限公司
猫鼻气管炎、杯状病毒病、泛白细胞减少症三联灭活疫苗（WH－2017 株+LZ－2016 株+CS－2016 株）	华中农业大学、武汉科前生物股份有限公司、云南生物制药有限公司、华派生物技术（集团）股份有限公司

中华人民共和国农业农村部公告

第 730 号

根据《中华人民共和国畜牧法》和《中华人民共和国畜禽遗传资源进出境和对外合作研究利用审批办法》有关规定，我部修订了《种猪及精液进口技术要求》《种牛及冷冻精液和胚胎进口技术要求》《种鸡及种蛋进口技术要求》，制定了《种羊及冷冻精液和胚胎进口技术要求》《种兔进口技术要求》，现予发布，自 2024 年 6 月 1 日起执行。农业部第 2460 号公告同时废止。

特此公告。

附件：

1. 种猪及精液进口技术要求（略）

2. 种牛及冷冻精液和胚胎进口技术要求

3. 种鸡及种蛋进口技术要求（略）

4. 种羊及冷冻精液和胚胎进口技术要求

5.x 兔进口技术要求（略）

农业农村部

2023 年 12 月 4 日

公告详见如下链接：

http://www.moa.gov.cn/nybgb/2024/202401/
202401/P020240124528095028456.pdf

农业农村部办公厅关于印发《2023 年饲料质量安全监管工作方案》的通知

农办牧〔2023〕1 号

各省、自治区、直辖市农业农村（农牧）、畜牧兽医厅（局、委），新疆生产建设兵团农业农村局，全国畜牧总站，国家饲料质量检验检测中心（北京），中国农业科学院饲料研究所、农业质量标准与检测技术研究所、北京畜牧兽医研究所、蜜蜂研究所、农产品加工研究所，各有关单位：

为切实强化饲料质量安全监管，提高畜产品质量安全水平，促进畜牧业高质量发展，依据《中华人民共和国农产品质量安全法》《饲料和饲料添加剂管理条例》等法律法规，我部制定了《2023 年饲料质量安全监管工作方案》。现印发你们，请结合实际抓好落实。

农业农村部办公厅

2023 年 1 月 13 日

附件：

农业农村部办公厅关于印发《2023 年饲料质量安全监管工作方案》的通知 .ofd

（http://www.moa.gov.cn/zxfile/reader?file=http://www.moa.gov.cn/govpublic/xmsyj/202301/P020230117366285526107.ofd）

农业农村部办公厅关于印发《农业农村部专业标准化技术委员会管理办法》的通知

农办质〔2023〕5 号

各有关司局、各有关标委会及技术归口单位：

为加强农业农村部专业标准化技术委员会管理，根据《中华人民共和国标准化法》有关规定，我部制定了《农业农村部专业标准化技术委员会管理办法》。现予印发，请认真贯彻执行。

农业农村部办公厅

2023 年 1 月 17 日

附件：

农业农村部办公厅关于印发《农业农村部专业标准化技术委员会管理办法》的通知 .pdf

（http://www.moa.gov.cn/zxfile/reader?file=http://www.moa.gov.cn/govpublic/ncpzlaq/202303/P020230323317137324929.pdf）

农业农村部关于公布第十二批全国"一村一品"示范村镇及 2022 年全国乡村特色产业产值超十亿元镇和超亿元村名单的通知

农产发〔2023〕2 号

各省、自治区、直辖市农业农村（农牧）厅（局、委），新疆生产建设兵团农业农村局：

为贯彻落实中央一号文件和《国务院关于促进乡村产业振兴的指导意见》精神，培育壮大乡村特色产业，我部组织开展第十二批全国"一村一品"示范村镇认定和全国"一村一品"示范村镇监测工作。经各省（自治区、直辖市）农业农村部门遴选推荐、专家审核和网上公示，决定认定北京市平谷区东高村镇崔家庄村等 395 个村镇为第十二批全国"一村一品"示范村镇、推介河北省唐山市滦南县姚王庄镇等 199 个镇为 2022 年全国乡村特色产业产值超十亿元镇、北京市顺义区赵全营镇北郎中村等 306 个村为 2022 年全国乡村特色产业产值超亿元村，现予以公布。

发展"一村一品"是做好"土特产"文章，推动乡村特色产业集聚化、标准化、规模化、品牌化发展的重要途径，是提高农特产品附加值、拓宽农民增收渠道的重要举措。希望获得认定推介的全国"一村一品"示范村镇、全国乡村特色产业产值超十亿元镇和超亿元村珍惜荣誉，并以此为契机，不断拓展农业多种功能、挖掘乡村多元价值，打造全产业链条，促进一二三产业融合，推动产村、产镇一体化发展。

各级农业农村部门要加强规划引导，加大政策扶持，强化指导服务，开展宣传推介，推进乡村特色产业高质量发展，为全面推进乡村振兴、加快建设农业强国提供有力支撑。

附件：1. 第十二批全国"一村一品"示范村镇名单
2. 2022 年全国乡村特色产业产值超十亿元镇名单
3. 2022 年全国乡村特色产业产值超亿元村名单（略）

农业农村部
2023 年 3 月 6 日

附件 1
第十二批全国"一村一品"示范村镇名单（奶业）
黑龙江省鸡西市密山市兴凯镇（牛乳）
宁夏回族自治区石嘴山市惠农区红果子镇宝马村（牛乳）
新疆生产建设兵团第五师双河市 84 团 1 连（骆驼奶）

附件 2
2022 年全国乡村特色产业产值超十亿元镇名单（奶业）
河北省衡水市武强县东孙庄镇（奶牛）

农业农村部办公厅关于全面实行家庭农场"一码通"管理服务制度的通知

农办经〔2023〕3 号

各省、自治区、直辖市及计划单列市农业农村（农牧）厅（局、委）：

贯彻落实中央农村工作会议、2023 年中央一号文件以及农业农村部 1 号文件关于支持发展家庭农场的部署要求，为激发家庭农场发展活力，提升家庭农场管理服务信息化水平，在总结前期试点经验基础上，决定全面实行家庭农场"一码通"管理服务制度，深入开展家庭农场"一码通"赋码工作。现就有关事项通知如下。

一、准确把握家庭农场"一码通"赋码的总体要求

（一）赋码对象

家庭农场"一码通"是农业农村部对全国家庭农场赋予、归集展示家庭农场信息、作为家庭农场纳入全

国家庭农场名录系统（以下简称"名录系统"）管理的唯一标识。赋码工作依托名录系统开展，纳入名录系统且完成上年度数据信息更新的家庭农场，均可提出赋码申请。

（二）赋码规则

家庭农场"一码通"编码由数字码和二维码共同组成。其中，数字码参照统一社会信用代码编码规则，由十八位的大写英文字母和阿拉伯数字组成；二维码内置互联网链接，链接名录系统中家庭农场相关信息。家庭农场"一码通"赋码事项包括家庭农场名称、地址、示范创建类别、主营类型、注册商标、农产品质量安全认证情况等。家庭农场"一码通"编码具有唯一性，一经赋予，在该家庭农场存续期间保持不变。

（三）赋码管理部门

县级农业农村部门负责本辖区家庭农场"一码通"的业务管理工作，要切实履行职责，认真审核家庭农场的赋码申请和相关数据信息，符合赋码条件的及时赋码。

二、认真做好家庭农场"一码通"赋码的重点工作

（一）积极引导家庭农场申请赋码

家庭农场可通过"新型农业经营主体管理系统"微信小程序，进入全国家庭农场"一码通"赋码申请系统，按照提示依次进行实人认证、账号绑定、申请赋码操作，并自主选择"一码通"赋码事项。各级农业农村部门要结合实施新型农业经营主体提升行动，多渠道、多形式加大"一码通"赋码宣传力度，引导家庭农场申请赋码，向社会展示自身良好形象。

（二）严格审核赋码

各级农业农村部门要确定名录系统管理员专门负责名录系统管理和家庭农场"一码通"赋码工作。县级管理员应当及时登录名录系统，通过"赋码管理"模块处理赋码申请，点击"赋码审核"查看家庭农场信息，认真审核确定是否赋码。对于审核不通过的，应当清晰完整输入理由，以便家庭农场进一步完善赋码申请。省级管理员要定期登录名录系统，掌握本省份家庭农场赋码工作动态，督促做好县级赋码。

（三）下载使用"一码通"编码

家庭农场可以通过"新型农业经营主体管理系统"微信小程序，点击"我的农场"模块，查看家庭农场信息及赋码状态。赋码申请通过审核后，可以查看、下载"一码通"编码，并根据生产经营需要加以应用。

（四）及时更新名录系统数据

家庭农场生产经营信息发生变更的，应当及时登录名录系统更新相关数据信息，并于每年2月底前完成上年度生产经营数据更新，确保"一码通"编码关联信息真实准确。

三、努力提升家庭农场管理服务水平

（一）加强名录管理

各级农业农村部门要按照《家庭农场"一码通"管理服务制度》（见附件1）的有关规定，切实做好本地区家庭农场"一码通"管理服务工作，对符合条件的家庭农场实现名录系统应录尽录，有效提升家庭农场管理服务信息化水平。

（二）加强"一码通"推广应用

各级农业农村部门要引导家庭农场积极用码，供消费者便捷获取家庭农场及产品信息，实现家庭农场直接获客。要积极拓展家庭农场"一码通"应用领域场景，利用社企对接、政银合作等机制，向农业产业链上下游市场主体、金融保险机构等集成推送家庭农场"一码通"编码，便利其与家庭农场开展业务合作，为家庭农场提供精准服务。

联系人及电话：农业农村部农村合作经济指导司孙少磊，010-59192030；

名录系统技术支持电话：010-59195333。

附件：1. 家庭农场"一码通"管理服务制度
2. 家庭农场"一码通"编码（样码）

农业农村部办公厅
2023年3月9日

附件：

附件1. 家庭农场"一码通"管理服务制度.doc

（http://www.moa.gov.cn/zxfile/reader?file=http://www.moa.gov.cn/govpublic/NCJJTZ/202303/P020230315361950200904.doc）

附件2. 家庭农场"一码通"编码（样码）.doc

（http://www.moa.gov.cn/zxfile/reader?file=http://www.moa.gov.cn/govpublic/NCJJTZ/202303/P020230315361950515857.doc）

农业农村部办公厅关于印发《饲用豆粕减量替代三年行动方案》的通知

农办牧〔2023〕9号

各省、自治区、直辖市及计划单列市农业农村（农牧）、畜牧兽医厅（局、委），新疆生产建设兵团农业农村局：

为深入贯彻党的二十大精神和习近平总书记重要指示批示精神，落实中央农村工作会议和中央一号文件部署，我部制定了《饲用豆粕减量替代三年行动方案》。现印发你们，请结合本地实际，细化目标任务，采取务实举措，认真抓好落实。

农业农村部办公厅
2023年4月12日

附件：农业农村部办公厅关于印发《饲用豆粕减量替代三年行动方案》的通知.ofd

（http://www.moa.gov.cn/zxfile/reader?file=http://www.moa.gov.cn/govpublic/xmsyj/202304/P020230414287569011338.ofd）

农业农村部办公厅关于公布第一批农业高质量发展标准化示范项目（国家现代农业全产业链标准化示范基地）创建单位名单的通知

农办质〔2023〕16号

各省、自治区、直辖市农业农村（农牧）厅（局、委）新疆生产建设兵团农业农村局：

按照《农业农村部关于开展国家现代农业全产业链标准化示范基地创建的通知》（农质发〔2022〕4号）要求，2022年7月以来，各省级农业农村部门积极开展农业高质量发展标准化示范项目（国家现代农业全产业链标准化示范基地）（以下简称"示范基地"）创建。经县市审核、省级推荐和我部组织专家对创建方案进行论证，现确定第一批178个示范基地创建单位名单（见附件），予以公布。

各级农业农村部门要加强统筹协调，加大工作力度，强化政策扶持。各示范基地创建单位要按照创建方案，从构建全产业链标准体系、建立按标生产制度、强化全程质量控制、打造绿色优质农产品精品、发挥示范带动作用等方面，扎实做好示范基地创建工作。我部将组织农业农村部农产品质量标准研究中心等有关技术单位，加强对各地示范基地创建的培训和指导，按照"成熟一个、验收一个"的原则，做好示范基地认定。

联系人及联系方式：徐学万，010-59192322，邮箱：jgsbzc@126.com

附件：第一批示范基地创建单位名单

农业农村部办公厅
2023年8月22日

附件：

第一批示范基地创建单位名单（涉奶企业6家）

天津嘉立荷牧业集团有限公司（牛乳）

内蒙古蒙牛乳业（集团）股份有限公司（牛乳）

内蒙古伊利实业集团股份有限公司（牛乳）

青海金祁连乳业有限责任公司（牦牛乳）

宁夏雪泉乳业有限公司（牛乳）

新疆旺源驼奶实业有限公司（骆驼乳）

农业农村部办公厅关于公布 2023 年畜禽养殖标准化示范场名单的通知

农办牧〔2023〕30 号

各省、自治区、直辖市农业农村（农牧）、畜牧兽医厅（局、委），新疆生产建设兵团农业农村局：

按照《农业农村部办公厅关于开展 2023 年畜禽养殖标准化示范创建活动的通知》（农办牧〔2023〕4 号）要求，我部组织开展了 2023 年度示范创建活动，并对 2020 年公布、2023 年到期并有意愿继续创建的示范场进行了现场复验。经养殖场自愿申请、省级遴选推荐、部级专家评审和网上公示，现确定天津市滨海新区大港港泰鑫晁蛋鸡养殖场等 191 家养殖场为 2023 年农业农村部畜禽养殖标准化示范场。经现场审核，天津农垦康嘉生态养殖有限公司第五分公司等 149 家养殖场复验合格，一并予以公布。

请各地按照要求制作颁发"畜禽养殖标准化示范场"标牌，强化监督指导，推动示范场发挥好示范引领作用；加大宣传力度，以设施养殖为重点，示范推广节约资源、提高效率、绿色发展等方面的先进实用技术模式，带动广大养殖场户提升生产水平。

附件：1.2023 年农业农村部畜禽养殖标准化示范场名单（奶牛、奶山羊）

2.2023 年农业农村部畜禽养殖标准化示范场复验合格名单（奶牛、奶山羊）

农业农村部办公厅

2023 年 12 月 6 日

附件 1：

2023 年农业农村部畜禽养殖标准化示范场名单（奶牛、奶山羊）

说明：除标注奶山羊之外均为奶牛示范场

河北
河北康宏牧业有限公司

山西
山西永济市超人奶业有限责任公司（信昌牧场）
山西九牛农业开发有限公司

内蒙古
内蒙古优然牧业有限责任公司托克托县分公司

辽宁
宽甸优源牧业有限公司

黑龙江
青冈县山东屯荷斯坦奶牛繁育场
黑龙江省牡丹江农垦将军奶牛养殖专业合作社
黑龙江绿能生态牧业有限公司（奶山羊示范场）

浙江
浙江荷鹭乳业有限公司

福建
南平市建阳区吉翔牧业有限公司

山东
山东得益乳业股份有限公司高青第三牧场
泰安金兰奶牛养殖有限公司

河南
平顶山优然牧业有限责任公司
三门峡程宇奶牛养殖有限公司
河南盛全农牧有限公司

湖南
湖南优氏牧业科技有限公司（双龙奶牛养殖场）

广东
陆丰市新澳良种奶牛养殖有限公司

云南
鹤庆县现代农业庄园有限公司（鹤庆县现代农业奶牛有机养殖场）
云南大理云端牧业有限公司（剑川羊岑奶牛养殖场）

西藏
西藏山南森布日牧场有限公司

甘肃
甘肃省武威金宇浩睿农牧业有限公司
甘肃云鑫实业有限公司

宁夏
宁夏丧假阜民丰牧业发展有限责任公司
宁夏农垦乳业股份有限公司（渠口牧场）

新疆
新疆巴楚天润牧业有限公司

附件 2：

2023 年农业农村部畜禽养殖标准化示范场复验合格名单（奶牛、奶山羊）

说明：除标注奶山羊之外均为奶牛示范场

天津
天津嘉立荷牧业集团有限公司第十奶牛场分公司

河北
博野县兴农奶农专业合作社

内蒙古
现代牧业（通辽）有限公司

黑龙江
黑龙江丰源牧业有限公司
黑龙江省牡丹江农垦安兴奶牛养殖专业合作社
黑龙江省牡丹江农垦牧丰奶牛养殖专业合作社
林甸县永兴牧场
林甸众晔奶牛养殖场

上海
光明牧业有限公司（金山种奶牛场）

江苏
盱眙卫岗牧业有限公司

山东
格润富德农牧科技股份有限公司（牧场）

山东得益二牧牧业有限责任公司
济南优然牧业有限责任公司

河南
河南瑞亚牧业有限公司
滑县光明生态示范奶牛养殖有限公司

四川
现代牧业洪雅有限公司

陕西
陕西和氏高寒川牧业有限公司（东风奶山羊场）
[（原陕西和氏高寒川牧业有限公司（东风奶山羊生态养殖场）]
中垦华山牧业有限公司

宁夏
宁夏优源天泽牧业有限公司（原宁夏中地畜牧养殖有限公司）
宁夏新澳农牧有限公司
宁夏中垦天宁牧业有限公司

【海关总署发布】

海关总署关于 2023 年自澳大利亚进口两类农产品触发水平数量的公告

〔2023〕5 号

根据《中华人民共和国政府和澳大利亚政府自由贸易协定》和海关总署公告 2019 年第 207 号，我国对自澳大利亚进口的两类 8 个税号农产品（以下简称两类农产品）实施特殊保障措施。现将 2022 年度两类农产品适用协定税率进口数量和 2023 年度进口触发水平数量予以公布（详见附件）。

两类农产品进口时仍按照海关总署公告 2019 年第 207 号的规定办理相关手续。

特此公告。

附件：2022 年度两类农产品适用协定税率进口数量和 2023 年度进口触发水平数量情况表 .doc

海关总署

2023 年 1 月 29 日

附件：

2022 年度两类农产品适用协定税率进口数量和
2023 年度进口触发水平数量情况表

单位：t

分类	税号	产品描述	2022 年度适用协定税率进口数量			2023 年度适用协定税率可进口数量	
			本年度触发水平数量	累计进口数量	以在途方式进口数量	本年度触发水平数量	本年度实际可进口的触发水平数量
一类	02011000	整头及半头鲜、冷牛肉	190630	180,660.738	0	196349	196349
	02012000	鲜、冷的带骨牛肉					
	02013000	鲜、冷的去骨牛肉					
	02021000	冻的整头及半头牛肉					
	02022000	冻的带骨牛肉					
	02023000	冻的去骨牛肉					
二类	04022100	脂肪量 >1.5% 未加糖或其他甜物质固状乳及奶油	24624	9,073.626	0	25855	25855
	04022900	脂肪量 >1.5% 的加糖或其他甜物质固状乳及奶油					

说明：

1. 协定指《中华人民共和国政府和澳大利亚政府自由贸易协定》
2. 2022 年度以在途方式进口数量 =2022 年度适用协定税率累计进口数量 –2022 年度触发水平数量
3. 2023 年度实际可进口的触发水平数量 = 协定所规定 2023 年度触发水平数量 –2022 年度以在途方式进口数量

海关总署关于进口伊朗乳品检验检疫要求的公告

〔2023〕17号

根据我国相关法律法规和中华人民共和国海关总署与伊朗伊斯兰共和国农业部有关伊朗输华乳品检验检疫要求规定，自本公告发布之日起，允许符合检验检疫要求的伊朗伊斯兰共和国乳品进口：

一、检验检疫依据

（一）《中华人民共和国进出境动植物检疫法》《中华人民共和国进出境动植物检疫法实施条例》《中华人民共和国进出口商品检验法》《中华人民共和国进出口商品检验法实施条例》《中华人民共和国食品安全法》《中华人民共和国食品安全法实施条例》。

（二）《中华人民共和国进出口食品安全管理办法》《中华人民共和国进口食品境外生产企业注册管理规定》。

（三）《中华人民共和国海关总署与伊朗伊斯兰共和国农业部关于伊朗输华乳品检验检疫要求议定书》。

（四）《海关总署关于明确进口乳品检验检疫要求的公告》。

二、允许进口产品

伊朗伊斯兰共和国输华乳品（以下简称输华乳品）是指原产于伊朗伊斯兰共和国（以下简称伊朗）、用牛乳为主要原料加工而成、经适当热处理的食品，包括乳粉、乳清粉、乳清蛋白粉、牛初乳粉、灭菌乳、调制乳、发酵乳、干酪及再制干酪、稀奶油、奶油、无水奶油、炼乳等。

三、生产企业要求

输华乳品生产企业经伊朗官方批准或注册，在伊朗官方的监督之下且符合中国和伊朗有关动物卫生和公共卫生的要求。

根据《中华人民共和国食品安全法》《中华人民共和国进口食品境外生产企业注册管理规定》，向中国出口乳品的生产企业应当经中国注册，未获得注册企业生产的产品不得向中国出口。

四、提供原料乳的奶畜要求

为输华乳品提供原料乳的奶畜需符合以下要求：

（一）来自符合下列条件的农场：

1. 口蹄疫检疫限制已取消至少2个月。

2. 农场过去12个月未因炭疽而受到检疫限制。

3. 奶畜农场未发现牛结核病（bovine tuberculosis）、副结核（para tuberculosis）、牛瘟（rinderpest）、裂谷热（rift valley fever）、传染性牛胸膜肺炎（contagious bovine pleuropneumonia）。

4. 农场受伊朗农业部监管。

5. 农场及其周边地区未因动物疾病按世界动物卫生组织（WOAH）陆生动物卫生法典和伊朗动物卫生法规规定而受到检疫限制。

（二）动物没有饲喂过伊朗及中国禁止给动物饲喂的饲料。

（三）执行伊朗农业部制定的伊朗国家残留监控计划，并要求企业对原料乳实施检测。根据国家残留监控计划和原料乳检测结果，输华乳品中的兽药、农药和其他有毒有害物质残留不超过中国标准设定的最高限量。

五、检疫审批要求

伊朗输华巴氏杀菌乳和以巴氏杀菌工艺生产加工的调制乳，应事先办理检疫审批，获得《进境动植物检疫许可证》。

六、证书要求

输华乳品应随附伊朗官方签发的卫生证书。

七、食品安全要求

（一）输华乳品应当符合伊朗、中国法律法规的规定以及中国食品安全国家标准。

（二）产品或原料乳采用下列加工工序之一：

1. 最低温度132℃至少1秒的消毒程序（超高温UHT）；

2. 如果乳的pH低于7.0，采用最低温度72℃至少15秒的消毒程序（高温－瞬时巴氏消毒HTST）；

3. 如果乳的pH为7.0或以上时，采用HTST程序两次。

八、包装和标识要求

输华乳品必须用符合中国标准的全新材料包装。外包装要标明规格、产地（具体到州/省/市）、目的地、品名、重量、生产厂名称、注册编号、生产批号、储存条件、生产日期和保质期。内包装须符合中国相关规定，标签上应注明原产国、品名、企业注册号、生产企业名称地址和联系方式、生产日期和保质期、生产批号。

卫生条件，防止受有毒有害物质的污染。货物装入集装箱后，应加施封识，封识号须在兽医卫生出口证书中注明。运输过程中不得拆开及更换包装。

特此公告。

九、存放和运输要求

输华乳品从包装、存放到运输的全过程，均应符合

海关总署
2023 年 2 月 21 日

海关总署关于进口法国饲用乳制品检疫和卫生要求的公告

〔2023〕36 号

根据我国相关法律法规和中华人民共和国海关总署与法兰西共和国农业与粮食主权部有关法国输华饲用乳制品检疫和卫生要求的规定，自即日起，允许符合相关要求的法国饲用乳制品进口。

一、检验检疫依据

（一）《中华人民共和国生物安全法》《中华人民共和国进出境动植物检疫法》及其实施条例、《饲料和饲料添加剂管理条例》《农业转基因生物安全管理条例》。

（二）《进出口饲料和饲料添加剂检验检疫监督管理办法》。

（三）《中华人民共和国海关总署和法兰西共和国农业与粮食主权部关于法国饲用乳制品输华检疫和卫生要求的议定书》。

二、允许进口商品

本公告中的饲用乳制品是指由含有蔬菜成分、维生素预混合饲料、益生菌以及其他中国和法国法律批准使用的原辅料的原料奶或副产品（乳清、酪乳、脱脂乳、初乳等）制成的饲用乳制品，以及由不含有以上原辅料成分的原料奶或副产品制成的饲用乳制品。

三、生产企业要求

向中华人民共和国输出饲用乳制品的法国生产企业应符合下列条件：

（一）符合中华人民共和国和法兰西共和国有关饲料卫生和兽医卫生法规的要求。

（二）获得法国官方批准，并在其有效监督之下生产，其产品允许在法国自由销售。

（三）根据有关法规建立并实施了 HACCP 等安全卫生质量控制计划，并获得法国法律认可的认证机构的

认证。

（四）须经法兰西共和国农业与粮食主权部（以下简称"法方"）向中华人民共和国海关总署（以下简称"中方"）推荐，获得中方注册登记。

四、原料要求

（一）生产原料来源于法国或者从欧盟其他国家合法进口。

（二）奶源来源国家全境没有口蹄疫、牛瘟、小反刍兽疫、牛传染性胸膜肺炎以及绵羊痘和山羊痘。

（三）奶源来自没有牛结节性皮肤病、痒病、牛结核病、布鲁氏菌病、牛地方流行性白血病、牛副结核病、梅迪—维斯纳病和山羊关节炎/脑炎的地区，或者按照世界动物卫生组织法典有关要求进行加工，或者使用中方同意的方法进行加工。

（四）原料奶来自于无任何传染病症状的健康动物。

（五）原料奶不得含有初乳（初乳指生育后 7 天内取得的牛乳）。

五、产品要求

（一）不得添加中国和法国法律法规禁止使用的添加物，不得含有危害动物健康的有毒有害物质，符合中国有关饲料卫生标准。

（二）不得含有未经中方批准的转基因成分和其他反刍动物源性原料。

（三）所有乳源性成分应进行热处理加工（初乳使用电离法加工以保存抗体），热处理和电离加工的方法应符合法国饲用乳制品生产有关的法律法规要求，并经中方认可。

（四）输华前，经法国官方抽样检测，符合以下要求：

1. 沙门氏菌：25克样品中未检出，n = 5，C = 0，m = 0，M = 0；

2. 细菌总数：$<2 \times 10^6 CFU/g$（添加益生菌产品除外）；

3. 霉菌总数：$<1 \times 10^3 CFU/g$；

n—检验的样品数；

m—细菌数的阈值，如果所有样品中细菌数都没有超过 m，该结果为合格；

M—细菌数的最大值，如果有 1 个或多个样品中细菌数等于或大于 M，该结果为不合格；

c—细菌数介于 m 与 M 之间的样品数，如果其他样品的细菌数是小于或等于 m，该结果仍认为可接受。

（五）仅限饲料用途，不适合人类食用。

六、包装、标签和存储运输要求

（一）须用全新、洁净，密封和防潮性能良好、不易破损的包装材料进行包装。

（二）外包装需加施中文标签，标签应符合中国国家标准《饲料标签》（GB 10648）要求。

（三）外包装需注明法国生产企业名称及法方批准编号信息，并标注"仅用作饲料"等警示语。

（四）包装、存放到运输的全过程，应采取了有效措施避免污染。

七、出口前查验和证书要求

（一）法国官方负责对输华饲用乳制品实施检验检疫，并出具卫生证书，证明该批产品符合双方议定书的要求。

（二）每批输华产品均须随附一份正本官方卫生证书。

八、进境检验检疫要求

（一）检疫审批。

除取消检疫审批的产品外，进口企业应在签订贸易合同前，按照有关规定办理《进境动植物检疫许可证》。

（二）证单核查。

1. 核查是否附有《进境动植物检疫许可证》（取消检疫审批的产品除外）。

2. 核查是否来自注册登记法国生产企业。

3. 核查卫生证书是否真实有效。

（三）货物检查。

中国海关根据有关法律、行政法规、规章等规定，结合本公告要求，对法国饲用乳制品实施检验检疫。经检验检疫合格的，准予进境。

（四）不合格情况处理。

1. 无有效的卫生证书，作退回或销毁处理。

2. 来自非注册登记法国生产企业的产品，作退回或销毁处理。

3. 检出未经批准的动物源性成分的，作退回或销毁处理。

4. 发现土壤、动物尸体、动物排泄物或其他禁止进境物，按照有关规定作除害、退回或销毁处理。

5. 经检测发现安全卫生项目不符合中国饲料卫生标准的，作除害、退回或者销毁处理。

6. 发现散包、容器破裂的，由货主或代理人负责整理完好。包装破损且有传播动植物疫病风险的，应当对所污染的场地、物品、器具进行消毒处理。

发现重大安全卫生问题，中方将向法方通报，并视情采取暂停相关企业输华等措施。

特此公告。

海关总署

2023 年 4 月 16 日

海关总署关于出口越南乳品检验检疫要求的公告

〔2023〕117 号

根据我国和越南相关法律法规规定以及中越两国主管部门达成的一致意见,自本公告发布之日起,允许符合以下要求的中国乳品出口越南:

一、检验检疫依据

(一)《中华人民共和国进出境动植物检疫法》《中华人民共和国进出境动植物检疫法实施条例》《中华人民共和国进出口商品检验法》《中华人民共和国进出口商品检验法实施条例》《中华人民共和国食品安全法》《中华人民共和国食品安全法实施条例》。

(二)《中华人民共和国进出口食品安全管理办法》。

二、检验检疫要求

(一)生乳来自符合以下要求的农场:

1. 采集生乳时没有感染或疑似感染口蹄疫。

2. 采集生乳时未在临床上观察到炭疽病。

3. 没有结核病和布鲁氏菌病。

4. 根据世界动物卫生组织《陆地动物卫生法典》,农场和周边地区没有受到检疫限制。

5. 动物没有饲喂过越南及中国禁止饲喂的饲料。

6. 受主管部门监督。

(二)生乳中不含应用抗生素期间和休药期间的乳汁或变质乳。

(三)乳品中兽药、农药和其他有毒有害物质的残留量不超过越南标准规定的最高限量。

(四)乳品已根据世界动物卫生组织和国际法典委员会的相关标准进行热处理,确保灭活口蹄疫病毒,消除威胁人类健康的病原微生物。

(五)乳品应符合越南相关的法规和标准。

(六)乳品安全、卫生且适合人类食用。

三、证书要求

输越乳品应随附经中越两国主管部门确认的、由中国海关签发的卫生证书。

四、出口生产企业要求

(一)生产企业应当保证其出口乳品符合越南的法规和标准。

(二)生产企业应当向住所地海关备案。

(三)生产企业应当建立完善可追溯的食品安全卫生控制体系,保证食品安全卫生控制体系有效运行,确保出口乳品生产、加工、贮存过程持续符合中国相关法律法规、出口乳品生产企业安全卫生要求。

(四)生产企业应当建立供应商评估制度、进货查验记录制度、生产记录档案制度、出厂检验记录制度、出口食品追溯制度和不合格食品处置制度。相关记录应当真实有效,保存期限不得少于食品保质期期满后 6 个月;没有明确保质期的,保存期限不得少于 2 年。

(五)生产企业、出口商应当向产地或者组货地海关提出出口监管申请。

五、其他要求

输越乳品包装、存储和运输方式应符合食品安全要求。运输包装上应标注生产企业备案号、产品品名、生产批号和生产日期。

特此公告。

海关总署

2023 年 9 月 14 日

海关总署关于进口巴基斯坦乳品检验检疫要求的公告

〔2023〕163号

根据我国相关法律法规和《中华人民共和国海关总署与巴基斯坦伊斯兰共和国国家食品安全与研究部关于巴基斯坦伊斯兰共和国输华乳品检验检疫要求议定书》的规定，自本公告发布之日起，允许符合要求的巴基斯坦伊斯兰共和国乳品进口：

一、检验检疫依据

（一）《中华人民共和国进出境动植物检疫法》《中华人民共和国进出境动植物检疫法实施条例》《中华人民共和国进出口商品检验法》《中华人民共和国进出口商品检验法实施条例》《中华人民共和国食品安全法》《中华人民共和国食品安全法实施条例》。

（二）《中华人民共和国进出口食品安全管理办法》《中华人民共和国进口食品境外生产企业注册管理规定》。

（三）《中华人民共和国海关总署和巴基斯坦伊斯兰共和国国家食品安全与研究部关于巴基斯坦伊斯兰共和国输华乳品检验检疫要求议定书》。

（四）《海关总署关于明确进口乳品检验检疫有关要求的公告》。

二、允许进口的产品范围

巴基斯坦输华乳品（以下简称输华乳品）是指原产于巴基斯坦伊斯兰共和国（以下简称巴基斯坦）、用牛乳或骆驼乳为主要原料加工而成的食品，包括乳粉、乳清粉、乳清蛋白粉、牛初乳粉、灭菌乳、调制乳、发酵乳、干酪及再制干酪、稀奶油、奶油、无水奶油等。

三、生产企业要求

输华乳品生产企业经巴基斯坦官方批准或注册，在巴基斯坦官方的监督之下且符合中国和巴基斯坦有关动物卫生和公共卫生的要求。

根据《中华人民共和国食品安全法》《中华人民共和国进口食品境外生产企业注册管理规定》，向中国出口乳品的生产企业应当经中国注册，未获得注册企业生产的产品不得向中国出口。

四、提供原料乳的奶畜要求

为输华乳品提供原料乳的奶畜需符合下列条件：

（一）来自符合下列条件的农场

1. 口蹄疫检疫限制已取消至少 2 个月。

2. 农场过去 12 个月未因炭疽（anthrax）而受到检疫限制。

3. 奶畜农场未发现布鲁氏菌病（brucellosis）、牛结核病（bovine tuberculosis）、副结核（para tuberculosis）、牛瘟（rinderpest）、裂谷热（rift valley fever）。

4. 采集骆驼乳时，奶畜农场还应未感染或疑似感染中东呼吸综合征冠状病毒（MERS-CoV）。

5. 农场受巴基斯坦国家食品安全与研究部（以下简称 MNFSR）监管。

6. 农场及其周边地区未因动物疾病按世界动物卫生组织（WOAH）陆生动物卫生法典和巴基斯坦动物卫生法规规定而受到检疫限制。

（二）动物没有饲喂过巴基斯坦及中国禁止给动物饲喂的饲料

（三）执行 MNFSR 制定的巴基斯坦国家残留监控计划，并要求企业对原料乳实施检测。根据国家残留监控计划和原料乳检测结果，输华乳品中的兽药、农药和其他有毒有害物质残留不超过中国标准设定的最高限量。

五、检疫审批要求

输华以巴氏杀菌工艺生产的调制乳，应事先办理检疫审批，获得《进境动植物检疫许可证》。

六、证书要求

输华乳品应随附巴基斯坦官方签发的兽医卫生证书。

七、食品安全要求

（一）输华乳品应当符合巴基斯坦、中国法律法规的规定以及中国食品安全国家标准。

（二）产品采用下列加工工序之一

1. 最低温度 132℃至少 1 秒的消毒程序（超高温 UHT）；

2. 如果乳的 pH 低于 7.0，采用最低温度 72℃至少 15 秒的消毒程序（高温－瞬时巴氏消毒 HTST）；

3. 如果乳的 pH 为 7.0 或以上时，采用 HTST 程序两次。

八、包装和标识要求

输华乳品必须用符合中国标准的全新材料包装。外包装要用中文、乌尔都文及英文标明规格、产地（具体到州 / 省 / 市）、目的地、品名、重量、生产厂名称、注册编号、生产批号、储存条件、生产日期和保质期。

内包装须符合中国相关规定，标签上应注明原产国、品名、企业注册号、生产企业名称地址和联系方式、生产日期和保质期、生产批号。

九、存放和运输要求

输华乳品从包装、存放到运输的全过程，均应符合卫生条件，防止受有毒有害物质的污染。货物装入集装箱后，应加施封识，封识号须在兽医卫生出口证书中注明。运输过程中不得拆开及更换包装。

特此公告。

海关总署

2023 年 11 月 6 日

【国家市场监督管理总局发布】

市场监管总局关于发布《婴幼儿配方乳粉生产许可现场核查评分记录表》的公告

2023 年第 18 号

依据《中华人民共和国食品安全法》及其实施条例、《食品生产许可管理办法》等法律法规、规章以及《食品生产许可审查通则（2022 版）》《婴幼儿配方乳粉生产许可审查细则（2022 版）》，市场监管总局制定了《婴幼儿配方乳粉生产许可现场核查评分记录表》，现予公告，自发布之日起施行。

市场监管总局
2023 年 5 月 21 日

附件：
婴幼儿配方乳粉生产许可现场核查评分记录表（略）

市场监管总局关于发布《保健食品原料大豆分离蛋白乳清蛋白备案产品剂型及技术要求》的公告

2023 年第 43 号

根据《中华人民共和国食品安全法》《保健食品原料目录 大豆分离蛋白》《保健食品原料目录 乳清蛋白》，市场监管总局制定了《保健食品原料 大豆分离蛋白 乳清蛋白备案产品剂型及技术要求》，现予公告，自 2023 年 10 月 1 日起施行。

市场监管总局
2023 年 9 月 27 日

附录：

保健食品原料大豆分离蛋白乳清蛋白备案产品剂型及技术要求

一、备案产品剂型及主要生产工艺

以大豆分离蛋白、乳清蛋白为原料，或配以列入营养素补充剂保健食品原料目录中的营养物质备案产品时，产品剂型应选择粉剂，主要生产工艺为：粉碎、过筛、混合、分装等。

二、备案产品可用辅料名单

根据以大豆分离蛋白和乳清蛋白为主要原料的注册产品情况，产品备案时可用辅料名单如下：

阿拉伯胶、天门冬酰苯丙氨酸甲酯（又名阿斯巴甜）、白砂糖、磷脂、大豆磷脂、浓缩大豆磷脂、粉末大豆磷脂、分提大豆磷脂、透明大豆磷脂、低聚糖、低聚异麦芽糖、低聚半乳糖、二氧化硅、果糖、黄原胶（又名汉生胶）、果胶、麦芽糊精、木糖醇、羟丙纤维素、乳粉、乳糖、食用玉米淀粉、甜菊糖苷、维生素C、维生素E、硬脂酸镁、玉米油、蔗糖、磷酸三钙、D-甘露糖醇、柠檬酸、食用葡萄糖、三氯蔗糖、麦芽糖醇、山梨糖醇、果蔬粉、食用香精。

大豆分离蛋白和乳清蛋白确需与营养物质配伍的，营养物质如需要预处理，其可用辅料应符合现行规定。

产品备案时，允许使用食用香精，但产品名称不允许标注口味。

三、产品说明书有关内容

除应符合备案产品统一要求外，还应符合以下规定：

【标志性成分及含量】标志性成分至少包含"蛋白质"指标及含量，产品原料包含已纳入营养素补充剂保健食品原料目录中的营养物质时，还应列出全部营养物质的指标及含量。标志性成分的含量标示值应为产品技术要求中蛋白质及营养物质的指标最低值，营养物质用量不得高于营养素补充剂保健食品原料目录中对应人群的每日用量上限。

【食用量及食用方法】以粉剂为产品剂型的，产品每日最大食用量不超过40g。

【规格】产品规格原则上不超过1个月的服用量。建议产品经开启后，1个月以内食用完。

四、备案产品技术要求

备案产品技术要求中除应设定符合剂型要求的技术指标，微生物指标符合GB 16740《食品安全国家标准保健食品》规定外，其他指标还应符合以下要求：

【标志性成分指标】应为每100g产品中蛋白质的含量，标志性成分指标的检验可列出检验方法全文。如果采用GB 5009.5《食品安全国家标准食品中蛋白质的测定》，应明确第几法。以大豆分离蛋白为原料的产品，氮折算成蛋白质的系数以6.25计；以乳清蛋白为原料的产品，氮折算成蛋白质的系数以6.38计；以大豆分离蛋白和乳清蛋白为原料的产品，氮折算成蛋白质的系数以6.25计。检测方法对国家相关标准方法的样品前处理、检测条件等内容进行修订的，重点对方法修订部分进行方法学研究，提供研究资料，并参照GB/T 5009.1《食品卫生检验方法理化部分总则》，考察方法的检出限、精密度、准确度、线性范围；申请人自行制订检测方法的，应提供全部的方法学建立研究报告，参照GB/T 5009.1《食品卫生检验方法理化部分总则》，考察检出限、精密度、准确度、线性范围，并考察所建立方法的专属性与耐用性。

备案产品的原料还含有已纳入营养素补充剂保健食品原料目录中的营养物质时，产品技术要求中蛋白质的指标要求仍应按照上述要求执行，同时还应包含全部营养物质指标，其含量也应以每100g产品计，并以范围值标示，指标范围上限不得高于营养素补充剂保健食品原料目录中对应人群的每日用量上限。

【理化指标】应参照《保健食品备案剂型粉剂的技术要求》制定各技术指标，其中粒度指标应参考《中国药典》的有关规定自行制定，其他指标根据产品原料辅料实际使用情况、产品生产工艺等自行制定合理的范围。

分送：各省、自治区、直辖市和新疆生产建设兵团市场监管局（厅、委）。

市场监管总局办公厅2023年9月27日印发

【国家卫生健康委员会发布】

国家卫生健康委
关于假肠膜明串珠菌等 28 种"三新食品"的公告

2023 年第 1 号

根据《中华人民共和国食品安全法》规定，审评机构组织专家对假肠膜明串珠菌申请新食品原料、聚天冬氨酸钾等 16 种物质申请食品添加剂新品种、环己胺封端的 1,1'–亚甲基二（4–异氰酸基环己烷）均聚物等 11 种物质申请食品相关产品新品种的安全性评估材料进行审查并通过。

特此公告。

附件：假肠膜明串珠菌等 28 种"三新食品"的公告文本

（http://www.nhc.gov.cn/sps/s7892/202303/aa82bf72d6054f82adced82fc9aac4d9/files/40fb9f771b9941d58839ddf5690106f2.pdf）

国家卫生健康委
2023 年 2 月 7 日

相关链接：

解读《关于假肠膜明串珠菌等 28 种"三新食品"的公告》

2023 年第 1 号

一、新食品原料

假肠膜明串珠菌（Leuconostoc pseudomesenteroides）属于明串珠菌属，从传统发酵乳制品中分离得到。该菌种已被列入欧洲食品安全局资格认定（QPS）名单的推荐生物制剂列表以及国际乳品联合会公报（Bulletin of the IDF 514/2022）的"在发酵食品中证明安全的微生物品种目录"，并在丹麦、加拿大、韩国等国家已被批准使用。

根据《中华人民共和国食品安全法》和《新食品原料安全性审查管理办法》规定，国家卫生健康委员会委托审评机构依照法定程序，组织专家对假肠膜明串珠菌的安全性评估材料进行审查并通过。新食品原料生产和使用应当符合公告内容以及食品安全相关法规要求。

该菌种的使用范围包括发酵乳、风味发酵乳、干酪、发酵型含乳饮料和乳酸菌饮料（非固体饮料），不包括婴幼儿食品。该原料的食品安全指标须符合以下规定：铅（以 Pb 计，干基计）≤ 1.0 mg/kg，总砷（以 As 计，干基计）≤ 1.5 mg/kg，微生物限量为沙门氏菌 0/25 g（mL），金黄色葡萄球菌 0/25 g（mL），单核细胞增生李斯特氏菌 0/25 g（mL）。待食品加工用菌种制剂的食品安全国家标准发布后，按照食品加工用菌种制剂的标准执行。

二、食品添加剂新品种

（一）聚天冬氨酸钾

1. 背景资料。聚天冬氨酸钾申请作为食品添加剂新品种。本次申请用于葡萄酒（食品类别 15.03.01）。美国食品药品管理局、欧盟委员会、澳大利亚和新西兰食品标准局允许其作为食品添加剂用于葡萄酒。根据联合国粮农组织 / 世界卫生组织食品添加剂联合专家委员会评估结果，该物质的每日允许摄入量"不作具体规定"。

2. 工艺必要性。该物质作为稳定剂和凝固剂用于葡萄酒（食品类别 15.03.01），改善产品稳定性。其质量规格按照公告的相关要求执行。

（二）氨基肽酶

1. 背景资料。米曲霉（Aspergillus oryzae）来源的氨基肽酶申请作为食品工业用酶制剂新品种。法国食品安全局、丹麦兽医和食品局等允许其作为食品工业用酶制剂使用。

2. 工艺必要性。该物质作为食品工业用酶制剂，主要用于催化蛋白质氨基端氨基酸的水解。其质量规格执行《食品安全国家标准 食品添加剂 食品工业用酶制剂》（GB 1886.174）。

（三）蛋白酶

1. 背景资料。李氏木霉（Trichoderma reesei）来源的蛋白酶申请作为食品工业用酶制剂新品种。丹麦兽医和食品局、法国食品安全局等允许其作为食品工业用酶制剂使用。

2. 工艺必要性。该物质作为食品工业用酶制剂，主要用于催化蛋白水解。其质量规格执行《食品安全国家标准 食品添加剂 食品工业用酶制剂》（GB 1886.174）。

（四）磷脂酶 A2

1. 背景资料。李氏木霉（Trichoderma reesei）来源的磷脂酶 A2 申请作为食品工业用酶制剂新品种。美国食品药品管理局允许其用于食品。

2. 工艺必要性。该物质作为食品工业用酶制剂，主要用于催化磷脂的水解。其质量规格执行《食品安全国家标准 食品添加剂 食品工业用酶制剂》（GB 1886.174）。

（五）麦芽糖淀粉酶

1. 背景资料。酿酒酵母（Saccharomyces cerevisiae）来源的麦芽糖淀粉酶申请作为食品工业用酶制剂新品种。澳大利亚和新西兰食品标准局允许其作为食品工业用酶制剂使用。

2. 工艺必要性。该物质作为食品工业用酶制剂，主要用于催化淀粉的水解。其质量规格执行《食品安全国家标准 食品添加剂 食品工业用酶制剂》（GB 1886.174）。

（六）木聚糖酶

1. 背景资料。地衣芽孢杆菌（Bacillus licheniformis）来源的木聚糖酶申请作为食品工业用酶制剂新品种。美国食品药品管理局、法国食品安全局、丹麦兽医和食品局等允许其作为食品工业用酶制剂使用。

2. 工艺必要性。该物质作为食品工业用酶制剂，主要用于催化木聚糖水解。其质量规格执行《食品安全国家标准 食品添加剂 食品工业用酶制剂》（GB 1886.174）。

（七）乳糖酶（β–半乳糖苷酶）

1. 背景资料。Papiliotrema terrestris 来源的乳糖酶（β–半乳糖苷酶）申请作为食品工业用酶制剂新品种。丹麦兽医和食品局、澳大利亚和新西兰食品标准局等允许其作为食品工业用酶制剂使用。

2. 工艺必要性。该物质作为食品工业用酶制剂，主要用于催化乳糖水解和转糖基反应。其质量规格执行《食品安全国家标准 食品添加剂 食品工业用酶制剂》（GB 1886.174）。

（八）羧肽酶

1. 背景资料。米曲霉（Aspergillus oryzae）来源的羧肽酶申请作为食品工业用酶制剂新品种。法国食品安全局、丹麦兽医和食品局等允许其作为食品工业用酶制剂使用。

2. 工艺必要性。该物质作为食品工业用酶制剂，主要用于催化蛋白质羧基端氨基酸的水解。其质量规格执行《食品安全国家标准 食品添加剂 食品工业用酶制剂》（GB 1886.174）。

（九）脱氨酶

1. 背景资料。米曲霉（Aspergillus oryzae）来源的脱氨酶申请作为食品工业用酶制剂新品种。美国食品药品管理局、日本厚生劳动省允许其作为食品工业用酶制剂使用。

2. 工艺必要性。该物质作为食品工业用酶制剂，主要用于催化 5'–腺嘌呤核苷酸（5'-AMP）的水解。其质量规格执行《食品安全国家标准 食品添加剂 食品工业用酶制剂》（GB 1886.174）。

（十）2-己基吡啶

1. 背景资料。2-己基吡啶申请作为食品用香料新品种。美国食用香料和提取物制造者协会、国际食品用香料香精工业组织、欧盟委员会等允许其作为食品用香料在各类食品中按生产需要适量使用。

2. 工艺必要性。该物质配制成食品用香精后用于各类食品（《食品安全国家标准 食品添加剂使用标准》<GB 2760> 表 B.1 食品类别除外），改善食品的味道。该物质的质量规格按照公告的相关内容执行。

（十一）富马酸

1. 背景资料。富马酸作为酸度调节剂已列入《食品安全国家标准 食品添加剂使用标准》（GB 2760），允许用于胶基糖果、面包、糕点、果蔬汁（浆）类饮料等食品类别，本次申请扩大使用范围用于腌腊肉制品类（如咸肉、腊肉、板鸭、中式火腿、腊肠）（食品类别08.02.02），熏、烧、烤肉类（食品类别08.03.02），油炸肉类（食品类别08.03.03），肉灌肠类（食品类别08.03.05），冷冻挂浆制品（食品类别09.02.02），经烹调或油炸的水产品（食品类别09.04.02），熏、烤水产品（食品类别09.04.03）。美国食品药品管理局、日本厚生劳动省、加拿大卫生部等允许其作为酸度调节剂用于食品。根据联合国粮农组织/世界卫生组织食品添加剂联合专家委员会评估结果，该物质的每日允许摄入量"不作具体规定"。

2. 工艺必要性。该物质作为酸度调节剂用于上述食品类别，调节食品的酸碱度。其质量规格执行《食品安全国家标准 食品添加剂 富马酸》（GB 25546）。

（十二）乙酸钠（又名醋酸钠）

1. 背景资料。乙酸钠作为酸度调节剂已列入《食品安全国家标准 食品添加剂使用标准》（GB 2760），允许用于复合调味料和膨化食品的食品类别，本次申请扩大使用范围用于腌腊肉制品类（如咸肉、腊肉、板鸭、中式火腿、腊肠）（食品类别08.02.02），熏、烧、烤肉类（食品类别08.03.02），油炸肉类（食品类别08.03.03），肉灌肠类（食品类别08.03.05），冷冻挂浆制品（食品类别09.02.02），经烹调或油炸的水产品（食品类别09.04.02），熏、烤水产品（食品类别

09.04.03）。美国食品药品管理局、日本厚生劳动省、加拿大卫生部等允许其作为酸度调节剂用于食品。根据联合国粮农组织 / 世界卫生组织食品添加剂联合专家委员会评估结果，该物质的每日允许摄入量"不作具体规定"。

2. 工艺必要性。该物质作为酸度调节剂用于上述食品类别，调节食品的酸碱度。其质量规格执行《食品安全国家标准 食品添加剂 乙酸钠》（GB 30603）。

（十三）环己基氨基磺酸钠（又名甜蜜素）

1. 背景资料。环己基氨基磺酸钠（又名甜蜜素）作为甜味剂已列入《食品安全国家标准 食品添加剂使用标准》（GB 2760），允许用于冷冻饮品、果酱、面包、糕点、饮料类、果冻等食品类别。本次申请扩大使用范围用于焙烤食品馅料及表面用挂浆(仅限焙烤食品馅料)（食品类别 07.04）和膨化食品（食品类别 16.06）。国际食品法典委员会允许其作为甜味剂用于焙烤制品。根据联合国粮农组织 / 世界卫生组织食品添加剂联合专家委员会评估结果，该物质的每日允许摄入量为 0~11 mg/kg bw。

2. 工艺必要性。该物质作为甜味剂用于焙烤食品馅料及表面用挂浆（仅限焙烤食品馅料）（食品类别 07.04）和膨化食品（食品类别 16.06），赋予食品甜味。其质量规格执行《食品安全国家标准 食品添加剂 环己基氨基磺酸钠（又名甜蜜素）》（GB 1886.37）。

（十四）维生素 E

1. 背景资料。维生素 E 作为抗氧化剂已列入《食品安全国家标准 食品添加剂使用标准》（GB 2760），允许用于油炸面制品、方便米面制品、复合调味料、膨化食品等食品类别。本次申请扩大使用范围用于面糊（如用于鱼和禽肉的拖面糊）、裹粉、煎炸粉（食品类别 06.03.02.04）。美国食品药品管理局、日本厚生劳动省等允许其作为抗氧化剂用于食品。根据联合国粮农组织 / 世界卫生组织食品添加剂联合专家委员会评估结果，该物质的每日允许摄入量为 0.15~2 mg/kg bw。

2. 工艺必要性。该物质作为抗氧化剂用于面糊（如用于鱼和禽肉的拖面糊）、裹粉、煎炸粉（食品类别 06.03.02.04），减缓食品氧化褪色。其质量规格执行《食品安全国家标准 食品添加剂 维生素 E》（GB 1886.233）。

（十五）聚二甲基硅氧烷及其乳液

1. 背景资料。聚二甲基硅氧烷及其乳液作为食品工业用加工助剂已列入《食品安全国家标准 食品添加剂使用标准》（GB 2760），允许用于肉制品、啤酒、焙烤食品、饮料、薯片等加工工艺。本次申请扩大使用范围用于胶原蛋白肠衣加工工艺。澳大利亚和新西兰食品标准局等允许其作为食品工业用加工助剂用于食品。根据联合国粮农组织 / 世界卫生组织食品添加剂联合专家委员会评估结果，该物质的每日允许摄入量为 0~1.5 mg/kg bw。

2. 工艺必要性。该物质作为食品工业用加工助剂用于胶原蛋白肠衣加工工艺，消除胶原蛋白肠衣加工过程中产生的泡沫。其质量规格执行《食品安全国家标准 食品添加剂 聚二甲基硅氧烷及其乳液》（GB 30612）。

（十六）硬脂酸镁

1. 背景资料。硬脂酸镁作为乳化剂、抗结剂已列入《食品安全国家标准 食品添加剂使用标准》（GB 2760），允许用于蜜饯凉果类、可可制品、巧克力和巧克力制品以及糖果的食品类别。本次申请作为食品工业用加工助剂用于泡腾片压片工艺。美国食品药品管理局、澳大利亚和新西兰食品标准局等允许其作为食品工业用加工助剂用于食品。根据联合国粮农组织 / 世界卫生组织食品添加剂联合专家委员会评估结果，该物质的每日允许摄入量"不作具体规定"。

2. 工艺必要性。该物质作为食品工业用加工助剂用于泡腾片压片工艺，可减少压制泡腾片过程中物料与模具表面的摩擦力，使片面光滑，避免出现裂片。其质量规格执行《食品安全国家标准 食品添加剂 硬脂酸镁》（GB 1886.91）。

三、食品相关产品新品种

（一）环己胺封端的 1,1'- 亚甲基二（4- 异氰酸基环己烷）均聚物

1. 背景资料。该物质常温下为淡黄绿色粉末，不溶于水、乙醇和丙酮，可溶于氯仿。欧盟委员会和日本厚生劳动省均允许该物质用于食品接触用 PCN 塑料材料及制品。

2. 工艺必要性。该物质用作 PCN 材料的添加剂，可以提高其抗冲击性。

（二）2-[2-（2,4- 二氨基 -6- 羟基 -5- 嘧啶）二氮烯基]-5- 甲基苯磺酸

1. 背景资料。该物质在常温下为黄色粉末，微溶于水。美国食品药品管理局和日本化学研究检验所均允许该物质用于食品接触用塑料材料及制品。

2. 工艺必要性。该物质是一种黄色着色剂，在各类塑料中具有较高的着色力。

（三）丙烯酰胺与甲基丙烯酰氧乙基三甲基氯化铵、衣康酸和 N,N'- 亚甲基双丙烯酰胺的共聚物

1. 背景资料。该物质常温下为浅黄色液体，可溶于水。美国食品药品管理局和德国联邦风险评估研究所均允许该物质用于食品接触用纸和纸板材料及制品。

2. 工艺必要性。该物质作为干强剂用于食品接触用纸和纸板材料及制品，可增强纸张的拉伸强度、内结合强度和耐破强度。

（四）β-（3,5- 二叔丁基 -4- 羟基苯基）丙酸十八醇酯

1. 背景资料。该物质常温下为白色结晶性粉末，不溶于水。《食品安全国家标准 食品接触材料及制品用添加剂使用标准》（GB 9685-2016）已批准该物质作为添加剂用于食品接触用橡胶、油墨、黏合剂以及聚乙烯（PE）、聚丙烯（PP）和聚苯乙烯（PS）等多种塑料材料及制品。本次申请将其使用范围扩大至涂料及涂层。欧洲委员会、日本厚生劳动省和南方共同市场均允许其用于食品接触用涂料及涂层。

2. 工艺必要性。该物质是一种抗氧化剂，用于涂料时，可避免环境中的氧气和其他化学物质导致的降解；也可用于涂布过程，避免涂膜收缩起皱。

（五）萘磺酸与甲醛聚合物的钠盐

1. 背景资料。该物质常温下为淡黄棕色粉末，可溶于水。GB 9685-2016 已批准该物质作为添加剂用于食品接触用涂料及涂层、黏合剂以及纸和纸板。本次申请将其使用范围扩大至丙烯腈－丁二烯－苯乙烯共聚物（ABS）塑料材料及制品。美国食品药品管理局和德国联邦风险评估研究所均允许该物质用于食品接触用 ABS 塑料材料及制品。

2. 工艺必要性。该物质作为乳化剂用于 ABS 塑料材料及制品，可减少凝结物的形成。

（六）C1~C18 单、多元脂肪醇的脂肪酸酯

1. 背景资料。该物质在常温下为白色固体。GB 9685-2016 已批准该物质作为添加剂用于食品接触用纸和纸板材料及制品。本次申请将其使用范围扩大至食品接触用塑料材料及制品。美国食品药品管理局、欧盟委员会、日本厚生劳动省和南方共同市场均允许该物质用于食品接触用塑料材料及制品。

2. 工艺必要性。该物质能够改善加工过程中塑料材料的流动性，提高整体加工速度或改善表面性能。

（七）二氯二甲基硅烷与二氧化硅的反应产物

1. 背景资料。该物质为白色粉末，不溶于水。GB 9685-2016、原国家卫生计生委 2017 年第 9 号公告和国家卫生健康委 2018 年第 11 号公告中已批准该物质作为添加剂用于食品接触用聚对苯二甲酸乙二酯（PET）、PP 和聚偏氟乙烯（PVDF）等多种塑料材料及制品和涂料及涂层。本次申请将其使用范围扩大至食品接触材料及制品用黏合剂和油墨。欧盟委员会和日本厚生劳动省允许该物质用于食品接触材料及制品用黏合剂；瑞士联邦食品安全和兽医办公室和欧洲油墨协会均允许该物质用于食品接触材料及制品用油墨。

2. 工艺必要性。该物质用作黏合剂的消泡剂，利于黏合剂的生产及使用；用作油墨的分散剂，达到提高黏度的效果。

（八）一氧化碳－乙烯－丙烯三元聚合物

1. 背景资料。该物质在常温下为白色固态颗粒，不溶于水。美国食品药品管理局和欧盟委员会均允许该物质用于食品接触用塑料材料及制品。

2. 工艺必要性。该物质主要用于复合包装，具有较高的阻隔性能，可有效阻隔氧气渗透，防止内容物氧化。

（九）4－乙基苯酚与间甲酚、对甲酚、对叔丁基苯酚和甲醛的聚合物

1. 背景资料。该物质常温下为深琥珀色固体，不溶于水，溶解于醇类、酮类溶剂。欧洲委员会和美国食品药品管理局均允许该物质用于食品接触用涂料及涂层。

2. 工艺必要性。该物质为涂料的主要成膜物质，可增加涂层的柔韧性和延展性。

（十）乙二醇与 2,2－二甲基－1,3－丙二醇、对苯二甲酸、间苯二甲酸、己二酸和衣康酸的聚合物

1. 背景资料。该物质常温下为透明固体，不溶于水，可溶于酯类溶剂。欧洲委员会和日本厚生劳动省均允许该物质用于食品接触用涂料及涂层；南方共同市场和日本黏合剂行业协会均允许该物质用于食品接触材料及制品用黏合剂。

2. 工艺必要性。以该物质为原料生产的涂料具有较高的表面张力，可提升涂层的防污性能；以该物质为原料生产的黏合剂则具有较高密封强度和易揭等性能。

（十一）间苯二甲酸与间苯二甲胺和己二酸的聚合物

1. 背景资料。该物质常温下为无色透明颗粒，不溶于水。国家卫生健康委 2022 年第 2 号公告已批准该物质用于食品接触用塑料材料及制品，使用温度不得超过 100℃，本次申请将其使用温度限值提高至 121℃。欧盟委员会和日本厚生劳动省均允许该物质在使用温度不超过 121℃时用于食品接触用塑料材料及制品。

2. 工艺必要性。以该物质为原料生产的塑料薄膜，具有良好的氧气阻隔性能、热稳定性能和热成形性能。

发布时间：2023 年 3 月 3 日

来源：国家卫生健康委

食品安全标准与监测评估司

国家卫生健康委
关于蓝莓花色苷等 14 种"三新食品"的公告

2023 年第 3 号

根据《中华人民共和国食品安全法》规定，审评机构组织专家对蓝莓花色苷等 2 种物质申请新食品原料、L- 硒 - 甲基硒代半胱氨酸等 6 种物质申请食品添加剂新品种、己二酸与 2- 乙基 -2-(羟甲基)-1,3- 丙二醇和对叔丁基苯甲酸的聚合物等 6 种物质申请食品相关产品新品种的安全性评估材料进行审查并通过。

特此公告。

附件：蓝莓花色苷等 14 种"三新食品"的公告文本

（http://www.nhc.gov.cn/sps/s7892/202305/3acc65a89f1a4a0887f5128a88ece288/files/38b8a1f6e78f431aaf86513e33774822.pdf）

国家卫生健康委
2023 年 4 月 19 日

相关链接：

解读《关于蓝莓花色苷等 14 种"三新食品"的公告》

2023 年第 3 号

一、新食品原料解读材料

（一）蓝莓花色苷

蓝莓花色苷是以杜鹃花科越橘属蓝莓（Vaccinium corymbosum L.）的果实为原料，经酶解、水提取、纯化、浓缩、干燥等工艺制成的粉状物质。加拿大批准蓝莓提取物（花色苷含量 ≥ 40%）作为天然健康食品使用；欧盟将蔬菜、水果来源的花色苷作为食品添加剂使用；美国将葡萄及葡萄皮来源的花色苷作为食品添加剂，允许在饮料等食品中使用。本产品推荐食用量为：总花色苷含量 40.0% 的蓝莓花色苷推荐食用量为 800 毫克 / 天，超过该含量的按照实际含量折算。

根据《中华人民共和国食品安全法》和《新食品原料安全性审查管理办法》规定，国家卫生健康委员会委托审评机构依照法定程序，组织专家对蓝莓花色苷的安全性评估材料审查并通过。新食品原料生产和使用应当符合公告内容以及食品安全相关法规要求。鉴于蓝莓花色苷在婴幼儿、孕妇和哺乳期妇女人群中的食用安全性资料不足，从风险预防原则考虑，上述人群不宜食用，标签及说明书中应当标注不适宜人群。该原料的食品安全指标按照公告规定执行。

（二）黑麦花粉

本产品的基源植物为禾本科黑麦属植物黑麦（Secale Cereale L.），原产于中亚及地中海等地区，在欧洲被广泛种植。本产品是采收黑麦的花粉，经过干燥、分离等工艺制成。在日本和韩国，花粉作为一种食物类别，不限定其基源植物，黑麦花粉可作为食品食用；在美国，黑麦花粉可作为食品原料进行销售。本产品推荐食用量为 ≤ 1.5 克 / 天。

根据《中华人民共和国食品安全法》和《新食品原料安全性审查管理办法》规定，国家卫生健康委员会委托审评机构依照法定程序，组织专家对黑麦花粉的安全性评估材料审查并通过。新食品原料生产和使用应当符合公告内容以及食品安全相关法规要求。鉴于黑麦花粉在婴幼儿、孕妇和哺乳期妇女人群中的食用安全性资料不足，从风险预防原则考虑，上述人群不宜食用，且花粉过敏者也不宜食用，标签及说明书中应当标注不适宜人群。该原料的食品安全指标按照公告规定执行。

二、食品添加剂新品种解读材料

（一）L- 硒 - 甲基硒代半胱氨酸

1. 背景资料。L- 硒 - 甲基硒代半胱氨酸作为食品营养强化剂已列入《食品安全国家标准食品营养强化剂使用标准》（GB 14880），允许用于调制乳粉（儿童用乳粉除外）和调制乳粉（仅限儿童用乳粉）、大米及其制品、小麦粉及其制品等食品类别。本次申请的 L- 硒 - 甲基硒代半胱氨酸为新的生产工艺，其使用范围和用量与 GB 14880 中已批准硒的规定一致。

2. 工艺必要性。该物质作为食品营养强化剂用于调制乳粉（儿童用乳粉除外）和调制乳粉（仅限儿童用乳粉）（食品类别01.03.02）、大米及其制品（食品类别06.02）、小麦粉及其制品（食品类别06.03）、杂粮粉及其制品（食品类别06.04）、面包（食品类别07.01）、饼干（食品类别07.03）、含乳饮料（食品类别14.03.01），强化食品中硒的含量。其质量规格按照公告的相关要求执行。

（二）D-阿洛酮糖-3-差向异构酶

1.背景资料。枯草芽孢杆菌（Bacillus subtilis）来源的D-阿洛酮糖-3-差向异构酶申请作为食品工业用酶制剂新品种。美国食品药品管理局等允许其作为食品工业用酶制剂使用。

2.工艺必要性。该物质作为食品工业用酶制剂，主要用于催化D-果糖制得D-阿洛酮糖。其质量规格执行《食品安全国家标准食品添加剂食品工业用酶制剂》（GB 1886.174）。

（三）抗坏血酸棕榈酸酯（酶法）

1.背景资料。抗坏血酸棕榈酸酯（酶法）于2016年第9号公告批准作为抗氧化剂用于脂肪，油和乳化脂肪制品等食品类别。本次申请扩大使用范围：作为抗氧化剂用于方便米面制品（食品类别06.07）；作为食品营养强化剂，是维生素C的一种化合物来源，其使用范围和用量与GB14880中已批准维生素C的规定一致。日本厚生劳动省、韩国食品药品安全部等允许其作为抗氧化剂用于方便米面制品，欧盟委员会、日本厚生劳动省、澳大利亚和新西兰食品标准局等允许其用于调制乳粉、饮料等食品类别。根据联合国粮农组织/世界卫生组织食品添加剂联合专家委员会评估结果，该物质的每日允许摄入量为0~1.25mg/kg bw。

2.工艺必要性。该物质作为抗氧化剂用于方便米面制品（食品类别06.07），延缓方便米面制品氧化。该物质作为食品营养强化剂，是维生素C的化合物来源，强化食品中维生素C的含量。其质量规格执行国家卫生健康委（原国家卫生和计划生育委员会）2016年第9号公告。

（四）维生素 B_1

1.背景资料。维生素 B_1 作为食品营养强化剂已列入《食品安全国家标准 食品营养强化剂使用标准》（GB 14880），允许用于调制乳粉（仅限儿童和孕产妇用乳粉）、豆粉、豆浆粉、豆浆、胶基糖果、大米及其制品、小麦粉及其制品等食品类别，本次申请扩大使用范围用于特殊用途饮料（包括运动饮料、营养素饮料等）（食品类别14.04.02.01）。美国食品药品管理局、欧盟委员会、日本厚生劳动省、澳大利亚和新西兰食品标准局等允许其用于食品。

2.工艺必要性。该物质作为食品营养强化剂用于特殊用途饮料（包括运动饮料、营养素饮料等）（食品类别14.04.02.01），强化食品中维生素 B_1 的含量。其质量规格执行《食品安全国家标准 食品添加剂 维生素 B_1（盐酸硫胺）》（GB 14751）。

（五）维生素 B_2

1.背景资料。维生素 B_2 作为食品营养强化剂已列入《食品安全国家标准 食品营养强化剂使用标准》（GB 14880），允许用于调制乳粉（仅限儿童和孕产妇用乳粉）、豆粉、豆浆粉、豆浆、胶基糖果、大米及其制品、小麦粉及其制品等食品类别，本次申请扩大使用范围用于特殊用途饮料（包括运动饮料、营养素饮料等）（食品类别14.04.02.01）。美国食品药品管理局、欧盟委员会、日本厚生劳动省、澳大利亚和新西兰食品标准局等允许其用于食品。

2.工艺必要性。该物质作为食品营养强化剂用于特殊用途饮料（包括运动饮料、营养素饮料等）（食品类别14.04.02.01），强化食品中维生素 B_2 的含量。其质量规格执行《食品安全国家标准 食品添加剂 维生素 B_2（核黄素）》（GB 14752）。

（六）牛磺酸

1.背景资料。牛磺酸作为食品营养强化剂已列入《食品安全国家标准 食品营养强化剂使用标准》（GB 14880），允许用于特殊用途饮料等食品类别，本次申请在特殊用途饮料（包括运动饮料、营养素饮料等）（食品类别14.04.02.01）中最大使用量由0.5g/kg扩大到0.6g/kg。美国食品药品管理局、日本厚生劳动省、澳大利亚和新西兰食品标准局等允许其用于调味饮料等食品类别。

2.工艺必要性。该物质作为食品营养强化剂用于特殊用途饮料（包括运动饮料、营养素饮料等）（食品类别14.04.02.01），强化食品中牛磺酸的含量。其质量规格执行《食品安全国家标准 食品添加剂 牛磺酸》（GB 14759）。

三、食品相关产品新品种解读材料

（一）己二酸与2-乙基-2-（羟甲基）-1,3-丙二醇和对叔丁基苯甲酸的聚合物

1.背景资料。该物质为无色透明液体，不溶于水。欧洲委员会和日本厚生劳动省均允许该物质用于食品接触用涂料及涂层。

2.工艺必要性。该物质作为添加剂用在涂料中，可提高涂料的黏结性，增强涂层与金属基材之间的附着力。

（二）4,8-三环[5.2.1.02,7]癸烷二甲醇与对苯二甲酸和1,6-己二醇的聚合物

1.背景资料。该物质为透明液体，不溶于水。欧洲委员会和日本厚生劳动省均允许该物质用于食品接触用涂料及涂层。

2.工艺必要性。该物质是涂料的主要成膜物质，形成的涂层用于金属罐内壁时具有较好的附着力、抗锈性和抗腐蚀性。

（三）氢化二聚 C_{18} 不饱和脂肪酸与1,4-丁二醇、乙二醇、对苯二甲酸和2-乙基-2-（羟甲基）-1,3-丙二醇的嵌段共聚物

1.背景资料。该物质在常温下为淡黄色透明颗粒。

欧盟委员会、日本厚生劳动省和瑞士联邦食品药品监督管理局均允许该物质用于食品接触用塑料材料及制品。

2. 工艺必要性。该物质主要用于金属罐内壁 PET 覆膜材料的中间层，添加了该物质的 PET 膜具有较好的加工性能和阻隔性。

（四）1,6- 己二酸与（E）-2- 丁烯二酸和 4,8- 三环 [5.2.1.02,7] 癸烷二甲醇的聚合物

1. 背景资料。该物质常温下为无色液体，不溶于水。美国食品药品管理局和欧洲委员会均允许该物质用于食品接触用涂料及涂层。

2. 工艺必要性。以该物质为原料生产的涂料对于金属和塑料材料具有较好的附着力，用于底涂层中可改善涂层与基材间的附着力，同时可增加产品的柔韧性和抗腐蚀性。

（五）1,4- 丁二醇与 2,2- 二甲基 -1,3- 丙二醇、1,4- 环己二酸和间苯二甲酸的聚合物

1. 背景资料。该物质常温下为淡黄色固体，不溶于水。美国食品药品管理局和欧洲委员会均允许该物质用

于食品接触用涂料及涂层。

2. 工艺必要性。该物质是一种聚酯类树脂，主要用于金属罐内壁，具有较强的附着力。添加了该物质的金属罐内壁涂层具有较好的拉伸性和抗腐蚀性。

（六）对苯二甲酸二甲酯与 1,4- 丁二醇和 4,8- 三环 [5.2.1.02,7] 癸烷二甲醇的聚合物

1. 背景资料。该物质常温下为无色至黄色的无定形固体，不溶于水，可溶于酮类等有机溶剂。美国食品药品管理局允许该物质用于食品接触用涂料及涂层，不得用于接触婴幼儿配方奶粉和母乳；欧洲委员会允许该物质用于食品接触用涂料及涂层。

2. 工艺必要性。该物质是涂料的主要成膜物质，主要用于金属罐内壁。成膜后的涂层具有较好的柔韧性，利于对罐体进行弯折冲压等加工工艺。

发布时间：2023 年 5 月 6 日
来源：国家卫生健康委员会
食品安全标准与监测评估司

国家卫生健康委
关于"三新食品"目录及适用的食品安全标准的公告

2023 年第 4 号

根据《中华人民共和国食品安全法》及其实施条例有关规定，我委组织汇总整理 2009 年至 2021 年公告的新食品原料、食品添加剂新品种和食品相关产品新品种（简称"三新食品"）目录及适用的食品安全标准，现予公布。原公告内容与本公告不一致的，以本公告为准。对其中新食品原料目录及适用的食品安全标准设置 18 个月过渡期。

特此公告。

附件："三新食品"目录及适用的食品安全标准（http://www.nhc.gov.cn/sps/s7892/202305/4c3b189ccf84474db1e84471e6e72d07/files/f1fb0127fc0e4bbdb563f31ac1b2bc33.pdf）

国家卫生健康委
2023 年 4 月 19 日

相关链接：

解读《关于"三新食品"目录及适用的食品安全标准的公告》

2023 年第 4 号

根据《食品安全法》及其实施条例有关规定，国家卫生健康委组织专业技术机构梳理了新食品原料、食品添加剂新品种和食品相关产品新品种（简称"三新食品"）目录及适用的食品安全标准，范围涵盖自原卫生部 2009 年第 3 号公告至国家卫生健康委 2021 年第 9 号公告的新食品原料（菌种除外）、自原卫生部 2009 年第 11 号公告至国家卫生健康委 2021 年第 9 号公告的食

品添加剂新品种、自原卫生部 2012 年第 11 号公告至国家卫生健康委 2021 年第 9 号公告的食品相关产品新品种，共计 98 个新食品原料品种、215 个食品添加剂新品种和 235 个食品相关产品新品种。

该目录涉及的新食品原料食品安全指标包括过氧化值、真菌毒素、污染物和微生物限量；种属基原、食用量、食用和使用方法、生产工艺、发酵菌、副产物和

溶剂残留限量等仍按照发布时公告执行；农药和兽药的使用应符合农业农村部的相关规定。监管部门、行业企业等相关机构在"三新食品"的监管、生产和使用中应按照要求执行该公告的相关标准。对新食品原料目录的食品安全标准设置18个月过渡期，在公告前和过渡期内按照原标准和要求生产的新食品原料，可销售和使用至保质期结束。2022年以后公告的"三新食品"的食品安全指标按照发布时公告要求执行。

本次"三新食品"适用的食品安全标准梳理主要遵循以下原则：

一、新食品原料

（一）归类处理原则

现有食品安全国家标准适用的食品类别可以覆盖的产品，对其进行归类处理。菌类按食用菌类、藻类按食用藻类标准执行；植物类中，水果类按有关水果标准执行；直接食用的植物按有关蔬菜标准执行；作为调味品使用的（显脉旋覆花（小黑药）），按照香辛料标准执行。此外，综合考虑产品的原料来源、加工工艺的相近性以及食品安全指标的实际检测数据，对于可以符合相关食品安全标准中对某类食品要求的，参照该类食品执行。食用方式仅限冲泡的产品应归类为代用茶，目前直接列出相关指标，待代用茶的食品安全国家标准发布后，则按照代用茶的标准执行。

（二）既定参照原则

对具有多重身份的产品，如具有新食品原料和营养强化剂双重身份的产品，其食品安全指标基本参照已有的营养强化剂相关标准执行。

（三）个案处理原则

对于现有食品安全国家标准中食品类别无法覆盖的产品，如新工艺合成的或纯度较高的提取物等，基于新食品原料评审会议专家审议通过的企业标准，列出具体指标，并与现有食品安全国家标准制定原则和要求相匹配：原企业标准中，致病菌限定为"不得检出"但未

写单位的，统一单位为"/25 g"；大肠菌群指标的限量按照现行食品安全国家标准进行规范；无需制定志贺氏菌、溶血性链球菌、致泻性大肠埃希氏菌以及农药残留等指标的产品，删除该类指标；无需制定微生物指标（如油脂类）和生物毒素指标（如以藻类或微生物为原料制得的油脂类）的产品，删除该类指标；重金属污染物指标统一保留至小数点后一位。

二、食品添加剂新品种

（一）已制定发布相应的食品安全国家标准的品种，其质量规格要求按照相应的食品安全国家标准执行，共涉及156个品种。

（二）尚未制定相应的食品安全国家标准的品种，其质量规格要求仍按照发布公告时规定的要求执行，共涉及59个品种。

三、食品相关产品新品种

（一）考虑到食品相关产品新品种并未设置质量规格标准，因此主要根据品种的功能类别及所批准的使用范围确定其适用的食品安全国家标准，即新品种的使用原则及管理方式应符合相应食品安全标准的规定。

（二）对于公告批准的食品接触材料及制品用添加剂，其适用标准统一为《食品安全国家标准 食品接触材料及制品用添加剂使用标准》（GB 9685-2016）。

（三）对于公告批准的食品接触材料及制品用基础树脂或新材料，其适用标准为使用范围所对应的产品标准，如塑料材料及制品用基础树脂适用标准为《食品安全国家标准 食品接触用塑料树脂》（GB 4806.6-2016），其中对应多个使用范围的基础树脂分别列出相应类别的产品标准。

发布时间：2023年5月10日
来源：国家卫生健康委员会
食品安全标准与监测评估司

国家卫生健康委
关于文冠果种仁等 8 种"三新食品"的公告

2023 年第 5 号

根据《中华人民共和国食品安全法》规定，审评机构组织专家对文冠果种仁等 2 种物质申请新食品原料、β－淀粉酶等 3 种物质申请食品添加剂新品种、玻璃纤维等 3 种物质申请食品相关产品新品种的安全性评估材料进行审查并通过。

特此公告。

相关链接：

附件：文冠果种仁等 8 种"三新食品"的公告文本（http://www.nhc.gov.cn/sps/s7892/202308/0b022113f4ac4c778fd8ead787b86224/files/85b9b4599a8345fdbf82934514a9a89a.pdf）

国家卫生健康委
2023 年 7 月 24 日

解读《关于文冠果种仁等 8 种"三新食品"的公告》

2023 年第 5 号

一、新食品原料解读材料

（一）文冠果种仁

文冠果种仁是以无患子科文冠果属文冠果（Xanthoceras sorbifolium Bunge）的种籽为原料，经干燥、磁选、脱壳、筛选等工艺制成。文冠果种仁的主要营养成分包括脂肪、蛋白质、碳水化合物、膳食纤维、维生素等，且含有少量的皂苷和甾醇类等物质。文冠果在我国东北、西北、华北北部地区均有种植，且在内蒙古、甘肃、陕西、山东等地区具有食用历史。

根据《中华人民共和国食品安全法》和《新食品原料安全性审查管理办法》规定，国家卫生健康委员会委托审评机构依照法定程序，组织专家对文冠果种仁的安全性评估材料审查并通过。新食品原料生产和使用应当符合公告内容以及食品安全相关法规要求。鉴于文冠果种仁在婴幼儿、孕妇和哺乳期妇女人群中的食用安全性资料不足，从风险预防原则考虑，上述人群不宜食用，标签及说明书中应当标注不适宜人群。

该原料的食品安全指标按照我国现行食品安全国家标准中坚果与籽类食品的规定执行。

（二）文冠果叶

文冠果叶是以无患子科文冠果属文冠果（Xanthoceras sorbifolium Bunge）的嫩叶为原料，经杀青、揉捻、干燥等工艺制成。文冠果叶的主要营养成分包括碳水化合物、蛋白质、脂肪等，且含有少量的茶多酚、多糖、皂苷、黄酮类等物质。文冠果在我国东北、西北、华北北部地区均有种植，文冠果叶在我国河北、山西、内蒙古、山东等地区具有食用历史。本申报产品的食用方式为泡饮，推荐食用量为 ≤ 6 克 / 天。

根据《中华人民共和国食品安全法》和《新食品原料安全性审查管理办法》规定，国家卫生健康委员会委托审评机构依照法定程序，组织专家对文冠果叶的安全性评估材料审查并通过。新食品原料生产和使用应当符合公告内容以及食品安全相关法规要求。鉴于文冠果叶在婴幼儿、孕妇和哺乳期妇女人群中的食用安全性资料不足，从风险预防原则考虑，上述人群不宜食用，标签及说明书中应当标注不适宜人群。

该原料的食品安全指标按照公告规定执行。待代用茶的食品安全国家标准发布后，则按照代用茶的标准执行。

二、食品添加剂新品种解读材料

（一）β－淀粉酶

1. 背景资料。弯曲芽孢杆菌（Bacillus flexus）来源的 β－淀粉酶申请作为食品工业用酶制剂新品种。日本厚生劳动省、法国食品安全局、丹麦兽医和食品局等允许其作为食品工业用酶制剂使用。

2. 工艺必要性。该物质作为食品工业用酶制剂，主要用于催化淀粉水解。其质量规格执行《食品安全国家标准食品添加剂食品工业用酶制剂》（GB 1886.174）。

（二）溶血磷脂酶

1. 背景资料。李氏木霉（Trichoderma reesei）来源

的溶血磷脂酶申请作为食品工业用酶制剂新品种。美国食品药品管理局、法国食品安全局、澳大利亚和新西兰食品标准局等允许其作为食品工业用酶制剂使用。

2. 工艺必要性。该物质作为食品工业用酶制剂，主要用于催化溶血磷脂的水解。其质量规格执行《食品安全国家标准 食品添加剂 食品工业用酶制剂》（GB 1886.174）。

（三）硫酸

1. 背景资料。硫酸作为食品工业用加工助剂已列入《食品安全国家标准 食品添加剂使用标准》（GB 2760），允许用于啤酒、淀粉、乳制品等加工工艺。本次申请扩大使用范围用于油脂加工工艺。美国食品药品管理局、日本厚生劳动省等允许其用于食品。

2. 工艺必要性。该物质作为食品工业用加工助剂用于油脂加工工艺，中和油脂，去除加工副产物。其质量规格执行《食品安全国家标准 食品添加剂 硫酸》（GB 29205）。

三、食品相关产品新品种解读材料

（一）玻璃纤维；玻璃棉

1. 背景资料。该物质在常温下呈固态。《食品安全国家标准 食品接触材料及制品用添加剂使用标准》（GB 9685-2016）已批准该物质作为添加剂用于聚乙烯（PE）、聚丙烯（PP）、聚苯乙烯（PS）等多种塑料材料及制品。国家卫生健康委2021年第2号公告已批准该物质用于聚四氟乙烯（PTFE）塑料材料及制品中，最大使用量为25%，此次申请将其使用范围扩大至聚醚醚酮（PEEK）塑料材料及制品，最大使用量为30%。美国食品药品管理局、欧盟委员会和日本厚生劳动省均允许该物质用于食品接触用塑料材料及制品。

2. 工艺必要性。该物质作为一种填充剂，可以提高食品接触用PEEK塑料材料及制品的机械性能。

（二）C.I.颜料黑28；铜铬黑

1. 背景资料。该物质在常温下为黑色粉末状细颗粒，不溶于水。GB 9685-2016已批准该物质作为添加剂用于PE、PP、PS等多种塑料材料及制品。此次申请将其使用范围扩大至食品接触用涂料及涂层。美国食品药品管理局和日本厚生劳动省均允许该物质用于食品接触用涂料及涂层。

2. 工艺必要性。该物质作为着色剂，具有较好的热稳定性和红外吸收以及红外辐射性能，多用于耐高温涂层中，可使涂层承受温度变化而不发生开裂和脱落、提高涂层的辐射换热效率。

（三）N-(2-氨基乙基)-β-丙氨酸钠盐与1,4-丁二醇、1,6-二异氰酸根合己烷、1,3-二异氰酸根合甲苯和己二酸的聚合物

1. 背景资料。该物质在常温下为白色或淡黄色固体。美国食品药品管理局和欧盟委员会均允许该物质用于食品接触用黏合剂。

2. 工艺必要性。该物质作为生产水性黏合剂的主要原料，具有较好的黏结性能。

发布时间：2023年8月1日
来源：国家卫生健康委员会
食品安全标准与监测评估司

国家卫生健康委员会
关于桃胶等 15 种"三新食品"的公告

2023 年第 8 号

根据《中华人民共和国食品安全法》规定，审评机构组织专家对桃胶等 4 种物质申请新食品原料、丝氨酸蛋白酶等 6 种物质申请食品添加剂新品种、C.I. 颜料黑7 等 5 种物质申请食品相关产品新品种的安全性评估材料进行审查并通过。

特此公告。

相关链接：

附件：桃胶等 15 种"三新食品"的公告文本
（http://www.nhc.gov.cn/sps/s7892/202310/db51a70c8
4ce46f684ffe7be226dcdf1/files/c35019194c2a4dc9bf72cbc0
021f26c3.pdf）

国家卫生健康委
2023 年 9 月 22 日

解读《关于桃胶等 15 种"三新食品"的公告》

2023 年第 8 号

一、新食品原料解读材料

（一）桃胶

桃胶是以蔷薇科李属植物桃树（Prunus persica(L.) Batsch）分泌的胶状物为原料，经采摘、分选、晾晒、清洗、干燥等工艺制成。主要营养成分为膳食纤维、多糖、水分、蛋白质和维生素等。桃胶在我国湖北、江苏及浙江等地区有一定的食用历史，食用方式主要有做汤、粥、羹、甜品等。本产品推荐食用量为 ≤ 30 克 / 天。

根据《中华人民共和国食品安全法》和《新食品原料安全性审查管理办法》规定，国家卫生健康委员会委托审评机构依照法定程序，组织专家对桃胶的安全性评估材料审查并通过。新食品原料生产和使用应当符合公告内容以及食品安全相关法规要求。鉴于桃胶在婴幼儿、孕妇和哺乳期妇女人群中的食用安全性资料不足，从风险预防原则考虑，上述人群不宜食用，标签及说明书中应当标注不适宜人群和食用限量。该原料的食品安全指标按照公告规定执行。

（二）油莎豆

本产品的基源植物为莎草科莎草属植物油莎草（Cyperusesculentus L.var.sativus Boeck.），原产于中非洲，在地中海地区被广泛种植，于 20 世纪 50 年代引入我国，目前在我国河北、甘肃和山东等地区种植。申报产品油莎豆为其地下块茎，主要营养成分为碳水化合物、脂肪、膳食纤维、水分和维生素等。欧洲将油莎豆作为普通食品管理；加拿大认为油莎豆具有作为食品安全食

用的历史。

根据《中华人民共和国食品安全法》和《新食品原料安全性审查管理办法》规定，国家卫生健康委员会委托审评机构依照法定程序，组织专家对油莎豆的安全性评估材料审查并通过。新食品原料生产和使用应当符合公告内容以及食品安全相关法规要求。该原料的食品安全指标按照我国现行食品安全国家标准中坚果与籽类食品的规定执行。

（三）肠膜明串珠菌乳脂亚种

肠膜明串珠菌乳脂亚种主要存在于天然发酵的乳制品、干酪、泡菜等中。本产品使用的菌种是从乳制品分离得到的，该菌种已被列入欧洲食品安全局资格认定（QPS）名单的推荐生物制剂列表、国际乳品联合会公报（Bulletin of the IDF 514/2022）的"在发酵食品中证明安全的微生物品种目录"以及丹麦的《食品中使用的微生物菌种名单记录》。本次批准列入《可用于食品的菌种名单》，使用范围包括乳及乳制品、果蔬制品、谷物制品的发酵加工，不包括婴幼儿食品。

根据《中华人民共和国食品安全法》和《新食品原料安全性审查管理办法》规定，国家卫生健康委员会委托审评机构依照法定程序，组织专家对肠膜明串珠菌乳脂亚种的安全性评估材料进行审查并通过。新食品原料生产和使用应当符合公告内容以及食品安全相关法规要求。待食品加工用菌种制剂的食品安全国家标准发布后，按照食品加工用菌种制剂的标准执行。

（四）吡咯并喹啉醌二钠盐

本产品以食葡萄糖食甲基菌（Methylovorus glucosotrophus）为发酵菌种，经发酵、提取、纯化、结晶、干燥等工艺制成。吡咯并喹啉醌二钠盐天然存在于多种食物如牛奶、鸡蛋、菠菜等中。我国已于2022年批准合成法制得的吡咯并喹啉醌二钠盐为新食品原料。吡咯并喹啉醌二钠盐在美国被作为"一般认为安全的物质（GRAS）"管理，可作为原料用于能量饮料、运动饮料、电解质饮料等食品；欧盟和加拿大作为膳食补充剂或天然保健食品。本产品推荐食用量为≤20毫克/天（即含量为98%的吡咯并喹啉醌二钠盐推荐食用量为≤20毫克/天，超过该含量的按实际含量折算）。

根据《食品安全法》和《新食品原料安全性审查管理办法》规定，国家卫生健康委员会委托审评机构依照法定程序，组织专家对吡咯并喹啉醌二钠盐的安全性评估材料进行审查并通过。新食品原料生产和使用应当符合公告内容以及食品安全相关法规要求。鉴于吡咯并喹啉醌二钠盐在婴幼儿、孕妇和哺乳期妇女人群中的食用安全性资料不足，从风险预防原则考虑，上述人群不宜食用，标签及说明书中应当标注不适宜人群和食用限量。该原料的食品安全指标按照公告规定执行。

二、食品添加剂新品种解读材料

（一）丝氨酸蛋白酶

1. 背景资料。地衣芽孢杆菌（Bacillusli cheniformis）来源的丝氨酸蛋白酶申请作为食品工业用酶制剂新品种。美国食品药品管理局、法国食品安全局、丹麦兽医和食品局、澳大利亚和新西兰食品标准局等允许其作为食品工业用酶制剂使用。

2. 工艺必要性。该物质作为食品工业用酶制剂，主要用于催化胰凝乳蛋白的水解。其质量规格执行《食品安全国家标准食品添加剂食品工业用酶制剂》（GB 1886.174）。

（二）乳酸镁

1. 背景资料。镁作为食品营养强化剂已列入《食品安全国家标准食品营养强化剂使用标准》（GB 14880），允许用于调制乳粉、饮料类（14.01及14.06涉及品种除外）、固体饮料类等食品类别。本次申请的乳酸镁是镁的一种化合物来源，其使用范围和用量与GB 14880中已批准镁的规定一致。国际食品法典委员会、美国食品药品管理局、欧盟委员会等允许其用于婴幼儿配方食品等食品类别。

2. 工艺必要性。该物质作为食品营养强化剂用于调制乳粉（食品类别01.03.02）、饮料类（14.01及14.06涉及品种除外）（食品类别14.0）和固体饮料类（食品类别14.06），强化食品中镁的含量。其质量规格按照公告的相关要求执行。

（三）2'-岩藻糖基乳糖

1. 背景资料。2'-岩藻糖基乳糖申请作为食品营养强化剂新品种。美国食品药品管理局、欧盟委员会、澳大利亚和新西兰食品标准局等允许2'-岩藻糖基乳糖用于婴幼儿配方食品等食品类别。

2. 工艺必要性。该物质作为食品营养强化剂，是母乳中一种主要的母乳低聚糖。其质量规格按照公告的相关要求执行。

（四）乳糖-N-新四糖

1. 背景资料。乳糖-N-新四糖申请作为食品营养强化剂新品种。美国食品药品管理局、欧盟委员会、澳大利亚和新西兰食品标准局等允许乳糖-N-新四糖用于婴幼儿配方食品等食品类别。

2. 工艺必要性。该物质作为食品营养强化剂，是母乳中一种主要的母乳低聚糖。其质量规格按照公告的相关要求执行。

（五）乳酸钙

1. 背景资料。乳酸钙作为酸度调节剂、抗氧化剂、乳化剂、稳定剂和凝固剂、增稠剂已列入《食品安全国家标准 食品添加剂使用标准》（GB 2760），允许用于加工水果、糖果、固体饮料、膨化食品等食品类别，本次申请扩大使用范围用于腌渍的蔬菜（食品类别04.02.02.03），蔬菜罐头（食品类别04.02.02.04）。国际食品法典委员会、美国食品药品管理局、欧盟委员会等允许其作为增稠剂、酸度调节剂用于加工蔬菜、蔬菜罐头。根据联合国粮农组织/世界卫生组织食品添加剂联合专家委员会评估结果，该物质的每日允许摄入量"不作具体规定"。

2. 工艺必要性。该物质作为稳定剂和凝固剂、酸度调节剂用于腌渍的蔬菜（食品类别04.02.02.03），蔬菜罐头（食品类别04.02.02.04），改善产品稳定性。其质量规格执行《食品安全国家标准食品添加剂乳酸钙》（GB 1886.21）。

（六）三赞胶

1. 背景资料。国家卫生健康委2020年第4号公告批准食品添加剂新品种三赞胶作为增稠剂、稳定剂和凝固剂用于肉灌肠类、果蔬汁（浆）类饮料和植物蛋白饮料的食品类别。本次申请扩大使用范围用于调制乳（食品类别01.01.03），复合蛋白饮料（食品类别14.03.03）和风味饮料（食品类别14.08）。

2. 工艺必要性。该物质作为增稠剂、稳定剂和凝固剂用于调制乳（食品类别01.01.03），复合蛋白饮料（食品类别14.03.03）和风味饮料（食品类别14.08），改善产品稳定性。其质量规格执行国家卫生健康委2020年第4号公告。

三、食品相关产品新品种解读材料

（一）C.I.颜料黑7；炭黑

1. 背景资料。该物质常温下为黑色粉末，不溶于水。《食品安全国家标准 食品接触材料及制品用添加剂使用标准》（GB 9685-2016）已批准该物质作为添加剂用于橡胶、涂料及涂层、纸和纸板、油墨以及聚乙烯（PE）、聚丙烯（PP）、聚苯乙烯（PS）等多种塑料材料及制品。此次申请将其使用范围扩大到聚醚醚酮（PEEK）塑料材料及制品。美国食品药品管理局、欧盟委员会、日本厚生劳动省和南方共同市场均允许该物质用于食品接触用塑料材料及制品。

2. 工艺必要性。该物质是一种常用的黑色颜料，具有较好的色强度。

（二）丙烯酰胺与甲基丙烯酰氧乙基三甲基氯化铵、衣康酸和 N,N'- 亚甲基双丙烯酰胺的共聚物

1. 背景资料。该物质为水溶性物质，在水溶液状态下为透明至琥珀色。国家卫生健康委 2023 年第 1 号公告中已批准该物质作为添加剂用于食品接触用纸和纸板材料及制品，最大使用量为 1%，此次申请将其最大使用量扩大为 1.5%。美国食品药品管理局和德国联邦风险评估研究所均允许该物质用于食品接触用纸和纸板材料及制品。

2. 工艺必要性。该物质作为干强剂用于食品接触用纸和纸板材料及制品，可增强纸张强度、增加纤维和填料等的留着性能以及纸浆的滤水性能。

（三）2-(乙烯氧基)-1,2,3- 丙三羧酸三丁基酯

1. 背景资料。该物质在常温下为无色黏稠液体。GB 9685-2016 已批准该物质作为添加剂用于塑料材料及制品，此次申请将其使用范围扩大到食品接触材料及制品用油墨。欧洲印刷油墨协会、瑞士联邦食品药品监督管理局和德国联邦食品和农业部均允许该物质用于食品接触材料及制品用油墨。

2. 工艺必要性。该物质作为添加剂用于食品接触材料及制品用油墨，能增强油墨的热塑性能和耐水性能。

（四）1,4- 苯二甲酸与癸二酸和 1,2- 乙二醇的聚合物

1. 背景资料。该物质在常温下为乳白色固体，不溶于水。美国食品药品管理局和欧洲委员会均允许该物质用于食品接触用涂料及涂层。

2. 工艺必要性。该物质用于聚对苯二甲酸乙二酯（PET）膜材表面涂层，具有较好的耐热性和耐化学性。

（五）甲基丙烯酸与甲基丙烯酸丁酯、丙烯酸乙酯和甲基丙烯酸甲酯的聚合物和对苯二酚与 4,4- 亚甲基双 (2,6- 二甲基酚) 和氯甲基环氧乙烷的聚合物与 N,N- 二甲基乙醇胺的反应产物

1. 背景资料。该物质不溶于水，分散在水中呈现为乳白色液体状态，也几乎不溶解于大多数有机溶剂。美国食品药品管理局和欧洲委员会均允许该物质用于食品接触用涂料及涂层。

2. 工艺必要性。该物质为涂料的主要成膜物质，具有较强的附着力和耐腐蚀性。

发布时间：2023 年 10 月 7 日
来源：国家卫生健康委员会
食品安全标准与监测评估司

【国家林业和草原局发布】

国家林业和草原局公告

2023年第2号

（委托实施"矿藏开采、工程建设征收、征用或者使用七十公顷以上草原审核"行政许可事项）

为进一步贯彻落实"放管服"改革要求，根据《中华人民共和国行政许可法》《中华人民共和国草原法》《国家林业局委托实施林业行政许可事项管理办法》（国家林业局令第45号）的规定，现将国家林业和草原局委托实施的"矿藏开采、工程建设征收、征用或者使用七十公顷以上草原审核"行政许可事项公告如下：

一、委托事项

将《中华人民共和国草原法》第三十八条和《草原征占用审核审批管理规范》（林草规〔2020〕2号）第六条规定的国家林业和草原局审核权限内的"矿藏开采、工程建设征收、征用或者使用七十公顷以上草原审核"行政许可事项，委托各省、自治区、直辖市、新疆生产建设兵团林业和草原主管部门实施。

二、委托时间

委托时间为2023年2月1日—2026年1月31日。

国家林业和草原局对其委托的行政许可事项可进行变更、中止或者终止，并将及时向社会公告。

三、受托机关名称、地址、联系方式

请本公告委托事项的申请人到各省、自治区、直辖市、新疆生产建设兵团林业和草原主管部门申办。受托机关名称、地址、联系方式见附件。

四、有关要求

各省、自治区、直辖市、新疆生产建设兵团林业和草原主管部门要按照法律、法规和有关政策规定，严格审核把关。特别要严格审查涉及占用生态保护红线内草原和基本草原的建设项目。不得对受托的行政许可事项实施再委托。遇到重大事项、重要问题及时向国家林业和草原局报告。

国家林业和草原局加强对委托事项办理的事前事中事后监管，推进各地开展网上审批，采取数据共享模式实时跟进工作进度；强化对各受托机关的业务指导，明确委托许可工作要求和标准；定期开展委托工作的监督检查，重点检查是否依法依规办理许可、有无超期许可等情况。对监督检查中发现违规问题的单位，及时督促纠正，情节严重的，提前终止委托工作。

特此公告。

附件：受托机关名称、地址、联系方式

（http://124.205.185.62:8080/html/main/main_4461/20230130152418006663650/file/20230130152820083834149.pdf）

国家林业和草原局

2023年1月30日

国家林业和草原局公告

2023 年第 4 号

按照《国务院办公厅关于做好证明事项清理工作的通知》（国办发〔2018〕47 号）和《国务院办公厅关于全面推行证明事项和涉企经营许可事项告知承诺制的指导意见》（国办发〔2020〕42 号）要求，现将《法律、行政法规、部门规章设定的林草行业证明事项清单（2023 年版）》予以公布。

特此公告。

国家林业和草原局
2023 年 2 月 10 日

法律、行政法规、部门规章设定的林草行业证明事项清单（2023 年版）

（涉及草原部分）

事项名称：项目批准文件（建设项目使用林地；在国家级自然保护区修筑设施；草原征占用）

设定依据：《草原法》第三十八条 进行矿藏开采和工程建设，应当不占或者少占草原；确需征收、征用或者使用草原的，必须经省级以上人民政府草原行政主管部门审核同意后，依照有关土地管理的法律、行政法规办理建设用地审批手续。

《草原征占用审核审批管理规范》（林草规〔2020〕2 号）第九条 草原征占用应当符合以下条件：（一）符合国家的产业政策，国家明令禁止的项目不得征占用草原；《矿藏开采、工程建设征收、征用或者使用七十公顷以上草原审核办事指南》（国家林业和草原局公告 2020 年第 19 号）规定"四、申请材料（二）项目批准文件（1 份）。"

开具单位：相关项目审批部门
办理方式：线上提交或当场提交
实施区域：全国

国家林业和草原局公告

2023 年第 9 号

（电子证照标准）

根据《国务院关于加快推进全国一体化在线政务服务平台建设的指导意见》（国发〔2018〕27 号）和《国务院办公厅关于加快推进电子证照扩大应用领域和全国互通互认的意见》（国办发〔2022〕3 号），我局编制了《林草种子生产经营许可证》《允许进出口证明书》《普及型国外引种试种苗圃资格证书》《国家重点保护陆生野生动物人工繁育许可证》4 个电子证照标准，现予以发布。

特此公告。

附件：1. 全国一体化在线政务服务平台电子证照林草种子生产经营许可证

（http://124.205.185.62:8080/html/main/main_4461/20230220152701851104405/file/20230220152844446902525.pdf）

2. 全国一体化在线政务服务平台电子证照允许进出口证明书

（http://124.205.185.62:8080/html/main/main_4461/20230220152701851104405/file/20230220152901696481118.pdf）

3. 全国一体化在线政务服务平台电子证照普及型国外引种试种苗圃　资格证书

（http://124.205.185.62:8080/html/main/main_4461/20230220152701851104405/file/20230220152928243247230.pdf）

4. 全国一体化在线政务服务平台电子证照国家重点保护陆生野生动物人工繁育许可证（略）

国家林业和草原局

2023 年 2 月 17 日

国家林业和草原局公告

2023 年第 10 号

（林草行业行政许可事项实施规范）

根据《国务院办公厅关于全面实行行政许可事项清单管理的通知》（国办发〔2022〕2 号），我局编制了《林草行业行政许可事项实施规范（2023 年版）》，现予以发布。

特此公告。

点击以下链接下载：《林草行业行政许可事项实施规范（2023 年版）》 （http://124.205.185.62:8080/html/main/main_4461/20230227160017237938184/2487962658785625548.zip）

国家林业和草原局

2023 年 2 月 24 日

国家林业和草原局公告

2023 年第 11 号

根据《国务院办公厅关于全面实行行政许可事项清单管理的通知》（国办发〔2022〕2 号）要求，我局编制了国家林业和草原局行政许可事项办事指南（2023 年版），现予以发布。

特此公告。

国家林业和草原局

2023 年 4 月 14 日

点击以下链接下载：国家林业和草原局行政许可事项办事指南（2023 年版）

（http://124.205.185.62:8080/html/main/main_4461/20230423111111112225410/202304231007.zip）

国家林业和草原局公告

2023 年第 22 号

（2023 年度草品种名录）

根据《中华人民共和国种子法》第十九条、第九十一条规定，现将由国家林业和草原局品种审定委员会审定通过的'京科 1 号'羊草等 7 个草品种予以公告。自公告发布之日起，这些品种可以在本公告规定的适宜种植范围内推广。

特此公告。

附件：2023 年度草品种名录（中英文）

（https://www.forestry.gov.cn/u/cms/www/202311/150915139328.pdf）

国家林业和草原局

2023 年 11 月 8 日

国家林业和草原局关于做好退耕还林还草提质增效工作的通知

林工发〔2023〕109 号

各有关省、自治区、直辖市、新疆生产建设兵团林业和草原主管部门：

开展退耕还林还草提质增效是巩固退耕还林还草成果的迫切需要，对维护国土生态安全、促进农牧民增收、巩固脱贫攻坚成果和推进乡村振兴具有重大意义。根据自然资源部、国家林草局、国家发展改革委、财政部、农业农村部《关于进一步完善政策措施 巩固退耕还林还草成果的通知》（自然资发〔2022〕191 号）和自然资源部、国家林草局《关于明确巩固退耕还林还草成果有关问题处置意见的通知》（自然资发〔2023〕176 号），现就有关工作通知如下：

一、明确目标任务

以习近平新时代中国特色社会主义思想为指导，深入践行绿水青山就是金山银山理念，依托两轮退耕还林还草形成的林草资源，以全面提升质量效益为重点，采取有效措施大力推进退耕还林还草提质增效。到2025年，重点完成急需且有条件实施的退耕还林还草提质增效任务，提升林草生态系统的整体功能，增强林草生态产品供给能力。到2030年，全面完成两轮退耕还林还草提质增效，构建结构完善、功能完备的林草生态系统，为建设生态文明、推进乡村振兴作出更大贡献。

二、坚持分类施策

以问题为导向，坚持生态优先、因地制宜、分类施策，有针对性地采取补植补造补播、森林抚育、灌木平茬、低质低效林改造、品种改良和退化人工草地更新复壮等提质增效措施，结合当地资源禀赋和产业基础，推动特色产业和特色品牌建设，发展壮大退耕还林还草后续产业，促进成果巩固。对低于保存标准的退耕地块实施补植补造补播，适时开展抚育管护，确保成林成草；对密度过大、影响林木正常生长的林分，根据林分发育、林木竞争等自然规律及森林培育目标，适时适度伐除部分林木，调整树种组成和林分密度，优化林分结构，促进保留木生长；对处于衰败期或林木生长不良甚至成片死亡的灌木林进行平茬抚育、更新复壮，促进新枝萌生、灌丛增大，提高灌木林地的生产力和生态功能，实现可持续经营；对受人为或自然因素影响，导致森林生态服务功能、林产品产量或生物量显著低于同类立地条件林分平均水平，不符合培育目标的低效退耕还林地块，采取改变林分结构、调整或更替树种等修复措施，提高林分质量、稳定性和效益水平；对因树种或种源选择不当，未能做到适地适树，经济价值及生态功能低下，没有培育前途的退耕还经济林，选择林木良种，采取高接换冠、树种品种更替等措施，提高林分质量和效益；对严重退化甚至部分枯死的退耕还草地块，采取断根、疏松透气、重新播种、加强日常养护等措施进行复壮更新，提高草原盖度和生长量。

三、科学编制方案

省级林草主管部门要组织有关市县在全面调查退耕还林还草实施情况、提质增效需求、退耕农户意愿的基础上，结合各地实际情况以及提质增效的重点难点，统筹谋划提质增效工作总体思路、目标任务、技术路径和项目支撑，经与有关部门协商一致后，按照《退耕还林还草提质增效实施方案编制大纲》认真编制省级实施方案，于2024年2月29日前报我局生态中心。

四、强化政策支持

省级林草主管部门要指导有关市县把符合条件的退耕地块纳入"三北"或"双重"项目实施范围。符合国家储备林建设规定的退耕地块，可纳入国家储备林建设项目实施。用好退化林修复、森林抚育等中央现行政策。与乡村振兴、大规模国土绿化、加快油茶产业发展三年行动、森林可持续经营等实现有效衔接，统筹推进，依托退耕还林还草成果，发展特色林果、木本粮油和林下经济，培育森林康养、生态旅游等新兴产业。鼓励多种经营主体积极参与提质增效，引导退耕主体通过租赁、入股、托管等方式流转林地经营权，盘活退耕还林还草资源，探索建立集体林场和乡村林场，力争形成财政支持、金融扶持和社会资本参与的多元化投融资机制，有效支撑提质增效工作顺利开展。

五、加强组织领导

各地要高度重视退耕还林还草提质增效工作，落实省级人民政府负总责和"四到省"要求，加强组织领导，明确责任分工，强化协同配合，通过林长制督查考核压实各级党委政府巩固退耕还林还草成果责任。各级林草主管部门要积极协调发展改革、财政、自然资源等部门落实相关政策措施，做好提质增效项目落地实施，及时开展经验总结和推广示范。

对国家已下达未完成的退耕还林还草任务，各级林草主管部门应协调自然资源部门挖掘可退耕潜力，继续推进退耕任务落地实施，尽早组织核查验收，为兑付补助资金创造有利条件。2023年底前确实无法落地实施的任务，经与省级发展改革、财政、自然资源等相关部门协商一致后，联合向国家发展改革委、财政部、自然资源部和我局报送无法实施任务的面积、原因及处置建议。对已实施但验收不合格的退耕还林还草地块，应尽快补植补造补播，切实巩固已有成果。

特此通知。

附件：退耕还林还草提质增效实施方案编制大纲（略）

国家林业和草原局
2023年11月15日

国家林业和草原局挂牌督办20起毁林毁草典型案件

森林和草原对国家生态安全具有基础性、战略性作用。近几年，通过持续开展森林督查、草原变化图斑核查与处置，林草资源保护取得显著成效。但是，一些地方认识不到位等问题仍然存在，毁林毁草问题屡禁不止。为严厉打击毁林毁草行为，统筹山水林田湖草沙一体化保护修复和系统治理，我局决定对20起毁林毁草典型案件进行挂牌督办。案件基本情况如下：

1. 宁夏回族自治区吴忠市红寺堡区柳泉乡某项目涉嫌破坏草原案件。2022年草原变化图斑核查县级自查发现，红寺堡区柳泉乡冰草沟某项目涉嫌破坏草原344.6619公顷。

2. 山西省晋中市昔阳县国信项目涉嫌毁林案件。（略）

3. 青海省海西蒙古族藏族自治州格尔木市矿业开发项目涉嫌非法使用草原案件。2022年草原变化图斑核查与处置中发现，格尔木市乌图美仁乡进行矿业开发，涉嫌违法使用草地71.6115公顷。（草原变化图斑核查处置系统内图斑号17、18、19、20、21、22）。

4. 四川省凉山彝族自治州美姑县工程项目涉嫌侵占天然牧草地案件。2022年草原变化图斑核查与处置中发现，美姑县龙门乡至瓦西乡孔明寨景区公路工程项目涉嫌占用天然牧草地42.1096公顷。

5. 广东省汕尾市陆河县建设项目涉嫌毁林案件。（略）

6. 山西省吕梁市临县某改造项目涉嫌毁林案件。（略）

7. 陕西省商洛市山阳县农业开发公司涉嫌毁林案件。（略）

8. 广东省揭阳市惠来县产业园项目涉嫌毁林案件。（略）

9. 广东省汕尾市陆丰市建设项目涉嫌毁林案件。

（略）

10. 新疆阿勒泰地区哈巴河县库勒拜镇喀尔乌特克勒村村委会涉嫌破坏草原案件。2022年草原变化图斑核查与处置中发现，库勒拜镇喀尔乌特克勒村村委会破坏天然草原22.98公顷。

11. 内蒙古自治区包头市固阳县荣资矿业公司涉嫌擅自改变审核用途案件。2022年草原变化图斑核查与处置中发现，包头市固阳县839号图斑现场为包头市荣资矿业有限公司排土场。2021年3月26日办理临时占用草原手续，审核用途为边坡治理及砂石骨料回收加工。涉嫌擅自改变审核用途，面积19.0831公顷。

12. 广西壮族自治区河池市环江毛南族自治县某项目涉嫌毁林案件。（略）

13. 内蒙古自治区通辽市奈曼旗张某等人涉嫌毁林案件。（略）

14. 辽宁省葫芦岛市绥中县刘某等人涉嫌毁林案件。（略）

15. 海南省儋州市黎某涉嫌毁林案件。（略）

16. 山西省忻州市忻府区忻口村的某取土项目涉嫌毁草案件。2022年草原变化图斑核查县级自查发现，忻府区忻口镇忻口村取土项目涉嫌违法毁草8.7643公顷。

17. 内蒙古自治区赤峰市阿鲁科尔沁旗某项目涉嫌毁林案件。（略）

18. 辽宁省辽阳市灯塔市茨山村个人涉嫌毁林案件。（略）

19. 海南省东方市吴某等人涉嫌毁林案件。（略）

20. 河北省唐山市丰润区贾某等人涉嫌毁林案件。（略）

2023年4月7日

来源：国家林业和草原局政府网

【工业和信息化部发布】

工业和信息化部办公厅
关于公布2022年度绿色制造名单的通知

工信厅节函〔2023〕64号

各省、自治区、直辖市及计划单列市、新疆生产建设兵团工业和信息化主管部门：

为贯彻落实《"十四五"工业绿色发展规划》和《工业领域碳达峰实施方案》,持续完善绿色制造体系,经申报单位自评价、第三方机构评价、省级工业和信息化主管部门评估确认及专家论证、公示等程序,确定了2022年度绿色制造名单,现予以公布。有关事项通知如下:

一、2022年度绿色制造名单中,绿色工厂874家、绿色设计产品643个、绿色工业园区47家、绿色供应链管理企业112家(见附件1–4)。

二、按照2022年度动态管理要求,经各地工业和信息化主管部门核实确认,我部将前六批绿色制造名单中的41家绿色工厂、72个绿色设计产品、3家绿色工业园区、5家绿色供应链管理企业移出绿色制造名单,104家单位变更名称(见附件5)。

三、各地工业和信息化主管部门要加强对列入绿色制造名单的单位与相关产业政策的衔接,充分发挥以点带面的示范作用,引领本地区制造业绿色转型。要加强跟踪指导和动态管理,组织已列入绿色制造名单的单位填报2023年度动态管理表(登录工业节能与绿色发展管理平台 https://green.miit.gov.cn),并对动态管理表中明确的各项关键指标进行审核。对于绿色制造水平关键指标不符合绿色制造评价要求的,组织进行现场评估,于2023年4月30日前完成动态管理工作提出动态调整意见,我部将综合评估后对名单进行调整。对于发生重大安全、质量、环境污染等事故的,要及时上报,我部将从名单中予以除名。

附件:

1. 绿色工厂名单(涉及奶业)
2. 绿色设计产品名单(略)
3. 绿色工业园区名单(略)
4. 绿色供应链管理企业名单(略)
5. 绿色制造名单动态调整汇总(涉及奶业)

工业和信息化部办公厅
2023年3月23日

附件1:

绿色工厂名单(涉及奶业)

序号	地区	工厂名称
34	天津	天津伊利乳品有限责任公司
72	河北	张北伊利乳业有限责任公司
111	内蒙古	内蒙古伊利实业集团股份有限公司
112	内蒙古	锡林浩特伊利乳业有限责任公司
116	内蒙古	内蒙古欧世蒙牛乳制品有限责任公司
117	内蒙古	蒙牛乳业(乌兰浩特)有限责任公司
140	辽宁	蒙牛乳业(沈阳)有限责任公司
141	辽宁	沈阳蒙牛乳制品有限公司
164	黑龙江	飞鹤(泰来)乳品有限公司
166	黑龙江	大庆伊利乳品有限责任公司

序号	地区	工厂名称
275	浙江	蒙牛乳业（金华）有限公司
513	湖北	湖北黄冈伊利乳业有限责任公司
687	四川	四川新华西乳业有限公司
765	陕西	咸阳伊利乳业有限责任公司

附件 5：

绿色制造名单动态调整汇总（涉及奶业）

变更绿色制造名单的单位名称：

河北 更名后单位：君乐宝集团有限公司
原单位：石家庄君乐宝乳业有限公司
宁夏 更名后单位：蒙牛特仑苏（银川）乳业有限公司
原单位：蒙牛乳业（银川）有限公司
广西 更名后单位：广西皇氏乳业有限公司
原单位：皇氏集团华南乳品有限公司

工业和信息化部办公厅关于公布 2023 年新一代信息技术与制造业融合发展示范名单的通知

工信厅信发函〔2023〕381 号

各省、自治区、直辖市、计划单列市及新疆生产建设兵团工业和信息化主管部门，有关中央企业，有关单位：

按照《工业和信息化部办公厅关于组织开展 2023 年新一代信息技术与制造业融合发展示范申报工作的通知》（工信厅信发函〔2023〕243 号）要求，经企业自主申报、地方推荐、专家评审、网上公示等环节，确定了 184 个 2023 年新一代信息技术与制造业融合发展示范项目（名单见附件），现予以公布。请各地结合实际，认真抓好示范推广工作。

联系电话：010-68208273

附件：2023 年新一代信息技术与制造业融合发展示范名单

工业和信息化部办公厅
2023 年 12 月 29 日

附件：

2023 年新一代信息技术与制造业融合发展示范名单（涉及奶业行业）

方向：两化融合管理体系贯标方向
细分方向：面向数字化转型的数据管理能力建设
企业名称：蒙牛乳业（沈阳）有限责任公司
项目名称：奶业生产过程质量管控能力

工业和信息化部办公厅关于公布2023年度绿色制造名单及试点推行"企业绿码"有关事项的通知

工信厅节函〔2023〕384号

各省、自治区、直辖市及计划单列市、新疆生产建设兵团工业和信息化主管部门：

为推动制造业高端化、智能化、绿色化发展，加快构建绿色制造和服务体系，经申报单位自愿申报、第三方机构评价、省级工业和信息化主管部门评估确认及专家论证、公示等程序，确定了2023年度绿色制造名单，现予以公布，同时面向绿色工厂试点推行"企业绿码"。有关事项通知如下：

一、按照2023年度动态管理要求，经各地工业和信息化主管部门核实确认，我部将前七批绿色制造名单中的9家绿色工厂、3家绿色供应链管理企业移出绿色制造名单，46家单位变更名称（见附件4）。

二、我部依据《绿色工厂评价通则》（GB/T 36132）等相关标准，以及2023年度绿色工厂动态管理报送的绿色绩效数据开发了"企业绿码"，对绿色工厂绿色化水平进行量化分级评价和赋码，直观反映企业在所有绿色工厂中的位置以及所属行业中的位置。国家层面绿色工厂分为A+、A、B三级，比例分别为5%、35%、60%。国家层面绿色工厂按照自愿原则登录工业节能与绿色发展管理平台（https://green.miit.gov.cn，以下称管理平台）进行申领"企业绿码"（示意图见附件5），申领后可向其采购商、金融机构、有关政府部门等出示，证明自身绿色化发展水平。"企业绿码"每年更新一次，即在完成年度动态管理数据填报后，系统会在一个月内

根据新一年的数据重新进行赋码。如企业不填报或者填报不规范、数据异常，不对其赋码。

三、各地工业和信息化主管部门要加强对列入绿色制造名单的单位与相关产业政策的衔接，充分发挥以点带面的示范作用。加强跟踪指导和动态管理，组织已列入绿色制造名单的单位（共八批）填报2024年度动态管理表（登录管理平台），并对动态管理表中明确的各项关键指标进行审核。对于绿色制造水平关键指标不符合绿色制造评价要求的，组织进行现场评估，于2024年4月15日前完成动态管理工作，提出动态调整意见，我部将综合评估后对名单进行调整。对于发生重大安全、质量、环境污染等事故的，要及时上报，我部将从名单中予以除名。

四、省级工业和信息化主管部门可结合当地绿色工厂创建情况，参照国家动态管理要求，面向省层面绿色工厂试点推行"企业绿码"。

附件：

1. 绿色工厂名单（涉及奶业）
2. 绿色工业园区名单（略）
3. 绿色供应链管理企业名单（略）
4. 绿色制造名单动态调整汇总表（涉及奶业）
5. "企业绿码"示意图（略）

工业和信息化部办公厅
2023年12月29日

附件1：

绿色工厂名单（涉及奶业）

序号	地区	工厂名称	第三方评价机构名称
21	天津	天津伊利康业冷冻食品有限公司	天津学苑节能环保科技发展有限公司
36	天津	天津伊利乳业有限责任公司	联合泰泽环境科技发展有限公司
77	河北	河北君乐宝君源乳业有限公司	国润创投（北京）科技有限公司
78	河北	石家庄永盛乳业有限公司	国润创投（北京）科技有限公司
134	河北	定州伊利乳业有限责任公司	河北骏兴节能技术服务有限公司
187	内蒙古	内蒙古伊利实业集团股份有限公司乌兰察布乳品厂	内蒙古蒙正工程咨询服务有限责任公司

序号	地区	工厂名称	第三方评价机构名称
211	辽宁	沈阳伊利乳品有限责任公司	沈阳赛宝科技服务有限公司
234	吉林	长春伊利冷冻食品有限责任公司	新世纪检验认证有限责任公司
239	吉林	飞鹤（吉林）乳品有限公司	吉林星碳联环境科技有限公司
251	黑龙江	黑龙江飞鹤乳业有限公司	方圆标志认证集团有限公司
341	江苏	江苏君乐宝乳业有限公司	国润创投（北京）科技有限公司
388	江苏	蒙牛乳业宿迁有限公司	浙江方圆检测集团股份有限公司
854	湖北	蒙牛高科乳制品武汉有限责任公司	湖北工业大学
947	湖南	湖南新希望南山液态乳业有限公司	一都科技有限公司
1207	贵州	皇氏集团遵义乳业有限公司	贵州华碳工程咨询有限公司
1233	云南	蒙牛乳业（曲靖）有限公司	宁夏清洁发展机制环保服务中心（有限责任公司）
1269	陕西	西安伊利泰普克饮品有限公司	河南省城乡规划设计研究总院股份有限公司
1282	陕西	陕西伊利乳业有限责任公司	西安节能与绿色发展研究院有限公司
1316	陕西	西安宏兴乳业有限公司	西安节能协会
1339	甘肃	武威伊利乳业有限责任公司	宁夏清洁发展机制环保服务中心（有限责任公司）
1361	宁夏	宁夏夏进乳业集团股份有限公司	甘肃省建材科研设计院有限责任公司
1369	新疆	乌鲁木齐伊利食品有限责任公司	新疆创先腾祥能源科技有限公司
1478	深圳	卡士乳业（深圳）有限公司	深圳市绿创人居环境促进中心

附件4：

绿色制造名单动态调整汇总（涉及奶业）

序号	地区	更名后单位	原单位绿色工厂
25	广东	广东燕塘乳业股份有限公司	广东燕隆乳业科技有限公司

【多部委联合发布】

海关总署 农业农村部关于解除哥伦比亚部分地区古典猪瘟和口蹄疫疫情禁令的公告

〔2023〕8 号

根据风险分析结果，自本公告发布之日起，解除哥伦比亚中西部地区和中东部地区（见附件 1）古典猪瘟疫情禁令；解除哥伦比亚乔科省西北区、圣安德列斯—普罗维登西亚群岛、第三区（贸易区）、第四区（其他地区）（见附件 2）口蹄疫疫情禁令。

海关总署和农业农村部 2018 年联合公告第 158 号、原质检总局和原农业部 2013 年联合公告第 127 号对哥伦比亚上述区域的禁令同时解除。

特此公告。

附件：
1. 哥伦比亚古典猪瘟非疫区示意图 .jpg（略）
2. 哥伦比亚口蹄疫非疫区示意图 .png

（http://www.customs.gov.cn/customs/302249/ 302266 /302267/4839992/20230209143927I5636.png）

海关总署 农业农村部
2023 年 2 月 2 日

海关总署 农业农村部 关于防止伊拉克口蹄疫传入我国的公告

〔2023〕9 号

2023 年 1 月 26 日，伊拉克向世界动物卫生组织（WOAH）紧急报告，1 月 3 日，该国迪亚拉省（Diyala）、尼尼微省（Ninawa）各 1 个村庄发生口蹄疫，涉及易感动物有 1515 头牛和 500 只绵羊，其中 587 头牛和 15 只绵羊发病，11 头牛和 10 只绵羊死亡。为保护我国畜牧业安全，防止疫情传入，根据《中华人民共和国海关法》《中华人民共和国进出境动植物检疫法》及其实施条例等有关法律法规的规定，现公告如下：

一、禁止直接或间接从伊拉克输入偶蹄动物及其相关产品（源于偶蹄动物未经加工或者虽经加工但仍有可能传播疫病的产品）。

二、禁止寄递或携带来自伊拉克的偶蹄动物及其产品入境。一经发现，一律作退回或销毁处理。

三、来自伊拉克的进境航空器、船舶等运输工具上卸下的动植物性废弃物、泔水等，一律在海关的监督下作除害处理，不得擅自抛弃。

四、对边防检查等部门截获的非法入境的来自伊拉克的偶蹄动物及其产品，一律在海关的监督下作销毁处理。

五、凡违反上述规定者，由海关依照《中华人民共和国海关法》《中华人民共和国进出境动植物检疫法》及其实施条例有关规定处理。

六、各级海关、各级农业农村部门要分别按照《中华人民共和国海关法》《中华人民共和国进出境动植物检疫法》《中华人民共和国动物防疫法》等有关规定，密切配合，做好检疫、防疫和监督工作。

特此公告。

海关总署
农业农村部
2023 年 2 月 9 日

海关总署 农业农村部
关于防止阿塞拜疆绵羊痘和山羊痘传入我国的公告

〔2023〕10号

2023年1月24日，阿塞拜疆向世界动物卫生组织（WOAH）紧急报告，1月16日，该国阿兰经济区（Aran）的1家农场发生绵羊痘和山羊痘，涉及易感动物有321只绵羊，其中30只发病，2只死亡。为保护我国畜牧业安全，防止疫情传入，根据《中华人民共和国海关法》《中华人民共和国进出境动植物检疫法》及其实施条例等有关法律法规的规定，现公告如下：

一、禁止直接或间接从阿塞拜疆输入绵羊、山羊及其相关产品（源于绵羊或山羊未经加工或者虽经加工但仍有可能传播疫病的产品）。

二、禁止寄递或携带来自阿塞拜疆的绵羊、山羊及其相关产品入境。一经发现，一律作退回或销毁处理。

三、来自阿塞拜疆的进境航空器、铁路列车等运输工具上卸下的动植物性废弃物、泔水等，一律在海关的监督下作除害处理，不得擅自抛弃。

四、对边防检查等部门截获的非法入境的来自阿塞拜疆的绵羊、山羊及其相关产品，一律在海关的监督下作销毁处理。

五、凡违反上述规定者，由海关依照《中华人民共和国海关法》《中华人民共和国进出境动植物检疫法》及其实施条例有关规定处理。

六、各级海关、各级农业农村部门要分别按照《中华人民共和国海关法》《中华人民共和国进出境动植物检疫法》《中华人民共和国动物防疫法》等有关规定，密切配合，做好检疫、防疫和监督工作。

特此公告。

海关总署
农业农村部
2023年2月9日

海关总署 农业农村部
关于防止利比亚口蹄疫传入我国的公告

〔2023〕30号

2023年3月27日，利比亚向世界动物卫生组织（WOAH）紧急报告，该国有5家农场发生O型口蹄疫，涉及易感动物有225头牛和11520只绵羊。为保护我国畜牧业安全，防止疫情传入，根据《中华人民共和国海关法》《中华人民共和国进出境动植物检疫法》及其实施条例等有关法律法规的规定，现公告如下：

一、禁止直接或间接从利比亚输入偶蹄动物及其相关产品（源于偶蹄动物未经加工或者虽经加工但仍有可能传播疫病的产品）。

二、禁止寄递或携带来自利比亚的偶蹄动物及其产品入境。一经发现，一律作退回或销毁处理。

三、来自利比亚的进境航空器、船舶等运输工具上卸下的动植物性废弃物、泔水等，一律在海关的监督下作除害处理，不得擅自抛弃。

四、对边防检查等部门截获的非法入境的来自利比亚的偶蹄动物及其产品，一律在海关的监督下作销毁处理。

五、凡违反上述规定者，由海关依照《中华人民共和国海关法》《中华人民共和国进出境动植物检疫法》及其实施条例有关规定处理。

六、各级海关、各级农业农村部门要分别按照《中华人民共和国海关法》《中华人民共和国进出境动植物检疫法》《中华人民共和国动物防疫法》等有关规定，密切配合，做好检疫、防疫和监督工作。

本公告自发布之日起实施。

特此公告。

海关总署 农业农村部
2023年4月6日

海关总署 农业农村部
关于防止科摩罗口蹄疫传入我国的公告

〔2023〕52 号

近日，科摩罗向世界动物卫生组织（WOAH）报告，该国大科摩罗岛（Njazídja）发生南非 1 型（SAT1 型）口蹄疫，涉及易感动物有 78 头牛，其中发病牛 63 头，死亡牛 15 头。为保护我国畜牧业安全，防止疫情传入，根据《中华人民共和国海关法》《中华人民共和国进出境动植物检疫法》及其实施条例等有关法律法规的规定，现公告如下：

一、禁止直接或间接从科摩罗输入偶蹄动物及其相关产品（源于偶蹄动物未经加工或者虽经加工但仍有可能传播疫病的产品）。

二、禁止寄递或携带来自科摩罗的偶蹄动物及其产品入境。一经发现，一律作退回或销毁处理。

三、来自科摩罗的进境航空器、船舶等运输工具上卸下的动植物性废弃物、泔水等，一律在海关的监督下作除害处理，不得擅自抛弃。

四、对边防检查等部门截获的非法入境的来自科摩罗的偶蹄动物及其产品，一律在海关的监督下作销毁处理。

五、凡违反上述规定者，由海关依照《中华人民共和国海关法》《中华人民共和国进出境动植物检疫法》及其实施条例有关规定处理。

六、各级海关、各级农业农村部门要分别按照《中华人民共和国海关法》《中华人民共和国进出境动植物检疫法》《中华人民共和国动物防疫法》等有关规定，密切配合，做好检疫、防疫和监督工作。

本公告自发布之日起实施。

特此公告。

海关总署
农业农村部
2023 年 5 月 16 日

海关总署 农业农村部
关于解除缅甸部分地区口蹄疫疫情的公告

〔2023〕91 号

根据风险评估结果，自本公告发布之日起，解除缅甸掸邦北部贵概镇部分区域口蹄疫疫情禁令。该区域位于 37 个地理坐标端点的连线范围内（经纬度坐标和区划图见附件）。

对缅甸上述区域口蹄疫相关禁令不再执行。

附件：贵概无疫区边界隔离屏障及坐标图 .pdf

（http://www.customs.gov.cn/ customs/302249/302266/302267/5187910/20230804165033335763.pdf）

海关总署
农业农村部
2023 年 7 月 14 日

海关总署 农业农村部
关于解除南非部分地区口蹄疫禁令的公告

〔2023〕99 号

根据风险分析结果，自本公告发布之日起，认可南非共和国部分区域为口蹄疫非免疫无疫区（区域名单见附件），允许符合中国法律法规要求的偶蹄动物及其相关产品入境。

海关总署和农业农村部 2022 年第 30 号公告关于从南非共和国上述地区输入偶蹄动物及其相关产品的禁令同时废止。

特此公告。

附件：获得认可的南非口蹄疫非免疫无疫区名单 .doc

（http://www.customs.gov.cn/customs/302249/302266/302267/5277586/20230824161 64385854.doc）

海关总署 农业农村部
2023 年 8 月 17 日

海关总署 农业农村部
关于解除俄罗斯牛结节性皮肤病疫情禁令的公告

〔2023〕101 号

根据风险评估结果，自本公告发布之日起，解除原质检总局、原农业部 2015 年第 111 号联合公告中因俄罗斯牛结节性皮肤病对该国牛及其相关产品的输华限制，有关产品的检验检疫要求另行制定。

特此公告。

海关总署 农业农村部
2023 年 8 月 21 日

海关总署 农业农村部
关于防止阿曼口蹄疫传入我国的公告

〔2023〕113 号

近日，阿曼向世界动物卫生组织（WOAH）报告，该国佐法尔省（Dhofar）发生 SAT2 型口蹄疫。为保护我国畜牧业安全，防止疫情传入，根据《中华人民共和国海关法》《中华人民共和国进出境动植物检疫法》等有关法律法规的规定，现公告如下：

一、禁止直接或间接从阿曼输入偶蹄动物及其相关产品（源于偶蹄动物未经加工或者虽经加工但仍有可能传播疫病的产品）。

二、禁止寄递或携带来自阿曼的偶蹄动物及其产品入境。一经发现，一律作退回或销毁处理。

三、来自阿曼的进境航空器、船舶等运输工具上卸下的动植物性废弃物、泔水等，一律在海关的监督下作除害处理，不得擅自抛弃。

四、对边防检查等部门截获的非法入境的来自阿曼的偶蹄动物及其产品，一律在海关的监督下作销毁处理。

五、凡违反上述规定者，由海关依照《中华人民共和国海关法》《中华人民共和国进出境动植物检疫法》及其实施条例有关规定处理。

六、各级海关、各级农业农村部门要分别按照《中华人民共和国海关法》《中华人民共和国进出境动植物检疫法》《中华人民共和国动物防疫法》等有关规定，密切配合，做好检疫、防疫和监督工作。

本公告自发布之日起实施。

特此公告。

海关总署 农业农村部
2023 年 9 月 2 日

海关总署 农业农村部
关于防止保加利亚绵羊痘和山羊痘传入我国的公告

〔2023〕124 号

2023 年 9 月 16 日，保加利亚向世界动物卫生组织（WOAH）紧急报告，该国布尔加斯大区（Burgas）发生绵羊痘和山羊痘疫情。此次疫情主要涉及动物为绵羊，疫情区域所有易感动物均已被扑杀销毁。为保护我国畜牧业安全，防止疫情传入，根据《中华人民共和国海关法》《中华人民共和国进出境动植物检疫法》及其实施条例等有关法律法规的规定，现公告如下：

一、禁止直接或间接从保加利亚输入绵羊、山羊及其相关产品（源于绵羊或山羊未经加工或者虽经加工但仍有可能传播疫病的产品）。

二、禁止寄递或携带来自保加利亚的绵羊、山羊及其相关产品入境。一经发现，一律作退回或销毁处理。

三、来自保加利亚的进境船舶、航空器等运输工具上卸下的动植物性废弃物、泔水等，一律在海关的监督下作除害处理，不得擅自抛弃。

四、对边防检查等部门截获的非法入境的来自保加利亚的绵羊、山羊及其相关产品，一律在海关的监督下作销毁处理。

五、凡违反上述规定者，由海关依照《中华人民共和国海关法》《中华人民共和国进出境动植物检疫法》及其实施条例有关规定处理。

六、各级海关、各级农业农村部门要分别按照《中华人民共和国海关法》《中华人民共和国进出境动植物检疫法》《中华人民共和国动物防疫法》等有关规定，密切配合，做好检疫、防疫和监督工作。

本公告自发布之日起实施。

特此公告。

海关总署 农业农村部
2023 年 9 月 27 日

海关总署 农业农村部
关于解除俄罗斯部分区域口蹄疫禁令的公告

〔2023〕132 号

根据风险分析结果，自本公告发布之日起，认可俄罗斯联邦弗拉基米尔州、巴什科尔托斯坦共和国为口蹄疫非免疫无疫区，认可俄罗斯联邦罗斯托夫州、伏尔加格勒州、阿斯特拉罕州、斯塔夫罗波尔边疆区、克拉斯诺达尔边疆区、车臣共和国、印古什共和国、达吉斯坦共和国、卡尔梅克共和国、卡巴尔达—巴尔卡尔共和国、

卡拉恰伊—切尔克斯共和国、北奥塞梯—阿兰共和国、阿迪格共和国、阿穆尔州、犹太自治州、滨海边疆区、哈巴罗夫斯克边疆区、外贝加尔边疆区、图瓦共和国、布里亚特共和国、萨哈林州、阿尔泰共和国科什阿加奇区地区等 22 个区域为口蹄疫免疫无疫区，允许上述区域符合中国法律法规要求的偶蹄动物及其产品入境。俄

罗斯联邦口蹄疫无疫区图示见附件。

原国家出入境检验检疫局 2000 年第 14 号公告、原质检总局 2017 年第 6 号警示通告相关规定同时废止。

特此公告。

附件：俄罗斯联邦口蹄疫无疫区图示 .jpg

（http://www.customs.gov.cn/customs/302249/302266/302267/5432796/20231016521648673.jpg）

海关总署 农业农村部
2023 年 10 月 13 日

海关总署 农业农村部
关于防止比利时蓝舌病传入我国的公告

〔2023〕139 号

2023 年 10 月 10 日，比利时向世界动物卫生组织（WOAH）紧急报告，该国安特卫普省（Antwerpe Province）发生蓝舌病，涉及的易感动物为绵羊。为保护我国畜牧业安全，防止蓝舌病传入，根据《中华人民共和国海关法》《中华人民共和国进出境动植物检疫法》及其实施条例等有关法律法规的规定，现公告如下：

一、禁止直接或间接从比利时输入反刍动物及其相关产品（源于反刍动物未经加工或者虽经加工但仍有可能传播疫病的产品）。

二、禁止寄递或携带来自比利时的反刍动物及其产品。一经发现，一律作退回或销毁处理。

三、来自比利时的进境船舶、航空器、铁路列车等运输工具上卸下的动植物性废弃物、泔水等，一律在海关的监督下作除害处理，不得擅自抛弃。

四、对边防等部门截获的非法入境的来自比利时的反刍动物及其产品，一律在海关的监督下作销毁处理。

五、凡违反上述规定者，由海关依照《中华人民共和国海关法》《中华人民共和国进出境动植物检疫法》及其实施条例有关规定处理。

六、各海关、各级动物疫病预防控制机构及动物卫生监督机构要分别按照《中华人民共和国海关法》《中华人民共和国进出境动植物检疫法》《中华人民共和国动物防疫法》等有关规定，密切配合，做好检疫、防疫和监督工作。

本公告自发布之日起实施。

特此公告。

海关总署 农业农村部
2023 年 10 月 23 日

海关总署 农业农村部
关于防止荷兰蓝舌病传入我国的公告

〔2023〕140 号

近日，荷兰向世界动物卫生组织（WOAH）紧急报告，该国北荷兰省（Noord-Holland）、乌得勒支省（Utrecht）、南荷兰省（Zuid-Holland）和弗莱福兰省（Flevoland）等地区先后发生蓝舌病，此次疫情主要涉及动物有牛、绵羊和山羊。为保护我国畜牧业安全，防止蓝舌病传入，根据《中华人民共和国海关法》《中华人民共和国进出境动植物检疫法》及其实施条例等有关法律法规的规定，现公告如下：

一、禁止直接或间接从荷兰输入反刍动物及其相关产品（源于反刍动物未经加工或者虽经加工但仍有可能

传播疫病的产品）。

二、禁止寄递或携带来自荷兰的反刍动物及其产品。一经发现，一律作退回或销毁处理。

三、来自荷兰的进境船舶、航空器、铁路列车等运输工具上卸下的动植物性废弃物、泔水等，一律在海关的监督下作除害处理，不得擅自抛弃。

四、对边防等部门截获的非法入境的来自荷兰的反刍动物及其产品，一律在海关的监督下作销毁处理。

五、凡违反上述规定者，由海关依照《中华人民共和国海关法》《中华人民共和国进出境动植物检疫法》

及其实施条例有关规定处理。

六、各海关、各级动物疫病预防控制机构及动物卫生监督机构要分别按照《中华人民共和国海关法》《中华人民共和国进出境动植物检疫法》《中华人民共和国动物防疫法》等有关规定，密切配合，做好检疫、防疫

和监督工作。

本公告自发布之日起实施。

特此公告。

海关总署 农业农村部
2023 年 10 月 23 日

海关总署 农业农村部
关于防止卢旺达小反刍兽疫传入我国的公告

〔2023〕141 号

2023 年 10 月 2 日，卢旺达向世界动物卫生组织（WOAH）报告，该国东部省（Province de l'Est）在家养动物中发生 1 起小反刍兽疫，此次涉及的主要易感动物为山羊。为保护我国畜牧业安全，防止疫情传入，根据《中华人民共和国海关法》《中华人民共和国进出境动植物检疫法》及其实施条例等有关法律法规的规定，现公告如下：

一、禁止直接或间接从卢旺达输入绵羊、山羊及其相关产品（源于绵羊、山羊未经加工或者虽经加工但仍有可能传播疫病的产品）。

二、禁止寄递或携带来自卢旺达的绵羊、山羊及其相关产品，一经发现，一律作退回或销毁处理。

三、来自卢旺达的进境航空器等运输工具上卸下的动植物性废弃物、泔水等，一律在海关的监督下作除害处理，不得擅自抛弃。

四、对边防检查等部门截获非法入境的来自卢旺达的绵羊、山羊及其相关产品，一律在海关的监督下作销毁处理。

五、凡违反上述规定者，由海关依照《中华人民共和国海关法》《中华人民共和国进出境动植物检疫法》及其实施条例有关规定处理。

六、各级海关、各级农业农村部门要分别按照《中华人民共和国海关法》《中华人民共和国进出境动植物检疫法》《中华人民共和国动物防疫法》等有关规定，密切配合，做好检疫、防疫和监督工作。

本公告自发布之日起实施。

特此公告。

海关总署 农业农村部
2023 年 10 月 23 日

海关总署 农业农村部
关于防止希腊绵羊痘和山羊痘传入我国的公告

2023 年第 169 号

2023 年 10 月 27 日，希腊向世界动物卫生组织（WOAH）紧急报告，该国北爱琴大区（North Aegean）发生绵羊痘和山羊痘，主要涉及绵羊。为保护我国畜牧业安全，防止疫情传入，根据《中华人民共和国海关法》《中华人民共和国进出境动植物检疫法》及其实施条例等有关法律法规的规定，现公告如下：

一、禁止直接或间接从希腊输入绵羊、山羊及其相关产品（源于绵羊或山羊未经加工或者虽经加工但仍有

可能传播疫病的产品）。

二、禁止寄递或携带来自希腊的绵羊、山羊及其相关产品入境。一经发现，一律作退回或销毁处理。

三、来自希腊的进境船舶、航空器、铁路列车等运输工具上卸下的动植物性废弃物、泔水等，一律在海关的监督下作除害处理，不得擅自抛弃。

四、对边防检查等部门截获的非法入境的来自希腊的绵羊、山羊及其相关产品，一律在海关的监督下作销

毁处理。

五、凡违反上述规定者，由海关依照《中华人民共和国海关法》《中华人民共和国进出境动植物检疫法》及其实施条例有关规定处理。

六、各级海关、各级农业农村部门要分别按照《中华人民共和国海关法》《中华人民共和国进出境动植物检疫法》《中华人民共和国动物防疫法》等有关规定，密切配合，做好检疫、防疫和监督工作。

本公告自发布之日起实施。

特此公告。

海关总署 农业农村部

2023 年 11 月 20 日

海关总署 农业农村部
关于防止英国蓝舌病传入我国的公告

2023 年第 175 号

2023 年 11 月 11 日，英国向世界动物卫生组织（WOAH）紧急报告，该国肯特郡（Kent）发生蓝舌病，涉及的易感动物为牛。为保护我国畜牧业安全，防止蓝舌病传入，根据《中华人民共和国海关法》《中华人民共和国进出境动植物检疫法》及其实施条例等有关法律法规的规定，现公告如下：

一、禁止直接或间接从英国输入反刍动物及其相关产品（源于反刍动物未经加工或者虽经加工但仍有可能传播疫病的产品）。

二、禁止寄递或携带来自英国的反刍动物及其产品。一经发现，一律作退回或销毁处理。

三、来自英国的进境船舶、航空器等运输工具上卸下的动植物性废弃物、泔水等，一律在海关的监督下作除害处理，不得擅自抛弃。

四、对边防等部门截获的非法入境的来自英国的反刍动物及其产品，一律在海关的监督下作销毁处理。

五、凡违反上述规定者，由海关依照《中华人民共和国海关法》《中华人民共和国进出境动植物检疫法》及其实施条例有关规定处理。

六、各级海关、各级农业农村部门要分别按照《中华人民共和国海关法》《中华人民共和国进出境动植物检疫法》《中华人民共和国动物防疫法》等有关规定，密切配合，做好检疫、防疫和监督工作。

本公告自发布之日起实施。

特此公告。

海关总署 农业农村部

2023 年 12 月 1 日

海关总署 农业农村部
关于防止土耳其小反刍兽疫传入我国的公告

2023 年第 191 号

2023 年 12 月 8 日，土耳其向世界动物卫生组织（WOAH）报告，该国艾登省（Aydin）发生小反刍兽疫，此次涉及的主要易感动物为绵羊。为保护我国畜牧业安全，防止疫情传入，根据《中华人民共和国海关法》《中华人民共和国进出境动植物检疫法》及其实施条例等有关法律法规的规定，现公告如下：

一、禁止直接或间接从土耳其输入绵羊、山羊及其相关产品（源于绵羊、山羊未经加工或者虽经加工但仍有可能传播疫病的产品）。

二、禁止寄递或携带来自土耳其的绵羊、山羊及其相关产品，一经发现，一律作退回或销毁处理。

三、来自土耳其的进境航空器、船舶、铁路列车等运输工具上卸下的动植物性废弃物、泔水等，一律在海关的监督下作除害处理，不得擅自抛弃。

四、对边防检查等部门截获非法入境的来自土耳其的绵羊、山羊及其相关产品，一律在海关的监督下作销毁处理。

五、凡违反上述规定者，由海关依照《中华人民共和国海关法》《中华人民共和国进出境动植物检疫法》及其实施条例有关规定处理。

六、各级海关、各级农业农村部门要分别按照《中华人民共和国海关法》《中华人民共和国进出境动植物检疫法》《中华人民共和国动物防疫法》等有关规定，

密切配合，做好检疫、防疫和监督工作。

本公告自发布之日起实施。

特此公告。

海关总署 农业农村部

2023 年 12 月 22 日

农业农村部 国家发展改革委 商务部
中国人民银行 中国证券监督管理委员会
中华全国供销合作总社
关于公布第十次监测合格和递补农业产业化国家重点
龙头企业名单的通知

农产发〔2023〕13 号

各省、自治区、直辖市及计划单列市农业农村(农牧)厅(局、委)、发展改革委、商务厅(委、局)、供销合作社，新疆生产建设兵团农业农村局、发展改革委、商务局、供销合作社，中国人民银行上海总部、各分行、营业管理部、各省会(首府)城市中心支行，中国证监会各派出机构：

按照《农业产业化国家重点龙头企业认定和运行监测管理办法》(农经发〔2018〕1 号)规定和《农业农村部办公厅关于开展农业产业化国家重点龙头企业监测工作的通知》(农办产〔2022〕5 号)要求，农业农村部会同全国农业产业化联席会议成员单位对 2019 年认定、2020 年监测合格和递补的国家重点龙头企业开展了监测。经各省(自治区、直辖市)和新疆生产建设兵团农业农村部门牵头开展初步监测、遴选推荐，农业农村部组织专家评审，全国农业产业化联席会议审议，网站公示递补企业名单，决定：北京大北农科技集团股份有限公司等 1429 家农业产业化国家重点龙头企业监测合格(名单见附件 1)，继续保留农业产业化国家重点龙头企业资格；112 家企业因达不到规定标准和要求，监测不合格，取消农业产业化国家重点龙头企业资格，相应递补北京德润通农业科技发展有限公司等 112 家企业为农业产业化国家重点龙头企业(名单见附件 2)。监测合格和递补的农业产业化国家重点龙头企业资格有效期到下一次监测结果公布前。

希望此次监测合格和递补的农业产业化国家重点龙头企业珍惜荣誉、踔厉奋发，做好"土特产"文章，

在全面推进乡村振兴、加快建设农业强国中发挥示范引领作用。完善联农带农益农机制，带领广大小农户融入现代农业发展，让农民更多分享产业增值收益；强化科技创新，提升技术装备水平，引领标准化生产，保障粮食和重要农产品稳定安全供给；依托农业农村特色资源，拓展农业多种功能，挖掘乡村多元价值，推动乡村产业全链条升级，增强市场竞争力和可持续发展能力，促进乡村产业高质量发展。

各级相关部门要立足自身职责职能，将培育壮大农业产业化龙头企业作为全面推进乡村振兴的重要抓手，进一步创设更多有力有效的政策措施，加强指导服务，强化宣传推介，充分发挥龙头企业的示范引领带动作用，为加快建设农业强国提供有力支撑。

附件：

1. 监测合格农业产业化国家重点龙头企业名单

2. 递补农业产业化国家重点龙头企业名单

农业农村部 国家发展改革委 商务部

中国人民银行 中国证券监督管理委员会

中华全国供销合作总社

2023 年 5 月 12 日

附件：

农产发〔2023〕3 号 .ofd

(http://www.moa.gov.cn/zxfile/reader?file=http://www.moa.gov.cn/govpublic/XZQYJ/202305/P020230516365575536062.ofd)

国家市场监督管理总局
国家卫生健康委员会　国家中医药管理局
关于发布《保健食品原料目录 营养素补充剂（2023年版）》
《允许保健食品声称的保健功能目录 营养素补充剂
（2023年版）》和《保健食品原料目录 大豆分离蛋白》
《保健食品原料目录 乳清蛋白》的公告

2023年第22号

根据《中华人民共和国食品安全法》《保健食品原料目录与保健功能目录管理办法》等规定，市场监管总局会同国家卫生健康委、国家中医药局调整了《保健食品原料目录 营养素补充剂（2023年版）》《允许保健食品声称的保健功能目录 营养素补充剂（2023年版）》，制定了《保健食品原料目录 大豆分离蛋白》《保健食品原料目录 乳清蛋白》，现予公告，自2023年10月1日起施行。此前发布有关目录与本版本不一致的，以本版本为准。

市场监管总局
国家卫生健康委
国家中医药局
2023年6月2日

附件：
保健食品原料目录 营养素补充剂（2023年版）（略）
允许保健食品声称的保健功能目录 营养补充剂（2023年版）（略）
保健食品原料目录 大豆分离蛋白（略）
保健食品原料目录 乳清蛋白（略）

国家卫生健康委　市场监管总局
关于发布《食品安全国家标准 茶叶》（GB 31608-2023）
等 85 项食品安全国家标准和 3 项修改单的公告

2023 年第 6 号

根据《中华人民共和国食品安全法》规定，经食品安全国家标准审评委员会审查通过，现发布《食品安全国家标准茶叶》（GB31608-2023）等 85 项食品安全国家标准和 3 项修改单。其编号和名称如下：

GB 12693-2023　　食品安全国家标准 乳制品良好生产规范

GB 23790-2023　　食品安全国家标准 婴幼儿配方食品良好生产规范其余标准（略）

以上标准文本可在食品安全国家标准数据检索平台（https://sppt.cfsa.net.cn:8086/db）查阅下载。

国家卫生健康委
市场监管总局
2023 年 9 月 6 日

国家卫生健康委员会　国家市场监督管理总局
关于特殊膳食用食品中氨基酸管理的公告

2023 年第 11 号

为进一步加强特殊膳食用食品管理，现将特殊膳食用食品中氨基酸管理的有关规定公告如下。

一、《食品安全国家标准婴儿配方食品》（GB 10765）、《食品安全国家标准较大婴儿配方食品》（GB 10766）、《食品安全国家标准特殊医学用途婴儿配方食品通则》（GB 25596）、《食品安全国家标准特殊医学用途配方食品通则》（GB 29922）、《食品安全国家标准运动营养食品通则》（GB 24154）等食品安全国家标准中的氨基酸作为食品营养强化剂管理，其使用应符合特殊膳食用食品各自标准及相关规定。

二、为便于特殊膳食用食品中氨基酸的使用和管理，本公告附件汇总了上述标准的相关内容，并补充完善了部分质量规格要求、检验方法等。氨基酸作为食品营养强化剂使用时，应按本公告及附件的规定执行。

三、氨基酸作为非食品营养强化剂的食品添加剂使用时，应按照《食品安全国家标准 食品添加剂使用标准》（GB 2760）使用，其质量规格要求按照相应食品添加剂质量规格标准规定执行。

特此公告。

附件：食品营养强化剂氨基酸使用的有关要求

（http://www.nhc.gov.cn/sps/s7892/202311/baf80780034a48369245c874ac36e1bb/files/952c4719986d4c409ad6f3ae7ac38419.pdf）

国家卫生健康委员会　国家市场监督管理总局
2023 年 11 月 26 日

工业和信息化部　国家发展和改革委员会　财政部 国务院国有资产监督管理委员会 国家市场监督管理总局 公告

2023 年第 30 号

为贯彻落实《"十四五"智能制造发展规划》，经省级有关部门和中央企业推荐、专家评审、网上公示等程序，现将 2023 年度智能制造示范工厂揭榜单位和优秀场景名单予以公告。

附件：1.2023 年度智能制造示范工厂揭榜单位名单

2.2023 年度智能制造优秀场景名单

工业和信息化部
国家发展和改革委员会
财政部
国务院国有资产监督管理委员会
国家市场监督管理总局
2023 年 11 月 24 日

附件 1：

2023 年度智能制造示范工厂揭榜单位名单（涉及奶业）

序号 14
揭榜项目：内蒙古金泽伊利乳粉智能制造示范工厂
揭榜单位：内蒙古金泽伊利乳业有限责任公司
项目典型场景：1.产品数字化研发与设计；2.虚拟试验与调试；3.工艺数字化设计；4.智能在线检测；5.质量精准追溯；6.产品远程运维；7.数字基础设施集成；8.产线柔性配置；9.精益生产管理；10.先进过程控制；11.人机协同制造；12.在线运行监测。
推荐单位：内蒙古自治区工业和信息化厅，内蒙古自治区发展和改革委员会

序号 143
揭榜项目：蒙牛乳业（宁夏）乳制品智能制造示范工厂
揭榜单位：蒙牛乳业（宁夏）有限公司
项目典型场景：1.智能在线检测；2.质量精准追溯；3.车间智能排产；4.先进过程控制；5.智能仓储；6.精准配送；7.在线运行监测；8.能耗数据监测；9.污染监测与管控。
推荐单位：宁夏回族自治区工业和信息化厅，宁夏回族自治区发展和改革委员会

附件 2：

2023 年度智能制造优秀场景名单（涉及奶业）

序号 78
场景单位：阜新伊利乳品有限责任公司
优秀场景：设备运行优化
推荐单位：辽宁省工业和信息化厅，辽宁省发展和改革委员会

工业和信息化部等十一部委关于培育传统优势食品产区和地方特色食品产业的指导意见

工信部联消费〔2023〕31号

各省、自治区、直辖市及新疆生产建设兵团工业和信息化、发展改革、科技、财政、生态环境、交通运输、农业农村、商务、文化和旅游、市场监管、银保监主管部门：

传统优势食品产区和地方特色食品产业是我国食品工业重要发展载体和关键增长引擎。为深入贯彻党的二十大精神，落实《国民经济和社会发展第十四个五年规划和2035年远景目标纲要》，加快推动传统优势食品产区和地方特色食品产业发展，培育形成经济发展新动能，助力乡村振兴和共同富裕，制定本指导意见。

一、总体要求

（一）指导思想

以习近平新时代中国特色社会主义思想为指导，全面贯彻党的二十大精神，坚持稳中求进工作总基调，完整、准确、全面贯彻新发展理念，加快构建新发展格局，坚持以人民为中心的发展思想，深入实施供给侧结构性改革，立足区域资源禀赋和独特饮食文化，充分释放产业发展潜力，推动全面乡村振兴和共同富裕。

（二）基本原则

因地制宜，突出特色。深入挖掘各地优势资源，明确发展方向和培育优先级，构建具有地域特色的食品产业体系，形成多元化、差异化的产业竞争格局。

市场主导，统筹推进。优化传统优势食品产区和地方特色食品产业发展环境，充分发挥市场在资源配置中的决定性作用，助力企业和产业成长壮大。

产区引领，集聚发展。引导传统优势食品产区进一步发挥集聚效应，加强公共服务平台建设，推动区域品牌创建和宣传推广，促进大中小企业融通发展。

保障安全，服务人民。强化食品企业质量安全主体责任，提升全产业链质量安全风险管控能力，在满足人民群众多样化食品消费需求的同时确保"舌尖上的安全"。

（三）主要目标

到2025年，传统优势食品产区规模不断壮大，地域覆盖范围进一步拓展，地方特色食品产业发展质量和效益不断提升，供应链保障能力明显改善，一二三产融合水平持续优化，产业链现代化水平大幅提升，"百亿龙头、千亿集群、万亿产业"的地方特色食品发展格局基本形成。培育5个以上年营业收入超过1000亿元的传统优势食品产区，25个以上年营业收入超过100亿元的龙头骨干企业，打造一批全国知名地方特色食品品牌和地方特色小吃工业化典型案例。

二、主要任务

（一）增强优质原料保障能力

1. 丰富原料品种

加强优质食用农产品原料品种资源保护利用，强化特色、珍稀农产品种扩大繁育工作，为地方特色食品产业发展提供有力支撑。加强加工适用型原料品种培育，支持高等院校、科研院所和种业企业围绕地方特色食品产业发展需求，大力开展加工专用品种资源的引进、测试评价和创新利用，优化原料品质和加工性能，扩大适用范围。

2. 建设原料供应基地

鼓励企业聚焦中国特色农产品优势区并适度向边境地区倾斜，建立长期稳定的农产品原料供应基地，发展规模化种植养殖。开展农业面源污染调查监测，落实农业面源污染防治措施，规范农兽药、肥料、饲料等农业投入品的使用，促进农业废弃物回收利用，严格土壤镉等重金属污染源头防治，保护生态环境。鼓励申报创建国家有机食品生产基地。

3. 强化利益联结机制

鼓励地方特色食品生产企业以订单农业等方式，与农民专业合作社、家庭农场等新型农业经营主体形成稳定的协作关系，或与农产品原料种养殖户建立契约型、分红型、股权型等多种合作模式，组织专门机构或专业人员有针对性地开展种植养殖技术指导，形成长期稳定的优质原料供应来源，让农民共享全产业链的增值收益。

专栏1 特色农产品原料基地

1）米面制品。河南、新疆、内蒙古河套地区小麦种植基地；三江平原、松嫩平原、吉林延边、辽宁盘锦、湖北江汉平原、贵州榕江水稻种植基地；山西小米种植基地；广西柳州糙米种植基地等。

2）植物油。黄淮海地区花生种植基地；东北地区大豆种植基地；长江流域油菜籽种植基地；西北地区向日葵、胡麻等特色油料种植基地；湖南油茶种植基地；青海春油菜籽种植基地；云南核桃种植基地等。

3）制糖。广西、云南甘蔗种植基地；新疆北疆、黑龙江、内蒙古、河北甜菜种植基地等。

4）水产品。福建、山东、广东、辽宁、广西、浙江等海水养殖基地；湖北、广东、江苏、江西、湖南、安徽等淡水养殖基地；江苏盱眙、湖北潜江小龙虾养殖基地；江苏阳澄湖大闸蟹养殖基地；广东湛江对虾、金鲳、珠海海鲈养殖基地；福建宁德大黄鱼、鲍鱼养殖基地；海南罗非鱼养殖基地等。

5）加工蔬菜。四川南充芥菜种植基地、眉山加工蔬菜基地；贵州遵义朝天椒种植基地；重庆涪陵青菜头种植基地；湖南津市藠头种植基地等。

6）蜂产品。黑龙江黑蜂国家级自然保护区、长白山椴树蜜源基地；陕西延安、宝鸡洋槐蜜源基地；陕西榆林枣花蜜源基地；新疆尼勒克黑蜂蜜源基地；武陵山区五倍子蜜源基地；广东茂名荔枝龙眼蜜源基地等。

7）乳制品。内蒙古、宁夏牛乳生产基地；辽宁娟姗牛乳生产基地；陕西、山东、云南羊乳生产基地；广西、云南水牛乳生产基地；西藏、青海、四川、甘肃、云南牦牛乳生产基地；新疆特色乳（骆驼、马、驴）生产基地等。

8）罐头。山东临沂、安徽砀山黄桃种植基地；湖北十堰、随州香菇种植基地；山东潍坊蔬菜、烟台苹果、烟台山楂种植基地；四川生猪养殖基地；广东英德麻竹笋种植基地；福建漳州双孢菇种植基地；云南野生菌植基地；新疆番茄种植基地等。

9）调味品。重庆江津青花椒种植基地；海南胡椒种植基地等。

10）白酒。贵州仁怀、四川川南糯红高粱种植基地；青海青稞、湖北黄石苦荞种植基地；山西吕梁高粱种植基地等。

11）葡萄酒。宁夏贺兰山东麓，新疆天山北麓、伊犁河谷、焉耆盆地、吐哈盆地、山东烟台、河北昌黎、怀涿盆地、云南迪庆葡萄种植基地；吉林通化野生山葡萄种植基地；辽宁桓仁冰葡萄种植基地等。

12）饮料。湖北宜昌柑橘种植基地；广西桂林罗汉果、百色芒果种植基地；陕西苹果种植基地；云南、海南兴隆、澄迈咖啡豆种植基地；海南万宁诺丽果、文昌椰子种植基地；贵州刺梨种植基地；河北承德山杏仁种植基地；宁夏、青海枸杞种植基地；江西赣南脐橙种植基地等。

13）制茶。浙江杭州龙井茶种植基地；江苏洞庭山碧螺春茶种植基地；四川峨眉山、海南白沙、山东日照、贵州绿茶种植基地；安徽黄山毛峰、太平猴魁、祁门红茶、六安瓜片种植基地；福建乌龙茶、白茶、花茶种植基地；湖北咸宁青砖茶、恩施富硒茶种植基地；广东英德、海南五指山红茶种植基地；广西六堡茶种植基地；云南普洱茶种植基地等。

（二）推动特色产业集群建设

1.强化产业链协同配套

支持各级政府立足本地特色食品产业资源，加强高水平规划布局，引导企业向传统优势食品产区集中，放大产业集群效应。瞄准产业上下游配套要求，择优引进农产品预处理、冷链物流、包装印刷、电子商务等企业，推动生产要素优化升级，形成若干有竞争力的先进制造业集群。

2.开展大中小企业梯度培育

鼓励地方特色食品龙头企业发挥产业链主引擎作用，加强科技创新，大力开展品牌和渠道建设，发挥聚合辐射效应，带动上下游中小企业发展，提高资源配置效率。加大地方特色食品领域专精特新中小企业培育力度，引导各类成长型企业深耕细分市场，加强分工协作，做大做强专业领域产品和品牌，营造大中小企业融通发展的良好产业生态。

3.构建市场化服务体系

支持传统优势食品产区打造特色主导产品交易中心、批发市场等，鼓励成立行业协会、产业联盟等中介组织，扩大地方特色食品影响力。加强集工艺技术研发、检测认证、人才培训等为一体的公共服务平台建设，完善产区供电、供水、供气、固废及污水处理等基础设施，支撑传统优势产区高质量发展。加强预冷、贮藏、保鲜等农产品冷链物流设施建设，补齐食品原料"最先一公里"短板。

专栏2重点地方特色食品产业集群

1）东北地区。辽宁海参制品、青芥辣根制品、锦州沟帮子熏鸡、大连水果罐头、沈阳新民酸菜制品产业集群；吉林辣白菜制品、通化山葡萄酒、长白山矿泉水产业集群；黑龙江婴配乳粉、非转基因大豆制品产业集群等。

2）华北地区。北京清香型白酒、烤鸭产业集群；天津麻花、独流老醋产业集群；河北老白干香型白酒、大名芝麻香油、板栗制品、辣椒红色素、唐山河鲀制品产业集群；山西清香型白酒、老陈醋产业集群；内蒙古呼和浩特牛乳制品产业集群等。

3）华中地区。湖北孝感米酒、黄石保健酒、武汉热干面制品、鸭制品和休闲食品、潜江小龙虾产业集群；湖南安化黑茶产业集群；河南漯河肉制品、方便食品、红枣制品、南阳黄酒、道口烧鸡、信阳毛尖、长葛蜂产品产业集群；江西酱鸭产业集群等。

4）华南地区。广东茂名月饼、凉茶、酱油、广式腊味制品、潮汕牛肉丸制品、饶平盐焗鸡、罗非鱼制品产业集群；广西柳州螺蛳粉及特色米粉、水牛乳、甘蔗糖、六堡茶、桂酒、合浦月饼产业集群；海南椰子制品产业集群等。

5）华东地区。山东阿胶制品、平邑水果罐头、龙口粉丝、海参制品、海带制品、海洋食品、德州扒鸡、烟台葡萄酒、禹城功能糖产业集群；江苏高邮鸭蛋制品、镇江香醋、宿迁浓香型白酒、南通海苔制品、靖江肉脯产业集群；安徽浓香型白酒、坚果制品、符离集烧鸡、臭鳜鱼制品产业集群；浙江杭州西湖龙井茶、萧山萝卜干、金华火腿、舟山鱿鱼、浙江桐庐、江山蜂产品产业集群；福建茶、沙县小吃、烤鳗、鱼糜制品、藻类制品产业集群；上海午餐肉罐头产业集群等。

6）西北地区。宁夏贺兰山东麓葡萄酒、枸杞制品、乳制品和牛羊肉制品产业集群；新疆馕制品、番茄制品、红枣制品、核桃制品、甜菜糖、葡萄酒等特色产业集群；青海牦牛制品、青稞制品、枸杞制品产业集群；陕西苹果制品、羊乳、凤香型白酒产业集群；甘肃牦牛乳制品产业集群等。

7）西南地区。四川浓香型白酒、眉山泡菜、郫县豆瓣、遂宁肉类罐头产业集群；云南普洱茶、咖啡制品、甘蔗糖、宣威火腿、核桃制品产业集群；贵州辣椒制品、刺梨制品、赤水河流域酱香型白酒产业集群；西藏天然饮用水、青稞制品产业集群；重庆小面制品、涪陵榨菜、川渝火锅底料产业集群等。

（三）提升技术、装备和设计水平

1.增强共性基础技术能力

借助国家重点研发计划等科技资源，开展地方特色食品营养成分、生理作用、加工过程中组分结构变化等机理阐释研究，加快营养靶向设计、风味品质修饰、功能成分高效提取分离、加工工艺适应性改造等共性关键技术研发。强化超微粉碎、快速钝酶、节能速冻、气调保藏等实用工艺推广应用。深入践行"大食物观"，加大新食品资源开发力度。

2.提升先进装备供给能力

促进全自动高速无菌灌装、智能温控蒸煮、数控高密度发酵、微波灭菌、超高压非热杀菌等现代食品加工工艺装备推广应用。整合地方特色食品企业、装备制造企业和科研院所力量，构建关键技术装备创新应用联合体，逐步提升重要装备供给能力。支持企业大力开展技术改造，积极应用首台（套）重大技术装备等，不断提升工艺装备水平。

专栏3 技术工艺及装备提升重点方向

1）粮油。大宗粮油及杂粮杂豆产品抗氧化、抗老化、功能活性保持、降低致敏胀气等稳态化绿色加工技术；传统米面制品等主食工业化工艺技术与装备。

2）制糖。甘蔗和甜菜预处理及适应性改造技术；膜法制糖、离子交换生产精制糖技术；热能优化集中控制技术；糖厂蔗渣锅炉烟气综合治理技术；制糖全产业链数字化、信息化、智能化转型相关技术与装备。

3）制盐。海盐自动化蒸发制卤技术；全卤制碱和高纯度液体盐技术；海盐苦卤综合利用技术。

4）焙烤食品。低脂低钠膳食纤维应用技术；全谷物食品制备技术。

5）乳制品。乳清脱盐制备技术和乳糖提纯制备技术；乳铁蛋白等母乳营养功能组分性能提升技术；特殊医学用途配方食品制备技术；在线微生物快速检测技术。

6）水产品。水产品高质化生物加工技术、水产品营养功效物质高效制备与稳态化技术；水产品质构维持、风味还原技术。

7）饮料。天然营养物质提取、评价和应用技术；新型灭菌技术；果蔬加工废弃物高值化综合利用技术；高速纸基复合材料容器无菌灌装设备；高速PET瓶吹贴灌旋一体化设备。

8）食品添加剂。先进膜分离、色谱分离技术；超临界萃取技术。

9）生物发酵。核心工业菌种性能提升技术；高产菌种筛选和发酵过程优化技术；酶制剂特性评价和新型酶制剂创制应用技术；传统发酵食品风味保持及提升技术；智能生物反应器、智能化分离纯化装备。

10）酿酒。特色酿酒微生物菌群结构与功能优化、风味物质代谢调控；酒精超高浓发酵、节能与清洁生产技术；酒糟高值化综合利用技术。

11）制茶。绿茶自动化加工与数字化品控关键技术及装备。

3.加强工业设计推广应用

发挥工业设计对地方特色食品产业的赋能作用，加速向产品研发、加工制造、外观设计等各环节渗透，促进产品设计与中华传统工艺文化深度融合，有效提升产品附加值、竞争力和品牌影响力。深入落实限制商品过度包装的有关标准和要求，践行简约适度、绿色发展的食品包装设计理念。

（四）强化质量安全保障

1.提升质量安全管理能力

支持地方特色食品生产企业建立健全食品安全管理制度，配备食品安全管理人员，严格供货者管理、进货查验、生产过程控制、出厂检验等，定期开展食品安全自查。鼓励企业符合良好生产规范要求，实施GB/T 19000系列质量管理体系、ISO22000食品安全管理体系、危害分析与关键控制点（HACCP）体系认证，加强先进质量管理标准宣贯培训，建立全链条质量安全风险防范体系。鼓励企业实施诚信管理体系国家标准，建立地方特色食品全生命周期追溯制度。

2.发挥技术支撑作用

鼓励地方特色食品企业加强原料预处理、加工制造、包装灭菌等环节危害因子筛查测定、异物精准识别及剔除、品质自动化感知等质量安全控制技术及仪器设备的应用，提升检验检测和质量安全风险防范能力和水平。鼓励创建地方特色食品领域制造业创新中心、国家级产业计量测试中心、国家级市场监管重点实验室和技术创新中心。

3.加强全过程食品安全监管

建立从农产品原料种植养殖、生产加工到流通消费的全程监管制度。加强地方特色食品生产企业监督检查，督促企业严格落实食品安全主体责任，严防原料污染等食品安全风险。强化日常监督和抽检监测，对质量安全不达标的企业加大督促整改力度。强化各传统优势食品产区食品安全应急处置能力，完善突发事件应急处理机制，建立健全产品质量和食品安全信息发布制度。

（五）培育特色品牌文化

1. 挖掘历史文化内涵

推动食品领域老字号创新发展，促进非物质文化遗产以及历史文化、节庆文化、民俗文化等元素融入地方特色食品品牌，鼓励企业将中华传统饮食制作技艺与现代食品生产技术工艺合理结合。挖掘地方特色食品历史渊源，借助短视频、微电影、系列丛书、博物馆和档案馆建设等形式，讲好地方特色食品故事，展现地方特色食品独特"味道"。

2. 完善品牌培育体系

支持传统优势食品产区注册集体商标，加快培育区域公用品牌，引导产区内企业积极使用，提升产区品牌形象。鼓励地方特色食品生产企业发展绿色、有机和地理标志农产品，推行食用农产品达标合格证制度，提升品牌影响力。鼓励传统优势食品产区建立品牌运营专业服务机构，加强品牌培育管理体系标准宣贯，完善品牌价值评估体系，为地方特色食品品牌建设提供有力支撑。

3. 加大宣传推广力度

鼓励传统优势食品产区举办地方特色食品专业性展览会、博览会、交易会等，通过设计大赛、品鉴会等形式推广特色主导产品，提升品牌影响力和美誉度。引导地方特色食品生产企业参加"中国品牌日""非遗购物节""吃货节""网上年货节"以及"全国行"和"进名店"等活动，加大宣传推介力度。支持地方特色食品开拓国际市场。

（六）加快转变发展方式

1. 推进绿色低碳和安全发展

支持地方特色食品生产企业创建绿色工厂，加快应用节水、节能、节粮的加工技术装备，推广应用清洁高效制造工艺，提升加工转化率。鼓励传统优势食品产区发展循环经济，加强果蔬皮渣、粮油麸粕、动物骨血等加工副产物的二次开发，提升资源综合利用水平。强化大气、水、土壤、固废（白色垃圾）污染防治工作，确保生态环境安全及食品安全。严格落实企业安全生产主体责任，提升本质安全水平。

2. 提升数字化和智能化水平

推进5G、工业互联网、大数据等现代信息技术与地方特色食品全产业链深度融合，促进原料采收、生产加工、仓储物流等各环节数字化发展。推广数字化研发设计，推动加工工艺流程再造，锻造一批数字化车间、5G全连接工厂和智能工厂，实现柔性生产和智能制造，加快产品迭代更新，提升供给与需求适配性。

（七）推广新业态新模式

1. 促进线上线下融合发展

支持企业巩固与商超、便利店、社区生鲜等传统渠道的合作，加强与大型电商平台产销对接，深化生产、流通、销售、服务全渠道布局，实现线上线下多元业态

深度融合。科学构建地方特色食品消费需求数字预测模型，解析不同地区消费偏好以及未来消费流行趋势，引导产业链上下游合理调配研发、制造及营销资源，更好满足地方特色食品消费需求。

2. 培育创新业态

鼓励传统优势食品产区拓展地方特色食品产业链，强化上下游深度融合，培育创新业态和模式。结合特色农产品原料种植养殖基地，发展共享农庄、农耕体验、乡村民宿等业态。挖掘地方特色食品的健康养生、休闲观光、生态保护和文化传承等功能，引导地方特色食品产业与康养、旅游、科普、娱乐等产业融合发展。加快地方特色食品预制化发展步伐，促进传统饮食制作技艺与现代食品生产工艺结合，推出一批中华美食和地方小吃等工业化产品。

3. 打造多元融合消费场景

积极打造集食品品鉴、文化创意、社群交往等功能为一体的地方特色食品消费场景，提供沉浸式、体验式、互动式等多元化的消费体验。积极将地方特色食品消费元素嵌入夜间经济、特色餐饮集聚区、大型商业综合体等消费场景和载体，广泛凝聚人气，促进地方特色食品消费。

三、保障措施

（一）加强组织实施

构建部、省（自治区、直辖市）、市三级协同工作机制，加强央地联动，深入开展传统优势食品产区和地方特色食品产业培育。建立部际协调机制，协同推进产业发展。鼓励各地将发展地方特色食品产业作为推动全面乡村振兴和共同富裕的重要举措，加强系统谋划和督促落实。

（二）完善支持政策

充分利用现有资金渠道，支持地方特色食品生产企业工艺技术提升、加工设备改造和数字化转型等。发挥国家产融合作平台作用，引导金融机构为地方特色食品生产企业发展提供助力。鼓励市场化运作的各类基金加大对地方特色食品领域技术创新和薄弱环节攻关的支持力度。稳妥推进农产品增值税进项税额核定扣除试点。

（三）健全标准体系

充分发挥科研院所、标准化技术组织的专业优势，开展特色食品领域国家标准和行业标准制修订工作。鼓励社会团体和企业制定高于推荐性国家标准和行业标准相关技术要求的团体标准和企业标准。支持地方特色食品生产企业参与国际标准制定与转化。

（四）加快人才培养

完善地方特色食品产业人才培养体系，借助高校、科研院所等资源，培养产业发展亟须的专业人才。结合地方特色食品生产工艺流程特点，开展继续教育和职业培训，形成具有丰富实践经验的高素质技能型人才队伍。鼓励企业与高校联合开展企业家研修培训，培育具备研

发设计、生产制造、市场营销等多方面能力的现代企业管理人才。

工业和信息化部
国家发展和改革委员会
科学技术部
财政部
生态环境部
交通运输部
农业农村部
商务部
文化和旅游部
国家市场监督管理总局
中国银行保险监督管理委员会
2023 年 3 月 16 日

工业和信息化部办公厅　国家卫生健康委办公厅
国家市场监督管理总局办公厅
关于开展脱盐乳清产品供给能力提升任务揭榜工作的通知

工信厅联消费函〔2023〕258 号

各省、自治区、直辖市及计划单列市、新疆生产建设兵团工业和信息化、卫生健康、市场监管主管部门、有关企业、有关行业协会：

为增强脱盐乳清产品供应保障能力，提升生产技术工艺及质量控制水平，工业和信息化部、国家卫生健康委、国家市场监督管理总局联合开展脱盐乳清产品供给能力提升任务揭榜工作。有关事项通知如下：

一、任务目标

推动以指定原料规模化生产脱盐乳清液或脱盐乳清粉，并在下游产品中得到市场化应用。

二、条件及要求

详见《2023 年脱盐乳清产品供给能力提升任务揭榜申请指南》（附件 1）。

三、工作程序

（一）提出申请

申请单位或联合体中的牵头单位填写《脱盐乳清产品供给能力提升任务揭榜单位申请材料》（见附件 2），2023 年 10 月 27 日前提交申请单位或牵头单位所在省、自治区、直辖市、计划单列市或新疆生产建设兵团工业化信息化主管部门。多个单位组成联合体申请的，联合体牵头单位应将所有参与单位情况汇总后，统一填写并提交。

（二）单位推荐

各省、自治区、直辖市、计划单列市、新疆生产建设兵团工业和信息化主管部门商同级卫生健康、市场监管部门共同审核申请材料，填写《脱盐乳清产品供给能力提升任务揭榜单位推荐表》（见附件 3），11 月

17 日前联合报送工业和信息化部。各省、自治区、直辖市及计划单列市、新疆生产建设兵团推荐数量原则上不超过 5 个。请将正式推荐文件、推荐表及相关申请材料纸质件一式二份邮寄至：北京市海淀区万寿路 27 号院 1 号楼 1120 室，100036。（联系人及电话：王浩哲，15001293769，010-68209207）。

（三）组织遴选

工业和信息化部会同国家卫生健康委、国家市场监督管理总局共同组织遴选并公布入围揭榜单位名单（每个细分工艺路线原则上不超过 3 家）。

（四）任务实施

各地工业和信息化、卫生健康、市场监管部门配合工业和信息化部、国家卫生健康委、国家市场监督管理总局组织揭榜单位签订任务书，明确相关任务目标要求及时间节点，揭榜单位按照任务书要求组织实施揭榜任务。

（五）成果发布

揭榜单位按照任务书确定的时间节点完成任务后，工业和信息化部、国家卫生健康委、国家市场监督管理总局将视情况组织行业专家或委托第三方专业机构开展评价工作，适时发布揭榜任务成功单位名单。

四、工作要求

（一）各地工业和信息化、卫生健康及市场监管部门要加强组织领导，充分调动企业、科研院所、相关行业协会及产业联盟的积极性，组织具备实力的单位踊跃提出申请。

（二）揭榜任务实施过程中，要密切跟踪揭榜单位产品创新及应用进展，适时开展揭榜任务的阶段性评估，有效协调解决任务实施过程中的各类问题。

（三）鼓励各地政府结合本地区产业发展情况，对揭榜单位优先给予政策支持和倾斜，为顺利完成揭榜任务创造良好环境。

五、联系方式

工业和信息化部：略

国家卫生健康委：略

国家市场监督管理总局：略

附件：1. 脱盐乳清产品供给能力提升任务揭榜申请指南（http://www.nhc.gov.cn/sps/s7887k/202309/f75f66609

c2341d9957b9082eb1ba815/files/d3ef7e7d9b0f486a8ea3f4f0d387b943.pdf）

2. 脱盐乳清产品供给能力提升任务揭榜单位申请材料（略）

3. 脱盐乳清产品供给能力提升任务揭榜单位推荐表（略）

工业和信息化部办公厅
国家卫生健康委办公厅
国家市场监督管理总局办公厅
2023 年 9 月 13 日

国家林业和草原局　应急管理部
关于印发《"十四五"全国草原防灭火规划》的通知

林规发〔2022〕100 号

（发布时间：2023 年 01 月 09 日）

各有关省、自治区、新疆生产建设兵团林业和草原主管部门、应急管理厅（局）：

为进一步提升草原火灾综合防控能力，全面加强草原火灾预防、扑救、保障三大体系建设，根据《草原防火条例》，国家林业和草原局、应急管理部编制了《"十四五"全国草原防灭火规划》。现印发给你们，请结合实际认真贯彻执行。

特此通知。

附件："十四五"全国草原防灭火规划（https://www.forestry.gov.cn/html/main/main_5461/20230109112858949628944/file/20230109112950074546753.pdf）

国家林业和草原局
应急管理部
2022 年 10 月 12 日

国家标准委 农业农村部 生态环境部
关于推进畜禽粪污资源化利用标准体系建设的指导意见

国标委联〔2023〕36 号

各省、自治区、直辖市和新疆生产建设兵团市场监管局（厅、委），农业农村（农牧）、畜牧兽医厅（局、委），生态环境厅（局）：

为贯彻落实《国家标准化发展纲要》《"十四五"推进农业农村现代化规划》有关部署，推动重点标准研制，强化标准实施应用，加快畜禽粪污资源化利用，防治畜禽养殖污染，提升畜牧业绿色发展水平，现就推进畜禽粪污资源化利用标准体系建设，提出如下指导意见。

一、总体要求

（一）指导思想

以习近平新时代中国特色社会主义思想为指导，

深入贯彻党的二十大和中央农村工作会议精神，按照习近平总书记关于加快推进畜禽养殖废弃物处理和资源化的重要指示要求，推动建立系统完备、结构合理、衔接配套、科学严谨的畜禽粪污资源化利用标准体系，充分发挥标准的基础性引领性作用，提升畜禽粪污资源化利用标准化、规范化、科学化水平，推动畜牧业绿色低碳循环发展和科技创新，为全面实施乡村振兴战略、加快建设农业强国、建设宜居宜业和美乡村提供有力支撑。

（二）基本原则

强化顶层设计。健全畜禽粪污资源化利用标准体系建设系统谋划、分工明确、协同推进的工作机制，调动各部门、各地区、各主体积极性，统筹做好相关标准制修订规划，分年度分重点推进标准体系建设工作。

注重协调统一。立足加快建设农业强国的总体要求，促进畜禽粪肥还田、沼气和生物天然气利用、畜禽养殖污染防治、环境监督评价等各方面标准有效对接，推动温室气体管控等标准与国际接轨，增强标准体系的协调性和统一性。

坚持守正创新。传承我国农耕文明种养结合思想精华，借鉴发达国家畜禽粪污资源化利用经验，面向解决畜禽粪污资源化利用突出问题，综合考虑现阶段种养业发展现状，优先制修订并推动实施一批对生产发展和污染防治有重要指导意义的标准。

突出由治转用。以推动畜禽粪肥就地就近还田利用为重点，加紧编制、完善有关急需标准，规范畜禽粪污资源化处理和安全利用，着力打通畜禽粪肥还田"最后一公里"，推动畜禽粪污由"治"向"用"转变。

（三）发展目标

到2030年，以就地就近用于农村能源和农用有机肥为主要使用方向、以减污降碳协同增效保安全为重点，推动制修订国家标准、行业标准100项左右，出台一批地方标准、团体标准和企业标准，政府颁布标准和市场自主制定标准协调配套的畜禽粪污资源化利用标准体系进一步完善。公益性和市场化相结合的标准化推广服务体系基本形成，标准化助力土壤地力改善、化肥减量、畜禽养殖污染和农业面源污染治理，畜禽粪污资源化利用对减排、固碳、肥地、增效的综合作用得到充分发挥。

二、重点任务

（一）建立健全标准体系

根据畜禽粪污资源化利用的现实需求，构建逻辑清晰、层级合理、内容科学的标准体系框架。体系框架分为三个层级，第一层级包括综合通用、无害化处理、粪肥利用、气体管控、检测方法5个子体系。第二层级在第一层级的基础上，包括3个综合通用要素、4个无害化处理要素、3个粪肥利用要素、2个气体管控要素、3个检测方法要素。第三层级在第二层级的基础上进一步细化分类。（见附件1）

（二）系统推进标准制修订

整体规划畜禽粪污资源化利用标准体系中各项标准的协调配套，实现主要指标数值、核心技术要求的一致性，增强标准的实用性和可操作性。加快组织制定通用性强、实践急需的国家标准和行业标准，重点补齐温室气体减排和臭气管控等标准制修订短板。各地立足区域资源环境特点，因地制宜制定畜禽粪污资源化利用地方标准，进一步细化实化技术要求和管控指标。鼓励社会团体、企业等根据市场需求，制定关键技术指标高于优于国家推荐性标准的团体标准、企业标准。

（三）加强重点领域标准研制

根据畜禽粪污资源化利用标准体系框架，完善现行标准体系（见附件2），主要制修订标准如下：

1. 综合通用标准。制定畜禽粪污资源化利用通则，抓紧编制畜禽粪污综合利用率核算方法，开展畜禽养殖温室气体管理术语、畜禽粪便产生量和特性标准编制。

2. 无害化处理标准。加快制修订畜禽粪污处理设施装备规范系列标准，推进畜禽固体粪污和液体粪污处理的操作技术标准制定，开展畜禽粪污处理过程中安全生产相关标准的制定。

3. 粪肥利用标准。抓紧编制畜禽粪污还田有害物质限量标准，研究制定畜禽粪肥安全评价方法，研究完善畜禽粪肥还田承载力测算相关标准，完善畜禽粪肥还田利用设施装备相关标准，加快推进固体粪肥、液体粪肥还田的操作技术标准制修订，分畜种、作物和地力开展粪污资源化利用标准研制。

4. 气体管控标准。加快推进畜禽养殖温室气体减排和氨等臭气管控技术规范制定，抓紧编制畜禽粪污能源化利用、畜产品碳足迹核算和报告指南等方面的核算审核标准。

5. 检测方法标准。加快推进畜禽粪污（肥）主要成分及畜禽养殖温室气体排放测定方法系列标准制定。

（四）强化标准实施推广

各有关部门积极推动标准实施应用，指导生产经营主体提高守法意识和标准意识，在生产活动中将标准作为畜禽粪污处理和粪肥还田利用的基本依据，严格执行强制性标准，确保畜禽粪肥还田的安全性和科学性。推动在行业信息发布平台中增设畜禽粪污资源化利用相关标准发布模块，依托各级畜牧业技术推广体系积极开展畜禽粪污资源化利用标准宣贯，将标准体系纳入相关培训内容，推介一批标准化典型案例，打造畜禽粪污标准化处理利用标杆，加强示范引领，不断提高标准应用能力。

三、保障措施

（一）完善工作机制。各级市场监管、农业农村、生态环境部门要按照职责分工，密切配合，合力推进畜禽粪污资源化利用标准制修订。国家标准委、农业农村部、生态环境部要加强整体谋划和工作指导，衔接标准制修订计划。各级市场监管、农业农村、生态环境部门要结合已有国家标准和行业标准实施情况，积极推进地方标准制修订，切实做好标准衔接。全国畜牧业标准化技术委员会等相关标准化技术委员会要按职责制定工作方案，发挥农业农村部畜禽养殖废弃物资源化利用技术指导委员会技术支撑作用，充分吸纳生态环境等相关部门专家参与，协同推进标准研究与制修订。

（二）加强工作保障。各相关部门要加大经费保障力度，优先将畜禽粪污资源化利用标准纳入年度标准制修订计划，加快标准制修订进度；要充分发挥畜禽粪污资源化利用整县推进、典型流域农业面源污染综合治理、绿色种养循环农业试点、京津冀畜禽养殖业大气氨排放控制试点等项目的示范引领作用，引导各类生产经营主体积极主动按标准改造提升畜禽粪污处理和利用设施装备，按标准有效处理畜禽粪污，科学利用畜禽粪肥。各级畜牧和农业技术推广机构要加强跟踪研究，及时反馈标准实施过程中出现的新情况新问题，提出有针对性的意见建议。

（三）**强化技术支撑。**鼓励各级农业农村部门开展畜禽粪污处理和畜禽粪肥施用效果监测评价，逐步积累第一手数据，探索构建基础数据库，对标准重要参数和指标等进行验证，提高标准的科学性、合理性和适用性。鼓励开展畜禽粪污资源化利用全链条监测和畜禽粪肥施用定位监测，研究确定不同畜种、不同区域、不同工艺的处理时间，研究确定不同气候、不同土壤、不同作物的畜禽粪肥施用量，为畜禽粪污资源化利用提供有力支撑。加快制定相关成套设施装备建设规范、畜禽养殖臭气管控技术规范，加大农机购置与应用补贴政策支持力度，引导科研院所、社会团体、企业等集成组装关键技术、工艺和设施装备。探索建立标准评价制度，定期开展重点标准实施效果评价，持续提升畜禽粪污资源化利用标准质量。

附件：1. 畜禽粪污资源化利用标准体系框架

2. 畜禽粪污资源化利用现行标准体系

国家标准委

农业农村部

生态环境部

2023 年 8 月 4 日

（中国奶业协会，任永红整理）

七、科学技术

KEXUE JISHU

国家奶牛产业技术体系 2022 年建设情况

国家奶牛产业技术体系（以下简称奶牛体系）建设依托单位是中国农业大学，李胜利教授为首席科学家。2022 年奶牛体系共设有 32 位岗位科学家（128 名团队成员）、19 个综合试验站（76 名团队成员）；综合试验站涵盖 115 个示范县、190 个示范辐射牛场、345 名技术推广骨干。

2022 年，根据农业农村部部署安排，奶牛体系紧紧围绕"中国奶业提质增效关键技术研究和示范""奶牛疾病精准防控及两病净化关键技术研究与示范"奶产业两个重大关键问题进行技术攻关并全面落实推进各项工作。

一、总体情况

2022 年，奶牛体系在科学研究、服务产业、行业咨询等方面全面推进，引领奶业科技创新，推动产业提质增效。其中，取得新技术 22 项、新规程 3 项、新工艺 7 项、新设备 8 项、新产品 22 项、国家标准 2 项、行业标准 7 项、地方和团体标准 21 项，计算机软件 17 项、专利 77 项（含 8 项国外专利），论文 411 篇，其中 SCI 80 篇、著作 16 部，获得国家级奖励 1 项、省部级奖励 13 项，举办培训班 205 场，线下线上合计培训 200 000 多人次，推广主推品种 4 项，主推技术 36 项，进行各种技术咨询和应急服务 35 次。

二、重大关键问题技术攻关进展

（一）中国奶业提质增效关键技术研究和示范

1. 奶牛生产性能测定规模持续增加，全国奶牛遗传评估平台运行效率大幅提升。2022 年全国奶牛生产性能测定头数达到 152.9 万头，较 2021 年同期增加 15%；奶牛基因组选择参考群体首次突破 2 万头。通过优化全国奶牛遗传评估算法和流程，计算周期由 1 周缩短为 3 天，计算时效提高 1 倍、耗时减少 60%；实现了遗传评估流程全过程的标准化、规范化运行和备份。建立了 116 059 头的奶牛繁殖数据库，针对临床乳腺炎、酮病等 6 种高发常见疾病收集 34.4245 万条，初步建立的健康性状育种数据采集规范获得了群体分布特征；完成宁夏奶牛长寿性遗传参数估计及基因组预测，准确性

在 0.332~0.441；运用组学技术检测到胚胎着床与胎盘形成过程中发挥重要作用的外泌体 miRNA 差异表达，有望成为奶牛早孕诊断的生物新靶标。

2. "奶牛重要经济性状表型数据库建立与应用"项目成果获山东省畜牧科学技术奖一等奖。通过高通量、信息化、标准化检测、采集和记录系统，研制简便、实用、便捷的牧场管理软件，实现牛场繁殖、泌乳等资料的规范记录和统一存储，建立奶牛表型大数据库，累计存储 100 余万头母牛、83.1 万头公牛系谱数据，5 万多头牛的体型记录以及 580 多万条生产性能记录；强化 DHI 测定中心能力建设，扩大参加测定的牧场及测定规模，技术覆盖牛只单产达到 10t 以上；有效开展奶牛重要经济性状遗传评估。项目成果获得山东省畜牧科学技术奖一等奖。

3. 体内性控胚胎生产及移植技术、奶牛/奶水牛诱导发情排卵-定时输精技术取得突破。通过 FSH 制剂、CIDR 制剂、PG 制剂及公牛冷冻精液的筛选优化策略，累计超排奶牛 97 头次，生产性控胚胎 573 枚（其中可用胚胎 411 枚），头均获可用性控胚胎 4.2 枚；通过优化胚胎冷冻-解冻方法方案、胚胎移植方案，奶牛体内性控胚胎移植妊娠率达到 54.43%，解冻水浴添加物组的胚胎移植妊娠率为 61.62%；优化诱导发情排卵-定时输精技术，提高发情期受胎率，奶牛为 45.2%、奶水牛为 61.5%。凝练床场一体化养牛技术行业标准，在云南、天津、山西和湖北 4 个省份的 6 个牛场推广应用。

4. 奶牛饲草料资源开发与优化配置取得重要进展。为缓解我国对进口饲料资源的严重依赖及国内优质饲料资源紧缺问题，因地制宜开发了基于中国本土的低成本非常规饲料资源。发现日粮添加 2% 枣粉能够提高奶牛生产性能，提高机体抗氧化和免疫能力，显著影响牛奶风味；发现全株水培大麦苗可以低比例替代燕麦干草而不影响后备牛生长。利用康奈尔净碳水化合物-蛋白质体系（CNCPS）评定了葫芦籽皮、莜麦草、藜麦青贮、玉米糖渣、甜菜丝、酒精浆、玉米芯、褐草、湖浆草共 9 种非常规饲料的蛋白质和碳水化合物营养价值，为丰富非常规饲料资源利用数据库提供了理论参考。系

统评定了花生秧的饲料营养价值，具有蛋白（11.25% CP）、可消化纤维（77.17%）含量高的特点，完全可以替代进口牧草饲喂后备牛及泌乳牛。研究提出了陈化玉米微生物发酵营养改善技术，替代普通玉米提高奶牛日单产1.5 kg；研究提出在奶牛日粮中使用工业大麻乙醇提取副产物和羊草替代50%苜蓿，可以降低血浆中IL-1β含量，降低乳中SCC，每千克奶饲料成本降低0.3元。

5. 奶牛精准营养研究。奶牛低蛋白饲喂研究。针对蛋白饲料价格上涨的现状，开展低蛋白研究。研究发现采用适宜低蛋白（16%）水平日粮，奶牛饲喂效率、营养物质消化率最佳，但氮利用与部分生产性能产生会受到影响；适度降低日粮蛋白（16%）水平不会对瘤胃发酵产生显著影响。日粮中硒的适宜添加量为0.5~0.6 mg Se/kg DM，额外添加有机硒可提高其生产性能、增强抗氧化能力、改善奶牛健康状况，并改善乳腺对氨基酸的代谢利用。铬在泌乳盛期奶牛的应用研究表明，铬添加剂量为16 g/天时对乳产量、乳成分产量提升效果最显著，并可明显提高机体的抗氧化能力。

6. 特殊生理阶段奶牛营养代谢调控技术。犊牛营养调控技术。在哺乳犊牛开食料中添加0.45%的单宁，哺乳期犊牛日增重提高9.7%，平均开食料采食量提高4.3%，粪便评分降低16.7%。固体饲料采食量是衡量犊牛培育水平的重要因素，通常认为犊牛固体饲料采食量连续3天超过1 000g是犊牛断奶的标准之一；通过在犊牛开食料中添加150g/t的甜味剂，将56日龄哺乳犊牛的平均日增重提高12.1%，总开食料采食量提高96.9%，粪便评分降低11.6%。开发了一种预防犊牛腹泻的微生态制剂，可降低犊牛腹泻率24%~32%；与犊益康联合使用可降低腹泻率57%～58%。

围产期奶牛营养调控技术。瘤胃菌群移植可以有效调节奶牛的采食量和胃肠道菌群，菌群移植技术可通过瘤胃菌群的改变进一步激活机体免疫系统。瘤胃菌群移植可能通过改变肠道菌群中与长链脂肪酸代谢相关的微生物来调节血液采食相关激素的水平，进而调控奶牛采食量。围产后期奶牛饲喂乙酸，能增加采食量和产奶量，可显著提高乳脂率（P<0.01），能减少脂肪动员，调控奶牛脂肪合成和分解相对平衡，缓解围产后期奶牛能量负平衡。

7. 奶牛营养代谢障碍研究进展。针对瘤胃酸中毒易发难控这一关键问题，通过高精料底物建立亚急性瘤胃酸中毒（SARA）模型，研究发现饲喂芦丁可作为酸中毒调控手段之一，适宜添加剂量为3.0%，芦丁可通过调控瘤胃微生物区系，降低瘤胃VFA和乳酸含量，减缓瘤胃pH下降，具有缓解SARA的潜力。该项研究为后续芦丁作为功能性饲料添加剂应用于奶牛SARA防控关键技术的研究与应用提供了理论依据和参考。

8. 安全优质生鲜乳生产和环境控制技术。在生鲜乳质量安全控制方面，研究开发了24种C18脂肪酸同分异构体检测新方法，建立了牛乳、羊乳、骆驼乳的C18脂肪酸指纹图谱。构建了奶及奶制品中82种脂肪酸的通量检测方法，分析中国市售巴氏杀菌奶的脂肪酸组成特征，揭示了零售牛奶对中国消费者脂肪酸摄入量的潜在影响。研究发现添加完整和粉碎亚麻籽能够增加生乳和血液中n-3 PUFAs和总n-3 PUFA水平，降低生乳中ω-6多不饱和脂肪酸（n-6 PUFA）与n-3 PUFA的比例。

在牛舍设计与数字化设备开发方面，形成了带地窗犊牛岛、犊牛舍夏季风管送风降温；基于犊牛群养自动饲喂站清洗消毒系统3种设计方案，研发了奶牛自洁型过滤水槽（三代）、栓系牛舍传送带清粪及计量系统等设备2套。研发了面向边缘计算端的奶牛体况自动评分系统，对奶牛目标检测精度可达99.65%、奶牛身份识别精度可达99.75%，体况评分在0.5分误差下的查准率达到96%。

在养殖粪污肥料化与资源循环利用方面，研发了基于微型NIR的囊式发酵粪水原料养分在线检测系统；构建了面向国际和国内用户的农业生物质光谱快速评价系统云平台，并实现了多场景应用。研发的覆膜式好氧堆肥技术入选农业农村部规模以下养殖场（户）畜禽粪污资源化利用十大主推技术，累计在全国20余个省份进行了推广应用。研制的奶牛场高浓度污水高效深度处理专用装备，实现两步处理工艺的一体化运行；对COD浓度为20000 ~ 30000 mg/L的污水处理后农田灌溉的运行成本仅需6 ~ 7元/m³，彻底解决了高浓度污水处理难、成本高的产业难题。

9. 乳制品加工技术国产化策略研究。乳酸菌菌种资源库的建设以及功能性乳酸菌开发方面，2022年度从埃及、约旦以及我国北京、内蒙古自治区、新疆维吾尔自治区等地采集自然发酵乳及其乳制品，共计211份，从中分离保藏乳酸菌共计3 866株，使内蒙古自治区农业微生物种质资源库中保藏的乳酸菌数量达到37 309株，建成了全球最大的乳酸菌菌种资源库。研究了L. casei Zhang干预的抗肥胖作用机制，发现消除肠道上皮细胞glut1的活性会影响肠道菌群、脂肪积累和葡萄糖耐量，而使用L. casei Zhang可减少脂肪积累和中心性肥胖。探究了益生菌辅助常规药物对冠心病治疗的协同效应，发现与传统治疗方案相比，Probio-M8联合治疗对CAD患者治疗效果更明显，其有益作用可能是通过增加肠道中有益物种丰度，调节特定氨基酸等代谢物水平，进而调控了肠-心轴、肠-脑轴等多种途径实现的。

乳制品加工方面，优化了影响乳扇品质的生产工艺关键环节，获得了基于低温酸凝结合凝乳酶法代替传统酸浆凝乳，并调整了热烫和拉伸技术参数，获得了乳扇的改良工艺。以自主筛选获得的降生物胺乳酸菌为附属发酵剂用于切达干酪加工，开发了一款低生物胺干酪新产品，提升了干酪的感官品质。优化了酪蛋白胶束浓缩液和乳清蛋白浓缩液的喷雾干燥工艺，开发生产了中试规模的酪蛋白胶束粉和乳清蛋白粉，最终得到的酪蛋白粉中蛋白质含量超过85%。

（二）奶牛疾病精准防控及两病净化关键技术研究与示范

1."两病"净化工作有序推进。建立布病、Q热和衣原体的三重荧光PCR诊断方法，牛分枝杆菌、结核分枝杆菌、卡介苗的RAA、荧光PCR方法和数字PCR方法，布鲁氏菌天然半抗原反向琼脂扩散试验方法（RID）和双相琼脂扩散试验（AGID）方法。根据新兽药评审意见，补充完成"布鲁氏菌粗糙型疫苗"怀孕动物安全性试验；集成奶牛早流产"揭发–隔离–消毒–甄别–淘汰"的整体处理流程及净化方案1个，在42个牛场开展两病防控与净化方案优化与模式研究；2022年新创省级"两病"净化场1个，国家级"两病"无疫小区1个，申报国家免疫无布病小区1个。

2.奶牛疫病与牛奶化学风险物质检测技术国产化程度进展。完成了牛呼吸道4种病毒、犊牛消化道4种致病菌以及牛呼吸道4种致病菌共三套多重荧光定量PCR检测方法的建立，相关成果获得了大北农科技奖一等奖和北京市科技进步奖二等奖；完成了BVDV快速检测卡的临床验证和新兽药材料申报；开展牛支原体、牛冠状病毒、牛副结核、牛轮状病毒和牛病毒性腹泻病毒的高通量qPCR检测试剂盒的开发；制备出了牛奶中氟苯尼考/氟苯尼考胺、氯丙那林、覃青霉素等危害因子单抗14株，并建立了测流层析免疫分析方法和间接竞争ELISA方法；建立了牛奶中黄曲霉毒素 M_1、毒鼠强免疫层析快速检测方法，研制了胶体金检测试纸条产品，操作简便性及灵敏度均优于市面上现有的快检产品。

3.奶牛重要疫病病原或抗体监测、疾病预警与生物安全防控技术研发持续推进

开展奶牛重要疫病口蹄疫、副结核、牛白血病等的抗体或病原学调查分析，共采集各类样品45 400余份，收集各类疫病流行数据45 512条，药敏数据3 230条，组建了传染病预警模型。口蹄疫免疫情况整体较好，群体免疫密度维持在92%以上，平均免疫合格率在86%以上。编制了《奶牛、犊牛呼吸道病原菌及其药敏检测技术规范》，成立中国农业大学动物临床医学中心，制定《规模化奶牛场牛白血病净化技术规程》《泌乳奶牛乳头健康状况评价技术规范》2项地方标准，拟定了《奶牛场生物安全风险评估表》和团体标准《奶牛养殖场生物安全技术规范》。

4.奶牛疾病安全高效防治用药及生产技术研究进展。研发上市1种防控犊牛腹泻无抗饲料添加剂菌益肽，优化了靶向奶牛乳腺上皮细胞表皮生长因子（EGFR）的脂质纳米型乳房灌注剂、防治犊牛肺炎中兽药"连翘消痛汤"、防治犊牛腹泻中兽药"黄白健脾口服液"；研发了以甘草苷粉剂、脂肪氧合酶粉剂、丹皮酚粉剂为功能性成分的防治奶牛胎衣不下的散剂以及片剂产品；研发了一种奶牛产后疾病防治和增强免疫力的中药组合物；研制了一种奶牛呼吸给药装置，为高效防治奶牛疾

病提供新方案；公布和实施了奶牛瘤胃酸中毒诊断、群体风险预警及治疗技术，农业农村部行业标准，为规模化养殖企业代谢病防控提供了法定参考，解决了疾病群防群控难的问题。

三、服务县域经济进展

1.提升技术研发水平。在内蒙古乌兰察布集宁区和西藏拉萨城关区，通过获批博士后工作站或联合申报项目，提升了龙头企业以及当地的奶业技术研发水平，进一步增强科技创新和自主知识产权的获取能力，培养、壮大技术团队，提升技术研发水平。

2.提升产业发展能力。通过在西藏拉萨城关区开展试验研究，初步获得上呼吸道细菌与高原病相关性，进一步理解高原病个体致病菌组成，为治疗高原病及加速恢复提供信息，进而提升产业发展能力；辐射牧场奶牛高原病年死亡率低于5%，泌乳牛产奶量全群实现27kg/天；建立引进三河牛、娟姗牛养殖示范点，推广2套引进奶牛适应性生产技术模式，三河牛的总死淘率为45.7%，相较于西藏前期引进荷斯坦奶牛，死淘率降低了17.3%；三河牛犊牛成活率为71.8%，犊牛成活率相较于西藏前期引进荷斯坦奶牛提高了21.8%。娟姗犊牛成活率为57.1%，犊牛成活率相较于西藏前期引进荷斯坦奶牛提高了12.1%。

针对古浪县奶牛产业发展中存在的问题，通过政府建议、技术培训、提供疾病防控技术服务、协助引入先进的管理模式，构建帮扶创新示范基地等帮扶措施，为古浪县引入胚胎移植、人工授精、牛同期排卵–定时输精优化程序和奶牛繁殖健康调控技术，推广示范乳腺炎综合防治、犊牛腹泻综合诊治、奶牛呼吸道疾病综合诊治4项技术。2022年通过专项培训，掌握胚胎移植等技术的牧场繁育人员40名，示范牧场奶牛繁殖率提高5%，21天妊娠率提高3%以上；犊牛腹泻防治中药产品的使用，缩短了疾病的治疗时间和降低了抗生素使用量，其治愈率达85%以上；通过呼吸道疾病综合诊治技术的推广应用，使某牧场奶牛呼吸道疾病治愈率提高60%，4~6月龄犊牛呼吸道疾病发病率由57%降至17%、疾病死亡率由28%降至4%；挽回直接经济损失累计达200余万元。通过集中培训、现场观摩等，着力提高基层科技人员的技能和服务水平，为当地奶牛产业的发展奠定了良好的人力资源基础。

3.提升品牌市场竞争力。乌兰察布集宁区。乌兰察布持续召开中国草原酸奶大会，铸造草原酸奶品牌，提升"中国草原酸奶之都"知名度。组织企业参与内蒙古绿色农畜产品博览会等活动，通过电视、广播、网络等途径开展专题宣传，持续扩大品牌影响力。

拉萨城关区。与拉萨市净土乳业合作协助山南市森布日牧场有限公司，组织开展了学生奶源基地认证。目前已经完成前期的材料提交和审核，前期材料已经通过了国家奶业协会验收，保证了乳企的奶源品质，提升了企业和奶源基地的奶品质和竞争力。

四、应急与咨询服务工作

1. 政策咨询和服务。2022 年积极参与农业农村部举行的各种行业形势分析会议,配合农业农村部完成各种调研活动,向行业主管部门提供国内饲料资源利用情况、奶牛养殖情况、奶业发展现状和趋势以及国际贸易情况,为主管领导了解国内和国际奶业动态、把握全国局势提供了第一手资料和数据。

2022 年出版专著《世界奶业发展报告》,完成《新西兰禁止活牛海运出口对中国奶业的影响》《当前我国口粮、饲料粮和工业转化用粮消费基本情况、存在的突出问题及对策建议》《我国智慧农业发展模式与政策研究》《畜禽养殖业温室气体减排的现状、问题与建议》《"双碳"战略下农业甲烷减排研究》《构建新型举国体制研究——以农业重大技术攻关为例》《干旱半干旱地区农业稳产增产问题研究》《关于建设好国家粮食安全产业带的意见建议》《奶业流通贸易及国外资本影响》《中国奶牛养殖全要素生产率测度与分析》《奶牛养殖场玉米青贮饲料黄曲霉毒素防控技术指导意见》《中国奶业发展现状、问题和科技研发建议》《优化奶源布局交流研讨咨询》《2022 奶业形势初步分析》《现代农业产业技术体系绿色低碳发展》《奶牛养殖科技进展情况》《设施养牛技术集成转化方案》《2022 农业科技发展重大科技需求》《奶牛重大品种和技术》《当前需要主动攻关的品种技术装备》《奶牛主导品种和主推技术》《牦牛奶发展现状》《畜禽遗传改良进展报告(2021)·奶牛篇》《关于加强青贮饲料质量安全风险管控的提示》《苜蓿草中"乙酰水杨酸"含量》《牛奶中激素相关情况》《奶业振兴进展与下一步工作建议》《2022 中国奶牛生产机械化发展报告》《设施养牛技术集成转化方案》《设施畜牧业高质量发展报告》《卡介苗预防牛结核病应用情况的调查报告》《关于有关国际组织和国家安全屠宰利用两病感染及暴露动物的政策研究报告》《人兽共患病国际形势和防控策略》等。

2. 应急性工作。

(1)小麦青贮调研。2021 年青贮玉米收购季节突遭暴雨,山东、河南和安徽地区青贮玉米收贮严重不足,2022 年夏天有媒体报道,有的地方开始将小麦青贮作为全株玉米青贮的补充。针对该情况,体系办组织综合试验站紧急进行了调研,摸清了体系小麦青贮使用情况。受政府管理影响,各地基本没有使用小麦青贮,只有极个别牧场,收获了一部分苗情不好的小麦,不能结穗或成穗导致产量不高,提前收割小麦做青贮,农户也算是可以减少部分损失,也可提早播种玉米或其他农作物。总体来看,小麦青贮的利用极低,不会对国家粮食安全造成威胁。

(2)其他应急。2022 年,根据科教司部署,下发《奶牛养殖防灾减灾技术手册》《汛期准备工作落实情况》并下发所有岗站学习,用以应急事件指导。

岗位科学家和站长根据专业所长和服务区域需要,发挥专业优势,积极应对各个奶业突发事件,服务行业。针对麦趣尔牛奶中检出丙二醇,撰写关于奶业中丙二醇使用情况的调研报告,向公众进行科普。遗传改良研究室协助全国畜牧总站遴选国家奶牛核心育种场,并作为国家奶牛核心育种场的奶牛场对接指导专家,共同谋划奶牛自主选育的未来;组建了中国奶业协会遗传评估部,与中国奶业协会数据中心共同担负全国奶牛遗传评估工作,包括新性状评估模型研发、基因组预测模型研发等。疾病防控方面,针对黑龙江区域多个规模化牧场夏季热应激及冬季冷应激导致的常见病高发病防控提供应急指导工作;经 4 个月诊治,使某牧场 4~6 月龄犊牛呼吸道疾病发病率由 57% 降至 17%、疾病死亡率由 28% 降至 4%。

五、对接服务企业工作

2022 年,奶牛体系全面贯彻落实体系任务书,继续深入推进农业科技快速进村、入养殖场,采取现场指导、技术示范、座谈走访、小型培训以及大型培训班等多形式、多样化的培训方式,开展了奶牛场高级人才研修班、金钥匙现场示范会、奶牛金钥匙公益讲堂等培训活动。奶牛体系 32 位岗位科学家和 19 个综合试验站 2022 年共计举办培训班 205 场,线下线上合计培训 20 万多人次。

1. 依托"奶牛金钥匙"平台,对大型养殖企业进行现场"问诊"。2009 年由农业部奶业管理办公室和国家奶牛产业技术体系联合创建了奶牛"金钥匙"技术示范现场会。"金钥匙"以产业和技术需求为导向,通过政 - 产 - 学(研)- 推的推广模式,推出适应不同学习对象的特色鲜明的 4 个推广培训模块,包括现场检测诊断示范、昼会技术报告、晚会技术沙龙、答疑解惑。

2022 年面对奶业振兴的新形势,奶牛金钥匙培训 3.0 升级版焕新而来,为中国奶业重新打造一把提升中国牧场数字化、智慧化水平的"数字奶牛金钥匙"。探索奶业前沿技术,引领行业发展,充分运用互联网、云计算、大数据、人工智能、物联网、区块链等新一代信息技术,从供需匹配优化、源头品质提升、牧场节本增效、专业技能提升等方面,为牧场提供全方位、数字化、智能化转型升级方案,助力奶业的高质量发展。2022 年受新冠疫情管控,召开两期线下金钥匙培训。2022 年 1 月 7—9 日在广州燕塘和深圳晨光分别召开线下会;2022 年 7 月 29—31 日在宁夏银川组织了 1 期金钥匙技术示范现场会(线下),现场指导牧场 4 个,累计组织 135 期;2022 年组织 14 期线上奶牛金钥匙点石成金公益讲堂直播,累计直播 78 期;同时免费开放自主研发的牛人亿家配方软件的网络使用权限,供国内牧场技术人员免费使用。

2. 为企业提供定制化跟踪服务。针对规模养殖企业集团技术需求,选派技术团队开展为期 2~3 天的专项牛场诊断评估,出具评估报告,就双方关心的技术问题开展科研验证试验,后续持续跟踪问题的解决和技术提升情况，解决大牧场生产成本较高、持续亏损等难题。2022年对新疆呼图壁种牛场、新疆天润乳业、山东得益乳业、内蒙古兰格格乳业等下属10多个牧场开展线上指导。从青贮制作、配方评估、加强热应激的控制、犊牛和育成牛培育、奶厅管理、繁殖管理、疾病管理等方面对牧场进行了评估，推动了牛场生产水平的提升以及管理考核规范化。

2022年组织国内专家团队，为宁夏吴忠市奶产业发展升级提供决策服务和技术指导，对6个牧场进行了深度服务，帮助牧场解决了技术问题20余个，帮助牧场提升单产500kg。选择金宇浩兴牧场作为教学实验基地、教授工作站示范牧场，将李胜利教授团队科技产出在该示范牧场进行示范，帮助牧场实现了提质增效的目的，取得了良好的示范效果。同时通过体系和中瑞项目合作，一方面组织专家在宁夏、黑龙江、河南、南京、山东等10个牧场进行现场评估，围绕牧场存在的问题给出解决方案。另一方面采用网络课堂的方式，向宁夏地区推广奶业科学技术，截至2022年共举办4次网络培训，涉及营养科学、饲养管理、繁殖育种、疫病防控、粪污治理等多个专业、多个领域，共培训2 000余人次。

3. 通过"现代奶牛场高级人才研修班"，实现牛场人员再教育。 为解决奶牛场人才短缺的现实问题，2012年国家奶牛产业技术体系奶牛"金钥匙"技术专家团队创办的"现代奶牛场高级人才研修班"。按照"理论学习－牧场实践－案例教学－结业考核"模块式培训方式，已连续9年为中国奶业培养了职业场长和实用技术人才。2022年进行一次线上奶牛场高级人才研修班培训，累计培训24期。

4. 发挥体系技术研发优势，助力企业产能提升。 对接鞍山试验站，2022年已经培育了8头青年公牛进站；与此同时，助力鞍山恒利的爱尔牛奶形成产品多样化，积极沟通奶酪专家，促进推广乳肉兼用牛牛奶特色奶酪制品；同时以专利技术鉴定A2牛，为奶吧产品的可持续发展添砖加瓦。发挥国家体系技术研发优势，助力示范企业入选国家种业阵型企业，获得山东省科技厅批准建设"山东省奶牛种业技术创新中心"，助力山东奥克斯畜牧牧业有限公司入选奶牛种业"补短板"阵型企业。

与蒙牛合作，围绕"乳酸菌菌株遗传、生理特性、功能开发验证"等领域开展实质性合作，目前已完成了含PC-01益生菌复合剂辅助治疗幽门螺旋杆菌感染的临床试验的人群招募工作。与宁夏塞尚乳业有限公司合作，持续提供奶油、MPC产品及厚乳产品加工及应用技术支持；塞尚浓缩乳蛋白、"欧必客"品牌厚乳、稀奶油系列产品已成为国内乳品配料知名品牌，供货蒙牛、星巴克、瑞幸、喜茶等多家知名企业。与呼伦贝尔农垦谢尔塔拉农牧场有限公司开展三河牛乳干酪新产品的开发，为企业开发干酪新产品3种，均实现小规模生产和销售。

5. 致力于优质乳工程建设，发挥技术引领、标准 引领、品质引领、品牌引领的作用。"优质乳"品牌在全国25个省份的乳制品企业发挥了技术引领、标准引领、品质引领、品牌引领的作用。发布标准5项，完善优质乳标准至31项，继续完善优质乳标准化全产业链技术体系，应用于25个省（自治区、直辖市）的64家乳制品企业，应用技术体系生产的国产优质巴氏杀菌奶中乳铁蛋白等活性物质含量从2017年的10.4 mg/L，提高到2022年的41.18 mg/L，优质巴氏杀菌奶产量从2016年占全国巴氏杀菌奶总量的不足1%，到2022年占比达到97%，国产奶业核心竞争力显著提高。

6. 专业化服务，减少企业经济损失 疾病防控研究室岗位科学家分别与20余家企业对接，采用"生产问题－分析原因－产品开发－推广应用"和"诊断－治疗－反馈"等多级服务联动，为企业提供DHI测定、饲料毒素检测、疾病防控、自动化兽药残留快速检测技术，以及系统、两病净化等技术服务，与其对接开展疫病防控讲座和培训。通过以上服务提高了企业科学养殖观念，为企业降低饲养成本、疫病防治成本，提升了奶牛品质，对企业品牌的创立和经济效益的提升起到了良好的促进作用。

六、宣传报道情况

1. 定期发行奶业知识和形势分析，加强宣传。 奶业经济研究室定期编辑和发行《中国奶业经济月报》《中国奶业贸易月报》和《国际奶业市场动态周报（双周）》，截至2022年都按计划出版发行。其中，《中国奶业经济月报》《中国奶业贸易月报》已出版1–11期，并通过"奶业经济观察"公众号对外发布，得到相关部门、行业研究机构、组织及个人的广泛关注、转载和引用。主要收集国内外奶业生产、加工及行业发展动态、奶业国际贸易、政策和趋势等相关信息，已成为农业农村部、各奶业优势省份主管领导、企业家和学者了解我国奶业和国际奶业发展、贸易情况的案头参考资料，受到政府、协会、企业界的广泛赞誉，电子版发行量逐期增加。

2. 通过网络、微信、纸媒、电视节目进行宣传。 一方面，利用电视纸媒等传统媒体进行体系培训等报道；另一方面，2022年通过奶牛金钥匙公益讲堂、奶牛产业技术网、黑龙江省奶业协会、奶牛常见病等微信公众号或者直播号宣传奶业养殖技术和前沿科技。另外，通过行业主流媒体，如农民日报、经济日报、央广网等报道体系成果。

遗传改良研究室与企业合作研发的奶牛体外胚胎生产技术体系——试管奶牛技术，2022年3月4日通过大型纪录片《种子》专题节目在CCTV-2财经频道、CCTV-1综合频道陆续播出；《科技日报》对遗传改良研究室"十四五"任务研讨会进行报道。2022年8月14日，王加启在央视《生活圈》栏目，科普"买牛奶，关键是认准'1成分'和'2指标'，"这两种牛奶不建议买"的知识；2022年2月14日，新华社客户端2022年3月2日刊登文章《全国政协委员韩鲁佳：让职业教育成为人才成长的第二赛道》，人民网、新华网、光明网等中央主流媒体进行了转载。4月22日，奔腾融媒上播出了纪录片《张和平：寻"菌"路上的领军人》，片中介绍了体系岗位科学家张和平教授及其所带领的团队默默耕耘22年，足迹踏遍了亚洲、欧洲、非洲、南美洲、大洋洲等26个国家的寻菌历程；7月31日，《经济参政报》报道了张和平教授荣获内蒙古2021年度十大经济人物——特殊贡献大奖。

（国家奶牛产业技术体系首席科学家办公室，李胜利、姚 琨、夏建民、曹志军、都 文）

2022年中国奶山羊产业及科技发展情况

奶山羊产业是我国畜牧业重要组成部分，随着羊奶消费市场的快速升温，奶山羊产业迎来了空前利好的发展机遇。奶山羊分布地域广泛，除陕西、山东两大主产区外，我国南北方如广东、云南、浙江、内蒙古、黑龙江、河南、甘肃、安徽等省份奶山羊存栏量也在逐年增加。奶山羊产业中，养殖板块正经历着快速转型，现代化、集约化、标准化的质量效益型规模经营模式迅速增加。奶山羊科技研发进展加快，吸引了大量资金投向奶山羊全产业链的各个环节，乳品加工能力和产品研发水平持续提升，种类繁多、品质优良，呈现出良好的发展势头。

一、奶山羊良种引进

良种是奶山羊产业发展的核心要素，在引进国外优质种羊后，迅速推动我国现有奶山羊品种的改良进程，提高种羊品质。据统计，2022年度从澳大利亚引进种羊总计1 606只。

2022年10月6日，陕西宝泰良种繁育有限公司引进萨能奶山羊57只；甘肃省合水县引进萨能奶山羊1 547只，其中母羊1 499只、公羊48只；陕西雅泰乳业有限公司引进阿尔卑斯奶山羊2只。

二、奶山羊产业技术研发

1. 奶山羊育种技术。

（1）内蒙古自治区农牧业科学院苏少锋通过分析我国地方培育奶山羊品种与国外引进品种的遗传进化关系发现，文登奶山羊和崂山奶山羊聚为一支，关中奶山羊与3种新西兰奶山羊遗传距离较近，雅安奶山羊与其他品种遗传距离最远。可见，中国奶山羊存在2个支系起源且未发现群体扩张，中国培育奶山羊品种含有较多的国外奶山羊血统，文登奶山羊与崂山奶山羊亲缘关系较近，雅安奶山羊在遗传进化中可能存在地域隔离。

（2）内蒙古自治区农牧业科学院赵启南博士团队以奶山羊泌乳量为主要表型性状，兼顾乳脂、乳蛋白及非脂乳固体等羊乳品质相关性状，对7个奶山羊品种（萨能、阿尔卑斯、吐根堡、关中、崂山、文登及雅安奶山羊）进行了全基因重测序，筛选了83个与奶山羊产奶性状高度相关的关键SNP位点。筛选种属特异并能稳定遗传的高产奶山羊SNP位点集合，又整合国际山羊协会（The International Goat Association, IGA）公布的"Goat

IGGC 65K v2"功能性位点，按照与重测序位点重合、MAF（最小等位基因频率）>0.15、LDR^2（连锁不平衡指数）<0.2、在染色体上基本均匀分布的原则，成功研发了我国首个"奶山羊生产性能早期鉴定50K SNP液相芯片"。

（3）西北农林科技大学史怀平教授团队研究奶山羊乳型发现，乳型会随着泌乳时间发生转换，且趋向于长条型和柚子型，乳房外形类型为方圆型乳房和乳房基部类型为半球型的奶山羊产奶量较高，柚子型乳房基部奶山羊乳头长、体细胞数多，易发生乳腺感染，悬挂系统中的乳房中央悬韧带受力部位不同不会影响最大的承受力，但中间部位会在正常乳房中先发生断裂。以上研究为提高奶山羊泌乳性能及选育良种奶山羊奠定理论基础。

（4）内蒙古自治区农牧业科学院赵启南博士团队比较了不同胎次之间奶山羊初乳中蛋白的变化规律，发现初产母羊产羔后初乳中乳脂肪在产羔后1d达到最高，乳蛋白质、乳糖和总干物质在产羔后2h达到最高，均随产羔后时间延长逐渐下降。在母羊产羔后2h内，经产母羊初乳中常规成分各项指标均高于初产羊，并随产后时间的推移呈现相同的变化趋势。初产母羊与经产母羊产羔后6h内，初乳中免疫球蛋白的含量无显著变化。对初乳进行加热处理，当加热温度不超过58℃，加热时间不超过30 min时，对初乳中免疫球蛋有效含量影响较小。

（5）西北农林科技大学李广教授团队等从代谢组学角度探究关中奶山羊睾丸发育代谢机制发现，在1月龄和24月龄关中奶山羊睾丸中，脂质和类脂质分子与甘油磷脂呈最大正相关，羧基及其衍生物与甘油磷脂呈最大负相关。对不同的代谢物富集筛选出7条重要的代谢通路，分别为肿瘤中的胆碱代谢、精氨酸和脯氨酸代谢、肿瘤中的中心碳代谢、铁死亡、谷胱甘肽代谢、氨酰—tRNA生物组成以及牛磺酸和亚牛磺酸代谢。

2. 高效繁殖技术。

（1）西北农林科技大学张永涛等研究FSH和二氢吡啶以及二者联合使用对关中奶山羊精液品质、精子形态变化的影响发现，关中奶山羊公羊使用FSH与二氢吡啶对提高精子活力和射精量效果极显著，精子密度显著提高，二者联用极显著提高鲜精与冻精活力，降低精子畸形率。

（2）云南省畜牧兽医科学院李卫娟研究员团队选择阿圭杂交一代母本为供体，分别使用比利时、西班牙和宁波三生生物科技有限公司生产的FSH对供体进行超排处理。选用云上黑山羊和萨能奶山羊经产母羊为受体，采用"CIDR+PMSG法"进行同期发情处理。结果发现26只供体回收可用胚胎449枚，不同来源的FSH超排回收的可用胚胎数差异不显著。受体羊同期发情处理220只，发情196只，发情率89%；移植受体羊169只，发情母羊利用率86.22%；产羔88只，产羔率52.07%。

（3）江苏农牧科技职业学院王成丽等研究季节对供体奶山羊超数排卵效果的影响发现，分别在春季（3—5月）秋季（9—11月）和冬季（12月至翌年2月）3个季节用FSH多次递减注射法对奶山羊进行超数排卵处理，春秋冬3个季节超排的平均排卵点和平均获卵数分别为9.20个、7.15枚，10.58个、9.48枚和10.42个、10.49枚，春季平均排卵点和平均获卵数均显著低于秋冬季节，表明季节对奶山羊的超排效果影响显著。

（4）内蒙古自治区农牧业科学院赵启南博士团队利用奶山羊短日照季节性繁殖的特点，非发情期人为模拟光照时间，调节MLT分泌，促进奶山羊自然发情，奶山羊发情率达到67%，节省外源性激素成本的同时减低激素对奶山羊生产寿命的影响。

（5）河北农业大学动物科技学院张静等分别在过渡时期（7月）和繁殖季节（11月）埋置阴道海绵栓15 d，撤栓时注射eCG 330 IU对奶山羊进行同期发情处理，在撤栓后输精2次，结果发现受胎率最高可达85.9%；在黏液开始浑浊黏稠的时候输精能获得较高的受胎率。

（6）陕西省畜牧技术推广总站李会玲等分析4℃环境下不同稀释液对关中奶山羊精子保存效果的影响发现，以柠檬酸钠作为主要缓冲物质并添加15%卵黄，稀释比例为1：8时，精液冷冻保存效果最好。

（7）西北农林科技大学邹家浩将不同浓度（0、1.0、2.0、3.0和4.0 mmol/L）的GSH添加到奶山羊精液的冷冻稀释液中进行精液冷冻，结果发现在奶山羊精液的冷冻稀释液中添加适量的还原型谷胱甘肽可以显著提高解冻后的精子运动性能、质膜完整率和顶体完整，有效提高精子在冷冻保存过程中的抗氧化性能，改善精子的能量代谢水平，从而提高奶山羊精液的冷冻保存效果，且还原型谷胱甘肽的添加浓度为2.0 mmol/L时效果最为显著。

（8）西北农林科技大学王广等设置5个不同冷冻程序［在-10~5℃温区内，各组降温速率相同（6℃/min），在-140~-10℃危险温区内设置5个不同梯度降温速率（25℃/min，35℃/min，40℃/min，55℃/min，65℃/min）］探究萨能奶山羊细管冻精最适冷冻程序，结果发现冷冻程序（-10~5℃，降温速率6℃/min；-140~-10℃，降温速率40℃/min）解冻后精子活力、质膜完整率和顶体完整率最高，分别达到60.75%、38.10%和71.01%。在危险温区内，降温速率为40℃/min可以较好地保证冷冻精子的活力和质膜功能。

3. 饲草料与饲养管理技术。

（1）青岛农业大学李海滨等研究酵母培养物对崂山奶山羊产奶性能等指标的影响发现，饲粮中添加25 g/（d·只）酵母培养物可提高崂山奶山羊的养分表观消化率、产奶性能、抗氧化能力及免疫功能。

（2）西北农林科技大学杜烨青等研究杂交构树青贮饲料对奶山羊粪便微生物结构和精液品质的影响发现，杂交构树青贮饲料能够改善奶山羊粪便微生物群落结构，抑制有害微生物，维持后肠道健康，对奶山羊的生长发育起到积极影响，从而在一定程度上提高公羊的精液品质。

（3）西北农林科技大学李腾飞等比较不同组成的混合干草对奶山羊公羔生长性能等指标的影响发现，以"苜蓿+燕麦"（1：1）混合干草对萨能奶山羊公羔的生长性能和屠宰性能最优、你饲喂效果最好、经济效益最佳。

（4）西北农林科技大学邹家浩等在研究日粮中添加碱性阳离子发现，日粮中添加4%的碱性阳离子复合物可提高关中奶山羊的产奶性能，改善乳品质。

（5）陕西省畜牧技术推广总站李会玲等探究苜蓿青草与燕麦青草混合饲喂对关中奶山羊的影响，发现在关中奶山羊日粮中添加15%苜蓿青草和15%燕麦青草可以提高关中奶山羊的消化性能和生产性能，改善奶山羊乳品质。

（6）渭南市临渭区动物疫病预防控制中心李瑞香等开展奶山羊羔0日龄母子分离人工哺乳技术的试验研究发现，奶山羊母子分离人工哺乳技术显著降低了羔羊发病率和死亡率，同时显著降低了母羊口疮和乳腺炎的发病率，提高了羔羊的成活率，可在生产中广泛推广应用。

（7）陕西省畜牧技术推广总站李会玲等探究苜蓿干草与燕麦干草的组合效应对关中奶山羊采食量、产奶量、乳品质的影响发现，苜蓿干草与燕麦干草以质量比3：1比例组合，可以提高关中奶山羊的消化性能和生产性能，改善奶山羊乳品质。

（8）西北农林科技大学赵梦洁在奶山羊日粮中添加10%青贮杂交构树使奶山羊采食量和产奶量升高，平均日产奶量提高22.34%；羊奶中乳脂、乳糖和UFA含量升高，而SFA含量降低。此外，从构树叶中提取的黄酮可提高GMECs活力，增加细胞内TAG含量和脂滴数量，并上调ER蛋白的表达，进而促进乳脂合成。

（9）西北农林科技大学陈捷在日粮添加RP-Leu改变了泌乳奶山羊后肠道的发酵参数，提高了纤维降解菌的相对丰度，降低了与淀粉发酵相关菌的丰度。过瘤胃亮氨酸提高了泌乳奶山羊小肠淀粉消化率。日粮添加RP-Leu提高了泌乳奶山羊血清必需氨基酸，尤其是生糖氨基酸的含量，改善机体氨基酸代谢和营养供给。本研究表明，泌乳中后期奶山羊日粮中添加过瘤胃亮氨酸可促进小肠淀粉消化，改善奶山羊氨基酸营养状况和膘情，并可能改善下胎次繁殖性能。

（10）西北农林科技大学姜惺伟研究过瘤胃亮氨酸和过瘤胃蛋氨酸对围产后期奶山羊生产性能及能量负平衡的影响发现，RPL 可降低血浆 NEFA、TG、GSH-Px、SOD 和 T-AOC 含量，提高血浆 VLDL 和 MDA 含量，对血浆 BHBA、TBIL、ALT、AST、ALB 和 TP 均无影响；血浆 Lys 含量降低，Met 和 Cys 含量升高。RPM 可降低血浆 NEFA、TG 和 ALT 含量，提高血浆 VLDL 和 BHBA 含量，对血浆 TBIL、AST、ALB 和 TP 均无影响；血浆 Val 和 Asp 含量升高，Thr 和 His 含量下降。除血浆 Val 和 Hyd 含量有交互作用，RPL 和 RPM 对血浆其他生化指标均无互作效应。添加 RPL 和 RPM 可调控围产后期奶山羊脂质代谢，改变血浆氨基酸组成，降低血浆抗氧化能力；RPL 对肝脏功能无影响，PRM 可增强肝脏功能。RPL 和 RPM 在调控脂质代谢和肝脏功能方面，二者无互作效应；RPM 在缓解围产期 NEB 方面，作用强于 RPL。RPL 通过调控奶山羊肝脏脂质代谢和改变血浆氨基酸组成提高产奶效率；RPM 通过调控围产后期奶山羊脂质代谢、增强肝脏功能和改变血浆氨基酸组成，提高泌乳性能。二者均可促进奶山羊围产期肝脏和机体健康。RPL 和 RPM 在调控脂质代谢和肝脏功能方面二者无互作效应，且 RPM 在缓解围产期 NEB 方面，作用强于 RPL。二者可使奶山羊血浆抗氧化部分指标含量下降，可能与较高的生产性能有关。

（11）Yousef Mahmoud Atef 等评估纳米乳化玉米油在奶山羊日粮中对产奶量和脂肪酸比例的潜力发现，在生物加氢环境中，NCO 提高了奶山羊的产奶量，降低了 UFA 向饱和脂肪酸的转化速率。

（12）Almeida Kleves V 等在饲粮中添加硝酸钙铵（CAN）后发现，CAN(最高 20 g/kg DM) 不影响泌乳奶山羊的采食量、养分消化率和乳成分；然而可能会增加羊奶脂质氧化。

（13）Schmidely Ph 和 Bahloul L 在饲粮中添加 RPM 后发现，低 CP 饲粮会导致奶山羊产奶量增加，高 CP 饲粮会导致奶山羊乳蛋白含量增加。饲粮中蛋氨酸水平不同，营养物质在乳分泌与乳蛋白合成之间的代谢分配发生了变化，这可能会影响羊奶生产对蛋氨酸的需求。

4. 疫病防控技术。

（1）西安市阎良区动物疾病预防控制中心李忠军等分别从临潼区、高陵区和阎良区随机采集均经过山羊传染性胸膜肺炎疫苗免疫的奶山羊血清 1 013 份。利用山羊支原体山羊肺炎亚种抗体检测试剂盒和山羊感染绵羊肺炎支原体抗体检测试剂盒进行血清抗体检测发现，西安市奶山羊养殖场存在山羊支原体山羊肺炎亚种和山羊的绵羊肺炎支原体感染，并以山羊的绵羊肺炎支原体感染为主，应制定相应的防控措施控制疫情。

（2）西北农林科技大学邱芳等分析奶山羊乳腺炎主要病原菌发现，大肠埃希菌几乎对所有的抗菌药物都存在不同程度的耐药性，耐药种类数多于金黄色葡萄球菌。金黄色葡萄球菌中检测到 Hla、Hlb、PVL、TSST-1、SEA、SEB、Fn BPA 与 Clfa，在受试大肠埃希菌中，检测出含 β-内酰胺类 blaTEM 基因。采用琼脂纸片扩散 K-B 法对分离的 30 株大肠埃希菌及 56 株葡萄球菌进行药物敏感性试验，6 种藏药提取物的抗菌活性是短穗兔耳草＞铁棒锤＞钩藤＞獐牙菜＞甘青青兰＞乌奴龙胆。

5. 羊奶产品开发及评价。

（1）西北大学王仲孚教授团队采用高效液相色谱分离得到了 5 种羊奶半乳糖基异构体，分别为 β6′-半乳糖基乳糖（β6′-GL）、α6′-半乳糖基乳糖（α6′-GL）、β4′-半乳糖基乳糖（β4′-GL）、α3′-半乳糖基乳糖（α3′-GL）和 β3′-半乳糖基乳糖（β3′-GL）。过渡羊奶中 5 种半乳糖基乳糖异构体的总含量最高；β3′-GL（32.3 mg/L）是初乳中的主要异构体，α3′-GL 是过渡乳（88.1 mg/L）和成熟乳（36.3 mg/L）中的主要异构体，β6′-半乳糖和 β4′-GL 在哺乳期呈先升高后降低的趋势。这项研究明确了羊奶中半乳糖基乳糖的结构与功能之间的关系，并为功能性食品的开发提供了重要的定量依据。

（2）内蒙古农业大学张和平教授团队使用动物双歧杆菌乳益生菌 -M₈ 对山羊奶进行发酵发现，添加益生菌 -M₈ 可以缩短发酵时间，能显著提高功能性有机酸（乙酸、乳酸和己酸）和功能性长链不饱和脂肪酸（亚油酸、α-亚麻酸和二十二碳六烯酸）的含量。发酵后山羊奶的可滴定酸和 pH 没有显著变化，与山羊奶风味相关的中短链脂肪酸含量显著降低，因此在感官评价的过程中山羊奶的膻味较低，更容易被感官评价者接受。这项研究为动物双歧杆菌乳益生菌 -M₈ 在发酵山羊奶中的应用提供了基础。

（3）江南大学王洪新教授团队评估了 7 种蛋白酶（碱性酶、中性蛋白酶、胰蛋白酶、菠萝蛋白酶、胃蛋白酶、木瓜蛋白酶和蛋白酶 K）对山羊乳清蛋白（WP）水解度（DH）的影响，发现碱解酶水解物表现出最高的 DH 值（35.54%±0.53%）和较低的分子量。与 WP 相比，7 种蛋白酶水解产物的平均粒径、Zeta 电位和乳化性能均显著降低；7 种蛋白质水解物的固有荧光强度发生红移。碱性酶和木瓜蛋白酶的水解产物活性对 α-葡萄糖苷酶、α-淀粉酶活性和 DPP-IV 具有较高的抑制作用，具有作为天然降血糖食品补充剂的潜力。

（4）北京工商大学杨贞耐教授团队发现，与未添加淀粉芽孢杆菌 GSBa-1 凝乳酶的羊奶（干酪 A）相比，羊奶干酪的得率相差不大。在干酪成熟期间，其水分、蛋白质以及脂肪含量呈先上升后下降的趋势，而淀粉芽孢杆菌 GSBa-1 凝乳酶对羊奶干酪（干酪 B）始终高于干酪 A；干酪游离氨基酸总量在成熟期间呈先下降后上升趋势，且干酪 B 中苯丙氨酸、天冬氨酸、异亮氨酸、甲硫氨酸、丝氨酸含量高于干酪 A。成熟前期干酪 B 质构特性优于干酪 A。干酪 A 成熟后乳酸乳球菌数量增加了 5.22%±0.02%，干酪 B 无显著变化。成熟期内，两组干酪中挥发性风味物质种类和含量均增加，但干酪 B 中的壬酸、辛醇、2-庚酮、2-壬酮、二甲基砜使羊奶干酪风味独特、浓郁。因此，GSBa-1 凝乳酶具备替代商业凝乳酶用于羊奶干酪生产的潜力，可对干酪风味的形成和品质的提升起到一定促进作用。

（5）陕西师范大学张富新教授团队发现，摄入山羊奶可以降低小鼠肠道中抗生素抗性基因的多样性和丰度。其中，氟喹诺酮类、多肽类、大环内酯类和β-内酰胺类耐药基因在微生物总基因中的相对丰度显著降低。此外，山羊奶显著降低致病菌的丰度，如博尔特梭菌、共生 Clos、Cinaeedi 幽门螺旋杆菌和 Helico 杆菌等。因此山羊奶的摄入可能会减少抗生素抗性基因向肠道致病菌转移的潜力。

（6）陕西师范大学刘永峰教授团队使用联合乳酸菌对羊奶进行发酵，发现保加利亚乳杆菌处理的羊奶饲喂小鼠后肠道中大肠菌群丰富度最高；用保加利亚乳杆菌或乳酸菌发酵的山羊奶可以改变肠道微生物群结构，显著降低小鼠大肠中丁酸和戊酸的水平。厚壁菌与所有显著不同的物种呈正相关，但在门水平上与放线菌呈负相关。某些微生物群与丁酸和戊酸的水平呈负相关。发酵山羊奶可以有效改善小鼠大肠中的微生物群落结构和短链脂肪酸水平。

（7）陕西师范大学刘永峰教授团队发现，巴氏杀菌后山羊奶中的细胞外囊泡（EVs）表现出一定的抵抗力，粒径以及 TG101 和 HSP70 的丰度没有显著变化，但 EVs 内部的总 RNA 浓度降低；超声处理、高温煮沸和微波加热山羊奶后 EVs 的粒径、总 RNA 浓度以及 TSG101 和 HSP70 的丰度显著减少。因此，超声处理、高温煮沸和微波加热对 EVs 的损伤较大，巴氏杀菌对 EVs 具有明显的保护作用，为保留更多活性 EVs 的商业乳制品提供了一种有效的杀菌方法。

（8）东北农业大学侯俊财教授团队发现，山羊奶反复冻融后其酸度和中短链脂肪酸的含量增加，蛋白质被氧化的程度增加，脂肪含量和表观黏度显著减低。由于反复冻融造成山羊奶液滴发生的聚集现象导致山羊奶的稳定性下降。反复冻融后的山羊奶的消化率和抗氧化能力都有所增加。这为评估冻融山羊奶的负面影响提供了重要的数据支撑。

（9）江南大学刘元法教授团队发现，冻干山羊奶的中脂肪球 MUFA 含量较高，胆固醇含量较低，一些重要的长链多不饱和三酰基甘油在冻干的过程中能更有效地保留。相较于喷雾干燥，冻干山羊奶中的脂肪球表现出更好的膜完整性和更大的粒径，并且冻干山羊奶脂肪球中的溶血磷脂的种类多于喷雾干燥山羊奶。经过模拟婴幼儿体外消化发现冻干山羊奶中脂肪球在整个胃肠液中的消化过程中表现出一种滞后现象，最终脂肪球的消化率较低。这为明确不同干燥技术对山羊奶脂质和消化率影响研究提供了重要依据。

（10）陕西师范大学刘永峰教授团队基于 DNA 的定性和定量检测技术，对山羊奶制品中牛乳清粉进行检测，首先利用改良 DNA 提取法从乳清中提取了质量和完整性较好的 DNA，之后使用普通 PCR 和实时 PCR 分别进行掺假检验的定性和定量检验，发现普通 PCR 的

检出限为 0.05 ng/μL，qPCR 的检出限为 0.01ng/μL。当牛乳掺假含量在 0.1%~30% 时，qPCR 定量检测具有良好的线性关系（R2=0.9858），其相对误差随着牛乳清粉混合比例的增加而减小。本研究确定了当牛乳清粉的混合比例为 0.1% 的变化系数接近或小于 5%，重复性结果的相对偏差小于 5%。为此，考虑到检测的经济成本，可以首先进行普通 PCR，并且可以通过 qPCR 进一步准确地定量检测到明显掺杂的样品，为定性和定量鉴定山羊奶制品中的牛乳清粉提供了一种有效的方法。

（11）陕西师范大学刘永峰教授团队对 38 种国内外市售羊奶粉进行 DNA 提取和质量检测发现，纯羊奶粉中 DNA 的纯度和质量显著高于配方羊奶粉，但 DNA 有一定程度的降解，通过 PCR 扩增均能发现其扩增效果明显；掺假检验发现有 4 种品牌的羊奶粉中含有牛奶成分。因此，基于 PCR 技术的羊奶粉中牛源性成分的掺假检测方法可为产业品质控制提供可靠依据，保证市售羊奶粉产品的纯正性。

（12）西北农林科技大学李志成副教授团队将近红外光谱和主成分分析（PCA）相结合，能清楚地区分掺假的山羊奶、婴幼儿配方山羊奶奶粉和脱盐山羊奶乳清粉；同时对山羊奶配方奶粉的第一阶段、第二阶段和第三阶段也能有效区分。因此，近红外光谱结合 PCA 方法能实现山羊奶质量的有效监测，但是这种方法在确定山羊奶掺假方面并不总是可靠，很有必要为具有更广泛应用的样本分类建立可靠的数据和模型。

三、奶山羊产业技术推广

1. 推广技术。

（1）奶山羊 SLC7A5 基因在早期选择中的应用。以奶山羊全基因组 DNA 为模板，通过 PCR 扩增奶山羊 SLC7A5 基因部分片段，直接测序鉴定该基因突变位点 g.5287G>A 基因型。该位点的不同基因型与奶山羊乳蛋白率和乳糖率显著关联，可作为奶山羊分子标记辅助开展早期选择育种，节约大量的饲养成本，对奶山羊优良种群的快速组建具有重要意义。

（2）羔羊母子分离培育技术。在规模化奶山羊场和家庭牧场推广羔羊母子分离培育技术。羔羊出生后即与母羊分离，采用人工饲喂初乳 5 天以后，采用代乳粉自动哺乳机对羔羊进行自由哺乳。羔羊 10 日龄后进行诱食，提供的饲草料包括羔羊颗粒料、苜蓿干草，注意保持饲草料清洁卫生，无霉变，给饲遵循少量多次原则。羔羊 70 日龄断奶成活率达 93%，体重达 14.55 ± 2.91 kg，平均日增重达 165.88 ± 41.44 g，体高 49.27 ± 2.97 cm，体长 49.85 ± 2.98 cm，胸围 55.77 ± 3.74 cm。

（3）奶山羊同期发情，统一配种技术。云南省奶山羊主产区气候冬无严寒，夏无酷暑，为奶山羊养殖提供了得天独厚的自然条件，奶山羊常年发情，为常年均衡提供优质奶源创造了优越的条件。但是，规模养殖场为统一机器挤奶和均衡奶源提供，有计划地组织母羊分批次进行同期发情统一配种、统一产羔，为羔羊的母子

分离培育技术和机器挤奶提供了条件。截至2022年规模场的奶山羊同期发情率达到95%以上。

（4）TMR技术。TMR技术有利于实现机械化、规模化、集约化、节约劳动力，提高劳动效率，充分利用当地饲料资源。长期以来，云南奶山羊养殖户都是采用传统的饲养方法，不能充分利用当地的饲料资源。2022年，在2家规模场试点率先采用了TMR饲喂技术，根据当地的饲料资源情况、不同阶段奶山羊的营养需求，制定不同的饲料配方，配置适合不同阶段奶山羊的全混合日粮，不仅节约了劳动力，还提高了干物质采食量，而且还有益于泌乳奶山羊自身的健康状况。

（5）人兽共患病净化。山东农业大学奶山羊研究团队着力推动人兽共患病净化技术，一定程度上减少了人类布鲁氏菌病的传播和发病，对公共卫生安全具有重要意义，显著降低了畜间发病率，提高了羔羊成活率，促进了畜牧业持续健康发展，改善了农民的生活水平。本技术的推广获得了显著的经济效益、社会效益和生态效益。"人兽共患病净化关键技术"被评为2022年山东省畜牧业主推技术。

2. 技术培训与指导。

（1）2022年4月23日，河南农业大学动物科技学院反刍动物生产团队赴荥阳开展河南奶山羊品种资源普查和性能测定技术培训工作。

（2）2022年8-9月，西北农林科技大学罗军教授团队在陕西千阳、富平进行奶山羊场繁殖工作示范推广，开展奶山羊同期发情技术、奶山羊B超检测技术以及奶山羊腹腔镜输精技术指导与服务。

（3）2022年9月13-14日，云南省畜牧兽医科学院草食家畜研究所团队联合弥勒市畜牧技术推广站在弥勒市丽景酒店举办了奶山羊养殖技术培训班，来自红河州各乡镇的奶山羊养殖户共50人参加培训，培训内容包括奶山羊羔羊培育、泌乳母羊的饲养管理、奶山羊品种介绍、奶山羊繁殖技术中的选种选配、奶山羊的营养与饲草料、奶山羊的疾病等内容。

（4）2022年，针对奶山羊主产区宜良县、石林县、陆良县、泸西县在奶山羊养殖过程中出现的问题，李卫娟研究员组织专家团队技术服务20人次，服务养殖场3家，养殖户18户。

（5）2022年，王建民教授累计主办或作为主讲专家参与山羊养殖技术培训班和培训活动8次，累计培训2 500人次以上。2022年1月21日，王建民教授于济南市钢城区进行山羊养殖技术现场指导，培训技术人员15人；4月23日，王建民教授参加由山东省农业产业促进会主办的养羊技术在线培训，会议观众数目达2 000人以上；6月7日，于济南市长清区主讲主题为"规模化养羊新技术集成与应用"的培训会，培训100人次以上；6月25日和9月4日，分别两次在泰安市徂汶景区进行养羊技术培训会，累计培训60人次以上；9月23日，于蒙阴县野店镇政府进行羊养殖技术培训，培训养殖户80人以上；10月26日，于黄河流域草食动

物健康大会作大会报告并以"规模养羊技术"为主题进行培训，培训人数超过300人；12月6日，作为主讲专家参加临沂市养羊培训会，培训人数120人次。

（6）2022年，史怀平教授带领魏志杰、张富新、李聪、许信刚等专家主办或参加奶山羊养殖技术培训活动8次，累计培训400人次以上。2月24日，在阎良区林苑御宝奶山羊养殖场讲解修蹄技术与示范指导，参加人数19人；5月10-11日，在泾阳县兴隆镇等进行技术培训，参加人数145人；5月21日，在泾阳县口镇、安吴镇等进行技术培训，参加人数34人；6月1日，在千阳县奶山羊办公大楼进行技术培训，参加人数29人；6月14日，在陈仓区进行技术培训，参加人数26人；7月16日，在汉中勉县进行技术培训，参会人数35人；7月28日，在西安市阎良区进行技术培训，参加人数66人；8月5-9日，在河南西峡、淅川进行技术指导与培训，参加人数55人。

3. 国际交流。

（1）2022年9月7日，由内蒙古科学技术协会、内蒙古大学、国家乳业技术创新中心、内蒙古赛科星集团公司联合主办的"第三届家畜生物育种与胚胎工程技术国际学术研讨会"在内蒙古呼和浩特市顺利召开。中国奶业协会奶山羊专业委员会主任、西北农林科技大学罗军教授作了题为《我国奶山羊种业现状与研究进展》的主旨报告。

（2）2022年12月3-5日，"2022年动物源食品科学与人类健康国际研讨会""新西兰第一届肉类化学、加工和营养国际研讨会"通过"视频会议+网络直播"的形式在线成功举办。会议宣读了2022年度《乳业科学与技术》编委突出贡献奖10人、2022年度《乳业科学与技术》优秀审稿专家15人。中国奶业协会奶山羊专业委员会委员陕西师范大学刘永峰教授、王毕妮教授分别荣获2022年度《乳业科学与技术》编委突出贡献奖，并分别受邀作了题为《基于DNA质量的特色羊乳真实性检测技术研究》和《低钠盐处理对绵羊奶酪品质的影响研究》的学术报告。

（3）2022年，内蒙古自治区农牧业科学院赵启南博士团队与新西兰、荷兰、意大利、德国及澳大利亚奶山羊领域专家合作，引进吸收成熟的养殖技术及科学先进的育种手段，期望突破国内奶山羊集约化养殖过程中遇到的技术瓶颈，为未来培育具有自主知识产权的内蒙古奶山羊新品种提供技术支撑。

四、主要成绩

（一）工作成绩。

1. 奶山羊布病净化工作取得新进展。为了保证羊群的安全性，云南省奶山羊主产区宜良县、石林县、陆良县2022年先后开展了奶山羊布病净化工作，对检出个体进行无害化处理，保障了羊群的健康和羊奶产品的安全。

2. 新圭山奶山羊新品种培育进展顺利。云南省畜

牧兽医科学院羊产业技术创新团队针对我国奶山羊品种单一、遗传多样性不足等问题，充分利用奶肉兼用圭山山羊地方特色资源的显著性、唯一性，引入阿尔卑斯奶山羊、云上黑山羊开展三品种杂交利用，以提高圭山山羊产奶量、乳品质和产羔率，并集成应用现代分子育种及高效扩繁技术，提高选种的准确性，缩短世代间隔，加快育种进展，培育适应性强、乳品质优、有（颜）色的差异性的新圭山奶用山羊新品种。截至 2022 年杂交群体达 1 000 余只。

3. 开展新圭山奶山羊规模化胚胎移植。2022 年 9 月 29 日，在云南省重大科技专项"云南地方家畜（猪、羊）种质资源开发平台建设及成果转化"的支持下，李卫娟研究员在云南羊羊好农牧发展有限公司开展胚胎移植高效扩繁，对正在培育的新圭山奶山羊新品种 16 只优秀母羊进行超数排卵，100 只受体羊进行同期发情处理和胚胎移植，快速增加优秀个体的数量，提高优秀基因在群体中的比例，进而加快新圭山奶山羊新品种培育的进程。

4. 秦巴山区奶山羊产业助力推进。2022 年始，在国家重点研发计划项目课题"秦巴山区奶山羊产业及羊乳新产品加工关键技术研究示范"的支持下，史怀平教授带队开启了对我国秦巴山区奶山羊产业的研究与指导。首先通过线上线下相结合调研摸清了秦巴山区奶山羊分布，确定了奶山羊重点工作县区（勉县、西峡、淅川），依据当地奶山羊产业情况，提出了奶山羊新品种培育与养殖模式建设的重要工作方向，目前工作良好推进，为秦巴山区奶山羊产业发展增添了活力。

5. 2022 中国羊奶产业统计资料对外发布。2022 年，中国奶业协会奶山羊专业委员会组织行业专家与地方畜牧部门人员，撰写发布了《2022 中国羊奶产业统计资料》。

6. 完成了奶山羊的第三次全国畜禽遗传资源普查工作。2022 年 6-8 月，在陕西千阳县、陇县、富平县进行奶山羊遗传资源普查与精准采样工作，完成了萨能奶山羊、阿尔卑斯奶山羊、吐根堡奶山羊、关中奶山羊的生产性能测定与精准采样工作，为第三次全国畜禽遗传资源普查工作的顺利完成提供了支持。

7. 陕西陇县完成奶山羊标准化工作。陕西陇县自 2021 年发文制定县区奶山羊标准以来，组织当地畜牧部门以及行业专家，围绕奶山羊产业计划制定指导奶山羊生产的标准规范。经任务下达、个人申请与制定、专家把关等层级推进，总计制定团体标准 52 项，2022 年对外发布实施，支撑当地奶山羊产业发展。

8. 两项企业标准与两项地方标准发布实施。西北农林科技大学罗军教授团队发布 2 项企业标准，分别是《奶山羊性控冷冻精液制备与输精技术规范》《奶山羊鲜精人工授精技术规范》。

内蒙古自治区农牧业科学院赵启南博士团队发布 2 项内蒙古自治区地方标准，分别是《奶山羊羔羊饲喂技术规程》与《奶山羊同期发情技术规程》。

（二）个人成绩。

（1）中国奶业协会奶山羊专业委员会秘书史怀平，委员张富新、李春霞获评 2022 年优秀奶业工作者。

（2）中国奶业协会奶山羊专业委员会委员边会龙获得 2022 年最美牧技员。

（3）中国奶业协会奶山羊专业委员会委员、陕西师范大学刘永峰教授于 2022 年 4 月受聘为陕西省食品安全专家委员会委员。

（4）中国奶业协会奶山羊专业委员会委员、陕西师范大学刘永峰教授于 2022 年 12 月受聘为陕西省农副加工产品标准化技术委员会委员。

（5）中国奶业协会奶山羊专业委员会委员、西北农林科技大学李聪副教授于 2022 年 11 月入选 2022 年度杨凌示范区青年育种专家培育支持计划。

五、大会记事

（1）2022 年 9 月 5-7 日中国奶业大会在山东济南市召开，大会期间举办了"奶山羊种业发展论坛"，中国奶业协会副会长李军和新西兰贸易发展局大中华区总裁白安祖先生分别致辞，同时邀请特里·A·吉普森教授、罗军教授、程明站长、胡钟仁研究员、边会龙高级畜牧师、杨地坤经理、曹凤娟局长等作专题报告，来自国内外多所科研院校的专家学者、养殖场技术人员、羊奶制品加工企业负责人等 100 余人参加了论坛，交流共商奶山羊种业发展大计。同时，中国奶业协会奶山羊专业委员会和荷斯坦传媒联合举办《2022 中国羊奶产业统计资料》发布会。

（2）2022 年 9 月 25-29 日，陕西省咸阳市农业农村局一行 11 人到昆明市、曲靖市、红河州开展奶山羊产业考察工作。考察团一行先后考察了昆明龙腾乳业有限公司、云南羊羊好农牧发展有限公司、石林县的收奶站、陆良县及泸西县的奶山羊养殖户，并和龙腾乳业有限公司、云南羊羊好农牧发展有限公司进行了座谈。考察团一行对云南奶山羊产业发展给予了肯定。

（西北农林科技大学，史怀平、李聪；山东农业大学，纪志宾；云南省畜牧兽医科学院，李卫娟；陕西师范大学食品工程与营养科学学院，刘永峰；内蒙古自治区农牧业科学院，赵启南；河南农业大学动物科技学院，许会芬；泰安纽思达国际贸易有限公司，李振）

2022 年度国家牧草产业技术体系工作情况

一、总体情况

2022 年国家牧草产业技术体系在农业农村部的指导下，持续围绕国家乡村振兴战略、"双碳"目标、畜牧业高质量发展等战略部署和《"十四五"全国饲草产业发展规划》要求，结合国家牧草产业技术体系 2022 年度工作任务，全年工作取得了显著成效。本年度体系审定牧草新品种 24 个，形成牧草新技术、新规程、新材料、新工艺、新产品 80 余套，育种材料（杂交组合）440 余份，引进收集评价种质资源 2 500 余份；制定技术标准 60 余项，获批国内外专利 130 余项，开发草产品相关软件 40 余项；获得国家或省部级人才称号 20 余人次，省部级科技奖励 25 人次；出版专著 22 部、培训教材 6 部、发表论文 340 余篇；撰写政策建议、调研报告等 40 余篇，获农业农村部、九三学社中央参政议政部、省级单位等批复 10 余次；主推品种 60 余个，示范面积 230 余万亩；主推技术 110 余套，累计示范面积近 250 万亩。科研创新推动畜牧业提质增效，为国家粮改饲、振兴奶业苜蓿发展行动计划、草原生态奖励补助机制政策的实施提供了科技支撑。

（一）持续研发培育新品种，满足产业发展需求。 紧紧围绕我国饲草"一带两区"对适宜饲草品种的重大科技需求，组织体系育种研究室及相关试验站顶层设计和联合攻关，不断取得新成果。2022 年审定登记的优良饲草品种，可支撑不同区域饲草产业发展和粮改饲实施。育成的国审新品种抗蓟马高产甘农 12 号紫花苜蓿，丰富了北方区苜蓿抗虫品种资源，在河西走廊推广应用近 2 万亩；国审新品种川中牛鞭草、舒克白三叶，选育优良品种及配套技术在西南区推广，经济效益显著；冀草 6 号褐色中脉高丹草 2021—2022 年连续两年被列为河北省农业主推品种；冀饲系列小黑麦冀饲 1 号、冀饲 2 号和冀饲 3 号被列为 2021—2022 宁夏回族自治区主推品种。

（二）创新高效种植模式，推进产业质量提升。 聚焦推动我国优质饲草产业发展的重大技术需求，研究建立了适宜不同区域的饲草高产高效种植模式，为转型期区域农业产业结构调整及推动优质饲草产业的高质量发展提供科技支撑。夏种青贮玉米，冬种黑麦（小黑麦），亚热带果园豆科牧草配套种植等技术入选云南省农业农村厅当年主推技术；"混播草地划区轮牧技术"助推乡村振兴和北疆生态安全屏障建设，作为"牧区现代化试点、生态治理和生产发展双赢"模式样本被内蒙古自治区推

介为 2022 年农牧业主推技术，面向农牧交错区大力推广；在黄淮海地区和农牧交错带开展了农业农村部重大引领性技术"苜蓿套种青贮玉米技术"的示范推广；摸清了西藏不同草地植被类型的土壤属性、群落特征和土壤空间分布特征，继续在全国 11 个点示范推广退化草地免耕补播提升生产力技术，草地保护与合理利用技术示范近 3 万亩。

（三）科技促进乡村振兴，服务县域经济发展。 以牧草体系主持完成的"青藏高原社区生态畜牧业发展模式创新与技术集成示范"项目，上榜 2022 年全国百项重大农业科技成果，为青藏高原农牧区推进脱贫攻坚与乡村振兴有效衔接及"一带一路"倡议的实施提供了可复制的示范样板和"中国智慧"；在河北永清、黄骅和沧州、内蒙古呼和浩特和磴口、陕西榆阳、山西朔州等地建立中苜 3 号、中苜 4 号、中苜 10 号苜蓿新品种示范推广和良种繁育基地 10 000 多亩；在位于新疆天山北坡的呼图壁核心试验区建立饲草高效利用与转化示范区 1 000 亩，为周边及示范县的合作社、养殖场在开展苜蓿收割、打捆、利用等技术方面提供咨询。

（四）依托体系科技力量，支撑决策政策制定。 积极向中央及地方政府建言献策，为政府部门在草原生态文明建设及草牧业发展方面的决策和政策制定提供科学依据。牵头撰写的《"十四五"全国饲草产业发展规划》已于 2022 年 2 月正式发布，是新中国成立以来发布的第一个饲草产业发展规划，为我国牧草产业发展提供了重要的政策支撑；参与撰写《2021 年草牧业形势分析报告》，总结分析国内饲草品种种子扩繁的规模、产量变化动态，预测种子产业发展趋势，为政府的种业政策制定提供依据；针对李克强总理 2022 年考察农业农村部时的指示精神，撰写《我国饲草供给潜力测算报告》提交李金祥老师；主持完成援疆任务《新疆草原畜牧业转型升级规划》提交农业农村部；参与撰写《养殖场青贮饲料生产技术导则》；围绕草原有害生物监测和防治工作，向国家林草局提交了《关于进一步提升草原有害生物普查工作质量的建议》《关于规范草原有害生物防治用药的建议》《2022 年草原蝗虫发生趋势分析及防治工作的建议》3 份报告，并获国家林草局领导的肯定，且作为全国草原有害生物普查和防治指导意见下发；撰写的政策建议获省部级领导批示 3 次。

二、重大关键问题技术攻关进展

选育国审饲草新品种 12 个，包括川苏 1 号苏丹草、蜀草 4 号高丹草、琼西异叶银合欢、青牧 2 号老芒麦、环湖老芒麦、青燕 2 号燕麦、苜蓿品种 WL440HQ、甘农 12 号紫花苜蓿、川西鹅观草、舒克（Sulky）白三叶、舒克白三叶和川中牛鞭草。选育省审饲草新品种 11 个，包括洮河野大麦、多花木蓝 803、黔选 1 号非洲狗尾草、黔南金荞麦、GYS18 东方山羊豆、木豆 201516、谢尔塔拉野大麦、歌顿大黍、永宁稗、巴青垂穗披碱草和中草 21 号燕麦。

提出育肥猪日粮配方 1 个，可使用苜蓿叶粉替代日粮中 25% 的豆粕；提出天然牧草发酵全混合日粮最佳使用技术 1 项，能够使养殖效益增加 31.61%；提出苜蓿混播草地放牧 1 项，可使肉羊日增重达到 200g；提出"活杆成熟型玉米'粮+草+畜'种养一体化技术模式"，经济效益提高 55.08% 以上，该模式被农业农村部科技发展中心在 2022 年农业植物新品种展示示范暨信息发布会（徐州）上进行了发布。创新设计了仿生异形切割、柔性点位液控仿形和快速响应自动避障等关键装置，协同体系合作企业，成功改制了 4QZ-30 型自走式青饲料收获机和 Polaris320 系列牧草刈割机，以及通过农机推广鉴定的 9BMB-2.2 型草原免耕播种机。

研究和实践了草地有害生物的绿色防控技术。其中，东北羊草主要病害为锈病，研究发现以每公顷 0.46 头牛放牧可有效防治锈病；开发的被孢霉微生态杂草抑制剂对稗草和马唐等禾本科杂草防治效果近 50%；发现通过"浅耕+秸秆覆盖"的方式可有效防控苜蓿田藜属杂草；对于外来入侵生物长刺蒺藜草，已筛选出 2 种生防药剂；对于蝗虫等草原害虫，推广绿僵菌、白僵菌等生物菌剂 4.2 万亩，害虫防控岗位团队荣获"2022 全国绿化先进集体"。

（一）CARS-34-01A：优质饲草高产高效关键技术研究与示范。 引进、收集饲草种质资源 2 500 余份，评价筛选出优异资源材料 440 余份，创制育种材料 80 余种；筛选出各区域适宜种植的优质高产苜蓿、羊草、饲用燕麦、饲用玉米、披碱草、黑麦草和狼尾草等饲草品种 170 余个，研发饲草良种繁育技术 5 项；建立适宜不同区域的作物与饲草配套种植制度、轮作和林草间作模式 36 个，研发饲草种植、混播、间套作等技术 28 项，完善了多尺度"星-空-地"一体化的栽培苜蓿草地生长状况监测和品质评价系统 1 个；首次发现羊草病害 3 种；研发防治虫害草害的生物农药 8 个，研发杂草刺萼龙葵智能化识别和无人机监测技术 1 项，研发病虫草三类有害生物的防治技术 8 项；形成不同牧草干草或青贮调制技术 9 项，建立牧草产品农药残留检测识别技术 1 项；研制饲草高效播种、改良、收获和加工等机械设备 5 种。

示范区苜蓿一级干草比例达 50% 以上，二级干草比例达 80% 以上；饲用燕麦干草优质率（二级以上）80% 以上；披碱草干草优质率达 75%；饲用玉米、苜蓿、燕麦、黑麦草、狼尾草等主栽饲草青贮贮成率 95% 以上，优质率 80% 以上。

示范区苜蓿、羊草、披碱草、饲用燕麦、黑麦草和狼尾草等主要饲草产量平均增加 10%~20%；苜蓿等主要饲草种子产量平均增加 15% 左右；切叶蜂授粉苜蓿种子产量提高 30% 以上；苜蓿等主要饲草产品质量优质率提高 16%；青贮玉米和小黑麦的轮作模式综合效益提升 15% 以上；建立示范总面积 70 余万亩。

（二）CARS-34-02A：优质饲草高效利用与转化关键技术研究与示范。 制定以饲草为主料的日粮配制技术规程 3 个，放牧草地高效利用技术规程 3 个；制订饲草转化利用机械作业技术规程 3 个；研发反刍动物的饲草型全混日粮配方 10 个，反刍动物专用饲草型发酵 TMR 配方 4 个，单胃动物的新型草产品配方 4 个，牧草-农副产品青贮添加剂 5 个；研制饲草型全混日粮供给模式 1 套；草产品调制技术 23 项，精细化利用和高效转化的技术模式 4 套；改良草地及混播草地家畜高效配置模式 1 套；苜蓿与禾本科牧草混播草地高效利用技术模式 2 套，苜蓿混播放牧草地肥力提升技术 1 项；南方三叶草与禾本科牧草混播草地高效利用技术模式 2 套，刈割草地精准管理配套技术 1 项；豆禾混播放牧及补饲技术 1 项；灌草复合植被建植与利用模式 1 项；改良盐碱地的植物组合及建植管理技术 1 项，盐碱地土壤质量提升的生物修复技术模式 1 项；耐盐碱饲草适口性和转化率提升技术 1 项。

通过技术应用，示范区全混日粮转化效率提升 10%~20%；混播草地放牧利用转化效率提高 10% 以上；改良草地生产力提高 10%~35%；示范加工高利用率牧草型日粮混合饲料 8400t；建立牧草产品高效利用与转化示范区 25 处，合计示范面积 9 万余亩，节本增效 10% 以上。提交报告 6 份，其中优质饲草日粮配方应用于奶牛、肉牛和肉羊的比较效益分析报告 5 份；申报饲草利用与转化效率提升的相关专利 5 项。

三、服务县域经济发展

（一）已开展的工作。 2022 年，体系有 18 位岗站专家参与了彭阳"一县一业"服务县域经济工作。引进 35 个优良牧草品种，建立 3 个试验示范区，示范缓释肥应用技术、病虫害综合防治技术等 5 项技术，示范面积 5 000 亩；实践应用"星-空-地"一体化苜蓿监测管理系统 1 套，形成《宁夏固原苜蓿病害名录》1 份、《宁夏彭阳县牧草产业发展现状、突出制约及对策建议》1 份，研制了苜蓿地切根补播机 1 台，召开座谈和技术培训会 1 期，线上技术交流会 1 期，进一步助推了彭阳牧草产业的高质量发展。

体系有 14 个岗站在阿旗开展 23 次试验示范及技术指导。一是为全旗畜牧业和生态建设献策 13 次，如牧草产业收益评估及发展建议、种植成本收益分析及影响因素研究报告、产业面积裁减与节水转型、羊草、草畜配套发展建议等促高质量发展等；二是自育品种为产业提供保障。受水资源制约，产业将面临裁减面积与节水品种与精准节水技术需求，中苜、龙牧系列苜蓿以及羊草新品种可替代国外品种，解决高耗水、越冬难的发展瓶颈；三是全链条关键技术示范提升产业技术水平。引进种质资源 61 份，首蓿营养与施肥、越冬管理、病虫害生物防治、杂草微生态防控、草产品加工贮藏利用、混播草地划区轮牧施肥等技术示范 33.7 万亩，发放培训手册 2 000 余本，实地技术指导 14 次。

（二）取得的成效。以"优良品种 + 新技术 + 智能监测"综合发展模式，全面提升彭阳企业对首蓿生产标准化、信息化水平，提升了企业核心竞争力和产业发展能力。首蓿高效生产示范区干草亩产量达 690kg，增产 16%，品质提高了 1~2 个等级，每亩增收 486 元，较对照增收 44.14%。

科技支撑使阿旗首蓿草地单产、品质、越冬率提升 16.8%、3.7%、30%。首蓿干草一级、特级比例提高 39%、25%，产业技术水平、发展能力、产品市场竞争力大幅提升；混播人工草地放牧利用作为应对水资源、生态生产协同发展样本以内蒙古自治区 2022 年农牧业主推技术正面向农牧交错区大力推广。

（三）经验模式。在彭阳采用"科技 + 龙头企业 + 合作社 / 农户"发展模式，通过体系专家服务、技术引进、成果转化、共同研发的方式增强科技力量，以龙头企业彭阳荣发农牧有限责任公司为技术示范样点负责科技成果化和商品化，合作社 / 农户负责田间管理，企业与合作社 / 农户签订优质优价购销合同；首蓿收购价格高于市场价格 20%，2022 年市场销售价达历史最高价 2900 元 /t，真正达到了高产优质。

阿旗"科技 + 基地 + 推广部门 + 龙头企业 / 种植大户"模式，以重点龙头企业和典型种养大户为抓手和落点，以体系自有试验示范基地为教学培训平台，示范体系新品种与技术，打造高标准示范区，推广部门以点带面复制推广，培育典型模式和品牌促全域产业发展。

（四）参与科技特派团情况。体系高度重视科技特派团工作，全体岗站专家积极担起这项时代赋予的重任。体系专家承接了全国 9 省份 41 个县的帮扶，参加的岗站专家及团队成员 75 人，108 人次。其中，团长兼产业组长 10 人，11 个团；产业组长 17 人，26 个团；产业组成员 48 人。作为科技特派团的"后备军"，未参与特派团任务的成员也主动配合、同向发力，支持科技特派团专家帮助地方解决实际问题。在调研的基础上，为帮扶县的产业发展出谋划策，特派团工作初期，体系即组织全体系专家编制了助力科技特派团帮扶区县牧草产业发展的"科技清单"，结合体系参与的重点帮扶县地域分布情况，以"产品物品可实际供给、技术服务可落地实施"为原则，认真筛选填报，多次完善修改，共列出了 43 个牧草品种、61 项牧草产业实用技术、9 种牧草产业投入品和 10 款牧草产业机械设备，是牧草体系特派团专家的"锦囊"。体系专家在参与帮扶工作时，既能发挥自身特长，又能灵活调用全体系力量，合力解决问题。

体系认真落实三年产业发展规划，并取得了一些成绩，凸显了科技特派团的作用和影响力。体系专家申报了

国家重点研发计划"乡村产业共性关键技术研发与集成应用"重点专项"青海高海拔地区特色养殖业提质增效关键技术集成与示范"项目，获批资助经费 7 320 万元；"绿色宜居村镇技术创新"重点专项"六盘山 – 秦巴山区种养一体化绿色高效关键技术研究与示范"项目，获批资助经费 2 144 万元；撰写了《关于科右中旗发展现代牧草产业的建议报告》，得到当地政府的高度重视；通过线上、线下技术培训、网络直播等形式，提高农民的生产技能，培训人数逾 5 万人次；利用网络、简报等形式广泛开展宣传、总结经验，体系简报特派团工作专栏报道 40 余篇，体系专家开展科技特派团工作的相关内容，在《人民日报》《科技日报》等中央级媒体，《四川日报》《甘肃日报》等省级媒体以及帮扶区县地方媒体获新闻报道 50 余次。

四、应急与咨询服务工作

（一）蛋白饲草开发与综合利用。1. 收集蛋白饲草 192 份，筛选蛋白饲草品种新材料 17 份。收集耐盐的水流豆、海刀豆、滨豇豆等资源 192 份，为高蛋白饲草的选育提供了资源。筛选出 10 份丰产、优质、抗病虫的饲用豌豆新材料，其中中豌 –11 号新品系产量提高 12%，粗蛋白含量提高 1%。从柱花草杂交后代中筛选出耐寒柱花草材料 2 个。开展了 140 份山蚂蝗属资源的蛋白含量评价，筛选出高蛋白资源 5 份。进行构树资源的进一步选育，挖掘抗寒、持绿基因 20 余个。

2. 评价蛋白饲草种质资源 297 份。评价 297 份蛋白饲草资源的营养指标，评价了 38 份秣食豆种质资源的农艺性状。建立牧草蛋白品质数据库 1 个，形成了不同饲草的蛋白供应序谱。

3. 开发蛋白饲草高产种植技术 2 项。研发饲用大豆密度调控和优化施肥新技术，在黄土旱塬区的干物质产量达到 10.2~21.3 t/hm²，粗蛋白产量达到 1.7~3.9 t/hm²。研发了盐碱地首蓿减肥节水高效种植技术，在雨养条件平均鲜草产量达到 13.82 t/hm²。

4. 开发高蛋白饲料加工利用技术 6 项。开发了添加剂 1 个，形成饲用油菜降酸降苷青贮技术 1 项，能够提升纤维消化率、过瘤胃蛋白比率，降低芥子酸和硫代葡萄糖糖苷浓度，可以在实际生产中进行应用。开展了高水分首蓿、低水分首蓿、饲用大豆、田菁的发酵加工技术研究。湖羊日粮中添加 50% 的饲用大豆与饲用高粱混合青贮，10 周后，断奶羔羊采食量提高 4.98%，体重增加 8.9%。

（二）牧草重大病虫害信息化监测与绿色防控。2022 年北方降水量少，干旱程度重于平均年份，首蓿蚜虫、首蓿蓟马、首蓿白粉病等常发性病虫害未发生暴发成灾。

2022 年南方出现了象草新病害，2022 年 6 月和 8 月湖南省和云南省反馈当地象草出现了严重的问题，寄来标本后进行了研究，发现湖南发生的为狼尾草梨孢菌（Pyricularia pennisetigena）所致的叶斑病，云南发生的为 Brunneomyces 所致的枯萎病，导致植株枯死，整块地发生，使草地毁灭，二者均为世界新病害，值得持续关注扩散

危害趋势。

对于苜蓿毁灭性病害黄萎病，其发生区域未发生变化，在甘肃张掖等地监测了气流传播、空气传播和种子传播等途径。防治苜蓿黄萎病最经济有效的方法为选育抗病品种，故2022年从美国引进抗病种质2份，启动了抗病育种，建立了抗病育种试验田。

五、对接服务企业工作

2022年国家牧草产业技术体系各岗站通过创新科-企对接合作机制、新品种新技术示范、技术咨询指导服务、研发平台联合创建、合作承担科技项目、企业品牌培育打造等多种有效措施，对接服务草业及相关企业120余家，开展现场、视频会议等形式对接活动180余场次，为企业开展技术服务500余场次，培育增强了"丰茂盛园""景美""青宸""柳氏草业"等草产品草业品牌；合作培育形成"益菌优土""益菌优蔬""巧农"等微生物菌剂品牌。有力支撑了企业高质量发展，提高了企业草产品市场竞争力，壮大了企业发展实力。

（一）创新科企对接合作机制，高质量支撑企业发展。体系以成立"首席工作站""教授工作站""科技小院""企业产品+体系成果转移转化中心+政府""公司+农牧民+项目""试验站+企业+基地+农户""试验站+政府+金融+企业+农户"五家握手合作新机制等多种形式，与企业建立了紧密的对接合作关系，实现技术、政策、金融、管理一体化发力。

（二）加大全产业链科技支撑，助力企业提质增效。体系各岗站通过与企业共建优质草产品研发与加工基地、牧草规模化种植示范基地、草业技术支撑服务体系及技术培训、技术指导等多种形式，从品种、种植、田间管理、收获加工、储藏、饲喂利用、良种繁育等全产业链，加大了牧草新品种、新产品、新模式、新技术的示范应用，累计为相关企业开展技术服务500余场次；牧草生产的科技水平显著提高。

与山东五征集团对接合作，实现公司主流机型销售额突破8500万元，同比增长超30%；与内蒙古阳波、宁夏天源等公司对接合作，累计为企业增收680余万元；与新疆瑞吉兰德公司等对接合作，企业草种单产较当地平均水平提高50%以上；与四川大祥百事达公司合作，实现若尔盖改良草地生物量增加26%；与吉林京润、众禾等公司对接合作，利用退耕还草地种植公农5号苜蓿1.2万亩，当年纯利润达1000余万元；与黄骅丰茂盛园公司通过共建优质草产品加工生产线，实现企业苜蓿亩均产值提高到2300元左右，较2021年增长近28%；与哈尔滨晟瑞合作社对接合作，实现合作社亩均降低生产成本75元，累计节本增收150余万元。

（三）加强草业品牌培育提升，协力打造草业品牌企业。与定西鸿壮公司通过"专家+养殖合作企业+农户"方式对接合作，打造了企业品牌"鸿壮羊肉"通过有力的技术支撑与服务，促进了大博公司和华德公司草业机械品牌影响力的进一步提升；全程参与宁夏中微泰

克公司生物农药研发，协助企业申请真菌农药登记证2项；协助景明公司申报成功河北省农业产业化重点龙头企业；培育增强了"丰茂盛园""景美""青宸""柳氏草业"等草产品品牌及"益菌优土""益菌优蔬""巧农"等微生物菌剂品牌。

六、重要机制创新

（一）体系内部协作机制，形成高效内循环。体系聚焦牧草产业发展中的重大关键问题，建立了以"产业问题-品种选育-技术研发-整体评价-示范推广"为主线，以共性技术研发和服务县域经济发展为核心的岗站联合攻关模式，形成了灵活高效的内部合作机制。全年岗站联合开展区域产业调研、重大关键问题攻关、共性技术研发、品种评价与选育、病虫草害防控、区域试验布置、机械化生产、饲草加工等方面合作交流215次，集成技术26项，共同申报项目9项，出版专著4部，建立示范基地15个，开展技术培训16次，从根本上推动了产业关键问题的解决。

（二）技术信息"双向流"机制，拓宽体系发展层面。牧草是畜禽养殖的前端产业，也是林下生态养的载体，加强体系间合作，可促进牧草产业问题突破。牧草体系构建了与其他体系相关岗站的"技术、信息双向流"合作机制，促进全产业链的畅通。2022年牧草产业体系与国家肉牛牦牛、肉羊、蛋鸡、奶牛、绒毛羊、肉兔、水禽、绿肥、橡胶、大豆、谷子高粱、燕麦荞麦、食用豆、玉米、荔枝龙眼、马铃薯、木薯、葡萄、特色油菜、西甜瓜、茶叶、中药材等产业体系86个岗站在产业调研、技术研发、产品开发、模式构建和科技特派团等方面进行合作，促进了产业的协调发展。

（三）地方区域协同机制，实现产业高效发展。地方产业技术体系具有更强的区域性，更了解地方产业发展存在的问题和需求，是国家产业技术体系信息输入、品种和技术输出的基站。国家牧草产业技术体系成员积极推动所在区域地方产业体系的建设和发展，与地方产业体系联合开展该区域产业发展的研究示范，二者可实现优势互补、协同发展。2022年，与内蒙古、宁夏、新疆、西藏、重庆、云南、海南、四川、山东、青海、湖北和河北等省份相关产业建立合作关系，推动地方草-畜产业的发展。

（四）深度联合攻关机制，突破产业技术瓶颈。"他山之石 可以攻玉"，针对牧草产业发展中的技术瓶颈，建立"体系岗站-大学-科研院所"。与大学、科研院所开展深度合作，集中优势力量，联合攻关，打通产业通道。

2022年，牧草产业体系共与北京大学、兰州大学、甘肃农大、海南大学、内蒙古大学、中国科学院、中国农科院等85个科研院所和大学开展针对饲草产业发展的联合攻关。

（五）全面协同推广机制，体系产业密切接轨。政府和企业不仅是新品种、新技术和新模式推广的主体，还是产业发展需求和存在问题的回馈源，牧草产业体系

建立的"岗站-政府-企业-示范点"协同推广机制，助推新品种、新设备和新技术优化和示范推广，实现了成果输出与信息输入良性循环。体系与全国畜牧总站、全国政协、各省份饲草畜牧管理等41个部门建立了稳定的合作关系，促进了该区域牧草产业的健康发展。与牧草及种子生产、畜禽养殖、机械制造和农业开发等领域50家企业开展了新品种授权、合作研发、技术指导等方面的合作，打通了"产-学-研"之间的阻碍。

（国家牧草产业技术体系首席科学家，张英俊）

附表1　2022年国家牧草产业技术体系人员名单

序号	功能研究室	岗位	姓名
1		苜蓿品种改良	杨青川
2		狼尾草柱花草品种改良	刘国道
3		种子扩繁与生产技术	毛培胜
4	遗传改良研究室（8）	种质资源收集与评价	马琳
5		羊草品种改良	王志锋
6		披碱草无芒雀麦品种改良	张博
7		黑麦草三叶草品种改良	张新全
8		青藏高原牧草育种	周青平
9		草田轮作	师尚礼
10		养分管理	何峰
11		土壤改良与产地环境治理	黄顶
12	栽培与土肥研究室（8）	草地改良	刘刚
13		青藏高原牧草栽培	沈禹颖
14		栽培生理与高产栽培	王显国
15		人工草地生态评价	辛晓平
16		放牧草地管理与草畜平衡	张英俊
17		病害防控	李彦忠
18	病虫草害防控研究室（4）	虫害防控	张泽华
19		毒杂草防控	孙娟
20		外来物种入侵防控	林克剑
21		青贮机械化	王德成
22	机械化研究室（3）	播种机械化	刘贵林
23		遥感监测与智能管理	梁天刚
24		青贮技术	玉柱
25	加工研究室（4）	干草调制贮藏	格根图
26		成型草产品加工利用	史莹华
27		质量安全与营养品质评价	张福金
28	产业经济研究室（1）	产业经济	王明利

附表 2　2022 年综合试验站情况

	综合试验站（片区划分）	试验站	姓名
1	东北地区	呼伦贝尔综合试验站	徐丽君
2	东北地区	赤峰综合试验站	梁庆伟
3	东北地区	白城综合试验站	赖宪明
4	东北地区	绥化综合试验站	刘杰淋
5	华北黄淮海区	沧州综合试验站	刘忠宽
6	华北黄淮海区	衡水综合试验站	刘贵波
7	华北黄淮海区	东营综合试验站	王国良
8	华北旱区	张家口综合试验站	刘贵河
9	华北旱区	朔州综合试验站	石永红
10	华北旱区	乌兰察布综合试验站	殷国梅
11	华北旱区	鄂尔多斯综合试验站	尹强
12	西北旱区	榆林综合试验站	杨培志
13	西北旱区	盐池综合试验站	王占军
14	西北旱区	昌吉综合试验站	李学森
15	西北旱区	石河子综合试验站	马春晖
16	西北旱区	金昌综合试验站	姚拓
17	青藏高原高寒地区	阿坝综合试验站	游明鸿
18	青藏高原高寒地区	拉萨综合试验站	多吉顿珠
19	青藏高原高寒地区	海北综合试验站	刘文辉
20	南方草山区	恩施综合试验站	刘洋
21	南方草山区	云阳综合试验站	陈积山
22	南方草山区	黔南综合试验站	莫本田
23	南方平原区	资阳综合试验站	林超文
24	南方平原区	德宏综合试验站	薛世明

现代奶业科技工程国家优质乳工程科技进展

奶业是强壮民族、健康中国不可或缺的战略性产业，是现代农业的标志性产业。为持续推动奶业振兴，按照国家农业科技创新联盟的整体部署，2016年11月18日，由中国农业科学院畜牧兽医研究所奶业创新团队牵头，联合全国奶业优势科研院所及高校、奶业质检及风险评估中心、乳品企业共75家单位，组建了产学研用一体化的国家奶业科技创新联盟（以下简称奶业联盟）。

2017年1月24日，习近平总书记在考察河北旗帜乳业时指出："要下决心把乳业做强做优，生产出让人民群众满意、放心的高品质乳业产品，打造出具有国际竞争力的乳业产业，培育出具有世界知名度的乳业品牌。"

7年来，奶业联盟全面落实习近平总书记的指示精神，立足做强做优，以科技创新和机制创新为突破口，系统研究提出"优质奶产自本土奶"的科学理念，组织实施国家优质乳工程，制定31项标准，形成优质乳工程全产业链标准化技术体系，已经在全国25个省份64家全产业链乳制品企业应用，生产的巴氏杀菌乳中乳铁蛋白含量是进口产品的8倍以上，显著提升了国产奶业的核心竞争力，应用技术生产的优质巴氏杀菌乳产量占到全国总产量的97%以上，引领奶业高质量发展，对实现民族奶业振兴和助力健康中国战略发挥了重要作用。

2019年，奶业联盟被农业农村部认定为首批标杆联盟（农办科〔2019〕35号）；2021年和2022年，国家卫生健康委员会连续2年将优质乳工程列入《国民营养计划》重点工作（国卫办食品函〔2021〕278号、国卫办食品函〔2022〕155号）。

（一）奶业联盟拥有科学理念和核心技术，始终引领行业发展，形成强大凝聚力

奶业联盟在国际上率先开发制定乳铁蛋白检测方法标准，创建了以酶类、活性蛋白和糠氨酸为核心的牛奶品质三维评价方法，科学量化了国产与进口乳制品的品质。制定《优质巴氏杀菌乳》等8项团体标准和6项行业标准，构建成"优质乳工程"标准化技术体系。2016年仅有2家乳品企业参加示范，2019年，发展到51家企业实施，到目前已经有25个省份64家乳品企业自愿开展示范。依靠技术创新，奶业联盟始终引领奶业发展方向，形成强大凝聚力。

（二）奶业联盟实现生乳用途分级和绿色低碳加工工艺重大技术创新，引领企业从容应对进口冲击，形成核心竞争力

奶业联盟创建《生乳用途分级技术规范》等17项团体标准，实现优质牧场–优质原料奶–优质奶产品的无缝连接，优质乳工程示范企业主动加价收购优质原料奶，没有一例拒收限收现象，正向引导奶业利益分配，切实保护奶农利益。示范企业上海光明乳业股份有限公司在全国奶价普遍偏低的情况下，为每千克优质原料奶加价0.15元，每头成年奶牛每年增收864元，破解了长期以来奶农与乳品企业之间利益分配不平衡的难题。

奶业联盟开发出绿色低碳加工工艺，使国内企业巴氏杀菌乳的加工温度由传统的105℃下降到75℃。示范企业每加工1t巴氏杀菌乳节约48.55元，加工成本降低15%以上，降低CO_2排放46.51kg，降低SO_2排放0.15kg，降低氮氧化合物排放0.13kg，实现绿色低碳发展的革命性变化。

光明乳业、长富乳业、新希望乳业等64家示范企业通过原料奶质量提升、分级利用和绿色低碳加工技术应用，使国产优质巴氏杀菌乳的乳铁蛋白含量也从2017年的10.4 mg/L，提高到2021年的44.8 mg/L，是进口产品的8倍。国产奶业正在从传统的依靠变换花色品种和过度广告包装的同质化竞争，向提升内在品质转变，从根本上提升了示范企业对进口奶的核心竞争力。"优质奶产自本土奶"的理念已经成为奶业振兴的共识。

（三）奶业联盟引领示范企业培育优质乳品牌，开展优质乳消费教育，形成了广泛的社会影响力

25个省份64家示范企业大力培育国产优质乳品牌，近几年先后举办优质乳品牌宣讲会416次，参加优质乳现场科普的消费者260.9万人次，线上访问交流人数达到4.6亿人次。

优质乳工程标准体系发布后，美国全国广播公司（NBC）等国际媒体报道，中国大力推进以"安全健康、绿色低碳、营养鲜活"为目标的优质乳工程，建立优质乳标准技术体系，核心指标达到或超过美国和欧盟的标准，明显提升中国消费者对国产奶的信心，改变了对进口奶的盲目信任，由此将对全球乳制品市场格局产生深远影响。

优质巴氏奶产量从2016年占全国总产量的不足1%提高到2021年的97%，2021年和2022年国家优质乳工程连续2年被列入国家卫健委《国民营养计划》重点工作。奶业联盟的"优工联""中优乳"标识已经被联盟企业使用，优质乳品牌具有广泛的社会影响力。

（国家奶业科技创新联盟，王加启、张养东）

奶山羊"三字经"解读及良种选育管理建议

奶山羊作为我国重要的畜牧动物资源，在畜产品生产方面发挥着关键作用。奶山羊生产的羊奶品质优良，已被广泛用于生产优质奶制品，包括鲜奶、酸奶、奶粉、奶酪等。除了奶制品，奶山羊的肉也是重要的畜产品之一，肉质鲜美、营养丰富，深受消费者青睐。因此，奶山羊的养殖不仅为奶制品生产提供了原料，也满足了人们对高档肉制品的需求，这对助推我国畜牧经济有着显著的贡献。

奶山羊产业的发展离不开优良品种的选育和规范的养殖管理。优良的奶山羊品种能够提高产奶量、改善奶质，并增强其抗病能力。同时，规范的养殖管理能够保障羊群的机体健康和生产效率，确保畜产品的质量和安全。近年来，笔者多次深入生产实践，以及进行资料整理，编写出一套简易的奶山羊"三字经"，致力使养殖户能够方便地掌握奶山羊良种培育与饲养管理技术，推进奶山羊养殖的顺利开展，助力奶山羊产业发展。

一、奶山羊"三字经"内容

"三字经"，是中国的瑰宝教材，内容浅显易懂，词语短小精悍、朗朗上口，宣讲做人做事道理，千百年来，家喻户晓。借用《三字经》的风格与魅力，基于奶山羊选种与饲养管理，总结出了通俗易懂的养殖奶山羊的"三字经"，便于养殖户学习掌握，其主要内容如下：

奶山羊，奶汁美，耐粗饲，好饲喂。
色依种，毛稀短，体清秀，楔形显。
奶期长，三百天，产奶量，能过千。
留公羊，查祖先，看三代，须过关。
体高大，颈粗壮，眼球鼓，有雄相。
鼻梁直，头宽长，四肢端，胸开张；
背腰平，尻长宽，蛋对称，附睾显。
母羊型，背腰弓，毛焦躁，别留用。
体狭窄，腿短矮，无精子，都淘汰。
选母羊，大骨架，头狭长，眼明大；
腹腔深，肋骨张，肌肉薄，尻宽长。
乳房大，根基广，附着紧，弹性强；
后突出，前延长，方形圆，静脉壮。
皮肤薄，大容量，乳头匀，奶水旺。
良种羊，良法养，草和料，营养全。
青野草，人工草，青苜蓿，青贮料；
适时收，贮藏好，喂奶羊，离不了；

青干草，成本小，利产奶，效益高。
精饲料，营养高，促高产，最需要；
依奶量，看奶汁，多次给，超量忌。
粗精料，巧搭配，多样化，按需喂。
小羔羊，抗力差，全身器，不发达。
关键日，头五天，吃初乳，保健康；
十天后，教草料，早锻炼，肠胃好；
刚满月，莫断奶，莫栓系，增重快；
四十天，奶下减，增草料，精心管；
青干草，蛋白料，备断奶，搭好桥；
三月龄，奶断掉，高营养，给好料；
讲卫生，保干燥，蹦蹦跳，体质好。
青年羊，生长旺，胃口大，食欲强。
青粗料，喂大量，优干草，最适当；
多吃草，体质壮，少喂料，防矮胖。
圈养羊，食后动，运动足，发育良。
公和母，分栏喂，利管理，防早配。
青年期，培育好，个体大，奶量高。
产奶羊，抓奶量，依特点，分段养。
初分娩，体力差，肠胃虚，弱消化。
优干草，保健方，增食欲，夯健康。
乳房胀，消化差，精饲料，要少加；
体消瘦，食欲降，高能料，添少量；
体复原，奶量升，草和料，随着增；
高峰期，高奶量，高标准，高营养；
多汁料，青贮料，青干草，蛋白料；
多样化，好味道，饮豆浆，奶量高；
快催奶，精料用，营养浓，促高峰；
稳产期，慢调整，看奶量，测体重；
五月后，奶不旺，慢减料，保产量；
孕两月，快干奶，复体力，备下胎；
干奶后，抓膘情，积储蓄，增体重。

二、奶山羊"三字经"解读

1. 奶山羊基本特性

①奶山羊，奶汁美，耐粗饲，好饲喂。奶山羊是我国的重要乳用动物之一，生产的羊奶品质良好，营养物质丰富，深受消费者青睐。奶山羊对粗饲料有较强的适应能力和消化能力，容易利用饲料饲养。

②色依种，毛稀短，体清秀，楔形显。奶山羊的毛

色与品种有关，萨能奶山羊与关中奶山羊的被毛均为白色，吐根堡奶山羊被毛为浅黄褐色到巧克力色，阿尔卑斯奶山羊毛色多样。奶山羊躯体毛发稀疏且短，母羊机体结构清秀，棱角明显，成年奶山羊体型整体表现为楔状，从前躯逐渐向后躯变大。

③奶期长，三百天，产奶量，能过千。奶山羊的泌乳期长，一个泌乳期的理想时间在300天左右，产奶量与品种和饲养管理有关，优秀个体的产奶量可超过1000 kg。

2. 奶山羊选种

（1）公羊留种要点。

①留公羊，查祖先，看三代，须过关。种公羊对于羊群甚为重要，在羔羊阶段选留时必须严格对待，查询系谱档案，根据奶山羊祖先的品质优劣估计遗传性能，通常查看三代，包括父母代、祖代以及曾祖代，尤以父母代影响最大，确保留种的公羊个体品质优良。

②体高大，颈粗壮，眼球鼓，有雄相。种公羊体格高大，颈部粗壮，眼球大而向外鼓出，表现出明显的雄性特征。

③鼻梁直，头宽长，四肢端，胸开张。种公羊的鼻梁笔直，这个特征与奶山羊品种有关，如努比亚奶山羊鼻梁隆起，呈骡马形。头部宽长，四肢站立姿势端正，胸部宽阔，向外开张。

④背腰平，尻长宽，蛋对称，附睾显。种公羊的背部和腰部平直，尻部长且宽；种公羊的睾丸俗称"羊蛋"，2个，分布于阴囊中，被阴囊中隔分开，大小一致，左右对称；附睾发育良好，明显外露。

⑤母羊型，背腰弓，毛焦躁，别留用。种公羊群体中有表现母羊特征的、背腰弓起而不平直的以及被毛不光顺的个体，应及早淘汰，不能留作种用。

⑥体狭窄，腿短矮，无精子，都淘汰。种公羊群体中躯体结构狭窄，腿短小而低矮，或者精液品质差的个体，必须淘汰。

（2）母羊留种要点。

①选母羊，大骨架，头狭长，眼明大。选留母羊时，要求骨架大，头部狭长，眼睛大而明亮。

②腹腔深，肋骨张，肌肉薄，尻宽长。母羊腹部大，肋骨张开，肌肉不宜过厚，尻部宽而长。

③乳房大，根基广，附着紧，弹性强。母羊乳房结构大，乳房基部宽广，与腹壁相贴紧凑，质地柔软，弹性好，充奶时鼓起，挤奶后明显缩小。

④后突出，前延长，形方圆，静脉壮。母羊乳房后部明显突出，乳房前部向躯体前方延伸，良好的乳房形状呈方圆型，乳静脉（腹皮下静脉）粗壮。

⑤皮肤薄，大容量，乳头匀，奶水旺。母羊乳房皮肤浅薄，储奶容量大，两个乳头均匀生在乳腺底部，与乳腺部有明显的分隔线，产奶能力强。

3. 奶山羊饲养管理

（1）饲养管理基本要点。

①良种羊，良法养，草和料，营养全。要养好优良品种的奶山羊，必须采取良好的方法，提供草料和精饲料，

营养成分含量要丰富、全面。

②青野草，人工草，青苜蓿，青贮料。青刈的野草，人工种植的牧草如苜蓿以及青贮料等是奶山羊的优质粗饲料。

③适时收，贮藏好，喂奶羊，离不了。种植的牧草要在适宜时间收割，保证营养价值。收割的粗饲料按要求储存，保证牧草质量不受破坏。粗饲料是奶山羊最好的饲喂饲料，不能缺少，要足量供应。

④青干草，成本小，利产奶，效益高。青干草是收割的新鲜牧草经过加工而制成的粗饲料，可长期储存，饲喂奶山羊会降低饲料成本，而且还能促进产奶量，提高经济效益。

⑤精饲料，营养高，促高产，最需要。精饲料是根据奶山羊营养需要通过科学配制而成的饲料，常常由饲料加工企业制造，进而销售给养殖户。养殖户也可自己配制精饲料，由于其营养成分含量高，易于消化吸收，饲喂奶山羊后，奶山羊产奶量会迅速提高，是维持高产的基本保证。

⑥依奶量，看奶汁，多次给，超量忌。精饲料要根据奶山羊的产奶量以及羊奶的成分含量，应多次适量提供，禁忌过多给予，否则会提高饲养成本或造成奶山羊消化道疾病。

⑦粗精料，巧搭配，多样化，按需喂。精粗料饲喂要讲究，要合理搭配饲喂奶山羊，泌乳盛期要提高精饲料比例，按精粗比5：5供应；此外，粗料种类要多样，在不同生理时期或生产阶段依据营养需要提供，保证奶山羊得到充足的营养物质。

（2）羔羊的饲养管理要点。

①小羔羊，抗力差，全身器，不发达。刚出生的小羔羊，对疾病的抵抗力差，全身器官未完全发育，器官功能弱，需要严加保护。

②关键日，头五天，吃初乳，保健康。羔羊管理中最重要的时间段是在羔羊出生后的前五天，确保羔羊能够汲取充足的初乳，保证机体健康和生长发育。

③十天后，教草料，早锻炼，肠胃好。羔羊10日龄时，开始供给草料并逐渐增加，趁早锻炼羔羊采食粗饲料的能力，促进羔羊肠胃的健康发育。

④刚满月，莫断奶，莫栓系，增重快。羔羊30日龄时，继续饲喂羊奶，不要断掉；不要栓系羔羊，这样有利于运动，保证羔羊健康成长，日增重明显。

⑤四十天，奶下减，增草料，精心管。羔羊40日龄时，逐渐减少羊奶的供给，但要增加草料的喂量，严格管理羔羊，避免出现不适应症而导致疾病发生。

⑥青干草，蛋白料，备断奶，搭好桥。青干草和高蛋白料是羔羊的重要饲料，一定要科学供给，为羔羊断奶做好过渡准备，使羔羊逐渐适应采食草料的习惯。

⑦三月龄，奶断掉，高营养，给好料。羔羊90日龄时，必须停止饲喂羊乳，给予营养成分含量很高的优质饲料，避免断奶应激。

⑧讲卫生，保干燥，蹦蹦跳，体质好。保持好羔羊

舍环境卫生以及小气候干燥，这样的话羔羊会活泼好动，生长发育良好，体质健康、结实。

（3）青年羊的饲养管理要点。

①青年羊，生长旺，胃口大，食欲强。青年羊生长发育迅速，采食量大，食欲旺盛。

②青粗料，喂大量，优干草，最适当。对青年羊要提供大量的青粗料，尤其是优质的青干草，是最适宜的饲料选择。

③多吃草，体质壮，少喂料，防矮胖。尽量使青年羊多采食草料，这样有助于青年羊体质健壮。避免投入过多的精饲料，阻滞体格发育，导致青年羊矮小、肥胖。

④圈养羊，食后动，运动足，发育良。圈养的青年羊一定要在采食饲料后加强运动，建议食后驱赶1 h左右，保证青年羊有足够的运动量，有利于良好的生长发育。

⑤公和母，分栏喂，利管理，防早配。公羊和母羊应分栏舍饲养，不可混养，这样有利于公母羊管理，防止过早配种。

⑥青年期，培育好，个体大，奶量高。处于青年期的奶山羊，一定要加强培育，保证成年后体格大、产奶量高，成长为一个生产性能良好的个体。

（4）泌乳羊的饲养管理要点。

①产奶羊，抓奶量，依特点，分段养。对于产奶羊而言，一定要把产奶量作为首要任务考虑，依据其泌乳的生理特点，应进行分段饲养管理。

②初分娩，体力差，肠胃虚，弱消化。母羊分娩后，体力明显下降，肠胃功能虚弱，表现出较差的消化能力，这是正常的生理表现。

③优干草，保健方，增食欲，夯健康。给母羊提供优质的青干草，以及有助于机体健康的饲料饲喂方案，促进食欲增加，维护好母羊机体健康。

④乳房胀，消化差，精饲料，要少加。在奶山羊乳房肿胀和消化力弱时，应提供少量的精饲料，保证饲料消化吸收良好，避免造成消化系统疾病。

⑤体消瘦，食欲降，高能料，添少量。如果发现机体消瘦的泌乳奶山羊，食欲应该明显下降，饲喂饲料时要严格管理，尤其是高营养的饲料要少加，避免造成消化不良。

⑥体复原，奶量升，草和料，随着增。母羊机体恢复后，奶量会大增，这时草料饲喂要随着泌乳量增加而增加。

⑦高峰期，高奶量，高标准，高营养。产奶高峰期时，产奶量高，要高标准对待泌乳奶山羊，提供营养充足的饲草料。

⑧多汁料，青贮料，青干草，蛋白料。用于饲喂奶山羊的饲草料种类多，常常包括多汁料、青贮料、青干草和高蛋白料。

⑨多样化，好味道，饮豆浆，奶量高。饲喂的饲草料应多样性，并且气味良好。可以给泌乳羊饲喂豆浆等，这样有助于增加产奶量。

⑩快催奶，精料用，营养浓，促高峰。若使泌乳奶量快速上升，应使用精饲料，由于精饲料营养成分含量充足，可以促进奶量增加并达到高峰。

⑪稳产期，慢调整，看奶量，测体重。为了维持泌乳羊产奶稳定，需要逐渐调整饲料，首先监察奶量，此外检测体重，评判饲养水平，保证有一个良好的产奶性能。

⑫五月后，奶不旺，慢减料，保产量。泌乳5个月后，奶山羊产奶性能下降，奶量减少，这时应逐渐减少饲料的供应量，保证产奶量稳定，不快速下降。

⑬孕两月，快干奶，复体力，备下胎。当奶山羊怀孕两个月时，要快速干奶，保证奶山羊体力恢复，以便为产羔做好准备。

⑭干奶后，抓膘情，积储蓄，增体重。奶山羊干奶后，特别要关注其体重和膘情。此时可以通过适当的饲养管理，帮助奶山羊积累体内脂肪，增加体重，以应对未来的产羔和产奶。

三、良种奶山羊的选育及饲养管理的建议

不管是奶山羊繁育场还是生产场，首先需要更加注重奶山羊的选育与良种扩繁。第一，根据现有奶山羊生产水平，加强奶山羊优秀个体筛选与培育过程；第二，依据奶山羊育种资料的电子档案，进行性状分析和遗传评估，坚决淘汰生长发育异常、生产性能低下的个体，保留优秀个体组建或补充良种群；第三，加强选育技术的完善和提高，依据自己的基础设施水平以及工作能力，可将传统选育方法与现代高效的育种技术（自动性能测定系统、全基因组选择技术等）相结合，加强奶山羊的选育水平。

其次，在做好奶山羊科学分群后，需做好以下饲养管理措施：第一，保持良好的圈舍环境，舒适的圈舍环境有利于奶山羊健康生活，有利于其适当运动，维持健康的身体状态；第二，提供精准营养，根据奶山羊不同生长生理阶段和生产需求，科学配比饲料，确保营养均衡且充足，满足奶山羊的生长发育和高产奶性能；第三，严防疾病发生，对奶山羊机体采取综合防控措施，制定科学合理的免疫程序，定期疫苗接种和驱虫等，确保奶山羊健康生长，有效防范疾病发生；第四，加强日常管理，做好修蹄、挤奶、圈舍消毒等工作，使奶山羊健康生产优质奶，发挥奶山羊的生产潜能。

最后，奶山羊场要注重场区安全质量管理。第一，维护羊场生物安全，管理好人员、车辆出入与消毒，引种羊严格隔离饲养，粪污进行资源化利用或无害化处理；第二，做好档案记录，记录每只山羊的健康状况、产量数据和生长表现等信息，有助于监测和评估羊群的整体健康和生产效率；第三，激发工作人员的责任心，明确岗位职责，建立工作人员考核制度，对表现优秀的员工进行职务晋升或绩效奖励，对于表现一般或较差的员工实施思想教育或技能培训。

四、小结

奶山羊的良种繁育与饲养管理是一个系统工程，需

要综合考虑繁育、饲料、环境、疾病和挤奶等多个方面。通过执行奶山羊"三字经"中的关键技术要点，充分做到科学管理和精心护理奶山羊，可以提高奶山羊的产奶性能，降低疾病发生率，从而实现奶山羊养殖的高质量发展。

（西北农林科技大学动物科技学院，史怀平、罗　军、陈　楚、范滲钰）

八、国际奶业

GUOJI NAIYE

【国际概况】

2022 年全球奶业形势

一、原料奶生产

（一）概述

2022 年全球奶类产量增长了 1.1%，达到 9.36 亿 t。这是连续第二年低于平均增长率（2015—2022 年的复合年增长率为 2.1%）。在连续两年的新冠疫情大流行之后，2022 年又是一个特殊的年份。由于成本高，主要出口地区的供应形势仍然十分严峻，例如化肥、饲料和能源成本在俄乌冲突爆发前就已经很高了，战争爆发后更是继续飙升。快速增长的养殖成本导致利润缩水，阻碍了原料奶产量的增长。奶牛饲料成本的变化对总开支产生了重大影响，导致浓缩料使用量下降。此外，在欧洲粗饲料的质量尤其令人失望，导致原料奶产量以及乳成分含量进一步下降。

从结构上看，全球原料奶产量的增长主要来自原料奶供给不足地区的强劲增长，以及水牛奶产量的增加。亚洲以及其他奶业新兴市场的原料奶生产，在当地需求增长以及总体有利的原料奶收购价格拉动下，呈现增长势头。

（二）牛奶产量

全球的牛奶产量是原料奶产量的主要部分（2022 年占比为 81%），2022 年增加了 500 多万 t（+0.7%），达到 7.58 亿 t，但增长率远低于 2015—2022 年的平均增长率（+1.8%）。这主要是由于欧洲、美洲和大洋洲的产量停滞不前。全球绝大部分的供应增长来自亚洲，该地区近几年对原料奶和奶制品的需求增长显著。截至 2022 年，和世界其他地区相比，2015—2022 年间亚洲的年平均增长率是最高的，达到 4.5%。然而在 2022 年，亚洲的牛奶产量增长也低于这期间的平均增长率，仅为 3.1%。

在亚洲，印度的增长至关重要，无论是产量（占亚洲总量的 46%）还是在增长率（2022 年为 4.8%），这个全球第一大牛奶生产国之所以能稳健增长，部分原因是政府多项措施和项目持续推动产业发展，促进了奶畜生产力的显著提高，再加上人口增长导致了需求量的强劲增长。尽管印度 2022 年的增幅相当大，但还是低于

2015—2022 年的平均增长率（+7.3%），2022 年第三季度爆发的牛结节皮肤病影响了印度的牛奶生产。

紧随印度，中国（+6.8%）和巴基斯坦（+3.8%）也对亚洲牛奶产量的增长做出了重大贡献。相反土耳其的牛奶产量大幅下降了近 7%，造成这一结果是因为成本高企导致利润微薄。

全球牛奶产量的增长率低于近年来的平均水平，其原因包括南美洲和大洋洲产量的大幅下滑，欧盟以外的其他欧洲国家（包括英国）产量的小幅减产，以及欧盟、北美和中美洲地区产量的增长乏力。从全球角度看，除了一些地区是由于气候造成的影响外，大部分原因是由于成本高企和利润微薄阻碍了全年大部分时期的牛奶生产。2022 年第四季度，一些主要的奶业国家牛奶供应，尤其是欧盟和美国，在一定程度上出现复苏的迹象。这是由奶价上涨和成本下降共同推动的结果。

欧盟 27 国的牛奶产量保持与 2021 年相近的水平。德国、法国和意大利的产量有所回落。意大利牛奶产量的下滑主要是由于下半年的干旱造成的，波兰牛奶产量的增幅最高，荷兰、比利时和爱尔兰的牛奶产量也出现了增长。

与欧盟的情况类似，美国在 2022 年勉强实现了增长（+0.1%），其上半年产量下滑，下半年在奶牛存栏增加和单产提高的推动下，牛奶产量恢复增长。加拿大的牛奶产量略有回落。墨西哥是中北美洲地区唯一一个实现产量增长的主要奶业国家。

在大洋洲，经常发生异常天气，加上环保措施，从而影响了牛奶产量的进一步增长。不仅如此，大洋洲的奶农与其他重点出口地区的同行一样，也需要应对高企的成本，以及随之带来的微薄利润。2022 年，新西兰的牛奶产量下降了 4.0%，澳大利亚的降幅更大（-5.0%）。除了上述因素外，奶农和奶牛存栏数量双双下滑，加上劳动力严重短缺，限制了澳大利亚奶牛养殖业的发展机会。

南美洲保持了自己的内部平衡。该地区的经济不稳定偶尔也会抑制供应潜力和需求潜力，这也反映在

2015—2022年的复合年增长率上（0.0%）。2022年南美洲的牛奶产量减少了3%以上。最大的降幅出现在巴西和哥伦比亚，乌拉圭和智利的产量也有所下滑。阿根廷保持稳定。与欧盟和美国不同的是，阿根廷的牛奶产量在2022年上半年有所增加，而下半年由于受严重干旱的影响产量出现下降。

除了亚洲，非洲是另一个主要缺奶的地区，该地区在2022年牛奶产量增加了2.5%，这是世界上唯一一个高于平均增长率的地区，主要原因是肯尼亚和坦桑尼亚牛奶产量的显著增长。埃及的牛奶产量略有增长，南非产量仍然停滞不前。

（三）水牛奶

全球奶类产量增长的主要引擎之一是水牛奶，2015—2022年的年均增长率高达3.9%，相比牛奶产量而言，水牛奶生产的持续高增长率使得其在全球奶类产量中所占份额逐步上升，2022年达到了15%以上（2015年为13%）。

水牛奶产量的持续增长出现在印度（+3.4%）和巴基斯坦（+3.0%）这两个主产国，从而使得2022年全球水牛奶产量的增长率达到3.3%，全球产量超过1.42亿t。尽管印度产量的增长低于往常年份，但增加的产量仍占2022年全部增量的75%。

除了印度和巴基斯坦外，其他主要的水牛奶生产国还有中国、尼泊尔和埃及。2022年埃及的水牛奶产量持续大幅增长。

（四）绵羊奶、山羊奶和其他畜种奶

其他畜种奶的产量增长缓慢，总的来说，2022年的产量几乎没有增长，远低于2015—2022年的平均增长率（+1.3%）。其中主要是山羊奶，在传统乳制品和婴幼儿营养两个领域都有较高的增长率。

亚洲和非洲可能保有最大的山羊存栏量，但专业化生产却主要集中在欧盟和大洋洲。在一些需求不断增长的地区，比如中国，由于高额的利润空间吸引了专业人士在亚洲投资。2022年，全球山羊奶产量仅增长0.3%，远低于2015—2022年的平均增长率（+1.5%）。2022年世界山羊奶产量总计超过2100万t。

与此同时，2022年绵羊奶产量减少了0.7%。近几年，绵羊奶产量一直保持相对稳定，大约在1050万t左右。除山羊和绵羊以外的其他畜种的奶类产量（比如骆驼奶和马奶）也增产超过1%。

二、乳制品加工

（一）牛奶加工量

本报告中关于牛奶加工量的信息，是基于国际奶业联合会收集的各国家委员会数据和其他合作机构及来自50多个国家的公开信息。

2021年下半年的经济强劲复苏，使得原料奶生产成本上升，从而导致一些主要奶业地区的原料奶加工量出现下滑。2022年的形势在上下半年各不相同，上半年由于成本的进一步上涨，导致原料奶加工量持续下滑。

下半年由于原料奶收购价格的上涨，整体上出现更有利的局面。尽管如此，2022年总体上成为2016年以来原料奶加工量首次出现下降（-0.1%）的年份。

欧盟27国在2021年原料奶加工量出现略有下滑之后，2022年的原料奶加工量保持稳定，德国和法国这两个主要生产国连续两年出现下滑（幅度分别为-0.5%和-0.8%）。在大多数欧洲国家，2022年上半年原料奶加工量下降，但下半年由于强劲的需求驱动，乳制品价格上涨，从而带动原料奶加工量的回升。作为对高涨的乳制品价格的回应，北欧国家增加了他们的原料奶加工量，这种迹象在荷兰表现非常明显，上半年回落，而全年则以原料奶加工量增加1.0%收尾。类似的情况也出现在波兰（+2.4%）、比利时（+3.1%）和奥地利（+2.9%）。相比之下，欧盟南部国家在提高原料奶加工量方面面临挑战，他们需要应对夏季酷热和随之而来的干旱。意大利和西班牙原料奶加工量分别下降了0.7%和2.1%，而葡萄牙则出现3.4%的跌幅。

在其他欧洲国家，英国的原料奶加工量下降了0.8%，原因同样是奶农生产成本上涨。在俄罗斯和白俄罗斯，原料奶加工量分别稳步增长了3.7%和0.7%。乌克兰的情况相反，由于俄乌冲突的不利影响使得原料奶加工量出现大幅下跌（-10.8%）。

在大洋洲，原料奶加工量继续呈下降趋势。由于恶劣天气导致不利的放牧条件及饲料作物减产，新西兰的原料奶加工量下降了3.8%。澳大利亚的情况类似，原料奶加工量下跌了5.0%，主要原因是洪水和饲料质量差。

在北美洲，美国的原料奶加工量在上半年出现下跌，原因是虽然原料奶收购价格较高，但饲料成本的上涨仍迫使美国奶农减缓了生产。2022年美国的原料奶加工量与2021年持平。墨西哥的原料奶加工量连续第三年大幅上升，同比增长了4.9%。

南美洲的原料奶加工量也呈下降趋势。巴西奶农的生产成本飙升，导致许多小规模奶农停止生产，干燥的天气同样对原料奶的生产带来很大的影响，导致巴西2022年的原料奶加工量大幅下降（-4.8%）。乌拉圭原料奶加工量出现下滑，阿根廷保持稳定，哥伦比亚的原料奶加工量则从2021年的急剧下滑中复苏。

大多数亚洲国家的原料奶加工量都有所增加，其中中国原料奶加工量的增长保持了2015—2022年间的年均增长率（+2.9%）水平，达到了3.1%。在土耳其，虽然2022年原料奶收购价上涨，但奶农受土耳其里拉贬值的影响，加上奶牛存栏下降，导致原料奶加工量下降3.0%。在日本，尽管奶牛存栏量和牧场数量均出现下滑，但原料奶加工量小幅增长了0.4%。

（二）乳制品产量概况

本报告公布的乳制品生产数据是根据各国统计数据的汇总，这些数据能够代表评估后的世界总产量的主要部分（75%~90%）。然而对于新鲜乳制品，其生产和市场流通的很大比例是通过非正式的全球市场，或者

直接被排除在官方统计之外的。也就是说，本报告提供的对新鲜乳制品的分析是基于50多个国家的数据，这使我们能够推测出总量和增长趋势。

随着2022年原料奶加工量的小幅下降，乳制品产量增长放缓，或者在一定时间内与长期趋势相比有所下滑。总体而言，加工商青睐生产奶酪、黄油和脱脂奶粉，而其他乳制品在全球范围内看产量有所下降。

1. 液态奶和新鲜乳制品。2022年全球液态奶产量增长了2.9%，高于2010年以来0.8%的年均增长率。这主要是由于中国液态奶产量大幅增加（+21.1%）带动的，这个增量比其他国家增量的总和还要多。印度液态奶产量也强劲增长，增加了9.2%。

欧盟27国的液态奶产量连续下滑（-2.5%），与其消费萎缩趋势相吻合，这个现象已经持续了多年，仅2020年例外。美国表现出同样的趋势（-2.4%）。巴西的液态奶生产也是呈下降（-4.8%）趋势，而阿根廷则增长了5.8%。

尽管发酵乳产量在2010—2022年的年均增长率达到2.1%，但在2022年总产量却下降了3.4%。然而，欧盟27国的产量再次增长（+0.5%），这主要得益于德国和西班牙的发酵乳产量增加。中国的发酵乳产量继续大幅下降（-11.8%）。俄罗斯的发酵乳产量也下降了8.0%。印度发酵乳产量则是连续第二年上升（+7.2%）。本报告覆盖的非洲国家的数据显示，发酵乳产量呈连续上升趋势。

在发达国家，液态奶的产量下滑的可能性较大，而在发展中国家，为满足当地需求，则有望保持增长势头。新鲜乳制品生产的未来前景并不是很确定。随着需求不断增长和营养摄入改善，长期来看液态奶产量增长应该会是稳定的，但目前产量却停滞不前。

2. 黄油和其他乳脂肪。全球每年黄油和其他乳脂肪的产量超过1 290万t，比如无水奶油和酥油（折算为黄油当量）。2021年和2022年的产量增幅都低于2010年以来的年平均增长率，2022年仅为1.9%。

全球黄油和其他乳脂肪的产量很大一部分来自印度，该国的乳脂肪产量占世界产量的一半，2022年为650万t。印度黄油和酥油的产量在2022年继续增长了3.2%，增量为20万t。新西兰的黄油和无水奶油产量在2021年出现下滑，但在2022年增长6.4%，达到50万t。俄罗斯黄油和无水奶油产量显著增长14%，总量超过了30万t。在其他主要出口地区，比如欧盟27国和美国，产量保持稳定。在欧盟内部，法国（-1.0%）和爱尔兰（-2.3%）的黄油和无水奶油产量出现下滑，而意大利（+7.4%）和丹麦（+7.0%）产量增长，使得欧盟整体保持平衡。

3. 奶酪。2022年全球奶酪总产量估计为2 550万t左右（不包括再制奶酪，以避免重复计算）。本章节重点关注天然牛奶奶酪，其产量接近天然奶酪总产量的90%。其余的奶酪由产自其他奶畜（水牛、山羊和绵羊）的原料奶制成，以及一些自制奶酪和农场奶酪，这些数

据并不显示在国家统计中。2022年，奶酪产量增长了1.0%，低于2010年以来2.1%的年均增长幅度。

在2021年，本报告监测的大多数国家的奶酪产量均有所增长，2022年则截然相反。奶酪主要生产地区欧盟27国的奶酪产量增长0.9%，达到950多万t。这一增长主要是由波兰（+9.1%）、丹麦（+2.6%）和西班牙（+17.7%）的增产带来的，而德国的产量下降了1.3%，法国产量则保持稳定。美国是位列欧盟之后的第二大奶酪生产地区，其2022年奶酪产量增长2.2%，与2010年以来的2.5%的年均增长率大体持平。这两个地区的奶酪生产受到国际市场需求增长的推动。

其次，奶酪的主要生产国巴西和土耳其则远远落后，2022年产量分别为102.3万t和71.4万t，这两个国家的奶酪产量都大幅下降，巴西下降了4.8%，土耳其下降了5.5%。俄罗斯的奶酪产量强劲增长了11.1%，达到52.7万t。2022年墨西哥和阿根廷的奶酪产量保持稳定。在大洋洲，澳大利亚奶酪产量增长2.0%，而新西兰由于出口表现疲软，其产量下降了1.3%。

4. 奶粉。2022年全脂及半脱脂奶粉产量大幅下降至470万t（-5.4%），恢复至2019年的水平。

大部分主产国（地区）全脂奶粉产量都出现下滑。一直以来最大的生产国新西兰，产量大幅下跌12.5%，跌至140万t，这是2017年以来的最低点。新西兰全脂奶粉产量的大幅下跌主要是由于中国需求出现明显下降，对阿尔及利亚或印度尼西亚出口的增长也没能抵消中国的跌幅。与此同时，中国的产量增长了2.3%，接近2018年100万t的水平。欧盟产量下降（-5.5%）至2016年以来的最低水平，不足80万t。荷兰（-23.9%）、丹麦（-21.2%）和比利时（-33.2%）的产量下降尤为明显。在南美洲，巴西（-5.0%）和阿根廷（-9.2%）全脂奶粉产量也出现下滑。

2022年全球脱脂奶粉的产量出现增长（+1.3%），达到500万t，这主要是由于加工商将更多的原料奶用于生产脱脂奶粉和黄油。

欧盟的脱脂奶粉产量增长了3.8%，特别是比利时（+27.0%）和爱尔兰（+17.6%）出现大幅增产。由于原料奶出现短缺，法国的脱脂奶粉产量下降了6.9%，仅为37万t，创下过去10年的历史最低水平。2022年全年，由于对欧盟外国家的出口都出现大幅下降，欧盟国家多余的全脂奶粉主要在欧盟内部消费或转入库存。

在经历多年增长并积极参与国际竞争后，美国的脱脂奶粉产量出现了4.3%的大幅下跌。在大洋洲，澳大利亚的脱脂奶粉产量仍在下降，降至13.7万t（-9.0%）。然而，新西兰的脱脂奶粉产量出现了显著反弹，大幅增长了18.2%，这主要是受南亚市场需求的推动。在南美洲，巴西和阿根廷的脱脂奶粉产量分别下降了4.3%和6.4%。2022年，俄罗斯的脱脂奶粉产量和其他乳制品一样出现显著增长，增幅为15.6%，产量超过了11万t。

5. 浓缩乳。全球浓缩乳产量连续第二年出现大幅下滑，跌幅达5.6%，降至380万t的水平。这期间许多主

要生产国削减了他们的浓缩乳产量。值得注意的是，浓缩乳市场主要由美国和欧盟主导，这两个地区的产量之和接近全球总产量的一半。

欧盟27国的产量大幅下降了8.1%，降至95.3万t的水平。欧盟主要生产国荷兰和德国，产量分别大幅下滑4.4%和4.2%。

美国的产量尽管也下跌了3.9%，但仍然超过了欧盟，产量与欧盟基本持平。

此外，秘鲁也是一个值得注意的浓缩乳生产国，产量大幅下跌了14.3%。2021年中国浓缩乳产量出现增长，但2022年大幅下跌了15.0%。

6. 乳清制品。乳清液主要是生产奶酪的副产品（占比80%以上，其余来源于干酪素生产）。因此，大部分乳清制品主要产自产奶酪的主要地区，比如欧盟和美国。尽管奶酪生产出现增长，但乳清粉的产量却小幅下降了0.3%。欧盟产量为220万t，成为当前全球最大的乳清粉生产地区，占本报告统计国家乳清制品总产量的69%。欧盟的产量下降了近1%，而其他主要生产国，如美国、俄罗斯和阿根廷的乳清粉产量都出现了增长。2022年中国对乳清粉的需求出现了明显下降，严重影响了欧盟等产品供给国（地区）的出口。

把乳清加工成乳清衍生物（浓缩乳清蛋白、乳清分离蛋白）的趋势在持续增强。由于婴幼儿配方奶粉、营养食品和医疗用途市场增长带来的相关机会，乳清原料在全球范围内呈现增长势头。

7. 有机奶。大多数发达国家的有机奶产量都出现上升。2022年有24个国家提供了他们有机奶加工量的数据，大部分来自欧洲。2022年，在这24个国家的加工量中，有机奶的平均比例达到4.9%。随着对有机奶需求的增长，这一比例预计还会继续上升。

为了满足对有机奶不断增长的需求，欧洲在过去几年保持了生产强劲增长的态势，但随后许多主产国的产量出现下滑（丹麦 -3%，奥地利 -2%，瑞士 -2%）。通货膨胀导致消费模式的转变，很多消费者转向购买更实惠的替代品。因此，许多国家的有机乳制品消费都有所下降。

不同国家之间的差别很大，如奥地利的有机奶占总供应量的17.3%，而在波兰或者冰岛，这一比例只有0.3%。

三、乳制品行业

（一）2022年世界乳业巨头

2022年，大多数乳业集团的营业额（以当地货币表示）都出现了大幅增长。这一上升趋势源于世界各地消费者层面又出现了非常高的通货膨胀。

然而，当以美元表示时，非美国集团的乳制品营业额增长因美元走强而大幅下降。与2021年相比，2022年大多数货币对美元的汇率下跌：人民币和新西兰元下跌4%，印度卢比下跌7%，瑞士法郎下跌9%，欧元和英镑下跌11%，加元下跌12%。

兰特黎斯仍然是世界领先的乳制品集团，2022年营业额近300亿美元。其营业额增长了15%，全球牛奶收购量增长了2.7%，达到226亿L。

尽管美国奶农协会（DFA）在2021年和2022年的牛奶产量几乎相同（288亿L），但营业额在过去两个财年增长了27%。这个急剧增长必须与这两年支付给DFA奶农平均收奶价的巨大增长（+39%）进行权衡。

凭借7%的营业额增长，伊利巩固了其在亚洲的领导地位，领先于蒙牛和阿穆尔。恒天然也发布了同样的进展，尽管其全球牛奶收购量下降了4.4%，至185亿L。

阿拉食品和皇家菲仕兰的营业额增长率基本接近（+9%和+10%），但牛奶收购量略有下降，阿拉食品降低了1.4%，降至131亿L，皇家菲仕兰降低了2.4%，降至92亿L（收购自合作社成员）。达能的乳制品和植物性产品营业额增长了1%，而直接牛奶收购量急剧下降了8.4%，降至50亿L。

加拿大Saputo和Agropur集团的营业额分别增长了4%和14%，虽然后者的牛奶加工量略有下降（-1%），为67亿L。

（二）2022年和2023年初的主要合作与并购情况

1. 大洋洲。在澳大利亚，兰特黎斯以1.39亿美元收购了酸奶制造商Jalna Dairy Foods。总部位于泰国的KCG公司（KCG）以700万美元的价格收购了贝尔顿全球食品公司12%的股份。

2023年上半年，Bega Cheese以3 500万美元的价格将其在澳大利亚维他奶公司（生产基于植物的酸奶、饮料和奶制品）49%的股份出售给了香港上市公司维他奶国际，然后以7 900万美元的价格将其位于墨尔本港的Vegemite Way工厂出售给了当地房地产基金运营商Charter Hall。Saputo将位于维多利亚州Laverton North和新南威尔士州Erskine Park的两家鲜奶加工厂出售给了Coles集团有限公司，这是一家总部位于澳大利亚的超市、零售和消费服务连锁店，交易价值7 300万美元。

在新西兰，伊利的子公司威士兰乳业收购了乳制品制造商Canary Foods。2023年上半年，威士兰乳业以1 900万美元收购了Ausnutria在Pure Nutrition 60%的股份，这是双方于2016年成立的一家婴幼儿配方奶粉合资企业。

2. 欧洲。在奥地利，Pinzgau Milch收购了奶酪包装商Tirolpack。

在比利时，荷兰皇家A-Ware收购了甜品和液态奶制造商Olympia。在保加利亚，希腊的德尔塔食品公司将其子公司United Milk出售给了Tyrbul。

在法国，贝尔通过加购17.44%的额外股份成为MOM集团的唯一所有者。兰特黎斯收购了奶酪生产商Verdanet。Sodiaal将Fromagerie du Velay出售给Centurion Fromagers，将其冷冻糕点子公司Boncolac出售给Waterland Private Equity。2023年上半年，Eurial将其位于Vinay的奶酪工厂出售给了Beillevaire。MLC收购了la Laiterie Gilbert。

在德国，法国兰特黎斯收购了 BMI 位于维尔茨堡的酸奶工厂。Theo Müller 集团接管了菲仕兰的大部分德国乳制品业务，但不得不转售一些资产，以满足德国联邦卡特尔办公室的收购条件。荷兰最大的牛奶生产商 Vreba Melkvee 收购了一家位于下萨克森州存栏 1 200 头的奶牛场。

2023 年上半年，瑞士埃米集团将其有机业务 Gläserne Molkerei 出售给私募股权 Mutares。Hochwald 收购了穆勒集团旗下的 Tuffi 品牌以及生产和销售 Landliebe 大米布丁的许可权。同样，Schwarzwaldmilch 购买了以 Landliebe 品牌生产和分销新鲜混合乳饮料和瓶装鲜奶的许可权。

在爱尔兰，奥地利 Rupp 收购了 Ingredient Solutions。Arrabawn 将其品牌液态奶和黄油业务出售给 Aurivo。2023 年上半年，达能将其对有机酸奶制造商 Glenisk 38% 的持股交售给了 Cleary 家族。

在意大利，Aurrichio 收购了奶酪制造商 3B Latte。Granarolo 收购了运动员专用蛋白类产品分销商 White&Seeds 51% 的股份，以及 Latticini Cuomo 60% 的股份。兰特黎斯接管了 Ambrosi。2023 年上半年，Latteria Soresina 收购了 PDO 戈贡佐拉奶酪专业生产商 Oioli。

在拉脱维亚，立陶宛 Vilvi 公司通过收购 30% 的额外股份成为 Baltic Dairy Board 的唯一所有者。

在荷兰，总部位于香港的 Ausnutria 收购了奶酪制造商 Amalthea 50% 的股份。皇家 A-Ware 收购了碎奶酪生产商 Noordhoek，而 Vreugdenhil 收购了 NutriDutch。2023 年上半年，再制奶酪制造商比利时圣保罗和荷兰 ERU 联合收购了其竞争对手卡西食品。

在波兰，达能于 2023 年上半年收购了医学营养专业公司 Promedica。在俄罗斯，阿拉食品以象征性的 1 丹麦克朗将其业务出售给当地管理层和员工。Multipro TC 从百事公司收购了 Wimm Bill Dann 饮料公司。瓦利奥将其俄罗斯业务出售给 Velkom 集团。2023 年上半年，卡夫亨氏将其当地的婴儿食品业务出售给切尔诺戈洛卡。俄罗斯政府决定将达能在当地的资产国有化。

西班牙在 2023 年上半年进行了几次并购。资本风险公司 Abac Capital 接管了总部位于巴塞罗那的奶酪分销公司 Iber Conseil。Agoitzaina 收购了 Lácteos Segarra。荷兰 A-Ware 集团收购了达能在萨拉斯的工厂，并在其新址投资 4 000 万美元生产马苏里拉奶酪。葡萄牙 Lactogal 集团的当地子公司 Celta 在收购 Capsa 34% 的股份后，成为 Iberleche 的唯一所有者。Flor de Valsequillo 购买了 Jose Sanchez Penate 的资产。

在瑞士，Cremo 控股了奶酪制造商 Augstbordkäserei。2023 年上半年，Züger 获得了除了在 Coop 连锁超市以外的零售渠道销售 Filona 奶油奶酪的商标权。

在英国，Carron Lodge 收购了切达奶酪制造商 Singleton's。达能收购了一家燕麦奶、即饮茶和咖啡制造商 Minor Figures 的少数股权。Joseph Heler 接管了专门从事奶酪切割、混合和包装的 Futura Foods Wales 和 Cheshire Cheese 公司。2023 年上半年，英国联合食品公司以 5 900 万美元收购了 National Milk Records。格兰比亚以 1.68 亿美元的价格将其在马苏里拉合资企业中的股份出售给了美国合作伙伴 Leprino Foods。

3. 亚洲。在柬埔寨，2023 年上半年 Fraser&Neave 获得了生产和分销雀巢 Bear 品牌灭菌牛奶的授权，有效期至 2037 年。

在中国，法国贝尔集团持有了君君奶酪 70% 的股份。君乐宝乳业集团收购了来思尔乳业及来思尔智能化乳业各 20% 的股份，并接管了银桥乳业。蒙牛收购了奶酪制造商妙可蓝多。该公司还通过 3 项股权交易结束了与法国达能的 9 年合作关系，达能以 2.38 亿美元的价格将其在冰鲜乳制品业务中 20% 的股份出售给蒙牛，然后以 1.81 亿美元的价格将其在雅士利 25% 的股份出售。与此同时，达能以 1.29 亿美元收购多美滋股份。

澳大利亚乳制品生产商 Nature One dairy 收购了 Fei Fah Medi Balm，该公司在香港销售乳制品及成人营养品牌 Ripple 和 White H$_2$O。蒙牛与乐刻生物科技合作，成立蒙牛德羊贵乳业，注册资本 1 100 万美元。蒙牛投资 1.19 亿美元将其对妙可蓝多的持股从 30% 增加到 35%，而后者通过从蒙牛手中回购 42.88% 的股份，成为广泽乳业科技有限公司的唯一所有者。三元食品与现代牧业投资了 300 万美元建设现代牧业三元种牛技术公司。伊利收购了荷兰皇家菲仕兰位于沈阳秀水的工厂。

2023 年上半年，天润乳业以 4 800 万美元收购了新农乳业。妙可蓝多以 8 900 万美元收购了广泽乳业科技 42.8% 的股份。

在印度，Bel 和 Britannia Industries 以 3 300 万美元成立了一家合资企业，生产和销售奶酪产品。Dodla Dairy 以 600 万美元收购了 Sri Krishna Milks。2023 年上半年，投资基金 Westbridge Capital 以 1.02 亿美元的价格收购了 Milky Mist 的少数股权。

在以色列，2023 年上半年进行了几起并购。达能以 200 万美元的价格购入乳蛋白培养技术专业公司 Wilk 2% 的股份，并持有另一家蛋白替代专业公司 Imagindairy 的少数股权。Sanlakol 以 900 万美元收购了戈兰乳品厂。在马来西亚，Fraser&Neave 以 4.54 亿美元的价格接管了位于 Gemas 的一个奶牛场。2023 年上半年，雀巢以 3 700 万美元收购了惠氏在当地的婴幼儿配方奶粉子公司。

在巴基斯坦，日本森永集团以 5 700 万美元的价格增持了对婴幼儿配方奶粉公司 NutriCo Morinaga 的股份。2023 年上半年，该公司对 Lucky Core 的持股增加了 26.5%，成为其子公司的唯一所有者。在沙特阿拉伯，2023 年上半年，Almarai 以 6 800 万美元收购了百事公司持有的 48% 股份，成为 International Dairy and Juice 的唯一所有者。

越南在 2023 年上半年进行了几起并购。新加坡 Growtheum 投资 1 亿美元收购了 International Dairy Products JSC 15% 的股份。日本森永集团以 400 万美元收购了森永 Le May，该公司参与森永婴幼儿配方奶粉的进口和销售。

4.拉丁美洲。在阿根廷，法国 Savencia 集团收购了 Williner。

在巴西，兰特黎斯打算以 1.36 亿美元收购雀巢和恒天然控股的合资企业 DPA，但直到 2023 年 7 月当地反垄断机构 Cade 尚未确认批准。

2023 年上半年，Lactic í nios Tirol 从达能手中购买了保利斯塔品牌酸奶以外产品的生产和销售权。

在智利，Carozzi 以 4 300 万美元收购了冰激凌制造商 Lecher í as Loncomila Limitada。秘鲁 Gloria 以 6.4 亿美元从恒天然手中收购了其子公司 Soprole。

5.北美洲。在加拿大，兰特黎斯收购了民族酸奶制造商 Khaas。

在美国，博登乳业将位于奥斯汀、达拉斯和康罗（得克萨斯州）的 3 家工厂出售给了 Hiland 乳业。私募基金 Butterfly Equity 收购了 Milk Specialties Global。加利福尼亚乳品厂通过收购 Agri Mark 和 O-AT-KA milk Products 的股份，成为奶粉销售商 DairyAmerica 的唯一所有者。美国 Dairyfood 和 Gilman Cheese 宣布合并。法国达能向 Symbrosia 投资 700 万美元，Symbrosia 是一家海藻饲料添加剂生产商，该添加剂可将牲畜甲烷排放量减少 80% 以上。DFA 从史密斯食品公司收购了位于里士满（IN）和太平洋（MO）的两家加工厂。意大利 Ferrero 收购了冰激凌制造商 Wells。爱尔兰格兰比亚营养公司以 6 000 万美元收购了 Sterling Technology，这是一家从牛初乳中提取乳制品生物活性物质的公司。Grassland 乳业收购了 Medlee Foods，这是一家生产各种咸味、甜味调味黄油的公司。J&J Snack Foods 以 2.22 亿美元收购了冰激凌、酸奶、调味冰和果汁冷饮生产商 Dipin' Dots。卡夫亨氏以 1.075 亿美元的价格将其 B2B 奶酪粉业务出售给了凯爱瑞。爱尔兰婴幼儿配方奶粉生产商 Perrigo 从雀巢购买了 Good Start 品牌和位于威斯康星州的一家工厂。Sargento 食品公司收购了奶酪条生产商 Baker 奶酪工厂。私募基金 Simest 公司以 1 100 万美元收购了美国 Granarolo 49% 的股份。挪威 Tine 以 500 万美元的价格将其在 Lotto Foods 的股份从 90% 增加到 97%。Upstate Niagara 合作社将其坎贝尔（NY）奶酪工厂出售给 BelGiioso Cheese。

2023 年上半年，Cream-O-Land 收购了乳饮料制造商 Clover Farms 乳业。恒天然通过其子公司 Nutrition Science Solutions 向 Pendulum Therapeutics 投资了 1 000 万美元，这是一家生产微生物组靶向产品的生物技术公司。Grande Cheese 以 750 万美元的价格从 Tillamook 购买了位于威斯康星州奇尔顿的一家奶酪工厂，该厂曾于 2020 年被 Foremost Farms 关闭。墨西哥 Sigma Alimentos 收购了西班牙奶酪制造商 Los Altos Foods。联合利华收购了冷冻酸奶制造商亚索控股。

6.非洲。在埃及，总部位于卡塔尔的 Baladna 以 1 800 万美元收购了 Juhayna Food Industries 5% 的股份，并在 2023 年上半年额外购买了其 5.1% 的股份。Expedition Investments 收购了 Domty 33% 的股份。

在摩洛哥，波兰 Polmelk 从法国 Bel 集团手中收购了 Safilait 69.82% 的股份。在南非，Clover 收购了南非 Dairy Farmers 公司的牛奶采购业务。

四、消费

本章节内容中所提到的乳与乳制品消费是指表观消费。在全球范围内，目前还没有针对基于实际购买消费行为的研究。此外，非正规市场在全球乳制品市场中占有相当大的比重。因此，总消费量只能基于贸易调整后的产量和可获得的库存变动数字来估计。

（一）全球乳品消费

2022 年，全球牛奶产量连续第二年出现低于平均水平的增长（2021 年增长 1.8%，2022 年增长 1.1%）。而全球消费增长水平甚至低于牛奶产量增速（+0.9%），这是由于世界库存水平是在 2021 年极低水平基础上的反弹，特别是黄油和脱脂奶粉。

2022 年，世界人口增加了 6 500 万人（+0.8%），总人口数达到 79.4 亿。因此，自 2016 年以来，人均牛奶消费量首次保持相对不变，为 117.7kg（+0.1kg）。相比之下，2015 年以来的年均增长率为 1.0%。有限的供应加上高昂的价格影响了需求，特别是在低收入国家。

2005—2022 年，人均每年牛奶消费量增加了 16kg，同期增长了 16%。

（二）2022 年消费趋势

在 2021 年底，通货膨胀开始凸显，但 2022 年 2 月俄乌冲突后，通货膨胀率大幅飙升。这一激增导致食品价格上涨，乳制品也不例外。因此，消费习惯和模式受到了严重影响。在主要消费地区，零售额下降，消费者转向更实惠的替代品。

2022 年，除中国以外，大多数国家完全解除了与新冠疫情相关的防疫措施，中国在 2022 年 12 月之前一直实施新冠动态清零战略。因此，大量的限制措施继续影响着中国的食品服务业，而中国是一个重要的乳制品市场。

（三）各地区奶类消费

在这个每年人均 117.7kg 消费量数字的背后，乳制品消费量和类型有很多不同。2022 年，根据联合国粮农组织对各个地区乳制品生产量和贸易量的分析，年人均消费量差异很大，从非洲的人均 43kg 到欧洲的 286kg 不等。相比之下，尽管亚洲是全球最大的乳制品消费地区（占全球消费量的 49%），但其人均乳制品年消费量仅为 98kg。

在所有地区中，亚洲的消费量增长最为显著，增长率为 4.3%，这一直受到印度产量增长（+5%）的推动。2022 年，印度黄油（酥油）消费量飙升近 17 万 t，总计达到 645 万 t。然而，2022 年中国国内消费停滞不前，而牛奶产量继续强劲增长，由此导致中国的进口大幅下降（-15%）。

尽管许多国家的零售量有所下降，但欧盟的牛奶表观消费量仍相对稳定。美国牛奶的总体表观消费量保持稳定，但黄油（-7%）和奶酪（+2%）的需求趋势不同。

（四）各品类产品的消费

全球近50%的奶类生产不是通过工业渠道加工的，而是来自小规模和非正式的生产经营。事实上，这种非正式的生产没有被统计在内，因此很难计算出最终到达消费者手中的乳制品的确切数量。《世界奶业形势报告》中提到的奶类供应和加工数据占到奶类总产量的50%。基于干物质含量的牛奶当量计算方法，使我们能够对全球的奶类消费形式建立一个大致的分类。

在世界范围内，原料奶（交付给乳品加工商）主要被加工成新鲜产品消费，包括液态奶和发酵奶、酸奶、奶油和类似产品（28%）、黄油和无水奶油（32%）以及奶酪（26%）。近年来，新鲜乳制品消费的比例普遍下降，取而代之的是其他类型产品的消费增加。

在此报告中，各国的总消费量和人均消费量是根据各国机构提供的液态奶、黄油和奶酪统计数据计算的。就某些国家而言，数据还不包括非正式渠道生产的乳制品，这可能导致消费水平被严重低估。

从各国的液态奶、黄油（包括酥油）以及奶酪的人均消费量分布情况来看，澳大利亚和新西兰以及几个北欧国家的液态奶（以及一些国家的发酵产品）年消费量最高，人均近100kg。从年度数据来看，欧洲也是全球最大的黄油消费地区，法国和丹麦的人均黄油消费量超过8kg。在南美洲和亚洲，黄油的消费量较少。印度和巴基斯坦是个例外，人均黄油消费量分别为4.6kg和5.9kg，因为酥油是消费者习惯的重要组成部分。

全球奶酪消费量最高的群体在欧洲、北美和以色列。在近一半欧洲国家，年人均奶酪消费量超过20kg，而且自2020年以来一直保持稳定。相比之下，美国的奶酪消费量持续上升，2022年达到18kg的水平。

近几年，不同类别乳制品消费表现出了不同趋势。自2015年以来，全球奶酪和黄油的消费量大幅增长，增长近20%。相反，液态奶和炼乳的消费量分别下降了7%和12%。关于配料需求，自2015年以来，全脂奶粉的表观消费量下降了8%，而脱脂奶粉的消费量在2015—2022年间略有增长，增长4%。

（五）未来消费趋势

根据经合组织－粮农组织《2023年农业展望》，受人口增长、收入增加和饮食偏好转变的推动，乳制品需求将继续增长。经合组织－粮农组织预测，2019—2032年乳制品总消费量将大幅增长20%，相当于每年1.7%的平均增长率。然而，值得注意的是，2019—2022年，经合组织－粮农组织观察到的增长率要低很多，仅为每年0.2%的平均增长率。

由于人口数量和人均收入的增加，发展中国家的乳制品消费量将持续增长（2019—2032年期间每年增长2.1%，总计增长30%）。另一方面，考虑到人口增长放缓、可持续性问题以及来自植物替代品竞争因素的影响，预

计发达国家的乳制品消费增长有限（+0.4%），经合组织－粮农组织指出，2019—2022年乳制品消费量（以牛奶当量计）将停滞不前，然而发达国家的奶酪消费量将继续上升，并将保持每年1%的增速。在发展中国家，乳制品消费增长可能涵盖所有产品类别。

五、全球乳制品贸易

（一）概述

2020年和2021年，由于受新冠疫情的影响深远，世界各地的封锁对全球乳制品消费产生了重大影响，并带来物流方面的巨大挑战。2022年，俄乌冲突影响了乳制品市场，原因是生产成本上升，而且出口供应萎缩。本章描述了这些重要事件对2022年世界贸易的影响。

（二）全球贸易

2021年上半年，全球乳制品贸易稳步增长，部分原因是前一年新冠疫情影响全球贸易造成的基数较低。贸易增长源自全球牛奶产量的增加和许多国家疫情后的经济复苏。值得注意的是，美国和大洋洲的出口增长显著，其中美国的增长得益于强劲的牛奶生产和有利的美元汇率。

然而2021年上半年，欧洲乳制品出口则增长缓慢，特别是欧盟27国和英国的乳制品出口，原因是该地区牛奶产量增长缓慢，以及欧盟与英国关系不断演变的影响。由于牛奶产量下降，欧盟第四季度的出口转为负值，导致这一年的贸易差为负值。运输成本上升和集装箱供应不足也影响了贸易增长。

因此，2021全年的全球乳制品贸易量增长了1.8%，总计约9 500万t牛奶当量。

2022年初，乳业市场相对平稳。牛奶产量的下降，叠加强劲的需求和有限的库存，导致乳制品价格大幅上涨。新冠疫情相关措施解除后也带来积极的市场景象。

然而到2月底，随着俄乌冲突，市场形势急剧转变，导致各种大宗商品（如谷物、植物脂肪、石油和天然气）的价格达到了前所未有的高值，也导致了乳业市场已有的价格上涨趋势，还进一步导致了需求下降。

从10月初开始，乳业市场迎来一个转折点。随着需求日益减少，加上几个主要乳制品生产国的牛奶供应恢复，以及能源市场价格下跌，这些因素对市场价格带来巨大压力。乳制品价格快速下行，导致进口商放弃了近期市场，他们更有信心在年底进行采购和进口。

2022年的总体情况使得全球乳制品贸易量下降4.6%，为9 060万t。应该注意的是，对华出口是下降的重要原因。新冠疫情后的严格措施和2022全年仅3%疲软的经济增长，严重影响了中国的需求。这是自20世纪70年代以来的第二低增长率。

如果将中国作为目的国排除后进行计算，世界贸易仅增长了1%。

（三）不同类别产品的发展

1. 奶酪。2022年，全球奶酪贸易的增长速度远低于平均水平，略高于350万t（增长0.1%）。通常情况

下，前十大出口地区的出口情况并不一致，而且情况喜忧参半。

2022年第二季度以来，欧盟27国的奶酪出口有所下降，下半年下降速度加快。总的来说，全年出口量下降了3.6%。2021年也表现下降，主要原因是对英国的出口大幅下降。出口下降趋势在2022年并未改变，并出现再次下降（下降0.5%）。

美国全年表现出稳健的增长，与主要出口国新西兰逐渐拉开差距。相比2021年，美国奶酪的出口量增长超过11%，再次远超多年的平均增长率。奶酪出口的绝大增长来自第一大贸易伙伴——墨西哥。美国向该国出口了近1.25亿kg奶酪（增长18%）。

新西兰的奶酪贸易量下降了近5%，对重要出口目的地中国、澳大利亚和印度尼西亚的出口量都有所减少。

澳大利亚的出口量多年来几乎没有增长，这是牛奶产量大幅萎缩的直接结果。

英国的出口量大幅增长，大部分增长主要来自2022年前两个季度，而且这与英国脱欧导致英国与欧盟贸易下滑后的复苏有关。

奶酪贸易量的一部分增长还来自巴林。巴林已成为中东地区的一个重要中转站，主要是向沙特阿拉伯出口中转。

还值得关注伊朗在全球奶酪贸易发展中的地位，其奶酪出口总量的80%以上输往邻国伊拉克。

2. 黄油和无水奶油。与2020年和2021年的下降趋势（分别下降5.5%和3.6%）相比，全球黄油和无水奶油贸易增长超过10%。2022年，前十大出口国的贸易量约占全球贸易总量的92%。其中，仅新西兰和欧盟就占近65%。

新西兰是目前该类别产品第一大全球出口国。多年来，该国贸易量占到全球贸易总量的40%以上。2022年黄油和无水奶油的出口量增长近14%，增加了6万t，特别是对中国和墨西哥的出口量，以及对较小、较次要贸易伙伴澳大利亚、印度尼西亚和美国的出口量，都有大幅增长。

欧盟27国在2022年上半年的出口量增加，但增长未能持续，第三和第四季度都出现大幅下降。这一急剧下降最终导致2022全年的贸易量净下降3.3%。欧盟对英国的出口量有不错的恢复，但尚未达到脱欧前的水平。

值得注意的是，美国的出口量强劲增长40%以上。其中对加拿大的出口量增加了一倍多，超过3.6万t。美国对墨西哥的出口量增幅最大，增长了四倍多（近1.7万t）。

尽管印度和阿根廷在全球贸易中所占份额一直相对较小，但这两个国家的年均增长率不错。印度的大部分出口主要输往中东国家。

3. 全脂奶粉。全脂奶粉的全球贸易具有高度集中的特点，前十大出口国的贸易量就占到2022年全球贸易总量的90%以上。其中，仅新西兰就占了近55%。

在2022年上半年，全脂奶粉全球贸易量出现显著下降后，第三季度呈现一定复苏。然而，这一形势十分短暂，在后面几个月贸易量再次大幅下降，延续了上半年强烈的下降趋势。最终，全脂奶粉全年贸易量大幅下降了近11%。

尽管对各重要进口国的出口量有所增加，但由于中国需求的大幅下降，使得全球贸易受到严重影响。尤其是新西兰对中国的出口量大幅下降了近50%。

不仅新西兰的出口量大幅下降，欧盟27国的出口量在2021年和2022年也连续两年呈大幅下降趋势，主要是由于与新西兰在主要欧盟出口市场的竞争加剧。

阿根廷2022年上半年的出口量出现增长，但第三和第四季度未能持续跟进。总的来说，全年全脂奶粉仍实现了6.4%的不错增长。

乌拉圭的出口量在2022年下半年表现出一定增长，但不足以抵消前两季度的下降。

澳大利亚尽管牛奶产量大幅下降，但其全脂奶粉出口量仍然强劲。除第二季度外，2022年大部分时间出口量都实现增长，总体增长了近12%。

4. 脱脂奶粉。2022年，脱脂奶粉的全球贸易总量下降了1.9%，降至约263万t。其中，中国的脱脂奶粉进口量下降幅度最大，与2021年相比大幅下降了8万t。

美国的出口量在2022年第四季度有所复苏，但不足以抵消前三季度的大幅下滑。总体上美国2022年全年的出口量下降了7%。

墨西哥一直是美国最重要的贸易伙伴。2022年，美国向该国的出口量增长6.5%，增长约2.2万t。

2022年，欧盟27国的出口量也大幅下降，总出口量减少7.7万t以上（-10%）。但欧盟在第四季度的出口量有所增加，这是2021年初以来首次出现。

美国和澳大利亚等出口国对中国的出口量一直保持在合理水平，但欧盟27国的出口量下降了三分之一。

新西兰的出口量在第二季度出现下滑后，2022年下半年实现强劲反弹。总的来说，2022年全年增长了10%。相比对中国的出口量大幅下降（-20%），这也是一个不错的成绩。

值得注意的是，作为一个较新的全球贸易市场参与者，伊朗的出口量显著增加。该国的出口量大幅增长超过100%，增长近5万t。其主要贸易伙伴是巴基斯坦和伊拉克。

尽管加拿大、乌拉圭和阿根廷的市场份额相对较小，但2022年这些国家的出口量增长显著，分别增长61%、33%和39%。

5. 牛奶和奶油。2022年，全球牛奶和奶油贸易量（包括增加的区域内贸易量）达到近480万t，比2021年减少约1.2%。

欧盟27国的贸易量占全球贸易量的四分之一以上（28.2%），是目前该类别产品最大的出口国。然而，欧盟已经丢失了相当大的市场份额。2021年的这个占比为33%。欧盟27国的主要贸易伙伴是中国。尽管2022年中国的需求大幅下降，但对该国的出口量仍占欧盟出口总量的35%左右。对欧盟来说，英国是第二大出口目的地，约占出口量的20%。

在一定程度上，英国紧随欧盟之后，成为第二大出口国。尽管自2018年以来，出口量每年都在下降，但英国在全球贸易中所占份额超过16%。爱尔兰一直是英国最重要的贸易伙伴，英国98%以上的出口都输往爱尔兰。

在众多主要的出口国，只有沙特阿拉伯实现显著增长(+17%)。一直以来，该国都是中东地区重要的供应国，95%以上的出口供应给邻国。

值得注意的是，尽管对中国的出口量大幅下降，但亚洲其他主要出口目的地，如菲律宾、韩国和越南，都出现两位数的增长。

六、价格

(一)乳制品市场价格

1. 总体概况。根据粮农组织乳制品价格指数测算，2022年国际乳制品价格指数平均为142.4元，相比2021年上涨23.3(19.5%)，创下1990年以来的最高均值。

这个年均值掩盖了乳制品价格在一年内的大幅波动。2022年上半年，国际乳制品价格继续上涨，仅比2013年12月的历史最高点低4%。主要原因是包括北美、西欧和大洋洲一些主要出口国的出口供应紧张，在某些关键供应期，这些国家的牛奶供应量低于常规水平。

一些西欧国家对黄油等乳制品的内部需求也很旺盛，因此减少了出口供应。与此同时，北亚和中东地区的进口需求仍然强劲，因此促进了乳制品价格的上涨。

然而，由于主要进口国的进口需求疲软，包括全球最大的乳制品进口国——中国的库存增加，乳制品价格在7月中旬开始呈下跌趋势。与此同时，经济衰退和通货膨胀削弱了消费者的购买力，导致主要进口国，特别是东亚和中东地区的需求前景不确定性，他们减少了进口，因此影响了乳制品价格。欧元兑美元汇率下降也导致了世界乳制品价格（以美元表示）下行。

2. 乳制品价格趋势。关于乳制品的价格趋势，2022年粮农组织黄油价格指数平均为179.3点，比2021年增长32.3%，这是自1990年以来的年均最高值。2022年，在国际市场黄油的平均交易价格为每吨6 068美元，而2021年为每吨4 995美元。由于欧洲的全球出口供应紧张，而且牛奶产量低于常规水平，因此加速了这一时期黄油价格的急剧上涨。此外，乳制品加工商将越来越多的牛奶用于生产其他产品，尤其是奶酪，因为这些产品的利润率更高，市场前景稳定。同时，由于俄乌冲突期间黑海地区国家的供应受限，导致葵花籽油和人造黄油普遍短缺，因此对黄油的需求激增。这些因素导致欧洲的黄油价格在2022年年中之前急剧上涨，而且全年价格大大高于大洋洲。大洋洲在2021/2022年牛奶生产季的牛奶产量低于预期，这也对世界黄油价格增加了压力。

粮农组织脱脂奶粉价格指数平均为151.0，比2021年增长21.5%，创下2014年以来的年均最高值。脱脂奶粉的年均价为每吨3 865美元，大洋洲的价格略低于欧洲报价。与黄油价格走势非常相似，从2021年8月到2022年4月，脱脂奶粉的月度价格呈上升趋势，这主要是由于全球出口供应紧张和一些西欧国家的库存大量减少，同时大洋洲的牛奶产量低于预期。

同时全球的进口需求持续稳固，进口商也在努力保供以应对供不应求的市场，尽管一些国家不断采取新冠疫情封闭措施，导致市场短期需求的不确定性。自2022年5月以来，脱脂奶粉价格呈下行趋势，原因是包括中国在内的主要进口国对供货需求减少，而且自身库存足以满足当前需求。尽管西欧和美国的牛奶产量有所下降，但大洋洲在2022/2023年生产季的供应量增加也影响了脱脂奶粉的价格。

2021年，粮农组织全脂奶粉价格指数平均上涨10.3%，至143.8点，这也是由于出口供应紧张造成的。从2022年4月开始，全脂奶粉价格呈下行走向，原因是主要进口国（主要是中国）的购买力下降，他们受新冠疫情持续影响封闭市场，导致餐饮业销售额下降。之后，随着全球最大的全脂奶粉出口国——新西兰2022/2023产奶季的供应开始进入全球市场，从而影响了国际全脂奶粉价格报价。

相比之下，粮农组织奶酪价格指数在2022年全年持续上涨，比2021年上涨18.8%，平均为130.5点，这反映出以北亚和中东为代表地区的全球进口需求十分稳定。西欧国家强劲的零售销量和餐饮业的高需求，再加上牛奶减产造成欧洲出口缩减，导致全年的价格压力增加。

(二)农场收奶价格

1. 总体情况。2022年，农场收奶价格大幅上涨，这主要是由于全球供应紧张，饲料和能源等生产成本急剧飙升，奶农需通过涨价来维持利润。此外，地域政治局势紧张也造成了主要生产国缩减供应。在大洋洲，由于拉尼娜现象干旱天气造成饲料供应不足和劳动力短缺，也进一步造成农场收奶价格的高企。

2. 2022年奶价发展趋势。2022年，欧盟农场收奶价格比前一年上涨36.4%，达到每100kg50.21欧元。这个价格上涨到历史最高水平，从而保障了奶农的利润率，也抵消了生产成本的增加，并鼓舞了奶农保持牛奶生产的热情。在牛肉价格上涨的情况下，提高农场收奶价对于维持牛奶生产也是必要的，因为牛肉价格上涨情况下通常会导致奶农将奶牛生产方向转为肉用。

2022年，美国农场收奶价上涨了36.7%，与欧盟的增长速度几乎相同，年均价格达到每100kg55.90美元，创下了历史新高。农场收奶价的上涨源自几个方面，包括投入成本增加、不利的天气条件和物流困难。但到了2022年下半年，随着国际乳制品价格下行，农场收奶价格也开始下跌。国际需求疲软是出口价格下降的主要原因，尤其是脱脂奶粉，尽管中国对墨西哥乳清粉和奶酪的进口需求强劲，在一定程度上抵消了脱脂奶粉价格的下跌。

2022年新西兰的农场收奶平均价格达到每100kg 70.90新西兰元，增长了15.7%，反映出牛奶供应紧张和投入成本增加。而且由于中国的进口需求下降，尤其是对全脂奶粉的进口需求，进一步抑制了农场收奶价格的上涨。

七、2023年前景

（一）简介

本章深入分析了2023年上半年的牛奶生产、乳制品加工、贸易和奶价发展形势。

（二）牛奶生产

由于成本增加和利润率下降导致2022年的牛奶产量远低于平均增长水平，但预计2023年全球牛奶产量将再次回暖。根据截至2023年6月和7月来自主要生产国的牛奶产量数据，并鉴于印度和巴基斯坦近年来的强劲和持续增长，预计2023年全球牛奶产量总体上将增长约2.1%，相当于2015—2022年的年均增长率。

印度和巴基斯坦是全球牛奶产量增长的主要力量，其次中国和俄罗斯的牛奶产量增加也是推动2023年增长的关键因素。生产效率的提高和牛群规模的扩大预计将使中国的原奶产量增加4%以上。由于俄乌冲突，俄罗斯更依赖自给自足并确保提高牛奶产量。

主要出口国的牛奶产量增长不会太大，因为这些国家都在努力减产，以应对投入成本增加以及牛奶价格下跌造成的低利润率。预计欧盟和美国的增长率将在0.5%~1.0%，甚至更低。澳大利亚和新西兰将出现适度增长，但不足以弥补2022年的下降量。

拉丁美洲的奶价比过去好，但对牛奶生产的预期一般，因为干旱天气对饲料供应的影响预计将持续下去。

（三）乳制品加工。

2023年上半年，欧盟27国和美国的液态奶产量与2022年底走势相同，主要原因是发达国家的需求疲软。虽然欧盟的奶油产量增长了1.2%，但美国的奶油产量仍然停滞不前。另一方面，美国的酸奶产量增长强劲。

美国的黄油产量增长了4.2%，超过了2010年以来的年均增长率。欧盟的黄油产量也有增加，与上半年的增量基本一致。相比之下，在经历几年的增长后，欧盟的奶酪产量下降1.9%，而美国的奶酪产量略有增长。

欧盟前半年的奶粉产量有所下降。美国全脂奶粉的产量急剧下降了21.4%，这可能是由于原料奶被用于加工黄油。此外，中国的乳制品产量持续增加，增长了4.5%。值得注意的是，2023年上半年全脂奶粉产量激增了22%。

（四）贸易

一些有代表性的主要乳制品出口国的贸易发展情况表明，2023年上半年乳制品贸易量增长了3.6%（以牛奶当量表示），但这只能反映出全球贸易量出现大幅下滑后的部分复苏，对中国的出口贸易大幅下降是重要

因素。2022年新冠疫情后的严格措施和相对较差的经济增长，对中国的需求造成严重影响。2023年上半年，中国的进口量持续下降。

由于对中国的出口大幅减少，欧盟和新西兰等主要出口国不得不为其产品寻找替代出口目的地，这在一定程度上取得了成功。贸易部分复苏还有一些其他因素，包括能源和运输成本下降。但由于价格水平仍然很高，进口需求持续疲软。

美国的出口量低于2022年上半年的水平，尤其是奶酪、黄油和无水奶油的出口大幅下降；脱脂奶粉的出口略有下降，降幅近1%。

澳大利亚的牛奶产量继续下降，导致其出口情况持续呈下降趋势。

英国由于受脱欧的影响，2021年英国的出口量下降了25%以上，尽管在2022年和2023年英国出口出现了明显复苏，但尚未达到脱欧前的水平。

由于中国的需求疲软以及其他主要乳制品进口国因价格过高而减少进口量，预计2023全年的总贸易增长率保守为2%，全球贸易量约为9 240万t。

（五）价格

1. 市场价格。2023年前6个月，国际乳制品价格继续下行。截至6月，粮农组织粮食价格指数平均为116.8点，比去年同期低33.4点（22.2%），与2022年的平均值相比，脱脂奶粉价格下降幅度最大（-35.6%），其次是黄油（-27.4%）、全脂奶粉（-25.0%）和奶酪（-14.8%）。2023年前6个月国际乳制品价格下降，其主要原因是出口供应充足，尤其是西欧国家2023年的牛奶产量季节性上升。新西兰的供应量也有所增加，2022/2023产奶季后几个月新西兰的牛奶产量略高于上一个产奶季，这进一步影响了国际价格。此外，乳制品进口需求持续低迷，尤其是包括中国在内的亚洲国家。

2. 农场收奶价。2023年前几个月，随着国际乳制品价格下跌和投入成本（尤其是饲料和能源）持续下降，农场收奶价继续从高点回落。与去年同期相比，前5个月美国的平均奶价下降了17.5%。同样，新西兰1—5月的平均收奶价下跌了12%。欧盟的收奶价在年初开始下降。但前5个月的平均价格还比上一年高出13%，这反映出通货膨胀压力和牛奶供应量的缓慢增长。

恒天然最新预测的2022/2023产奶季农场收奶价从每千克乳固体8.2~8.8新西兰元下调至8.0~8.6新西兰元，有效地将中间值降低了20新西兰分，从每千克乳固体8.5新西兰元至8.3新西兰元。恒天然还解释了调低的合理性，理由是全球贸易量将会下降或者保持平稳，而中国作为全脂奶粉的主要出口目的地，其需求尚未恢复到预期水平。此外，北半球国家牛奶产量的增加和脱脂奶粉库存的增加，都可能对国际乳制品价格造成压力，因此证明降低农场收奶价格区间是合理的。

（资料来源：IDF）

九、奶业大事记

NAIYE DASHIJI

2023 年奶业大事记

1 月

1 日 《上观新闻》等多家媒体以《打响"品质、创新、温暖"牌，新一年这家百年乳企依旧"为你如一"》为题，从助力中国乳业高质量发展、满足民众美好生活需求、百年国企勇担社会责任三个维度出发，回顾 2022 年光明乳业全产业链蓬勃发展背后的光明故事。

3 日 伊利集团面向全球启动"云游伊利 探访全球产业链"活动。

3-5 日 首批 2 766 头优质进口新西兰奶牛由 53 辆重型卡车分批送入黑龙江北安瑞信诚牧业奶牛标准化规模养殖场地，计划建设存栏 1 万头规模的养殖场。北安牧场是中国飞鹤的专属牧场，项目投资总额 5.19 亿元。

4 日 从中国铁路武汉局集团有限公司吴家山站到中国铁路兰州局集团有限公司银川货运中心银川南货场，全程 72 小时，2023 年首列 "点对点"满载 38 个标准箱牛奶货物的集装箱班列正式开行。

6 日 山西省生鲜乳健康发展协调工作座谈会在太原举办。山西省农业农村厅畜牧兽医局副局长荆彪出席座谈会并讲话，山西省奶牛性能测定站站长杨继业，朔州市、大同市、太原市奶牛行业主管部门代表，伊利、蒙牛、君乐宝、古城、九牛、牧同、恒生、雅士利等在晋或本土乳企负责人参加会议。山西省畜牧业协会秘书长刘旭斌主持座谈会。

同日 河北省农业农村厅发出维护生鲜奶收购秩序，加强质量安全监管的紧急通知。

同日 中国食品科学学会与中国科协科学辟谣平台共同发布 2022 年食品安全与健康流言榜。保质期长的牛奶是因添加防腐剂、乳糖不耐受的人不能喝牛奶、乳饮料和纯牛奶的营养一样等问题上榜。

7 日 山东省奶业协会组织协会各地市办事处主任，牧场、乳企及奶业上下游企业负责人召开办事处工作交流座谈会，针对原料奶相对过剩探讨纾困方案。山东省畜牧兽医局畜牧处处长李流航、山东省奶业协会会长王成武出席会议并讲话。山东省畜牧兽医局畜牧处、省畜牧总站奶业检测科相关领导参加会议。山东省奶业协会副秘书长张旭光主持会议。

8 日 内蒙古自治区科技厅消息，历经两年筹建的内蒙古自治区草种业技术创新中心正式批复成立。内蒙古自治区草种业技术创新中心是从 2020 年起，由蒙草生态环境 (集团) 股份有限公司联合数家院校与科研机构联合共建的。

同日 优然牧业与著名奶业专家、NASEM《奶牛营养需要》编委迈克·哈金斯博士战略合作签约仪式在呼和浩特举行。优然牧业执行董事兼总裁袁军与迈克·哈金斯博士代表共同签约。

9 日 河北省农业农村厅提前拨付 2023 年生鲜乳喷粉补贴资金 1 500 万元，用于纾解乳品加工企业收购生鲜乳喷粉资金困难，稳定全省生鲜乳收购秩序。

同日 中国奶业协会发表评论：《并肩前行，携手前进！方能有效维护当前奶业振兴良好局面》。评论指出，河北省农业农村厅快速反应，出台相应政策，发布《关于维护生鲜乳收购秩序 加强质量安全监管的紧急通知》，预拨喷粉补贴资金，最大限度帮助乳品加工企业缓解资金压力。这个政策出台很及时、很有效，值得各地借鉴和推广。中国奶业协会呼吁各地积极作为，创新而务实配套相关扶持政策，维护好当前奶业振兴的良好局面，促进好奶业全面振兴和高质量发展。

10 日 布鲁氏菌病国际学术交流会以线上线下相结合的形式举办，农业农村部副部长马有祥出席开幕式并致辞。开幕式由国家首席兽医师 (官) 李金祥主持。世界动物卫生组织亚太地区代表库其塔、联合国粮农组织高级兽医官宋俊霞致辞。来自 9 个国家的专家学者围绕全球布鲁氏菌病流行态势、新型诊断技术和疫苗研发、免疫和致病机理以及布病防控的热点难点与挑战进行了深入交流。

同日 农业农村部畜牧兽医局在线上举办了 2022 年粮改饲项目总结交流活动。农业农村部畜牧兽医局辛国昌副局长出席活动并讲话，全国畜牧总站苏红田总畜牧师主持活动并致辞，农业农村部畜牧兽医局饲料饲草处和全国畜牧总站草业处相关人员，以及来自 17 个省份和新疆生产建设兵团、北大荒农垦集团、青岛市的省级粮改饲项目管理人员，共计 80 余人参加活动。

同日 上海奶业行业协会召开八届四次理事会，选举黄黎明担任上海奶协会长。

13日 农业农村部办公厅发布《2023年饲料质量安全监管工作方案》。

同日 甘肃省武威市古浪县政府与宁夏金宇集团签订牧光互补产业园暨奶业研究院建设项目合作协议。

17日 国务院新闻办公室举行新闻发布会，介绍2022年国民经济运行情况。2022年，全国牛奶产量3 932万t，增长6.8%。

18日 中国奶业协会发布2023年第一批现代奶业评价定级奶牛场名单。

19日 江苏省工业和信息化厅公布江苏省第三批绿色工厂名单，卫岗乳业凭借在绿色发展领域的突出表现和成效，获评"江苏省绿色工厂"。

28日 中共安徽省委办公厅在合肥召开全省持续深化"一改两为"全面提升工作效能大会。现代牧业（集团）有限公司作为"全省农业产业化龙头企业20强"受邀参加此次大会，孙玉刚总裁出席并接受表彰。

29日 内蒙古兴安伊利乳业有限责任公司面向液态奶行业"5G+工业互联网平台"应用智能制造新技术示范项目一期首批4条生产线正式投产，标志着兴安盟向全力打造自治区奶业发展副中心迈出坚实步伐。

同日 在安徽省滁州市"双招双引"暨深化"一改两为"工作动员大会上，君乐宝乳业集团高级副总裁王士伟代表重点项目企业发言时表示，君乐宝集团计划在天长投资30亿元，建设3座规模化牧场和1座高端智能数字化乳品加工厂。

31日 海关总署发布2022年12月统计月报，2022年全年乳品进口量减额增。2022年1—12月乳品累计进口量327万t，同比减少17.1%；累计进口金额约926.8亿元，同比增长3.6%。其中，2022年1—12月奶粉累计进口量为130万t，同比减少15.4%；累计进口金额约588.4亿元，同比增长2.0%。

同日 中新网记者从西北农林科技大学获悉，由该校奶牛种业创新团队培育的"克隆奶牛"顺利出生。这是国内首次采用体细胞克隆技术对现存群体中的百吨优良个体进行种质复原保存，并用于良种奶牛高效繁育，开启了体细胞克隆技术在良种奶牛培育中担当核心和关键角色的"新纪元"。

同日 光明乳业发布公告，董事会审议通过《关于光明牧业收购米特利公司50.5%股权的议案》，同意公司下属子公司光明牧业有限公司以折合352.10万元的价格收购Ranirox Limited持有的双城米特利农业发展有限公司50.5%的股权。

同日 皇氏集团发布公告称，控股子公司皇氏农光互补与深圳黑晶光电签署协议，双方将建立战略合作伙伴关系，共同推进TOPCon/钙钛矿叠层电池产品技术的研发、生产及产品应用。

2月

3日 河南花花牛乳业集团郑州分公司"集中供热"清洁能源项目成功投产。

5日 央视财经报道山东奥克斯畜牧种业有限公司活体采卵和体外胚胎移植技术。该公司是国家级奶牛核心育种场，有上万头奶牛，几乎每天都有小牛出生。

6日 澳优旗下锦旗生物与华诚生物战略合作签约仪式与营养护理新一代润喉糖发布会在湖南长沙举行。

8日 全国妇联副主席、北京市政协副主席程红，全国妇联书记处书记、党组成员杜芮等一行赴天润乳业考察调研。新疆维吾尔自治区政协副主席邱树华，自治区妇联党组书记、副主席李灵慧等陪同调研。天润乳业党委书记、董事长刘让等公司领导陪同调研并对公司妇女工作进行汇报。

同日 天润乳业发布公告称，公司拟公开发行A股可转债，发行总额不超9.9亿元，扣除发行费用后，募资拟用于年产20万吨乳制品加工项目，补充流动资金。

9日 首批1 000头来自澳大利亚的优质育成奶牛运抵君乐宝乳业集团高阳县第一家庭牧场。

10日 农业农村部召开畜牧兽医工作部署会，农业农村部副部长马有祥出席会议并讲话。会议要求，2023年，畜牧兽医工作要把全面提升畜产品稳定安全供给能力作为首要任务，稳生猪、增牛羊、强禽业、兴奶业，抓住设施装备、疫病防控、饲料保供、绿色发展、产能调控等关键。提升奶业竞争力，加快补齐草原畜牧业设施化短板，加强畜产品质量安全监管，确保畜产品质量安全，加快推进畜牧业绿色发展等。

同日 蒙牛官网消息，俄罗斯自然科学院主席库兹涅佐夫、第一副院长伊万诺茨卡娅向蒙牛首席科学家母智深博士发来证书和贺信，祝贺母智深博士入选俄罗斯自然科学院外籍院士，并高度评价母智深博士在产业化及技术创新方面做出的贡献。母智深博士入选俄罗斯自然科学院外籍院士，主要基于在乳成分组学、乳酸菌生物技术、乳品工艺技术、创新品类工程化、技术产业化等方面的杰出成绩和突出贡献。

14日 中国奶业协会战略发展工作委员会2023年度重点战略研究推进会以线下线上形式在京召开。原农业部副部长、中国奶业协会名誉会长、战略发展工作委员会名誉主任高鸿宾出席会议并讲话，中国工程院院士、中国奶业协会副会长沈建忠宣读了《中国奶业协会2023年度重点战略研究课题立项公告》。中国奶业协会副会长兼秘书长、战略发展工作委员会副主任兼秘书长刘亚清总结战略发展委员会围绕奶业全面振兴取得的系列成果，详细介绍和部署"引领中国奶业高质量发展""推进乳品消费扩容提质""促进中国奶业种业振兴""加强奶业投融资及兼并重组服务"4个研究课题。国家食物与营养咨询委员会主任、中国奶业协会战略发展工作委员会名誉副主任陈萌山主持会议。

出席本次会议的还有农业农村部奶及奶制品质量监督检验测试中心（北京）主任、农业农村部食物与营养研究所所长王加启，中国农业科学院北京畜牧兽医研究所所长秦玉昌，内蒙古伊利实业集团股份有限公司高级执行总裁张剑秋，石家庄君乐宝乳业有限公司董事长魏立华，北京首农食品集团有限公司副总经理常毅，中地乳业集团有限公司董事长张建设，现代牧业（集团）有限公司原董事长高丽娜，内蒙古蒙牛乳业（集团）股份有限公司副总裁顾瑞珍（代），黑龙江飞鹤乳业有限公司常务副总裁卢光（代）等常务委员，以及中国奶业协会各副秘书长和四大研究团队的相关人员。

同日 完达山乳业与廊坊市安次区政府签署完达山（廊坊）万头奶牛智慧牧场建设项目战略合作协议在安次区举行。完达山乳业党委书记、董事长王贵，廊坊市安次区区委书记朱文军出席签约仪式。项目位于廊坊市安次区葛渔城镇，规划占地面积约793.15亩，计划总投资约5.3亿元。

15日 佳木斯市政府、富锦市政府与花花牛乳业集团共同举行奶牛养殖、乳品加工及有机食品产业园项目签约仪式。佳木斯市市长丛丽、副市长闫志刚，富锦市委书记梁庆民、市长郝旺，花花牛乳业集团董事长关晓彦出席签约仪式。

同日 中国飞鹤助力"黑龙江基础教育教师精英培养计划"北师大研修开班仪式在北京启动。

16日 国家市场监管总局对君乐宝乳业集团有限公司收购西安银桥乳业（集团）有限公司部分资产案进行经营者集中简易案件公示后，最终获无条件批准。此前，2022年8月31日，君乐宝乳业集团有限公司和西安银桥乳业（集团）有限公司签署《战略合作协议》，君乐宝拟收购银桥乳业核心经营性资产。

同日 澳新食品标准局发布231—23号通知，其中批准A1253号申请，允许在婴儿配方食品中自愿使用牛乳铁蛋白作为营养物质。

18日 蒙牛集团与北京同仁堂科技发展集团在广西南宁签署战略合作框架协议。

19日 市场监管总局特殊食品司二级巡视员陈健一行赴黑龙江省调研婴幼儿配方奶粉生产企业信息化监管和落实食品安全"两个责任"工作。调研组一行先后走访了黑龙江飞鹤乳业有限公司、勇进原生态牧业有限公司、黑龙江宜品乳业有限公司和黑龙江省光明松鹤乳品有限公司。通过进车间、看现场、走流程、查资料，详细了解企业落实主体责任工作推进情况及婴配粉生产企业质量管控状况，细致检查每个生产环节的关键控制点、产品追溯、风险管控、婴幼儿配方奶粉质量安全控制等方面情况。黑龙江省市场监管局、齐齐哈尔市市场监管局作了工作汇报。黑龙江省市场监管局党组成员、副局长刘猛，特食处及齐齐哈尔市市场监管局主要负责人参加调研。

20日 美国食药局（FDA）发布预警召回通知，美国利洁时（Reckitt）公司召回疑受克罗诺和阪崎肠杆菌交叉污染的美赞臣婴儿配方奶粉，产品名称为Enfamil Prosobee Simply Plant-based Infant Formula（规格：12.9盎司）。批次为ZL2HZF和ZL2HZZ，UPC代码均为300871214415（批次可以通过罐子底部的数字来识别）；保质期为2024年3月1日。海关总署提醒消费者，暂不通过任何渠道购买上述批次的婴儿配方奶粉。如有任何方式（如赠予、携带）获得相关批次婴儿配方奶粉的，请立即停止食用，与原获取渠道联系退货事宜。

21日 以"国粉新力量，营养新高度"为主题的首届娟姗奶粉节暨辉山奶粉品牌战略发布会在广州启动。原农业部副部长、中国奶业协会名誉会长高鸿宾，中国奶业协会副会长兼秘书长刘亚清，中国农业大学教授、国家奶牛产业技术体系首席科学家李胜利，越秀集团党委书记、董事长张招兴等，以及来自全国各地的新闻媒体、合作伙伴出席会议。发布会上中国奶业协会还与越秀集团签署了战略合作框架协议。

同日 广西工业和信息化厅公布"2022年广西智能制造标杆企业"首批拟认定名单，皇氏集团旗下广西皇氏乳业有限公司上榜。

同日 根据我国相关法律法规和海关总署与伊朗伊斯兰共和国农业部有关伊朗输华乳品检验检疫要求规定，即日起允许符合检验检疫要求的伊朗伊斯兰共和国乳品进口。

21—22日 陕西省市场监管局在西安组织召开全省婴幼儿配方奶粉新国标配方注册现场核查能力提升暨自建自控奶源研讨会议。

22日 中国婴幼儿配方奶粉的新国标正式实施。新国标包括适用于0—6个月龄婴儿的《食品安全国家标准 婴儿配方食品》（GB10765-2021）、适用于6—12个月龄婴儿的《食品安全国家标准 较大婴儿配方食品》（GB10766-2021），以及适用于12—36个月龄幼儿的《食品安全国家标准 幼儿配方食品》（GB10767-2021）。

同日 农业农村部畜牧兽医局印发通知，公布2023年度畜间布鲁氏菌病免疫县和免疫奶牛场名单，部署进一步强化畜间布病防控工作。全国共有19个省份1 266个县和2 543个奶牛场实施畜间布病免疫。

同日 联合国全球契约组织于上海国际会议中心举行《企业"碳中和"目标设定、行动及全球合作——践行全球发展倡议，加速2030年可持续发展议程》报告发布仪式。蒙牛集团在节能减排方面的三个优秀实践报告，被收录联合国（UNGC）双碳案例集。蒙牛被收录的三个案例分别涉及内部运营环节减排、生态伙伴低碳合作以及产品创新回收。

23日 联合国全球契约组织（UNGC）在上海举办了"性别平等目标"加速器和"气候雄心"企业加速器项目（CAA）结业仪式。联合国驻华协调员常启德（Siddharth Chatterjee）、联合国全球契约组织亚太区总代表刘萌，以及数十家中外知名企业高层代表参加。截至2022年底，伊利有31家分子公司获得了国家级"绿色工厂"认证，总数位居行业第一。常启德与刘萌共同为伊利集团代表颁发了证书。

24日 辽宁省奶业协会六届七次常务理事会暨党建引领"精鹰"牧场研讨会在辽宁锦州召开。经主管部门批准，王彦军同志任中共辽宁省奶业协会支部委员会书记，并聘任沈阳金秋实牧业刘莹同志为协会兼职副秘书长。辽宁省奶业协会会长徐环宇出席会议并讲话。长春博瑞科技股份有限公司总裁郭运库、长春博瑞科技股份有限公司副总裁甄玉国博士，分别针对如何做好"精鹰"牧场精细化管理及"精鹰"牧场饲养技术提升管理进行讲授。辽宁省奶业协会秘书长佟艳主持会议。全体与会人员参观锦州益多乐观光牧场，并为锦州益多乐观光牧场成为辽宁省奶业协会党员教育基地举行了揭牌仪式。

25日 甘肃省第四届奶业大会暨奶协换届大会在兰州市召开，甘肃省畜牧兽医局党组书记、局长王兴荣，中国奶业协会副秘书长李栋，新当选会会长甘肃前进牧业马志祥分别讲话。甘肃省奶业协会秘书长刘德强主持会议。甘肃省民政厅、省奶业协会会员单位、省乳品协会代表单位、省草业协会代表单位、大会协办单位相关人员参加了大会。

同日 君乐宝乳业集团在其科学营养研究院召开科学战略发布会。君乐宝董事长兼总裁魏立华表示，君乐宝采用国内国外同步自主育种模式，其美国全资子公司爱森科技现已拥有19头优秀种公牛，其中有5头种公牛进入全球排名前200名。发布会前夕，君乐宝成立科学战略智库，并聘请中国科学院院士、原北京大学校长王恩哥担任智库主席。在种草环节，君乐宝与中国农业大学草业研究所合作。中国营养学会理事长杨月欣出席战略发布会。

28日 山西现代鑫源牧业产业园5万头奶牛养殖项目首批896头澳大利亚荷斯坦奶牛陆续进入养殖场。首批进场的是6—13月龄的后备牛，按计划2023年进场6 000头，12月底这批奶牛就可陆续产犊、产奶。山西现代鑫源牧业产业园5万头奶牛养殖项目于2022年4月开工，总投资30.6亿元，规划面积2万余亩，包括万亩有机旱作牧草基地、5万头优质奶牛养殖，以及配套100兆瓦光伏发电和40兆瓦沼液发电项目。

3月

1日 由北京奶牛中心牵头修订的《牛人工授精技术规程（NY/T 1335）》标准，即日起实施。标准已于2022年11月在中华人民共和国农业农村部官方网站上发布。

2日 《中国奶业协会奶业特色区域和产业集群评价工作管理办法（试行）》发布。

同日 《上海证券报》以《数字化构建"领鲜"优势 光明乳业稳健推进"全国化"落地》为题，着重介绍了历经百年发展，光明乳业不断创新变革，用数字化稳健推进"全国化"发展，持续与年轻消费群体建立情感共鸣的光明故事。

2-3日 利拉伐智汇牧场高峰论坛在昆明举办。中国奶业协会副会长、国家奶牛产业体系首席科学家李胜利教授就全球及中国奶业发展现状及预测作讲话；中国社会科学院农村发展研究所研究室主任刘长全研究员就大食物观下中国农业结构与饲料供给安全问题分别作主题报告。利拉伐全球总裁及首席执行官 Paul Löfgren，利

拉伐中国韩国巴基斯坦市场区域总裁沙云飞分别致辞。中国奶业协会秘书长助理兼中国奶牛杂志主编丁芳、副主编王丽应邀参加论坛。

北京三元食品股份有限公司副总经理兼北京首农畜牧发展有限公司总裁乔绿分享了城郊型奶牛场转型发展的思考；中国农业大学副教授王蔚解析了国家"双碳"战略对于中国奶业发展的影响；加拿大圭尔夫大学动物生物科学学院教授、加拿大首席科学家 Trevor DeVries 分享了自动化技术为牧场带来的新的发展机遇。利拉伐亚太区自动挤奶系统及牧场管理系统支持方案总监 Graham Hardy、利拉伐亚太区牧场管理咨询总监 William Smits 和利拉伐全球奶业发展总监 Ilka Klaas 分别就大数据与人工智能在奶牛养殖领域的应用、体况评分与奶牛健康相关性研究及牧场经济效益分析，以及奶牛长寿与牧场经济效益关系进行了讲解。

5日 从事动物医学研究30余年，全国政协委员、中国工程院院士、中国农业大学动物医学院院长、中国奶业协会代理会长沈建忠接受新京报记者采访，对于怎样更好地和动物相处深有体会。他表示，在这个领域研究越久就越能深刻地意识到，人类只是整个自然生态体系中的一小部分，我们必须要认真地去思考人和动物的关系。在今年的全国两会上，沈建忠带来了从动物源头加强人畜共患病防控方面的建议，他提出要强化防控政策落实，尤其完善地方和基层的防控力量，强化基层兽医队伍。沈建忠还提到，应该重视宠物疾病的防治，养宠物一定要按要求打疫苗，人病兽防，关口前移，是阻断人畜共患病传播最重要的途径。

6日 优然牧业从新西兰和澳大利亚空运进口的8 500多只纯种萨能奶山羊顺利到港，5月即完成防疫隔离，进驻清水河奶山羊场。优然牧业清水河奶山羊牧场是目前全国单体最大的高标准奶山羊场，规划存栏5万只，项目总投资5.4亿元，建设面积约1 155亩。

同日 国际独立第三方检测、检验和认证机构德国TÜV 莱茵携手中国节能协会及绿色再生塑料供应链联合工作组（GRPG），为蒙牛集团颁发《"零碳工厂评价规范"团体标准》认证证书，以及废弃物零填埋管理体系认证（亦称"零废工厂认证"）证书。同时，蒙牛集团与 TÜV 莱茵签订了可持续发展战略合作框架协议。

9日 伊利携手 CIO 发展中心，举办"数字化转型之生态网络构建之旅"，来自各行业的多家创新企业相聚伊利，探访伊利数字化转型成果，共话数字时代的企业发展之道。

同日 越秀辉山品牌焕新发布会在沈阳市举行。越秀集团党委书记、董事长张招兴，越秀集团党委委员、副总经理、越秀辉山董事长林辉新，越秀辉山党委书记、总经理韩春辉等出席发布会。越秀集团总法律顾问贺玉平致辞，越秀辉山液态奶事业部负责人张杨发表越秀辉山品牌焕新主题演讲。发布会同时举行了越秀辉山品牌焕新启动仪式。

17日 由国家市场监督管理总局、国家标准化管理

委员会发布的中华人民共和国国家标准 (GB/T 3157—2023)《中国荷斯坦牛》将于 2023 年 10 月 1 日正式实施。

20 日 蒙牛集团总裁、国际乳品联合会董事卢敏放在《瞭望》2023 年第 12 期发表署名文章《以乳业高质量发展助力中国式现代化》。

同日 嘉立荷牧业公司与内蒙古敖汉旗政府、伊利集团就 2.4 万头奶牛养殖基地项目达成合作意向并签约。

21 日 FoodBev 主办的第 9 届世界食品创新奖颁奖典礼在英国伦敦的 IFE 国际食品与饮料展览会上举行。本届世界食品创新奖从 140 多个入围产品中，选出了 21 款获奖产品，类别丰富多元，不仅有产品层面的奖项，还涵盖了可持续倡议、初创企业和市场营销这类公司和品牌层面的表彰。伊利集团－金典"无印刷、无油墨"环保牛奶包装荣获最佳包装设计大奖。

22 日 妙可蓝多发布 2022 年年报，报告期内实现营业收入 48.30 亿元，同比增长 7.84%；其中核心业务奶酪板块实现收入 38.69 亿元，同比增长 16.01%；奶酪产品收入占公司主营业务收入的 80.30%，同比增长 5.68 个百分点。作为国内奶酪行业领先品牌，妙可蓝多持续聚焦奶酪产业，奶酪业务营收连续六年保持高位增长。

23 日 工信部办公厅公布 2022 年度绿色制造名单。绿色工厂 874 家、绿色设计产品 643 个、绿色工业园区 47 家、绿色供应链管理企业 112 家。绿色工厂名单涉及乳业 14 家，变更绿色制造名单涉及乳业单位 2 家。伊利、蒙牛、飞鹤等乳制品行业的生产基地入选国家级绿色工厂。

同日 "中国奶业高质量发展新样板"优然牧业武威牧场突破中国奶牛最高单产纪录庆典在甘肃武威优然牧业举行。武威市委副书记、政法委书记曾国俊，武威市委常委、凉州区委书记李万岳，武威市副市长陆世平，甘肃省畜牧兽医处副处长唐煜等政府领导，中国奶业协会副秘书长陈绍祜出席活动，优然牧业执行董事兼总裁袁军出席庆典并讲话。全球著名奶业专家、NASEM《奶牛营养需要》编委迈克·哈金斯博士就美国先进的奶牛营养技术应用进行了分享，中国农业科学院北京畜牧兽医研究所指定武威牧场为"《奶牛营养需要》实践基地"，中国农业科学院北京畜牧兽医研究所研究员卜登攀博士现场进行授牌。

同日 乌兹别克斯坦立法数据库网站消息，乌兹别克斯坦总统当日签署关于确保消费市场价格稳定的补充措施的第 UP-41 号总统令。批准至 2024 年 1 月 1 日前乌兹别克斯坦共和国境内进口清单内 36 类货物适用零关税税率，其中涉及食品的为 32 种，奶类产品主要包括酸奶、奶酪等。

24 日 从联合国经济及社会理事会获悉，伊利集团的低水足迹倡议"LWFi"(Low Water Footprint Initiative) 行动计划，正式获得联合国经济及社会理事会批准并在官网公开发布，成为首家承诺和获批加入联合国《水行动议程》(UN Water Action Agenda) 的中国企业，标志着伊利的水资源保护实践获得了联合国相关机构的认可。

25 日 以"为地球献出一小时"为主题的 2023 年地球一小时活动在江苏昆山举行。生态环境部宣传教育司司长刘友宾、总裁孙玉刚出席并参与启动了 2023 "为地球献出一小时"生态环境志愿者项目。

同日 第二届亚洲青年领袖论坛分论坛暨第四届环球趋势大会在广州·南沙举办，澳优执行董事吴少虹作《与自然共生，与时代共进，以全链条的绿色实践助推企业高质量发展》的主题演讲。

27 日 美国食药局（FDA）公布了相关婴儿配方奶粉信息，并称将采取措施扩大奶粉供应。FDA 称在 2022 年婴儿配方奶粉召回事件发生后，将加大与政府部门和行业的合作，确保随时都可以供应安全、营养的婴儿配方奶粉。

28 日 中国农业科学院北京畜牧兽医研究所与全国畜牧总站共同发布了《2022 年中国全株玉米青贮质量安全报告》。

同日 北京市奶业协会八届三次会议在京召开。北京奶业协会会长、首农食品集团副总经理常毅做《北京市奶业协会 2022 年度工作报告》；北京奶业协会监事长、首农畜牧总裁乔绿作《北京市奶业协会 2022 年监事会报告》；北京奶业协会副秘书长郑建强作《春山可望 未来可期——中国奶源供需市场趋势分析》专题报告。北京市奶业协会秘书长廖晨星主持会议。北京市奶业协会会员 124 人参加了会议。

同日 加拿大卫生部发布婴儿配方奶粉和母乳强化剂生产、投放市场前审批控制指南，以促进生产企业准确理解加拿大相关政策和法规要求，做好产品生产、投放加拿大市场前申请材料提交等准备工作。

29 日 越秀集团下属风行乳业石滩生产研发基地正式落成投产。原农业部常务副部长、中国奶业协会原会长刘成果，广州市国资委副主任崔彦伦，广州市商务局副局长陈彦川，以及有关政府单位领导、行业知名专家、合作伙伴等近 400 人参加研发基地落成典礼。

同日 农业农村部农产品质量安全中心公布农产品质量安全营养健康优质化领域科研技术创新亮点成果名录（2021—2022）。中国农业科学院北京畜牧兽医研究所奶业创新团队"生鲜乳品质提升技术研究与应用推广技术"入选成果名录。

同日 吉林省畜牧业管理局发布乳品产业集群 2023 年度工作推进方案。

30 日 辽宁奶业纾困座谈会在沈阳召开。会议邀请蒙牛、伊利、辉山三大乳企奶源及部门负责人以及牧场代表参加。辽宁省畜牧业发展中心主任赵刚、省农业农村厅兽药饲料处副处长刘景诗、省农业农村厅畜牧产业处处长祁茂彬、省奶协秘书长佟艳等相关领导听取了企业负责人的汇报并提出建设性意见。本次会议由省奶协秘书长佟艳主持。

同日 蒙牛乳业（2319.HK）2022 年全年业绩发布会在香港举行。业绩公告显示，2022 年，蒙牛实现收入 925.9 亿元，同比增长 5.1%；经营利润为 54.2 亿元，同比增长 11.6%。

31 日 山东省畜牧兽医局联合山东省畜牧协会奶业分会组织召开了全省奶业高质量发展座谈会。省畜牧局党组书记、局长于永德，省畜牧局党组成员、副局长李新，省畜牧协会秘书长逯岩，山东农业大学教授、省畜牧协会奶业分会会长王中华出席会议。省畜牧局畜牧处（奶办）、规财处，省畜牧总站相关负责同志参加会议，会议邀请全省奶牛养殖、乳品加工、动保、饲料、机械等产业链相关企业代表 30 余人参会。

4月

2 日 君乐宝 2023 石家庄马拉松在火炬广场鸣枪开跑，来自全国各地的 3 万名跑者强势集结。作为马拉松精神的倡导者和实践者，君乐宝连续第九年冠名石家庄马拉松，魏立华与 600 余名君乐宝员工，包括 16 名集团高管，组成君乐宝史上最大规模跑团，"从一个人跑，到一群人跑"，用行动诠释马拉松的魅力，在赛场留下了一抹耀眼的"君乐宝蓝"。

4 日 农业农村部办公厅公布 2023 年度国家农业科技创新联盟认定名单。奶业科技创新联盟、奶牛育种自主创新联盟均获标杆联盟称号。

5 日 北海牧场对外宣布，其第二座自建工厂湖北咸宁工厂正式落成，即将正式投产。此次新落成的咸宁工厂占地约 369 亩，计划总投资 10 亿元，将是北海牧场在国内首座"常温 + 低温"的乳品工厂，已有三条低温酸奶生产线和一条常温奶生产线，规划配备 12 条国内领先的乳品线，全面投产后年产能将超过 15 万 t。

6 日 呼和浩特市召开推进奶业振兴大会，深入贯彻落实国家、自治区奶业振兴部署要求，推动"中国乳都"加快向"世界乳都"迈进。此次大会除各地各部门外，还特别邀请了包括草种业、现代农业、乳制品加工、生物制药、产品包装、现代物流以及金融机构等奶业相关行业的 150 多家重点企业代表参加。

8 日 "万瑞和生态智慧牧场建设项目"奠基仪式在新疆和静县乌拉斯台农场举行。和静县人大常委会党组书记、副主任杨承东，县委副书记、县长王远明，县政协党组书记、主席邓鑫，县人大常委会党组副书记、主任其·巴太，新疆瑞源乳业有限公司董事长于瑞红、总经理乔胜强，以及县发改、商工、财政、人社等县直部门及相关乡镇负责人参加开工仪式并为项目培土奠基。项目占地 52 公顷，投资资金 3 亿元，项目计划于 2023 年 11 月投产运营。

11 日 由新华社主办的"首届中国乡村振兴品牌大会"在浙江常山县召开，蒙牛集团党委副书记、执行总裁李鹏程受邀出席会议，并分享了蒙牛以产业振兴助力乡村振兴的探索与实践。

同日 智通财经消息，美国 NAAB 最新公布国内在美注册荷斯坦奶牛遗传评估成绩，优然牧业（09858）赛科星呼和浩特国家级核心育种场培育的编号为 NO.291HO22027 的后备种公牛排名全国第一，GTPI（综合育种值）历史性地达到了 3131，NM 为 1197，居于全国首位。按照同期美国基因组排名的数据比较，排名达到第 35 名，这也是国内培育出美国基因组中排名最高的种公牛。

12 日 农业农村部办公厅印发《饲用豆粕减量替代三年行动方案》。

13 日 "国家母婴研究中心专利配方 领跑新国标"三元奶粉全系升级 A2 战略发布会在京举办。原农业部常务副部长、中国奶业协会名誉会长刘成果，科学技术部原副司长、中国食品科学技术学会酿造食品分会理事长王喆，中国疾病预防控制中心营养与健康所研究员、中国营养学会副理事长杨晓光，中国食品科学技术学会荣誉理事长孟素荷教授出席活动，并对三元国内领先的奶牛育种和繁育体系、国家母婴研究中心的母乳研究成果以及为母乳研究所做出的贡献给予充分肯定。国家母婴乳品健康工程技术研究中心，在会上发布《母乳白皮书》，与母垂媒体平台宝宝树达成战略合作。发布会上，还宣布成立了"三元奶粉核心战略委员会"。三元食品党委书记、董事长于永杰出席战略发布会。

15 日 2023 第六届中国西部畜牧业博览会暨奶山羊产业发展大会召开期间，陕西省万只吨产奶山羊育种工程启动大会在杨凌示范区顺利举办。省奶羊产业技术首席专家、西北农林科技大学曹斌云教授宣布工程启动，西北农林科技大学副校长罗军教授致辞。省农业农村厅畜牧兽医局、西北农林科技大学推广处、省畜牧技术推广总站、西北农林科技大学动物科技学院，以及奶山羊基地县畜牧兽医主管部门相关负责同志、技术骨干、业内专家和奶羊养殖及加工企业等 200 余人参加启动会。

16 日 《食品化学（Food Chemistry）》发表中国农业科学院农业质量标准与检测技术研究所"农业标准物质"创新团队的一项重要科研成果。该成果建立了乳粉中二十二碳六烯酸（DHA）成分高准确度定值方法，制备了均匀、稳定且量值准确的我国首个乳粉中 DHA 成分分析用标准物质。

同日 海关总署发布 2023 年第 36 号《关于进口法国饲用乳制品检疫和卫生要求的公告》。即日起，允许符合相关要求的法国饲用乳制品进口。

同日 光明乳业作为上海企业探索数字化转型升级的典型案例登上央视《新闻联播》。

17 日 内蒙古自治区生鲜乳价格协调委员会成立暨第一次全体委员会议在呼和浩特市召开。自治区农牧厅厅长郭占江出席并讲话，二级巡视员高雪峰主持会议。会上，选举产生了第一届委员会主任和副主任，审议通过了《内蒙古自治区生鲜乳价格协调委员会公告》《内蒙古自治区生鲜乳价格协调委员会运行机制》等相关文件。

同日 欧盟食品和饲料快速预警系统（RASFF）消息，法国通过 RASFF 通报本国出口生乳奶酪检测出李斯特菌，出口生乳奶酪不合格。销售状态为分销至其他成员国；采取措施为退出市场，通知收件人。

18 日 由中国社会科学院、中国公共关系协会、山东省人民政府主办的黄河文化论坛在山东省东营市举办。全国人大常委会原副委员长吉炳轩宣布论坛开幕并讲话，山东省委书记林武致辞。蒙牛集团党委副书记、执行总裁李鹏程以"走出去"的生动实践，向世界讲好中国故事，介绍了蒙牛近年来在促进跨文化交流方面的实践与心得。

19 日 澳大利亚联邦发布 F2023L00452 公告，公布婴儿配方奶粉产品中的牛乳铁蛋白使用标准，并宣布自发布之日起实施。

19-20 日 "第三届山东现代奶业发展大会暨齐鲁奶业山海论坛"在泰安市召开。原农业部副部长、中国奶业协会名誉会长高鸿宾出席大会并讲话，山东省畜牧兽医局党组成员、副局长李新致辞。农业农村部畜牧兽医局奶业处处长卫琳，泰安市人民政府副市长马保文，山东省农业发展信贷担保有限责任公司副总经理李玉林，省畜牧局畜牧处（奶办）、省畜牧总站相关负责同志出席大会。来自全国各地的行业人士及青岛、济南、淄博、东营、烟台、潍坊等地市级畜牧主管部门分管领导和奶农代表等 600 余人参会。

21 日 新疆天润乳业股份有限公司与新疆塔里木农业综合开发股份有限公司举行股权收购签约仪式，拟 3.26 亿元收购新农开发、阿拉尔市沙河镇建融国有资产投资经营有限责任公司合计持有的阿拉尔新农乳业有限责任公司 100% 的股权。兵团党委、兵团副秘书长谢强，十二师党委书记、政委李斌，一师阿拉尔市党委书记、政委丁翔强出席仪式并致辞。天润乳业党委书记、董事长刘让，新农开发党委书记、董事长、总经理唐建国分别发言。兵团国资委党委书记、主任邵春杰主持收购签约仪式。相关部门、团场、企业代表参加仪式。

同日 2023 北方奶业大会暨第五届河北国际奶业博览会在河北省正定县开幕。品元生物在大会上举办"优秀种公牛揭榜仪式"。中国奶业协会期刊总编杨秀文，河北省农业农村厅二级巡视员顾传学，石家庄市农业农村局党组书记、局长王溪波分别为"优秀种公牛"揭榜。

同日 由财政部批准、新理财杂志社主办的第十七届"中国 CFO 高峰论坛暨 2022 中国 CFO 年度颁奖典礼"在京举办。中国圣牧有机奶业有限公司的财务共享项目荣获"2022 中国企业财务共享建设卓越成就奖"。

22 日 由国家奶业科技创新联盟和中优乳奶业研究院（天津）有限公司共同主办、天津海河乳品有限公司承办的"奶业高质量发展论坛"在天津举办。国家奶业科技创新联盟理事长王加启研究员、副理事长郑楠研究员，中国奶业协会副秘书长周振峰，海河乳品公司党委书记、董事长邹旸，天津食品集团党委书记、董事长万守朋等出席论坛。

24 日 君乐宝乳业集团与广东省江门市人民政府、蓬江区人民政府签署战略合作协议，君乐宝将在江门市蓬江区投资建设华南液态奶基地项目。江门市委副书记、市长吴晓晖，中国科学院院士、君乐宝科学战略智库主席王恩哥，君乐宝乳业集团董事长兼总裁魏立华出席签约仪式。

同日 《人民日报》走进光明乳业研究院，以《什么是航天菌株？光明乳业为你解锁乳品硬核"黑科技"》为题，通过采访光明乳业研究院的科研代表，向消费者讲解了光明乳业钻研益生菌，创新自主研发菌株并将科研成果融入众多光明产品，让更多人感受美味与健康的光明故事。

同日 科迪乳业重整计划获法院批准。

26 日 嘉立荷牧业集团与北京京瓦农业科技创新中心达成合作协议，举行授牌签约仪式。嘉立荷牧业集团党委书记、董事长徐宝梁，北京京瓦农业科技创新中心主任李胜利出席授牌仪式。

同日 蒙牛集团发布了 2022 年可持续发展报告。报告显示，蒙牛在全产业链践行 ESG 理念，持续推进"GREEN"可持续发展战略落地，助力国家共同富裕及"双碳"目标的实现。2022 年，蒙牛 MSCI ESG 评级升至 A 级，并在国资委"ESG 先锋 50 指数"覆盖的 426 家央企上市公司中排名第一。

27 日 2023 年庆祝"五一"国际劳动节暨全国五一劳动奖和全国工人先锋号表彰大会在北京人民大会堂隆重举行，完达山、澳优等企业荣获"全国五一劳动奖"。

同日 蒙牛与中国航天基金会在中国航天博物馆共同举办"要强 20 载 所向皆星河"点亮未来主题发布会。中国航天基金会理事长吴志坚、蒙牛集团总裁卢敏放等出席发布会。

同日 伊利股份发布 2022 年年报，实现营业总收入 1231.71 亿元，同比增 11.37%，归母净利润 94.31 亿元，同比增长 8.34%，营收净利再创历史新高。

同日 河北奶业社会化服务平台在灵寿兴业牧场开展以"减抗降本，规范药品使用"为主题的技术交流会，来自石家庄区域的 15 家牧场，近 50 人参会。河北省奶协副秘书长李贺峰出席活动。

同日 内蒙古呼和浩特市托克托县伊利 18 万头奶牛绿色智慧养殖示范园区恒富利荣 1.5 万头牧场和嘉立荷伊兴牧场开工仪式分别在托县古城镇太水营村恒富利荣牧场场区、伍什家镇大北窑村嘉立荷伊兴牧场场区举行。

5 月

1 日 经过 2 个月的隔离检疫，优然牧业清水河奶山羊场进口的 8 500 只纯种萨能奶山羊顺利入驻。优然牧业清水河奶山羊牧场规划存栏 5 万只，项目总投资 5.4 亿元，建设面积约 1 155 亩。

4 日 中国奶业协会发布《现代奶业评价 乳制品生产企业现代化等级评价》团体标准及《现代奶业评价 乳制品生产企业现代化等级评价管理办法（试行）》。

同日 中国乳业首个超写实数字人"金娃"直播亮相。出现在抖音直播间的金娃，以一身国风造型正式出道。这位"伊利青年"能歌善舞，能说会道，并对牛奶知识如数家珍。

5日 蒙牛旗下专注中国人运动营养的高端专业品牌迈胜与南开大学公共卫生与健康研究院正式签约，双方将共同建立南开大学–迈胜营养研究联合实验室（以下简称"实验室"）。南开大学副校长、中国科学院院士陈军，蒙牛集团党委副书记、执行总裁李鹏程出席签约仪式。

5-6日 农业农村部畜牧兽医局在内蒙古赤峰市举办全国生鲜乳质量安全监管培训班暨奶业振兴工作会。内蒙古、河北、宁夏、河南4个省份在会上作典型交流发言。10个奶业主产省份农业农村（农牧、畜牧兽医）厅（局）分管负责同志及各省（自治区、直辖市）、新疆生产建设兵团畜牧（奶业）处长、全国畜牧总站相关负责同志参加会议。

7日 以"铸就航天品质，共创光明未来"为主题的光明乳业与中国探月工程战略合作十周年暨质量保障对标升级发布会在北京人民日报社举办。光明乳业党委书记、董事长黄黎明致辞，中国奶业协会副会长兼秘书长刘亚清讲话。刘亚清指出，中国探月工程和中国奶业双向携手，是一完美的技术合作和赛道并轨。光明乳业以敏锐的思维、独特的战略眼光，开启乳业与探月十年合作，汇聚百年发展智慧，对接中国探月工程，开展战略合作和质量保障对标，在有效助力中国探月工程的同时，高效完成11株乳酸菌的太空深空搭载，探索以航天技术铸就光明乳品航天品质和保障国民营养健康之道。在技术创新和品牌塑造上有了质的提升和深远的影响。这一战略合作，既是一次成功的探索，更是一次很好的引领和示范。

中国科学院院士于登云、中国工程院院士陈卫、嫦娥八号任务总设计师裴照宇、国家食品安全风险评估中心技术总师吴永宁4位在各自领域成就斐然的行业大咖，共同探讨乳业与航天领域的多样性和共通性，并向光明乳业与中国探月工程的未来合作送上寄语。中国探月工程向光明乳业授予"中国探月工程突出社会贡献单位"荣誉奖牌。发布会现场发布了《2022版光明乳业质量白皮书》。国家食品安全风险评估中心主任李宁，上海海洋大学研究生院执行院长王锡昌，国家航天局探月与航天工程中心副主任葛平，嫦娥奔月航天科技（北京）有限责任公司总经理许兴利，人民网党委委员、董事、副总编辑孙海峰，人民网战略委员会委员、人民健康董事长万世成，中国乳制品工业协会秘书长刘美菊，光明乳业党委副书记贾敏等领导及行业专家、媒体嘉宾、经销商代表出席活动。

同日 内蒙古赤峰市元宝山区嘉峰3 000头奶牛科技示范园区在五家镇破土动工，该项目是五家镇党委政府精准招商引资的重要成果，总投资1.1亿元，占地面积210.23亩。

8-9日 由中国奶业协会组织的2023年第一季度奶牛生产性能测定数据交流活动在山东省泰安市举办。活动由中国奶业协会陈绍祜副秘书长主持，泰安市畜牧兽医事业发展中心党委委员、副主任张训茂致欢迎词，全国畜牧总站奶业与畜产品加工处处长闫奎友讲话。活动得到了农业农村部、全国畜牧总站等行业主管部门的支持，来自全国奶牛生产性能测定中心的130余人到会交流。FOSS(DHI)实验室自动化大讲堂同期举办，福斯华（北京）科贸有限公司总经理汪振华主持大讲堂，福斯全球高级副总裁Henrik Wiboltt先生通过远程视频发表了致辞。

交流活动中，中国奶业协会养殖业发展部主任闫青霞、全国畜牧总站畜禽种业指导处高级畜牧师李姣、全国畜牧总站奶业与畜产品加工处高级畜牧师黄萌萌、全国畜牧总站全国奶牛生产性能测定标准物质制备实验室高级畜牧师刘婷婷，分别对DHI数据质量、DHI在育种基地建设中的作用、全国实验室验收情况及存在的普遍问题和未知样制备质量控制作专题报告，全国各个DHI测定中心主要技术负责人交流了DHI工作中的主要成绩、创新情况及发展规划。福斯华（北京）科贸有限公司的行业专家金永强就"福斯全方位DHI解决方案助力行业发展"作精彩演讲。

9日 由每日经济新闻发起、清华大学经济管理学院中国企业研究中心联合主办的第七届中国上市公司品牌价值榜发布会于北京召开，当天发布的"2023中国上市公司品牌价值榜"显示，蒙牛品牌价值达1 401亿元，位列2023中国上市公司品牌价值榜TOP 30，《天生要强：除了300亿元的特仑苏，蒙牛还要"再造"什么》同时荣获"2022中国上市公司经典品牌案例"奖项。蒙牛集团党委副书记、执行总裁李鹏程受邀出席会议，围绕"中国产品向中国品牌转变"分享蒙牛在品牌建设方面的生动实践。

10日 甘肃省菊乐牧业有限公司万头奶牛有机牧场项目古浪县开工建设。项目总投资6亿元，设计存栏奶牛15 000头。

同日 "2023中国品牌新消费论坛"在上海世博展览馆举办。蒙牛集团党委副书记、执行总裁李鹏程受邀出席，并围绕"振兴民族品牌，讲好中国故事"分享蒙牛在品牌建设方面的实践和心得。

10-11日 浙江省奶牛业协会第五届会员代表大会暨五届一次理事会在杭州召开，协会正式更名为"浙江省奶业协会"。会议选举浙江一鸣食品股份有限公司董事长朱立科为协会理事会会长，选举浙江美丽健乳业集团有限公司董事长黄利日、浙江一景生态牧业有限公司董事长李鸣、金华市佳乐乳业有限公司董事长夏济平、杭州萧山富伦奶牛场总经理兼杭州市奶业协会会长孙富祥、宁波乳业集团副总经理廉立伟等6人任副会长；杭州新希望双峰乳业有限公司、杭州永创智能设备股份有限公司、杭州中亚机械股份有限公司为副会长单位；浙江大学奶业科学研究所副所长刘红云教授为监事长；杭州新希望双峰乳业有限公司副总经理、教授级高级工程师赵广生任秘书长，聘任许胜飞、戎再富、阮水明为副秘书长。协会会员、奶业生产经营者及相关专家学者共70余位代表参加会议，秘书长赵广生主持会议。

11—12日 全国婴幼儿配方奶粉生产许可现场核查技能培训班在南昌举办。市场监管总局特殊食品司婴配食品注册处处长李晓瑜莅临培训班现场并进行指导，江西省局特殊食品处主要负责同志致辞。

12日 利乐公司发布《牛奶消费趋势报告》。

15日 农业农村部公告，中牧实业股份有限公司、中国农业科学院兰州兽医研究所、中农威特生物科技股份有限公司、申联生物医药（上海）股份有限公司联合研制的牛结节性皮肤病灭活疫苗（山羊痘病毒 AV41 株，悬浮培养）已通过农业农村部组织的应急评价。

同日 黑龙江省农业农村厅、黑龙江省财政厅发布《2023 年黑龙江省奶牛良种补贴项目实施方案》《2023黑龙江奶乳"一体化"万头奶牛养殖场建设补贴项目实施方案》。

15—16日 2023年河南省奶牛品种登记培训班暨奶业节本增效论坛在邓州市举办，河南省农业农村厅二级巡视员周瑞兰，河南省农业农村厅奶业管理处处长赵玲，河南省农业农村厅奶业管理处二级调研员宋洛文，河南省畜牧技术推广总站站长睢富根，河南省奶牛体系首席专家、河南省种业发展中心副主任张震，南阳市农业农村局二级调研员王鹏，邓州市人民政府市长黄登科及全省各地市养殖场代表等 200 余人出席论坛。培训及论坛由河南省畜牧技术推广总站站长睢富根、河南省奶牛体系首席专家张震分阶段主持。

16日 国家市场监管总局通告，2022 年全国乳制品抽检合格率达 99.88%。

19日 蒙牛集团旗下现代草业托克托县 5 万亩饲草产业园种植举行启动仪式。托克托县委书记王东生、现代草业总裁黄勇强参加仪式并致辞。

21日 国家市场监管总局发布《婴幼儿配方奶粉生产许可现场核查评分记录表》。

同日 "基于中国母乳研究的新一代婴幼儿配方奶粉制造技术研究及示范"项目启动会在哈尔滨市召开。项目启动会由飞鹤首席科学家蒋士龙主持。来自中国农村技术开发中心、黑龙江省科技厅、上海交通大学、中国计量科学研究院、江南大学、扬州大学等单位的项目管理人员、项目咨询专家、（项目）课题负责人以及项目参与人员等 70 余人出席会议。项目牵头单位为飞鹤乳业，项目负责人是上海交通大学医学院公共卫生学院院长王慧教授。

22日 陕西省市场监管局组织召开加强全省婴幼儿配方奶粉质量安全管理工作视频会议。

23日 农业农村部奶及奶制品质量监督检验测试中心（北京）组织开展生乳中硫氰酸钠检测技术现场培训，11 家项目单位全部参加了此次培训。培训由中心常务副主任郑楠研究员主持，农业农村部畜牧兽医局奶业处处长卫琳为培训学员颁发了培训证书。

同日 伊利集团旗下新西兰威士兰乳业在霍基蒂卡工厂举行乳铁蛋白工厂开工仪式。新西兰贸易出口部部长、农业部长兼西海岸塔斯曼议员达米安·奥康纳，初级产业部总干事雷·史密斯，中国驻新西兰大使王小龙，中国驻新西兰大使馆公参陈志阳，中国驻克赖斯特彻奇总领事何颖，布勒市市长杰米·克莱恩，西海岸地区发展局首席执行官西蒙·米尔恩，威士兰市副市长阿什利·卡辛，伊利威士兰乳业驻地董事李志强，威士兰首席执行官理查德·怀斯，以及威士兰乳业员工代表、合作伙伴代表等出席开工仪式。项目总投资 7 000 万新西兰元（折合人民币 3.02 亿元），建成投产后，将使伊利跻身乳铁蛋白产能全球前三。

同日 菲仕兰联合中国乡村发展基金会联合开展的2023"孤儿喝奶"公益项目捐赠和儿童营养科普系列行动在广西巴马县启动，项目计划在全国 9 个省份 13 个县捐出价值共计 130 万元的美素佳儿营悦产品和现金。

23—24日 蒙牛集团联合国家奶牛产业技术体系，在中国乳业产业园和林格尔奶产业园举办"匠心铸品质科技兴奶业"2023 年蒙牛集团上游奶产业链技术纾困劳动技能大赛。其间蒙牛正式对外宣布启动"国产苜蓿青贮降本增效推广项目""蒙牛中国乳业产业园绿色低碳新能源鲜奶运输项目"。

24日 北大医学 – 中国飞鹤营养与生命健康发展研究中心召开新闻发布会，宣布启动"生命早期脑科学研究计划"。

同日 陕西省慈善协会 2023 年庆"六一"、送爱心慈善联合大行动启动暨款物捐赠仪式在西安市第二聋哑学校举行。陕西省政府原常务副省长徐山林，陕西省慈善协会会长吴前进，西安银桥乳业（集团）有限公司学生奶销售经理欧洁尘等爱心企业代表参加捐赠。

25日 全民营养·"鲜"时代——2023 年世界牛奶日·山东乳品营养周活动在潍坊开幕。中国奶业协会期刊总编杨秀文、国家奶业科技创新联盟唐文浩博士、山东省奶业协会会长王成武及全国畜牧总站、山东省畜牧兽医局、潍坊市畜牧业发展中心等单位领导参加本次活动。本次活动由新希望琴牌乳业承办。

同日 在浙江省嘉兴市秀洲区王店镇红联村东兴奶牛场一旁的空地上，牛花花小镇暨东兴种牛智慧牧场项目正式开工建设，这里将建成嘉兴首个奶牛主题的特色旅游休闲园。

同日 温氏股份公告，公司拟将控股子公司广东温氏乳业股份有限公司35% 的股权以 4.38 亿元转让给公司关联方广东筠诚投资控股股份有限公司。交易完成后，公司持有温氏乳业的股权比例由 64.57% 减少至 29.57%，而筠诚控股成为第一大股东，持股比例达42.45%。

25—26日 浙江省食品工业协会乳制品分会一行 37人前往江苏一鸣食品有限公司参观交流，并进行座谈。

26日 长三角地区奶源生鲜乳质量安全培训班在光明乳业华东中心工厂三楼多功能厅举办。来自光明乳业、上海奶协、长三角牧场等单位百余人参加培训。培训由上海奶业行业协会副秘书长陈小弟主持，上海奶业行业协会常务副会长唐新仁、上海奶业行业协会秘书长钱建国、光明乳业生产中心奶源部总监杨卫兵等出席培训班。

同日 2022河南社会责任企业暨社会责任突出贡献企业家颁奖仪式在郑州举行。河南花花牛乳业集团荣获"2022河南社会责任企业年度企业奖"，董事长关晓彦荣膺"2022河南社会责任企业年度领军人物"。

28日 中国（国际）乳业智能制造高峰论坛在银川高新区灵武临港产业园区开幕。当天，乳业全数智化工厂"蒙牛乳业宁夏工厂"正式落成投产。

同日 由生态环境部组织的"绿色牧场公众开放日活动"在现代牧业济南商河牧场举办。

同日 新疆天润乳业股份有限公司携手广州永旺系统，在广州举行了"新疆雪山有机纯牛奶"新品发布会。

29日 2023上海国际酒店及餐饮业博览会在上海国家会展中心开幕。卫岗乳业在本次博览会的咖啡与茶展区，推出"卫岗新绿园Pro"高品质冷藏牛乳、"椰椰大咖"及"燕麦奶"植物基乳品等新产品。

30日 新疆万瑞和生态智慧牧场项目在新疆和静县乌拉斯台农场正式开工建设。

同日 由中国青少年发展基金会主办、内蒙古蒙牛乳业集团股份有限公司承办的"踢球吧！少年强——2023希望工程·蒙牛少年足球公益行"启动仪式在江苏南京举行。

31日 山东省畜牧兽医局与山东省畜牧协会奶业分会在山东得益乳业股份有限公司开展以"新鲜营养好牛奶 健康生活好未来"为主题的"山东奶业媒体行"系列活动。山东省畜牧兽医局党组成员、副局长李新，山东省畜牧总站站长曲绪伯，得益乳业董事长王培亮等参加奶业消费高质量发展座谈会，山东省畜牧协会奶业分会秘书长胡智胜主持座谈。大众日报、农民日报、山东广电乡村广播等媒体参与，闪电新闻客户端在线超过152万人。

同日 敢为人"鲜""新"意盎然——新乳业2023年投资者大会暨创新大会在成都召开。

6月

1日 辽宁省市场监督管理局在全省组织开展保障婴幼儿配方奶粉质量安全主题宣传月活动。从2023年6月1日开始，至2023年6月30日结束，活动主题为"普惠托育、共同行动，保障婴幼儿配方奶粉质量安全"。

同日 根据农业农村部第651号公告，牧医所奶产品质量与风险评估科技创新团队牵头制定的《生牛乳中β-内酰胺类兽药残留控制技术规范》《生乳中铅的控制技术规范》《生牛乳中体细胞数控制技术规范》《奶牛养殖场生乳中病原微生物风险评估技术规范》4项农业行业标准即日起正式实施。

同日 伊利元宇宙数字孪生工厂正式公测上线，汇聚物联网、大数据、人工智能等先进技术，打造出虚实共生、综合集成的新型工业数字空间，堪称全球乳业首个元宇宙数字孪生工厂。

同日 光明乳业联合上海数据交易所正式发行首个数字资产——"月前行，越光明"，解锁数字时代营销新玩法。作为国内首家自建数字资产发行平台的乳制品企业，在首发当日，光明乳业发布的数字资产参与抢购用户超过万人，发行即售罄，获得全网百万级粉丝关注。与此同时，光明乳业同步开展了一系列童趣鲜活的儿童节线下活动。

1-3日 北京市奶业协会主办的第四届"北京牛奶文化节"在中关村东升科技园如期举办，农业农村部、工业和信息化部、中国奶业协会、北京农业农村局领导，以及行业专家学者、奶协会员、知名乳企代表、相关协会领导、媒体人、消费者等近万人参与了活动。

3日 广西皇氏乳业有限公司生产的"皇氏水牛纯牛奶"，在工信部组织的2023食品工业"三品"专项行动中入选"提品质"典型成果。

5日 广西壮族自治区农业农村厅公布2023年支持牛羊产业发展若干政策。

同日 中国质量认证中心在京向蒙牛集团颁发"ISO37301"和"GB/T35770"合规管理体系认证证书。

6日 新华网报道，优然牧业敕勒川生态智慧牧场智能化牛舍正式启用。报道称，"推料机器人在奶牛采食过程中，通过提前设定好的推料工作时间和路线，机器人自动进行饲料的推送，让奶牛更轻松进行采食。牧场还能通过监控设备及物联网系统实时监控奶牛的采食量，智能调整饲料投放量和饲料配比。通过智能饲喂系统彻底释放了人员的投入，真正做到了无人化、定时化、精准化。"

同日 国际权威指数机构摩根士丹利资本本国际公司（简称MSCI）公布了2023年最新ESG（即环境、社会和管治）评级报告。按照MSCI现行规则，澳优的MSCI ESG评级由A级提升至AA级。

8日 内蒙古自治区农牧厅、内蒙古自治区林业和草原局、内蒙古自治区自然资源厅联合发布《内蒙古自治区羊草产业发展规划（2023—2030）》。

9日 伊利集团与华强方特集团战略合作签约仪式在北京举行。伊利集团董事长兼总裁潘刚、高级执行总裁张剑秋、华强方特文化科技集团执行总裁顿忠杰、副总裁陈祖尧等出席签约仪式。未来双方将在品牌建设、数字化技术应用、旅游平台互联、产品服务等方面进行深度合作。当天，呼和浩特市人民政府与华强方特集团签署战略合作协议，方特主题乐园将落户位于呼和浩特市的伊利现代智慧健康谷。

13日 在"杭州亚运会倒计时100天"即将到来之际，伊利集团联合杭州亚组委在钱塘江畔举行"热爱 勇立潮头"主题发布会，正式宣布伊利成为杭州亚运会官方乳制品独家供应商。

14日 河南农投集团牵头召开花花牛乳业集团银企对接沟通会。河南省农开公司党委委员、董事、总会计师姚新，副总经理任海侠，建行河南省分行、工行河南省分行、中行河南省分行、农行河南省分行、交行河南省分行、中原银行、郑州银行、广发银行郑州分行、光大银行郑州分行、恒丰银行郑州分行、招商银行郑州分行、中信银行郑州分行、民生银行郑州分行、浙商银行郑州分行14家金融机构有关领导出席会议。花花牛乳业集团党委书记、董事长唐洪峰，总裁杨永，副总裁万冬梅等参加会议。

同日 2023年凯度BrandZ最具价值全球品牌榜发布，最具价值中国品牌100强之快消品排行榜，上榜共计2家乳企，伊利以111.54亿美元品牌价值位于第20位、蒙牛则以80.60亿美元的品牌价值位于第29位。

15日 由世界品牌实验室主办的第二十届世界品牌大会在北京举办，会上发布了2023年《中国500最具价值品牌》分析报告，500个入选品牌中乳业品牌占据了11个席位，分别是伊利、蒙牛、娃哈哈、飞鹤、光明、完达山、三元、明一、旺旺、合生元、皇氏乳业。

16日 中国奶业协会发布《牛奶中四环素类药物残留的快速检测方法酶联免疫方法》团体标准。

同日 云南来思尔乳业第二座万头牧场，也是大理州"8+1"万头牧场建设项目首个建成完工的牧场——来思尔云禾牧场进牛仪式在大理州祥云县禾甸镇举行，标志着来思尔乳业第二座万头牧场投入运营。项目一期规划集中养殖区510亩、缓冲区1 000亩、饲草种植基地1万亩。中共大理州委副书记、州长陈真永，州人大常委会副主任王正林，州政协副主席施双林，州政府党组成员、一级巡视员吉向阳，各州级相关单位和各县相关领导出席仪式。来思尔乳业总经理马万平出席仪式并作表态发言。

17日 由中国国家话剧院出品演出的现实主义题材大戏《初生》在国家话剧院剧场首演。《初生》讲述了中国乳品品牌"中国飞鹤"如何从黑龙江克东县北纬47度农垦建设兵团的一个乳品厂，逐渐发展壮大的拼搏历程。

18日 伊利联合新华网举办"全链数字新未来"元宇宙对话。

19日 西安银桥乳业科技有限公司注册成立。注册资本15 000万元，注册地址西安市临潼区，法定代表人为张振璞。

21日 黑龙江省农业农村厅、工业和信息化厅、财政厅、发展和改革委员会、市场监督管理局、科学技术厅联合印发《关于稳定当前奶业生产的意见》。

21—22日 第十六届全球乳业大会在英国伦敦举行，2023年度世界乳品创新奖获奖名单也在大会上揭晓。伊利斩获最佳儿童乳品、最佳包装设计以及14项提名奖和2项推荐奖的18个奖项，涵盖液态奶、酸奶、奶粉、冷饮多个品类。

25日 宁夏回族自治区牛奶产业高质量发展包抓工作机制印发《加强"三大体系"建设推进牛奶产业高质量发展实施方案（2023—2027年）》。

同日 完达山"乳此新鲜"连锁中国人民大学店开业仪式在北京中国人民大学校园举行。北大荒农垦集团有限公司党委委员、副总经理、北大荒完达山乳业党委书记、董事长王贵，中国人民大学党委委员、后勤集团总经理宋大我，北大荒完达山乳业党委委员、总经理助理吴迪出席开业仪式并剪彩。完达山"乳此新鲜"中国人民大学店是完达山乳此新鲜连锁品牌在全国开设的第一家校园店。

26日 国家食品药品监督管理总局发布《婴幼儿配方乳粉产品配方注册管理办法》，2023年10月1日起施行。

同日 凯度消费者指数发布《2023年品牌足迹》中国市场报告。报告以消费者触及数为衡量指标，揭晓了全球各个市场上消费者选择最多的品牌以及增长最快的品牌。其中，伊利、蒙牛在2022年稳居前两名。

27日 2023辽宁鲜奶文化节暨越秀乳业研究院成立仪式在辽宁沈阳举行。原农业部副部长、中国奶业协会名誉会长高鸿宾，农业农村部畜牧兽医局奶业处、辽宁省农业农村厅等领导出席。原农业部副部长、中国奶业协会名誉会长高鸿宾指出，成立越秀乳业研究院，意义重大。有没有研究院，是一个企业成长发展的阶段性的重要标志。通过整合业界专家资源，与中国农业大学、中国奶牛产业技术体系合作成立的研究院，是校企结合的典型代表，研究问题的角度、方向和一般研究院不同，更有层次和针对性。林辉新董事长代表越秀乳业向中国农业大学教授李胜利等8位来自奶业相关领域的专家授予聘书。越秀乳业研究院院长李胜利介绍了研究院发展思路及组织架构等内容。越秀乳业研究院分别与沈阳农业大学、内蒙古农业大学进行校企合作签约。越秀辉山党委书记、总经理韩春辉携手义县县长郑毅共同揭幕战略新产品——鲜博士花生牛乳。

27—29日 第十四届夏季达沃斯论坛在天津举行。蒙牛集团总裁卢敏放出席"恢复自然的生存之争"对话会，围绕可持续发展等话题与国内外政要、行业领袖及业界专家进行交流研讨，分享蒙牛在推进可持续发展方面的实践探索。对话会前，卢敏放会见了世界经济论坛创始人、主席施瓦布。

28日 由联合国工业发展组织上海投资与技术促进办公室和内蒙古伊利实业集团股份有限公司联合主办，虹口区商务委支持的"食品行业绿色低碳和低水足迹研讨会"在虹口北外滩举办。

29日 内蒙古自治区党委常委、呼和浩特市委书记包钢，呼和浩特市委副书记、市长贺海东带领"四大班子"及各旗县区党政领导调研优然牧业清水河奶山羊场以及赛科星清水河奶牛核心育种基地。

同日 黑龙江省农业农村厅组织召开奶业形势分析暨《关于稳定当前奶业生产的意见》落实情况调度会议。省农业农村厅一级巡视员孙文志出席会议并讲话，齐齐哈尔市和大庆市农业农村局分别就当地奶业生产情况、《关于稳定当前奶业生产的意见》贯彻落实情况和下步工作思路等作了汇报。会议由省农业农村厅总畜牧兽医师张雨主持。省农业农村厅畜牧处、省畜牧总站、北大荒农垦集团，哈尔滨市、齐齐哈尔市、牡丹江市、大庆市、七台河市和绥化市等7个地市农业农村局分管负责同志，以及伊利、蒙牛、完达山、飞鹤、雀巢、光明、贝因美和惠丰等乳企代表参加会议。

同日 湖北省市场监管局在武汉举办全省乳制品产业质量提升发展交流活动，省局党组成员、副局长邓仲林出席并讲话。活动共分为倡导企业诚信自律提品质、强化风险分析研判防隐患、提升监管能力效果促发展和总结乳制品质量安全提升行动成果4个环节，乳业公司、行业协会、高校和科研单位、湖北省市场监管局、武汉市场监管局代表进行了交流发言。

30日 欧盟食品安全局就食品酶凝乳酶和胃蛋白酶A的安全性评价发布意见。专家小组认为，该食品酶在预期的使用条件下不会引起安全问题。

7月

1日 在齐齐哈尔市铁锋区飞鹤（齐齐哈尔）乳品有限公司厂区，飞鹤（齐齐哈尔）智能化生态产业园奶粉生产线调试成功。飞鹤（齐齐哈尔）智能化生态产业园坐落于齐齐哈尔市铁锋区，占地面积14万 m^2，总建筑面积6.8万 m^2，总投资5.2亿元。该项目于2021年7月启动建设，基础建设和调试准备阶段历经两年时间。

2日 中东新闻网站报道，巴西一头纯白色奶牛以430万美元的总身价打破世界纪录。这头代号为"维亚蒂纳-19"的纯种奶牛在巴西圣保罗州的一场拍卖会上售出，成交价为699万巴西雷亚尔（约合1 000万元人民币）。

3日 山东省畜牧兽医局发布《山东省饲用豆粕减量替代三年行动方案(2023—2025年)》。

3-4日 陕西省农业农村厅与商洛市人民政府一行前往中国动物卫生与流行病学中心交流学习，其间召开陕西省畜间人畜共患病防控研讨暨商洛市牛羊布病无疫区建设工作会，研讨交流畜间人畜共患病防控工作，全面推动商洛市牛羊布病无疫区建设。中国动物卫生与流行病学中心党组书记、主任黄保续，陕西省农业农村厅党组成员、副厅长任步学，农业农村部畜牧兽医局防疫处处长黄涛出席会议并讲话，商洛市人民政府副秘书长刘建军作表态发言。

4日 蒙牛集团与浙商银行战略产品升级、爱养牛文化焕新暨奶产业链大厦启动联合发布会在内蒙古呼和浩特市举行。蒙牛集团副总裁、首席财务官张平，浙商银行股份有限公司副行长景峰分别介绍情况。呼和浩特市人大常委会党组书记、主任常培忠，内蒙古自治区农牧厅二级巡视员刘永明，内蒙古自治区地方金融监督管理局副局长李国俭，中国人民银行呼和浩特中心支行副行长李庆旗，呼和浩特市新城区区域经济合作局党组成员、副局长郝海燕等出席会议。

7日 农业农村部办公厅公布2022年国家畜禽核心育种场遴选结果。北京首农畜牧发展有限公司（南口二场）、山东视界牧业有限公司、山东省泰安金兰奶牛养殖有限公司、宁夏农垦乳业股份有限公司平吉堡第六奶牛场等4家企业遴选为2022年的国家奶牛核心育种场。

10日 内蒙古自治区包头市亨源种畜5 000头奶牛智慧牧场竣工投产仪式在包头市九原区阿嘎如泰苏木举行。中国奶业协会副秘书长周振峰、包头市农牧局副局长赵永春、九原区政府副区长王江澜、蒙牛集团包头奶源部高级经理刘佳及包头市亨源牧业有限公司总经理宋鹏翔分别致辞。内蒙古自治区农牧厅奶业处一级调研员段春梅、包头市政府副市长刘永祥、包头市农牧局局长王河龙、九原区委书记刘俊义等有关领导参加仪式。

11日 中国奶业协会发布《牛床垫料再生利用技术要求》团体标准。

14日 伊利股份2023年第三届投资者日活动在呼和浩特市举行，来自全球顶级投资机构数百名投资人和分析师齐聚一堂，与伊利管理层进行了深入交流。伊利集团董事长潘刚携高管团队出席活动，并分享了公司经营战略及创新成果。

同日 蒙牛集团与国际足联共同宣布，蒙牛正式成为2023FIFA女足世界杯全球官方赞助商。

18日 全国畜牧总站邀请有关专家和草种贸易、生产企业代表，围绕"保、育、繁、推、管"5个环节，在北京组织座谈交流活动。全国畜牧总站总畜牧师苏红田出席活动并做总结发言，草业处和牧草种质资源保存中心相关人员参加座谈。

19-21日 第十四届中国奶业大会2023中国奶业D20峰会暨2023中国奶业展览会在重庆市召开。农业农村部副部长马有祥发表主旨报告。原农业部副部长、中国奶业协会名誉会长高鸿宾宣布第十四届中国奶业大会、2023中国奶业20强（D20）峰会暨2023中国奶业展览会开幕。中国奶业协会副会长兼秘书长刘亚清主持开场环节，并作《中国奶业高质量发展核心指标体系》要点内容介绍。农业农村部畜牧兽医局副局长陈光华主持嘉宾致辞环节。

中国工程院院士、中国奶业协会副会长沈建忠，重庆市副市长郑向东，国家市场监督管理总局食品生产监管司市场稽查专员毕玉安，工业和信息化部消费品工业司二级巡视员谢立安，伊利集团高级执行总裁张剑秋，重庆市农业投资集团有限公司党委书记、董事长何勇分别致辞。中国农业科学院原党组书记，国家食物与营养咨询委员会主任，中国奶业协会战略发展工作委员会名誉副主任陈萌山介绍了《中国乳制品消费扩容提质指导意见》要点内容。中国工程院院士、中国奶业协会副会长任发政介绍了《中国奶牛种业战略发展意见》要点内容，并对《中国奶业质量报告（2023）》进行解读。原农业部常务副部长、中国奶业协会原会长刘成果，中国工程院院士、中国奶业协会副会长沈建忠，为获评现代奶业评价定级奶牛场的代表企业授牌。原农业部副部长、中国奶业协会名誉会长高鸿宾，中国工程院院士、中国奶业协会副会长任发政，为获评现代化乳制品生产企业的代表企业授牌。

大会同期，举行了中国奶业高质量发展"一揽子"措施发布仪式，举办了山城论剑——2023中国奶业发展战略高层论坛、奶酪创新发展 拥抱消费升级新时代——2023中国奶酪发展高峰论坛、奶牛育种技术创新与高质量发展论坛、乳品科技创新与品质提升论坛等18个专题论坛。2023中国奶业展览会参展企业500余家，展位面积9万余 m²。展会设置有中国奶业20强展区、国家展区、专业展区等。

中国工程院院士、中国奶业协会原会长李德发，海关总署食安局一级巡视员徐明焕，商务部外贸司二级巡视员承春，农业农村部国际合作司司长隋鹏飞，农业农村部规划司副司长王晋臣，农业农村部计财司副司长时以群，农业农村部科教司二级巡视员窦鹏辉，农业农村部监管司副司长魏宏阳，农业农村部畜牧兽医局副局长辛国昌，农业农村部农垦局副局长程景民，农业农村部种业司一级巡视员孙好勤，全国畜牧总站站长王宗礼，中国动物疫病预防控制中心主任陈伟生，中国兽医药品监察所所长李明，中国动物卫生与流行病学中心主任黄保续，农业农村部食物与营养发展研究所所长王加启，国家奶牛产业技术体系首席科学家李胜利，中国畜牧业协会会长李希荣，重庆市政府副秘书长游贤勇，重庆市委农业农村工委委员、农业农村委副主任詹仁明，重庆市招商局副局长谢小刚出席会议。

农业农村部农业机械化总站，中国农业科学院北京畜牧兽医研究所、饲料研究所、农产品加工研究所等相关事业单位领导，还有中国奶业协会副会长、中国奶业协会专业委员会主任、各省农业农村部门和奶业协会负责同志、D20企业和观察员企业负责人、奶业相关院校专家学者、各奶业企业负责人和技术人员、各检测和测定机构人员，兄弟协会代表，以及中央电视台、新华社、人民日报、新华网、人民网等近百家媒体记者到会。

19日 山城论剑——2023中国奶业发展战略高层论坛在重庆举办。原农业部副部长、中国奶业协会名誉会长、战略发展工作委员会名誉主任高鸿宾作题为《奶业目前的困难和预期》的主旨报告。论坛上下半场分别由刘亚清秘书长和沈建忠院士主持。国家食物与营养咨询委员会主任、中国奶业协会战略发展工作委员会名誉副主任陈萌山介绍《中国奶业战略发展重点课题研究报告（2022—2023）》要点内容，中国奶业协会副会长、国家奶牛产业技术体系首席科学家、中国农业大学教授李胜利作题为《中国奶业面临的挑战与政策建议》的主题报告。内蒙古伊利实业集团股份有限公司高级执行总裁张剑秋、内蒙古蒙牛乳业（集团）股份有限公司总裁卢敏放、君乐宝乳业集团有限公司董事长兼总裁魏立华、黑龙江飞鹤乳业有限公司董事长冷友斌、现代牧业（集团）有限公司总裁孙玉刚、内蒙古优然牧业有限责任公司执行董事兼总裁袁军分别发言。

同日 在第十四届中国奶业大会期间，《中国奶牛》创刊40周年400期主题活动暨第六届荐新论坛在重庆举办。本场主题活动和论坛，邀请了历届主编代表王加启研究员（农业农村部食物与营养发展研究所所长）、杨秀文副教授（中国奶业协会总编辑）、优秀通讯作者代表曹志军教授（中国农业大学本科生院常务副院长）和忠实读者代表马亚宾研究员（河北省畜牧良种工作总站副站长），以及一直以来关注支持杂志发展壮大的业界代表，还特别邀请了农业农村部农业机械化总站总工程师、中国奶业协会养殖机械工程专业委员会副主任金红伟出席本次活动。来自全国涉农高校的在校"牛精英"大学生代表40人参与了此次活动。本次主题活动及论坛共分三大板块，分别是共庆《中国奶牛》40华诞主题活动、中国奶业协会编辑部《牛舍热应激设备降耗减排研究项目》启动仪式、数智化创新论坛专题。全场活动与论坛由中国奶业协会秘书长助理、《中国奶牛》主编丁芳博士主持。主题活动中，王加启研究员、金红伟总工程师、杨秀文总编辑还分别为《中国奶牛》钻石、铂金、黄金合作伙伴颁发荣誉证书，并对合作伙伴给予《中国奶牛》一如既往的支持表示感谢。钻石合作伙伴代表光明牧业有限公司党委书记、总经理袁耀明，利拉伐亚太业务集群市场传播总监宗杨，梵帝风机总经理、常州辉途智能科技有限公司董事长邓军博士分别发表感言，畅谈了各自与《中国奶牛》的不解之缘，以及公司与《中国奶牛》共发展的珍贵历程，并纷纷表示将继续与《中国奶牛》深度合作，推动中国奶业的高质量发展。

同日 "奶酪创新发展 拥抱消费升级新时代"为主题的2023中国奶酪发展高峰论坛在重庆举办。中国农业科学院原党组书记、国家食物与营养咨询委员会主任、中国奶业协会战略发展工作委员会名誉副主任陈萌山，中国工程院院士、中国奶业协会代理会长沈建忠，农业农村部畜牧兽医局奶业处处长卫琳，内蒙古蒙牛乳业（集团）股份有限公司总裁、上海妙可蓝多食品科技股份有限公司董事长卢敏放分别致辞。农业农村部食物与营养发展研究所所长王加启、内蒙古伊利实业集团股份有限公司执行总裁刘春喜及各D20企业负责人出席论坛。

论坛企业交流推介环节，三元食品首席科学家、副总经理陈历俊，陕西省富平县委副书记、县长景军荣，伊利集团奶酪事业部市场部品牌经理瞿晓屹，蒙牛集团市场总监刘嘉亮，妙可蓝多市场中心总经理邢海，山东君君乳酪有限公司工厂总经理赵兰，呼伦贝尔农垦谢尔塔拉农牧场有限公司第三牧场副场长杨柳青，恒天然商贸（上海）有限公司技术总监高红萍分别介绍企业及所在地的奶酪创新产品。

论坛专题报告环节，3位奶酪领域专家分享了当前奶酪产业的发展趋势、市场前景和创新方向。上海妙可蓝多食品科技股份有限公司创始人CEO柴琇作题为《坚定高增长 增长高质量 奶酪产业可持续发展之路》报告，凯度消费者指数中国区商务总监李嵘作题为《中国奶酪市场分析与展望》报告，江南大学教授刘小鸣作题为《国际奶酪技术创新趋势及定制化创制》报告。

同日 现代牧业与中国农业大学联合主办的"减污

降碳，种养循环"中国奶牛养殖高质量发展论坛在重庆举行。中国工程院院士印遇龙，中国奶业协会副会长兼秘书长刘亚清，农业农村部畜牧兽医局奶业处处长卫琳，蒙牛集团总裁卢敏放分别致辞。论坛由全国畜牧总站奶业与畜产品加工处处长闫奎友主持。

中国农业大学教授董仁杰就《奶牛粪污管理全过程减污降碳关键环节及农业经济循环模式研究》，中国科学院生态环境研究中心研究员王子健就《水质目标下的面源污染管理》，生态环境部环境发展中心副主任刘海东就《畜禽养殖粪便处理与还田利用相关标准》，北京低碳农业协会副会长兼秘书长吴建繁就《养殖场减污降碳路径及碳交易产品开发》，全国畜牧总站牧业绿色发展处处长张利宇就《畜禽养殖粪便处理相关政策、法律法规》分别作专题报告。现代牧业总裁孙玉刚介绍，现代牧业还将试点推行"牧光互补"项目，提升能源综合效益。

同日 奶牛保健新技术论坛在重庆国际博览中心举办。论坛以"创新驱动引航向，守护奶牛保健康"为主题，交流研讨奶牛保健新技术、新成果。中国奶业协会副会长兼秘书长刘亚清莅临本次论坛并致辞。中国农业大学动物医学院研究员吴文学、中国农业大学动物医学院高级兽医师马翀、硕腾（中国）反刍业务团队全国技术服务经理马勇、中共南平市延平区委副书记艾琴、东北农业大学副教授李洋、利拉伐中国牛奶质量与动物保健方案经理许彦飞、北京市农林科学院畜牧兽医研究所研究员李永清等专家参加了本次论坛。论坛由中国农业科学院饲料研究所副所长、中国奶业协会卫生保健专委会主任李秀波主持。

同日 第四届乳品营养与消费论坛在重庆举办。国家食物与营养咨询委员会主任陈萌山、农业农村部畜牧兽医局奶业处处长卫琳、君乐宝乳业集团副总裁袁庆彬出席会议并致辞。农业农村部食物与营养发展研究所所长王加启、中国奶业协会营养与消费专委会副主任程广燕共同主持此次论坛。妙可蓝多市场中心总经理邢海就《新消费、新奶酪：基于当下消费格局、奶酪如何应变突破》，君乐宝乳业有限公司营养研究院院长宁一冰就《乳品与营养健康新证据》，利乐公司亚太区品类经理马婴就《国际乳品消费趋势洞察对中国市场的启示》，尼尔森IQ北区销售增长团队负责人郑健就《疫后消费者乳品趋势研究》，法国Gira食品饮料市场咨询研究公司高级咨询师陈弋就《全球乳品市场消费预测：发掘市场新增长点》作主题报告。

同日 区域联动，八方协同，为奶牛提质增效、奶业革新赋能——奶牛高产高效技术集成与示范项目推进会在山城重庆举办。中国农业科学院北京畜牧兽医研究所所长秦玉昌、中国奶业协会副会长蔡永康、农业农村部畜牧兽医局奶业处处长卫琳、中国农业科学院成果转化局科技推广处处长张银定等出席会议并讲话。会议由中国奶业协会国际奶业专业委员会主任、中国农业科学院北京畜牧兽医研究所卜登攀研究员主持。

全国畜牧总站奶业与畜产品加工处闫奎友处长就我国奶业发展成效、奶业发展机遇和奶业相关政策进行了详细解读，河北省畜牧良种工作总站倪俊卿站长、内蒙古农牧业技术推广中心刘云鹏处长、宁夏畜牧工作站温万副站长、山东省畜牧总站曲绪仙站长和黑龙江农垦科学院畜牧兽医研究所李长志所长分别就本省奶牛提质增效工作的进展进行汇报。光明牧业有限公司党委书记、执行董事、总经理袁耀明，君乐宝乳业集团有限公司牧业事业部副总经理张志宏，安迪苏技术销售经理栾绍宇，马里戈特集团中国代表陆雨安，丹麦科汉森公司经理董从越分别分享了奶牛提质增效典型案例。

同日 奶牛育种技术创新与高质量发展论坛在重庆举办。中国奶业协会副会长常毅致辞，全国畜牧总站奶业与畜产品加工处处长闫奎友、畜禽种业指导处副处长张桂香出席并讲话。中国奶业协会副秘书长陈绍祜主持论坛。

中国奶牛育种泰斗、育种专业委员会首席顾问、中国农业大学张沅教授以《中国奶牛种业技术体系概述》为题，中国奶业协会育种专业委员会主任、北京三元食品股份有限公司总畜牧师麻柱以《聚合力 强基础 补短板 破卡点》为题，育种专业委员会常务副主任、中国农业大学王雅春教授以《优化选择指数引导奶牛平衡育种》为题，中国农业大学张毅教授以《奶牛健康、繁殖性状选育技术的研究与应用》为题，内蒙古赛科星繁育生物技术（集团）股份有限公司孙伟博士以《牛活体采卵－体外受精关键技术研究及商业化应用》为题，荷兰CRV育种公司的全球基因研究与开发经理Christopher Orrett博士以《奶牛饲料转化效率、低碳选育技术研究与应用》为题，硕腾(中国)反刍事业线基因技术服务经理张华林博士以《平衡育种和综合选择指数介绍》为题，分别作专题技术报告。论坛期间举行了"奶牛育种自主创新联盟2023年度寻找最'牛'明星（荷斯坦牛专场）颁奖仪式"。同时，奶牛育种自主创新联盟与北京东方联鸣科技发展有限公司就奶牛智能育种装备达成战略合作并签约。

同日 由中国农业大学、中国奶业协会卫生保健专业委员会等13家单位联合制定的《奶牛养殖场生物安全管理规范》团体标准，于第十四届中国奶业大会期间在重庆国际博览中心发布。

同日 奶山羊饲料资源开发与精准营养论坛在重庆国际博览中心举办。中国奶业协会副秘书长张智山致开幕词。论坛由西北农林科技大学教授史怀平主持。奥特奇生物小反刍动物营养师Robert、中国农业科学院研究员刁其玉、科立博总裁李树聪、中国农业大学副教授李志强、青岛农业大学教授朱风华、内蒙古优然牧业饲料研发经理孙凯佳、现代牧业高级营养师李文功、华城睿光生物科技董事长温文驰、陕西红星美羚乳业董事长王宝印分别作专题报告。

同日 以"优质、高效、绿色发展，引领中国水牛奶业行稳致远"为主题的第十四届中国奶业大会奶水牛论坛在重庆国际博览中心举办。论坛由中国奶业协会奶水牛专业委员会主任、广西水牛研究所所长黄加祥主持，中国奶业协会副会长王培亮为论坛致辞。华中农业大学杨利国教授、浙江大学刘红云教授、河南守望之境科技有限公司首席科学家刘红波博士、中国农业科学院北京畜牧兽医研究所唐湘方研究员、皇氏赛尔生物科技（广西）有限公司董事长滕翠金女士、北京国科诚泰农牧设备有限公司董事长李蔚女士、广西壮族自治区水牛研究所李玲副研究员等行业领军人士，分享了对奶水牛产业发展前景的看法和建议，以及近年来水牛相关科技领域取得的最新研究成果。

同日 伊利集团在第十四届中国奶业大会期间发布"未来高质量发展之路·精益牧场服务项目成果"，该项目已累计为合作牧场创造经济效益 20.5 亿元。中国奶业协会副秘书长张智山出席发布仪式。

同日 博瑞科技启动精鹰牧场计划发布会在重庆举行。中国奶业协会副秘书长李栋、吉林省畜牧兽医副局长孙福余、博瑞科技董事长孙武文、天润乳业董事长刘让、认养一头牛董事长徐晓波出席发布会并致辞。行业内十余家企业负责人见证了精鹰牧场计划的启动。

同日 西藏日喀则百亚成农牧产品加工有限公司从尼泊尔进口的 82.8t 尼泊尔青贮饲料，在拉萨海关监管下顺利从西藏吉隆口岸进口。这是尼泊尔饲草首次顺利跨越喜马拉雅进入中国。

20 日 中国奶业协会发布《中国奶业高质量发展核心指标体系》《中国乳制品消费扩容提质指导意见》《中国奶牛种业战略发展意见》。

同日 乳品高质量发展技术会议于第十四届中国奶业大会期间在重庆举办，会议邀请了来自政府机构、行业及企业资深专家围绕标准法规、品质提升及营养健康等主题进行了专题分享。中国奶业协会代理会长、中国工程院院士沈建忠致辞。国家市场监督管理总局标准技术管理司原副司长陈洪俊、海关总署进出口食品安全局一级调研员胡舒、农业农村部食物与营养发展研究所所长王加启、中国疾病预防控制中心营养与健康所所长丁钢强、国家食品安全风险评估中心研究员王君作专题报告。来自蒙牛乳业、达能及利乐公司的资深专家也从企业实践角度分享了如何通过工艺技术创新、质量管理体系的建立及管理工具的使用实现品质提升及可持续发展。中国奶业协会标准委员会主任、乳业技术标准创新基地秘书长、蒙牛集团副总裁杨志刚主持会议。来自国内外乳品行业参会代表共 150 余人参加会议。

同日 第十四届中国奶业大会期间，优然牧业"降本提效，科技赋能牧业高质量发展"专场论坛在重庆举办。农业农村部畜牧兽医局副局长辛国昌，内蒙古自治区农牧厅副厅长赵玉生，中国农科院饲料研究所所长马莹，中国奶业协会副会长、国家奶牛产业技术体系首席科学家李胜利，农业农村部畜牧兽医局奶业处处长卫琳，内蒙古自治区农牧厅奶业处处长巴特尔，内蒙古呼和浩特市农牧局副局长梅花，内蒙古优然牧业有限责任公司

执行董事兼总裁袁军出席论坛并讲话。其间优然牧业与中国农业科学院北京畜牧兽医研究所、饲料研究所、草原研究所签署战略协议。

论坛环节，李胜利在论坛上分析了国际、国内奶业趋势，鼓励行业同仁增强信心，积极应对行业压力。内蒙古优然牧业有限责任公司副总裁许燕飞就《大型牧业集团降本增效举措》，内蒙古赛科星繁育生物技术（集团）股份有限公司种业技术服务副总监王聪明就《奶牛提质增效，育种科技助力牧场效益最大化》，内蒙古优然牧业有限责任公司技术总监王典就《 49kg 单产牧场打造策略与经验分享》，内蒙古牧泉元兴饲料有限责任公司技术服务总监高杰就《系统化服务助力牧场提质增效》，内蒙古牧泉元兴饲料有限责任公司研发经理王鹏宇就《科技创新助力健康养殖》，分享了各自的心得。

21—23 日 央视《朝闻天下》集中报道了我国奶类产量首次突破 4 000 万 t 大关，推动奶业高质量发展一系列举措的新闻。

26 日 蒙牛集团常温事业部生产管理中心基地大区和林三厂顺利通过"AWS"（国际可持续水管理标准）认证，取得了 TÜV 莱茵颁发的 AWS-000584 证书。

27 日 《英国皇家学会界面》杂志发表相关研究论文称，英国伦敦大学学院科学家开展的一项新研究表明，注入酪蛋白（牛奶中天然存在的蛋白质）的绷带显著改善了大鼠的伤口愈合，这是科学家第一次在动物模型上测试酪蛋白的愈合益处。研究团队指出，酪蛋白价格低廉、含量丰富且具有抗菌性能，有潜力取代昂贵的材料，如伤口敷料中的银。

28 日 内蒙古农牧业产业化龙头企业协会与内蒙古绿色与有机食品协会发布《2023 第十一届内蒙古"名优特"农畜产品名单公告》，乳品类 6 家企业 23 个产品入选。

同日 北大荒农垦集团党委委员、副总经理，完达山乳业党委书记、董事长王贵以及部分高管领导受邀赴北京京东集团总部开展合作洽谈。

同日 皇氏（安徽）乳业有限公司在安徽省阜阳市颍东区徽清科技园举办揭牌仪式，皇氏集团总裁、乳业集团总经理王鹤飞携集团总裁办、乳业集团全体高管参加揭牌仪式。

31 日 "2023 澳优基金会海普诺凯格桑花西藏母婴营养健康提升公益计划"顺利结束。7 月 20—31 日，澳优基金会海普诺凯格桑花公益行走进西藏自治区，在 12 天的行程里，辗转超过 1 500 多公里，先后在昌都市、类乌齐县、丁青县、那曲市、拉萨市、山南市等 6 个地级市或乡镇完成海普诺凯 1 897 奶粉、学习用品及现金等物款捐赠价值超 200 万元，开展营养知识科普、爱心义诊、乡村医生培训等公益活动 12 场。

8 月

1 日 陕西省市场监管局组织召开加强全省婴幼儿配

方奶粉质量管控视频会议，进一步督促企业严格落实主体责任，加强陕西省婴粉"新老国标"过渡期产品质量监管。陕西省市场监管局特食处，西安、宝鸡、咸阳、渭南、榆林、杨凌示范区市场监管局特殊食品监管科（处）长，全省20家婴粉生产企业主要负责人、食品安全总监和食品安全员共80余人参加会议。

2日 由中国乳制品工业协会、中国农业大学益生菌研究中心和市政府主办的第五届中国草原酸奶大会暨草原酸奶菌种资源库成立大会在乌兰察布开幕。中国工程院院士、中国检验检疫科学研究院首席科学家庞国芳，中国工程院院士、中国农业大学教授任发政，乌兰察布市委副书记、市长奇飞云，乌兰察布市委常委、集宁区委书记张永文以及内蒙古兰格格乳业有限公司董事长崔继平出席大会开幕式。中国乳制品工业协会常务副理事长兼秘书长刘美菊出席大会开幕式并致辞。会议期间举行了中国草原酸奶品类的首个博士后科研工作站——内蒙古兰格格乳业有限公司博士后科研工作站揭牌仪式和"兰格格草原酸奶菌种资源库"成立仪式。

4日 国家标准委、农业农村部、生态环境部发布《关于推进畜禽粪污资源化利用标准体系建设的指导意见》。

同日 由农业农村部乳品质量监督检验测试中心张宗城教授级高级工程师、新疆大学生命科学与技术学院杨洁教授、全国畜牧总站张书义研究员等9名专家组成的专家组，对中国农业科学院北京畜牧兽医研究所奶业创新团队组织完成的《巴氏杀菌牛乳质量分级》《生牛乳乳铁蛋白分级》《生牛乳α-乳白蛋白分级》《生牛乳β-乳球蛋白分级》《骆驼生乳》《奶真实性鉴定实时荧光PCR法》《100%骆驼生乳加工制品的生产、加工、标识要求》7项团体标准进行审定，7项团体标准顺利通过审定。专家组对团队工作给予了充分肯定，一致认为这7项团体标准的发布，对生牛乳活性蛋白分等分级、规范骆驼生乳生产及产品标识具有重要意义，为我国奶业高质量发展提供了重要技术支撑。奶业创新团队首席科学家王加启研究员、执行首席郑楠研究员和7项团体标准起草组全体成员参加了本次评审。王加启研究员主持了评审会议。

同日 蒙牛集团全球合作伙伴答谢会在呼和浩特举行。

5日 世界奶业大会在呼和浩特市开幕。大会以"创新合作、绿色低碳，推动世界奶业可持续发展"为主题，邀请世界和中国乳业巨头、奶产业链国际知名企业以及"两院"院士等专家学者，共话奶业高质量发展。开幕式上，中国奶业协会向呼和浩特市授予"中国奶业育种之都"称号。

同日 来自世界乳业10强企业、国内乳业20强企业、国际乳业产业链知名企业、行业协会的嘉宾和"两院"院士、专家学者组成的400余人观摩团，走进世界奶业大会观摩地——伊利现代智慧健康谷实地参观考察，体验中国奶业在科技创新、智能制造、绿色可持续发展等方面的成果。

7日 京东×飞鹤28天领"鲜"计划战略发布会在京东集团总部举行。会上，京东超市在行业内首创发布"奶粉28天新鲜"战略，与国产奶粉龙头企业飞鹤联合宣布将卓睿系列部分商品作为首批试点。奶粉28天新鲜，是指一罐奶粉从生牛乳-牧场-工厂-质检-运输到送达消费者手中的周期控制在28天内，这是京东超市联合各品牌伙伴为消费者带来的奶粉新鲜承诺，也是京东自营模式供应链效率的充分体现。

9日 国际权威指数机构摩根士丹利资本国际公司公布了最新ESG（即环境、社会和管治）评级结果。伊利MSCI ESG评级达到A级，位列A股乳企上市公司MSCI最高评级。

11日 "2023中国学生营养与健康发展大会"在内蒙古自治区呼和浩特市举办。十三届全国政协委员、农业农村部原党组成员、原中纪委驻农业部纪检组组长宋建朝，教育部体育卫生与艺术教育司副司长、一级巡视员刘培俊，国家卫生健康委食品安全标准与监测评估司一级巡视员李泰然，中国奶业协会副秘书长张智山，中国青少年发展基金会副秘书长张华伟，内蒙古自治区党委教育工委委员、教育厅党组成员、总督学朱宝江，呼和浩特市人民政府副市长提名人选付金在，中国学生营养与健康促进会会长陈永祥，蒙牛集团党委副书记、执行总裁李鹏程，蒙牛集团副总裁吴喜春等嘉宾出席会议。本次大会邀请来自北京、呼和浩特等多个省市地区、不同领域的行业专家开展学术研讨，围绕新时代背景下的科学食养、运动与营养、青少年心理健康等前沿主题进行了深度交流。

同日 美国NAAB最新公布国内在美注册荷斯坦奶牛遗传评估成绩，优然牧业赛科星呼和浩特国家级核心育种场培育的编号为NO.291HO22027的后备种公牛排名全国第一，GTPI（综合育种值）历史性地达到了3131，NM为1197，居于全国首位。按照同期美国基因组排名的数据比较，排名能够达到第35名，这也是国内培育出美国基因组中排名最高的种公牛。此次NAAB公布的国内在美注册的种公牛中，优然牧业赛科星有8头后备种公牛的GTPI值大于3 000，标志着我国奶牛育种工作迈上了新的高度。

同日 中国奶业协会消息，中国农科院北京畜牧兽医研究所奶产品质量与风险评估科技创新团队从四川、山东、陕西、甘肃、新疆等地采集了445批生鲜乳样品，调研了牛奶、羊奶、水牛奶、骆驼奶和牦牛奶等5种特色奶畜生鲜乳中黄曲霉毒素M_1污染情况。并且进一步将本次调研数据与其他国家特色奶畜生鲜乳中黄曲霉毒素M_1污染情况进行对比，结果显示，我国上述5种特色奶畜生鲜乳中黄曲霉毒素M_1污染的风险较低，质量安全处于历史最佳水平。相关研究成果发表在国际毒理学专业期刊《Toxins》上。

同日 财经网消息，国际权威指数机构摩根士丹利资本国际公司（MSCI）公布了最新ESG（即环境、社会和管治）评级结果。伊利MSCI ESG评级达到A级，位列A股乳企上市公司MSCI最高评级。此外，伊利控股子公司、港股上市公司澳优乳业在今年6月评级达到AA级，为香港上市乳企最高评级。

12日 内蒙古自治区党委常委、呼和浩特市委书记包钢，呼和浩特市委副书记、市长贺海东带领"四大班子"及各旗县区党政领导赴优然牧业敕勒川生态智慧牧场调研，对优然牧业全产业链的智能化科技给予高度评价。

14日，由Discovery探索频道和中国飞鹤合作拍摄的纪录片《北纬47度：从源头探索答案》正式发布。该片将在中国、澳大利亚、日本、印度等16个国家和地区同步上线，向世界展示中国北纬47°的自然魅力，并揭开国内首个婴幼儿黄金奶源地的神秘面纱。与此同时，飞鹤与Discovery将共同邀约溯源团前往北纬47°，从源头探寻中国乳业的品质本源，开启2023飞鹤溯源计划。

15日 首个"全国生态日"，伊利乳品体验店在杭州亚运村正式开业，并成为伊利提供亚运服务的首家绿色门店，将为各国运动员和工作人员提供全方位的产品及服务保障。

18日 新华网记者从宁夏银川市农业农村局获悉，为稳定牛奶产业发展，银川市对市域内乳制品加工企业实施阶段性财政补助。此次的牛奶产业稳定发展补助资金由自治区、市、县（区）按照4∶1∶1的比例筹措，落实到银川市，合计筹措资金2 844万元。

同日 黑龙江省农业农村厅、黑龙江省财政厅发布《2023年黑龙江省奶业新型经营主体培育项目实施方案》《2023年黑龙江省大型奶牛养殖场建设补贴项目实施方案》。

19日 伊利集团蓄能高质量发展共赢之路——"伊起贮力·千场大会战、万窖好青贮"启动会在宁夏吴忠市举办。

22日 农业农村部办公厅公布第一批农业高质量发展标准化示范项目（国家现代农业全产业链标准化示范基地）创建单位名单。天津嘉立荷牧业集团有限公司、内蒙古蒙牛乳业（集团）股份有限公司、内蒙古伊利实业集团股份有限公司、宁夏雪泉乳业有限公司均以生产牛乳产品成为创建单位。青海金祁连乳业有限责任公司、新疆旺源驼奶实业有限公司分别以生产牦牛乳和骆驼乳产品被列为创建单位。

同日 国际权威品牌价值评估机构Brand Finance发布"2023全球最具价值乳品品牌10强"榜单。伊利（Yili）以124亿美元位列榜单第一位，品牌价值相比2022年增长了17%；蒙牛（Mengniu）位列第三位，品牌价值为61亿美元，相较2022年增长了10%。

24日 澳大利亚联邦公报网站发布F2023C00749公告，修订婴儿配方奶粉产品标准。

25日 天润乳业年产20万t乳制品加工项目的液态奶生产车间单体工程完成封顶工作，项目位于十二师五一农场三连，整体预计2024年10月底建成投产。

同日 云南乍甸乳业70周年庆典活动在云南省红河州个旧市举行。云南乍甸乳业董事长龙江，中国奶业协会副秘书长邵明君，云南省奶业协会会长黄艾祥教授，东北农业大学动物科技学院副院长辛杭书教授，黑龙江省奶牛体系首席科学家、东北农业大学二级教授张永根，云南省奶业协会秘书长、云南农大动物科技学院教授毛华明，红河州政协副主席州工商联主席李满，个旧市人民政府常务副市长赵正田出席庆典活动。

29日 农业农村部农产品质量安全中心发布公告，公布2023年第二批全国名特优新农产品550个。内蒙古自治区和林格尔县的"和林生鲜羊乳"、克什克腾旗的"克什克腾奶酪"、科尔沁左翼后旗的"科左后旗奶豆腐"、科尔沁左翼后旗的"科左后旗奶皮子"、鄂托克前旗的"鄂托克前旗酸马奶"、鄂托克旗的"鄂托克马奶"、西乌珠穆沁旗的"乌珠穆沁阿尔沁浩乳德"、镶黄旗的"镶黄旗黄油"、临河区的"临河奶粉"、阿拉善左旗"阿拉善左旗驼奶"和新疆维吾尔自治区柯坪县的"柯坪鲜驼乳"、新源县的"新源纯骆驼奶粉"纳入全国名特优新农产品名录，并核发全国名特优新农产品证书。

同日 荷兰合作银行（Rabobank）公布2023年全球乳业20强。伊利连续4年（2020—2023年）蝉联全球乳业第五位，蒙牛排名第八位。

另外，法国乳业巨头Lactalis（兰特黎斯）连续三年（2021—2023）蝉联全球乳业第一位；美国奶农直接从2022年的第四名跃居2023年的全球第二位；去年排名第二的雀巢下滑至2023年全球乳业第三位；达能则从2022年的第三下滑到2023年的全球第四位。

30日 农业农村部种业管理司、全国畜牧总站发布2023年中国乳用种公牛遗传评估结果（第一次）。

31日 安徽省市场监管局特殊食品监管处组织召开全省婴幼儿配方奶粉、特医食品代理经销商暨部分连锁经营企业行政指导会。

同日 伊利集团在黑龙江省大庆市林甸县举办"伊起贮力·千场大会战、万窖好青贮"启动会。同时，伊利在宁夏、内蒙古等全国各地同步全面启动青贮储备帮扶计划。

同日 食品伙伴网引自欧盟食品和饲料快速预警系统（RASFF）消息，德国通过RASFF通报法国出口奶酪不合格。据通报，法国出口奶酪中检出李斯特菌，不合格奶酪销售到了奥地利、德国和意大利。

9月

1日 第五届中国质量大会在成都市开幕。光明乳业是唯一一家参展的头部乳企，光明乳业党委副书记、总裁贾敏代表公司受邀出席开幕式及主论坛。

2-6日 中国国际服务贸易交易会在北京国家会议中心举行。其间，联合国开发计划署（UNDP）联合相关机构发布《企业低碳转型之路——在华企业可持续发展行动2022/2023》调研报告。君乐宝乳业集团凭借价值链低碳管理等方面的创新实践入选该报告。

3日 "蒙牛算'树'环保公益项目"在秦皇岛阿那亚"蒙牛的NBA火热派对"活动上正式发布。

4日 内蒙古自治区科技厅公布2022年度科学技术奖授奖人员及项目名单，优然牧业与中国农科院草原研究所、内蒙古农牧业技术推广中心、内蒙古农科院、内蒙古大学、内蒙古工业大学以及伊利集团等单位共同完成的"乳业智慧牧场标准化及关键技术"项目，荣获内蒙古自治区科技进步奖一等奖。

5日 第九届CDIE数字化创新博览会在上海召开。现代牧业凭借全产业链精细化管理及数智化养牛，从100余家初选企业中脱颖而出，荣列2023CDI中国数字化企业TOP20。

6日 国家卫生健康委、市场监管总局发布，特医食品、婴配食品良好生产规范等85项食品安全国家标准和3项修改单。

6-7日 中国奶业协会于内蒙古呼和浩特市举办2023中国奶牛体型鉴定员培训班。此次培训班由中国奶业协会副秘书长陈绍祜主持，中国奶业协会育种专业委员会主任、北京三元种业科技有限公司副总经理麻柱致开班词。中国奶业协会育种专业委员会顾问石万海，中国奶业协会育种专业委员会常务副主任、中国农业大学动物科学技术学院教授王雅春，中国奶业协会育种专业委员会副主任、中国农业大学动物科学技术学院教授张毅，中国奶业协会育种专业委员会秘书长、北京奶牛中心高级畜牧师刘林四位专家分别对学员进行授课培训。内容涵盖了《中国奶牛体型鉴定员管理办法（试行）》《中国荷斯坦牛体型鉴定技术规程》、奶牛体型鉴定的解剖学基础和奶牛功能性体型的重要性4个方面的重要内容。来自全国的200余人参加了此次培训活动。

培训班同期举办了中国奶牛体型鉴定员的定标及备案鉴定员的考核工作。中国奶业协会育种专业委员会资深顾问石万海任主考官，河南省鼎元种牛育种有限公司总经理汪聪勇、北京奶牛中心副主任刘林、北京向中生物技术有限公司总经理付丰收、山东农业科学院畜牧兽医研究所研究员李绍岭4位资深奶牛体型鉴定员任考官。按照《中国奶牛体型鉴定员管理办法（试行）》的规定，对101名中国奶牛体型备案鉴定员进行了资格考核。经过严格的理论考试和现场考核，最终有29名备案鉴定员通过了所有考核，成功晋升为中国奶牛体型鉴定员。69名中国奶牛体型鉴定员通过年度考核，中国奶牛体型鉴定员总数达到98人。

8日 宁夏贺兰山产区高端牛奶产业发展论坛暨爵品战略升级发布会在银川市举办，宁夏贺兰山牛奶高品质奶源联盟正式成立。为进一步促进宁夏贺兰山牛奶产区规范化发展，在发布会上，包括夏进乳业在内的6家本地乳企签订了《宁夏贺兰山产区高品质联盟承诺书》。

同日 皇氏集团阜阳智慧化乳制品中央工厂及生态智慧牧场项目举行开工仪式。皇氏集团安徽阜阳智慧化乳制品中央工厂及生态智慧牧场项目总投资30亿元，规划建设华东地区及全国有重要影响力的水牛奶生产基地。

同日 欧盟委员会发布法规（EU）2023/1711号条例，延长米曲霉NRRL 458发酵产品制剂作为奶牛饲料添加剂的授权期限。授权结束日期为2033年9月28日。本条例自发布之日起第二十天生效。

9日 英国当地时间，英国Odyssey电影节"可持续企业文化影片奖"颁奖典礼在剑桥举行，英国《经济学人》集团联合伊利共同出品的短片《永续热爱 共享健康》，以总分第一的成绩获得了"最佳企业可持续发展影片奖"。此次获奖，是国际权威机构对伊利可持续发展成果的认可，也向世界展现了国际媒体眼中的中国企业可持续发展的故事。

11日 北京市农业农村局、北京财政局、北京市规划和自然资源委员会、北京市生态环境局、国家金融监督管理总局北京监管局发布《北京市奶业高质量发展行动方案（2023—2027年）》。

同日 黑龙江省农业农村厅、黑龙江省财政厅发布《2023年黑龙江省生鲜乳收购补贴和增量补贴项目实施方案》。

同日 中国食品科学技术学会组织专家在北京对蒙牛集团联合中粮营养健康研究院等院校共同完成的"国产益生菌乳制品制造关键技术开发及应用"项目进行鉴定。鉴定委员会专家一致认为，该成果达到国际领先水平，同意通过鉴定，建议加大推广应用力度。

12日 在第三十届中国北京种业大会上，首农食品集团北京奶牛中心、中国农业大学、华智生物技术有限公司，联合发布了中国荷斯坦牛基因组选择育种芯片，标志着我国在荷斯坦牛中高密度SNP育种芯片自主设计开发方面取得重要突破，为保障我国奶牛自主选育体系的稳定运行与生物信息安全提供了重要技术支撑。

同日 全国工商联在济南发布"2023中国民营企业500强"榜单。乳业龙头企业伊利凭借全产业链的竞争优势实现营业总收入连续30年稳健增长，排名较上年前进3位，是唯一上榜的食品制造业企业。

同日 澳优乳业宣布颜卫彬辞去公司董事会主席、行政总裁、执行董事等系列职务，伊利集团总裁助理张占强当选澳优新任董事会主席。

同日 卫岗乳业被江苏省科协、省社科联、省科技厅、省教育厅联合认定为"2023年度江苏省科普教育基地"。

13日 农业农村部畜牧兽医局会同国家金融监管总局普惠金融部召开金融支持奶业座谈会，深入学习贯彻国务院领导同志有关重要批示精神，研究加强金融支持奶业的政策举措。

14日 海关总署发布关于出口越南乳品检验检疫要求。

同日 蒙牛集团携手海南旅投在海口举行战略合作框架协议签约仪式。蒙牛集团副总裁、冰品事业部负责人韩建军，海南旅投党委副书记、总经理矞永奇出席签约仪式。

15日 乳腺炎防控创新项目专题结题会议在中垦牧乳业（集团）有限公司召开。华山牧业联合中国农业大学牛精英团队共设共研乳腺炎防控创新项目，开展乳腺炎流行病学及其影响分析、乳腺炎管控策略及标准化治疗流程建设等工作，历时 1 年，项目顺利完结。

同日 大北农宣布其间接全资子公司拟以约 3.93 亿港元收购中国圣牧 6.62% 的股份。

18 日 内蒙古自治区人民政府办公厅发布《内蒙古自治区推进奶产业高质量发展若干政策措施》。

19 日 在妙可蓝多上海奉贤工厂，首批出口海外的奶酪棒正式装车发运，首批海外市场名单包括澳洲及东南亚地区。

同日 新华网、人民网、央视网、环球网、中国搜索、中国网、中国经济时报等中央媒体、行业主流媒体走进蒙牛集团旗下位于蚌埠的牧场及工厂采访。

20 日 广东燕塘乳业股份有限公司发布了 2023—2030 年发展规划。

同日 加拿大食品检验局（CFIA）发布关于 LittleOak 品牌婴儿配方奶粉的食品安全警告。警告公众不要食用受影响的产品。

21 日 中国动物疫病预防控制中心以网络视频形式召开畜禽标识管理办法修订研讨会，中心副主任冯忠泽出席会议并讲话。

同日 云南省农业农村厅、云南省财政厅发布《云南省推进奶业振兴若干政策措施》。

22 日 联盟技术法规《乳及乳制品安全》修正案正式生效，实施过渡期为 180 天。

23 日 河北省 2023 年中国农民丰收节主场开幕活动在君乐宝优致牧场启动。河北省副省长时清霜，河北省农业农村厅党组书记、厅长刘宝岐，石家庄市副市长管云天，鹿泉区委副书记、区长李争，君乐宝乳业集团副总裁仲岩出席活动。

同日 由中国关心下一代工作委员会儿童发展研究中心发起，蒙牛旗下品牌"未来星"战略支持的 2023 中国学前教育质量提升万里行项目在北京举行全国启动会，正式拉开了本届学前教育万里行活动的帷幕。

同日 第六届"聂雄杯"西藏高原·隆子黑白花优质奶牛竞赛在西藏山南市隆子县进行决赛。按照早晚各一次现场挤奶称重、体形外貌和系谱档案三条指标进行评比，扎西央宗饲养的一头名叫"扎西"的奶牛夺冠。

25 日 山东省畜牧总站发布当前奶牛养殖节本增效技术指导意见。

同日 蒙牛联合尼尔森 IQ、京东到家发布《成熟的乳品市场，探索增长新机遇——O2O 即时零售常温乳品白皮书》。

同日 2023 年广东省牧业（奶牛养殖）职工职业技能竞赛决赛在阳江举行，来自全省各地的 66 名选手在国家级示范牧场阳江红五月牧场同台竞技。经过激烈比拼，燕塘乳业阳江红五月牧场吴杰初获得总冠军。

25-27 日 全国婴幼儿配方奶粉和特殊医学用途配方食品注册监管工作座谈会在南昌召开。市场监管总局特殊食品司副司长刘松涛出席并讲话。

26 日 中国奶业协会 2023 年第二季度奶牛生产性能测定数据交流活动在陕西省西安市举办。本次活动得到了农业农村部、全国畜牧总站等行业主管部门的大力支持，来自全国奶牛生产性能测定中心的 100 余人到会交流，同期举办 FOSS(DHI) 实验室自动化大讲堂和全国 DHI 报告解读竞赛。活动由中国奶业协会陈绍祜副秘书长主持，全国畜牧总站奶业与畜产品加工处处长闫奎友到会讲话。中国奶业协会养殖业发展部主任闫青霞、全国畜牧总站畜禽种业指导处高级畜牧师李姣、全国畜牧总站全国奶牛生产性能测定标准物质制备实验室高级畜牧师刘婷婷分享了精彩的专业报告。南京丰顿科技有限公司的牧场资深专家曹福存，就 DHI 报告给参会人员解读，进行了深度培训，此次报告解读培训同步开展了网络直播，收看人数累计 1 200 余人。

26-28 日 第二届牦牛产业发展论坛在四川省阿坝州若尔盖县召开。本次会议由四川省奶业协会牦牛产业委员会主办，四川省草原科学研究院承办。四川省奶业协会会长李自成研究员，四川省草原科学研究院副院长、四川省奶业协会牦牛产业专委会主任罗晓林研究员，四川省奶业协会牛奶质量管理委员会主任付茂忠研究员，奶牛饲料饲养委员会主任易发军研究员，四川省奶业协会监事长曾世明应邀出席会议。四川省奶业协会常务副会长兼秘书长杨盛兴主持会议。会议邀请国家肉牛牦牛产业技术体系、国家科技特派团若尔盖和红原团、中国农业大学、四川农业大学、西南民族大学、四川省畜牧科学研究院、四川省草原科学研究院、四川省畜牧科学研究院、四川省龙日种畜场、阿坝州畜牧工作站、若尔盖县科学技术和农业畜牧局等单位专家及行业人士出席会议。阿坝州、甘孜州等牦牛产业相关专家和若尔盖县养殖大户等 60 余人参加会议。

27 日 国家市场监管总局发布《保健食品原料 大豆分离蛋白乳清蛋白备案产品剂型及技术要求》的公告，自 2023 年 10 月 1 日起施行。

28 日 新疆维吾尔自治区市场监督管理局、新疆生产建设兵团市场监督管理局发布《新疆维吾尔自治区特色乳制品生产许可审查细则（2023 版）》，自 2023 年 10 月 29 日起施行。

同日 摩根士丹利资本国际公司公布了蒙牛乳业最新的 ESG（环境、社会和公司治理）评级结果。基于在 ESG 方面的优异表现，蒙牛成为中国唯一一家取得"AA"评级的综合型乳制品企业。

10 月

6 日 美国食品药品管理局（FDA）更新了婴儿配方奶粉的合规计划，该合规计划旨在全面概述 FDA 在检查、样本收集、样本分析和合规活动方面的方法，旨在确保婴儿配方奶粉的安全和营养。

7 日 国家卫生健康委员会网站发布公告，批准了多款食品添加剂。其中包括两种 HMO（活性营养物质母乳低聚糖）原料，分别是 2'-岩藻糖基乳糖与乳糖-N-新四糖，这是 HMO 在国内首次被正式获批用于婴幼儿配方奶粉。卫健委公告发布后，伊利、君乐宝、飞鹤、宜品等多家乳企纷纷宣布，已推出含有 HMO 成分的奶粉产品。

同日 世界食品博览会（Anuga）在德国科隆国际会展中心开幕。全球近 7 900 家展商参展，覆盖食品产业 10 个主要品类和全球顶尖供应商及其研发成果展示，当日吸引近 14 万的专业观众。开幕当天，由中国食品发酵工业研究院主办，伊利集团支持的"中欧食品饮料消费与创新论坛"正式举行，伊利欧洲创新中心总监 Gerrit Smit 博士受邀发表主题演讲，分享伊利最新研发成果，展现中国乳业创新力。

10 日 法国通过欧盟食品饲料类快速预警系统 RASFF 通报本国出口婴儿奶粉不合格。据通报，不合格婴儿奶粉已销至科威特、沙特阿拉伯和西班牙。

11-12 日 中国奶业协会全体党员干部及员工赴香山革命根据地开展"我心向党强根基"主题教育活动。原农业部副部长、中国奶业协会名誉会长高鸿宾，主题教育第七巡回督导组组长赵泽琨，中国奶业协会副会长兼秘书长、党支部书记刘亚清出席。主题教育第七巡回督导组组长赵泽琨对中国奶业协会工作给予了高度评价。他指出，思考问题、研究问题非常重要。要系统扎实抓好理论学习，要突出问题导向系统谋划部署行业调查研究，要勤于思考、善于思考，让思考的力量和理论的光辉照亮奶业前行的方向。他希望，协会在调查研究上、在解决问题上、在推动发展上、在建章立制上，把每一步都做好，推动协会主题教育学习走在前面。

12 日 北大荒完达山乳业"乳此新鲜"首家西安加盟店在西安著名旅游景区大唐不夜城开业，北大荒农垦集团党委委员、副总经理、北大荒完达山乳业党委书记、董事长王贵等嘉宾为开业仪式助阵。

13 日 骑士乳业登陆北交所，成为该交易所首家上市乳企。

13-14 日 乡村振兴齐鲁论坛 2023 在山东省淄博市举办。乡村振兴齐鲁论坛 2023 观摩团于 10 月 13 日下午，在得益乳业董事长王培亮的陪同下，一同观摩了得益乳业农业现代化项目建设情况。

16 日 联合国全球契约组织"可持续基础设施建设助力'一带一路'，加速实现可持续发展目标"行动平台重要项目成果发布会在京举行。联合国助理秘书长、联合国全球契约组织总干事桑达·奥佳博，中国政府代表，各国驻华使节，各国企业和学者代表出席了发布会。作为全球原料奶供应商，优然牧业业务完整地覆盖乳业上游"种业、草业、饲料、奶牛养殖、产业链交易中心"全产业链。2022 年 9 月，优然牧业正式加入联合国全球契约组织。优然牧业副总经理姜广军应邀出席会议。

16-18 日 为期三天两夜的现代牧业 & 蒙牛奶源 2023 要强玄奘之路戈壁挑战赛，200 位奶业勇士，从阿育王寺到榆林窟，穿越 100 公里戈壁圆满结束。

17 日 金宇保灵生物药品有限公司等 8 家公司研制的牛结节性皮肤病灭活疫苗通过农业农村部组织的应急评价。

同日 "专研大脑营养 聪明中国宝宝"飞鹤脑发育战略发布会在北京举办。中国飞鹤宣布启动脑发育战略。中国飞鹤首席科学顾问、诺奖得主迈克尔·莱维特，中国工程院院士朱蓓薇、中国工程院院士陈卫、北京大学神经科学研究所副所长邢国刚，北京大学医学部公共卫生学院副院长、北大医学 – 中国飞鹤营养与生命健康发展研究中心主任许雅君，中国飞鹤首席科学家蒋士龙等海内外专家出席。

17-18 日 第三届"一带一路"国际合作高峰论坛在北京举行。作为参与共建"一带一路"的代表企业，伊利集团受邀参会，汇聚全球力量拓圈强链共建"乳业丝路"。

19 日 由全国工商联、湖南省人民政府共同主办的 2023 全国民营企业科技创新与标准创新大会——知名民企助力现代化新湖南建设大会在长沙举行。大会发布了 2023 民营企业发明专利 500 家榜单，伊利凭借在科技创新领域的出色表现，在榜单中稳居食品制造业第一。澳优荣誉登榜，成为湖南唯一的上榜乳企。

同日 由辽宁省奶业协会主办、越秀辉山协办的 2023 辽宁奶业高质量发展大会召开。

24 日 中国食品科学技术学会第二十届年会在湖南长沙召开。中国首个《乳品与成年人营养健康专家共识》发布。中国食品科学技术学会副理事长、中国农业大学任发政院士，学会副理事长、南昌大学谢明勇院士，学会副理事长、中国疾病预防控制中心营养与健康所所长丁钢强教授，首都医科大学附属北京世纪坛医院石汉平教授，南开大学公共卫生与健康研究院副院长王硕教授，上海理工大学健康科学与工程学院院长艾连中教授，江南大学食品学院周鹏教授，伊利集团执行总裁刘春喜参加了发布仪式。

30 日 农业农村部马有祥副部长一行莅临现代牧业合肥牧场和优然牧业元兴牧场，就奶业发展情况进行实地调研。农业农村部国际合作司司长隋鹏飞、畜牧兽医局副局长陈光华、畜牧兽医局奶业处处长卫琳、安徽省农业农村厅厅长汪学军、副厅长汤洋等陪同调研。现代牧业总裁孙玉刚、优然牧业执行董事兼总裁袁军介绍了企业发展情况。

同日 广西奶业协会奶水牛产业发展座谈会在南宁召开。自治区农业农村厅一级巡视员梁纪豪出席会议并讲话，广西水牛研究所副所长曾庆坤深入细致地解读了水牛奶地方标准迄今为止的落实情况，阐述该标准应运而生的时代需求与制定的科学性。自治区农业农村厅畜牧与饲料处处长罗军出席会议。会议由广西奶业协会秘书长李仕坚主持。与会全体成员一致通过《广西奶业行业自律公约》。皇氏集团股份有限公司、广西百菲乳业股份有限公司、广西壮牛水牛乳业有限责任公司、广西合浦南国乳业有限公司、广西桂牛水牛乳业股份有限公司、广西石埠乳业有限责任公司、广西农垦西江乳业有限公司、广西大学农大食品厂等 8 家水牛乳制品生产企业的负责人和质量负责人参会。

31 日 宁夏《新消息报》记者从中国银行宁夏分行获悉，该行向奶户发放"青贮贷"近 3 亿元，有效解决了奶牛养殖户的燃眉之急。10 多年来，中行宁夏分行聚焦自治区"高端奶之乡"品牌建设，已向超过 280 户奶牛养殖企业和个人发放贷款 65 亿元。

11 月

6 日 第六届中国国际进口博览会 2 号展厅里，来自南澳大利亚的头部农业企业拜尔可澳大利亚公司（Balco Australia）与中国合作伙伴光明牧业（Bright Farming）签署了价值 1 亿澳元（约合人民币 4.7 亿元）的合作协议。根据协议，未来 10 年内，拜尔可澳大利亚公司将向光明牧业每年出口 2 万 t 优质的澳大利亚燕麦干草。

8 日 君乐宝乳业集团与茉酸奶战略合作签约仪式在河北石家庄君乐宝总部举行。君乐宝乳业集团董事长兼总裁魏立华与茉酸奶总经理顾豪代表双方在战略合作协议上签字。根据协议，君乐宝乳业集团将斥资战略入股茉酸奶品牌，持有公司 30% 股份，双方还将在乳制品原料供应、新品研发及食品安全和经营管理等多个领域开展深度协同合作，进一步推动低温酸奶产业的高质量发展。

9 日 伊利集团董事长兼总裁潘刚在 2023 年伊利领导力峰会上说："中央提出要'加快形成新质生产力'，通过科技创新加速产业升级、拉动经济增长。我们也要加快形成'奶业新质生产力'，推动中国奶业走向更创新、更高效和更可持续的发展道路。这既是现实所需，更是未来所向。"

同日 皇氏集团安徽阜阳智慧化乳制品中央工厂主体厂房奠基仪式在阜阳市颍东区食品工业园核心区举行。工厂占地约 222 亩，总建筑面积约 21 万 m^2。

10—12 日 由山东省人民政府主办的"好客山东 好品山东"2023 北京推介活动在北京展览馆举行。得益乳业作为首批入选"好品山东"唯一乳制品企业、山东低温奶龙头企业，受邀在"好品美物""乡村振兴"两大专场推介会进行产品展销。

13 日 江西省婴幼儿配方奶粉和特医食品防范风险行政指导会在南昌举办。

14 日 河北省市场监督管理局印发《河北省婴幼儿配方食品生产企业食品原料等事项备案管理办法》。

15 日 北大荒完达山乳业与北大荒食品集团在哈尔滨举行"伴飞"计划战略合作签约仪式。完达山乳业甄选出奶粉类、液奶类以及营养保健类产品进驻北大荒食品集团下辖的 80 家门店。

15—17 日 第八届特殊食品大会在浙江温州举办。蒙牛携旗下增强免疫力酸奶品牌"冠益乳"，展示其在特殊食品领域的卓越成果，并承办了"首届国际科技前沿及转化应用大会暨 SNDA 科学家产业合作峰会"分论坛，全面促进乳业营养健康领域科技研究及转化应用。

16 日 2023 年上市公司 ESG 实践案例征集和汇编工作及董事会最佳实践创建活动，发布年度上市公司 ESG 最佳实践案例和优秀实践案例，光明乳业荣获中上协颁发的"上市公司 ESG 优秀实践案例奖"及"上市公司董事会优秀实践案例奖"两项殊荣。

同日 由中国新闻社《中国新闻周刊》主办的第十九届中国·企业社会责任论坛在京举行。本届论坛以"致韧性：可持续的责任之道"为主题，邀请政产学研各界精英，共同探讨履责之道。乳业横跨一二三产业，排放量不容小觑，蒙牛集团党委副书记、执行总裁，蒙牛公益基金会理事长李鹏程分享了在上中下游全产业链探索碳减排的 3 个故事。其中，在上游，蒙牛植树 9 700 万棵，在乌兰布和沙漠创造绿洲 200 多平方公里。"一人不为众，独木难成林"，李鹏程呼吁，希望有更多人参与到减少碳排放的行动中来，共同守护地球家园。

16—17 日 由中国社会责任百人论坛、责任云研究院主办的"第六届北京责任展开幕式暨《企业社会责任蓝皮书（2023）》发布会"在京召开。卫岗乳业应邀出席，发布了首份《卫岗乳业 ESG 白皮书 2030》，并荣获"责任犇牛奖·责任雇主奖"。

20 日 农业农村部办公厅公布第三批国家级动物疫病净化场名单，涉及 119 个养殖场。

同日 云南省农业农村厅、云南省财政厅印发云南省推进奶业振兴若干政策措施奖补资金申报指南。

21 日 伊利集团与南美最大的乳企科拿（Conaprole）在北京签订了可持续发展领域深度合作框架协议。科拿乳业总裁加布里埃尔·费尔南德斯，伊利集团高级执行总裁张剑秋等出席了签约活动。

25 日 澳优乳业旗下锦旗生物在江苏省淮安市举行益生菌产业化生产示范线投产仪式暨益生菌超级工厂溯源之旅系列活动。

26 日 中国奶业协会消息，光明乳业在中国上市公司协会举办的 2023 年上市公司 ESG 实践案例征集和汇编工作及董事会最佳实践创建活动中，凭借在 ESG 实践及董事会履责方面的优秀表现，成功荣获中上协颁发的"上市公司 ESG 优秀实践案例奖"及"上市公司董事会优秀实践案例奖"两项殊荣。

28 日 第十四届中国食品安全论坛在京召开。蒙牛集团总裁卢敏放受邀参加并发表主题讲话，分享了蒙牛守护食品安全底线、为消费者提供高品质产品的乳业实践。

同日 新希望乳业宣布转让现制酸奶品牌"一只酸奶牛"运营方重庆瀚虹 45% 股权，持股比例降至 15%，

29 日 2023 中国乳业新势力发展论坛暨第三届新乳业·万商乳品采购节在南京举办。评选出 8 个年度竞争力产区品牌、12 家年度领跑企业、15 家年度突破企业、13 款年度杰出产品和 25 款年度创新产品。本次论坛期间还同期举办了 2023 富平山羊奶万商推介会暨第二届国际奶山羊产业富平论坛信息发布会。

30 日 内蒙古自治区第十四届人民代表大会常务委员会第七次会议通过《内蒙古自治区奶业高质量发展促进条例》。条例自 2024 年 1 月 1 日起施行。

12月

1日 经国家市场监督管理总局、国家标准化管理委员会批准，《牛体内胚胎生产与移植技术规程》（GB/T 26938-2023）国家标准于当日起正式实施。

同日 全球领先的纪录片制作和播出单位Discovery探索频道重磅推出纪录片《探索鲜活终极密码》，以科学的视角全面解析中国乳业全产业链下的科学营养，生动还原了牛奶这种超级营养物质的诞生与使命。纪录片深入解析君乐宝如何将科学注入全产业链，探索科学研发与营养标准的不断进化，视觉化呈现中国乳业科学奥秘。

5日 河北省人民政府新闻办公室召开"高质量推进农业投资工作"新闻发布会。河北省农业农村厅党组成员、副厅长苗冰松介绍，截至2023年11月底，在奶业方面，河北省在建和新开工亿元以上的奶业项目27个，总投资185.9亿元，已完成投资32亿元。伊利集团在沧州投资152亿元的乳品全产业链项目稳步实施。此外，大北农、新希望、益海嘉里、中储粮、蒙牛、京东等企业集团纷纷布局落地一批大项目、好项目。

6日 2023国家"学生饮用奶计划"工作会在海口召开。原农业部副部长、中国奶业协会名誉会长高鸿宾作主旨讲话，中国奶业协会副会长兼秘书长刘亚清作国家"学生饮用奶计划"推广工作报告，原农业部党组成员、中国奶业协会战略发展委员会名誉副主任毕美家主持会议。国家食物与营养咨询专家委员会主任、中国奶业协会战略发展工作委员会名誉副主任陈萌山，农业农村部畜牧兽医局副局长辛国昌，中国疾病预防控制中心营养与健康所所长丁钢强，中国学生营养与健康促进会会长陈永祥，利乐中国商务副总裁于朔分别致辞。

中国奶业协会副秘书长李栋宣读《国家"学生饮用奶计划"推广公报（2023）》发布词。中国奶业协会副秘书长张智山，中国奶业协会战略发展工作委员会委员孙有恒，中国奶业协会战略发展工作委员会委员高丽娜，中垦牧乳业（集团）股份有限公司党委书记、董事长邱太明，河南花花牛乳业集团股份有限公司董事长唐洪峰，福建长富乳品有限公司董事长蔡永康，君乐宝乳业集团有限公司副总裁仲岩，黑龙江飞鹤乳业有限公司董事长顾问卢光，新希望乳业股份有限公司副总裁林永裕，利乐中国以食品促发展总监柴彤涛出席公报发布仪式。

河北省农业农村厅二级巡视员顾传学，广东省奶业协会秘书长汪翔，内蒙古伊利实业集团股份有限公司副总裁包智勇，内蒙古蒙牛乳业（集团）股份有限公司副总裁顾瑞珍，山东银香大地乳业有限公司董事长王银香，鄂州市明塘小学校长徐婷等6位代表介绍了学生饮用奶推广工作的开展特点以及推广经验与做法。

伊利、蒙牛、光明、君乐宝，飞鹤、卫岗、中垦牧、花花牛、长富等学生饮用奶生产企业负责人、各地方学生饮用奶工作机构负责人、学生营养专家以及新闻媒体代表等，共计约300位代表参会。

同日 全国畜牧总站公布了由农业农村部种业管理司与全国畜牧总站编写的《2023年中国乳用种公牛遗传评估概要》。公布了全国20个种公牛站的1395头种公牛遗传评估结果，其中包括12个种公牛站的297头中国荷斯坦牛验证种公牛常规遗传评估结果，17个种公牛站的1 056头中国荷斯坦牛青年种公牛基因组检测遗传评估结果，以及6个种公牛站42头娟姗牛的体型评定结果。此次评估发布的结果中保留了产奶量、乳脂率和乳蛋白率3个性状，同时发布了CPI及9个不同性状的估计育种值，便于育种者和生产者根据不同的选种目标进行选择。为便于查阅使用，《概要》还分别对9个不同性状估计育种值排名前50名的种公牛进行了重点推介。

同日 山东省人民政府办公厅发布加快畜牧业转型升级促进高质量发展的意见。

同日 2023CBME冬季研讨会在深圳举办。本届大会主题是"穿越寒冬，迎接下一个春天"，500+行业头部企业决策者研讨交流，十六大主题直击母婴消费品行业的痛点，拆解热门营销案例，共创解决之道。贝因美、HighGoGo、蓓康僖、完达山、光明、伊利（QQ星奶粉）荣获CBME AWARDS年度奶粉品类新势能品牌奖。

7日 第二届"一带一路"老-中合作论坛在老挝万象举办。老挝党中央政治局委员、政府副总理吉乔，中国驻老挝大使馆临时代办王畅，老挝新闻文化旅游部部长宋өβ婉，新华通讯社社长傅华发表致辞。蒙牛集团党委副书记、执行总裁李鹏程受邀作主旨发言。他表示，十年以来，蒙牛集团深入参与共建"一带一路"倡议，与老挝及东南亚乳业同仁携手，共同推动构建全球乳业共同体。据了解，蒙牛针对东南亚市场打造的冰激凌品牌"艾雪"，其2021年进入老挝市场，并为中小商店提供了价值数十万美元的冰柜，免费给终端使用。大会当晚，还举办了第二届"一带一路"老-中合作论坛主题晚宴暨"蒙牛艾雪之夜"中国品牌鉴会。

9日 第一届国民营养素养大会在北京举办。会议期间，中国健康促进与教育协会营养素养分会携手蒙牛集团发布了《科学饮奶蓝皮书》。

12日 全国畜禽养殖废弃物资源化利用工作推进会在河北省石家庄市召开。河北、天津、江苏、河南、湖北、贵州6个省份和全国畜牧总站有关负责人作交流发言。会议组织了有机肥生产、粪肥还田利用等现场调研，发布10项畜禽粪污资源化利用技术模式与典型案例。

同日 内蒙古蒙牛乳业（集团）股份有限公司与百胜中国控股有限公司在上海百胜中国大厦举行战略签约及战略供应商授牌仪式。

13日 现代奶牛场定级与评价工作总结及标准修订会在云南大理召开。现代奶牛场评价工作管理办公室全体人员和来自全国11个现代奶牛场定级评价中心的主要负责人及业务骨干全部参会。现代奶牛场评价工作管理办公室副主任闫青霞从评价概况、组织架构、工作进展和工作计划4个方面作了现代奶牛场定级与评价2023年度工作总结汇报。中国奶业协会副秘书长、现代奶牛场评价工作管理办公室主任陈绍祜主持《现代奶

业评价 奶牛场定级与评价》团体标准、《现代奶牛场定级与评价管理办法（试行）》和《现代奶牛场定级评价师管理办法（试行）》的修订工作。此次会议对标准及管理办法50余条相关条款进行了修订。

同日 山东省畜牧兽医局推介奶农"养加一体化"10个典型模式和案例。

同日 内蒙古鄂尔多斯市鄂托克前旗荷斯坦奶牛养殖建设项目正式开工建设。项目位于鄂托克前旗敖勒召其镇乌兰道崩嘎查，规划占地面积500亩，总投资5000万元。

14日 陕西牵头，会商黑龙江、河北、内蒙古、湖南5省份市场监督管理局在西安举办陕黑冀蒙湘5省份国产婴幼儿配方奶粉高质量发展区域联动机制启动大会。国家市场监管总局特殊食品监管司副司长刘松涛出席会议并讲话。陕西省市场监管局党组成员、副局长刘育民为大会致辞。

同日 新疆维吾尔自治区市场监督管理局、新疆生产建设兵团市场监督管理局发布新疆特色乳制品生产企业落实新标准、新细则要求通告。

同日 飞鹤合作伙伴年会在成都召开，年会以"征途·跨越山海"为主题，千余名合作伙伴重聚线下，共商中国婴幼儿奶粉行业新发展。

14—15日 2023年度奶牛生产性能测定数据交流活动在云南大理举行。同期举办了FOSS(DHI)实验室自动化大讲堂和纽勤基因技术专题讲座。全国畜牧总站奶业与畜产品加工处处长闫奎友、云南省畜牧总站站长夏海晶、大理州农业农村局局长周晓芳等出席。中国奶业协会陈绍祜副秘书长主持交流活动。来自全国奶牛生产性能测定中心的90余位代表参会交流。

17日 全国畜牧总站组织专家对贺兰优源润泽牧业有限公司国家奶牛核心育种场开展复验现场审核工作。专家组通过听取汇报、审阅资料、现场考察等方式，重点对该场5年来核心群选育、种公牛培育、疫病防控等情况进行现场审核。经核验，专家组一致同意该场通过现场审核，并对种公牛培育、育种目标和技术队伍建设等方面提出指导性意见。

同日 蒙牛集团2024全球合作伙伴大会在厦门国际会展中心举行。来自全球的蒙牛经销商、产业链合作伙伴、科研专家8700余人参会。

18日 优然牧业消息，美国荷斯坦协会公布2023年12月基因组公牛成绩，优然牧业赛科星培育的291HO23064和291HO23026两头种公牛分别以3158和3134的超高GTPI（综合育种指数）取得了国内在美注册公牛的冠军和亚军，并有16头种公牛进入了国内排名前20强。

同日 君乐宝华南乳业全产业链一体化基地奠基仪式在广东江门举行。江门市委常委、副市长郑晓毅，蓬江区委书记劳茂昌，君乐宝乳业集团董事长魏立华、副总裁兼供应链事业群总经理黄亚芳出席奠基仪式。

20日 中央广播电视总台首届"国潮盛典"晚会在北京举办。小米、格力、伊利、赛力斯、飞鹤荣获"2023国潮创新榜样先锋品牌"。

同日 新疆维吾尔自治区卫生健康委员会发布的《食品安全地方标准 调制驼乳粉》（DBS 65/023-2023）即日正式实施。

21日 商务部公示新一批中华老字号。商务部、文化和旅游部、市场监管总局、国家知识产权局、国家文物局5部门，组织开展了新一批中华老字号认定。北京三元食品股份有限公司的三元品牌、天津海河乳品有限公司的海河品牌、呼伦贝尔海乳乳业有限责任公司的海乳品牌、沈阳中街冰点城食品有限公司的中街冰点城品牌、熊猫乳品集团股份有限公司的熊猫品牌、美丽健乳业集团有限公司的西湖品牌、江西阳光乳业股份有限公司的阳光品牌等乳制品品牌入选新一批中华老字号拟认定名单。

同日 由《财经》杂志主办的可持续发展高峰论坛暨长青奖颁奖典礼在北京举行。蒙牛集团党委副书记、执行总裁，蒙牛公益基金会理事长李鹏程受邀出席，与参会嘉宾探讨ESG如何赋能企业高质量发展，并分享了蒙牛的可持续发展实践。

同日 一然生物获得君乐宝乳业集团战略入股，双方将基于菌种的科研创新与产业化布局开展全方位的合作，发挥各自优势，推动我国自主知识产权的菌种科研与产业的发展。

22日 君乐宝乳业集团股份有限公司签署上市辅导协议，拟首次公开发行股票并上市。这标志着君乐宝正式启动IPO及上市进程。

27日 内蒙古自治区人民政府新闻办公室举行"回眸2023"系列主题新闻发布会第四场——自治区农牧厅专场。发布会上，自治区农牧厅党组成员、副厅长赵玉生介绍，伊利、蒙牛双双闯进全球乳业10强，分别位列第5位和第8位，全区奶牛存栏、奶产量稳居全国首位，奶产业产值有望突破2200亿元。

同日 中国企业联合会、中国企业家协会发布"2023企业绿色低碳发展优秀实践案例"名单。伊利集团凭借"乳品全链路低碳发展技术研究与应用"成为食品行业唯一入选优秀实践案例名单的企业。

同日 陕西省市场监管局组织召开加强全省婴幼儿配方奶粉质量安全管控工作视频会。

28日 北大荒完达山乳业液奶营销事业部以北大荒农垦集团"二次创业"新征程为引领，以实现北大荒完达山乳业"双百亿"战略为目标，在武汉召开了经销商大会。

29日 工信部公布2023年度绿色制造名单，23家奶业相关企业上榜。

30日 Wind最新发布2023年度"中国上市企业市值500强"榜单。乳制品行业共有4家企业上榜，分别是伊利股份、蒙牛乳业、中国旺旺和中国飞鹤。

（中国奶业协会，任永红整理）

十、行业统计

HANGYE TONGJI

【奶业发展趋势走势图】

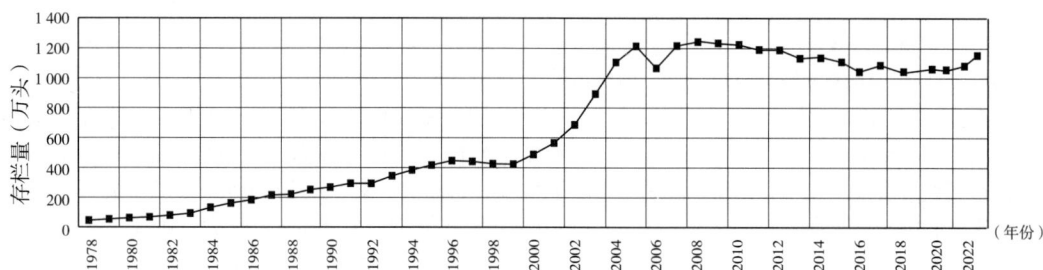

图1 1978—2022年我国奶牛存栏走势

数据来源：国家统计局。

注：本图2016—2018年数据为根据第三次全国农业普查情况做相应修正。

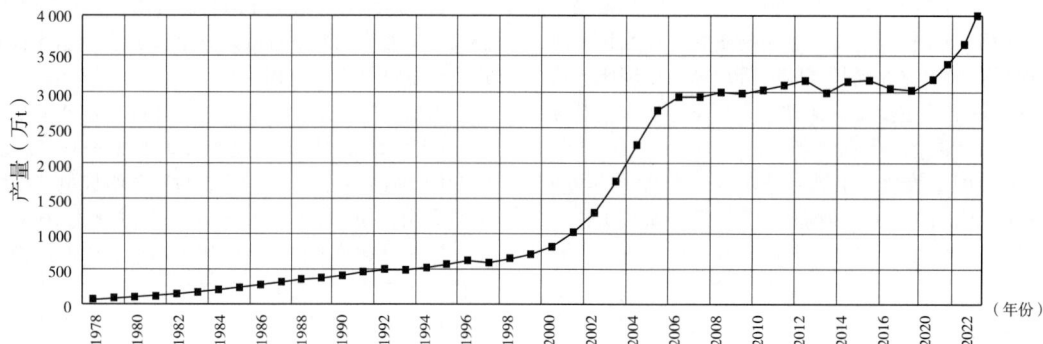

图2   1978—2022年我国奶类产量走势

数据来源：国家统计局。

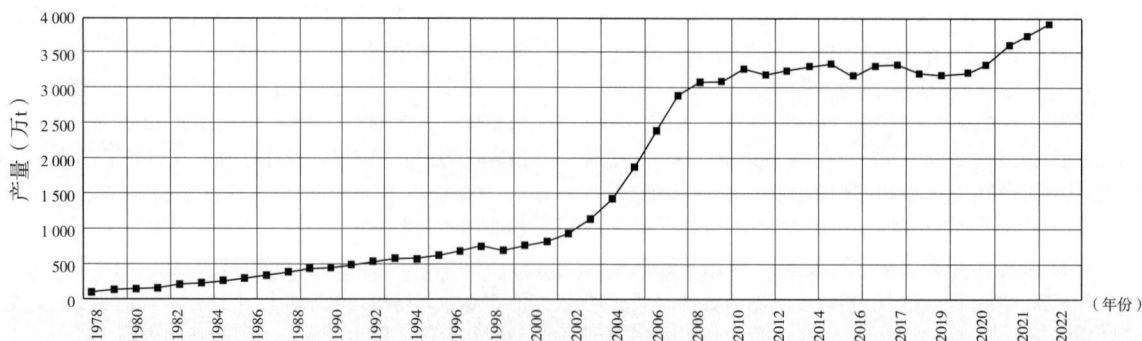

图3   1978—2022年我国牛奶产量走势

数据来源：国家统计局。

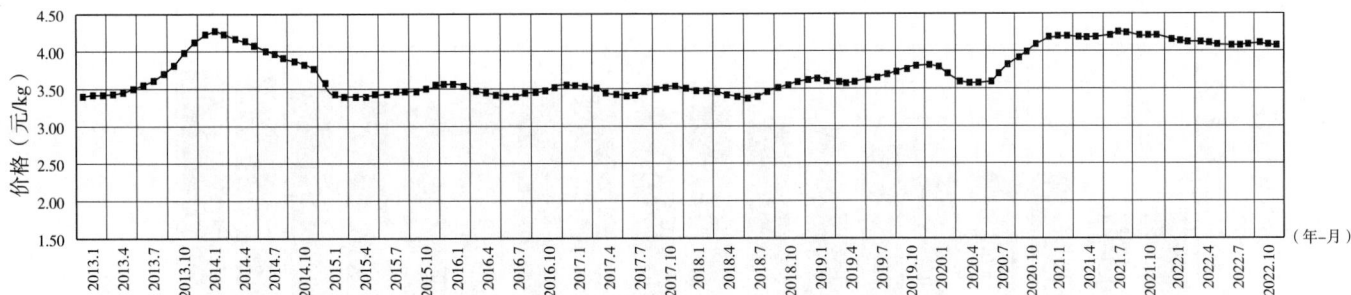

图4 2013—2022年全国主产省份生鲜乳价格情况

数据来源：农业农村部。

注：生鲜乳主产省份统计范围为河北、山西、内蒙古、辽宁、黑龙江、山东、河南、陕西、宁夏、新疆。

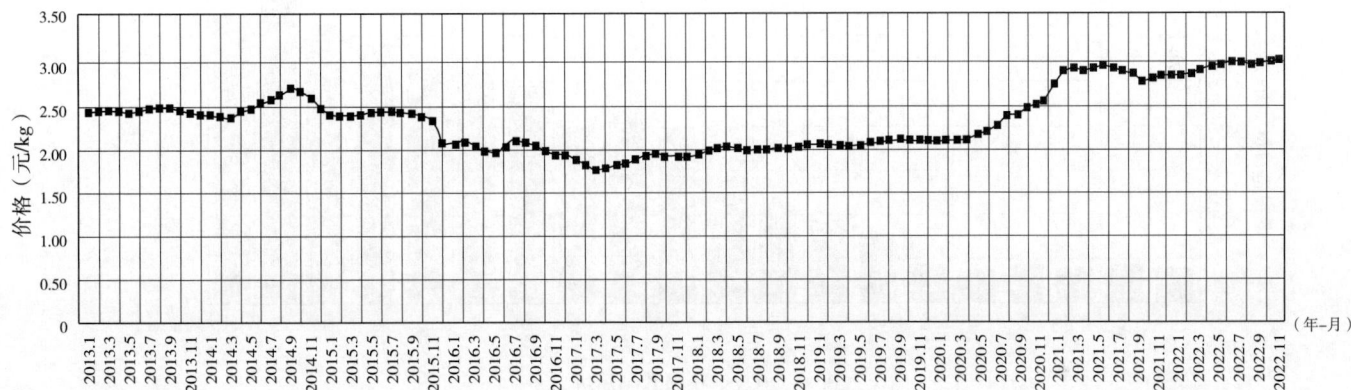

图5 2013—2022年全国玉米价格变动情况

数据来源：农业农村部。

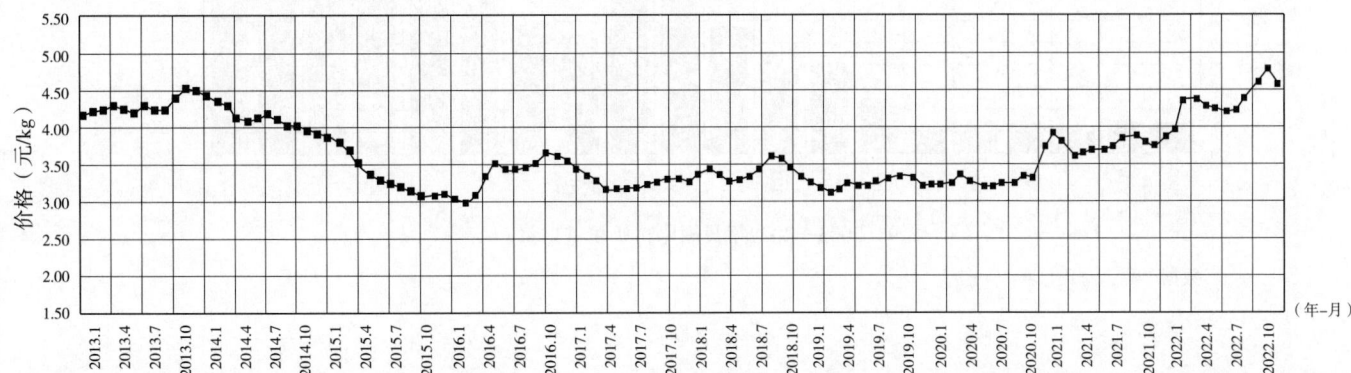

图6 2013—2022年全国豆粕价格变动情况

数据来源：农业农村部。

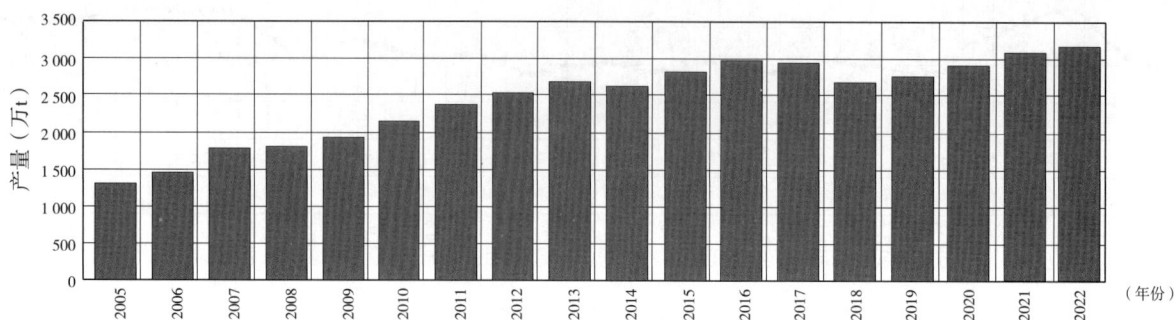

图7　2005—2022年我国乳制品产量

数据来源：国家统计局。

注：统计口径为规模以上乳企。

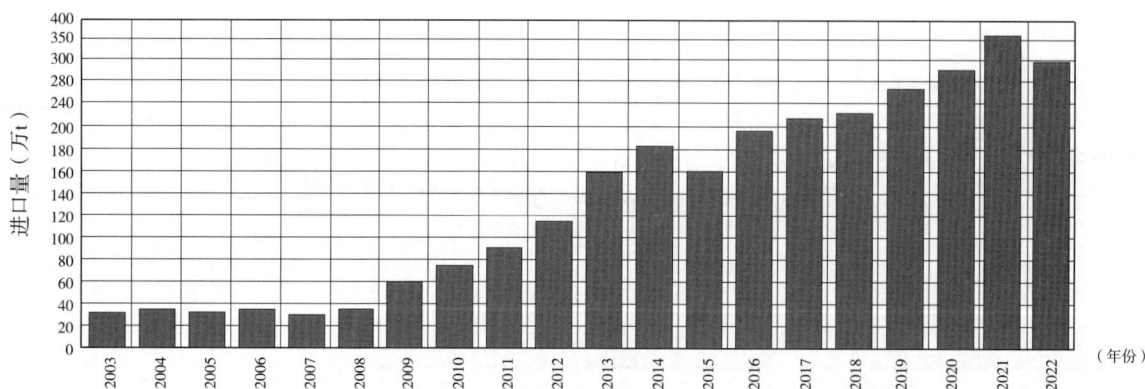

图8　2003—2022年我国乳制品进口量

数据来源：海关总署。

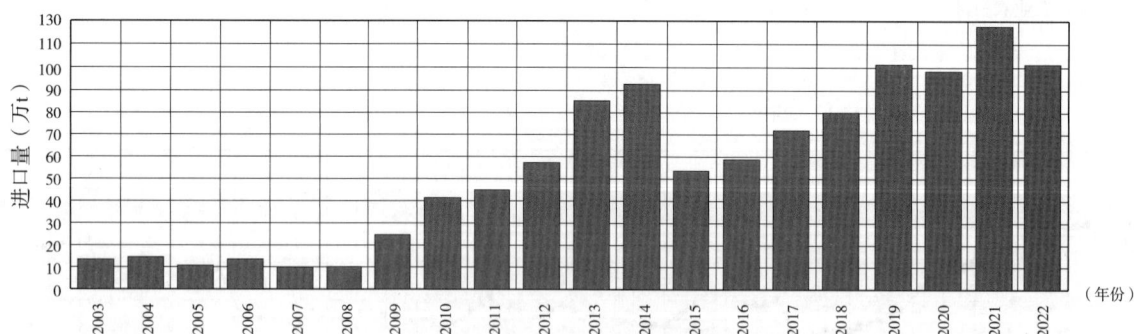

图9　2003—2022年我国原料奶粉进口量

数据来源：海关总署。

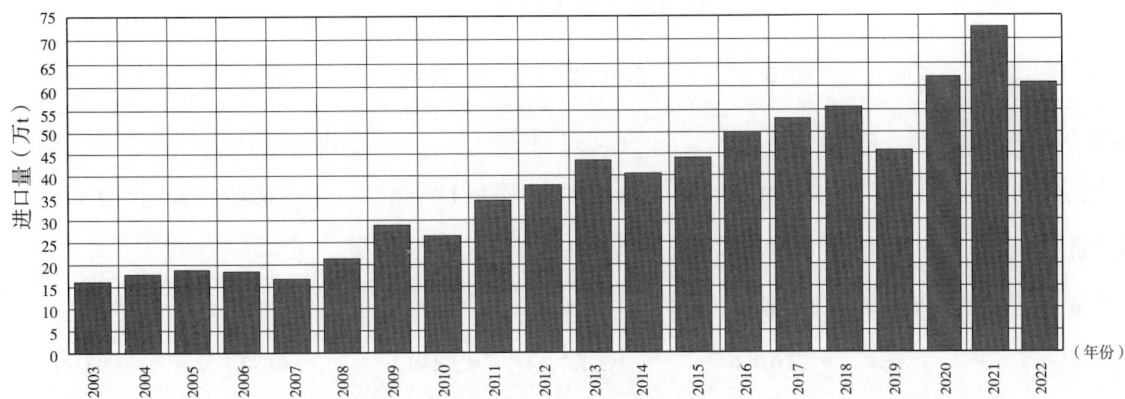

图10　2003—2022年我国乳清进口量

数据来源：海关总署。

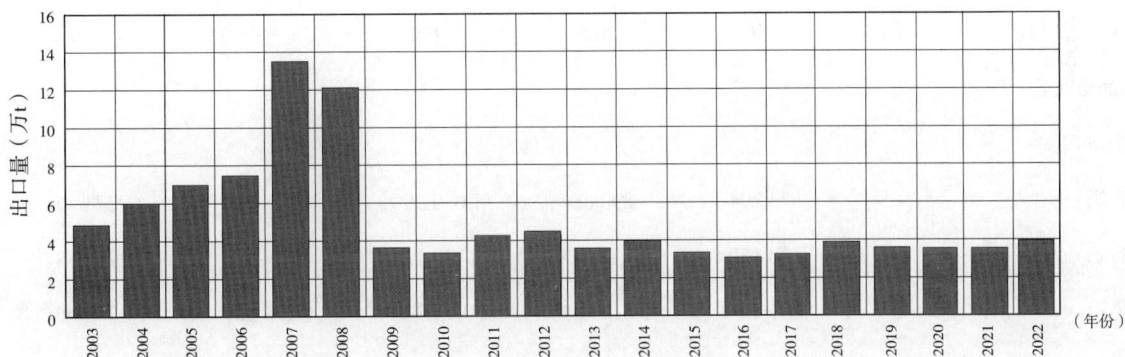

图11　2003—2022年我国乳制品出口量

数据来源：海关总署。

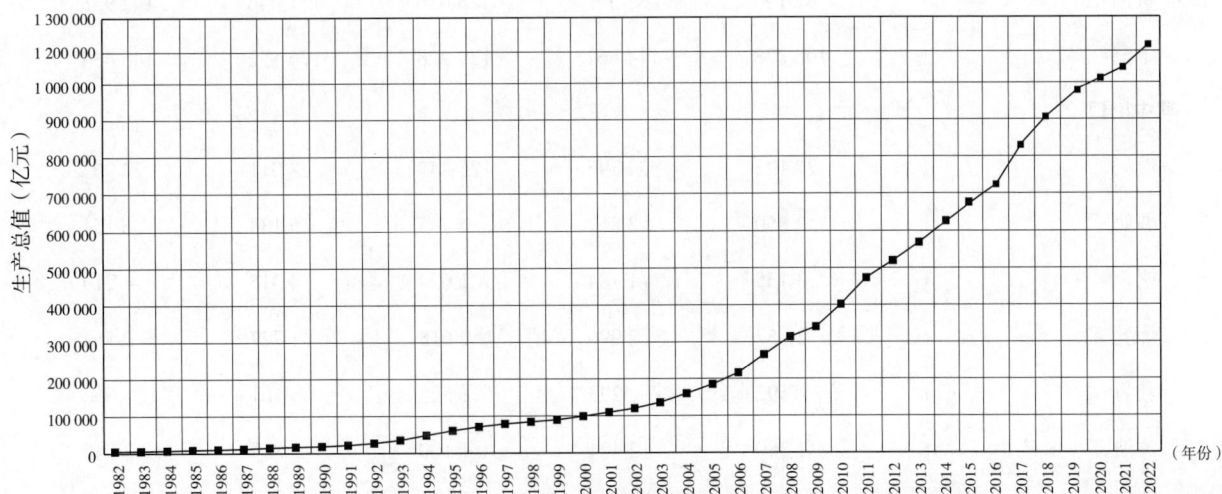

图12　1982—2022年国内生产总值

数据来源：国家统计局。

【综合情况】

中国奶业基本情况

项 目	单位	2018 年	2019 年	2020 年	2021 年	2022 年
奶畜资源						
奶牛存栏数	万头	1 037.7	1 044.7	1 043.3	1 094.3	1 160.1
原料奶产量						
奶类产量	万 t	3 176.8	3 297.6	3 529.6	3 778.1	4 026.5
牛奶产量	万 t	3 074.6	3 201.2	3 440.1	3 682.7	3 931.6
乳制品加工[1]						
乳制品产量	万 t	2 687.1	2 719.4	2 780.4	3 031.7	3 117.7
其中：液态奶产量	万 t	2 505.6	2 537.7	2 599.4	2 843.0	2 925.1
其中：乳粉产量	万 t	96.8	105.2	101.2	97.9	98.6
乳制品进出口						
其中进口						
液奶	t	673 294	890 684	1 039 799	1 268 413	977 145
酸奶	t	30 859	33 743	32 124	27 604	23 638
奶粉	t	801 489	1 014 843	979 343	1 275 207	1 034 606
炼乳	t	27 523	34 724	23 759	34 870	24 130
乳清	t	557 245	453 572	626 403	723 170	606 236
黄油	t	87 190	85 591	115 616	131 046	142 938
干酪	t	108 278	114 862	129 228	176 152	145 434
其中出口						
液奶	t	27 123	24 796	25 247	23 011	23 903
酸奶	t	2 850	3 867	4 735	5 134	6 151
奶粉	t	3 135	1 784	1 624	4 315	4 219
炼乳	t	2 757	2 996	2 618	1 727	2 554
乳清	t	592	293	525	161	668
黄油	t	1 380	2 424	1 100	1 849	2 140
干酪	t	190	119	365	169	94
活牛进口	头	156 928	199 285	266 117	359 128	349 701

注：1.乳制品产量、液态奶及乳粉产量的统计范围是规模以上乳制品企业

2018—2022 年全国各地区奶业概况——北京

项 目	单位	2018 年	2019 年	2020 年	2021 年	2022 年
地区概况						
人口数	万人	2 192	2 190	2 189	2 189	2 184
城镇人口比重	%	87.09	87.35	87.55	87.50	87.57
地区生产总值	亿元	30 320	35 371	36 103	40 270	41 611
社会消费品零售总额	亿元	14 422	15 064	13 716	14 868	13 794
奶畜资源						
奶牛存栏数	万头	7.5	5.7	5.8	5.8	5.7
原料奶生产						
奶类产量	万 t	31.1	26.4	24.2	25.8	26.2
牛奶产量	万 t	31.1	26.4	24.2	25.8	26.2
乳制品加工						
乳制品产量	万 t	56.0	55.4	53.7	54.2	48.9
其中：液态奶产量	万 t	53.6	52.7	51.7	52.3	47.0
奶粉产量	t	5 144	8 102	6 322	2 382	3 633
乳制品进口						
液态奶	t	75 327	40 275	105 771	144 183	37 934
液奶	t	70 876	39 192	103 046	143 632	37 560
酸奶	t	4 452	1 083	2 725	552	374
干乳制品	t	144 412	89 799	210 577	274 192	173 645
奶粉	t	46 609	33 587	45 368	62 916	36 625
炼乳	t	325	2 659	2 007	3 116	898
乳清	t	75 948	36 904	141 841	180 974	117 120
黄油	t	4 317	4 190	5 768	5 417	5 798
奶酪	t	17 214	12 460	15 593	21 769	13 205

2018—2022 年全国各地区奶业概况——天津

项 目	单位	2018 年	2019 年	2020 年	2021 年	2022 年
地区概况						
人口数	万人	1 383	1 385	1 387	1 373	1 363
城镇人口比重	%	83.95	84.31	84.70	84.88	85.11
地区生产总值	亿元	18 810	14 104	14 084	15 695	16 311
社会消费品零售总额	亿元	4 231	4 218	3 583	3 770	3 572
奶畜资源						
奶牛存栏数	万头	11.3	11.0	10.7	10.4	10.4
原料奶生产						
奶类产量	万 t	48.0	47.4	50.1	51.8	51.1
牛奶产量	万 t	48.0	47.4	50.1	51.8	51.1
乳制品加工						
乳制品产量	万 t	57.6	60.2	66.3	69.2	58.7
其中：液态奶产量	万 t	50.4	50.8	57.0	57.6	49.4
奶粉产量	t	2 522	2 753	2 386	3 275	1 723
乳制品进口						
液态奶	t	41 567	99 074	68 870	81 622	82 731
液奶	t	40 547	94 603	67 727	81 414	82 603
酸奶	t	1 020	4 472	1 143	209	128
干乳制品	t	317 821	362 053	258 730	320 456	298 552
奶粉	t	182 195	218 200	182 895	234 241	224 766
炼乳	t	251	155	0	634	2 202
乳清	t	108 992	107 055	55 360	59 341	55 750
黄油	t	10 084	10 199	8 507	9 375	5 877
奶酪	t	16 299	26 444	11 968	16 865	9 957

2018—2022 年全国各地区奶业概况——河北

项 目	单位	2018 年	2019 年	2020 年	2021 年	2022 年
地区概况						
人口数	万人	7 426	7 447	7 464	7 448	7 420
城镇人口比重	%	57.33	58.77	60.07	61.14	61.65
地区生产总值	亿元	36 010	35 105	36 207	40 391	42 370
社会消费品零售总额	亿元	11 974	12 986	12 705	13 510	13 720
奶畜资源						
奶牛存栏数	万头	105.9	114.8	122.3	135.2	148.1
原料奶生产						
奶类产量	万 t	391.1	433.8	488.3	501.9	549.3
牛奶产量	万 t	384.8	428.7	483.4	498.4	546.7
乳制品加工						
乳制品产量	万 t	365.3	356.8	358.4	397.6	389.7
其中：液态奶产量	万 t	357.4	347.1	347.6	387.9	379.5
奶粉产量	t	49 920	67 725	104 680	95 819	97 183
乳制品进口						
液态奶	t	0	4 031	453	371	137
液奶	t	0	3 967	453	371	137
酸奶	t	0	64	0	—	—
干乳制品	t	6 517	4 300	7 769	16 450	16 367
奶粉	t	4 527	3 865	6 513	8 466	9 326
炼乳	t	0	0	0	34	—
乳清	t	1 845	277	1 203	7 944	7 041
黄油	t	146	115	52	0	0
奶酪	t	0	43	1	6	—

2018—2022 年全国各地区奶业概况——山西

项 目	单位	2018 年	2019 年	2020 年	2021 年	2022 年
地区概况						
人口数	万人	3 502	3 497	3 490	3 480	3 481
城镇人口比重	%	59.85	61.29	62.53	63.42	63.96
地区生产总值	亿元	16 818	17 027	17 652	22 590	25 643
社会消费品零售总额	亿元	6 523	7 031	6 746	7 747	7 563
奶畜资源						
奶牛存栏数	万头	31.7	31.9	38.2	38.7	38.8
原料奶生产						
奶类产量	万 t	81.7	92.3	117.4	135.7	143.1
牛奶产量	万 t	81.1	91.8	117.0	135.1	142.8
乳制品加工						
乳制品产量	万 t	45.5	51.6	54.9	55.5	57.6
其中：液态奶产量	万 t	45.2	50.9	53.0	52.8	55.2
奶粉产量	t	3 260	6 634	19 844	26 294	23 343
乳制品进口						
液态奶	t	0	60	321	295	308
液奶	t	0	60	321	295	308
酸奶	t	0	—	0	—	—
干乳制品	t	0	221	47	37	21
奶粉	t	0	221	47	37	21
炼乳	t	0	—	0	—	—
乳清	t	0	—	0	—	—
黄油	t	0	—	0	—	—
奶酪	t	0	—	0	—	—

2018—2022年全国各地区奶业概况——内蒙古

项　目	单位	2018年	2019年	2020年	2021年	2022年
地区概况						
人口数	万人	2 422	2 415	2 403	2 400	2 401
城镇人口比重	%	65.51	66.46	67.48	68.21	68.60
地区生产总值	亿元	17 289	17 213	17 360	20 514	23 159
社会消费品零售总额	亿元	4 852	5 051	4 760	5 060	4 971
奶畜资源						
奶牛存栏数	万头	120.8	122.5	129.3	143.4	159.0
原料奶生产						
奶类产量	万t	571.8	582.9	617.9	680.0	740.8
牛奶产量	万t	565.6	577.2	611.5	673.2	733.8
乳制品加工						
乳制品产量	万t	254.8	289.3	337.3	368.0	415.2
其中：液态奶产量	万t	237.1	272.5	318.9	348.9	394.9
奶粉产量	t	95 887	83 104	95 800	109 877	122 229
乳制品进口						
液态奶	t	0	0	6 471	4 154	0
液奶	t	0	0	6 471	4 154	—
酸奶	t	0	—	0	—	—
干乳制品	t	36 476	47 995	116 693	147 086	134 166
奶粉	t	33 091	36 021	99 087	130 838	115 611
炼乳	t	0	—	2	—	—
乳清	t	3 301	11 318	14 811	13 077	11 509
黄油	t	84	587	807	1 091	2 021
奶酪	t	0	70	1 986	2 079	5 025

2018—2022 年全国各地区奶业概况——辽宁

项 目	单位	2018 年	2019 年	2020 年	2021 年	2022 年
地区概况						
人口数	万人	4 291	4 277	4 255	4 229	4 197
城镇人口比重	%	70.26	71.21	72.14	72.81	73.00
地区生产总值	亿元	25 315	24 909	25 115	27 584	28 975
社会消费品零售总额	亿元	9 113	9 671	8 961	9 784	9 526
奶畜资源						
奶牛存栏数	万头	29.2	27.4	27.7	28.1	27.6
原料奶生产						
奶类产量	万 t	132.6	134.7	137.1	139.3	135.1
牛奶产量	万 t	131.8	133.9	136.7	138.9	134.7
乳制品加工						
乳制品产量	万 t	74.9	76.3	58.3	53.9	58.4
其中：液态奶产量	万 t	73.0	75.7	57.4	53.6	57.7
奶粉产量	t	18 421	4 601	7 820	2 320	5 771
乳制品进口						
液态奶	t	2 869	6 289	5 439	4 428	8 944
液奶	t	2 667	6 270	5 421	4 418	8 935
酸奶	t	201	18	18	11	10
干乳制品	t	60 868	52 965	26 377	26 764	26 220
奶粉	t	12 701	18 631	3 006	913	4 098
炼乳	t	1 083	1 140	549	97	463
乳清	t	46 425	32 493	22 365	25 423	21 658
黄油	t	301	347	391	255	—
奶酪	t	358	355	66	75	0

2018—2022 年全国各地区奶业概况——吉林

项　目	单位	2018 年	2019 年	2020 年	2021 年	2022 年
地区概况						
人口数	万人	2 484	2 448	2 399	2 375	2 348
城镇人口比重	%	60.85	61.63	62.64	63.36	63.72
地区生产总值	亿元	15 075	11 727	12 311	13 236	13 070
社会消费品零售总额	亿元	4 074	4 213	3 824	4 217	3 808
奶畜资源						
奶牛存栏数	万头	15.1	15.3	15.0	14.7	12.5
原料奶生产						
奶类产量	万 t	39.0	40.0	39.3	32.8	29.4
牛奶产量	万 t	38.8	39.9	39.3	32.7	29.3
乳制品加工						
乳制品产量	万 t	17.1	20.6	18.3	18.9	17.7
其中：液态奶产量	万 t	16.1	16.7	14.6	13.8	13.8
奶粉产量	t	9 192	17 785	5 463	7 191	5 554
乳制品进口						
液态奶	t	46	22	1	1 760	22
液奶	t	46	22	1	1 760	22
酸奶	t	0	—	0	—	—
干乳制品	t	254	225	6 058	4 365	769
奶粉	t	2	225	1 032	1 015	284
炼乳	t	0	—	0	—	—
乳清	t	0	—	5 025	3 350	485
黄油	t	0	—	0	0	—
奶酪	t	252	0	1	—	—

2018—2022 年全国各地区奶业概况——黑龙江

项 目	单位	2018 年	2019 年	2020 年	2021 年	2022 年
地区概况						
人口数	万人	3 327	3 255	3 171	3 125	3 099
城镇人口比重	%	63.46	64.62	65.61	65.69	66.21
地区生产总值	亿元	16 362	13 613	13 699	14 879	15 901
社会消费品零售总额	亿元	5 275	5 604	5 092	5 543	5 210
奶畜资源						
奶牛存栏数	万头	105.0	107.6	111.9	109.7	110.3
原料奶生产						
奶类产量	万 t	458.5	467.0	501.0	501.0	501.9
牛奶产量	万 t	455.9	465.2	500.2	500.3	501.2
乳制品加工						
乳制品产量	万 t	155.3	164.2	164.9	189.4	210.9
其中：液态奶产量	万 t	118.0	129.0	123.9	151.2	174.6
奶粉产量	t	365 254	351 037	400 092	362 732	348 368
乳制品进口						
液态奶	t	23	170	1 381	418	381
液奶	t	23	61	1 372	418	381
酸奶	t	0	109	9	—	—
干乳制品	t	30 963	38 700	37 930	47 980	29 444
奶粉	t	14 199	16 112	18 011	26 921	18 138
炼乳	t	0	10	4	24	—
乳清	t	16 753	22 563	19 756	20 482	11 306
黄油	t	10	15	159	—	—
奶酪	t	1	—	0	553	—

2018—2022 年全国各地区奶业概况——上海

项　目	单位	2018 年	2019 年	2020 年	2021 年	2022 年
地区概况						
人口数	万人	2 475	2 481	2 488	2 489	2 475
城镇人口比重	%	89.13	89.22	89.30	89.30	89.33
地区生产总值	亿元	32 680	38 155	38 701	43 215	44 653
社会消费品零售总额	亿元	14 875	15 848	15 933	18 079	16 442
奶畜资源						
奶牛存栏数	万头	5.6	5.2	5.3	5.4	5.7
原料奶生产						
奶类产量	万 t	33.4	29.7	29.1	29.4	30.2
牛奶产量	万 t	33.4	29.7	29.1	29.4	30.2
乳制品加工						
乳制品产量	万 t	44.6	46.9	52.6	54.4	47.4
其中：液态奶产量	万 t	43.6	45.8	51.7	52.6	44.6
奶粉产量	t	6 619	7 296	5 889	6 210	4 274
乳制品进口						
液态奶	t	337 036	448 878	414 784	531 042	477 151
液奶	t	320 021	433 248	397 565	512 540	467 061
酸奶	t	17 015	15 630	17 219	18 502	10 089
干乳制品	t	351 621	478 892	334 021	419 927	320 833
奶粉	t	181 981	304 159	181 599	236 001	164 032
炼乳	t	7 223	8 815	5 076	14 939	10 470
乳清	t	100 046	87 029	83 327	95 702	81 306
黄油	t	28 417	33 579	27 182	28 286	28 067
奶酪	t	33 955	45 310	36 837	44 999	36 958

2018—2022 年全国各地区奶业概况——江苏

项 目	单位	2018 年	2019 年	2020 年	2021 年	2022 年
地区概况						
人口数	万人	8 446	8 469	8 477	8 505	8 515
城镇人口比重	%	71.19	72.47	73.44	73.94	74.42
地区生产总值	亿元	92 595.4	99 631.5	102 719.0	116 364.2	122 875.6
社会消费品零售总额	亿元	35 472.6	37 672.5	37 086.1	42 702.6	42 752.1
奶畜资源						
奶牛存栏数	万头	13.4	12.5	12.9	13.1	14.3
原料奶生产						
奶类产量	万 t	50.0	62.4	63.0	64.9	68.8
牛奶产量	万 t	50.0	62.4	63.0	64.9	68.8
乳制品加工						
乳制品产量	万 t	158.0	116.0	125.2	138.9	162.2
其中：液态奶产量	万 t	155.2	108.4	118.2	129.8	153.0
奶粉产量	t	10 537.4	61 640.2	55 679.9	75 864.9	62 020.0
乳制品进口						
液态奶	t	12 832	34 679	38 834	22 913	11 900
液奶	t	11 985	33 129	36 986	22 637	11 811
酸奶	t	847	1 551	1 848	277	88
干乳制品	t	44 656	44 486	73 952	87 803	72 206
奶粉	t	35 629	38 823	59 283	76 899	61 017
炼乳	t	11	0	0	73	—
乳清	t	7 874	4 633	13 442	10 209	9 249
黄油	t	1 134	1 006	1 089	580	1 494
奶酪	t	7	23	138	43	447

2018—2022 年全国各地区奶业概况——浙江

项　目	单位	2018 年	2019 年	2020 年	2021 年	2022 年
地区概况						
人口数	万人	6 273	6 375	6 468	6 540	6 577
城镇人口比重	%	70.02	71.58	72.17	72.66	73.38
地区生产总值	亿元	56 197.2	62 351.7	64 613.3	73 515.8	77 715.4
社会消费品零售总额	亿元	25 161.9	27 343.8	26 629.8	29 210.5	30 467.2
奶畜资源						
奶牛存栏数	万头	3.2	3.1	4.0	4.3	4.4
原料奶生产						
奶类产量	万 t	15.8	15.5	18.4	18.6	19.7
牛奶产量	万 t	15.7	15.5	18.3	18.6	19.6
乳制品加工						
乳制品产量	万 t	66.7	73.2	66.7	69.4	63.2
其中：液态奶产量	万 t	61.7	68.2	62.1	64.1	58.1
奶粉产量	t	17 247.0	21 941.0	16 070.5	16 962.5	14 526.7
乳制品进口						
液态奶	t	31 735	40 624	43 389	36 632	30 116
液奶	t	30 471	38 634	40 987	35 114	28 986
酸奶	t	1 265	1 990	2 402	1 518	1 129
干乳制品	t	82 217	65 954	90 325	109 973	92 214
奶粉	t	65 991	57 745	62 971	74 041	51 673
炼乳	t	5	371	471	951	281
乳清	t	12 083	4 457	20 635	29 937	31 186
黄油	t	3 856	3 141	5 522	4 106	8 037
奶酪	t	282	240	726	938	1 037

2018—2022 年全国各地区奶业概况——安徽

项 目	单位	2018 年	2019 年	2020 年	2021 年	2022 年
地区概况						
人口数	万人	6 076	6 092	6 105	6 113	6 127
城镇人口比重	%	55.65	57.02	58.33	59.39	60.15
地区生产总值	亿元	30 006.8	37 114.0	38 680.6	42 959.2	45 045.0
社会消费品零售总额	亿元	16 156.2	17 862.1	18 334.0	21 471.2	21 518.4
奶畜资源						
奶牛存栏数	万头	12.8	14.5	16.4	13.1	14.2
原料奶生产						
奶类产量	万 t	30.8	33.8	37.6	47.6	50.7
牛奶产量	万 t	30.8	33.8	37.6	47.6	50.7
乳制品加工						
乳制品产量	万 t	113.8	125.6	124.5	118.2	103.3
其中：液态奶产量	万 t	107.4	123.4	122.5	116.1	101.4
奶粉产量	t	20 721.0	21 208.0	20 027.0	20 726.0	19 545.0
乳制品进口						
液态奶	t	9 925	0	46 083	54 783	38 356
液奶	t	9 925	—	45 756	54 397	38 280
酸奶	t	0	—	327	386	76
干乳制品	t	35 242	26 465	150 801	209 540	128 703
奶粉	t	13 509	11 173	69 056	121 645	82 624
炼乳	t	0	—	1 886	3 120	1 803
乳清	t	21 633	15 191	77 751	80 631	41 403
黄油	t	0	100	1 864	1 832	1 088
奶酪	t	99	—	244	2 312	1 784

2018—2022 年全国各地区奶业概况——福建

项 目	单位	2018 年	2019 年	2020 年	2021 年	2022 年
地区概况						
人口数	万人	4 104	4 137	4 161	4 187	4 188
城镇人口比重	%	66.98	67.87	68.75	69.70	70.11
地区生产总值	亿元	35 804.0	42 395.0	43 903.9	48 810.4	53 109.9
社会消费品零售总额	亿元	17 178.4	18 896.8	18 626.5	20 373.1	21 050.1
奶畜资源						
奶牛存栏数	万头	4.1	4.3	4.4	4.6	5.0
原料奶生产						
奶类产量	万 t	14.3	15.0	17.5	20.0	22.1
牛奶产量	万 t	13.8	14.5	16.9	19.4	21.5
乳制品加工						
乳制品产量	万 t	18.4	20.3	22.7	20.4	15.6
其中：液态奶产量	万 t	17.5	19.4	21.5	19.4	15.0
奶粉产量	t	6 691.0	5 486.8	4 417.7	2 905.3	3 730.6
乳制品进口						
液态奶	t	17 147	3 102	157 218	189 623	135 682
液奶	t	17 114	3 094	156 193	189 517	135 682
酸奶	t	32	7	1 025	106	—
干乳制品	t	69 888	47 066	241 055	303 579	263 684
奶粉	t	15 031	25 341	53 591	66 737	60 016
炼乳	t	30	18	8	—	5
乳清	t	32 974	19 418	99 972	115 761	95 824
黄油	t	21 853	119	35 878	46 259	52 187
奶酪	t	0	2 170	51 606	74 822	55 652

2018—2022 年全国各地区奶业概况——江西

项 目	单位	2018 年	2019 年	2020 年	2021 年	2022 年
地区概况						
人口数	万人	4 513	4 516	4 519	4 517	4 528
城镇人口比重	%	57.34	59.07	60.44	61.46	62.07
地区生产总值	亿元	21 984.8	24 757.5	25 691.5	29 619.7	32 074.7
社会消费品零售总额	亿元	9 045.7	10 068.1	10 371.8	12 206.7	12 853.5
奶畜资源						
奶牛存栏数	万头	3.7	3.5	2.5	2.6	1.5
原料奶生产						
奶类产量	万 t	9.6	7.3	9.1	8.4	7.9
牛奶产量	万 t	9.6	7.3	9.1	8.3	7.9
乳制品加工						
乳制品产量	万 t	17.5	17.8	17.4	20.4	8.2
其中：液态奶产量	万 t	17.2	17.5	16.8	19.9	7.7
奶粉产量	t	3 249.8	3 440.0	3 384.0	2 719.8	2 677.6
乳制品进口						
液态奶	t	0	0	0	0	0
液奶	t	0	—	0	0	—
酸奶	t	0	—	0	0	—
干乳制品	t	14 044	2 590	1 552	2 034	5 019
奶粉	t	1 784	2 340	1 327	1 309	1 629
炼乳	t	0	—	0	0	—
乳清	t	0	250	225	726	3 390
黄油	t	0	—	0	—	—
奶酪	t	12 260	—	0	—	—

2018—2022 年全国各地区奶业概况——山东

项　目	单位	2018 年	2019 年	2020 年	2021 年	2022 年
地区概况						
人口数	万人	10 077	10 106	10 165	10 170	10 163
城镇人口比重	%	61.46	61.86	63.05	63.94	64.54
地区生产总值	亿元	76 469.7	71 067.5	73 129.0	83 095.9	87 435.1
社会消费品零售总额	亿元	27 480.3	29 251.2	29 248.0	33 714.5	33 236.2
奶畜资源						
奶牛存栏数	万头	91.4	89.9	86.4	86.1	86.4
原料奶生产						
奶类产量	万 t	232.5	234.5	241.6	288.4	304.5
牛奶产量	万 t	225.1	228.0	241.4	288.3	304.4
乳制品加工						
乳制品产量	万 t	204.4	217.8	216.7	242.6	239.1
其中：液态奶产量	万 t	197.2	208.0	204.3	226.8	213.6
奶粉产量	t	39 164.3	50 514.5	39 450.9	35 369.0	46 582.8
乳制品进口						
液态奶	t	18 897	22 381	25 027	17 851	13 641
液奶	t	18 632	22 141	24 849	17 651	13 516
酸奶	t	264	241	178	200	125
干乳制品	t	60 611	56 567	64 210	90 262	82 644
奶粉	t	27 066	31 270	31 254	47 290	44 840
炼乳	t	0	11	0	16	55
乳清	t	20 914	13 600	17 311	24 332	21 512
黄油	t	11 050	10 589	14 674	17 123	15 012
奶酪	t	1 581	1 096	971	1 501	1 226

2018—2022 年全国各地区奶业概况——河南

项 目	单位	2018 年	2019 年	2020 年	2021 年	2022 年
地区概况						
人口数	万人	9 864	9 901	9 941	9 883	9 872
城镇人口比重	%	52.24	54.01	55.43	56.45	57.07
地区生产总值	亿元	48 055.9	54 259.2	54 997.1	58 887.4	61 345.1
社会消费品零售总额	亿元	21 268.0	23 476.1	22 502.8	24 381.7	24 407.4
奶畜资源						
奶牛存栏数	万头	34.3	35.6	36.6	38.5	40.7
原料奶生产						
奶类产量	万 t	208.9	208.5	214.7	216.8	217.8
牛奶产量	万 t	202.7	204.1	210.0	212.1	213.2
乳制品加工						
乳制品产量	万 t	251.6	198.9	177.2	193.1	215.4
其中：液态奶产量	万 t	251.6	198.9	177.1	193.1	215.3
奶粉产量	t	546.3	442.0	831.4	424.6	—
乳制品进口						
液态奶	t	3 158	4 671	3 738	8 162	7 074
液奶	t	2 864	4 241	3 467	7 922	6 938
酸奶	t	294	430	271	240	135
干乳制品	t	2 039	1 473	1 472	5 973	61 773
奶粉	t	1 008	1 365	1 104	2 670	6 900
炼乳	t	0	1	0	—	5
乳清	t	999	0	49	2 835	54 376
黄油	t	0	—	0	0	1
奶酪	t	32	107	319	468	491

2018—2022 年全国各地区奶业概况——湖北

项　目	单位	2018 年	2019 年	2020 年	2021 年	2022 年
地区概况						
人口数	万人	5 917	5 927	5 745	5 830	5 844
城镇人口比重	%	61.00	61.83	62.89	64.09	64.67
地区生产总值	亿元	39 366.6	45 828.3	43 443.5	50 012.9	53 734.9
社会消费品零售总额	亿元	20 598.2	22 722.3	17 984.9	21 561.4	22 164.8
奶畜资源						
奶牛存栏数	万头	4.5	4.6	4.3	1.7	1.5
原料奶生产						
奶类产量	万 t	12.8	13.4	13.4	9.6	9.2
牛奶产量	万 t	12.8	13.4	13.4	9.6	9.2
乳制品加工						
乳制品产量	万 t	103.7	98.3	120.1	125.4	113.6
其中：液态奶产量	万 t	101.8	86.2	109.9	114.6	104.9
奶粉产量	t	9 419.0	6 729.0	7 660.4	3 136.5	4 716.0
乳制品进口						
液态奶	t	3 821	9 573	4 420	12 150	4 641
液奶	t	3 821	9 547	4 419	12 149	4 641
酸奶	t	0	26	1	1	—
干乳制品	t	1 870	4 659	2 584	1 009	1 714
奶粉	t	1 216	4 036	1 581	360	916
炼乳	t	96	1	260	49	43
乳清	t		220	0	88	356
黄油	t	501	395	738	512	400
奶酪	t	56	7	5	0	—

2018—2022 年全国各地区奶业概况——湖南

项 目	单位	2018 年	2019 年	2020 年	2021 年	2022 年
地区概况						
人口数	万人	6 635	6 640	6 645	6 622	6 604
城镇人口比重	%	56.09	57.45	58.76	59.71	60.31
地区生产总值	亿元	36 425.8	39 752.1	41 781.5	46 063.1	48 670.4
社会消费品零售总额	亿元	15 134.3	16 683.9	16 258.1	18 596.9	19 050.7
奶畜资源						
奶牛存栏数	万头	5.8	6.0	4.8	4.4	4.5
原料奶生产						
奶类产量	万 t	6.2	6.3	5.6	5.7	7.2
牛奶产量	万 t	6.2	6.3	5.6	5.7	7.2
乳制品加工						
乳制品产量	万 t	28.8	40.5	28.4	47.8	51.7
其中：液态奶产量	万 t	23.0	34.8	22.9	43.0	47.0
奶粉产量	t	39 793.4	39 364.2	34 214.1	25 651.6	20 402.3
乳制品进口						
液态奶	t	192	363	337	820	88
液奶	t	192	363	337	740	57
酸奶	t	0	—	0	81	31
干乳制品	t	18 020	15 993	13 127	16 198	8 186
奶粉	t	14 353	13 385	13 127	15 943	5 884
炼乳	t	0	—	0	96	277
乳清	t	3 666	2 608	0	159	2 025
黄油	t	0	—	0	—	—
奶酪	t	0	—	0	0	—

2018—2022 年全国各地区奶业概况——广东

项 目	单位	2018 年	2019 年	2020 年	2021 年	2022 年
地区概况						
人口数	万人	12 348	12 489	12 624	12 684	12 657
城镇人口比重	%	71.81	72.65	74.15	74.63	74.79
地区生产总值	亿元	97 277.8	107 671.1	110 760.9	124 369.7	129 118.6
社会消费品零售总额	亿元	39 767.1	42 951.8	40 207.9	44 187.7	44 882.9
奶畜资源						
奶牛存栏数	万头	6.0	6.0	6.8	6.2	6.2
原料奶生产						
奶类产量	万 t	13.9	13.9	15.2	17.3	19.9
牛奶产量	万 t	13.9	13.9	15.1	17.2	19.8
乳制品加工						
乳制品产量	万 t	91.7	97.8	96.4	82.7	77.9
其中：液态奶产量	万 t	62.6	82.6	83.5	69.9	65.9
奶粉产量	t	4 005.0	11 438.7	9 225.5	3 550.4	6 353.7
乳制品进口						
液态奶	t	144 837	205 217	124 933	159 702	122 193
液奶	t	139 374	197 128	120 038	154 565	110 934
酸奶	t	5 462	8 088	4 895	5 137	11 259
干乳制品	t	301 542	330 959	188 042	200 905	166 824
奶粉	t	126 893	171 829	119 380	123 108	114 977
炼乳	t	17 823	21 012	13 442	11 721	6 447
乳清	t	100 288	91 209	34 525	41 665	28 225
黄油	t	30 810	20 592	11 982	15 175	12 852
奶酪	t	25 729	26 317	8 713	9 237	4 323

2018—2022 年全国各地区奶业概况——广西

项 目	单位	2018 年	2019 年	2020 年	2021 年	2022 年
地区概况						
人口数	万人	4 947	4 982	5 019	5 037	5 047
城镇人口比重	%	51.82	52.98	54.20	55.08	55.65
地区生产总值	亿元	20 352.5	21 237.1	22 156.7	24 740.9	26 300.9
社会消费品零售总额	亿元	7 663.5	8 200.9	7 831.0	8 538.5	8 539.1
奶畜资源						
奶牛存栏数	万头	5.1	5.2	5.9	6.5	6.6
原料奶生产						
奶类产量	万 t	8.9	8.7	11.2	13.1	13.1
牛奶产量	万 t	8.9	8.7	11.2	13.1	13.1
乳制品加工						
乳制品产量	万 t	34.8	28.5	30.8	43.7	43.1
其中：液态奶产量	万 t	32.5	27.4	30.2	43.5	42.9
奶粉产量	t	3 441.6	3 210.0	2 078.0	2 206.3	2 538.7
乳制品进口						
液态奶	t	183	67	20	487	208
液奶	t	183	67	20	179	98
酸奶	t	0	—	0	308	110
干乳制品	t	258	254	270	181	0
奶粉	t	38	1	0	5	—
炼乳	t	0	0	0	—	—
乳清	t	220	253	270	176	—
黄油	t	0	—	0	—	—
奶酪	t	0	—	0	—	—

2018—2022 年全国各地区奶业概况——海南

项 目	单位	2018 年	2019 年	2020 年	2021 年	2022 年
地区概况						
人口数	万人	982	995	1 012	1 020	1 027
城镇人口比重	%	59.13	59.37	60.27	60.97	61.49
地区生产总值	亿元	4 832.1	5 308.9	5 532.4	6 475.2	6 818.2
社会消费品零售总额	亿元	1 852.7	1 951.1	1 974.6	2 497.6	2 268.4
奶畜资源						
奶牛存栏数	万头	0.1	0.1	0.2	0.1	0.1
原料奶生产						
奶类产量	万 t	0.2	0.2	0.3	0.1	0.3
牛奶产量	万 t	0.2	0.2	0.3	0.1	0.3
乳制品加工						
乳制品产量	万 t	0.2	0.3	0.2	0.1	0.1
其中：液态奶产量	万 t	0.2	0.2	0.1	0.0	—
奶粉产量	t				0.0	—
乳制品进口						
液态奶	t	85	0	52	1	1 496
液奶	t	85	—	52	1	1 496
酸奶	t	0	—	0	—	—
干乳制品	t	846	783	1 363	4 286	35 446
奶粉	t	172	252	307	795	6 283
炼乳	t	674	531	56	—	—
乳清	t		—	1 000	3 220	5 726
黄油	t	0	—	0	—	8 381
奶酪	t	0	—	0	271	15 056

2018—2022 年全国各地区奶业概况——重庆

项 目	单位	2018 年	2019 年	2020 年	2021 年	2022 年
地区概况						
人口数	万人	3 163	3 188	3 209	3 212	3 213
城镇人口比重	%	66.61	68.24	69.46	70.32	70.96
地区生产总值	亿元	20 363.2	23 605.8	25 002.8	27 894.0	29 129.0
社会消费品零售总额	亿元	10 705.2	11 631.7	11 787.2	13 967.7	13 926.1
奶畜资源						
奶牛存栏数	万头	1.2	1.1	0.9	0.7	0.7
原料奶生产						
奶类产量	万 t	4.9	4.2	3.2	3.1	3.2
牛奶产量	万 t	4.9	4.2	3.2	3.1	3.2
乳制品加工						
乳制品产量	万 t	21.2	24.1	25.1	26.5	25.0
其中：液态奶产量	万 t	21.2	24.1	25.1	26.5	25.0
奶粉产量	t				0.0	—
乳制品进口						
液态奶	t	1 926	2 232	14 080	17 806	17 915
液奶	t	1 926	2 230	14 077	17 805	17 915
酸奶	t	1	2	3	2	0
干乳制品	t	4 237	4 414	5 765	3 951	5 593
奶粉	t	4 050	3 109	4 462	3 616	2 957
炼乳	t	1	0	0	—	1 115
乳清	t	176	1 300	1 275	0	500
黄油	t	5	4	8	273	949
奶酪	t	5	—	20	62	71

2018—2022 年全国各地区奶业概况——四川

项　目	单位	2018 年	2019 年	2020 年	2021 年	2022 年
地区概况						
人口数	万人	8 321	8 351	8 371	8 372	8 374
城镇人口比重	%	53.50	55.36	56.73	57.82	58.35
地区生产总值	亿元	40 678.1	46 615.8	48 598.8	53 850.8	56 749.8
社会消费品零售总额	亿元	19 340.7	21 343.0	20 824.9	24 133.2	24 104.6
奶畜资源						
奶牛存栏数	万头	76.9	79.8	78.9	78.3	84.3
原料奶生产						
奶类产量	万 t	64.3	66.8	68.0	68.4	70.8
牛奶产量	万 t	64.2	66.7	68.0	68.3	70.8
乳制品加工						
乳制品产量	万 t	110.4	112.5	116.0	113.7	105.2
其中：液态奶产量	万 t	101.4	104.2	105.2	103.9	96.7
奶粉产量	t	3 728.0	1 390.6	1 442.4	2 946.1	3 073.5
乳制品进口						
液态奶	t	554	369	1 790	1 231	940
液奶	t	550	362	1 764	1 204	919
酸奶	t	4	8	26	27	21
干乳制品	t	21 010	25 055	27 122	42 984	26 217
奶粉	t	18 699	22 508	22 708	38 565	21 561
炼乳	t	0	—	0	—	—
乳清	t	1 502	1 875	3 444	3 506	3 688
黄油	t	762	613	945	762	764
奶酪	t	48	60	25	152	203

2018—2022 年全国各地区奶业概况——贵州

项 目	单位	2018 年	2019 年	2020 年	2021 年	2022 年
地区概况						
人口数	万人	3 822	3 848	3 858	3 852	3 856
城镇人口比重	%	49.54	51.48	53.15	54.33	54.81
地区生产总值	亿元	14 806.5	16 769.3	17 826.6	19 586.4	20 164.6
社会消费品零售总额	亿元	7 105.0	7 468.2	7 833.4	8 904.3	8 507.1
奶畜资源						
奶牛存栏数	万头	6.0	1.3	1.3	0.9	0.8
原料奶生产						
奶类产量	万 t	4.6	5.3	5.3	4.9	3.7
牛奶产量	万 t	4.6	5.3	5.3	4.9	3.7
乳制品加工						
乳制品产量	万 t	11.3	13.0	17.0	17.0	21.3
其中：液态奶产量	万 t	11.3	13.0	17.0	17.0	21.3
奶粉产量	t	0.0	0.0	0.0	0.0	0.0
乳制品进口						
液态奶	t	34	45	1 232	2 054	3 169
液奶	t	34	45	1 232	2 054	3 169
酸奶	t	0	—	0	—	—
干乳制品	t	0	9	0	0	0
奶粉	t	0	9	0	0	0
炼乳	t	0	—	0	—	—
乳清	t	0	—	0	—	—
黄油	t	0	—	0	—	—
奶酪	t	0	—	0	—	—

2018—2022 年全国各地区奶业概况——云南

项 目	单位	2018 年	2019 年	2020 年	2021 年	2022 年
地区概况						
人口数	万人	4 703	4 714	4 722	4 690	4 693
城镇人口比重	%	47.44	48.67	50.05	51.05	51.72
地区生产总值	亿元	17 881.1	23 223.8	24 521.9	27 146.8	28 954.2
社会消费品零售总额	亿元	9 197.3	10 158.2	9 792.9	10 731.8	10 838.8
奶畜资源						
奶牛存栏数	万头	16.5	16.9	17.6	18.8	19.1
原料奶生产						
奶类产量	万 t	65.7	66.7	73.1	72.5	70.2
牛奶产量	万 t	58.2	59.9	67.3	68.4	69.0
乳制品加工						
乳制品产量	万 t	67.3	63.2	62.2	71.4	81.1
其中：液态奶产量	万 t	67.0	62.6	61.5	70.9	80.6
奶粉产量	t	992.1	3 924.8	3 738.5	2 350.4	2 992.6
乳制品进口						
液态奶	t	0	0	0	0	0
液奶	t	0	—	0	—	—
酸奶	t	0	0	0	—	—
干乳制品	t	0	2	6	0	66
奶粉	t	0	2	6	—	—
炼乳	t	0	—	0	—	65
乳清	t	0	—	0	—	—
黄油	t	0	—	0	—	—
奶酪	t	0	—	0	—	1

2018—2022年全国各地区奶业概况——西藏

项 目	单位	2018 年	2019 年	2020 年	2021 年	2022 年
地区概况						
人口数	万人	354	361	366	366	364
城镇人口比重	%	33.80	34.51	35.73	36.61	37.39
地区生产总值	亿元	1 477.6	1 697.8	1 902.7	2 080.2	2 132.6
社会消费品零售总额	亿元	711.8	773.4	745.8	810.3	726.5
奶畜资源						
奶牛存栏数	万头	42.3	44.0	45.3	53.1	53.2
原料奶生产						
奶类产量	万t	40.8	48.2	49.2	53.7	57.8
牛奶产量	万t	36.4	42.4	44.9	48.8	53.3
乳制品加工						
乳制品产量	万t	1.3	1.0	1.2	1.3	1.0
其中：液态奶产量	万t	1.1	0.8	0.9	1.0	0.8
奶粉产量	t	1 121.0	0.0	0.0	0.0	0.0
乳制品进口						
液态奶	t	0	0	0	0	0
液奶	t	0	0	0	—	—
酸奶	t	0	0	0	—	—
干乳制品	t	0	0	0	0	0
奶粉	t	0	0	0	—	—
炼乳	t	0	0	0	—	—
乳清	t	0	0	0	—	—
黄油	t	0	0	0	—	—
奶酪	t	0	0	0	—	—

2018—2022 年全国各地区奶业概况——陕西

项 目	单位	2018 年	2019 年	2020 年	2021 年	2022 年
地区概况						
人口数	万人	3 931	3 944	3 955	3 954	3 956
城镇人口比重	%	59.65	61.28	62.66	63.63	64.02
地区生产总值	亿元	24 438.3	25 793.2	26 181.9	29 801.0	32 772.7
社会消费品零售总额	亿元	9 510.3	10 213.0	9 605.9	10 250.5	10 401.6
奶畜资源						
奶牛存栏数	万头	27.9	27.4	27.6	26.4	28.1
原料奶生产						
奶类产量	万 t	159.7	159.7	161.5	161.9	170.5
牛奶产量	万 t	109.7	107.8	108.7	104.6	107.9
乳制品加工						
乳制品产量	万 t	106.8	120.1	112.2	116.4	99.6
其中：液态奶产量	万 t	84.2	94.7	98.1	100.8	84.3
奶粉产量	t	221 193.6	249 289.5	136 971.3	149 263.2	146 876.8
乳制品进口						
液态奶	t	425	423	35	1 125	47
液奶	t	423	397	0	1 074	23
酸奶	t	3	25	35	51	23
干乳制品	t	798	494	372	243	56
奶粉	t	596	335	210	236	25
炼乳	t	0	0	0	—	—
乳清	t	100	0	153	8	23
黄油	t	0	0	1	—	8
奶酪	t	102	159	8	—	0

2018—2022 年全国各地区奶业概况——甘肃

项 目	单位	2018 年	2019 年	2020 年	2021 年	2022 年
地区概况						
人口数	万人	2 515	2 509	2 501	2 490	2 492
城镇人口比重	%	49.69	50.70	52.23	53.33	54.19
地区生产总值	亿元	8 246.1	8 718.3	9 016.7	10 243.3	11 201.6
社会消费品零售总额	亿元	3 435.6	3 700.3	3 632.4	4 037.1	3 922.2
奶畜资源						
奶牛存栏数	万头	29.9	30.7	31.3	32.3	35.9
原料奶生产						
奶类产量	万 t	41.1	44.7	58.4	67.5	92.7
牛奶产量	万 t	40.5	44.1	57.5	66.6	91.8
乳制品加工						
乳制品产量	万 t	32.5	36.5	35.2	53.9	57.9
其中：液态奶产量	万 t	30.6	34.5	33.8	52.6	56.4
奶粉产量	t	6 271.1	6 362.2	5 863.2	4 770.4	4 631.8
乳制品进口						
液态奶	t	0	0	0	0	0
液奶	t	0	0	0	—	—
酸奶	t	0	0	0	—	—
干乳制品	t	0	0	4	475	1 285
奶粉	t	0	0	4	—	—
炼乳	t	0	0	0	—	—
乳清	t	0	0	0	475	1 285
黄油	t	0	0	0	—	—
奶酪	t	0	0	0	—	—

2018—2022 年全国各地区奶业概况——青海

项 目	单位	2018 年	2019 年	2020 年	2021 年	2022 年
地区概况						
人口数	万人	587	590	593	594	595
城镇人口比重	%	57.27	58.78	60.08	61.02	61.43
地区生产总值	亿元	2 865.2	2 966.0	3 005.9	3 346.6	3 610.1
社会消费品零售总额	亿元	899.9	948.5	877.3	947.8	842.1
奶畜资源						
奶牛存栏数	万头	22.4	19.1	16.2	13.7	13.2
原料奶生产						
奶类产量	万 t	33.5	35.5	36.9	35.6	35.3
牛奶产量	万 t	32.6	34.9	36.6	35.4	35.1
乳制品加工						
乳制品产量	万 t	8.6	9.1	9.0	10.3	11.7
其中：液态奶产量	万 t	8.5	9.0	7.4	8.5	10.4
奶粉产量	t	0.0	0.0	0.0	0.0	0.0
乳制品进口						
液态奶	t	0	0	0	0	0
液奶	t	0	0	0	—	—
酸奶	t	0	0	0	—	—
干乳制品	t	0	0	50	0	0
奶粉	t	0	0	0	—	—
炼乳	t	0	0	0	—	—
乳清	t	0	0	0	—	—
黄油	t	0	0	50	—	—
奶酪	t	0	0	0	—	—

2018—2022 年全国各地区奶业概况——宁夏

项 目	单位	2018 年	2019 年	2020 年	2021 年	2022 年
地区概况						
人口数	万人	710	717	721	725	728
城镇人口比重	%	62.15	63.63	64.96	66.04	66.34
地区生产总值	亿元	3 705.2	3 748.5	3 920.6	4 522.3	5 069.6
社会消费品零售总额	亿元	1 330.1	1 399.4	1 301.4	1 335.1	1 338.4
奶畜资源						
奶牛存栏数	万头	40.1	43.7	57.4	70.2	83.7
原料奶生产						
奶类产量	万 t	169.4	183.4	215.3	280.5	342.5
牛奶产量	万 t	168.3	183.4	215.3	280.5	342.5
乳制品加工						
乳制品产量	万 t	117.4	130.2	147.0	181.8	235.4
其中：液态奶产量	万 t	109.9	126.5	142.2	176.8	228.4
奶粉产量	t	12 911.7	7 770.0	11 353.9	4 511.4	17 469.2
乳制品进口						
液态奶	t	0	0	0	0	0
液奶	t	0	0	0	—	—
酸奶	t	0	0	0	—	—
干乳制品	t	0	0	0	0	0
奶粉	t	0	0	0	—	—
炼乳	t	0	0	0	—	—
乳清	t	0	0	0	—	—
黄油	t	0	0	0	—	—
奶酪	t	0	0	0	—	—

2018—2022 年全国各地区奶业概况——新疆

项　目	单位	2018 年	2019 年	2020 年	2021 年	2022 年
地区概况						
人口数	万人	2 520	2 559	2 590	2 589	2 587
城镇人口比重	%	54.01	55.51	56.53	57.26	57.89
地区生产总值	亿元	12 199.1	13 597.1	13 797.6	15 983.6	17 741.3
社会消费品零售总额	亿元	3 429.1	3 617.0	3 062.5	3 584.6	3 240.5
奶畜资源						
奶牛存栏数	万头	158.0	154.0	115.6	127.1	137.5
原料奶生产						
奶类产量	万 t	201.7	209.4	206.9	221.9	231.5
牛奶产量	万 t	194.9	204.4	200.0	211.5	222.6
乳制品加工						
乳制品产量	万 t	49.4	53.3	64.6	75.4	81.5
其中：液态奶产量	万 t	48.1	52.2	63.3	74.2	79.8
奶粉产量	t	10 742.5	9 165.4	11 610.4	9 978.4	15 264.0
乳制品进口						
液态奶	t	1 535	1 883	7 244	2 403	5 712
液奶	t	1 535	1 883	7 244	2 403	5 673
酸奶	t	0	—	0	—	38
干乳制品	t	1 658	1 221	14 079	3 793	1 694
奶粉	t	150	300	1 416	643	402
炼乳	t	0	—	0	—	—
乳清	t	1 508	921	12 663	3 151	1 292
黄油	t	0	—	0	—	—
奶酪	t	0	—	0	—	—

【奶牛养殖】

奶 牛 存 栏

1979—2022 年我国奶牛存栏、奶类产量、牛奶产量

年　份	奶牛存栏（万头）	奶类产量（万 t）	牛奶产量（万 t）
1979 年	55.7	130.2	106.5
1980 年	64.1	136.7	114.1
1981 年	69.8	154.9	129.1
1982 年	81.7	195.9	161.8
1983 年	95.1	221.9	184.5
1984 年	133.6	259.6	218.6
1985 年	162.7	289.4	249.9
1986 年	184.6	332.9	289.9
1987 年	216.4	378.8	330.1
1988 年	222.2	418.9	366
1989 年	252.6	435.8	381.3
1990 年	269.1	475.1	415.7
1991 年	294.6	524.3	464.6
1992 年	294.2	563.9	503.1
1993 年	345.1	563.7	498.6
1994 年	384.3	608.9	528.8
1995 年	417.3	672.8	576.4
1996 年	447	735.9	629.4
1997 年	442	681.1	601.1
1998 年	426.5	745.4	662.9
1999 年	424.1	806.7	717.6
2000 年	489	918.9	827.4
2001 年	566.2	1 122.6	1 025.5
2002 年	687.5	1 400.4	1 299.8
2003 年	893.2	1 848.6	1 746.3
2004 年	1 108	2 368.4	2 260.6
2005 年	1 216.1	2 864.8	2 753.4
2006 年	1 068.9	3 051.6	2 944.6
2007 年	1 213.1	3 055.2	2 947.1
2008 年	1 230.5	3 236.2	3 010.6
2009 年	1 220.8	3 153.9	2 995.1
2010 年	1 210.8	3 211.3	3 038.9
2011 年	1 178.1	3 262.8	3 109.9
2012 年	1 178.8	3 306.7	3 174.9
2013 年	1 122.9	3 118.9	3 000.8
2014 年	1 127.8	3 276.5	3 159.9
2015 年	1 099.4	3 295.5	3 179.8
2016 年	1 037.0	3 173.9	3 064.0
2017 年	1 079.8	3 148.6	3 038.6
2018 年	1 037.7	3 176.8	3 074.6
2019 年	1 044.7	3 297.6	3 201.2
2020 年	1 043.3	3 529.6	3 440.1
2021 年	1 094.3	3 778.1	3 682.7
2022 年	1 160.1	4 026.5	3 931.6

数据来源：国家统计局。

2018—2022 年全国各地区奶牛存栏数

单位：万头

地 区	2018 年	2019 年	2020 年	2021 年	2022 年
全 国	1 037.7	1 044.7	1 043.3	1 094.3	1 160.1
北 京	7.5	5.7	5.8	5.8	5.7
天 津	11.3	11.0	10.7	10.4	10.4
河 北	105.9	114.8	122.3	135.2	148.1
山 西	31.7	31.9	38.2	38.7	38.8
内蒙古	120.8	122.5	129.3	143.4	159.0
辽 宁	29.2	27.4	27.7	28.1	27.6
吉 林	15.1	15.3	15.0	14.7	12.5
黑龙江	105.0	107.6	111.9	109.7	110.3
上 海	5.6	5.2	5.3	5.4	5.7
江 苏	13.4	12.5	12.9	13.1	14.3
浙 江	3.2	3.1	4.0	4.3	4.4
安 徽	12.8	14.5	16.4	13.1	14.2
福 建	4.1	4.3	4.4	4.6	5.0
江 西	3.7	3.5	2.5	2.6	1.5
山 东	91.4	89.9	86.4	86.1	86.4
河 南	34.3	35.6	36.6	38.5	40.7
湖 北	4.5	4.6	4.3	1.7	1.5
湖 南	5.8	6.0	4.8	4.4	4.5
广 东	6.0	6.0	6.8	6.2	6.2
广 西	5.1	5.2	5.9	6.5	6.6
海 南	0.1	0.1	0.2	0.1	0.1
重 庆	1.2	1.1	0.9	0.7	0.7
四 川	76.9	79.8	78.9	78.3	84.3
贵 州	6.0	1.3	1.3	0.9	0.8
云 南	16.5	16.9	17.6	18.8	19.1
西 藏	42.3	44.0	45.3	53.1	53.2
陕 西	27.9	27.4	27.6	26.4	28.1
甘 肃	29.9	30.7	31.3	32.3	35.9
青 海	22.4	19.1	16.2	13.7	13.2
宁 夏	40.1	43.7	57.4	70.2	83.7
新 疆	158.0	154.0	115.6	127.1	137.5

2018—2022 年全国各地区奶类产量

单位：万 t

地区	2018 年	2019 年	2020 年	2021 年	2022 年
全 国	3 176.8	3 297.6	3 529.6	3 778.1	4 026.5
北 京	31.1	26.4	24.2	25.8	26.2
天 津	48.0	47.4	50.1	51.8	51.1
河 北	391.1	433.8	488.3	501.9	549.3
山 西	81.7	92.3	117.4	135.7	143.1
内蒙古	571.8	582.9	617.9	680.0	740.8
辽 宁	132.6	134.7	137.1	139.3	135.1
吉 林	39.0	40.0	39.3	32.8	29.4
黑龙江	458.5	467.0	501.0	501.0	501.9
上 海	33.4	29.7	29.1	29.4	30.2
江 苏	50.0	62.4	63.0	64.9	68.8
浙 江	15.8	15.5	18.4	18.6	19.7
安 徽	30.8	33.8	37.6	47.6	50.7
福 建	14.3	15.0	17.5	20.0	22.1
江 西	9.6	7.3	9.1	8.4	7.9
山 东	232.5	234.5	241.6	288.4	304.5
河 南	208.9	208.5	214.7	216.8	217.8
湖 北	12.8	13.4	13.4	9.6	9.2
湖 南	6.2	6.3	5.6	5.7	7.2
广 东	13.9	13.9	15.2	17.3	19.9
广 西	8.9	8.7	11.2	13.1	13.1
海 南	0.2	0.2	0.3	0.1	0.3
重 庆	4.9	4.2	3.2	3.1	3.2
四 川	64.3	66.8	68.0	68.4	70.8
贵 州	4.6	5.3	5.3	4.9	3.7
云 南	65.7	66.7	73.1	72.5	70.2
西 藏	40.8	48.2	49.2	53.7	57.8
陕 西	159.7	159.7	161.5	161.9	170.5
甘 肃	41.1	44.7	58.4	67.5	92.7
青 海	33.5	35.5	36.9	35.6	35.3
宁 夏	169.4	183.4	215.3	280.5	342.5
新 疆	201.7	209.4	206.9	221.9	231.5

2018—2022 年全国各地区牛奶产量

单位：万 t

地区	2018 年	2019 年	2020 年	2021 年	2022 年
全 国	3 074.6	3 201.2	3 440.1	3 682.7	3 931.6
北 京	31.1	26.4	24.2	25.8	26.2
天 津	48.0	47.4	50.1	51.8	51.1
河 北	384.8	428.7	483.4	498.4	546.7
山 西	81.1	91.8	117.0	135.1	142.8
内蒙古	565.6	577.2	611.5	673.2	733.8
辽 宁	131.8	133.9	136.7	138.9	134.7
吉 林	38.8	39.9	39.3	32.7	29.3
黑龙江	455.9	465.2	500.2	500.3	501.2
上 海	33.4	29.7	29.1	29.4	30.2
江 苏	50.0	62.4	63.0	64.9	68.8
浙 江	15.7	15.5	18.3	18.6	19.6
安 徽	30.8	33.8	37.6	47.6	50.7
福 建	13.8	14.5	16.9	19.4	21.5
江 西	9.6	7.3	9.1	8.3	7.9
山 东	225.1	228.0	241.4	288.3	304.4
河 南	202.7	204.1	210.0	212.1	213.2
湖 北	12.8	13.4	13.4	9.6	9.2
湖 南	6.2	6.3	5.6	5.7	7.2
广 东	13.9	13.9	15.1	17.2	19.8
广 西	8.9	8.7	11.2	13.1	13.1
海 南	0.2	0.2	0.3	0.1	0.3
重 庆	4.9	4.2	3.2	3.1	3.2
四 川	64.2	66.7	68.0	68.3	70.8
贵 州	4.6	5.3	5.3	4.9	3.7
云 南	58.2	59.9	67.3	68.4	69.0
西 藏	36.4	42.4	44.9	48.8	53.3
陕 西	109.7	107.8	108.7	104.6	107.9
甘 肃	40.5	44.1	57.5	66.6	91.8
青 海	32.6	34.9	36.6	35.4	35.1
宁 夏	168.3	183.4	215.3	280.5	342.5
新 疆	194.9	204.4	200.0	211.5	222.6

1995—2022 年我国人均牛奶产量

单位：kg

年　份	人均牛奶产量	年　份	人均牛奶产量
1995	4.8	2013	21.9
2000	6.6	2014	23.0
2005	21.1	2015	23.0
2006	22.5	2016	22.0
2007	22.4	2017	21.7
2008	22.7	2018	21.9
2009	22.5	2019	22.7
2010	22.7	2020	24.4
2011	23.1	2021	26.1
2012	23.4	2022	27.8

数据来源：国家统计局。

2022 年全国各地区人均牛奶产量

单位：kg

地　区	人均牛奶产量	地　区	人均牛奶产量
北　京	12.0	湖　北	1.6
天　津	37.4	湖　南	1.1
河　北	73.5	广　东	1.6
山　西	41.0	广　西	2.6
内蒙古	305.7	海　南	0.3
辽　宁	32.0	重　庆	1.0
吉　林	12.4	四　川	8.5
黑龙江	161.0	贵　州	1.0
上　海	12.2	云　南	14.7
江　苏	8.1	西　藏	146.1
浙　江	3.0	陕　西	27.3
安　徽	8.3	甘　肃	36.9
福　建	5.1	青　海	59.0
江　西	1.7	宁　夏	471.4
山　东	29.9	新　疆	86.0
河　南	21.6		

注：因第七次全国人口普查后历史数据修订，2011—2019 年人均主要农产品产量数据相应调整。

2008—2022 年奶牛规模养殖情况表

养殖规模	2008 年	2009 年	2010 年	2011 年	2012 年	2013 年	2014 年	2015 年	2016 年	2017 年	2018 年	2019 年	2020 年	2021 年	2022 年
年存栏 1~4 头	32.4%	28.1%	26.4%	24.0%	22.5%	21.8%	20.8%	20.3%	19.0%						
年存栏 5 头以上	67.6%	71.9%	73.6%	76.0%	77.5%	78.2%	79.2%	79.7%	80.8%						
年存栏 20 头以上	36.1%	42.6%	46.5%	51.1%	55.7%	57.0%	59.9%	62.5%	65.6%						
年存栏 50 头以上										64.8%	66.0%	68.7%	72.0%	75.4%	78.2%
年存栏 100 头以上	19.5%	26.8%	30.6%	32.9%	37.3%	41.1%	45.2%	48.3%	52.3%	58.3%	61.4%	64.0%	67.2%	70.8%	73.9%
年存栏 200 头以上	15.5%	22.9%	26.5%	28.4%	32.3%	35.3%	38.8%	42.3%	46.6%	54.4%	59.1%	60.8%	63.7%	67.4%	70.4%
年存栏 500 头以上	10.1%	16.0%	19.4%	20.8%	25.0%	27.7%	30.7%	34.0%	38.5%	45.7%	50.7%	53.2%	56.6%	61.4%	64.7%
年存栏 1000 头以上	5.5%	8.3%	10.4%	12.1%	15.4%	17.8%	20.2%	23.6%	28.1%	34.3%	38.9%	42.0%	46.1%	51.1%	55.4%
年存栏 2000 头以上										23.3%	27.8%	30.1%	33.5%	37.9%	43.3%
年存栏 5000 头以上										11.4%	14.6%	16.1%	18.3%	21.5%	25.5%

注：此表比重指不同规模年存栏数占全部存栏数比重。

本章节以上表格由中国奶业协会国际部陈兵汇总整理。

奶 牛 育 种

2022 年全国各地区奶牛生产性能测定概况

地 区	牛场数 （个）	奶牛头数 （头）	测定日 平均产奶量 （kg）	测定日 平均乳脂肪率 （%）	测定日 平均蛋白率 （%）	测定日 平均体细胞数 （万个/mL）
总 计	1 325	163.83	34.1	3.97	3.35	22.6
北 京	39	3.89	36.3	4.00	3.39	22.8
天 津	42	4.27	34.9	3.90	3.43	23.7
河 北	329	31.60	34.2	3.96	3.36	24.6
山 西	104	9.52	33.1	3.81	3.38	23.3
内蒙古	57	17.87	36.4	3.91	3.34	17.7
辽 宁	21	2.30	32.8	3.86	3.40	25.4
吉 林	23	0.90	34.0	3.71	3.37	22.4
黑龙江	81	11.85	34.1	4.02	3.37	25.3
上 海	28	2.21	33.5	3.68	3.23	26.7
江 苏	38	7.10	32.1	3.96	3.37	23.9
浙 江	15	1.47	29.9	4.18	3.33	28.1
安 徽	9	2.61	30.4	4.11	3.52	18.6
福 建	9	1.10	32.9	4.40	3.39	24.1
江 西	1	0.03	22.0	3.99	3.50	59.5
山 东	116	17.59	35.2	3.95	3.30	19.4
河 南	175	14.06	32.8	4.06	3.32	23.9
湖 北	8	0.94	33.7	3.87	3.35	26.0
湖 南	8	0.63	27.3	3.75	3.48	31.6
广 东	20	2.84	28.4	4.02	3.35	30.0
广 西	13	1.26	29.9	3.92	3.13	40.9
四 川	9	0.78	31.6	4.03	3.29	25.3
贵 州	2	0.15	25.0	4.63	3.46	38.5
云 南	22	2.05	32.6	4.34	3.31	19.8
西 藏	1	0.01	30.8	4.51	3.02	16.5
重 庆	2	0.11	35.1	4.48	3.18	29.5
陕 西	30	3.90	33.5	4.03	3.42	22.6
甘 肃	15	4.24	33.4	4.25	3.44	17.8
宁 夏	46	13.12	36.4	3.97	3.35	17.8
新 疆	62	5.41	29.7	3.82	3.21	29.7

数据来源：中国奶业协会。

2020 年全国各地区不同规模牧场奶牛生产性能测定概况

规 模 （奶牛存栏/头）	牛场数 （个）	测定日 平均产奶量 （kg）	测定日 平均乳脂肪率 （%）	测定日 平均蛋白率 （%）	测定日 平均体细胞数 （万个/mL）
＜50	11	18.9	3.65	3.52	63.1
50~99	31	22.9	3.74	3.37	48.8
100~199	133	25.3	3.73	3.35	36.4
200~499	422	28.8	3.86	3.34	28.4
500~999	354	31.3	3.95	3.33	26.9
1 000~2 999	255	32.4	3.97	3.36	23.6
≥3 000	85	34.3	3.90	3.39	21.1

数据来源：中国奶业协会。

（"奶牛育种"表格由中国奶业协会养殖业发展部闫青霞汇总整理）。

2021 年全国各地区不同规模牧场奶牛生产性能测定概况

规 模 （奶牛存栏/头）	牛场数 （个）	测定日 平均产奶量 （kg）	测定日 平均乳脂肪率 （%）	测定日 平均蛋白率 （%）	测定日 平均体细胞数 （万个/mL）
＜50	14	20.0	3.67	3.40	54.3
50~99	30	23.9	3.77	3.36	56.4
100~199	125	25.7	3.82	3.35	38.0
200~499	399	29.6	3.88	3.33	30.6
500~999	340	32.1	3.96	3.32	26.9
1 000~2 999	284	32.8	3.99	3.35	23.5
≥3 000	117	34.8	3.89	3.36	20.9

数据来源：中国奶业协会。

（"奶牛育种"表格由中国奶业协会养殖业发展部闫青霞汇总整理）。

2022 年全国各地区不同规模牧场奶牛生产性能测定概况

规 模 （奶牛存栏/头）	牛场数 （个）	测定日 平均产奶量 （kg）	测定日 平均乳脂肪率 （%）	测定日 平均蛋白率 （%）	测定日 平均体细胞数 （万个/mL）
＜50	30	21.2	3.73	3.30	57.5
50~99	23	23.4	3.81	3.37	47.4
100~199	123	26.1	3.79	3.31	37.8
200~499	370	29.6	3.93	3.32	30.2
500~999	351	32.2	4.01	3.33	26.8
1 000~2 999	287	33.7	4.01	3.34	22.7
≥3 000	141	35.8	3.94	3.37	19.9

数据来源：中国奶业协会。

（"奶牛育种"表格由中国奶业协会养殖业发展部闫青霞汇总整理）。

项　　目	单　位	平　均	山　西	吉　林
每头				
主产品产量	kg	5 446.11	5 711.67	5 242.67
产值合计	元	25 809.61	39 366.84	19 160.12
主产品产值	元	22 944.59	36 703.38	17 056.12
副产品产值	元	2 865.02	2 663.46	2 104.00
总成本	元	18 802.66	21 334.53	17 322.55
生产成本	元	18 783.13	21 270.99	17 322.55
物质与服务费用	元	14 554.09	16 476.45	12 462.25
人工成本	元	4 229.04	4 794.54	4 860.30
家庭用工折价	元	4 177.67	4 486.34	4 860.30
雇工费用	元	51.37	308.20	
土地成本	元	19.53	63.54	
净利润	元	7 006.95	18 032.31	1 837.57
成本利润率	%	37.27	84.52	10.61
每 50kg 主产品				
平均出售价格	元	210.65	321.30	162.67
总成本	元	153.46	174.13	147.07
生产成本	元	153.30	173.61	147.07
净利润	元	57.19	147.17	15.60
附				
每头用工数量	日	44.20	49.22	51.00
平均饲养天数	日	365.00	365.00	365.00

数据来源：国家发展和改革委员会价格司。

注：年成本收益表中散养、小规模、中规模、大规模分别指 10 头以下（含 10 头）、10 头以上 50 头以下（含 50 头）、50 头以上。

奶牛成本收益情况

湖　南	贵　州	陕　西	新　疆
4 744.77	4 700.30	6 032.00	6 245.24
18 839.15	22 011.52	27 993.43	27 486.60
16 793.55	18 483.80	25 664.29	22 966.41
2 045.60	3 527.72	2 329.14	4 520.19
16 068.78	20 106.06	22 415.84	15 568.23
16 015.17	20 106.06	22 415.84	15 568.23
13 449.22	15 453.80	16 654.29	12 828.45
2 565.95	4 652.26	5 761.55	2 739.78
2 565.95	4 652.26	5 761.55	2 739.78
53.61			
2 770.37	1 905.46	5 577.59	11 918.37
17.24	9.48	24.88	76.56
176.97	196.62	212.73	183.87
150.95	179.60	170.34	104.14
150.44	179.60	170.34	104.14
26.02	17.02	42.39	79.73
26.93	48.82	60.46	28.75
365.00	365.00	365.00	365.00

500 头以下（含 500 头）、500 头以上。

项　　目	单　位	平　　均	山　西	吉　林
一、每头物质与服务费用	元	14 554.09	16 476.45	12 462.25
（一）直接费用	元	12 306.71	13 830.18	10 649.15
1. 仔畜费	元			
2. 精饲料费	元	9 228.53	10 787.05	8 266.97
3. 青粗饲料费	元	2 400.87	2 260.56	2 085.33
4. 饲料加工费	元	45.41	50.93	22.40
5. 水费	元	32.64	53.96	21.67
6. 燃料动力费	元	179.63	139.07	23.88
电费	元	68.81	116.03	10.71
煤费	元	8.37	23.04	13.17
其他燃料动力费	元	102.45		
7. 医疗防疫费	元	116.46	171.80	22.37
8. 死亡损失费	元	90.10	101.17	20.00
9. 技术服务费	元	10.57		11.60
10. 工具材料费	元	34.85	63.34	19.60
11. 修理维护费	元	35.77	37.98	24.33
12. 其他直接费用	元	131.88	164.32	131.00
（二）间接费用	元	2 247.38	2 646.27	1 813.10
1. 固定资产折旧	元	2 152.27	2 512.06	1 791.67
2. 保险费	元	69.17		
3. 管理费	元			
4. 财务费	元			
5. 销售费	元	25.94	134.21	21.43
二、每头人工成本	元	4 229.04	4 794.54	4 860.30
1. 家庭用工折价	元	4 177.67	4 486.34	4 860.30
家庭用工天数	日	43.84	47.08	51.00
劳动日工价	元	95.30	95.30	95.30
2. 雇工费用	元	51.37	308.20	
雇工天数	日	0.36	2.14	
雇工工价	元	142.69	144.02	110.00
三、附				
1. 仔畜重量	kg			
2. 精饲料数量	kg	2 683.06	3 199.59	2 586.00
3. 耗粮数量	kg	1 982.81	2 349.81	1 836.10

数据来源：国家发展和改革委员会价格司。

费用和用工情况

湖　南	贵　州	陕　西	新　疆
13 449.22	15 453.80	16 654.29	12 828.45
11 362.18	12 849.92	13 223.86	11 924.94
8 965.59	8 990.25	10 246.06	8 115.23
2 047.49	2 404.37	2 228.29	3 379.20
		72.71	126.44
32.90	23.83	40.29	23.18
58.53	620.03	212.28	23.98
58.53	160.47	57.14	9.97
			14.01
	459.56	155.14	
45.57	251.09	181.43	26.51
100.00	200.00	46.40	73.00
24.77		21.21	5.81
31.45	42.85	25.33	26.54
25.88	57.50	39.96	28.99
30.00	260.00	109.90	96.06
2 087.04	2 603.88	3 430.43	903.51
1 687.04	2 603.88	3 430.43	888.51
400.00			15.00
2 565.95	4 652.26	5 761.55	2 739.78
2 565.95	4 652.26	5 761.55	2 739.78
26.93	48.82	60.46	28.75
95.30	95.30	95.30	95.30
150.00	120.00	130.00	133.49
2 305.27	2 341.08	2 954.00	2 712.40
2 017.11	1 638.76	2 156.42	1 898.68

项　　目	单　位	平　均	河　北	山　西	内蒙古	辽　宁
每头						
主产品产量	kg	5 752.94	5 937.26	5 625.91	6 237.50	6 168.24
产值合计	元	28 155.49	26 523.87	30 211.09	23 251.75	33 118.75
主产品产值	元	24 915.66	22 016.96	27 785.00	20 005.00	29 469.47
副产品产值	元	3 239.83	4 506.91	2 426.09	3 246.75	3 649.28
总成本	元	22 784.82	21 820.07	18 514.10	27 141.07	21 552.79
生产成本	元	22 724.47	21 777.84	18 497.41	27 059.44	21 548.82
物质与服务费用	元	19 051.70	19 327.10	15 352.51	23 007.53	17 053.46
人工成本	元	3 672.77	2 450.74	3 144.90	4 051.91	4 495.36
家庭用工折价	元	3 113.17	2 278.34	3 144.90	2 171.41	3 995.36
雇工费用	元	559.60	172.40		1 880.50	500.00
土地成本	元	60.35	42.23	16.69	81.63	3.97
净利润	元	5 370.67	4 703.80	11 696.99	-3 889.32	11 565.96
成本利润率	%	23.57	21.56	63.18	-14.33	53.66
每 50kg 主产品						
平均出售价格	元	216.55	185.41	246.94	160.36	238.88
总成本	元	175.24	152.53	151.33	187.18	155.46
生产成本	元	174.78	152.23	151.19	186.62	155.43
净利润	元	41.31	32.88	95.61	-26.82	83.42
附						
每头用工数量	日	36.51	25.23	33.00	36.49	45.80
平均饲养天数	日	365.00	365.00	365.00	365.00	365.00

数据来源：国家发展和改革委员会价格司。

奶牛成本收益情况

吉林	黑龙江	福建	山东	河南	湖南	广西	云南	宁夏
4 893.63	5 971.95	5 292.50	6 925.45	5 452.92	4 924.71	6 023.05	5 633.75	5 701.37
30 238.98	25 947.44	47 225.83	28 177.55	18 738.86	21 095.09	32 808.47	22 906.33	25 777.39
26 886.35	21 733.80	45 807.50	23 826.75	15 467.64	18 479.69	29 236.64	21 101.29	22 087.49
3 352.63	4 213.64	1 418.33	4 350.80	3 271.22	2 615.40	3 571.83	1 805.04	3 689.90
18 965.57	19 448.12	26 523.68	20 804.19	19 121.04	17 444.41	29 128.49	34 200.26	21 539.22
18 945.78	19 445.03	26 465.36	20 748.29	19 084.80	17 340.95	28 847.64	34 141.49	21 515.64
14 990.45	16 180.77	18 969.75	18 311.05	15 469.98	14 667.57	24 097.60	31 814.91	18 429.46
3 955.33	3 264.26	7 495.61	2 437.24	3 614.82	2 673.38	4 750.04	2 326.58	3 086.18
3 955.33	1 938.78	5 989.61	1 982.24	3 614.82	2 247.94	4 750.04	1 845.58	2 557.18
	1 325.48	1 506.00	455.00		425.44		481.00	529.00
19.79	3.09	58.32	55.90	36.24	103.46	280.85	58.77	23.58
11 273.41	6 499.32	20 702.16	7 373.36	−382.18	3 650.68	3 679.98	−11 293.93	4 238.17
59.44	33.42	78.05	35.44	−2.00	20.93	12.63	−33.02	19.68
274.71	181.97	432.76	172.02	141.83	187.62	242.71	187.28	193.70
172.30	136.39	243.05	127.01	144.72	155.15	215.49	279.62	161.85
172.12	136.37	242.52	126.67	144.45	154.23	213.41	279.14	161.68
102.41	45.58	189.71	45.01	−2.89	32.47	27.22	−92.34	31.85
41.50	31.15	68.22	25.05	37.93	26.43	49.84	22.71	31.24
365.00	365.00	365.00	365.00	365.00	365.00	365.00	365.00	365.00

项　　目	单　位	平均	河　北	山　西	内蒙古	辽　宁
一、每头物质与服务费用	元	19 051.70	19 327.10	15 352.51	23 007.53	17 053.46
（一）直接费用	元	15 935.24	16 858.10	12 782.45	18 138.78	14 143.03
1. 仔畜费	元					
2. 精饲料费	元	11 718.83	13 526.34	10 183.79	11 058.58	11 138.32
3. 青粗饲料费	元	3 489.08	2 772.04	1 977.52	6 201.75	2 319.04
4. 饲料加工费	元	36.14	147.67	67.71	28.38	80.24
5. 水费	元	41.70	29.18	57.39	59.75	18.64
6. 燃料动力费	元	149.12	67.89	117.56	389.63	168.79
电费	元	110.27	67.89	59.85	161.10	108.93
煤费	元	33.90		57.71	165.25	59.86
其他燃料动力费	元	4.95			63.28	
7. 医疗防疫费	元	177.71	162.51	67.28	101.38	100.47
8. 死亡损失费	元	96.51		76.25		119.80
9. 技术服务费	元	6.58		25.32	12.38	
10. 工具材料费	元	45.90	30.68	61.14	47.18	38.00
11. 修理维护费	元	43.07	18.51	39.45	60.25	27.20
12. 其他直接费用	元	130.60	103.28	109.04	179.50	132.53
（二）间接费用	元	3 116.46	2 469.00	2 570.06	4 868.75	2 910.43
1. 固定资产折旧	元	2 920.04	2 420.64	2 476.62	4 618.75	2 778.05
2. 保险费	元	89.23	20.00		250.00	
3. 管理费	元	9.32	28.36	49.80		
4. 财务费	元	0.02				
5. 销售费	元	97.85		43.64		132.38
二、每头人工成本	元	3 672.77	2 450.74	3 144.90	4 051.91	4 495.36
1. 家庭用工折价	元	3 113.17	2 278.34	3 144.90	2 171.41	3 995.36
家庭用工天数	日	32.67	23.91	33.00	22.79	41.92
劳动日工价	元	95.30	95.30	95.30	95.30	95.30
2. 雇工费用	元	559.60	172.40		1 880.50	500.00
雇工天数	日	3.84	1.32		13.70	3.88
雇工工价	元	145.73	130.61	132.50	137.26	128.87
三、附						
1. 仔畜重量	kg					
2. 精饲料数量	kg	2 976.69	3 561.01	2 973.88	3 363.50	3 196.15
3. 耗粮数量	kg	2 143.37	2 456.34	2 259.99	2 400.08	2 212.31

数据来源：国家发展和改革委员会价格司。

奶牛费用和用工情况

吉林	黑龙江	福建	山东	河南	湖南	广西	云南	宁夏
14 990.45	16 180.77	18 969.75	18 311.05	15 469.98	14 667.57	24 097.60	31 814.91	18 429.46
11 082.46	13 001.65	14 263.01	15 487.45	13 565.51	12 198.59	20 209.59	29 416.16	16 011.41
8 033.43	8 434.63	9 332.00	10 241.45	10 212.64	9 666.55	13 815.52	24 692.69	12 008.83
2 529.63	4 066.35	3 802.00	4 242.90	2 660.93	1 740.89	5 426.37	4 113.86	3 504.81
16.97	56.05			38.23				34.54
30.24	17.03	80.00	32.50	36.81	30.54	58.26	56.61	35.13
123.41	63.07	310.33	276.90	145.05	53.72	130.63	53.24	38.32
80.02	44.37	310.33	261.75	98.15	53.72	95.90	53.24	38.32
43.39	17.66		15.15	46.90		34.73		
	1.04							
98.05	129.57	259.90	327.00	223.14	51.20	348.91	231.67	209.17
24.46	10.00	85.77	69.75	53.19	524.93	203.04	87.50	
	1.89			6.03	39.94			
19.40	24.11	45.90	78.35	30.89	25.05	112.12	50.75	33.08
37.88	18.44	130.98	54.10	27.80	25.77	40.98	47.75	30.86
168.99	180.51	216.13	164.50	130.80	40.00	73.76	82.09	116.67
3 907.99	3 179.12	4 706.74	2 823.60	1 904.47	2 468.98	3 888.01	2 398.75	2 418.05
3 322.97	3 155.68	4 297.93	2 807.75	1 844.37	2 047.18	3 888.01	2 028.75	2 273.82
					400.00		370.00	120.00
	10.94			32.01				
0.30								
584.72	12.50	408.81	15.85	28.09	21.80			24.23
3 955.33	3 264.26	7 495.61	2 437.24	3 614.82	2 673.38	4 750.04	2 326.58	3 086.18
3 955.33	1 938.78	5 989.61	1 982.24	3 614.82	2 247.94	4 750.04	1 845.58	2 557.18
41.50	20.34	62.85	20.80	37.93	23.59	49.84	19.37	26.83
95.30	95.30	95.30	95.30	95.30	95.30	95.30	95.30	95.30
	1 325.48	1 506.00	455.00		425.44		481.00	529.00
	10.81	5.37	4.25		2.84		3.34	4.41
121.50	122.62	280.45	107.06	93.60	149.80	110.00	144.01	119.96
2 475.23	2 471.88	2 920.00	3 066.20	2 772.56	2 420.29	3 501.56	2 808.75	3 165.92
1 760.35	1 862.80	1 854.93	2 207.67	1 981.38	2 117.75	2 451.09	2 082.93	2 216.14

项　目	单位	平　均	河北	山西	内蒙古	辽宁	吉林	黑龙江	江苏	浙江
每头										
主产品产量	kg	6 887.83	7 225.67	6 228.79	7 669.00	6 388.38	5 136.50	6 418.02	5 100.00	9 000.00
产值合计	元	34 160.67	31 728.86	32 683.78	33 047.04	29 447.79	32 367.73	28 889.89	20 476.70	44 300.00
主产品产值	元	30 391.14	27 749.36	30 018.61	27 873.33	25 024.04	28 578.13	24 611.93	18 360.00	40 500.00
副产品产值	元	3 769.53	3 979.50	2 665.17	5 173.71	4 423.75	3 789.60	4 277.96	2 116.70	3 800.00
总成本	元	27 154.86	23 056.84	19 699.68	31 856.56	24 456.12	18 087.22	22 233.03	18 993.89	45 267.30
生产成本	元	27 075.33	23 013.49	19 684.03	31 838.99	24 403.71	18 051.72	22 216.76	18 897.49	45 145.30
物质与服务费用	元	23 793.74	20 813.58	16 906.05	27 698.46	19 671.50	15 193.74	19 051.96	15 047.49	40 250.00
人工成本	元	3 281.59	2 199.91	2 777.98	4 140.53	4 732.21	2 857.98	3 164.80	3 850.00	4 895.30
家庭用工折价	元	441.52	2 199.91	158.20	285.33		247.78	632.12		95.30
雇工费用	元	2 840.07		2 619.78	3 855.20	4 732.21	2 610.20	2 532.68	3 850.00	4 800.00
土地成本	元	79.53	43.35	15.65	17.57	52.41	35.50	16.27	96.40	122.00
净利润	元	7 005.81	8 672.02	12 984.10	1 190.48	4 991.67	14 280.51	6 656.86	1 482.81	−967.30
成本利润率	%	25.80	37.61	65.91	3.74	20.41	78.95	29.94	7.81	−2.14
每50kg 主产品										
平均出售价格	元	220.61	192.02	240.97	181.73	195.86	278.19	191.74	180.00	225.00
总成本	元	175.37	139.54	145.24	175.18	162.66	155.45	147.56	166.97	229.91
生产成本	元	174.85	139.28	145.13	175.09	162.31	155.15	147.45	166.12	229.29
净利润	元	45.24	52.48	95.73	6.55	33.20	122.74	44.18	13.03	−4.91
附										
每头用工数量	日	26.01	23.08	21.69	31.57	43.13	23.20	27.09	35.00	25.00
平均饲养天数	日	365.00	365.00	365.00	365.00	365.00	365.00	365.00	365.00	365.00

数据来源：国家发展和改革委员会价格司。

奶牛成本收益情况

安徽	山东	河南	广西	重庆	四川	云南	陕西	甘肃	宁夏	新疆
7 255.00	6 921.00	6 279.91	3 398.00	7 043.53	10 174.72	6 833.33	6 277.00	8 214.29	6 105.71	9 200.00
34 876.00	29 844.33	23 276.06	56 985.00	41 051.74	48 737.98	26 325.67	28 690.75	32 408.74	27 994.57	45 920.00
29 020.00	26 671.13	19 748.20	50 970.00	36 825.19	46 545.21	24 546.67	26 449.50	27 848.21	23 772.14	42 320.00
5 856.00	3 173.20	3 527.86	6 015.00	4 226.55	2 192.77	1 779.00	2 241.25	4 560.53	4 222.43	3 600.00
28 422.00	22 658.98	21 857.82	18 842.25	37 864.67	49 468.53	19 357.67	25 717.90	33 091.09	24 283.48	30 726.30
28 248.00	22 641.93	21 809.06	18 842.25	37 643.48	49 156.97	19 253.07	25 686.15	32 951.10	24 220.45	30 726.30
27 348.00	20 993.67	17 981.65	15 736.25	34 171.49	43 946.16	16 847.67	19 923.65	30 379.67	20 128.73	29 991.00
900.00	1 648.26	3 827.41	3 106.00	3 471.99	5 210.81	2 405.40	5 762.50	2 571.43	4 091.72	735.30
	752.87	150.96				1 715.40			2 055.05	95.30
900.00	895.39	3 676.45	3 106.00	3 471.99	5 210.81	690.00	5 762.50	2 571.43	2 036.67	640.00
174.00	17.05	48.76		221.19	311.56	104.60	31.75	139.99	63.03	
6 454.00	7 185.35	1 418.24	38 142.75	3 187.07	−730.55	6 968.00	2 972.85	−682.35	3 711.09	15 193.70
22.71	31.71	6.49	202.43	8.42	−1.48	36.00	11.56	−2.06	15.28	49.45
200.00	192.68	157.23	750.00	261.41	228.73	179.61	210.69	169.51	194.67	230.00
162.99	146.29	147.65	247.99	241.12	232.16	132.07	188.86	173.08	168.86	153.90
161.99	146.18	147.32	247.99	239.71	230.70	131.36	188.63	172.35	168.43	153.90
37.01	46.39	9.58	502.01	20.29	−3.43	47.54	21.83	−3.57	25.81	76.10
7.60	12.93	37.31	25.88	25.03	27.85	23.33	46.28	15.64	37.63	5.00
365.00	365.00	365.00	365.00	365.00	365.00	365.00	365.00	365.00	365.00	365.00

项 目	单位	平均	河北	山西	内蒙古	辽宁	吉林	黑龙江	江苏	浙江
一、每头物质与服务费用	元	23 793.74	20 813.58	16 906.05	27 698.46	19 671.50	15 193.74	19 051.96	15 047.49	40 250.00
（一）直接费用	元	19 553.49	17 751.46	13 913.56	23 130.90	16 355.75	11 577.76	15 090.26	12 477.09	31 970.00
1. 仔畜费	元									
2. 精饲料费	元	12 128.68	14 906.61	11 132.31	12 695.44	11 663.52	7 785.76	9 771.50	8 355.00	15 580.00
3. 青粗饲料费	元	6 284.22	2 487.00	2 058.67	9 580.66	3 697.80	2 951.00	4 688.27	3 287.00	14 000.00
4. 饲料加工费	元	42.24		35.88		126.65		31.70	8.82	300.00
5. 水费	元	57.91	11.79	56.82	48.08	63.75	46.50	17.35	49.58	360.00
6. 燃料动力费	元	274.55	63.92	184.22	270.33	212.75	181.50	96.74	223.37	580.00
电费	元	179.31	63.92	125.57	123.72	133.85	150.50	76.07	192.00	580.00
煤费	元	35.60		58.65	101.71	78.90	31.00	20.67	31.37	
其他燃料动力费	元	59.64			44.90					
7. 医疗防疫费	元	232.43	173.34	96.97	151.15	118.90	142.62	125.30	240.00	165.00
8. 死亡损失费	元	99.27		91.96	48.94	207.25	106.50	86.56	66.36	140.00
9. 技术服务费	元	56.80		24.46	6.22			7.00	133.50	325.00
10. 工具材料费	元	64.87	23.37	52.24	71.69	64.25	84.50	35.00	43.46	160.00
11. 修理维护费	元	67.73	10.93	58.40	104.83	40.13	70.88	30.41	40.00	180.00
12. 其他直接费用	元	244.79	74.50	121.63	153.56	160.75	208.50	200.43	30.00	180.00
（二）间接费用	元	4 240.25	3 062.12	2 992.49	4 567.56	3 315.75	3 615.98	3 961.70	2 570.40	8 280.00
1. 固定资产折旧	元	3 454.76	2 743.84	2 861.91	3 824.74	3 147.75	3 203.35	3 775.86	2 377.96	7 300.00
2. 保险费	元	201.21	300.00		333.33			64.08		350.00
3. 管理费	元	279.44	18.28	50.11	18.89	128.50	152.08	16.91	85.81	450.00
4. 财务费	元	235.22			50.00		116.00		36.63	180.00
5. 销售费	元	69.62		80.47	340.60	39.50	144.55	104.85	70.00	
二、每头人工成本	元	3 281.59	2 199.91	2 777.98	4 140.53	4 732.21	2 857.98	3 164.80	3 850.00	4 895.30
1. 家庭用工折价	元	441.52	2 199.91	158.20	285.33		247.78	632.12		95.30
家庭用工天数	日	4.63	23.08	1.66	2.99		2.60	6.63		1.00
劳动日工价	元	95.30	95.30	95.30	95.30	95.30	95.30	95.30	95.30	95.30
2. 雇工费用	元	2 840.07		2 619.78	3 855.20	4 732.21	2 610.20	2 532.68	3 850.00	4 800.00
雇工天数	日	21.38		20.03	28.58	43.13	20.60	20.46	35.00	24.00
雇工工价	元	132.84	115.00	130.79	134.89	109.72	126.71	123.79	110.00	200.00
三、附										
1. 仔畜重量	kg									
2. 精饲料数量	kg	3 293.55	4 078.34	3 126.85	3 266.53	3 375.63	2 536.00	2 764.65	2 320.00	3 800.00
3. 耗粮数量	kg	2 320.18	2 940.37	2 374.77	2 393.58	2 348.08	1 787.58	2 105.64	1 716.80	2 660.00

数据来源：国家发展和改革委员会价格司。

奶牛费用和用工情况

安徽	山东	河南	广西	重庆	四川	云南	陕西	甘肃	宁夏	新疆
27 348.00	20 993.67	17 981.65	15 736.25	34 171.49	43 946.16	16 847.67	19 923.65	30 379.67	20 128.73	29 991.00
22 458.00	17 749.63	15 728.61	12 491.25	27 404.77	34 535.29	14 060.67	16 441.49	26 805.13	16 198.57	25 376.00
15 154.00	10 522.73	11 939.50	2 774.65	15 127.82	15 900.59	8 533.67	12 859.73	19 108.57	11 833.59	14 800.00
6 234.00	6 480.75	3 041.33	9 150.00	10 864.08	14 046.71	4 931.00	2 696.25	6 497.15	3 675.51	9 033.00
		49.41				133.33		64.40	52.31	
7.00	29.50	61.45		68.06	18.43	24.33	61.43	92.06	56.15	28.00
208.00	208.36	135.48	145.60	223.74	880.62	115.00	270.25	182.00	104.64	930.00
208.00	208.36	83.98	145.60	147.71	489.41	115.00	189.25	143.22	60.81	170.00
		51.50						38.78	43.83	220.00
				76.03	391.21		81.00			540.00
300.00	337.50	202.81	56.30	187.13	935.12	156.67	207.00	343.95	266.33	210.00
95.00		65.07	163.00	72.29	368.89		61.45	212.77		100.00
		21.67	23.80	409.33	48.19					80.00
52.00	9.55	23.32	104.60	87.12	190.00	50.00	58.90	11.98	40.58	70.00
248.00	11.24	26.78	19.30	83.20	126.11	46.67	68.85	18.87	37.24	65.00
160.00	150.00	161.79	54.00	282.00	2 020.63	70.00	93.23	337.78	132.22	60.00
4 890.00	3 244.04	2 253.04	3 245.00	6 766.72	9 410.87	2 787.00	3 482.16	3 574.54	3 930.16	4 615.00
3 864.00	3 244.04	2 178.56	2 845.00	5 230.70	4 138.22	2 700.00	3 001.00	2 188.41	3 615.08	3 400.00
360.00				625.00	92.40	37.00	91.13	250.00	120.00	1 200.00
99.00		43.38	392.00	494.35	2 387.74		344.00	628.25		
567.00				416.67	2 792.51	50.00	46.03	65.74	148.52	
		31.10	8.00					442.14	46.56	15.00
900.00	1 648.26	3 827.41	3 106.00	3 471.99	5 210.81	2 405.40	5 762.50	2 571.43	4 091.72	735.30
		752.87	150.96			1 715.40			2 055.05	95.30
		7.90	1.58			18.00			21.56	1.00
95.30	95.30	95.30	95.30	95.30	95.30	95.30	95.30	95.30	95.30	95.30
900.00	895.39	3 676.45	3 106.00	3 471.99	5 210.81	690.00	5 762.50	2 571.43	2 036.67	640.00
7.60	5.03	35.73	25.88	25.03	27.85	5.33	46.28	15.64	16.07	4.00
118.42	178.01	102.90	120.02	138.71	187.10	129.46	124.51	164.41	126.74	160.00
4 370.00	3 149.85	3 183.73	785.00	4 033.70	2 619.59	2 434.17	3 702.75	4 153.94	2 992.53	3 765.00
3 059.00	2 393.89	2 312.16	549.50	2 422.62	1 833.71	1 703.92	2 739.21	3 115.45	2 094.44	2 635.50

项 目	单位	平 均	北京	河北	山西	内蒙古	辽宁	黑龙江	上海
每头									
主产品产量	kg	8 689.63	10 423.13	10 207.50	6 650.72	8 557.59	5 746.00	7 035.77	9 788.49
产值合计	元	42 446.47	45 564.60	44 666.26	30 118.03	39 737.47	27 186.00	31 702.74	54 013.86
主产品产值	元	38 756.77	40 620.13	42 422.92	27 246.54	34 725.33	22 766.00	27 277.81	46 320.69
副产品产值	元	3 689.70	4 944.47	2 243.34	2 871.49	5 012.14	4 420.00	4 424.93	7 693.17
总成本	元	33 894.49	43 456.95	33 003.15	19 727.09	31 511.98	24 044.57	25 415.73	48 356.59
生产成本	元	33 747.23	43 209.45	32 905.48	19 710.41	31 491.79	23 970.87	25 390.97	48 157.93
物质与服务费用	元	30 299.60	38 203.54	28 777.19	17 082.02	27 707.88	20 509.87	22 098.74	43 196.89
人工成本	元	3 447.63	5 005.91	4 128.29	2 628.39	3 783.91	3 461.00	3 292.23	4 961.04
家庭用工折价	元	32.97		112.45		441.81		71.48	
雇工费用	元	3 414.66	5 005.91	4 015.84	2 628.39	3 342.10	3 461.00	3 220.75	4 961.04
土地成本	元	147.26	247.50	97.67	16.68	20.19	73.70	24.76	198.66
净利润	元	8 551.98	2 107.65	11 663.11	10 390.94	8 225.49	3 141.43	6 287.02	5 657.27
成本利润率	%	25.23	4.85	35.34	52.67	26.10	13.07	24.74	11.70
每50kg 主产品									
平均出售价格	元	223.01	194.86	207.80	204.84	202.89	197.48	193.85	236.61
总成本	元	178.08	185.85	153.54	134.17	160.89	174.66	155.41	211.83
生产成本	元	177.30	184.79	153.09	134.06	160.79	174.13	155.26	210.96
净利润	元	44.93	9.01	54.26	70.67	42.00	22.82	38.44	24.78
附									
每头用工数量	日	21.11	20.84	27.39	18.10	26.95	27.10	24.91	31.63
平均饲养天数	日	365.00	365.00	365.00	365.00	365.00	365.00	365.00	365.00

数据来源：国家发展和改革委员会价格司。

奶牛成本收益情况

江苏	浙江	安徽	福建	山东	河南	湖北	广东	四川	甘肃	新疆
7 207.98	10 314.01	8 587.63	11 189.00	8 690.60	6 594.33	11 617.00	8 327.37	7 026.40	9 748.22	10 083.25
36 150.92	58 847.32	39 156.33	58 819.00	44 388.63	28 254.47	60 661.00	48 845.56	33 212.08	43 559.33	47 271.91
33 590.80	53 323.43	36 668.51	56 123.50	39 830.42	24 368.55	54 118.00	48 132.20	32 808.75	39 480.31	45 572.37
2 560.12	5 523.89	2 487.82	2 695.50	4 558.21	3 885.92	6 543.00	713.36	403.33	4 079.02	1 699.54
32 315.94	43 082.93	36 211.71	37 678.27	38 427.23	23 523.28	28 904.47	50 437.04	31 550.88	34 573.19	28 601.16
31 566.69	42 967.93	36 006.71	37 659.27	38 383.03	23 465.25	28 716.28	50 397.61	31 371.42	34 573.19	28 601.16
28 645.19	40 817.53	33 118.31	34 829.27	36 344.27	19 276.49	25 446.49	43 913.99	28 695.43	32 179.15	25 327.38
2 921.50	2 150.40	2 888.40	2 830.00	2 038.76	4 188.76	3 269.79	6 483.62	2 675.99	2 394.04	3 273.78
2 921.50	2 150.40	2 888.40	2 830.00	2 038.76	4 188.76	3 269.79	6 483.62	2 675.99	2 394.04	3 273.78
749.25	115.00	205.00	19.00	44.20	58.03	188.19	39.43	179.46		
3 834.98	15 764.39	2 944.62	21 140.73	5 961.40	4 731.19	31 756.53	−1 591.48	1 661.20	8 986.14	18 670.75
11.87	36.59	8.13	56.11	15.51	20.11	109.87	−3.16	5.27	25.99	62.28
233.01	258.50	213.50	250.80	229.16	184.77	232.93	289.00	233.47	202.50	225.98
208.29	189.25	197.44	160.66	198.38	153.83	110.99	298.42	221.79	160.72	136.73
203.46	188.75	196.33	160.58	198.16	153.45	110.27	298.18	220.53	160.72	136.73
24.72	69.25	16.06	90.14	30.78	30.94	121.94	−9.42	11.68	41.78	89.25
28.30	12.80	19.43	25.00	20.00	39.77	7.61	14.70	10.89	9.93	19.93
365.00	365.00	365.00	365.00	365.00	365.00	365.00	365.00	365.00	365.00	365.00

项　　目	单位	平　均	北京	河北	山西	内蒙古	辽宁	黑龙江	上海
一、每头物质与服务费用	元	30 299.60	38 203.54	28 777.19	17 082.02	27 707.88	20 509.87	22 098.74	43 196.89
（一）直接费用	元	25 516.25	31 373.27	25 557.99	14 167.21	23 018.24	16 533.87	18 082.30	35 952.06
1. 仔畜费	元								
2. 精饲料费	元	14 740.33	18 486.37	18 128.26	11 483.92	14 183.42	9 736.37	11 115.44	15 593.25
3. 青粗饲料费	元	8 104.10	9 160.66	6 825.77	2 024.67	7 951.73	6 003.00	6 140.89	14 809.51
4. 饲料加工费	元	37.25		15.81		6.01			
5. 水费	元	98.71	25.73	18.27	60.16	48.86	75.00	25.76	298.73
6. 燃料动力费	元	676.91	1 331.75	88.69	164.68	255.17	201.50	198.99	1 315.06
电费	元	531.56	945.07	88.69	89.58	128.73	163.00	137.18	1 199.57
煤费	元	50.26			75.10	93.06	38.50	58.81	
其他燃料动力费	元	95.09	386.68			33.38		3.00	115.49
7. 医疗防疫费	元	504.24	764.55	147.00	90.85	153.78	143.00	183.65	1 073.15
8. 死亡损失费	元	279.39	730.06	11.02	83.72	51.32	144.00	96.49	499.30
9. 技术服务费	元	30.75	50.00	58.75	39.76	18.03		25.57	88.83
10. 工具材料费	元	468.82	131.76	33.20	53.50	74.88	62.00	52.07	584.71
11. 修理维护费	元	227.09	483.58	21.22	48.62	106.43	41.00	50.83	471.16
12. 其他直接费用	元	348.66	208.81	210.00	117.33	168.61	128.00	192.61	1 218.36
（二）间接费用	元	4 783.35	6 830.27	3 219.20	2 914.81	4 689.64	3 976.00	4 016.44	7 244.83
1. 固定资产折旧	元	3 919.55	5 726.65	3 057.64	2 814.38	3 731.78	3 515.50	3 765.85	5 144.86
2. 保险费	元	138.12	130.00	131.34		456.25	210.00	103.38	218.91
3. 管理费	元	423.03	32.00	30.22	58.08	157.50	187.50	49.92	1 025.33
4. 财务费	元	173.04	74.01		15.66	61.46	63.00		855.73
5. 销售费	元	129.61	867.61		26.69	282.65		97.29	
二、每头人工成本	元	3 447.63	5 005.91	4 128.29	2 628.39	3 783.91	3 461.00	3 292.23	4 961.04
1. 家庭用工折价	元	32.97		112.45		441.81		71.48	
家庭用工天数	日	0.35		1.18		4.64		0.75	
劳动日工价	元	95.30	95.30	95.30	95.30	95.30	95.30	95.30	95.30
2. 雇工费用	元	3 414.66	5 005.91	4 015.84	2 628.39	3 342.10	3 461.00	3 220.75	4 961.04
雇工天数	日	20.76	20.84	26.21	18.10	22.31	27.10	24.16	31.63
雇工工价	元	164.48	240.21	153.22	145.22	149.80	127.71	133.31	156.85
三、附									
1. 仔畜重量	kg								
2. 精饲料数量	kg	3 803.23	4 508.20	4 386.25	3 349.23	3 676.76	2 808.50	3 081.77	3 484.00
3. 耗粮数量	kg	2 805.02	3 479.74	3 323.87	2 503.71	2 757.39	1 937.88	2 332.21	2 438.80

数据来源：国家发展和改革委员会价格司。

奶牛费用和用工情况

江苏	浙江	安徽	福建	山东	河南	湖北	广东	四川	甘肃	新疆
28 645.19	40 817.53	33 118.31	34 829.27	36 344.27	19 276.49	25 446.49	43 913.99	28 695.43	32 179.15	25 327.38
25 652.81	34 206.91	27 125.95	31 331.92	31 844.05	16 751.57	22 795.59	33 615.03	24 180.84	27 349.46	21 452.51
11 874.59	19 339.17	16 305.63	15 061.00	14 469.94	12 499.93	12 129.00	13 754.15	13 965.95	19 853.29	14 966.44
10 679.01	11 359.94	9 102.16	11 779.40	13 763.22	3 363.01	7 329.47	12 239.90	5 862.92	6 060.43	4 936.28
	421.05	50.00	42.09		52.87	120.00				
151.18	500.00	57.87	8.75	54.05	52.53	150.00	125.04		90.64	118.69
982.79	592.16	544.26	1 118.11	943.86	203.53	1 498.60	1 492.15	941.22	357.55	399.00
512.52	592.16	544.26	1 118.11	629.49	136.62	1 170.00	1 492.15	744.31	152.73	112.15
314.80					66.91				6.93	286.85
155.47				314.37		328.60		196.91	197.89	
436.70	350.00	346.08	1 596.61	883.62	242.99	128.24	1 615.48	94.40	255.98	393.18
108.00		201.32	213.69	190.36	77.20	328.54	484.00	1 108.17	211.05	85.17
			156.39		19.30	49.22				20.24
688.00	322.84	191.33	851.67	555.46	31.48	587.35	3 426.39	914.52	89.43	132.88
287.28	863.71	81.24	221.71	490.44	33.43	260.21	186.87	418.84	39.64	109.12
445.26	458.04	246.06	282.50	493.10	175.30	214.96	291.05	874.82	391.45	291.51
2 992.38	6 610.62	5 992.36	3 497.35	4 500.22	2 524.92	2 650.90	10 298.96	4 514.59	4 829.69	3 874.87
2 079.58	6 065.08	4 991.28	1 744.50	4 187.82	2 368.37	2 571.00	9 491.16	1 928.29	3 481.15	2 764.46
21.00	211.41	360.00				46.91	126.14	226.10		137.50
831.75	294.61	405.52	1 119.09	312.40	60.39	32.99	300.18	1 247.00	923.89	551.02
26.65	39.52	210.56	622.32		54.21			1 113.20		151.37
33.40		25.00	11.44		41.95		381.48		424.65	270.52
2 921.50	2 150.40	2 888.40	2 830.00	2 038.76	4 188.76	3 269.79	6 483.62	2 675.99	2 394.04	3 273.78
95.30	95.30	95.30	95.30	95.30	95.30	95.30	95.30	95.30	95.30	95.30
2 921.50	2 150.40	2 888.40	2 830.00	2 038.76	4 188.76	3 269.79	6 483.62	2 675.99	2 394.04	3 273.78
28.30	12.80	19.43	25.00	20.00	39.77	7.61	14.70	10.89	9.93	19.93
103.23	168.00	148.66	113.20	101.94	105.33	429.67	441.06	245.73	241.09	164.26
3 986.79	4 908.42	4 213.91	4 350.00	4 165.00	3 326.77	3 007.00	3 467.09	2 479.00	4 830.69	4 200.00
2 712.95	3 435.89	2 949.74	3 480.00	2 998.80	2 452.32	2 646.16	2 426.96	1 770.81	3 381.48	3 444.31

生 产 价 格

2017—2023 年我国奶类生产价格指数

上年 =100

日　期	2017 年价格指数	2018 年价格指数	2019 年价格指数	2020 年价格指数	2021 年价格指数	2022 年价格指数	2023 年价格指数
第一季度	102.3	101.0	103.7	101.5	109.0	100.8	97.0
第二季度	99.2	100.0	104.9	99.7	111.1	99.7	94.8
第三季度	101.6	100.8	105.8	102.1	107.4	99.9	94.3
第四季度	100.0	102.4	106.7	103.7	104.1	99.7	93.9

2008—2023 年全国生鲜乳收购价格

单位：元 /kg

年　份	1 月收购价格	2 月收购价格	3 月收购价格	4 月收购价格	5 月收购价格	6 月收购价格	7 月收购价格	8 月收购价格	9 月收购价格	10 月收购价格	11 月收购价格	12 月收购价格
2008 年	2.77	2.90	2.93	2.86	2.85	2.85	2.77	2.76	2.76	2.69	2.69	2.68
2009 年	2.62	2.57	2.49	2.43	2.37	2.32	2.32	2.31	2.36	2.43	2.52	2.60
2010 年	2.68	2.73	2.74	2.79	2.82	2.86	2.89	2.93	2.98	3.02	3.07	3.13
2011 年	3.18	3.20	3.20	3.20	3.19	3.20	3.19	3.19	3.20	3.22	3.23	3.25
2012 年	3.26	3.28	3.28	3.27	3.27	3.27	3.27	3.27	3.28	3.31	3.34	3.38
2013 年	3.40	3.42	3.42	3.43	3.45	3.50	3.55	3.61	3.70	3.81	3.98	4.12
2014 年	4.23	4.26	4.23	4.21	4.16	4.08	4.00	3.95	3.92	3.90	3.84	3.79
2015 年	3.56	3.44	3.42	3.40	3.40	3.41	3.41	3.41	3.44	3.47	3.50	3.54
2016 年	3.56	3.56	3.54	3.47	3.46	3.42	3.40	3.39	3.44	3.45	3.47	3.52
2017 年	3.54	3.54	3.53	3.50	3.45	3.42	3.41	3.41	3.46	3.48	3.50	3.52
2018 年	3.49	3.47	3.46	3.45	3.41	3.39	3.37	3.39	3.45	3.51	3.55	3.59
2019 年	3.61	3.62	3.59	3.54	3.53	3.55	3.59	3.65	3.71	3.78	3.83	3.84
2020 年	3.85	3.82	3.76	3.62	3.57	3.58	3.62	3.73	3.87	3.95	4.03	4.15
2021 年	4.25	4.29	4.29	4.25	4.24	4.27	4.31	4.37	4.34	4.31	4.30	4.31
2022 年	4.27	4.26	4.19	4.18	4.16	4.13	4.12	4.12	4.13	4.14	4.13	4.12
2023 年	4.11	4.05	3.99	3.93	3.88	3.82	3.76	3.76	3.73	3.73	3.70	3.67

【饲料工业】

行　业　情　况

2018—2023 年全国饲料加工业基本经营情况

分　项	单位	2018 年	2019 年	2020 年	2021 年	2022 年	2023 年
企业数量	个	4 354	4 109	4 084	4 350	4 685	5 046
亏损企业数	个	802	873	804	891	1 242	1 177
营业收入	亿元	9 405.2	9 009.1	10 266.2	12 635.9	13 667.2	13 642.8
利润总额	亿元	441.9	377.1	535.4	491.0	515.4	370.8
资产总计	亿元	5 138.0	4 978.2	6 067.9	7 069.2	8 144.2	7 868.2
负债合计	亿元	2 700.4	2 681.4	3 253.9	3 873.4	4 659.4	4 615.2

数据来源：国家统计局。

2022 年全国及各地区饲料、配合饲料、混合饲料产量

单位：万 t

地 区	饲料产量	配合饲料产量	混合饲料产量
全 国	32 327.7	17 877.6	3 373.2
北 京	127.8	63.9	41.3
天 津	825.8	115.0	17.7
河 北	807.8	392.7	56.2
山 西	413.1	276.0	41.1
内蒙古	439.1	154.4	147.9
辽 宁	1 738.7	378.4	443.3
吉 林	545.4	207.3	90.7
黑龙江	736.1	216.6	86.4
上 海	96.7	62.8	3.1
江 苏	1 413.1	557.7	118.7
浙 江	428.6	290.9	13.6
安 徽	840.1	415.5	91.7
福 建	1 527.1	1 054.8	49.9
江 西	1 200.6	555.1	56.3
山 东	4 452.9	2 527.1	359.3
河 南	1 593.7	607.3	206.5
湖 北	1 718.1	982.6	221.4
湖 南	2 260.6	1 487.9	235.6
广 东	3 793.0	2 995.1	313.9
广 西	2 260.0	1 645.4	196.4
海 南	327.7	282.4	26.9
重 庆	560.3	369.7	48.7
四 川	2 157.7	1 007.3	187.1
贵 州	280.0	157.1	22.5
云 南	539.6	400.2	48.1
西 藏	6.3	6.0	0.0
陕 西	473.6	230.4	134.2
甘 肃	222.9	96.2	39.1
青 海	11.2	5.6	0.1
宁 夏	116.2	64.5	23.3
新 疆	414.0	271.8	52.0

数据来源：国家统计局。

2018—2022年全国饲料生产产量（月度）

单位：万t

月份	2018年		2019年		2020年		2021年		2022年	
	配合饲料	混合饲料	配合饲料	混合饲料	配合饲料	混合饲料	配合饲料	混合饲料	配合饲料	混合饲料
1-2	2 024.1	761.0	1 956.1	544.0	2 120.2	434.5	2 643.3	541.4	2 635.2	494.2
3	1 181.4	430.8	1 083.6	309.1	1 207.5	247.4	1 540.3	306.1	1 481.3	279.3
4	1 128.6	375.2	1 078.4	287.3	1 309.7	282.4	1 602.6	314.8	1 362.1	253.1
5	1 155.3	353.9	1 138.6	312.9	1 336.2	270.9	1 755.9	301.7	1 425.5	266.2
6	1 205.4	384.3	1 177.1	324.2	1 391.2	284.8	1 801.0	308.8	1 491.0	276.2
7	1 181.9	360.6	1 190.0	272.1	1 421.3	298.2	1 662.2	293.1	1 473.5	272.5
8	1 293.3	380.2	1 255.8	285.8	1 459.4	311.0	1 684.7	313.8	1 499.7	291.4
9	1 262.3	393.1	1 321.0	309.0	1 593.9	332.6	1 580.5	318.6	1 673.7	322.5
10	1 261.3	412.5	1 293.3	311.5	1 627.5	359.6	1 569.1	334.4	1 615.2	303.2
11	1 183.5	386.4	1 300.1	313.0	1 534.6	373.3	1 560.5	324.6	1 585.8	307.4
12	1 213.8	385.5	1 356.0	332.2	1 599.6	361.4	1 585.6	317.9	1 581.1	313.9

数据来源：国家统计局。

饲 料 价 格

2018—2022 年全国玉米、豆粕收购价格（月度）

单位：元/kg

月 份	2018 年		2019 年		2020 年		2021 年		2022 年	
	玉米	豆粕	玉米	豆粕	玉米	豆粕	玉米	豆粕	玉米	豆粕
1	1.98	3.33	2.06	3.35	2.09	3.24	2.82	3.79	2.88	3.83
2	2.01	3.31	2.05	3.26	2.13	3.28	2.95	3.95	2.87	4.02
3	2.05	3.39	2.02	3.12	2.12	3.29	2.99	3.82	2.92	4.70
4	2.07	3.46	2.01	3.05	2.14	3.40	2.95	3.65	2.95	4.73
5	2.04	3.39	2.03	3.08	2.21	3.30	2.98	3.72	2.97	4.56
6	2.02	3.31	2.09	3.23	2.24	3.23	3.01	3.75	3.00	4.50
7	2.03	3.33	2.11	3.20	2.31	3.23	2.98	3.74	3.01	4.40
8	2.03	3.37	2.12	3.21	2.43	3.28	2.95	3.79	2.99	4.43
9	2.04	3.46	2.13	3.28	2.45	3.29	2.92	3.85	3.00	4.77
10	2.04	3.63	2.12	3.32	2.50	3.40	2.86	3.89	3.03	5.29
11	2.06	3.60	2.12	3.36	2.57	3.47	2.89	3.81	3.04	5.53
12	2.08	3.48	2.10	3.30	2.62	3.46	2.90	3.76	3.06	5.22

数据来源：农业农村部。

【乳品加工】

行 业 情 况

2018—2022 年全国液体乳及乳制品制造业基本经营情况

分 项	单位	2018 年	2019 年	2020 年	2021 年	2022 年
企业数量[1]	个	587.00	565.00	572.00	589.00	622.00
亏损企业数	个	121.00	127.00	125.00	132.00	153.00
资产总额	亿元	3 145.84	3 616.85	4 044.23	4 639.67	5 632.36
负债总额	亿元	1 576.42	1 938.54	2 170.76	2 435.60	3 110.46
主营业务收入	亿元	3 398.91	3 946.99	4 195.58	4 687.40	4 717.32
利润总额	亿元	230.40	379.35	394.85	375.80	385.13

注 1：指规模以上企业数量。

数据来源：国家统计局。

乳 制 品 产 量

2016—2022 年度全国乳制品产量

年 份	乳制品		液态奶		乳粉	
	产量（万 t）	同比（%）	产量（万 t）	同比（%）	产量（万 t）	同比（%）
2016 年	2 993.23	7.68	2 737.17	8.53	139.02	−0.34
2017 年	2 935.04	4.17	2 691.66	4.53	120.72	1.04
2018 年	2 687.10	4.43	2 505.59	4.34	96.80	−0.74
2019 年	2 719.40	5.58	2 537.67	5.81	105.24	2.36
2020 年	2 780.38	2.84	2 599.43	3.28	101.23	−9.43
2021 年	3 031.66	9.44	2 842.98	9.68	97.94	1.76
2022 年	3 117.70	1.99	2 925.05	2.38	98.58	0.08

数据来源：国家统计局。

2018—2022 年全国各地区乳制品产量

单位：万 t

地 区	2018 年	2019 年	2020 年	2021 年	2022 年
全 国	2 687.1	2 719.4	2 780.4	3 031.7	3 117.7
北 京	56.0	55.4	53.7	54.2	48.9
天 津	57.6	60.2	66.3	69.2	58.7
河 北	365.3	356.8	358.4	397.6	389.7
山 西	45.5	51.6	54.9	55.5	57.6
内蒙古	254.8	289.3	337.3	368.0	415.2
辽 宁	74.9	76.3	58.3	53.9	58.4
吉 林	17.1	20.6	18.3	18.9	17.7
黑龙江	155.3	164.2	164.9	189.4	210.9
上 海	44.6	46.9	52.6	54.4	47.4
江 苏	158.0	116.0	125.2	138.9	162.2
浙 江	66.7	73.2	66.7	69.4	63.2
安 徽	113.8	125.6	124.5	118.2	103.3
福 建	18.4	20.3	22.7	20.4	15.6
江 西	17.5	17.8	17.4	20.4	8.2
山 东	204.4	217.8	216.7	242.6	239.1
河 南	251.6	198.9	177.2	193.1	215.4
湖 北	103.7	98.3	120.1	125.4	113.6
湖 南	28.8	40.5	28.4	47.8	51.7
广 东	91.7	97.8	96.4	82.7	77.9
广 西	34.8	28.5	30.8	43.7	43.1
海 南	0.2	0.3	0.2	0.1	0.1
重 庆	21.2	24.1	25.1	26.5	25.0
四 川	110.4	112.5	116.0	113.7	105.2
贵 州	11.3	13.0	17.0	17.0	21.3
云 南	67.3	63.2	62.2	71.4	81.1
西 藏	1.3	1.0	1.2	1.3	1.0
陕 西	106.8	120.1	112.2	116.4	99.6
甘 肃	32.5	36.5	35.2	53.9	57.9
青 海	8.6	9.1	9.0	10.3	11.7
宁 夏	117.4	130.2	147.0	181.8	235.4
新 疆	49.4	53.3	64.6	75.4	81.5

数据来源：国家统计局。

2018—2022 年全国各地区液体奶产量

单位：万 t

地 区	2018 年	2019 年	2020 年	2021 年	2022 年
全 国	2 505.59	2 537.67	2 599.43	2 842.98	2 925.05
北 京	53.59	52.72	51.66	52.33	46.96
天 津	50.38	50.83	57.03	57.61	49.39
河 北	357.42	347.14	347.56	387.85	379.55
山 西	45.15	50.89	52.96	52.81	55.18
内蒙古	237.10	272.46	318.92	348.95	394.90
辽 宁	73.00	75.68	57.36	53.56	57.70
吉 林	16.13	16.71	14.64	13.83	13.81
黑龙江	118.01	129.03	123.85	151.23	174.59
上 海	43.65	45.83	51.74	52.61	44.61
江 苏	155.19	108.40	118.22	129.75	152.96
浙 江	61.72	68.16	62.07	64.13	58.07
安 徽	107.44	123.44	122.55	116.12	101.38
福 建	17.47	19.36	21.47	19.37	15.00
江 西	17.17	17.46	16.83	19.90	7.72
山 东	197.23	208.02	204.29	226.84	213.61
河 南	251.57	198.89	177.08	193.08	215.27
湖 北	101.75	86.17	109.90	114.56	104.93
湖 南	22.99	34.78	22.93	42.99	46.99
广 东	62.56	82.61	83.50	69.91	65.93
广 西	32.54	27.36	30.15	43.45	42.87
海 南	0.24	0.22	0.13	0.00	0.00
重 庆	21.18	24.15	25.11	26.51	25.03
四 川	101.40	104.22	105.20	103.89	96.70
贵 州	11.26	12.98	17.04	17.02	21.26
云 南	67.00	62.56	61.54	70.91	80.57
西 藏	1.14	0.79	0.87	0.98	0.76
陕 西	84.20	94.68	98.14	100.83	84.28
甘 肃	30.59	34.49	33.76	52.58	56.40
青 海	8.54	9.01	7.41	8.46	10.40
宁 夏	109.86	126.48	142.24	176.79	228.43
新 疆	48.10	52.15	63.29	74.15	79.79

数据来源：国家统计局。

2018—2022 年全国各地区乳粉产量

单位：万 t

地 区	2018 年	2019 年	2020 年	2021 年	2022 年
全 国	96.8	105.2	101.2	97.9	98.6
北 京	0.5	0.8	0.6	0.2	0.4
天 津	0.3	0.3	0.2	0.3	0.2
河 北	5.0	6.8	10.5	9.6	9.7
山 西	0.3	0.7	2.0	2.6	2.3
内蒙古	9.6	8.3	9.6	11.0	12.2
辽 宁	1.8	0.5	0.8	0.2	0.6
吉 林	0.9	1.8	0.5	0.7	0.6
黑龙江	36.5	35.1	40.0	36.3	34.8
上 海	0.7	0.7	0.6	0.6	0.4
江 苏	1.1	6.2	5.6	7.6	6.2
浙 江	1.7	2.2	1.6	1.7	1.5
安 徽	2.1	2.1	2.0	2.1	2.0
福 建	0.7	0.5	0.4	0.3	0.4
江 西	0.3	0.3	0.3	0.3	0.3
山 东	3.9	5.1	3.9	3.5	4.7
河 南	0.1	0.0	0.1	0.0	0.0
湖 北	0.9	0.7	0.8	0.3	0.5
湖 南	4.0	3.9	3.4	2.6	2.0
广 东	0.4	1.1	0.9	0.4	0.6
广 西	0.3	0.3	0.2	0.2	0.3
海 南					0.0
重 庆					0.0
四 川	0.4	0.1	0.1	0.3	0.3
贵 州					0.0
云 南	0.1	0.4	0.4	0.2	0.3
西 藏	0.1				0.0
陕 西	22.1	24.9	13.7	14.9	14.7
甘 肃	0.6	0.6	0.6	0.5	0.5
青 海					0.0
宁 夏	1.3	0.8	1.1	0.5	1.7
新 疆	1.1	0.9	1.2	1.0	1.5

数据来源：国家统计局。

2016—2022 年全国乳制品生产量（月度）

单位：万 t

月 份	2016 年	2017 年	2018 年	2019 年	2020 年	2021 年	2022 年
1-2	423.5	591.7	430.2	436.2	361.4	468.0	490.2
3	236.4	246.9	208.9	213.5	195.1	256.9	250.1
4	233.4	233.8	216.2	204.9	221.4	245.5	238.8
5	242.9	253.0	225.0	219.8	250.1	266.9	275.9
6	299.8	290.1	236.3	234.3	253.9	268.9	275.1
7	255.6	258.7	236.0	231.5	251.2	253.4	249.2
8	255.1	265.4	235.8	234.7	252.5	259.4	257.0
9	270.7	287.4	236.0	231.2	257.7	261.8	275.8
10	265.4	266.4	221.5	227.4	261.4	283.4	275.7
11	269.8	252.0	212.4	228.1	239.0	258.0	272.2
12	279.8	254.5	232.8	258.9	251.1	281.2	266.5

数据来源：国家统计局。

2016—2022 年全国液态奶生产量（月度）

单位：万 t

月 份	2016 年	2017 年	2018 年	2019 年	2020 年	2021 年	2022 年
1-2	384.0	553.5	399.1	436.2	339.1	438.4	461.1
3	213.9	223.2	192.7	213.5	177.7	240.8	233.3
4	212.2	211.9	197.1	204.9	204.8	230.4	224.2
5	219.3	230.7	208.8	219.8	233.2	249.9	259.9
6	275.3	263.7	219.8	234.3	237.9	251.6	257.5
7	234.2	238.0	220.8	231.5	237.6	239.6	233.1
8	235.9	243.8	221.1	234.7	237.3	244.7	241.1
9	249.7	265.4	221.0	231.2	241.8	245.9	260.2
10	242.0	245.1	206.6	227.4	245.3	266.5	260.2
11	245.8	230.7	197.9	228.1	222.7	240.5	255.7
12	254.0	232.1	216.4	258.9	234.3	263.2	248.5

数据来源：国家统计局。

2016—2022 年全国奶粉生产量（月度）

单位：万 t

月　份	2016 年	2017 年	2018 年	2019 年	2020 年	2021 年	2022 年
1–2	20.4	17.7	16.7	14.5	13.5	16.3	15.7
3	10.9	10.8	8.3	9.1	10.7	8.1	9.3
4	10.5	10.0	8.3	8.9	9.4	7.2	7.6
5	11.3	10.5	8.2	8.6	8.9	7.9	7.9
6	13.0	12.3	8.4	9.3	8.1	8.5	8.7
7	12.3	10.4	7.5	8.7	6.7	6.4	7.8
8	10.6	11.4	7.8	7.3	7.9	7.2	8.2
9	12.1	12.0	8.2	7.6	8.7	8.1	7.4
10	12.6	12.2	8.1	8.1	8.2	9.1	8.2
11	13.9	11.9	8.3	9.3	9.4	10.3	9.3
12	16.1	12.7	9.8	10.1	10.2	10.8	10.0

数据来源：国家统计局。

奶 业 贸 易

2019—2022 年全国活牛进口量值

来源地	2019 年			2020 年			2021 年			2022 年		
	进口量（头）	进口额（万美元）		进口量（头）	进口额（万美元）		进口量（头）	进口额（万美元）		进口量（头）	进口额（万美元）	
总　计	199 285	33 507.7		266 117	48 715.8		359 128	79 478.0		349 701	80 434	
澳大利亚	160 232	26 833.2		140 972	26 362.9		108 559	30 313.1		130 737	36 820	
新 西 兰	32 569	5 805.4		100 619	18 070.0		124 664	25 975.4		140 688	29 949	
智　利		—		13 313	2 207.2		29 727	5 724.7		20 710	4 365	
乌拉圭	6 484	869.1		11 213	2 075.7		96 178	17 464.7		57 566	9 300	

数据来源：海关总署。

牧草国际贸易

2009—2022 年我国苜蓿干草进口量值

年份	进口量（t）	进口额（万美元）	进口单价（美元/t）
2009 年	74 185	2 003	270
2010 年	218 058	5 906	271
2011 年	275 564	9 960	361
2012 年	442 696	17 416	393
2013 年	755 598	28 060	371
2014 年	884 393	34 249	387
2015 年	1 209 656	46 851	387
2016 年	1 387 206	44 601	322
2017 年	1 398 199	42 344	303
2018 年	1 380 754	44 574	323
2019 年	1 355 227	45 963	339
2020 年	1 359 372	49 106	361
2021 年	1 780 247	68 008	382
2022 年	1 788 549	92 625	518

数据来源：海关总署。

2015—2022 年我国苜蓿干草进口量值（每月）

月份	2015 年		2016 年		2017 年		2018 年		2019 年		2020 年		2021 年		2022 年	
	进口量（t）	进口额（万美元）	进口量（t）	进口额（万美元）	进口量（t）	进口额（万美元）	进口量（t）	进口额（万美元）	进口量（t）	进口额（万美元）	进口量（t）	进口额（万美元）	进口量（t）	进口额（万美元）	进口量（t）	进口额（万美元）
1	78 796	3 179.1	102 548	3 489.9	108 608	3 250.4	131 825	4 133.2	112 258	3 559.9	76 017	2 729.6	111 243	3 920.0	161 916	6 955.4
2	60 758	2 442.1	52 775	1 852.5	94 524	2 798.8	77 562	2 464.6	45 255	1 497.8	83 843	3 070.1	74 385	2 674.3	117 094	5 193.6
3	71 213	2 929.3	125 908	4 378.7	138 138	4 077.0	144 852	4 626.6	77 917	2 581.3	100 228	3 654.1	107 418	3 838.1	131 968	6 047.9
4	112 501	4 572.4	103 980	3 525.7	127 783	3 800.6	121 062	3 874.8	81 302	2 763.8	111 790	4 083.2	124 275	4 431.5	120 667	5 700.5
5	112 892	4 635.8	121 581	3 923.3	154 414	4 547.1	156 267	5 020.5	97 742	3 336.5	120 175	4 357.8	118 020	4 296.5	105 935	5 166.6
6	131 343	5 287.7	115 040	3 625.2	144 831	4 384.3	121 384	3 963.7	81 497	2 868.3	117 627	4 190.2	100 139	3 703.2	104 358	5 379.9
7	124 568	4 863.0	136 280	4 299.3	119 819	3 665.5	115 722	3 893.4	88 785	3 103.3	125 992	4 615.2	156 076	5 920.1	129 922	6 768.4
8	115 793	4 369.3	156 947	4 972.8	110 739	3 381.4	108 738	3 734.6	124 983	4 289.7	134 081	4 857.4	171 144	6 504.6	154 931	8 130.9
9	126 558	4 744.0	134 744	4 265.8	103 741	3 230.8	116 846	3 832.7	168 002	5 656.3	134 746	4 873.0	200 622	7 737.6	214 058	11 743.2
10	83 366	3 031.1	105 619	3 295.6	86 126	2 656.2	119 676	3 775.0	171 409	5 789.1	115 174	4 109.7	225 901	8 855.6	191 547	10 779.0
11	100 098	3 541.0	107 472	3 270.4	110 994	3 468.1	82 238	2 572.2	175 603	5 973.2	119 277	4 283.3	205 985	8 320.5	185 969	10 806.0
12	92 145	3 264.6	124 882	3 713.4	99 410	3 103.1	87 215	2 734.9	131 350	4 563.4	120 044	4 273.1	184 191	7 763.2	170 181	9 953.2

数据来源：海关总署。

2009—2022 年我国燕麦干草进口量值

年 份	进口量（t）	进口额（万美元）	进口单价（美元/t）
2009 年	1 448	37	257
2010 年	8 991	240	267
2011 年	12 726	395	310
2012 年	17 525	620	354
2013 年	42 812	1 581	369
2014 年	120 953	4 064	336
2015 年	151 490	5 280	349
2016 年	222 688	7 307	328
2017 年	307 922	8 623	280
2018 年	293 641	7 973	272
2019 年	240 901	8 637	359
2020 年	334 723	11 585	346
2021 年	212 653	7 285	343
2022 年	152 352	6 537	429

数据来源：海关总署。

2015—2022 年我国燕麦干草进口量值（每月）

月份	2015 年		2016 年		2017 年		2018 年		2019 年		2020 年		2021 年		2022 年	
	进口量（t）	进口额（万美元）	进口量（t）	进口额（万美元）	进口量（t）	进口额（万美元）	进口量（t）	进口额（万美元）	进口量（t）	进口额（万美元）	进口量（t）	进口额（万美元）	进口量（t）	进口额（万美元）	进口量（t）	进口额（万美元）
1	10 187	341.2	20 064	663.6	18 103	528.9	28 841	776.1	22 928	755.6	23 651	840.8	36 339	1 198.0	11 656	452.0
2	8 749	309.7	12 421	409.2	21 219	607.5	7 823	212.7	14 305	488.9	28 647	1 002.1	36 964	1 202.2	10 992	429.3
3	15 042	529.6	20 924	692.8	26 048	733.0	24 892	661.2	13 127	464.3	38 061	1 341.8	30 042	980.3	8 554	354.0
4	11 470	404.1	19 291	640.7	22 040	642.9	21 780	577.5	17 280	614.9	35 389	1 244.4	9 331	302.1	18 162	747.2
5	14 432	503.1	17 916	599.1	24 361	678.7	24 977	660.1	17 564	626.1	30 246	1 066.3	8 181	272.8	10 674	460.8
6	14 521	505.9	18 051	598.7	30 983	865.9	23 033	616.3	19 792	714.2	19 631	695.5	8 157	275.4	15 752	683.4
7	16 271	576.9	17 362	576.7	27 918	784.2	21 533	583.1	27 108	984.9	27 273	952.1	10 318	359.7	16 347	711.7
8	11 666	414.1	22 435	742.5	27 817	784.5	26 750	700.3	24 819	919.8	18 577	638.5	11 075	389.8	14 333	642.3
9	12 836	452.6	19 757	650.5	28 890	810.6	32 725	877.3	23 039	847.6	22 710	781.1	10 153	363.8	12 356	553.2
10	9 818	344.2	15 196	499.3	26 230	707.5	33 121	912.4	22 651	842.3	22 060	743.5	17 200	632.5	13 165	583.3
11	9 048	314.3	15 234	493.4	31 464	852.2	30 136	855.0	14 759	532.3	30 661	1 021.0	16 656	619.8	10 780	481.6
12	17 451	584.4	24 038	741.0	22 849	627.0	18 030	540.7	23 529	846.0	37 563	1 250.6	17 741	672.3	9 581	438.0

数据来源：海关总署。

乳 制 品 贸 易

2018—2022 年全国乳制品进口情况

品　种	2018 年			2019 年			2020 年			2021 年			2022 年		
	进口量（t）	进口额（万美元）	平均单价（美元/t）	进口量（t）	进口额（万美元）	平均单价（美元/t）	进口量（t）	进口额（万美元）	平均单价（美元/t）	进口量（t）	进口额（万美元）	平均单价（美元/t）	进口量（t）	进口额（万美元）	平均单价（美元/t）
乳制品	2 312 017	529 424	2 290	2 628 019	593 648	2 259	2 945 995	665 148	2 258	3 636 462	903 680	2 485	2 956 210	882 298	2 985
液态奶	704 153	97 347	1 382	924 427	116 028	1 255	1 071 902	136 673	1 275	1 296 017	186 855	1 442	1 001 125	167 614	1 674
液奶	673 294	91 269	1 356	890 684	110 145	1 237	1 039 779	130 876	1 259	1 268 413	181 284	1 429	977 525	162 770	1 665
酸奶	30 859	6 078	1 970	33 743	5 883	1 743	32 123	5 797	1 805	27 604	5 571	2 018	23 600	4 844	2 053
干乳制品	1 607 864	432 078	2 687	1 703 592	477 620	2 804	1 874 093	528 475	2 820	2 340 445	716 826	3 063	1 955 085	714 683	3 656
奶粉	801 489	242 866	3 030	1 014 843	312 433	3 079	979 339	328 980	3 359	1 275 207	459 504	3 603	1 036 786	443 758	4 280
炼乳	27 523	4 867	1 768	34 724	5 559	1 601	23 760	4 029	1 696	34 870	7 010	2 010	24 123	4 723	1 958
乳清	557 245	63 334	1 137	453 572	60 765	1 340	626 150	81 814	1 307	723 170	102 268	1 414	605 749	96 368	1 591
黄油	113 330	69 691	6 149	85 591	46 663	5 452	115 616	54 618	4 724	131 046	66 720	5 091	142 938	92 912	6 500
奶酪	108 278	51 319	4 740	114 862	52 201	4 545	129 228	59 034	4 568	176 152	81 324	4 617	145 489	76 921	5 287
婴幼儿配方奶粉	323 096	474 976	14 701	345 434	519 166	15 029	335 528	506 462	15 094	261 668	432 596	16 532	265 631	443 735	16 705
其他相关制品															
乳糖	117 236	9 858	841	92 856	10 220	1 101	113 930	13 729	1 205	120 045	16 977	1 414	128 230	18 275	1 425
酪蛋白	24 499	17 834	7 279	24 440	18 263	7 473	29 643	25 050	8 451	38 084	37 357	9 809	36 829	47 775	12 971
白蛋白	29 351	23 486	8 002	30 014	31 025	10 337	40 108	34 201	8 527	36 541	34 721	9 502	36 111	49 942	13 824
冰激凌	21 601	8 906	4 123	24 703	10 276	4 160	21 078	9 195	4 362	25 564	12 222	4 781	15 949	7 361	4 615

数据来源：海关总署。

2018—2022 年全国乳制品出口情况

品　种	2018 年			2019 年			2020 年			2021 年			2022 年		
	出口量（t）	出口额（万美元）	平均单价（美元/t）	出口量（t）	出口额（万美元）	平均单价（美元/t）	出口量（t）	出口额（万美元）	平均单价（美元/t）	出口量（t）	出口额（万美元）	平均单价（美元/t）	出口量（t）	出口额（万美元）	平均单价（美元/t）
乳制品	38 792	5 676	1 463	36 281	5 238	1 444	36 215	5 126	1 415	36 366	6 334	1 742	39 856	7 160	1 796
液态奶	29 974	3 107	1 037	28 664	3 011	1 050	29 982	3 215	1 072	28 145	3 387	1 204	30 148	3 557	1 180
液奶	27 123	2 504	923	24 797	2 127	858	25 247	2 162	856	23 011	2 179	947	23 903	2 292	959
酸奶	2 851	604	2 118	3 867	883	2 284	4 735	1 053	2 223	5 134	1 208	2 353	6 245	1 266	2 027
干乳制品	8 818	2 568	2 912	7 617	2 228	2 925	6 232	1 911	3 066	8 221	2 947	3 585	9 708	3 602	3 710
奶粉	3 137	984	3 137	1 783	694	3 893	1 624	698	4 297	4 315	1 663	3 853	4 254	1 876	4 409
炼乳	2 757	468	1 698	2 996	479	1 600	2 618	523	1 996	1 727	407	2 356	2 554	559	2 188
乳清	592	144	2 431	293	65	2 202	525	77	1 472	161	20	1 268	668	120	1 796
黄油	2 139	848	3 964	2 425	899	3 708	1 100	419	3 810	1 849	695	3 759	2 139	933	4 364
奶酪	193	124	6 436	120	91	7 547	365	194	5 320	169	162	9 598	93	115	12 360
婴幼儿配方奶粉	15 404	30 361	19 710	18 115	37 884	20 913	6 726	16 828	25 018	8 468	23 928	28 258	4 530	12 171	26 866
其他相关制品															
乳糖	1 103	331	3 002	1 418	372	2 622	366	83	2 275	67	38	5 662	749	291	3 890
酪蛋白	546	320	5 866	935	517	5 525	1 178	709	6 015	407	402	9 867	480	541	11 271
白蛋白	15	264	175 936	16	514	321 528	1 008	515	5 106	56	426	76 491	986	309	2 979
冰激凌	31 448	5 004	1 591	19 658	2 983	1 518	32 711	4 830	1 477	36 319	6 180	1 702	22 208	4 993	2 248

数据来源：海关总署。

2019—2023 年全国液奶进口量值

来源地	2019 年		2020 年		2021 年		2022 年		2023 年	
	进口额（美元）	进口量（t）	进口额（美元）	进口量（t）	进口额（美元）	进口量（t）	进口额（美元）	进口量（t）	进口额（美元）	进口量（t）
全球	1 101 443 451	890 685	1 308 797 013	1 039 801	1 813 012 801	1 268 450	1 627 698 102	977 526	1 590 156 988	813 662
新西兰	459 183 339	283 917	535 746 847	309 154	737 148 624	363 393	764 418 359	325 010	792 272 647	328 330
德国	199 999 719	258 383	264 086 042	338 500	344 411 175	400 457	249 354 786	276 578	236 315 163	225 565
澳大利亚	96 202 022	103 189	97 354 024	103 123	128 529 104	125 221	120 877 369	120 382	87 774 439	69 765
波兰	48 523 767	77 271	70 188 176	107 129	108 699 758	149 975	73 907 137	94 045	40 820 096	50 824
法国	143 527 291	60 684	148 908 915	56 335	199 967 339	67 689	174 285 947	56 017	177 847 954	48 492
比利时	19 167 288	18 540	22 766 822	17 224	43 058 796	29 141	30 328 448	17 082	47 229 842	22 398
英国	41 372 883	16 594	35 605 604	12 926	48 275 239	15 168	56 624 853	15 842	63 629 787	16 003
荷兰	8 974 143	9 398	8 350 631	7 289	19 070 245	9 872	31 257 890	11 634	36 501 452	13 369
西班牙	17 584 816	7 886	37 407 027	15 443	65 297 124	22 565	48 346 992	16 933	43 509 415	12 572
爱尔兰	17 683 208	11 055	22 279 986	12 592	35 581 080	17 228	40 227 308	14 996	43 824 385	12 290
奥地利	11 116 158	15 075	26 265 979	32 835	23 235 746	28 324	9 239 508	11 600	4 631 028	4 789
韩国	19 124 462	10 539	16 962 404	9 557	13 970 077	7 679	7 550 054	4 180	6 532 145	3 494
意大利	6 555 479	5 521	7 644 853	4 883	14 273 849	7 266	4 817 538	2 352	5 241 945	1 763
越南	69 229	44	108 381	88	370 385	268	244 891	164	532 214	740
乌拉圭	522 580	869	1 049 958	1 456	2 245 071	3 024	832 775	1 029	538 695	617
俄罗斯	24 150	37	145 450	181	397 853	635	422 458	457	488 125	599
白俄罗斯	2 005 805	2 824	1 362 314	2 121	2 919 462	5 012	192 287	259	339 397	431
葡萄牙	662 248	1 298	962 581	1 846	1 210 299	2 548	762 439	1 852	186 864	409
丹麦	2 918 628	1 493	6 910 418	3 231	20 057 075	8 735	11 404 131	4 369	659 618	347
斯洛文尼亚	1 366 215	1 711	1 372 829	1 601	1 411 789	1 598	650 587	743	297 200	283
其他	4 860 021	4 357	3 317 772	2 287	2 882 711	2 652	1 952 345	2 002	984 577	582

数据来源：海关总署。

2019—2023 年全国酸奶进口量值

来源地	2019 年		2020 年		2021 年		2022 年		2023 年	
	进口额（美元）	进口量（t）	进口额（美元）	进口量（t）	进口额（美元）	进口量（t）	进口额（美元）	进口量（t）	进口额（美元）	进口量（t）
全球	58 828 998	33 743	57 883 772	32 124	55 721 050	27 604	48 443 899	23 599	48 034 973	21 238
德国	37 038 563	25 352	29 987 190	20 868	29 697 314	19 278	25 928 362	17 470	25 072 602	15 183
新西兰	4 598 094	1 613	9 470 871	3 403	5 962 646	1 770	4 718 892	1 142	6 418 581	2 230
法国	4 325 507	1 220	6 120 476	1 444	9 461 627	2 023	10 700 493	2 526	9 241 638	1 838
奥地利	5 142 321	3 397	4 495 154	3 799	2 838 121	2 280	1 201 670	1 047	921 402	753
澳大利亚	2 408 001	536	1 850 778	516	2 014 492	537	1 382 441	274	3 188 291	444
西班牙	1 223 703	558	3 289 529	1 361	2 033 195	723	2 254 418	645	1 334 763	347
越南	0	0	0	0	642 069	389	283 683	146	232 665	112
意大利	53 579	19	22 790	10	218 920	50	296 675	39	726 322	94
韩国	145 094	48	126 875	41	104 173	25	52 174	13	390 882	84
波兰	231 126	125	48 983	22	272 673	103	74 190	59	245 057	75
其他	3 663 010	875	2 471 126	660	2 475 820	426	1 550 901	238	262 770	78

数据来源：海关总署。

2019—2023 年全国奶粉进口量值

来源地	2019 年 进口额（美元）	2019 年 进口量（t）	2020 年 进口额（美元）	2020 年 进口量（t）	2021 年 进口额（美元）	2021 年 进口量（t）	2022 年 进口额（美元）	2022 年 进口量（t）	2023 年 进口额（美元）	2023 年 进口量（t）
全球	3 123 580 918	1 014 803	3 291 066 844	979 343	4 595 255 824	1 275 097	4 437 584 482	1 036 790	2 926 984 409	778 138
新西兰	2 263 337 902	754 962	2 254 290 067	695 194	3 123 526 797	888 640	3 064 784 155	738 719	1 889 197 230	537 123
澳大利亚	333 601 109	68 231	405 440 894	77 255	480 080 085	90 162	501 627 579	89 616	501 899 913	85 413
白俄罗斯	31 004 938	15 413	43 845 920	20 888	73 741 935	25 909	99 491 336	28 774	63 547 919	28 386
美国	22 391 329	6 657	58 606 168	23 681	139 895 302	47 686	150 380 325	38 093	70 118 201	22 329
法国	70 650 231	26 253	77 612 322	26 156	116 020 762	35 881	87 455 875	20 052	79 597 923	19 169
芬兰	37 783 461	18 155	64 158 025	23 459	87 206 675	28 871	105 888 247	28 158	52 111 020	17 517
瑞典	20 331 240	9 355	20 328 604	7 523	49 294 823	16 062	49 282 377	12 372	45 121 713	14 844
德国	70 937 250	29 654	59 831 840	20 259	83 018 872	25 007	30 361 587	6 187	40 224 412	12 932
爱尔兰	42 757 425	18 342	47 154 323	17 838	58 813 184	18 926	52 782 039	13 114	35 552 999	10 862
瑞士	13 033 385	5 230	18 668 174	6 811	27 690 754	8 564	20 490 251	4 939	24 048 712	7 892
荷兰	45 726 321	9 093	73 826 111	10 703	94 221 753	16 167	80 697 210	9 833	64 390 692	7 859
乌拉圭	34 927 425	11 800	58 036 141	18 701	135 640 949	39 576	121 099 822	31 275	19 524 196	5 550
波兰	13 374 843	5 837	13 305 484	4 756	14 559 860	4 755	10 819 603	2 721	10 807 091	3 521
西班牙	40 808 293	4 867	18 499 308	2 402	15 438 357	2 233	10 544 637	1 645	10 406 581	1 300
丹麦	27 108 109	11 321	25 761 951	8 086	10 834 302	2 128	7 693 823	1 100	8 588 756	849
阿根廷	8 481 463	3 368	20 003 842	7 332	16 109 594	4 828	18 425 212	4 846	3 002 938	844
意大利	175 162	47	263 288	69	740 441	227	271 590	16	1 340 479	540
俄罗斯	0	0	460	0	1 005 708	233	3 455 580	532	2 407 629	526
加拿大	1 025 503	140	80 919	7	44 988	2	829 915	75	919 522	302
马来西亚	2 698 931	834	603 663	123	4 481 332	1 165	451 506	67	503 800	142
其他	43 426 223	15 244	30 749 340	8 100	62 889 351	18 075	20 751 813	4 656	3 672 683	238

数据来源：海关总署。

2019—2023 年全国炼乳进口量值

来源地	2019 年		2020 年		2021 年		2022 年		2023 年	
	进口额（美元）	进口量（t）	进口额（美元）	进口量（t）	进口额（美元）	进口量（t）	进口额（美元）	进口量（t）	进口额（美元）	进口量（t）
全球	55 589 363	34 724	40 285 020	23 760	63 479 218	33 931	47 230 995	24 121	38 634 699	16 978
荷兰	25 268 544	13 536	10 887 609	5 831	23 271 173	13 432	14 172 694	9 446	9 088 749	6 478
澳大利亚	22 009 564	16 377	18 237 400	11 830	17 655 144	10 810	17 701 328	9 721	8 332 441	4 951
比利时	265 020	88	268 367	92	1 593 189	278	7 869 064	1 203	13 454 144	1 966
德国	3 569 786	1 988	5 906 961	3 408	8 116 083	4 395	4 522 427	2 389	3 398 812	1 455
泰国	31 470	17	10	0	557 443	273	1 004 581	502	1 430 238	814
马拉西亚	2 195 995	1 805	2 454 213	1 588	1 529 942	813	560 913	461	831 528	696
意大利	108 717	25	1 352 783	472	8 844 038	3 077	567 717	177	678 399	225
新西兰	163 244	19	1 102	0	0	0	0	0	351 069	191
西班牙	154 710	54	123 523	42	27 225	10	387 298	79	988 491	167
俄罗斯	12 835	11	3 934	4	120 156	78	0	0	63 505	26
其他	1 809 478	804	1 049 118	493	1 764 825	765	444 973	143	17 323	9

数据来源：海关总署。

2019—2023 年全国乳清进口量值

来源地	2019 年		2020 年		2021 年		2022 年		2023 年	
	进口额（美元）	进口量（t）	进口额（美元）	进口量（t）	进口额（美元）	进口量（t）	进口额（美元）	进口量（t）	进口额（美元）	进口量（t）
全球	607 648 308	453 573	818 149 977	626 404	1 023 105 891	723 340	963 683 118	605 749	863 443 574	663 036
美国	116 686 334	161 664	212 097 531	246 255	288 803 034	286 443	300 859 759	309 059	246 622 556	307 062
白俄罗斯	28 684 046	36 673	50 991 423	59 362	66 448 595	62 361	44 817 381	40 304	50 332 458	65 093
波兰	27 321 467	29 709	48 477 575	54 617	52 321 996	49 507	37 635 438	31 702	50 591 525	55 977
荷兰	55 574 727	34 265	80 365 003	57 202	88 750 378	60 429	77 386 736	41 218	72 792 104	49 390
法国	109 930 558	54 622	101 141 957	52 790	117 948 745	65 145	92 459 065	40 605	87 301 151	36 928
德国	61 766 759	30 935	70 979 512	31 703	85 732 579	36 035	90 437 874	35 705	61 906 879	32 816
阿根廷	23 974 622	22 658	21 403 411	16 417	29 616 447	23 260	22 673 127	16 272	24 333 276	19 142
芬兰	19 357 268	11 902	23 569 414	13 835	22 745 070	14 656	25 398 930	14 294	27 120 674	16 333
爱尔兰	40 919 656	21 308	40 265 614	22 911	48 074 329	26 916	52 733 272	24 266	32 901 500	13 612
新西兰	10 727 692	2 615	11 713 722	3 559	18 578 061	4 569	32 288 031	6 146	28 591 253	9 250
西班牙	3 836 539	1 231	18 717 194	5 035	23 148 678	7 236	23 196 165	7 289	36 599 453	8 687
乌克兰	9 176 226	10 904	13 717 420	15 076	10 753 265	9 525	2 951 300	2 342	8 260 895	7 745
俄罗斯	176 000	200	219 825	226	1 331 241	1 327	1 974 512	2 355	4 484 882	6 981
澳大利亚	6 839 772	5 038	12 615 630	7 014	18 955 340	7 279	22 851 739	3 707	26 393 765	5 690
英国	9 518 033	6 262	6 421 305	4 218	7 624 028	5 550	9 798 350	6 359	8 419 124	4 487
土耳其	0	0	4 276 277	5 197	34 722 481	34 719	2 963 871	1 800	2 554 232	3 900
智利	3 325 565	3 850	3 359 250	3 750	4 048 371	3 675	3 864 250	2 800	2 979 563	3 575
丹麦	23 028 373	2 249	31 088 299	3 167	33 511 101	3 183	40 487 565	3 919	40 772 476	3 550
意大利	6 526 693	1 929	13 421 430	2 499	14 373 490	2 718	16 450 203	2 877	16 762 322	3 241
奥地利	16 011 002	2 140	9 745 198	1 351	10 654 053	1 439	10 800 901	3 276	9 083 775	1 914
其他	112 705 179	47 222	157 144 815	67 753	204 086 657	94 019				

数据来源：海关总署。

2019—2023 年全国黄油进口量值

来源地	2019 年		2020 年		2021 年		2022 年		2023 年	
	进口额（美元）	进口量（t）	进口额（美元）	进口量（t）	进口额（美元）	进口量（t）	进口额（美元）	进口量（t）	进口额（美元）	进口量（t）
全球	466 602 480	85 544	546 182 669	115 620	667 190 926	131 047	929 122 539	142 938	824 439 783	130 563
新西兰	372 437 684	70 985	436 582 053	95 239	514 183 260	103 446	801 084 807	125 537	705 355 904	114 223
法国	39 135 642	5 133	41 902 566	5 676	40 550 552	5 479	47 054 343	5 490	47 613 272	5 505
荷兰	11 550 371	2 023	12 768 834	2 928	18 409 929	3 684	17 338 264	2 232	24 652 863	3 596
比利时	14 223 946	2 106	13 716 109	2 471	16 567 932	2 735	18 264 190	2 277	20 937 075	3 038
德国	5 207 753	887	5 386 392	1 279	9 341 862	1 940	8 107 134	1 107	8 542 656	1 262
阿根廷	1 820 388	354	1 704 551	358	1 529 846	323	5 704 006	999	4 040 496	771
爱尔兰	2 778 036	544	3 116 072	682	9 601 167	2 083	3 891 183	616	3 577 255	578
澳大利亚	10 704 871	1 709	13 354 166	3 004	24 750 199	5 480	12 309 171	2 326	3 088 884	568
乌克兰	948 341	233	993 300	231	688 133	147	0	0	1 747 525	322
丹麦	2 268 956	349	4 062 342	849	10 088 548	1 559	4 114 416	671	1 801 278	259
其他	5 526 492	1 221	12 596 284	2 903	21 479 498	4 171	11 255 025	1 683	3 082 575	441

数据来源：海关总署。

2019—2023 年全国奶酪进口量值

来源地	2019 年 进口额（美元）	2019 年 进口量（t）	2020 年 进口额（美元）	2020 年 进口量（t）	2021 年 进口额（美元）	2021 年 进口量（t）	2022 年 进口额（美元）	2022 年 进口量（t）	2023 年 进口额（美元）	2023 年 进口量（t）
全球	522 008 001	114 864	590 337 165	129 227	813 199 011	176 152	769 212 191	145 489	967 773 306	178 188
新西兰	284 294 916	66 831	313 455 592	72 768	409 106 568	95 706	426 965 669	84 237	552 120 993	106 758
澳大利亚	71 846 440	17 130	71 892 988	17 988	108 045 133	26 707	95 568 099	21 204	99 928 475	20 920
美国	36 674 880	7 533	37 226 623	7 153	45 050 839	8 647	30 892 050	5 128	63 072 829	11 521
丹麦	24 789 224	4 669	35 712 554	7 326	64 215 888	13 595	43 148 945	7 439	55 021 546	9 315
意大利	23 390 420	3 809	25 543 643	4 238	41 289 119	6 501	49 023 479	7 972	60 379 295	8 571
法国	24 076 934	3 396	30 409 074	4 343	45 204 636	6 378	33 910 090	5 153	38 197 550	6 187
荷兰	6 376 337	1 015	9 883 086	1 365	17 743 999	1 979	18 275 776	2 031	22 179 813	2 796
德国	9 785 184	2 239	8 829 855	2 070	10 240 249	2 466	8 205 941	1 525	8 156 171	1 420
英国	6 120 245	1 325	4 648 344	1 093	6 318 778	1 421	2 934 710	518	7 132 549	1 398
越南	0	0	225	0	219 203	2	3 329 379	373	10 562 445	1 073
爱尔兰	10 326 705	2 523	12 461 467	3 045	12 314 285	2 920	9 756 597	2 096	4 898 494	1 031
奥地利	3 799 940	769	10 428 729	2 061	11 449 148	1 852	8 610 000	1 327	7 685 172	1 003
西班牙	2 351 736	388	2 273 857	359	3 496 078	538	4 619 508	729	6 711 163	937
阿根廷	1 649 228	438	2 513 262	688	4 594 824	1 195	6 124 691	1 370	4 358 486	897
新加坡	2 441 461	330	3 154 561	437	4 319 614	582	3 875 289	503	5 040 447	692
比利时	223 376	63	167 893	45	450 533	52	0	0	2 920 336	610
波兰	1 051 565	154	1 723 973	258	1 450 084	145	1 371 597	199	2 670 815	540
韩国	1 363 030	101	2 543 891	246	3 186 703	331	3 029 778	324	2 872 794	494
乌拉圭	2 191 250	575	3 220 630	840	2 256 476	575	1 851 500	425	2 403 275	466
土耳其	0	0	97 174	22	500 814	112	4 623 682	1 106	1 877 842	400
其他	9 255 130	1 576	14 149 744	2 882	21 746 040	4 448	13 095 411	1 830	9 582 816	1 159

数据来源：海关总署。

2010—2022年全国原料奶粉进口量值

年份	奶粉			其中：脱脂奶粉			其中：全脂淡奶粉			其中：全脂甜奶粉		
	数量(t)	金额(万美元)	单价(美元/t)	数量(t)	金额(万美元)	单价(美元/t)	数量(t)	金额(万美元)	单价(美元/t)	数量(t)	金额(万美元)	单价(美元/t)
2010年	414 040	138 810	3 353	88 544	27 403	3 095	324 708	110 431	3 401	788	976	12 389
2011年	449 542	164 544	3 660	129 805	45 564	3 510	318 049	117 848	3 705	1 687	1 132	6 710
2012年	572 875	192 739	3 364	167 593	55 397	3 305	402 387	135 490	3 367	2 896	1 852	6 396
2013年	854 416	358 473	4 196	235 019	95 850	4 078	617 798	261 485	4 233	1 599	1 137	7 111
2014年	923 697	443 686	4 803	252 840	112 520	4 450	670 043	330 630	4 934	814	535	6 574
2015年	547 243	150 690	2 754	200 220	51 717	2 583	342 620	95 238	2 780	4 403	3 735	8 483
2016年	604 217	147 817	2 446	184 469	39 619	2 148	415 724	105 354	2 534	4 024	2 844	7 067
2017年	717 399	216 175	3 013	247 304	60 043	2 428	463 408	149 407	3 224	6 688	4 871	7 284
2018年	801 489	242 866	3 030	280 488	60 931	2 172	512 641	174 667	3 407	8 360	7 268	8 694
2019年	1 014 803	312 358	3 078	343 616	87 077	2 534	664 012	217 603	3 277	7 175	7 678	10 701
2020年	979 339	328 981	3 359	335 597	98 589	2 938	633 677	222 403	3 510	10 065	7 989	7 937
2021年	1 275 207	459 504	3 603	426 054	137 019	3 216	843 496	317 892	3 769	5 657	4 593	8 118
2022年	1 036 786	443 758	4 280	335 403	134 919	4 023	699 436	306 775	4 386	1 947	2 064	10 602

数据来源：海关总署。

2010—2022 年全国原料奶粉出口量值

年 份	奶粉			其中：脱脂奶粉			其中：全脂淡奶粉			其中：全脂甜奶粉		
	数量（t）	金额（万美元）	单价（美元/t）	数量（t）	金额（万美元）	单价（美元/t）	数量（t）	金额（万美元）	单价（美元/t）	数量（t）	金额（万美元）	单价（美元/t）
2010 年	2 970	943	3 175	189	69	3 649	606	198	3 274	2 175	675	3 106
2011 年	9 327	3 711	398	199	91	4 569	6 562	2 360	360	2 566	1 260	4 909
2012 年	9 703	3 984	4 106	345	166	4 816	5 999	2 076	4 106	3 359	1 742	5 185
2013 年	3 318	1 622	4 889	359	149	4 148	1 000	347	3 473	1 958	1 126	5 749
2014 年	8 125	3 228	3 973	2 356	826	3 507	4 931	1 868	3 788	838	534	6 372
2015 年	4 869	1 098	2 255	1 178	246	2 086	3 030	455	1 502	661	397	6 008
2016 年	3 530	1 605	4 547	655	196	2 986	1 383	563	4 073	1 491	846	5 672
2017 年	2 843	948	3 333	1 047	233	2 222	1 271	392	3 086	524	323	6 151
2018 年	3 135	982	3 133	1 375	334	2 429	1 350	399	2 955	411	250	6 082
2019 年	1 783	694	3 893	713	187	2 620	727	338	4 656	343	169	4 924
2020 年	1 624	698	4 297	467	152	3 251	467	152	3 251	165	143	8 716
2021 年	4 315	1 663	3 853	2 261	701	3 103	1 909	820	4 298	146	141	9 637
2022 年	4 254	1 876	4 409	1 280	475	3 709	2 732	1 247	4 564	243	154	6 342

数据来源：海关总署。

【乳品消费】

2018—2022 年居民家庭人均奶类消费量

单位：kg

指标	2018 年	2019 年	2020 年	2021 年	2022 年
全国居民	12.2	12.5	13.0	14.4	12.4
城镇居民	16.5	16.7	17.3	18.2	15.4
农村居民	6.9	7.3	7.4	9.3	8.4

注：数据来源于国家统计局开展的城乡一体化住户收支与生活状况调查。

2022 年分地区居民家庭人均奶类消费量

单位：kg

地　区	居民	城镇居民	农村居民
全　国	12.4	15.4	8.4
北　京	22.0	23.3	13.9
天　津	14.7	15.9	8.8
河　北	15.8	19.7	11.6
山　西	17.3	20.3	13.6
内蒙古	20.9	25.0	14.6
辽　宁	15.6	20.0	6.7
吉　林	9.0	11.8	5.5
黑龙江	10.6	14.0	5.7
上　海	20.6	21.5	12.3
江　苏	14.4	15.4	12.3
浙　江	14.1	15.0	12.2
安　徽	11.5	13.2	9.6
福　建	11.4	13.3	8.2
江　西	10.4	12.6	7.8
山　东	14.0	16.0	11.3
河　南	13.1	16.5	9.9
湖　北	9.1	11.4	6.0
湖　南	8.0	10.0	5.9
广　东	9.3	10.9	5.4
广　西	5.0	7.3	3.0
海　南	4.5	6.2	2.2
重　庆	15.7	19.1	10.2
四　川	11.9	15.4	8.5
贵　州	6.7	11.3	3.2
云　南	6.6	10.6	3.4
西　藏	9.6	21.6	5.1
陕　西	14.7	18.4	10.4
甘　肃	14.7	24.7	6.9
青　海	17.5	22.6	12.0
宁　夏	14.8	19.2	9.4
新　疆	17.2	27.6	7.7

数据来源：国家统计局。

2019—2022 年分地区居民人均可支配收入

单位：元

地　区	2019 年	2020 年	2021 年	2022 年
全　国	30 732.8	32 188.8	35 128.1	36 883.3
北　京	67 755.9	69 433.5	75 002.2	77 414.5
天　津	42 404.1	43 854.1	47 449.4	48 976.1
河　北	25 664.7	27 135.9	29 383.0	30 867.0
山　西	23 828.5	25 213.7	27 425.9	29 178.2
内蒙古	30 555.0	31 497.3	34 108.4	35 920.6
辽　宁	31 819.7	32 738.3	35 111.7	36 088.8
吉　林	24 562.9	25 751.0	27 769.8	27 974.5
黑龙江	24 253.6	24 902.0	27 159.0	28 345.5
上　海	69 441.6	72 232.4	78 026.6	79 609.8
江　苏	41 399.7	43 390.4	47 498.3	49 861.7
浙　江	49 898.8	52 397.4	57 540.5	60 302.5
安　徽	26 415.1	28 103.2	30 904.3	32 745.2
福　建	35 616.1	37 202.4	40 659.3	43 117.7
江　西	26 262.4	28 016.5	30 609.9	32 418.7
山　东	31 597.0	32 885.7	35 705.1	37 560.1
河　南	23 902.7	24 810.1	26 811.2	28 222.4
湖　北	28 319.5	27 880.6	30 829.3	32 913.6
湖　南	27 679.7	29 379.9	31 992.7	34 036.0
广　东	39 014.3	41 028.6	44 993.3	47 064.6
广　西	23 328.2	24 562.3	26 726.7	27 980.7
海　南	26 679.5	27 904.1	30 456.8	30 956.6
重　庆	28 920.4	30 823.9	33 802.6	35 665.9
四　川	24 703.1	26 522.1	29 080.1	30 679.2
贵　州	20 397.4	21 795.4	23 996.2	25 508.2
云　南	22 082.4	23 294.9	25 666.2	26 936.8
西　藏	19 501.3	21 744.1	24 949.9	26 674.8
陕　西	24 666.3	26 226.0	28 568.0	30 115.8
甘　肃	19 139.0	20 335.1	22 066.0	23 273.1
青　海	22 617.7	24 037.4	25 919.5	27 000.0
宁　夏	24 411.9	25 734.9	27 904.5	29 599.3
新　疆	23 103.4	23 844.7	26 075.0	27 062.7

数据来源：国家统计局。

2019—2022 年分地区居民人均消费支出

单位: 元

地 区	2019 年	2020 年	2021 年	2022 年
全 国	21 558.9	21 209.9	24 100.1	24 538.2
北 京	43 038.3	38 903.3	43 640.4	42 683.2
天 津	31 853.6	28 461.4	33 188.4	31 323.7
河 北	17 987.2	18 037.0	19 953.6	20 890.3
山 西	15 862.6	15 732.7	17 191.2	17 536.7
内蒙古	20 743.4	19 794.5	22 658.3	22 298.4
辽 宁	22 202.8	20 672.1	23 830.8	22 603.7
吉 林	18 075.4	17 317.7	19 604.6	17 897.5
黑龙江	18 111.5	17 056.4	20 635.9	20 411.9
上 海	45 605.1	42 536.3	48 879.3	46 045.4
江 苏	26 697.3	26 225.1	31 451.4	32 848.1
浙 江	32 025.8	31 294.7	36 668.1	38 971.1
安 徽	19 137.4	18 877.3	21 910.9	22 541.9
福 建	25 314.3	25 125.8	28 440.1	30 041.7
江 西	17 650.5	17 955.3	20 289.9	21 707.9
山 东	20 427.5	20 940.1	22 820.9	22 640.4
河 南	16 331.8	16 142.6	18 391.3	19 019.5
湖 北	21 567.0	19 245.9	23 846.1	24 827.8
湖 南	20 478.9	20 997.6	22 798.2	24 082.7
广 东	28 994.7	28 491.9	31 589.3	32 168.7
广 西	16 418.3	16 356.8	18 087.9	18 342.8
海 南	19 554.9	18 971.6	22 241.9	21 500.4
重 庆	20 773.9	21 678.1	24 597.8	25 371.1
四 川	19 338.3	19 783.4	21 518.0	22 301.9
贵 州	14 780.0	14 873.8	17 957.3	17 938.7
云 南	15 779.8	16 792.4	18 851.0	18 950.8
西 藏	13 029.2	13 224.8	15 342.5	15 885.6
陕 西	17 464.9	17 417.6	19 346.5	19 848.4
甘 肃	15 879.1	16 174.9	17 456.2	17 489.4
青 海	17 544.8	18 284.2	19 020.1	17 260.8
宁 夏	18 296.8	17 505.8	20 023.8	19 136.3
新 疆	17 396.6	16 512.1	18 960.6	17 927.1

数据来源: 国家统计局。

2019—2022 年分地区城镇居民人均可支配收入

单位：元

地　区	2019 年	2020 年	2021 年	2022 年
全　国	42 358.8	43 833.8	47 411.9	49 282.9
北　京	73 848.5	75 601.5	81 517.5	84 023.1
天　津	46 118.9	47 658.5	51 485.7	53 003.2
河　北	35 737.7	37 285.7	39 791.0	41 277.7
山　西	33 262.4	34 792.7	37 433.1	39 532.0
内蒙古	40 782.5	41 353.1	44 376.9	46 295.4
辽　宁	39 777.2	40 375.9	43 050.8	44 002.6
吉　林	32 299.2	33 395.7	35 645.8	35 470.9
黑龙江	30 944.6	31 114.7	33 646.1	35 042.1
上　海	73 615.3	76 437.3	82 428.9	84 034.0
江　苏	51 056.1	53 101.7	57 743.5	60 178.1
浙　江	60 182.3	62 699.3	68 486.8	71 267.9
安　徽	37 540.0	39 442.1	43 008.7	45 133.2
福　建	45 620.5	47 160.3	51 140.5	53 817.1
江　西	36 545.9	38 555.8	41 684.4	43 696.5
山　东	42 329.2	43 726.3	47 066.4	49 049.7
河　南	34 201.0	34 750.3	37 094.8	38 483.7
湖　北	37 601.4	36 705.7	40 277.8	42 625.8
湖　南	39 841.9	41 697.5	44 866.1	47 301.2
广　东	48 117.6	50 257.0	54 853.6	56 905.3
广　西	34 744.9	35 859.3	38 529.9	39 703.0
海　南	36 016.7	37 097.0	40 213.2	40 117.5
重　庆	37 938.6	40 006.2	43 502.5	45 508.9
四　川	36 153.7	38 253.1	41 443.8	43 233.3
贵　州	34 404.2	36 096.2	39 211.2	41 085.7
云　南	36 237.7	37 499.5	40 904.9	42 167.9
西　藏	37 410.0	41 156.4	46 503.3	48 752.9
陕　西	36 098.2	37 868.2	40 713.1	42 431.3
甘　肃	32 323.4	33 821.8	36 187.3	37 572.4
青　海	33 830.3	35 505.8	37 745.3	38 735.8
宁　夏	34 328.5	35 719.6	38 290.7	40 193.7
新　疆	34 663.7	34 838.4	37 642.4	38 410.2

数据来源：国家统计局。

2019—2022 年分地区城镇居民人均消费支出

单位：元

地 区	2019 年	2020 年	2021 年	2022 年
全 国	28 063.4	27 007.4	30 307.2	30 390.8
北 京	46 358.2	41 726.3	46 775.7	45 616.9
天 津	34 810.7	30 894.7	36 066.9	33 823.6
河 北	23 483.1	23 167.4	24 192.4	25 071.3
山 西	21 159.0	20 331.9	21 965.5	21 922.6
内蒙古	25 382.5	23 887.7	27 194.2	26 666.8
辽 宁	27 355.0	24 849.1	28 438.4	26 652.2
吉 林	23 394.3	21 623.2	24 420.9	21 834.9
黑龙江	22 164.9	20 397.3	24 422.1	24 011.0
上 海	48 271.6	44 839.3	51 294.6	48 110.5
江 苏	31 329.1	30 882.2	36 558.0	37 795.7
浙 江	37 507.9	36 196.9	42 193.5	44 511.2
安 徽	23 781.5	22 682.7	26 495.1	26 832.4
福 建	30 945.5	30 486.5	33 942.0	35 692.1
江 西	22 714.3	22 134.3	24 586.5	25 975.5
山 东	26 731.5	27 291.1	29 314.3	28 555.2
河 南	21 971.6	20 644.9	23 177.5	23 539.3
湖 北	26 421.8	22 885.5	28 505.6	29 120.9
湖 南	26 924.0	26 796.4	28 293.8	29 580.1
广 东	34 424.1	33 511.3	36 621.1	36 936.2
广 西	21 590.9	20 906.5	22 555.3	22 438.1
海 南	25 316.7	23 559.9	27 564.8	26 417.6
重 庆	25 785.5	26 464.4	29 849.6	30 573.9
四 川	25 367.4	25 133.2	26 970.8	27 637.3
贵 州	21 402.4	20 587.0	25 333.0	24 229.9
云 南	23 454.9	24 569.4	27 440.7	26 239.7
西 藏	25 636.7	24 927.4	28 159.2	28 265.4
陕 西	23 514.3	22 866.4	24 783.7	24 765.8
甘 肃	24 453.9	24 614.6	25 756.6	25 207.0
青 海	23 799.2	24 315.2	24 512.5	21 700.2
宁 夏	24 161.0	22 379.1	25 385.6	24 213.4
新 疆	25 594.2	22 951.8	25 724.0	24 142.3

数据来源：国家统计局。

2019—2022 年分地区农村居民人均可支配收入

单位：元

地 区	2019 年	2020 年	2021 年	2022 年
全 国	16 020.7	17 131.5	18 930.9	20 132.8
北 京	28 928.4	30 125.7	33 302.7	34 753.8
天 津	24 804.1	25 690.6	27 954.5	29 017.8
河 北	15 373.1	16 467.0	18 178.9	19 364.2
山 西	12 902.4	13 878.0	15 308.3	16 322.7
内蒙古	15 282.8	16 566.9	18 336.8	19 640.9
辽 宁	16 108.3	17 450.3	19 216.6	19 908.0
吉 林	14 936.0	16 067.0	17 641.7	18 134.5
黑龙江	14 982.1	16 168.4	17 889.3	18 577.4
上 海	33 195.2	34 911.3	38 520.7	39 729.4
江 苏	22 675.4	24 198.5	26 790.8	28 486.5
浙 江	29 875.8	31 930.5	35 247.4	37 565.0
安 徽	15 416.0	16 620.2	18 371.7	19 574.9
福 建	19 568.4	20 880.3	23 228.9	24 986.6
江 西	15 796.3	16 980.8	18 684.2	19 936.0
山 东	17 775.5	18 753.2	20 793.9	22 109.9
河 南	15 163.7	16 107.9	17 533.3	18 697.3
湖 北	16 390.9	16 305.9	18 259.0	19 709.5
湖 南	15 394.8	16 584.6	18 295.2	19 546.3
广 东	18 818.4	20 143.4	22 306.0	23 597.8
广 西	13 675.7	14 814.9	16 362.9	17 432.7
海 南	15 113.1	16 278.8	18 076.3	19 117.4
重 庆	15 133.3	16 361.4	18 099.6	19 312.7
四 川	14 670.1	15 929.1	17 575.3	18 672.4
贵 州	10 756.3	11 642.3	12 856.1	13 706.7
云 南	11 902.4	12 841.9	14 197.3	15 146.9
西 藏	12 951.0	14 598.4	16 932.3	18 209.5
陕 西	12 325.7	13 316.5	14 744.8	15 704.3
甘 肃	9 628.9	10 344.3	11 432.8	12 165.2
青 海	11 499.4	12 342.5	13 604.2	14 456.2
宁 夏	12 858.4	13 889.4	15 336.6	16 430.3
新 疆	13 121.7	14 056.1	15 575.3	16 549.9

数据来源：国家统计局。

2019—2022 年分地区农村居民人均消费支出

单位：元

地　区	2019 年	2020 年	2021 年	2022 年
全　国	13 327.7	13 713.4	15 915.6	16 632.1
北　京	21 881.0	20 912.7	23 574.0	23 745.4
天　津	17 843.3	16 844.1	19 285.5	18 934.2
河　北	12 372.0	12 644.2	15 390.7	16 270.6
山　西	9 728.4	10 290.1	11 410.1	12 090.9
内蒙古	13 816.0	13 593.7	15 691.4	15 443.6
辽　宁	12 030.2	12 311.2	14 605.9	14 326.1
吉　林	11 456.6	11 863.6	13 411.0	12 729.2
黑龙江	12 494.9	12 360.0	15 225.0	15 161.8
上　海	22 448.9	22 095.5	27 204.8	27 430.3
江　苏	17 715.9	17 021.7	21 130.1	22 596.9
浙　江	21 351.7	21 555.4	25 415.2	27 483.4
安　徽	14 545.8	15 023.5	17 163.3	17 980.4
福　建	16 281.4	16 338.9	19 290.4	20 466.5
江　西	12 496.7	13 579.4	15 663.1	16 984.4
山　东	12 308.9	12 660.4	14 298.7	14 686.7
河　南	11 546.0	12 201.1	14 073.2	14 823.9
湖　北	15 328.0	14 472.5	17 646.9	18 991.0
湖　南	13 968.8	14 974.0	16 950.7	18 077.7
广　东	16 949.4	17 132.3	20 011.8	20 800.0
广　西	12 045.0	12 431.1	14 165.3	14 657.7
海　南	12 417.5	13 169.3	15 487.3	15 145.5
重　庆	13 112.1	14 139.5	16 095.7	16 727.1
四　川	14 055.6	14 952.6	16 444.0	17 199.0
贵　州	10 221.7	10 817.6	12 557.0	13 172.5
云　南	10 260.2	11 069.5	12 386.3	13 308.6
西　藏	8 417.9	8 917.1	10 576.6	11 138.9
陕　西	10 934.7	11 375.7	13 158.0	14 094.2
甘　肃	9 694.0	9 922.9	11 206.1	11 494.2
青　海	11 343.1	12 134.2	13 300.2	12 515.8
宁　夏	11 464.6	11 724.3	13 535.7	12 825.3
新　疆	10 318.4	10 778.2	12 821.4	12 169.1

数据来源：国家统计局。

1978—2022 年居民消费水平

年份	绝对数（元）			城乡消费水平对比（农村居民=1）	指数（上年=100）			指数（1978=100）		
	全体居民	城镇居民	农村居民		全体居民	城镇居民	农村居民	全体居民	城镇居民	农村居民
1978	184	393	139	2.8	104.1	102.9	104.4	100.0	100.0	100.0
1980	238	490	178	2.7	109.1	107.3	108.6	116.8	113.8	115.0
1985	440	750	346	2.2	112.7	107.4	114.4	181.3	141.6	191.3
1990	831	1 404	627	2.2	102.8	101.4	103.4	227.5	168.6	238.8
1995	2 329	4 767	1 344	3.5	108.3	109.5	105.0	339.7	294.2	286.9
2000	3 712	6 972	1 917	3.6	110.5	109.6	106.6	491.9	393.0	375.2
2001	3 968	7 272	2 032	3.6	105.9	103.4	104.6	520.7	406.5	392.7
2002	4 270	7 662	2 157	3.6	108.1	105.9	106.6	563.1	430.6	418.5
2003	4 555	7 977	2 292	3.5	105.4	103.0	104.6	593.4	443.4	437.7
2004	5 071	8 718	2 521	3.5	106.6	105.2	103.9	632.7	466.6	454.9
2005	5 688	9 637	2 784	3.5	109.5	108.3	106.8	693.0	505.4	485.8
2006	6 319	10 516	3 066	3.4	108.0	105.9	107.3	748.3	535.4	521.4
2007	7 454	12 217	3 538	3.5	112.4	111.2	108.7	841.4	595.5	566.8
2008	8 504	13 722	3 981	3.4	107.5	106.2	104.8	904.2	632.2	593.8
2009	9 249	14 687	4 295	3.4	110.5	108.6	110.1	999.4	686.6	654.0
2010	10 575	16 570	4 782	3.5	107.5	105.9	105.4	1 074.7	726.9	689.2
2011	12 668	19 218	5 880	3.3	109.8	106.8	110.8	1 179.7	776.3	764.0
2012	14 074	20 869	6 573	3.2	109.1	107.1	108.1	1 286.9	831.0	826.1
2013	15 586	22 620	7 397	3.1	107.9	105.7	109.4	1 388.9	878.2	903.9
2014	17 220	24 430	8 365	2.9	108.4	105.9	110.9	1 505.1	930.3	1 002.3
2015	18 857	26 119	9 409	2.8	109.5	106.9	112.7	1 648.4	994.3	1 129.1
2016	20 801	28 154	10 609	2.7	108.2	105.6	110.8	1 783.2	1 050.4	1 251.4
2017	22 968	30 323	12 145	2.5	106.6	104.0	110.8	1 901.7	1 092.0	1 386.6
2018	25 245	32 483	13 985	2.3	107.4	104.7	112.4	2 041.9	1 143.0	1 558.8
2019	27 504	34 900	15 382	2.3	106.1	104.6	107.0	2 166.0	1 195.9	1 668.2
2020	27 439	34 043	16 046	2.1	97.5	95.4	101.8	2 111.9	1 140.7	1 697.9
2021	31 013	37 995	18 434	2.1	111.4	109.9	113.5	2 352.8	1 254.0	1 927.1
2022	31 718	38 289	19 530	2.0	100.2	98.7	103.9	2 358.1	1 238.2	2 002.3

注: 1. 城乡消费水平对比没有剔除城乡价格不可比的因素。
2. 居民消费水平指数按年中常住人口计算的人均居民消费支出。

2022 年分地区居民消费价格分类指数

上年 =100

地 区	总指数	食品烟酒	食品	奶类
全 国	102.0	102.4	102.8	100.8
北 京	101.8	103.1	103.9	101.8
天 津	101.9	102.2	102.4	101.4
河 北	101.8	102.7	103.1	100.0
山 西	102.1	103.7	104.4	100.8
内蒙古	101.8	102.0	102.1	104.2
辽 宁	102.0	102.9	103.4	101.4
吉 林	102.1	102.5	103.1	101.5
黑龙江	101.9	102.2	102.9	101.1
上 海	102.5	104.5	105.8	98.1
江 苏	102.2	102.6	102.7	101.7
浙 江	102.2	102.6	102.7	100.5
安 徽	102.0	102.7	102.8	101.7
福 建	101.9	102.4	103.2	101.0
江 西	102.0	102.2	102.9	101.1
山 东	101.7	102.3	102.8	100.9
河 南	101.5	102.1	102.3	100.3
湖 北	102.1	102.2	102.2	102.9
湖 南	101.8	101.4	101.8	100.8
广 东	102.2	102.9	102.9	100.4
广 西	101.9	101.9	102.3	98.1
海 南	101.6	102.5	103.0	101.8
重 庆	102.1	103.9	105.3	101.4
四 川	102.0	101.9	102.0	100.4
贵 州	101.6	101.0	100.9	99.3
云 南	101.6	101.1	100.7	101.2
西 藏	101.5	100.8	100.6	100.4
陕 西	102.1	102.6	103.2	100.2
甘 肃	101.9	102.8	102.7	101.1
青 海	102.4	102.8	103.6	101.0
宁 夏	102.3	102.2	102.5	102.0
新 疆	101.8	101.4	101.7	99.1

数据来源：国家统计局。

1978—2022 年居民人均消费支出和指数

年 份	全国居民人均消费支出		城镇居民人均消费支出		农村居民人均消费支出	
	绝对数（元）	指数 (1978=100)	绝对数（元）	指数 (1978=100)	绝对数（元）	指数 (1978=100)
1978	151.0	100.0	311.2	100.0	116.1	100.0
1980	210.7	127.4	412.4	121.0	162.2	131.2
1985	401.8	203.0	673.2	161.2	317.4	220.6
1990	768.0	234.9	1 278.9	185.1	584.6	246.3
1995	1 957.1	326.4	3 537.6	264.6	1 310.4	312.8
2000	2 914.0	444.6	5 026.7	338.9	1 714.3	380.0
2001	3 138.8	475.5	5 349.7	358.3	1 803.2	396.4
2002	3 547.7	541.8	6 088.5	411.8	1 917.1	423.2
2003	3 888.6	586.8	6 587.1	441.5	2 049.6	445.5
2004	4 395.3	638.4	7 280.5	472.4	2 326.5	482.6
2005	5 035.4	718.4	8 067.7	515.5	2 748.8	543.6
2006	5 634.4	792.0	8 850.7	557.3	3 072.3	598.7
2007	6 591.9	884.1	10 195.7	614.3	3 535.5	653.6
2008	7 547.7	955.9	11 489.0	655.6	4 054.0	703.6
2009	8 376.6	1 068.4	12 557.7	723.2	4 464.2	777.1
2010	9 378.3	1 158.0	13 820.7	771.0	4 944.8	830.7
2011	10 819.6	1 267.5	15 554.0	823.4	5 892.0	935.4
2012	12 053.7	1 376.3	17 106.6	881.9	6 667.1	1 032.7
2013	13 220.4	1 471.2	18 487.5	928.9	7 485.1	1 127.8
2014	14 491.4	1 581.0	19 968.1	982.7	8 382.6	1 240.7
2015	15 712.4	1 690.6	21 392.4	1 037.2	9 222.6	1 347.5
2016	17 110.7	1 804.9	23 078.9	1 096.0	10 129.8	1 452.5
2017	18 322.1	1 902.3	24 445.0	1 141.4	10 954.5	1 550.6
2018	19 853.1	2 019.7	26 112.3	1 194.0	12 124.3	1 681.2
2019	21 558.9	2 131.6	28 063.4	1 248.6	13 327.7	1 790.4
2020	21 209.9	2 046.3	27 007.4	1 174.1	13 713.4	1 788.6
2021	24 100.1	2 303.8	30 307.2	1 304.3	15 915.6	2 062.1
2022	24 538.2	2 299.3	30 390.8	1 282.6	16 632.1	2 112.7

数据来源：国家统计局。

注：本表 2013—2022 年人均消费支出来源于住户收支与生活状况调查，1978—2012 年数据是根据历史数据按住户收支与生活状况调查可比口径推算获得。消费支出绝对数按当年价计算，指数按可比价计算。

2022 年全国各地区零售鲜奶平均价格（纯牛奶 利乐枕 240mL 月度）

单位：元

地 区	1月	2月	3月	4月	5月	6月	7月	8月	9月	10月	11月	12月
北 京	2.56	2.56	2.56	2.56	2.58	2.56	2.58	2.58	2.58	2.61	2.58	2.59
天 津	2.60	2.50	2.50	2.52	2.50	2.51	2.48	2.48	2.54	2.48	2.48	2.53
河 北	2.49	2.50	2.46	2.50	2.47	2.49	2.44	2.49	2.47	2.49	2.47	2.49
山 西	2.61	2.66	2.67	2.63	2.60	2.69	2.65	2.67	2.59	2.65	2.73	2.70
内蒙古	3.02	2.58	2.80	2.86	2.97	2.56	2.80	2.89	3.06	2.47	2.80	2.84
辽 宁	2.66	2.60	2.72	2.68	2.69	2.57	2.75	2.69	2.70	2.61	2.71	2.66
吉 林	2.54	2.54	2.54	2.55	2.53	2.51	2.54	2.54	2.57	2.53	2.53	2.54
黑龙江	2.48	2.40	2.41	2.43	2.46	2.40	2.40	2.43	2.45	2.43	2.41	2.43
上 海	3.00	3.00	3.00	3.00	3.00	3.00	3.00	3.00	3.00	3.00	3.00	3.00
江 苏	2.71	2.75	2.70	2.73	2.71	2.77	2.74	2.74	2.76	2.84	2.80	2.75
浙 江	2.24	2.27	2.24	2.25	2.16	2.33	2.25	2.25	2.19	2.25	2.30	2.24
安 徽	2.51	2.55	2.57	2.55	2.49	2.56	2.56	2.55	2.49	2.56	2.55	2.55
福 建												
江 西	3.03	3.06	3.04	3.02	3.13	3.00	3.02	3.01	3.04	3.04	2.98	3.03
山 东	2.63	2.68	2.66	2.66	2.64	2.66	2.65	2.65	2.63	2.66	2.64	2.65
河 南	2.59	2.59	2.59	2.59	2.60	2.58	2.59	2.59	2.59	2.58	2.59	2.59
湖 北	2.76	2.68	2.67	2.76	2.72	2.70	2.70	2.74	2.75	2.71	2.68	2.73
湖 南	2.86	2.83	2.77	2.81	2.88	2.80	2.72	2.80	2.85	2.81	2.74	2.81
广 东	2.71	2.67	2.65	2.68	2.62	2.60	2.68	2.62	2.75	2.79	2.83	2.76
广 西	2.84	2.84	2.82	2.86	2.83	2.82	2.79	2.83	2.84	2.83	2.79	2.84
海 南	3.14	3.26	3.20	3.16	3.20	3.24	3.20	3.20	3.16	3.23	3.20	3.20
重 庆	2.93	2.93	2.93	2.93	2.93	2.93	2.93	2.93	2.93	2.93	2.93	2.93
四 川	2.74	2.76	2.87	2.77	2.75	2.76	2.83	2.78	2.71	2.75	2.86	2.78
贵 州	2.71	2.66	2.76	2.66	2.70	2.62	2.83	2.64	2.67	2.65	2.80	2.68
云 南	2.81	2.71	2.81	2.82	2.72	2.73	2.78	2.76	2.77	2.76	2.77	2.80
西 藏												
陕 西	2.27	2.34	2.32	2.28	2.29	2.36	2.33	2.28	2.26	2.32	2.34	2.28
甘 肃	2.45	2.42	2.42	2.41	2.46	2.43	2.43	2.42	2.43	2.42	2.41	2.40
青 海	2.35	2.35	2.35	2.35	2.32	2.38	2.35	2.34	2.26	2.38	2.38	2.35
宁 夏	2.36	2.36	2.34	2.35	2.34	2.33	2.33	2.36	2.34	2.35	2.35	2.33
新 疆	2.14	2.19	2.14	2.17	2.14	2.19	2.15	2.18	2.14	2.18	2.14	2.19

数据来源：国家发改委。

2022 年全国各地区零售鲜奶平均价格（纯牛奶 盒装 250mL 月度）

单位：元

地 区	1月	2月	3月	4月	5月	6月	7月	8月	9月	10月	11月	12月
北 京	2.81	2.81	2.81	2.81	2.85	2.81	2.80	2.80	2.80	2.79	2.80	2.84
天 津	2.73	2.82	2.86	2.92	2.88	2.82	2.78	2.89	2.96	2.76	2.77	2.68
河 北	3.00	3.00	3.02	2.98	3.01	3.01	3.03	2.98	3.01	3.01	3.00	3.00
山 西	2.97	3.01	3.01	3.04	2.97	3.05	3.05	3.02	2.99	3.02	3.04	3.02
内蒙古	4.01	3.62	3.80	3.87	3.81	3.71	3.80	3.75	4.00	3.69	3.80	3.78
辽 宁	3.08	3.00	3.10	3.07	3.09	2.98	3.10	3.06	3.08	3.02	3.08	3.06
吉 林	3.39	3.37	3.39	3.43	3.36	3.38	3.38	3.43	3.35	3.38	3.39	3.39
黑龙江	2.83	2.71	2.75	2.82	2.78	2.72	2.76	2.76	2.79	2.77	2.72	2.76
上 海	3.83	3.83	3.83	3.83	3.83	3.83	3.83	3.83	3.83	3.83	3.83	3.83
江 苏	3.06	3.14	3.02	3.00	3.10	3.15	3.10	3.03	3.12	3.12	3.05	3.01
浙 江	3.17	3.21	3.08	3.13	3.15	3.19	3.10	3.11	3.19	3.16	3.08	3.09
安 徽	2.83	2.83	2.80	2.85	2.82	2.83	2.80	2.85	2.82	2.82	2.82	2.84
福 建	3.01	3.02	3.01	3.00	2.99	3.01	3.01	3.00	2.98	3.03	2.98	3.01
江 西	3.20	3.25	3.23	3.18	3.28	3.20	3.21	3.19	3.23	3.22	3.20	3.21
山 东	3.03	3.00	3.14	3.06	3.04	3.00	3.09	3.03	3.02	3.06	3.01	3.06
河 南	3.06	3.09	3.09	3.15	3.02	3.08	3.07	3.11	3.02	3.08	3.07	3.10
湖 北	2.91	2.92	2.91	2.91	2.90	2.93	2.91	2.91	2.91	2.93	2.92	2.91
湖 南	2.72	2.71	2.69	2.71	2.70	2.68	2.67	2.70	2.75	2.75	2.71	2.73
广 东	3.02	3.10	3.12	3.01	3.01	3.04	3.06	3.02	3.02	3.05	3.06	2.99
广 西	2.87	2.86	2.89	2.88	2.87	2.83	2.89	2.86	2.86	2.83	2.90	2.88
海 南	3.21	3.27	3.24	3.20	3.29	3.24	3.24	3.24	3.24	3.24	3.24	3.24
重 庆	3.93	3.93	3.93	3.93	3.93	3.93	3.93	3.93	3.93	3.93	3.93	3.93
四 川	2.94	3.01	2.96	2.95	2.94	2.99	2.97	2.97	2.93	2.97	2.97	2.96
贵 州	3.05	3.05	3.04	3.01	3.04	3.05	3.09	2.96	3.05	3.07	3.08	2.97
云 南	3.19	3.14	3.30	3.36	3.04	3.13	3.20	3.23	3.11	3.13	3.28	3.35
西 藏	3.50	3.50	3.50	3.50	3.50	3.50	3.50	3.50	3.50	3.50	3.50	3.50
陕 西	2.89	2.96	2.93	2.87	2.90	2.93	2.90	2.86	2.84	2.88	2.93	2.91
甘 肃	3.25	3.30	3.27	3.34	3.21	3.28	3.28	3.31	3.25	3.27	3.26	3.36
青 海	3.30	3.42	3.37	3.37	3.35	3.41	3.35	3.35	3.28	3.43	3.35	3.37
宁 夏	2.80	2.82	2.80	2.77	2.79	2.83	2.80	2.76	2.79	2.79	2.81	2.79
新 疆	2.74	2.57	2.72	2.80	2.58	2.70	2.66	2.76	2.66	2.70	2.62	2.83

数据来源：国家发改委。

2022年全国各地区零售盒装婴幼儿配方乳粉平均价格（国产三段 400g 月度）

单位：元

地区	1月	2月	3月	4月	5月	6月	7月	8月	9月	10月	11月	12月
北京	70.63	69.92	70.63	70.63	71.34	71.34	71.06	70.89	70.26	71.34	70.39	70.63
天津	65.03	63.45	65.03	64.74	64.74	64.74	64.74	64.74	64.17	64.74	64.74	65.23
河北	71.10	71.10	76.40	65.80	71.10	71.10	79.05	63.15	71.10	71.10	74.28	67.92
山西	70.17	70.87	71.17	72.88	70.17	71.02	71.21	72.30	70.57	70.71	71.13	73.53
内蒙古	65.60	64.50	69.75	65.38	62.75	65.96	71.38	65.60	60.13	65.96	68.33	65.96
辽宁	66.72	68.04	68.94	68.62	67.44	67.33	69.75	68.62	67.73	68.21	70.72	68.67
吉林	62.74	63.16	62.38	60.57	62.96	63.62	62.38	59.79	63.21	64.15	62.38	61.25
黑龙江	71.84	77.55	73.24	70.82	75.28	73.78	73.24	71.68	74.51	73.56	73.22	71.68
上海	52.50	52.50	52.50	52.50	52.50	52.50	52.50	52.50	52.50	52.50	52.50	52.50
江苏	79.18	78.73	79.59	77.94	79.83	77.32	81.99	78.21	81.04	77.19	82.53	78.61
浙江	108.70	89.45	106.40	113.51	107.75	94.00	107.19	111.91	101.69	97.99	107.90	114.54
安徽	71.20	71.19	70.99	70.45	73.47	70.22	71.10	70.93	73.47	71.39	70.65	70.99
福建	67.02	64.83	66.67	67.50	66.51	66.14	67.56	68.87	66.31	64.46	67.37	69.20
江西	68.86	71.64	70.36	71.11	66.78	72.50	70.45	70.84	67.80	72.40	70.47	70.72
山东	64.06	67.96	66.55	64.94	66.34	65.18	65.76	64.47	64.50	66.05	66.15	64.84
河南	122.19	116.97	116.42	101.96	129.61	117.68	116.42	106.30	125.65	117.30	116.42	110.09
湖北	67.10	71.47	69.10	68.81	68.19	70.24	70.71	68.88	67.67	70.84	70.05	68.52
湖南	69.03	65.15	66.67	68.55	62.84	60.46	63.95	67.64	68.10	63.11	65.33	66.24
广东	95.49	96.54	104.83	102.39	101.10	95.42	100.26	99.44	101.02	94.12	101.75	97.73
广西	72.41	74.93	72.90	74.90	74.22	75.64	71.39	75.28	73.08	73.80	72.14	73.26
海南	80.44	79.91	79.65	78.72	80.57	79.65	79.65	79.27	80.02	80.24	80.24	80.06
重庆	77.56	77.56	77.56	77.56	77.56	77.56	77.56	77.56	77.56	77.56	77.56	77.56
四川	72.91	70.87	69.91	70.25	69.99	70.20	69.77	69.77	71.19	69.45	71.71	71.89
贵州	89.99	85.38	90.89	90.25	90.27	83.24	94.18	90.53	89.95	82.45	93.85	87.43
云南	94.91	90.40	99.22	103.75	93.68	91.95	97.56	98.81	94.85	87.37	97.79	99.74
西藏	83.65	83.65	83.65	83.65	83.65	83.65	83.65	83.65	83.65	83.65	83.65	83.65
陕西	78.77	79.15	78.16	79.44	80.25	77.44	76.10	79.59	78.24	78.66	75.42	80.85
甘肃	113.03	118.80	121.88	116.78	112.69	119.61	120.47	123.56	117.03	119.61	113.93	123.28
青海	69.00	64.50	66.75	66.75	68.10	65.40	66.75	66.75	70.13	63.38	66.75	66.75
宁夏	124.40	127.69	134.54	111.90	124.98	131.54	141.08	106.29	124.89	127.00	131.21	115.72
新疆	154.25	124.54	162.74	153.30	153.50	132.24	157.58	151.57	152.78	148.54	119.74	161.81

数据来源：国家发改委。

2022年全国各地区零售盒装婴幼儿配方乳粉平均价格（进口三段 400g 月度）

单位：元

地 区	1月	2月	3月	4月	5月	6月	7月	8月	9月	10月	11月	12月
北 京	117.89	118.95	119.18	118.98	121.14	121.61	120.61	120.34	123.89	119.22	118.95	120.18
天 津	77.55	77.02	77.02	77.02	76.75	76.84	76.84	76.48	77.02	76.84	76.84	76.84
河 北	82.50	82.67	82.43	82.43	82.50	82.75	82.40	82.40	82.50	82.50	82.60	82.40
山 西	95.17	108.91	107.45	103.76	100.46	107.52	106.59	107.46	98.77	110.43	108.40	110.30
内蒙古	114.74	115.89	119.69	113.91	114.05	115.88	121.30	113.07	113.28	115.88	118.27	114.65
辽 宁	91.84	93.35	99.04	98.27	97.60	91.51	93.26	92.05	92.34	92.58	95.97	93.14
吉 林	125.40	110.10	117.75	117.75	130.50	105.00	117.75	117.75	136.88	98.63	117.75	117.75
黑龙江	91.98	92.28	85.78	91.98	91.48	91.69	85.78	91.34	91.03	91.16	87.40	92.68
上 海	74.00	74.00	74.00	74.00	74.00	74.00	74.00	74.00	74.00	74.00	74.00	74.00
江 苏	86.57	84.86	83.17	86.86	84.28	85.42	84.92	85.99	87.45	86.02	85.24	83.75
浙 江	139.73	123.51	141.90	154.75	140.31	128.52	142.71	151.90	133.06	132.81	143.31	156.24
安 徽	120.50	114.81	117.32	109.40	122.36	117.60	117.02	111.30	122.05	120.80	117.27	113.53
福 建	103.91	92.14	97.91	103.05	94.69	96.90	96.10	101.46	97.50	96.77	91.32	102.35
江 西	98.08	107.18	103.69	111.25	89.75	108.95	104.13	109.25	93.50	108.80	104.69	107.80
山 东	141.01	153.61	137.01	130.75	141.01	147.81	126.05	120.62	137.23	140.32	129.68	122.67
河 南	219.84	203.22	203.70	231.07	203.22	203.22	205.12	205.12	223.26	204.78	208.92	203.70
湖 北	84.61	87.75	87.41	85.51	85.49	86.98	88.34	85.60	85.06	87.43	87.95	84.93
湖 南	105.50	92.63	100.67	108.00	111.71	82.29	100.67	105.80	108.40	87.80	100.67	103.00
广 东	145.00	149.91	134.66	147.80	144.68	145.12	138.94	143.68	149.95	144.05	142.10	137.51
广 西	102.77	99.13	104.95	104.66	102.86	94.33	107.62	106.47	103.06	97.12	106.43	105.62
海 南	98.14	99.96	99.96	102.86	97.07	99.96	99.96	101.12	98.80	100.04	100.04	102.00
重 庆	112.42	112.46	112.42	112.42	112.42	112.42	112.42	112.42	112.42	112.42	112.42	112.42
四 川	87.95	84.20	83.54	83.64	84.24	84.47	83.26	83.33	85.93	83.71	86.45	86.48
贵 州	168.67	168.69	164.98	170.00	160.88	180.21	171.11	170.53	170.53	161.67	171.78	164.50
云 南	180.21	150.50	175.77	191.23	179.01	156.91	177.07	177.41	177.28	138.60	180.15	180.68
西 藏	141.20	141.20	141.20	141.20	141.20	141.20	141.20	141.20	141.20	141.20	141.20	141.20
陕 西	95.59	92.30	96.32	98.48	97.27	90.98	95.34	99.81	96.15	93.01	93.58	99.18
甘 肃	171.09	164.73	189.88	167.68	174.56	168.63	184.31	169.78	173.92	173.92	172.04	178.03
青 海	70.48	66.29	66.29	67.86	60.00	60.00	60.00	60.00	60.00	60.00	69.98	66.29
宁 夏	161.38	153.80	175.88	159.95	163.96	158.75	179.43	161.00	164.36	159.50	173.34	152.03
新 疆	188.26	159.66	199.68	175.47	183.17	167.16	192.63	177.22	185.77	150.96	206.99	173.09

数据来源：国家发改委。

【含乳饮料和植物蛋白饮料制造业】

2015—2022 年全国含乳饮料和植物蛋白饮料制造业基本经营情况

分 项	单位	2015 年	2016 年	2017 年	2018 年	2019 年	2020 年	2021 年	2022 年
企业单位数	个	265	286	297	293	270	265	260	276
亏损企业数	个	15	14	20	40	37	41	40	51
资产总计	亿元	741.6	817.4	798.2	859.5	804.1	815.3	895.5	921.3
负债合计	亿元	306.8	370.5	335.4	327.4	328.1	316.5	331.1	336.1
营业收入	亿元	1 132.9	1 147.9	1 164.7	978.3	972.8	860.2	993.3	984.3
利润总额	亿元	149.6	159.3	133.6	116.7	95.0	116.4	119.6	110.2

资料来源：国家统计局。

【社会经济综合指标】

1978—2022 年国内生产总值

单位：亿元，元

年 份	国民总收入	国内生产总值	产业			农林牧渔业	人均国民总收入	人均国内生产总值
			第一产业	第二产业	第三产业			
1978	3 678.7	3 678.7	1 018.5	1 755.1	905.1	1 027.5	385	385
1979	4 100.5	4 100.5	1 259.0	1 925.3	916.1	1 270.2	423	423
1980	4 586.1	4 587.6	1 359.5	2 204.7	1 023.4	1 371.6	467	468
1981	4 933.7	4 935.8	1 545.7	2 269.0	1 121.1	1 559.4	496	497
1982	5 380.5	5 373.4	1 761.7	2 397.6	1 214.0	1 777.3	533	533
1983	6 043.8	6 020.9	1 960.9	2 663.0	1 397.1	1 978.3	591	588
1984	7 314.2	7 278.5	2 295.6	3 124.7	1 858.2	2 316.0	705	702
1985	9 123.6	9 098.9	2 541.7	3 886.4	2 670.8	2 564.3	868	866
1986	10 375.4	10 376.2	2 764.1	4 515.1	3 097.0	2 788.6	973	973
1987	12 166.6	12 174.6	3 204.5	5 273.8	3 696.3	3 232.9	1 122	1 123
1988	15 174.4	15 180.4	3 831.2	6 607.2	4 742.0	3 865.2	1 377	1 378
1989	17 188.4	17 179.7	4 228.2	7 300.7	5 650.8	4 265.8	1 537	1 536
1990	18 923.3	18 872.9	5 017.2	7 744.1	6 111.6	5 061.8	1 667	1 663
1991	22 050.3	22 005.6	5 288.8	9 129.6	7 587.2	5 341.9	1 916	1 912
1992	27 208.2	27 194.5	5 800.3	11 725.0	9 669.2	5 866.2	2 336	2 334
1993	35 599.2	35 673.2	6 887.6	16 472.7	12 313.0	6 963.3	3 021	3 027
1994	48 548.2	48 637.5	9 471.8	22 452.5	16 713.1	9 572.1	4 073	4 081
1995	60 356.6	61 339.9	12 020.5	28 676.7	20 642.7	12 135.1	5 009	5 091
1996	70 779.6	71 813.6	13 878.3	33 827.3	24 108.0	14 014.7	5 813	5 898
1997	78 802.9	79 715.0	14 265.2	37 545.0	27 904.8	14 440.8	6 406	6 481
1998	83 817.6	85 195.5	14 618.7	39 017.5	31 559.3	14 816.4	6 749	6 860
1999	89 366.5	90 564.4	14 549.0	41 079.9	34 935.5	14 768.7	7 134	7 229
2000	99 066.1	100 280.1	14 717.4	45 663.7	39 899.1	14 943.6	7 846	7 942
2001	109 276.2	110 863.1	15 502.5	49 659.4	45 701.2	15 780.0	8 592	8 717
2002	120 480.4	121 717.4	16 190.2	54 104.1	51 423.1	16 535.7	9 410	9 506
2003	136 576.3	137 422.0	16 970.2	62 695.8	57 756.0	17 380.6	10 600	10 666
2004	161 415.4	161 840.2	20 904.3	74 285.0	66 650.9	21 410.7	12 454	12 487
2005	185 998.9	187 318.9	21 806.7	88 082.2	77 430.0	22 416.2	14 267	14 368
2006	219 028.5	219 438.5	23 317.0	104 359.2	91 762.2	24 036.4	16 707	16 738
2007	270 704.0	270 092.3	27 674.1	126 630.5	115 787.7	28 483.7	20 541	20 494
2008	321 229.5	319 244.6	32 464.1	149 952.9	136 827.6	33 428.1	24 250	24 100
2009	347 934.9	348 517.7	33 583.8	160 168.8	154 765.1	34 659.7	26 136	26 180
2010	410 354.1	412 119.3	38 430.8	191 626.5	182 061.9	39 619.0	30 676	30 808
2011	483 392.8	487 940.2	44 781.5	227 035.1	216 123.6	46 122.6	35 939	36 277
2012	537 329.0	538 580.0	49 084.6	244 639.1	244 856.2	50 581.2	39 679	39 771
2013	588 141.2	592 963.2	53 028.1	261 951.6	277 983.5	54 692.4	43 143	43 497
2014	644 380.2	643 563.1	55 626.3	277 282.8	310 654.0	57 472.2	46 971	46 912
2015	685 571.2	688 858.2	57 774.6	281 338.9	349 744.7	59 852.6	49 684	49 922
2016	742 694.1	746 395.1	60 139.2	295 427.8	390 828.1	62 451.0	53 516	53 783
2017	830 945.7	832 035.9	62 099.5	331 580.5	438 355.9	64 660.0	59 514	59 592
2018	915 243.5	919 281.1	64 745.2	364 835.2	489 700.8	67 558.7	65 246	65 534
2019	983 751.2	986 515.2	70 473.6	380 670.6	535 371.0	73 576.9	69 881	70 078
2020	1 005 451.3	1 013 567.0	78 030.9	383 562.4	551 973.7	81 396.5	71 253	71 828
2021	1 141 230.8	1 149 237.0	83 216.5	451 544.1	614 476.4	86 994.8	80 803	81 370
2022	1 197 250.4	1 210 207.2	88 345.1	483 164.5	638 697.6	92 582.4	84 781	85 698

注：1980 年以后国民总收入（原称国民生产总值）与国内生产总值的差额为来自国外的初次分配收入净额。

1978—2022 年农林牧渔业总产值及指数

年 份	绝对数（亿元）					指 数（上年 =100）				
	农林牧渔业总产值	农业	林业	牧业	渔业	农林牧渔业总产值	农业	林业	牧业	渔业
1978	1 397.0	1 117.5	48.1	209.3	22.1					
1980	1 922.6	1 454.1	81.4	354.2	32.9	101.4	99.7	112.2	107.0	107.7
1985	3 619.5	2 506.4	188.7	798.3	126.1	103.4	99.8	104.5	117.2	118.9
1990	7 662.1	4 954.3	330.3	1 967.0	410.6	107.6	108.0	103.1	107.0	110.0
1995	20 340.9	11 884.6	709.9	6 045.0	1 701.3	110.9	107.9	105.0	114.8	119.4
2000	24 915.8	13 873.6	936.5	7 393.1	2 712.6	103.6	101.4	105.4	106.3	106.5
2005	39 450.9	19 613.4	1 425.5	13 310.8	4 016.1	105.7	104.1	103.2	107.8	106.5
2006	40 810.8	21 522.3	1 610.8	12 083.9	3 970.5	105.4	105.4	105.6	105.0	106.0
2007	48 651.8	24 444.7	1 889.9	16 068.6	4 427.9	103.9	103.7	109.8	103.2	104.0
2008	57 420.8	27 679.9	2 180.3	20 354.2	5 137.5	105.6	104.6	108.0	106.7	105.8
2009	59 311.3	29 983.8	2 324.4	19 184.6	5 514.7	104.6	103.4	106.7	105.5	105.6
2010	67 763.1	35 909.1	2 575.0	20 461.1	6 263.4	104.4	104.3	103.5	104.2	105.4
2011	78 837.0	40 339.6	3 092.4	25 194.2	7 337.4	104.4	105.6	107.6	101.7	104.1
2012	86 342.2	44 845.7	3 407.0	26 491.2	8 403.9	104.9	104.3	106.7	105.2	105.0
2013	93 173.7	48 943.9	3 847.4	27 572.4	9 254.5	104.0	104.4	107.4	102.0	105.1
2014	97 822.5	51 851.1	4 190.0	27 963.4	9 877.5	104.3	104.9	106.4	102.6	104.0
2015	101 893.5	54 205.3	4 358.4	28 649.3	10 339.1	104.0	105.4	106.1	100.5	104.3
2016	106 478.7	55 659.9	4 635.9	30 461.2	10 892.9	103.5	104.2	108.2	101.1	102.9
2017	109 331.7	58 059.8	4 980.6	29 361.2	11 577.1	104.0	104.7	106.9	102.1	102.8
2018	113 579.5	61 452.6	5 432.6	28 697.4	12 131.5	103.5	103.9	106.5	101.7	102.7
2019	123 967.9	66 066.5	5 775.7	33 064.3	12 572.4	102.8	104.6	105.2	97.9	102.5
2020	137 782.2	71 748.2	5 961.6	40 266.7	12 775.9	103.4	104.1	104.3	102.0	102.2
2021	147 013.4	78 339.5	6 507.7	39 910.8	14 507.3	107.9	104.5	104.4	115.6	104.1
2022	156 065.9	84 438.6	6 820.8	40 652.4	15 468.0	104.4	104.0	105.7	104.5	103.8

数据来源：国家统计局。

注：本表绝对数按当年价格计算，指数按可比价格计算。2003 年起总产值包括农林牧渔专业及辅助性活动产值。

2022 年农林牧渔业总产值及指数

地　区	绝对数（亿元）					指　数　（上年 =100）				
	农林牧渔业总产值	农业	林业	牧业	渔业	农林牧渔业总产值	农业	林业	牧业	渔业
北　京	268.2	129.8	86.5	42.3	3.9	98.0	102.8	97.4	89.8	94.8
天　津	521.4	276.8	8.9	147.2	70.5	102.9	106.9	102.7	97.9	99.0
河　北	7 667.4	4 035.7	266.6	2 391.7	342.3	104.6	103.9	101.5	104.8	106.1
山　西	2 211.6	1 288.4	174.5	615.8	9.1	105.0	104.8	100.2	106.7	104.4
内蒙古	4 316.8	2 208.5	107.5	1 876.3	31.3	104.9	103.9	109.0	105.5	105.3
辽　宁	5 180.0	2 258.3	161.7	1 694.6	881.3	103.2	102.3	121.9	103.0	104.2
吉　林	3 217.9	1 512.7	69.5	1 482.6	61.6	104.1	102.8	101.4	105.4	112.4
黑龙江	6 718.2	4 320.5	212.3	1 842.8	147.9	102.5	101.7	105.0	103.9	103.7
上　海	273.5	149.3	8.3	46.4	51.2	98.9	99.6	88.8	103.9	102.7
江　苏	8 733.8	4 685.7	185.6	1 294.2	1 856.9	103.9	103.3	105.0	103.9	102.0
浙　江	3 752.3	1 769.8	183.0	405.7	1 261.2	103.4	101.7	107.3	105.6	104.1
安　徽	6 278.0	2 937.0	473.3	1 812.5	660.3	104.5	102.9	109.5	105.0	104.0
福　建	5 502.6	2 065.7	429.9	1 066.3	1 740.7	103.9	105.2	105.0	104.3	101.7
江　西	4 223.8	1 916.7	416.9	1 094.4	553.2	104.3	102.8	106.7	104.6	104.4
山　东	12 130.7	6 206.5	227.3	3 003.5	1 729.7	104.8	104.7	108.5	103.5	104.4
河　南	10 952.2	6 948.3	149.5	2 832.3	147.4	105.1	105.4	106.6	103.3	103.7
湖　北	8 939.3	4 193.1	311.2	2 128.2	1 584.3	104.4	102.7	107.7	104.0	105.6
湖　南	8 160.1	3 973.2	477.4	2 466.9	617.8	103.8	103.1	106.9	103.1	103.5
广　东	8 892.3	4 308.2	549.2	1 680.2	1 898.2	104.8	104.2	107.8	103.9	104.6
广　西	6 938.5	3 977.7	548.5	1 509.5	575.8	105.0	105.3	104.7	105.1	103.0
海　南	2 272.0	1 236.8	118.7	340.5	466.6	103.5	104.1	96.9	103.0	102.7
重　庆	3 068.4	1 881.8	176.4	800.9	137.0	104.5	103.9	106.6	105.2	103.7
四　川	9 859.8	5 528.8	438.2	3 281.7	343.1	104.5	104.5	106.5	104.3	104.5
贵　州	4 908.7	3 313.7	340.0	941.4	79.6	104.2	103.5	103.9	105.7	106.5
云　南	6 635.8	3 629.9	492.2	2 192.3	119.9	105.5	105.1	106.9	105.9	103.0
西　藏	278.6	121.0	7.0	143.4	0.2	104.8	100.8	168.6	106.6	72.4
陕　西	4 601.9	3 310.4	86.1	925.4	36.2	104.6	103.9	110.9	105.4	106.6
甘　肃	2 680.7	1 806.4	36.4	662.2	1.7	105.9	105.5	109.4	107.0	89.1
青　海	566.2	238.3	13.1	302.3	4.3	104.6	104.4	99.1	105.1	102.7
宁　夏	845.9	455.6	11.5	323.5	22.8	104.9	102.0	101.4	109.3	104.7
新　疆	5 469.0	3 754.0	53.5	1 305.3	32.1	105.8	105.7	63.1	106.5	100.7

数据来源：国家统计局。

注：本表绝对数按当年价格计算，指数按可比价格计算。2003 年起总产值包括农林牧渔专业及辅助性活动产值。

2018—2022 年全国各地区社会消费品零售总额

单位：亿元、%

地　区	2018 年	2019 年	2020 年	2021 年	2022 年	同比增长
全国	377 783.1	408 017.2	391 980.6	440 823.2	439 645.1	−0.2
北京	14 422.3	15 063.7	13 716.4	14 867.7	13 794.2	−7.2
天津	4 231.2	4 218.2	3 582.9	3 769.8	3 572.0	−5.2
河北	11 973.9	12 985.5	12 705.0	13 509.9	13 720.1	1.6
山西	6 523.3	7 030.5	6 746.3	7 747.3	7 562.7	−2.4
内蒙古	4 852.3	5 051.1	4 760.5	5 060.3	4 971.4	−1.8
辽宁	9 112.8	9 670.6	8 960.9	9 783.9	9 526.2	−2.6
吉林	4 073.8	4 212.9	3 824.0	4 216.6	3 807.7	−9.7
黑龙江	5 275.0	5 603.9	5 092.3	5 542.9	5 210.0	−6.0
上海	14 874.8	15 847.6	15 932.5	18 079.3	16 442.1	−9.1
江苏	35 472.6	37 672.5	37 086.1	42 702.6	42 752.1	0.1
浙江	25 161.9	27 343.8	26 629.8	29 210.5	30 467.2	4.3
安徽	16 156.2	17 862.1	18 334.0	21 471.2	21 518.4	0.2
福建	17 178.4	18 896.8	18 626.5	20 373.1	21 050.1	3.3
江西	9 045.7	10 068.1	10 371.8	12 206.7	12 853.5	5.3
山东	27 480.3	29 251.2	29 248.0	33 714.5	33 236.2	−1.4
河南	21 268.0	23 476.1	22 502.8	24 381.7	24 407.4	0.1
湖北	20 598.2	22 722.3	17 984.9	21 561.4	22 164.8	2.8
湖南	15 134.3	16 683.9	16 258.1	18 596.9	19 050.7	2.4
广东	39 767.1	42 951.8	40 207.9	44 187.7	44 882.9	1.6
广西	7 663.5	8 200.9	7 831.0	8 538.5	8 539.1	0.0
海南	1 852.7	1 951.1	1 974.6	2 497.6	2 268.4	−9.2
重庆	10 705.2	11 631.7	11 787.2	13 967.7	13 926.1	−0.3
四川	19 340.7	21 343.0	20 824.9	24 133.2	24 104.6	−0.1
贵州	7 105.0	7 468.2	7 833.4	8 904.3	8 507.1	−4.5
云南	9 197.3	10 158.2	9 792.9	10 731.8	10 838.8	1.0
西藏	711.8	773.4	745.8	810.3	726.5	−10.3
陕西	9 510.3	10 213.0	9 605.9	10 250.5	10 401.6	1.5
甘肃	3 435.6	3 700.3	3 632.4	4 037.1	3 922.2	−2.8
青海	899.9	948.5	877.3	947.8	842.1	−11.2
宁夏	1 330.1	1 399.4	1 301.4	1 335.1	1 338.4	0.2
新疆	3 429.1	3 617.0	3 062.5	3 584.6	3 240.5	−9.6

数据来源：国家统计局。

1979—2022 年全国城乡人口数及构成

年份	总人口（年末）	按性别分				按城乡分			
		男		女		城镇		乡村	
		人口数（万人）	比重(%)	人口数（万人）	比重(%)	人口数（万人）	比重(%)	人口数（万人）	比重(%)
1979	97 542	50 192	51.46	47 350	48.54	18 495	18.96	79 047	81.04
1980	98 705	50 785	51.45	47 920	48.55	19 140	19.39	79 565	80.61
1981	100 072	51 519	51.48	48 553	48.52	20 171	20.16	79 901	79.84
1982	101 654	52 352	51.50	49 302	48.50	21 480	21.13	80 174	78.87
1983	103 008	53 152	51.60	49 856	48.40	22 274	21.62	80 734	78.38
1984	104 357	53 848	51.60	50 509	48.40	24 017	23.01	80 340	76.99
1985	105 851	54 725	51.70	51 126	48.30	25 094	23.71	80 757	76.29
1986	107 507	55 581	51.70	51 926	48.30	26 366	24.52	81 141	75.48
1987	109 300	56 290	51.50	53 010	48.50	27 674	25.32	81 626	74.68
1988	111 026	57 201	51.52	53 825	48.48	28 661	25.81	82 365	74.19
1989	112 704	58 099	51.55	54 605	48.45	29 540	26.21	83 164	73.79
1990	114 333	58 904	51.52	55 429	48.48	30 195	26.41	84 138	73.59
1991	115 823	59 466	51.34	56 357	48.66	31 203	26.94	84 620	73.06
1992	117 171	59 811	51.05	57 360	48.95	32 175	27.46	84 996	72.54
1993	118 517	60 472	51.02	58 045	48.98	33 173	27.99	85 344	72.01
1994	119 850	61 246	51.10	58 604	48.90	34 169	28.51	85 681	71.49
1995	121 121	61 808	51.03	59 313	48.97	35 174	29.04	85 947	70.96
1996	122 389	62 200	50.82	60 189	49.18	37 304	30.48	85 085	69.52
1997	123 626	63 131	51.07	60 495	48.93	39 449	31.91	84 177	68.09
1998	124 761	63 940	51.25	60 821	48.75	41 608	33.35	83 153	66.65
1999	125 786	64 692	51.43	61 094	48.57	43 748	34.78	82 038	65.22
2000	126 743	65 437	51.63	61 306	48.37	45 906	36.22	80 837	63.78
2001	127 627	65 672	51.46	61 955	48.54	48 064	37.66	79 563	62.34
2002	128 453	66 115	51.47	62 338	48.53	50 212	39.09	78 241	60.91
2003	129 227	66 556	51.50	62 671	48.50	52 376	40.53	76 851	59.47
2004	129 988	66 976	51.52	63 012	48.48	54 283	41.76	75 705	58.24
2005	130 756	67 375	51.53	63 381	48.47	56 212	42.99	74 544	57.01
2006	131 448	67 728	51.52	63 720	48.48	58 288	44.34	73 160	55.66
2007	132 129	68 048	51.50	64 081	48.50	60 633	45.89	71 496	54.11
2008	132 802	68 357	51.47	64 445	48.53	62 403	46.99	70 399	53.01
2009	133 450	68 647	51.44	64 803	48.56	64 512	48.34	68 938	51.66
2010	134 091	68 748	51.27	65 343	48.73	66 978	49.95	67 113	50.05
2011	134 916	69 161	51.26	65 755	48.74	69 927	51.83	64 989	48.17
2012	135 922	69 660	51.25	66 262	48.75	72 175	53.10	63 747	46.90
2013	136 726	70 063	51.24	66 663	48.76	74 502	54.49	62 224	45.51
2014	137 646	70 522	51.23	67 124	48.77	76 738	55.75	60 908	44.25
2015	138 326	70 857	51.22	67 469	48.78	79 302	57.33	59 024	42.67
2016	139 232	71 307	51.21	67 925	48.79	81 924	58.84	57 308	41.16
2017	140 011	71 650	51.17	68 361	48.83	84 343	60.24	55 668	39.76
2018	140 541	71 864	51.13	68 677	48.87	86 433	61.50	54 108	38.50
2019	141 008	72 039	51.09	68 969	48.91	88 426	62.71	52 582	37.29
2020	141 212	72 357	51.24	68 855	48.76	90 220	63.89	50 992	36.11
2021	141 260	72 311	51.19	68 949	48.81	91 425	64.72	49 835	35.28
2022	141 175	72 206	51.15	68 969	48.85	92 071	65.22	49 104	34.78

注：1.1981 年及以前数据为户籍统计数，1982 年、1990 年、2000 年、2010 年、2020 年数据为当年人口普查数据推算数；其余年份数据为年度人口抽样调查推算数据（下相关表同）。

2. 总人口和按性别分人口中包括现役军人，按城乡分人口中现役军人计入城镇人口。

2014—2022 年分地区年末城镇人口比重

单位：%

地 区	2014	2015	2016	2017	2018	2019	2020	2021	2022
全 国	55.75	57.33	58.84	60.24	61.50	62.71	63.89	64.72	65.22
北 京	86.50	86.71	86.76	86.93	87.09	87.35	87.55	87.50	87.57
天 津	82.55	82.88	83.27	83.57	83.95	84.31	84.70	84.88	85.11
河 北	49.36	51.67	53.87	55.74	57.33	58.77	60.07	61.14	61.65
山 西	54.30	55.87	57.27	58.59	59.85	61.29	62.53	63.42	63.96
内蒙古	60.97	62.09	63.40	64.60	65.51	66.46	67.48	68.21	68.60
辽 宁	67.05	68.05	68.87	69.49	70.26	71.21	72.14	72.81	73.00
吉 林	56.81	57.64	58.75	59.71	60.85	61.63	62.64	63.36	63.72
黑龙江	59.22	60.47	61.09	61.90	63.46	64.62	65.61	65.69	66.21
上 海	89.30	88.53	89.00	89.10	89.13	89.22	89.30	89.30	89.33
江 苏	65.70	67.49	68.93	70.18	71.19	72.47	73.44	73.94	74.42
浙 江	64.96	66.32	67.72	68.91	70.02	71.58	72.17	72.66	73.38
安 徽	49.31	50.97	52.62	54.29	55.65	57.02	58.33	59.39	60.15
福 建	61.99	63.22	64.39	65.78	66.98	67.87	68.75	69.70	70.11
江 西	50.55	52.30	53.99	55.70	57.34	59.07	60.44	61.46	62.07
山 东	54.77	56.97	59.13	60.79	61.46	61.86	63.05	63.94	64.54
河 南	45.05	47.02	48.78	50.56	52.24	54.01	55.43	56.45	57.07
湖 北	55.73	57.18	58.57	59.88	61.00	61.83	62.89	64.09	64.67
湖 南	48.98	50.79	52.70	54.62	56.09	57.45	58.76	59.71	60.31
广 东	68.62	69.51	70.15	70.74	71.81	72.65	74.15	74.63	74.79
广 西	46.54	47.99	49.24	50.59	51.82	52.98	54.20	55.08	55.65
海 南	53.30	54.91	56.70	58.04	59.13	59.37	60.27	60.97	61.49
重 庆	59.74	61.47	63.33	65.00	66.61	68.24	69.46	70.32	70.96
四 川	46.51	48.27	50.00	51.78	53.50	55.36	56.73	57.82	58.35
贵 州	40.24	42.96	45.56	47.76	49.54	51.48	53.15	54.33	54.81
云 南	41.21	42.93	44.64	46.29	47.44	48.67	50.05	51.05	51.72
西 藏	26.23	28.87	31.57	33.38	33.80	34.51	35.73	36.61	37.39
陕 西	53.01	54.74	56.39	58.07	59.65	61.28	62.66	63.63	64.02
甘 肃	42.28	44.24	46.07	48.12	49.69	50.70	52.23	53.33	54.19
青 海	50.84	51.67	53.55	55.45	57.27	58.78	60.08	61.02	61.43
宁 夏	54.82	56.98	58.74	60.95	62.15	63.63	64.96	66.04	66.34
新 疆	46.79	48.78	50.42	51.90	54.01	55.51	56.53	57.26	57.89

【国际奶业】

2010—2022 年全球原料奶产量

单位：万 t，%

原料奶种类	2010 年	2015 年	2020 年	2021 年	2022 年	2022 年增长率	2010—2022 年复合增长率
牛　奶	59 885.4	66 734.8	74 109.9	75 217.6	75 750.4	0.7	2.0
水牛奶	9 315.2	10 905.3	13 249.9	13 796.7	14 248.1	3.3	3.6
山羊奶	1 785.3	1 918.0	2 115.6	2 127.3	2 134.0	0.3	1.5
绵羊奶	984.4	984.6	1 046.0	1 050.3	1 043.3	−0.7	0.5
其　他	367.0	376.6	422.7	417.8	422.4	1.1	1.2
全　球	72 337.2	80 919.3	90 944.1	92 609.6	93 598.1	1.1	2.2

数据来源：IDF。

2010—2022 年全球各地区牛奶产量

单位：万 t，%

地区	2010 年	2015 年	2020 年	2021 年	2022 年	2022 年增长率	2010—2022 年复合增长率
亚　洲	15 785.8	19 069.2	24 239.6	25 232.1	26 025.8	3.1	4.3
欧盟 27 国	13 573.2	14 750.7	15 434.9	15 385.1	15 385.8	0.0	1.1
北美和中美[1]	11 196.6	12 091.0	13 068.4	13 226.6	13 253.5	0.2	1.4
其他欧洲国家	7 301.7	7 338.0	7 385.1	7 325.8	7 290.2	−0.5	0.0
南美洲	6 043.4	6 699.9	6 880.4	6 930.5	6 709.6	−3.2	0.9
非　洲	3 319.4	3 627.8	3 988.9	4 034.9	4 134.1	2.5	1.8
大洋洲	2 665.2	3 158.1	3 112.5	3 082.6	2 951.4	−4.3	0.9
全　球	59 885.4	66 734.8	74 109.9	75 217.6	75 750.4	0.7	2.0

注：1. 包括加勒比海地区。

2010—2022 年世界主要国家奶牛存栏

单位：万头，%

国家	2010 年	2015 年	2020 年	2021 年	2022 年	2022 年增长率	2010—2022 年复合增长率
印度	4 275.5	4 716.5	5 758.6	5 896.4	6 117.1	3.7	3.0
巴基斯坦	1 011.2	1 216.7	1 464.0	1 519.2	1 570.0	3.3	3.7
土耳其	438.4	566.5	642.6	634.7	652.3	2.8	3.4
日本	96.4	87.0	83.9	84.9	86.2	1.5	−0.9
韩国	24.5	25.0	23.9	23.1	22.5	−2.6	−0.7
巴西	2 292.5	2 111.1	1 595.4	1 594.5	1 585.4	−0.6	−3.0
阿根廷	174.9	177.0	158.7	157.7	152.7	−3.2	−1.1
智利	53.6	43.6	45.4	45.2	45.0	−0.4	−1.4
乌拉圭	42.8	45.2	42.1	42.0	39.2	−6.6	−0.7
欧盟（27 国）	2 148.0	2 141.6	2 062.5	2 029.8	2 016.2	−0.7	−0.5
德国	418.2	428.5	392.1	383.3	381.0	−0.6	−0.8
法国	371.2	365.8	358.2	351.6	345.2	−1.8	−0.6
波兰	252.9	213.4	212.6	203.5	203.7	0.1	−1.8
意大利	174.6	182.6	163.8	161.0	163.1	1.3	−0.6
爱尔兰	107.1	129.6	156.8	160.5	162.7	1.4	3.5
荷兰	147.9	162.2	159.3	157.1	157.1	0.0	0.5
丹麦	57.3	57.0	56.5	55.9	55.6	−0.5	−0.3
瑞典	34.8	34.0	30.4	30.0	29.8	−0.7	−1.3
立陶宛	34.5	30.1	23.3	22.5	22.4	−0.4	−3.5
美国	912.2	932.0	939.2	944.9	940.2	−0.5	0.3
墨西哥	237.5	245.8	260.6	264.3	267.9	1.4	1.0
加拿大	96.6	94.4	97.5	96.9	96.9	−0.1	0.0
俄罗斯	884.43	837.9	789.49	774.64	771.92	−0.4	−1.1
英国	184.7	190.1	185.3	185.5	184.5	−0.5	0.0
白俄罗斯	147.81	150.93	148.26	145.67	144.73	−0.6	−0.2
乌克兰	263.12	216.66	167.3	154.4	135.28	−12.4	−5.4
新西兰	440.0	501.8	492.2	490.4	484.2	−1.3	0.8
澳大利亚	158.9	156.2	138.8	134.0	132.0	−1.5	−1.5
全球	25 792.1	27 367.9	27 818.1	28 053.9	28 293.0	0.9	0.8

数据来源：IDF。

2010—2022 年世界主要国家牛奶产量

单位：万 t，%

国　家	2010 年	2015 年	2020 年	2021 年	2022 年	2022 年增长率	2010—2022 年复合增长率
印度 [1]	54 903.0	73 645.0	108 306.7	114 968.7	120 453.3	4.8	6.8
巴基斯坦 [2]	12 906.0	15 529.0	18 686.0	19 390.0	20 121.0	3.8	3.8
土耳其	12 418.5	16 933.5	21 749.3	21 370.1	19 912.1	−6.8	4.0
日本	7 720.5	7 379.2	7 438.2	7 592.0	7 617.5	0.3	−0.1
韩国	2 073.0	2 168.0	2 089.0	2 034.0	1 975.0	−2.9	−0.4
欧盟（27 国）	135 732.1	147 507.0	154 349.4	153 850.7	153 857.8	0.0	1.1
德国	29 628.9	32 684.6	33 155.3	32 506.9	32 379.0	−0.4	0.7
法国	24 010.2	25 800.4	25 162.1	24 758.8	24 563.2	−0.8	0.2
波兰	12 279.0	13 236.2	14 821.8	14 881.1	15 208.5	2.2	1.8
荷兰	11 828.6	13 522.1	14 226.1	13 895.3	14 031.9	1.0	1.4
意大利	11 399.4	11 425.9	12 827.8	13 262.7	13 195.1	−0.5	1.2
爱尔兰	5 349.7	6 604.4	8 561.5	9 040.0	9 108.3	0.8	4.5
丹麦	4 909.4	5 356.3	5 744.5	5 721.9	5 742.0	0.4	1.3
瑞典	2 862.2	2 933.2	2 772.7	2 782.2	2 764.8	−0.6	−0.3
立陶宛	1 736.5	1 738.5	1 491.7	1 476.9	1 521.9	3.1	−1.1
美国	87 487.5	94 577.6	101 291.3	102 644.8	102 721.4	0.1	1.3
墨西哥	10 997.0	11 736.5	12 940.6	13 237.2	13 498.0	2.0	1.7
加拿大	8 433.8	9 011.5	10 300.0	10 478.0	10 410.0	−0.6	1.8
俄罗斯	31 585.2	30 521.7	31 959.8	32 078.6	32 980.0	2.8	0.4
英国	13 852.0	15 457.0	15 680.0	15 665.0	15 536.0	−0.8	1.0
白俄罗斯	6 594.5	7 019.9	7 739.5	7 795.7	7 856.1	0.8	1.5
乌克兰	10 977.2	10 359.4	9 057.9	8 516.5	7 595.7	−10.8	−3.0
巴西	31 637	35 648	36 376	36 364	34 723	−4.5	0.8
阿根廷	10 617	12 423	11 447	11 900	11 904	0.0	1.0
智利	2 605.9	2 660.0	2 741.9	2 733.6	2 667.7	−2.4	0.2
乌拉圭	1 819.0	2 247.5	2 271.7	2 342.2	2 267.0	−3.2	1.9
新西兰	17 173.0	21 587.0	21 980.0	21 995.0	21 121.0	−4.0	1.7
澳大利亚 [3]	9 455.4	9 971.4	9 123.9	8 810.8	8 372.4	−5.0	−1.0
全球	598 853.7	667 348.0	741 098.6	752 175.8	757 504.1	0.7	2.0

注：1. 奶业年度为 4 月 1 日至次年 3 月 31 日。

2. 奶业年度为 7 月 1 日至次年 6 月 30 日，奶产量为食用消费。

3. 奶业年度为 7 月 1 日至次年 6 月 30 日。

（以上各章节表格由中国奶业协会国际部陈兵汇总整理）。

十一、索 引

SUOYIN

说 明

一、本索引采用分析索引方法，按英文字母顺序的汉语拼音排列，汉语拼音同音字按声调排列。

二、索引采用数字和字母表示，数字表示该内容所在的页码，字母（a、b）表示该页自左至右的栏别。单独数字（没有字母组合的），表示为该内容在本页的通栏中或左右栏中都有。

A

阿根廷

36b，37b，350，351，352a，354a，356，462，464，465，466，492，493

爱尔兰

30a，155a，196b，197a，349b，351，353a，354a，357a，460，462，464，465，466，492，493

埃及

155b，170a，327b，350a，354a

安徽省

31，74b，75b，76，77，78，159，178，360a，373b，375，378b

澳大利亚

24b，30a，36a，37a，44，76b，77，87b，153b，154a，157a，174a，219a，220b，229a，241b，242a，244a，247a，251a，274，283b，284a，285，288，292a，294，332a，336b，349b，350b，351b，352b，353b，355a，356，358，360b，362，365a，375a，379a，453，460，461，462，463，464，465，466，492，493

奥地利

44，350b，352，353a，375b，460，461，464，466

澳优乳业

103b，105，229，230a，375a，376b，379b

B

巴基斯坦

23a，109b，203b，221，222b，223a，279，349b，350a，353b，355a，356b，358a，362b，492，493

巴氏

7，19，21，28b，29，43，44，47a，49b，52b，59，70a，73a，74b，79，80a，89b，95a，102，106a，108a，109b，110b，114a，116，117b，128a，130a，131a，135b，136，144a，146a，149，192b，196，198，199a，202a，204a，206b，212b，213，217b，219b，220b，221a，223a，224a，234b，242b，275b，279b，327b，330b，335a，344，374a

巴西

350，351，354a，370a，492，493

白蛋白

458，459

白俄罗斯

30a，350b，460，462，464，492，

493

半脱脂奶粉

351b

杯装

108a

贝因美

63，64b，75a，210，211，212a，370a，380b

北京市

31，44a，46，47，48，49，160，230a，266，269a，322b，328a，360b，363b，368b，372a，376b

北美洲

30a，44b，349b，350b，354a

比利时

311，333a，349b，350b，351b，352b，353a，460，463，465，466

标准化生产

15，36a，37a，47b，131a，196a，314b

并购

103b，173b，175a，352b，353

波兰

30a，349b，350b，351b，352a，353b，354b，460，461，462，464，466，492，493

布鲁氏菌病

50a，51b，62a，75a，80a，81a，86b，108b，111，115，131b，

156b，157b，212b，234a，254a，
262a，266，276b，278a，279b，
336a，359b，361b

C

残留检测

80b，339a

长富乳品

79，80，81，83，84，212b，
213b，380a

晨光乳业

96，244a

重庆市

32，44a，110，111，112，142，
198b，199b，200，201，370b，
371a

出口

6，24b，25，64b，81a，130a，
147b，211a，221a，258b，275a，
276b，277a，278，279a，280b，
329a，349，351，352a，355b，
356，357，358，364b，367b，
375b，376b，377a，378a，379a，
385，386，459，468

D

D20

18，19，20，74a，79，81a，86b，
90b，150，168b，192a，196a，
197b，202a，204b，207b，212a，
219a，221a，223a，231b，241b，
252a，370b，371

大洋洲

30，44b，331b，349，350，351b，
352b，355b，357，491

袋装

89b，108a，110b

丹麦

36b，37b，44b，179a，198a，283，
284a，291b，293b，294a，351，
352a，353a，355a，372b，460，

462，464，465，466，492，493

德国

24b，44b，80a，109b，110b，
156a，167b，196a，198a，217b，
219a，220，285b，286a，295a，
336b，349b，350b，351，352a，
353a，362b，375b，378a，460，
461，462，463，464，465，466，
492，493

得益乳业

91，93，219，220，221a，272b，
330a，368a，378a，379a

冻精

50a，53b，54b，66b，74a，80a，
86b，89a，111a，118b，129b，
130a，146b，151b，210a，219b，
237a，247a，267，326b，332b，
333a，337b

豆粕

14，15，34b，35b，36b，38，
39，54b，64a，81b，168b，169a，
247a，271，339a，364b，370a，
383，446

E

俄罗斯

257b，309，310，311a，350b，
351，352a，353a，358a，360b，
460，462，463，464，492，493

F

发达国家

7，11，17，41a，80a，230b，
324a，351a，352a，355b，358a

发酵乳

12，19，21，30a，43，44，47a，
49b，74b，100a，130a，136，
173a，191b，192，198a，202a，
204a，206b，213b，217b，220a，
223a，224a，234b，275a，279a，
283，327b，351a

发展中国家

351a，355

非洲

15，262a，293a，331a，339a，
350a，351a，354

飞鹤乳业

8，65b，167a，168b，305，361a，
367a，371a，380a

粪污处理

50a，51b，53a，62b，66b，73b，
74b，86b，100，102b，118b，
128b，129b，130b，131，135b，
136b，146b，153a，162a，173a，
174b，179，191，192a，198a，
203a，206b，210a，219b，223b，
226a，233a，234b，242b，244b，
247a，257a，324b，325a

福建省

79，80，81，82，83，84，85，
212b，231，216，247b

G

甘肃省

32，43b，44a，129b，130，137b，
216，226b，244a，245a，246，
273b，305，332a，360a，362a，
363a，366b

干酪素

129b，130a，352a

干乳制品

7，11，21，23b，24b，79a，89a，
113a，128b，144a，153b，156b，
387，388，389，390，391，392，
393，394，395，396，397，398，
399，400，401，402，403，404，
405，406，407，408，409，410，
411，412，413，414，415，416，
417，458，459

哥伦比亚

173b，306，350

广东省

32，34b，35b，36a，106，107a，

2023 2023 2023